民事诉讼法

规则编释

倪新枝　编著

法律出版社
LAW PRESS·CHINA
——北京——

图书在版编目(CIP)数据

民事诉讼法规则编释/倪新枝编著. -- 北京:法律出版社,2022
ISBN 978-7-5197-6776-1

Ⅰ.①民… Ⅱ.①倪… Ⅲ.①民事诉讼法-法律解释-中国 Ⅳ.①D925.105

中国版本图书馆CIP数据核字(2022)第091605号

民事诉讼法规则编释
MINSHI SUSONGFA GUIZE BIANSHI

倪新枝　编著

策划编辑 周　洁　朱轶佳
责任编辑 周　洁　朱轶佳
装帧设计 李　瞻

出版发行 法律出版社
编辑统筹 司法实务出版分社
责任校对 王　丰
责任印制 胡晓雅
经　　销 新华书店

开本 880毫米×1230毫米　1/32
印张 30　　**字数** 958千
版本 2022年8月第1版
印次 2022年8月第1次印刷
印刷 永清县金鑫印刷有限公司

地址:北京市丰台区莲花池西里7号(100073)
网址:www. lawpress. com. cn
投稿邮箱:info@ lawpress. com. cn
举报盗版邮箱:jbwq@ lawpress. com. cn

销售电话:010-83938349
客服电话:010-83938350
咨询电话:010-63939796

书号:ISBN 978-7-5197-6776-1
定价:97.00元

凡购买本社图书,如有印装错误,我社负责退换。电话:010-83938349

编写说明

为了帮助读者更好地阅读、理解、掌握本书的要旨,特说明如下:

1. 创作本书的想法由通览《新民事诉讼法配套规则适用指引》全书的资料而引发。经过深思后,将相关内容、解释及其他内容按照本人的构架进行梳理、调配和释明,以便知识的条理化、学习的便捷性和运用的可用度。

2. 本书中,每条的解释以"一""1""(1)""①""(i)"的方式分层级进行编释,有时在"一"和"1"之间使用(一),有时不采取分层级进行阐释。

3. 每段后的注释是标明本段的出处或者对本段内容的进一步说明;每句标点符号后的注释是标明每句的出处或者对本句内容的进一步说明;每句标点符号前的注释是标明该名词、标点符号前小句内容的出处或者对该名词、符号前小句内容的进一步说明。文字前、后的括号中的内容是对笔者前面名词或语句的补充、说明或改正。各部分解释内容若有重复,是因为法条内容的交叉、重复。

4. 每条的解释中画浪纹线的内容为对相关法条的直接引用(全文或部分),其中的条、款、项的数字,序号,书名号等标点符号与法律、解释等原文不一致,为本人考虑内容层级逻辑而做的调整。对于原法条中引用已失效《民事诉讼法》的条(款、项),按现行《民事诉讼法》对应条(款、项)进行修改或说明。正文中,无论是否为直接引用法条内容,对于各法律名称,都省去了"中华人民共和国"这几个字。

5. 脚注中的"补充",即对段尾已有脚注的情况下,进一步的引注。脚注中没有采用引号("")形式注明的内容,是根据实际说理需要对法条进行提炼后的内容。

6.《民法典》自2021年1月1日起施行,相关法律予以废止,故在本书中,将《婚姻法》《继承法》《收养法》《担保法》《合同法》《物权法》《侵权责任法》《民法总则》对应变更为《民法典》婚姻家庭编、《民法典》继承编、《民法典》婚姻家庭编第五章"收养"、《民法典》担保物权分编、《民法典》合同编、《民法典》物权编、《民法典》侵权责任编、《民法典》总则编。

7. 除原文引用法条具体条文外,本书正文中、脚注中下列表述与《民法典》保持一致:使用“自然人”,而非“公民”;使用“非法人组织”而非“其他组织”;使用“不能辨认、不能完全辨认自己行为的成年人”而非“精神病人”。

8. 本书中的一些观点、解释引用洪冬英主编的《民事诉讼法学通论》和江必新等编著的《新民事诉讼法配套规则适用指引》,因内容琐碎且占文比例不大,没有一一具体标注。

9. 引用最高人民法院作出的批复、回复、函等法律文件,本书根据说理需要进行了缩减,以突出重点,并有机结合正文的内容。

前　言

民事诉讼，是指人民法院、当事人以及其他诉讼参与人，依据《民事诉讼法》和适用民事实体法等解决民事纠纷事件过程中所进行的各种诉讼活动以及由此产生的各种诉讼法律关系的总和。[①] 民事诉讼法，是指国家制定或者认可的，调整民事诉讼法律关系主体的行为和相互关系的规范的总和。[②] 民事诉讼是民事诉讼法的调整对象，民事诉讼法是调整民事诉讼的法律规范。

我国最早的一部《民事诉讼法》是1982年全国人大常委会审议通过的《民事诉讼法（试行）》。该法试行9年后，根据试行中积累的经验，针对改革开放中出现的新情况、新问题，全国人大对其进行了修改和补充，于1991年通过了《民事诉讼法》，并且经过了2007年、2012年、2017年、2021年四次修正。修改主要涉及七个方面：(1)完善调解与诉讼相衔接的解决社会矛盾机制；(2)完善简易程序，包括扩大简易程序适用范围，设立小额诉讼制度；(3)进一步保障当事人的诉讼权利，包括完善起诉和受理程序、完善开庭前准备程序、增加公益诉讼制度、增加第三人撤销之诉制度、完善保全制度、完善裁判文书公开制度；(4)完善当事人举证制度，包括明确接收当事人提交证据材料的手续、促使当事人积极提供证据、赋予当事人启动鉴定程序的权利、增加规定人民法院确定举证期限和不按期举证的责任；(5)强化法律监督，包括增加监督方式、扩大监督范围、强化监督手段、完善审判监督程序；(6)增加了"网络平台在线诉讼""不得独任审理、独任审理转由合议庭审理""不适用小额诉讼程序""小额诉讼程序的审理""小额诉讼程序的简化""小额诉讼案件的审结期限""小额诉讼程序转化为简易程序""普通程序及小额诉讼二审的审理方式及审理地点""二审审判制度"等条款；(7)修改了"第一审审判组织""小额诉讼程序""简易送达""公告送达""适用简易程序

---

① 洪冬英主编：《民事诉讼法学通论》（第3版），北京大学出版社2020年版，第8页。

② 洪冬英主编：《民事诉讼法学通论》（第3版），北京大学出版社2020年版，第11页。

范围”“对调解协议司法确认的申请”等内容。修正后的《民事诉讼法》体系完整、内容全面、适用性强，但也存在一些问题。

《民事诉讼法规则编释》着眼于《民事诉讼法》的教学与实践，从理论到适用、从广度到深度都进行了深化与释义。总体上讲，有如下几个特点：第一，能够健全《民事诉讼法》理论所体现的系统性与基础性。《民事诉讼法》规则中，缺少内容的连贯性及承接性。把基础理论融入其中，能尽量减少法条所带来的破碎感，能够形成有机的整体。第二，能够深化《最高人民法院关于适用〈中华人民共和国民事诉讼法〉的解释》所凸显的完整性与细致性。编写时，将近二十年来“两高”出台的各种司法解释、指导性文件、指导性案例及会议纪要等，结合具体法条的内容，有机地排序、编入及分类，增加了释义的精度，补充了法理的缺失，改善了法条的适用性。第三，能够体现本书所呈现的精准性与延展性。在阐释中，深入说明法规则的相关问题，明确注释每段、每句、关键词的意思和出处，系统注明相关解释的异同，并对有些已被废止、代替或与现行法律发生冲突的“两高”解释等条文进行删除，对前后解释不同的规则进行对比、更正与修改，减少了理论研究和法律适用的难度。

本人力求编排的正确、表达的精准，但基于能力与经验的限制，仍有尚待更正与弥补之处，正悉心、欣然地等候并接受斧正，望不吝赐教，不胜感激。

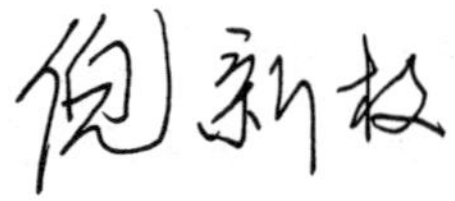

二〇二二年四月三十日

目　　录

·第一编　总　　则·

·第三编　执行程序·

第一编

总　　则

民事诉讼法总则规定了《民事诉讼法》的任务、适用范围和基本原则，管辖，审判组织，回避，诉讼参加人，证据，期间，送达，调解，保全和先予执行，对妨害民事诉讼的强制措施和诉讼费用等11项内容，是《民事诉讼法》的纲领性规定，是其灵魂。

第一章　任务、适用范围和基本原则

本章是民事诉讼法的一般规定，对立法根据、立法任务、[1]适用的主体标的范围、空间范围、当事人诉权、民事诉讼基本制度、民事诉讼基本原则[2]作了规定。

这里的“民事诉讼基本制度”，是对人民法院的审判行为进行规范的基础性程序设置，是人民法院审判民事案件所必须遵循的一般性程序规范。[3] 包括合议制度、回避制度、公开审判制度和两审终审制度。“民事诉讼法基本原则”，是指在民事诉讼的整个过程中或者在重要的诉讼阶段，指导民事诉讼活动正常进行的基本原理和基本规则，[4]包括民事案件的审判权由人民法院行使原则；人民法院依照法律规定对民事案件独立进行审判原则；以事实为依据，以法律为准绳原则；对于诉讼当事人在适用法律上一律平等原则；诉讼权利平等原则；调解原则；辩论原则；诚信原则；处分原则；使用本民族语言文字进行诉讼原则；支持起诉原则；人民调解原则；检察监督原则；民族自治地方制定变通或者补充规定原则；同等原则；对等原则等。

立法根据

第一条　中华人民共和国民事诉讼法以宪法为根据，结合我国民事审判工作的经验和实际情况制定。

---

① 立法宗旨和立法任务能够明确立法的依据、缘由及目的。

② 本法规定了主体范围、空间范围以及当事人诉权，从人民法院的角度讲，可以明确权责；从当事人的角度讲，可以明确自己在生产、生活中的权利义务；从其他单位和个人的角度讲，可以明确各自的权利义务，遵守法律的规定。

③ 洪冬英主编：《民事诉讼法学通论》（第3版），北京大学出版社2020年版，第73页。

④ 《民事诉讼法》基本原则的特征：(1)基础性。是各项基本制度和具体程序规则设置的基础。(2)概括性。是各项基本制度和具体程序规则的源泉。(3)宏观指导性。统领、指导各具体程序规则，使之顺利运行。(4)稳定性。是民事诉讼的普遍性规律和基本程序，不仅适用于不同的民事诉讼发展阶段，也适用于不同的国家。(5)补充性。能起到补充规范制定缺位的作用。

本条明确民事诉讼法的立法根据。本书仅就其进行阐释。

《民事诉讼法》的立法根据包括两方面的内容：

1. 根据《宪法》①原则。《宪法》规定了我国的审判机关是人民法院，明确了人民法院的职能。《民事诉讼法》的制定和修改要体现《宪法》的原则，将《宪法》原则具体化，以保障《宪法》的贯彻实施。

2. 结合我国民事审判工作的经验和实际情况。我国民事立法大都是对过去的审判经验进行科学总结，采用法律条文的形式，将之定型化、制度化。《民事诉讼法》的基本原则、审判程序等规定也是如此。在司法实务中，《民事诉讼法》的理论得到不断完善。而民事诉讼立法的目的之一，就是把这些经验加以总结，上升到法律的高度。《民事诉讼法》的制定和修改，需要结合行之有效、比较成熟的审判工作经验，结合改革开放和社会主义现代化建设中出现的实际情况，使《民事诉讼法》符合我国的国情，具有中国特色，做到切实可行。

立法任务

第二条　中华人民共和国民事诉讼法的任务，是保护当事人行使诉讼权利，保证人民法院查明事实，分清是非，正确适用法律，及时审理民事案件，确认民事权利义务关系，制裁民事违法行为，保护当事人的合法权益，教育公民自觉遵守法律，维护社会秩序、经济秩序，保障社会主义建设事业顺利进行。

本条明确立法任务。本书仅就其进行阐释。

《民事诉讼法》的立法任务体现在三个方面：②

1. 保护当事人的行使诉讼权利。自然人、法人和非法人组织有权在民事实体和程序权利受到侵害或发生争议时，向人民法院请求司法的保护与救济。

2. 保证人民法院依法履职，包括查明事实，查明案情，适用法律，并按《民事诉讼法》的程序进行操作，衡量当事人之间的权利和义务，做出及时的审结，从而

---

① 《宪法》是国家的根本大法，具有最高的法律效力，是国家一切立法活动的基础，是制定各种普通法律的依据。

② 《民事诉讼法》的上述三项任务，互相联系，是同一问题不同侧面的反映，相辅相成，前项任务作为后项任务的前提，后一任务是前一任务的必然延伸，共同实现民事诉讼法的立法目的。

制裁民事违法行为，保护当事人的合法权益，同时教育自然人自觉遵守法律，维护国家和社会秩序。

3. 确认民事权利义务关系，制裁民事违法行为，保护当事人的合法权益，教育自然人自觉遵守法律，维护社会秩序、经济秩序，保障社会主义建设事业顺利进行。

适用主体标的范围

第三条　人民法院受理公民之间、法人之间、其他组织之间以及他们相互之间因财产关系和人身关系提起的民事诉讼，适用本法的规定。

本条明确适用主体范围、标的范围。本书仅就其进行阐释。

《民事诉讼法》适用主体、标的范围包括：

1.《民事诉讼法》所涉及的主体范围包括：[①](1)自然人。自然人从出生时起到死亡时止，具有民事权利能力，依法享有民事权利，承担民事义务。[②] (2)法人。法人是具有民事权利能力和民事行为能力，依法独立享有民事权利和承担民事义务的组织。[③] 法人包括营利性法人、非营利性法人和特别法人。(3)非法人组织。非法人组织是不具有法人资格，但是能够依法以自己的名义从事民事活动的组织。非法人组织包括个人独资企业、合伙企业、不具有法人资格的专业服务机构等。[④]

2.《民事诉讼法》所涉及的标的范围包括财产关系和人身关系。(1)财产关系，是指基于物质财富关系而形成的相互关系，包括基于债权、物权、知识产权而形成的相互关系等。(2)人身关系，是指人们基于人格和身份而形成的相互关系，如姓名权、名誉权以及有关婚姻、收养、继承等家庭关系。其他法律规定由人民法院审理的相关案件，也适用《民事诉讼法》规定的程序。[⑤]

3. 在审理海事案件、破产案件时，如果特别法对该问题有规定，适用特别法的规定。如果相关特别法对该问题没有规定，适用本法规定。

---

① “公民”、“法人”和“其他组织”依照《民法典》表述统一为“自然人”、“法人”和“非法人组织”。

② 《民法典》第13条。

③ 《民法典》第57条。

④ 《民法典》第102条。

⑤ 《民事案件案由规定》《最高人民法院关于审理涉及计算机网络域名民事纠纷案件适用法律若干问题的解释》。

适用的空间范围

第四条　凡在中华人民共和国领域内进行民事诉讼，必须遵守本法。

本条明确空间效力。

《民事诉讼法》的空间效力，就是指我国《民事诉讼法》在领域内有效，包括领陆、领水和领空。[①] 本书仅就其进行阐释。

1. 民事诉讼空间效力的一般规定。无论诉讼主体是我国自然人、法人和非法人组织，还是外国人、无国籍人、外国企业和组织，只要在中国领域进行民事诉讼活动，都要遵守本法，且在少数民族自治地方和港、澳地区，应适用自治区法或特别法的变通。

2. 民事诉讼空间效力的特殊规定。（1）民族自治地方的人民代表大会根据《宪法》和《民事诉讼法》的原则，结合当地民族的具体情况，可以制定变通或者补充的规定。[②]（2）在实行“一国两制”的地区，根据特别法的规定而不适用我国的《民事诉讼法》。[③]

涉外同等对等原则

第五条　外国人、无国籍人、外国企业和组织在人民法院起诉、应诉，同中华人民共和国公民、法人和其他组织有同等的诉讼权利义务。

---

① 法的空间效力，是指法生效的地域范围，即在什么范围内发生的纠纷适用本法。法的空间范围是由国家主权原则确定的，即凡在中华人民共和国领域内提起的民事诉讼，都由本法调整。另外，根据诉讼上“程序法适用法院所在地法”的原则，在一国法院诉讼，不论实体法是否适用该法院所属国法律，程序法必须适用受诉法院所属国的民事诉讼法。

② 《民事诉讼法》第 17 条。

③ 《香港特别行政区基本法》第 18 条第 1 款、第 2 款规定：“在香港特别行政区实行的法律为本法以及本法第八条规定的香港原有法律和香港特别行政区立法机关制定的法律。全国性法律除列于本法附件三者外，不在香港特别行政区实施。凡列于本法附件三之法律，由香港特别行政区在当地公布或立法实施。”

《澳门特别行政区基本法》第 18 条第 1 款、第 2 款规定：“在澳门特别行政区实行的法律为本法以及本法第八条规定的澳门原有法律和澳门特别行政区立法机关制定的法律。全国性法律除列于本法附件三者外，不在澳门特别行政区实施。凡列于本法附件三的法律，由澳门特别行政区在当地公布或立法实施。”

外国法院对中华人民共和国公民、法人和其他组织的民事诉讼权利加以限制的，中华人民共和国人民法院对该国公民、企业和组织的民事诉讼权利，实行对等原则。

本条明确涉外民诉同等、对等原则。本书仅就其进行阐释。

1. 涉外民事诉讼案件的主体常指原告、被告一方或双方是外国人，除适用我国《民事诉讼法》的基本原则外，还适用同等原则和对等原则。

2. 同等，是指外国诉讼主体与我国诉讼主体具有同等的诉讼权利能力和诉讼行为能力，享有相同的民事诉讼权利，承担相同的民事诉讼义务。这一规定有两个含义：(1)外国人、无国籍人、外国企业和组织与我国自然人、法人和非法人组织按照我国实体法和程序法的规定，有同等的诉讼权利能力和诉讼行为能力。(2)外国人、无国籍人、外国企业和组织在我国人民法院起诉、应诉，享有与我国自然人、法人和非法人组织同等的民事诉讼权利，承担相同的民事诉讼义务。不能因其是外国人或者外国企业而有所歧视或者给予特殊照顾，这也是国际上的一个惯例。

3. 对等，是指我国法院对外国主体采取其所属国对我国诉讼主体在其国诉讼时所适用的同等限制。外国法院对中华人民共和国自然人、法人和非法人组织的民事诉讼权利加以限制的，我国人民法院对该国自然人、企业和组织的民事诉讼权利也实行同等限制。[①]

审判权

第六条　民事案件的审判权由人民法院行使。

人民法院依照法律规定对民事案件独立进行审判，不受行政机关、社会团体和个人的干涉。

---

① 对等原则是国际关系中的一项基本原则，也是对外处理国际事务的一项基本政策，目的主要是相互尊重各国间主权，有利于各国间的平等交往。

本条明确民事案件的审判权[①]。

《宪法》规定了民事审判由人民法院统一行使原则和人民法院独立进行审判的原则。本书仅就民事案件的审判权进行阐释。

1. 各级人民法院在法律规定范围内履行各自职责,依法独立行使审判权。[②](1)统一行使包括各级人民法院和各专门法院行使民事审判权,且由整个人民法院行使审判权,而非其他机关、某个审判员或审判庭拥有审判权。[③](2)独立行使包括人民法院依法"独立行使审判权"[④],不受任何"行政机关、社会团体和个人的干涉"[⑤],但要坚持审判公开,不排除各级人大、上级法院、检察院、社会团体和自然人等的监督。[⑥]

2. 法官依法审判不受行政机关、社会团体和个人的干涉。任何组织和个人违法干预司法活动、过问和插手具体案件处理的,应当依照规定予以记录、通报和追究责任。领导干部干预司法活动、插手具体案件和司法机关内部人员过问案件的,分别按照《领导干部干预司法活动、插手具体案件处理的记录、通报和责任追究规定》和《司法机关内部人员过问案件的记录和责任追究规定》及其实施办法处理。[⑦]

3. 各级法院审判权的分工。(1)最高人民法院通过审理案件、制定司法解释或者规范性文件、发布指导性案例、召开审判业务会议、组织法官培训等形式,对

---

① 审判权是对案件进行审理并作出裁判的权力。审判权同立法权、行政权一样,同属于国家权力。

② 《最高人民法院关于规范上下级人民法院审判业务关系的若干意见》第2条。

③ 《宪法》第128条规定:"中华人民共和国人民法院是国家的审判机关。"

《人民法院组织法》第2条第1款规定:"人民法院是国家的审判机关。"第12条规定:"人民法院分为:(一)最高人民法院;(二)地方各级人民法院;(三)专门人民法院。"第13条规定:"地方各级人民法院分为高级人民法院、中级人民法院和基层人民法院。"第14条规定:"在新疆生产建设兵团设立的人民法院的组织、案件管辖范围和法官任免,依照全国人民代表大会常务委员会的有关规定。"第15条规定:"专门人民法院包括军事法院和海事法院、知识产权法院、金融法院等。专门人民法院的设置、组织、职权和法官任免,由全国人民代表大会常务委员会规定。"

④ 《法官法》第1条、《人民法院组织法》第4条、《最高人民法院关于规范上下级人民法院审判业务关系的若干意见》第2条、《法官职业道德基本准则》第8条。

人民法院依照法律独立行使审判权中的法律,包括实体法和程序法。

⑤ 《宪法》第131条、《人民法院组织法》第4条、《法官职业道德基本准则》第8条。

⑥ 在依法审判过程中,法律规定了任何单位和个人不得干涉司法,主要是指其不能无理由地参与案件审理。具有法定权力的机关对民事案件审理进行监督,本身就不属于干涉的范围。

⑦ 《最高人民法院关于完善人民法院司法责任制的若干意见》第39条。

地方各级人民法院和专门人民法院的审判业务工作进行指导。① (2)高级人民法院通过审理案件、制定审判业务文件、发布参考性案例、召开审判业务会议、组织法官培训等形式,对辖区内各级人民法院和专门人民法院的审判业务工作进行指导。高级人民法院制定审判业务文件,应当经审判委员会讨论通过。最高人民法院发现高级人民法院制定的审判业务文件与现行法律、司法解释相抵触的,应当责令其纠正。② (3)中级人民法院通过审理案件、总结审判经验、组织法官培训等形式,对基层人民法院的审判业务工作进行指导。③

审判原则

第七条　人民法院审理民事案件,必须以事实为根据,以法律为准绳。

本条明确审理民事案件原则。④ 本书仅就其进行阐释。

1. 以事实为根据,就是要求人民法院在审理民事案件时,切忌主观片面性,应依照法定程序认定案件的事实。(1)要审查当事人提供的证据;(2)对于当事人及其诉讼代理人因客观原因不能自行收集证据,人民法院应当主动调查收集;(3)对于作为认定事实根据的证据,人民法院应当向当事人双方出示,经过当事人双方质证、辩论,由人民法院审查属实,才能作为定案的根据。

2. 以法律为准绳,就是要求人民法院以法律为客观尺度来判定是非,规范行使自由裁量权,⑤认定当事人的权责,防止以权代法、主观臆断、超越职权、滥用职权⑥,不能因为舆论炒作、当事人及其亲属上访闹访和"限时破案"、地方"维稳"等压力,作出违反法律规定的裁判和决定⑦,除最高人民法院、最高人民检察院

① 《最高人民法院关于规范上下级人民法院审判业务关系的若干意见》第8条。

② 《最高人民法院关于规范上下级人民法院审判业务关系的若干意见》第9条。

③ 《最高人民法院关于规范上下级人民法院审判业务关系的若干意见》第10条。

④ 以事实为根据,以法律为准绳是司法公正的重要体现,以事实为根据是公正审理民事案件的基础,以法律为准绳是正确解决民事纠纷的依据,二者缺一不可。

⑤ 《最高人民法院关于在审判执行工作中切实规范自由裁量权行使保障法律统一适用的指导意见》。

⑥ 《法官职业道德基本准则》第9条。

⑦ 《中央政法委关于切实防止冤假错案的规定》第8条。

外，地方人民法院、人民检察院一律不得制定在本辖区普遍适用的、涉及具体应用法律问题的"指导意见""规定"等司法解释性质文件，制定的其他规范性文件不得在法律文书中援引[①]，确实加强司法解释工作。[②]

3. 坚持以事实为根据，以法律为准绳[③]，严把案件事实关、证据关、程序关和法律适用关，做到实体公正与程序公正并重；统一执法尺度，确保法律统一适用，不允许有任何超越法律之上的特权，依法平等保护当事人合法权益，实现法律面前人人平等。[④]

诉讼权利平等原则

第八条　民事诉讼当事人有平等的诉讼权利。人民法院审理民事案件，应当保障和便利当事人行使诉讼权利，对当事人在适用法律上一律平等。

本条明确诉讼权利平等原则。

平等要求平等遵守法律[⑤]、平等享有法律地位[⑥]及人民法院平等适用法律。本书仅就诉讼权利平等原则进行阐释。

1. 当事人权利的平等。当事人权利的平等主要表现在不论当事人的职业、社会地位、民族、国籍等如何，也无论当事人为法人还是个人，只要他们作为民事诉讼的当事人，其诉讼权利[⑦]是平等的，承担义务也是平等的。其中，"平等的诉

---

① 《最高人民法院、最高人民检察院关于地方人民法院、人民检察院不得制定司法解释性质文件的通知》第1条。

② 《最高人民法院关于司法解释工作的规定》。

③ 《法官法》第6条、《最高人民法院关于进一步加强人民法院文化建设的意见》第3条第3款、《法官行为规范》第2条、《法官职业道德基本准则》第9条。

《最高人民法院关于人民法院推行立案登记制改革的意见》第1条第2款规定："坚持以宪法和法律为依据。依法保障当事人行使诉讼权利，方便当事人诉讼，做到公开、透明、高效。"

④ 《最高人民法院关于人民法院加强法律实施工作的意见》第2条第3款。

⑤ 《宪法》第5条第4款（"一切国家机关和武装力量、各政党和各社会团体、各企业事业组织都必须遵守宪法和法律"）、第18条第2款（"在中国境内的外国企业和其他外国经济组织以及中外合资经营的企业，都必须遵守中华人民共和国的法律"）。

⑥ 《民法典》第4条规定："民事主体在民事活动中的法律地位一律平等。"第206条第3款规定："国家实行社会主义市场经济，保障一切市场主体的平等法律地位和发展权利。"

⑦ 所谓"诉讼权利"，是指民事诉讼法中规定的当事人所应享有的一切权利。

讼权利"包括同等[①]和对等[②]两方面内容。

2. 人民法院平等适用法律。(1)人民法院审判案件在适用法律上一律平等,不允许任何组织和个人有超越法律的特权,禁止任何形式的歧视。[③] (2)人民法院平等适用法律,同时也要做到:①保障诉讼当事人行使诉讼权利。保障诉讼当事人行使诉讼权利,是指人民法院在审理民事案件时,要确保当事人的诉讼权利得以行使。例如,《民事诉讼法》第129条规定的"人民法院对决定受理的案件,应当在受理案件通知书和应诉通知书中向当事人告知有关的诉讼权利义务,或者口头告知"。又如,《民事诉讼法》第140条第2款规定的"开庭审理时,由审判长或者独任审判员核对当事人,宣布案由,宣布审判人员、书记员名单,告知当事人有关的诉讼权利义务,询问当事人是否提出回避申请"。②便利诉讼当事人行使诉讼权利。便利诉讼当事人行使诉讼权利,是指人民法院在审理民事案件时,要给当事人提供必要的便利条件,以便当事人行使其诉讼权利。例如,《民事诉讼法》第123条第2款规定的"书写起诉状确有困难的,可以口头起诉,由人民法院记入笔录,并告知对方当事人"。又如,《民事诉讼法》第138条规定的"人民法院审理民事案件,根据需要进行巡回审理,就地办案"。

调解原则

第九条 人民法院审理民事案件,应当根据自愿和合法的原则进行调解;调解不成的,应当及时判决。

本条明确了调解原则。[④]

调解是我国的一项基本原则,它适用于民事诉讼活动中的各个阶段,包括起

---

① 同等,是指当事人享有相同的权利义务,如同样享有委托代理人、申请回避、收集证据、进行辩论、请求和解、申请上诉、再审、执行等权利,同样负有遵守诉讼秩序,履行有效的判决、裁定书和调解书等的义务。

② 对等,是指对应的权利与义务,如原告的起诉权与被告的应诉权和反诉权的对应,原告主张的管辖权与被告管辖异议权的对应,原告放弃或者变更诉讼请求权时,被告承认或者反驳诉讼请求权的对应。

③ 《人民法院组织法》第5条。

④ 人民法院审理民事案件时的调解,有利于尽快解决纠纷,避免矛盾扩大化;有利于简化诉讼程序,减少当事人诉讼成本;有利于当事人双方关系的缓和,增强自动执行的意愿。没有达成调解协议的,人民法院应当及时裁判。

诉、开庭审理前准备①、庭审以及上诉等阶段②。本书仅就调解原则进行阐释。

1. 所谓“调解”,是指双方当事人在人民法院的主持下,本着互谅互让的精神,在自愿的基础上达成协议,以使双方的争议得以解决。人民法院调解是以“调解优先、调判结合”③为指导,双方当事人在法院的主持下④,在自愿的基础上达成协议的行为及过程。

2. 所谓“自愿”,是指在调解过程中,必须是双方当事人完全自愿,不得勉强,由当事人双方自己决定是否调解及调解的内容。(1)自愿一般有两种情形:①双方当事人在诉讼开始时就自愿调解。②双方当事人经过审判人员协商和讲解法律,双方当事人开始互相谅解,自愿达成调解协议。(2)审判人员不得用任何强迫或者变相强迫的方法迫使当事人必须调解或者接受对方当事人、审判人员提出的条件,更不能“以判压调”。⑤

3. 所谓“合法”,是指依据法律,保证调解程序、方法和内容不违反法律,保证调解行为及结果不损害国家、集体和他人的合法权益。⑥ (1)要依法规范调解过程中法官审判权的行使,确保调解程序符合有关法律规定,不得违背当事人自愿去强迫调解,防止以判压调、以拖促调。(2)要及时查明当事人之间的纠纷争执

---

① 《民事诉讼法》第125条规定:“当事人起诉到人民法院的民事纠纷,适宜调解的,先行调解,但当事人拒绝调解的除外。”

② 《民事诉讼法》第179条规定:“第二审人民法院审理上诉案件,可以进行调解……”

③ 《最高人民法院关于印发全国法院优秀调解案例的通知》、《法官行为规范》第39条第1款。

④ 《最高人民法院政治部关于人民陪审员工作若干问题的答复》规定:人民陪审员依法“独立对案件进行诉讼调解”。

《最高人民法院关于进一步发挥诉讼调解在构建社会主义和谐社会中积极作用的若干意见》第11条(“经当事人同意,法官助理等审判辅助人员受人民法院指派也可以调解案件。对疑难、复杂和有重大影响的案件,人民法院的庭长或者院长可以主持调解”)、第17条(“当事人同意由办案法官之外的社会组织或者个人主持调解,达成调解协议的,主持调解的社会组织或者个人应当在调解协议上签名或者盖章。但是人民法院根据调解协议制作的调解书,主持调解的社会组织或者个人不签名或者盖章”)。

⑤ 《最高人民法院关于进一步贯彻“调解优先、调判结合”工作原则的若干意见》第15条规定:“……除了法律另有规定的以外,要尊重当事人选择调解或者裁判方式解决纠纷的权利,尊重当事人决定调解开始时机、调解方式方法和调解协议内容的权利。……用通俗易懂的语言,进行释法解疑,充分说明可能存在的诉讼风险,引导当事人在充分认识自身权利义务的基础上,平等自愿地解决纠纷。”

⑥ 《最高人民法院关于人民法院民事调解工作若干问题的规定》第10条规定:“调解协议具有下列情形之一的,人民法院不予确认:(一)侵害国家利益、社会公共利益的;(二)侵害案外人利益的;(三)违背当事人真实意思的;(四)违反法律、行政法规禁止性规定的。”

《最高人民法院关于落实23项司法为民具体措施的指导意见》第7条规定:“……当事人达成的调解协议,超出当事人诉讼请求范围的,只要不违反法律、行政法规的禁止性规定,不侵害国家、社会公共利益或者他人合法权益,人民法院审查后可以依据调解协议内容制作调解书。”

点和利益共同点，准确合理确定当事人利益关系的平衡点，维持双方当事人权利义务基本均衡，确保调解结果的正当性。(3)要认真履行对调解协议审查确认职责，确保调解协议的内容不违反法律规定，不损害国家利益、社会公共利益、第三人利益以及社会公序良俗，正确发挥司法调解的功能，切实维护公平正义。[①]

审判制度

第十条　人民法院审理民事案件，依照法律规定实行合议、回避、公开审判和两审终审制度。

本条明确了审判制度。本书在此基础上进一步阐释四个方面的内容。

一、合议制度

合议制度，是指由审判员或者审判员同陪审员组成合议庭进行审理案件的制度。

1. 实行合议制的案件。除简单的民事案件可以由审判员一人独任审判外，人民法院审判案件，实行合议制。

2. 合议庭的组成。(1)人民法院审理第一审民事案件，由审判员、陪审员共同组成合议庭或者由审判员组成合议庭。合议庭的成员人数，必须是单数。适用简易程序审理的民事案件，由审判员一人独任审理。[②] (2)人民法院审理第二审民事案件，由审判员组成合议庭。合议庭的成员人数，必须是单数。[③] (3)发回重审的案件，原审人民法院应当按照第一审程序另行组成合议庭。[④] (4)审理再审案件，原来是第一审的，按照第一审程序另行组成合议庭；原来是第二审的或者是上级人民法院提审的，按照第二审程序另行组成合议庭。[⑤] (5)人民法院审判再审案件，应当另行组成合议庭。[⑥]

3. 审判委员会与合议庭。审判委员会与合议庭是审判业务领域的指导与被

---

① 《最高人民法院关于进一步贯彻"调解优先、调判结合"工作原则的若干意见》第16条。
② 《民事诉讼法》第40条第1款、第2款。
③ 《民事诉讼法》第41条第1款。
④ 《民事诉讼法》第41条第3款。
⑤ 《民事诉讼法》第41条第4款。
⑥ 《民事诉讼法》第214条第2款。

指导、监督与被监督的关系。(1)审判委员会有权对重大疑难案件或者合议庭争议较大的案件进行讨论,并作出最后处理意见,合议庭应当执行审判委员会的意见。(2)合议庭对审判委员会的决定有异议,必须经报院长或者副院长决定是否重新提交审判委员会讨论。(3)合议庭作出的生效判决,如发现确有错误,必须经审判委员会讨论,才能决定再审。

二、回避制度

回避制度,是指审判人员及其他有关人员与审理的案件具有法律规定的特定关系,可能影响对案件公正审理的,应退出或者避开审理该案件的工作。其中,“法律规定的特定关系”包括审判人员是当事人或者是当事人诉讼代理人的近亲属,与本案有利害关系[①],与本案的当事人、诉讼代理人有其他关系[②]等。

1. 当事人可申请回避,相关人员也可自行申请回避。院长担任审判长或者独任审判员时的回避,由审判委员会决定;审判人员的回避,由院长决定;其他人员的回避,由审判长或者独任审判员决定。[③]

2. 回避制度不同于人民法院内的职务回避、任职回避。(1)职务回避。法官之间有夫妻关系、直系血亲关系、三代以内旁系血亲以及近姻亲关系的,不得同时担任下列职务:①同一人民法院的院长、副院长、审判委员会委员、庭长、副庭长;②同一人民法院的院长、副院长和审判员;③同一审判庭的庭长、副庭长、审判员;④上下相邻两级人民法院的院长、副院长。[④] (2)任职回避。①审判人员及法院其他工作人员从人民法院离任后2年内,不得以律师身份担任诉讼代理人或者辩护人。审判人员及法院其他工作人员从人民法院离任后,不得担任原任职法院所审理案件的诉讼代理人或者辩护人,但是作为当事人的监护人或者近亲属代理诉讼或者进行辩护的除外。[⑤] 审判人员及法院其他工作人员的配偶、子女或者父母不得担任其所任职法院审理案件的诉讼代理人或者辩护人。[⑥] 其中,离

---

① 与本案有利害关系包括法律上的利害关系和事实上的利害关系。

② 其他关系包括朋友、恋人、邻居、仇人等社会关系。

③ 《民事诉讼法》第49条。

④ 《法官法》第23条。

⑤ 《最高人民法院关于审判人员在诉讼活动中执行回避制度若干问题的规定》第8条第1款、第2款。

⑥ 《最高人民法院关于审判人员在诉讼活动中执行回避制度若干问题的规定》第9条。

任,包括退休、调离、解聘、辞职、辞退、开除等离开法院工作岗位的情形。[①] 原任职法院,包括审判人员及法院其他工作人员曾任职的所有法院。[②] ②人民法院领导干部和审判执行人员的配偶、父母、子女有下列情形之一的,法院领导干部和审判执行人员应当实行任职回避:(i)担任该领导干部和审判执行人员所任职人民法院辖区内律师事务所的合伙人或者设立人的;(ii)在该领导干部和审判执行人员所任职人民法院辖区内以律师身份担任诉讼代理人、辩护人,或者为诉讼案件当事人提供其他有偿法律服务的。[③] 其中,“法院领导干部”,是指各级人民法院的领导班子成员及审判委员会专职委员。“审判执行人员”,是指各级人民法院未担任院级领导职务的审判委员会委员以及在立案、审判、执行、审判监督、国家赔偿等部门从事审判、执行工作的法官和执行员。“从事律师职业”,是指开办律师事务所、以律师身份为案件当事人提供诉讼代理或者其他有偿法律服务。③人民陪审员、书记员和执行员适用审判人员回避的有关规定,但不属于《最高人民法院关于审判人员在诉讼活动中执行回避制度若干问题的规定》第 13 条所规定人员的,不适用该规定第 8 条(任职回避)、第 9 条(配偶子女父母回避)的规定。[④] (3)任职回避、职务回避的法律责任。①凡配偶子女从事律师业务的法院在编工作人员(包括在非审判执行岗位工作的工作人员),均应主动填写《法院工作人员配偶子女从事律师业务情况申报表》,并报所在法院组织人事部门。[⑤] ②人民法院发现诉讼代理人或者辩护人有违反“任职回避”“配偶子女父母回避”行为的,应当责令其停止相关诉讼代理或者辩护行为。[⑥] ③当事人及其法定代理人、诉讼代理人、辩护人认为审判人员有违反回避制度相关规定行为的,可以向法院纪检、监察部门或者其他有关部门举报。受理举报的人民法院应当及时处理,并将相关意见反馈给举报人。[⑦] ④法院领导干部和审判执行人员的配偶、父母、子女采取隐名代理等方式在该领导干部和审判执行人员所任职人民法院辖

---

① 《最高人民法院关于审判人员在诉讼活动中执行回避制度若干问题的规定》第 8 条第 3 款。

② 《最高人民法院关于审判人员在诉讼活动中执行回避制度若干问题的规定》第 8 条第 4 款。

③ 《最高人民法院关于对配偶父母子女从事律师职业的法院领导干部和审判执行人员实行任职回避的规定》第 2 条。

④ 《最高人民法院关于审判人员在诉讼活动中执行回避制度若干问题的规定》第 14 条。

⑤ 《最高人民法院关于落实任职回避制度的实施方案》第 2 条第 2 款。

⑥ 《最高人民法院关于审判人员在诉讼活动中执行回避制度若干问题的规定》第 10 条。

⑦ 《最高人民法院关于审判人员在诉讼活动中执行回避制度若干问题的规定》第 11 条。

区内从事律师职业的，应当责令该法院领导干部和审判执行人员辞去领导职务或者将其调离审判执行岗位，其本人知情的，应当根据相关规定从重处理。①

三、公开制度

公开制度，是指除法律规定不可以公开审理的案件以外，人民法院应公开审理一审、二审、重审与再审的民事案件，允许旁听和公开报道，并坚持“六项司法公开原则”。②

1. 公开审查的案件。人民法院审理案件，除涉及国家机密③、个人隐私④和未成年人犯罪的案件外，一律公开进行。(1)第一审案件。人民法院对于第一审案件，除下列案件外，应当依法一律公开审理：①涉及国家秘密的案件；②涉及个人隐私的案件；③14 岁以上不满 16 岁未成年人犯罪的案件；经人民法院决定不公开审理的 16 岁以上不满 18 岁未成年人犯罪的案件；④经当事人申请，人民法院决定不公开审理的涉及商业秘密的案件；⑤经当事人申请，人民法院决定不公开审理的离婚案件；⑥法律另有规定的其他不公开审理的案件。对于不公开审理的案件，应当当庭宣布不公开审理的理由。⑤ (2)第二审案件。下列第二审案件应当公开审理：①当事人对不服公开审理的第一审案件的判决、裁定提起上诉的，但因违反法定程序发回重审的和事实清楚依法径行判决、裁定的除外。②人民检察院对公开审理的案件的判决、裁定提起抗诉的，但需发回重审的除外。⑥(3)重审与再审案件。凡应当依法公开审理的案件没有公开审理的，应当按下列规定处理：①当事人提起上诉或者人民检察院对刑事案件的判决、裁定提起抗诉的，第二审人民法院应当裁定撤销原判决，发回重审；②当事人申请再审的，人民法院可以决定再审；人民检察院按照审判监督程序提起抗诉的，人民法院应当决

---

① 《最高人民法院关于对配偶父母子女从事律师职业的法院领导干部和审判执行人员实行任职回避的规定》第 9 条。

② 审判公开制度主要内容有：(1)人民法院审理民事案件，除非法律另有规定的，一律公开审理。(2)公开告示审判事项。(3)公开审理过程。(4)公开审判结果。

“六项司法公开原则”参见《最高人民法院关于司法公开的六项规定》。

③ 《保守国家秘密法》第 2 条规定：“国家秘密是关系国家安全和利益，依照法定程序确定，在一定时间内只限一定范围的人员知悉的事项。”

④ 《最高人民法院关于加强人民法院审判公开工作的若干意见》第 11 条规定：“……当事人提出案件涉及个人隐私或者商业秘密的，人民法院应当综合当事人意见、社会一般理性认识等因素，必要时征询专家意见，在合理判断基础上作出决定。”

⑤ 《最高人民法院关于严格执行公开审判制度的若干规定》第 2 条。

⑥ 《最高人民法院关于严格执行公开审判制度的若干规定》第 3 条。

定再审。上述发回重审或者决定再审的案件应当依法公开审理。[①]

2. 人民法院的公告、听证、告知。(1)公告。①人民法院应当通过官方网站、电子显示屏、公告栏等向公众公开各法庭的编号、具体位置以及旁听席位数量等信息。[②] ②应公告选择评估、拍卖等中介机构的条件和程序,公开进行选定,并及时公告选定的中介机构名单、评估、拍卖、变卖的过程、结果及不能完成上述行为的原因。(2)听证。对办案过程中涉及当事人或案外人重大权益的事项,法律没有规定办理程序的,各级人民法院应当根据实际情况,建立灵活、方便的听证制度,举行听证。对当事人、利害关系人提出的执行异议、变更或追加被执行人的请求、经调卷复查认为符合再审条件的申诉申请再审案件,人民法院应当举行听证。[③] (3)告知。①有义务一次性告知当事人应提交的起诉材料、手续,能够当场补全的,立案工作人员应当指导当场补全。②应在案件受理通知书和应诉通知书中告知当事人普通程序所适用的程序及权利,将决定由简易程序转为普通程序案件的内容、事实和法律根据告知当事人。③应当及时告知请求人民法院调查取证的申请人及其他当事人决定是否调查收集证据(后者要说明理由)。④应当在财产保全或先予执行的裁定书中写明采取措施事实理由和法律根据,申请人提供担保的种类、金额或者免予担保的事实和法律根据,决定不采取上述措施的,说明事实理由与法律依据。⑤应当及时告知申请人是否决定调查申请执行人提供被执行人财产线索,及时告知申请人调查的情况、结果和被执行人申报财产的情况。

3. 旁听。(1)自然人的旁听。①旁听席位不能满足需要时,人民法院可以根据申请的先后顺序或者通过抽签、摇号等方式发放旁听证,但应当优先安排当事

---

① 《最高人民法院关于严格执行公开审判制度的若干规定》第7条。

② 《人民法院法庭规则》第8条。

《最高人民法院关于加强人民法院审判公开工作的若干意见》第6条规定:"人民法院应当以设置宣传栏或者公告牌、建立网站等方便查阅的形式,公布本院管辖的各类案件的立案条件、由当事人提交的法律文书的样式、诉讼费用的收费标准及缓、减、免交诉讼费的基本条件和程序、案件审理与执行工作流程等事项。"

另参见《最高人民法院关于推进司法公开三大平台建设的若干意见》《最高人民法院关于在中国法院网公布民事案件被执行人名单的通知》。

③ 《最高人民法院关于加强人民法院审判公开工作的若干意见》第19条。

《最高人民法院关于人民法院执行公开的若干规定》第14条规定:"人民法院依职权对据以执行的生效法律文书终结执行的,应当公开听证,但申请执行人没有异议的除外。终结执行应当制作裁定书并送达双方当事人。裁定书应当充分说明终结执行的理由,并明确援引相应的法律依据。"

人的近亲属或其他与案件有利害关系的人旁听。[①] ②下列人员不得旁听:(i)证人、鉴定人以及准备出庭提出意见的有专门知识的人;(ii)未获得人民法院批准的未成年人;(iii)拒绝接受安全检查的人;(iv)醉酒的人、精神病人或其他精神状态异常的人;(v)其他有可能危害法庭安全或妨害法庭秩序的人。[②] ③依法不公开的庭审活动,除法律另有规定外,任何人不得旁听。[③] (2)人大代表、政协委员的旁听。①人大代表、政协委员参加旁听的按如下方式处理:(i)受邀请时,应由人民法院联络部门负责联系和沟通,并告知开庭时间、地点、案由、合议庭组成人员等基本情况。(ii)其本人提出旁听要求,人民法院应积极安排。(iii)其持代表证或委员证自行旁听的,不得拒绝或设置障碍,案件承办部门应及时将情况报告本院联络部门。②人大代表、政协委员旁听的案件,可以当庭宣判的,应当庭宣判;不可以的,应在审结后以适当方式及时将裁判结果告知旁听人员。但其不应以人大代表、政协委员身份旁听与其有直接利害关系的案件。[④]

4. 直播、传播。(1)人民法院的直播。依法公开进行的庭审活动,具有下列情形之一的,人民法院可以通过电视、互联网或其他公共媒体进行图文、音频、视频直播或录播:①公众关注度较高;②社会影响较大;③法治宣传教育意义较强。[⑤] (2)媒体的传播。①媒体记者经许可实施"传播庭审活动"的行为,应当在指定的时间及区域进行,不得影响或干扰庭审活动。[⑥] ②有新闻媒体旁听或报道庭审活动时,旁听区可以设置专门的媒体记者席。[⑦] ③审判场所座席不足的,应当优先保证媒体和当事人近亲属的需要。有条件的审判法庭根据需要可以在旁

---

① 《人民法院法庭规则》第9条第2款。

② 《人民法院法庭规则》第9条第3款。

《最高人民法院关于严格执行公开审判制度的若干规定》第10条第1款规定:"依法公开审理案件,公民可以旁听,但精神病人、醉酒的人和未经人民法院批准的未成年人除外。"

③ 《人民法院法庭规则》第9条第5款。

④ 《最高人民法院关于加强和规范人大代表、政协委员旁听案件庭审工作的若干意见》第8条、第13条。

《最高人民法院关于全面加强环境资源审判工作　为推进生态文明建设提供有力司法保障的意见》(已被修改)第22条规定:"……对于有重大影响的案件,邀请人大代表、政协委员、社会公众等旁听庭审,增强环境资源审判的公开性和公信力。"

⑤ 《人民法院法庭规则》第11条。

另参见《最高人民法院关于人民法院直播录播庭审活动的规定》(部分失效)。

⑥ 《人民法院法庭规则》第17条第4款。

⑦ 《人民法院法庭规则》第3条第3款。

听席中设立媒体席。记者旁听庭审应当遵守法庭纪律,未经批准不得录音、录像和摄影。①

5. 人民法院审理案件资料的留存。(1)人民法院应当对庭审活动进行全程录像或录音。②(2)庭审录音录像的保存期限与案件卷宗的保存期限相同。③

四、两审终审制度

1. 两审终审,是指一个案件经两级人民法院的审判即告终结,作出的判决即为确定判决。④

2. 两审终审制度主要是针对诉讼案件而言的,对于非讼案件,适用的是一审终审制度,如特别程序、督促程序和公示程序审理的案件等。⑤

语言文字

第十一条　各民族公民都有用本民族语言、文字进行民事诉讼的权利。

在少数民族聚居或者多民族共同居住的地区,人民法院应当用当地民族通用的语言、文字进行审理和发布法律文书。

人民法院应当对不通晓当地民族通用的语言、文字的诉讼参与人提供翻译。

本条明确使用本民族语言文字进行民事诉讼。⑥ 本书仅就其进行阐释。

1. 人民法院在审理民事案件时,应当尊重当事人和其他诉讼参与人使用本民族语言、文字进行民事诉讼的权利,并提供必要的便利,避免因语言、文字的障碍而对民事权益产生影响。

2. 各民族公民都有用本民族语言文字进行诉讼的权利。人民法院和人民检察院对于不通晓当地通用的语言文字的诉讼参与人,应当为他们翻译。在少数

① 《最高人民法院关于人民法院接受新闻媒体舆论监督的若干规定》第3条。

② 《人民法院法庭规则》第10条。

③ 《最高人民法院关于庭审活动录音录像的若干规定》第5条第2款。

④ 洪冬英主编:《民事诉讼法学通论》(第3版),北京大学出版社2020年版,第82页。

⑤ 两审终审制度,是一种审级制度。

⑥ 本法规定了使用本民族语言文字进行诉讼的原则,可以保证诉讼顺利进行,使当事人充分行使权利,使案件获得公正裁判。同时便于审判人员和诉讼参加人直接沟通,了解案情,有利于纠纷的一次性解决。

民族聚居或者多民族共同居住的地区，应当用当地通用的语言进行审理；起诉书、判决书、布告和其他文书应当根据实际需要使用当地通用的一种或者几种文字。①

3. 诉讼一方只能讲方言的，应当准许；他方表示不通晓的，可以由懂方言的人用普通话进行复述，复述应当准确无误；使用少数民族语言陈述，他方表示不通晓的，应当为其配备翻译。②

辩论权

第十二条　人民法院审理民事案件时，当事人有权进行辩论。

本条明确当事人的辩论权。③

辩论，是指在人民法院的主持下，在第一审、第二审及再审中，当事人就争议的事实、适用的法律，提出自己的主张、依据，相互进行答辩、反驳，以维护各自的合法权益。其对当事人来讲是一种权利，对人民法院来讲是一种保障义务。④ 本书仅就辩论权进行阐释。

1. 辩论权的行使贯穿诉讼的整个过程而不仅限于法庭辩论。在第一审程序、第二审程序以及审判监督程序中，都允许当事人进行辩论。当事人提出起诉状、答辩状，当庭作出陈述等诉讼行为也是行使辩论权。

2. 辩论的形式既有口头形式，也有书面形式。例如，法庭辩论主要采用的是口头形式。原告提出起诉状，被告提出答辩状，就属书面形式的答辩。

3. 辩论的内容，主要围绕案件的实质性问题，即围绕本案争议的诉讼标的进

---

① 《宪法》第139条。

《民族区域自治法》第47条规定："民族自治地方的人民法院和人民检察院应当用当地通用的语言审理和检察案件，并合理配备通晓当地通用的少数民族语言文字的人员。对于不通晓当地通用的语言文字的诉讼参与人，应当为他们提供翻译。法律文书应当根据实际需要，使用当地通用的一种或者几种文字。保障各民族公民都有使用本民族语言文字进行诉讼的权利。"

② 《法官行为规范》第32条。

③ 《民事诉讼法》第12条意义上的辩论权，涵盖当事人在诉讼过程中表达各自意思的各种方式。

④ 辩论原则是建立在双方当事人民事法律地位和诉讼法律地位平等的基础上。本法要求人民法院审理民事案件时，必须实行辩论原则。通过当事人之间互相辩论，也能更快地厘清事实，方便人民法院查清案件事实，分清是非，为作出公正的裁判打下基础。

行辩论，包括案件的事实和适用法律问题。同时，对程序性方面的问题也可以进行辩论，例如，当事人的诉讼代理人是否符合法定条件，受理本案的人民法院是否有管辖权等。

4. 辩论在人民法院主持下进行。一方面，人民法院应当按照法定程序安排双方当事人进行辩论，并保障当事人辩论权的行使，人民法院的判决必须经过和基于当事人的辩论作出；另一方面，人民法院对违反辩论程序、妨害诉讼进行的行为，有权依法作出处理。

诚信原则、当事人处分原则

第十三条　民事诉讼应当遵循诚信原则。

当事人有权在法律规定的范围内处分自己的民事权利和诉讼权利。

本条明确民事诉讼诚信原则和当事人的处分权原则。本书在此基础上阐释两方面的内容。

一、民事诉讼的诚实信用原则

诚信原则，是指诉讼主体进行民事诉讼时必须诚实和善意，不得通过诉讼行为侵害他方的利益，干扰民事诉讼的正常进行。①

1. 诚信原则贯穿于民事诉讼的全过程，且包括四个方面内容：(1) 当事人实施诉讼行为的诚信义务。包括：当事人不得规避法律规定，故意造成不合理的诉讼状态，以达到有利于自己诉讼或者给对方带来负担的目的；不得实施与先前行为矛盾的诉讼行为；应当及时主张权利，否则产生失去诉权的效力；不得滥用举证权利；不得伪造、提供虚假证据；不得恶意串通，通过诉讼、调解等方式逃避债务、转移资产；不得隐瞒对方当事人的真实地址，蒙骗法院缺席判决；不得滥用管辖异议权、申请回避权、执行异议权，拖延诉讼进程，规避法律文书的强制执行；在诉讼中，必须完整和真实地陈述案件事实，自觉履行诉讼义务、遵守诉讼秩序、

---

① 洪冬英主编：《民事诉讼法学通论》(第3版)，北京大学出版社2020年版，第68页。

另参见《民法典》第7条。

《民事诉讼法》将诚信原则作为一项基本原则加以规定，意味着它已经从伦理规范上升为法律规范，不仅要求当事人和其他诉讼参与人诚信，而且要求人民法院审判人员在诉讼活动中也要诚实守信，确保司法公正。

自觉履行发生法律效力的判决书、裁定书和调解书等。(2)有关单位不得拒绝或者妨碍人民法院调查取证;不得拒绝协助查询、扣押、冻结、划拨、变价财产,扣留被执行人的收入;不得妨碍办理有关财产权证照转移手续,转交有关票证、证照或者其他财产等。(3)人民法院审理民事案件,应当以事实为根据,以法律为准绳,保障和便利当事人行使诉讼权利,对当事人在适用法律上一律平等,对适用普通程序审理的案件应当依法组成合议庭。(4)法官在诉讼中要诚信地对待当事人的权利,主动回避,保障程序公正地进行;要根据自愿与合法原则进行调解,按照法律规定的条件和程序受理案件、送达诉讼文书、开庭审理,依法行使审判权。不得有贪污受贿、徇私舞弊、枉法裁判等行为。

2. 违反诚信原则,应当承担相应的法律责任或被公布失信被执行人名单信息。①

二、当事人的处分权

民法以自治为原则,承认当事人有权自主决定其权利义务。对于《民事诉讼法》规定的权利,当事人都可以处分。②

1. 当事人处分权的主要内容。(1)当原告认为自己的民事权利受到侵害时,他有权决定是否向人民法院起诉。(2)结案前,原告也可以申请撤诉。(3)审理过程中原告可以放弃、变更自己的诉讼请求,被告可以承认、反驳原告的诉讼请求,可以对原告的诉讼请求提出反诉。(4)双方当事人可以和解。(5)当事人对于第一审人民法院的判决、裁定有权决定是否提起上诉。审理终结后,当事人有权决定是否对发生法律效力的判决、裁定、调解书申请强制执行,也有权在执行过程中同意延期执行、和解或者撤回执行申请等。

2. 当事人处分权的有限性。当事人在行使权利时,不得损害国家的、社会的、集体的利益和其他自然人的合法自由和权利。

---

① 《民事诉讼法》第262条规定:"被执行人不履行法律文书确定的义务的,人民法院可以对其采取或者通知有关单位协助采取限制出境,在征信系统记录、通过媒体公布不履行义务信息以及法律规定的其他措施。"

另参见《最高人民法院关于认真贯彻执行〈关于公布失信被执行人名单信息的若干规定〉的通知》。

② 民法以自治为原则,承认当事人自主决定其权利义务关系。作为民法生命形式的《民事诉讼法》,应当贯彻民法自治的原则,在程序制度上,充分尊重当事人的意思自治。

人民检察院的监督权

第十四条　人民检察院有权对民事诉讼实行法律监督。

本条明确人民检察院的法律监督权。[①]

人民检察院是国家的法律监督机关，[②]依法独立行使检察权，[③]有权对诉讼活动和司法人员渎职行为[④]实施法律监督。对民事诉讼实行法律监督，是指对民事审判活动、民事执行活动和人民法院的调解活动的法律监督。本书在人民检察院的法律监督权基础上进一步阐释四个方面的内容。

一、对民事诉讼回避的监督

1. 检察人员民事诉讼回避的情形。检察人员有《民事诉讼法》第 47 条规定情形之一的，应当自行回避，当事人有权申请他们回避。前款规定，适用于书记员、翻译人员、鉴定人、勘验人等。[⑤]

2. 检察人员民事诉讼回避的方式。(1)自行回避。检察人员自行回避的，可以口头或者书面方式提出，并说明理由。口头提出申请的，应当记录在卷。[⑥](2)当事人申请回避。①当事人申请回避，应当在人民检察院作出提出抗诉或者检察建议等决定前以口头或者书面方式提出，并说明理由。口头提出申请的，应当记录在卷。对于“审判人员接受当事人、诉讼代理人请客送礼，或者违反规定会见当事人、诉讼代理人的”，当事人提出回避申请的，应当提供相关证据。被申请回避的人员在人民检察院作出是否回避的决定前，应当暂停参与本案工作，但

---

① 《民事诉讼法》的修改，加强了人民检察院对民事诉讼活动的法律监督：(1)增加了监督方式。各级人民检察院除了抗诉的监督方式外，可以向同级人民法院或同级人民检察院提出检察建议。(2)扩大了监督范围。将“人民检察院有权对民事审判活动实行法律监督”，修改为“人民检察院有权对民事诉讼实行法律监督”。(3)强化了监督手段。人民检察院可以向当事人或者案外人调查核实相关情况。

② 《宪法》第 134 条。

③ 《人民检察院民事诉讼监督规则》第 2 条。

④ 参见《最高人民法院、最高人民检察院、公安部、国家安全部、司法部关于对司法工作人员在诉讼活动中的渎职行为加强法律监督的若干规定(试行)》。

⑤ 《人民检察院民事诉讼监督规则》第 12 条。

⑥ 《人民检察院民事诉讼监督规则》第 13 条。

案件需要采取紧急措施的除外。[①] ②人民检察院对当事人提出的回避申请,应当在3日内作出决定,并通知申请人。申请人对决定不服的,可以在接到决定时向原决定机关申请复议一次。人民检察院应当在3日内作出复议决定,并通知复议申请人。复议期间,被申请回避的人员不停止参与本案工作。[②]

3. 检察人员民事诉讼回避的决定。检察长的回避,由检察委员会讨论决定;检察人员和其他人员的回避,由检察长决定。检察委员会讨论检察长回避问题时,由副检察长主持,检察长不得参加。[③]

二、对民事诉讼受理的监督

民事诉讼监督案件的来源包括:(1)当事人向人民检察院申请监督;(2)当事人以外的自然人、法人和非法人组织向人民检察院控告;(3)人民检察院在履行职责中发现。[④]

(一)当事人向人民检察院申请监督

1. 申请监督的对象(情形)。[⑤] (1)已生效的民事判决、裁定、调解书。地方各级人民检察院发现同级人民法院已经发生法律效力的民事判决、裁定有规定情形之一的,可以向同级人民法院提出再审检察建议。[⑥] (2)审判人员违法行为。①人民检察院发现同级人民法院民事审判程序中审判人员有《法官法》第46条等规定的违法行为且可能影响案件公正审判、执行的,应当向同级人民法院提出检察建议。[⑦] ②人民检察院认为审判人员违反本规则的,可以在庭审活动结束后向人民法院提出处理建议。诉讼参与人、旁听人员认为审判人员、书记员、司法

---

① 《人民检察院民事诉讼监督规则》第14条。

② 《人民检察院民事诉讼监督规则》第17条。

③ 《人民检察院民事诉讼监督规则》第16条。

④ 《人民检察院民事诉讼监督规则》第18条。

⑤ 《人民检察院民事诉讼监督规则》第19条规定:"有下列情形之一的,当事人可以向人民检察院申请监督:(一)已经发生法律效力的民事判决、裁定、调解书符合《中华人民共和国民事诉讼法》第二百零九条第一款规定的;(二)认为民事审判程序中审判人员存在违法行为的;(三)认为民事执行活动存在违法情形的。"(此处适用的是2017年《民事诉讼法》,参见2021年《民事诉讼法》第216条第1款)

⑥ 《人民检察院民事诉讼监督规则》第81条。

《人民检察院组织法》第20条规定:"人民检察院行使下列职权:……(六)对判决、裁定等生效法律文书的执行工作实行法律监督……"

⑦ 《人民检察院民事诉讼监督规则》第101条。

警察违反本规则的,可以在庭审活动结束后向人民法院反映。[①] (3)司法人员的行为。司法工作人员在诉讼活动中具有下列情形之一的,人民检察院应当调查核实:①非法搜查他人身体、住宅,或者非法侵入他人住宅的;②侵吞或者违法处置被查封、扣押、冻结的款物的;③在执行判决、裁定活动中严重不负责任或者滥用职权,不依法采取诉讼保全措施、不履行法定执行职责,或者违法采取诉讼保全措施、强制执行措施,致使当事人或者其他人的合法利益遭受损害的;④收受或者索取当事人及其近亲属或者其委托的人等的贿赂的;⑤其他严重违反《民事诉讼法》等法律的规定,不依法履行职务,损害当事人合法权利,影响公正司法的诉讼违法行为和职务犯罪行为。[②] (4)执行活动的违法情形。对民事执行活动的监督案件,由执行法院所在地同级人民检察院管辖。

2. 申请监督提交的文书。当事人向人民检察院申请监督,应当提交监督申请书、身份证明[③]、相关法律文书[④]及证据材料。提交证据材料的,应当附证据清单。申请监督材料不齐备的,人民检察院应当要求申请人限期补齐,并一次性明确告知应补齐的全部材料。申请人逾期未补齐的,视为撤回监督申请。[⑤]

3. 申请监督委托的代理人。当事人申请监督,可以依照《民事诉讼法》的规定委托诉讼代理人。[⑥]

4. 申请监督的受理。(1)当事人申请监督符合下列条件的,人民检察院应当受理:①符合监督的"受理条件"的规定;[⑦]②申请人提供的材料符合"提交监督申请书、身份证明、相关法律文书及证据材料"(《人民检察院民事诉讼监督规则》

---

① 《人民法院法庭规则》第22条。

② 《最高人民法院、最高人民检察院、公安部、国家安全部、司法部关于对司法工作人员在诉讼活动中的渎职行为加强法律监督的若干规定(试行)》第3条。

③ 《人民检察院民事诉讼监督规则》第23条规定:"本规则第二十一条规定的身份证明包括:(一)自然人的居民身份证、军官证、士兵证、护照等能够证明本人身份的有效证件;(二)法人或者非法人组织的统一社会信用代码证书或者营业执照副本、组织机构代码证书和法定代表人或者主要负责人的身份证明等有效证照。对当事人提交的身份证明,人民检察院经核对无误留存复印件。"

④ 《人民检察院民事诉讼监督规则》第24条规定:"本规则第二十一条规定的相关法律文书是指人民法院在该案件诉讼过程中作出的全部判决书、裁定书、决定书、调解书等法律文书。"

⑤ 《人民检察院民事诉讼监督规则》第21条。

⑥ 《人民检察院民事诉讼监督规则》第25条。

⑦ 《人民检察院民事诉讼监督规则》第19条规定:"有下列情形之一的,当事人可以向人民检察院申请监督:(一)已经发生法律效力的民事判决、裁定、调解书符合《中华人民共和国民事诉讼法》第二百零九条第一款规定的;(二)认为民事审判程序中审判人员存在违法行为的;(三)认为民事执行活动存在违法情形的。"

第21条至第24条)的规定;[①]③本院具有管辖权;④不具有《人民检察院民事诉讼监督规则》规定的不予受理情形。[②] (2)不予受理的情形。①当事人根据《民事诉讼法》第216条第1款的规定向人民检察院申请监督,有下列情形之一的,人民检察院不予受理:(i)当事人未向人民法院申请再审的;(ii)当事人申请再审超过法律规定的期限的,但不可归责于其自身原因的除外;(iii)人民法院在法定期限内正在对民事再审申请进行审查的;(iv)人民法院已经裁定再审且尚未审结的;(v)判决、调解解除婚姻关系的,但对财产分割部分不服的除外;(vi)人民检察院已经审查终结作出决定的;(vii)民事判决、裁定、调解书是人民法院根据人民检察院的抗诉或者再审检察建议再审后作出的;(viii)申请监督超过《人民检察院民事诉讼监督规则》第20条规定的期限的;(ix)其他不应受理的情形。[③] ②当事人认为民事审判程序或者执行活动存在违法情形,向人民检察院申请监督,有下列情形之一的,人民检察院不予受理:(i)法律规定可以提出异议、申请复议或者提起诉讼,当事人没有提出异议、申请复议或者提起诉讼的,但有正当理由的除外;(ii)当事人提出异议、申请复议或者提起诉讼后,人民法院已经受理并正在审查处理的,但超过法定期限未作出处理的除外;(iii)其他不应受理的情形。[④] (3)受理的部门。①当事人根据《民事诉讼法》第216条第1款的规定向人民检察院申请检察建议或者抗诉,由作出生效民事判决、裁定、调解书的人民法院所在地同级人民检察院负责控告申诉检察的部门受理。人民法院裁定驳

---

① 《人民检察院民事诉讼监督规则》第21条("当事人向人民检察院申请监督,应当提交监督申请书、身份证明、相关法律文书及证据材料。提交证据材料的,应当附证据清单。申请监督材料不齐备的,人民检察院应当要求申请人限期补齐,并一次性明确告知应补齐的全部材料。申请人逾期未补齐的,视为撤回监督申请")、第22条("本规则第二十一条规定的监督申请书应当记明下列事项:(一)申请人的姓名、性别、年龄、民族、职业、工作单位、住所、有效联系方式,法人或者非法人组织的名称、住所和法定代表人或者主要负责人的姓名、职务、有效联系方式;(二)其他当事人的姓名、性别、工作单位、住所、有效联系方式等信息,法人或者非法人组织的名称、住所、负责人、有效联系方式等信息;(三)申请监督请求;(四)申请监督的具体法定情形及事实、理由。申请人应当按照其他当事人的人数提交监督申请书副本")、第23条("本规则第二十一条规定的身份证明包括:(一)自然人的居民身份证、军官证、士兵证、护照等能够证明本人身份的有效证件;(二)法人或者非法人组织的统一社会信用代码证书或者营业执照副本、组织机构代码证书和法定代表人或者主要负责人的身份证明等有效证照。对当事人提交的身份证明,人民检察院经核对无误留存复印件")、第24条("本规则第二十一条规定的相关法律文书是指人民法院在该案件诉讼过程中作出的全部判决书、裁定书、决定书、调解书等法律文书")。

② 《人民检察院民事诉讼监督规则》第26条。

③ 《人民检察院民事诉讼监督规则》第27条。

④ 《人民检察院民事诉讼监督规则》第28条第1款。

回再审申请或者逾期未对再审申请作出裁定，当事人向人民检察院申请监督的，由作出原生效民事判决、裁定、调解书的人民法院所在地同级人民检察院受理。[①] 当事人认为民事审判程序中审判人员存在违法行为或者民事执行活动存在违法情形，向人民检察院申请监督的，由审理、执行案件的人民法院所在地同级人民检察院负责控告申诉检察的部门受理。当事人不服上级人民法院作出的复议裁定、决定等，提出监督申请的，由上级人民法院所在地同级人民检察院受理。人民检察院受理后，可以根据需要依照本规则有关规定将案件交由原审理、执行案件的人民法院所在地同级人民检察院办理。[②] ②当事人认为人民检察院不依法受理其监督申请的，可以向上一级人民检察院申请监督。上一级人民检察院认为当事人监督申请符合受理条件的，应当指令下一级人民检察院受理，必要时也可以直接受理。[③] （4）受理后的处理。人民检察院负责控告申诉检察的部门对监督申请，应当根据以下情形作出处理：①符合受理条件的，应当依照本规则规定作出受理决定；②不属于本院受理案件范围的，应当告知申请人向有关人民检察院申请监督；③不属于人民检察院主管范围的，应当告知申请人向有关机关反映；④不符合受理条件，且申请人不撤回监督申请的，可以决定不予受理。[④] （5）受理的通知书。①负责控告申诉检察的部门应当在决定受理之日起 3 日内制作《受理通知书》，发送申请人，并告知其权利义务；同时将《受理通知书》和监督申请书副本发送其他当事人，并告知其权利义务。其他当事人可以在收到监督申请书副本之日起 15 日内提出书面意见，不提出意见的不影响人民检察院对案件的审查。[⑤] ②负责控告申诉检察的部门应当在决定受理之日起 3 日内将案件材料移送本院负责民事检察的部门，同时将《受理通知书》抄送本院负责案件管理的部门。负责控告申诉检察的部门收到其他当事人提交的书面意见等材料，应当及时移送负责民事检察的部门。[⑥]

---

① 《人民检察院民事诉讼监督规则》第 29 条。

② 《人民检察院民事诉讼监督规则》第 30 条。

《人民检察院民事诉讼监督规则》第 5 条规定："负责控告申诉检察、民事检察、案件管理的部门分别承担民事诉讼监督案件的受理、办理、管理工作，各部门互相配合，互相制约。"

③ 《人民检察院民事诉讼监督规则》第 31 条。

④ 《人民检察院民事诉讼监督规则》第 32 条。

⑤ 《人民检察院民事诉讼监督规则》第 33 条。

⑥ 《人民检察院民事诉讼监督规则》第 34 条。

（二）当事人以外的自然人、法人和非法人组织向人民检察院申请的检察监督

1. 当事人以外的自然人、法人和非法人组织认为人民法院民事审判程序中审判人员存在违法行为或者民事执行活动存在违法情形等，可以向同级人民检察院控告。控告由人民检察院负责控告申诉检察的部门受理。负责控告申诉检察的部门对收到的控告，应当依据《人民检察院信访工作规定》等办理。①

2. 负责控告申诉检察的部门可以依据《人民检察院信访工作规定》，向下级人民检察院交办涉及民事诉讼监督的信访案件。②

（三）人民检察院依职权的检察监督

1. 人民检察院依职权检察监督的情形。人民检察院在履行职责中发现民事案件有下列情形之一的，应当依职权启动监督程序：(1)损害国家利益或者社会公共利益的；(2)审判、执行人员有贪污受贿、徇私舞弊、枉法裁判等违法行为的；(3)当事人存在虚假诉讼等妨害司法秩序行为的；(4)人民法院作出的已经发生法律效力的民事公益诉讼判决、裁定、调解书确有错误，审判程序中审判人员存在违法行为，或者执行活动存在违法情形的；(5)依照有关规定需要人民检察院跟进监督的；(6)具有重大社会影响等确有必要进行监督的情形；③(7)人民检察院发现人民法院已经发生法律效力的民事判决、裁定有《民事诉讼法》第207条规定情形之一的。④

2. 人民检察院依职权检察监督的方式。(1)人民检察院发现人民法院已经发生法律效力的民事判决、裁定有《民事诉讼法》第207条规定情形之一的，依法向人民法院提出再审检察建议或者抗诉。⑤ (2)人民检察院发现民事调解书损害国家利益、社会公共利益的，依法向人民法院提出再审检察建议或者抗诉。⑥

（四）人民检察院检察监督案件受理、移送

1. 人民检察院检察监督案件的受理部门。下级人民检察院提请抗诉、提请

---

① 《人民检察院民事诉讼监督规则》第35条。
② 《人民检察院民事诉讼监督规则》第36条。
③ 《人民检察院民事诉讼监督规则》第37条第1款。
④ 《人民检察院民事诉讼监督规则》第74条。
⑤ 《人民检察院民事诉讼监督规则》第74条。
⑥ 《人民检察院民事诉讼监督规则》第75条第1款。

其他监督等案件，由上一级人民检察院负责案件管理的部门受理。依职权启动监督程序的民事诉讼监督案件，负责民事检察的部门应当到负责案件管理的部门登记受理。①

2. 人民检察院检察监督案件的移送。负责案件管理的部门接收案件材料后，应当在3日内登记并将案件材料和案件登记表移送民事检察的部门；案件材料不符合规定的，应当要求补齐。负责案件管理的部门登记受理后，需要通知当事人的，负责民事检察的部门应当制作《受理通知书》，并在3日内发送当事人。②

三、对民事诉讼检察监督案件的审查

1. 民事诉讼检察监督案件审查的部门。受理后的民事诉讼监督案件由负责民事检察的部门进行审查。③

2. 民事诉讼检察监督案件上下级之间的交办。(1)上级人民检察院认为确有必要的，可以办理下级人民检察院受理的民事诉讼监督案件。下级人民检察院对受理的民事诉讼监督案件，认为需要由上级人民检察院办理的，可以报请上级人民检察院办理。④ (2)上级人民检察院可以将受理的民事诉讼监督案件交由下级人民检察院办理，并限定办理期限。交办的案件应当制作《交办通知书》，并将有关材料移送下级人民检察院。下级人民检察院应当依法办理，不得将案件再行交办。除《人民检察院民事诉讼监督规则》第107条规定外，下级人民检察院应当在规定期限内提出处理意见并报送上级人民检察院，上级人民检察院应当在法定期限内作出决定。交办案件需要通知当事人的，应当制作《通知书》，并发送当事人。⑤

3. 民事诉讼检察监督案件审查的规则。(1)人民检察院审查民事诉讼监督案件，应当围绕申请人的申请监督请求、争议焦点以及《人民检察院民事诉讼监督规则》第37条规定的情形，对人民法院民事诉讼活动是否合法进行全面审查。其他当事人在人民检察院作出决定前也申请监督的，应当将其列为申请人，对其申请监督请求一并审查。⑥ (2)人民检察院审查案件，应当通过适当方式听取当

---

① 《人民检察院民事诉讼监督规则》第38条。
② 《人民检察院民事诉讼监督规则》第39条。
③ 《人民检察院民事诉讼监督规则》第40条。
④ 《人民检察院民事诉讼监督规则》第41条。
⑤ 《人民检察院民事诉讼监督规则》第42条。
⑥ 《人民检察院民事诉讼监督规则》第43条。

事人意见，必要时可以听证或者调查核实有关情况，也可以依照有关规定组织专家咨询论证。① (3)人民检察院审查案件，可以依照有关规定调阅人民法院的诉讼卷宗。通过拷贝电子卷、查阅、复制、摘录等方式能够满足办案需要的，可以不调阅诉讼卷宗。人民检察院认为确有必要，可以依照有关规定调阅人民法院的诉讼卷宗副卷，并采取严格保密措施。②

4. 民事诉讼检察监督案件审查的证据材料。申请人或者其他当事人对提出的主张，应当提供证据材料。人民检察院收到当事人提交的证据材料，应当出具收据。③

5. 民事诉讼检察监督案件审查的回避。人民检察院应当告知当事人有申请回避的权利，并告知办理案件的检察人员、书记员等的姓名、法律职务。④

6. 民事诉讼检察监督案件审查终结报告。承办检察官审查终结后，应当制作审查终结报告。审查终结报告应当全面、客观、公正地叙述案件事实，依据法律提出处理建议或者意见。承办检察官通过审查监督申请书等材料即可以认定案件事实的，可以直接制作审查终结报告，提出处理建议或者意见。⑤

7. 民事诉讼检察监督案件审查的集体讨论。承办检察官办理案件过程中，可以提请部门负责人召集检察官联席会议讨论。检察长、部门负责人在审核或者决定案件时，也可以召集检察官联席会议讨论。检察官联席会议讨论情况和意见应当如实记录，由参加会议的检察官签名后附卷保存。部门负责人或者承办检察官不同意检察官联席会议多数人意见的，部门负责人应当报请检察长决定。检察长认为必要的，可以提请检察委员会讨论决定。检察长、检察委员会对案件作出的决定，承办检察官应当执行。⑥

8. 民事诉讼检察监督案件审查的决定。人民检察院对审查终结的案件，应当区分情况作出下列决定：(1)提出再审检察建议；(2)提请抗诉或者提请其他监督；(3)提出抗诉；(4)提出检察建议；(5)终结审查；(6)不支持监督申请；(7)复查维持。负责控告申诉检察的部门受理的案件，负责民事检察的部门应当将案

① 《人民检察院民事诉讼监督规则》第46条。
② 《人民检察院民事诉讼监督规则》第47条。
③ 《人民检察院民事诉讼监督规则》第44条。
④ 《人民检察院民事诉讼监督规则》第45条。
⑤ 《人民检察院民事诉讼监督规则》第48条。
⑥ 《人民检察院民事诉讼监督规则》第49条。

件办理结果告知负责控告申诉检察的部门。[①]

9. 民事诉讼检察监督案件审查中的和解。人民检察院在办理民事诉讼监督案件过程中，当事人有和解意愿的，可以引导当事人自行和解。[②]

10. 民事诉讼检察监督案件审查的时限。人民检察院受理当事人申请对人民法院已经发生法律效力的民事判决、裁定、调解书监督的案件，应当在3个月内审查终结并作出决定，但调卷、鉴定、评估、审计、专家咨询等期间不计入审查期限。对民事审判程序中审判人员违法行为监督案件和对民事执行活动监督案件的审查期限，参照前款规定执行。[③]

11. 民事诉讼检察监督案件审查的中止、终结。(1)中止。有下列情形之一的，人民检察院可以中止审查：①申请监督的自然人死亡，需要等待继承人表明是否继续申请监督的；②申请监督的法人或者非法人组织终止，尚未确定权利义务承受人的；③本案必须以另一案的处理结果为依据，而另一案尚未审结的；④其他可以中止审查的情形。中止审查的，应当制作《中止审查决定书》，并发送当事人。中止审查的原因消除后，应当及时恢复审查。[④] (2)终结。有下列情形之一的，人民检察院应当终结审查：①人民法院已经裁定再审或者已经纠正违法行为的；②申请人撤回监督申请，且不损害国家利益、社会公共利益或者他人合法权益的；③申请人在与其他当事人达成的和解协议中声明放弃申请监督权利，且不损害国家利益、社会公共利益或者他人合法权益的；④申请监督的自然人死亡，没有继承人或者继承人放弃申请，且没有发现其他应当监督的违法情形的；⑤申请监督的法人或者非法人组织终止，没有权利义务承受人或者权利义务承受人放弃申请，且没有发现其他应当监督的违法情形的；⑥发现已经受理的案件不符合受理条件的；⑦人民检察院依职权启动监督程序的案件，经审查不需要采取监督措施的；⑧其他应当终结审查的情形。终结审查的，应当制作《终结审查决定书》，需要通知当事人的，发送当事人。[⑤]

四、对民事诉讼监督案件的管理

1. 对民事诉讼监督案件的管理部门。人民检察院负责案件管理的部门对民

---

① 《人民检察院民事诉讼监督规则》第50条。
② 《人民检察院民事诉讼监督规则》第51条。
③ 《人民检察院民事诉讼监督规则》第52条。
④ 《人民检察院民事诉讼监督规则》第72条。
⑤ 《人民检察院民事诉讼监督规则》第73条。

事诉讼监督案件的受理、期限、程序、质量等进行管理、监督、预警。[1]

2. 对民事诉讼监督案件提出纠正意见。负责案件管理的部门发现本院办案活动有下列情形之一的,应当及时提出纠正意见:①法律文书制作、使用不符合法律和有关规定的;②违反办案期限有关规定的;③侵害当事人、诉讼代理人诉讼权利的;④未依法对民事审判活动以及执行活动中的违法行为履行法律监督职责的;⑤其他应当提出纠正意见的情形。情节轻微的,可以口头提示;情节较重的,应当发送《案件流程监控通知书》,提示办案部门及时查明情况并予以纠正;情节严重的,应当同时向检察长报告。办案部门收到《案件流程监控通知书》后,应当在10日内将核查情况书面回复负责案件管理的部门。[2]

3. 对民事诉讼监督案件管理的内容。负责案件管理的部门对以本院名义制发民事诉讼监督法律文书实施监督管理。[3]

4. 对民事诉讼监督案件管理相关材料的接收、办结。(1)接收材料。人民检察院在办理民事诉讼监督案件过程中,当事人及其诉讼代理人提出有关申请、要求或者提交有关书面材料的,由负责案件管理的部门负责接收,需要出具相关手续的,负责案件管理的部门应当出具。负责案件管理的部门接收材料后应当及时移送负责民事检察的部门。[4] (2)办结材料。人民检察院办理的民事诉讼监督案件,办结后需要向其他单位移送案卷材料的,统一由负责案件管理的部门审核移送材料是否规范、齐备。负责案件管理的部门认为材料规范、齐备,符合移送条件的,应当立即由办案部门按照规定移送;认为材料不符合要求的,应当及时通知办案部门补送、更正。[5]

5. 对民事诉讼监督案件管理的法律文书送达、接收及移送。人民法院向人民检察院送达的民事判决书、裁定书或者调解书等法律文书,由负责案件管理的部门负责接收,并即时登记移送负责民事检察的部门。[6]

---

① 《人民检察院民事诉讼监督规则》第110条。
② 《人民检察院民事诉讼监督规则》第112条。
③ 《人民检察院民事诉讼监督规则》第113条。
④ 《人民检察院民事诉讼监督规则》第116条。
⑤ 《人民检察院民事诉讼监督规则》第114条。
⑥ 《人民检察院民事诉讼监督规则》第115条。

支持起诉

第十五条 机关、社会团体、企业事业单位对损害国家、集体或者个人民事权益的行为,可以支持受损害的单位或者个人向人民法院起诉。

本条明确支持民事诉讼的起诉。本书在此基础上进一步阐释三个方面的内容。

一、起诉支持的一般规则

民事诉讼只能由民事权益受到侵害或者发生争议的自然人、法人或者非法人组织向人民法院提起诉讼,非法人组织或者个人不得干涉。但在特殊情况下,受到损害的单位或者个人不能独立保护自己的合法权益,需要有关组织给予协助和支持。机关、社会团体、企事业单位可以通过多种方式支持民事权益受到侵害的单位和个人起诉。①

二、法律援助

符合规定的自然人,可以依照《法律援助条例》②获得法律咨询、代理等无偿法律服务。③ 国务院司法行政部门监督管理全国的法律援助工作。县级以上地方各级人民政府司法行政部门监督管理本行政区域的法律援助工作。中华全国律师协会和地方律师协会应当按照律师协会章程对依据《法律援助条例》实施的

---

① 《消费者权益保护法》第37条("消费者协会履行下列公益性职责:……(七)就损害消费者合法权益的行为,支持受损害的消费者提起诉讼或者依照本法提起诉讼……")、《妇女权益保障法》第54条第1款("妇女组织对于受害妇女进行诉讼需要帮助的,应当给予支持")、《工会法》第29条("县级以上各级总工会依法为所属工会和职工提供法律援助等法律服务")、《劳动合同法》第78条("……用人单位违反劳动法律、法规和劳动合同、集体合同的,工会有权提出意见或者要求纠正;劳动者申请仲裁、提起诉讼的,工会依法给予支持和帮助")、《工会法》第22条第1~2款("用人单位单方面解除职工劳动合同时,应当事先将理由通知工会……职工认为用人单位侵犯其劳动权益而申请劳动争议仲裁或者向人民法院提出诉讼的,工会应当给予支持和帮助")、《律师协会维护律师依法执业权益委员会规则》第4条第5款["(五)在律师协会常务理事会的指导下,依据《民事诉讼法》第十五条,直接为受害律师提供法律帮助和其他支持,推动维权工作的开展"]。

② 《最高人民法院、司法部关于民事诉讼法律援助工作的规定》第1条规定:"为加强和规范民事诉讼法律援助工作,根据《中华人民共和国民事诉讼法》、《中华人民共和国律师法》、《法律援助条例》、《最高人民法院关于对经济确有困难的当事人提供司法救助的规定》(以下简称《司法救助规定》),以及其它相关规定,结合法律援助工作实际,制定本规定。"

③ 《法律援助条例》第2条。

法律援助工作予以协助。[①]

1. 法律援助的事项。自然人对下列需要代理的事项,因经济困难[②]没有委托代理人的,可以向法律援助机构申请法律援助:(1)依法请求国家赔偿的;(2)请求给予社会保险待遇或者最低生活保障待遇的;(3)请求发给抚恤金、救济金的;(4)请求给付赡养费、抚养费、扶养费的;(5)请求支付劳动报酬的;(6)主张因见义勇为行为产生的民事权益的。省、自治区、直辖市人民政府可以对上述规定以外的法律援助事项作出补充规定。自然人可以就上述“法律援助的事项”向法律援助机构申请法律咨询。[③]

2. 法律援助的代理。(1)自然人就《法律援助条例》第10条规定的民事权益事项要求诉讼代理的,可以按照《法律援助条例》第14条的规定向有关法律援助机构申请法律援助。[④] (2)申请人为无民事行为能力人或者限制民事行为能力人的,由其法定代理人代为提出申请。无民事行为能力人或者限制民事行为能力人与其法定代理人之间发生诉讼或者因其他利益纠纷需要法律援助的,由与该争议事项无利害关系的其他法定代理人代为提出申请。[⑤]

3. 法律援助应提供的材料。公民申请代理、刑事辩护的法律援助应当提交下列证件、证明材料:(1)身份证或者其他有效的身份证明,代理申请人还应当提交有代理权的证明;(2)经济困难的证明;(3)与所申请法律援助事项有关的案件材料。申请应当采用书面形式,填写申请表;以书面形式提出申请确有困难的,可以口头申请,由法律援助机构工作人员或者代为转交申请的有关机构工作人员作书面记录。[⑥]

4. 法律援助的审查。(1)法律援助机构收到法律援助申请后,应当进行审查;认为申请人提交的证件、证明材料不齐全的,可以要求申请人作出必要的补

---

① 《法律援助条例》第4条。

② 《最高人民法院、司法部关于民事诉讼法律援助工作的规定》第3条规定:“公民经济困难的标准,按案件受理地所在的省、自治区、直辖市人民政府的规定执行。”

《法律援助条例》第13条规定:“本条例所称公民经济困难的标准,由省、自治区、直辖市人民政府根据本行政区域经济发展状况和法律援助事业的需要规定。申请人住所地的经济困难标准与受理申请的法律援助机构所在地的经济困难标准不一致的,按照受理申请的法律援助机构所在地的经济困难标准执行。”

③ 《法律援助条例》第10条。

④ 《最高人民法院、司法部关于民事诉讼法律援助工作的规定》第2条。

⑤ 《法律援助条例》第16条。

⑥ 《法律援助条例》第17条。

充或者说明，申请人未按要求作出补充或者说明的，视为撤销申请；认为申请人提交的证件、证明材料需要查证的，由法律援助机构向有关机关、单位查证。对符合法律援助条件的，法律援助机构应当及时决定提供法律援助；对不符合法律援助条件的，应当书面告知申请人理由。[①]（2）当事人以人民法院给予司法救助的决定为依据，向法律援助机构申请法律援助的，法律援助机构对符合《法律援助条例》第10条规定情形的，不再审查其是否符合经济困难标准，应当直接做出给予法律援助的决定。[②]

5. 法律援助的异议。申请人对法律援助机构不予援助的决定有异议的，可以向确定该法律援助机构的司法行政部门提出。司法行政部门应当在收到异议之日起5个工作日内进行审查，经审查认为申请人符合法律援助条件的，应当以书面形式责令法律援助机构及时对该申请人提供法律援助，同时通知申请人。认为申请人不符合法律援助条件的，应当维持法律援助机构不予援助的决定，并将维持决定的理由书面告知申请人。[③]

6. 法律援助的决定。法律援助机构受理法律援助申请后，应当依照有关规定及时审查并作出决定。对符合法律援助条件的，决定提供法律援助，并告知该当事人可以向有管辖权的人民法院申请司法救助。对不符合法律援助条件的，作出不予援助的决定。[④]

7. 法律援助的其他规定。（1）法律援助机构可以指派律师事务所安排律师或者安排本机构的工作人员办理法律援助案件；也可以根据其他社会组织的要求，安排其所属人员办理法律援助案件。对人民法院指定辩护的案件，法律援助机构应当在开庭3日前将确定的承办人员名单回复作出指定的人民法院。[⑤]（2）法律援助机构对公民申请的法律咨询服务，应当即时办理；复杂疑难的，可以

---

① 《法律援助条例》第18条。

② 《最高人民法院、司法部关于民事诉讼法律援助工作的规定》第7条。

③ 《最高人民法院、司法部关于民事诉讼法律援助工作的规定》第5条。

《法律援助条例》第19条规定："申请人对法律援助机构作出的不符合法律援助条件的通知有异议的，可以向确定该法律援助机构的司法行政部门提出，司法行政部门应当在收到异议之日起5个工作日内进行审查，经审查认为申请人符合法律援助条件的，应当以书面形式责令法律援助机构及时对该申请人提供法律援助。"

④ 《最高人民法院、司法部关于民事诉讼法律援助工作的规定》第4条。

⑤ 《法律援助条例》第21条。

预约择时办理。[①] (3)办理法律援助案件的人员遇有下列情形之一的,应当向法律援助机构报告,法律援助机构经审查核实的,应当终止该项法律援助:①受援人的经济收入状况发生变化,不再符合法律援助条件的;②案件终止审理或者已被撤销的;③受援人又自行委托律师或者其他代理人的;④受援人要求终止法律援助的。[②] (4)实施法律援助的民事诉讼案件出现《法律援助条例》第23条规定的终止法律援助或者《司法救助规定》第9条规定的撤销司法救助的情形时,法律援助机构、人民法院均应当在作出终止法律援助决定或者撤销司法救助决定的当日函告对方,对方相应作出撤销决定或者终止决定。[③]

三、司法救助

司法救助,是指人民法院对于当事人为维护自己的合法权益,向人民法院提起民事、行政诉讼,但经济确有困难的,实行诉讼费用的缓交、减交、免交。[④]

1. 申请司法救助的情形。当事人符合"司法救助"并具有下列情形之一的,可以向人民法院申请司法救助:(1)追索赡养费、扶养费、抚养费、抚恤金的;(2)孤寡老人、孤儿和农村"五保户";(3)没有固定生活来源的残疾人、患有严重疾病的人;(4)国家规定的优抚、安置对象;(5)追索社会保险金、劳动报酬和经济补偿金的;(6)交通事故、医疗事故、工伤事故、产品质量事故或者其他人身伤害事故的受害人,请求赔偿的;(7)因见义勇为或为保护社会公共利益致使自己合法权益受到损害,本人或者近亲属请求赔偿或经济补偿的;(8)进城务工人员追索劳动报酬或其他合法权益受到侵害而请求赔偿的;(9)正在享受城市居民最低生活保障、农村特困户救济或者领取失业保险金,无其他收入的;(10)因自然灾害等不可抗力造成生活困难,正在接受社会救济,或者家庭生产经营难以为继的;(11)起诉行政机关违法要求农民履行义务的;(12)正在接受有关部门法律援助的;(13)当事人为社会福利机构、敬老院、优抚医院、精神病院、SOS儿童村、社会救助站、特殊教育机构等社会公共福利单位的;(14)其他情形确实需要司法救助的。[⑤]

---

① 《法律援助条例》第25条。
② 《法律援助条例》第23条。
③ 《最高人民法院、司法部关于民事诉讼法律援助工作的规定》第12条。
④ 《最高人民法院关于对经济确有困难的当事人提供司法救助的规定》第2条。
⑤ 《最高人民法院关于对经济确有困难的当事人提供司法救助的规定》第3条。

2. 司法救助提供相关的材料。当事人请求人民法院提供司法救助，应在起诉或上诉时提交书面申请和足以证明其确有经济困难的证明材料。其中因生活困难或者追索基本生活费用申请司法救助的，应当提供本人及其家庭经济状况符合当地民政、劳动和社会保障等部门规定的自然人经济困难标准的证明。①

3. 司法救助的申请。(1)当事人依据《司法救助规定》的有关规定先行向人民法院申请司法救助获准的，人民法院可以告知其可以按照《法律援助条例》的规定，向法律援助机构申请法律援助。② (2)当事人以法律援助机构给予法律援助的决定为依据，向人民法院申请司法救助的，人民法院不再审查其是否符合经济困难标准，应当直接做出给予司法救助的决定。③ (3)人民法院对当事人司法救助的请求，经审查符合"申请条件"的，立案时应准许当事人缓交诉讼费用。④

4. 司法救助的适用。(1)人民法院依据法律援助机构给予法律援助的决定，准许受援的当事人司法救助的请求的，应当根据《司法救助规定》第5条的规定，先行对当事人作出缓交诉讼费用的决定，待案件审结后再根据案件的具体情况，按照《司法救助规定》第6条的规定决定诉讼费用的负担。⑤ (2)人民法院决定对一方当事人司法救助，对方当事人败诉的，诉讼费用由对方当事人交纳；拒不交纳的强制执行。对方当事人胜诉的，可视申请司法救助当事人的经济状况决定其减交、免交诉讼费用。决定减交诉讼费用的，减交比例不得低于30%。符合"孤寡老人、孤儿和农村'五保户'"⑥"正在享受城市居民最低生活保障、农村特困户救济或者领取失业保险金，无其他收入的"⑦，应免交诉讼费用。⑧ (3)对当事人请求缓交诉讼费用的，由承办案件的审判人员或合议庭提出意见，报庭长审批；对当事人请求减交、免交诉讼费用的，由承办案件的审判人员或合议庭提出

---

① 《最高人民法院关于对经济确有困难的当事人提供司法救助的规定》第4条。
② 《最高人民法院、司法部关于民事诉讼法律援助工作的规定》第6条。
③ 《最高人民法院、司法部关于民事诉讼法律援助工作的规定》第8条。
④ 《最高人民法院关于对经济确有困难的当事人提供司法救助的规定》第5条。
⑤ 《最高人民法院、司法部关于民事诉讼法律援助工作的规定》第9条。
⑥ 《最高人民法院关于对经济确有困难的当事人提供司法救助的规定》第3条第2项。
⑦ 《最高人民法院关于对经济确有困难的当事人提供司法救助的规定》第3条第9项。
⑧ 《最高人民法院关于对经济确有困难的当事人提供司法救助的规定》第6条。

意见,经庭长审核同意后,报院长审批。[①] (4)人民法院决定对当事人减交、免交诉讼费用的,应在法律文书中列明。[②] (5)人民法院应当支持法律援助机构指派或者安排的承办法律援助案件的人员在民事诉讼中实施法律援助,在查阅、摘抄、复制案件材料等方面提供便利条件,对承办法律援助案件的人员复制必要的相关材料的费用应当予以免收或者减收,减收的标准按复制材料所必须的工本费用计算。[③] (6)法律援助案件的受援人依照《民事诉讼法》的规定申请先予执行,人民法院裁定先予执行的,可以不要求受援人提供相应的担保。[④] (7)人民法院应当在判决书、裁定书中写明做出指派的法律援助机构、承办法律援助案件的人员及其所在的执业机构。[⑤] (8)当事人骗取司法救助的,人民法院应当责令其补交诉讼费用;拒不补交的,以妨害诉讼行为论处。[⑥]

5. 司法救助的撤销。实施法律援助的民事诉讼案件出现《法律援助条例》第23条规定的终止法律援助或者《司法救助规定》第9条规定的撤销司法救助的情形时,法律援助机构、人民法院均应当在作出终止法律援助决定或者撤销司法救助决定的当日函告对方,对方相应作出撤销决定或者终止决定。[⑦]

网络平台在线诉讼的效力

第十六条　经当事人同意,民事诉讼活动可以通过信息网络平台在线进行。

民事诉讼活动通过信息网络平台在线进行的,与线下诉讼活动具有同等法律效力。

本条明确网络平台在线诉讼的效力。本书在此基础上进一步阐释两方面的内容。

---

① 《最高人民法院关于对经济确有困难的当事人提供司法救助的规定》第7条。
② 《最高人民法院关于对经济确有困难的当事人提供司法救助的规定》第8条。
③ 《最高人民法院、司法部关于民事诉讼法律援助工作的规定》第10条。
④ 《最高人民法院、司法部关于民事诉讼法律援助工作的规定》第11条。
⑤ 《最高人民法院、司法部关于民事诉讼法律援助工作的规定》第14条。
⑥ 《最高人民法院关于对经济确有困难的当事人提供司法救助的规定》第9条。
⑦ 《最高人民法院、司法部关于民事诉讼法律援助工作的规定》第12条。

一、网络平台在线诉讼的一般规则[①]

1. 网络平台在线诉讼的采用。(1)人民法院根据技术条件、案件情况和当事人意愿等因素,决定是否采取在线方式完成相关诉讼环节。[②] (2)人民法院开庭审理案件,可以采取在线视频方式,但符合下列情形之一的,不适用在线庭审:①双方当事人明确表示不同意,或者一方当事人表示不同意且有正当理由的;②双方当事人均不具备参与在线庭审的技术条件和能力的;③需要现场查明身份、核对原件、查验实物的;④人民法院认为存在其他不宜适用在线庭审情形的。[③] (3)仅一方当事人选择在线庭审的,人民法院可以根据案件情况,采用一方当事人在线、另一方当事人线下的方式开庭。[④]

2. 网络平台在线诉讼的管辖。(1)北京、广州、杭州互联网法院集中管辖所在市的辖区内应当由基层人民法院受理的下列第一审案件:①通过电子商务平台签订或者履行网络购物合同而产生的纠纷;②签订、履行行为均在互联网上完成的网络服务合同纠纷;③签订、履行行为均在互联网上完成的金融借款合同纠纷、小额借款合同纠纷;④在互联网上首次发表作品的著作权或者邻接权权属纠纷;⑤在互联网上侵害在线发表或者传播作品的著作权或者邻接权而产生的纠纷;⑥互联网域名权属、侵权及合同纠纷;⑦在互联网上侵害他人人身权、财产权等民事权益而产生的纠纷;⑧通过电子商务平台购买的产品,因存在产品缺陷,侵害他人人身、财产权益而产生的产品责任纠纷;⑨检察机关提起的互联网公益诉讼案件;⑩因行政机关作出互联网信息服务管理、互联网商品交易及有关服务管理等行政行为而产生的行政纠纷;⑪上级人民法院指定管辖的其他互联网民事、行政案件。[⑤] (2)当事人可以在《最高人民法院关于互联网法院审理案件若干问题的规定》第2条确定的合同及其他财产权益纠纷范围内,依法协议约定与争议有实际联系地点的互联网法院管辖。电子商务经营者、网络服务提供商等

---

① 《最高人民法院司改办负责人就互联网法院审理案件司法解释答记者问》指出,制定《最高人民法院关于互联网法院审理案件若干问题的规定》的主要目的:一是确定互联网法院的管辖范围和上诉机制。二是明确了在线审理机制运行规则。三是适应互联网法院全程在线的诉讼模式,结合审判实际对在线诉讼中如何正确适用民事诉讼法作出规定,为互联网法院依法办理案件设定规则边界和探索空间,有利于将互联网法院打造为推动审理方式、诉讼规则与互联网技术深度融合的司法实践平台。

② 《民事诉讼程序繁简分流改革试点实施办法》第21条第2款。

③ 《民事诉讼程序繁简分流改革试点实施办法》第23条第1款。

④ 《民事诉讼程序繁简分流改革试点实施办法》第23条第2款。

⑤ 《最高人民法院关于互联网法院审理案件若干问题的规定》第2条。

采取格式条款形式与用户订立管辖协议的,应当符合法律及司法解释关于格式条款的规定。[1]

3. 网络平台在线诉讼的审理法院。(1)当事人对北京互联网法院作出的判决、裁定提起上诉的案件,由北京市第四中级人民法院审理,但互联网著作权权属纠纷和侵权纠纷、互联网域名纠纷的上诉案件,由北京知识产权法院审理。[2](2)当事人对广州互联网法院作出的判决、裁定提起上诉的案件,由广州市中级人民法院审理,但互联网著作权权属纠纷和侵权纠纷、互联网域名纠纷的上诉案件,由广州知识产权法院审理。[3] (3)当事人对杭州互联网法院作出的判决、裁定提起上诉的案件,由杭州市中级人民法院审理。[4]

4. 网络平台在线诉讼的电子数据。(1)电子数据的提供。①电子数据的上传、导入。互联网法院组织在线证据交换的,当事人应当将在线电子数据上传、导入诉讼平台,或者将线下证据通过扫描、翻拍、转录等方式进行电子化处理后上传至诉讼平台进行举证,也可以运用已经导入诉讼平台的电子数据证明自己的主张。[5] ②诉讼材料的提交。当事人及其他诉讼参与人通过技术手段将身份证明、营业执照副本、授权委托书、法定代表人身份证明等诉讼材料,以及书证、鉴定意见、勘验笔录等证据材料进行电子化处理后提交的,经互联网法院审核通过后,视为符合原件形式要求。对方当事人对上述材料真实性提出异议且有合理理由的,互联网法院应当要求当事人提供原件。[6] ③涉案数据的提供。互联网法院审理案件所需涉案数据,电子商务平台经营者、网络服务提供商、相关国家机关应当提供,并有序接入诉讼平台,由互联网法院在线核实、实时固定、安全管理。诉讼平台对涉案数据的存储和使用,应当符合《网络安全法》等法律法规的规定。[7] (2)电子数据的审查。当事人对电子数据真实性提出异议的,互联网法院应当结合质证情况,审查判断电子数据生成、收集、存储、传输过程的真实性,并着重审查以下内容:①电子数据生成、收集、存储、传输所依赖的计算机系统等

---

① 《最高人民法院关于互联网法院审理案件若干问题的规定》第3条。
② 《最高人民法院关于互联网法院审理案件若干问题的规定》第4条第1款。
③ 《最高人民法院关于互联网法院审理案件若干问题的规定》第4条第2款。
④ 《最高人民法院关于互联网法院审理案件若干问题的规定》第4条第3款。
⑤ 《最高人民法院关于互联网法院审理案件若干问题的规定》第9条。
⑥ 《最高人民法院关于互联网法院审理案件若干问题的规定》第10条。
⑦ 《最高人民法院关于互联网法院审理案件若干问题的规定》第5条第2款。

硬件、软件环境是否安全、可靠；②电子数据的生成主体和时间是否明确，表现内容是否清晰、客观、准确；③电子数据的存储、保管介质是否明确，保管方式和手段是否妥当；④电子数据提取和固定的主体、工具和方式是否可靠，提取过程是否可以重现；⑤电子数据的内容是否存在增加、删除、修改及不完整等情形；⑥电子数据是否可以通过特定形式得到验证。[①] (3)电子数据的确认。当事人提交的电子数据，通过电子签名、可信时间戳、哈希值校验、区块链等证据收集、固定和防篡改的技术手段或者通过电子取证存证平台认证，能够证明其真实性的，互联网法院应当确认。[②] (4)电子数据的核对。当事人可以申请具有专门知识的人就电子数据技术问题提出意见。互联网法院可以根据当事人申请或者依职权，委托鉴定电子数据的真实性或者调取其他相关证据进行核对。[③] (5)电子数据材料的使用。当事人及其他诉讼参与人以电子化方式提交的诉讼材料和证据材料，经人民法院审核通过后，可以直接在诉讼中使用，不再提交纸质原件。人民法院根据对方当事人申请或者案件审理需要，要求提供原件的，当事人应当提供。[④]

5. 网络平台在线诉讼的效力。互联网法院应当建设互联网诉讼平台，作为法院办理案件和当事人及其他诉讼参与人实施诉讼行为的专用平台。通过诉讼平台作出的诉讼行为，具有法律效力。[⑤]

二、网络平台在线诉讼的程序规则

1. 网络平台在线诉讼的专用账号登录。(1)当事人及其他诉讼参与人使用诉讼平台实施诉讼行为的，应当通过证件证照比对、生物特征识别或者国家统一身份认证平台认证等在线方式完成身份认证，并取得登录诉讼平台的专用账号。[⑥] (2)使用专用账号登录诉讼平台所作出的行为，视为被认证人本人行为，但因诉讼平台技术原因导致系统错误，或者被认证人能够证明诉讼平台账号被盗

---

① 《最高人民法院关于互联网法院审理案件若干问题的规定》第11条第1款。

② 《最高人民法院关于互联网法院审理案件若干问题的规定》第11条第2款。

③ 《最高人民法院关于互联网法院审理案件若干问题的规定》第11条第3款。

④ 《最高人民法院民事诉讼程序繁简分流改革试点实施办法》第22条。

⑤ 《最高人民法院关于互联网法院审理案件若干问题的规定》第5条第1款。

《最高人民法院民事诉讼程序繁简分流改革试点实施办法》第21条第1款规定："人民法院、当事人及其他诉讼参与人可以通过信息化诉讼平台在线开展诉讼活动。诉讼主体的在线诉讼活动，与线下诉讼活动具有同等效力。"

⑥ 《最高人民法院关于互联网法院审理案件若干问题的规定》第6条第1款。

用的除外。[①]

2. 网络平台在线诉讼起诉的处理。互联网法院在线接收原告提交的起诉材料，并于收到材料后7日内，在线作出以下处理：(1)符合起诉条件的，登记立案并送达案件受理通知书、诉讼费交纳通知书、举证通知书等诉讼文书。(2)提交材料不符合要求的，及时发出补正通知，并于收到补正材料后次日重新起算受理时间；原告未在指定期限内按要求补正的，起诉材料作退回处理。(3)不符合起诉条件的，经释明后，原告无异议的，起诉材料作退回处理；原告坚持继续起诉的，依法作出不予受理裁定。[②]

3. 网络平台在线诉讼对被告、第三人的通知。互联网法院受理案件后，可以通过原告提供的手机号码、传真、电子邮箱、即时通讯账号等，通知被告、第三人通过诉讼平台进行案件关联和身份验证。被告、第三人应当通过诉讼平台了解案件信息，接收和提交诉讼材料，实施诉讼行为。[③]

4. 网络平台在线诉讼文书、证据材料的送达。(1)经受送达人同意，人民法院可以通过中国审判流程信息公开网、全国统一送达平台、传真、电子邮件、即时通讯账号等电子方式送达诉讼文书和当事人提交的证据材料。具备下列情形之一的，人民法院可以确定受送达人同意电子送达：①受送达人明确表示同意的；②受送达人对在诉讼中适用电子送达已作出过约定的；③受送达人在提交的起诉状、答辩状中主动提供用于接收送达的电子地址的；④受送达人通过回复收悉、参加诉讼等方式接受已经完成的电子送达，并且未明确表示不同意电子送达的。[④] (2)经受送达人明确表示同意，人民法院可以电子送达判决书、裁定书、调解书等裁判文书。当事人提出需要纸质裁判文书的，人民法院应当提供。[⑤] (3)人民法院向受送达人主动提供或者确认的电子地址进行送达的，送达信息到达电子地址所在系统时，即为送达。受送达人同意电子送达但未主动提供或者

---

① 《最高人民法院关于互联网法院审理案件若干问题的规定》第6条第2款。

② 《最高人民法院关于互联网法院审理案件若干问题的规定》第7条。

③ 《最高人民法院关于互联网法院审理案件若干问题的规定》第8条。

④ 《最高人民法院民事诉讼程序繁简分流改革试点实施办法》第24条。

⑤ 《最高人民法院民事诉讼程序繁简分流改革试点实施办法》第25条。

《民事诉讼法》第90条第1款规定："经受送达人同意，人民法院可以采用能够确认其收悉的电子方式送达诉讼文书。通过电子方式送达的判决书、裁定书、调解书，受送达人提出需要纸质文书的，人民法院应当提供。"

确认电子地址，人民法院向能够获取的受送达人电子地址进行送达的，根据下列情形确定是否完成送达：①受送达人回复已收到送达材料，或者根据送达内容作出相应诉讼行为的，视为完成有效送达；②受送达人的电子地址所在系统反馈受送达人已阅知，或者有其他证据可以证明受送达人已经收悉的，推定完成有效送达，但受送达人能够证明存在系统错误、送达地址非本人使用或者非本人阅知等未收悉送达内容的情形除外。完成有效送达的，人民法院应当制作电子送达凭证。电子送达凭证具有送达回证效力。[①]

5. 网络平台在线诉讼的开庭审理。(1)互联网法院采取在线视频方式开庭。存在确需当庭查明身份、核对原件、查验实物等特殊情形的，互联网法院可以决定在线下开庭，但其他诉讼环节仍应当在线完成。[②] (2)互联网法院采取在线方式审理案件，案件的受理、送达、调解、证据交换、庭前准备、庭审、宣判等诉讼环节一般应当在线上完成。根据当事人申请或者案件审理需要，互联网法院可以决定在线下完成部分诉讼环节。[③] (3)互联网法院可以视情决定采取下列方式简化庭审程序：①开庭前已经在线完成当事人身份核实、权利义务告知、庭审纪律宣示的，开庭时可以不再重复进行；②当事人已经在线完成证据交换的，对于无争议的证据，法官在庭审中说明后，可以不再举证、质证；③经征得当事人同意，可以将当事人陈述、法庭调查、法庭辩论等庭审环节合并进行。对于简单民事案件，庭审可以直接围绕诉讼请求或者案件要素进行。[④] (4)互联网法院根据在线庭审特点，适用《人民法院法庭规则》的有关规定。除经查明确属网络故障、设备损坏、电力中断或者不可抗力等原因外，当事人不按时参加在线庭审的，视为“拒不到庭”，庭审中擅自退出的，视为“中途退庭”，分别按照《民事诉讼法》《行政诉讼法》及相关司法解释的规定处理。[⑤] (5)对需要进行公告送达的事实清楚、权利义务关系明确的简单民事案件，互联网法院可以适用简易程序审理。[⑥] (6)采用在线庭审方式审理的案件，审理过程中出现《最高人民法院民事诉讼程序繁简

---

① 《最高人民法院民事诉讼程序繁简分流改革试点实施办法》第 26 条。

② 《最高人民法院关于互联网法院审理案件若干问题的规定》第 12 条。

③ 《最高人民法院关于互联网法院审理案件若干问题的规定》第 1 条。

④ 《最高人民法院关于互联网法院审理案件若干问题的规定》第 13 条。

⑤ 《最高人民法院关于互联网法院审理案件若干问题的规定》第 14 条。

⑥ 《最高人民法院关于互联网法院审理案件若干问题的规定》第 18 条。

分流改革试点实施办法》第23条第1款[①]情形之一的，人民法院应当将案件转为线下开庭方式审理。已完成的在线庭审活动具有法律效力。[②] (7)当事人对互联网法院审理的案件提起上诉的，第二审法院原则上采取在线方式审理。第二审法院在线审理规则参照适用《最高人民法院关于互联网法院审理案件若干问题的规定》。[③]

6. 网络平台在线诉讼的文书送达。(1)经当事人同意，互联网法院应当通过中国审判流程信息公开网、诉讼平台、手机短信、传真、电子邮件、即时通讯账号等电子方式送达诉讼文书及当事人提交的证据材料等。当事人未明确表示同意，但已经约定发生纠纷时在诉讼中适用电子送达的，或者通过回复收悉、作出相应诉讼行为等方式接受已经完成的电子送达，并且未明确表示不同意电子送达的，可以视为同意电子送达。经告知当事人权利义务，并征得其同意，互联网法院可以电子送达裁判文书。当事人提出需要纸质版裁判文书的，互联网法院应当提供。[④] (2)互联网法院进行电子送达，应当向当事人确认电子送达的具体方式和地址，并告知电子送达的适用范围、效力、送达地址变更方式以及其他需告知的送达事项。受送达人未提供有效电子送达地址的，互联网法院可以将能够确认为受送达人本人的近3个月内处于日常活跃状态的手机号码、电子邮箱、即时通讯账号等常用电子地址作为优先送达地址。[⑤] (3)互联网法院向受送达人主动提供或者确认的电子地址进行送达的，送达信息到达受送达人特定系统时，即为送达。互联网法院向受送达人常用电子地址或者能够获取的其他电子地址进行送达的，根据下列情形确定是否完成送达：①受送达人回复已收到送达材料，或者根据送达内容作出相应诉讼行为的，视为完成有效送达。②受送达人的媒介系统反馈受送达人已阅知，或者有其他证据可以证明受送达人已经收悉的，推定完成有效送达，但受送达人能够证明存在媒介系统错误、送达地址非本人所

---

① 《最高人民法院民事诉讼程序繁简分流改革试点实施办法》第23条第1款规定："人民法院开庭审理案件，可以采取在线视频方式，但符合下列情形之一的，不适用在线庭审：(一)双方当事人明确表示不同意，或者一方当事人表示不同意且有正当理由的；(二)双方当事人均不具备参与在线庭审的技术条件和能力的；(三)需要现场查明身份、核对原件、查验实物的；(四)人民法院认为存在其他不宜适用在线庭审情形的。"

② 《最高人民法院民事诉讼程序繁简分流改革试点实施办法》第23条第3款。

③ 《最高人民法院关于互联网法院审理案件若干问题的规定》第22条。

④ 《最高人民法院关于互联网法院审理案件若干问题的规定》第15条。

⑤ 《最高人民法院关于互联网法院审理案件若干问题的规定》第16条。

有或者使用、非本人阅知等未收悉送达内容的情形除外。完成有效送达的，互联网法院应当制作电子送达凭证。电子送达凭证具有送达回证效力。①

7. 网络平台在线诉讼的诉讼材料的确认。互联网法院在线审理的案件，审判人员、法官助理、书记员、当事人及其他诉讼参与人等通过在线确认、电子签章等在线方式对调解协议、笔录、电子送达凭证及其他诉讼材料予以确认的，视为符合《民事诉讼法》有关“签名”的要求。②

8. 电子笔录、电子档案的生成。(1)电子笔录的生成。互联网法院在线审理的案件，可以在调解、证据交换、庭审、合议等诉讼环节运用语音识别技术同步生成电子笔录。电子笔录以在线方式核对确认后，与书面笔录具有同等法律效力。③ (2)电子档案的生成。互联网法院应当利用诉讼平台随案同步生成电子卷宗，形成电子档案。案件纸质档案已经全部转化为电子档案的，可以以电子档案代替纸质档案进行上诉移送和案卷归档。④

变通规定

第十七条　民族自治地方的人民代表大会根据宪法和本法的原则，结合当地民族的具体情况，可以制定变通或者补充的规定。自治区的规定，报全国人民代表大会常务委员会批准。自治州、自治县的规定，报省或者自治区的人民代表大会常务委员会批准，并报全国人民代表大会常务委员会备案。

本条明确民族自治地方可以制定变通或者补充规定。本书仅就其进行阐释。

1. 民族自治地方的人民代表大会变通和补充规定时，不能变通《宪法》的规定、不能违反《民事诉讼法》的基本原则、不得违反《民族区域自治法》的规定，必须结合当地民族的具体情况，符合民族自治地方的根本利益。⑤

① 《最高人民法院关于互联网法院审理案件若干问题的规定》第 17 条。

② 《最高人民法院关于互联网法院审理案件若干问题的规定》第 19 条。

③ 《最高人民法院关于互联网法院审理案件若干问题的规定》第 20 条。

④ 《最高人民法院关于互联网法院审理案件若干问题的规定》第 21 条。

⑤ 民族自治地方根据本条的授权，可以制定变通和补充规定，但不得与《宪法》相抵触，也不能违反《民事诉讼法》的基本原则。同时《立法法》第 75 条第 2 款规定，对《民事诉讼法》的变通不得违反民族区域自治法的规定，以及其他有关法律、行政法规专门就民族自治地方所作的规定。

2. 民族自治地方的人民代表大会变通和补充规定的，必须报上一级人民代表大会常务委员会批准，即自治区的规定，报全国人民代表大会常务委员会批准。自治州、自治县的规定，报省或者自治区的人民代表大会常务委员会批准，并报全国人民代表大会常务委员会备案。①

---

① 《宪法》第 116 条（“民族自治地方的人民代表大会有权依照当地民族的政治、经济和文化的特点，制定自治条例和单行条例。自治区的自治条例和单行条例，报全国人民代表大会常务委员会批准后生效”）、《立法法》第 75 条（“……自治区的自治条例和单行条例，报全国人民代表大会常务委员会批准后生效。自治州、自治县的自治条例和单行条例，报省、自治区、直辖市的人民代表大会常务委员会批准后生效。自治条例和单行条例可以依照当地民族的特点，对法律和行政法规的规定作出变通规定，但不得违背法律或者行政法规的基本原则，不得对宪法和民族区域自治法的规定以及其他有关法律、行政法规专门就民族自治地方所作的规定作出变通规定”）、《民族区域自治法》第 4 条第 1 款（“民族自治地方的自治机关行使宪法第三章第五节规定的地方国家机关的职权，同时依照宪法和本法以及其他法律规定的权限行使自治权，根据本地方的实际情况贯彻执行国家的法律、政策”）。

第二章　管　　辖

民事案件的管辖，是指确定各级人民法院之间、同级人民法院之间受理第一审民事案件的分工和权限。[①]

《民事诉讼法》确定人民法院相互之间的分工和权限，明确管辖范围，遵循以下几条原则：(1)便利当事人进行诉讼和便利人民法院行使审判权；(2)均衡各级人民法院的工作负担；(3)原则规定与灵活规定相结合；(4)维护国家主权。

我国《民事诉讼法》规定的民事案件的管辖，包括级别管辖、地域管辖、移送管辖、指定管辖和管辖权的转移。最高人民法院规定了部分区域的管辖权。[②]

第一节　级别管辖

级别管辖，是指上、下级人民法院之间受理第一审民事案件的分工和权限。[③]根据《人民法院组织法》的规定，我国人民法院的设置分为四级，即基层人民法院、中级人民法院、高级人民法院和最高人民法院。这四级人民法院都有权审理

---

① 审判权是国家赋予人民法院审理各类案件的权力，是国家权力重要组成部分。管辖权是各人民法院对于某一具体案件进行审理的权限，解决在人民法院系统内部审判的权力划分和确定。审判权是确立管辖权的前提，而管辖权是对审判权行使的落实。

民事诉讼中的主管，是指人民法院依法受理一定范围内民事纠纷的权限。其具有两方面的功能：(1)划定人民法院在民事诉讼中的受案范围，以确定哪些属于人民法院民事审判权的作用范围；(2)解决人民法院和其他国家机关、社会组织在解决民事纠纷上的分工和权限问题，以便它们按照各自职责范围，行使其法定权力、履行其法定职责。主管是确定管辖的前提和基础，管辖是主管的体现和落实。[洪冬英主编：《民事诉讼法学通论》(第3版)，北京大学出版社2020年版，第85页。]

② 参见《最高人民法院关于新疆生产建设兵团人民法院案件管辖权问题的若干规定》。

③ 洪冬英主编：《民事诉讼法学通论》(第3版)，北京大学出版社2020年版，第90页。

一定范围的第一审民事案件。[①]

基层人民法院管辖

第十八条　基层人民法院管辖第一审民事案件,但本法另有规定的除外。

本条明确基层人民法院管辖的第一审民事案件。[②] 本书在此基础上进一步阐释两方面的内容。

一、人民法庭

基层人民法院包括县人民法院、自治县人民法院和市辖区人民法院。基层人民法院可设立人民法庭,履行相应的职责。

1. 人民法庭的设置、撤销。(1)设立人民法庭应当具备下列条件:①至少有3名以上法官、1名以上书记员,有条件的地方,可配备司法警察;②有审判法庭和必要的附属设施;③有办公用房、办公设施、通信设备和交通工具;④其他应当具备的条件。[③] (2)人民法庭的设置和撤销,由基层人民法院逐级报经高级人民法院批准。[④] (3)人民法庭的名称,以其所在地地名而定,并冠以所属基层人民法院的名称。[⑤] (4)人民法庭的法官必须具备《法官法》规定的条件,并依照法律规定的程序任免。人民法庭法官不得兼任其他国家机关和企业、事业单位的职务。[⑥] (5)人民法庭设庭长,根据需要可设副庭长。人民法庭庭长、副庭长应当具有3年以上审判工作经验。人民法庭庭长、副庭长与本院审判庭庭长、副庭长职级相同。人民法庭庭长应当定期交流。[⑦]

---

① 《关于授权最高人民法院在该院和部分地区开展四级法院审级职能定位改革试点工作的决定(草案)》同时规定:"根据经济社会形势发展需要,完善第一审民事案件级别管辖标准,逐步实现第一审民事案件主要由基层人民法院审理、少量由中级人民法院审理。"拟选择在最高人民法院,以及北京、天津、辽宁、上海、江苏、浙江、山东、河南、广东、四川、重庆、陕西12个省(市)的人民法院开展试点工作。

② 基层人民法院是我国法院组织体系中最基层的单位,它与我国基层行政辖区相一致,而且是当事人住所地、纠纷发生地、法律事实所在地和争议财产所在地。由基层人民法院管辖第一审民事案件,符合便利群众诉讼、人民法院办案的管辖原则。

③ 《最高人民法院关于人民法庭若干问题的规定》第9条。

④ 《最高人民法院关于人民法庭若干问题的规定》第10条。

⑤ 《最高人民法院关于人民法庭若干问题的规定》第11条。

⑥ 《最高人民法院关于人民法庭若干问题的规定》第12条。

⑦ 《最高人民法院关于人民法庭若干问题的规定》第13条。

2. 人民法庭的职责、审理。(1)庭长除审理案件外,有下列职责:①主持人民法庭的日常工作;②召集庭务会议;③决定受理案件,确定适用审判程序,指定合议庭组成人员和独任审判员;④负责对本庭人员的行政管理、考勤考绩和提请奖惩等工作。副庭长协助庭长工作。庭长因故不能履行职务时,由副庭长代行庭长职务。[①] (2)人民法庭审理案件,必须有书记员记录,不得由审理案件的法官自行记录。[②] (3)人民法庭审理案件,因法官回避或者其他情况无法组成合议庭时,由院长指定本院其他法官审理。[③]

二、基层人民法院的管辖

1. 基层人民法院管辖的依据。当事人请求人民法院解决民事纠纷的,应当依据地域管辖的规定,向基层人民法院(包括其派出法庭)提起诉讼。[④]

2. 基层人民法院管辖案件的报请。基层人民法院和中级人民法院对于已经受理的下列第一审案件,必要时可以根据相关法律规定,书面报请上一级人民法院审理:(1)重大、疑难、复杂案件;(2)新类型案件;(3)具有普遍法律适用意义的案件;(4)有管辖权的人民法院不宜行使审判权的案件。[⑤]

3. 基层人民法院管辖的具体案件。(1)婚姻、继承、家庭、物业服务、人身损害赔偿、名誉权、交通事故、劳动争议等案件,以及群体性纠纷案件,一般由基层人民法院管辖。[⑥] (2)解散公司诉讼案件和公司清算案件由公司住所地人民法院管辖。公司住所地是指公司主要办事机构所在地。公司办事机构所在地不明确的,由其注册地人民法院管辖。基层人民法院管辖县、县级市或者区的公司登记机关核准登记公司的解散诉讼案件和公司清算案件;中级人民法院管辖地区、地级市以上的公司登记机关核准登记公司的解散诉讼案件和公司清算案件。[⑦] (3)因票据被盗、遗失或者灭失,可以向票据支付地的基层人民法院申请公示催

---

① 《最高人民法院关于人民法庭若干问题的规定》第14条。

② 《最高人民法院关于人民法庭若干问题的规定》第15条。

③ 《最高人民法院关于人民法庭若干问题的规定》第16条。

④ 在人民法院组织系统中,基层人民法院数量多、分布广,审判人员的数量多,并且没有审理上诉案件的任务。原则上将第一审民事案件都交给基层人民法院承担是比较符合法院工作均衡负担原则的,由基层人民法院作为第一审法院,既方便当事人诉讼,又方便人民法院审理。

⑤ 《最高人民法院关于规范上下级人民法院审判业务关系的若干意见》第3条。

⑥ 《最高人民法院关于调整高级人民法院和中级人民法院管辖第一审民商事案件标准的通知》。

⑦ 《最高人民法院关于适用〈中华人民共和国公司法〉若干问题的规定(二)》第24条。

告。[①] (4)第一审垄断民事纠纷案件，由知识产权法院，省、自治区、直辖市人民政府所在地的市、计划单列市中级人民法院以及最高人民法院指定的中级人民法院管辖。[②] (5)技术合同纠纷案件一般由中级以上人民法院管辖。各高级人民法院根据本辖区的实际情况并报经最高人民法院批准，可以指定若干基层人民法院管辖第一审技术合同纠纷案件。其他司法解释对技术合同纠纷案件管辖另有规定的，从其规定。合同中既有技术合同内容，又有其他合同内容，当事人就技术合同内容和其他合同内容均发生争议的，由具有技术合同纠纷案件管辖权的人民法院受理。[③] (6)专利纠纷案件由知识产权法院、最高人民法院确定的中级人民法院和基层人民法院管辖。[④] (7)各高级人民法院根据本辖区的实际情况，可以报请最高人民法院批准，由若干基层人民法院管辖第一审著作权民事纠纷案件。[⑤] (8)中级人民法院认为确有必要的，可以在报请高级人民法院批准后，裁定将本院管辖的第一审环境民事公益诉讼案件交由基层人民法院审理。[⑥]

中级人民法院管辖

第十九条　中级人民法院管辖下列第一审民事案件：

（一）重大涉外案件；

（二）在本辖区有重大影响的案件；

（三）最高人民法院确定由中级人民法院管辖的案件。

本条明确中级人民法院管辖的第一审民事案件。[⑦]

中级人民法院通过审理案件、总结审判经验、组织法官培训等形式，对基层

---

① 《最高人民法院关于对遗失金融债券可否按"公示催告"程序办理的复函》。

② 《最高人民法院关于审理因垄断行为引发的民事纠纷案件应用法律若干问题的规定》第3条。

③ 《最高人民法院关于审理技术合同纠纷案件适用法律若干问题的解释》第43条。

④ 《最高人民法院关于适用〈中华人民共和国民事诉讼法〉的解释》第2条第1款。

⑤ 《最高人民法院关于审理著作权民事纠纷案件适用法律若干问题的解释》第2条第2款。

⑥ 《最高人民法院关于审理环境民事公益诉讼案件适用法律若干问题的解释》第6条第2款。

⑦ 民事案件原则上应由基层人民法院管辖，但实践中，有的案件属于重大涉外案件，有的案件在本辖区影响较大，有的案件涉及较强的专业知识，基层人民法院对这些案件不便行使管辖权，由中级人民法院作为第一审管辖法院比较适宜。

人民法院的审判业务工作进行指导。[①] 本书在中级人民法院管辖的第一审民事案件基础上进一步阐释三个方面的内容。

一、重大涉外、在本辖区有重大影响的案件

1.《民事诉讼法》第19条第1项规定的重大涉外案件，包括争议标的额大的案件、案情复杂的案件，或者一方当事人人数众多等具有重大影响的案件。[②]

2. 在本辖区有重大影响[③]的案件，是指案情复杂、涉及范围广、标的额大[④]，其处理结果超出基层人民法院的管辖范围。人民法院在审理涉外商事纠纷案件过程中，如发现案件存在不方便管辖的因素，可以根据"不方便法院原则"裁定驳回原告的起诉。其中，"不方便法院原则"的适用应符合下列条件：(1)被告提出适用"不方便法院原则"的请求，或者提出管辖异议而受诉法院认为可以考虑适用"不方便法院原则"；(2)受理案件的我国法院对案件享有管辖权；(3)当事人之间不存在选择我国法院管辖的协议；(4)案件不属于我国法院专属管辖；(5)案件不涉及我国自然人、法人或者非法人组织的利益；(6)案件争议发生的主要事实不在我国境内且不适用我国法律，我国法院若受理案件在认定事实和适用法律方面存在重大困难；(7)外国法院对案件享有管辖权且审理该案件更加方便。[⑤]

3. 诉讼标的额较大，或者涉讼单位属于省、自治区、直辖市以上的经济纠纷案件，《全国各省、自治区、直辖市高级人民法院和中级人民法院管辖第一审民商事案件标准》按照诉讼标的额规定了各中级人民法院管辖的第一审民商事案件。

二、最高人民法院确定由中级人民法院管辖的案件

最高人民法院指定[⑥]由中级人民法院管辖的案件有七类：

---

① 《最高人民法院关于规范上下级人民法院审判业务关系的若干意见》第10条。

② 《最高人民法院关于适用〈中华人民共和国民事诉讼法〉的解释》第1条。

③ 这里所讲的"影响"，包括政治上的影响、经济上的影响以及社会影响。

④ 参见《最高人民法院关于调整高级人民法院和中级人民法院管辖第一审民商事案件标准的通知》《全国各省、自治区、直辖市高级人民法院和中级人民法院管辖第一审民商事案件标准》。

⑤ 《最高人民法院第二次全国涉外商事海事审判工作会议纪要》第11条。

⑥ 《最高人民法院关于对〈吉林省高级人民法院关于批准吉林市中级人民法院审理第一审涉外民商事案件的请示〉的批复》：指定吉林市中级人民法院管辖一审涉外、涉港澳台民商事案件。

《最高人民法院对〈内蒙古自治区高级人民法院关于调整我区涉外商事案件管辖权的请示〉的批复》：将自治区内具有涉外、涉港澳台民商事案件一审管辖权的中级人民法院调整为12个，其各中级人民法院管辖其辖区范围内的一审涉外、涉港澳台民商事案件。

（一）海事、海商案件①

1. 海事法院管辖的案件。(1)现在我国已设有海口海事法院②、广州海事法院③、厦门海事法院④、上海海事法院⑤、青岛海事法院⑥、天津海事法院⑦、大连海事法院⑧、武汉海事法院⑨、宁波海事法院⑩、北海海事法院⑪、南京海事法院⑫。(2)海事、海商案件由海事法院管辖。⑬ (3)大连海事法院、武汉海事法

① 最高人民法院确定由中级人民法院管辖的案件包括涉外案件,海事侵权纠纷案件,海商合同纠纷案件,其他海事、海商案件,海事执行案件,请求海事保全案件以及除专利行政案件外的其他专利纠纷案件。

② 海口海事法院:管辖海南省所属港口和水域以及西沙、中沙、南沙、黄岩岛等岛屿及其水域(该法院在三亚、洋浦设立派出法庭)。

③ 广州海事法院:管辖广东省沿海海域、与海相通的内河水域、港口及其岸带以及南海部分海域。

④ 厦门海事法院:管辖南自福建省与广东省交界处,北至福建省与浙江省交界处的延伸海域,其中包括东海南部、台湾地区、海上岛屿和福建省所属港口(该法院在福州设立派出法庭)。

⑤ 上海海事法院:管辖上海、江苏沿海海域和长江浏河口以下水域范围(该法院在连云港市设立派出法庭),洋山港及附近海域发生的海商海事纠纷。

⑥ 青岛海事法院:管辖南自山东省与江苏省的交界处,北至山东省与河北省交界处的延伸海域,其中包括黄海一部分、渤海一部分、海上岛屿和岚山、石臼所、青岛、威海、烟台、蓬莱、龙口、羊口等山东省沿海所有港口。

⑦ 天津海事法院:管辖南自河北省与山东省交界处,北至河北省与辽宁省交界处的沿海港口及其海域、海上岛屿的海事、海商案件,以及连接点在北京的共同海损纠纷案件、海上保险纠纷案、海事仲裁裁决的承认和执行案件(该法院在秦皇岛设立派出法庭)。

⑧ 大连海事法院:管辖南自辽宁省与河北省的交界处、东自鸭绿江口的延伸海域和鸭绿江水域,其中包括黄海一部分、渤海一部分、海上岛屿,以及黑龙江省的黑龙江、松花江、乌苏里江等与海相通可航水域、港口发生的海事、海商案件。发生在黑龙江省水域内的船舶碰撞等案件,以及涉外海事、海商案件,由大连海事法院管辖;发生在黑龙江省水域内的其他海事、海商案件,由地方人民法院管辖。

⑨ 武汉海事法院:管辖自四川省宜宾市合江门至江苏省浏河口之间与海相通的可航水域、港口发生的海事、海商案件。发生在长江支流水域内的船舶碰撞等案件,以及涉外海事、海商案件,由武汉海事法院管辖,发生在长江支流水域内的其他海事、海商案件,由地方人民法院管辖(但审理应适用海商法、海事诉讼特别程序法等有关法律的规定)。

⑩ 宁波海事法院:管辖浙江全省所属港口和水域发生的海事、海商案件(包括所辖岛屿、所属港口和通海的内河水域)(该法院在温州设立派出法庭)。上诉案件由浙江省高级人民法院管辖。

⑪ 北海海事法院:管辖广西壮族自治区所属港口和水域、北部湾海域及其岛屿和水域内,以及云南省的澜沧江至湄公河等与海相通的可航水域发生的海事、海商案件。其与广州海事法院的管辖区域以英罗湾河道中心线为界,河道中心线及其延伸海域以东由广州海事法院管辖,河道中心线及其延伸海域以西,包括乌泥岛、涠洲岛、斜阳岛等水域由北海海事法院管辖。发生在云南省水域内的船舶碰撞等案件,以及涉外海事、海商案件,由北海海事法院管辖;发生在云南省水域内的其他海事、海商案件,由地方人民法院管辖。

⑫ 南京海事法院:管辖自江苏省与山东省交界处至江苏省与上海市交界处的延伸海域,自江苏省与安徽省交界处至江苏省浏河口之间长江干线及支线水域,以及江苏省行政区域内的港口与通海可航水域的案件。上诉案件由江苏省高级人民法院管辖。

⑬ 《最高人民法院关于适用〈中华人民共和国民事诉讼法〉的解释》第2条第2款。

另参见《最高人民法院关于海事法院受理案件范围的规定》《全国人民代表大会常务委员会关于在沿海港口城市设立海事法院的决定》。

院和北海海事法院管辖区域和案件范围有特殊规定。① (4)对共同海损纠纷案件、海上保险合同纠纷案件、海事仲裁裁决的承认和执行案件,连接点在北京的,由天津海事法院行使管辖权。②

2. 海事、海商案件的内容。包括海事侵权纠纷案件,海商合同纠纷案件,其他海事、海商案件,海事执行案件以及请求海事保全案件等。

3. 海事案件的具体管辖。(1)因海事侵权行为提起的诉讼,由侵权行为地、被告住所地人民法院管辖,还可以由船籍港所在地海事法院管辖。(2)因海上运输合同纠纷提起的诉讼,由运输始发地、目的地或者被告住所地人民法院管辖,还可以由转运港所在地海事法院管辖。(3)因海船租用合同纠纷提起的诉讼,由交船港、还船港、船籍港所在地、被告住所地海事法院管辖。(4)因海上保赔合同纠纷提的诉讼,由保赔标的物所在地、事故发生地、被告住所地海事法院管辖。(5)因海船的船员劳务合同纠纷提起的诉讼,由原告住所地、合同签订地、船员登船港或者离船港所在地、被告住所地海事法院管辖。(6)因海事担保纠纷提起的诉讼,由担保物所在地、被告住所地海事法院管辖;因船舶抵押纠纷提起的诉讼,还可以由船籍港所在地海事法院管辖。(7)因海船的船舶所有权、占有权、使用权、优先权纠纷提起的诉讼,由船舶所在地、船籍港所在地、被告住所地海事法院管辖。③ (8)与船舶担保或者船舶优先权有关的借款合同纠纷,由被告住所地、合同履行地、船舶的船籍港、船舶所在地的海事法院管辖。④ (9)因污染海洋环境提起的公益诉讼,由污染发生地、损害结果地或者采取预防污染措施地海事法院管辖。⑤

4. 中级人民法院调整的第一审民事案件。(1)当事人住所地均在或者均不在受理法院所处省级行政辖区的,中级人民法院管辖诉讼标的额5亿元以上的第一审民事案件。⑥ (2)当事人一方住所地不在受理法院所处省级行政辖区的,中级人民法院管辖诉讼标的额1亿元以上的第一审民事案件。⑦ (3)战区军事法

① 参见《最高人民法院关于调整大连、武汉、北海海事法院管辖区域和案件范围的通知》。

② 《全国海事法院院长座谈会纪要》第1条第2款。

③ 《海事诉讼特别程序法》第6条第2款第7项。

④ 《最高人民法院关于适用〈中华人民共和国海事诉讼特别程序法〉若干问题的解释》第10条。

⑤ 《最高人民法院关于适用〈中华人民共和国民事诉讼法〉的解释》第283条第2款。

⑥ 《最高人民法院关于调整中级人民法院管辖第一审民事案件标准的通知》第1条。

⑦ 《最高人民法院关于调整中级人民法院管辖第一审民事案件标准的通知》第2条。

院、总直属军事法院管辖诉讼标的额1亿元以上的第一审民事案件。[①] (4)对新类型、疑难复杂或者具有普遍法律适用指导意义的案件,可以依照《民事诉讼法》第38条的规定,由上级人民法院决定由其审理,或者根据下级人民法院报请决定由其审理。[②] (5)《最高人民法院关于调整中级人民法院管辖第一审民事案件标准的通知》调整的级别管辖标准不适用于知识产权案件、海事海商案件和涉外涉港澳台民商事案件。[③] (6)最高人民法院以前发布的关于中级人民法院第一审民事案件级别管辖标准的规定,与《最高人民法院关于调整中级人民法院管辖第一审民事案件的通知》不一致的,不再适用。[④]

(二)专利纠纷案件

1. 人民法院受理的专利纠纷案件。人民法院受理下列专利纠纷案件:(1)专利申请权权属纠纷案件;(2)专利权权属纠纷案件;(3)专利合同纠纷案件;(4)侵害专利权纠纷案件;(5)假冒他人专利纠纷案件;(6)发明专利临时保护期使用费纠纷案件;(7)职务发明创造发明人、设计人奖励、报酬纠纷案件;(8)诉前申请行为保全纠纷案件;(9)诉前申请财产保全纠纷案件;(10)因申请行为保全损害责任纠纷案件;(11)因申请财产保全损害责任纠纷案件;(12)发明创造发明人、设计人署名权纠纷案件;(13)确认不侵害专利权纠纷案件;(14)专利权宣告无效后返还费用纠纷案件;(15)因恶意提起专利权诉讼损害责任纠纷案件;(16)标准必要专利使用费纠纷案件;(17)不服国务院专利行政部门维持驳回申请复审决定案件;(18)不服国务院专利行政部门专利权无效宣告请求决定案件;(19)不服国务院专利行政部门实施强制许可决定案件;(20)不服国务院专利行政部门实施强制许可使用费裁决案件;(21)不服国务院专利行政部门行政复议决定案件;(22)不服国务院专利行政部门作出的其他行政决定案件;(23)不服管理专利工作的部门行政决定案件;(24)确认是否落入专利权保护范围纠纷案件;(25)其他专利纠纷案件。[⑤]

2. 专利纠纷案件的管辖人民法院。专利纠纷案件由知识产权法院、最高人

---

① 《最高人民法院关于调整中级人民法院管辖第一审民事案件标准的通知》第3条。
② 《最高人民法院关于调整中级人民法院管辖第一审民事案件标准的通知》第4条。
③ 《最高人民法院关于调整中级人民法院管辖第一审民事案件标准的通知》第5条。
④ 《最高人民法院关于调整中级人民法院管辖第一审民事案件标准的通知》第6条。
⑤ 《最高人民法院关于审理专利纠纷案件适用法律问题的若干规定》第1条。

民法院确定的中级人民法院和基层人民法院管辖。①

3. 专利纠纷案件的具体管辖。(1)因侵犯专利权行为提起的诉讼,由侵权行为地或被告住所地人民法院管辖。侵权行为地包括:被诉侵犯发明、实用新型专利权的产品的制造、使用、许诺销售②、销售、进口等行为的实施地;专利方法使用行为的实施地,依照该专利方法直接获得的产品的使用、许诺销售、销售、进口等行为的实施地;外观设计专利产品的制造、许诺销售、销售、进口等行为的实施地;假冒他人专利的行为实施地。上述侵权行为的侵权结果发生地。③ (2)原告仅对侵权产品制造者提起诉讼,未起诉销售者,侵权产品制造地与销售地不一致的,制造地人民法院有管辖权;以制造者与销售者为共同被告起诉的,销售地人民法院有管辖权。销售者是制造者分支机构的,原告在销售地起诉侵权产品制造者制造、销售行为的,销售地人民法院有管辖权。④

(三)著作权纠纷案件

1. 著作权民事纠纷案件,由中级以上人民法院管辖。⑤

2. 侵犯注册商标专用权、侵犯著作权纠纷案件,由侵权行为实施地、侵权商品或者复制品的储藏地、扣押地、被告住所地中级人民法院管辖(而不是侵权结果发生地人民法院管辖)。⑥

(四)涉及港澳台同胞及其企业、组织的经济纠纷案件

申请认可台湾地区法院民事判决的案件,由申请人住所地、经常居住地或者

---

① 《最高人民法院关于适用〈中华人民共和国民事诉讼法〉的解释》第2条第1款。

② 《最高人民法院关于审理专利纠纷案件适用法律问题的若干规定》第18条规定:“专利法第十一条、第六十九条所称的许诺销售,是指以做广告、在商店橱窗中陈列或者在展销会上展出等方式作出销售商品的意思表示。”

③ 《最高人民法院关于审理专利纠纷案件适用法律问题的若干规定》第2条。

④ 《最高人民法院关于审理专利纠纷案件适用法律问题的若干规定》第3条。

⑤ 《最高人民法院关于审理著作权民事纠纷案件适用法律若干问题的解释》第2条第1款。

⑥ 《正确实施知识产权法律　促进科技进步和经济发展　加快推进社会主义现代化建设》(最高人民法院副院长曹建明在全国法院知识产权审判工作座谈会暨优秀知识产权裁判文书颁奖会上的讲话)指出:储藏地是指大量或者经常性储存、隐藏侵权商品或者复制品的地点。扣押地是指海关、工商、版权等行政机关依法查封、扣押侵权商品或者复制品的地点(不包括法院在诉前查封、扣押侵权商品和侵权复制品的地点,其他司法解释中有关依侵权结果发生地确定管辖的规定,不再适用于商标专用权和著作权侵权案件)……在储藏地或者扣押地,当事人可以起诉实施储存、保管、运输等行为的行为人,也可以起诉该部分或者复制品的经销商、制造商或者同时起诉各行为人……侵犯著作权人的信息网络传播权的案件,仍然按照最高人民法院关于网络著作权的有关司法解释确定管辖。

被申请人住所地、经常居住地、财产所在地中级人民法院或者专门人民法院受理。①

（五）证券虚假陈述民事赔偿案件和期货纠纷案件

1. 证券市场因虚假陈述引发的民事赔偿案件，是指证券市场投资人以信息披露义务人违反法律规定，进行虚假陈述并致使其遭受损失为由，而向人民法院提起诉讼的民事赔偿案件。证券虚假陈述侵权民事赔偿案件，由发行人住所地的省、自治区、直辖市人民政府所在的市、计划单列市和经济特区中级人民法院或者专门人民法院管辖。《最高人民法院关于证券纠纷代表人诉讼若干问题的规定》等对管辖另有规定的，从其规定。省、自治区、直辖市高级人民法院可以根据本辖区的实际情况，确定管辖第一审证券虚假陈述侵权民事赔偿案件的其他中级人民法院，报最高人民法院备案。②

2. 以期货交易所为被告或者第三人的因期货交易所履行职责引起的商事案件，由期货交易所所在地的中级人民法院管辖。③

（六）驰名商标认定的民事纠纷案件

1. 涉及驰名商标认定的民事纠纷案件，由省、自治区人民政府所在地的市、计划单列市中级人民法院，以及直辖市辖区内的中级人民法院管辖。其他中级人民法院管辖此类民事纠纷案件，需报经最高人民法院批准；未经批准的中级人民法院不再受理此类案件。④

2. 人民法院受理以下商标案件：(1)不服国家知识产权局作出的复审决定或者裁定的行政案件；(2)不服国家知识产权局作出的有关商标的其他行政行为的案件；(3)商标权权属纠纷案件；(4)侵害商标权纠纷案件；(5)确认不侵害商标权纠纷案件；(6)商标权转让合同纠纷案件；(7)商标使用许可合同纠纷案件；(8)商标代理合同纠纷案件；(9)申请诉前停止侵害商标专用权案件；(10)申请停止侵害注册商标专用权损害责任案件；(11)申请诉前财产保全案件；(12)申请

---

① 《最高人民法院关于认可和执行台湾地区法院民事判决的规定》第 4 条第 1 款。

② 《最高人民法院关于审理证券市场虚假陈述侵权民事赔偿案件的若干规定》第 3 条。

③ 《最高人民法院关于审理期货纠纷案件若干问题的规定(二)》第 1 条。

④ 《最高人民法院关于涉及驰名商标认定的民事纠纷案件管辖问题的通知》。

诉前证据保全案件；(13)其他商标案件。①

3. 涉及对驰名商标保护的民事、行政案件，由省、自治区人民政府所在地市、计划单列市、直辖市辖区中级人民法院及最高人民法院指定的其他中级人民法院管辖。②

（七）垄断民事纠纷案件

第一审垄断民事纠纷案件，由知识产权法院，省、自治区、直辖市人民政府所在地的市、计划单列市中级人民法院以及最高人民法院指定的中级人民法院管辖。③

三、其他由中级人民法院管辖的案件

1. 破产等案件。(1)解散公司诉讼案件、公司清算案件和企业破产案件由公司住所地（公司主要办事机构所在地或在其不明确、有争议时的公司注册登记地）人民法院管辖，中级人民法院管辖地区、地级市以上公司登记机关核准登记公司的案件。④ (2)纳入国家计划调整的企业破产案件，由中级人民法院管辖。⑤ (3)上市公司破产重整案件一般应由中级人民法院管辖。⑥

2. 环境公益诉讼案件。(1)环境公益诉讼一般由侵权行为地或者被告住所地的中级人民法院管辖。⑦ (2)第一审环境民事公益诉讼案件由污染环境、破坏生态行为发生地、损害结果地或者被告住所地的中级以上人民法院管辖。⑧

---

① 《最高人民法院关于商标法修改决定施行后商标案件管辖和法律适用问题的解释》第1条。

《最高人民法院关于审理商标案件有关管辖和法律适用范围问题的解释》第1条第1项规定："不服国家知识产权局作出的复审决定或者裁定的案件。"

第2条第1款、第3款规定："本解释第一条所列第一项第一审案件，由北京市高级人民法院根据最高人民法院的授权确定其辖区内有关中级人民法院管辖。""商标民事纠纷第一审案件，由中级以上人民法院管辖。"

② 《最高人民法院关于商标法修改决定施行后商标案件管辖和法律适用问题的解释》第3条第2款。

另参见《最高人民法院关于涉及驰名商标认定的民事纠纷案件管辖问题的通知》。

③ 《最高人民法院关于审理因垄断行为引发的民事纠纷案件应用法律若干问题的规定》第3条。

④ 《最高人民法院关于适用〈中华人民共和国公司法〉若干问题的规定（二）》第24条、《最高人民法院关于审理公司强制清算案件工作座谈会纪要》第2条、《最高人民法院关于审理企业破产案件若干问题的规定》第2条第2款。

⑤ 《最高人民法院关于审理企业破产案件若干问题的规定》第2条第3款。

⑥ 《最高人民法院关于审理上市公司破产重整案件工作座谈会纪要》第2条。

⑦ 《最高人民法院关于全面加强环境资源审判工作　为推进生态文明建设提供有力司法保障的意见》（已被修改）。

⑧ 《最高人民法院关于审理环境民事公益诉讼案件适用法律若干问题的解释》第6条第1款。

3. 技术合同纠纷案件。技术合同纠纷案件一般由中级以上人民法院管辖。合同中既有技术合同内容,又有其他合同内容,当事人就技术合同内容和其他合同内容均发生争议的,由具有技术合同纠纷案件管辖权的人民法院受理。[①]

4. 涉及域名的侵权纠纷案件。涉及域名的侵权纠纷案件,由侵权行为地或者被告住所地的中级人民法院管辖。[②]

5. 知识产权民事案件。(1)除应当由经最高人民法院指定具有一般知识产权民事案件管辖权的基层人民法院管辖的以外,均由中级人民法院管辖。[③](2)集成电路布图设计案件由中级人民法院管辖。[④](3)第一审商标民事案件,由中级以上人民法院及最高人民法院指定的基层人民法院管辖。[⑤]

6. 有仲裁协议的案件。(1)当事人申请确认涉外仲裁协议效力的案件,由申请人住所地、被申请人住所地或者仲裁协议签订地有权受理涉外商事案件的中级人民法院管辖。[⑥](2)涉及海事海商纠纷仲裁协议效力的案件,由仲裁协议约定的仲裁机构所在地、仲裁协议签订地、申请人或者被申请人住所地的海事法院管辖;上述地点没有海事法院的,由就近的海事法院管辖。[⑦](3)当事人申请执行仲裁裁决案件,由被执行人住所地或者被执行的财产所在地的中级人民法院管辖。[⑧](4)申请撤销我国涉外仲裁裁决的案件,由仲裁机构所在地有权受理涉外商事案件的中级人民法院管辖。[⑨]

---

① 《最高人民法院关于审理技术合同纠纷案件适用法律若干问题的解释》第43条第1款、第4款。

② 《最高人民法院关于审理涉及计算机网络域名民事纠纷案件适用法律若干问题的解释》第2条第1款。

③ 《最高人民法院关于调整地方各级人民法院管辖第一审知识产权民事案件标准的通知》。

④ 《最高人民法院关于开展涉及集成电路布图设计案件审判工作的通知》。

⑤ 《最高人民法院关于商标法修改决定施行后商标案件管辖和法律适用问题的解释》第3条第1款。

《最高人民法院关于审理商标案件有关管辖和法律适用范围问题的解释》第2条第4款规定:"各高级人民法院根据本辖区的实际情况,经最高人民法院批准,可以在较大城市确定1-2个基层人民法院受理第一审商标民事纠纷案件。"

⑥ 《最高人民法院第二次全国涉外商事海事审判工作会议纪要》第6条。

⑦ 《最高人民法院关于适用〈中华人民共和国仲裁法〉若干问题的解释》第12条第3款。

⑧ 《最高人民法院关于适用〈中华人民共和国仲裁法〉若干问题的解释》第29条。

另参见《最高人民法院第二次全国涉外商事海事审判工作会议纪要》。

⑨ 《最高人民法院第二次全国涉外商事海事审判工作会议纪要》《最高人民法院关于涉外民商事案件诉讼管辖若干问题的规定》。

7. 植物新品种纠纷案件。(1)人民法院受理的植物新品种纠纷案件主要包括以下几类:①植物新品种申请驳回复审行政纠纷案件;②植物新品种权无效行政纠纷案件;③植物新品种权更名行政纠纷案件;④植物新品种权强制许可纠纷案件;⑤植物新品种权实施强制许可使用费纠纷案件;⑥植物新品种申请权权属纠纷案件;⑦植物新品种权权属纠纷案件;⑧植物新品种申请权转让合同纠纷案件;⑨植物新品种权转让合同纠纷案件;⑩侵害植物新品种权纠纷案件;⑪假冒他人植物新品种权纠纷案件;⑫植物新品种培育人署名权纠纷案件;⑬植物新品种临时保护期使用费纠纷案件;⑭植物新品种行政处罚纠纷案件;⑮植物新品种行政复议纠纷案件;⑯植物新品种行政赔偿纠纷案件;⑰植物新品种行政奖励纠纷案件;⑱其他植物新品种权纠纷案件。[①] (2)上一项所列1~5类案件,由北京知识产权法院作为第一审人民法院审理;6~18类案件,由知识产权法院,各省、自治区、直辖市人民政府所在地和最高人民法院指定的中级人民法院作为第一审人民法院审理。当事人对植物新品种纠纷民事、行政案件第一审判决、裁定不服,提起上诉的,由最高人民法院审理。[②]

8. 调整为中级人民法院管辖的第一审民商事案件。[③]

高级法院管辖

第二十条　高级人民法院管辖在本辖区有重大影响的第一审民事案件。

本条明确高级人民法院管辖的第一审民事案件。本书仅就其进行阐释。

1. 本条对高级人民法院管辖的第一审民事案件未作具体规定,只是原则规定管辖本辖区有重大影响的第一审民事案件。其中,高级人民法院包括:省高级人民法院、自治区高级人民法院、直辖市高级人民法院。在本辖区有重大影响的案件,是指案情重大、复杂,涉及面广,影响面大的案件。[④]

---

① 《最高人民法院关于审理植物新品种纠纷案件若干问题的解释》第1条。

② 《最高人民法院关于审理植物新品种纠纷案件若干问题的解释》第3条。

③ 《最高人民法院关于调整高级人民法院和中级人民法院管辖第一审民商事案件标准的通知》。

④ 《全国各省、自治区、直辖市高级人民法院和中级人民法院管辖第一审民商事案件标准》。

2. 高级人民法院审理部分一审案件[①]和不服中级人民法院裁判的上诉案件和当事人申请的再审案件等。

3. 高级人民法院通过审理案件、制定审判业务文件、发布参考性案例、召开审判业务会议、组织法官培训等形式，对辖区内各级人民法院和专门人民法院的审判业务工作进行指导。高级人民法院制定审判业务文件，应当经审判委员会讨论通过。最高人民法院发现高级人民法院制定的审判业务文件与现行法律、司法解释相抵触的，应当责令其纠正。[②]

4. 调整为高级人民法院管辖的第一审民商事案件。[③]

最高人民法院管辖

第二十一条　最高人民法院管辖下列第一审民事案件：

（一）在全国有重大影响的案件；

（二）认为应当由本院审理的案件。

本条是关于高级人民法院管辖的第一审民事案件的规定。本书仅就其进行阐释。

1. 最高人民法院是我国的最高审判机关。

2. 最高人民法院监督指导地方各级人民法院和专门人民法院的审判业务工作。上级人民法院监督指导下级人民法院的审判业务工作。监督指导的范围、方式和程序应当符合法律规定。[④]

3. 最高人民法院通过审理案件、制定司法解释或者规范性文件、发布指导性

---

① 《最高人民法院关于调整高级人民法院和中级人民法院管辖第一审民商事案件标准的通知》《全国各省、自治区、直辖市高级人民法院和中级人民法院管辖第一审民商事案件标准》。

《最高人民法院关于调整地方各级人民法院管辖第一审知识产权民事案件标准的通知》第1条规定："高级人民法院管辖诉讼标的额在2亿元以上的第一审知识产权民事案件，以及诉讼标的额在1亿元以上且当事人一方住所地不在其辖区或者涉外、涉港澳台的第一审知识产权民事案件。"

② 《最高人民法院关于规范上下级人民法院审判业务关系的若干意见》第9条。

③ 《最高人民法院关于调整高级人民法院和中级人民法院管辖第一审民商事案件标准的通知》。

④ 《最高人民法院关于规范上下级人民法院审判业务关系的若干意见》第1条。

《最高人民法院关于执行案件督办工作的规定（试行）》第1条规定："最高人民法院对地方各级人民法院执行案件进行监督。高级人民法院、中级人民法院对本辖区内人民法院执行案件进行监督。"

案例、召开审判业务会议、组织法官培训等形式，对地方各级人民法院和专门人民法院的审判业务工作进行指导。①

4. 高级人民法院对本院及下级人民法院的执行案件，认为需要指定执行的，可以裁定指定执行。高级人民法院对最高人民法院函示指定执行的案件，应当裁定指定执行。②

5. 最高人民法院还负责组织部分一审工作。在全国有重大影响和应由最高人民法院审理的案件，由最高人民法院规定或者作出决定。③

专门法院管辖(非法条内容)

本书仅就专门法院④管辖阐释两方面的内容。

一、军事法院管辖

1. 军事法院管辖的类型。(1)法定管辖。下列民事案件，由军事法院管辖：①双方当事人均为军人⑤或者军队单位⑥的案件，但法律另有规定的除外；②涉及机密级以上军事秘密的案件；③军队设立选举委员会的选民资格案件；④认定营

---

① 《最高人民法院关于规范上下级人民法院审判业务关系的若干意见》第8条。

② 《最高人民法院关于高级人民法院统一管理执行工作若干问题的规定》第8条(与执行异议有重复)。

③ 江必新等编著：《新民事诉讼法配套规则适用适用指引(总则卷)》，法律出版社2016年版，第210页。

《关于授权最高人民法院在该院和部分地区开展四级法院审级职能定位改革试点工作的决定(草案)》指出，进一步凸显最高人民法院作为最高审判机关的宪法地位，优化向最高人民法院申请再审的事由与程序。最高人民法院通过再审提审，主要审理在全国范围内具有普遍法律适用指导意义的案件、涉及重大国家利益、社会公共利益的案件、打破“诉讼主客场”现象的重大案件，监督指导全国法院审判工作，研究制定司法解释、司法文件和司法政策，确保国家法律正确统一适用。

④ 专门法院包括军事法院、海事法院、铁路运输法院、森林法院、农垦法院、石油法院等。其管辖规则与地方基层人民法院有所区别，主要在如下几个方面：(1)专门法院是按特定的组织或特定范围的案件建立的审判机关，而地方基层人民法院是按照行政区划建立的审判机关。(2)专门法院管辖的案件具有专门性，即专门法院所审理的案件的性质不同于地方基层人民法院，受理案件的范围具有特定的约束。(3)专门法院的产生及其人员的任免不同于地方基层人民法院。如军事法院院长并不是经过人大选举产生的，而是由最高人民法院同中央军事委员会任命的。

⑤ 《最高人民法院关于军事法院管辖民事案件若干问题的规定》第8条第1款规定：“本规定所称军人是指中国人民解放军的现役军官、文职干部、士兵及具有军籍的学员，中国人民武装警察部队的现役警官、文职干部、士兵及具有军籍的学员……”

⑥ 《最高人民法院关于军事法院管辖民事案件若干问题的规定》第8条第2款规定：“军队单位是指中国人民解放军现役部队和预备役部队、中国人民武装警察部队及其编制内的企业事业单位。”

区内无主财产案件。[①] (2)申请管辖。下列民事案件,地方当事人向军事法院提起诉讼或者提出申请的,军事法院应当受理:①军人或者军队单位执行职务过程中造成他人损害的侵权责任纠纷案件;②当事人一方为军人或者军队单位,侵权行为发生在营区内[②]的侵权责任纠纷案件;③当事人一方为军人的婚姻家庭纠纷案件;④《民事诉讼法》第 34 条规定的不动产所在地、港口所在地、被继承人死亡时住所地或者主要遗产所在地在营区内,且当事人一方为军人或者军队单位的案件;⑤申请宣告军人失踪或者死亡的案件;⑥申请认定军人无民事行为能力或者限制民事行为能力的案件。[③] (3)约定管辖。当事人一方是军人或者军队单位,且合同履行地或者标的物所在地在营区内的合同纠纷,当事人书面约定由军事法院管辖,不违反法律关于级别管辖、专属管辖和专门管辖规定的,可以由军事法院管辖。[④] (4)法定条件下的同意管辖。当事人住所地省级行政区划内没有可以受理案件的第一审军事法院,或者处于交通十分不便的边远地区,双方当事人同意由地方人民法院管辖的,地方人民法院可以管辖,但《最高人民法院关于军事法院管辖民事案件若干问题的规定》第 1 条第 2 项规定的案件除外。[⑤]

2. 军事法院管辖权的移送、争议解决。(1)管辖权的移送。军事法院发现受理的民事案件属于地方人民法院管辖的,应当移送有管辖权的地方人民法院,受移送的地方人民法院应当受理。地方人民法院认为受移送的案件不属于本院管辖的,应当报请上级地方人民法院处理,不得再自行移送。地方人民法院发现受理的民事案件属于军事法院管辖的,应当移送有管辖权的军事法院。[⑥] (2)管辖权的争议解决。军事法院与地方人民法院之间因管辖权发生争议,由争议双方协商解决;协商不成的,报请各自的上级法院协商解决;仍然协商不成的,报请最高人民法院指定管辖。[⑦]

---

① 《最高人民法院关于军事法院管辖民事案件若干问题的规定》第 1 条。

《最高人民法院关于适用〈中华人民共和国民事诉讼法〉的解释》第 11 条规定:“双方当事人均为军人或者军队单位的民事案件由军事法院管辖。”

② 《最高人民法院关于军事法院管辖民事案件若干问题的规定》第 8 条第 3 款规定:“营区是指由军队管理使用的区域,包括军事禁区、军事管理区。”

③ 《最高人民法院关于军事法院管辖民事案件若干问题的规定》第 2 条。

④ 《最高人民法院关于军事法院管辖民事案件若干问题的规定》第 3 条。

⑤ 《最高人民法院关于军事法院管辖民事案件若干问题的规定》第 4 条第 2 款。

⑥ 《最高人民法院关于军事法院管辖民事案件若干问题的规定》第 5 条。

⑦ 《最高人民法院关于军事法院管辖民事案件若干问题的规定》第 6 条。

二、铁路法院管辖

1. 铁路法院管辖的案件。下列涉及铁路运输、铁路安全、铁路财产的民事诉讼，由铁路运输法院管辖：(1)铁路旅客和行李、包裹运输合同纠纷；(2)铁路货物运输合同和铁路货物运输保险合同纠纷；(3)国际铁路联运合同和铁路运输企业作为经营人的多式联运合同纠纷；(4)代办托运、包装整理、仓储保管、接取送达等铁路运输延伸服务合同纠纷；(5)铁路运输企业在装卸作业、线路维修等方面发生的委外劳务、承包等合同纠纷；(6)与铁路及其附属设施的建设施工有关的合同纠纷；(7)铁路设备、设施的采购、安装、加工承揽、维护、服务等合同纠纷；(8)铁路行车事故及其他铁路运营事故造成的人身、财产损害赔偿纠纷；(9)违反铁路安全保护法律、法规，造成铁路线路、机车车辆、安全保障设施及其他财产损害的侵权纠纷；(10)因铁路建设及铁路运输引起的环境污染侵权纠纷；(11)对铁路运输企业财产权属发生争议的纠纷。①

2. 铁路法院管辖案件的受理。(1)铁路运输基层法院就管辖案件作出的判决、裁定，当事人提起上诉或铁路运输检察院提起抗诉的二审案件，由相应的铁路运输中级法院受理。② (2)省、自治区、直辖市高级人民法院可以指定辖区内的铁路运输中级法院受理对其驻在地基层人民法院一审民事判决、裁定提起上诉的案件。③

第二节　地 域 管 辖

地域管辖就是按照人民法院的主管范围和当事人住所地来划分同级人民法院之间审判第一审民事案件的权限。④

① 《最高人民法院关于铁路运输法院案件管辖范围的若干规定》第3条。

② 《最高人民法院关于铁路运输法院案件管辖范围的若干规定》第4条。

③ 《最高人民法院关于铁路运输法院案件管辖范围的若干规定》第5条第2款。

④ 洪冬英主编：《民事诉讼法学通论》（第3版），北京大学出版社2020年版，第93页。

本节中,第22条为一般地域管辖,第23条至第32条为特殊地域管辖。[①]

一般地域管辖

第二十二条　对公民提起的民事诉讼,由被告住所地人民法院管辖;被告住所地与经常居住地不一致的,由经常居住地人民法院管辖。

对法人或者其他组织提起的民事诉讼,由被告住所地人民法院管辖。

同一诉讼的几个被告住所地、经常居住地在两个以上人民法院辖区的,各该人民法院都有管辖权。

本条明确一般地域管辖。

一般地域管辖,又称普通管辖,是指以当事人所在地与人民法院辖区的关系来确定管辖法院。[②] 一般管辖原则是"原告就被告",即民事诉讼由被告所在地人民法院管辖。[③] 本书在此基础上进一步阐释两方面的内容。

一、自然人的一般地域管辖

1. 住所地管辖。(1)对自然人提出诉讼,由被告住所地人民法院管辖。其中,自然人的住所地,是指自然人的户籍所在地。[④] (2)双方当事人都被监禁或者被采取强制性教育措施的,由被告原住所地人民法院管辖。被告被监禁或者被采取强制性教育措施1年以上的,由被告被监禁地或者被采取强制性教育措施地人民法院管辖。[⑤]

2. 经常居住地管辖。(1)被告住所地与经常居住地不一致的,由经常居住地

① 特殊地域管辖与一般地域管辖的区别:(1)当事人可以选择管辖的权利来确定特殊地域管辖的管辖法院;而一般地域管辖只能由法律规定的管辖法院为被告住所地法院,住所地与经常居住地不一致时由被告经常居住地法院管辖。(2)案件的性质不同,特殊地域管辖的案件原则上包括合同纠纷或者财产侵权纠纷等;而一般地域管辖原则上属普通民事纠纷。

② 洪冬英主编:《民事诉讼法学通论》(第3版),北京大学出版社2020年版,第94页。

③ 实行"原告就被告"原则,有利于人民法院调查、核实证据,迅速查明案情,正确处理民事纠纷;有利于传唤被告出庭应诉;有利于采取财产保全和先予执行措施,如果被告败诉,还有利于执行;同时,还可以防止原告滥用诉权,给被告造成不应有的损失。

④ 《最高人民法院关于适用〈中华人民共和国民事诉讼法〉的解释》第3条第1款。

《民法典》第25条规定:"自然人以户籍登记或者其他有效身份登记记载的居所为住所;经常居所与住所不一致的,经常居所视为住所。"

⑤ 《最高人民法院关于适用〈中华人民共和国民事诉讼法〉的解释》第8条。

人民法院管辖。其中,“经常居住地”,是指自然人离开住所地到起诉时已连续居住1年以上的地方,但不包括住院就医的地方。[①] 对于异地安置以后发生的诉讼,安置地与原住所地、经常居住地不在同一行政区的,可以将安置地视为当事人的居住地。[②] (2)当事人的户籍迁出后尚未落户,有经常居住地的,由该地人民法院管辖;没有经常居住地的,由其原户籍所在地人民法院管辖。[③]

3. 具体案件的一般地域管辖。(1)合同案件。①债权人依照《民法典》第535条[④]的规定提起代位权诉讼的,由被告住所地人民法院管辖。②债权人依照《民法典》第538条[⑤]、第539条[⑥]的规定提起撤销权诉讼的,由被告住所地人民法院管辖。(2)离婚案件。①夫妻双方离开住所地超过1年,一方起诉离婚的案件,由被告经常居住地人民法院管辖;没有经常居住地的,由原告起诉时被告居住地人民法院管辖。[⑦] ②在国内结婚并定居国外的华侨,如定居国法院以离婚诉讼须由婚姻缔结地法院管辖为由不予受理,当事人向人民法院提出离婚诉讼的,由婚姻缔结地或者一方在国内的最后居住地人民法院管辖。[⑧] ③在国外结婚并定居国外的华侨,如定居国法院以离婚诉讼须由国籍所属国法院管辖为由不予受理,当事人向人民法院提出离婚诉讼的,由一方原住所地或者在国内的最后居住地人民法院管辖。[⑨] ④中国公民一方居住在国外,一方居住在国内,不论哪一方向人民法院提起离婚诉讼,国内一方住所地人民法院都有权管辖。国外一

---

① 《最高人民法院关于适用〈中华人民共和国民事诉讼法〉的解释》第4条。

② 《最高人民法院关于处理涉及汶川地震相关案件适用法律问题的意见(一)》。

③ 《最高人民法院关于适用〈中华人民共和国民事诉讼法〉的解释》第7条。

④ 《民法典》第535条规定:“因债务人怠于行使其债权或者与该债权有关的从权利,影响债权人的到期债权实现的,债权人可以向人民法院请求以自己的名义代位行使债务人对相对人的权利,但是该权利专属于债务人自身的除外。代位权的行使范围以债权人的到期债权为限。债权人行使代位权的必要费用,由债务人负担。相对人对债务人的抗辩,可以向债权人主张。”

⑤ 《民法典》第538条规定:“债务人以放弃其债权、放弃债权担保、无偿转让财产等方式无偿处分财产权益,或者恶意延长其到期债权的履行期限,影响债权人的债权实现的,债权人可以请求人民法院撤销债务人的行为。”

⑥ 《民法典》第539条规定:“债务人以明显不合理的低价转让财产、以明显不合理的高价受让他人财产或者为他人的债务提供担保,影响债权人的债权实现,债务人的相对人知道或者应当知道该情形的,债权人可以请求人民法院撤销债务人的行为。”

⑦ 《最高人民法院关于适用〈中华人民共和国民事诉讼法〉的解释》第12条第2款。

⑧ 《最高人民法院关于适用〈中华人民共和国民事诉讼法〉的解释》第13条。

⑨ 《最高人民法院关于适用〈中华人民共和国民事诉讼法〉的解释》第14条。

方在居住国法院起诉,国内一方向人民法院起诉的,受诉人民法院有权管辖。[①]

⑤中国公民双方在国外但未定居,一方向人民法院起诉离婚的,应由原告或者被告原住所地人民法院管辖。[②]

二、法人、非法人组织的一般地域管辖

1. 对法人或者非法人组织提起的民事诉讼,由被告住所地人民法院管辖。其中,“法人或者非法人组织的住所地”,是指法人或者非法人组织的主要办事机构所在地。法人或者非法人组织的主要办事机构所在地不能确定的,法人或者非法人组织的注册地或者登记地为住所地。[③]

2. 人民法院受理强制清算申请后,就强制清算公司的权利义务产生争议的,应当向受理强制清算申请的人民法院提起诉讼。[④]

3. 对没有办事机构的个人合伙、合伙型联营体提起的诉讼,由被告注册登记地人民法院管辖。没有注册登记,几个被告又不在同一辖区的,被告住所地的人民法院都有管辖权。[⑤]

特别管辖(一般地域管辖的例外)

第二十三条　下列民事诉讼,由原告住所地人民法院管辖;原告住所地与经常居住地不一致的,由原告经常居住地人民法院管辖:

(一)对不在中华人民共和国领域内居住的人提起的有关身份关系的诉讼;

(二)对下落不明或者宣告失踪的人提起的有关身份关系的诉讼;

(三)对被采取强制性教育措施的人提起的诉讼;

(四)对被监禁的人提起的诉讼。

本条明确一般地域管辖的例外。本书在此基础上进一步阐释两方面的内容。

---

① 《最高人民法院关于适用〈中华人民共和国民事诉讼法〉的解释》第15条。

② 《最高人民法院关于适用〈中华人民共和国民事诉讼法〉的解释》第16条。

③ 《最高人民法院关于适用〈中华人民共和国民事诉讼法〉的解释》第3条。
《民法典》第63条规定:“法人以其主要办事机构所在地为住所……”

④ 《最高人民法院关于审理公司强制清算案件工作座谈会纪要》第31条第1款。

⑤ 《最高人民法院关于适用〈中华人民共和国民事诉讼法〉的解释》第5条。

一、特别管辖

特别管辖（一般地域管辖的例外），是指以被告住所地及诉讼标的或者引起法律关系发生、变更或消灭的法律事实所在地为标准所确定的管辖。[1]

特别管辖包括：（1）对不在中国领域内居住的人提起的有关身份关系的诉讼。其中，“对不在中国领域内居住的人”，包括在国外居住的中国人、外国人。（2）下落不明或者宣告失踪的人[2]提起涉及婚姻关系、亲子关系、收养关系等有关身份关系的诉讼。（3）对正在被采取强制性教育措施的人[3]或被监禁的人[4]提起的诉讼。

二、具体案件的地域管辖

1. 离婚案件。（1）夫妻一方离开住所地超过 1 年，另一方起诉离婚的案件，可以由原告住所地人民法院管辖。[5]（2）双方当事人均为军人或者军队单位的民事案件由军事法院管辖。[6]

2. 当事人被注销户籍案件。被告被注销户籍的，由原告经常居住地人民法院管辖；原告、被告均被注销户籍的，由被告居住地人民法院管辖。[7]

3. 追索赡养费、抚养费、扶养费案件。追索赡养费、抚养费、扶养费案件的几个被告住所地不在同一辖区的，可以由原告住所地人民法院管辖。[8]

4. 当事人被监禁或者被采取强制性教育措施案件。（1）双方当事人都被监禁或者被采取强制性教育措施的，由被告原住所地人民法院管辖。被告被监禁或者被采取强制性教育措施 1 年以上的，由被告被监禁地或者被采取强制性教育措施地人民法院管辖。[9]（2）由提起诉讼当事人（原告人）的所在地人民法院审理，被告人所在地人民法院可代作向被告征询意见和了解问题等工作。[10]

---

① 洪冬英主编：《民事诉讼法学通论》（第 3 版），北京大学出版社 2020 年版，第 96 页。

② 《民法典》第 40 条规定：“自然人下落不明满二年的，利害关系人可以向人民法院申请宣告该自然人为失踪人。”

③ 向强制性教育机构所在地的人民法院起诉，对原告来说十分不便。

④ 正在被监禁的人，包括已决犯和未决犯。由被告监禁地人民法院管辖，不仅不便原告向被告监禁地人民法院起诉，而且很可能造成其工作量过大。

⑤ 《最高人民法院关于适用〈中华人民共和国民事诉讼法〉的解释》第 12 条。

⑥ 《最高人民法院关于适用〈中华人民共和国民事诉讼法〉的解释》第 11 条。

⑦ 《最高人民法院关于适用〈中华人民共和国民事诉讼法〉的解释》第 6 条。

⑧ 《最高人民法院关于适用〈中华人民共和国民事诉讼法〉的解释》第 9 条。

⑨ 《最高人民法院关于适用〈中华人民共和国民事诉讼法〉的解释》第 8 条。

⑩ 《最高人民法院关于劳改犯、留场就业人员婚姻案件管辖问题的批复》。

5. 财产分割案件。已经离婚的中国公民，双方均定居国外，仅就国内财产分割提起诉讼的，由主要财产所在地人民法院管辖。[①]

6. 监护关系案件。不服指定监护或者变更监护关系的案件，可以由被监护人住所地人民法院管辖。[②]

合同纠纷管辖

第二十四条　因合同纠纷提起的诉讼，由被告住所地或者合同履行地人民法院管辖。

本条明确合同纠纷的诉讼管辖。

合同发生纠纷，即合同成立、变更和履行等发生争议。本书在合同纠纷的诉讼管辖基础上进一步阐释两方面的内容。

一、一般合同履行地管辖的确定

合同履行地，是指合同规定履行义务和接受义务的行为地点，主要是指合同标的物交接（付）的地点。[③]

1. 约定了履行（交货）地点合同履行地管辖的确定。合同约定履行地点的，以约定的履行地点为合同履行地。[④]

2. 其他合同履行地管辖的确定。（1）合同对履行地点没有约定或者约定不明确，争议标的为给付货币的，接收货币一方所在地为合同履行地；交付不动产的，不动产所在地为合同履行地；其他标的，履行义务一方所在地为合同履行地。即时结清的合同，交易行为地为合同履行地。[⑤]（2）不能确定履行地的，标的物需要运输的，出卖人应当将标的物交付给第一承运人以运交给买受人；标的物不需要运输，出卖人和买受人订立合同时知道标的物在某一地点的，出卖人应当在该

---

① 《最高人民法院关于适用〈中华人民共和国民事诉讼法〉的解释》第17条。

② 《最高人民法院关于适用〈中华人民共和国民事诉讼法〉的解释》第10条。

③ 合同履行地的认定在诉讼实践中是较为复杂的问题：既有合同规定的履行地，也有与合同规定的履行地不一致的实际履行地；既有根本未履行的情况，也有在不同地点分别履行的情况；而且不同种类的合同的履行地也可能不一样，就合同履行地的理解也常发生歧义。由此给合同案件管辖带来了很多问题，也易产生管辖争议。

④ 《最高人民法院关于适用〈中华人民共和国民事诉讼法〉的解释》第18条第1款。

⑤ 《最高人民法院关于适用〈中华人民共和国民事诉讼法〉的解释》第18条第2款。

地点交付标的物；不知道标的物在某一地点的，应当在出卖人订立合同时的营业地交付标的物。[①] (3)当事人签订的合同名称与约定的权利义务内容不一致的，应当以合同约定的权利义务内容确定合同的性质，从而确定合同的履行地；合同名称与合同约定的内容不一致，而根据合同约定难以区分合同性质，以及合同的名称与该合同约定的部分内容相符的，则以合同的名称确定合同的履行地。[②] (4)代销合同、受托人办理委托事务的履行地，以代销方所在地和受托方所在地为代销合同和展销合同的履行地。[③]

3. 约定合同履行地管辖的排除。(1)当事人在合同中对履行地点、交货地点未作约定或约定不明确的，或者是虽有约定但未实际交付货物，且当事人双方住所地均不在合同约定的履行地，以及口头购销合同纠纷案件，均不依履行地确定案件管辖。[④] (2)合同没有实际履行[⑤]，当事人双方住所地都不在合同约定的履行地的，由被告住所地人民法院管辖。[⑥]

二、具体合同履行地管辖的确定

1. 联营合同。联营合同纠纷案件的地域管辖，因不同的联营形式而有所区

---

① 《民法典》第603条第2款第1项、第2项。

② 《最高人民法院关于解决江苏省盐城市中级人民法院与山西省晋城市中级人民法院重复立案、判决问题的函》认为，人民法院对当事人签订的合同做出实体认定后确定管辖及做出的判决均属不当，人民法院行使管辖权应以程序法为依据。

《最高人民法院关于珠海经济特区科信高新技术开发公司诉珠海经济特区中信集团有限公司联营合同纠纷案件管辖权问题的函》认为，人民法院立案应以当事人签订的合同为管辖的根据，而不能以实体审理后对合同性质的实体认定作为案件管辖的根据。

③ 《最高人民法院关于购销(代销)收录机合同纠纷管辖异议问题的复函》第1条认为："……代销合同是以代销方按照委托方的委托，以自己的营业场所、服务设施来代销委托方的商品为履约内容的。展销合同则是以受托方为委托方提供展销场地、展销服务，由委托方自行销售或由受托方代销展品为履约内容的。因此，应以代销方所在地和受托方所在地为代销合同和展销合同的履行地……"

④ 《最高人民法院关于确定购销合同履行地问题的复函》认为："……购销合同的双方当事人在合同中对交货地点有约定的，不管采取何种交货方式，约定的交货地点即为合同履行地；合同中没有约定交货地点的，才依交货方式确定合同履行地：采用送货方式，即供方自备运输工具，将货物运至需方所在地或需方指定地点的，不论运费由谁承担，货物送达地为合同履行地；采用自提方式，即需方自备或租用运输工具到供方所在地或供方指定的地点提取货物的，不管运费由谁承担，提货地为合同履行地。"

⑤ 《最高人民法院关于合同当事人仅给付了定金应当如何确定管辖问题的复函》认为，在合同当事人仅履行了合同中定金条款的约定，而未履行合同的其他条款的情况下，不能依据《最高人民法院关于适用〈中华人民共和国民事诉讼法〉若干问题的意见》第18条、第19条的规定认定为"实际履行"。"实际履行"，对于购销合同，是指合同当事人实际履行了交货义务。(虽然《关于适用〈中华人民共和国民事诉讼法〉若干问题的意见》已被废止，但此法理值得借鉴。)

⑥ 《最高人民法院关于适用〈中华人民共和国民事诉讼法〉的解释》第18条第3款。

别:(1)法人型联营合同纠纷案件,由法人型联营体的主要办事机构所在地人民法院管辖。(2)合伙型联营合同纠纷案件,由合伙型联营体注册登记地人民法院管辖。(3)协作型联营合同纠纷案件,由被告所在地人民法院管辖。

2. 买卖合同。以信息网络方式订立的买卖合同,通过信息网络交付标的的,以买受人住所地为合同履行地;通过其他方式交付标的的,收货地为合同履行地。合同对履行地有约定的,从其约定。①

3. 期货交易合同。(1)在期货公司的分公司、营业部等分支机构进行期货交易的,该分支机构住所地为合同履行地。因实物交割发生纠纷的,期货交易所住所地为合同履行地。② (2)侵权与违约竞合的期货纠纷案件,依当事人选择的诉由确定管辖。当事人既以违约又以侵权起诉的,以当事人起诉状中在先的诉讼请求确定管辖。③

4. 劳动合同。劳动争议由劳动合同履行地或者用人单位所在地的劳动争议仲裁委员会管辖。双方当事人分别向劳动合同履行地和用人单位所在地的劳动争议仲裁委员会申请仲裁的,由劳动合同履行地的劳动争议仲裁委员会管辖。④

5. 船务合同。(1)船舶买卖合同纠纷案件,船舶工程合同纠纷案件,船舶关键部件和专用物品的分包施工、委托建造、订制、买卖等合同纠纷案件,船舶工程经营合同(含挂靠、合伙、承包等形式)纠纷案件,船舶检验合同纠纷案件,船舶工程场地租用合同纠纷案件,船舶经营管理合同(含挂靠、合伙、承包等形式)、航线合作经营合同纠纷案件,船舶代理合同纠纷案件,船舶抵押合同纠纷案件,船舶融资租赁合同纠纷案件,船员劳动合同、劳务合同(含船员劳务派遣协议)项下与船员登船、在船服务、离船遣返相关的报酬给付及人身伤亡赔偿纠纷案件等,由(合同履行地或被告住所地)海事法院管辖。⑤ (2)与船舶担保或者船舶优先权有关的借款合同纠纷,由被告住所地、合同履行地、船舶的船籍港、船舶所在地的海事法院管辖。⑥ (3)因海船租用合同纠纷提的诉讼,由交船港、还船港、船籍港

---

① 《最高人民法院关于适用〈中华人民共和国民事诉讼法〉的解释》第20条。
② 《最高人民法院关于审理期货纠纷案件若干问题的规定》第5条。
③ 《最高人民法院关于审理期货纠纷案件若干问题的规定》第6条。
④ 《劳动争议调解仲裁法》第21条第2款。
⑤ 《最高人民法院关于海事法院受理案件范围的规定》("海商合同纠纷案件"部分)。
⑥ 《最高人民法院关于适用〈中华人民共和国海事诉讼特别程序法〉若干问题的解释》第10条。

所在地、被告住所地海事法院管辖。[①] (4)因海船的船员劳务合同纠纷提起的诉讼,由原告住所地、合同签订地、船员登船港或者离船港所在地、被告住所地海事法院管辖。[②] (5)因海事担保纠纷提起的诉讼,由担保物所在地、被告住所地海事法院管辖;因船舶抵押纠纷提起的诉讼,还可以由船籍港所在地海事法院管辖。[③]

6. 其他合同。(1)存单纠纷案件由被告住所地人民法院或出具存单、进账单、对账单或与当事人签订存款合同的金融机构住所地人民法院管辖,住所地与经常居住地不一致的,由经常居住地人民法院管辖。[④] (2)下列涉及铁路运输、铁路安全、铁路财产的民事诉讼,由铁路运输法院管辖:①铁路旅客和行李、包裹运输合同纠纷;②铁路货物运输合同和铁路货物运输保险合同纠纷;③国际铁路联运合同和铁路运输企业作为经营人的多式联运合同纠纷;④代办托运、包装整理、仓储保管、接取送达等铁路运输延伸服务合同纠纷;⑤铁路运输企业在装卸作业、线路维修等方面发生的委外劳务、承包等合同纠纷;⑥与铁路及其附属设施的建设施工有关的合同纠纷;⑦铁路设备、设施的采购、安装、加工承揽、维护、服务等合同纠纷;⑧铁路行车事故及其他铁路运营事故造成的人身、财产损害赔偿纠纷;⑨违反铁路安全保护法律、法规,造成铁路线路、机车车辆、安全保障设施及其他财产损害的侵权纠纷;⑩因铁路建设及铁路运输引起的环境污染侵权纠纷;⑪对铁路运输企业财产权属发生争议的纠纷。[⑤] (3)财产租赁合同、融资租赁合同以租赁物使用地为合同履行地。合同对履行地有约定的,从其约定。[⑥] (4)合同中既有技术合同内容,又有其他合同内容,当事人就技术合同内容和其他合同内容均发生争议的,由具有技术合同纠纷案件管辖权的人民法院受理。[⑦]

---

① 《海事诉讼特别程序法》第 6 条第 2 款第 3 项。
② 《海事诉讼特别程序法》第 6 条第 2 款第 5 项。
③ 《海事诉讼特别程序法》第 6 条第 2 款第 6 项。
④ 《最高人民法院关于审理存单纠纷案件的若干规定》第 4 条。
⑤ 《最高人民法院关于铁路运输法院案件管辖范围的若干规定》第 3 条。
⑥ 《最高人民法院关于适用〈中华人民共和国民事诉讼法〉的解释》第 19 条。
⑦ 《最高人民法院关于审理技术合同纠纷案件适用法律若干问题的解释》第 43 条第 4 款。

保险合同纠纷管辖

第二十五条　因保险合同纠纷提起的诉讼，由被告住所地或者保险标的物所在地人民法院管辖。

本条明确保险合同纠纷的诉讼管辖。

保险合同，是指投保人支付保险费给保险人，保险人对于投保人因自然灾害或者意外事故所致的损害或者责任，承担赔偿责任或者支付一定金额的合同。因保险合同发生的纠纷，是指投保人或者保险受益人与保险人之间发生的争议。本书仅就保险合同纠纷的诉讼管辖进行阐释。

1. 因保险合同纠纷提起的诉讼，由被告住所地或者保险标的物所在地人民法院管辖。[①] 其中，"保险标的物"，是投保人与保险人订立的保险合同所指向的对象，如财产、人身健康或生命以及其他形式表现出来的财产利益等。

2. 因财产保险合同纠纷提起的诉讼，如果保险标的物是运输工具或者运输中的货物，可以由运输工具登记注册地、运输目的地、保险事故发生地人民法院管辖。因人身保险合同纠纷提起的诉讼，可以由被保险人住所地人民法院管辖。[②]

3. 因海上保赔合同纠纷提起的诉讼，由保赔标的物所在地、事故发生地、被告住所地海事法院管辖。[③] 其中，海上保险、保赔合同纠纷案件，包括水运货物保险、船舶保险、油污和其他保赔责任险、人身保险、海上设施保险、集装箱保险等合同纠纷案件。

4. 铁路货物运输保险合同纠纷，由铁路运输法院管辖。[④]

---

① 为了更好地查清发生事故的标的物的性质、状况，以及其上的法律关系的目的，查清保险标的物受损害的程度，更好地提取并保存证据，快速处理保险定损、理赔纠纷，由保险标的物所在地人民法院管辖较为适宜。但是，如果原告认为被告住所地人民法院管辖更为便利时，也可以选择被告住所地人民法院管辖。另外，财产保险合同以被保险的财产为标的物，而人身保险合同中并无所谓"标的物"，因此本条保留了"被告住所地"这个管辖制度中的一般性原则。

② 《最高人民法院关于适用〈中华人民共和国民事诉讼法〉的解释》第21条。

③ 《海事诉讼特别程序法》第6条第2款第4项。

④ 《最高人民法院关于铁路运输法院案件管辖范围的若干规定》第3条。

票据纠纷管辖

第二十六条 因票据纠纷提起的诉讼,由票据支付地或者被告住所地人民法院管辖。

本条明确票据纠纷的诉讼管辖。本书仅就其进行阐释。

1. 票据纠纷,是指出票人或者付款人与持票人之间因票据承兑等发生的争议。①

2. 因票据纠纷提起的诉讼,由票据支付地或者被告住所地人民法院管辖。②其中,"票据",是指由出票人签发的,写明在一定时间、地点,由本人或者指定其他人按票面所载文义,向持票人无条件支付一定金额的有价证券。③ 票据支付地是指票据上载明的付款地,票据上未载明付款地的,汇票付款人或者代理付款人的营业场所、住所或者经常居住地,本票出票人的营业场所,支票付款人或者代理付款人的营业场所所在地为票据付款地。代理付款人即付款人的委托代理人,是指根据付款人的委托代为支付票据金额的银行、信用合作社等金融机构。④

公司诉讼管辖

第二十七条 因公司设立、确认股东资格、分配利润、解散等纠纷提起的诉讼,由公司住所地人民法院管辖。

本条明确公司诉讼的诉讼管辖。本书仅就其进行阐释。

---

① 票据纠纷一般发生在票据的出票、转让、承兑等环节,它包括行使票据权利或者其他票据法上的非票据权利所引起的纠纷。

② 《最高人民法院关于审理票据纠纷案件若干问题的规定》第6条第1款。

票据纠纷与票据的支付有密切的关系。同时,出于保护被告的目的,管辖制度中由被告住所地人民法院管辖这一原则予以保留。

③ 票据分为本票、汇票和支票三种。

④ 《最高人民法院关于审理票据纠纷案件若干问题的规定》第6条第2款。

1. 公司纠纷主要包括因确认股东资格产生的纠纷[①]、因公司设立产生的纠纷[②]、因分配利润产生的纠纷[③]和因公司解散产生的纠纷[④]。

2. 解散公司诉讼案件和公司清算案件由公司住所地[⑤]人民法院管辖。公司住所地是指公司主要办事机构所在地。公司办事机构所在地不明确的,由其注册地人民法院管辖。[⑥]

3. 因股东名册记载、请求变更公司登记、股东知情权、公司决议、公司合并、公司分立、公司减资、公司增资等纠纷提起的诉讼,依照《民事诉讼法》第27条规定确定管辖。[⑦]

运输合同纠纷管辖

第二十八条　因铁路、公路、水上、航空运输和联合运输合同纠纷提起的诉讼,由运输始发地、目的地或者被告住所地人民法院管辖。

本条明确运输合同纠纷的诉讼管辖。

运输合同纠纷,是指承运人与托运人双方在履行合同中发生的权利义务争议。本书仅就运输合同纠纷的诉讼管辖进行阐释。

1. 运输合同纠纷诉讼管辖的一般规则。因铁路、公路、水上、航空运输和联

---

① 股份有限公司成立后,时常会发生因为出资不足导致产生出资人是否具有股东资格的纠纷,出资人本人或者其他股东可以要求人民法院对出资人的股东资格进行确认。

② 实践中,公司设立有关的纠纷包括:(1)公司不能成立时,发起人对设立行为所产生的债务和费用负连带责任,负返还认股人已缴纳的股款并加算银行同期存款利息。(2)在公司设立过程中,发起人应对其过失致使公司利益受到损害负赔偿责任。(3)股东不按照规定缴纳出资的,公司、其他已按期足额缴纳出资的股东有权要求其足额缴纳。(4)有限责任公司成立后,作为设立公司出资的非货币财产的实际价额显著低于公司章程所定价额的,应当由股东补足其差额,其他股东承担连带责任。

③ 实践中,因分配利润产生的纠纷常见于因股东会、股东大会或者董事会违反公司法的规定,在公司弥补亏损和提取法定公积金之前向股东分配利润。

④ 因公司解散产生的纠纷包括:(1)逾期不成立清算组的;(2)清算组在支付清算费用、缴纳所欠税款、清偿债务、分配财产等违反法律规定的;(3)人民法院进行清算违反法律的;(4)清算组在清理中或清算结束后违反法律规定的;(5)清算组成员故意或者重大过失给公司或者债权人造成损失的。

⑤ 公司以其主要办事机构所在地为住所,公司主要办事机构所在地区别于公司注册地及公司营业场所,是公司经营管理及业务活动的核心机构所在地。

⑥ 《最高人民法院关于适用〈中华人民共和国公司法〉若干问题的规定(二)》第24条第1款。

⑦ 《最高人民法院关于适用〈中华人民共和国民事诉讼法〉的解释》第22条。

合运输合同纠纷提起的诉讼,由运输始发地、目的地或者被告住所地人民法院管辖。其中,“运输始发地”,是指客运或货运合同规定的出发地点。“目的地”,是指合同约定的客运、货运最终到达地。

2. 海上运输合同纠纷管辖。(1)海上、通海水域货物运输合同纠纷案件,包括远洋运输、含有海运的国际多式联运、沿海和内河运输,以及水水联运、水陆联运等水上货物运输合同纠纷案件,海上、通海水域旅客和行李运输合同纠纷案件,与海上或者通海水域的船舶运输有关的货运代理合同纠纷案件,海上、通海水域运输联营合同纠纷案件等。[①] (2)因海上运输合同纠纷提起的诉讼,由运输始发地、目的地或者被告住所地人民法院管辖,还可以由转运港所在地海事法院管辖。[②] (3)涉外海事侵权纠纷案件和海上运输合同纠纷案件的管辖,适用《民事诉讼法》第二十四章的规定;《民事诉讼法》第二十四章没有规定的,适用《海事诉讼特别程序法》第6条第2款第1项、第2项的规定和《民事诉讼法》的其他有关规定。[③]

3. 铁路运输合同纠纷的管辖。铁路旅客和行李、包裹运输合同纠纷,铁路货物运输合同和铁路货物运输保险合同纠纷及国际铁路联运合同和铁路运输企业作为经营人的多式联运合同纠纷,由铁路运输法院管辖。[④]

侵权纠纷管辖

第二十九条　因侵权行为提起的诉讼,由侵权行为地或者被告住所地人民法院管辖。

本条明确侵权行为纠纷的诉讼管辖。本书仅就其进行阐释。

1. 一般侵权纠纷管辖。因侵权行为提起的诉讼,由侵权行为地或者被告住所地人民法院管辖。其中,“侵权行为地”,是指构成侵权行为的法律事实所在地,包括侵害行为的实施地和侵权结果发生地。[⑤]

---

① 参见《最高人民法院关于海事法院受理案件范围的规定》(“海商合同纠纷案件”部分)。

② 《海事诉讼特别程序法》第6条第2款第2项。

③ 《最高人民法院关于适用〈中华人民共和国海事诉讼特别程序法〉若干问题的解释》第2条。

④ 《最高人民法院关于铁路运输法院案件管辖范围的若干规定》第3条第1~3项。

⑤ 《最高人民法院关于适用〈中华人民共和国民事诉讼法〉的解释》第24条。
《最高人民法院关于胡辛诉叶辛、上海大元文化传播有限公司侵犯著作权管辖权异议案的答复》认为,侵权行为地应当根据原告指控的侵权人和具体侵权行为来确定,结果到达地而非法律意义上的侵权结果发生地。

2. 具体侵权案件的管辖。(1)信息网络侵权行为实施地包括实施被诉侵权行为的计算机等信息设备所在地,侵权结果发生地包括被侵权人住所地。[①] (2)信息网络传播侵权案件。侵权行为地和被告住所地均难以确定或者在境外的,原告发现侵权内容的计算机终端等设备所在地可以视为侵权行为地。[②] (3)产品服务侵权案件。因产品、服务质量不合格造成他人财产、人身损害提起的诉讼,产品制造地、产品销售地、服务提供地、侵权行为地和被告住所地人民法院都有管辖权。[③] (4)诉前保全侵权案件。当事人申请诉前保全后没有在法定期间起诉或者申请仲裁,给被申请人、利害关系人造成损失引起的诉讼,由采取保全措施的人民法院管辖。当事人申请诉前保全后在法定期间内起诉或者申请仲裁,被申请人、利害关系人因保全受到损失提起的诉讼,由受理起诉的人民法院或者采取保全措施的人民法院管辖。[④] (5)著作权侵权案件。侵犯著作权行为,由侵权行为的实施地、侵权商品储藏地(大量或者经常性储存、隐匿侵权商品所在地)或者查封扣押地(海关、版权、工商等行政机关依法查封、扣押侵权商品所在地)、被告住所地人民法院管辖。[⑤] 对涉及不同侵权行为实施地的多个被告提起的共同诉讼,原告可以选择其中一个被告的侵权行为实施地人民法院管辖;仅对其中某一被告提起的诉讼,该被告侵权行为实施地的人民法院有管辖权。[⑥] (6)专利侵权案件。①因侵犯专利权行为提起的诉讼,由侵权行为地或者被告住所地人民法院管辖。侵权行为地包括:被诉侵犯发明、实用新型专利权的产品的制造、使用、许诺销售、销售、进口等行为的实施地;专利方法使用行为的实施地,依照该专利方法直接获得的产品的使用、许诺销售、销售、进口等行为的实施地;外观设计专利产品的制造、许诺销售、销售、进口等行为的实施地;假冒他人专利的行

---

① 《最高人民法院关于适用〈中华人民共和国民事诉讼法〉的解释》第25条。

② 《最高人民法院关于审理侵害信息网络传播权民事纠纷案件适用法律若干问题的规定》第15条。

《最高人民法院关于审理涉及计算机网络域名民事纠纷案件适用法律若干问题的解释》第2条第1款规定:"涉及域名的侵权纠纷案件,由侵权行为地或者被告住所地的中级人民法院管辖。对难以确定侵权行为地和被告住所地的,原告发现该域名的计算机终端等设备所在地可以视为侵权行为地。"

③ 《最高人民法院关于适用〈中华人民共和国民事诉讼法〉的解释》第26条。

④ 《最高人民法院关于适用〈中华人民共和国民事诉讼法〉的解释》第27条。

⑤ 《最高人民法院关于审理商标民事纠纷案件适用法律若干问题的解释》第6条。

⑥ 《最高人民法院关于审理商标民事纠纷案件适用法律若干问题的解释》第7条。

为实施地。上述侵权行为的侵权结果发生地。[①] ②原告仅对侵权产品制造者提起诉讼，未起诉销售者，产品制造地与销售地不一致的，制造地人民法院有管辖权；以制造者与销售者为共同被告起诉的，销售地人民法院有管辖权。销售者是制造者分支机构，原告在销售地起诉侵权产品制造者制造、销售行为的，销售地人民法院有管辖权。[②] (7)环境公益诉讼侵权案件。环境公益诉讼一般由侵权行为地或者被告住所地的中级人民法院管辖。[③] (8)植物新品种侵权案件。侵犯植物新品种权的，侵权行为地和被告住所地人民法院有管辖权。[④]

交通事故管辖

第三十条　因铁路、公路、水上和航空事故请求损害赔偿提起的诉讼，由事故发生地或者车辆、船舶最先到达地、航空器最先降落地或者被告住所地人民法院管辖。

本条明确交通事故请求损害赔偿纠纷的诉讼管辖。

交通事故，是指车辆、船舶或者航空器的所有人或管理人在铁路、公路、水上、航空等场所的侵权行为所造成的事实。该诉讼属于交通工具在运行中引起的损害赔偿诉讼。本书仅就交通事故请求损害赔偿纠纷的诉讼管辖进行阐释。

1. 一般事故的管辖。因铁路、公路、水上和航空事故请求损害赔偿提起的诉讼，由事故发生地或者车辆、船舶最先到达地、航空器最先降落地或者被告住所地人民法院管辖。其中，"事故发生地"，是指侵权行为实施地和损害结果发生地，可以是发生事故的具体地点，也可以泛指一定范围如国界和省界。"车辆最

---

① 《最高人民法院关于审理专利纠纷案件适用法律问题的若干规定》第2条。

《最高人民法院关于本田技研工业株式会社与石家庄双环汽车股份有限公司、北京旭阳恒兴经贸有限公司专利纠纷案件指定管辖的通知》认为，一方当事人提起的确认不侵犯专利权诉讼不因对方当事人另行提起专利侵权诉讼而被吸收。人民法院应当依法移送管辖合并审理。

② 《最高人民法院关于审理专利纠纷案件适用法律问题的若干规定》第3条。

③ 《最高人民法院关于全面加强环境资源审判工作　为推进生态文明建设提供有力司法保障的意见》(已被修改)。

④ 《最高人民法院关于审理植物新品种纠纷案件若干问题的解释》第4条。(该条同时还规定:其所称的侵权行为地，是指未经品种权所有人许可，生产、繁殖或者销售该授权植物新品种的繁殖材料的所在地，或者为商业目的将该授权品种的繁殖材料重复使用于生产另一品种的繁殖材料的所在地。)

先到达地”，是指事故发生后，车辆第一个停靠站。“船舶最先到达地”，是指在事故发生后，船舶第一个停靠港或者沉没地。“航空器最先降落地”，是指飞机、飞船、卫星等最先降落地或者因事故而坠落地。

2. 铁路行车事故的管辖。(1)铁路行车事故及其他铁路运营事故造成的人身、财产损害赔偿纠纷；违反铁路安全保护法律、法规，造成铁路线路、机车车辆、安全保障设施及其他财产损害的侵权纠纷，由铁路运输法院管辖。[①] (2)人民法院审理铁路行车事故及其他铁路运营事故造成的铁路运输人身损害赔偿纠纷案件，适用《最高人民法院关于审理铁路运输人身损害赔偿纠纷案件适用法律若干问题的解释》。与运输企业建立劳动合同关系或者形成劳动关系的铁路职工在执行职务中发生的人身损害，依照有关调整劳动关系的法律规定及其他相关法律规定处理。[②] (3)赔偿权利人要求对方当事人承担侵权责任的，由事故发生地、列车最先到达地或者被告住所地铁路运输法院管辖。前款规定的地区没有铁路运输法院的，由高级人民法院指定的其他人民法院管辖。[③]

海损事故管辖

第三十一条　因船舶碰撞或者其他海事损害事故请求损害赔偿提起的诉讼，由碰撞发生地、碰撞船舶最先到达地、加害船舶被扣留地或者被告住所地人民法院管辖。

本条明确因船舶碰撞或者其他海事损害事故请求损害赔偿纠纷的诉讼管辖。本书仅就其进行阐释。

1. 因船舶碰撞或者其他海事损害事故请求损害赔偿提起的诉讼，由碰撞发生地、碰撞船舶最先到达地、加害船舶被扣留地或者被告住所地人民法院管辖。[④] 其中，“船舶碰撞”不包括内河船舶之间的碰撞。[⑤] “其他海事损害事故”，是指船

---

① 《最高人民法院关于铁路运输法院案件管辖范围的若干规定》第 3 条第 8 ~9 项。

② 《最高人民法院关于审理铁路运输人身损害赔偿纠纷案件适用法律若干问题的解释》第 1 条。

③ 《最高人民法院关于审理铁路运输人身损害赔偿纠纷案件适用法律若干问题的解释》第 3 条。

④ 《海商法》第 165 条规定：“船舶碰撞，是指船舶在海上或者与海相通的可航水域发生接触造成损害的事故。前款所称船舶，包括与本法第三条所指船舶碰撞的任何其他非用于军事的或者政府公务的船艇。”

⑤ 《最高人民法院关于审理船舶碰撞纠纷案件若干问题的规定》第 1 条。

舶在航行过程中，除碰撞以外发生的触礁、触岸、搁浅、浪损、失火、爆炸、沉没、失踪等事故。“碰撞发生地”，是指船舶碰撞的侵权行为发生的具体地点。“碰撞船舶最先到达地”，是指船舶碰撞事故发生后，受害船舶最先到达的港口所在地。“加害船舶被扣留地”，是指加害船舶实施侵权行为后继续航行，后被有关机关扣留的具体地点。“被告住所地”，是指加害船舶的港口所在地，即对该船舶进行登记而获得航行权的具体港口。

2. 碰撞船舶互有过失造成船载货物损失，船载货物的权利人对承运货物的本船提起违约赔偿之诉，或者对碰撞船舶一方或者双方提起侵权赔偿之诉的，人民法院应当依法予以受理。①

3. 在海上或者通海水域发生的与船舶或者运输、生产、作业相关的海事侵权纠纷案件由海事法院及其上级人民法院专门管辖。②

4. 因海事侵权行为提起的诉讼③，除依照《民事诉讼法》第28条至第30条的规定以外，还可以由船籍港所在地海事法院管辖。④

5. 涉外海事侵权纠纷案件和海上运输合同纠纷案件的管辖，适用《民事诉讼法》第二十四章的规定；《民事诉讼法》第二十四章没有规定的，适用《海事诉讼特别程序法》第6条第2款第1～2项的规定和《民事诉讼法》的其他有关规定。⑤

海难救助费用管辖

第三十二条　因海难救助费用提起的诉讼，由救助地或者被救助船舶最先到达地人民法院管辖。

---

① 《最高人民法院关于审理船舶碰撞纠纷案件若干问题的规定》第6条。

② 《最高人民法院关于适用〈中华人民共和国海事诉讼特别程序法〉若干问题的解释》第1条。

③ 《最高人民法院关于海事法院受理案件范围的规定》规定：海事侵权纠纷案件包括船舶碰撞损害赔偿案件。

④ 《海事诉讼特别程序法》第6条第2款第1项。

《最高人民法院关于适用〈中华人民共和国海事诉讼特别程序法〉若干问题的解释》第4条规定：“海事诉讼特别程序法第六条第二款（一）项规定的船籍港指被告船舶的船籍港。被告船舶的船籍港不在中华人民共和国领域内，原告船舶的船籍港在中华人民共和国领域内的，由原告船舶的船籍港所在地的海事法院管辖。”

⑤ 《最高人民法院关于适用〈中华人民共和国海事诉讼特别程序法〉若干问题的解释》第2条。

本条明确因海难救助费用纠纷的诉讼管辖。

海难救助,是指对海上或者与海相通的可航水域的遇难的船舶及所载的货物或者人员给予援救。[①] 本书仅就因海难救助费用纠纷的诉讼管辖进行阐释。

1. 因海难救助费用提起的诉讼,由救助地或者被救助船舶最先到达地人民法院管辖。其中,“救助地”,是指实施救助行为或者救助结果发生地。“被救助船舶最先到达地”,是指被救助船舶经营救脱险情后最初到达地。

2. 海难救助、海上打捞合同纠纷案件,由海事法院管辖。[②]

3. 因海难救助费用提起的诉讼,除依照《民事诉讼法》第32条的规定确定管辖外,还可以由被救助的船舶以外的其他获救财产所在地的海事法院管辖。[③]

共同海损管辖

第三十三条　因共同海损提起的诉讼,由船舶最先到达地、共同海损理算地或者航程终止地的人民法院管辖。

本条明确因共同海损纠纷的诉讼管辖。

共同海损,是指在同一海上航程中,船舶、货物和其他财产遭遇共同危险,为了共同安全,有意地合理地采取措施所直接造成的特殊牺牲、支付的特殊费用。[④] 本书仅就其进行阐释。

1. 因共同海损提起的诉讼,由船舶最先到达地、共同海损理算地或者航程终止地的人民法院管辖。其中,“船舶最先到达地”,是指对遇难船舶采取挽救措施,继续航行后最初到达的港口所在地。“船程终止地”,是指发生共同海损船舶的航程终点。“共同海损理算地”,是指处理共同海损损失,理算共同海损费用的工作机构所在地。

2. 当事人就共同海损的纠纷,可以协议委托理算机构理算,也可以直接向海

---

① 《海商法》第171条。

② 《最高人民法院关于海事法院受理案件范围的规定》。

③ 《最高人民法院关于适用〈中华人民共和国海事诉讼特别程序法〉若干问题的解释》第9条。

④ 《海商法》第193条第1款。

事法院提起诉讼。海事法院受理未经理算的共同海损纠纷，可以委托理算机构理算。[①]

专属管辖

第三十四条　下列案件，由本条规定的人民法院专属管辖：

（一）因不动产纠纷提起的诉讼，由不动产所在地人民法院管辖；

（二）因港口作业中发生纠纷提起的诉讼，由港口所在地人民法院管辖；

（三）因继承遗产纠纷提起的诉讼，由被继承人死亡时住所地或者主要遗产所在地人民法院管辖。

本条明确专属管辖。

专属管辖，是指对某些特定类型的案件，法律强制规定只能由特定的人民法院行使管辖权，从而排除了一般地域管辖、特殊地域管辖和协议管辖。本书在此基础上进一步阐释两方面的内容。

一、专属管辖的案件

1. 不动产纠纷案件。（1）不动产纠纷是指因不动产的权利确认、分割、相邻关系等引起的物权纠纷。[②] 其中，其中，"不动产"，是指土地以及土地上的附着物，如建筑物、农作物、森林、草原等。（2）因不动产纠纷提起的诉讼，由不动产所在地人民法院管辖。其中，"不动产所在地"，是指已登记的不动产登记簿记载的所在地或者未登记的不动产实际所在地。[③]（3）农村土地承包经营合同纠纷、房屋租赁合同纠纷、建设工程施工合同纠纷、政策性房屋买卖合同纠纷，按照不动产纠纷确定管辖。[④]（4）当事人在以房抵债协议中约定管辖法院，但抵债的房产与协议管辖法院属异地的，要严格按照《民事诉讼法》关于专属管辖的规定认定

① 《海事诉讼特别程序法》第88条。

《最高人民法院关于适用〈中华人民共和国海事诉讼特别程序法〉若干问题的解释》第62条规定："未经理算的共同海损纠纷诉至海事法院的，海事法院应责令当事人自行委托共同海损理算。确有必要由海事法院委托理算的，由当事人提出申请，委托理算的费用由主张共同海损的当事人垫付。"

我国共同海损理算机构是中国国际贸易促进委员会，地点在北京。

② 《最高人民法院关于适用〈中华人民共和国民事诉讼法〉的解释》第28条第1款。

③ 《最高人民法院关于适用〈中华人民共和国民事诉讼法〉的解释》第28条第3款。

④ 《最高人民法院关于适用〈中华人民共和国民事诉讼法〉的解释》第28条第2款。

协议管辖的效力。①

2. 港口作业中的纠纷案件。港口作业纠纷包括在港口进行货物装卸、驳运、保管等作业中发生的纠纷，也包括船舶在港口作业中，由于违章操作造成他人人身或者财产损害的侵权纠纷。港口作业纠纷属于海事海商案件，应由该港口所在地的海事法院管辖。②

3. 因继承遗产提起的纠纷案件。(1)因继承遗产纠纷提起的诉讼，由被继承人死亡时住所地或者主要遗产所在地人民法院管辖。其中，“遗产”，是指死者生前的个人财产，包括动产和不动产。(2)继承遗产，由被继承人死亡时住所地或者主要遗产所在地人民法院管辖。被继承的遗产分散在几个人民法院辖区内的，应以遗产的数量和价值来确定主要遗产所在地。被继承人死亡时住所地与主要遗产所在地不一致的，则两地人民法院都有管辖权。(3)主要遗产是不动产，应当按照继承遗产纠纷来确定管辖，而不是按不动产纠纷来确定管辖法院。

二、专属管辖的其他规则

凡是我国《民事诉讼法》和其他法律规定由中国法院专属管辖的经济纠纷案件，包括因不动产提起的诉讼，港口作业中发生的诉讼，外国法院或者港澳地区法院无权管辖，当事人也不得约定由我国境外的法院管辖。但是根据我国《民事诉讼法》第278条③的规定，如果涉外经济合同中订有仲裁条款或者当事人另有仲裁协议，约定将合同争议提交中国涉外仲裁机构或者其他国家的仲裁机构仲裁的，只要该仲裁条款或仲裁协议合法有效，当事人因合同争议向我国法院提起诉讼时，我国人民法院应不予受理，当事人坚持起诉的，应当依法裁定驳回起诉，不能以属于我国法院专属管辖为由对抗或者否定当事人之间仲裁条款或仲裁协议的效力。④

---

① 《最高人民法院关于房地产调控政策下人民法院严格审查各类虚假诉讼的紧急通知》第2条第1款。

② 《海事诉讼特别程序法》第7条第1项规定：“因沿海港口作业纠纷提起的诉讼，由港口所在地海事法院管辖。”

③ 《民事诉讼法》第278条规定：“涉外经济贸易、运输和海事中发生的纠纷，当事人在合同中订有仲裁条款或者事后达成书面仲裁协议，提交中华人民共和国涉外仲裁机构或者其他仲裁机构仲裁的，当事人不得向人民法院起诉。当事人在合同中没有订有仲裁条款或者事后没有达成书面仲裁协议的，可以向人民法院起诉。”

④ 《最高人民法院全国沿海地区涉外、涉港澳经济审判工作座谈会纪要》第3条第1款第2项。

协议管辖

第三十五条　合同或者其他财产权益纠纷的当事人可以书面协议选择被告住所地、合同履行地、合同签订地、原告住所地、标的物所在地等与争议有实际联系的地点的人民法院管辖，但不得违反本法对级别管辖和专属管辖的规定。

本条明确协议管辖。①

合同或者其他财产权益纠纷（不包括人身关系产生的纠纷），是指因合同订立、履行、变更、解除、违约等合同纠纷或物权、知识产权中的财产权及其他财产权益纠纷所产生的纠纷。本书仅就协议管辖进行阐释。

1. 协议管辖的约定。(1)当事人书面协议管辖应当采用书面形式为合同书、信件和数据电文等可以有形地表现当事人双方协议选择管辖法院意思表示的形式，口头协议无效。(2)《民事诉讼法》第35条规定的书面协议，包括书面合同中的协议管辖条款或者诉讼前以书面形式达成的选择管辖的协议。② (3)当事人采用合同书形式订立合同的，最后签名、盖章或者按指印的地点为合同成立的地点，但是当事人另有约定的除外。③

2. 协议管辖法院的确定。(1)当事人可以在书面调解协议中选择当事人住所地、调解协议履行地、调解协议签订地、标的物所在地基层人民法院管辖，但不得违反法律对专属管辖的规定。④ (2)当事人没有约定的，除《民事诉讼法》第34条（专属管辖）规定的情形外，由当事人住所地或者调解协议履行地的基层人民法院管辖。经人民法院委派或委托有关机关或者组织调解达成的调解协议的申请确认案件，由委派或委托人民法院管辖。⑤ (3)根据管辖协议，起诉时能够确定

---

① 协议管辖是意思自治原则在民事诉讼领域的延伸和体现，是指双方当事人在纠纷发生前或纠纷发生后，以书面的方式约定管辖法院。

② 《最高人民法院关于适用〈中华人民共和国民事诉讼法〉的解释》第29条。

③ 《民法典》第493条。

④ 在实践中，“争议有实际联系的地点”除了被告住所地、合同履行地、合同签订地、原告住所地、标的物所在地外，还包括侵犯物权或者知识产权等财产权益的行为发生地等。

⑤ 《最高人民法院关于建立健全诉讼与非诉讼相衔接的矛盾纠纷解决机制的若干意见》第21条。

管辖法院的，从其约定；不能确定的，依照《民事诉讼法》的相关规定确定管辖。管辖协议约定两个以上与争议有实际联系的地点的人民法院管辖，原告可以向其中一个人民法院起诉。① (4)当事人约定“由守约方所在地人民法院管辖”的条款无效，应由被告所在地人民法院管辖。② (5)人民法院不能以采取诉前保全措施为由，否定约定管辖而受理民事案件。③

3. 协议管辖的恒定。(1)管辖协议约定由一方当事人住所地人民法院管辖，协议签订后当事人住所地变更的，由签订管辖协议时的住所地人民法院管辖，但当事人另有约定的除外。④ (2)合同转让的，合同的管辖协议对合同受让人有效，但转让时受让人不知道有管辖协议，或者转让协议另有约定且原合同相对人同意的除外。⑤

4. 具体案件的协议管辖。(1)当事人因同居或者在解除婚姻、收养关系后发生财产争议，约定管辖的，可以协议管辖。⑥ (2)当事人在以房抵债协议中约定管辖法院，但抵债的房产与协议管辖法院属异地的，要严格按照《民事诉讼法》关于专属管辖的规定认定协议管辖的效力。⑦ (3)经营者使用格式条款与消费者订立管辖协议，未采取合理方式提请消费者注意，消费者主张管辖协议无效的，人民法院应予支持。⑧

共同管辖

第三十六条　两个以上人民法院都有管辖权的诉讼，原告可以向其中一个人民法院起诉；原告向两个以上有管辖权的人民法院起诉的，由最先立案的人民法院管辖。

---

① 《最高人民法院关于适用〈中华人民共和国民事诉讼法〉的解释》第30条。

② 《最高人民法院关于金利公司与金海公司经济纠纷案件管辖问题的复函》。

③ 《最高人民法院关于天津津瑞利国际贸易有限公司与南通新通联物资公司联营合同纠纷一案管辖问题的复函》。

④ 《最高人民法院关于适用〈中华人民共和国民事诉讼法〉的解释》第32条。

⑤ 《最高人民法院关于适用〈中华人民共和国民事诉讼法〉的解释》第33条。

⑥ 《最高人民法院关于适用〈中华人民共和国民事诉讼法〉的解释》第34条。

⑦ 《最高人民法院关于房地产调控政策下人民法院严格审查各类虚假诉讼的紧急通知》第2条规定，在审理相关的纠纷案件时，要认真审查当事人的诉讼请求及相关的证据，遇到特殊情况，要慎重对待，妥善处理。

⑧ 《最高人民法院关于适用〈中华人民共和国民事诉讼法〉的解释》第31条。

本条明确共同管辖。

共同管辖，是指依照法律规定两个或者两个以上的人民法院对同一诉讼案件都有管辖权。[①] 我国《民事诉讼法》自第24条至第33条和第34条第3款的规定均属共同管辖。本书仅就其进行阐释。

1. 共同管辖的禁止行为。(1)禁止移送。两个以上人民法院都有管辖权的诉讼，先立案的人民法院不得将案件移送给另一个有管辖权的人民法院。[②] (2)禁止重复立案。人民法院在立案前发现其他有管辖权的人民法院已先立案的，不得重复立案；立案后发现其他有管辖权的人民法院已先立案的，裁定将案件移送给先立案的人民法院。[③]

2. 人民法院立案后的法定行为。(1)人民法院受理案件后，应当及时向原告发送受理案件通知书。因受诉法院未发受理案件通知书，致原告不知其起诉已经法院受理，又以同一诉讼请求和同一被告向另一有管辖权的人民法院起诉的，后一受诉法院在知悉情况后不应再立案受理。已经立案受理的，应予注销，并退还案件受理费。[④] (2)民事案件依法被移送的，原受理人民法院应当将当事人预交的诉讼费用随案移交接收案件的人民法院。[⑤]

第三节　移送管辖和指定管辖

根据人民法院的裁定确定管辖法院的，称为裁定管辖。裁定管辖是法定管

---

① 这是解决共同管辖中管辖冲突的法律规定，也是管辖制度中选择管辖的根据。所谓选择管辖，是指依照法律规定，对同一案件两个以上人民法院都有管辖权，当事人可以选择其中一个人民法院起诉。共同管辖和选择管辖是一个问题的两个方面，即共同管辖是从人民法院行使管辖权角度考虑的，选择管辖是从当事人行使起诉权角度考虑的。共同管辖是选择管辖的基础和前提，选择管辖是对共同管辖的落实和实现。

② 《最高人民法院关于适用〈中华人民共和国民事诉讼法〉的解释》第36条。

《最高人民法院关于审理因垄断行为引发的民事纠纷案件应用法律若干问题的规定》第6条第2款规定："两个或者两个以上原告因同一垄断行为向有管辖权的不同法院分别提起诉讼的，后立案的法院在得知有关法院先立案的情况后，应当在七日内裁定将案件移送先立案的法院；受移送的法院可以合并审理。被告应当在答辩阶段主动向受诉人民法院提供其因同一行为在其他法院涉诉的相关信息。"

③ 《最高人民法院关于适用〈中华人民共和国民事诉讼法〉的解释》第36条。

④ 《最高人民法院关于人民法院受理经济纠纷案件中几个问题的复函》第2条。

⑤ 《诉讼费用交纳办法》第24条。

辖的必要补充。我国《民事诉讼法》规定的指定管辖、移送管辖和管辖权转移均属裁定管辖。

移送管辖

第三十七条　人民法院发现受理的案件不属于本院管辖的,应当移送有管辖权的人民法院,受移送的人民法院应当受理。受移送的人民法院认为受移送的案件依照规定不属于本院管辖的,应当报请上级人民法院指定管辖,不得再自行移送。

本条是关于移送管辖的规定。

移送管辖,是指没有管辖权的人民法院受理原告起诉后,发现原告起诉的案件不属于自己管辖的,查明后,主动移送有管辖权的人民法院管辖。包括同一级人民法院之间的移送管辖和上下级人民法院间的移送管辖。[①] 本书在此基础上进一步阐释两方面的内容。

一、移送管辖

1. 移送管辖的情形。(1)审理法院发现的。①当事人在答辩期间届满后未应诉答辩,人民法院在一审开庭前,发现案件不属于本院管辖的,应当裁定移送有管辖权的人民法院。[②] ②当事人未依法提出管辖权异议,但受诉人民法院发现其没有级别管辖权的,应当将案件移送有管辖权的人民法院审理。[③] ③对本院没有管辖权的案件,告知原告向有管辖权的人民法院起诉;原告坚持起诉的,裁定不予受理;立案后发现本院没有管辖权的,应当将案件移送有管辖权的人民法院。[④] (2)上级法院发现的。上级人民法院在原审法院驳回当事人管辖异议裁定已发生法律效力但未作出生效判决前,发现原审法院确无地域管辖权,可以依职

① 移送管辖是无管辖权的人民法院在受理了不属其管辖的案件的情况下所采取的一种纠正措施,实质上是人民法院之间对案件的移送,而不是对案件管辖权的移送。

② 《最高人民法院关于适用〈中华人民共和国民事诉讼法〉的解释》第35条。

③ 《最高人民法院关于审理民事级别管辖异议案件若干问题的规定》第6条。

④ 《最高人民法院关于适用〈中华人民共和国民事诉讼法〉的解释》第211条。

权裁定撤销该错误裁定并将案件移送有管辖权的人民法院审理。①

2. 移送管辖后的规则。(1)上级人民法院对下级人民法院提出的移送审理请求,应当及时决定是否由自己审理,并下达同意移送决定书或者不同意移送决定书。② (2)对于将案件移送上级人民法院管辖的裁定,当事人未提出上诉,但受移送的上级人民法院认为确有错误的,可以依职权裁定撤销。③ (3)民事案件依法被移送的,原受理人民法院应当将当事人预交的诉讼费用随案移交接收案件的人民法院。④

3. 具体案件的移送管辖。(1)不同法院受理的涉及同一事实的确认不侵犯专利权诉讼和专利侵权诉讼应当移送管辖合并审理;移送过程中,如涉及地域管辖,应按照立案时间的先后,由后立案受理的法院将案件移送到先立案受理的法院审理;如涉及级别管辖,一般按"就高不就低"的原则由级别低的法院将其立案受理的案件移送到级别高的法院审理。⑤ (2)第三人向受理技术合同纠纷案件的人民法院就合同标的技术提出权属或者侵权请求时,受诉人民法院对此没有管辖权的,应当告知其向有管辖权的人民法院另行起诉或者将已经受理的权属或者侵权纠纷案件移送有管辖权的人民法院。⑥ (3)军事法院发现受理的民事案件属于地方人民法院管辖的,应当移送有管辖权的地方人民法院,受移送的地方人民法院应当受理。地方人民法院认为受移送的案件不属于本院管辖的,应当报请上级地方人民法院处理,不得再自行移送。地方人民法院发现受理的民事案件属于军事法院管辖的,参照前款规定办理。⑦

二、管辖权恒定

管辖权恒定,是指某个人民法院对某一案件是否享有管辖权,应以原告起诉时为标准,只要人民法院在原告起诉时依法对该案件取得管辖权的,该案件自始至终由其管辖,不因情况的变化而受到影响。管辖恒定包括级别管辖恒定和地

① 《最高人民法院关于原审法院驳回当事人管辖异议裁定已发生法律效力但尚未作出生效判决前发现原审法院确无地域管辖权应如何处理问题的复函》。

② 《最高人民法院关于规范上下级人民法院审判业务关系的若干意见》第4条。

③ 《最高人民法院关于审理民事级别管辖异议案件若干问题的规定》第8条。

④ 《诉讼费用交纳办法》第24条。

⑤ 《最高人民法院知识产权案件年度报告(2012)(摘要)》第36条。

⑥ 《最高人民法院关于审理技术合同纠纷案件适用法律若干问题的解释》第45条。

⑦ 《最高人民法院关于军事法院管辖民事案件若干问题的规定》第5条。

域管辖恒定。

1. 管辖权恒定的一般规则。(1)案件受理后,受诉人民法院的管辖权不受当事人住所地、经常居住地变更的影响。① (2)有管辖权的人民法院受理案件后,不得以行政区域变更为由,将案件移送给变更后有管辖权的人民法院。判决后的上诉案件和依审判监督程序提审的案件,由原审人民法院的上级人民法院进行审判;上级人民法院指令再审、发回重审的案件,由原审人民法院再审或者重审。② (3)诉求或诉讼内容的变更。人民法院对管辖异议审查后确定有管辖权的,不因当事人提起反诉、增加或者变更诉讼请求等改变管辖,但违反级别管辖、专属管辖规定的除外。人民法院发回重审或者按第一审程序再审的案件,当事人提出管辖异议的,人民法院不予审查。③

2. 级别管辖恒定规则。④ 当事人在诉讼请求中明确要求履行、解除合同的,应以其具体要求的数额来确定诉讼标的额,以确定级别管辖。在诉讼中,当事人增加诉讼请求而加大诉讼标的额,不应因数额的变动改变级别管辖,但当事人故意规避有关级别管辖规定的除外。应当由上级人民法院管辖的案件,上级人民法院交由下级人民法院审理的,该下级人民法院不得再交其下级人民法院审理。

3. 管辖权恒定的除外。原法院机构撤销和管辖区域随着行政区划变更后,原法院所判案件应移送新法院接管,案件的复查与改判也由他们处理。⑤

指定管辖

第三十八条　有管辖权的人民法院由于特殊原因,不能行使管辖权的,由上级人民法院指定管辖。

---

① 《最高人民法院关于适用〈中华人民共和国民事诉讼法〉的解释》第37条。

② 《最高人民法院关于适用〈中华人民共和国民事诉讼法〉的解释》第38条。

③ 《最高人民法院关于适用〈中华人民共和国民事诉讼法〉的解释》第39条。

④ 级别管辖恒定,是指某一案件在起诉时按照诉讼标的金额定了级别管辖后,不因在诉讼过程中诉讼标的金额的增加或者减少所造成的对原级别管辖标准的突破而变更级别管辖。地域管辖恒定,是指案件在起诉时按照法律规定确定了管辖人民法院后,不因在诉讼过程中确定管辖因素的变动而改变。

⑤ 《最高人民法院关于原审法院机构撤销和管辖区域变更后判决改判问题的批复》。

人民法院之间因管辖权发生争议，由争议双方协商解决；协商解决不了的，报请它们的共同上级人民法院指定管辖。

本条明确指定管辖。

指定管辖，是指由于有管辖权的法院基于法律、事实上的原因，不能行使管辖权，或者由于几个人民法院对案件的管辖发生异议，或者移送来的案件也不属于本院管辖，需要由上级法院指定某一法院管辖。本书仅就其进行阐释。

1. 指定管辖的情形。(1)有管辖权的人民法院由于特殊原因，不能行使管辖权的，由上级人民法院指定管辖。其中，“由于特殊原因，不能行使管辖权”，是指由于法律上或者事实上的原因，致使按法律规定受诉的人民法院无法或者难以行使管辖权。(2)人民法院之间因管辖权发生争议，由争议双方协商解决；协商解决不了的，报请它们的共同上级人民法院指定管辖。其中，“管辖权发生争议”主要指两个以上人民法院，由于管辖区域不明，或者有共同管辖权的案件、多种地域管辖并存的案件，或者对管辖的规定产生了不同理解，引起推诿而发生的争议。“共同上级人民法院”，如果是同属于一个辖区内的中级人民法院的两个基层人民法院，它们的共同上级人民法院就是该中级人民法院；如果是分属于两个省、自治区、直辖市的两个基层人民法院，它们的共同上级人民法院就是最高人民法院。

2. 指定管辖的报请、立案、审理、裁定。(1)地方人民法院之间的管辖权争议。①依照《民事诉讼法》第38条第2款的规定，发生管辖权争议的两个人民法院因协商不成报请它们的共同上级人民法院指定管辖时(协商先置程序)，双方为同属一个地、市辖区的基层人民法院的，由该地、市的中级人民法院及时指定管辖；同属一个省、自治区、直辖市的两个人民法院的，由该省、自治区、直辖市的高级人民法院及时指定管辖；双方为跨省、自治区、直辖市的人民法院，高级人民法院协商不成的，由最高人民法院及时指定管辖。依照前款规定报请上级人民法院指定管辖时，应当逐级进行。[①] ②管辖争议案件应当在收到高级人民法院报送的案卷材料后3日内立案。[②] ③办理管辖争议案件的期限为2个月；有特殊情

---

① 《最高人民法院关于适用〈中华人民共和国民事诉讼法〉的解释》第40条。另参见《最高人民法院关于陈怡、李细雄诉张凤香房屋侵权纠纷一案管辖问题的通知》。

② 《最高人民法院案件审限管理规定》第13条第3款。

况需要延长的，经院长批准，可以延长 2 个月。[①] ④人民法院依照《民事诉讼法》第 38 条第 2 款规定指定管辖的，应当作出裁定。对报请上级人民法院指定管辖的案件，下级人民法院应当中止审理。指定管辖裁定作出前，下级人民法院对案件作出判决、裁定的，上级人民法院应当在裁定指定管辖的同时，一并撤销下级人民法院的判决、裁定。[②] (2)海事法院与地方人民法院之间的管辖权争议。海事法院与地方人民法院之间因管辖权发生争议，由争议双方协商解决；协商解决不了的，报请他们的共同上级人民法院指定管辖。[③] (3)军事法院与地方人民法院之间的管辖权争议。①军事法院与地方人民法院之间因管辖权发生争议，由争议双方协商解决；协商不成的，报请各自的上级法院协商解决；仍然协商不成的，报请最高人民法院指定管辖。[④] ②军事法院受理案件后，当事人对管辖权有异议的，应当在提交答辩状期间提出。军事法院对当事人提出的异议，应当审查。异议成立的，裁定将案件移送有管辖权的军事法院或者地方人民法院；异议不成立的，裁定驳回。[⑤]

管辖权转移

第三十九条　上级人民法院有权审理下级人民法院管辖的第一审民事案件；确有必要将本院管辖的第一审民事案件交下级人民法院审理的，应当报请其上级人民法院批准。

下级人民法院对它所管辖的第一审民事案件，认为需要由上级人民法院审理的，可以报请上级人民法院审理。

本条明确管辖权转移。

管辖权转移，是指上级人民法院有权审理下级人民法院管辖的第一审民事案件，也可以把本院管辖的第一审民事案件交下级人民法院审理，以及下级人民法院对其所管辖的第一审民事案件，认为需要由上级人民法院审理的，报请上级

① 《最高人民法院案件审限管理规定》第 11 条。
② 《最高人民法院关于适用〈中华人民共和国民事诉讼法〉的解释》第 41 条。
③ 《海事诉讼特别程序法》第 10 条。
④ 《最高人民法院关于军事法院管辖民事案件若干问题的规定》第 6 条。
⑤ 《最高人民法院关于军事法院管辖民事案件若干问题的规定》第 7 条。

人民法院审理。[1] 其中,“提审”,是指上级人民法院认为下级人民法院管辖的第一审民事案件由自己审理更好或由下级人民法院审理会有很大困难,因而决定将案件调上来由本院审理。“报请”,是指下级人民法院管辖的第一审民事案件,因特殊原因需要由上级人民法院审理,因而报给上级人民法院审理。“交下级人民法院审理”,是指上级人民法院将依法由自己管辖的第一审民事案件,交给下级人民法院审理。本书仅就管辖权转移进行阐释。

1. 上级人民法院有权审理下级人民法院管辖的第一审民事案件。上级人民法院认为下级人民法院管辖的第一审案件,属于“重大、疑难、复杂案件”“新类型案件”“具有普遍法律适用意义的案件”“有管辖权的人民法院不宜行使审判权的案件”,有必要由自己审理的,可以决定提级管辖。[2]

2. 上级人民法院将管辖权交下级人民法院审理的第一审民事案件。(1)下列第一审民事案件,人民法院依照《民事诉讼法》第 39 条第 1 款规定,可以在开庭前交下级人民法院审理:①破产程序中有关债务人的诉讼案件;②当事人人数众多且不方便诉讼的案件;③最高人民法院确定的其他类型案件。人民法院交下级人民法院审理前,应当报请其上级人民法院批准。上级人民法院批准后,人民法院应当裁定将案件交下级人民法院审理。[3] (2)上级人民法院确有必要将本院管辖的第一审民事案件交下级人民法院审理的,应当报请其上级人民法院批准。

3. 下级人民法院报请上级人民法院审理的第一审事案件。下级人民法院对其所管辖的第一审民事案件,认为需要由上级人民法院审理的,可以报请上级人

---

① 管辖权转移是级别管辖的一种变通和补充,其转移的是案件的管辖权,其实质是一种将案件提上来、放下去管辖的制度,转移不受级别管辖和地域管辖的限制。

② 《最高人民法院关于规范上下级人民法院审判业务关系的若干意见》第 5 条。

《最高人民法院关于调整中级人民法院管辖第一审民事案件标准的通知》第 4 条规定:“对新类型、疑难复杂或者具有普遍法律适用指导意义的案件,可以依照民事诉讼法第三十八条的规定,由上级人民法院决定由其审理,或者根据下级人民法院报请决定由其审理。”(此处适用的是 2017 年《民事诉讼法》,参见 2021 年《民事诉讼法》第 39 条。)

③ 《最高人民法院关于适用〈中华人民共和国民事诉讼法〉的解释》第 42 条。

《最高人民法院关于审理企业破产案件若干问题的规定》第 3 条规定:“上级人民法院审理下级人民法院管辖的企业破产案件,或者将本院管辖的企业破产案件移交下级人民法院审理,以及下级人民法院需要将自己管辖的企业破产案件交由上级人民法院审理的,依照民事诉讼法第三十九条的规定办理;省、自治区、直辖市范围内因特殊情况需对个别企业破产案件的地域管辖作调整的,须经共同上级人民法院批准。”

民法院审理。其中,“需要”,是指案件本身的需要,如案情重大、特别复杂、涉及面很广,下级人民法院审理有困难;也可以是由于某种特殊原因的需要,如由于自然灾害,下级人民法院审理有困难。(1)基层人民法院和中级人民法院对于已经受理的下列第一审案件,必要时可以根据相关法律规定,书面报请上一级人民法院审理:①重大、疑难、复杂案件;②新类型案件;③具有普遍法律适用意义的案件;④有管辖权的人民法院不宜行使审判权的案件。[①] (2)上级人民法院对下级人民法院提出的移送审理请求,应当及时决定是否由自己审理,并下达同意移送决定书或者不同意移送决定书。[②]

4. 管辖权转移的禁止。对于应由上级人民法院管辖的第一审民事案件,下级人民法院不得报请上级人民法院交其审理。[③]

---

① 《最高人民法院关于规范上下级人民法院审判业务关系的若干意见》第3条。

《最高人民法院关于调整中级人民法院管辖第一审民事案件标准的通知》第4条规定:“对新类型、疑难复杂或者具有普遍法律适用指导意义的案件,可以依照民事诉讼法第三十八条的规定,由上级人民法院决定由其审理,或者根据下级人民法院报请决定由其审理。”(此处适用的是2017年《民事诉讼法》,参见2021年《民事诉讼法》第39条。)

《最高人民法院关于调整地方各级人民法院管辖第一审知识产权民事案件标准的通知》第4条规定:“对重大疑难、新类型和在适用法律上有普遍意义的知识产权民事案件,可以依照民事诉讼法第三十九条的规定,由上级人民法院自行决定由其审理,或者根据下级人民法院报请决定由其审理。”

② 《最高人民法院关于规范上下级人民法院审判业务关系的若干意见》第4条。

③ 《最高人民法院关于审理民事级别管辖异议案件若干问题的规定》第4条。

第三章　审判组织

审判组织是人民法院审理民事案件，行使审判权的组成形式，包括独任制、合议庭、审判委员会。本章规定了人民法院审理第一审民事案件、第二审民事案件、发回重审和再审案件的审判组织，合议庭的庭长由谁担任，合议庭工作原则和法官依法办案的要求等。

第一审审判组织

第四十条　人民法院审理第一审民事案件，由审判员、陪审员共同组成合议庭或者由审判员组成合议庭。合议庭的成员人数，必须是单数。

适用简易程序审理的民事案件，由审判员一人独任审理。基层人民法院审理的基本事实清楚、权利义务关系明确的第一审民事案件，可以由审判员一人适用普通程序独任审理。

陪审员在执行陪审职务时，与审判员有同等的权利义务。

本条明确第一审审判组织及陪审员权利。

人民法院审理民事案件应以合议制为原则，但对简单的案件可以适用独任制。本书在第一审审判组织及陪审员权利基础上进一步阐释三个方面的内容。

一、独任制

1. 独任审理的情形。基层人民法院适用小额诉讼程序、简易程序审理的案件，由法官一人独任审理。基层人民法院审理的事实不易查明，但法律适用明确的案件，可以由法官一人适用普通程序独任审理。[①]

2. 独任审理的组建。(1)基层、中级人民法院可以组建由一名法官与法官助

① 《最高人民法院民事诉讼程序繁简分流改革试点实施办法》第16条。

理、书记员以及其他必要的辅助人员组成的审判团队，依法独任审理适用简易程序的案件和法律规定的其他案件。[①] (2)人民法院应当结合职能定位和审级情况，为法官合理配置一定数量的法官助理、书记员和其他审判辅助人员。[②]

3. 独任审理的方式。(1)开庭审理。由法官一人独任审理的上诉案件，应当开庭审理。[③] (2)不开庭审理。没有提出新的事实、证据的案件，具备下列情形之一的，独任法官经过阅卷、调查或者询问当事人，认为不需要开庭的，可以不开庭审理：①不服民事裁定的；②上诉请求明显不能成立的；③原判决认定事实清楚，但适用法律明显错误的；④原判决严重违反法定程序，需要发回重审的。[④]

4. 独任审理的法官职责。法官独任审理案件时，应当履行以下审判职责：(1)主持或者指导法官助理做好庭前会议、庭前调解、证据交换等庭前准备工作及其他审判辅助工作；(2)主持案件开庭、调解，依法作出裁判，制作裁判文书或者指导法官助理起草裁判文书，并直接签发裁判文书；(3)依法决定案件审理中的程序性事项；(4)依法行使其他审判权力。[⑤]

5. 独任审理的裁判文书。独任法官审理案件形成的裁判文书，由独任法官直接签署。除审判委员会讨论决定的案件以外，院长、副院长、庭长对其未直接参加审理案件的裁判文书不再进行审核签发。[⑥]

二、合议庭

合议制是集体审判案件的一种制度。合议庭是实现这种集体审判制度的组织形式。第一审案件由审判员组成合议庭或者由审判员和人民陪审员组成合议庭。

1. 合议庭审理的案件。(1)基层人民法院审理的案件，具备下列情形之一的，应当依法组成合议庭，适用普通程序审理：①涉及国家利益、公共利益的；②涉及群体性纠纷，可能影响社会稳定的；③产生较大社会影响，人民群众广泛关注的；④新类型或者疑难复杂的；⑤与本院或者上级人民法院已经生效的类案判决可能发生冲突的；⑥发回重审的；⑦适用审判监督程序的；⑧第三人起诉请

---

① 《最高人民法院关于完善人民法院司法责任制的若干意见》第4条第1款。
② 《最高人民法院关于完善人民法院司法责任制的若干意见》第4条第3款。
③ 《最高人民法院民事诉讼程序繁简分流改革试点实施办法》第20条第1款。
④ 《最高人民法院民事诉讼程序繁简分流改革试点实施办法》第20条第2款。
⑤ 《最高人民法院关于完善人民法院司法责任制的若干意见》第15条。
⑥ 《最高人民法院关于完善人民法院司法责任制的若干意见》第6条第1款。

求改变或者撤销生效判决、裁定、调解书的；⑨其他不宜采用独任制的案件。[①] (2)第二审人民法院审理上诉案件应当组成合议庭审理。但事实清楚、法律适用明确的下列案件，可以由法官一人独任审理：①第一审适用简易程序审理结案的；②不服民事裁定的。[②] (3)由法官一人独任审理的第一审或者第二审案件，审理过程中出现《民事诉讼程序繁简分流改革试点实施办法》第17条第1～5项或者第9项所列情形之一的，人民法院应当裁定组成合议庭审理，并将合议庭组成人员及相关事项书面通知双方当事人。由独任审理转为合议庭审理的案件，审理期限自人民法院立案之日起计算，已经作出的诉讼行为继续有效。双方当事人已确认的事实，可以不再举证、质证。[③]

2. 合议庭中的承办法官。(1)合议庭审理案件时，承办法官[④]应当履行以下审判职责：①主持或者指导法官助理做好庭前会议、庭前调解、证据交换等庭前准备工作及其他审判辅助工作；②就当事人提出的管辖权异议及保全、司法鉴定、非法证据排除申请等提请合议庭评议；③对当事人提交的证据进行全面审核，提出审查意见；④拟定庭审提纲，制作阅卷笔录；⑤自己担任审判长时，主持、指挥庭审活动；不担任审判长时，协助审判长开展庭审活动；⑥参与案件评议，并先行提出处理意见；⑦根据合议庭评议意见制作裁判文书或者指导法官助理起草裁判文书；⑧依法行使其他审判权力。[⑤] (2)人民法院领导干部和上级人民法院工作人员因履行法定职责，需要对正在办理的案件提出监督、指导意见的，应当依照法定程序或相关工作程序以书面形式提出，口头提出的，应当由办案人员如实记录在案。[⑥] (3)人民法院办案人员应当将人民法院领导干部和上级人民法院工作人员因履行法定职责提出监督、指导意见的批示、函文、记录等资料存入案卷备查。[⑦]

3. 合议庭的职责。合议庭承担下列职责：(1)根据当事人的申请或者案件的

---

① 《最高人民法院民事诉讼程序繁简分流改革试点实施办法》第17条。

② 《最高人民法院民事诉讼程序繁简分流改革试点实施办法》第18条。

③ 《最高人民法院民事诉讼程序繁简分流改革试点实施办法》第19条。

④ 《最高人民法院关于完善人民法院司法责任制的若干意见》第45条规定："本意见所称法官是指经法官遴选委员会遴选后进入法官员额的法官。"

⑤ 《最高人民法院关于完善人民法院司法责任制的若干意见》第16条。

另参见《最高人民法院关于进一步加强合议庭职责的若干规定》。

⑥ 《人民法院落实〈司法机关内部人员过问案件的记录和责任追究规定〉的实施办法》第6条。

⑦ 《人民法院落实〈司法机关内部人员过问案件的记录和责任追究规定〉的实施办法》第7条。

具体情况,可以作出财产保全、证据保全、先予执行等裁定;(2)确定案件委托评估、委托鉴定等事项;(3)依法开庭审理第一审、第二审和再审案件;(4)评议案件;(5)提请院长决定将案件提交审判委员会讨论决定;(6)按照权限对案件及其有关程序性事项作出裁判或者提出裁判意见;(7)制作裁判文书;(8)执行审判委员会决定;(9)办理有关审判的其他事项。①

4. 合议庭的确定。② (1)人民法院可以按照受理案件的类别,通过随机产生的方式,组建由法官或者法官与人民陪审员组成的合议庭,审理适用普通程序和依法由合议庭审理的简易程序的案件。案件数量较多的基层人民法院,可以组建相对固定的审判团队,实行扁平化的管理模式。③ (2)合议庭接受案件后,应当根据有关规定确定案件承办法官,或者由审判长指定案件承办法官。④ (3)除因回避或者其他特殊情况外,合议庭组成人员确定后,不得在案件审理过程中更换(更换合议庭成员的,应当报请院长或者庭长决定,并通知诉讼当事人)。⑤

5. 合议庭的组成。(1)合议庭由一名法官担任审判长。院长或者庭长参加审判案件时,由自己担任审判长。⑥ (2)合议庭组成人员为单数,权力平等,评议实行少数服从多数的原则,评议应当制作笔录,由合议庭成员签名。评议中的不同意见,必须如实记入笔录。⑦

6. 合议庭的审理。(1)权责分工。合议庭的审判活动由审判长主持,全体成员平等参与案件的审理、评议、裁判,共同对案件认定事实和适用法律负责。⑧ (2)交换、确认证据。开庭前,合议庭可以召集双方当事人及其诉讼代理人交换、核对证据,核算账目。对双方当事人无异议的事实、证据应当记录在卷,并由双方当事人签字确认。(3)审核。①合议庭成员应当认真审核双方提供的诉讼材料,案情,审查证据,掌握争议的焦点和需要庭审调查、辩论的主要问题。②合议

---

① 《最高人民法院关于人民法院合议庭工作的若干规定》第5条。

② 本法未作限制性规定,合议庭由人民法院根据案件的实际情况确定,审判员与陪审员在合议庭中的人数比例未作明确规定。

③ 《最高人民法院关于完善人民法院司法责任制的若干意见》第4条第2款。

④ 《最高人民法院关于人民法院合议庭工作的若干规定》第7条。

⑤ 《最高人民法院关于人民法院合议庭工作的若干规定》第3条。

⑥ 《人民法院组织法》第30条第2款。

⑦ 合议庭的成员是平等的,评议案件时,实行少数服从多数的原则。实行合议制度可以充分发挥审判人员的集体智慧,集思广益,同时,还可以防止审判人员独断专行,保证案件公正审判。

⑧ 《最高人民法院关于人民法院合议庭工作的若干规定》第4条。

庭审理案件时，合议庭其他法官应当认真履行审判职责，共同参与阅卷、庭审、评议等审判活动，独立发表意见，复核并在裁判文书上签名。[1] ③合议庭审理案件时，审判长除承担由合议庭成员共同承担的审判职责外，还应当履行以下审判职责：(i)确定案件审理方案、庭审提纲、协调合议庭成员庭审分工以及指导做好其他必要的庭审准备工作；(ii)主持、指挥庭审活动；(iii)主持合议庭评议；(iv)依照有关规定和程序将合议庭处理意见分歧较大的案件提交专业法官会议讨论，或者按程序建议将案件提交审判委员会讨论决定；(v)依法行使其他审判权力。审判长自己承办案件时，应当同时履行承办法官的职责。[2] (4)认定、裁定。在开庭审理时如双方当事人不再提出异议，便可予以认定。在双方当事人自愿的条件下，合议庭可以在开庭审理前让双方当事人及其诉讼代理人自行协商解决。当事人和解，原告申请撤诉，或者双方当事人要求发给调解书的，经审查认为不违反法律规定，不损害第三人利益的，可以裁定准予撤诉，或者按照双方当事人达成的和解协议制作调解书发给当事人。(5)调解。合议庭审查案卷材料后，认为法律关系明确、事实清楚，经征得当事人双方同意，可以在开庭审理前调解。调解达成协议的，制作调解书发给当事人。双方当事人对案件事实无争议，只是在责任承担上达不成协议的，开庭审理可以在双方当事人对事实予以确认的基础下，直接进行法庭辩论。(6)确认。开庭审理前达不成协议的，合议庭应立即研究确定开庭审理的日期和庭审提纲，并明确合议庭成员在庭审中的分工。(7)提交讨论。合议庭认为所审理的案件因重大、疑难、复杂而存在法律适用标准不统一的，可以将法律适用问题提交专业法官会议研究讨论。专业法官会议的讨论意见供合议庭复议时参考，采纳与否由合议庭决定，讨论记录应当入卷备查。[3] (8)委托鉴定、审计。对专门性问题合议庭认为需要鉴定、审计的，应及时交由法定鉴定部门或者指定有关部门鉴定，委托审计机关审计。

7. 合议庭的表决。合议庭评议和表决规则，适用《人民法院组织法》《民事诉讼法》《最高人民法院关于人民法院合议庭工作的若干规定》《最高人民法院关

---

① 《最高人民法院关于完善人民法院司法责任制的若干意见》第17条。

② 《最高人民法院关于完善人民法院司法责任制的若干意见》第18条。

③ 《最高人民法院关于完善人民法院司法责任制的若干意见》第8条同时规定，人民法院可以分别建立由民事、刑事、行政等审判领域法官组成的专业法官会议，为合议庭正确理解和适用法律提供咨询意见。

于进一步加强合议庭职责的若干规定》。[1]

8. 合议庭制作的裁决文书。合议庭一般应当在作出评议结论或者审判委员会作出决定后的5个工作日内制作出裁判文书。[2]

9. 具体案件的合议庭规则。(1)人民法院决定受理企业破产的案件[3]、拖欠工程款案件(特别是拖欠农民工工资案件)[4],应当组成合议庭。(2)人民法院应建立涉军案件审判工作领导小组,设立相关的合议庭、独任审判员,选任现役军人、退役军人、军属担任陪审员,审理涉军案件。[5]

三、审判委员会

1. 明确审判委员会统一本院裁判标准的职能,依法合理确定审判委员会讨论案件的范围。审判委员会只讨论涉及国家外交、安全和社会稳定的重大复杂案件,以及重大、疑难、复杂案件的法律适用问题。强化审判委员会总结审判经验、讨论决定审判工作重大事项的宏观指导职能。[6]

2. 合议庭认为案件需要提交审判委员会讨论决定的,应当提出并列明需要审判委员会讨论决定的法律适用问题,并归纳不同的意见和理由。合议庭提交审判委员会讨论案件的条件和程序,适用《人民法院组织法》《民事诉讼法》《最高人民法院关于人民法院合议庭工作的若干规定》《最高人民法院关于改革和完善人民法院审判委员会制度的实施意见》。[7]

---

① 《最高人民法院关于完善人民法院司法责任制的若干意见》第6条第2款。

② 《最高人民法院关于人民法院合议庭工作的若干规定》第14条。

③ 《最高人民法院关于审理企业破产案件若干问题的规定》第15条。

④ 《建设部、国家发展和改革委员会、财政部、劳动和社会保障部、中国人民银行、中国银行业监督管理委员会、中国保险监督管理委员会、最高人民法院关于贯彻〈国务院办公厅关于切实解决建设领域拖欠工程款问题的通知〉的实施意见》第14条。

⑤ 《最高人民法院关于进一步加强人民法院涉军案件审判工作的通知》。

2007年中央政法委员会、最高人民法院、最高人民检察院、公安部、民政部、司法部、财政部、劳动和社会保障部、国土资源部、解放军总政治部、全国双拥工作领导小组办公室、国家人民防空办公室联合发布的《关于转发〈浙江省维护国防利益和军人军属合法权益法律保障工作若干规定(试行)〉和〈福建省维护国防利益和军人军属合法权益工作机制若干规定(试行)〉的通知》第5条规定:"各市、县(市、区)人民法院维护国防利益巡回法庭是涉军纠纷案件的审判机构。巡回法庭庭长一般由民一庭庭长担任,副庭长及审判员由各业务庭审判人员担任。根据需要,可邀请经人大任命的驻地现役军人为巡回法庭的人民陪审员。"

⑥ 《最高人民法院关于完善人民法院司法责任制的若干意见》第9条。

⑦ 《最高人民法院关于完善人民法院司法责任制的若干意见》第10条。

3. 案件需要提交审判委员会讨论决定的，审判委员会委员应当事先审阅合议庭提请讨论的材料，了解合议庭对法律适用问题的不同意见和理由，根据需要调阅庭审音频视频或者查阅案卷。审判委员会委员讨论案件时应当充分发表意见，按照法官等级由低到高确定表决顺序，主持人最后表决。审判委员会评议实行全程留痕，录音、录像，作出会议记录。审判委员会的决定，合议庭应当执行。所有参加讨论和表决的委员应当在审判委员会会议记录上签名。建立审判委员会委员履职考评和内部公示机制。建立审判委员会决议事项的督办、回复和公示制度。①

第二审审判组织

第四十一条　人民法院审理第二审民事案件，由审判员组成合议庭。合议庭的成员人数，必须是单数。

中级人民法院对第一审适用简易程序审结或者不服裁定提起上诉的第二审民事案件，事实清楚、权利义务关系明确的，经双方当事人同意，可以由审判员一人独任审理。

发回重审的案件，原审人民法院应当按照第一审程序另行组成合议庭。

审理再审案件，原来是第一审的，按照第一审程序另行组成合议庭；原来是第二审的或者是上级人民法院提审的，按照第二审程序另行组成合议庭。

本条明确审理第二审民事案件、重审和再审案件审判组织。本书仅就其进行阐释。

1. 第二审民事案件的审判制度。（1）合议庭审判制度。①人民法院实行合议制审判第二审案件和其他应当组成合议庭审判的案件，由法官组成合议庭进行。② ②人民法院可以按照受理案件的类别，通过随机产生的方式，组建由法官或者法官与人民陪审员组成的合议庭，审理适用普通程序和依法由合议庭审理的简易程序的案件。案件数量较多的基层人民法院，可以组建相对固定的审判

① 《最高人民法院关于完善人民法院司法责任制的若干意见》第11条。

② 《最高人民法院关于人民法院合议庭工作的若干规定》第1条第1款。

团队，实行扁平化的管理模式。[①] ③合议庭评议和表决规则，适用《人民法院组织法》《民事诉讼法》《最高人民法院关于人民法院合议庭工作的若干规定》《最高人民法院关于进一步加强合议庭职责的若干规定》。[②] (2)独任审理制度。中级人民法院、专门人民法院对第一审适用简易程序审理结案或者不服民事裁定提起上诉的第二审民事案件，事实清楚、权利义务关系明确的，可以由审判员一人独任审理。(3)二审审判的禁止制度。二审民事案件只能由审判员审理，不能有陪审员参加。[③]

2. 发回重案件的审判制度。重审的案件，既可以由审判员组成，也可以由审判员和陪审员组成。应另组成合议庭，不得再由原来的合议庭进行审理，也不能适用简易程序独任审判。原审为独任制的，应改为合议制。

3. 再审案件的审判制度。按照审判监督程序，对于人民法院已经发生法律效力的判决、裁定、调解书，如果发现确有错误的，应当决定再审。(1)原来是第一审的，应当按照第一审程序另行组成合议庭。(2)原来是第二审的，应当按照第二审程序另行组成合议庭。(3)上级人民法院发现下级人民法院已经发生法律效力的判决、裁定、调解书错误的，也可以直接提审。上级人民法院提审的案件不能再按第一审程序另行组成合议庭，而应当按照第二审程序另行组成合议庭，即由审判员组成合议庭。

不得独任审理的案件

第四十二条　人民法院审理下列民事案件，不得由审判员一人独任审理：

---

① 《最高人民法院关于完善人民法院司法责任制的若干意见》第4条第2款。

② 《最高人民法院关于完善人民法院司法责任制的若干意见》第6条第2款。

③ 《最高人民法院经济审判庭关于涉及技术性较强的二审经济纠纷案件能否邀请技术人员陪审问题的电话答复》认为："由陪审员与审判员共同组成合议庭审理二审经济纠纷案件的做法，是不符合法律规定的。"

二审只能由审判员组成合议庭的理由：(1)上诉案件的审判必须按照法定程序，查明原审人民法院认定事实是否清楚，适用法律是否正确。其涉及当事人的权益和人民法院间的审判监督。(2)上诉的审理，既是第二审法院对案件的审理，也是对上诉人提起上诉理由和事实进行审查。

（一）涉及国家利益、社会公共利益的案件；

（二）涉及群体性纠纷，可能影响社会稳定的案件；

（三）人民群众广泛关注或者其他社会影响较大的案件；

（四）属于新类型或者疑难复杂的案件；

（五）法律规定应当组成合议庭审理的案件；

（六）其他不宜由审判员一人独任审理的案件。

本条明确不得独任审理的案件。本书在此基础上进一步阐释两方面的内容。

一、不得独任审理的案件

1. 涉及国家利益、社会公共利益的案件。（1）国家利益的内涵可以界定为一个民族国家相对于其他民族国家而言所规定的客观因素的综合。所谓社会公共利益，是指社会上大多数成员的利益，而不是哪一个单位、部门或者集团的利益，更不是某个个人的利益。[①]（2）“重大、疑难、复杂、敏感”的案件包括涉及国家利益、社会公共利益的案件。[②]

2. 涉及群体性纠纷，可能影响社会稳定的案件。审判委员会只讨论涉及国家外交、安全和社会稳定的重大复杂案件，以及重大、疑难、复杂案件的法律适用问题。[③]

3. 人民群众广泛关注或者其他社会影响较大的案件。（1）“涉及群体性纠纷或者引发社会广泛关注，可能影响社会稳定”的案件主要包括下列案件：当事人或者被害人人数众多，可能引发群体性事件的；可能或者已经引发社会广泛关注，存在激化社会矛盾风险的；具有示范效应、可能引发后续批量诉讼的；可能对特定行业产业发展、特定群体利益、社会和谐稳定产生较大影响的。[④]（2）人民法院受理的第一审案件，除法律规定由法官独任审理或者由法官组成合议庭审理的以外，均可以适用人民陪审制审理。涉及群体利益、社会公共利益、人民群众广泛关注或者其他社会影响较大的民事第一审案件，原则上应当由人民陪审员

---

① 李慈文：《如何界定损害国家利益和社会公共利益标准》，载法律资讯网，http://www.dyzxw.org/html/article/201401/03/158190.shtml。

② 《最高人民法院关于进一步完善“四类案件”监督管理工作机制的指导意见》第3条。

③ 《最高人民法院关于完善人民法院司法责任制的若干意见》第9条。

④ 《最高人民法院关于进一步完善“四类案件”监督管理工作机制的指导意见》第4条。

和法官共同组成合议庭审理。①

4. 新类型或者疑难复杂的案件。(1)“重大、疑难、复杂、敏感”的案件包括新类型案件。② (2)对于重大、疑难、复杂的案件,可以直接由院长、副院长、审判委员会委员组成合议庭进行审理。③ (3)人民法院可以分别建立由民事、刑事、行政等审判领域法官组成的专业法官会议,为合议庭正确理解和适用法律提供咨询意见。合议庭认为所审理的案件因重大、疑难、复杂而存在法律适用标准不统一的,可以将法律适用问题提交专业法官会议研究讨论。专业法官会议的讨论意见供合议庭复议时参考,采纳与否由合议庭决定,讨论记录应当入卷备查。④ (4)除提交审判委员会讨论的案件外,合议庭对评议意见一致或者形成多数意见的案件,依法作出判决或者裁定。重大、疑难、复杂或者新类型的案件可以由审判长提请院长或者庭长决定组织相关审判人员共同讨论,合议庭成员应当参加。⑤

5. 法律规定应当组成合议庭审理的案件。除第一审程序中的简单案件适用独任制进行审判外,二审、再审、重审及一审中的非简单民事案件,一律组成合议庭进行审判。

6. 其他不宜由审判员一人独任审理的案件。此项为兜底条款。

二、对“四类案件”的监督管理

1. 院庭长应当根据《法官法》第9条的规定,针对“四类案件”审理中需要关注和解决的问题,按照职务权限采取以下监督管理措施:(1)按权限调整分案;(2)要求合议庭报告案件进展、评议结果;(3)要求合议庭提供类案裁判文书或者制作类案检索报告;(4)审阅案件庭审提纲、审理报告;(5)调阅卷宗、旁听庭审;(6)要求合议庭复议并报告复议结果,但同一案件一般不得超过2次;(7)决定将案件提交专业法官会议讨论;(8)决定按照工作程序将案件提交审判委员会讨论;(9)决定按程序报请上一级人民法院审理;(10)其他与其职务相适应的必要

---

① 《最高人民法院、司法部人民陪审员制度改革试点工作实施办法》第12条第1款。
② 《最高人民法院关于进一步完善“四类案件”监督管理工作机制的指导意见》第3条。
③ 《最高人民法院关于完善人民法院司法责任制的若干意见》第7条第1款。
④ 《最高人民法院关于完善人民法院司法责任制的若干意见》第8条第1款。
⑤ 《最高人民法院关于进一步加强合议庭职责的若干规定》第7条第1款第1项。

监督管理措施。院庭长在分管领域、职务权限范围内，按工作程序采取上述监督管理措施，或者对下级人民法院审理的“四类案件”依法履行监督指导职责，不属于违反规定干预过问案件。①

2. 立案部门在立案阶段识别出“四类案件”的，应当同步在办案平台标注，提示相关院庭长，根据本意见要求确定承办审判组织形式和人员。承办审判组织在案件审理阶段识别出“四类案件”的，应当主动标注，并及时向院庭长报告。院庭长发现分管领域内“四类案件”的，应当提醒承办审判组织及时标注，并要求其报告案件进展情况。审判管理、审务督察、新闻宣传等职能部门在日常工作中发现“四类案件”的，应当及时提示相关院庭长。下级人民法院向上级人民法院移送“四类案件”卷宗材料的，应当在原审纸质卷宗或者电子卷宗中作出相应标注。②

3. 对案件是否属于“四类案件”存在争议的，可以按照工作程序层报院庭长决定。案件不再作为“四类案件”监督管理的，撤销相应标注，并在办案平台注明原因。③

独任审理转由合议庭审理

第四十三条　人民法院在审理过程中，发现案件不宜由审判员一人独任审理的，应当裁定转由合议庭审理。

当事人认为案件由审判员一人独任审理违反法律规定的，可以向人民法院提出异议。人民法院对当事人提出的异议应当审查，异议成立的，裁定转由合议庭审理；异议不成立的，裁定驳回。

本条明确独任审理转由合议庭审理。本书在此基础上进一步阐释两方面的内容。

一、独任审理

1. 基层、中级人民法院可以组建由一名法官与法官助理、书记员以及其他必

① 《最高人民法院关于进一步完善“四类案件”监督管理工作机制的指导意见》第10条。
② 《最高人民法院关于进一步完善“四类案件”监督管理工作机制的指导意见》第8条第2款。
③ 《最高人民法院关于进一步完善“四类案件”监督管理工作机制的指导意见》第8条第3款。

要的辅助人员组成的审判团队，依法独任审理适用简易程序的案件和法律规定的其他案件。[①]

2. 法官独任审理案件时，应当履行以下审判职责：(1)主持或者指导法官助理做好庭前会议、庭前调解、证据交换等庭前准备工作及其他审判辅助工作；(2)主持案件开庭、调解，依法作出裁判，制作裁判文书或者指导法官助理起草裁判文书，并直接签发裁判文书；(3)依法决定案件审理中的程序性事项；(4)依法行使其他审判权力。[②]

3. 独任法官审理案件形成的裁判文书，由独任法官直接签署。合议庭审理案件形成的裁判文书，由承办法官、合议庭其他成员、审判长依次签署；审判长作为承办法官的，由审判长最后签署。审判组织的法官依次签署完毕后，裁判文书即可印发。除审判委员会讨论决定的案件以外，院长、副院长、庭长对其未直接参加审理案件的裁判文书不再进行审核签发。[③]

4. 独任制审理的案件，由独任法官对案件的事实认定和法律适用承担全部责任。[④]

二、独任审理转由合议庭审理

1. 独任审理转由合议庭审理的理由。(1)案件进入审理阶段后被识别标注为“四类案件”的，院庭长可以根据案件所涉情形、进展情况，按权限决定作出“由独任审理转为合议庭审理”的调整，调整结果应当及时通知当事人，并在办案平台注明原因。[⑤] (2)人民法院在案件审理过程中发现，案件不宜由审判员一人独任审理的，应当裁定转由合议庭审理。

2. 独任审理转由合议庭审理的异议。当事人认为案件由审判员一人独任审理违反法律规定的，可以向人民法院提出异议。人民法院对当事人提出的异议，应当审查，异议成立的，裁定转由合议庭审理；异议不成立的，裁定驳回。

---

① 《最高人民法院关于完善人民法院司法责任制的若干意见》第4条第1款。
② 《最高人民法院关于完善人民法院司法责任制的若干意见》第15条。
③ 《最高人民法院关于完善人民法院司法责任制的若干意见》第6条第1款。
④ 《最高人民法院关于完善人民法院司法责任制的若干意见》第29条。
⑤ 《最高人民法院关于进一步完善“四类案件”监督管理工作机制的指导意见》第9条第2款。

审判长

第四十四条 合议庭的审判长由院长或者庭长指定审判员一人担任；院长或者庭长参加审判的，由院长或者庭长担任。

本条明确合议庭的审判长。本书仅就其进行阐释。

1. 担任审判长的条件及方式。（1）担任审判长的条件。合议庭的审判长由符合审判长任职条件的法官担任。① （2）担任审判长的方式。①指定确认担任。合议庭由一名法官担任审判长。② ②亲自担任。院长或者庭长参加审理条件时，由自己担任审判长。③

2. 审判长的职责。（1）合议庭审理案件时，审判长除承担由合议庭成员共同承担的审判职责外，还应当履行以下审判职责：①确定案件审理方案、庭审提纲、协调合议庭成员庭审分工以及指导做好其他必要的庭审准备工作；②主持、指挥庭审活动；③主持合议庭评议；④依照有关规定和程序将合议庭处理意见分歧较大的案件提交专业法官会议讨论，或者按程序建议将案件提交审判委员会讨论决定；⑤依法行使其他审判权力。审判长自己承办案件时，应当同时履行承办法官的职责。④ （2）下列案件可以由审判长提请院长或者庭长决定组织相关审判人

---

① 《最高人民法院关于人民法院合议庭工作的若干规定》第 2 条第 1 款。

② 《人民法院组织法》第 30 条第 2 款。

③ 《人民法院组织法》第 30 条第 2 款。

《最高人民法院关于完善院长、副院长、庭长、副庭长参加合议庭审理案件制度的若干意见》第 2 条规定："院长、副院长、庭长、副庭长参加合议庭审理下列案件：(一)疑难、复杂、重大案件；(二)新类型案件；(三)在法律适用方面具有普遍意义的案件；(四)认为应当由自己参加合议庭审理的案件。"

《最高人民法院关于完善人民法院司法责任制的若干意见》第 7 条规定："……对于重大、疑难、复杂的案件，可以直接由院长、副院长、审判委员会委员组成合议庭进行审理。"

④ 《最高人民法院关于完善人民法院司法责任制的若干意见》第 18 条。

《最高人民法院关于人民法院合议庭工作的若干规定》第 6 条规定："审判长履行下列职责：(一)指导和安排审判辅助人员做好庭前调解、庭前准备及其他审判业务辅助性工作；(二)确定案件审理方案、庭审提纲、协调合议庭成员的庭审分工以及做好其他必要的庭审准备工作；(三)主持庭审活动；(四)主持合议庭对案件进行评议；(五)依照有关规定，提请院长决定将案件提交审判委员会讨论决定；(六)制作裁判文书，审核合议庭其他成员制作的裁判文书；(七)依照规定权限签发法律文书；(八)根据院长或者庭长的建议主持合议庭对案件复议；(九)对合议庭遵守案件审理期限制度的情况负责；(十)办理有关审判的其他事项。"

员共同讨论，合议庭成员应当参加：①重大、疑难、复杂或者新类型的案件；②合议庭在事实认定或法律适用上有重大分歧的案件；③合议庭意见与本院或上级法院以往同类型案件的裁判有可能不一致的案件；④当事人反映强烈的群体性纠纷案件；⑤经审判长提请且院长或者庭长认为确有必要讨论的其他案件。[①]

合议庭评议

第四十五条　合议庭评议案件，实行少数服从多数的原则。评议应当制作笔录，由合议庭成员签名。评议中的不同意见，必须如实记入笔录。

本条明确合议庭评议。本书仅就其进行阐释。

1. 合议庭评议的一般规则。(1)合议庭评议案件，实行少数服从多数的原则。(2)合议庭评议和表决规则，适用《人民法院组织法》《民事诉讼法》《最高人民法院关于人民法院合议庭工作的若干规定》《最高人民法院关于进一步加强合议庭职责的若干规定》。[②] (3)合议庭评议案件应当在庭审结束后5个工作日内进行。[③]

2. 合议庭评议的程序规则。(1)评议。①合议庭评议案件时，先由承办法官对认定案件事实，证据是否确实、充分以及适用法律等发表意见，审判长最后发表意见；审判长作为承办法官的，由审判长最后发表意见。对案件的裁判结果进行评议时，由审判长最后发表意见。审判长应当根据评议情况总结合议庭评议的结论性意见。②合议庭成员进行评议的时候，应当认真负责，充分陈述意见，独立行使表决权，不得拒绝陈述意见或者仅作同意与否的简单表态。同意他人意见的，也应当提出事实根据和法律依据，进行分析论证。[④] ③院长、庭长在审核合议庭的评议意见和裁判文书过程中，对评议结论有异议的，可以建议合议庭复议，同时应当对要求复议的问题及理由提出书面意见。合议庭复议后，庭长仍有异议的，可以将案件提请院长审核，院长可以提交审判委员会讨论决定。[⑤] ④评

---

① 《最高人民法院关于进一步加强合议庭职责的若干规定》第7条第1款。

② 《最高人民法院关于完善人民法院司法责任制的若干意见》第6条第2款。

③ 《最高人民法院关于人民法院合议庭工作的若干规定》第9条。

④ 《最高人民法院关于人民法院合议庭工作的若干规定》第10条第1款、第2款。

⑤ 《最高人民法院关于人民法院合议庭工作的若干规定》第17条。

议笔录由书记员制作(在评议意见有分歧时,应将少数人的意见写入笔录),由合议庭的组成人员签名。[①] (2)评议表决。合议庭成员以口头表决的方式对评议结果进行表决。[②] (3)评议意见。院长、庭长可以对合议庭的评议意见和制作的裁判文书进行审核,但是不得改变合议庭的评议结论。[③] 院长、庭长在审核合议庭的评议意见和裁判文书过程中,对评议结论有异议的,可以建议合议庭复议,同时应当对要求复议的问题及理由提出书面意见。[④] (4)提交讨论。①合议庭应当依照规定的权限,及时对评议意见一致或者形成多数意见的案件直接作出判决或者裁定。但是对于下列案件,合议庭应当提请院长决定提交审判委员会讨论决定:(i)拟判处死刑的;(ii)疑难、复杂、重大或者新类型的案件,合议庭认为有必要提交审判委员会讨论决定的;(iii)合议庭在适用法律方面有重大意见分歧的;(iv)合议庭认为需要提请审判委员会讨论决定的其他案件,或者本院审判委员会确定的应当由审判委员会讨论决定的案件。[⑤] ②合议庭认为案件需要提交审判委员会讨论决定的,应当提出并列明需要审判委员会讨论决定的法律适用问题,并归纳不同的意见和理由。合议庭提交审判委员会讨论案件的条件和程序,适用《人民法院组织法》《民事诉讼法》《最高人民法院关于人民法院合议庭工作的若干规定》《最高人民法院关于改革和完善人民法院审判委员会制度的实施意见》。[⑥] ③案件需要提交审判委员会讨论决定的,审判委员会委员应当事先审阅合议庭提请讨论的材料,了解合议庭对法律适用问题的不同意见和理由,根据需要调阅庭审音频视频或者查阅案卷。审判委员会委员讨论案件时应当充分发表意见,按照法官等级由低到高确定表决顺序,主持人最后表决。审判委员会评议实行全程留痕,录音、录像,作出会议记录。审判委员会的决定,合议庭应当执行。所有参加讨论和表决的委员应当在审判委员会会议记录上签名。[⑦] (5)讨论决定的复议。合议庭对审判委员会的决定有异议,可以提请院长决定提交审

① 《最高人民法院关于人民法院合议庭工作的若干规定》第11条第2款。
② 《最高人民法院关于人民法院合议庭工作的若干规定》第10条第3款。
③ 《最高人民法院关于人民法院合议庭工作的若干规定》第16条。
④ 《最高人民法院关于人民法院合议庭工作的若干规定》第17条。
⑤ 《最高人民法院关于人民法院合议庭工作的若干规定》第12条。
⑥ 《最高人民法院关于完善人民法院司法责任制的若干意见》第10条。
⑦ 《最高人民法院关于完善人民法院司法责任制的若干意见》第11条第1款、第2款。

判委员会复议1次。①

依法办案

第四十六条　审判人员应当依法秉公办案。

审判人员不得接受当事人及其诉讼代理人请客送礼。

审判人员有贪污受贿，徇私舞弊，枉法裁判行为的，应当追究法律责任；构成犯罪的，依法追究刑事责任。

本条明确审判人员应依法办案。本书仅就其进行阐释。

一、审判及相关人员

《最高人民法院关于审判人员在诉讼活动中执行回避制度若干问题的规定》所称“审判人员”，包括各级人民法院院长、副院长、审判委员会委员、庭长、副庭长、审判员和助理审判员。“法院其他工作人员”，是指审判人员以外的在编工作人员。②

（一）人民陪审员

人民陪审员依法享有参加审判活动、独立发表意见、获得履职保障等权利。人民陪审员应当忠实履行陪审义务，保守国家秘密和审判工作秘密，秉公判断，不得徇私枉法。③

1. 人民陪审员的确定。(1)担任人民陪审员的禁止。①下列人员不能担任人民陪审员：(i)人民代表大会常务委员会组成人员，人民法院、人民检察院、公安机关、国家安全机关、司法行政机关的工作人员；(ii)执业律师、基层法律服务工作者等从事法律服务工作的人员；(iii)因其他原因不适宜担任人民陪审员的人员。④ ②下列人员不得担任人民陪审员：(i)因犯罪受过刑事处罚的；(ii)被开除公职的；(iii)被人民法院纳入失信被执行人名单的；(iv)因受惩戒被免除人民

① 《最高人民法院关于人民法院合议庭工作的若干规定》第13条。

② 《最高人民法院关于审判人员在诉讼活动中执行回避制度若干问题的规定》第13条。

③ 《最高人民法院、司法部人民陪审员制度改革试点工作实施办法》第2条。

④ 《最高人民法院、司法部人民陪审员制度改革试点工作实施办法》第3条。

陪审员职务的。[①] (2)人民陪审员的法定人数。适用人民陪审制审理第一审重大民事案件的,人民陪审员在合议庭中的人数原则上应当在2人以上。[②] (3)人民陪审员的随机抽选。参与合议庭审理案件的人民陪审员,应当在开庭前通过随机抽选的方式确定。人民法院可以根据案件审理需要,从人民陪审员名册中随机抽选一定数量的候补人民陪审员,并确定递补顺序。[③]

2. 人民陪审员参加合议庭的方式。(1)法定参加。人民法院受理的第一审案件,除法律规定由法官独任审理或者由法官组成合议庭审理的以外,均可以适用人民陪审制审理。有下列情形之一的第一审案件,原则上应当由人民陪审员和法官共同组成合议庭审理:①涉及群体利益、社会公共利益、人民群众广泛关注或者其他社会影响较大的民事案件。②涉及征地拆迁、环境保护、食品药品安全的重大案件。前款所列案件中,因涉及个人隐私、商业秘密或者其他原因,当事人申请不适用人民陪审制审理的,人民法院可以决定不适用人民陪审制审理。[④] (2)申请参加。①第一审民事案件当事人有权申请人民陪审员参加合议庭审判。人民法院接到申请后,经审查决定适用人民陪审制审理案件的,应当组成有人民陪审员参加的合议庭进行审判。[⑤] ②当事人一方申请适用陪审,另一方不同意的,人民法院不安排人民陪审员参加合议庭审判案件,但属于法律规定应当适用陪审的案件除外。[⑥]

3. 人民陪审员在审理案件过程中的权利。人民陪审员在人民法院执行职务期间,除不能担任审判长外,同法官有同等的权利义务。[⑦] (1)被告知权。人民法院应当在开庭前,将相关权利和义务告知人民陪审员,并为其阅卷提供便利条件。[⑧] (2)调查和调解权。①审判长应当指导、保障人民陪审员依法行使权利。

---

① 《最高人民法院、司法部人民陪审员制度改革试点工作实施办法》第4条。

② 《最高人民法院、司法部人民陪审员制度改革试点工作实施办法》第15条。

③ 《最高人民法院、司法部人民陪审员制度改革试点工作实施办法》第16条。

④ 《最高人民法院、司法部人民陪审员制度改革试点工作实施办法》第12条。

⑤ 《最高人民法院、司法部人民陪审员制度改革试点工作实施办法》第13条。

⑥ 《最高人民法院关于进一步加强和推进人民陪审工作的若干意见》第12条。

⑦ 《最高人民法院关于人民法院合议庭工作的若干规定》第1条第2款。

另参见《最高人民法院关于进一步加强合议庭职责的若干规定》第1条。

⑧ 《最高人民法院、司法部人民陪审员制度改革试点工作实施办法》第18条。

《最高人民法院关于进一步加强和推进人民陪审工作的若干意见》第13条规定:"人民法院应当为人民陪审员查阅案卷、参加审判活动提供工作便利和条件。接到陪审通知的人民陪审员,应当在案件开庭前完成阅卷工作。"

案件审理中，经审判长同意，人民陪审员可以参与案件共同调查、在庭审中直接发问、独立进行案件调解等。[①] ②在庭审过程中，人民陪审员有权依法参加案件调查和案件调解工作。经审判长同意，人民陪审员可以在休庭时组织双方当事人进行调解。[②] ③经陪审合议的民事案件，在宣判以前，审判员独自进行调解达成协议时，无须再与人民陪审员重新合议，但审判员应将案件的调解情况告知人民陪审员，此项调解书也无须由人民陪审员署名。[③] (3)评议权。①合议庭评议时，审判长应当提请人民陪审员围绕案件事实认定问题发表意见，并对与事实认定有关的证据资格、证据规则、诉讼程序等问题及注意事项进行必要的说明，但不得妨碍人民陪审员对案件事实的独立判断。[④] ②合议庭评议案件前，审判长应当归纳并介绍需要通过评议讨论决定的案件事实问题，必要时可以以书面形式列出案件事实问题清单。合议庭评议案件时，一般先由人民陪审员发表意见。人民陪审员和法官共同对案件事实认定负责，如果意见分歧，应当按多数人意见对案件事实作出认定，但是少数人意见应当写入笔录。如果法官与人民陪审员多数意见存在重大分歧，且认为人民陪审员多数意见对事实的认定违反了证据规则，可能导致适用法律错误或者造成错案的，可以将案件提交院长决定是否由审判委员会讨论。提交审判委员会讨论决定的案件，审判委员会的决定理由应当在裁判文书中写明。[⑤] (4)表决权。人民陪审员应当全程参与合议庭评议，并就案件事实认定问题独立发表意见并进行表决。人民陪审员可以对案件的法律

---

① 《最高人民法院关于进一步加强和推进人民陪审工作的若干意见》第14条。

② 《最高人民法院、司法部人民陪审员制度改革试点工作实施办法》第19条。

《最高人民法院关于"主持调解的审判人员"是否包括人民陪审员等问题的批复》认为："……所谓'审判人员'是指审判员和人民陪审员而言，除依法由审判员独任审判的案件由审判员独自主持外，主持调解一般以由审判员和人民陪审员共同进行为妥。至于由人民陪审员独自主持调解，是不适宜的。"

③ 《最高人民法院关于经陪审合议后的民事案件，审判员又独自进行调解而达成协议的，应否重新合议和应否准许被告人阅案卷内检举人不愿公开的材料以及对涉及国家机密的案件，可否为被告人指定辩护人等问题的复函》。

④ 《最高人民法院、司法部人民陪审员制度改革试点工作实施办法》第21条。

《最高人民法院关于进一步加强和推进人民陪审工作的若干意见》第15条规定："合议庭应当保障人民陪审员在案件评议过程中自主、独立发表意见的权利。审判长和合议庭其他成员不得施加不当影响或阻碍。"

⑤ 《最高人民法院、司法部人民陪审员制度改革试点工作实施办法》第23条。

《最高人民法院关于进一步加强和推进人民陪审工作的若干意见》第16条规定："人民陪审员同合议庭其他组成人员意见分歧的，应当将其意见写入笔录，必要时，人民陪审员可以要求合议庭将案件提请院长决定是否提交审判委员会讨论决定，但应当说明理由。人民陪审员提出的要求及理由应当写入评议笔录。"

适用问题发表意见，但不参与表决。① (5)认定签字权。人民陪审员应当认真阅读评议笔录，确认无误后签名。人民陪审员应当审核裁判文书文稿中的事实认定结论部分并签名。② (6)署名权。人民陪审员参与合议庭审理案件的，应当作为合议庭成员在裁判文书上署名。③

4. 人民陪审员的回避。人民陪审员的回避，参照有关法官回避的规定执行。人民陪审员回避事由经审查成立的，人民法院应当及时从候补人员中确定递补人选。④

5. 人民陪审员不能参加宣判的处理。合议庭组成人员中某一人民陪审员因故不能参加宣判时，可由审判员和其他人民陪审员开庭宣判；人民陪审员都因故不能参加宣判时，可由审判员独自开庭宣判。判决书仍应由合议庭全体组成人员署名。⑤

6. 人民陪审员的保障。(1)人民陪审员费用，是指人民法院为保证人民陪审员履行规定职责所必需的、直接用于人民陪审员的各项开支，包括交通补助费、培训费、资料费、无固定收入人民陪审员的生活补助费、其他费用。⑥ 其中，"交通补助费"，是指人民法院对人民陪审员因参加审判活动、培训活动而支出的公共交通费用的补助。⑦ "培训费"，是指人民法院按规定组织的人民陪审员岗前培训和任职期间审判业务专项培训活动所开支的场地租用费、聘请教师讲课费、培训资料费等费用。"资料费"，是指人民法院为人民陪审员提供有关报刊、简报等开支的费用。"无固定收入人民陪审员的生活补助费"，是指对无固定收入的人民

---

① 《最高人民法院、司法部人民陪审员制度改革试点工作实施办法》第 22 条。

《最高人民法院关于进一步加强和推进人民陪审工作的若干意见》第 17 条规定："人民陪审员应邀列席参加审判委员会讨论其陪审的案件时，除不得行使表决权外，可以在审判委员会上发表意见。"

② 《最高人民法院、司法部人民陪审员制度改革试点工作实施办法》第 24 条。

③ 《最高人民法院、司法部人民陪审员制度改革试点工作实施办法》第 25 条。

④ 《最高人民法院、司法部人民陪审员制度改革试点工作实施办法》第 17 条。

⑤ 《最高人民法院关于定期宣判的案件人民陪审员因故不能参加宣判时可否由审判员开庭宣判问题的批复》。

另参见《最高人民法院关于审判案件中的几个具体问题的批复》。

⑥ 《财政部、最高人民法院关于人民陪审员经费管理有关问题的通知》第 2 条规定："对《财政部最高人民法院关于印发〈人民法院财务管理暂行办法〉的通知》(财行[2001]276 号)规定的人民法院业务费开支范围作适当修改，在人民法院业务费中增设'人民陪审员费用'科目，用于核算人民陪审员的上述各项费用；原'劳务费'科目继续保留，但核算范围中不再包括有关人民陪审员费用的开支。"

⑦ 具体补助标准和补助办法，由各地本着实事求是的原则，参照当地行政机关、事业单位交通费管理有关办法制定。

陪审员按其实际参加审判活动、培训活动的工作日、参照当地职工上年度平均货币工资水平计算给予的补助。[①] “其他费用”，是指人民法院按规定对人民陪审员的表彰、奖励以及其他与人民陪审员履行职责有关的所必需的费用。[②] (2)人民陪审员因参加审判活动无法按时回家或回原单位就餐的，人民法院要为其提供在本院职工食堂就餐的便利条件，并享受与本院职工同等的就餐待遇。[③]

(二)法官助理

法官助理在法官的指导下履行以下职责：(1)审查诉讼材料，协助法官组织庭前证据交换；(2)协助法官组织庭前调解，草拟调解文书；(3)受法官委托或者协助法官依法办理财产保全和证据保全措施等；(4)受法官指派，办理委托鉴定、评估等工作；(5)根据法官的要求，准备与案件审理相关的参考资料，研究案件涉及的相关法律问题；(6)在法官的指导下草拟裁判文书；(7)完成法官交办的其他审判辅助性工作。[④]

(三)书记员

书记员在法官的指导下，按照有关规定履行以下职责：(1)负责庭前准备的事务性工作；(2)检查开庭时诉讼参与人的出庭情况，宣布法庭纪律；(3)负责案件审理中的记录工作；(4)整理、装订、归档案卷材料；(5)完成法官交办的其他事务性工作。[⑤]

二、审判人员的依法秉公办案

依法秉公办案，是指审判人员在审理民事案件的过程中，必须严格遵守程序法和实体法的规定，公平合法地办理案件，不允许违反法律规定，滥用职权、以权谋私、贪污受贿、徇私舞弊或者接受当事人及其诉讼代理人的请客送礼。

1. 人民法院应主动接受当事人[⑥]监督。(1)人民法院应当在本院诉讼服务大厅、立案大厅、派出人民法庭等场所公布人民法院的纪律作风规定、举报受理

---

① 无固定收入人民陪审员的确定及补助具体办法由各地人民法院、财政部门研究制定。

② 具体表彰、奖励办法，由各地人民法院、财政部门参照法官奖励有关规定研究制定。

③ 《财政部、最高人民法院关于人民陪审员经费管理有关问题的通知》第1条。

④ 《最高人民法院关于完善人民法院司法责任制的若干意见》第19条。

⑤ 《最高人民法院关于完善人民法院司法责任制的若干意见》第20条。

⑥ 《最高人民法院关于人民法院在审判执行活动中主动接受案件当事人监督的若干规定》第17条规定：“本规定所称案件当事人，包括刑事案件中的被告人、被害人、自诉人、附带民事诉讼的原告人和被告人；民事、行政案件中的原告、被告及第三人；执行案件中的申请执行人、被执行人、案外人。”

电话和举报受理网址。[①]（2）在案件立案、审理程序中，人民法院应当通过适当方式、及时将立案审查结果、诉讼保全及程序变更等关键节点信息主动告知案件当事人。[②]（3）在案件执行程序中，人民法院应当通过适当方式，及时将执行立案、变更与追加被执行人、执行措施实施、执行财产查控、执行财产处置、终结本次执行、终结本次执行案件的恢复执行、终结执行等关键节点信息主动告知案件当事人。[③]（4）案件当事人需要向人民法院了解办案进度的，人民法院案件承办部门及办案人员应当告知。[④]（5）人民法院案件承办部门应在向案件当事人送达相关案件受理法律文书时，向案件当事人发送廉政监督卡。[⑤]（6）案件当事人可以在案件办理期间或者案件办结之后，将填有本人意见的廉政监督卡直接寄交人民法院监察部门。[⑥]（7）人民法院除随机抽取案件进行廉政回访外，还应当对当年审结或者执结的个别案件进行廉政回访[⑦]（采取约谈回访、上门回访、电话回访、信函回访等方式）。[⑧]（8）廉政回访工作由人民法院监察部门会同案件承办部门共同组织实施。[⑨]（9）人民法院案件承办部门对案件当事人反映的批评意见进行处置后，应当适时向案件当事人反馈处置情况。人民法院监察部门在对案件当事人反映的违纪违法线索进行处置后，应当适时向案件当事人反馈处置情况。因案件当事人反映问题不实而给被反映人造成不良影响的，人民法院监察部门和案件承办部门应当通过适当方式为被反映人澄清事实。[⑩]

2. 审判人员应依法办案。（1）人民法院工作人员遇有案件当事人及其关系

---

① 《最高人民法院关于人民法院在审判执行活动中主动接受案件当事人监督的若干规定》第2条。

② 《最高人民法院关于人民法院在审判执行活动中主动接受案件当事人监督的若干规定》第3条。

③ 《最高人民法院关于人民法院在审判执行活动中主动接受案件当事人监督的若干规定》第4条。

④ 《最高人民法院关于人民法院在审判执行活动中主动接受案件当事人监督的若干规定》第5条。

⑤ 《最高人民法院关于人民法院在审判执行活动中主动接受案件当事人监督的若干规定》第6条第1款。

⑥ 《最高人民法院关于人民法院在审判执行活动中主动接受案件当事人监督的若干规定》第7条第1款。

⑦ 《最高人民法院关于人民法院在审判执行活动中主动接受案件当事人监督的若干规定》第9条规定："人民法院除随机抽取案件进行廉政回访外，还应当对当年审结或者执结的下列案件进行廉政回访：（一）社会广泛关注的案件；（二）案件当事人反映存在违反廉政作风规定的案件；（三）其他有必要进行回访的案件。"

⑧ 《最高人民法院关于人民法院在审判执行活动中主动接受案件当事人监督的若干规定》第8～10条。

⑨ 《最高人民法院关于人民法院在审判执行活动中主动接受案件当事人监督的若干规定》第11条。

⑩ 《最高人民法院关于人民法院在审判执行活动中主动接受案件当事人监督的若干规定》第13条。

人请托过问案件、说情打招呼或者打探案情的,应当予以拒绝。[①] (2)人民法院工作人员遇有案件当事人及其关系人当面请托不按正当渠道转递涉案材料等要求的,应当告知其直接递交办案单位和办案人员,或者通过人民法院诉讼服务大厅等正当渠道递交。对于案件当事人及其关系人通过非正当渠道邮寄的涉案材料,收件的人民法院工作人员应当视情退回或者销毁,不得转交办案单位或者办案人员。[②] (3)人民法院工作人员遇有案件当事人及其关系人请托打听案件办理进展情况的,应当告知其直接向办案单位和办案人员询问,或者通过人民法院司法信息公开平台或者诉讼服务平台等正当渠道进行查询。案件当事人及其关系人反映询问、查询无结果的,可以建议案件当事人及其关系人向人民法院监察部门投诉。[③] (4)人民法院工作人员因履行法定职责需要过问案件或者批转、转递涉案材料的,应当依照法定程序或相关工作程序进行,并且做到全程留痕,永久保存。人民法院工作人员非因履行法定职责或者非经法定程序或相关工作程序,不得向办案单位和办案人员过问正在办理的案件,不得向办案单位和办案人员批转、转递涉案材料。[④] (5)人民法院领导干部和上级人民法院工作人员因履行法定职责,需要对正在办理的案件提出监督、指导意见的,应当依照法定程序或相关工作程序以书面形式提出,口头提出的,应当由办案人员如实记录在案。[⑤] (6)人民法院办案人员应当将人民法院领导干部和上级人民法院工作人员因履行法定职责提出监督、指导意见的批示、函文、记录等资料存入案卷备查。[⑥] (7)其他司法机关工作人员因履行法定职责,需要了解人民法院正在办理的案件有关情况的,人民法院办案人员应当要求对方出具法律文书或者公函等证明文件,将接洽情况记录在案,并存入案卷备查。对方未出具法律文书或者公函等证明文件的,可以拒绝提供情况。[⑦] (8)人民法院工作人员具有下列情形之一的,属于违反规定过问案件的行为,应当依照《人民法院工作人员处分条例》第 33 条规定给予纪律处分;涉嫌犯罪的,移送司法机关处理:①为案件当事人及其关系人

① 《人民法院落实〈司法机关内部人员过问案件的记录和责任追究规定〉的实施办法》第 2 条。
② 《人民法院落实〈司法机关内部人员过问案件的记录和责任追究规定〉的实施办法》第 3 条。
③ 《人民法院落实〈司法机关内部人员过问案件的记录和责任追究规定〉的实施办法》第 4 条。
④ 《人民法院落实〈司法机关内部人员过问案件的记录和责任追究规定〉的实施办法》第 5 条。
⑤ 《人民法院落实〈司法机关内部人员过问案件的记录和责任追究规定〉的实施办法》第 6 条。
⑥ 《人民法院落实〈司法机关内部人员过问案件的记录和责任追究规定〉的实施办法》第 7 条。
⑦ 《人民法院落实〈司法机关内部人员过问案件的记录和责任追究规定〉的实施办法》第 8 条。

请托说情、打探案情、通风报信的；②邀请办案人员私下会见案件当事人及其关系人的；③不依照正当程序为案件当事人及其关系人批转、转递涉案材料的；④非因履行职责或者非经正当程序过问他人正在办理的案件的；⑤其他违反规定过问案件的行为。[①]（9）法官不得为当事人介绍代理人、辩护人以及中介机构，不得为律师、其他人员介绍案源或者给予其他不当协助。[②]（10）法官不得接受案件当事人及相关人员的请客送礼，不得利用职务便利或者法官身份谋取不正当利益，不得违反规定与当事人或者其他诉讼参与人进行不正当交往，不得在执法办案中徇私舞弊。[③]（11）人民法院工作人员不依法办案的，应受相应的处罚。[④]审判人员有贪污受贿，徇私舞弊，枉法裁判行为，情节较轻，尚不构成犯罪的，由人民法院追究该审判人员的行政责任，或者由同级权力机关给予罢免；情节严重，构成犯罪的，由司法机关依法追究刑事责任。

院长、庭长的管理监督职责（非法条内容）

本书仅就院长、庭长的管理监督职责阐释两方面的内容。

一、院长、庭长的监管职责

1. 院长监管职责。院长除依照法律规定履行相关审判职责外，还应当从宏观上指导法院各项审判工作，组织研究相关重大问题和制定相关管理制度，综合负责审判管理工作，主持审判委员会讨论审判工作中的重大事项，依法主持法官考评委员会对法官进行评鉴，以及履行其他必要的审判管理和监督职责。副院长、审判委员会专职委员受院长委托，可以依照前款规定履行部分审判管理和监督职责。[⑤]

2. 庭长监管职责。庭长除依照法律规定履行相关审判职责外，还应当从宏观上指导本庭审判工作，研究制定各合议庭和审判团队之间、内部成员之间的职责分工，负责随机分案后因特殊情况需要调整分案的事宜，定期对本庭审判质量

---

① 《人民法院落实〈司法机关内部人员过问案件的记录和责任追究规定〉的实施办法》第12条。

② 《法官行为规范》第4条。

③ 《法官职业道德基本准则》第16条。

④ 参见《人民法院工作人员处分条例》。

⑤ 《最高人民法院关于完善人民法院司法责任制的若干意见》第21条。

情况进行监督,以及履行其他必要的审判管理和监督职责。①

二、院长、庭长具体的监管

1. 院长、副院长、庭长的审判管理和监督活动应当严格控制在职责和权限的范围内,并在工作平台上公开进行。院长、副院长、庭长除参加审判委员会、专业法官会议外不得对其没有参加审理的案件发表倾向性意见。②

2. 对于有下列情形之一的案件,院长、副院长、庭长有权要求独任法官或者合议庭报告案件进展和评议结果:(1)涉及群体性纠纷,可能影响社会稳定的;(2)疑难、复杂且在社会上有重大影响的;(3)与本院或者上级法院的类案判决可能发生冲突的;(4)有关单位或者个人反映法官有违法审判行为的。院长、副院长、庭长对上述案件的审理过程或者评议结果有异议的,不得直接改变合议庭的意见,但可以决定将案件提交专业法官会议、审判委员会进行讨论。院长、副院长、庭长针对上述案件监督建议的时间、内容、处理结果等应当在案卷和办公平台上全程留痕。③

审判责任的认定和追究(非法条内容)

本书仅就审判责任的认定和追究阐释两方面的内容。

一、审判责任

(一)审判责任的承担主体

《最高人民法院关于完善人民法院司法责任制的若干意见》关于审判责任的认定和追究适用于人民法院的法官、副庭长、庭长、审判委员会专职委员、副院长和院长。执行员、法官助理、书记员、司法警察等审判辅助人员的责任认定和追究参照执行。技术调查官等其他审判辅助人员的职责另行规定。人民陪审员制度改革试点地区法院人民陪审案件中的审判责任根据《人民陪审员制度改革试点方案》另行规定。④

1. 法官的审判责任。(1)合议庭法官的审判责任。法官受领导干部干预导

① 《最高人民法院关于完善人民法院司法责任制的若干意见》第22条。

② 《最高人民法院关于完善人民法院司法责任制的若干意见》第23条。

③ 《最高人民法院关于完善人民法院司法责任制的若干意见》第24条。

④ 《最高人民法院关于完善人民法院司法责任制的若干意见》第46条。

致裁判错误的，且法官不记录或者不如实记录，应当排除干预而没有排除的，承担违法审判责任。[①] (2)独任法官的审判责任。独任制审理的案件，由独任法官对案件的事实认定和法律适用承担全部责任。[②] (3)审判责任的责任期。法官应当对其履行审判职责的行为承担责任，在职责范围内对办案质量终身负责。[③] (4)审判责任的责任情形。法官在审判工作中，故意违反法律法规的，或者因重大过失导致裁判错误并造成严重后果的，依法应当承担违法审判责任。法官有违反职业道德准则和纪律规定，接受案件当事人及相关人员的请客送礼、与律师进行不正当交往等违纪违法行为，依照法律及有关纪律规定另行处理。[④]

2. 合议庭成员的审判责任。合议庭审理的案件，合议庭成员对案件的事实认定和法律适用共同承担责任。进行违法审判责任追究时，根据合议庭成员是否存在违法审判行为、情节、合议庭成员发表意见的情况和过错程度合理确定各自责任。[⑤]

3. 审委会成员的审判责任。审判委员会讨论案件时，合议庭对其汇报的事实负责，审判委员会委员对其本人发表的意见及最终表决负责。案件经审判委员会讨论的，构成违法审判责任追究情形时，根据审判委员会委员是否故意曲解法律发表意见的情况，合理确定委员责任。审判委员会改变合议庭意见导致裁判错误的，由持多数意见的委员共同承担责任，合议庭不承担责任。审判委员会维持合议庭意见导致裁判错误的，由合议庭和持多数意见的委员共同承担责任。合议庭汇报案件时，故意隐瞒主要证据或者重要情节，或者故意提供虚假情况，导致审判委员会作出错误决定的，由合议庭成员承担责任，审判委员会委员根据具体情况承担部分责任或者不承担责任。审判委员会讨论案件违反民主集中制原则，导致审判委员会决定错误的，主持人应当承担主要责任。[⑥]

4. 审判辅助人员的审判责任。审判辅助人员根据职责权限和分工承担与其职责相对应的责任。法官负有审核把关职责的，法官也应当承担相应责任。[⑦]

---

① 《最高人民法院关于完善人民法院司法责任制的若干意见》第33条。

② 《最高人民法院关于完善人民法院司法责任制的若干意见》第29条。

③ 《最高人民法院关于完善人民法院司法责任制的若干意见》第25条第1款。

④ 《最高人民法院关于完善人民法院司法责任制的若干意见》第25条第2款、第3款。

⑤ 《最高人民法院关于完善人民法院司法责任制的若干意见》第30条。

⑥ 《最高人民法院关于完善人民法院司法责任制的若干意见》第31条。

⑦ 《最高人民法院关于完善人民法院司法责任制的若干意见》第32条。

5. 特定人员的审判责任。负有监督管理职责的人员等因故意或者重大过失，怠于行使或者不当行使审判监督权和审判管理权导致裁判错误并造成严重后果的，依照有关规定应当承担监督管理责任。追究其监督管理责任的，依照干部管理有关规定和程序办理。①

6. 相关人员的审判责任。有下列情形之一的，应当依纪依法追究相关人员的违法审判责任：①审理案件时有贪污受贿、徇私舞弊、枉法裁判行为的；②违反规定私自办案或者制造虚假案件的；③涂改、隐匿、伪造、偷换和故意损毁证据材料的，或者因重大过失丢失、损毁证据材料并造成严重后果的；④向合议庭、审判委员会汇报案情时隐瞒主要证据、重要情节和故意提供虚假材料的，或者因重大过失遗漏主要证据、重要情节导致裁判错误并造成严重后果的；⑤制作诉讼文书时，故意违背合议庭评议结果、审判委员会决定的，或者因重大过失导致裁判文书主文错误并造成严重后果的；⑥违反法律规定，对不符合减刑、假释条件的罪犯裁定减刑、假释的，或者因重大过失对不符合减刑、假释条件的罪犯裁定减刑、假释并造成严重后果的；⑦其他故意违背法定程序、证据规则和法律明确规定违法审判的，或者因重大过失导致裁判结果错误并造成严重后果的。②

（二）审判责任的除外

因下列情形之一，导致案件按照审判监督程序提起再审后被改判的，不得作为错案进行责任追究：(1)对法律、法规、规章、司法解释具体条文的理解和认识不一致，在专业认知范围内能够予以合理说明的；(2)对案件基本事实的判断存在争议或者疑问，根据证据规则能够予以合理说明的；(3)当事人放弃或者部分放弃权利主张的；(4)因当事人过错或者客观原因致使案件事实认定发生变化的；(5)因出现新证据而改变裁判的；(6)法律修订或者政策调整的；(7)裁判所依据的其他法律文书被撤销或者变更的；(8)其他依法履行审判职责不应当承担责任的情形。③

二、审判责任追究程序

1. 审判责任追究的提出、审查、核实。需要追究违法审判责任的，一般由院

① 《最高人民法院关于完善人民法院司法责任制的若干意见》第27条。
② 《最高人民法院关于完善人民法院司法责任制的若干意见》第26条。
③ 《最高人民法院关于完善人民法院司法责任制的若干意见》第28条。

长、审判监督部门或者审判管理部门提出初步意见，由院长委托审判监督部门审查或者提请审判委员会进行讨论，经审查初步认定有关人员具有本意见所列违法审判责任追究情形的，人民法院监察部门应当启动违法审判责任追究程序。各级人民法院应当依法自觉接受人大、政协、媒体和社会监督，依法受理对法官违法审判行为的举报、投诉，并认真进行调查核实。①

2. 审判责任追究的调查、保护。人民法院监察部门应当对法官是否存在违法审判行为进行调查，并采取必要、合理的保护措施。在调查过程中，当事法官享有知情、辩解和举证的权利，监察部门应当对当事法官的意见、辩解和举证如实记录，并在调查报告中对是否采纳作出说明。②

3. 审判责任追究的报请、处理。(1)人民法院监察部门经调查后，认为应当追究法官违法审判责任的，应当报请院长决定，并报送省(区、市)法官惩戒委员会审议。高级人民法院监察部门应当派员向法官惩戒委员会通报当事法官的违法审判事实及拟处理建议、依据，并就其违法审判行为和主观过错进行举证。当事法官有权进行陈述、举证、辩解、申请复议和申诉。法官惩戒委员会根据查明的事实和法律规定作出无责、免责或者给予惩戒处分的建议。法官惩戒委员会工作章程和惩戒程序另行制定。③ (2)对应当追究违法审判责任的相关责任人，根据其应负责任依照《法官法》等有关规定处理：①应当给予停职、延期晋升、退出法官员额或者免职、责令辞职、辞退等处理的，由组织人事部门按照干部管理权限和程序依法办理；②应当给予纪律处分的，由纪检监察部门依照有关规定和程序依法办理；③涉嫌犯罪的，由纪检监察部门将违法线索移送有关司法机关依法处理。免除法官职务，必须按法定程序由人民代表大会罢免或者提请人大常委会作出决定。④

---

① 《最高人民法院关于完善人民法院司法责任制的若干意见》第34条。
② 《最高人民法院关于完善人民法院司法责任制的若干意见》第35条。
③ 《最高人民法院关于完善人民法院司法责任制的若干意见》第36条。
④ 《最高人民法院关于完善人民法院司法责任制的若干意见》第37条。

第四章　回　　避

回避，是指承办案件的审判人员（检察人员①）和其他人员与本案有利害关系或者其他关系，可能影响对案件公正审理，或实施特定禁止性行为的，经一定程序退出本案的审理。回避，包括审判人员自行回避、当事人申请回避和院长或者审判委员会决定回避②三种情形。

自行回避

第四十七条　审判人员有下列情形之一的，应当自行回避，当事人有权用口头或者书面方式申请他们回避：

（一）是本案当事人或者当事人、诉讼代理人近亲属的；

（二）与本案有利害关系的；

（三）与本案当事人、诉讼代理人有其他关系，可能影响对案件公正审理的。

审判人员接受当事人、诉讼代理人请客送礼，或者违反规定会见当事人、诉讼代理人的，当事人有权要求他们回避。

审判人员有前款规定的行为的，应当依法追究法律责任。

前三款规定，适用于书记员、翻译人员、鉴定人、勘验人。

---

① 《人民检察院民事诉讼监督规则》第 10 条规定："人民检察院办理民事诉讼监督案件，实行回避制度。"

② 《最高人民法院关于适用〈中华人民共和国民事诉讼法〉的解释》第 46 条规定："审判人员有应当回避的情形，没有自行回避，当事人也没有申请其回避的，由院长或者审判委员会决定其回避。"

《最高人民法院关于审判人员在诉讼活动中执行回避制度若干问题的规定》第 4 条规定："审判人员应当回避，本人没有自行回避，当事人及其法定代理人也没有申请其回避的，院长或者审判委员会应当决定其回避。"

本条明确自行回避。本书仅就其进行阐释。

审判人员和其他相关人员在有法律规定的回避情形时，应当自觉、主动地提出回避的请求。自行回避的类型包括：

1. 法定回避的人员。(1)审判人员[①]有下列情形之一的，应当自行回避，当事人有权申请其回避：①是本案当事人或者当事人近亲属的；②本人或者其近亲属与本案有利害关系的；③担任过本案的证人、鉴定人、辩护人、诉讼代理人、翻译人员的；[②]④是本案诉讼代理人近亲属的；⑤本人或者其近亲属持有本案非上市公司当事人的股份或者股权的；[③]⑥与本案当事人或者诉讼代理人有其他利害关系，可能影响公正审理的。[④] 其中，"审判人员与本案有利害关系"，是指本案的处理结果会涉及本案的审判人员或其他有关人员在法律上的利益。"有利害关系"，是指本案的处理结果会涉及本案的审判人员或其他有关人员在法律上的利益。"审判人员与本案当事人、诉讼代理人有其他利害关系"，是指关系密切的同学、同事、朋友等，或者曾经与当事人有过恩怨。(2)书记员和执行员适用审判人

---

① 《最高人民法院关于适用〈中华人民共和国民事诉讼法〉的解释》第48条规定："民事诉讼法第四十七条所称的审判人员，包括参与本案审理的人民法院院长、副院长、审判委员会委员、庭长、副庭长、审判员和人民陪审员。"

《最高人民法院关于审判人员在诉讼活动中执行回避制度若干问题的规定》第13条规定："本规定所称审判人员，包括各级人民法院院长、副院长、审判委员会委员、庭长、副庭长、审判员和助理审判员。本规定所称法院其他工作人员，是指审判人员以外的在编工作人员。"

《最高人民法院关于民事案件审理前是否必须开准备庭和民事被告人对原告人的诉状副本是否必须提出答辩书问题的复函》认为，其中所称审判人员是包括人民陪审员在内的。

② 《最高人民法院关于审判人员在诉讼活动中执行回避制度若干问题的规定》第1条第1款第3项还包括"勘验人"。

《全国人民代表大会常务委员会关于司法鉴定管理问题的决定》第9条规定："在诉讼中，对本决定第二条所规定的鉴定事项发生争议，需要鉴定的，应当委托列入鉴定人名名册的鉴定人进行鉴定。鉴定人从事司法鉴定业务，由所在的鉴定机构统一接受委托。鉴定人和鉴定机构应当在鉴定人和鉴定机构名册注明的业务范围内从事司法鉴定业务。鉴定人应当依照诉讼法律规定实行回避。"

③ 《最高人民法院关于人民法院落实廉政准则防止利益冲突的若干规定》第6条第1款规定："人民法院工作人员在审理相关案件时，以本人或者他人名义持有与所审理案件相关的上市公司股票的，应主动申请回避。"

④ 《最高人民法院关于适用〈中华人民共和国民事诉讼法〉的解释》第43条。

《最高人民法院关于审判人员在诉讼活动中执行回避制度若干问题的规定》第1条规定："审判人员具有下列情形之一的，应当自行回避，当事人及其法定代理人有权以口头或者书面形式申请其回避：(一)是本案的当事人或者与当事人有近亲属关系的；(二)本人或者其近亲属与本案有利害关系的；(三)担任过本案的证人、翻译人员、鉴定人、勘验人、诉讼代理人、辩护人的；(四)与本案的诉讼代理人、辩护人有夫妻、父母、子女或者兄弟姐妹关系的；(五)与本案当事人之间存在其他利害关系，可能影响案件公正审理的。本规定所称近亲属，包括与审判人员有夫妻、直系血亲、三代以内旁系血亲及近姻亲关系的亲属。"

员回避的有关规定。[①]

2. 回避的适用。在一个审判程序中参与过本案审判工作的审判人员,不得再参与该案其他程序的审判。发回重审的案件,在一审法院作出裁判后又进入第二审程序的,原第二审程序中审判人员不受前款规定的限制。[②]

3. 对违反回避的处理。(1)对明知具有"自行回避、申请回避等情形"[③]不依法自行回避的审判人员,依照《人民法院工作人员处分条例》的规定予以处分。[④](2)第二审人民法院认为第一审人民法院的审理有违反"自行回避、申请回避等"规定的,应当裁定撤销原判,发回原审人民法院重新审判。[⑤]

申请回避

第四十八条　当事人提出回避申请,应当说明理由,在案件开始审理时提出;回避事由在案件开始审理后知道的,也可以在法庭辩论终结前提出。

被申请回避的人员在人民法院作出是否回避的决定前,应当暂停参与本案的工作,但案件需要采取紧急措施的除外。

本条明确当事人的申请回避。

当事人申请回避,是指原告、被告、第三人、代理人或者其他诉讼参与人发现审判人员或者其他相关人员有需要回避的情形时,申请审判人员或者相关人员回避的行为。本书仅就其进行阐释。

1. 申请回避的情形。审判人员有下列情形之一的,当事人有权申请其回避:(1)接受本案当事人及其受托人宴请,或者参加由其支付费用的活动的;(2)索取、接受本案当事人及其受托人财物或者其他利益的;(3)违反规定会见本案当

① 《最高人民法院关于适用〈中华人民共和国民事诉讼法〉的解释》第49条。
另参见《最高人民法院关于审判人员在诉讼活动中执行回避制度若干问题的规定》第14条。
《人民陪审员法》第18条规定:"人民陪审员的回避,适用审判人员回避的法律规定。"

② 《最高人民法院关于适用〈中华人民共和国民事诉讼法〉的解释》第45条。
另参见《最高人民法院关于审判人员在诉讼活动中执行回避制度若干问题的规定》第3条。

③ 《最高人民法院关于审判人员在诉讼活动中执行回避制度若干问题的规定》第1~3条。

④ 《最高人民法院关于审判人员在诉讼活动中执行回避制度若干问题的规定》第12条。

⑤ 《最高人民法院关于审判人员在诉讼活动中执行回避制度若干问题的规定》第7条。

事人、诉讼代理人的；[①]（4）为本案当事人推荐、介绍诉讼代理人，或者为律师、其他人员介绍代理本案的；（5）向本案当事人及其受托人借用款物的；（6）有其他不正当行为，可能影响公正审理的。[②]

2. 申请回避的效力。被申请回避的人员在人民检察院作出是否回避的决定前，应当暂停参与本案的工作，但案件需要采取紧急措施的除外。[③]

回避的决定权

第四十九条　院长担任审判长或者独任审判员时的回避，由审判委员会决定；审判人员的回避，由院长决定；其他人员的回避，由审判长或者独任审判员决定。

本条明确回避的决定权。本书仅就其进行阐释。

1. 院长担任审判长时的回避，由审判委员会决定；审判人员的回避，由院长决定；其他人员的回避，由审判长决定。其中，其他人员主要指书记员、翻译人员、鉴定人、勘验人。

2. 审判人员有应当回避的情形，没有自行回避，当事人也没有申请其回避的，由院长或者审判委员会决定其回避。[④]

---

① 《法官职业道德基本准则》第13条规定："自觉遵守司法回避制度，审理案件保持中立公正的立场，平等对待当事人和其他诉讼参与人，不偏袒或歧视任何一方当事人，不私自单独会见当事人及其代理人、辩护人。"

② 《最高人民法院关于适用〈中华人民共和国民事诉讼法〉的解释》第44条。

《最高人民法院关于审判人员在诉讼活动中执行回避制度若干问题的规定》第2条规定："当事人及其法定代理人发现审判人员违反规定，具有下列情形之一的，有权申请其回避：（一）私下会见本案一方当事人及其诉讼代理人、辩护人的；（二）为本案当事人推荐、介绍诉讼代理人、辩护人，或者为律师、其他人员介绍办理该案件的；（三）索取、接受本案当事人及其受托人的财物、其他利益，或者要求当事人及其受托人报销费用的；（四）接受本案当事人及其受托人的宴请，或者参加由其支付费用的各项活动的；（五）向本案当事人及其受托人借款，借用交通工具、通讯工具或者其他物品，或者索取、接受当事人及其受托人在购买商品、装修住房以及其他方面给予的好处的；（六）有其他不正当行为，可能影响案件公正审理的。"

③ 《人民检察院民事诉讼监督规则》第14条第2款。

④ 《最高人民法院关于适用〈中华人民共和国民事诉讼法〉的解释》第46条。

《最高人民法院关于审判人员在诉讼活动中执行回避制度若干问题的规定》第4条规定："审判人员应当回避，本人没有自行回避，当事人及其法定代理人也没有申请其回避的，院长或者审判委员会应当决定其回避。"

3. 第二审人民法院认为第一审人民法院的审理有违反“审判人员自行回避”[①]、“当事人及其法定代理人申请回避”[②]和“参与过本案审判回避”[③]规定的，应当裁定撤销原判，发回原审人民法院重新审判。[④]

回避申请决定程序

第五十条　人民法院对当事人提出的回避申请，应当在申请提出的三日内，以口头或者书面形式作出决定。申请人对决定不服的，可以在接到决定时申请复议一次。复议期间，被申请回避的人员，不停止参与本案的工作。人民法院对复议申请，应当在三日内作出复议决定，并通知复议申请人。

本条明确回避申请决定程序。本书仅就其进行阐释。

1. 申请回避的告知。(1)人民法院应当依法告知当事人对合议庭组成人员、独任审判员和书记员等人员有申请回避的权利。[⑤] (2)人民法院依法调解案件，应当告知当事人及其法定代理人有申请回避的权利，以及主持调解工作的审判人员及其他参与调解工作的人员的姓名、职务等相关信息。[⑥]

2. 对当事人提出的申请回避请求不予同意的，应当向当事人说明理由。[⑦]

3. 人民法院对当事人提出的回避申请，应当在申请提出的3日内，以口头或者书面形式作出决定。[⑧]

---

① 《最高人民法院关于审判人员在诉讼活动中执行回避制度若干问题的规定》第1条。

② 《最高人民法院关于审判人员在诉讼活动中执行回避制度若干问题的规定》第2条。

③ 《最高人民法院关于审判人员在诉讼活动中执行回避制度若干问题的规定》第3条。

④ 《最高人民法院关于审判人员在诉讼活动中执行回避制度若干问题的规定》第7条。

⑤ 《最高人民法院关于适用〈中华人民共和国民事诉讼法〉的解释》第47条。

《最高人民法院关于审判人员在诉讼活动中执行回避制度若干问题的规定》第5条规定：“人民法院应当依法告知当事人及其法定代理人有申请回避的权利，以及合议庭组成人员、书记员的姓名、职务等相关信息。”

⑥ 《最高人民法院关于审判人员在诉讼活动中执行回避制度若干问题的规定》第6条。

⑦ 《法官行为规范》第27条第6项。

⑧ 《人民检察院民事诉讼监督规则》第17条亦规定：“人民检察院对当事人提出的回避申请，应当在三日内作出决定，并通知申请人”。

4. 申请人对决定不服的,可以在接到决定时申请复议1次。复议期间,被申请回避的人员,不停止参与本案的工作。人民法院对复议申请,应当在3日内作出复议决定,并通知复议申请人。①

5. 当事人临时提出回避申请的,可以延期开庭审理。②

---

① 《人民检察院民事诉讼监督规则》第17条亦规定:"……申请人对决定不服的,可以在接到决定时向原决定机关申请复议1次。人民检察院应当在三日内作出复议决定,并通知复议申请人。复议期间,被申请回避的人员不停止参与本案工作。"

② 《民事诉讼法》第149条第2项。

第五章 诉讼参加人

诉讼参加人，是指按照民事诉讼法提起诉讼的自然人、法人或者非法人组织。本章主要规定民事诉讼当事人、诉讼代理人等的界定及其权利义务。

第一节 当 事 人

民事诉讼当事人，是指因民事权利义务发生纠纷，以自己的名义进行诉讼，并受人民法院裁判拘束的直接利害关系人。[①]

诉讼当事人

第五十一条 公民、法人和其他组织可以作为民事诉讼的当事人。

法人由其法定代表人进行诉讼。其他组织由其主要负责人进行诉讼。

本条明确诉讼当事人。本书在此基础上进一步阐释四个方面的内容。

一、当事人等的一般性界定

1. 诉讼当事人，是指因民事上的权利义务关系发生纠纷，以自己的名义进行诉讼，并受人民法院裁判拘束的利害关系人。通常指原告和被告。[②]

2. 当事人适格，又称为正当当事人，是指对于特定的诉讼，与特定诉讼标的

---

① 洪冬英主编：《民事诉讼法学通论》（第 3 版），北京大学出版社 2020 年版，第 108 页。

② 在一审普通程序和简易程序中称为原告和被告。在二审程序中，称为上诉人和被上诉人。在审判监督程序中，适用第一审程序进行再审的，称为原告和被告；适用第二审程序再审的称为上诉人和被上诉人。在特别程序中一般称为申请人，但在选民资格案件中称为起诉人。在督促程序和破产程序中称为申请人和被申请人。在公示催告程序中称为申请人和利害关系人。在执行程序中称为申请执行人和被执行人。

有事实上和法律上的关系,有资格以自己的名义成为原告或被告,因而受本案判决拘束的当事人。

3. 民事诉讼中的原告,是指当事人自己的民事权益、管理支配的民事权利受到侵害或者与他人发生争议,为维护其合法权益而向人民法院提起诉讼,引起诉讼程序发生的人。①

4. 民事诉讼中的被告,是指被诉称侵犯原告民事权益或与原告发生民事权益争议,被人民法院传唤应诉的人。

5. 法定的当事人变更(在民事诉讼理论中也称为当事人诉讼权利义务的承担),是指在诉讼进行过程中,由于某种特定事由的出现,当事人的诉讼权利义务转移给案外人,由其承担原当事人的诉讼权利义务。

6. 任意的当事人变更,是指在诉讼过程中,因原当事人不适格发生的当事人变更。更换当事人后,诉讼程序要重新开始,不符合条件的当事人所为的诉讼行为,对符合条件的当事人而言,不发生任何法律效力。

二、自然人

自然人从出生时起到死亡时止,具有民事权利能力,依法享有民事权利,承担民事义务。② 作为当事人的自然人(包括无行为能力或限制行为能力人)包括:

1. 自然人作为具体案件的当事人。(1)在诉讼中,个体工商户以营业执照上登记的经营者为当事人。有字号的,以营业执照上登记的字号为当事人,但应同时注明该字号经营者的基本信息。营业执照上登记的经营者与实际经营者不一致的,以登记的经营者和实际经营者为共同诉讼人。③ (2)不履行调解协议的当事人。当事人之间的纠纷经人民调解委员会或者其他依法设立的调解组织调解达成协议后,一方当事人不履行调解协议,另一方当事人向人民法院提起诉讼的,应以对方当事人为被告。④ (3)一方当事人向人民法院申请撤销仲裁裁决的,

---

① 《最高人民法院关于新疆国际置地房地产开发有限责任公司与宏源证券股份有限公司乌鲁木齐北京路证券营业部、宏源证券股份有限公司委托监管合同纠纷一案请求的答复》认为,应首先明确签订委托监管协议的行为究竟是个人行为,还是公司授权或者事后追认的职务行为,从而进一步认定是公司是有权以违反合同约定为由提起诉讼,还是基于个人行为,公司权享有以侵权为由提起诉讼的权利。

② 《民法典》第13条。

③ 《最高人民法院关于适用〈中华人民共和国民事诉讼法〉的解释》第59条。

④ 《最高人民法院关于适用〈中华人民共和国民事诉讼法〉的解释》第61条。

人民法院在审理时,应当列对方当事人为被申请人。[①] 但仲裁与公证机构不能作为被告。[②] (4)因保证合同纠纷提起的诉讼,债权人向保证人和被保证人一并主张权利的,人民法院应当将保证人和被保证人列为共同被告。保证合同约定为一般保证,债权人仅起诉保证人的,人民法院应当通知被保证人作为共同被告参加诉讼;债权人仅起诉被保证人的,可以只列被保证人为被告。[③] (5)当事人对担保责任的承担约定专门的违约责任,或者约定的担保责任范围超出债务人应当承担的责任范围,担保人主张仅在债务人应当承担的责任范围内承担责任的,人民法院应予支持。担保人承担的责任超出债务人应当承担的责任范围,担保人向债务人追偿,债务人主张仅在其应当承担的责任范围内承担责任的,人民法院应予支持;担保人请求债权人返还超出部分的,人民法院依法予以支持。[④] (6)承包合同纠纷,以发包方和承包方为当事人。前款所称承包方是指以家庭承包方式承包本集体经济组织农村土地的农户,以及以其他方式承包农村土地的组织或者个人。[⑤] (7)实际施工人以转包人、违法分包人为被告起诉的,人民法院应当依法受理。实际施工人以发包人为被告主张权利的,人民法院应当追加转包人或者违法分包人为本案第三人,在查明发包人欠付转包人或者违法分包人建设工程价款的数额后,判决发包人在欠付建设工程价款范围内对实际施工人承担责任。[⑥] (8)提供劳务一方因劳务造成他人损害,受害人提起诉讼的,以接受劳务一方为被告。[⑦] (9)对侵害死者遗体、遗骨以及姓名、肖像、名誉、荣誉、隐私等行为提起诉讼的,死者的近亲属为当事人。[⑧]

---

① 《最高人民法院关于审理当事人申请撤销仲裁裁决案件几个具体问题的批复》第2条。

《最高人民法院关于审理劳动争议案件诉讼当事人问题的批复》认为:"劳动争议当事人不服劳动争议仲裁委员会的仲裁决定,向人民法院起诉,争议的双方仍然是企业与职工。双方当事人在适用法律上和诉讼地位上是平等的。"

② 《最高人民法院经济审判庭关于合同公证失误公证机关能否作为被告问题的电话答复》认为:"凡当事人对公证不当或者错误而将公证机关作为被告,要求公证机关赔偿损失向人民法院起诉的,人民法院不予受理。"

③ 《最高人民法院关于适用〈中华人民共和国民事诉讼法〉的解释》第66条。

④ 《最高人民法院关于适用〈中华人民共和国民法典〉有关担保制度的解释》第3条。

⑤ 《最高人民法院关于审理涉及农村土地承包纠纷案件适用法律问题的解释》第3条。

⑥ 《最高人民法院关于审理建设工程施工合同纠纷案件适用法律问题的解释(一)》第43条。

⑦ 《最高人民法院关于适用〈中华人民共和国民事诉讼法〉的解释》第57条。

⑧ 《最高人民法院关于适用〈中华人民共和国民事诉讼法〉的解释》第69条。

2. 自然人作为诉讼担当的当事人。[①] (1)诉讼担当,又称诉讼信托,是指非争议的实体权利关系主体以诉讼当事人的身份代替争讼的实体权利关系主体进行诉讼,但是实体权利义务仍归属于争讼的实体权利义务主体。(2)利害关系人申请宣告下落不明人失踪的,人民法院作出宣告失踪判决后,应当变更财产代管人为当事人。[②] (3)利害关系人依据《民法典》第1051条[③]的规定,请求人民法院确认婚姻无效的,利害关系人为原告,婚姻关系当事人双方为被告。夫妻一方死亡的,生存一方为被告。[④]

3. 自然人作为权利义务承担的当事人。[⑤] (1)行为人作为当事人承担。下列情形,以行为人为当事人:①法人或者非法人组织应登记而未登记,行为人即以该法人或者非法人组织名义进行民事活动的;②行为人没有代理权、超越代理权或者代理权终止后以被代理人名义进行民事活动的,但相对人有理由相信行为人有代理权的除外;③法人或者非法人组织依法终止后,行为人仍以其名义进行民事活动的。[⑥] (2)注销、解散中的当事人承担。企业法人解散的,依法清算并注销前,以该企业法人为当事人;未依法清算即被注销的,以该企业法人的股东、发起人或者出资人为当事人。[⑦] (3)民事权利义务转移中的当事人承担。在诉讼中,争议的民事权利义务转移的,不影响当事人的诉讼主体资格和诉讼地位。人民法院作出的发生法律效力的判决、裁定对受让人具有拘束力。受让人申请以

---

① 根据我国现行法律规定,诉讼担当有以下情形:(1)对财产拥有管理和处分权的管理人。如破产程序中的管理人,遗产继承中的遗嘱执行人、遗产管理人。(2)失踪人的财产代管人。(3)死者的近亲属为保护死者名誉权和著作权可以作为原告提起诉讼。(4)当胎儿的继承权受到侵犯时,胎儿的母亲有权作为原告起诉。

② 《最高人民法院关于处理涉及汶川地震相关案件适用法律问题的意见(一)》第8条第2款规定:"利害关系人申请宣告下落不明人失踪的,人民法院作出宣告失踪判决后,应当变更财产代管人为当事人,相关法律文书向财产代管人下达。"

《民法典》物权编认为,占有人失踪、死亡或者破产,使权利人无法对占有人提出请求,得将财产代管人、遗产执行人、失踪人财产管理人和破产管理人作为请求返还原物的相对义务人。

③ 《民法典》第1051条规定:"有下列情形之一的,婚姻无效:(一)重婚;(二)有禁止结婚的亲属关系;(三)未到法定婚龄。"

④ 《最高人民法院关于适用〈中华人民共和国民法典〉婚姻家庭编的解释(一)》第15条。

⑤ 根据法律和有关司法解释的规定,发生诉讼权利义务承担的情形包括:(1)当事人死亡;(2)法人或非法人组织合并或分立;(3)法人解散、依法被撤销或宣告破产。

⑥ 《最高人民法院关于适用〈中华人民共和国民事诉讼法〉的解释》第62条第3项。

⑦ 《最高人民法院关于适用〈中华人民共和国民事诉讼法〉的解释》第64条。

《最高人民法院关于适用〈中华人民共和国公司法〉若干问题的规定(二)》第10条规定:"公司依法清算结束并办理注销登记前,有关公司的民事诉讼,应当以公司的名义进行。公司成立清算组的,由清算组负责人代表公司参加诉讼;尚未成立清算组的,由原法定代表人代表公司参加诉讼。"

无独立请求权的第三人身份参加诉讼的，人民法院可予准许。受让人申请替代当事人承担诉讼的，人民法院可以根据案件的具体情况决定是否准许；不予准许的，可以追加其为无独立请求权的第三人。[①] (4)替代当事人承担的诉讼。依照《最高人民法院关于适用〈中华人民共和国民事诉讼法〉的解释》第249条的规定，人民法院准许受让人替代当事人承担诉讼的，裁定变更当事人。变更当事人后，诉讼程序以受让人为当事人继续进行，原当事人应当退出诉讼。原当事人已经完成的诉讼行为对受让人具有拘束力。[②] (5)诉讼中当事人死亡的。在诉讼中，一方当事人死亡，需要等待继承人表明是否参加诉讼的，裁定中止诉讼。人民法院应当及时通知继承人作为当事人承担诉讼，被继承人已经进行的诉讼行为对承担诉讼的继承人有效。[③]

三、法人

法人是具有民事权利能力和民事行为能力，依法独立享有民事权利和承担民事义务的组织。[④] 作为当事人的法人包括：

1. 营利法人。[⑤] (1)法人或者其他组织的工作人员执行工作任务造成他人损害的，该法人或者其他组织为当事人。[⑥] (2)企业法人合并的，因合并前的民事活动发生的纠纷，以合并后的企业为当事人；企业法人分立的，因分立前的民事

---

① 《最高人民法院关于适用〈中华人民共和国民事诉讼法〉的解释》第249条。

② 《最高人民法院关于适用〈中华人民共和国民事诉讼法〉的解释》第250条。

③ 《最高人民法院关于适用〈中华人民共和国民事诉讼法〉的解释》第55条。

④ 《民法典》第57条。

《民法典》第58条规定："法人应当依法成立。法人应当有自己的名称、组织机构、住所、财产或者经费。法人成立的具体条件和程序，依照法律、行政法规的规定。设立法人，法律、行政法规规定须经有关机关批准的，依照其规定。"

《最高人民法院执行办公室关于中国少年先锋队江苏省工作委员会是否具备独立法人资格问题的复函》认为："中国少年先锋队江苏省工作委员会没有独立的财产和经费来源，编制也在共青团江苏委员会，其自身并不具有独立承担民事责任的能力，不具备法人资格。"

《最高人民法院关于适用〈中华人民共和国民事诉讼法〉的解释》第50条（"法人的法定代表人以依法登记的为准，但法律另有规定的除外。依法不需要办理登记的法人，以其正职负责人为法定代表人；没有正职负责人的，以其主持工作的副职负责人为法定代表人。法定代表人已经变更，但未完成登记，变更后的法定代表人要求代表法人参加诉讼的，人民法院可以准许。其他组织，以其主要负责人为代表人"）、第51条（"在诉讼中，法人的法定代表人变更的，由新的法定代表人继续进行诉讼，并应向人民法院提交新的法定代表人身份证明书。原法定代表人进行的诉讼行为有效。前款规定，适用于其他组织参加的诉讼"）。

⑤ 《民法典》第76条规定："以取得利润并分配给股东等出资人为目的成立的法人，为营利法人。营利法人包括有限责任公司、股份有限公司和其他企业法人等。"

⑥ 《最高人民法院关于适用〈中华人民共和国民事诉讼法〉的解释》第56条。

活动发生的纠纷,以分立后的企业为共同诉讼人。① (3)股东提起解散公司诉讼应当以公司为被告。原告以其他股东为被告一并提起诉讼的,人民法院应当告知原告将其他股东变更为第三人;原告坚持不予变更的,人民法院应当驳回原告对其他股东的起诉。原告提起解散公司诉讼应当告知其他股东,或者由人民法院通知其参加诉讼。其他股东或者有关利害关系人申请以共同原告或者第三人身份参加诉讼的,人民法院应予准许。② (4)法人非依法设立的分支机构,或者虽依法设立,但没有领取营业执照的分支机构,以设立该分支机构的法人为当事人。③ (5)法人作为具体案件的当事人。①在劳务派遣期间,被派遣的工作人员因执行工作任务造成他人损害的,以接受劳务派遣的用工单位为当事人。④ ②依产品上的标识而确定产品的制造者、产生者为被告。⑤ ③关于植物新品种申请驳回复审行政纠纷案件、植物新品种权无效或者更名行政纠纷案件,应当以植物新品种审批机关为被告;关于植物新品种强制许可纠纷案件,应当以植物新品种审批机关为被告;关于实施强制许可使用费纠纷案件,应当根据原告所请求的事项和所起诉的当事人确定被告。⑥

2. 非营利法人。⑦《国务院关于在清理整顿公司中被撤并公司债权债务清理问题的通知》适用于工会、妇联、共青团、文联和各种协会、学会、基金会等群众

---

① 《最高人民法院关于适用〈中华人民共和国民事诉讼法〉的解释》第63条。

《最高人民法院关于适用〈中华人民共和国民事诉讼法〉的解释》第334条规定:"在第二审程序中,作为当事人的法人或者其他组织分立的,人民法院可以直接将分立后的法人或者其他组织列为共同诉讼人;合并的,将合并后的法人或者其他组织列为当事人。"

② 《最高人民法院关于适用〈中华人民共和国公司法〉若干问题的规定(二)》第4条。

《最高人民法院关于适用〈中华人民共和国公司法〉若干问题的规定(二)》第2条规定:"股东提起解散公司诉讼,同时又申请人民法院对公司进行清算的,人民法院对其提出的清算申请不予受理。人民法院可以告知原告,在人民法院判决解散公司后,依据民法典第七十条、公司法第一百八十三条和本规定第七条的规定,自行组织清算或者另行申请人民法院对公司进行清算。"

③ 《最高人民法院关于适用〈中华人民共和国民事诉讼法〉的解释》第53条。

④ 《最高人民法院关于适用〈中华人民共和国民事诉讼法〉的解释》第58条。

⑤ 《最高人民法院关于产品侵权案件的受害人能否以产品的商标所有人为被告提起民事诉讼的批复》认为:"……任何将自己的姓名、名称、商标或者可资识别的其他标识体现在产品上,表示其为产品制造者的企业或个人,均属于《中华人民共和国民法典》和《中华人民共和国质量法》规定的'生产者'。"

⑥ 《最高人民法院关于审理植物新品种纠纷案件若干问题的解释》第5条。

⑦ 《民法典》第87条规定:"为公益目的或者其他非营利目的成立,不向出资人、设立人或者会员分配所取得利润的法人,为非营利法人。非营利法人包括事业单位、社会团体、基金会、社会服务机构等。"

组织、社会团体开办的公司。①

3. 特别法人。② (1)各级党政机关及所属编制序列的事业单位,凡是向其开办的公司收取资金或实物,用于本机关的财务开支或职工福利、奖励、补贴等开支的,应在收取资金和实物的限度内,对公司所欠债务承担责任。③ (2)公司虽经工商行政管理机关登记注册,但实际上没有自有资金,或者资金与注册资金不符的(国家另有规定的除外),由直接批准开办公司的主管部门或者开办公司的申报单位、投资单位在注册资金范围内,对公司债务承担清偿责任。对注册资金提供担保的,在担保资金范围内承担连带责任。④

四、非法人组织

非法人组织(其他组织),是指有代表人或者管理人、有组织名称、有相应活动场所、依照法律或者经有关主管部门批准或认可进行某种活动的没有取得法人资格的组织。⑤ 法人或者非法人组织的工作人员执行工作任务造成他人损害的,该法人或者其他为当事人。⑥ 作为当事人的非法人组织包括:

1. 合伙企业。依法登记领取营业执照的个人独资企业、依法登记领取营业执照的合伙企业。⑦

2. 分支机构。依法登记领取我国营业执照的中外合作经营企业、外资企业;依法成立的社会团体的分支机构、代表机构;依法设立并领取营业执照的法人的分支机构;依法设立并领取营业执照的商业银行、政策性和非银行金融机构的分

---

① 《国务院关于在清理整顿公司中被撤并公司债权债务清理问题的通知》第 9 条规定:"本通知同时适用于工会、妇联、共青团、文联和各种协会、学会、基金会等群众组织、社会团体开办的公司。"

② 《民法典》第 96 条规定:"本节规定的机关法人、农村集体经济组织法人、城镇农村的合作经济组织法人、基层群众性自治组织法人,为特别法人。"

③ 《国务院关于在清理整顿公司中被撤并公司债权债务清理问题的通知》第 3 条。

《最高人民法院执行办公室关于河北省工商联、河北省总商会申诉案的复函》认为,人民法院在执行各级工商联与其脱钩企业的案件时也应比照适用最高人民法院法释〔2001〕8 号《关于审理军队、武警部队、政法机关移交、撤销企业和与党政机关脱钩企业相关纠纷案件若干问题的规定》。

④ 《国务院关于在清理整顿公司中被撤并公司债权债务清理问题的通知》第 4 条。

⑤ 《最高人民法院关于适用〈中华人民共和国民事诉讼法〉的解释》第 52 条。

《民法典》第 102 条规定:"非法人组织是不具有法人资格,但是能够依法以自己的名义从事民事活动的组织。非法人组织包括个人独资企业、合伙企业、不具有法人资格的专业服务机构等。"

⑥ 《最高人民法院关于适用〈中华人民共和国民事诉讼法〉的解释》第 56 条。

⑦ 《最高人民法院关于适用〈中华人民共和国民事诉讼法〉的解释》第 52 条第 1 项、第 2 项。

支机构；保险公司设立的分支机构。[1]

3. 乡镇企业、街道企业。经依法登记领取营业执照的乡镇企业、街道企业。[2]

4.（居）村民委员会、村民小组。居民委员会、村民委员会或者村民小组与他人发生民事纠纷的，居民委员会、村民委员会或者有独立财产的村民小组为当事人。

5. 工会。用人单位违反集体合同，侵犯职工劳动权益的，工会可以依法要求用人单位承担责任；因履行集体合同发生争议，经协商解决不成的，工会可以依法申请仲裁，提起诉讼。[3]

6. 业主大会、业主委员会。（1）对房地产开发单位未向业主委员会移交住宅区规划图等资料、未提供配套公用设施、公用设施专项费、公共部位维护费及物业管理用房、商业用房的，可以自己名义提起诉讼。[4]（2）业主大会或者业主委员会，对任意弃置垃圾、排放污染物或者噪声、违反规定饲养动物、违章搭建、侵占通道、拒付物业费等损害他人合法权益的行为，有权依照法律、法规以及管理规约，请求行为人停止侵害、排除妨碍、消除危险、恢复原状、赔偿损失。[5]

7. 会计师事务所。会计师事务所与其分支机构作为共同被告的，会计师事务所对其分支机构的责任部分承担连带赔偿责任。[6]

诉讼权利和义务

第五十二条　当事人有权委托代理人，提出回避申请，收集、提供证据，进行辩论，请求调解，提起上诉，申请执行。

---

① 《最高人民法院关于适用〈中华人民共和国民事诉讼法〉的解释》第52条第3~6项。

《最高人民法院关于领取营业执照的证券公司营业部是否具有民事诉讼主体资格的复函》认为，证券公司营业部是经中国人民银行或其授权的分支机构依据《银行法》的有关规定批准设立，其领有《经营金融业务许可证》和《营业执照》，具有一定的运营资金和在核准的经营范围内开展证券交易等业务的行为能力。证券公司营业部可以作为民事诉讼当事人。

② 《最高人民法院关于适用〈中华人民共和国民事诉讼法〉的解释》第52条第7项。

③ 《劳动合同法》第56条。

④ 《最高人民法院关于金湖新村业主委员会是否具备民事诉讼主体资格请示一案的复函》。

⑤ 《民法典》第286条第2款。

业主大会和业主委员会选举中的纠纷不属于人民法院民事案件受理及审理范围，应告知当事人向有关行政部门（人民政府房产行政管理部门）申请解决。

⑥ 《最高人民法院关于审理涉及会计师事务所在审计业务活动中民事侵权赔偿案件的若干规定》第11条。

当事人可以查阅本案有关材料，并可以复制本案有关材料和法律文书。查阅、复制本案有关材料的范围和办法由最高人民法院规定。

当事人必须依法行使诉讼权利，遵守诉讼秩序，履行发生法律效力的判决书、裁定书和调解书。

本条明确当事人的诉讼权利和诉讼义务。[①] 本书在此基础上进一步阐释两方面的内容。

一、当事人的诉讼权利

诉讼权利能力，是指自然人、法人和非法人组织能够享有民事诉讼权利和承担民事诉讼义务的能力，即能够成为民事诉讼当事人的法律资格。有民事权利能力的人，一般都有民事诉讼权利能力。[②] 当事人应享有的诉讼权利包括：

1.《民事诉讼法》规定当事人主要的诉讼权利。(1)一方当事人所享有的诉讼权利。①原告有提起诉讼的权利，起诉后有放弃、变更诉讼请求和撤诉的权利；②被告有承认或者反驳原告的诉讼请求和提起反诉的权利。(2)双方当事人所共同享有的诉讼权利。①有使用本民族语言文字进行诉讼的权利。②有委托代理人，提出回避申请，收集、提供证据，进行辩论，请求调解，提出上诉，申请执行的权利。③当事人可以查阅与本案有关的材料，并可以复制本案有关材料和法律文书，但当事人应根据最高人民法院的具体规定行使这项权利。④双方当事人可以自行和解。⑤有申请证据保全，申请顺延诉讼期间，申请财产保全和先予执行的权利。⑥有要求重新调查、鉴定或者勘验的权利。⑦认为法庭笔录确有错误，有申请补正的权利；认为发生法律效力的判决、裁定、调解协议有错误，有申请再审和申诉的权利。

2. 本条规定当事人应享有的诉讼权利。(1)当事人不便亲自进行诉讼，或者虽然能亲自诉讼，但需要别人提供法律帮助时，有权依照法律规定委托代理人代为诉讼。(2)当事人有权向有关单位和个人收集证据，并将收集到的证据提供给人民法院，或者申请人民法院收集证据，以证明自己的诉讼请求合法，反驳对方

---

① 为了使民事纠纷得到公正及时的裁判，《民事诉讼法》赋予民事诉讼当事人广泛的诉讼权利，也规定了其应当承担的诉讼义务。当事人行使诉讼权利，可以维护自己的合法权益；当事人不履行诉讼义务，会产生相应的法律后果，人民法院也有督促双方当事人履行诉讼的义务。

② 两者的区别：民事权利能力是一种实体上的权利能力，是指作为民事主体的资格；而诉讼权利能力则是程序上的权利能力，是指作为诉讼主体的资格。

的诉讼请求。(3)当事人在人民法院主持下,有权就案件事实和争议问题各自陈述自己的主张和根据,反驳对方的诉讼请求,就有争议的事实和适用法律问题展开辩论。(4)当事人不服第一审人民法院的判决、裁定,有权在法定的上诉期内提起上诉,请求上级人民法院撤销或者变更下级人民法院的裁判,但是法律规定不准上诉的裁定和本法规定一审终审的案件除外。(5)在诉讼中,当事人有权请求人民法院用调解方式解决双方的纠纷。(6)人民法院的判决、裁定、调解书发生法律效力后,一方当事人不履行的,对方当事人有权申请人民法院以司法强制手段来实现自己的民事权利。(7)当事人有权查阅并复制法庭笔录、法庭上出示的有关证据等与本案有关的材料,以及起诉状、答辩状等法律文书。查阅、复制本案有关材料的范围和办法由最高人民法院规定。① 案卷内有检举人不愿公开的检举材料,被告人要求阅卷的,应准许被告人阅卷,并将这项检举材料抽出。②

二、当事人的诉讼义务

1. 依法行使诉讼权利。当事人的诉讼权利不是绝对的,必须依照《民事诉讼法》的有关规定进行诉讼,比如,起诉要符合法定条件、要按照人民法院指定的期间出庭应诉、上诉要在法定期间提出等。不依法行使诉讼权利,当事人的民事权利也不能得到有效的保护。

2. 遵守诉讼秩序。良好的诉讼秩序是保证人民法院审判活动顺利进行的前提,当事人必须依法遵守。例如,不得哄闹法庭、未经审判人员许可不得中途退庭等。破坏诉讼秩序,构成妨害民事诉讼行为的,要承担相应的法律责任。

3. 履行发生法律效力的判决书、裁定书和调解书。人民法院的判决书、裁定书和调解书是人民法院审判权的体现,当事人有义务履行。当事人拒绝履行的,人民法院有权采取强制执行措施。当事人不自觉履行义务,《民事诉讼法》规定了人民法院可以采取的一些强制措施。③

---

① 此项权利具有以下作用:(1)增加人民法院审判案件的公开性和透明性,有利于对审判活动实行监督;(2)使当事人对各种审理笔录和法律文书中的缺漏及时提出补正,以维护他们的合法权益;(3)使当事人了解审判活动的进程,调整自己的诉讼活动;(4)使当事人掌握一定的庭审材料,为上诉和申诉打下良好的基础。

② 《最高人民法院关于经陪审合议后的民事案件,审判员又独自进行调解而达成协议的,应否重新合议和应否准许被告人阅案卷内检举人不愿公开的材料以及对涉及国家机密的案件,可否为被告人指定辩护人等问题的复函》第2条。

③ 规定当事人诉讼义务的目的是保护当事人的合法权益,保障诉讼的顺利、及时进行。当事人要自觉履行义务,否则,人民法院可以采取一些强制措施。

自行和解

第五十三条　双方当事人可以自行和解。

本条明确当事人的自行和解。本书仅就其进行阐释。

1. 和解，是指当事人双方自行协商，就实体权利的处分达成协议，从而解决争议的活动。和解分为：(1)诉讼外的和解。其是指民事主体在诉讼外进行的民事行为，不具有任何诉讼上的意义和效力。(2)诉讼中的和解。其是指当事人双方在诉讼进行中自行协商，达成协议。

2. 在诉讼过程中，当事人双方可以自行和解，人民法院同意当事人和解的，可以通过原告撤诉的方式结束诉讼程序。①

诉讼请求、反诉

第五十四条　原告可以放弃或者变更诉讼请求。被告可以承认或者反驳诉讼请求，有权提起反诉。

本条明确诉讼请求和反诉。本书在此基础上进一步阐释两方面的内容。

一、诉讼请求

诉讼请求，是指原告通过人民法院对于被告人提出的实体权利请求。在诉讼中，被告反诉提出的请求，诉讼中的第三人向原诉的原告、被告提出的请求②，也是诉讼请求。③ 具体包括：

1. 诉讼请求的一般界定。(1)放弃诉讼请求，是指原告起诉后放弃对被告人

---

① 和解与调解不同，其区别主要在于：(1)行为主体不同。和解是当事人自己协商，解决纠纷；调解是在人民法院审判人员主持下，使双方当事人达成调解协议。(2)法律后果不同。和解协议靠当事人双方自觉履行；调解协议具有强制执行的法律效力。

② 《最高人民法院经济审判庭有关案件合并审理问题的电话答复》：有独立请求权的第三人有权申请参加到其他人已进行的诉讼中，也有权以原告身份向其他有管辖权的法院另行起诉。其已向有管辖权的人民法院另行起诉，不应发生诉的合并审理问题。

③ 诉的种类不同，诉讼请求也不同。给付之诉的诉讼请求是交付某项财物或者为一定的行为；确认之诉的诉讼请求是对某一法律关系的确定；变更之诉的诉讼请求是改变或者消灭某种法律关系。

的实体权利请求。原告全部放弃诉讼请求的，人民法院可以终止案件的审理；部分放弃诉讼请求的，人民法院对放弃部分的实体权利可以不予裁判。（2）变更诉讼请求，是指原告向人民法院起诉后，依法增加或者减少已提出的实体权利请求。放弃或者变更诉讼请求，是原告的一项诉讼权利，但该项权利的行使不得违反法律，不得损害国家、集体和他人的利益，否则，人民法院可不予准许。（3）承认诉讼请求，是指被告对于原告提出的实体权利的请求表示认可。被告承认诉讼请求，是被告的诉讼权利，人民法院对此应当认真进行调查研究，仔细分析，判断有无原、被告相互串通、规避法律、损害国家集体和他人合法权益的情况，然后决定可否将该种承认作为定案的根据。

2. 诉讼请求的规则。（1）诉讼过程中，当事人主张的法律关系性质或者民事行为效力与人民法院根据案件事实作出的认定不一致的，人民法院应当将法律关系性质或者民事行为效力作为焦点问题进行审理。但法律关系性质对裁判理由及结果没有影响，或者有关问题已经当事人充分辩论的除外。存在前款情形，当事人根据法庭审理情况变更诉讼请求的，人民法院应当准许并可以根据案件的具体情况重新指定举证期限。[①]（2）再审裁定撤销原判决、裁定发回重审的案件，当事人申请变更、增加诉讼请求或者提出反诉，符合下列情形之一的，人民法院应当准许：①原审未合法传唤缺席判决，影响当事人行使诉讼权利的；②追加新的诉讼当事人的；③诉讼标的物灭失或者发生变化致使原诉讼请求无法实现的；④当事人申请变更、增加的诉讼请求或者提出的反诉，无法通过另诉解决的。[②]

二、反驳、反诉

1. 反驳。（1）反驳，是指在诉讼过程中，被告对原告的诉讼请求不予承认，对原告所提供的证据证明其虚假，或者提出新的事实和证据证明原告的诉讼请求部分或者全部不成立。反驳也是被告享有的一项诉讼权利。（2）反驳诉讼请求，是指被告提出证据或者理由反对原告的诉讼请求。既有以实体法规定为由，反对原告关于实体权利的请求，又有以程序法的规定为由，证明原告违反了诉讼程序的要求。（3）人民法院对于被告反驳诉讼请求，应当仔细听取，认真分析，反驳无理的，根据事实和法律进行说服教育；反驳有理的，查证属实后，

---

① 《最高人民法院关于民事诉讼证据的若干规定》第53条。

② 《最高人民法院关于适用〈中华人民共和国民事诉讼法〉的解释》第252条。

予以采纳。

2. 反诉。(1)反诉,是指诉讼开始后,为抵消、排斥或者吞并本诉的诉讼请求,本诉的被告以本诉讼的原告为被告提出的具有对抗性的独立的诉讼请求。[①] (2)反诉的当事人应当限于本诉的当事人的范围。反诉与本诉的诉讼请求基于相同法律关系、诉讼请求之间具有因果关系,或者反诉与本诉的诉讼请求基于相同事实的,人民法院应当合并审理。反诉应由其他人民法院专属管辖,或者与本诉的诉讼标的及诉讼请求所依据的事实、理由无关联的,裁定不予受理,告知另行起诉。[②] (3)反诉与本诉具有关联性,人民法院可以将反诉与本诉合并审理。同时,反诉又具有独立性。提起反诉的被告不仅享有原告的诉讼权利,而且,反诉不因本诉的撤回而终结。同样地,反诉的撤回,也不影响原诉继续审理。环境民事公益诉讼案件审理过程中,被告以反诉的方式提出诉讼请求的,人民法院不予受理。[③]

共同诉讼

第五十五条　当事人一方或者双方为二人以上,其诉讼标的是共同的,或者诉讼标的是同一种类、人民法院认为可以合并审理并经当事人同意的,为共同诉讼。

共同诉讼的一方当事人对诉讼标的有共同权利义务的,其中一人的诉讼行为经其他共同诉讼人承认,对其他共同诉讼人发生效力;对诉讼标的没有共同权利义务的,其中一人的诉讼行为对其他共同诉讼人不发生效力。

---

① 反诉具有以下几个特征:(1)反诉以本诉的存在为前提;(2)被告提出反诉的诉讼请求或者诉讼理由必须与本诉基于同一事实或者同一法律关系;(3)反诉必须在诉讼开始后人民法院作出裁判前提出;(4)反诉必须向本诉的受诉法院提出。

反驳与反诉的区别:(1)反驳是被告针对原告的诉讼请求提出的,反驳不会引起新的诉讼;反诉是被告提出的诉讼请求,反诉产生新的诉讼。(2)反驳在本案的诉讼过程中发生;反诉虽然也在本诉的诉讼过程中提出,但是由人民法院根据案件的具体情况决定是否和本诉合并审理。(3)被告在反驳原告的诉讼请求时,仍然是本案的被告;被告在反诉中,与本诉的原告交换了诉讼地位,成为了原告。(4)被告通过反驳,对原告的诉讼请求不予承认,证明原告的诉讼请求部分或者全部不成立;被告通过反诉,抵消或者吞并本诉的诉讼请求,或者使本诉的诉讼请求失去存在的意义。

② 《最高人民法院关于适用〈中华人民共和国民事诉讼法〉的解释》第233条。

③ 《最高人民法院关于审理环境民事公益诉讼案件适用法律若干问题的解释》第17条。

本条明确共同诉讼。

共同诉讼，是指当事人一方或双方为两人以上，诉讼标的是共同的，或者诉讼标的是同一种类的，人民法院认为可以合并审理并经当事人同意，一同在人民法院进行的诉讼。[①] 一同起诉或应诉的人，称为共同诉讼人。共同诉讼分为必要的共同诉讼和普通的共同诉讼。本书在共同诉讼基础上进一步阐释两方面的内容。

一、必要的共同诉讼

必要的共同诉讼，是指共同诉讼的一方当事人或基于同一物权、连带债权债务或基于同一事实和法律上的原因，有不可分的共同的权利义务，必须进行的共同诉讼。[②]

1. 必要共同诉讼的法律效力。必要的共同诉讼人应当作为一个整体，一人的诉讼行为，只有经过全体承认后，才能具有法律效力；否则不能对全体发生效力。但是，共同诉讼人中一人所作的有利于全体的诉讼请求、陈述的有利事实、提出的有利证据，则对全体发生效力。其中一人因发生了特殊情况，需要中止诉讼时，其他共同诉讼人也必须同时中止诉讼。

2. 具体案件的必要共同诉讼。(1)劳动(务)纠纷案件。①在劳务派遣期间，被派遣的工作人员因执行工作任务造成他人损害的，以接受劳务派遣的用工单位为当事人。当事人主张劳务派遣单位承担责任的，该劳务派遣单位为共同被告。[③] ②用人单位招用尚未解除劳动合同的劳动者，原用人单位以新的用人单位和劳动者共同侵权为由向人民法院起诉的，新的用人单位和劳动者列为共同被告。[④] ③劳动者在用人单位与其他平等主体之间的承包经营期间，与发包方和承包方双方或者一方发生劳动争议，依法提起诉讼的，应当将承包方和发包方作

---

① 洪冬英主编：《民事诉讼法学通论》(第3版)，北京大学出版社2020年版，第120页。

② 全体共同诉讼人在争议的实体法律关系中存在共同的利害关系，即共同享有权利或共同承担义务，包括：(1)共同诉讼人对诉讼标的原先就有共同的权利或义务。(2)基于同一事实或法律上的原因，共同诉讼人之间才产生了共同的权利或义务。

共同诉讼合并审理必须符合以下条件：(1)共同的被告必须在一个人民法院的辖区内。(2)几个诉讼必须属于同一诉讼程序。(3)当事人同意作为共同诉讼合并审理。(4)必须符合合并审理的目的，即合并审理后，可以简化程序，节省时间和费用，否则应当分别审理。

③ 《最高人民法院关于适用〈中华人民共和国民事诉讼法〉的解释》第58条。

④ 《最高人民法院关于审理劳动争议案件适用法律问题的解释(一)》第27条。

为当事人。[①] (2)侵权纠纷案件。①无民事行为能力人、限制民事行为能力人造成他人损害的,无民事行为能力人、限制民事行为能力人和其监护人为共同被告。[②] ②共有财产权受到他人侵害,部分共有权人起诉的,其他共有权人为共同诉讼人。[③] ③网吧经营者可以请求追加涉案影视作品提供者为共同被告,人民法院可根据案件的具体情况,决定是否追加其参加诉讼。[④] ④因新闻报道或其作品发生的名誉权纠纷,根据原告的起诉确定被告。只起诉作者的,列作者为被告;只起诉新闻出版单位的,列新闻出版单位为被告;将作者和新闻出版单位一并起诉的,列为共同被告,但作者与所属单位为隶属关系,作品系作者履行职务所形成的情况下,只列单位为被告。(3)合同纠纷案件。①原告起诉被代理人和代理人,要求承担连带责任的,被代理人和代理人为共同被告。原告起诉代理人和相对人,要求承担连带责任的,代理人和相对人为共同被告。[⑤] ②因保证合同纠纷提起的诉讼,债权人向保证人和被保证人一并主张权利的,人民法院应当将保证人和被保证人列为共同被告。保证合同约定为一般保证,债权人仅起诉保证人的,人民法院应当通知被保证人作为共同被告参加诉讼;债权人仅起诉被保证人的,可以只列被保证人为被告。[⑥] ③民间借贷中,保证人为借款人提供连带责任保证,出借人仅起诉借款人的,人民法院可以不追加保证人为共同被告;出借人仅起诉保证人的,人民法院可以追加借款人为共同被告。保证人为借款人提供一般保证,出借人仅起诉保证人的,人民法院应当追加借款人为共同被告;出借人仅起诉借款人的,人民法院可以不追加保证人为共同被告。[⑦] ④法人的法定代

---

① 《最高人民法院关于审理劳动争议案件适用法律问题的解释(一)》第28条。

《最高人民法院关于审理建设工程施工合同纠纷案件适用法律问题的解释(一)》第43条规定:"实际施工人以转包人、违法分包人为被告起诉的,人民法院应当依法受理。实际施工人以发包人为被告主张权利的,人民法院可以追加转包人或者违法分包人为本案第三人,在查明发包人欠付转包人或者违法分包人建设工程价款的数额后,判决发包人在欠付建设工程价款范围内对实际施工人承担责任。"

② 《最高人民法院关于适用〈中华人民共和国民事诉讼法〉的解释》第67条。

③ 《最高人民法院关于适用〈中华人民共和国民事诉讼法〉的解释》第72条。

④ 《最高人民法院关于做好涉及网吧著作权纠纷案件审判工作的通知》第5条。

⑤ 《最高人民法院关于适用〈中华人民共和国民事诉讼法〉的解释》第71条。

⑥ 《最高人民法院关于适用〈中华人民共和国民事诉讼法〉的解释》第66条。

《最高人民法院关于审理商品房买卖合同纠纷案件适用法律若干问题的解释》第22条规定:"买受人未按照商品房担保贷款合同的约定偿还贷款,亦未与担保权人办理不动产抵押登记手续,担保权人起诉买受人,请求处分商品房买卖合同项下买受人合同权利的,应当通知出卖人参加诉讼;担保权人同时起诉出卖人时,如果出卖人为商品房担保贷款合同提供保证的,应当列为共同被告。"

⑦ 《最高人民法院关于审理民间借贷案件适用法律若干问题的规定》第4条。

表人或者非法人组织的负责人以单位名义与出借人签订民间借贷合同，有证据证明所借款项系法定代表人或者负责人个人使用，出借人请求将法定代表人或者负责人列为共同被告或者第三人的，人民法院应予准许。法人的法定代表人或者非法人组织的负责人以个人名义与出借人订立民间借贷合同，所借款项用于单位生产经营，出借人请求单位与个人共同承担责任的，人民法院应予支持。[①] ⑤因建设工程质量发生争议的，发包人可以以总承包人、分包人和实际施工人为共同被告提起诉讼。[②] （4）企业相关的纠纷案件。①在第二审程序中，作为当事人的法人或者其他组织分立的，人民法院可以直接将分立后的法人或者其他组织列为共同诉讼人。[③] ②企业法人分立的，因分立前的民事活动发生的纠纷，以分立后的企业为共同诉讼人。[④] ③借用业务介绍信、合同专用章、盖章的空白合同书或者银行账户的，出借单位和借用人为共同诉讼人。[⑤] ④上级工会向人民法院申请支付令或者提起诉讼，要求企业、事业单位拨缴工会经费的，人民法院应当受理。基层工会要求参加诉讼的，人民法院可以准许其作为共同申请人或者共同原告参加诉讼。[⑥] （5）其他纠纷案件。①在诉讼中，未依法登记领取营业执照的个人合伙的全体合伙人为共同诉讼人。[⑦] ②以挂靠形式从事民事活动，当事人请求由挂靠人和被挂靠人依法承担民事责任的，该挂靠人和被挂靠人为共同诉讼人。[⑧] ③（个体工商户）营业执照上登记的经营者与实际经营者不一致的，以登记的经营者和实际经营者为共同诉讼人。[⑨] ④出资人起诉金融机构的，人民法院应通知用资人作为第三人参加诉讼；出资人起诉用资人的，人民法院应通知金融机构作为第三人参加诉讼；公款私存的，人民法院在查明款项的真实所有人基础上，应通知款项的真实所有人为权利人参加诉讼，与存单记载的个人为共同诉讼人。[⑩] ⑤在继承遗产的诉讼中，部分继承人起诉的，人民法院应通知其他继承

---

① 《最高人民法院关于审理民间借贷案件适用法律若干问题的规定》第 22 条。
② 《最高人民法院关于审理建设工程施工合同纠纷案件适用法律问题的解释(一)》第15 条。
③ 《最高人民法院关于适用〈中华人民共和国民事诉讼法〉的解释》第 334 条。
④ 《最高人民法院关于适用〈中华人民共和国民事诉讼法〉的解释》第 63 条。
⑤ 《最高人民法院关于适用〈中华人民共和国民事诉讼法〉的解释》第 65 条。
⑥ 《最高人民法院关于在民事审判工作中适用〈中华人民共和国工会法〉若干问题的解释》第 5 条。
⑦ 《最高人民法院关于适用〈中华人民共和国民事诉讼法〉的解释》第 60 条。
⑧ 《最高人民法院关于适用〈中华人民共和国民事诉讼法〉的解释》第 54 条。
⑨ 《最高人民法院关于适用〈中华人民共和国民事诉讼法〉的解释》第 59 条第 2 款。
⑩ 《最高人民法院关于审理存单纠纷案件的若干规定》第 6 条第 3 款。

人作为共同原告参加诉讼；被通知的继承人不愿意参加诉讼又未明确表示放弃实体权利的，人民法院仍应将其列为共同原告。①

二、普通的共同诉讼

普通的共同诉讼，是指当事人一方或双方为两人以上，诉讼标的属于同一种类的，人民法院认为可以合并审理，并经当事人同意的诉讼。

1. 普通共同诉讼的法律效力。每个共同诉讼人的诉讼行为只对自己发生法律效力，对其他共同诉讼人没有约束力。

2. 普通共同诉讼的受理。当事人一方或双方人数众多的共同诉讼，依法由基层人民法院受理。受理法院认为不宜作为共同诉讼受理的，可分别受理。在高级人民法院辖区内有重大影响的上述案件，由中级人民法院受理。如情况特殊，确需高级人民法院作为一审民事案件受理的，应当在受理前报最高人民法院批准。②

人数确定的代表人诉讼

第五十六条　当事人一方人数众多的共同诉讼，可以由当事人推选代表人进行诉讼。代表人的诉讼行为对其所代表的当事人发生效力，但代表人变更、放弃诉讼请求或者承认对方当事人的诉讼请求，进行和解，必须经被代表的当事人同意。

本条明确人数确定的代表人诉讼。③

诉讼代表人，是指当事人人数众多的一方推选出代表，由其为维护本方当事人

---

① 《最高人民法院关于适用〈中华人民共和国民事诉讼法〉的解释》第70条。

《最高人民法院关于适用〈中华人民共和国民法典〉继承编的解释（一）》第44条规定："继承诉讼开始后，如继承人、受遗赠人中有既不愿参加诉讼，又不表示放弃实体权利的，应当追加为共同原告；继承人已书面表示放弃继承、受遗赠人在知道受遗赠后六十日内表示放弃受遗赠或者到期没有表示的，不再列为当事人。"

② 《最高人民法院关于人民法院受理共同诉讼案件问题的通知》。

③ 代表人诉讼制度实质上是共同诉讼人与诉讼代理人两项制度相结合的一种诉讼形式，是在共同诉讼的基础上，吸收诉讼代理制度的某些特征而设立的，解决众多当事人纠纷的一种制度。它体现了两种诉讼制度各自功能的互补和伸展。

当事人必须推选他们之中的人作代表进行诉讼，而不能推选当事人之外的人。

的利益而进行诉讼活动的人。[①] 本书仅就人数确定的代表人诉讼进行阐释。

1. 诉讼代表人的产生方式。(1)推选诉讼代表人。依照《民事诉讼法》第56条规定,当事人一方人数众多在起诉时确定的,可以由全体当事人推选共同的代表人,也可以由部分当事人推选自己的代表人;推选不出代表人的当事人,在必要的共同诉讼中可以自己参加诉讼,在普通的共同诉讼中可以另行起诉。[②] 其中,"当事人一方人数众多在起诉时确定的"共同诉讼,是指诉讼标的是同一种类,当事人一方人数众多但起诉时人数可以确定的共同诉讼。《民事诉讼法》第56条、第57条和第206条规定的人数众多,一般指10人以上。[③] (2)确定诉讼代表人。农户成员为多人的,由其代表人进行诉讼。农户代表人按照下列情形确定:①土地承包经营权证等证书上记载的人;②未依法登记取得土地承包经营权证等证书的,为在承包合同上签字的人;③前两项规定的人死亡、丧失民事行为能力或者因其他原因无法进行诉讼的,为农户成员推选的人。[④]

2. 诉讼代表人的权利。(1)诉讼代表人代表当事人行使诉讼权利。(2)当事人必须推选他们之中的人作为诉讼代表人。诉讼代表人的诉讼行为权,是指提出管辖权异议、提供证据、进行法庭辩论、申请证据保全、申请顺延诉讼期间等程序权利而不是实体权利的行为。而变更、放弃诉讼请求或承认对方当事人的诉讼请求,进行和解,必须经被代表的当事人同意。

3. 代表人的人数。《民事诉讼法》第56条和第57条规定的代表人为2至5人,每位代表人可以委托1至2人作为诉讼代理人。[⑤]

4. 代表人的更换。代表人在诉讼中如果不能履行职责,应当予以更换。

人数不确定的代表人诉讼

第五十七条　诉讼标的是同一种类、当事人一方人数众多在起诉时人数尚未确定的,人民法院可以发出公告,说明案件情况和诉讼请求,通知权利人

---

① 洪冬英主编:《民事诉讼法学通论》(第3版),北京大学出版社2020年版,第126页。
② 《最高人民法院关于适用〈中华人民共和国民事诉讼法〉的解释》第76条。
③ 《最高人民法院关于适用〈中华人民共和国民事诉讼法〉的解释》第75条。
④ 《最高人民法院关于审理涉及农村土地承包纠纷案件适用法律问题的解释》第4条。
⑤ 《最高人民法院关于适用〈中华人民共和国民事诉讼法〉的解释》第78条。

在一定期间向人民法院登记。

向人民法院登记的权利人可以推选代表人进行诉讼；推选不出代表人的，人民法院可以与参加登记的权利人商定代表人。

代表人的诉讼行为对其所代表的当事人发生效力，但代表人变更、放弃诉讼请求或者承认对方当事人的诉讼请求，进行和解，必须经被代表的当事人同意。

人民法院作出的判决、裁定，对参加登记的全体权利人发生效力。未参加登记的权利人在诉讼时效期间提起诉讼的，适用该判决、裁定。

本条明确人数不确定的代表人诉讼。

人数不确定的涉及多数人权益的共同诉讼，是指诉讼是同一种类，当事人一方人数众多但起诉时人数尚未确定的共同诉讼。其中，“人数不确定的诉讼代表人”，是指当事人一方人数众多，在起诉时人数尚未确定，由向人民法院登记权利的人推选或由人民法院与其商定出代表，并代表全体共同诉讼人参加诉讼，实施诉讼行为的人。本书仅就人数不确定的代表人诉讼进行阐释。

1. 权利人的登记。①依照《民事诉讼法》第 57 条规定受理的案件，人民法院可以发出公告，通知权利人向人民法院登记。公告期间根据案件的具体情况确定，但不得少于 30 日。[①] ②根据《民事诉讼法》第 57 条规定向人民法院登记的权利人，应当证明其与对方当事人的法律关系和所受到的损害。证明不了的，不予登记，权利人可以另行起诉。[②]

2. 诉讼代表人的确定。根据《民事诉讼法》第 57 条规定，当事人一方人数众多在起诉时不确定的，由当事人推选代表人。当事人推选不出的，可以由人民法院提出人选与当事人协商；协商不成的，也可以由人民法院在起诉的当事人中指定代表人。[③]

3. 代表人诉讼裁判的适用。人民法院的裁判在登记的范围内执行。未参加登记的权利人提起诉讼，人民法院认定其请求成立的，裁定适用人民法院已作出

---

① 《最高人民法院关于适用〈中华人民共和国民事诉讼法〉的解释》第 79 条。
② 《最高人民法院关于适用〈中华人民共和国民事诉讼法〉的解释》第 80 条。
③ 《最高人民法院关于适用〈中华人民共和国民事诉讼法〉的解释》第 77 条。

的判决、裁定。[①]

民事公益诉讼的当事人

第五十八条　对污染环境、侵害众多消费者合法权益等损害社会公共利益的行为，法律规定的机关和有关组织可以向人民法院提起诉讼。

人民检察院在履行职责中发现破坏生态环境和资源保护、食品药品安全领域侵害众多消费者合法权益等损害社会公共利益的行为，在没有前款规定的机关和组织或者前款规定的机关和组织不提起诉讼的情况下，可以向人民法院提起诉讼。前款规定的机关或者组织提起诉讼的，人民检察院可以支持起诉。

本条明确民事公益诉讼的当事人。

公益诉讼是法律赋予诉讼主体拥有对他人实体权利义务或者财产的纠纷管理权。[②] 本书仅就其进行阐释。

一、民事公益诉讼的一般规则

1. 民事公益诉讼的提起。(1)有权提起公益诉讼的主体。①法律规定的机关和有关组织。依照法律、法规的规定，在设区的市级以上人民政府民政部门登记的社会团体、基金会以及社会服务机构等，可以认定为《环境保护法》第58条规定的社会组织。[③] ②社会组织。社会组织章程确定的宗旨和主要业务范围是维护社会公共利益，且从事环境保护公益活动的，可以认定为《环境保护法》第58条规定的"专门从事环境保护公益活动"。社会组织提起的诉讼所涉及的社会公

---

① 《最高人民法院关于适用〈中华人民共和国民事诉讼法〉的解释》第80条。

② 广义的公益诉讼者认为，没有直接利害关系的社会组织、有直接利害关系的自然人或者法人有权提起民事公益诉讼。狭义的公益诉讼者认为，与原告有直接利益关系的诉讼是普通民事诉讼。

公益诉讼具有以下主要特征：(1)公益诉讼的主要目的是维护公共利益；而普通民事诉讼是为了解决民事主体之间的纠纷。(2)公益诉讼保护私益集合体的公共利益。普通民事诉讼所保护的主要是具体的个体利益。(3)公益诉讼的原告不要求一定与纠纷有法律上的直接利害关系。在普通民事诉讼中，原告必须与案件有法律上的直接利害关系。(4)公益诉讼纠纷所涉及的损害往往具有广泛性、严重性和长期性。而普通民事诉讼主要涉及普通个体之间的利益损害。

③ 《最高人民法院关于审理环境民事公益诉讼案件适用法律若干问题的解释》第2条。

《海洋环境保护法》第89条第2款规定："对破坏海洋生态、海洋水产资源、海洋保护区，给国家造成重大损失的，由依照本法规定行使海洋环境监督管理权的部门代表国家对责任者提出损害赔偿要求。"

共利益,应与其宗旨和业务范围具有关联性。[①] ③人民检察院。人民检察院在履行职责中发现破坏生态环境和资源保护、食品药品安全领域侵害众多消费者合法权益等损害社会公共利益的行为,在没有《民事诉讼法》第 58 条第 1 款规定的机关和组织或者规定的机关和组织不提起诉讼的情况下,可以向人民法院提起诉讼。(2)提起公益诉讼所需材料。提起环境民事公益诉讼应当提交下列材料:①符合《民事诉讼法》第 124 条规定的起诉状,并按照被告人数提出副本;②被告的行为已经损害社会公共利益或者具有损害社会公共利益重大风险的初步证明材料;③社会组织提起诉讼的,应当提交社会组织登记证书、章程、起诉前连续 5 年的年度工作报告书或者年检报告书,以及由其法定代表人或者负责人签字并加盖公章的无违法记录的声明。[②] (3)提起公益诉讼的释明。人民法院认为原告提出的诉讼请求不足以保护社会公共利益的,可以向其释明变更或者增加停止侵害、修复生态环境等诉讼请求。[③]

2. 民事公益诉讼的证据。(1)已为环境民事公益诉讼生效裁判认定的事实,因同一污染环境、破坏生态行为依据《民事诉讼法》第 122 条规定提起诉讼的原告、被告均无须举证证明,但原告对该事实有异议并有相反证据足以推翻的除外。对于环境民事公益诉讼生效裁判就被告是否存在法律规定的不承担责任或者减轻责任的情形、行为与损害之间是否存在因果关系、被告承担责任的大小等所作的认定,因同一污染环境、破坏生态行为依据《民事诉讼法》第 122 条规定提起诉讼的原告主张适用的,人民法院应予支持,但被告有相反证据足以推翻的除外。被告主张直接适用对其有利的认定的,人民法院不予支持,被告仍应举证证明。[④] (2)原告请求被告提供其排放的主要污染物名称、排放方式、排放浓度和总量、超标排放情况以及防治污染设施的建设和运行情况等环境信息,法律、法规、规章规定被告应当持有或者有证据证明被告持有而拒不提供,如果原告主张相

---

① 《最高人民法院关于审理环境民事公益诉讼案件适用法律若干问题的解释》第 4 条。

提起公益诉讼的机关原则上应当与案件涉及的公共利益相关联,提起公益诉讼的组织原则上也应当与所起诉的事项有一定的关联,例如对污染环境的行为,原则上应当由环保组织提起;对侵害众多消费者利益的,原则上由消费者协会提起。

② 《最高人民法院关于审理环境民事公益诉讼案件适用法律若干问题的解释》第 8 条。

③ 《最高人民法院关于审理环境民事公益诉讼案件适用法律若干问题的解释》第 9 条。

④ 《最高人民法院关于审理环境民事公益诉讼案件适用法律若干问题的解释》第 30 条。

关事实不利于被告的,人民法院可以推定该主张成立。[①] (3)对于审理环境民事公益诉讼案件需要的证据,人民法院认为必要的,应当调查收集。对于应当由原告承担举证责任且为维护社会公共利益所必要的专门性问题,人民法院可以委托具备资格的鉴定人进行鉴定。[②] (4)当事人申请通知有专门知识的人出庭,就鉴定人作出的鉴定意见或者就因果关系、生态环境修复方式、生态环境修复费用以及生态环境受到损害至修复完成期间服务功能丧失导致的损失等专门性问题提出意见的,人民法院可以准许。[③] (5)原告在诉讼过程中承认的对己方不利的事实和认可的证据,人民法院认为损害社会公共利益的,应当不予确认。[④]

3. 民事公益诉讼的受理。(1)《环境保护法》《消费者权益保护法》等法律规定的机关和有关组织对污染环境、侵害众多消费者合法权益等损害社会公共利益的行为,根据《民事诉讼法》第58条规定提起公益诉讼,符合下列条件的,人民法院应当受理:①有明确的被告;②有具体的诉讼请求;③有社会公共利益受到损害的初步证据;④属于人民法院受理民事诉讼的范围和受诉人民法院管辖。[⑤] (2)有权提起诉讼的其他机关和社会组织就同一污染环境、破坏生态行为另行起诉,有下列情形之一的,人民法院应予受理:①前案原告的起诉被裁定驳回的;②前案原告申请撤诉被裁定准许的,但《最高人民法院关于审理环境民事公益诉讼案件适用法律若干问题的解释》第26条规定的情形除外。环境民事公益诉讼案件的裁判生效后,有证据证明存在前案审理时未发现的损害,有权提起诉讼的机关和社会组织另行起诉的,人民法院应予受理。[⑥] (3)人民法院受理公益诉讼案件,不影响同一侵权行为的受害人根据《民事诉讼法》第122条规定提起诉讼。[⑦] (4)环境民事公益诉讼案件审理过程中,被告以反诉的方式提出诉讼请求的,人民法院不予受理。[⑧] (5)公益诉讼案件的裁判发生法律效力后,其他依法具有原告资格的机关和有关组织就同一侵权行为另行提起公益诉讼的,人民法院

① 《最高人民法院关于审理环境民事公益诉讼案件适用法律若干问题的解释》第13条。
② 《最高人民法院关于审理环境民事公益诉讼案件适用法律若干问题的解释》第14条。
③ 《最高人民法院关于审理环境民事公益诉讼案件适用法律若干问题的解释》第15条第1款。
④ 《最高人民法院关于审理环境民事公益诉讼案件适用法律若干问题的解释》第16条。
⑤ 《最高人民法院关于适用〈中华人民共和国民事诉讼法〉的解释》第282条。
⑥ 《最高人民法院关于审理环境民事公益诉讼案件适用法律若干问题的解释》第28条。
⑦ 《最高人民法院关于适用〈中华人民共和国民事诉讼法〉的解释》第286条。
⑧ 《最高人民法院关于审理环境民事公益诉讼案件适用法律若干问题的解释》第17条。

裁定不予受理，但法律、司法解释另有规定的除外。[①]

4. 民事公益诉讼的告知、公告。（1）人民法院受理公益诉讼案件后，应当在10日内书面告知相关行政主管部门。[②]（2）人民法院受理环境民事公益诉讼后，应当在立案之日起5日内将起诉状副本发送被告，并公告案件受理情况。[③]

5. 民事公益诉讼的参加。人民法院受理公益诉讼案件后，依法可以提起诉讼的其他机关和有关组织，可以在开庭前向人民法院申请参加诉讼。人民法院准许参加诉讼的，列为共同原告。[④]

6. 民事公益诉讼的支持。检察机关、负有环境资源保护监督管理职责的部门及其他机关、社会组织、企业事业单位依据《民事诉讼法》第15条的规定，可以通过提供法律咨询、提交书面意见、协助调查取证等方式支持社会组织依法提起环境民事公益诉讼。[⑤]

7. 民事公益诉讼的和解、调解。对公益诉讼案件，当事人可以和解，人民法院可以调解。当事人达成和解或者调解协议后，人民法院应当将和解或者调解协议进行公告。公告期间不得少于30日。公告期满后，人民法院经审查，和解或者调解协议不违反社会公共利益的，应当出具调解书；和解或者调解协议违反社会公共利益的，不予出具调解书，继续对案件进行审理并依法作出裁判。[⑥]

8. 民事公益诉讼的撤诉。（1）公益诉讼案件的原告在法庭辩论终结后申请

---

① 《最高人民法院关于适用〈中华人民共和国民事诉讼法〉的解释》第289条。

② 《最高人民法院关于适用〈中华人民共和国民事诉讼法〉的解释》第284条。

《最高人民法院关于审理环境民事公益诉讼案件适用法律若干问题的解释》第12条规定："人民法院受理环境民事公益诉讼后，应当在十日内告知对被告行为负有环境资源保护监督管理职责的部门。"

③ 《最高人民法院关于审理环境民事公益诉讼案件适用法律若干问题的解释》第10条第1款。

④ 《最高人民法院关于适用〈中华人民共和国民事诉讼法〉的解释》第285条。

《最高人民法院关于审理环境民事公益诉讼案件适用法律若干问题的解释》第10条第2款、第3款规定："有权提起诉讼的其他机关和社会组织在公告之日起三十日内申请参加诉讼，经审查符合法定条件的，人民法院应当将其列为共同原告；逾期申请的，不予准许。公司、法人和非法人组织以人身、财产受到损害为由申请参加诉讼的，告知其另行起诉。"

⑤ 《最高人民法院关于审理环境民事公益诉讼案件适用法律若干问题的解释》第11条。

⑥ 《最高人民法院关于适用〈中华人民共和国民事诉讼法〉的解释》第287条。

《最高人民法院关于审理环境民事公益诉讼案件适用法律若干问题的解释》第25条规定："环境民事公益诉讼当事人达成调解协议或者自行达成和解协议后，人民法院应当将协议内容公告，公告期间不少于三十日。公告期满后，人民法院审查认为调解协议或者和解协议的内容不损害社会公共利益的，应当出具调解书。当事人以达成和解协议为由申请撤诉的，不予准许。调解书应当写明诉讼请求、案件的基本事实和协议内容，并应当公开。"

撤诉的,人民法院不予准许。[①] (2)负有环境资源保护监督管理职责的部门依法履行监管职责而使原告诉讼请求全部实现,原告申请撤诉的,人民法院应予准许。[②]

9. 公益诉讼的检察建议、诉讼支持。(1)检察建议。人民检察院在履行职责中发现生态环境和资源保护、食品药品安全、国有财产保护、国有土地使用权出让等领域负有监督管理职责的行政机关违法行使职权或者不作为,致使国家利益或者社会公共利益受到侵害,符合法律规定的公益诉讼条件的,应当按照公益诉讼案件办理程序向行政机关提出督促依法履职的检察建议。[③] (2)诉讼支持。有关机关或者组织提起诉讼的,人民检察院可以支持起诉。

10. 公益诉讼的法律责任。(1)对污染环境、破坏生态,已经损害社会公共利益或者具有损害社会公共利益重大风险的行为,原告可以请求被告承担停止侵害、排除妨碍、消除危险、修复生态环境、赔偿损失、赔礼道歉等民事责任。[④] (2)原告为防止生态环境损害的发生和扩大,请求被告停止侵害、排除妨碍、消除危险的,人民法院可以依法予以支持。原告为停止侵害、排除妨碍、消除危险采取合理预防、处置措施而发生的费用,请求被告承担的,人民法院可以依法予以支持。[⑤] (3)原告请求修复生态环境的,人民法院可以依法判决被告将生态环境修复到损害发生之前的状态和功能。无法完全修复的,可以准许采用替代性修复方式。人民法院可以在判决被告修复生态环境的同时,确定被告不履行修复义务时应承担的生态环境修复费用;也可以直接判决被告承担生态环境修复费用。生态环境修复费用包括制定、实施修复方案的费用,修复期间的监测、监管费用,以及修复完成后的验收费用、修复效果后评估费用等。[⑥] (4)原告请求被告赔偿生态环境受到损害至修复完成期间服务功能丧失导致的损失、生态环境功能永久性损害造成的损失的,人民法院可以依法予以支持。[⑦] (5)原告

---

① 《最高人民法院关于适用〈中华人民共和国民事诉讼法〉的解释》第288条。
另参见《最高人民法院关于审理环境民事公益诉讼案件适用法律若干问题的解释》第27条。

② 《最高人民法院关于审理环境民事公益诉讼案件适用法律若干问题的解释》第26条。

③ 《人民检察院检察建议工作规定》第10条。

④ 《最高人民法院关于审理环境民事公益诉讼案件适用法律若干问题的解释》第18条。

⑤ 《最高人民法院关于审理环境民事公益诉讼案件适用法律若干问题的解释》第19条。

⑥ 《最高人民法院关于审理环境民事公益诉讼案件适用法律若干问题的解释》第20条。

⑦ 《最高人民法院关于审理环境民事公益诉讼案件适用法律若干问题的解释》第21条。

请求被告承担生态环境损害调查、鉴定评估等费用,清除污染以及防止损害的发生和扩大所支出的合理费用,合理的律师费以及为诉讼支出的其他合理费用的,人民法院可以依法予以支持。[①] (6)生态环境修复费用难以确定或者确定具体数额所需鉴定费用明显过高的,人民法院可以结合污染环境、破坏生态的范围和程度,生态环境的稀缺性,生态环境恢复的难易程度,防治污染设备的运行成本,被告因侵害行为所获得的利益以及过错程度等因素,并可以参考负有环境资源保护监督管理职责的部门的意见、专家意见等,予以合理确定。[②] (7)人民法院判决被告承担的生态环境修复费用、生态环境受到损害至修复完成期间服务功能丧失导致的损失、生态环境功能永久性损害造成的损失等款项,应当用于修复被损害的生态环境。其他环境民事公益诉讼中败诉原告所需承担的调查取证、专家咨询、检验、鉴定等必要费用,可以酌情从上述款项中支付。[③] (8)被告因污染环境、破坏生态在环境民事公益诉讼和其他民事诉讼中均承担责任,其财产不足以履行全部义务的,应当先履行其他民事诉讼生效裁判所确定的义务,但法律另有规定的除外。[④] (9)原告交纳诉讼费用确有困难,依法申请缓交的,人民法院应予准许。败诉或者部分败诉的原告申请减交或者免交诉讼费用的,人民法院应当依照《诉讼费用交纳办法》的规定,视原告的经济状况和案件的审理情况决定是否准许。[⑤] (10)社会组织有通过诉讼违法收受财物等牟取经济利益行为的,人民法院可以根据情节轻重依法收缴其非法所得、予以罚款;涉嫌犯罪的,依法移送有关机关处理。社会组织通过诉讼牟取经济利益的,人民法院应当向登记管理机关或者有关机关发送司法建议,由其依法处理。[⑥]

11. 公益诉讼的执行。发生法律效力的环境民事公益诉讼案件的裁判,需要采取强制执行措施的,应当移送执行。[⑦]

二、人民检察院提起的公益诉讼

1. 人民检察院提起公益诉讼的一般规定。(1)为正确适用《民法典》《民事

---

① 《最高人民法院关于审理环境民事公益诉讼案件适用法律若干问题的解释》第22条。
② 《最高人民法院关于审理环境民事公益诉讼案件适用法律若干问题的解释》第23条。
③ 《最高人民法院关于审理环境民事公益诉讼案件适用法律若干问题的解释》第24条。
④ 《最高人民法院关于审理环境民事公益诉讼案件适用法律若干问题的解释》第31条。
⑤ 《最高人民法院关于审理环境民事公益诉讼案件适用法律若干问题的解释》第33条。
⑥ 《最高人民法院关于审理环境民事公益诉讼案件适用法律若干问题的解释》第34条。
⑦ 《最高人民法院关于审理环境民事公益诉讼案件适用法律若干问题的解释》第32条。

诉讼法》《行政诉讼法》关于人民检察院提起公益诉讼制度的规定，结合审判、检察工作实际，制定《最高人民法院、最高人民检察院关于检察公益诉讼案件适用法律若干问题的解释》。[①] (2)人民法院、人民检察院办理公益诉讼案件，应当遵守《宪法》法律规定，遵循诉讼制度的原则，遵循审判权、检察权运行规律。[②] (3)人民检察院以公益诉讼起诉人身份提起公益诉讼，依照《民事诉讼法》《行政诉讼法》享有相应的诉讼权利，履行相应的诉讼义务，但法律、司法解释另有规定的除外。[③] (4)市(分、州)人民检察院提起的第一审民事公益诉讼案件，由侵权行为地或者被告住所地中级人民法院管辖。基层人民检察院提起的第一审行政公益诉讼案件，由被诉行政机关所在地基层人民法院管辖。[④] (5)人民检察院办理公益诉讼案件，可以向有关行政机关以及其他组织、公民调查收集证据材料；有关行政机关以及其他组织、公民应当配合；需要采取证据保全措施的，依照《民事诉讼法》《行政诉讼法》相关规定办理。[⑤] (6)人民法院审理人民检察院提起的第一审公益诉讼案件，适用人民陪审制。[⑥] (7)人民法院开庭审理人民检察院提起的公益诉讼案件，应当在开庭3日前向人民检察院送达出庭通知书。人民检察院应当派员出庭，并应当自收到人民法院出庭通知书之日起3日内向人民法院提交派员出庭通知书。派员出庭通知书应当写明出庭人员的姓名、法律职务以及出庭履行的具体职责。[⑦] (8)出庭检察人员履行以下职责：①宣读公益诉讼起诉书；②对人民检察院调查收集的证据予以出示和说明，对相关证据进行质证；③参加法庭调查，进行辩论并发表意见；④依法从事其他诉讼活动。[⑧] (9)人民检察院不服人民法院第一审判决、裁定的，可以向上一级人民法院提起上诉。[⑨] (10)人民法院审理第二审案件，由提起公益诉讼的人民检察院派员出庭，上一级人民检察院也可以派员参加。[⑩] (11)人民检察院提起公益诉讼案件判决、裁定发

---

① 《最高人民法院、最高人民检察院关于检察公益诉讼案件适用法律若干问题的解释》第1条。
② 《最高人民法院、最高人民检察院关于检察公益诉讼案件适用法律若干问题的解释》第3条。
③ 《最高人民法院、最高人民检察院关于检察公益诉讼案件适用法律若干问题的解释》第4条。
④ 《最高人民法院、最高人民检察院关于检察公益诉讼案件适用法律若干问题的解释》第5条。
⑤ 《最高人民法院、最高人民检察院关于检察公益诉讼案件适用法律若干问题的解释》第6条。
⑥ 《最高人民法院、最高人民检察院关于检察公益诉讼案件适用法律若干问题的解释》第7条。
⑦ 《最高人民法院、最高人民检察院关于检察公益诉讼案件适用法律若干问题的解释》第8条。
⑧ 《最高人民法院、最高人民检察院关于检察公益诉讼案件适用法律若干问题的解释》第9条。
⑨ 《最高人民法院、最高人民检察院关于检察公益诉讼案件适用法律若干问题的解释》第10条。
⑩ 《最高人民法院、最高人民检察院关于检察公益诉讼案件适用法律若干问题的解释》第11条。

生法律效力，被告不履行的，人民法院应当移送执行。[①]

2. 民事公益诉讼。(1)人民检察院在履行职责中发现破坏生态环境和资源保护，食品药品安全领域侵害众多消费者合法权益，侵害英雄烈士等的姓名、肖像、名誉、荣誉等损害社会公共利益的行为，拟提起公益诉讼的，应当依法公告，公告期间为30日。公告期满，法律规定的机关和有关组织、英雄烈士等的近亲属不提起诉讼的，人民检察院可以向人民法院提起诉讼。人民检察院办理侵害英雄烈士等的姓名、肖像、名誉、荣誉等的民事公益诉讼案件，也可以直接征询英雄烈士等的近亲属的意见。[②] (2)人民检察院提起民事公益诉讼应当提交下列材料：①民事公益诉讼起诉书，并按照被告人数提出副本；②被告的行为已经损害社会公共利益的初步证明材料；③已经履行公告程序、征询英雄烈士等的近亲属意见的证明材料。[③] (3)人民检察院依据《民事诉讼法》第58条第2款的规定提起民事公益诉讼，符合《民事诉讼法》第122条第2项、第3项、第4项及《最高人民法院、最高人民检察院关于检察公益诉讼案件适用法律若干问题的解释》规定的起诉条件的，人民法院应当登记立案。[④] (4)人民检察院提起的民事公益诉讼案件中，被告以反诉方式提出诉讼请求的，人民法院不予受理。[⑤] (5)人民法院受理人民检察院提起的民事公益诉讼案件后，应当在立案之日起5日内将起诉书副本送达被告。人民检察院已履行诉前公告程序的，人民法院立案后不再进行公告。[⑥] (6)人民法院认为人民检察院提出的诉讼请求不足以保护社会公共利益的，可以向其释明变更或者增加停止侵害、恢复原状等诉讼请求。[⑦] (7)民事公益诉讼案件审理过程中，人民检察院诉讼请求全部实现而撤回起诉的，人民法院应予准许。[⑧] (8)人民检察院对破坏生态环境和资源保护，食品药品安全领域侵害众多消费者合法权益，侵害英雄烈士等的姓名、肖像、名誉、荣誉等损害社会公共利益的犯罪行为提起刑事公诉时，可以向人民法院一并提起附带民事公益诉讼，

① 《最高人民法院、最高人民检察院关于检察公益诉讼案件适用法律若干问题的解释》第12条。
② 《最高人民法院、最高人民检察院关于检察公益诉讼案件适用法律若干问题的解释》第13条。
③ 《最高人民法院、最高人民检察院关于检察公益诉讼案件适用法律若干问题的解释》第14条。
④ 《最高人民法院、最高人民检察院关于检察公益诉讼案件适用法律若干问题的解释》第15条。
⑤ 《最高人民法院、最高人民检察院关于检察公益诉讼案件适用法律若干问题的解释》第16条。
⑥ 《最高人民法院、最高人民检察院关于检察公益诉讼案件适用法律若干问题的解释》第17条。
⑦ 《最高人民法院、最高人民检察院关于检察公益诉讼案件适用法律若干问题的解释》第18条。
⑧ 《最高人民法院、最高人民检察院关于检察公益诉讼案件适用法律若干问题的解释》第19条。

由人民法院同一审判组织审理。人民检察院提起的刑事附带民事公益诉讼案件由审理刑事案件的人民法院管辖。①

3. 行政公益诉讼。(1)人民检察院在履行职责中发现生态环境和资源保护、食品药品安全、国有财产保护、国有土地使用权出让等领域负有监督管理职责的行政机关违法行使职权或者不作为,致使国家利益或者社会公共利益受到侵害的,应当向行政机关提出检察建议,督促其依法履行职责。行政机关应当在收到检察建议书之日起2个月内依法履行职责,并书面回复人民检察院。出现国家利益或者社会公共利益损害继续扩大等紧急情形的,行政机关应当在15日内书面回复。行政机关不依法履行职责的,人民检察院依法向人民法院提起诉讼。②(2)人民检察院提起行政公益诉讼应当提交下列材料:①行政公益诉讼起诉书,并按照被告人数提出副本;②被告违法行使职权或者不作为,致使国家利益或者社会公共利益受到侵害的证明材料;③已经履行诉前程序,行政机关仍不依法履行职责或者纠正违法行为的证明材料。③(3)人民检察院依据《行政诉讼法》第25条第4款的规定提起行政公益诉讼,符合《行政诉讼法》第49条第2项、第3项、第4项及《最高人民法院、最高人民检察院关于检察公益诉讼案件适用法律若干问题的解释》规定的起诉条件的,人民法院应当登记立案。④(4)在行政公益诉讼案件审理过程中,被告纠正违法行为或者依法履行职责而使人民检察院的诉讼请求全部实现,人民检察院撤回起诉的,人民法院应当裁定准许;人民检察院变更诉讼请求,请求确认原行政行为违法的,人民法院应当判决确认违法。⑤(5)人民法院区分下列情形作出行政公益诉讼判决:①被诉行政行为具有《行政诉讼法》第74条、第75条规定情形之一的,判决确认违法或者确认无效,并可以同时判决责令行政机关采取补救措施;②被诉行政行为具有《行政诉讼法》第70条规定情形之一的,判决撤销或者部分撤销,并可以判决被诉行政机关重新作出行政行为;③被诉行政机关不履行法定职责的,判决在一定期限内履行;④被诉行政机关作出的行政处罚明显不当,或者其他行政行为涉及对款额的确定、认定

---

① 《最高人民法院、最高人民检察院关于检察公益诉讼案件适用法律若干问题的解释》第20条。
② 《最高人民法院、最高人民检察院关于检察公益诉讼案件适用法律若干问题的解释》第21条。
③ 《最高人民法院、最高人民检察院关于检察公益诉讼案件适用法律若干问题的解释》第22条。
④ 《最高人民法院、最高人民检察院关于检察公益诉讼案件适用法律若干问题的解释》第23条。
⑤ 《最高人民法院、最高人民检察院关于检察公益诉讼案件适用法律若干问题的解释》第24条。

确有错误的，可以判决予以变更；⑤被诉行政行为证据确凿，适用法律、法规正确，符合法定程序，未超越职权，未滥用职权，无明显不当，或者人民检察院诉请被诉行政机关履行法定职责理由不成立的，判决驳回诉讼请求。人民法院可以将判决结果告知被诉行政机关所属的人民政府或者其他相关的职能部门。[1]

诉讼第三人和第三人撤销之诉

第五十九条　对当事人双方的诉讼标的，第三人认为有独立请求权的，有权提起诉讼。

对当事人双方的诉讼标的，第三人虽然没有独立请求权，但案件处理结果同他有法律上的利害关系的，可以申请参加诉讼，或者由人民法院通知他参加诉讼。人民法院判决承担民事责任的第三人，有当事人的诉讼权利义务。

前两款规定的第三人，因不能归责于本人的事由未参加诉讼，但有证据证明发生法律效力的判决、裁定、调解书的部分或者全部内容错误，损害其民事权益的，可以自知道或者应当知道其民事权益受到损害之日起六个月内，向作出该判决、裁定、调解书的人民法院提起诉讼。人民法院经审理，诉讼请求成立的，应当改变或者撤销原判决、裁定、调解书；诉讼请求不成立的，驳回诉讼请求。

本条明确民事诉讼第三人和第三人撤销之诉。

民事诉讼的第三人，是指对当事人争议的诉讼标的具有独立的请求权，或者虽无独立的请求权，但案件处理结果同其有法律上的利害关系，从而参加到他人已开始的诉讼中去的人。民事诉讼中的第三人分为有独立请求权的第三人和无独立请求权的第三人。[2] 本书在民事诉讼第三人和第三人撤销之诉的基础上进

① 《最高人民法院、最高人民检察院关于检察公益诉讼案件适用法律若干问题的解释》第25条。

② 有独立请求权的第三人有权通过起诉，向人民法院提出诉讼请求和事实、理由，成为当事人；无独立请求权的第三人，可以申请或者由人民法院通知参加诉讼。有独立请求权的第三人，相当于原告；无独立请求权的第三人，既非原告，也非被告，而是具有一种独特社会地位的参加人。无独立请求权的第三人参加诉讼后，即享有当事人的诉讼权利，但其无权对管辖权提出异议，无权承认原告的诉讼请求，无权请求和解。

一步阐释三个方面的内容。

一、有独立请求权的第三人

有独立请求权的第三人，是指对当事人之间争议的诉讼标的全部或者一部分，以独立的实体权利人的资格，提出诉讼请求而参加诉讼的人。[①]

1. 有独立请求权第三人参加诉讼的纠纷案件。(1)一方当事人以诉讼争议的技术合同侵害他人技术成果为由请求确认合同无效，或者人民法院在审理技术合同纠纷中发现可能存在该无效事由的，人民法院应当依法通知有关利害关系人，其可以作为有独立请求权的第三人参加诉讼或者依法向有管辖权的人民法院另行起诉。利害关系人在接到通知后15日内不提起诉讼的，不影响人民法院对案件的审理。[②] (2)人民法院审理重婚导致的无效婚姻案件时，涉及财产处理的，应当准许合法婚姻当事人作为有独立请求权的第三人参加诉讼。[③]

2. 有独立请求权第三人参加诉讼的权利。(1)根据《民事诉讼法》第59条的规定，有独立请求权的第三人有权向人民法院提出诉讼请求和事实、理由，成为当事人；无独立请求权的第三人，可以申请或者由人民法院通知参加诉讼。第一审程序中未参加诉讼的第三人，申请参加第二审程序的，人民法院可以准许。[④] (2)人民法院在追加当事人或者有独立请求权的第三人参加诉讼的情况下，应当依照《最高人民法院关于民事诉讼证据的若干规定》第51条第2款、第3款[⑤]的规定，为新参加诉讼的当事人指定举证期限。该举证期限适用于其他当事人。[⑥]

---

① 有独立请求权的第三人参加诉讼，是因为原告与被告之间的诉讼将损害其民事权利，其以独立的实体权利人的资格，向人民法院提起了一个新的诉讼，他在诉讼中的地位相当于原告，享有原告的诉讼权利，承担原告的诉讼义务，本诉的原被告即作为他的被告。第三人参加诉讼，实质是将当事人的本诉和第三人与本诉当事人之间的诉讼合并审理。

② 《最高人民法院关于审理技术合同纠纷案件适用法律若干问题的解释》第44条。

③ 《最高人民法院关于适用〈中华人民共和国民法典〉婚姻家庭编的解释(一)》第16条。

④ 《最高人民法院关于适用〈中华人民共和国民事诉讼法〉的解释》第81条。

关于第三人参加诉讼的时间，本法没有规定，从诉讼理论上说，第三人参加诉讼，是指在诉讼进行中，人民法院作出判决前参加。判决前应当理解为终审判决前；第一审判决后，当事人提起上诉，在第二审法院作出判决以前也可以申请参加诉讼。

⑤ 《最高人民法院关于民事诉讼证据的若干规定》第51条第2款("人民法院指定举证期限的，适用第一审普通程序审理的案件不得少于十五日，当事人提供新的证据的第二审案件不得少于十日。适用简易程序审理的案件不得超过十五日，小额诉讼案件的举证期限一般不得超过七日")、第3款("举证期限届满后，当事人提供反驳证据或者对已经提供的证据的来源、形式等方面的瑕疵进行补正的，人民法院可以酌情再次确定举证期限，该期限不受前款规定的期间限制")。

⑥ 《最高人民法院关于适用〈关于民事诉讼证据的若干规定〉中有关举证时限规定的通知》第5条。

(3)受诉法院依职权通知第三人参加诉讼,则第三人有权选择是以有独立请求权的第三人的身份参加诉讼,还是以原告身份向其他有管辖权的法院另行起诉。①

3. 第三人诉讼请求并入再审程序审理的处理。第三人诉讼请求并入再审程序审理的,按照下列情形分别处理:(1)按照第一审程序审理的,人民法院应当对第三人的诉讼请求一并审理,所作的判决可以上诉;(2)按照第二审程序审理的,人民法院可以调解,调解达不成协议的,应当裁定撤销原判决、裁定、调解书,发回一审法院重审,重审时应当列明第三人。②

二、无独立请求权的第三人

无独立请求权的第三人,是指对他人之间争议的诉讼标的没有独立的实体权利,但案件处理结果同他有法律上的利害关系,参加到诉讼中,以维护自己利益的人。③

1. 无独立请求权第三人参加诉讼的方式。(1)在诉讼中,争议的民事权利义务转移的,不影响当事人的诉讼主体资格和诉讼地位。人民法院作出的发生法律效力的判决、裁定对受让人具有拘束力。受让人申请以无独立请求权的第三人身份参加诉讼的,人民法院可予准许。受让人申请替代当事人承担诉讼的,人民法院可以根据案件的具体情况决定是否准许;不予准许的,可以追加其为无独立请求权的第三人。④ (2)无独立请求权的第三人参加诉讼。根据《民事诉讼法》第59条的规定,无独立请求权的第三人,可以申请或者由人民法院通知参加诉讼。第一审程序中未参加诉讼的第三人,申请参加第二审程序的,人民法院可以准许。⑤

2. 具体案件中成为无独立请求权第三人的方式。(1)列为第三人。①公司纠纷案件。(i)当事人向人民法院起诉请求确认其股东资格的,应当以公司为被告,与案件争议股权有利害关系的人作为第三人参加诉讼。⑥ (ii)符合《公司法》

---

① 参见《最高人民法院关于第三人能否对管辖权提出异议问题的批复》第1条。

② 《最高人民法院关于适用〈中华人民共和国民事诉讼法〉的解释》第300条。

③ 所谓法律上的利害关系,是指当事人双方争议的诉讼标的涉及的法律关系,与第三人参加的另一法律关系有牵连。

④ 《最高人民法院关于适用〈中华人民共和国民事诉讼法〉的解释》第249条。

《最高人民法院关于在经济纠纷案件审理中追加第三人的函》认为,本案作为托运人诉承运人的公路货物运输合同货损赔偿纠纷,应将肇事车主列入第三人。

⑤ 《最高人民法院关于适用〈中华人民共和国民事诉讼法〉的解释》第81条。

⑥ 《最高人民法院关于适用〈中华人民共和国公司法〉若干问题的规定(三)》第21条。

第151条第1款[①]规定条件的股东，依据《公司法》第151条第2款[②]、第3款[③]规定，直接对董事、监事、高级管理人员或者他人提起诉讼的，应当列公司为第三人参加诉讼。[④] (iii)股东提起解散公司诉讼应当以公司为被告。原告以其他股东为被告一并提起诉讼的，人民法院应当告知原告将其他股东变更为第三人；原告坚持不予变更的，人民法院应当驳回原告对其他股东的起诉。原告提起解散公司诉讼应当告知其他股东，或者由人民法院通知其参加诉讼。其他股东或者有关利害关系人申请以共同原告或者第三人身份参加诉讼的，人民法院应予准许。[⑤] (iv)原告请求确认股东会或者股东大会、董事会决议不成立、无效或者撤销决议的案件，应当列公司为被告。对决议涉及的其他利害关系人，可以依法列为第三人。[⑥] (v)公司已经清算完毕注销，《公司法》第151条第1款规定条件的股东[⑦]参照《公司法》第151条第3款[⑧]的规定，直接以清算组成员为被告、其他股东为第三人向人民法院提起诉讼的，人民法院应予受理。[⑨] ②其他纠纷案件。(i)法定监护人应列为第三人。[⑩] (ii)人民法院在审理信用证欺诈案件过程中，必

---

① 《公司法》第151条第1款规定："董事、高级管理人员有本法第一百四十九条规定的情形的，有限责任公司的股东、股份有限公司连续一百八十日以上单独或者合计持有公司百分之一以上股份的股东，可以书面请求监事会或者不设监事会的有限责任公司的监事向人民法院提起诉讼；监事有本法第一百四十九条规定的情形的，前述股东可以书面请求董事会或者不设董事会的有限责任公司的执行董事向人民法院提起诉讼。"

② 《公司法》第151条第2款规定："监事会、不设监事会的有限责任公司的监事，或者董事会、执行董事收到前款规定的股东书面请求后拒绝提起诉讼，或者自收到请求之日起三十日内未提起诉讼，或者情况紧急、不立即提起诉讼将会使公司利益受到难以弥补的损害的，前款规定的股东有权为了公司的利益以自己的名义直接向人民法院提起诉讼。"

③ 《公司法》第151条第3款规定："他人侵犯公司合法权益，给公司造成损失的，本条第一款规定的股东可以依照前两款的规定向人民法院提起诉讼。"

④ 《最高人民法院关于适用〈中华人民共和国公司法〉若干问题的规定(四)》第24条第1款。

⑤ 《最高人民法院关于适用〈中华人民共和国公司法〉若干问题的规定(二)》第4条。

⑥ 《最高人民法院关于适用〈中华人民共和国公司法〉若干问题的规定(四)》第3条。

⑦ 《公司法》第151条第1款规定："董事、高级管理人员有本法第一百四十九条规定的情形的，有限责任公司的股东、股份有限公司连续一百八十日以上单独或者合计持有公司百分之一以上股份的股东，可以书面请求监事会或者不设监事会的有限责任公司的监事向人民法院提起诉讼；监事有本法第一百四十九条规定的情形的，前述股东可以书面请求董事会或者不设董事会的有限责任公司的执行董事向人民法院提起诉讼。"

⑧ 《公司法》第151条第3款规定："他人侵犯公司合法权益，给公司造成损失的，本条第一款规定的股东可以依照前两款的规定向人民法院提起诉讼。"

⑨ 《最高人民法院关于适用〈中华人民共和国公司法〉若干问题的确定(二)》第23条第3款。

⑩ 《最高人民法院民事审判庭关于监护责任两个问题的电话答复》认为：侵权行为人在侵权时不满18周岁，在诉讼时已满18周岁，且本人无经济赔偿能力，原监护人系无独立请求权的第三人。

要时可以将信用证纠纷与基础交易纠纷一并审理。当事人以基础交易欺诈为由起诉的，可以将与案件有关的开证行、议付行或者其他信用证法律关系的利害关系人列为第三人；第三人可以申请参加诉讼，人民法院也可以通知第三人参加诉讼。[①] (2)追加为第三人。因旅游辅助服务者的原因导致旅游经营者违约，旅游者仅起诉旅游经营者的，人民法院可以将旅游辅助服务者追加为第三人。[②] (3)通知为第三人。出卖人与买受人因买卖合同发生纠纷，或者出租人与承租人因融资租赁合同发生纠纷，当事人仅对其中一个合同关系提起诉讼，人民法院经审查后认为另一合同关系的当事人与案件处理结果有法律上的利害关系的，可以通知其作为第三人参加诉讼。承租人与租赁物的实际使用人不一致，融资租赁合同当事人未对租赁物的实际使用人提起诉讼，人民法院经审查后认为租赁物的实际使用人与案件处理结果有法律上的利害关系的，可以通知其作为第三人参加诉讼。承租人基于买卖合同和融资租赁合同直接向出卖人主张受领租赁物、索赔等买卖合同权利的，人民法院应通知出租人作为第三人参加诉讼。[③]

3. 无独立请求权第三人的权利。(1)无独立请求权的第三人有独立诉讼地位，有权委托诉讼代理人，提供证据，对涉及自己利益的事实和证据进行辩论等。[④] (2)申请参加诉讼的，应向人民法院递交申请书，说明理由，经人民法院审查同意后才能参加诉讼。人民法院通知参加诉讼的无独立请求权的第三人，应当参加诉讼，经人民法院用传票合法传唤，无正当理由拒不到庭的，人民法院可以径行判决。(3)在一审诉讼中，无独立请求权的第三人无权提出管辖异议，无权放弃、变更诉讼请求或者申请撤诉，被判决承担民事责任的，有权提起上诉。[⑤]

三、第三人撤销之诉

第三人撤销之诉，是指未参加诉讼的第三人，有证据证明发生法律效力的判决、裁定、调解书的部分或者全部内容错误，损害其民事权益的，向作出该判决、

---

① 《最高人民法院关于审理信用证纠纷案件若干问题的规定》第 14 条。

② 《最高人民法院关于审理旅游纠纷案件适用法律若干问题的规定》第 4 条。

③ 《最高人民法院关于审理融资租赁合同纠纷案件适用法律问题的解释》第 13 条。

④ 无独立请求权的第三人同诉讼结果有法律上的利害关系，诉讼可能涉及他的实体权利，因此其参加诉讼，有权委托诉讼代理人，提供证据。无独立请求权第三人参加之诉实质是将一个原当事人间的本诉与一个潜在之诉的合并审理。

⑤ 《最高人民法院关于适用〈中华人民共和国民事诉讼法〉的解释》第 82 条。

裁定、调解书的人民法院提起诉讼，请求改变或者撤销原判决、裁定、调解书的诉讼。[①] 其中，《民事诉讼法》第 59 条第 3 款规定的判决、裁定、调解书的部分或者全部内容，是指判决、裁定的主文，调解书中处理当事人民事权利义务的结果。[②]

1. 因不能归责于本人的事由未参加诉讼的界定。《民事诉讼法》第 59 条第 3 款规定的因不能归责于本人的事由未参加诉讼，是指没有被列为生效判决、裁定、调解书当事人，且无错或者无明显过错的情形。包括：(1)不知道诉讼而未参加的；(2)申请参加未获准许的；(3)知道诉讼，但因客观原因无法参加的；(4)因其他不能归责于本人的事由未参加诉讼的。[③]

2. 第三人撤销之诉的提出。第三人对已经发生法律效力的判决、裁定、调解书提起撤销之诉的，应当自知道或者应当知道其民事权益受到损害之日起 6 个月内，向作出生效判决、裁定、调解书的人民法院提出，并应当提供存在下列情形的证据材料：(1)因不能归责于本人的事由未参加诉讼；(2)发生法律效力的判决、裁定、调解书的全部或者部分内容错误；(3)发生法律效力的判决、裁定、调解书内容错误损害其民事权益。[④]

3. 第三人撤销之诉当事人的确定。第三人提起撤销之诉，人民法院应当将该第三人列为原告，生效判决、裁定、调解书的当事人列为被告，但生效判决、裁定、调解书中没有承担责任的无独立请求权的第三人列为第三人。[⑤]

4. 第三人撤销之诉的受理。对下列情形提起第三人撤销之诉的，人民法院不予受理：(1)适用特别程序、督促程序、公示催告程序、破产程序等非讼程序处理的案件；(2)婚姻无效、撤销或者解除婚姻关系等判决、裁定、调解书中涉及身份关系的内容；(3)《民事诉讼法》第 57 条规定的未参加登记的权利人对代表人

---

① 第三人撤销之诉填补诉讼阶段第三人参加之诉与执行阶段第三人运用执行异议规则之间的权利空白。如案件在裁决后，基于当事人的和解而没有进入执行程序的，第三人利益就得不到保护。这里需要说明两点：(1)第三人提起的撤销之诉是依据新事实提起的新诉，对新诉的裁判，第三人和原诉的当事人可以提起上诉。(2)在执行过程中，第三人发现原裁判损害自己利益的，既可以按照本条第 3 款的规定提起第三人撤销之诉，也可以按照本法第 234 条的规定以案外人身份提起执行异议。对执行异议裁定不服，认为原裁判错误的，可以依照审判监督程序提起再审。执行标的与原裁判无关的，该案外人只能依据本法第 234 条的规定，向人民法院提起诉讼。

② 《最高人民法院关于适用〈中华人民共和国民事诉讼法〉的解释》第 294 条。

③ 《最高人民法院关于适用〈中华人民共和国民事诉讼法〉的解释》第 293 条。

④ 《最高人民法院关于适用〈中华人民共和国民事诉讼法〉的解释》第 290 条。

⑤ 《最高人民法院关于适用〈中华人民共和国民事诉讼法〉的解释》第 296 条。

诉讼案件的生效裁判;(4)《民事诉讼法》第 58 条规定的损害社会公共利益行为的受害人对公益诉讼案件的生效裁判;[①](5)案外人对人民法院驳回其执行异议裁定不服,认为原判决、裁定、调解书内容错误损害其合法权益的,应当根据《民事诉讼法》第 234 条规定申请再审,提起第三人撤销之诉的,人民法院不予受理。[②]

5. 第三人撤销之诉的审理。人民法院对第三人撤销之诉案件,应当组成合议庭开庭审理。[③]

6. 第三人撤销之诉并入再审程序。第三人撤销之诉案件审理期间,人民法院对生效判决、裁定、调解书裁定再审的,受理第三人撤销之诉的人民法院应当裁定将第三人的诉讼请求并入再审程序。但有证据证明原审当事人之间恶意串通损害第三人合法权益的,人民法院应当先行审理第三人撤销之诉案件,裁定中止再审诉讼。[④]

7. 第三人撤销之诉后的中止执行。(1)受理第三人撤销之诉案件后,原告提供相应担保,请求中止执行的,人民法院可以准许。[⑤] (2)第三人提起撤销之诉后,未中止生效判决、裁定、调解书执行的,执行法院对第三人依照《民事诉讼法》第 234 条规定提出的执行异议,应予审查。第三人不服驳回执行异议裁定,申请对原判决、裁定、调解书再审的,人民法院不予受理。[⑥]

8. 第三人撤销之诉的处理。对第三人撤销或者部分撤销发生法律效力的判决、裁定、调解书内容的请求,人民法院经审理,按下列情形分别处理:(1)请求成立且确认其民事权利的主张全部或部分成立的,改变原判决、裁定、调解书内容的错误部分;(2)请求成立,但确认其全部或部分民事权利的主张不成立,或者未提出确认其民事权利请求的,撤销原判决、裁定、调解书内容的错误部分;(3)请求不成立的,驳回诉讼请求。对前款规定裁判不服的,当事人可以上诉。原判决、裁定、调解书的内容未改变或者未撤销的部分继续有效。[⑦]

---

① 《最高人民法院关于适用〈中华人民共和国民事诉讼法〉的解释》第 295 条。
② 《最高人民法院关于适用〈中华人民共和国民事诉讼法〉的解释》第 301 条第 2 款。
③ 《最高人民法院关于适用〈中华人民共和国民事诉讼法〉的解释》第 292 条。
④ 《最高人民法院关于适用〈中华人民共和国民事诉讼法〉的解释》第 299 条。
⑤ 《最高人民法院关于适用〈中华人民共和国民事诉讼法〉的解释》第 297 条。
⑥ 《最高人民法院关于适用〈中华人民共和国民事诉讼法〉的解释》第 301 条第 1 款。
⑦ 《最高人民法院关于适用〈中华人民共和国民事诉讼法〉的解释》第 298 条。

第二节　诉讼代理人

代理制度是我国民事法律制度的一部分，代理分为民事代理和诉讼代理，前者是为了帮助当事人实现民事实体法律行为，后者是为了帮助当事人实现诉讼法律行为。①

民事诉讼代理人，是指在一定权限内代替或协助当事人进行民事诉讼的人。被代替或被协助的当事人称为被代理人。② 诉讼代理权限，是指诉讼代理人为诉讼行为和接受对方当事人诉讼行为的权利。根据《民事诉讼法》的规定，以诉讼代理权发生的原因为标准，诉讼代理人③分为法定代理人和委托代理人。

法定代理人

第六十条　无诉讼行为能力人由他的监护人作为法定代理人代为诉讼。法定代理人之间互相推诿代理责任的，由人民法院指定其中一人代为诉讼。

本条明确法定代理人。

法定诉讼代理人，是指依照法律规定代理无诉讼行为能力的当事人进行民事诉讼的人。④ 本书在此基础上进一步阐释两方面的内容。

一、监护人

1. 监护人的确定。(1)法定的监护人。①父母是未成年子女的监护人。未成年人的父母已经死亡或者没有监护能力的，由下列有监护能力的人按顺序担任监护人：(i)祖父母、外祖父母；(ii)兄、姐；(iii)其他愿意担任监护人的个人或者组织，但是须经未成年人住所地的居民委员会、村民委员会或者民政部门同意。⑤ ②无民事行为能力或者限制民事行为能力的成年人，由下列有监护能力的

---

① 设立诉讼代理制度是为了解决当事人不能或难以亲自诉讼的困难。

② 洪冬英主编：《民事诉讼法学通论》(第3版)，北京大学出版社2020年版，第139页。

③ 诉讼代理人，是指以当事人的名义，在一定权限范围内，为当事人利益进行诉讼的人。

④ 洪冬英主编：《民事诉讼法学通论》(第3版)，北京大学出版社2020年版，第143页。

⑤ 《民法典》第27条。

人按顺序担任监护人:(i)配偶;(ii)父母、子女;(iii)其他近亲属;(iv)其他愿意担任监护人的个人或者组织,但是须经被监护人住所地的居民委员会、村民委员会或者民政部门同意。① (2)指定的监护人。①对监护人的确定有争议的,由被监护人住所地的居民委员会、村民委员会或者民政部门指定监护人,有关当事人对指定不服的,可以向人民法院申请指定监护人;有关当事人也可以直接向人民法院申请指定监护人。② ②居民委员会、村民委员会、民政部门或者人民法院应当尊重被监护人的真实意愿,按照最有利于被监护人的原则在依法具有监护资格的人中指定监护人。③ ③居民委员会、村民委员会民政部门或者人民法院指定监护人前,被监护人的人身权利、财产权利以及其他合法权益处于无人保护状态的,由被监护人住所地的居民委员会、村民委员会、法律规定的有关组织或者民政部门担任临时监护人。④ ④监护人被指定后,不得擅自变更;擅自变更的,不免除被指定的监护人的责任。⑤ (3)遗嘱指定监护人。被监护人的父母担任监护人的,可以通过遗嘱指定监护人。⑥ (4)预先的协定监护人。具有完全民事行为能力的成年人,可以与其近亲属、其他愿意担任监护人的个人或者组织事先协商,以书面形式确定自己的监护人,在自己丧失或者部分丧失民事行为能力时,由该监护人履行监护职责。⑦ (5)监护人的担任。没有依法具有监护资格的人的,监护人由民政部门担任,也可以由具备履行监护职责条件的被监护人住所地的居民委员会、村民委员会担任。⑧

2. 监护人的职责。(1)监护人的职责是代理被监护人实施民事法律行为,保护被监护人的人身权利、财产权利以及其他合法权益等。⑨ (2)监护人依法履行

---

① 《民法典》第 28 条。

② 《民法典》第 31 条第 1 款。

《最高人民法院关于适用〈中华人民共和国民事诉讼法〉的解释》第 83 条规定:"……事先没有确定监护人的,可以由有监护资格的人协商确定;协商不成的,由人民法院在他们之中指定诉讼中的法定代理人。当事人没有民法典第二十七条、第二十八条规定的监护人的,可以指定民法典第三十二条规定的有关组织担任诉讼中的法定代理人。"

③ 《民法典》第 31 条第 2 款。

④ 《民法典》第 31 条第 3 款。

⑤ 《民法典》第 31 条第 4 款。

⑥ 《民法典》第 29 条。

⑦ 《民法典》第 33 条。

⑧ 《民法典》第 32 条。

⑨ 《民法典》第 34 条第 1 款。

监护职责产生的权利,受法律保护。[①] (3) 监护人应当按照最有利于被监护人的原则履行监护职责。监护人除为维护被监护人利益外,不得处分被监护人的财产。未成年人的监护人履行监护职责,在作出与被监护人利益有关的决定时,应当根据被监护人的年龄和智力状况,尊重被监护人的真实意愿。成年人的监护人履行监护职责,应当最大程度地尊重被监护人的真实意愿,保障并协助被监护人实施与其智力、精神健康状况相适应的民事法律行为。对被监护人有能力独立处理的事务,监护人不得干涉。[②] (4) 监护人不履行监护职责或者侵害被监护人合法权益的,应当承担法律责任。[③]

3. 监护人资格的撤销。(1) 监护人有下列情形之一的,人民法院根据有关个人或者组织的申请,撤销其监护人资格,安排必要的临时监护措施,并按照最有利于被监护人的原则依法指定监护人:①实施严重损害被监护人身心健康的行为;②怠于履行监护职责,或者无法履行监护职责且拒绝将监护职责部分或者全部委托给他人,导致被监护人处于危困状态;③实施严重侵害被监护人合法权益的其他行为。[④] (2)《民法典》第 36 条第 2 款规定的个人和民政部门以外的组织未及时向人民法院申请撤销监护人资格的,民政部门应当向人民法院申请。[⑤]

二、法定代理人

法定代理人,是指根据法律规定,替代缺乏或丧失诉讼行为能力[⑥]的人行使代理权的人。诉讼代理人代理当事人进行诉讼活动的权限,称为诉讼代理权。诉讼代理的内容,包括代为诉讼行为和代受诉讼行为。前者如代为起诉,代为提供证据、陈述事实,代为变更或者放弃诉讼请求等;后者如代为应诉、代为答辩、代为接受对方当事人的给付等。

1. 法定代理人的确定。(1) 法定的法定代理人。在诉讼中,无民事行为能力

---

① 《民法典》第 34 条第 2 款。

② 《民法典》第 35 条。

③ 《民法典》第 34 条第 3 款。

④ 《民法典》第 36 条第 1 款。

《民法典》第 36 条第 2 款规定:"本条规定的有关个人、组织包括:其他依法具有监护资格的人,居民委员会、村民委员会、学校、医疗机构、妇女联合会、残疾人联合会、未成年人保护组织、依法设立的老年人组织、民政部门等。"

⑤ 《民法典》第 36 条第 3 款。

⑥ 诉讼行为能力是以自己行为实现诉讼权利,履行诉讼义务的能力。

人、限制民事行为能力人的监护人是他的法定代理人。事先没有确定监护人的，可以由有监护资格的人协商确定；协商不成的，由人民法院在他们之中指定诉讼中的法定代理人。当事人没有《民法典》第27条、第28条规定的监护人的，可以指定《民法典》第32条规定的有关组织担任诉讼中的法定代理人。[①] (2)指定的法定代理人。①法定代理人之间互相推诿代理责任的，由人民法院指定其中一人代为诉讼。②对于涉及国家机密的案件，除允许被告人自己行使辩护权以外，如果被告人要求为他指定辩护人，人民法院可以为他指定辩护人。[②]

2. 法定代理人的权利义务。(1)法定代理人应当主动代理当事人进行诉讼，其行为与当事人的行为具有同等法律效力。[③] (2)法定代理人参加诉讼只要证明自己的身份和与被代理人具有监护关系即可。[④] (3)法定代理权变更或者消灭后，当事人应当书面告知人民法院，并由人民法院通知对方当事人。

3. 其他的指定代理人。

委托代理人

第六十一条　当事人、法定代理人可以委托一至二人作为诉讼代理人。

下列人员可以被委托为诉讼代理人：

(一)律师、基层法律服务工作者；

(二)当事人的近亲属或者工作人员；

(三)当事人所在社区、单位以及有关社会团体推荐的公民。

本条明确委托代理人。

委托代理人，是指受当事人、法定代理人委托，并以他们的名义在授权范围

---

① 《最高人民法院关于适用〈中华人民共和国民事诉讼法〉的解释》第83条。

② 《最高人民法院关于经陪审合议后的民事案件，审判员又独自进行调解而达成协议的，应否重新合议和应否准许被告人阅案卷内检举人不愿公开的材料以及对涉及国家机密的案件，可否为被告人指定辩护人等问题的复函》第3条。

③ 法定代理人在诉讼中的行为应当视为当事人的行为，与当事人的行为具有同等法律效力，人民法院和对方当事人对无诉讼行为能力的当事人所为的诉讼行为，应向其法定代理人进行。

④ 法定代理权的消灭与监护权的丧失同步，具体情形有：(1)被监护人取得或恢复民事行为能力。(2)监护人丧失民事行为能力；(3)基于婚姻关系而发生的监护权因解除婚姻关系而使一方丧失监护权；(4)监护人或被监护人死亡；(5)收养关系解除。

内进行民事诉讼活动的人。[①] 本书在此基础上进一步阐释三个方面的内容。

一、委托代理

1. 委托代理人的范围。(1)律师、基层法律服务工作者可以被委托为诉讼代理人。[②] (2)当事人是自然人的,其近亲属可以被委托为诉讼代理人。[③] (3)当事人是法人或者非法人组织的,其工作人员可以被委托为诉讼代表人。与当事人有合法劳动人事关系的职工,可以当事人工作人员的名义作为诉讼代理人。[④] (4)当事人所在社区[⑤]、单位[⑥]或社会团体[⑦]可以推荐自然人,被委托为诉讼代理人。有关社会团体推荐公民担任诉讼代理人的,应当符合下列条件:①社会团体属于依法登记设立或者依法免予登记设立的非营利性法人组织;②被代理人属于该社会团体的成员,或者当事人一方住所地位于该社会团体的活动地域;③代理事务属于该社会团体章程载明的业务范围;④被推荐的公民是该社会团体的负责人或者与该社会团体有合法劳动人事关系的工作人员。专利代理人经中华全国专利代理人协会推荐,可以在专利纠纷案件中担任诉讼代理人。[⑧]

2. 委托代理权的消灭。委托代理权限因下列情况而消灭:(1)诉讼代理任务完成,诉讼结束;(2)委托诉讼代理人辞去代理职务;(3)委托人解除委托;(4)委托诉讼代理人在诉讼中丧失诉讼行为能力或死亡。

二、不能担任诉讼代理人或辩护人

1. 无民事行为能力人、限制民事行为能力人以及其他依法不能作为诉讼代

---

① 洪冬英主编:《民事诉讼法学通论》(第3版),北京大学出版社2020年版,第145页。

② 基层法律服务工作制度是一项具有我国特色的法律服务制度。该制度始创于20世纪80年代初期,基层法律服务组织设在农村乡镇、城市街道,基层法律服务工作者从具有法律知识的人中选拔,主要职能是面向基层群众尤其是低收入人群提供及时、便利、收费低廉的法律咨询服务,包括民事诉讼、行政诉讼代理服务。

③ 《最高人民法院关于适用〈中华人民共和国民事诉讼法〉的解释》第85条规定:"根据民事诉讼法第六十一第二款第二项规定,与当事人有夫妻、直系血亲、三代以内血亲、近姻亲关系以及其他有抚养、赡养关系的亲属,可以当事人近亲属的名义作为诉讼代理人。"

④ 《最高人民法院关于适用〈中华人民共和国民事诉讼法〉的解释》第86条。

⑤ 当事人所在社区是指当事人所在居委会、村委会。

⑥ 当事人所在单位推荐的自然人,是指当事人所在单位为保护其职工的合法权益,可以在单位中推荐一人为当事人代理诉讼,但被推荐的人作为诉讼代理人必须经当事人同意和授权。

⑦ 社会团体主要包括:人民群众团体(如工会、妇联、学联、青年团等)、社会公益团体(如中国福利基金会、中国红十字会、消费者协会等)、文艺工作团体(如文学艺术界联合会、戏剧工作者协会、音乐工作者协会等)、学术研究团体(如自然科学工作者协会、社会科学工作者协会、医学会等)、行业自律性组织(如专利代理人协会等)、宗教团体(如基督教、天主教、佛教等)。

⑧ 《最高人民法院关于适用〈中华人民共和国民事诉讼法〉的解释》第87条。

理人的，当事人不得委托其作为诉讼代理人。①

2. 审判人员及法院其他工作人员。审判人员及法院其他工作人员从人民法院离任后2年内，不得以律师身份担任诉讼代理人或者辩护人。审判人员及法院其他工作人员从人民法院离任②后，不得担任原任职法院③所审理案件的诉讼代理人或者辩护人，但是作为当事人的监护人或者近亲属代理诉讼或者进行辩护的除外。④

3. 审判人员及法院其他工作人员的近亲属。审判人员及法院其他工作人员的配偶、子女或者父母不得担任其所任职法院审理案件的诉讼代理人或者辩护人。⑤

三、律师诉讼权利的保障

根据《民事诉讼法》《律师法》《最高人民法院、最高人民检察院、公安部、国家安全部、司法部关于依法保障律师执业权利的规定》，律师诉讼权利的保障如下：

1. 依法保障律师知情权。人民法院要不断完善审判流程公开、裁判文书公开、执行信息公开“三大平台”建设，方便律师及时获取诉讼信息。对诉讼程序、诉权保障、调解和解、裁判文书等重要事项及相关进展情况，应当依法及时告知律师。⑥

2. 依法保障律师阅卷权。对律师申请阅卷的，应当在合理时间内安排。案卷材料被其他诉讼主体查阅的，应当协调安排各方阅卷时间。律师依法查阅、摘抄、复制有关卷宗材料或者查看庭审录音录像的，应当提供场所和设施。有条件

---

① 《最高人民法院关于适用〈中华人民共和国民事诉讼法〉的解释》第84条。

② 《最高人民法院关于审判人员在诉讼活动中执行回避制度若干问题的规定》第8条第3款：“本条所规定的离任，包括退休、调离、解聘、辞职、辞退、开除等离开法院工作岗位的情形。”

③ 《最高人民法院关于审判人员在诉讼活动中执行回避制度若干问题的规定》第8条第4款：“本条所规定的原任职法院，包括审判人员及法院其他工作人员曾任职的所有法院。”

④ 《最高人民法院关于审判人员在诉讼活动中执行回避制度若干问题的规定》第8条第1款、第2款。

⑤ 《最高人民法院关于审判人员在诉讼活动中执行回避制度若干问题的规定》第9条。

《最高人民法院关于对配偶父母子女从事律师职业的法院领导干部和审判执行人员实行任职回避的规定》第9条规定：“法院领导干部和审判执行人员的配偶、父母、子女采取隐名代理等方式在该领导干部和审判执行人员所任职人民法院辖区内从事律师职业的，应当责令该法院领导干部和审判执行人员辞去领导职务或者将其调离审判执行岗位，其本人知情的，应当根据相关规定从重处理。”

⑥ 《最高人民法院关于依法切实保障律师诉讼权利的规定》第1条。

的法院,可提供网上卷宗查阅服务。①

3. 依法保障律师出庭权。确定开庭日期时,应当为律师预留必要的出庭准备时间。因特殊情况更改开庭日期的,应当提前3日告知律师。律师因正当理由请求变更开庭日期的,法官可在征询其他当事人意见后准许。律师带助理出庭的,应当准许。②

4. 依法保障律师辩论、辩护权。法官在庭审过程中应合理分配诉讼各方发问、质证、陈述和辩论、辩护的时间,充分听取律师意见。除律师发言过于重复、与案件无关或者相关问题已在庭前达成一致等情况外,不应打断律师发言。③

5. 依法保障律师申请排除非法证据的权利。律师申请排除非法证据并提供相关线索或者材料,法官经审查对证据收集合法性有疑问的,应当召开庭前会议或者进行法庭调查。经审查确认存在法律规定的以非法方法收集证据情形的,对有关证据应当予以排除。④

6. 依法保障律师申请调取证据的权利。律师因客观原因无法自行收集证据的,可以依法向人民法院书面申请调取证据。律师申请调取证据符合法定条件的,法官应当准许。⑤

7. 依法保障律师的人身安全。案件审理过程中出现当事人矛盾激化,可能危及律师人身安全情形的,应当及时采取必要措施。对在法庭上发生的殴打、威胁、侮辱、诽谤律师等行为,法官应当及时制止,依法处置。⑥

8. 依法保障律师代理申诉的权利。对律师代理当事人对案件提出申诉的,要依照法律规定的程序认真处理。认为原案件处理正确的,要支持律师向申诉人做好释法析理、息诉息访工作。⑦

9. 为律师依法履职提供便利。要进一步完善网上立案、缴费、查询、阅卷、申请保全、提交代理词、开庭排期、文书送达等功能。有条件的法院要为参加庭审

---

① 《最高人民法院关于依法切实保障律师诉讼权利的规定》第2条。
② 《最高人民法院关于依法切实保障律师诉讼权利的规定》第3条。
③ 《最高人民法院关于依法切实保障律师诉讼权利的规定》第4条。
④ 《最高人民法院关于依法切实保障律师诉讼权利的规定》第5条。
⑤ 《最高人民法院关于依法切实保障律师诉讼权利的规定》第6条。
⑥ 《最高人民法院关于依法切实保障律师诉讼权利的规定》第7条。
⑦ 《最高人民法院关于依法切实保障律师诉讼权利的规定》第8条。

的律师提供休息场所，配备桌椅、饮水及其他必要设施。[①]

10. 完善保障律师诉讼权利的救济机制。要指定专门机构负责处理律师投诉，公开联系方式，畅通投诉渠道。对投诉要及时调查，依法处理，并将结果及时告知律师。对司法行政机关、律师协会就维护律师执业权利提出的建议，要及时予以答复。[②]

除上述权利外，对于律师还有如下规则：(1)持有效工作证件和出庭通知履行职务的检察人员、律师可以通过专门通道进入法庭。需要安全检查的，人民法院对检察人员和律师平等对待。[③] (2)律师违反《人民法院法庭规则》的，人民法院可以向司法行政机关及律师协会通报情况并提出处理建议。[④]

委托代理的授权委托书

第六十二条　委托他人代为诉讼，必须向人民法院提交由委托人签名或者盖章的授权委托书。

授权委托书必须记明委托事项和权限。诉讼代理人代为承认、放弃、变更诉讼请求，进行和解，提起反诉或者上诉，必须有委托人的特别授权。

侨居在国外的中华人民共和国公民从国外寄交或者托交的授权委托书，必须经中华人民共和国驻该国的使领馆证明；没有使领馆的，由与中华人民共和国有外交关系的第三国驻该国的使领馆证明，再转由中华人民共和国驻该第三国使领馆证明，或者由当地的爱国华侨团体证明。

本条明确委托代理授权委托书。

委托他人代为诉讼，必须向人民法院提交有委托签名或者盖章的授权委托书及其他材料。[⑤] 本书仅就委托代理授权委托书进行阐释。

---

① 《最高人民法院关于依法切实保障律师诉讼权利的规定》第 9 条。

② 《最高人民法院关于依法切实保障律师诉讼权利的规定》第 10 条。

③ 《人民法院法庭规则》第 6 条第 2 款。

④ 《人民法院法庭规则》第 24 条。

⑤ 委托他人代为诉讼，关系到当事人对实体权利和诉讼权利的处分，以及诉讼结果的承担。为避免日后争议，法律要求授权委托书必须由当事人、法定代理人签名或者盖章，且采用书面形式，以表明委托诉讼代理人是当事人、法定代理人的意思表示。

1. 委托代理应提交的法律文书。(1)授权委托书。根据《民事诉讼法》的规定，当事人在民事诉讼中有权委托代理人。当事人委托代理人时，应当依法向人民法院提交记明委托事项和代理人具体代理权限的授权委托书。如果当事人在授权委托书中没有写明代理人在执行程序中有代理权及具体的代理事项，代理人在执行程序中没有代理权，不能代理当事人直接领取或者处分标的物。[①] (2)相关材料。诉讼代理人除根据《民事诉讼法》第62条规定提交授权委托书外，还应当按照下列规定向人民法院提交相关材料：①律师应当提交律师执业证、律师事务所证明材料；②基层法律服务工作者应当提交法律服务工作者执业证、基层法律服务所出具的介绍信以及当事人一方位于本辖区内的证明材料；③当事人的近亲属应当提交身份证件和与委托人有近亲属关系的证明材料；④当事人的工作人员应当提交身份证件和与当事人有合法劳动人事关系的证明材料；⑤当事人所在社区、单位推荐的公民应当提交身份证件、推荐材料和当事人属于该社区、单位的证明材料；⑥有关社会团体推荐的自然人应当提交身份证件和符合《最高人民法院关于适用〈中华人民共和国民事诉讼法〉的解释》第87条[②]规定条件的证明材料。[③]

2. 授权委托书的提交。(1)当事人向人民法院提交的授权委托书，应当在开庭审理前送交人民法院。授权委托书仅写"全权代理"而无具体授权的，诉讼代理人无权代为承认、放弃、变更诉讼请求，进行和解，提出反诉或者提起上诉。[④] (2)适用简易程序审理的案件，双方当事人同时到庭并径行开庭审理的，可以当场口头委托诉讼代理人，由人民法院记入笔录。[⑤]

3. 授权委托书的要求。(1)委托代理人必须写明代理权限，包括委托代理人申请回避、提供证据、陈述事实、进行辩论、申请诉讼保全和证据保全、请求调解、

---

① 《最高人民法院关于民事诉讼委托代理人在执行程序中的代理权限问题的批复》。

② 《最高人民法院关于适用〈中华人民共和国民事诉讼法〉的解释》第87条规定："根据民事诉讼法第六十一条第二款第三项规定，有关社会团体推荐公民担任诉讼代理人的，应当符合下列条件：(一)社会团体属于依法登记设立或者依法免予登记设立的非营利性法人组织；(二)被代理人属于该社会团体的成员，或者当事人一方住所地位于该社会团体的活动地域；(三)代理事务属于该社会团体章程载明的业务范围；(四)被推荐的公民是该社会团体的负责人或者与该社会团体有合法劳动人事关系的工作人员。专利代理人经中华全国专利代理人协会推荐，可以在专利纠纷案件中担任诉讼代理人。"

③ 《最高人民法院关于适用〈中华人民共和国民事诉讼法〉的解释》第88条。

④ 《最高人民法院关于适用〈中华人民共和国民事诉讼法〉的解释》第89条第1款。

⑤ 《最高人民法院关于适用〈中华人民共和国民事诉讼法〉的解释》第89条第2款。

提出反诉、上诉、申请执行。如果授权委托书没有特别注明代理权限，只写“委托某人代理诉讼”，视为代理人有权为处分实体权利外的一切诉讼行为。[①] （2）如果当事人在授权委托书中没有写明代理人在执行程序中有代理权及具体的代理事项，代理人在执行程序中没有代理权，不能代理当事人直接领取或者处分标的物。[②]

4. 委托代理后当事人的诉讼权利。委托诉讼代理人取得代理权限后，并不等于被代理人就丧失了相应的诉讼权利。被代理会人仍然可以与委托诉讼代理人一道出庭诉讼，并行使同样的诉讼权利。

5. 境外委托代理的授权委托书。境外当事人在我国境外出具授权委托书，委托代理人参加诉讼，人民法院应当要求其就授权委托书办理公证、认证手续。如果境外当事人在我国境内出具授权委托书，经我国的公证机关公证后，则不再要求办理认证手续。境外当事人是自然人或法人时，该自然人或者有权代表该法人出具授权委托书的人亲自到人民法院法官面前签署授权委托书的，无需办理公证、认证手续。[③]

代理权变更、解除

第六十三条　诉讼代理人的权限如果变更或者解除，当事人应当书面告知人民法院，并由人民法院通知对方当事人。

本条明确代理权的变更和解除。

委托诉讼代理权限的变更，是指当事人或者法定代理人与委托代理人协商扩大或者缩小代理权的范围。委托诉讼代理权限的解除，是指在委托诉讼代理关系成立后，因委托人收回诉讼代理权或者代理人放弃诉讼代理权而终止双方的诉讼代理关系。本书仅就代理权的变更和解除进行阐释。

1. 变更或者解除代理权限制时，必须书面告知人民法院，并由人民法院通知

---

① 根据诉讼权利和实体权利联系的紧密度不同，可对诉讼权利分类：第一类属于一般诉讼权利，如起诉权、应诉答辩权、申请回避权、提供证据权、辩论权等；第二类是与实体权利联系紧密的诉讼权利或特别权利，如承认、放弃、变更诉讼请求，进行和解，提起反诉或者上诉。

② 《最高人民法院关于民事诉讼委托代理人在执行程序中的代理权限问题的批复》。

③ 《最高人民法院关于进一步做好边境地区涉外民商事案件审判工作的指导意见》第4条。

对方当事人。

2. 在委托诉讼代理权限未变更、解除前，委托代理人已经实施的诉讼代理行为仍然有效。

诉讼代理人权利

第六十四条　代理诉讼的律师和其他诉讼代理人有权调查收集证据，可以查阅本案有关材料。查阅本案有关材料的范围和办法由最高人民法院规定。

本条明确诉讼代理人的权利。[①] 本书在此基础上进一步阐释两方面的内容。

一、诉讼代理人的权利

1. 有权调查收集证据。[②] 代理人可以调查收集书证、物证、视听资料、证人证言，并要求有关鉴定部门对某一事实进行鉴定等。

2. 有权查阅本案有关材料。[③] (1) 查阅的主体。代理民事诉讼的律师和其他诉讼代理人有权查阅所代理案件的有关材料。但是，诉讼代理人查阅案件材料不得影响案件的审理。诉讼代理人为了申请再审的需要，可以查阅已经审理终结的所代理案件有关材料。[④] (2) 查阅的对象。①诉讼代理人在诉讼中查阅案件材料限于案件审判卷和执行卷的正卷，包括起诉书、答辩书、庭审笔录及各种证据材料等。案件审理终结后，可以查阅案件审判卷的正卷。[⑤] ②当事人及其代理人也可以查阅执行案件的正卷。[⑥] (3) 查阅的程序。①提前联系。诉讼代理人在诉讼过程中需要查阅案件有关材料的，应当提前与该案件的书记员或者审判

---

① 诉讼代理人在代理权限内代理当事人进行诉讼活动，所以《民事诉讼法》规定了诉讼代理人具有一些必要的诉讼权利和义务，目的是保护当事人的合法权益，保证诉讼正确、顺利进行。

② 根据《民事诉讼法》的规定，当事人对自己的主张，有提供证据的责任，只有在当事人因客观原因不能收集证据或者人民法院认为有必要时，人民法院才主动调查、收集证据。

③ 有关材料，一般指法庭审理过程中所有的证据材料、庭审笔录，以及起诉状、答辩状、代理意见书等在法庭审理中涉及的材料。有关材料的具体范围以及查阅的办法，由最高人民法院规定。

④ 《最高人民法院关于诉讼代理人查阅民事案件材料的规定》第 1 条。

《人民法院档案管理办法》第 16 条规定："……律师查阅档案，应通过原案件承办人办理。卷内材料除判决书、裁定书、调解书等结论性材料外，其他材料原则上不准摘抄和复制。"

⑤ 《最高人民法院关于诉讼代理人查阅民事案件材料的规定》第 5 条。

⑥ 《最高人民法院办公厅关于诉讼档案查阅范围的复函》。

人员联系;查阅已经审理终结的案件有关材料的,应当与人民法院有关部门工作人员联系。[①] ②办理的手续。诉讼代理人查阅案件有关材料应当出示律师证或者身份证等有效证件。查阅案件有关材料应当填写查阅案件有关材料阅卷单。[②] ③查阅后的工作。诉讼代理人查阅案件有关材料后,应当及时将查阅的全部案件材料交回书记员或者其他负责保管案卷的工作人员。书记员或者法院其他工作人员对诉讼代理人交回的案件材料应当当面清查,认为无误后在阅卷单上签注。阅卷单应当附卷。诉讼代理人不得将查阅的案件材料携出法院指定的阅卷场所。[③] ④摘抄与复印。诉讼代理人查阅案件材料可以摘抄或者复印。涉及国家秘密的案件材料,依照国家有关规定办理。复印案件材料应当经案卷保管人员的同意。复印已经审理终结的案件有关材料,诉讼代理人可以要求案卷管理部门在复印材料上盖章确认。复印案件材料可以收取必要的费用。[④] (4)查阅中人民法院的义务。人民法院应当为诉讼代理人阅卷提供便利条件,安排阅卷场所。必要时,该案件的书记员或者法院其他工作人员应当在场。[⑤] (5)查阅中诉讼代理人的义务。①查阅案件材料中涉及国家秘密、商业秘密和个人隐私的,诉讼代理人应当保密。[⑥] ②(查阅时)诉讼代理人查阅案件材料不得影响案件的审理。[⑦] ③诉讼代理人查阅案件材料时不得涂改、损毁、抽取案件材料。人民法院对修改、损毁、抽取案卷材料的诉讼代理人,可以参照《民事诉讼法》第 114 条第 1 款第 1 项的规定处理。[⑧]

二、当事人的查阅权利

1. 民事案件的当事人查阅案件有关材料的,参照《最高人民法院关于诉讼代

---

① 《最高人民法院关于诉讼代理人查阅民事案件材料的规定》第 3 条。

② 《最高人民法院关于诉讼代理人查阅民事案件材料的规定》第 4 条。

③ 《最高人民法院关于诉讼代理人查阅民事案件材料的规定》第 6 条。

《人民法院档案管理办法》第 11 条规定:“归档后的档案,应在卷宗封面右上角盖‘归档’章。同时,根据类别、年度、审级、保管期限登记档案目录和检索卡片。”

④ 《最高人民法院关于诉讼代理人查阅民事案件材料的规定》第 7 条。

⑤ 《最高人民法院关于诉讼代理人查阅民事案件材料的规定》第 2 条。

⑥ 《最高人民法院关于诉讼代理人查阅民事案件材料的规定》第 8 条。

⑦ 《最高人民法院关于诉讼代理人查阅民事案件材料的规定》第 1 条第 1 款。

⑧ 《最高人民法院关于诉讼代理人查阅民事案件材料的规定》第 9 条。

《人民法院档案管理办法》第 17 条规定:“档案利用人对借出、查阅的档案,不得拆封、抽取材料、涂改、勾画、污损,违反者应追究责任。”

理人查阅民事案件材料的规定》执行。[①]

2. 当事人也可以查阅国家赔偿案件的正卷。[②]

3. 当事人可以查阅执行案件的正卷。[③]

离婚案件的代理

第六十五条　离婚案件有诉讼代理人的，本人除不能表达意思的以外，仍应出庭；确因特殊情况无法出庭的，必须向人民法院提交书面意见。

本条明确离婚案件的代理。本书仅就其进行阐释。

1. 离婚案件委托了诉讼代理人的，原则上本人还要出庭。[④] 同时，也存在一些例外，例如，当事人是不能辨认、不能完全辨认自己行为的成年人，不能正确表达自己的意思；又如，当事人正在患传染病，或正在国外不便亲自到庭等。

2. 对于不能表达意见的当事人，不仅可以不出庭，而且不用提交书面意见；对于因特殊情况不能出庭的，当事人必须要有是否同意离婚的书面意见提交给人民法院。

3. 被代理人因故不能出庭时，可由委托诉讼代理人单独出庭。但在离婚诉讼中，即使有特别授权的委托诉讼代理人，也不能对“离与不离”进行表态。

---

① 《最高人民法院关于诉讼代理人查阅民事案件材料的规定》第10条。

② 《最高人民法院办公厅关于案件当事人及其代理人查阅诉讼档案有关问题的复函》。

③ 《最高人民法院办公厅关于诉讼档案查阅范围的复函》。

④ 根据我国《民法典》的规定，夫妻能否离婚，主要取决于感情是否确已破裂，而关于这个问题，诉讼代理人往往把握不准，难以就具体情节进行陈述、辩论和说明。而且，人民法院审理离婚案件应当进行调解，如果当事人不出庭，调解则无法进行。因此，离婚案件委托了诉讼代理人的，原则上本人还要出庭。

第六章 证 据

在民事诉讼中，案件事实的认定需要以一定的证据为基础。民事诉讼证据，是指能够证明民事案件事实的各种依据，是证明案件事实是否客观存在的材料。它具有客观性①、关联性②和合法性③。民事诉讼中的"本证"，是指能够证明负有举证责任一方当事人主张的事实存在证据，即是能支持诉讼中的一方的事实主张成立，证明其主张的事实存在证据。"反证"，是指能够证明负有举证责任一方当事人主张的事实不存在的证据。"原始证据"，是指源于原始出处的证据，即证据本身直接来源于案件本身。④ "派生证据"，是指从原始证据衍生出来的证据。⑤ "直接证据"，是指能够直接用以证明案件主要事实的证据。⑥ "间接证据"，是指不能单独或直接证明案件主要事实的证据。⑦ 它只是案件的部分事实或片段，须与其他证据结合起来通过逻辑推理证明案件的主要事实。⑧

---

① 民事诉讼证据的客观性，又被称作真实性，是指作为民事诉讼证据的必须是客观存在的事实。包括：(1)民事诉讼证据的存在是客观的；(2)民事诉讼证据所反映的内容是源自案件本身的；(3)民事诉讼证据的内容与待证事实之间的联系是客观的。[洪冬英主编：《民事诉讼法学通论》(第3版)，北京大学出版社2020年版，第149页。]

② 民事诉讼证据的关联性，是指作为证据的事实必须与案件中的待证事实有客观的联系，能够对待证事实起到说明作用，能够成为证据的决定性因素。这种联系可能是直接的、内在的，也可能是间接的、外在的，但只要证据能够反映一定的案件情况，能够对案件中待证事实的一部或者全部予以说明，就具有关联性。[洪冬英主编：《民事诉讼法学通论》(第3版)，北京大学出版社2020年版，第150页。]

③ 民事诉讼证据的合法性，是指作为证据的某些事实必须以法律规定的特殊形式存在，并且证据的提供、收集、调查和保全应符合法定程序。包括：(1)符合实体法、程序法对证据形式的规定；(2)符合程序法对证据的收集、调查、保全和运用的程序规定。[洪冬英主编：《民事诉讼法学通论》(第3版)，北京大学出版社2020年版，第150页。]

④ 洪冬英主编：《民事诉讼法学通论》(第3版)，北京大学出版社2020年版，第152页。

⑤ 洪冬英主编：《民事诉讼法学通论》(第3版)，北京大学出版社2020年版，第152页。

⑥ 洪冬英主编：《民事诉讼法学通论》(第3版)，北京大学出版社2020年版，第153页。

⑦ 洪冬英主编：《民事诉讼法学通论》(第3版)，北京大学出版社2020年版，第153页。

⑧ 间接证据的主要作用：(1)成为发现其他证据(包括直接证据)的线索；(2)成为印证其他证据(包括直接证据)的有效手段；(3)多个间接证据形成证据时成为认定案件事实的依据。

证据种类

第六十六条　证据包括：

(一)当事人的陈述；

(二)书证；

(三)物证；

(四)视听资料；

(五)电子数据；

(六)证人证言；

(七)鉴定意见；

(八)勘验笔录。

证据必须查证属实，才能作为认定事实的根据。

本条明确证据的种类。本书在此基础上进一步阐释三个方面的内容。

一、证据的种类

根据证据表现出的外在形态，我国《民事诉讼法》明文列举了8种证据：

1. 当事人的陈述。(1)当事人陈述，是指民事诉讼的原告、被告和第三人就案件事实和证明这些事实情况所作的陈述。[①] (2)对案件事实的陈述，是指当事人就争议的民事法律关系发生、变更或者消灭的事实所提出的各种情况的说明。人民法院把当事人的陈述和案件的其他证据结合起来，综合研究审查，才能确定其是否可以作为认定事实的根据。

2. 书证。(1)书证，是指以纸张为主要载体，以文字、数字或者图形为主要形式，记录有关案件事实(待证事实)内容或者信息的文件(文书)。[②] (2)书证的证据效力可分为两类，形式上的证据效力和实质上的证据效力。形式上的证据效

① 参见《最高人民法院关于开展〈人民法院统一证据规定(司法解释建议稿)〉试点工作的通知》第14条第1项。

② 《最高人民法院关于开展〈人民法院统一证据规定(司法解释建议稿)〉试点工作的通知》第14条第5项。

书证，从狭义理解，一般指视听资料和电子数据之外的以其记载的内容来证明案件事实的资料。书证以纸张等物质载体的形式体现，但文字、图形、符号等所记载的内容是其本质属性。

力的标准是书证本身是否具有真实性，是否为当事人主张的文书的制作者所作。实质上的证据效力的标准则是书证所记载内容是否真实，是否与待证事实存在关联性。① (3)书证可分为公文性书证②和非公文性书证③、处分性书证④和报道性书证⑤，还可分为原本⑥、正本⑦、副本⑧、复印件⑨、节录本⑩以及影印件⑪等。

3. 物证。物证，是指以外形、质量、规格、特征等形式载有(证明)案件事实信息的物质和痕迹。⑫

4. 视听资料。视听资料包括录音资料和影像资料。⑬

5. 电子数据。(1)电子数据是指通过电子邮件、电子数据交换、网上聊天记录、博客、微博客、手机短信、电子签名、域名等形成或者储存电子介质中的信息。⑭ (2)电子数据包括下列信息、电子文件：①网页、博客、微博客等网络平台发布的信息；②手机短信、电子邮件、即时通信、通讯群组等网络应用服务的通信

---

① 书证的形式上的证据效力与实质上的证据效力的关系是：形式上的证据效力是实质上的证据效力的前提。但有形式上的证据效力，未必一定有实质上的证据效力。作为人民法院认定待证事实根据的书证，是形式上的证据效力与实质上的证据效力的统一。

② 公文性书证，是指国家机关、社会团体依照一定程序和格式，在行使自己职权范围内制作的各种文书。

③ 非公文性书证，是指公文性书证以外的其他书证，不仅包括具有民事行为能力的自然人制作的私人文书，也包括法人、国家机关以及社会团体从事民事活动所制作的文书。

④ 处分性书证，是指记载的内容是以设立一定法律权利义务关系为目的的书证，它能说明某种法律关系在当事人之间发生、变更或消灭的事实。

⑤ 报道性书证，是指书证记载的内容并不以产生特定的法律后果为目的，只是反映某种具有法律意义的事实，也称记录性文书。

⑥ 原本，是指文件制作人最初做成的文本。

⑦ 正本，是指照原本全文抄录、印刷并对外具有与原本同一的效力的文件。

⑧ 副本，是指照原本全文抄录、印刷而具有正本效力的文件。

⑨ 复印件，是对原本进行复印形成的文件。

⑩ 节录本，是指仅摘抄原本或正本文件部分内容的文本。

⑪ 影印件，是对原本进行拍照、扫描形成的文件。

⑫ 《最高人民法院关于开展〈人民法院统一证据规定(司法解释建议稿)〉试点工作的通知》第14条第4项。

广东省广州市中级人民法院(2009)穗中法民二终字第1506号民事判决书认为，对于收货单及入库单上签名的笔迹，上诉人完全可以申请进行鉴定。上诉人未申请鉴定，原审判决对签名笔迹予以确认并无不当。

⑬ 《最高人民法院关于适用〈中华人民共和国民事诉讼法〉的解释》第116条第1款。

⑭ 《最高人民法院关于适用〈中华人民共和国民事诉讼法〉的解释》第116条第2款。

《最高人民法院关于开展〈人民法院统一证据规定(司法解释建议稿)〉试点工作的通知》第14条第7项规定："音像、电子证据，是指以磁带、光盘、胶片或者电子芯片等储存的信息，记述有关案件事实的资料。"

信息;③用户注册信息、身份认证信息、电子交易记录、通信记录、登录日志等信息;④文档、图片、音频、视频、数字证书、计算机程序等电子文件;⑤其他以数字化形式存储、处理、传输的能够证明案件事实的信息。[①]

6. 证人证言。(1)证人证言,是指证人在本案开庭审判时向人民法院所作的有关案件事实陈述。[②] (2)证人证言既可以是亲自听到、看到的,也可以是从其他人、其他地方间接得知的。

7. 鉴定意见和专家辅助人意见。(1)鉴定意见和专家辅助人意见,是指具有法定资格的鉴定机构、鉴定人[③]或者专家辅助人就案件的专门性问题所作的结论性或者倾向性意见;[④]如医学鉴定、指纹鉴定、产品质量鉴定、文书鉴定、会计鉴定等。(2)在诉讼中,鉴定可由当事人申请或由人民法院依职权委托鉴定。

8.(检验、检查)勘验笔录。(1)勘验、检查和现场笔录,是指有关人员依职权对现场、物品、人身、尸体等进行勘验、检查活动(查验、拍照、测量)所作的记载。[⑤] (2)人民法院对能够证明案件事实的现场或者不能、不便拿到人民法院的物证,就地进行分析、检验、勘查后作出的记录,是对物证或者现场的重新再现。[⑥] (3)勘验笔录是勘验人员对有争议的现场或物品进行勘查检验所作的记录,并不包括勘验人员对所见情况的分析和判断。

二、示意(辅助)证据

为辅助说明《最高人民法院关于开展〈人民法院统一证据规定(司法解释建议稿)〉试点工作的通知》第14条所列证据的内容,可以使用复制或者描绘与案

---

① 《最高人民法院关于民事诉讼证据的若干规定》第14条。

② 《最高人民法院关于开展〈人民法院统一证据规定(司法解释建议稿)〉试点工作的通知》第14条第2项。

这里所说的"陈述",主要指口头陈述,包括特殊证人的动作陈述,如听障人士所用的手语等肢体语言。

③ 鉴定人,是指那些接受聘请或指派凭借自己的专门知识对案件中的专业问题或疑难问题进行科学分析并给出相应专业意见的人。鉴定人必须具有两个条件:(1)必须要有解决所鉴定问题的能力;(2)必须能够客观公正地进行鉴定。对于鉴定人,适用《民事诉讼法》所规定的回避制度。

④ 《最高人民法院关于开展〈人民法院统一证据规定(司法解释建议稿)〉试点工作的通知》第14条第3项。

鉴定意见表达的只是鉴定人个人的意见,是诸多证据中的一种,审判人员应当结合案件的全部证据,综合审查判断,正确认定案件事实,作出正确判决。专家辅助人可以就鉴定人作出的鉴定意见或者专业问题当庭提出意见,辅助当事人进行诉讼。

⑤ 《最高人民法院关于开展〈人民法院统一证据规定(司法解释建议稿)〉试点工作的通知》第14条第6项。

⑥ 它是客观事物的书面反映,是保全原始证据的一种证据形式。

件事实有关的人物、物体或者场景的模型、图表、素描、照片、电子图像等形式的示意证据。审判人员对诉讼各方提交的示意证据,应当下列必要性审查:(1)物证、书证是否因数量、体积等原因不便在法庭上出示,而应当提供该示意证据。(2)物证、书证是否存在下列不宜提交的情形,而应当提供该示意证据:①易腐烂、霉变、不保管;②违禁品、枪支弹药、易燃易爆物品、剧毒物品或者其他危险品;③珍贵文物、物品等。(3)示意证据的提供是否有助于审判人员理解和认定有关争议事项。①

三、证据的查证属实

"证据必须查证属实,才能作为认定事实的根据",是指证据的查证应当通过法定程序进行,主要是指证据应当在法庭上出示,并由当事人互相质证。②

提供证据责任及证据核实

第六十七条　当事人对自己提出的主张,有责任提供证据。

当事人及其诉讼代理人因客观原因不能自行收集的证据,或者人民法院认为审理案件需要的证据,人民法院应当调查收集。

人民法院应当按照法定程序,全面地、客观地审查核实证据。

本条明确提供证据的责任和证据核实。

举证责任,是指当事人对自己提出的主张有收集或提供证据的义务,并有运用该证据证明主张的案件事实成立或有利于自己的主张的责任,否则将承担其主张不能成立的危险。③ 本书在提供证据的责任和证据核实的基础上进一步阐

---

① 《最高人民法院关于开展〈人民法院统一证据规定(司法解释建议稿)〉试点工作的通知》第15条。

② 当事人在法庭上出示各自的证据,互相质证,开展辩论,直接对抗,更有利于发现事实真相。

③ 证明责任包括两种含义:一是指客观上的证明责任,也称为结果意义上的证明责任、实质上的证明责任、说服责任,即在案件事实真伪不明时由哪一方当事人承担不利后果;二是指主观上的证明责任,也称行为意义上的证明责任、形式上的证明责任、证据提出责任,即当事人对自己主张的事实应当提供证据予以证明。

我国《民事诉讼法》中所用的举证责任应当作结果意义上的证明责任来理解,使用"证明责任"和"举证责任"的概念。而对于行为意义上的证明责任则使用"提供证据责任"这一概念。本条规定的仅仅是提供证据的责任。《最高人民法院关于民事诉讼证据的若干规定》第2条第1款也属于行为意义上的责任。而其第2款却属于结果意义上的责任。

释四个方面的内容。

一、举证的一般规定

1. 举证的适用。(1)“谁主张、谁举证”的证据分配规则,即当事人对自己所主张的案件事实,除属于免证的外,都应当提供证据加以证明。[①] (2)下列事实,当事人无须举证证明:①自然规律以及定理、定律;②众所周知的事实;③根据法律规定推定的事实;④根据已知的事实和日常生活经验法则推定出的另一事实;⑤已为仲裁机构的生效裁决所确认的事实;⑥已为人民法院发生法律效力的裁判所确认的基本事实;⑦已为有效公证文书所证明的事实。前款第2项至第5项事实,当事人有相反证据足以反驳的除外;第6项、第7项事实,当事人有相反证据足以推翻的除外。[②]

2. 举证证明责任的确定。人民法院应当依照下列原则确定举证证明责任的承担,但法律另有规定的除外:(1)主张法律关系存在的当事人,应当对产生该法律关系的基本事实承担举证证明责任;(2)主张法律关系变更、消灭或者权利受到妨害的当事人,应当对该法律关系变更、消灭或者权利受到妨害的基本事实承担举证证明责任。[③]

二、当事人的举证

在民事诉讼中,当事人需要提供证据来证明相关的事实。这种证明事实(对象)包括实体法上的事实[④]、程序法上的事实[⑤]、证据事实[⑥]。

1. 当事人举证的告知。(1)人民法院应当向当事人说明举证的要求及法律后果,促使当事人在合理期限内积极、全面、正确、诚实地完成举证。[⑦] (2)人民法院应当在审理前的准备阶段向当事人送达举证通知书。举证通知书应当载明举

---

① 《最高人民法院关于天津市邮政局与焦长年存单纠纷一案中如何分配举证责任问题的函复》认为,根据证据学原理,只能要求主张事实发生或者存在的当事人承担举证责任;而不能要求主张事实不存在或者没有发生的当事人负举证责任。

② 《最高人民法院关于民事诉讼证据的若干规定》第10条。

③ 《最高人民法院关于适用〈中华人民共和国民事诉讼法〉的解释》第91条。

④ 实体法上的事实,是指民事实体法规定的,引起当事人的民事实体权利义务关系发生、变更和消灭的事实。

⑤ 程序法上的事实,是指对解决诉讼程序问题具有法律意义的事实,如诉讼法规定的引起诉讼权利义务发生、变更和终止的事实。

⑥ 证据事实,即证明对象,证据事实既是证明手段,也是证明对象。

⑦ 《最高人民法院关于民事诉讼证据的若干规定》第2条第1款。

证责任的分配原则和要求、可以向人民法院申请调查收集证据的情形、人民法院根据案件情况指定的举证期限以及逾期提供证据的法律后果等内容。①

2. 当事人举证的义务。(1)当事人的法定举证。当事人对自己提出的诉讼请求所依据的事实或者反驳对方诉讼请求所依据的事实,应当提供证据加以证明,但法律另有规定的除外。在作出判决前,当事人未能提供证据或者证据不足以证明其事实主张的,由负有举证证明责任的当事人承担不利的后果。② (2)人民法院责令当事人举证。双方当事人无争议的事实符合《最高人民法院关于适用〈中华人民共和国民事诉讼法〉的解释》第96条第1款③规定情形的,人民法院可以责令当事人提供有关证据。④

3. 当事人举证的要求。当事人应当对其提交的证据材料逐一分类编号,对证据材料的来源、证明对象和内容作简要说明,签名盖章,注明提交日期,并依照对方当事人人数提出副本。人民法院收到当事人提交的证据材料,应当出具收据,注明证据的名称、份数和页数以及收到的时间,由经办人员签名或者盖章。⑤

4. 当事人举证责任的免除(免证的事实)。⑥ (1)下列事实,当事人无须举证

---

① 《最高人民法院关于民事诉讼证据的若干规定》第50条。

最高人民法院(2009)民三终字第4号民事裁定书认为:人民法院应当在立案之日起5日内至少应将起诉状副本、应诉通知书、举证通知书发送被告,并无必须同时将原告证据一并发送被告的强制性规定。

北京市第一中级人民法院(2012)一中民终字第5372号民事判决书:《民事诉讼法》第114条规定并没有明确规定应当在送达案件受理通知书和应诉通知书的同时向当事人送达举证通知书,该规定不但没有排除举证要求的告知,而且应该包括举证要求的告知在内的广泛的诉讼权利和义务。(此处适用的是2007年修正的《民事诉讼法》,相关规定参见2021年修正的《民事诉讼法》第129条)

② 《最高人民法院关于适用〈中华人民共和国民事诉讼法〉的解释》第90条。

《〈最高人民法院关于民事诉讼证据的若干规定〉文书样式(试行)》样式之二《举证通知书》第1条规定:"当事人应当对自己提出的诉讼请求所依据的事实或者反驳对方诉讼请求所依据的事实承担举证责任。当事人没有证据或者提出的证据不足以证明其事实主张的,由负有举证责任的当事人承担不利后果。"

③ 《最高人民法院关于适用〈中华人民共和国民事诉讼法〉的解释》第96条第1款规定:"民事诉讼法第六十七条第二款规定的人民法院认为审理案件需要的证据包括:(一)涉及可能损害国家利益、社会公共利益的;(二)涉及身份关系的;(三)涉及民事诉讼法第五十八条规定诉讼的;(四)当事人有恶意串通损害他人合法权益可能的;(五)涉及依职权追加当事人、中止诉讼、终结诉讼、回避等程序性事项的。"

④ 《最高人民法院关于民事诉讼证据的若干规定》第18条。

⑤ 《最高人民法院关于民事诉讼证据的若干规定》第19条。

⑥ 免证的事实,是指法律规定当事人对于所主张的事实无须提供证明,法官就应予以认定事实。

证明:①自然规律以及定理、定律;②众所周知的事实;[①]③根据法律规定推定的事实;④根据已知的事实和日常生活经验法则推定出的另一事实;[②]⑤已为仲裁机构的生效裁决所确认的事实;⑥已为人民法院发生法律效力的裁判所确认的基本事实;[③]⑦已为有效公证文书所证明的事实。前款第2项至第5项事实,当事人有相反证据足以反驳的除外;第6项、第7项事实,当事人有相反证据足以推翻的除外。[④] (2)免证事实还包括明示承认的事实和默示承认的事实。①一方当事人在法庭审理中,或者在起诉状、答辩状、代理词等书面材料中,对于己不利的事实明确表示承认的,另一方当事人无需举证证明。对于涉及身份关系、国家利益、社会公共利益等应当由人民法院依职权调查的事实,不适用前款自认的规定。自认的事实与查明的事实不符的,人民法院不予确认。[⑤] ②一方当事人对于另一方当事人主张的于己不利的事实既不承认也不否认,经审判人员说明并询问后,其仍然不明确表示肯定或者否定的,视为对该事实的承认。[⑥] ③当事人委

---

① 众所周知的事实,是指在一定条件下为一般人所知晓的事实。它包括自然现象、常识、一般性经验、习俗以及政治、经济、文化重大事件,同时也包括法官应当知晓的行政事务和司法事务。

② 推定的事实,是指根据法律规定或经验法则,在某一事实存在的情况下,认定另一事实存在或不存在的司法活动。

③ 预决的事实,是指已为法院生效裁判或者仲裁机构生效裁决所认定了的事实。

④ 《最高人民法院关于民事诉讼证据的若干规定》第10条。

《最高人民法院关于适用〈中华人民共和国民事诉讼法〉的解释》第93条规定:"下列事实,当事人无须举证证明:(一)自然规律以及定理、定律;(二)众所周知的事实;(三)根据法律规定推定的事实;(四)根据已知的事实和日常生活经验法则推定出的另一事实;(五)已为人民法院发生法律效力的裁判所确认的事实;(六)已为仲裁机构生效裁决所确认的事实;(七)已为有效公证文书所证明的事实。前款第二项至第四项规定的事实,当事人有相反证据足以反驳的除外;第五项至第七项规定的事实,当事人有相反证据足以推翻的除外。"

《最高人民法院关于"对〈民事诉讼法〉司法解释疑问"的回复》第1条认为,2019年《最高人民法院关于民事诉讼证据的若干规定》第10条,对于"已为仲裁机构的生效裁决所确认的事实"的反证标准进行了修改,在保留生效仲裁裁决作为免证事实的同时,降低其反证的标准,由2015年《最高人民法院关于适用〈中华人民共和国民事诉讼法〉的解释》第93条、2001年《最高人民法院关于民事诉讼证据的若干规定》第9条规定的"足以推翻"变更为"足以反驳",意味着排除仲裁裁决确认的事实作为免证事实的要求有所降低,当事人提出的反证不必达到推翻该事实的程度,只需要动摇免证事实对法官的心证基础,使其处于真伪不明状态即可。

⑤ 《最高人民法院关于适用〈中华人民共和国民事诉讼法〉的解释》第92条。

《最高人民法院关于民事诉讼证据的若干规定》第3条规定:"在诉讼过程中,一方当事人陈述的于己不利的事实,或者对于己不利的事实明确表示承认的,另一方当事人无需举证证明。在证据交换、询问、调查过程中,或者在起诉状、答辩状、代理词等书面材料中,当事人明确承认于己不利的事实的,适用前款规定。"

⑥ 《最高人民法院关于民事诉讼证据的若干规定》第4条。

托诉讼代理人参加诉讼的，除授权委托书明确排除的事项外，诉讼代理人的自认视为当事人的自认。当事人在场对诉讼代理人的自认明确否认的，不视为自认。①

5. 当事人举证的推定。一方当事人控制证据无正当理由拒不提交，对待证事实负有举证责任的当事人主张该证据的内容不利于控制人的，人民法院可以认定该主张成立。②

三、人民法院调查收集证据

1. 人民法院主动收集的证据。(1)人民法院主动收集证据的情形。①《民事诉讼法》第67条第2款规定的人民法院认为审理案件需要的证据包括：(i)涉及可能损害国家利益、社会公共利益的；(ii)涉及身份关系的；(iii)涉及《民事诉讼法》第58条规定诉讼的；(iv)当事人有恶意串通损害他人合法权益可能的；(v)涉及依职权追加当事人、中止诉讼、终结诉讼、回避等程序性事项的。除前款规定外，人民法院调查收集证据，应当依照当事人的申请进行。③ ②民事案件比较复杂，有时仅靠当事人提供的证据不足以认定事实，人民法院认为有必要主动收集。(2)人民法院主动收集证据的举证期限。人民法院依法调查收集的证据在庭审中出示后，当事人要求提供相反证据的，人民法院可以酌情确定相应的举证期限。④ (3)人民法院主动收集证据的要求。①人民法院调查收集的书证，可以是原件，也可以是经核对无误的副本或者复制件。是副本或者复制件的，应当在调查笔录中说明来源和取证情况。⑤ ②人民法院调查收集的物证应当是原物。被调查人提供原物确有困难的，可以提供复制品或者影像资料。提供复制品或者影像资料的，应当在调查笔录中说明取证情况。⑥ ③人民法院调查收集视听资

---

① 《最高人民法院关于民事诉讼证据的若干规定》第5条。

② 《最高人民法院关于民事诉讼证据的若干规定》第95条。

《最高人民法院关于适用〈中华人民共和国民法典〉婚姻家庭编的解释(一)》第39条规定："父或者母向人民法院起诉请求否认亲子关系，并已提供必要证据予以证明，另一方没有相反证据又拒绝做亲子鉴定的，人民法院可以认定否认亲子关系一方的主张成立。父或者母以及成年子女起诉请求确认亲子关系，并提供必要证据予以证明，另一方没有相反证据又拒绝做亲子鉴定的，人民法院可以认定确认亲子关系一方的主张成立。"

③ 《最高人民法院关于适用〈中华人民共和国民事诉讼法〉的解释》第96条。

④ 参见《最高人民法院关于适用〈关于民事诉讼证据的若干规定〉中有关举证时限规定的通知》第4条。

⑤ 《最高人民法院关于民事诉讼证据的若干规定》第21条。

⑥ 《最高人民法院关于民事诉讼证据的若干规定》第22条。

料、电子数据,应当要求被调查人提供原始载体。提供原始载体确有困难的,可以提供复制件。提供复制件的,人民法院应当在调查笔录中说明其来源和制作经过。人民法院对视听资料、电子数据采取证据保全措施的,适用前款规定。[①] ④人民法院调查收集可能需要鉴定的证据,应当遵守相关技术规范,确保证据不被污染。[②]

2. 当事人申请人民法院调查收集的证据。(1)当事人申请人民法院调查收集的情形。当事人因客观原因不能自行收集的证据,可申请人民法院调查收集。[③] ①《民事诉讼法》第67条第2款规定的当事人及其诉讼代理人因客观原因不能自行收集的证据包括:(i)证据由国家有关部门保存,当事人及其诉讼代理人无权查阅调取的;(ii)涉及国家秘密、商业秘密或者个人隐私的;(iii)当事人及其诉讼代理人因客观原因不能自行收集的其他证据。当事人及其诉讼代理人因客观原因不能自行收集的证据,可以在举证期限届满前书面申请人民法院调查收集。[④] ②当事人及诉讼代理人因客观原因不能自行收集的证据,还包括:"需要作出勘验笔录的""涉及土地、房产、公安、档案等方面的证据,必须要由人民法院调取的""当事人年迈体弱,且无委托诉讼代理人,提供证据确有困难的"。当事人及其诉讼代理人申请人民法院调查收集证据,应当在举证期限届满前提出。(2)当事人申请人民法院调查收集的申请书。申请书应当载明被调查人的姓名或者单位名称、住所地等基本情况、所要调查收集的证据名称或者内容、需要由人民法院调查收集证据的原因及其要证明的事实以及明确的线索。[⑤] (3)当事人申请人民法院调查收集的期限。当事人及其诉讼代理人申请人民法院调查收集证据,应当在举证期限届满前提出书面申请。[⑥] (4)人民法院对申请的裁定。①人民法院准许申请的裁定。人民法院认为审理案件需要的证据,应当依职权自行调查收集,或依当事人的申请,收集其他证据。人民法院准许的情况下,向申请方送达通知书或以口头的形式将内容通知当事人,并记入笔录,由申请人签

---

① 《最高人民法院关于民事诉讼证据的若干规定》第23条。
② 《最高人民法院关于民事诉讼证据的若干规定》第24条。
③ 《最高人民法院关于民事诉讼证据的若干规定》第2条第2款。
④ 《最高人民法院关于适用〈中华人民共和国民事诉讼法〉的解释》第94条。
⑤ 《最高人民法院关于民事诉讼证据的若干规定》第20条第2款。
⑥ 《最高人民法院关于民事诉讼证据的若干规定》第20条第1款。

字或者盖章。[①] ②人民法院不予准许申请的裁定。(i)当事人申请调查收集的证据,与待证事实无关联、对证明待证事实无意义或者其他无调查收集必要的,人民法院不予准许。[②] (ii)人民法院不予准许的,向申请人送达通知书,并告知申请人可在收到本决定书次日起3日内有权向本院申请复议1次。[③] (iii)人民法院审查后,作出复议决定书,向申请人送达,维持(撤销)原决定。[④]

四、具体纠纷案件的举证责任、认定

1. 具体纠纷案件的举证责任。(1)合同纠纷案件。①人民法院在审查不良债权转让合同效力时,应当要求受让人向法庭披露不良债权转让合同以证明其权利合法性和权利范围。[⑤] ②提供格式条款一方对已尽合理提示及说明义务承担举证责任。[⑥] (2)借贷纠纷案件。①民间借贷中,原告仅依据借据、收据、欠条等债权凭证提起民间借贷诉讼,被告抗辩已经偿还借款的,被告应当对其主张提供证据证明。被告提供相应证据证明其主张后,原告仍应就借贷关系的存续承担举证责任。被告抗辩借贷行为尚未实际发生并能作出合理说明的,人民法院应当结合借贷金额、款项交付、当事人的经济能力、当地或者当事人之间的交易方式、交易习惯、当事人财产变动情况以及证人证言等事实和因素,综合判断查证借贷事实是否发生。[⑦] ②原告仅依据金融机构的转账凭证提起民间借贷诉讼,被告抗辩转账系偿还双方之前借款或者其他债务的,被告应当对其主张提供证据证明。被告提供相应证据证明其主张后,原告仍应就借贷关系的成立承担举证责任。[⑧] ③对于存款账户中的存款数额减少而发生的合同诉讼,持卡人应提交存折和取款卡,以证明自己与银行等存在存储合同关系,证明存款数目、存折和

---

① 参见《〈最高人民法院关于民事诉讼证据的若干规定〉文书样式(试行)》样式之十二《不予准许交换证据申请通知书》。

② 《最高人民法院关于适用〈中华人民共和国民事诉讼法〉的解释》第95条。

③ 参见《〈最高人民法院关于民事诉讼证据的若干规定〉文书样式(试行)》样式之十四《不予准许当事人调查收集证据申请决定书》。

④ 参见《〈最高人民法院关于民事诉讼证据的若干规定〉文书样式(试行)》样式之十五《复议决定书(驳回当事人申请法院调查收集证据的复议申请)》、样式之十六《复议决定书(撤销原决定)》。

⑤ 《最高人民法院关于审理涉及金融不良债权转让案件工作座谈会纪要》第8条认为:"……人民法院不得仅以不良债权出让价格与资产账面额之间的差额幅度作为引起怀疑的证据,而应当综合判断"。

⑥ 参见《民法典》第496条。

⑦ 《最高人民法院关于审理民间借贷案件适用法律若干问题的规定》第15条。

⑧ 《最高人民法院关于审理民间借贷案件适用法律若干问题的规定》第16条。

取款卡没有丢失的事实；而银行等就持卡人恶意支取、使用或者指使他人使用取款卡取款的事实负举证责任。[①] (3)侵权纠纷案件。①原告以被诉商标的使用侵犯其注册商标专用权为由提起民事诉讼，被告以原告的注册商标复制、摹仿或者翻译其在先未注册驰名商标为由提出抗辩或者提起反诉的，应当对其在先未注册商标驰名的事实负举证责任。[②] ②被诉侵犯商标权或者不正当竞争行为发生前，曾被人民法院或者行政管理部门认定驰名的商标，被告对该商标驰名的事实不持异议的，人民法院应当予以认定。被告提出异议的，原告仍应当对该商标驰名的事实负举证责任。[③] ③原告对经营者擅自使用商品的知名度[④]，用不正当手段从事市场交易的行为提出民事诉讼的，其对商品的市场知名度负举证责任。(4)期货纠纷案件。①期货公司应当对客户的交易指令是否入市交易承担举证责任。[⑤] ②期货交易所通知期货公司追加保证金，期货公司否认收到上述通知的，由期货交易所承担举证责任。期货公司向客户发出追加保证金的通知，客户否认收到上述通知的，由期货公司承担举证责任。[⑥] (5)票据纠纷案件。①票据诉讼的举证责任由提出主张的一方当事人承担。依照《票据法》第 4 条第 2 款[⑦]、第 10 条[⑧]、第

---

① 《最高人民法院关于天津市邮政局与焦长年存单纠纷一案中如何分配举证责任问题的函复》认为，根据证据学原理，只能要求主张事实发生或者存在的当事人承担举证责任；而不能要求主张事实不存在或者没有发生的当事人负举证责任。

② 《最高人民法院关于审理涉及驰名商标保护的民事纠纷案件应用法律若干问题的解释》第 6 条。

③ 《最高人民法院关于审理涉及驰名商标保护的民事纠纷案件应用法律若干问题的解释》第 7 条第 1 款。

④ 《反不正当竞争法》第 6 条规定："经营者不得实施下列混淆行为，引人误认为是他人商品或者与他人存在特定联系：(一)擅自使用与他人有一定影响的商品名称、包装、装潢等相同或者近似的标识；(二)擅自使用他人有一定影响的企业名称(包括简称、字号等)、社会组织名称(包括简称等)、姓名(包括笔名、艺名、译名等)；(三)擅自使用他人有一定影响的域名主体部分、网站名称、网页等；(四)其他足以引人误认为是他人商品或者与他人存在特定联系的混淆行为。"

⑤ 《最高人民法院关于审理期货纠纷案件若干问题的规定》第 56 条第 2 款规定："确认期货公司是否将客户下达的交易指令入市交易，应当以期货交易所的交易记录、期货公司通知的交易结算结果与客户交易指令记录中的品种、买卖方向是否一致，价格、交易时间是否相符为标准，指令交易数量可以作为参考。但客户有相反证据证明其交易指令未入市交易的除外。"

⑥ 《最高人民法院关于审理期货纠纷案件若干问题的规定》第 57 条。

⑦ 《票据法》第 4 条第 2 款规定："持票人行使票据权利，应当按照法定程序在票据上签章，并出示票据。"

⑧ 《票据法》第 10 条规定："票据的签发、取得和转让，应当遵循诚实信用的原则，具有真实的交易关系和债权债务关系。票据的取得，必须给付对价，即应当给付票据双方当事人认可的相对应的代价。"

12 条①、第 21 条②的规定，向人民法院提起诉讼的持票人有责任提供诉争票据。该票据的出票、承兑、交付、背书转让涉嫌欺诈、偷盗、胁迫、恐吓、暴力等非法行为的，持票人对持票的合法性应当负责举证。③ ②票据债务人依照《票据法》第 13 条的规定，对与其有直接债权债务关系的持票人提出抗辩，人民法院合并审理票据关系和基础关系的，持票人应当提供相应的证据证明已经履行了约定义务。④ ③付款人或者承兑人被人民法院依法宣告破产的，持票人因行使追索权而向人民法院提起诉讼时，应当向受理法院提供人民法院依法作出的宣告破产裁定书或者能够证明付款人或者承兑人破产的其他证据。⑤ (6)其他纠纷案件。债权人申请债务人破产的，应当提交债务人不能清偿到期债务的有关证据。债务人对债权人的申请未在法定期限内向人民法院提出异议，或者异议不成立的，人民法院应当依法裁定受理破产申请。受理破产申请后，人民法院应当责令债务人依法提交其财产状况说明、债务清册、债权清册、财务会计报告等有关材料，债务人拒不提交的，人民法院可以对债务人的直接责任人员采取罚款等强制措施。⑥

2. 具体纠纷案件的举证认定。(1)当事人对欺诈、胁迫、恶意串通事实的证明，以及对口头遗嘱或者赠与事实的证明，人民法院确信该待证事实存在的可能性能够排除合理怀疑的，应当认定该事实存在。⑦ (2)依据《最高人民法院关于适用〈中华人民共和国民事诉讼法〉的解释》第 174 条⑧第 2 款之规定，负有举证责任的原告无正当理由拒不到庭，经审查现有证据无法确认借贷行为、借贷金

---

① 《票据法》第 12 条规定："以欺诈、偷盗或者胁迫等手段取得票据的，或者明知有前列情形，出于恶意取得票据的，不得享有票据权利。持票人因重大过失取得不符合本法规定的票据的，也不得享有票据权利。"

② 《票据法》第 21 条规定："汇票的出票人必须与付款人具有真实的委托付款关系，并且具有支付汇票金额的可靠资金来源。不得签发无对价的汇票用以骗取银行或者其他票据当事人的资金。"

③ 《最高人民法院关于审理票据纠纷案件若干问题的规定》第 8 条。

④ 《最高人民法院关于审理票据纠纷案件若干问题的规定》第 9 条。

⑤ 《最高人民法院关于审理票据纠纷案件若干问题的规定》第 10 条。

⑥ 《最高人民法院关于适用〈中华人民共和国企业破产法〉若干问题的规定(一)》第 6 条。

⑦ 《最高人民法院关于适用〈中华人民共和国民事诉讼法〉的解释》第 109 条。

⑧ 《最高人民法院关于适用〈中华人民共和国民事诉讼法〉的解释》第 174 条规定："民事诉讼法第一百一十二条规定的必须到庭的被告，是指负有赡养、抚育、扶养义务和不到庭就无法查清案情的被告。人民法院对必须到庭才能查清案件基本事实的原告，经两次传票传唤，无正当理由拒不到庭的，可以拘传。"

《民事诉讼法》第 112 条规定："人民法院对必须到庭的被告，经两次传票传唤，无正当理由拒不到庭的，可以拘传。"

额、支付方式等案件主要事实，人民法院对原告主张的事实不予认定。[①]（3）人民法院审理民间借贷纠纷案件时发现有下列情形之一的，应当严格审查借贷发生的原因、时间、地点、款项来源、交付方式、款项流向以及借贷双方的关系、经济状况等事实，综合判断是否属于虚假民事诉讼：①出借人明显不具备出借能力；②出借人起诉所依据的事实和理由明显不符合常理；③出借人不能提交债权凭证或者提交的债权凭证存在伪造的可能；④当事人双方在一定期限内多次参加民间借贷诉讼；⑤当事人无正当理由拒不到庭参加诉讼，委托代理人对借贷事实陈述不清或者陈述前后矛盾；⑥当事人双方对借贷事实的发生没有任何争议或者诉辩明显不符合常理；⑦借款人的配偶或者合伙人、案外人的其他债权人提出有事实依据的异议；⑧当事人在其他纠纷中存在低价转让财产的情形；⑨当事人不正当放弃权利；⑩其他可能存在虚假民间借贷诉讼的情形。[②]（4）经查明属于虚假民间借贷诉讼，原告申请撤诉的，人民法院不予准许，并应当根据《民事诉讼法》第 115 条之规定，判决驳回其请求。诉讼参与人或者其他人恶意制造、参与虚假诉讼，人民法院应当依照《民事诉讼法》第 114 条、第 115 条和第 116 条之规定，依法予以罚款、拘留；构成犯罪的，应当移送有管辖权的司法机关追究刑事责任。单位恶意制造、参与虚假诉讼的，人民法院应当对该单位进行罚款，并可以对其主要负责人或者直接责任人员予以罚款、拘留；构成犯罪的，应当移送有管辖权的司法机关追究刑事责任。[③]

及时提供证据义务

第六十八条　当事人对自己提出的主张应当及时提供证据。

人民法院根据当事人的主张和案件审理情况，确定当事人应当提供的证据及其期限。当事人在该期限内提供证据确有困难的，可以向人民法院申请延长期限，人民法院根据当事人的申请适当延长。当事人逾期提供证据的，

---

① 《最高人民法院关于审理民间借贷案件适用法律若干问题的规定》第 17 条。

② 《最高人民法院关于审理民间借贷案件适用法律若干问题的规定》第 18 条。

③ 《最高人民法院关于审理民间借贷案件适用法律若干问题的规定》第 19 条。

人民法院应当责令其说明理由；拒不说明理由或者理由不成立的，人民法院根据不同情形可以不予采纳该证据，或者采纳该证据但予以训诫、罚款。

本条明确当事人应及时提供证据。

当事人对自己提出的主张应当及时提供证据。其中，“当事人及时提供证据义务”，是指在民事诉讼中，当事人应当根据诉讼进行情况，在合理、适当的期间对自己的主张提供证据。[①] 本书在当事人应及时提供证据基础上进一步阐释两方面的内容。

一、举证期限

举证期限，是指法律规定或人民法院指定的当事人提供证据的期限，当事人若无正当理由逾期未提供证据的，将产生相应不利的法律后果。举证期限的限定是保障及时举证的一种方式，是证明责任制度的重要组成部分。[②] 增加、变更诉讼请求或者提出反诉，应当在举证期限届满前提出。[③]

1. 举证期限的指定。(1)举证期限可以由当事人协商，并经人民法院准许。[④] (2)人民法院指定举证期限的，适用第一审普通程序审理的案件不得少于15日，当事人提供新的证据的第二审案件不得少于10日。适用简易程序审理的案件不得超过15日，小额诉讼案件的举证期限一般不得超过7日。[⑤] (3)举证期限届满后，当事人提供反驳证据或者对已经提供的证据的来源、形式等方面的瑕疵进行补正的，人民法院可以酌情再次确定举证期限，该期限不受前款规定的期

---

① 《民事诉讼法》第68条第1款原则性地规定了当事人及时提供证据的义务，第2款是对当事人及时提供证据义务并承担相应后果的规定，明确了当事人的举证期限和逾期提供证据的法律后果，具有可操作性。

② 《最高人民法院关于适用〈关于民事诉讼证据的若干规定〉中有关举证时限规定的通知》规定：一般情况下，法院指定的举证期限不得少于30日。例外情况下，在征得双方当事人同意后，指定的举证期限可以少于30日。特殊情况下，因特定的事实和原因，人民法院可以在原定的举证期限届满后再酌定举证期限（实际是延长）。

③ 《〈最高人民法院关于民事诉讼证据的若干规定〉文书样式（试行）》样式之二《举证通知书》第3条。

④ 《最高人民法院关于民事诉讼证据的若干规定》第51条第1款。

⑤ 《最高人民法院关于民事诉讼证据的若干规定》第51条第2款。

间限制。[①]

2. 举证期限的确定。(1)存在下列情形的,举证期限按照如下方式确定:①当事人依照《民事诉讼法》第130条规定提出管辖权异议的,举证期限中止,自驳回管辖权异议的裁定生效之日起恢复计算;②追加当事人、有独立请求权的第三人参加诉讼或者无独立请求权的第三人经人民法院通知参加诉讼的,人民法院应当依照《最高人民法院关于民事诉讼证据的若干规定》第51条的规定为新参加诉讼的当事人确定举证期限,该举证期限适用于其他当事人;③发回重审的案件,第一审人民法院可以结合案件具体情况和发回重审的原因,酌情确定举证期限;[②]④当事人增加、变更诉讼请求或者提出反诉的,人民法院应当根据案件具体情况重新确定举证期限;⑤公告送达的,举证期限自公告期届满之次日起计算。[③] (2)人民法院应当在审理前的准备阶段确定当事人的举证期限。举证期限可以由当事人协商,并经人民法院准许。人民法院确定举证期限,第一审普通程序案件不得少于15日,当事人提供新的证据的第二审案件不得少于10日。举证期限届满后,当事人对已经提供的证据,申请提供反驳证据或者对证据来源、形式等方面的瑕疵进行补正的,人民法院可以酌情再次确定举证期限,该期限不受前款规定的限制。[④] (3)一方当事人在收到举证通知书后,可以与对方当事人协商确定举证期限后,向人民法院申请认可。与对方当事人未能协商一致,或者未申请人民法院认可,或人民法院不予认可的,其应当于人民法院指定的日期前向人民法院提交证据。[⑤] (4)在人民法院指定期限提交证据后,当事人协商确定新的举证期限时,可以向人民法院申请认可。人民法院准许或不准许变更举证期

---

① 《最高人民法院关于民事诉讼证据的若干规定》第51条第3款。

《最高人民法院关于适用〈关于民事诉讼证据的若干规定〉中有关举证时限规定的通知》第1条规定:"……前述规定的举证期限届满后,针对某一特定事实或特定证据或者基于特定原因,人民法院可以根据案件的具体情况,酌情指定当事人提供证据或者反证的期限,该期限不受'不得少于三十日'的限制。"

② 《最高人民法院关于适用〈关于民事诉讼证据的若干规定〉中有关举证时限规定的通知》第9条规定:"……如果案件是因违反法定程序被发回重审的,人民法院在征求当事人的意见后,可以不再指定举证期限或者酌情指定举证期限。但案件因遗漏当事人被发回重审的,按照本通知第五条处理。如果案件是因认定事实不清、证据不足发回重审的,人民法院可以要求当事人协商确定举证期限,或者酌情指定举证期限。上述举证期限不受'不得少于30日'的限制。"

③ 《最高人民法院关于民事诉讼证据的若干规定》第55条。

④ 《最高人民法院关于适用〈中华人民共和国民事诉讼法〉的解释》第99条。

⑤ 《〈最高人民法院关于民事诉讼证据的若干规定〉文书样式(试行)》样式之二《举证通知书》第6条。

限的,向当事人送达《准许/不予准许当事人变更举证期限申请通知书》,准许的通知书应当送达双方当事人,不予准许的通知书,人民法院可以口头方式告知申请人,并记入笔录,由当事人或代理人签名。[①] (5)人民法院应当根据当事人的主张和案件审理情况来确定举证期限。人民法院要确定的一般是具体证据的举证期限,而不是对整个案件的所有证据笼统地确定一个举证期限。[②]

3. 举证期限的变更。(1)在公告送达情况下,人民法院可以决定变更举证期限,向当事人送达《因公告送达变更举证期限通知书》,变更后的举证期限届满日应自公告期限届满之日起不少于30日,通知书应送达公告送达的受送达人之外的当事人。[③] (2)因追加当事人或有独立请求第三人参加诉讼时,人民法院有权决定变更举证期限,通知书应送达被追加人之外的各方当事人。[④] (3)在当事人提出变更诉讼请求或者提出反诉时,在举证期限届满前,人民法院有权重新指定举证期限,并将通知书送达双方当事人。[⑤]

4. 举证期限的重新指定。诉讼过程中,当事人主张的法律关系性质或者民事行为效力与人民法院根据案件事实作出的认定不一致的,人民法院应当将法律关系性质或者民事行为效力作为焦点问题进行审理。但法律关系性质对裁判理由及结果没有影响,或者有关问题已经当事人充分辩论的除外。存在前款情形,当事人根据法庭审理情况变更诉讼请求的,人民法院应当准许并可以根据案件的具体情况重新指定举证期限。[⑥]

5. 申请举证期限的延长。(1)当事人在举证期限内提供证据存在客观障碍,属于《民事诉讼法》第68条第2款规定的“当事人在该期限内提供证据确有困难”的情形。前款情形,人民法院应当根据当事人的举证能力、不能在举证期限

---

① 《〈最高人民法院关于民事诉讼证据的若干规定〉文书样式(试行)》样式之五《准许/不予准许变更举证期限申请通知书》。

② 人民法院在民事案件审理过程中确定当事人的举证期限,不一定是一次性的,有些复杂案件要根据诉讼发展不同阶段的需要,多次确定当事人应当提供的证据和提供该证据的期限。

③ 《〈最高人民法院关于民事诉讼证据的若干规定〉文书样式(试行)》样式之六《因公告送达变更举证期限通知书》。

④ 《〈最高人民法院关于民事诉讼证据的若干规定〉文书样式(试行)》样式之七《因追加当事人或第三人参加诉讼变更举证期限通知书》。

⑤ 参见《最高人民法院关于适用〈关于民事诉讼证据的若干规定〉中有关举证时限规定的通知》第7条。

⑥ 《最高人民法院关于民事诉讼证据的若干规定》第53条。

内提供证据的原因等因素综合判断。必要时，可以听取对方当事人的意见。[1]（2）当事人申请延长举证期限的，应当在举证期限届满前向人民法院提出书面申请。申请理由成立的，人民法院应当准许，适当延长举证期限，并通知其他当事人。延长的举证期限适用于其他当事人。申请理由不成立的，人民法院不予准许，并通知申请人。[2]（3）人民法院准许延长举证期限的，送达《准许延长举证期限申请通知书》，延长举证期限对于双方当事人都有效。[3]（4）不予准许的，送达《不准许延长举证期限申请通知书》，通知内容可以口头方式告知申请人，并记入笔录，由当事人或代理人签名。[4]（5）当事人申请延长举证期限经人民法院准许的，为平等保护双方当事人的诉讼权利，延长的举证期限适用于其他当事人。[5]

6. 举证期限内提供的证据、材料。当事人因客观原因不能自行收集的证据，可申请人民法院调查收集。[6] 当事人及其诉讼代理人申请人民法院调查收集证据，应当在举证期限届满前提交书面申请。[7]

7. 逾期提供证据的法律后果。（1）当事人逾期提供证据的，人民法院应当责令其说明理由，必要时可以要求其提供相应的证据。当事人因客观原因逾期提供证据，或者对方当事人对逾期提供证据未提出异议的，视为未逾期。[8]（2）拒不说明理由或者理由不成立的，人民法院根据不同情形[9]可以不予采纳该证据，或者采纳该证据但予以训诫、罚款。当事人一方要求另一方赔偿因逾期提供证据

---

① 《最高人民法院关于民事诉讼证据的若干规定》第 52 条。

② 《最高人民法院关于民事诉讼证据的若干规定》第 54 条。

③ 《〈最高人民法院关于民事诉讼证据的若干规定〉文书样式（试行）》样式之三《准许延长举证期限申请通知书》。

《最高人民法院关于适用〈关于民事诉讼证据的若干规定〉中有关举证时限规定的通知》第 6 条规定："关于当事人申请延长举证期限的问题。当事人申请延长举证期限经人民法院准许的，为平等保护双方当事人的诉讼权利，延长的举证期限适用于其他当事人。"

④ 《最高人民法院关于适用〈中华人民共和国民事诉讼法〉的解释》第 100 条规定："当事人申请延长举证期限的，应当在举证期限届满前向人民法院提出书面申请。申请理由成立的，人民法院应当准许，适当延长举证期限，并通知其他当事人。延长的举证期限适用于其他当事人。申请理由不成立的，人民法院不予准许，并通知申请人。"

另参见《〈最高人民法院关于民事诉讼证据的若干规定〉文书样式（试行）》样式之四《不予准许延长举证期限申请通知书》。

⑤ 《最高人民法院关于适用〈关于民事诉讼证据的若干规定〉中有关举证时限规定的通知》第 6 条。

⑥ 《最高人民法院关于民事诉讼证据的若干规定》第 2 条第 2 款。

⑦ 《最高人民法院关于民事诉讼证据的若干规定》第 20 条第 1 款。

⑧ 《最高人民法院关于适用〈中华人民共和国民事诉讼法〉的解释》第 101 条。

⑨ 《最高人民法院关于适用〈中华人民共和国民事诉讼法〉的解释》第 102 条第 1 款、第 2 款。

致使其增加的交通、住宿、就餐、误工、证人出庭作证等必要费用的,人民法院可予支持。①

二、证据交换

证据交换,是指在人民法院的组织和主持下,当事人于开庭审理前相互披露各自调查收集的证据,并明确具体争议点的诉讼活动。

1. 证据交换的时间。人民法院依照《民事诉讼法》第136条第4项的规定,通过组织证据交换进行审理前准备的,证据交换之日举证期限届满。证据交换的时间可以由当事人协商一致并经人民法院认可,也可以由人民法院指定。当事人申请延期举证经人民法院准许的,证据交换日相应顺延。②

2. 证据交换的通知书。人民法院准许(不予准许)申请的,向双方当事人送达通知书,并确定地点、时间。③

3. 证据交换的组织。(1)证据交换应当在审判人员的主持下进行。在证据交换的过程中,审判人员对当事人无异议的事实、证据应当记录在卷;对有异议的证据,按照需要证明的事实分类记录在卷,并记载异议的理由。通过证据交换,确定双方当事人争议的主要问题。④ (2)当事人收到对方的证据后有反驳证据需要提交的,人民法院应当再次组织证据交换。⑤ (3)人民法院应当要求证人出庭作证,接受审判人员和当事人的询问。证人在审理前的准备阶段或者人民法院调查、询问等双方当事人在场时陈述证言的,视为出庭作证。⑥

4. 在线诉讼的证据交换。(1)人民法院根据当事人选择和案件情况,可以组织当事人开展在线证据交换,通过同步或者非同步方式在线举证、质证。各方当事人选择同步在线交换证据的,应当在人民法院指定的时间登录诉讼平台,通过

---

① 《最高人民法院关于适用〈中华人民共和国民事诉讼法〉的解释》第102条第3款。

② 《最高人民法院关于民事诉讼证据的若干规定》第56条。

③ 《〈最高人民法院关于民事诉讼证据的若干规定〉文书样式(试行)》样式之十《人民法院依当事人申请组织证据交换通知书》。

《〈最高人民法院关于民事诉讼证据的若干规定〉文书样式(试行)》样式之十二《不予准许交换证据申请通知书》规定:"本通知书送达申请人。本通知书内容,审判人员可口头告知当事人,并记入笔录,由当事人或者代理人签字。"

④ 《最高人民法院关于民事诉讼证据的若干规定》第57条。

⑤ 《最高人民法院关于民事诉讼证据的若干规定》第58条。

《〈最高人民法院关于民事诉讼证据的若干规定〉文书样式(试行)》样式之十一《人民法院依职权组织交换证据通知书》。

⑥ 《最高人民法院关于民事诉讼证据的若干规定》第68条第1款。

在线视频或者其他方式，对已经导入诉讼平台的证据材料或者线下送达的证据材料副本，集中发表质证意见。各方当事人选择非同步在线交换证据的，应当在人民法院确定的合理期限内，分别登录诉讼平台，查看已经导入诉讼平台的证据材料，并发表质证意见。各方当事人均同意在线证据交换，但对具体方式无法达成一致意见的，适用同步在线证据交换。[①]（2）当事人作为证据提交的电子化材料和电子数据，人民法院应当按照法律和司法解释的相关规定，经当事人举证质证后，依法认定其真实性、合法性和关联性。未经人民法院查证属实的证据，不得作为认定案件事实的根据。[②]（3）当事人作为证据提交的电子数据系通过区块链技术存储，并经技术核验一致的，人民法院可以认定该电子数据上链后未经篡改，但有相反证据足以推翻的除外。[③]（4）当事人对区块链技术存储的电子数据上链后的真实性提出异议，并有合理理由的，人民法院应当结合下列因素作出判断：①存证平台是否符合国家有关部门关于提供区块链存证服务的相关规定；②当事人与存证平台是否存在利害关系，并利用技术手段不当干预取证、存证过程；③存证平台的信息系统是否符合清洁性、安全性、可靠性、可用性的国家标准或者行业标准；④存证技术和过程是否符合相关国家标准或者行业标准中关于系统环境、技术安全、加密方式、数据传输、信息验证等方面的要求。[④]（5）当事人提出电子数据上链存储前已不具备真实性，并提供证据证明或者说明理由的，人民法院应当予以审查。人民法院根据案件情况，可以要求提交区块链技术存储电子数据的一方当事人，提供证据证明上链存储前数据的真实性，并结合上链存储前数据的具体来源、生成机制、存储过程、公证机构公证、第三方见证、关联印证数据等情况作出综合判断。当事人不能提供证据证明或者作出合理说明，该电子数据也无法与其他证据相互印证的，人民法院不予确认其真实性。[⑤]（6）当事人可以申请具有专门知识的人就区块链技术存储电子数据相关技术问题提出意见。人民法院可以根据当事人申请或者依职权，委托鉴定区块链技术存储电子数据的真实性，或者调取其他相关证据进行核对。[⑥]

---

① 《人民法院在线诉讼规则》第 14 条。
② 《人民法院在线诉讼规则》第 15 条。
③ 《人民法院在线诉讼规则》第 16 条。
④ 《人民法院在线诉讼规则》第 17 条。
⑤ 《人民法院在线诉讼规则》第 18 条。
⑥ 《人民法院在线诉讼规则》第 19 条。

为制止侵权行为,在证据可能灭失或者以后难以取得的情况下,著作权人或者与著作权有关的权利人可以在起诉前依法向人民法院申请保全证据。

5. 证据交换的处罚。人民法院对逾期提供证据的当事人处以罚款的,可以结合当事人逾期提供证据的主观过错程度、导致诉讼迟延的情况、诉讼标的金额等因素,确定罚款数额。[①]

证据收据

第六十九条　人民法院收到当事人提交的证据材料,应当出具收据,写明证据名称、页数、份数、原件或者复印件以及收到时间等,并由经办人员签名或者盖章。

本条明确证据收据。

证据收据是人民法院收到当事人证据材料的凭证,能够有效防止证据丢失、更改或者被抽换。本书仅就证据收据进行阐释。

1. 人民法院收到当事人提交的证据材料,应当出具收据,注明证据的名称、份数和页数以及收到的时间,由经办人员签名或者盖章。[②]

2. 出借人向人民法院提起民间借贷诉讼[③]时,应当提供借据、收据、欠条等债权凭证以及其他能够证明借贷法律关系存在的证据。当事人持有的借据、收据、欠条等债权凭证没有载明债权人,持有债权凭证的当事人提起民间借贷诉讼的,人民法院应予受理。被告对原告的债权人资格提出有事实依据的抗辩,人民法院经审理认为原告不具有债权人资格的,裁定驳回起诉。[④]

---

① 《最高人民法院关于民事诉讼证据的若干规定》第59条。

② 《最高人民法院关于民事诉讼证据的若干规定》第19条第2款。

《〈最高人民法院关于民事诉讼证据的若干规定〉文书样式(试行)》样式之三十一《证据收据》。

③ 《最高人民法院关于审理民间借贷案件适用法律若干问题的规定》第1条规定:"本规定所称的民间借贷,是指自然人、法人和非法人组织之间进行资金融通的行为。经金融监管部门批准设立的从事贷款业务的金融机构及其分支机构,因发放贷款等相关金融业务引发的纠纷,不适用本规定。"

④ 《最高人民法院关于审理民间借贷案件适用法律若干问题的规定》第2条。

人民法院调查取证

第七十条　人民法院有权向有关单位和个人调查取证,有关单位和个人不得拒绝。

人民法院对有关单位和个人提出的证明文书,应当辨别真伪,审查确定其效力。

本条明确人民法院调查取证。本书在此基础上进一步阐释两方面的内容。

一、人民法院调查取证的一般规则

1. 对于单位和个人来说,提供证据是其应尽的义务。人民法院调取证据时,任何单位和个人都有义务协助。有关单位和个人保存或持有证据的,应当将证据提交人民法院,不得以任何借口拒绝提交。如果有关单位拒绝或者妨害调查取证,人民法院可以根据《民事诉讼法》第114条和第117条的规定,采取妨害民事诉讼的强制措施。

2. 单位向人民法院提出的证明材料,应当由单位负责人及制作证明材料的人员签名或者盖章,并加盖单位印章。人民法院就单位出具的证明材料,可以向单位及制作证明材料的人员进行调查核实。必要时,可以要求制作证明材料的人员出庭作证。单位及制作证明材料的人员拒绝人民法院调查核实,或者制作证明材料的人员无正当理由拒绝出庭作证的,该证明材料不得作为认定案件事实的根据。[①]

3. 国家机关或者其他依法具有社会管理职能的组织,在其职权范围内制作的文书所记载的事项推定为真实,但有相反证据足以推翻的除外。必要时,人民法院可以要求制作文书的机关或者组织对文书的真实性予以说明。[②]

二、人民法院调查取证的程序及规则

1. 人民法院调查收集证据的程序。(1)人民法院调查收集的书证,可以是原件,也可以是经核对无误的副本或者复制件。是副本或者复制件的,应当在调查

---

① 《最高人民法院关于适用〈中华人民共和国民事诉讼法〉的解释》第115条。
② 《最高人民法院关于适用〈中华人民共和国民事诉讼法〉的解释》第114条。

笔录中说明来源和取证情况。[①] (2)人民法院调查收集的物证应当是原物。被调查人提供原物确有困难的,可以提供复制品或者影像资料。提供复制品或者影像资料的,应当在调查笔录中说明取证情况。[②] (3)人民法院调查收集视听资料、电子数据,应当要求被调查人提供原始载体。提供原始载体确有困难的,可以提供复制件。提供复制件的,人民法院应当在调查笔录中说明其来源和制作经过。人民法院对视听资料、电子数据采取证据保全措施的,适用前款规定。[③]

2. 人民法院调查取证的规则。(1)人民法院调查收集证据,应当由两人以上共同进行。调查材料要由调查人、被调查人、记录人签名、捺印或者盖章。[④] (2)摘录有关单位制作的与案件事实相关的文件、材料,应当注明出处,并加盖制作单位或者保管单位的印章,摘录人和其他调查人员应当在摘录件上签名或者盖章。摘录文件、材料应当保持内容相应的完整性。[⑤]

证据的法庭出示、质证

第七十一条　证据应当在法庭上出示,并由当事人互相质证。对涉及国家秘密、商业秘密和个人隐私的证据应当保密,需要在法庭出示的,不得在公开开庭时出示。

本条明确证据的法庭出示、质证。

证据应当在法庭上出示,并由当事人互相质证。其中,“质证”,是指当事人在诉讼中对已进入诉讼程序的证据进行辩论、质疑、说明和辩驳,以提示其是否具有证据资格以及证明力大小的诉讼活动。[⑥] 本书仅就质证进行阐释。

1. 质证的顺序。质证一般按下列顺序进行:①原告出示证据,被告、第三人与原告进行质证;②被告出示证据,原告、第三人与被告进行质证;③第三人出示

---

① 《最高人民法院关于民事诉讼证据的若干规定》第21条。

② 《最高人民法院关于民事诉讼证据的若干规定》第22条。

③ 《最高人民法院关于民事诉讼证据的若干规定》第23条。

④ 《最高人民法院关于适用〈中华人民共和国民事诉讼法〉的解释》第97条。

⑤ 《最高人民法院关于民事诉讼证据的若干规定》第44条。

⑥ 人民法院在当事人提供证据和主动调查收集证据的基础上,要将证据作为认定事实的依据,应当将证据拿到法庭上出示,经当事人互相质证、辩论,这样才能保证证据的真实性和可靠性。

证据，原告、被告与第三人进行质证。人民法院根据当事人申请调查收集的证据，审判人员对调查收集证据的情况进行说明后，由提出申请的当事人与对方当事人、第三人进行质证。人民法院依职权调查收集的证据，由审判人员对调查收集证据的情况进行说明后，听取当事人的意见。①

2. 质证的内容。(1)当事人提供证据的质证。人民法院认为有必要的，可以要求当事人本人到场，就案件的有关事实接受询问。人民法院要求当事人到场接受询问的，应当通知当事人询问的时间、地点、拒不到场的后果等内容。② (2)书证、物证、视听资料的质证。对书证、物证、视听资料进行质证时，当事人应当出示证据的原件或者原物。但有下列情形之一的除外：①出示原件或者原物确有困难并经人民法院准许出示复制件或者复制品的；②原件或者原物已不存在，但有证据证明复制件、复制品与原件或者原物一致的。③ (3)对证人证言的质证。①人民法院应当要求证人出庭作证，接受审判人员和当事人的询问。证人在审理前的准备阶段或者人民法院调查、询问等双方当事人在场时陈述证言的，视为出庭作证。双方当事人同意证人以其他方式作证并经人民法院准许的，证人可以不出庭作证。无正当理由未出庭的证人以书面等方式提供的证言，不得作为认定案件事实的根据。④ ②审判人员可以对证人进行询问。当事人及其诉讼代理人经审判人员许可后可以询问证人。询问证人时其他证人不得在场。人民法院认为有必要的，可以要求证人之间进行对质。⑤ ③当事人及其诉讼代理人对证人的询问与待证事实无关，或者存在威胁、侮辱证人或不适当引导等情形的，审判人员应当及时制止。必要时可以依照民事诉讼法第 113 条、第 114 条的规定进行处罚。证人故意作虚假陈述，诉讼参与人或者其他人以暴力、威胁、贿买等方法妨碍证人作证，或者在证人作证后以侮辱、诽谤、诬陷、恐吓、殴打等方式对证人打击报复的，人民法院应当根据情节，依照民事诉讼法第 114 条的规定，对行为人进行处罚。⑥ (4)对鉴定人的质询。①鉴定人应当就鉴定事项如实答复当事人的异议和审判人员的询问。当庭答复确有困难的，经人民法院准许，可以

① 《最高人民法院关于民事诉讼证据的若干规定》第 62 条。
② 《最高人民法院关于民事诉讼证据的若干规定》第 64 条。
③ 《最高人民法院关于民事诉讼证据的若干规定》第 61 条。
④ 《最高人民法院关于民事诉讼证据的若干规定》第 68 条。
⑤ 《最高人民法院关于民事诉讼证据的若干规定》第 74 条。
⑥ 《最高人民法院关于民事诉讼证据的若干规定》第 78 条。

在庭审结束后书面答复。人民法院应当及时将书面答复送交当事人,并听取当事人的意见。必要时,可以再次组织质证。[①] ②人民法院在审理案件过程中认为待证事实需要通过鉴定意见证明的,应当向当事人释明,并指定提出鉴定申请的期间。[②] ③经法庭许可,当事人可以询问鉴定人、勘验人。询问鉴定人、勘验人不得使用威胁、侮辱等不适当的言语和方式。[③] (5)对具有专门知识的人的询问。①审判人员可以对有专门知识的人进行询问。经法庭准许,当事人可以对有专门知识的人进行询问,当事人各自申请的有专门知识的人可以就案件中的有关问题进行对质。有专门知识的人不得参与对鉴定意见质证或者就专业问题发表意见之外的法庭审理活动。[④] ②当事人可以依照《民事诉讼法》第 82 条的规定,在举证期限届满前申请 1 至 2 名具有专门知识的人出庭,代表当事人对鉴定意见进行质证,或者对案件事实所涉及的专业问题提出意见。具有专门知识的人在法庭上就专业问题提出的意见,视为当事人的陈述。[⑤]

3. 质证中的证据认定。(1)证据应当在法庭上出示,由当事人互相质证。未经当事人质证的证据,不得作为认定案件事实的根据。当事人在审理前的准备阶段认可的证据,经审判人员在庭审中说明后,视为质证过的证据。[⑥] (2)当事人在审理前的准备阶段或者人民法院调查、询问过程中发表过质证意见的证据,视为质证过的证据。当事人要求以书面方式发表质证意见,人民法院在听取对方当事人意见后认为有必要的,可以准许。人民法院应当及时将书面质证意见送交对方当事人。[⑦] (3)人民法院应当组织当事人围绕证据的真实性、合法性以及与待证事实的关联性进行质证,并针对证据有无证明力和证明力大小进行说明和辩论。能够反映案件真实情况、与待证事实相关联、来源和形式符合法律规定的证据,应当作为认定案件事实的根据。[⑧] (4)涉及国家秘密、商业秘密、个人隐

① 《最高人民法院关于民事诉讼证据的若干规定》第 80 条。
② 《最高人民法院关于民事诉讼证据的若干规定》第 30 条第 1 款。
③ 《最高人民法院关于民事诉讼证据的若干规定》第 82 条。
④ 《最高人民法院关于民事诉讼证据的若干规定》第 84 条。
⑤ 《最高人民法院关于适用〈中华人民共和国民事诉讼法〉的解释》第 122 条第 1 款、第 2 款。
⑥ 《最高人民法院关于适用〈中华人民共和国民事诉讼法〉的解释》第 103 条第 1 款、第 2 款。
⑦ 《最高人民法院关于民事诉讼证据的若干规定》第 60 条。
⑧ 《最高人民法院关于适用〈中华人民共和国民事诉讼法〉的解释》第 104 条。

私或者法律规定应当保密的证据，不得公开质证。[①]

4. 具体案件的证据出示。审理船舶碰撞纠纷案件时，人民法院根据当事人的申请进行证据保全取得的或者向有关部门调查收集的证据，应当在当事人完成举证并出具完成举证说明书后出示。[②]

公证证据效力

第七十二条　经过法定程序公证证明的法律事实和文书，人民法院应当作为认定事实的根据，但有相反证据足以推翻公证证明的除外。

本条明确公证证明的证据效力。

公证证明，是指公证机构根据当事人的申请，依法定程序对法律事实和文书，作出的确认其真实性、合法性的证明。[③] 公文书证根据其内容可以分为处分性公文书证[④]和报告性公文书证[⑤]。公文作为书证的一种，除了具备私文书证的特征外，还有法定的权威性[⑥]。本书仅就公证证明的证据效力进行阐释。

1. 国家机关或者其他依法具有社会管理职能的组织，在其职权范围内制作的文书所记载的事项推定为真实，但有相反证据足以推翻的除外。必要时，人民法院可以要求制作文书的机关或者组织对文书的真实性予以说明。[⑦]

2. 以公文书证举证的当事人不必举证证明公文书证本身的真实性。如果人民法院对于公文书证的形式证据力有疑义，可以咨询制作该公文书证的机构或

---

① 《最高人民法院关于适用〈中华人民共和国民事诉讼法〉的解释》第 103 条第 3 款。

《最高人民法院关于审理因垄断行为引发的民事纠纷案件应用法律若干问题的规定》第 11 条规定："证据涉及国家秘密、商业秘密、个人隐私或者其他依法应当保密的内容的，人民法院可以依职权或者当事人的申请采取不公开开庭、限制或者禁止复制、仅对代理律师展示、责令签署保密承诺书等保护措施。"

② 《最高人民法院关于审理船舶碰撞纠纷案件若干问题的规定》第 10 条。

③ 《公证法》第 2 条规定："公证是公证机构根据自然人、法人或者其他组织的申请，依照法定程序对民事法律行为、有法律意义的事实和文书的真实性、合法性予以证明的活动。"

④ 处分性公文书证的内容是记载国家或其授权机关的意思表示。

⑤ 报告性公文书证是记载公共管理机关观念表示或认识的公文书证。

⑥ 公文具有法定的权威性：(1)公文的制作机关是国家机关及其他社会团体，公文的内容体现的是制作单位的意志；(2)公文的体式规范，其文字、格式、印章等都有严格的要求，而且公文的形成一般要通过法定程序。

⑦ 《最高人民法院关于适用〈中华人民共和国民事诉讼法〉的解释》第 114 条。

经办人员,依职权进行核实。对方当事人对此有异议,则应举出反证推翻公文书证真实这一推定。①

3. 有相反的证据足以推翻公证证明的,人民法院就应当否认公证证明的证明效力。人民法院可以将公证证明退回公证机构,以便公证机构重新进行审查。②

提交的书证物证

第七十三条　书证应当提交原件。物证应当提交原物。提交原件或者原物确有困难的,可以提交复制品、照片、副本、节录本。

提交外文书证,必须附有中文译本。

本条明确提交的书证、物证。本书在此基础上进一步阐释两方面的内容。

一、提交书证

1. 提交书证的一般规则。(1)书证应当提交原件。书证的原件,是指文书制作人作出的最初定稿、签字的原本或者加盖印章与原本有同一效力的正本。(2)提交原件确有困难的,可以提交复制品、照片、副本、节录本。其中,"副本",是指加盖公章或签字的,与原本和正本同一内容的抄送本,它与原本、正本具有同一的效力。节录本,是指原本、正本、副本的主要内容,即从这些文本中摘录下来的。《民事诉讼法》第73条规定的提交书证原件确有困难,包括下列情形:①书证原件遗失、灭失或者毁损的;②原件在对方当事人控制之下,经合法通知提交而拒不提交的;③原件在他人控制之下,而其有权不提交的;④原件因篇幅或者体积过大而不便提交的;⑤承担举证证明责任的当事人通过申请人民法院调查收集或者其他方式无法获得书证原件的。前款规定情形,人民法院应当结合其他证据和案件具体情况,审查判断书证复制品等能否作为认定案件事实的根据。③(3)国家机关或者其他依法具有社会管理职能的组织,在其职权范围内制作的文

---

① 必须强调的是,公文书证推定具有实质证据力,这里的推翻不是对公文书证真实性的推翻,而是要承担公文书证不真实的本证证明责任。

② 《公证法》第36条规定:"经公证的民事法律行为、有法律意义的事实和文书,应当作为认定事实的根据,但有相反证据足以推翻该项公证的除外。"

③ 《最高人民法院关于适用〈中华人民共和国民事诉讼法〉的解释》第111条。

书所记载的事项推定为真实，但有相反证据足以推翻的除外。必要时，人民法院可以要求制作文书的机关或者组织对文书的真实性予以说明。①

2. 应提供（交）的书证。（1）下列情形，控制书证的当事人应当提交书证：①控制书证的当事人在诉讼中曾经引用过的书证；②为对方当事人的利益制作的书证；③对方当事人依照法律规定有权查阅、获取的书证；④账簿、记账原始凭证；⑤人民法院认为应当提交书证的其他情形。前款所列书证，涉及国家秘密、商业秘密、当事人或第三人的隐私，或者存在法律规定应当保密的情形的，提交后不得公开质证。②（2）控制书证的当事人无正当理由拒不提交书证的，人民法院可以认定对方当事人所主张的书证内容为真实。控制书证的当事人存在《最高人民法院关于适用〈中华人民共和国民事诉讼法〉的解释》第113条规定情形的，人民法院可以认定对方当事人主张以该书证证明的事实为真实。③（3）书证在对方当事人控制之下的，承担举证证明责任的当事人可以在举证期限届满前书面申请人民法院责令对方当事人提交。申请理由成立的，人民法院应当责令对方当事人提交，因提交书证所产生的费用，由申请人负担。对方当事人无正当理由拒不提交的，人民法院可以认定申请人所主张的书证内容为真实。④

3. 提供（交）书证的申请。当事人根据《最高人民法院关于适用〈中华人民共和国民事诉讼法〉的解释》第112条的规定申请人民法院责令对方当事人提交书证的，申请书应当载明所申请提交的书证名称或者内容、需要以该书证证明的事实及事实的重要性、对方当事人控制该书证的根据以及应当提交该书证的理由。对方当事人否认控制书证的，人民法院应当根据法律规定、习惯等因素，结合案件的事实、证据，对于书证是否在对方当事人控制之下的事实作出综合判断。⑤

4. 提供（交）书证申请的审查、裁定。人民法院对当事人提交书证的申请进行审查时，应当听取对方当事人的意见，必要时可以要求双方当事人提供证据、进行辩论。当事人申请提交的书证不明确、书证对于待证事实的证明无必要、待

---

① 《最高人民法院关于适用〈中华人民共和国民事诉讼法〉的解释》第114条。

② 《最高人民法院关于民事诉讼证据的若干规定》第47条。

③ 《最高人民法院关于民事诉讼证据的若干规定》第48条。

④ 《最高人民法院关于适用〈中华人民共和国民事诉讼法〉的解释》第112条。

⑤ 《最高人民法院关于民事诉讼证据的若干规定》第45条。

证事实对于裁判结果无实质性影响、书证未在对方当事人控制之下或者不符合《最高人民法院关于民事诉讼证据的若干规定》第47条情形的,人民法院不予准许。当事人申请理由成立的,人民法院应当作出裁定,责令对方当事人提交书证;理由不成立的,通知申请人。[①]

5. 提供(交)书证的要求。(1)单位向人民法院提出的证明材料,应当由单位负责人及制作证明材料的人员签名或者盖章,并加盖单位印章。人民法院就单位出具的证明材料,可以向单位及制作证明材料的人员进行调查核实。必要时,可以要求制作证明材料的人员出庭作证。单位及制作证明材料的人员拒绝人民法院调查核实,或者制作证明材料的人员无正当理由拒绝出庭作证的,该证明材料不得作为认定案件事实的根据。[②] (2)当事人向人民法院提供外文书证或者外文说明资料,应当附有中文译本。[③] (3)当事人提供的公文书证系在中华人民共和国领域外形成的,该证据应当经所在国公证机关证明,或者履行中华人民共和国与该所在国订立的有关条约中规定的证明手续。中华人民共和国领域外形成的涉及身份关系的证据,应当经所在国公证机关证明并经中华人民共和国驻该国使领馆认证,或者履行中华人民共和国与该所在国订立的有关条约中规定的证明手续。当事人向人民法院提供的证据是在香港、澳门、台湾地区形成的,应当履行相关的证明手续。[④]

6. 提供(交)书证的责任。(1)持有书证的当事人以妨碍对方当事人使用为目的,毁灭有关书证或者实施其他致使书证不能使用行为的,人民法院可以依照《民事诉讼法》第114条规定,对其处以罚款、拘留。[⑤] (2)从事调解的机关、组织、调解员,以及负责调解事务管理的法院工作人员,不得披露调解过程的有关情况,不得在就相关案件进行的诉讼中作证,当事人不得在审判程序中将调解过程中制作的笔录、当事人为达成调解协议而作出的让步或者承诺、调解员或者当事人发表的任何意见或者建议等作为证据提出,但下列情形除外:①双方当事人均同意的;②法律有明确规定的;③为保护国家利益、社会公共利益、案外人合法

---

① 《最高人民法院关于民事诉讼证据的若干规定》第46条。

② 《最高人民法院关于适用〈中华人民共和国民事诉讼法〉的解释》第115条。

③ 《最高人民法院关于民事诉讼证据的若干规定》第17条。

④ 《最高人民法院关于民事诉讼证据的若干规定》第16条。

⑤ 《最高人民法院关于适用〈中华人民共和国民事诉讼法〉的解释》第113条。

权益,人民法院认为确有必要的。[①]

7. 具体案件的提供(交)书证。(1)当事人提供的涉及著作权的底稿、原件、合法出版物、著作权登记证书、认证机构出具的证明、取得权利的合同等,可以作为证据。在作品或者制品上署名的自然人、法人或者非法人组织视为著作权、与著作权有关权益的权利人,但有相反证明的除外。[②] (2)当事人自行或者委托他人以定购、现场交易等方式购买侵权复制品而取得的实物、发票等,可以作为证据。公证人员在未向涉嫌侵权的一方当事人表明身份的情况下,如实对另一方当事人按照前款规定的方式取得的证据和取证过程出具的公证书,应当作为证据使用,但有相反证据的除外。[③] (3)当事人之间没有书面合同,一方以送货单、收货单、结算单、发票等主张存在买卖合同关系的,人民法院应当结合当事人之间的交易方式、交易习惯以及其他相关证据,对买卖合同是否成立作出认定。对账确认函、债权确认书等函件、凭证没有记载债权人名称,买卖合同当事人一方以此证明存在买卖合同关系的,人民法院应予支持,但有相反证据足以推翻的除外。[④] (4)借贷等债权债务关系仅有借据和双方的认可,但未提供款项来源等证据的,对债权债务关系的真实有效性要严格审查,不能简单认定;对其他可能存在虚假诉讼的纠纷案件,亦应依法审查。

二、提交原物

1. 物证应当提交原物。

2. 当事人向人民法院提供证据,应当提供原件或者原物。如需自己保存证据原件、原物或者提供原件、原物确有困难的,可以提供经人民法院核对无异的复制件或者复制品。[⑤] 提交原物确有困难的,可以提交复制品、照片。其中,"复制品",是指影印件等。"照片",主要指与原件明暗程度相同的影像。

3. 以动产作为证据的,应当将原物提交人民法院。原物不宜搬移或者不宜

---

① 《最高人民法院关于建立健全诉讼与非诉讼相衔接的矛盾纠纷解决机制的若干意见》第 19 条第 2 款。

② 《最高人民法院关于审理著作权民事纠纷案件适用法律若干问题的解释》第 7 条。

③ 《最高人民法院关于审理著作权民事纠纷案件适用法律若干问题的解释》第 8 条。

④ 《最高人民法院关于审理买卖合同纠纷案件适用法律问题的解释》第 1 条。

⑤ 《最高人民法院关于民事诉讼证据的若干规定》第 11 条。

《人民法院民事诉讼风险提示书》"十、不提供原始证据"规定:"当事人向人民法院提供证据,应当提供原件或者原物,特殊情况下也可以提供经人民法院核对无异的复制件或者复制品。提供的证据不符合上述条件的,可能影响证据的证明力,甚至可能不被采信。"

保存的,当事人可以提供复制品、影像资料或者其他替代品。人民法院在收到当事人提交的动产或者替代品后,应当及时通知双方当事人到人民法院或者保存现场查验。①

视听资料辨别、认定

第七十四条　人民法院对视听资料,应当辨别真伪,并结合本案的其他证据,审查确定能否作为认定事实的根据。

本条明确视听资料的辨别、认定。

视听资料包括录音资料和影像资料。② 存储在电子介质中的录音资料和影像资料,适用电子数据的规定。③ 本书仅就视听资料的辨别、认定进行阐释。

1. 当事人以视听资料作为证据的,应当提供存储该视听资料的原始载体。当事人以电子数据作为证据的,应当提供原件。电子数据的制作者制作的与原件一致的副本,或者直接来源于电子数据的打印件或其他可以显示、识别的输出介质,视为电子数据的原件。④

2. 当事人以不动产作为证据的,应当向人民法院提供该不动产的影像资料。人民法院认为有必要的,应当通知双方当事人到场进行查验。⑤

3. 人民法院对视听资料,应当辨别真伪,并结合本案的其他证据,审查确定能否作为认定事实的根据。

4. 人民法院应当使用专门设备存储庭审录音录像,并将其作为案件材料以光盘等方式存入案件卷宗;具备当事人、辩护人、代理人等在人民法院查阅条件的,应当将其存入案件卷宗的正卷。未经人民法院许可,任何人不得复制、拍录、传播庭审录音录像。庭审录音录像的保存期限与案件卷宗的保存期限相同。⑥

5. 在庭审中,诉讼参与人或者旁听人员违反法庭纪律或者有关法律规定,破

---

① 《最高人民法院关于民事诉讼证据的若干规定》第12条。
② 《最高人民法院关于适用〈中华人民共和国民事诉讼法〉的解释》第116条第1款。
③ 《最高人民法院关于适用〈中华人民共和国民事诉讼法〉的解释》第116条第3款。
④ 《最高人民法院关于民事诉讼证据的若干规定》第15条。
⑤ 《最高人民法院关于民事诉讼证据的若干规定》第13条。
⑥ 《最高人民法院关于庭审活动录音录像的若干规定》第5条。

坏法庭秩序、妨碍诉讼活动顺利进行的，庭审录音录像可以作为追究其法律责任的证据。①

6. 人民法院院长、庭长或者纪检监察部门，可以根据工作需要调阅庭审录音录像。调阅不公开审理案件的庭审录音录像，应当遵守有关保密规定。②

证人出庭作证的义务、证人资格

第七十五条　凡是知道案件情况的单位和个人，都有义务出庭作证。有关单位的负责人应当支持证人作证。

不能正确表达意思的人，不能作证。

本条明确证人出庭作证的义务和证人资格。

民事诉讼中证人出庭的义务，是指证人负有在人民法院进行法庭审理时出庭接受询问的义务，其具有不可选择性和不可替代性。证人资格，又称证人适格，是指成为证人的适格性。本书仅就证人出庭作证的义务和证人资格阐释两方面的内容。

一、证人资格及权利义务

1. 适格的证人。不能正确表达意思的人，不能作为证人。待证事实与其年龄、智力状况或者精神健康状况相适应的无民事行为能力人和限制民事行为能力人，可以作为证人。③

2. 证人的诉讼权利义务及保护。（1）证人诉讼的权利。①使用本民族语言文字提供证词的权利；②要求宣读、查阅、补充、更正自己评议笔录的权利；③因作证耽误工作而请求给予适当补偿或报酬的权利；④请求人民法院保障其人身及财产安全的权利。（2）证人诉讼的义务。①按时出庭的义务；②如实向法庭陈述并回答质询的义务；③保守国家秘密的义务。（3）证人诉讼的保护。对证人、鉴定人、勘验人的合法权益依法予以保护。当事人或者其他诉讼参与人伪造、毁灭证据，提供虚假证据，阻止证人作证，指使、贿买、胁迫他人作伪证，或者对证

---

① 《最高人民法院关于庭审活动录音录像的若干规定》第7条。

② 《最高人民法院关于庭审活动录音录像的若干规定》第9条。

③ 《最高人民法院关于民事诉讼证据的若干规定》第67条。

人、鉴定人、勘验人打击报复的,依照《民事诉讼法》第113条、第114条的规定进行处罚。[①]

二、证人出庭作证

1. 证人依申请出庭作证。(1)证人出庭作证的申请。①当事人申请证人出庭作证的,应当在举证期限届满前向人民法院提交申请书。[②] ②申请书应当载明证人的姓名、职业、住所、联系方式,作证的主要内容,作证内容与待证事实的关联性,以及证人出庭作证的必要性。[③] (2)人民法院的准许。①当事人申请证人出庭作证的事项与待证事实无关,或者没有通知证人出庭作证必要的,人民法院不予准许当事人的申请。[④] ②人民法院准许证人出庭作证申请的,应当向证人送达通知书[⑤]并告知双方当事人。通知书中应当载明证人作证的时间、地点,作证的事项、要求以及作伪证的法律后果等内容。当事人申请证人出庭作证的事项与待证事实无关,或者没有通知证人出庭作证必要的,人民法院不予准许当事人的申请。[⑥] (3)向申请人送达的通知书。经审查,人民法院准许(不准许)当事人申请证人出庭作证的,可将通知书[⑦]送达申请方(或申请人[⑧]),但有关证人出庭作证的申请,应当记入证据目录或证据收据。[⑨]

2. 证人依人民法院通知出庭作证。符合《最高人民法院关于适用〈中华人民共和国民事诉讼法〉的解释》第96条第1款规定情形的,人民法院应当依职权通

---

① 《最高人民法院关于民事诉讼证据的若干规定》第98条。

② 《最高人民法院关于民事诉讼证据的若干规定》第69条第1款。

③ 《最高人民法院关于民事诉讼证据的若干规定》第69条第2款。

④ 《最高人民法院关于民事诉讼证据的若干规定》第70条第2款。

⑤ 《〈最高人民法院关于民事诉讼证据的若干规定〉文书样式(试行)》样式之二十四《人民法院依当事人申请通知证人出庭作证通知书》规定,人民法院依当事人申请通知证人出庭作证,在通知书中明确证人应在指定的时间、地点携带有效身份证明出席法庭审理,陈述证言,明确相关事项。

《〈最高人民法院关于民事诉讼证据的若干规定〉文书样式(试行)》样式之二十五《人民法院依职权通知证人出庭作证通知书》规定,本通知书适用于人民法院依职权通知证人出庭作证情形。

⑥ 《最高人民法院关于民事诉讼证据的若干规定》第70条。

⑦ 《〈最高人民法院关于民事诉讼证据的若干规定〉文书样式(试行)》样式之二十二《准许证人出庭作证申请通知书》、样式之二十三《不予准许证人出庭作证申请通知书》。

⑧ 《〈最高人民法院关于民事诉讼证据的若干规定〉文书样式(试行)》样式之二十三《不予准许证人出庭作证申请通知书》规定,通知书的内容,审判人员可口头告知申请人,并记入笔录,由当事人或者代理人签字。

⑨ 《人民法院民事诉讼风险提示书》"十一、证人不出庭作证"规定:"除属于法律和司法解释规定的证人确有困难不能出庭的特殊情况外,当事人提供证人证言的,证人应当出庭作证并接受质询。如果证人不出庭作证,可能影响该证人证言的证据效力,甚至不被采信。"

知证人出庭作证。①

3. 证人出庭作证的保证。(1)人民法院应当要求证人在作证之前签署保证书,并在法庭上宣读保证书的内容。但无民事行为能力人和限制民事行为能力人作为证人的除外。证人确有正当理由不能宣读保证书的,由书记员代为宣读并进行说明。证人拒绝签署或者宣读保证书的,不得作证,并自行承担相关费用。证人保证书的内容适用当事人保证书的规定。② (2)证人经人民法院准许,以书面证言方式作证的,应当签署保证书;以视听传输技术或者视听资料方式作证的,应当签署保证书并宣读保证书的内容。③ (3)保证书应当载明据实陈述、如有虚假陈述愿意接受处罚等内容。当事人应当在保证书上签名或者捺印。④ (4)负有举证证明责任的当事人拒绝到庭、拒绝接受询问或者拒绝签署保证书,待证事实又欠缺其他证据证明的,人民法院对其主张的事实不予认定。⑤ (5)证人拒绝签署保证书的,不得作证,并自行承担相关费用。⑥

4. 证人出庭作证的陈述。(1)证人应当客观陈述其亲身感知的事实,作证时不得使用猜测、推断或者评论性语言。证人作证前不得旁听法庭审理,作证时不得以宣读事先准备的书面材料的方式陈述证言。证人言辞表达有障碍的,可以通过其他表达方式作证。⑦ (2)证人应当就其作证的事项进行连续陈述。当事人

---

① 《最高人民法院关于民事诉讼证据的若干规定》第69条第3款。

《最高人民法院关于适用〈中华人民共和国民事诉讼法〉的解释》第117条第2款、第3款规定:"符合本解释第九十六条第一款规定情形的,人民法院可以依职权通知证人出庭作证。未经人民法院通知,证人不得出庭作证,但双方当事人同意并经人民法院准许的除外。"第96条第1款规定:"民事诉讼法第六十七条第二款规定的人民法院认为审理案件需要的证据包括:(一)涉及可能损害国家利益、社会公共利益的;(二)涉及身份关系的;(三)涉及民事诉讼法第五十八条规定诉讼的;(四)当事人有恶意串通损害他人合法权益可能的;(五)涉及依职权追加当事人、中止诉讼、终结诉讼、回避等程序性事项的。除前款规定外,人民法院调查收集证据,应当依照当事人的申请进行。"

② 《最高人民法院关于民事诉讼证据的若干规定》第71条。

《最高人民法院关于适用〈中华人民共和国民事诉讼法〉的解释》第119条第1款规定:"人民法院在证人出庭作证前应当告知其如实作证的义务以及作伪证的法律后果,并责令其签署保证书,但无民事行为能力人和限制民事行为能力人除外。"

③ 《最高人民法院关于民事诉讼证据的若干规定》第77条。

④ 《最高人民法院关于适用〈中华人民共和国民事诉讼法〉的解释》第110条第2款。

⑤ 《最高人民法院关于适用〈中华人民共和国民事诉讼法〉的解释》第110条第3款。

⑥ 《最高人民法院关于适用〈中华人民共和国民事诉讼法〉的解释》第120条。

⑦ 《最高人民法院关于民事诉讼证据的若干规定》第72条。

及其法定代理人、诉讼代理人或者旁听人员干扰证人陈述的，人民法院应当及时制止，必要时可以依照《民事诉讼法》第 113 条的规定进行处罚。①

5. 对证人的询问。除法律、司法解释另有规定外，对当事人、鉴定人、有专门知识的人的询问参照适用《最高人民法院关于民事诉讼证据的若干规定》中关于询问证人的规定；关于书证的规定适用于视听资料、电子数据；存储在电子计算机等电子介质中的视听资料，适用电子数据的规定。②

证人亲自出庭作证（又称证人出庭作证的方式）

第七十六条　经人民法院通知，证人应当出庭作证。有下列情形之一的，经人民法院许可，可以通过书面证言、视听传输技术或者视听资料等方式作证：

（一）因健康原因不能出庭的；

（二）因路途遥远，交通不便不能出庭的；

（三）因自然灾害等不可抗力不能出庭的；

（四）其他有正当理由不能出庭的。

本条明确证人出庭作证的方式。本书仅就其进行阐释。

1. 亲自出庭作证。经人民法院通知，证人应当出庭作证。

2. 亲自出庭作证的除外。（1）证人确有困难不能出庭作证，申请以书面证言、视听传输技术或者视听资料等方式作证的，应当向人民法院提交申请书。申请书中应当载明不能出庭的具体原因。符合《民事诉讼法》第 76 条规定情形的，人民法院应当准许。③ 其中，“证人确有困难不能出庭”，是指有下列情形：①因健康原因不能出庭的；②因路途遥远，交通不便不能出庭的；③因自然灾害等不可抗力不能出庭的；④其他有正当理由不能出庭的特殊情况。（2）“证人确有困难

① 《最高人民法院关于民事诉讼证据的若干规定》第 73 条。

② 《最高人民法院关于民事诉讼证据的若干规定》第 99 条第 2 款。

③ 《最高人民法院关于民事诉讼证据的若干规定》第 76 条。

不能出庭”经人民法院许可，证人可以提交书面证言[①]或者视听资料[②]或者通过双向视听传输技术手段作证。（3）双方当事人同意证人以其他方式作证并经人民法院准许的，证人可以不出庭作证。[③]

证人出庭作证费用负担

第七十七条　证人因履行出庭作证义务而支出的交通、住宿、就餐等必要费用以及误工损失，由败诉一方当事人负担。当事人申请证人作证的，由该当事人先行垫付；当事人没有申请，人民法院通知证人作证的，由人民法院先行垫付。

本条明确证人出庭作证的费用负担。本书仅就其进行阐释。

1. 当事人应当向人民法院交纳的诉讼费用包括证人、鉴定人、翻译人员、理算人员在人民法院指定日期出庭发生的交通费、住宿费、生活费和误工补贴，由人民法院按照国家规定标准代为收取。[④]

2. 《民事诉讼法》第77条规定的证人因履行出庭作证义务而支出的交通、住宿、就餐等必要费用，按照机关事业单位工作人员差旅费用和补贴标准计算；误工损失按照国家上年度职工日平均工资标准计算。人民法院准许证人出庭作证申请的，应当通知申请人预缴证人出庭作证费用。[⑤]

3. 证人出庭作证后，可以向人民法院申请支付证人出庭作证费用。证人有困难需要预先支取出庭作证费用的，人民法院可以根据证人的申请在出庭作证前支付。[⑥]

4. 证人拒绝签署保证书的，不得作证，并自行承担相关费用。[⑦]

---

① 证人不能出庭的，可以提交其亲笔书写的书面证言，也可以以他人记录的证言笔录的形式作证。

② 视听传输技术是现代科技发展的产物。人们可以通过电视网络、电话网络和因特网即时而且形象地将声音、图像进行传输，具有即时性、互动性的特点。

③ 《最高人民法院关于民事诉讼证据的若干规定》第68条第2款。

④ 参见《诉讼费用交纳办法》第6条第3项、第11条。

⑤ 《最高人民法院关于适用〈中华人民共和国民事诉讼法〉的解释》第118条。

⑥ 《最高人民法院关于民事诉讼证据的若干规定》第75条。

⑦ 《最高人民法院关于适用〈中华人民共和国民事诉讼法〉的解释》第120条。

当事人的陈述

第七十八条　人民法院对当事人的陈述，应当结合本案的其他证据，审查确定能否作为认定事实的根据。

当事人拒绝陈述的，不影响人民法院根据证据认定案件事实。

本条明确当事人的陈述。本书仅就其进行阐释。

1. 当事人的陈述。人民法院认为有必要的，可以要求当事人本人到庭，就案件有关事实接受询问。在询问当事人之前，可以要求其签署保证书。保证书应当载明据实陈述、如有虚假陈述愿意接受处罚等内容。当事人应当在保证书上签名或者捺印。负有举证证明责任的当事人拒绝到庭、拒绝接受询问或者拒绝签署保证书，待证事实又欠缺其他证据证明的，人民法院对其主张的事实不予认定。①

2. 当事人陈述的认定。（1）人民法院审理民事案件时，对当事人的陈述应认真听取。如果当事人的陈述和其他证据没有矛盾，并就双方当事人的陈述也不存在矛盾的，人民法院应当承认其证明效力。（2）当事人的陈述与此前陈述不一致的，人民法院应当责令其说明理由，并结合当事人的诉讼能力、证据和案件具体情况进行审查认定。②

3. 当事人陈述对案件审理的影响。当事人由于种种原因在案件审理时拒绝作出陈述，在这种情况下，如果人民法院掌握的书证、物证、证人证言等证据足以证明案件真实情况，那么，人民法院即可以根据这些证据认定事实、作出判决。当事人拒绝向人民法院陈述，不影响人民法院对案件的审理和判决，有其他证据就可以认定案件事实的，即使没有当事人陈述，也应当根据其他证据认定案件事实。

① 《最高人民法院关于适用〈中华人民共和国民事诉讼法〉的解释》第110条。

② 《最高人民法院关于民事诉讼证据的若干规定》第63条第2款。

鉴定程序启动及鉴定人的确定

第七十九条　当事人可以就查明事实的专门性问题向人民法院申请鉴定。当事人申请鉴定的，由双方当事人协商确定具备资格的鉴定人；协商不成的，由人民法院指定。

当事人未申请鉴定，人民法院对专门性问题认为需要鉴定的，应当委托具备资格的鉴定人进行鉴定。

本条明确鉴定程序启动和鉴定人的确定。

司法鉴定是指在诉讼活动中鉴定人运用科学技术或者专门知识对诉讼涉及的专门性问题进行鉴别和判断并提供鉴定意见的活动。[①] 本书仅就鉴定程序启动和鉴定人的确定进行阐释。

1. 司法鉴定的分工。(1)国家对从事特别司法鉴定业务的鉴定人和鉴定机构实行登记管理制度。[②] (2)国务院司法行政部门主管全国鉴定人和鉴定机构的登记管理工作。省级人民政府司法行政部门依照本决定的规定，负责对鉴定人和鉴定机构的登记、名册编制和公告。[③] (3)最高人民法院指导地方各级人民法院的司法鉴定工作，上级人民法院指导下级人民法院的司法鉴定工作。[④] (4)最高人民法院、各高级人民法院和有条件的中级人民法院设立独立的司法鉴定机构。新建司法鉴定机构须报最高人民法院批准。最高人民法院的司法鉴定机构

---

① 《全国人民代表大会常务委员会关于司法鉴定管理问题的决定》第1条。

《人民法院司法鉴定工作暂行规定》第2条规定："本规定所称司法鉴定，是指在诉讼过程中，为查明案件事实，人民法院依据职权，或者应当事人及其他诉讼参与人的申请，指派或委托具有专门知识人，对专门性问题进行检验、鉴别和评定的活动。"

② 《全国人民代表大会常务委员会关于司法鉴定管理问题的决定》第2条第1款规定："国家对从事下列司法鉴定业务的鉴定人和鉴定机构实行登记管理制度：(一)法医类鉴定；(二)物证类鉴定；(三)声像资料鉴定；(四)根据诉讼需要由国务院司法行政部门商最高人民法院、最高人民检察院确定的其他应当对鉴定人和鉴定机构实行登记管理的鉴定事项。"第17条规定："本决定下列用语的含义是：(一)法医类鉴定，包括法医病理鉴定、法医临床鉴定、法医精神病鉴定、法医物证鉴定和法医毒物鉴定。(二)物证类鉴定，包括文书鉴定、痕迹鉴定和微量鉴定。(三)声像资料鉴定，包括对录音带、录像带、磁盘、光盘、图片等载体上记录的声音、图像信息的真实性、完整性及其所反映的情况过程进行的鉴定和对记录的声音、图像中的语言、人体、物体作出种类或者同一认定。"

③ 《全国人民代表大会常务委员会关于司法鉴定管理问题的决定》第3条。

④ 《人民法院司法鉴定工作暂行规定》第5条。

为人民法院司法鉴定中心，根据工作需要可设立分支机构。[①]

2. 司法鉴定的法定方式。(1)凡需要进行司法鉴定的案件，应当由人民法院司法鉴定机构鉴定，或者由人民法院司法鉴定机构统一对外委托鉴定。[②] (2)在诉讼中，对鉴定规定内的事项发生争议，需要鉴定的，应当委托列入鉴定人名册的鉴定人进行鉴定。鉴定人从事司法鉴定业务，由所在的鉴定机构统一接受委托。[③]

3. 司法鉴定的启动方式。(1)当事人申请鉴定。①当事人申请鉴定，可以在举证期限届满前提出。申请鉴定的事项与待证事实无关联，或者对证明待证事实无意义的，人民法院不予准许。[④] ②申请鉴定，应当在举证期限界满前提出。[⑤] (2)人民法院依职权委托鉴定。①符合《最高人民法院关于适用〈中华人民共和国民事诉讼法〉的解释》第96条第1款规定情形的，人民法院应当依职权委托鉴定。[⑥] ②符合依职权调查收集证据条件的，人民法院应当依职权委托鉴定，在询问当事人的意见后，指定具备相应资格的鉴定人。[⑦]

4. 司法鉴定的申请。(1)当事人申请鉴定，应当在人民法院指定期间内提出，并预交鉴定费用。逾期不提出申请或者不预交鉴定费用的，视为放弃申请。对需要鉴定的待证事实负有举证责任的当事人，在人民法院指定期间内无正当理由不提出鉴定申请或者不预交鉴定费用，或者拒不提供相关材料，致使待证事

---

① 《人民法院司法鉴定工作暂行规定》第6条。

② 《人民法院司法鉴定工作暂行规定》第4条。

③ 《全国人民代表大会常务委员会关于司法鉴定管理问题的决定》第9条第2款同时规定："鉴定人和鉴定机构应当在鉴定人和鉴定机构名册注明的业务范围内从事司法鉴定业务。"

④ 《最高人民法院关于适用〈中华人民共和国民事诉讼法〉的解释》第121条第1款。

《法官行为规范》第25条规定："当事人自行委托或者申请法院委托司法鉴定 (一)当事人协商一致自行委托的，应当认真审查鉴定情况，对程序合法、结论公正的鉴定意见应当采信；对不符合要求的鉴定意见可以要求重新鉴定，并说明理由；(二)当事人申请法院委托的，应当及时做出是否准许的决定，并答复当事人；准许进行司法鉴定的，应当按照规定委托鉴定机构及时进行鉴定。"

⑤ 《〈最高人民法院关于民事诉讼证据的若干规定〉文书样式(试行)》样式之二《举证通知书》第3条。

江苏省中级人民法院(2013)淮中民申字第0028号民事裁定书认为，本案中申请再审人在二审法庭辩论中提出想对借条上的签字进行笔迹鉴定，并无法律依据。

⑥ 《最高人民法院关于民事诉讼证据的若干规定》第30条第2款。

在当事人没有申请鉴定情况下，人民法院为审理案件需要，对"可能涉及有损国家利益""社会公共利益""他人合法权益的事实"的专门性问题，应当委托有资格的鉴定人进行鉴定。同时应当由双方当事人协商确定鉴定人。

⑦ 《最高人民法院关于适用〈中华人民共和国民事诉讼法〉的解释》第121条第3款。

实无法查明的，应当承担举证不能的法律后果。[①] (2)人民法院准许鉴定申请的，应当组织双方当事人协商确定具备相应资格的鉴定人。当事人协商不成的，由人民法院指定。人民法院依职权委托鉴定的，可以在询问当事人的意见后，指定具备相应资格的鉴定人。人民法院在确定鉴定人后应当出具委托书，委托书中应当载明鉴定事项、鉴定范围、鉴定目的和鉴定期限。[②] (3)当事人可以向人民法院申请委托专业机构或者专业人员就案件的专门性问题作出市场调查或者经济分析报告。经人民法院同意，双方当事人可以协商确定专业机构或者专业人员；协商不成的，由人民法院指定。人民法院可以参照《民事诉讼法》及相关司法解释有关鉴定意见的规定，对前款规定的市场调查或者经济分析报告进行审查判断。[③] (4)经审查准许(不予准许)的，人民法院将通知书送达各方当事人(或者申请人)或可以将通知书的内容以口头方式告知当事人(或者申请人)，并记入笔录，由当事人(或者申请人)或者其代理人签字。[④]

5. 司法鉴定的实施。(1)鉴定开始之前，人民法院应当要求鉴定人签署承诺书。承诺书中应当载明鉴定人保证客观、公正、诚实地进行鉴定，保证出庭作证，如作虚假鉴定应当承担法律责任等内容。鉴定人故意作虚假鉴定的，人民法院应当责令其退还鉴定费用，并根据情节，依照《民事诉讼法》第 114 条的规定进行处罚。[⑤] (2)鉴定人应当独立进行鉴定，对鉴定意见负责并在鉴定书上签名或者盖章。多人参加的鉴定，对鉴定意见有不同意见的，应当注明。[⑥] (3)鉴定人应当在人民法院确定的期限内完成鉴定，并提交鉴定书。鉴定人无正当理由未按期提交鉴定书的，当事人可以申请人民法院另行委托鉴定人进行鉴定。人民法院准许的，原鉴定人已经收取的鉴定费用应当退还；拒不退还的，依照《最高人民法

---

① 《最高人民法院关于民事诉讼证据的若干规定》第 31 条。

② 《最高人民法院关于民事诉讼证据的若干规定》第 32 条。

《最高人民法院关于适用〈中华人民共和国民事诉讼法〉的解释》第 121 条第 2 款规定："人民法院准许当事人鉴定申请的，应当组织双方当事人协商确定具备相应资格的鉴定人。当事人协商不成的，由人民法院指定。"

③ 《最高人民法院关于审理因垄断行为引发的民事纠纷案件应用法律若干问题的规定》第 13 条。

④ 《〈最高人民法院关于民事诉讼证据的若干规定〉文书样式(试行)》样式之二十《准许重新鉴定申请、通知书》样式之二十一《不予准许重新鉴定申请通知书》。

⑤ 《最高人民法院关于民事诉讼证据的若干规定》第 33 条。

⑥ 《全国人民代表大会常务委员会关于司法鉴定管理问题的决定》第 10 条。

院关于民事诉讼证据的若干规定》第 81 条第 2 款的规定处理。[①]

6. 司法鉴定的异议。(1)人民法院收到鉴定书后，应当及时将副本送交当事人。当事人对鉴定书的内容有异议的，应当在人民法院指定期间内以书面方式提出。对于当事人的异议，人民法院应当要求鉴定人作出解释、说明或者补充。人民法院认为有必要的，可以要求鉴定人对当事人未提出异议的内容进行解释、说明或者补充。[②] (2)当事人在收到鉴定人的书面答复后仍有异议的，人民法院应当根据《诉讼费用交纳办法》第 11 条的规定，通知有异议的当事人预交鉴定人出庭费用，并通知鉴定人出庭。有异议的当事人不预交鉴定人出庭费用的，视为放弃异议。双方当事人对鉴定意见均有异议的，分摊预交鉴定人出庭费用。[③]

7. 司法鉴定的费用。(1)鉴定人出庭费用按照证人出庭作证费用的标准计算，由败诉的当事人负担。因鉴定意见不明确或者有瑕疵需要鉴定人出庭的，出庭费用由其自行负担。人民法院委托鉴定时已经确定鉴定人出庭费用包含在鉴定费用中的，不再通知当事人预交。[④] (2)鉴定意见被采信后，鉴定人无正当理由撤销鉴定意见的，人民法院应当责令其退还鉴定费用，并可以根据情节，依照《民事诉讼法》第 114 条的规定对鉴定人进行处罚。当事人主张鉴定人负担由此增加的合理费用的，人民法院应予支持。人民法院采信鉴定意见后准许鉴定人撤销的，应当责令其退还鉴定费用。[⑤]

8. 重新申请司法鉴定。(1)当事人申请重新鉴定，存在下列情形之一的，人民法院应当准许：①鉴定人不具备相应资格的；②鉴定程序严重违法的；③鉴定意见明显依据不足的；④鉴定意见不能作为证据使用的其他情形。[⑥] (2)存在前款第 1 项至第 3 项情形的，鉴定人已经收取的鉴定费用应当退还。拒不退还的，依照《最高人民法院关于民事诉讼证据的若干规定》第 81 条第 2 款的规定处理。[⑦] (3)对鉴定意见的瑕疵，可以通过补正、补充鉴定或者补充质证、重新质证

---

① 《最高人民法院关于民事诉讼证据的若干规定》第 35 条。
② 《最高人民法院关于民事诉讼证据的若干规定》第 37 条。
③ 《最高人民法院关于民事诉讼证据的若干规定》第 38 条。
④ 《最高人民法院关于民事诉讼证据的若干规定》第 39 条。
⑤ 《最高人民法院关于民事诉讼证据的若干规定》第 42 条。
⑥ 《最高人民法院关于民事诉讼证据的若干规定》第 40 条第 1 款。
⑦ 《最高人民法院关于民事诉讼证据的若干规定》第 40 条第 2 款。

等方法解决的，人民法院不予准许重新鉴定的申请。[①] （4）重新鉴定的，原鉴定意见不得作为认定案件事实的根据。[②]

9. 具体纠纷案件的司法鉴定。侵害植物新品种权纠纷案件涉及的专门性问题需要鉴定的，由双方当事人协商确定的有鉴定资格的鉴定机构、鉴定人鉴定；协商不成的，由人民法院指定的有鉴定资格的鉴定机构、鉴定人鉴定。没有前款规定的鉴定机构、鉴定人的，由具有相应品种检测技术水平的专业机构、专业人员鉴定。[③] 对于侵害植物新品种权纠纷案件涉及的专门性问题可以采取田间观察检测、基因指纹图谱检测等方法鉴定。对采取前款规定方法作出的鉴定意见，人民法院应当依法质证，认定其证明力。[④]

鉴定人权利义务

第八十条　鉴定人有权了解进行鉴定所需要的案件材料，必要时可以询问当事人、证人。

鉴定人应当提出书面鉴定意见，在鉴定书上签名或者盖章。

本条明确鉴定人的权利和义务。本书仅就其进行阐释。

1. 鉴定人的主要诉讼权利。鉴定人的主要诉讼权利：（1）有权查阅进行鉴定所需要的案件材料；（2）有权询问当事人或证人；（3）有权参加现场勘验；（4）同一问题的鉴定人可以互相讨论，意见一致的可共同写出鉴定意见，意见不一致的各人均有权写出自己的鉴定意见；（5）有权拒绝鉴定；对以威胁、收买、欺骗等非法手段强迫自己作违背事实的结论的行为有权向有关部门提出控告；（6）因鉴定受到侮辱、诽谤、诬陷、殴打或者其他方法打击报复的，有权请求法律给予保护；（7）有权用本民族语言文字作鉴定意见；（8）有权要求支付相应的鉴定报酬等。[⑤]

---

① 《最高人民法院关于民事诉讼证据的若干规定》第40条第3款。

② 《最高人民法院关于民事诉讼证据的若干规定》第40条第4款。

③ 《最高人民法院关于审理侵害植物新品种权纠纷案件具体应用法律问题的若干规定》第3条。

④ 《最高人民法院关于审理侵害植物新品种权纠纷案件具体应用法律问题的若干规定》第4条。

⑤ 《人民法院司法鉴定工作暂行规定》第7条规定："鉴定人权利：（一）了解案情，要求委托人提供鉴定所需的材料；（二）勘验现场，进行有关的检验，询问与鉴定有关的当事人。必要时，可申请人民法院依据职权采集鉴定材料，决定鉴定方法和处理检材；（三）自主阐述鉴定观点，与其他鉴定人意见不同时，可不在鉴定文书上署名；（四）拒绝受理违反法律规定的委托。"

2. 鉴定人的主要诉讼义务。鉴定人的主要诉讼义务：(1)对接受鉴定的任务须按时出具鉴定意见，应最大限度地保证鉴定意见的科学性，并在鉴定书上签名盖章。(2)在收到人民法院的出庭通知书后应按时出庭，在法庭上应对鉴定事项作出如实陈述，实事求是地回答审判人、当事人及其诉讼代理人针对鉴定意见提出的询问。(3)要遵守鉴定纪律，妥善保管提交鉴定的物品的材料；不允许徇私、受贿或弄虚作假；对故意作假鉴定用以陷害他人的，应承担法律责任等。[①] (4)有下列情形之一的，鉴定人应当回避：①鉴定人系案件的当事人，或者当事人的近亲属；②鉴定人的近亲属与案件有利害关系；③鉴定人担任过本案的证人、辩护人、诉讼代理人；④其他可能影响准确鉴定的情形。[②]

鉴定人出庭作证

第八十一条　当事人对鉴定意见有异议或者人民法院认为鉴定人有必要出庭的，鉴定人应当出庭作证。经人民法院通知，鉴定人拒不出庭作证的，鉴定意见不得作为认定事实的根据；支付鉴定费用的当事人可以要求返还鉴定费用。

本条是关于鉴定人出庭作证的规定。本书仅就其进行阐释。

1. 鉴定人出庭作证的方式。(1)鉴定人依人民法院通知出庭作证。在诉讼中，当事人对鉴定意见有异议的，经人民法院依法通知，鉴定人应当出庭作证。[③] (2)人民法院依职权追加鉴定人出庭作证。人民法院认为鉴定人有必要出庭的，包括鉴定意见涉及可能有损国家利益、社会公共利益或者他人合法权益的事实，依职权追加其出庭作证。

2. 鉴定人出庭作证的通知。鉴定人依照《民事诉讼法》第81条的规定出庭作证的，人民法院应当在开庭审理3日前将出庭的时间、地点及要求通知鉴定人。委托机构鉴定的，应当由从事鉴定的人员代表机构出庭。[④]

---

① 《人民法院司法鉴定工作暂行规定》第8条规定："鉴定人义务：(一)尊重科学，恪守职业道德；(二)保守案件秘密；(三)及时出具鉴定结论；(四)依法出庭宣读鉴定结论并回答与鉴定相关的提问。"

② 《人民法院司法鉴定工作暂行规定》第9条。

③ 《全国人民代表大会常务委员会关于司法鉴定管理问题的决定》第11条。

④ 《最高人民法院关于民事诉讼证据的若干规定》第79条。

3. 对鉴定人的询问。

4. 鉴定人的更换。鉴定人因特殊情况(如长期抱病、在国外等)难以出庭,就应当及时更换鉴定人,并重新作出鉴定意见;或经人民法院准许,可以书面答复当事人的质询。

5. 鉴定人拒不出庭的法律后果。(1)支付鉴定费用的当事人可以要求返还鉴定费用。(2)鉴定人拒不出庭作证的,鉴定意见不得作为认定案件事实的根据。人民法院应当建议有关主管部门或者组织对拒不出庭作证的鉴定人予以处罚。当事人要求退还鉴定费用的,人民法院应当在3日内作出裁定,责令鉴定人退还;拒不退还的,由人民法院依法执行。当事人因鉴定人拒不出庭作证申请重新鉴定的,人民法院应当准许。[①]

6. 对鉴定人的保护。对证人、鉴定人、勘验人的合法权益依法予以保护。当事人或者其他诉讼参与人伪造、毁灭证据,提供虚假证据,阻止证人作证,指使、贿买、胁迫他人作伪证,或者对证人、鉴定人、勘验人打击报复的,依照《民事诉讼法》第113条、第114条的规定进行处罚。[②]

有专门知识的人出庭

第八十二条　当事人可以申请人民法院通知有专门知识的人出庭,就鉴定人作出的鉴定意见或者专业问题提出意见。

本条明确有专门知识的人出庭。

所谓“有专门知识的人”,是指在科学、技术以及其他专业知识方面具有特殊的专门知识或者经验的人,根据当事人的申请并经人民法院通知,出庭就鉴定人作出的鉴定意见或者案件事实所涉的专门问题进行说明或者发表专业意见的人。[③] 其中,“专门知识”,是指不为一般法官及当事人所掌握,只有一定范围的专家熟知的那些知识。本书仅就有专门知识的人出庭进行阐释。

---

① 《最高人民法院关于民事诉讼证据的若干规定》第81条。

② 《最高人民法院关于民事诉讼证据的若干规定》第98条。

③ 本条规定的所谓“有专门知识的人”,又称“专家”“诉讼辅助人”“专家辅助人”等,“有专门知识的人”没有固定的标准或者认定的程序,在《民事诉讼法》中也无法作出具体规定,只能由人民法院在司法审判实践中根据案件的具体情况来确定。

1. 有专门知识人出庭的申请。当事人依照《民事诉讼法》第82条和《最高人民法院关于适用〈中华人民共和国民事诉讼法〉的解释》第122条的规定,申请有专门知识的人出庭的,申请书中应当载明有专门知识的人的基本情况和申请的目的。人民法院准许当事人申请的,应当通知双方当事人。①

2. 有专门知识人员的申请。当事人可以向人民法院申请委托专业机构或者专业人员就案件的专门性问题作出市场调查或者经济分析报告。经人民法院同意,双方当事人可以协商确定专业机构或者专业人员;协商不成的,由人民法院指定。人民法院可以参照《民事诉讼法》及相关司法解释有关鉴定意见的规定,对前款规定的市场调查或者经济分析报告进行审查判断。②

3. 申请有专门知识人出庭通知书的送达。(1)向申请人送达。人民法院准许(不准许)其申请的,应将通知书③送达双方当事人(或者申请人)。通知书内容,审判人员可口头告知申请人,并记入笔录,由申请人或者代理人签字。④(2)向有专门知识的人送达。准许具有专门知识人员出庭协助质证申请的,人民法院应将通知书送达有专门知识的人员,准许其出庭协助质证。⑤

4. 有专门知识人出庭的其他规则。(1)当事人可以依照《民事诉讼法》第82条的规定,在举证期限届满前申请1至2名具有专门知识的人出庭,代表当事人对鉴定意见进行质证,或者对案件事实所涉及的专业问题提出意见。具有专门知识的人在法庭上就专业问题提出的意见,视为当事人的陈述。人民法院准许当事人申请的,相关费用由提出申请的当事人负担。⑥ (2)审判人员可以对有专门知识的人进行询问。经法庭准许,当事人可以对有专门知识的人进行询问,当事人各自申请的有专门知识的人可以就案件中的有关问题进行对质。有专门知

---

① 《最高人民法院关于民事诉讼证据的若干规定》第83条。

② 《最高人民法院关于审理因垄断行为引发的民事纠纷案件应用法律若干问题的规定》第13条。

③ 通知书包括准许具有专门知识人员出庭协助的申请通知书和不予准许具有专门知识人员出庭协助的申请通知书。

④ 《〈最高人民法院关于民事诉讼证据的若干规定〉文书样式(试行)》样式之二十七《人民法院不予准许具有专门知识的人员出庭申请通知书》。

⑤ 参见《〈最高人民法院关于民事诉讼证据的若干规定〉文书样式(试行)》样式之二十八《具有专门知识的人员出庭通知书》。

⑥ 《最高人民法院关于适用〈中华人民共和国民事诉讼法〉的解释》第122条。

另参见《最高人民法院关于审理因垄断行为引发的民事纠纷案件应用法律若干问题的规定》第12条。

识的人不得参与对鉴定意见质证或者就专业问题发表意见之外的法庭审理活动。[①]

勘验

第八十三条 勘验物证或者现场,勘验人必须出示人民法院的证件,并邀请当地基层组织或者当事人所在单位派人参加。当事人或者当事人的成年家属应当到场,拒不到场的,不影响勘验的进行。

有关单位和个人根据人民法院的通知,有义务保护现场,协助勘验工作。

勘验人应当将勘验情况和结果制作笔录,由勘验人、当事人和被邀参加人签名或者盖章。

本条明确勘验。

勘验,是指人民法院审判人员,在诉讼过程中,为了查明一定的事实,对与案件争议有关的现场、物品或物体亲自进行或指定有关人员进行查验、拍照、测量的行为。本书仅就其进行阐释。

1. 勘验的启动方式。人民法院认为有必要的,可以根据当事人的申请或者依职权对物证或者现场进行勘验。勘验时应当保护他人的隐私和尊严。人民法院可以要求鉴定人参与勘验。必要时,可以要求鉴定人在勘验中进行鉴定。[②]

2. 勘验的实施规则。(1)人民法院应当在勘验前将勘验的时间和地点通知当事人。当事人不参加的,不影响勘验进行。[③] (2)人民法院勘验时,如果当事人是自然人的,应当通知当事人或者他的成年家属到场;如果当事人是法人或者非法人组织的,应当通知其法人代表或者非法人组织的负责人到场,以便他们能了解勘验的情况,保护当事人的合法权利。当事人或者其成年家属、法人代表或者有关组织的负责人拒不到场的,人民法院开庭审理时,应当当庭宣读勘验笔录,以便双方当事人以及其他到庭人员了解勘验的情况和结果。(3)当事人可以就

---

① 《最高人民法院关于民事诉讼证据的若干规定》第 84 条。

② 《最高人民法院关于适用〈中华人民共和国民事诉讼法〉的解释》第 124 条。

③ 《最高人民法院关于民事诉讼证据的若干规定》第 43 条第 1 款。

勘验事项向人民法院进行解释和说明,可以请求人民法院注意勘验中的重要事项。①

3. 勘验笔录。(1)人民法院勘验物证或者现场,应当制作笔录,记录勘验的时间、地点、勘验人、在场人、勘验的经过、结果,由勘验人、在场人签名或者盖章。对于绘制的现场图应当注明绘制的时间、方位、测绘人姓名、身份等内容。② (2)评估机构在工作中需要对现场进行勘验的,人民法院应当提前通知审判、执行人员和当事人到场。当事人不到场的,不影响勘验的进行,但应当有见证人见证。评估机构勘验现场,应当制作现场勘验笔录。③ (3)摘录有关单位制作的与案件事实相关的文件、材料,应当注明出处,并加盖制作单位或者保管单位的印章,摘录人和其他调查人员应当在摘录件上签名或者盖章。摘录文件、材料应当保持内容相应的完整性。④

4. 对勘验人的询问。除法律、司法解释另有规定外,对当事人、鉴定人、有专门知识的人的询问参照适用《最高人民法院关于民事诉讼证据的若干规定》中关于询问证人的规定;关于书证的规定适用于视听资料、电子数据;存储在电子计算机等电子介质中的视听资料,适用电子数据的规定。⑤

5. 对勘验人的合法权益依法予以保护。当事人或者其他诉讼参与人伪造、毁灭证据,提供虚假证据,阻止证人作证,指使、贿买、胁迫他人作伪证,或者对证人、鉴定人、勘验人打击报复的,依照《民事诉讼法》第 113 条、第 114 条的规定进行处罚。⑥

证据保全

第八十四条　在证据可能灭失或者以后难以取得的情况下,当事人可以在诉讼过程中向人民法院申请保全证据,人民法院也可以主动采取保全措施。

---

① 《最高人民法院关于民事诉讼证据的若干规定》第 43 条第 2 款。
② 《最高人民法院关于民事诉讼证据的若干规定》第 43 条第 3 款。
③ 《最高人民法院关于人民法院委托评估、拍卖和变卖工作的若干规定》第 12 条第 1 款。
④ 《最高人民法院关于民事诉讼证据的若干规定》第 44 条。
⑤ 《最高人民法院关于民事诉讼证据的若干规定》第 99 条第 2 款。
⑥ 《最高人民法院关于民事诉讼证据的若干规定》第 98 条第 2 款。

因情况紧急，在证据可能灭失或者以后难以取得的情况下，利害关系人可以在提起诉讼或者申请仲裁前向证据所在地、被申请人住所地或者对案件有管辖权的人民法院申请保全证据。

证据保全的其他程序，参照适用本法第九章保全的有关规定。

本条明确证据保全。本书仅就其进行阐释。

1. 证据保全的种类。(1)诉前证据保全。是指在提起诉讼或者申请仲裁前，因情况紧急，在证据可能灭失或者以后难以取得的情况下，须向证据所在地、被申请人住所地或者对案件有管辖权的人民法院申请。是人民法院依利害关系人申请对证据予以调查收集和固定保护的行为。[①] (2)诉中证据保全。是指在诉讼进行过程中，在证据可能灭失或者今后难以取得的情况下，人民法院依当事人、利害关系人申请或者依职权对证据予以调查收集和固定保护的行为。[②]

2. 采取证据保全措施的前提条件。(1)只有在诉讼进行过程中才能采取诉讼证据保全措施。在诉讼开始之前，当事人只能提出诉前证据保全申请，人民法院也不得主动采取证据保全措施。(2)保全的证据必须与案件待证事实有联系。如果与案件待证事实没有任何联系，就没有保全的必要。但应当注意的是，人民法院只需要审查所要保全的证据与待证事实之间在形式上具有关联性即可，而实质上的关联性如何以及证据与待证事实之间所具有证明价值的大小和强弱，则需要等到庭审质证之后才能得出结论，在诉讼证据保全程序中无法做到。(3)证据可能灭失或者以后难以取得。其中，“证据可能灭失”，是指证据有不复存在的可能。有的是由客观原因引起，比如，作为证据的物品腐烂、变质，作为证人的自然人因年迈或者疾病等即将死亡等；有的是由主观原因引起的，比如对证据材料的故意毁损等。“证据以后难以取得”，是指证据虽然不至于灭失，但如果不采取保全措施，将来获取它会遇到相当大的困难或者成本过高。

3. 证据保全的启动方式。诉讼证据保全程序可以依当事人、利害关系人申

---

① 尚未进入诉讼或者仲裁程序，不存在当事人，只能是利害关系人提出申请。这里的利害关系人，是指民事权益可能受到损害或者与他人发生民事权益纠纷的人。是否属于利害关系人，应当由人民法院审查判断予以确定。

② 证据保全须注意：(1)在诉讼开始之前，当事人只能提出诉前证据保全申请，人民法院不得主动采取证据保全措施。同时，人民法院只需要审查所要保全的证据与待证事实之间在形式上具有关联性即可。(2)须向证据所在地、被申请人住所地或者对案件有管辖权的人民法院申请。

请而启动,也可以由人民法院依职权主动启动。

4. 证据保全的申请。(1)当事人根据《民事诉讼法》第84条第1款规定(诉中证据保全)申请证据保全的,可以在举证期限届满前书面提出。证据保全可能对他人造成损失的,人民法院应当责令申请人提供相应的担保。[①] (2)人民法院有权决定其提供担保,并将通知书送达申请人。[②] (3)当事人或者利害关系人根据《民事诉讼法》第84条的规定申请证据保全的,申请书应当载明需要保全的证据的基本情况、申请保全的理由以及采取何种保全措施等内容。当事人根据《民事诉讼法》第84条第1款的规定申请证据保全的,应当在举证期限届满前向人民法院提出。法律、司法解释对诉前证据保全有规定的,依照其规定办理。[③] (4)当事人或者利害关系人申请采取查封、扣押等限制保全标的物使用、流通等保全措施,或者保全可能对证据持有人造成损失的,人民法院应当责令申请人提供相应的担保。担保方式或者数额由人民法院根据保全措施对证据持有人的影响、保全标的物的价值、当事人或者利害关系人争议的诉讼标的金额等因素综合确定。[④] (5)当事人申请诉前财产保全、证据保全等措施,人民法官应:①严格审查申请的条件和理由,及时依法作出裁定;②裁定采取保全等措施的,及时依法执行;不符合申请条件的,耐心解释原因;③不得滥用诉前财产保全、证据保全等措施。[⑤]

5. 证据保全的裁定。当事人申请证据保全时,人民法院裁定同意(驳回)证据保全申请的,将裁定书送达申请人以及所涉及的各方当事人或者相关的第三人;裁定驳回的,送达申请人。通知书内容可以口头方式告知当事人,并记入笔录,由当事人或者代理人签字。[⑥]

6. 证据保全的实施。(1)人民法院进行证据保全,可以要求当事人或者诉讼代理人到场。根据当事人的申请和具体情况,人民法院可以采取查封、扣押、录音、录像、复制、鉴定、勘验等方法进行证据保全,并制作笔录。在符合证据保全

---

① 《最高人民法院关于适用〈中华人民共和国民事诉讼法〉的解释》第98条。

② 参见《〈最高人民法院关于民事诉讼证据的若干规定〉文书样式(试行)》样式之十七《证据保全担保通知书》。

③ 《最高人民法院关于民事诉讼证据的若干规定》第25条。

④ 《最高人民法院关于民事诉讼证据的若干规定》第26条。

⑤ 参见《法官行为规范》第24条。

⑥ 《〈最高人民法院关于民事诉讼证据的若干规定〉文书样式(试行)》样式之十八《证据保全裁定书》、样式之十九《驳回证据保全申请通知书》。

目的的情况下，人民法院应当选择对证据持有人利益影响最小的保全措施。[①]（2）人民法院采取诉前证据保全措施后，当事人向其他有管辖权的人民法院提起诉讼的，采取保全措施的人民法院应当根据当事人的申请，将保全的证据及时移交受理案件的人民法院。[②]

7. 证据保全的赔偿。申请证据保全错误造成财产损失，当事人请求申请人承担赔偿责任的，人民法院应予支持。[③]

8. 证据保全的法律适用。（1）根据《民事诉讼法》第 84 条第 3 款的规定，证据保全的其他程序，参照适用《民事诉讼法》第九章保全的有关规定。[④]（2）《最高人民法院关于民事诉讼证据的若干规定》对证据保全没有规定的，参照适用法律、司法解释关于财产保全的规定。[⑤]

9. 具体纠纷案件的证据保全。（1）在证据可能灭失或者以后难以取得的情况下，当事人可以申请证据保全。当事人申请证据保全的，仲裁委员会应当将当事人的申请提交证据所在地的基层人民法院。[⑥]（2）为制止侵权行为，在证据可能灭失或者以后难以取得的情况下，著作权人或者与著作权有关的权利人可以在起诉前依法向人民法院申请保全证据。[⑦]（3）为制止侵权行为，在证据可能灭失或者以后难以取得的情况下，商标注册人或者利害关系人可以依法在起诉前向人民法院申请保全证据。[⑧]（4）股东提起解散公司诉讼时，向人民法院申请财

---

① 《最高人民法院关于民事诉讼证据的若干规定》第 27 条。

② 《最高人民法院关于民事诉讼证据的若干规定》第 29 条。

③ 《最高人民法院关于民事诉讼证据的若干规定》第 28 条。

④ 《民事诉讼法》第九章对保全已经作了较为详细的规定。

⑤ 《最高人民法院关于民事诉讼证据的若干规定》第 99 条第 1 款。

⑥ 《仲裁法》第 46 条。

《最高人民法院关于审理涉及农村土地承包经营纠纷调解仲裁案件适用法律若干问题的解释》第 8 条规定："农村土地承包仲裁委员会依法向人民法院提交当事人证据保全申请的，应当提供下列材料：（一）证据保全申请书；（二）农村土地承包仲裁委员会发出的受理案件通知书；（三）申请人的证明；（四）申请保合证据的具体情况。对证据保全的具体程序事项，适用本解释第五、六、七条关于财产保全的规定。"

⑦ 《著作权法》第 57 条。

《专利法》第 73 条（与《著作权法》相比，仅将"著作权人或者与著作权有关的权利人"改为"专利权人或者利害关系人"，其他内容基本相同）。

⑧ 《商标法》第 66 条。

《最高人民法院关于商标法修改决定施行后商标案件管辖和法律适用问题的解释》第 1 条规定："人民法院受理以下商标案件：……申请诉前财产保全案件；12. 申请诉前证据保全案件……"

产保全或者证据保全的，在股东提供担保且不影响公司正常经营的情形下，人民法院可予以保全。[①] (5)品种权人或者利害关系人向人民法院提起侵害植物新品种权诉讼前，可以提出行为保全或者证据保全请求，人民法院经审查作出裁定。人民法院采取证据保全措施时，可以根据案件具体情况，邀请有关专业技术人员按照相应的技术规程协助取证。[②]

证据的审核认定(非法条内容)

本书仅就证据的审核认定进行阐释。

证据的审核，是指有关人员在诉讼过程中对证据进行的考查、检查、分析、研究等活动。证据的认定，是指有关人员对证据的证据能力和证据效力进行判断、评断、认可、确认等活动。

1. 证据审核认定的总体要求。人民法院应当以证据能够证明的案件事实为根据依法作出裁判。审判人员应当依照法定程序，全面、客观地审核证据，依据法律的规定，遵循法官职业道德，运用逻辑推理和日常生活经验，对证据有无证明力和证明力大小独立进行判断，并公开判断的理由和结果。[③]

2. 证据审核认定的内容。(1)对当事人提供的证据审核认定。①当事人对于欺诈、胁迫、恶意串通事实的证明，以及对于口头遗嘱或赠与事实的证明，人民法院确信该待证事实存在的可能性能够排除合理怀疑的，应当认定该事实存在。与诉讼保全、回避等程序事项有关的事实，人民法院结合当事人的说明及相关证据，认为有关事实存在的可能性较大的，可以认定该事实存在。[④] ②当事人在诉讼过程中认可的证据，人民法院应当予以确认。但法律、司法解释另有规定的除外。当事人对认可的证据反悔的，参照《最高人民法院关于适用〈中华人民共和

---

① 《最高人民法院关于适用〈中华人民共和国公司法〉若干问题的规定(二)》第3条。

② 《最高人民法院关于审理侵害植物新品种权纠纷案件具体应用法律问题的若干规定》第5条。

③ 《最高人民法院关于民事诉讼证据的若干规定》第85条。

《最高人民法院关于适用〈中华人民共和国民事诉讼法〉的解释》第105条规定："人民法院应当按照法定程序，全面、客观地审核证据，依照法律规定，运用逻辑推理和日常生活经验法则，对证据有无证明力和证明力大小进行判断，并公开判断的理由和结果。"

④ 《最高人民法院关于民事诉讼证据的若干规定》第86条。

国民事诉讼法〉的解释》第229条的规定处理。[①] ③一方当事人控制证据无正当理由拒不提交,对待证事实负有举证责任的当事人主张该证据的内容不利于控制人的,人民法院可以认定该主张成立。[②] (2)对书证的审核认定。①公文书证的制作者根据文书原件制作的载有部分或者全部内容的副本,与正本具有相同的证明力。在国家机关存档的文件,其复制件、副本、节录本经档案部门或者制作原本的机关证明其内容与原本一致的,该复制件、副本、节录本具有与原本相同的证明力。[③] ②私文书证的真实性,由主张以私文书证证明案件事实的当事人承担举证责任。私文书证由制作者或者其代理人签名、盖章或捺印的,推定为真实。私文书证上有删除、涂改、增添或者其他形式瑕疵的,人民法院应当综合案件的具体情况判断其证明力。[④] ③人民法院应当在裁判文书中阐明证据是否采纳的理由。对当事人无争议的证据,是否采纳的理由可以不在裁判文书中表述。[⑤] ④人民法院对证明文书应进行审查,既要对证明文书的形式力进行审查,又要对证明文书实质上的证明力进行审查。具体是通过将证明文件送交原制作单位核对,或者对有关证人进行询问,核对笔迹、进行鉴定等方式进行。[⑥] (3)对证人证言的审核认定。人民法院认定证人证言,可以通过对证人的智力状况、品德、知识、经验、法律意识和专业技能等的综合分析作出判断。[⑦] (4)对电子数据的审核认定。①人民法院对于电子数据的真实性,应当结合下列因素综合判断:(i)电子数据的生成、存储、传输所依赖的计算机系统的硬件、软件环境是否完整、可靠;(ii)电子数据的生成、存储、传输所依赖的计算机系统的硬件、软件环境是否处于正常运行状态,或者不处于正常运行状态时对电子数据的生成、存储、传输是否有影响;(iii)电子数据的生成、存储、传输所依赖的计算机系统的硬件、软件环境是否具备有效的防止出错的监测、核查手段;(iv)电子数据是否被完整地保存、传输、提取,保存、传输、提取的方法是否可靠;(v)电子数据是否在正常

---

① 《最高人民法院关于民事诉讼证据的若干规定》第89条。

② 《最高人民法院关于民事诉讼证据的若干规定》第95条。

③ 《最高人民法院关于民事诉讼证据的若干规定》第91条。

④ 《最高人民法院关于民事诉讼证据的若干规定》第92条。

⑤ 《最高人民法院关于民事诉讼证据的若干规定》第97条。

⑥ 对于人民法院来说,无论证明文书是谁出具的,都不能理所当然地把它们作为认定事实的依据。人民法院应当对证明文书辨别真伪,审查确定其效力。

⑦ 《最高人民法院关于民事诉讼证据的若干规定》第96条。

的往来活动中形成和存储；(vi)保存、传输、提取电子数据的主体是否适当；(vii)影响电子数据完整性和可靠性的其他因素。人民法院认为有必要的，可以通过鉴定或者勘验等方法，审查判断电子数据的真实性。[①] ②电子数据存在下列情形的，人民法院可以确认其真实性，但有足以反驳的相反证据的除外：(i)由当事人提交或者保管的于己不利的电子数据；(ii)由记录和保存电子数据的中立第三方平台提供或者确认的；(iii)在正常业务活动中形成的；(iv)以档案管理方式保管的；(v)以当事人约定的方式保存、传输、提取的。电子数据的内容经公证机关公证的，人民法院应当确认其真实性，但有相反证据足以推翻的除外。[②]

3. 证据审核认定(证)[③]的方法。(1)审判人员对单一证据可以从下列方面进行审核认定：①证据是否为原件、原物，复制件、复制品与原件、原物是否相符；②证据与本案事实是否相关；③证据的形式、来源是否符合法律规定；④证据的内容是否真实；⑤证人或者提供证据的人与当事人有无利害关系。[④] (2)审判人员对案件的全部证据，应当从各证据与案件事实的关联程度、各证据之间的联系等方面进行综合审查判断。[⑤] (3)下列证据不能单独作为认定案件事实的根据：①当事人的陈述；②无民事行为能力人或者限制民事行为能力人所作的与其年龄、智力状况或者精神健康状况不相当的证言；③与一方当事人或者其代理人有利害关系的证人陈述的证言；④存有疑点的视听资料、电子数据；⑤无法与原件、原物核对的复制件、复制品。[⑥]

4. 证据审核认定的其他规则。(1)证据证明力的认定。①在诉讼过程中，一方当事人陈述的于己不利的事实，或者对于己不利的事实明确表示承认的，另一方当事人无需举证证明。在证据交换、询问、调查过程中，或者在起诉状、答辩状、代理词等书面材料中，当事人明确承认于己不利的事实的，适用前款规定。[⑦] ②一方当事人对于另一方当事人主张的于己不利的事实既不承认也不否认，经

---

① 《最高人民法院关于民事诉讼证据的若干规定》第93条。

② 《最高人民法院关于民事诉讼证据的若干规定》第94条。

③ 认证，是指审判人员对经过当事人质证的证据进行审查、判断，确定其是否具有证据资格，证明力大小如何，能否作为认定案件事实依据的诉讼活动。认证方法包括“对单一证据进行个别审查判断”“对全部证据进行综合审查判断”。认证规则，是指审判人员在对证据进行审核认定时应当遵循的准则。

④ 《最高人民法院关于民事诉讼证据的若干规定》第87条。

⑤ 《最高人民法院关于民事诉讼证据的若干规定》第88条。

⑥ 《最高人民法院关于民事诉讼证据的若干规定》第90条。

⑦ 《最高人民法院关于民事诉讼证据的若干规定》第3条。

审判人员说明并询问后，其仍然不明确表示肯定或者否定的，视为对该事实的承认。[①] ③法律对于待证事实所应达到的证明标准另有规定的，从其规定。[②]

(2)证据的自认。①当事人委托诉讼代理人参加诉讼的，除授权委托书明确排除的事项外，诉讼代理人的自认视为当事人的自认。当事人在场对诉讼代理人的自认明确否认的，不视为自认。[③] ②普通共同诉讼中，共同诉讼人中一人或者数人作出的自认，对作出自认的当事人发生效力。必要共同诉讼中，共同诉讼人中一人或者数人作出自认而其他共同诉讼人予以否认的，不发生自认的效力。其他共同诉讼人既不承认也不否认，经审判人员说明并询问后仍然不明确表示意见的，视为全体共同诉讼人的自认。[④] ③一方当事人对于另一方当事人主张的于己不利的事实有所限制或者附加条件予以承认的，由人民法院综合案件情况决定是否构成自认。[⑤] ④《最高人民法院关于适用〈中华人民共和国民事诉讼法〉的解释》第96条第1款[⑥]规定的事实，不适用有关自认的规定。自认的事实与已经查明的事实不符的，人民法院不予确认。[⑦] ⑤有下列情形之一，当事人在法庭辩论终结前撤销自认的，人民法院应当准许：(i)经对方当事人同意的；(ii)自认是在受胁迫或者重大误解情况下作出的。人民法院准许当事人撤销自认的，应当作出口头或者书面裁定。[⑧]

(3)事实根据的认定。①不能认定的事实根据。(i)对以严重侵害他人合法权益、违反法律禁止性规定或者严重违背公序良俗的方法形成或者获取的证据，不得作为认定案件事实的根据。[⑨] (ii)在诉讼中，当事人为达成调解协议或者和解协议作出妥协而认可的事实，不得在后续的诉讼中作为对其不利的根据，但法

---

① 《最高人民法院关于民事诉讼证据的若干规定》第4条。

② 《最高人民法院关于适用〈中华人民共和国民事诉讼法〉的解释》第108条第3款。

③ 《最高人民法院关于民事诉讼证据的若干规定》第5条。

④ 《最高人民法院关于民事诉讼证据的若干规定》第6条。

⑤ 《最高人民法院关于民事诉讼证据的若干规定》第7条。

⑥ 《最高人民法院关于适用〈中华人民共和国民事诉讼法〉的解释》第96条第1款规定："民事诉讼法第六十七条第二款规定的人民法院认为审理案件需要的证据包括：(一)涉及可能损害国家利益、社会公共利益的；(二)涉及身份关系的；(三)涉及民事诉讼法第五十八条规定诉讼的；(四)当事人有恶意串通损害他人合法权益可能的；(五)涉及依职权追加当事人、中止诉讼、终结诉讼、回避等程序性事项的。"

⑦ 《最高人民法院关于民事诉讼证据的若干规定》第8条。

⑧ 《最高人民法院关于民事诉讼证据的若干规定》第9条。

⑨ 《最高人民法院关于适用〈中华人民共和国民事诉讼法〉的解释》第106条。

律另有规定或者当事人均同意的除外。[①] (iii)负有举证证明责任的当事人拒绝到庭、拒绝接受询问或者拒绝签署保证书,待证事实又欠缺其他证据证明的,人民法院对其主张的事实不予认定。[②] ②不能单独认定的事实根据。下列证据不能单独作为认定案件事实的根据:(i)当事人的陈述;(ii)无民事行为能力人或者限制民事行为能力人所作的与其年龄、智力状况或者精神健康状况不相当的证言;(iii)与一方当事人或者其代理人有利害关系的证人陈述的证言;(iv)存有疑点的视听资料、电子数据;(v)无法与原件、原物核对的复制件、复制品。[③]

证据规则的适用(非法条内容)

《最高人民法院关于民事诉讼证据的若干规定》自2020年5月1日起施行。《最高人民法院关于民事诉讼证据的若干规定》公布施行后,最高人民法院以前发布的司法解释与本规定不一致的,不再适用。[④]

① 《最高人民法院关于适用〈中华人民共和国民事诉讼法〉的解释》第107条。
② 《最高人民法院关于适用〈中华人民共和国民事诉讼法〉的解释》第110条第3款。
③ 《最高人民法院关于民事诉讼证据的若干规定》第90条。
④ 《最高人民法院关于民事诉讼证据的若干规定》第100条。

第七章 期间、送达

本章内容主要明确期间、送达的种类及法律效力。

第一节 期 间

期间，是指人民法院、当事人或其他诉讼参加人进行或完成某种诉讼行为必须遵守的时间。广义的期间包括期限和期日，狭义的期间仅指期限。[①] 其中，“期日”，是指人民法院、当事人及其他诉讼参与人会合进行某种诉讼活动的时日。[②]

期间种类、计算

第八十五条 期间包括法定期间和人民法院指定的期间。

期间以时、日、月、年计算。期间开始的时和日，不计算在期间内。

期间届满的最后一日是法定休假日的，以法定休假日后的第一日为期间届满的日期。

期间不包括在途时间，诉讼文书在期满前交邮的，不算过期。

本条是关于期间种类和期间计算的规定。本书仅就其进行阐释。

---

① 洪冬英主编：《民事诉讼法学通论》（第3版），北京大学出版社2020年版，第191页。

② 狭义的期间和期日的主要区别在于：(1)期间是民事诉讼法律关系主体单独完成某项诉讼行为的时间限制；期日则是民事诉讼法律关系主体共同进行诉讼活动必须遵守的时间。(2)期间有法定期间和指定期间之分；而期日只有指定期日。(3)期间以确定的起止时间的到来为开始和终结；期日则仅有开始的时间而无终止的时间，即以诉讼行为的开始为开始，以诉讼行为的实际完毕为终结。[洪冬英主编：《民事诉讼法学通论》（第3版），北京大学出版社2020年版，第191页。]

1. 期间的种类。期间分为法定期间[①]和指定期间[②],也可分为不可变期间[③]和可变期间[④]。指定期间都是可变期间,法定期间依照法律规定可以变更,法律没有规定的不能变更。

2. 期间的计算。(1)依照《民事诉讼法》第85条第2款规定,民事诉讼中以时起算的期间从次时起算;以日、月、年计算的期间从次日起算。[⑤] (2)期间以月计算,则不分大月、小月;以年计算的,不分平年、闰年。以月计算的,期间届满的日期,应当是届满那个月对应于开始月份的那一天;[⑥]没有对应于开始月份的那一天的,应当为届满那个月的最后一天。期间届满的最后一日是法定休假日的,以法定休假日后的第一日为期间届满的日期。如果法定休假日在期间中间,则不应扣除。(3)期间,是法定期间还是指定期间,都不包括在途时间。[⑦] (4)诉讼文书在期满前交邮的,不算过期。

3. 不变期间的规则。《民事诉讼法》第59条第3款(第三人的撤销之诉)、第212条(当事人申请再审)及《最高人民法院关于适用〈中华人民共和国民事诉讼法〉的解释》第372条(特别程序中当事人的异议)、第382条(当事人对调解书申请再审)、第399条(撤回再审申请或者按撤回再审申请处理后,申请再审)、第420条(必须共同进行诉讼的当事人申请再审)、第421条(案外人对驳回其执行异议的裁定不服申请再审)规定的"6个月"和《民事诉讼法》第230条(利害关系人向人民法院起诉)规定的"1年",为不变期间,不适用诉讼时效中止、中断、延长的规定。[⑧]

---

① 法定期间,是指由法律直接规定的期间。[洪冬英主编:《民事诉讼法学通论》(第3版),北京大学出版社2020年版,第192页。]

② 指定期间,是指人民法院根据案件的具体情况依职权确定的期间。指定期间是相对于法定期间而言的,也可以说是法定期间的补充。[洪冬英主编:《民事诉讼法学通论》(第3版),北京大学出版社2020年版,第192页。]

③ 不可变期间,是指在规定的期间内,除法律另有规定的情况外,不准许人民法院延长或者缩短的期间,在该期间外,权利人就丧失了该项诉讼权利。

④ 可变期间,是指期间一经确定,因发生特殊情况(地震、道路不通或因重病不能出庭等),在确定的期间内进行诉讼行为有困难,人民法院根据当事人的申请或者依职权变更原定的期间。

⑤ 《最高人民法院关于适用〈中华人民共和国民事诉讼法〉的解释》第125条。

⑥ 《最高人民法院关于冻结单位银行存款六个月期限如何计算起止时间的复函》认为,宜春地区中级人民法院1994年4月18日冻结某企业的银行存款,冻结期限6个月应从1994年4月19日起算,到同年10月18日当天银行停止营业时止。冻结的效力则应从1994年4月18日冻结手续办结之时开始。

⑦ 在途时间,即人民法院需要通过邮寄的方式送达诉讼文书,或者当事人需要通过邮寄递交诉讼文书时,在邮寄途中用去的时间。

⑧ 《最高人民法院关于适用〈中华人民共和国民事诉讼法〉的解释》第127条。

期间顺延

第八十六条 当事人因不可抗拒的事由或者其他正当理由耽误期限的，在障碍消除后的十日内，可以申请顺延期限，是否准许，由人民法院决定。

本条明确期间的顺延。

期间的耽误，是指当事人及其诉讼代理人在法定期间或指定期间内因故没有完成应当或有权进行的诉讼行为。[①] 期限的顺延，是指把耽误的时间补上，原则上耽误几天补几天。本书仅就期间的顺延进行阐释。

1. 期间顺延的情形。当事人因不可抗拒的事由或者其他正当理由耽误期间的，在障碍消除后的10日内，可以申请顺延期间。其中，“不可抗拒的事由”，一般是指当事人、诉讼代理人不可预见、无法避免，以自身的力量和条件不能克服的客观事件。

2. 期间顺延的裁定。人民法院经审查，认为申请顺延期间有理由的，应当顺延当事人的诉讼期间；认为无正当理由的，应当裁定驳回申请。人民法院准予顺延期间后，顺延多长时间，因法定期间和指定期间的不同而有所不同。法定期间顺延日期的计算，以实际耽误的时间为准。指定期间顺延由人民法院根据具体情况决定。

3. 期间顺延的要求。对《民事诉讼法》第86条规定的“障碍消除”、第153条规定的“中止诉讼的原因消除”以及第263条规定的“中止的情形消失”，《最高人民法院关于适用〈中华人民共和国行政诉讼法〉的解释》第87条规定的“中止诉讼的原因消除”之日的确定，要区别灾区不同情况，坚持从宽掌握的原则，结合个案具体情况具体分析。[②]

4. 具体纠纷案件的期间顺延。债权人虽未在法定期间申报债权，但有《民事诉讼法》第86条规定情形的，在破产财产分配前可向清算组申报债权。清算组负责审查其申报的债权，并由人民法院审查确定。债权人会议对人民法院同意

---

① 洪冬英主编：《民事诉讼法学通论》（第3版），北京大学出版社2020年版，第193页。

② 参见《最高人民法院关于处理涉及汶川地震相关案件适用法律问题的意见（一）》第7条。

该债权人参加破产财产分配有异议的，可以向人民法院申请复议。①

第二节　送　　达

民事诉讼中的送达，是指人民法院按照法定的程序和方式，将诉讼文书送交当事人和其他诉讼参与人的诉讼行为。② 在送达时，代表人民法院、负责送达诉讼文书的人称为送达人，一般为人民法院的书记、司法警察或者其他工作人员。接受诉讼文书的人称为受送达人。送达的效力，是指诉讼文书送达后所产生的法律后果。送达后，有关人员即具有诉讼法律关系上的权利和义务，或者使得有关法律关系归于消灭或终结。

我国《民事诉讼法》规定了直接送达、留置送达、委托送达、邮寄送达、转交送达和公告送达传真、电子邮件等方式。

送达回证

第八十七条　送达诉讼文书必须有送达回证，由受送达人在送达回证上记明收到日期，签名或者盖章。

受送达人在送达回证上的签收日期为送达日期。

本条明确送达回证。

送达回证，是指人民法院制作的，用以证明完成送达行为并返回人民法院的

① 《最高人民法院关于审理企业破产案件若干问题的规定》第24条。

② 洪冬英主编：《民事诉讼法学通论》（第3版），北京大学出版社2020年版，第194页。

《民事诉讼法》的送达具有下列特征：(1)送达的主体是人民法院，必须是人民法院的书记员、司法警察或者其他工作人员送达诉讼文书。(2)送达的对象是当事人或者其他诉讼参与人。(3)送达的内容是各种诉讼文书，如起诉状副本、传票、开庭通知书、判决书、裁定书、调解书等。(4)送达必须按法定的程序和方式进行。

《关于进一步加强民事送达工作的若干意见》规定，送达是民事案件审理过程中的重要程序事项，是保障人民法院依法公正审理民事案件、及时维护当事人合法权益的基础。

凭证。[①] 人民法院向当事人或者其他诉讼参与人送达诉讼文书，无论采取何种送达方式，除公告送达外，都应当有送达回证，公告期间届满的日期即是送达日期。

本书在此基础上进一步阐释三个方面的内容。

一、送达日期的确认

因当事人提供的送达地址不准确、拒不提供送达地址、送达地址变更未书面告知人民法院，导致民事诉讼文书未能被受送达人实际接收的，直接送达的，民事诉讼文书留在该地址之日为送达之日；邮寄送达的，文书被退回之日为送达之日。[②]

二、送达地址的确认

1. 送达地址的确认。（1）人民法院应当在登记立案时要求当事人确认送达地址。当事人拒绝确认送达地址的，依照《最高人民法院关于登记立案若干问题的规定》第7条的规定处理。[③]（2）当事人在送达地址确认书中确认的送达地址，适用于第一审程序、第二审程序和执行程序。当事人变更送达地址，应当以书面方式告知人民法院。当事人未书面变更的，以其确认的地址为送达地址。[④]（3）当事人拒绝确认送达地址或以拒绝应诉、拒接电话、避而不见送达人员、搬离原住所等躲避、规避送达，人民法院不能或无法要求其确认送达地址的，可以分别以下列情形处理：①当事人在诉讼所涉及的合同、往来函件中对送达地址有明确约定的，以约定的地址为送达地址；②没有约定的，以当事人在诉讼中提交的书面材料中载明的自己的地址为送达地址；③没有约定、当事人也未提交书面材料或者书面材料中未载明地址的，以一年内进行其他诉讼、仲裁案件中提

---

① 洪冬英主编：《民事诉讼法学通论》（第3版），北京大学出版社2020年版，第196页。

送达回证是人民法院是否按法定程序和方式送达诉讼文书的标志，是送达人完成送达任务的凭证，还是受送达人接收或者拒绝签收送达文书的证明。

② 《最高人民法院关于进一步加强民事送达工作的若干意见》第7条。

《最高人民法院关于以法院专递方式邮寄送达民事诉讼文书的若干规定》第11条规定："因受送达人自己提供或者确认的送达地址不准确、拒不提供送达地址、送达地址变更未及时告知人民法院、受送达人本人或者受送达人指定的代收人拒绝签收，导致诉讼文书未能被受送达人实际接收的，文书退回之日视为送达之日。受送达人能够证明自己在诉讼文书送达的过程中没有过错的，不适用前款规定。"

③ 《最高人民法院关于进一步加强民事送达工作的若干意见》第5条。

④ 《最高人民法院关于进一步加强民事送达工作的若干意见》第6条。

《最高人民法院关于适用〈中华人民共和国民事诉讼法〉的解释》第137条规定："当事人在提起上诉、申请再审、申请执行时未书面变更送达地址的，其在第一审程序中确认的送达地址可以作为第二审程序、审判监督程序、执行程序的送达地址。"

供的地址为送达地址;④无以上情形的,以当事人一年内进行民事活动时经常使用的地址为送达地址。人民法院按照上述地址进行送达的,可以同时以电话、微信等方式通知受送达人。[①] (4)依《最高人民法院关于进一步加强民事送达工作的若干意见》第8条规定仍不能确认送达地址的,自然人以其户籍登记的住所或者在经常居住地登记的住址为送达地址,法人或者其他组织以其工商登记或其他依法登记、备案的住所地为送达地址。[②]

2. 送达地址的确认书。(1)送达地址确认书是当事人送达地址确认制度的基础。送达地址确认书应当包括当事人提供的送达地址、人民法院告知事项、当事人对送达地址的确认、送达地址确认书的适用范围和变更方式等内容。[③] (2)当事人提供的送达地址应当包括邮政编码、详细地址以及受送达人的联系电话等。同意电子送达的,应当提供并确认接收民事诉讼文书的传真号、电子信箱、微信号等电子送达地址。当事人委托诉讼代理人的,诉讼代理人确认的送达地址视为当事人的送达地址。[④] (3)为保障当事人的诉讼权利,人民法院应当告知送达地址确认书的填写要求和注意事项以及拒绝提供送达地址、提供虚假地址或者提供地址不准确的法律后果。[⑤] (4)人民法院应当要求当事人对其填写的送达地址及法律后果等事项进行确认。当事人确认的内容应当包括当事人已知晓人民法院告知的事项及送达地址确认书的法律后果,保证送达地址准确、有效,同意人民法院通过其确认的地址送达诉讼文书等,并由当事人或者诉讼代理人签名、盖章或者捺印。[⑥]

三、送达回证及法律后果

1. 送达诉讼文书必须有送达回证,由受送达人在送达回证上记明收到日期,签名或者盖章。

2. 诉讼文书一经送达,就会产生一定的法律后果,当事人及其他诉讼参与人必须在规定的期间内行使某种行为的权利,或者必须履行某种行为的义务,否则,就要承担法律规定的后果。

---

① 《最高人民法院关于进一步加强民事送达工作的若干意见》第8条。
② 《最高人民法院关于进一步加强民事送达工作的若干意见》第9条。
③ 《最高人民法院关于进一步加强民事送达工作的若干意见》第1条。
④ 《最高人民法院关于进一步加强民事送达工作的若干意见》第2条。
⑤ 《最高人民法院关于进一步加强民事送达工作的若干意见》第3条。
⑥ 《最高人民法院关于进一步加强民事送达工作的若干意见》第4条。

直接送达

第八十八条　送达诉讼文书，应当直接送交受送达人。受送达人是公民的，本人不在交他的同住成年家属签收；受送达人是法人或者其他组织的，应当由法人的法定代表人、其他组织的主要负责人或者该法人、组织负责收件的人签收；受送达人有诉讼代理人的，可以送交其代理人签收；受送达人已向人民法院指定代收人的，送交代收人签收。

受送达人的同住成年家属，法人或者其他组织的负责收件的人，诉讼代理人或者代收人在送达回证上签收的日期为送达日期。

本条明确诉讼文书的直接送达。

诉讼文书的直接送达，是指执行送达任务的书记员、司法警察或者其他工作人员将应当送达的诉讼文书，直接交付给受送达人或其同住成年家属或其代收（理）人等签收的送达方式。直接送达的，受送达人在送达回证上签收的日期即是送达日期。本书仅就其进行阐释。

1. 被视为直接送达的情形。（1）人民法院直接送达诉讼文书的，可以通知当事人到人民法院领取。当事人到达人民法院，拒绝签署送达回证的，视为送达。审判人员、书记员应当在送达回证上注明送达情况并签名。①（2）人民法院可以在当事人住所地以外向当事人直接送达诉讼文书。当事人拒绝签署送达回证的，采用拍照、录像等方式记录送达过程即视为送达。审判人员、书记员应当在送达回证上注明送达情况并签名。②（3）人民法院在定期宣判时，当事人拒不签收判决书、裁定书的，应视为送达，并在宣判笔录中记明。③（4）适用简易程序审理的案件，人民法院按照当事人自己提供的送达地址送达诉讼文书时，因当事人提供的己方送达地址不准确，或者送达地址变更未及时告知人民法院，致使人民法院无法送达，造成诉讼文书被退回的，诉讼文书也视为送达。④

---

① 《最高人民法院关于适用〈中华人民共和国民事诉讼法〉的解释》第 131 条第 1 款。

② 《最高人民法院关于适用〈中华人民共和国民事诉讼法〉的解释》第 131 条第 2 款。

③ 《最高人民法院关于适用〈中华人民共和国民事诉讼法〉的解释》第 141 条。

④ 《人民法院民事诉讼风险提示书》第 14 条。

2. 向其他有权签收的人直接送达。(1)受送达人有诉讼代理人的,人民法院既可以向受送达人送达,也可以向其诉讼代理人送达。[①] (2)向法人或者其他组织送达诉讼文书,应当由法人的法定代表人、该组织的主要负责人或者办公室、收发室、值班室等负责收件的人签收或者盖章,拒绝签收或者盖章的,适用留置送达。[②]

3. 直接送达的日期。受送达人的同住成年家属,法人或者非法人组织的负责收件的人,诉讼代理人或者代收人在送达回证上签收的日期为送达日期。

留置送达

第八十九条　受送达人或者他的同住成年家属拒绝接收诉讼文书的,送达人可以邀请有关基层组织或者所在单位的代表到场,说明情况,在送达回证上记明拒收事由和日期,由送达人、见证人签名或者盖章,把诉讼文书留在受送达人的住所;也可以把诉讼文书留在受送达人的住所,并采用拍照、录像等方式记录送达过程,即视为送达。

本条明确诉讼文书的留置送达。

诉讼文书的留置送达,是指受送达人或者他的同住成年家属或其代收(理)人拒绝接受诉讼文书的,送达人依法将应送达的文书留在受送达人住所的送达方法。本书仅就其进行阐释。

1. 留置送达的实施。受送达人或者他的同住成年家属拒绝接收诉讼文书的,送达人可以邀请有关基层组织或者所在单位的代表到场,说明情况,在送达回证上记明拒收事由和日期,由送达人、见证人签名或者盖章,把诉讼文书留在受送达人的住所;也可以把诉讼文书留在受送达人的住所,并采用拍照、录像等方式记录送达过程,即视为送达。《民事诉讼法》第89条规定的有关基层组织和

---

① 《最高人民法院关于适用〈中华人民共和国民事诉讼法〉的解释》第132条。

受送达人或者他的同住成年家属拒绝接收诉讼文书的,送达人可以来取两种行为完成送达:(1)可以邀请有关基层组织或者所在单位的代表到场,说明情况,在送达回证上记明拒收事由和日期,由送达人、见证人签名或者盖章,把诉讼文书留在受送达人的住所,即视为送达。(2)可以把诉讼文书留在受送达人的住所,并采用拍照、录像等方式记录送达过程,即视为送达完成。留置送达同直接送达具有同等法律效力。

② 《最高人民法院关于适用〈中华人民共和国民事诉讼法〉的解释》第130条第1款。

所在单位的代表，可以是受送达人住所地的居民委员会、村民委员会的工作人员以及受送达人所在单位的工作人员。[①]

2. 适用留置送达的情形。(1)受送达人指定诉讼代理人为代收人的，向诉讼代理人送达时，适用留置送达。[②] (2)向法人或者其他组织送达诉讼文书，应当由法人的法定代表人、该组织的主要负责人或者办公室、收发室、值班室等负责收件的人签收或者盖章，拒绝签收或者盖章的，适用留置送达。[③]

3. 调解书应当直接送达当事人本人，不适用留置送达。当事人本人因故不能签收的，可由其指定的代收人签收。[④]

简易送达

第九十条　经受送达人同意，人民法院可以采用能够确认其收悉的电子方式送达诉讼文书。通过电子方式送达的判决书、裁定书、调解书，受送达人提出需要纸质文书的，人民法院应当提供。

采用前款方式送达的，以送达信息到达受送达人特定系统的日期为送达日期。

本条明确诉讼文书的传真、电子邮件等简易送达。[⑤] 本书仅就其进行阐释。

1. 简易送达的文书及方式。(1)受送达人同意采用电子方式送达的，应当在送达地址确认书中予以确认。[⑥] (2)电子送达可以采用传真、电子邮件、移动通信等即时收悉的特定系统作为送达媒介。[⑦] (3)在线诉讼的送达。①经受送达人同

---

① 《最高人民法院关于适用〈中华人民共和国民事诉讼法〉的解释》第 130 条第 2 款。

② 《最高人民法院关于适用〈中华人民共和国民事诉讼法〉的解释》第 132 条。

③ 《最高人民法院关于适用〈中华人民共和国民事诉讼法〉的解释》第 130 条第 1 款。

④ 《最高人民法院关于适用〈中华人民共和国民事诉讼法〉的解释》第 133 条。

⑤ 《海事诉讼特别程序法》第 80 条规定可以“通过能够确认收悉的其他适当方式送达”。《最高人民法院关于适用简易程序审理民事案件的若干规定》明确规定了法院可以采取“捎口信、电话、传真、电子邮件等简便方式”传唤当事人、证人。《最高人民法院关于涉外民事或商事案件司法文书送达问题若干规定》第 10 条、《最高人民法院关于涉港澳民商事案件司法文书送达问题若干规定》第 8 条也分别规定了人民法院可以通过传真、电子邮件等能够确认收悉的其他适当方式向受送达人送达。

⑥ 《最高人民法院关于适用〈中华人民共和国民事诉讼法〉的解释》第 136 条。

另见本书第一编第一章在线诉讼的“在网络平台诉讼文书、证据材料的送达”。

⑦ 《最高人民法院关于适用〈中华人民共和国民事诉讼法〉的解释》第 135 条第 1 款。

意，人民法院可以通过送达平台，向受送达人的电子邮箱、即时通讯账号、诉讼平台专用账号等电子地址，按照法律和司法解释的相关规定送达诉讼文书和证据材料。具备下列情形之一的，人民法院可以确定受送达人同意电子送达：(i)受送达人明确表示同意的；(ii)受送达人在诉讼前对适用电子送达已作出约定或者承诺的；(iii)受送达人在提交的起诉状、上诉状、申请书、答辩状中主动提供用于接收送达的电子地址的；(iv)受送达人通过回复收悉、参加诉讼等方式接受已经完成的电子送达，并且未明确表示不同意电子送达的。[①] ②人民法院可以通过电话确认、诉讼平台在线确认、线下发送电子送达确认书等方式，确认受送达人是否同意电子送达，以及受送达人接收电子送达的具体方式和地址，并告知电子送达的适用范围、效力、送达地址变更方式以及其他需告知的送达事项。[②] ③人民法院向受送达人主动提供或者确认的电子地址送达的，送达信息到达电子地址所在系统时，即为送达。受送达人未提供或者未确认有效电子送达地址，人民法院向能够确认为受送达人本人的电子地址送达的，根据下列情形确定送达是否生效：(i)受送达人回复已收悉，或者根据送达内容已作出相应诉讼行为的，即为完成有效送达；(ii)受送达人的电子地址所在系统反馈受送达人已阅知，或者有其他证据可以证明受送达人已经收悉的，推定完成有效送达，但受送达人能够证明存在系统错误、送达地址非本人使用或者非本人阅知等未收悉送达内容的情形除外。人民法院开展电子送达，应当在系统中全程留痕，并制作电子送达凭证。电子送达凭证具有送达回证效力。对同一内容的送达材料采取多种电子方式发送受送达人的，以最先完成的有效送达时间作为送达生效时间。[③] ④人民法院适用电子送达，可以同步通过短信、即时通讯工具、诉讼平台提示等方式，通知受送达人查阅、接收、下载相关送达材料。[④] ⑤适用在线诉讼的案件，各方诉讼主体可以通过在线确认、电子签章等方式，确认和签收调解协议、笔录、电子送达凭证及其他诉讼材料。[⑤]

2. 简易送达的日期。(1)采用《民事诉讼法》第90条第1款方式送达的，以

① 《人民法院在线诉讼规则》第29条。
② 《人民法院在线诉讼规则》第30条。
③ 《人民法院在线诉讼规则》第31条。
④ 《人民法院在线诉讼规则》第32条。
⑤ 《人民法院在线诉讼规则》第33条。

传真、电子邮件等到达受送达人特定系统的日期为送达日期。(2)受送达人已向人民法院提供或者确认电子地址的,以送达信息到达该电子地址的日期为送达日期。受送达人未向人民法院提供或者确认电子地址的,以能够确认收悉的日期为送达日期。(3)《民事诉讼法》第 90 条第 2 款规定的到达受送达人特定系统的日期,为人民法院对应系统显示发送成功的日期,但受送达人证明到达其特定系统的日期与人民法院对应系统显示发送成功的日期不一致的,以受送达人证明到达其特定系统的日期为准。①

3. 简易送达的其他规则。(1)在严格遵守民事诉讼法和民事诉讼法司法解释关于电子送达适用条件的前提下,积极主动探索电子送达及送达凭证保全的有效方式、方法,有条件的法院可以建立专门的电子送达平台,或以诉讼服务平台为依托进行电子送达,或者采取与大型门户网站、通信运营商合作的方式,通过专门的电子邮箱、特定的通信号码、信息公众号等方式进行送达。② (2)采用传真、电子邮件方式送达的,送达人员应记录传真发送和接收号码、电子邮件发送和接收邮箱、发送时间、送达诉讼文书名称,并打印传真发送确认单、电子邮件发送成功网页,存卷备查。③ (3)采用短信、微信等方式送达的,送达人员应记录收发手机号码、发送时间、送达诉讼文书名称,并将短信、微信等送达内容拍摄照片,存卷备查。④ (4)可以根据实际情况,有针对性地探索提高送达质量和效率的工作机制,确定由专门的送达机构或者由各审判、执行部门进行送达。在不违反法律、司法解释规定的前提下,可以积极探索创新行之有效的工作方法。⑤ (5)对于移动通信工具能够接通但无法直接送达、邮寄送达的,除判决书、裁定书、调解书外,可以采取电话送达的方式,由送达人员告知当事人诉讼文书内容,并记录拨打、接听电话号码、通话时间、送达诉讼文书内容,通话过程应当录音以存卷备查。⑥

① 《最高人民法院关于适用〈中华人民共和国民事诉讼法〉的解释》第 135 条第 2 款。
② 《最高人民法院关于进一步加强民事送达工作的若干意见》第 10 条。
③ 《最高人民法院关于进一步加强民事送达工作的若干意见》第 11 条。
④ 《最高人民法院关于进一步加强民事送达工作的若干意见》第 12 条。
⑤ 《最高人民法院关于进一步加强民事送达工作的若干意见》第 13 条。
⑥ 《最高人民法院关于进一步加强民事送达工作的若干意见》第 14 条。

委托送达、邮寄送达

第九十一条　直接送达诉讼文书有困难的，可以委托其他人民法院代为送达，或者邮寄送达。邮寄送达的，以回执上注明的收件日期为送达日期。

本条明确诉讼文书的委托送达和邮寄送达。本书在此基础上进一步阐释两方面的内容。

一、委托送达

委托送达，是指受诉法院直接送达诉讼文书有困难时，委托其他方便的法院代为送达的方法。[①]

1. 委托送达的规则。依照《民事诉讼法》第91条规定，委托其他人民法院代为送达的，委托法院应当出具委托函，并附需要送达的诉讼文书和送达回证，以受送达人在送达回证上签收的日期为送达日期。委托送达的，受委托人民法院应当自收到委托函及相关诉讼文书之日起10日内代为送达。[②]

2. 内地与香港特别行政区间的委托送达。各级人民法院需要与香港特别行政区的机关或单位签订有关法律事务协议的（包括委托对方办理送达法律文书），必须就协议内容、签约对方的法律地位等问题，事先报经最高人民法院审查批准。[③]

二、邮寄送达

邮寄送达，是指受诉人民法院将所送达的诉讼文件交付邮局，邮局用挂号[④]寄给受送达人的一种形式。

1. 人民法院专递的邮寄送达。（1）人民法院直接送达诉讼文书有困难的，可以交由国家邮政机构（以下简称邮政机构）以法院专递方式[⑤]邮寄送达，但有下列

---

① 洪冬英主编：《民事诉讼法学通论》（第3版），北京大学出版社2020年版，第195页。

② 《最高人民法院关于适用〈中华人民共和国民事诉讼法〉的解释》第134条。

③ 《最高人民法院关于委托送达问题的通知》。

④ 邮局的挂号收据为邮寄送达的凭证，挂号回执上注明的收件日期，为送达日期。邮寄途中的期间，不计算在送达期间之内。邮寄送达，应当附有送达回证。挂号信回执上注明的收件日期与送达回证上注明的收件日期不一致的，或者送达回证没有寄回的，以挂号信回执上注明的收件日期为送达日期。

⑤ 《最高人民法院实施〈关于以法院专递方式邮寄送达民事诉讼文书的若干规定〉的通知》第3条："各高级人民法院可以根据本辖区内法院的办公经费状况确定'法院专递'费用的负担方式……"第4条："各级人民法院应当建立统一的'法院专递业务管理办公室'，负责本院'法院专递'的收发业务。"

情形之一的除外:①受送达人或者其诉讼代理人、受送达人指定的代收人同意在指定的期间内到人民法院接受送达的;②受送达人下落不明的;③法律规定或者我国缔结或者参加的国际条约中约定有特别送达方式的。[①] (2)以法院专递方式邮寄送达民事诉讼文书的,其送达与人民法院送达具有同等法律效力。[②] (3)当事人起诉或者答辩时应当向人民法院提供或者确认自己准确的送达地址,并填写送达地址确认书。当事人拒绝提供的,人民法院应当告知其拒不提供送达地址的不利后果,并记入笔录。[③] (4)送达地址确认书的内容应当包括送达地址的邮政编码、详细地址以及受送达人的联系电话等内容。当事人要求对送达地址确认书中的内容保密的,人民法院应当为其保密。当事人在第一审、第二审和执行终结前变更送达地址的,应当及时以书面方式告知人民法院。[④] (5)当事人拒绝提供自己的送达地址,经人民法院告知后仍不提供的,自然人以其户籍登记中的住所地或者经常居住地为送达地址;法人或者非法人组织以其工商登记或者其他依法登记、备案中的住所地为送达地址。[⑤] (6)邮政机构按照当事人提供或者确认的送达地址送达的,应当在规定的日期内将回执退回人民法院。邮政机构按照当事人提供或确认的送达地址在5日内投送3次以上未能送达,通过电话或者其他联系方式又无法告知受送达人的,应当将邮件在规定的日期内退回人民法院,并说明退回的理由。[⑥] (7)受送达人指定代收人的,指定代收人的签收视为受送达人本人签收。邮政机构在受送达人提供或确认的送达地址未能见到受送达人的,可以将邮件交给与受送达人同住的成年家属代收,但代收人是同一案件中另一方当事人的除外。[⑦] (8)在邮寄送达中,受送达人及其代收人应当在邮件回执上签名、盖章或者捺印。受送达人及其代收人在签收时应当出示其有效身份证件并在回执上填写该证件的号码;受送达人及其代收人拒绝签收的,由邮政机构的投递员记明情况后将邮件退回人民法院。[⑧] (9)有下列情形之一的,即

---

① 《最高人民法院关于以法院专递方式邮寄送达民事诉讼文书的若干规定》第1条。
② 《最高人民法院关于以法院专递方式邮寄送达民事诉讼文书的若干规定》第2条。
③ 《最高人民法院关于以法院专递方式邮寄送达民事诉讼文书的若干规定》第3条。
④ 《最高人民法院关于以法院专递方式邮寄送达民事诉讼文书的若干规定》第4条。
⑤ 《最高人民法院关于以法院专递方式邮寄送达民事诉讼文书的若干规定》第5条。
⑥ 《最高人民法院关于以法院专递方式邮寄送达民事诉讼文书的若干规定》第6条。
⑦ 《最高人民法院关于以法院专递方式邮寄送达民事诉讼文书的若干规定》第7条。
⑧ 《最高人民法院关于以法院专递方式邮寄送达民事诉讼文书的若干规定》第8条。

为送达:①受送达人在邮件回执上签名、盖章或者捺印的;②受送达人是无民事行为能力或者限制民事行为能力的自然人,其法定代理人签收的;③受送达人是法人或者非法人组织,其法人的法定代表人,该组织的主要负责人或者办公室、收发室、值班室的工作人员签收的;④受送达人的诉讼代理人签收的;⑤受送达人指定的代收人签收的;⑥受送达人的同住成年家属签收的。[①] (10)签收人是受送达人本人或者是受送达人的法定代表人、主要负责人、法定代理人、诉讼代理人的,签收人应当当场核对邮件内容。签收人发现邮件内容与回执上的文书名称不一致的,应当当场向邮政机构的投递员提出,由投递员在回执上记明情况后将邮件退回人民法院。签收人是受送达人办公室、收发室和值班室的工作人员或者是与受送达人同住成年家属,受送达人发现邮件内容与回执上的文书名称不一致的,应当在收到邮件后的3日内将该邮件退回人民法院,并以书面方式说明退回的理由。[②] (11)因受送达人自己提供或者确认的送达地址不准确、拒不提供送达地址、送达地址变更未及时告知人民法院、受送达人本人或者受送达人指定的代收人拒绝[③]签收,导致诉讼文书未能被受送达人实际接收的,文书退回之日视为送达之日。受送达人能够证明自己在诉讼文书送达的过程中没有过错的,不适用前款规定。[④]

2. 邮寄送达期间的计算。邮寄途中的期间,不计算在送达期间之内。

3. 邮寄送达日期的确定。邮寄送达,应当附有送达回证。挂号信回执上注明的收件日期与送达回证上注明的收件日期不一致的,或者送达回证没有寄回的,以挂号信回执上注明的收件日期为送达日期。

对军人的转交送达

第九十二条　受送达人是军人的,通过其所在部队团以上单位的政治机关转交。

---

① 《最高人民法院关于以法院专递方式邮寄送达民事诉讼文书的若干规定》第9条。

② 《最高人民法院关于以法院专递方式邮寄送达民事诉讼文书的若干规定》第10条。

③ 当事人拒绝提供自己的送达地址,经人民法院告知后仍不提供的,自然人以其户籍登记中的住所或者经常居所为送达地址;法人或者非法人组织以其工商登记或者其他依法登记、备案中的住所地为送达地址。

④ 《最高人民法院关于以法院专递方式邮寄送达民事诉讼文书的若干规定》第11条。

本条明确对军人诉讼文书的转交送达。①

转交送达,是指法律规定不能直接送达、委托送达或者邮寄送达而由受送达人所在单位代为转交诉讼文书的一种送达方式。本书仅就其进行阐释。

1. "受送达人是军人"仅指现役军人,不包括退伍军人。

2. 必须通过部队团以上单位的政治机关转交,不得通过团以下的单位转交,也不得通过团以上单位的其他机关转交。

3. 对军人送达的特殊方式与《民事诉讼法》第88条规定的直接送达具有同等的法律效力。

对被监禁或者被采取强制性教育措施人的转交送达

第九十三条 受送达人被监禁的,通过其所在监所转交。

受送达人被采取强制性教育措施的,通过其所在强制性教育机构转交。

本条明确对被监禁或者被采取强制性教育措施人诉讼文书的转交送达。②本书仅就其进行阐释。

1. 受送达人被监禁的,通过其所在监所转交。

2. 受送达人是被采取强制性教育措施的,通过其所在强制性教育机构转交。

转交送达日期

第九十四条 代为转交的机关、单位收到诉讼文书后,必须立即交受送达人签收,以在送达回证上的签收日期,为送达日期。

本条明确诉讼文书代为转交的送达日期。本书仅就其进行阐释。

---

① 军队是一个特殊团体,具有流动性、保密性等特点。在诉讼活动中,将有关诉讼文书对军人直接送达、委托送达或者邮寄送达往往有一些难度。

② 《监狱法》规定了"教育改造",1996年《刑事诉讼法》将"劳动改造场所""劳动改造机构"等修改为监狱、其他执行机关。2005年通过的《治安管理处罚法》不再使用"劳动教养",《民事诉讼法》删除劳动改造的相关内容。

被监禁或者被采取强制性教育措施的人,是一个特殊群体,人身自由受到一定的限制,不便于直接送达、委托送达或者邮寄送达诉讼文书。

1. 代为转交的受送达人所在部队团以上的政治机关，收到诉讼文书后，必须立即交受送达人签收。送达回证上的签收日期为送达日期。

2. 代为转交的机关、单位收到诉讼文书后，必须立即交受送达的被监禁人或者被采取强制性教育措施的人签收，以在送达回证上的签收日期，为送达日期。

公告送达

第九十五条　受送达人下落不明，或者用本节规定的其他方式无法送达的，公告送达。自发出公告之日起，经过三十日，即视为送达。

公告送达，应当在案卷中记明原因和经过。

本条明确诉讼文书的公告送达。

公告送达，是指人民法院在受送达人下落不明，或者以其他方式无法送达的情况下，以张贴布告、登报等方式将诉讼文书的内容，公开告知受送达人的一种送达方式。本书仅就其进行阐释。

1. 公告送达的情形。(1)人民法院依据原告起诉时所提供的被告住址无法直接送达或者留置送达，应当要求原告补充材料。原告因客观原因不能补充或者依据原告补充的材料仍不能确定被告住址的，人民法院应当依法向被告公告送达诉讼文书。人民法院不得仅以原告不能提供真实、准确的被告住址为由裁定驳回起诉或者裁定终结诉讼。因有关部门不准许当事人自行查询其他当事人的住址信息，原告向人民法院申请查询的，人民法院应当依原告的申请予以查询。[①] (2)正在审理中的案件当事人在地震灾害中下落不明的，人民法院在核实当事人的身份、下落等有关情况后可以公告送达法律文书。[②] (3)要严格适用《民事诉讼法》关于公告送达的规定，加强对公告送达的管理，充分保障当事人的诉讼权利。只有在受送达人下落不明，或者用《民事诉讼法》第一编第七章第二节规定的其他方式无法送达的，才能适用公告送达。[③]

① 《最高人民法院关于依据原告起诉时提供的被告住址无法送达应如何处理问题的批复》。
② 《最高人民法院关于处理涉及汶川地震相关案件适用法律问题的意见(一)》第8条。
③ 《最高人民法院关于进一步加强民事送达工作的若干意见》第15条。

2. 公告送达的方式。公告送达可以在法院的公告栏和受送达人住所地[1]张贴公告，也可以在报纸、信息网络等媒体上刊登公告，发出公告日期以最后张贴或者刊登的日期为准。对公告送达方式有特殊要求的，应当按要求的方式进行。公告期满，即视为送达。人民法院在受送达人住所地张贴公告的，应当采取拍照、录像等方式记录张贴过程。[2]

3. 公告送达的说明。公告送达应当说明公告送达的原因；公告送达起诉状或者上诉状副本的，应当说明起诉或者上诉要点，受送达人答辩期限及逾期不答辩的法律后果；公告送达传票，应当说明出庭的时间和地点及逾期不出庭的法律后果；公告送达判决书、裁定书的，应当说明裁判主要内容，当事人有权上诉的，还应当说明上诉权利、上诉期限和上诉的人民法院。[3]

4. 公告送达的日期。自发出公告之日起，经过 30 日，即视为送达。

5. 公告送达适用的除外。适用简易程序的案件，不适用公告送达。[4]

---

① 《最高人民法院关于进一步做好边境地区涉外民商事案件审判工作的指导意见》第 2 条规定："……采用公告方式送达的，除人身关系案件外，可以采取在边境口岸张贴公告的形式。采用公告方式送达时，其他送达方式可以同时采用。"

② 《最高人民法院关于适用〈中华人民共和国民事诉讼法〉的解释》第 138 条。

公告送达方式的运用直接影响当事人权利义务的行使，应当慎重采用，尤其对起诉状等诉讼文书。

③ 《最高人民法院关于适用〈中华人民共和国民事诉讼法〉的解释》第 139 条。

④ 《最高人民法院关于适用〈中华人民共和国民事诉讼法〉的解释》第 140 条。

第八章 调 解

调解是民事诉讼的一个基本原则,是人民法院解决民事纠纷的两种法定方式(调解和判决)之一。[①] 人民法院调解,是指人民法院审理民事纠纷案件时或诉讼过程中,在人民法院审判人员的主持下,双方当事人自愿协商,互谅互让,达成协议,解决纠纷的审结方式。人民法院调解分为庭审前的调解和庭审中的调解。庭审前的调解又分为两种:一种是在立案受理阶段;另一种是在诉讼初始阶段,即被告应诉答辩之后,开庭审理前。

开庭审理后,可在法庭辩论终结前进行调解。[②]

人民法院推动多元化纠纷解决机制建设,尊重当事人选择人民调解、行政调解、行业调解、仲裁等多种方式维护权益,化解纠纷。[③]

本章对调解制度的原则与具体制度作出了规定,包括调解的原则、调解的程序、调解书的制作和调解的效力等内容。

---

① 调解可以区分为两类:一类是诉讼外调解机制,如人民调解、行政调解等。另一类是诉讼中的调解。

② 《最高人民法院关于进一步贯彻"调解优先、调判结合"工作原则的若干意见》规定,把调解贯穿于立案、审判和执行的各个环节,贯穿于一审、二审、执行、再审、申诉、信访的全过程。

人民法院调解是以当事人行使诉权为基础、以当事人意思自治为条件、以当事人依法行使处分权为内容的一项诉讼制度。人民法院调解包括调解活动的进行和以调解的方式结案两层含义。

③ 《最高人民法院关于人民法院登记立案若干问题的规定》第15条。

人民法院调解与非法人组织调解的区别:(1)人民法院调解是审判组织对案件进行审理的有机组成部分,具有司法性质。(2)人民法院调解以《民事诉讼法》为依据,诉讼外调解以《仲裁法》《人民调解法》等为依据。人民法院调解需要一定的程序,而诉讼外调解则比较灵活。(3)经过人民法院调解达成协议并由当事人签收或者签名后,无论是制作调解书还是只记入调解笔录的,都与生效的判决具有同等的法律效力。而仲裁机构制作的调解书对当事人具有约束力;人民调解委员会的调解书只具有民事合同的效力;在其他机构的主持下达成调解协议而形成的调解书没有强制执行力,只具有一定的见证作用。

调解原则

第九十六条　人民法院审理民事案件，根据当事人自愿的原则，在事实清楚的基础上，分清是非，进行调解。

本条明确人民法院调解的自愿原则和查明事实、分清是非原则。[①]

人民法院调解原则，是指人民法院和双方当事人在调解活动中必须遵守的行为准则。[②] 本书仅就其进行阐释。

一、人民法院调解的自愿原则

1. 自愿原则，是指在民事诉讼中，调解方式的选择和调解程序的进行，都必须以当事人双方的真实意愿为前提条件，人民法院不得以任何方式强制调解。[③] 自愿原则既包括程序上的自愿，即调解启动的自愿和调解程序进行的自愿，也包括实体上的自愿，即当事人自由的处分权。[④]

2. 人民法院调解必须遵循当事人自愿原则。（1）调解的提出和进行必须是双方当事人的意愿。[⑤] 人民法院只有在双方当事人自愿接受调解的前提下，才能主持双方当事人进行调解。人民法院根据案件的情况依职权主动提出进行调解的，也必须征得双方当事人的同意，人民法院不能强迫或变相强迫。（2）调解达成的协议内容必须反映双方当事人的真实意思。人民法院只能根据法律进行一定的疏导工作，引导双方当事人以和解的方式解决纠纷，不能将自己对案件的处理意见强加给当事人。

二、人民法院调解的查明事实、分清是非原则

1. 查明事实、分清是非原则，是指人民法院对民事案件进行的调解必须建立

---

① 人民法院必须在双方当事人自愿的基础上进行，不得强迫当事人进行调解。

② 洪冬英主编：《民事诉讼法学通论》（第3版），北京大学出版社2020年版，第202页。

③ 洪冬英主编：《民事诉讼法学通论》（第3版），北京大学出版社2020年版，第202页。

④ 在法院调解的原则中，自愿原则居于核心地位。自愿一般表现为双方当事人申请调解或双方当事人自愿接受调解、自愿接受协议的内容，不能用强制的办法要求当事人接受调解协议的内容。

⑤ 当事人真实意思表示的形式应当是明示行为而不能是默示行为。

在查明案件事实、分清是非责任的基础上。[①]

2. 人民法院调解不仅是当事人的处分权运用，也是人民法院的审判权的行使。审判权要求审判人员在主持调解过程中必须查明案件基本事实，分清双方争议的是非曲直，明确当事人各自的责任，然后确定双方当事人的权利义务。

人民法院调解的组织形式

第九十七条　人民法院进行调解，可以由审判员一人主持，也可以由合议庭主持，并尽可能就地进行。

人民法院进行调解，可以用简便方式通知当事人、证人到庭。

本条明确人民法院调解的组织形式。本书在此基础上进一步阐释四个方面的内容。

一、人民法院调解的一般规定

1. 人民法院调解的基本要求。(1)树立调解理念，增强调解意识，坚持“调解优先、调判结合”，充分发挥调解在解决纠纷中的作用；(2)切实遵循合法、自愿原则，防止不当调解、片面追求调解率；(3)讲究方式方法，提高调解能力，努力实现案结事了。[②]

2. 人民法院调解的方式。(1)法官主持的调解。人民法院调解是在人民法院审判人员主持下进行的。简易程序审理的民事案件，由独任审判员一人主持进行调解；普通程序审理的第一审、第二审和审判监督民事案件，可以由合议庭主持调解，也可以由合议庭成员中的一名审判员主持调解。人民法院进行的调解，可以在法院内进行，但应尽可能就地进行。同时，可以邀请有关单位和人员参加，协助调解。(2)委托调解。①经双方当事人同意，或者人民法院认为确有必要的，人民法院可以在立案后将民事案件委托行政机关、人民调解组织、商事调解组织、行业调解组织或者其他具有调解职能的组织协助进行调解。当事人

---

① 洪冬英主编：《民事诉讼法学通论》（第3版），北京大学出版社2020年版，第203页。

查明事实和分清是非，是人民法院调解的基础，这也是“以事实为根据，以法律为准绳”原则在调解中的贯彻实施，既是调解工作进行的前提，也是保证调解顺利开展的根本保证。

② 《法官行为规范》第39条。

可以协商选定有关机关或者组织，也可商请人民法院确定。[①] ②人民法院可以邀请与当事人有特定关系或者与案件有一定联系的企业事业单位、社会团体或者其他组织，和具有专门知识、特定社会经验、与当事人有特定关系并有利于促成调解的个人协助调解工作。经各方当事人同意，人民法院可以委托前款规定的单位或者个人对案件进行调解，达成调解协议后，人民法院应当依法予以确认。[②] ③《民事诉讼法》规定的“有关单位和个人”解释为“具有专门知识、特定社会经验或者与当事人有特定关系的人”，既包括对某些专业方面知识丰富的人，也包括与调解家庭或者社区纠纷密切相关的人，如当事人近亲属、所在单位、住所地的居民委员会和村民委员会、社会名流、社区贤达、家族长辈等。④人民法院委托调解人调解，应当制作调解移交函，附送主要案件材料，并明确委托调解的注意事项和当事人的相关请求。[③]

3. 人民法院调解的时机。(1)把调解贯穿于一审、二审、执行、再审、申诉、信访的全过程。[④] (2)对属于人民法院受理民事诉讼的范围和受诉人民法院管辖的案件，人民法院在收到起诉状或者口头起诉之后、正式立案之前，可以依职权或者经当事人申请后，委派行政机关、人民调解组织、商事调解组织、行业调解组织或者其他具有调解职能的组织进行调解。当事人不同意调解或者在商定、指定时间内不能达成调解协议的，人民法院应当依法及时立案。[⑤] (3)在案件受理后、裁判作出前，经当事人同意，可以委托有利于案件调解解决的人民调解、行政调解、行业调解等有关组织或者人大代表、政协委员等主持调解，或者邀请有关单位或者技术专家、律师等协助人民法院进行调解。调解人可以由当事人共同选

---

① 《最高人民法院关于建立健全诉讼与非诉讼相衔接的矛盾纠纷解决机制的若干意见》第15条第1款。

《最高人民法院关于进一步贯彻“调解优先、调判结合”工作原则的若干意见》第11条规定：“……在案件受理后、裁判作出前，经当事人同意，可以委托有利于案件调解解决的人民调解、行政调解、行业调解等有关组织或者人大代表、政协委员等主持调解，或者邀请有关单位或者技术专家、律师等协助人民法院进行调解……”

② 《最高人民法院关于人民法院民事调解工作若干问题的规定》第1条。

③ 《最高人民法院关于进一步贯彻“调解优先、调判结合”工作原则的若干意见》第11条。

④ 《最高人民法院关于进一步贯彻“调解优先、调判结合”工作原则的若干意见》第2条。

⑤ 《最高人民法院关于建立健全诉讼与非诉讼相衔接的矛盾纠纷解决机制的若干意见》第14条。

定，也可以经双方当事人同意，由人民法院指定。[①] (4)人民法院受理案件后，经审查，认为法律关系明确、事实清楚，在征得当事人双方同意后，可以径行调解。[②]

4. 人民法院调解的地点。对于已经立案的民事案件，人民法院可以按照有关规定邀请符合条件的组织或者人员与审判组织共同进行调解。调解应当在人民法院的法庭或者其他办公场所进行，经当事人同意也可以在法院以外的场所进行。达成调解协议的，可以允许当事人撤诉，或者由人民法院经过审查后制作调解书。调解不成的，人民法院应当及时审判。[③]

5. 人民法院调解的期限。(1)适用简易程序的一审民事案件，立案阶段调解期限原则上不超过立案后10日；适用普通程序的一审民事案件，立案阶段调解期限原则上不超过20日，经双方当事人同意，可以再延长10日。延长的调解期间不计入审限。[④] (2)在答辩期满前人民法院对案件进行调解，适用普通程序的案件在当事人同意调解之日起15天内，适用简易程序的案件在当事人同意调解之日起7天内未达成调解协议的，经各方当事人同意，可以继续调解。延长的调解期间不计入审限。[⑤] (3)当事人可以协商确定民事案件委托调解的期限，一般不超过30日。经双方当事人同意，可以顺延调解期间，但最长不超过60日。延长的调解期间不计入审限。人民法院委托调解人调解，应当制作调解移交函，附送主要案件材料，并明确委托调解的注意事项和当事人的相关请求。[⑥] (4)当事人愿意进行调解，但审理期限即将届满的，可以由当事人协商确定继续调解的期限，经人民法院审查同意后，由办案法官记录在卷。案件有达成调解协议的可

---

① 《最高人民法院关于进一步贯彻"调解优先、调判结合"工作原则的若干意见》第11条。

另参见《最高人民法院关于建立健全诉讼与非诉讼相衔接的矛盾纠纷解决机制的若干意见》第15条。

《最高人民法院关于进一步贯彻"调解优先、调判结合"工作原则的若干意见》第2条规定，把调解贯穿于一审、二审、执行、再审、申诉、信访的全过程。

② 《最高人民法院关于适用〈中华人民共和国民事诉讼法〉的解释》第142条。

③ 《最高人民法院关于建立健全诉讼与非诉讼相衔接的矛盾纠纷解决机制的若干意见》第16条第1款。

④ 《最高人民法院关于进一步贯彻"调解优先、调判结合"工作原则的若干意见》第9条第3款。

⑤ 《最高人民法院关于人民法院民事调解工作若干问题的规定》第4条。

《最高人民法院关于进一步贯彻"调解优先、调判结合"工作原则的若干意见》第18条规定："……当事人愿意进行调解，但审理期限即将届满的，可以由当事人协商确定继续调解的期限，经人民法院审查同意后，由承办法官记录在卷。案件有达成调解协议的可能，当事人不能就继续调解的期限达成一致的，经本院院长批准，可以合理延长调解期限……"

⑥ 《最高人民法院关于进一步贯彻"调解优先、调判结合"工作原则的若干意见》第11条。

能，当事人不能就继续调解的期限达成一致的，经本院院长批准，可以合理延长调解期限。①

6. 人民法院调解的引导。（1）在收到当事人起诉状或者口头起诉之后、正式立案之前，对于未经人民调解、行政调解、行业调解等非诉讼纠纷解决方式调处的案件，要积极引导当事人先行就近、就地选择非诉讼调解组织解决纠纷，力争将矛盾纠纷化解在诉前。当事人选择非诉讼调解的，应当暂缓立案；当事人不同意选择非诉讼调解的，或者经非诉讼调解未达成协议，坚持起诉的，经审查符合相关诉讼法规定的受理条件的，应当及时立案。②（2）在案件立案之后、移送审判业务庭之前，要充分利用立案窗口"第一时间接触当事人、第一时间了解案情"的优势，积极引导当事人选择调解方式解决纠纷。对事实清楚、权利义务关系明确、争议不大的简单民事案件，在立案后应当及时调解；对可能影响社会和谐稳定的群体性案件、集团诉讼案件，敏感性强、社会广泛关注的案件，在立案后也要尽可能调解。对当事人拒绝调解的，无法及时与当事人及其委托代理人取得联系的，或者案情复杂、争议较大的案件，以及法律规定不得调解的案件，应当在立案后及时移送审理。对在调解过程中发现案件涉及国家利益、社会公共利益和第三人利益的，案件需要审计、评估、鉴定的，或者需要人民法院调查取证的，应当终结调解程序，及时移送审理。③（3）有关组织调解案件时，在不违反法律、行政法规强制性规定的前提下，可以参考行业惯例、村规民约、社区公约和当地善良风俗等行为规范，引导当事人达成调解协议。④

7. 人民法院调解中违法行为的责任。（1）在调解过程中当事人有隐瞒重要事实、提供虚假情况或者故意拖延时间等行为的，调解员可以给予警告或者终止调解，并将有关情况报告委派或委托人民法院。当事人的行为给其他当事人或者案外人造成损失的，应当承担相应的法律责任。⑤（2）人民法院审理民事案件，

① 《最高人民法院关于进一步发挥诉讼调解在构建社会主义和谐社会中积极作用的若干意见》第13条。

② 《最高人民法院关于进一步贯彻"调解优先、调判结合"工作原则的若干意见》第8条第1款、第2款。

③ 《最高人民法院关于进一步贯彻"调解优先、调判结合"工作原则的若干意见》第9条第1款、第2款。

④ 《最高人民法院关于建立健全诉讼与非诉讼相衔接的矛盾纠纷解决机制的若干意见》第17条。

⑤ 《最高人民法院关于建立健全诉讼与非诉讼相衔接的矛盾纠纷解决机制的若干意见》第18条。

发现当事人之间恶意串通，企图通过和解、调解方式侵害他人合法权益的，应当依照《民事诉讼法》第115条[①]的规定处理。[②]

8. 不得进行人民法院调解的案件。(1)适用特别程序、督促程序、公示催告程序的案件，婚姻等身份关系确认案件以及其他根据案件性质不能进行调解的案件，不得调解。[③] (2)对婚姻效力的审理不适用调解，应当依法作出判决。涉及财产分割和子女抚养的，可以调解。调解达成协议的，另行制作调解书；未达成调解协议的，应当一并作出判决。[④]

二、人民法院调解的具体适用

(一)开庭前的人民法院调解适用

1. 开庭前人民法院调解的告知。人民法院应当在调解前告知当事人主持调解人员和书记员姓名以及是否申请回避等有关诉讼权利和诉讼义务。[⑤]

2. 开庭前人民法院调解的回避。(1)开庭前从事调解的法官原则上不参与同一案件的开庭审理，当事人同意的除外。[⑥] (2)人民法院在办理相关案件过程中发现调解员与参与调解的案件有利害关系，可能影响其保持中立、公平调解的，或者调解员有其他违反职业道德准则的行为的，应当告知调解员回避、更换调解员、终止调解或者采取其他适当措施。除非当事人另有约定，人民法院不允许调解员在参与调解后又在就同一纠纷或者相关纠纷进行的诉讼程序中作为一方当事人的代理人。[⑦]

3. 开庭前人民法院调解人员的选定。(1)有条件的地方人民法院可以按照一定标准建立调解组织名册和调解员名册，以便于引导当事人选择合适的调解组织或者调解员调解纠纷。人民法院可以根据具体情况及时调整调解组织名册

---

① 《民事诉讼法》第115条规定："当事人之间恶意串通，企图通过诉讼、调解等方式侵害他人合法权益的，人民法院应当驳回其请求，并根据情节轻重予以罚款、拘留；构成犯罪的，依法追究刑事责任。"

② 《最高人民法院关于适用〈中华人民共和国民事诉讼法〉的解释》第144条。

③ 《最高人民法院关于适用〈中华人民共和国民事诉讼法〉的解释》第143条。

④ 《最高人民法院关于适用〈中华人民共和国民法典〉婚姻家庭编的解释(一)》第11条第2款、第3款。

⑤ 《最高人民法院关于人民法院民事调解工作若干问题的规定》第3条。

⑥ 《最高人民法院关于建立健全诉讼与非诉讼相衔接的矛盾纠纷解决机制的若干意见》第16条第2款。

⑦ 《最高人民法院关于建立健全诉讼与非诉讼相衔接的矛盾纠纷解决机制的若干意见》第27条。

和调解员名册。[①] (2)调解人可以由当事人共同选定,也可以经双方当事人同意,由人民法院指定。[②]

(二)开庭后的人民法院调解适用

1. 开庭后的人民法院调解的方式。人民法院审理民事案件,调解过程不公开,但当事人同意公开的除外。调解协议内容不公开,但为保护国家利益、社会公共利益、他人合法权益,人民法院认为确有必要公开的除外。主持调解以及参与调解的人员,对调解过程以及调解过程中获悉的国家秘密、商业秘密、个人隐私和其他不宜公开的信息,应当保守秘密,但为保护国家利益、社会公共利益、他人合法权益的除外。[③]

2. 开庭后人民法院的先行调解。下列民事案件,人民法院在开庭审理时应当先行调解:(1)婚姻家庭纠纷和继承纠纷;(2)劳务合同纠纷;(3)交通事故和工伤事故引起的权利义务关系较为明确的损害赔偿纠纷;(4)宅基地和相邻关系纠纷;(5)合伙合同纠纷;(6)诉讼标的额较小的纠纷。但是根据案件的性质和当事人的实际情况不能调解或者显然没有调解必要的除外。[④]

3. 开庭后人民法院调解方案的提出。当事人可以自行提出调解方案,主持调解的人员也可以提出调解方案供当事人协商时参考。[⑤]

4. 开庭后的人民法院调解的实施。(1)调解时当事人各方应当同时在场,根据需要也可以对当事人分别作调解工作。[⑥] (2)在调解过程中与当事人接触,①应当征询各方当事人的调解意愿;②根据案件的具体情况,可以分别与各方当事人做调解工作;③在与一方当事人接触时,应当保持公平,避免他方当事人对

---

① 《最高人民法院关于建立健全诉讼与非诉讼相衔接的矛盾纠纷解决机制的若干意见》第26条。

② 《最高人民法院关于进一步贯彻"调解优先、调判结合"工作原则的若干意见》第11条。

③ 《最高人民法院关于适用〈中华人民共和国民事诉讼法〉的解释》第146条。

《最高人民法院关于建立健全诉讼与非诉讼相衔接的矛盾纠纷解决机制的若干意见》第19条规定:"调解过程不公开,但双方当事人要求或者同意公开调解的除外。从事调解的机关、组织、调解员,以及负责调解事务管理的法院工作人员,不得披露调解过程的有关情况,不得在就相关案件进行的诉讼中作证,当事人不得在审判程序中将调解过程中制作的笔录、当事人为达成调解协议而作出的让步或者承诺、调解员或者当事人发表的任何意见或者建议等作为证据提出,但下列情形除外:(一)双方当事人均同意的;(二)法律有明确规定的;(三)为保护国家利益、社会公共利益、案外人合法权益,人民法院认为确有必要的。"

④ 《最高人民法院关于适用简易程序审理民事案件的若干规定》第14条。

⑤ 《最高人民法院关于人民法院民事调解工作若干问题的规定》第6条。

⑥ 《最高人民法院关于人民法院民事调解工作若干问题的规定》第5条第2款。

法官的中立性产生合理怀疑。[①] (3)人民法院调解案件时，当事人不能出庭的，经其特别授权，可由其委托代理人参加调解，达成的调解协议，可由委托代理人签名。离婚案件当事人确因特殊情况无法出庭参加调解的，除本人不能表达意志的以外，应当出具书面意见。[②] (4)只有当事人的代理人参加调解，①认真审查代理人是否有特别授权，有特别授权的，可以由其直接参加调解；②未经特别授权的，可以参与调解，达成调解协议的，应当由当事人签字或者盖章，也可以由当事人补办特别授权追认手续，必要时，可以要求当事人亲自参加调解。[③] (5)调解过程中当事人要求对责任问题表态，人民法院应当根据案件事实、法律规定以及调解的实际需要进行表态，注意方式方法，努力促成当事人达成调解协议。[④] (6)经陪审合议的民事案件，在宣判以前，审判员独自进行调解达成协议时，无须再与人民陪审员重新合议，但审判员应将案件的调解情况告知人民陪审员，以示对人民陪审员的尊重；此项调解书也无须由人民陪审员署名。[⑤] 同时，人民陪审员不适宜独自主持调解工作。[⑥]

5. 开庭后人民法院调解协议的达成。(1)对原告因质疑被告履行调解协议的诚意而不愿调解的案件、争议标的额较大的案件，以及调解协议确定的履行期限较长或者分期履行的案件，可以通过适用督促条款、担保履行条款，促进调解协议的达成。[⑦] (2)一方当事人表示不愿意调解，①有调解可能的，应当采用多种方式，积极引导调解；②当事人坚持不愿调解的，不得强迫调解。[⑧] (3)调解协议损害他人利益，①告知参与调解的当事人应当对涉及到他人权利、义务的约定进行修正；②发现调解协议有损他人利益的，不得确认该调解协议内容的效力。[⑨]

---

① 《法官行为规范》第40条。

② 《最高人民法院关于适用〈中华人民共和国民事诉讼法〉的解释》第147条。

③ 《法官行为规范》第41条。

④ 《法官行为规范》第44条。

⑤ 《最高人民法院关于经陪审合议后的民事案件，审判员又独自进行调解而达成协议的，应否重新合议和应否准许被告人阅案卷内检举人不愿公开的材料以及对涉及国家机密的案件，可否为被告人指定辩护人等问题的复函》。

⑥ 《最高人民法院关于"主持调解的审判人员"是否包括人民陪审员等问题的批复》认为："所谓'审判人员'是指审判员和人民陪审员而言，除依法由审判员独任审判的案件由审判员独自主持外，主持调解一般以由审判员和人民陪审员共同进行为妥。至于由人民陪审员独自主持调解，是不适宜的。"

⑦ 《最高人民法院关于进一步贯彻"调解优先、调判结合"工作原则的若干意见》第20条。

⑧ 《法官行为规范》第42条。

⑨ 《法官行为规范》第43条。

(4)调解过程中当事人要求对责任问题表态，应当根据案件事实、法律规定以及调解的实际需要进行表态，注意方式方法，努力促成当事人达成调解协议。[①] (5)当事人对调解方案有分歧，①继续做好协调工作，尽量缩小当事人之间的分歧，以便当事人重新选择，争取调解结案；②分歧较大且确实难以调解的，应当及时依法裁判。[②]

6. 开庭后人民法院调解后的回访。对于已达成调解协议的，各级法院可以通过实地见面访、远程通讯访或者利用基层调解工作网络委托访等形式及时回访，督促当事人履行调解协议。[③]

三、具体纠纷案件的调解

1. 债权债务纠纷案件的调解。双方以债权债务纠纷为由诉讼至法院，但是立案后对案件事实及实体处理等均无争议并迅速达成"以房抵债"协议的，务必在严格依法查明案件事实的基础上决定是否出具调解书；当事人在人民法院调解组织等主持下达成包含以房抵债内容的调解协议，并共同申请司法确认的，应当加大审查确认力度，慎重出具确认调解协议有效的裁定。[④]

2. 离婚纠纷案件的调解。(1)人民法院审理离婚案件，应当进行调解；如果感情确已破裂，调解无效的，应当准予离婚。[⑤] (2)下列民事案件，人民法院在开庭审理时应当先行调解：①婚姻家庭纠纷和继承纠纷；②劳务合同纠纷；③交通事故和工伤事故引起的权利义务关系较为明确的损害赔偿纠纷；④宅基地和相邻关系纠纷；⑤合伙合同纠纷；⑥诉讼标的额较小的纠纷。[⑥]

四、人民调解与相关部门

1. 人民调解与司法行政部门。国务院司法行政部门负责指导全国的人民调

---

① 《法官行为规范》第 44 条。

② 《法官行为规范》第 45 条。

《最高人民法院关于进一步贯彻"调解优先、调判结合"工作原则的若干意见》第 9 条第 2 款规定："……对当事人拒绝调解的，无法及时与当事人及其委托代理人取得联系的，或者案情复杂、争议较大的案件，以及法律规定不得调解的案件，应当在立案后及时移送审理。对在调解过程中发现案件涉及国家利益、社会公共利益和第三人利益的，案件需要审计、评估、鉴定的，或者需要人民法院调查取证的，应当终结调解程序，及时移送审理。"

③ 《最高人民法院关于进一步贯彻"调解优先、调判结合"工作原则的若干意见》第 13 条。

④ 《最高人民法院关于房地产调控政策下人民法院严格审查各类虚假诉讼的紧急通知》第 2 条第 3 项、第 4 项。

⑤ 《民法典》第 1079 条第 2 款。

⑥ 《最高人民法院关于适用简易程序审理民事案件的若干规定》第 14 条第 1 款。

解工作,县级以上地方人民政府司法行政部门负责指导本行政区域的人民调解工作。基层人民法院对人民调解委员会调解民间纠纷进行业务指导。①

2. 人民调解与人民法院。(1)有条件的地方人民法院可以按照一定标准建立调解组织名册和调解员名册,以便于引导当事人选择合适的调解组织或者调解员调解纠纷。人民法院可以根据具体情况及时调整调解组织名册和调解员名册。②(2)根据工作需要,人民法院指定院内有关单位或者人员负责管理协调与调解组织、调解员的沟通联络、培训指导等工作。③(3)地方各级人民法院应当根据实际情况,制定关于调解员条件、职业道德、调解费用、诉讼费用负担、调解管理、调解指导、衔接方式等规范。④(4)人民法院在办理相关案件过程中发现调解员与参与调解的案件有利害关系,可能影响其保持中立、公平调解的,或者调解员有其他违反职业道德准则的行为的,应当告知调解员回避、更换调解员、终止调解或者采取其他适当措施。⑤

协助调解

第九十八条　人民法院进行调解,可以邀请有关单位和个人协助。被邀请的单位和个人,应当协助人民法院进行调解。

本条明确调解中邀请有关单位和个人的协助。本书仅就其进行阐释。

1. 协助调解的申请。当事人在和解过程中申请人民法院对和解活动进行协调的,人民法院可以委派审判辅助人员或者邀请、委托有关单位和个人从事协调活动。⑥

2. 协助调解邀请的主体。(1)人民法院应当建立特邀调解名册,按照规定的

---

① 《人民调解法》第5条。

《最高人民法院、司法部关于进一步加强新时期人民调解工作的意见》规定,根据《民事诉讼法》《人民法院组织法》的规定,人民法院有权指导人民调解委员会的工作。

② 《最高人民法院关于建立健全诉讼与非诉讼相衔接的矛盾纠纷解决机制的若干意见》第26条。

③ 《最高人民法院关于建立健全诉讼与非诉讼相衔接的矛盾纠纷解决机制的若干意见》第28条。

④ 《最高人民法院关于建立健全诉讼与非诉讼相衔接的矛盾纠纷解决机制的若干意见》第30条。

⑤ 《最高人民法院关于建立健全诉讼与非诉讼相衔接的矛盾纠纷解决机制的若干意见》第27条。

⑥ 《最高人民法院关于人民法院民事调解工作若干问题的规定》第2条第2款。

程序和条件,确定特邀调解组织和特邀调解员,并对名册进行管理。[①] (2)根据《民事诉讼法》第98条的规定,人民法院可以邀请与当事人有特定关系或者与案件有一定联系的企业事业单位、社会团体或者其他组织,和具有专门知识、特定社会经验、与当事人有特定关系并有利于促成调解的个人协助调解工作。经各方当事人同意,人民法院可以委托前款规定的单位或者个人对案件进行调解,达成调解协议后,人民法院应当依法予以确认。[②] (3)对抗诉再审案件,可以邀请检察机关协助人民法院进行调解;对一般再审案件,可以要求原一、二审法院配合进行调解;对处于执行中的再审案件,可以与执行部门协调共同做好调解工作。[③]

调解协议

第九十九条　调解达成协议,必须双方自愿,不得强迫。调解协议的内容不得违反法律规定。

本条明确调解协议。本书在此基础上进一步阐释三个方面的内容。

一、调解协议

调解协议,是指在人民法院的主持下,双方当事人经过平等协商,就确认双方民事权利义务、解决民事争议所达成的协议。[④]

1. 调解协议适用的原则。(1)自愿原则。又称意思自治原则,是指民事主体依照自己的理性判断,自主参与民事活动,管理自己的私人事务,不受国家权力和其他民事主体的非法干预。(2)合法原则。是指人民法院和双方当事人的调解活动及其协议内容,必须符合法律的规定。符合法律规定,既包括符合实体法的规定,也包括符合程序法的规定。

2. 调解协议的合同效力。(1)由调解组织按照公平中立的调解规则进行调解后达成的有民事权利义务内容的调解协议,经双方当事人签字或者盖章后,具

---

① 《民事诉讼程序繁简分流改革试点实施办法》第2条。
② 《最高人民法院关于人民法院民事调解工作若干问题的规定》第1条。
③ 《最高人民法院关于进一步贯彻“调解优先、调判结合”工作原则的若干意见》第12条。
④ 洪冬英主编:《民事诉讼法学通论》(第3版),北京大学出版社2020年版,第210页。调解协议是当事人双方解决纠纷、处分实体权利所达成的合意。同时,人民法院负有审查责任。

有民事合同性质。[①] (2)行政机关依法对民事纠纷进行调处后达成的有民事权利义务内容的调解协议或者作出的其他不属于可诉具体行政行为的处理,经双方当事人签字或者盖章后,具有民事合同性质,法律另有规定的除外。[②] (3)人民法院鼓励和支持行业协会、社会组织、企事业单位等建立健全调解相关纠纷的职能和机制。经商事调解组织、行业调解组织或者其他具有调解职能的组织调解后达成的具有民事权利义务内容的调解协议,经双方当事人签字或者盖章后,具有民事合同性质。[③] (4)经《中华人民共和国劳动争议调解仲裁法》规定的调解组织调解达成的劳动争议调解协议,由双方当事人签名或者盖章,经调解员签名并加盖调解组织印章后生效,对双方当事人具有合同约束力,当事人应当履行。[④] (5)仲裁庭在作出裁决前,可以先行调解。当事人自愿调解的,仲裁庭应当调解。调解不成的,应当及时作出裁决。调解达成协议的,仲裁庭应当制作调解书或者根据协议的结果制作裁决书。调解书与裁决书具有同等法律效力。[⑤]

3. 调解协议的内容。(1)当事人可以在书面调解协议中选择当事人住所地、调解协议履行地、调解协议签订地、标的物所在地基层人民法院管辖,但不得违反法律对专属管辖的规定。当事人没有约定的,除《民事诉讼法》第34条[⑥]规定的情形外,由当事人住所地或者调解协议履行地的基层人民法院管辖。经人民法院委派或委托有关机关或者组织调解达成的调解协议的申请确认案件,由委派或委托人民法院管辖。[⑦] (2)调解协议内容超出诉讼请求的,人民法院可以准许。[⑧] (3)人民法院对于调解协议约定一方不履行协议应当承担民事责任的,应

---

① 《最高人民法院关于建立健全诉讼与非诉讼相衔接的矛盾纠纷解决机制的若干意见》第9条。《人民调解法》第31条第1款规定:"经人民调解委员会调解达成的调解协议,具有法律约束力,当事人应当按照约定履行。"

② 《最高人民法院关于建立健全诉讼与非诉讼相衔接的矛盾纠纷解决机制的若干意见》第8条第2款。

③ 《最高人民法院关于建立健全诉讼与非诉讼相衔接的矛盾纠纷解决机制的若干意见》第10条。

④ 《最高人民法院关于建立健全诉讼与非诉讼相衔接的矛盾纠纷解决机制的若干意见》第11条。

⑤ 《仲裁法》第51条。

⑥ 《民事诉讼法》第34条规定:"下列案件,由本条规定的人民法院专属管辖:(一)因不动产纠纷提起的诉讼,由不动产所在地人民法院管辖;(二)因港口作业中发生纠纷提起的诉讼,由港口所在地人民法院管辖;(三)因继承遗产纠纷提起的诉讼,由被继承人死亡时住所地或者主要遗产所在地人民法院管辖。"

⑦ 《最高人民法院关于建立健全诉讼与非诉讼相衔接的矛盾纠纷解决机制的若干意见》第21条。

⑧ 《最高人民法院关于人民法院民事调解工作若干问题的规定》第7条。

予准许。调解协议约定一方不履行协议,另一方可以请求人民法院对案件作出裁判的条款,人民法院不予准许。[1]（4）调解协议约定一方提供担保或者案外人同意为当事人提供担保的,人民法院应当准许。案外人提供担保的,人民法院制作调解书应当列明担保人,并将调解书送交担保人。担保人不签收调解书的,不影响调解书生效。当事人或者案外人提供的担保符合《民法典》规定的条件时生效。[2]

4. 达成协议后当事人的权利。（1）当事人自行和解或者调解达成协议后,请求人民法院按照和解协议或者调解协议的内容制作判决书的,人民法院不予准许。无民事行为能力人的离婚案件,由其法定代理人进行诉讼。法定代理人与对方达成协议要求发给判决书的,可根据协议内容制作判决书。[3]（2）达成调解协议的,可以允许当事人撤诉,或者由人民法院经过审查后制作调解书。调解不成的,人民法院应当及时审判。[4]（3）不履行调解协议的当事人按照《最高人民法院关于人民法院民事调解工作若干问题的规定》第 15 条第 1 款规定承担了调解书确定的民事责任后,对方当事人又要求其承担《民事诉讼法》第 260 条[5]规定的迟延履行责任的,人民法院不予支持。[6]（4）再审案件经调解达成的调解协议并经当事人、法官、书记员签名或者盖章后生效的,当事人不申请制作调解书的,人民法应当裁定终结再审程序。[7]（5）当事人、审判人员、书记员签名或者盖章后发生法律效力的调解协议,当事人未申请制作调解书,一方当事人不履行调解协议的,另一方持生效的调解协议申请强制执行的,人民法院应当受理。[8]

5. 制定调解协议后的诉讼。经人民调解委员会调解达成调解协议后,当事

---

① 《最高人民法院关于人民法院民事调解工作若干问题的规定》第 8 条。

② 《最高人民法院关于人民法院民事调解工作若干问题的规定》第 9 条。

③ 《最高人民法院关于适用〈中华人民共和国民事诉讼法〉的解释》第 148 条。

④ 《最高人民法院关于建立健全诉讼与非诉讼相衔接的矛盾纠纷解决机制的若干意见》第 16 条第 1 款。

⑤ 《民事诉讼法》第 260 条规定:"被执行人未按判决、裁定和其他法律文书指定的期间履行给付金钱义务的,应当加倍支付迟延履行期间的债务利息。被执行人未按判决、裁定和其他法律文书指定的期间履行其他义务的,应当支付迟延履行金。"

⑥ 《最高人民法院关于人民法院民事调解工作若干问题的规定》第 15 条第 2 款。

⑦ 《最高人民法院关于进一步发挥诉讼调解在构建社会主义和谐社会中积极作用的若干意见》第 16 条第 2 款。

⑧ 《最高人民法院关于进一步发挥诉讼调解在构建社会主义和谐社会中积极作用的若干意见》第 16 条第 1 款。

人之间就调解协议的履行或者调解协议的内容发生争议的，一方当事人可以向人民法院提起诉讼。①

二、调解协议的确认②

三、调解协议的申请支付令

对于具有合同效力和给付内容的调解协议，债权人可以根据《中华人民共和国民事诉讼法》和相关司法解释的规定向有管辖权的基层人民法院申请支付令。申请书应当写明请求给付金钱或者有价证券的数量和所根据的事实、证据，并附调解协议原件。因支付拖欠劳动报酬、工伤医疗费、经济补偿或者赔偿金事项达成调解协议，用人单位在协议约定期限内不履行的，劳动者可以持调解协议书依法向人民法院申请支付令。③

调解书

第一百条　调解达成协议，人民法院应当制作调解书。调解书应当写明诉讼请求、案件的事实和调解结果。

调解书由审判人员、书记员署名，加盖人民法院印章，送达双方当事人。

调解书经双方当事人签收后，即具有法律效力。

本条明确调解书的制作、调解书的内容和生效。本书在此基础上进一步阐释两方面的内容。

一、调解书

调解书，是指在审查合格的基础上，人民法院用以客观记载和依法确认当事人之间所达成的调解协议的法律文书。④

1. 调解书的内容。(1)调解书由首部、正文和尾部三个部分组成：①首部应写明制作调解书的人民法院全称、案件编号当事人、第三人和诉讼代理人的基本

① 《人民调解法》第32条。

② 参见本书针对《民事诉讼法》第202条的内容。

③ 《最高人民法院关于建立健全诉讼与非诉讼相衔接的矛盾纠纷解决机制的若干意见》第13条。

④ 洪冬英主编：《民事诉讼法学通论》(第3版)，北京大学出版社2020年版，第211页。

情况、案由、主持调解的审判人员姓名。②正文应当写明诉讼请求、案件事实[①]和调解结果[②]。其中,“诉讼请求”(原告向被告提出的实体权利请求),可以同时列明被告向原告提出反诉、第三人主张和理由。③尾部,应当注明调解书经双方当事人签收后,即与发生法律效力的判决书具有同等效力。由审判人员、书记员署名,写明制作调解书的时间,并加盖人民法院印章。调解书中的诉讼费用负担并不是调解协议的必然内容,其不影响调解的效力。人民法院可以直接决定当事人承担费用的比例,并将决定记入调解书。(2)调解书的内容可以简化,简要记明案由和当事人诉讼请求,可以不写案件事实、审理过程和证据情况等。应当区分当事人签收生效的调解书和根据当事人签名或者盖章已经生效的调解协议制作的强制执行依据的调解书的格式。[③]

2. 调解书的签章。人民法院对和解协议、调解协议审查确认后制作的调解书,应当由办案法官署名,并加盖人民法院印章。[④]

二、调解书的制定、生效

1. 可制定调解书的协议。(1)和解协议。当事人在诉讼过程中自行达成和解协议的,人民法院可以根据当事人的申请依法确认和解协议制作调解书。双方当事人申请庭外和解的期间,不计入审限。[⑤] (2)调解协议。①调解可以因当事人达成调解协议而结束,对于应当制作调解书的,人民法院应进行必要的审查、认可,制作调解书,送达双方当事人签收。调解书需经当事人签收后才发生法律效力的,应当以最后收到调解书的当事人签收的日期为调解书生效日期。[⑥]②当事人就部分诉讼请求达成调解协议的,人民法院可以就此先行确认并制作调解书。当事人就主要诉讼请求达成调解协议,请求人民法院对未达成协议的诉讼请求提出处理意见并表示接受该处理结果的,人民法院的处理意见是调解

---

① 案件事实,是指当事人之间有关民事权利义务争议发生、发展的全过程和双方争执的问题。

② 调解结果,是指当事人在审判人员的主持下达成的实体权利义务分配的内容,包括诉讼费用的负担。调解结果是当事人在自愿、合法的原则下达成的解决双方间纠纷的合意,包括双方当事人在调解过程中提出诉讼请求的理由,双方互相让步的请求及调解结果。

③ 《最高人民法院关于进一步发挥诉讼调解在构建社会主义和谐社会中积极作用的若干意见》第20条。

④ 《最高人民法院关于进一步发挥诉讼调解在构建社会主义和谐社会中积极作用的若干意见》第15条。

⑤ 《最高人民法院关于人民法院民事调解工作若干问题的规定》第2条第1款。

⑥ 《最高人民法院关于适用〈中华人民共和国民事诉讼法〉的解释》第149条。

协议的一部分内容,制作调解书的记入调解书。[①] (3)涉外协议。涉外民事诉讼中,经调解双方达成协议,应当制发调解书。当事人要求发给判决书的,可以依协议的内容制作判决书送达当事人。[②]

2. 制作调解书的审查。当事人达成和解协议或者调解协议后申请人民法院制作调解书的,人民法院应当依法对调解协议或者和解协议进行审查。审查内容包括:协议是否违反了法律、行政法规的强制性规定,是否侵害国家利益和社会公共利益;协议内容是否属于当事人处分权的范畴;当事人争议的法律关系是否涉及到案外人的权益;协议指定转移的财产上是否存在案外人权利;协议内容是否符合善良风俗和公共道德;调解是否存在明显违反当事人真实意思的情形等。[③]

3. 调解书的法律效力。(1)调解书由审判人员、书记员署名,加盖人民法院印章,送达双方当事人。调解书经双方当事人签收后,即具有法律效力。(2)当事人不能对诉讼费用如何承担达成协议的,不影响调解协议的效力。人民法院可以直接决定当事人承担诉讼费用的比例,并将决定记入调解书。[④] (3)对调解书的内容既不享有权利又不承担义务的当事人不签收调解书的,不影响调解书的效力。[⑤] (4)人民法院调解民事案件,需由无独立请求权的第三人承担责任的,应当经其同意。该第三人在调解书送达前反悔的,人民法院应当及时裁判。[⑥] (5)调解书确定的担保条款条件或者承担民事责任的条件成就时,当事人申请执行的,人民法院应当依法执行。不履行调解协议的当事人按照前述规定承担了调解书确定的民事责任后,对方当事人又要求其承担《民事诉讼法》第260条[⑦]规定的迟延履行责任的,人民法院不予支持。[⑧]

4. 调解书的异议。当事人以民事调解书与调解协议的原意不一致为由提出

---

① 《最高人民法院关于人民法院民事调解工作若干问题的规定》第14条。

② 《最高人民法院关于适用〈中华人民共和国民事诉讼法〉的解释》第528条。

③ 《最高人民法院关于进一步发挥诉讼调解在构建社会主义和谐社会中积极作用的若干意见》第14条。

④ 《最高人民法院关于人民法院民事调解工作若干问题的规定》第11条。

⑤ 《最高人民法院关于人民法院民事调解工作若干问题的规定》第12条。

⑥ 《最高人民法院关于适用〈中华人民共和国民事诉讼法〉的解释》第150条。

⑦ 《民事诉讼法》第260条规定:"被执行人未按判决、裁定和其他法律文书指定的期间履行给付金钱义务的,应当加倍支付迟延履行期间的债务利息。被执行人未按判决、裁定和其他法律文书指定的期间履行其他义务的,应当支付迟延履行金。"

⑧ 《最高人民法院关于人民法院民事调解工作若干问题的规定》第15条。

异议，人民法院审查后认为异议成立的，应当根据调解协议裁定补正民事调解书的相关内容。[①]

5. 调解书的再审。当事人对已经发生法律效力的调解书，提出证据证明调解违反自愿原则或者调解协议的内容违反法律的，可以申请再审。经人民法院审查属实的，应当再审。[②]

6. 简易程序中的调解书。(1)适用简易程序时，调解达成协议并经审判人员审核后，双方当事人同意该调解协议经双方签名或者按指印生效的，该调解协议自双方签名或者按指印之日起发生法律效力。当事人要求摘录或者复制该调解协议的，应予准许。调解协议符合前款规定，且不属于不需要制作调解书的，人民法院应当另行制作民事调解书。调解协议生效后一方拒不履行的，另一方可以持民事调解书申请强制执行。[③] (2)人民法院可以当庭告知当事人到人民法院领取民事调解书的具体日期，也可以在当事人达成调解协议的次日起10日内将民事调解书发送给当事人。[④]

7. 具体纠纷案件的调解书。(1)双方以债权债务纠纷为由诉讼至法院，但是立案后对案件事实及实体处理等均无争议并迅速达成“以房抵债”协议的，务必在严格依法查明案件事实的基础上决定是否出具调解书。[⑤] (2)当事人在人民法院调解组织等主持下达成包含以房抵债内容的调解协议，并共同申请司法确认的，应当加大审查确认力度，慎重出具确认调解协议有效的裁定。[⑥]

不制作调解书的调解协议

第一百零一条　下列案件调解达成协议，人民法院可以不制作调解书：

（一）调解和好的离婚案件；

（二）调解维持收养关系的案件；

---

① 《最高人民法院关于人民法院民事调解工作若干问题的规定》第13条。
另参见《最高人民法院关于适用简易程序审理民事案件的若干规定》第17条。

② 《民事诉讼法》第208条。

③ 《最高人民法院关于适用简易程序审理民事案件的若干规定》第15条。

④ 《最高人民法院关于适用简易程序审理民事案件的若干规定》第16条。

⑤ 《最高人民法院关于房地产调控政策下人民法院严格审查各类虚假诉讼的紧急通知》第2条第3项。

⑥ 《最高人民法院关于房地产调控政策下人民法院严格审查各类虚假诉讼的紧急通知》第2条第4项。

（三）能够即时履行的案件；

（四）其他不需要制作调解书的案件。

对不需要制作调解书的协议，应当记入笔录，由双方当事人、审判人员、书记员签名或者盖章后，即具有法律效力。

本条明确调解协议可以不制作调解书的情况及程序。本书仅就其进行阐释。

1. 下列案件调解达成协议，人民法院可以不制作调解书：(1)调解和好的离婚案件；(2)调解维持收养关系的案件；(3)能够即时履行的案件；(4)其他不需要制作调解书的案件。①

2. 对于不需要制作调解书的，应当记入笔录，由双方当事人、审判人员、书记员签名或盖章后（调解记录）才具有法律效力。

3. 根据《民事诉讼法》第101条第1款第4项规定，当事人各方同意在调解协议上签名或者盖章后即发生法律效力的，经人民法院审查确认后，应当记入笔录②或者将调解协议附卷，并由当事人、审判人员、书记员签名或者盖章后即具有法律效力。前款规定情形，当事人请求制作调解书的，人民法院审查确认后可以制作调解书送交当事人。当事人拒收调解书的，不影响调解协议的效力。③

调解失败后的及时判决

第一百零二条　调解未达成协议或者调解书送达前一方反悔的，人民法院应当及时判决。

---

① 对于调解协议，人民法院可以不制作调解书的情形多数适用于当事人不需要强制执行的案件。这些案件具有以下特征：(1)属于确认、变更之诉的案件。(2)虽属于给付之诉，但是能够即时履行，不存在强制执行。

② 调解笔录与调解书具有同等的效力。

与判决效力相同的调解笔录、调解书的特点：(1)实质上的确定力。即调解协议的送达生效后，双方当事人之间的民事实体法律关系在调解书或调解笔录中重新得到确认，等同于判决的既判力。(2)形式上的约束力。即人民法院主持达成或依法认可的调解依法生效后，即起到终结诉讼程序的法律后果。(3)形成力。即形成一定法律关系，且调解又确认了一方当事人的形成权。(4)强制执行力。当事人有权申请人民法院强制执行。(5)自觉履行力。调解书或调解笔录生效后，双方当事人的民事法律关系已经取得共识、确认，权利方应该行使权利，义务方应当履行义务。

③ 《最高人民法院关于适用〈中华人民共和国民事诉讼法〉的解释》第151条。

本条明确调解未达成协议或者调解书送达前一方反悔的及时判决。本书仅就其进行阐释。

1. 调解不成的,人民法院应当及时审判。①

2. 人民法院审理民事案件,应当根据自愿、合法的原则进行调解。当事人一方或者双方坚持不愿调解的,应当及时裁判。人民法院审理离婚案件,应当进行调解,但不应久调不决。②

3. 人民法院调解民事案件,需由无独立请求权的第三人承担责任的,应当经其同意。该第三人在调解书送达前反悔的,人民法院应当及时裁判。③

---

① 《最高人民法院关于建立健全诉讼与非诉讼相衔接的矛盾纠纷解决机制的若干意见》第16条第1款。

② 《最高人民法院关于适用〈中华人民共和国民事诉讼法〉的解释》第145条。

③ 《最高人民法院关于适用〈中华人民共和国民事诉讼法〉的解释》第150条。

第九章　保全和先予执行

保全，是指人民法院为了确保将来的生效法律文书得以顺利执行或者避免申请人遭受不可弥补的损害，及时、有效地保护当事人或者利害关系人的合法权益，采取限制有关财产的处分或转移，或者在判决前责令被申请人作出一定行为或禁止其作出一定行为的强制措施。先予执行，是指人民法院对某些民事案件作出终审判决前，为了解决一方当事人生活或生产的紧迫需要，根据其申请，裁定另一方当事人给付申请人一定的钱物，或者实施或停止实施某种行为，并立即执行的制度。

人民法院进行财产保全和先予执行时适用《最高人民法院、国土资源部、建设部关于依法规范人民法院执行和国土资源房地产管理部门协助执行若干问题的通知》。

本章共9条，规定了保全和先予执行制度。

当事人的诉讼中保全

第一百零三条　人民法院对于可能因当事人一方的行为或者其他原因，使判决难以执行或者造成当事人其他损害的案件，根据对方当事人的申请，可以裁定对其财产进行保全、责令其作出一定行为或者禁止其作出一定行为；当事人没有提出申请的，人民法院在必要时也可以裁定采取保全措施。

人民法院采取保全措施，可以责令申请人提供担保，申请人不提供担保的，裁定驳回申请。

人民法院接受申请后，对情况紧急的，必须在四十八小时内作出裁定；裁定采取保全措施的，应当立即开始执行。

本条明确当事人的诉讼中保全。本书在此基础上进一步阐释四个方面的内容。

一、保全的方式[①]

（一）财产保全

财产保全，是指根据利害关系人的申请或人民法院的决定，人民法院在案件受理前或者诉讼中作出裁定，对一方当事人的财产采取查封、扣押、冻结等保全措施，防止该当事人转移、处分被保全的财产，以保证将来生效判决的执行。财产保全分为诉前的财产保全和诉讼中的财产保全。其中，“诉前财产保全”，是指在利害关系人尚未起诉时实现的财产保全。[②] 诉讼中的财产保全，是指当事人已经起诉，人民法院受理案件后实行的财产保全。诉中保全可由当事人申请，人民法院也可依职权采取保全措施。[③]

（二）行为保全

行为保全，是指人民法院作出裁定，责令一方当事人作出一定行为，或者禁止其作出一定行为，防止该当事人正在实施或者将要实施的行为给申请人造成不可弥补的损害。[④] 它包括：

1. 海事强制令。是指海事法院根据海事请求人的申请，为使其合法权益免受侵害，责令被请求人为一定行为或者不作为的强制措施。海事强制令主要有三种：(1)强制放货。在海事案件中，有放货义务的一方当事人对持有作为物权凭证的提单的当事人不履行放货义务（扣留货物的），提单持有人可以向海事法院申请签发海事强制令。(2)强制放船。在光船租赁合同到期或因其他原因解

---

① 财产保全与行为保全的区别：(1)财产保全必须是给付之诉，或者包含给付之诉的诉讼。而给付之诉、确认之诉、变更之诉都可以申请行为保全。(2)申请财产保全的目的主要在于保证将来的生效判决能够得以执行。申请行为保全的目的主要在于避免债权人遭受其他不可弥补的损害，有必要立即制止债务人正在实施的侵权行为，或者要求债务人实施一定行为进行补救。(3)财产保全的核心是防止债务人处分财产。行为保全的核心是限制债务人的行为。

② 洪冬英主编：《民事诉讼法学通论》（第3版），北京大学出版社2020年版，第215页。

③ 洪冬英主编：《民事诉讼法学通论》（第3版），北京大学出版社2020年版，第216页。

④ 尽管《民事诉讼法》没有明文规定行为保全，但在其他实体法或司法解释中有所规定，如《最高人民法院关于依法制裁规避执行行为的若干意见》（对保全财产和担保财产及时采取妨行措施）。

行为保全包括两层含义：第一层含义是要求被申请人作出或者禁止被申请人作出某种行为；第二层含义是暂时确定申请人与被申请人之间的权利义务，如要求被申请人支付工资等。先予执行制度主要适用于支付赡养费、扶养费、抚养费、抚恤金、医疗费用、劳动报酬以及其他紧急情形，与行为保全制度有一定的重合。我国《民事诉讼法》中的保全制度仅指上述第一层含义，第二层含义包含在先予执行制度中。

除承租关系后，光船承租人拒不向出租人交船的，光船出租人也可以申请海事法院签发海事强制令，责令被申请人限期向申请人返还船只。(3)强制放单。一方当事人收到另一主当事人的货物，后经其要求仍拒不签发提单的，依发货方的申请，海事法院签发海事强制令，责令被申请人限期向申请人签发提单。

2. 商标诉前禁令。(1)商标诉前禁令，是指即商标注册人或者利害关系人可以向人民法院提出诉前责令停止侵犯注册商标专用权行为的申请。(2)诉前禁令主要针对的行为包括“未经商标注册人的许可，在同一种商品或者类似商品上使用与其注册商标相同或者近似的商标的行为”“销售侵犯注册商标专用权的商品”“仿造、擅自制造他人注册商标标识或者销售这种标识”“未经商标注册人同意，更换其注册商标并将该更换商标的商品又投入市场”。①

3. 专利诉前禁令。专利诉前禁令主要针对的行为包括“未经许可实施他人专利行为”“假冒他人专利行为”“以非专利产品冒充专利产品、以非专利方法冒充专利方法”等。②

4. 著作权诉前禁令。著作权诉前禁令主要针对的行为包括“未经著作权人许可，复制、发行、表演、放映、广播、汇编、通过信息网络向公众传播其作品”“出版他人享有专有出版权的图书”“未经表演者许可，复制、发行录有其表演的录音录像制品，或者通过信息网络向公众传播其表演”“未经录音录像制作者许可，复制、发行、通过信息网络向公众传播其制作的录音录像制品”“未经许可，播放、复制或者通过信息网络向公众传播广播、电视”“未经著作权人或者与著作权有关的权利人许可，故意避开或者破坏技术措施的，故意制造、进口或者向他人提供主要用于避开、破坏技术措施的装置或者部件的，或者故意为他人避开或者破坏技术措施提供技术服务的”“未经著作权人或者与著作权有关的权利人许可，故意删除或者改变作品、版式设计、表演、录音录像制品或者广播、电视上的权利管理信息的，知道或者应当知道作品、版式设计、表演、录音录像制品或者广播、电视上的权利管理信息未经许可被删除或者改变，仍然向公众提供的”“制作、出售

---

① 《商标法》第65条：“商标注册人或者利害关系人有证据证明他人正在实施或者即将实施侵犯其注册商标专用权的行为，如不及时制止将会使其合法权益受到难以弥补的损害的，可以依法在起诉前向人民法院申请采取责令停止有关行为和财产保全的措施。”

② 《专利法》第72条：“专利权人或者利害关系人有证据证明他人正在实施或者即将实施侵犯专利权、妨碍其实现权利的行为，如不及时制止将会使其合法权益受到难以弥补的损害的，可以在起诉前依法向人民法院申请采取财产保全、责令作出一定行为或者禁止作出一定行为的措施。”

假冒他人署名的作品"等。[①]

二、保全的规则

各地法院在立案和审判阶段，要通过法律释明向当事人提示诉讼和执行风险，强化当事人的风险防范意识，引导债权人及时申请财产保全，有效防止债务人在执行程序开始前转移财产。[②] 各地法院要加强立案、审判和执行环节在财产保全方面的协调配合，加大依法进行财产保全的力度，强化审判与执行在财产保全方面的衔接，降低债务人或者被执行人隐匿、转移财产的风险。[③]

1. 保全的申请。(1)诉讼保全的申请。当事人、利害关系人申请财产保全，应当向人民法院提交申请书，并提供相关证据材料。申请书应当载明下列事项：①申请保全人与被保全人的身份、送达地址、联系方式；②请求事项和所根据的事实与理由；③请求保全数额或者争议标的；④明确的被保全财产信息或者具体的被保全财产线索；⑤为财产保全提供担保的财产信息或资信证明，或者不需要提供担保的理由；⑥其他需要载明的事项。法律文书生效后，进入执行程序前，债权人申请财产保全的，应当写明生效法律文书的制作机关、文号和主要内容，并附生效法律文书副本。[④] (2)仲裁保全的申请。仲裁过程中，当事人申请财产保全的，应当通过仲裁机构向人民法院提交申请书及仲裁案件受理通知书等相关材料。人民法院裁定采取保全措施或者裁定驳回申请的，应当将裁定书送达当事人，并通知仲裁机构。[⑤] (3)申请保全的期限。申请保全人申请续行财产保全的，应当在保全期限届满7日前向人民法院提出；逾期申请或者不申请的，自行承担不能续行保全的法律后果。人民法院进行财产保全时，应当书面告知申请保全人明确的保全期限届满日以及前款有关申请续行保全的事项。[⑥]

2. 保全的审查。(1)诉中财产保全、先予执行的申请由相关审判机构审查并作出裁定；裁定财产保全或者先予执行的，移交执行局执行。[⑦] (2)当事人、案外

---

① 《著作权法》第56条："著作权人或者与著作权有关的权利人有证据证明他人正在实施或者即将实施侵犯其权利、妨碍其实现权利的行为，如不及时制止将会使其合法权益受到难以弥补的损害的，可以在起诉前依法向人民法院申请采取财产保全、责令作出一定行为或者禁止作出一定行为等措施。"

② 《最高人民法院关于依法制裁规避执行行为的若干意见》第6条。

③ 《最高人民法院关于依法制裁规避执行行为的若干意见》第7条。

④ 《最高人民法院关于人民法院办理财产保全案件若干问题的规定》第1条。

⑤ 《最高人民法院关于人民法院办理财产保全案件若干问题的规定》第3条。

⑥ 《最高人民法院关于人民法院办理财产保全案件若干问题的规定》第18条。

⑦ 《最高人民法院关于执行权合理配置和科学运行的若干意见》第16条。

人对财产保全、先予执行的裁定不服申请复议的，由作出裁定的立案机构或者审判机构按照《民事诉讼法》第111条[①]的规定进行审查。[②]（3）当事人、案外人、利害关系人对财产保全、先予执行的实施行为提出异议的，由执行局根据异议事项的性质按照《民事诉讼法》第232条[③]或者第234条[④]的规定进行审查。[⑤]（4）当事人、案外人的异议既指向财产保全、先予执行的裁定，又指向实施行为的，一并由作出裁定的立案机构或者审判机构分别按照《民事诉讼法》第111条、第232条或者第234条的规定审查。[⑥]

3. 保全财产信息的提供。当事人、利害关系人申请财产保全，应当向人民法院提供明确的被保全财产信息。当事人在诉讼中申请财产保全，确因客观原因不能提供明确的被保全财产信息，但提供了具体财产线索的，人民法院可以依法裁定采取财产保全措施。[⑦]

4. 保全财产的查询。（1）保全财产查询的申请。人民法院依照《最高人民法院关于人民法院办理财产保全案件若干问题的规定》第10条第2款规定作出保全裁定的，在该裁定执行过程中，申请保全人可以向已经建立网络执行查控系统的执行法院，书面申请通过该系统查询被保全人的财产。申请保全人提出查询申请的，执行法院可以利用网络执行查控系统，对裁定保全的财产或者保全数额范围内的财产进行查询，并采取相应的查封、扣押、冻结措施。人民法院利用网络执行查控系统未查询到可供保全财产的，应当书面告知申请保全人。[⑧]（2）保全财产查询的保密及使用。人民法院对查询到的被保全人财产信息，应当

---

① 《民事诉讼法》第111条规定："当事人对保全或者先予执行的裁定不服的，可以申请复议一次。复议期间不停止裁定的执行。"

② 《最高人民法院关于执行权合理配置和科学运行的若干意见》第17条第1款。

③ 《民事诉讼法》第232条规定："当事人、利害关系人认为执行行为违反法律规定的，可以向负责执行的人民法院提出书面异议。当事人、利害关系人提出书面异议的，人民法院应当自收到书面异议之日起十五日内审查，理由成立的，裁定撤销或者改正；理由不成立的，裁定驳回。当事人、利害关系人对裁定不服的，可以自裁定送达之日起十日内向上一级人民法院申请复议。"

④ 《民事诉讼法》第234条规定："执行过程中，案外人对执行标的提出书面异议的，人民法院应当自收到书面异议之日起十五日内审查，理由成立的，裁定中止对该标的的执行；理由不成立的，裁定驳回。案外人、当事人对裁定不服，认为原判决、裁定错误的，依照审判监督程序办理；与原判决、裁定无关的，可以自裁定送达之日起十五日内向人民法院提起诉讼。"

⑤ 《最高人民法院关于执行权合理配置和科学运行的若干意见》第17条第2款。

⑥ 《最高人民法院关于执行权合理配置和科学运行的若干意见》第17条第3款。

⑦ 《最高人民法院关于人民法院办理财产保全案件若干问题的规定》第10条。

⑧ 《最高人民法院关于人民法院办理财产保全案件若干问题的规定》第11条。

依法保密。除依法保全的财产外，不得泄露被保全人其他财产信息，也不得在财产保全、强制执行以外使用相关信息。①

5. 保全价值、数额的确定。(1)人民法院应当依据财产保全裁定采取相应的查封、扣押、冻结措施。可供保全的土地、房屋等不动产的整体价值明显高于保全裁定载明金额的，人民法院应当对该不动产的相应价值部分采取查封、扣押、冻结措施，但该不动产在使用上不可分或者分割会严重减损其价值的除外。对银行账户内资金采取冻结措施的，人民法院应当明确具体的冻结数额。②（2)在诉讼中，人民法院依照“诉讼中保全”③“诉前保全”④的规定，在采取诉前保全、诉讼中保全措施时，责令利害关系人或者当事人提供担保的，应当书面通知。

6. 保全的裁定。(1)裁定时限。人民法院接受财产保全申请后，应当在5日内作出裁定；需要提供担保的，应当在提供担保后5日内作出裁定；裁定采取保全措施的，应当在5日内开始执行。对情况紧急的，必须在48小时内作出裁定；裁定采取保全措施的，应当立即开始执行。⑤（2)裁定机构。人民法院进行财产保全，由立案、审判机构作出裁定，一般应当移送执行机构实施。⑥（3)裁定的效力。诉讼中的财产保全裁定的效力一般应维持到生效的法律文书执行时止。⑦

7. 保全的解封、解冻。人民法院裁定采取保全措施后，除作出保全裁定的人民法院自行解除或者其上级人民法院决定解除外，在保全期限内，任何单位不得解除保全措施。⑧

8. 保全的异议。(1)保全异议的查处。①对违反法律规定的行为查处。申请保全人、被保全人、利害关系人认为保全裁定实施过程中的执行行为违反法律规定提出书面异议的，人民法院应当依照《民事诉讼法》第232条规定审查处理。⑨ ②对保全中的执行行为查处。人民法院对诉讼争议标的以外的财产进行

---

① 《最高人民法院关于人民法院办理财产保全案件若干问题的规定》第12条。

② 《最高人民法院关于人民法院办理财产保全案件若干问题的规定》第15条。

③ 《民事诉讼法》第103条。

④ 《民事诉讼法》第104条。

⑤ 《最高人民法院关于人民法院办理财产保全案件若干问题的规定》第4条。

⑥ 《最高人民法院关于人民法院办理财产保全案件若干问题的规定》第2条。

⑦ 《最高人民法院关于广东省高级人民法院、湖南省岳阳市中级人民法院就执行深圳市“洪湖大厦”发生争议案的复函》认为：“人民法院财产保全裁定书的效力，应维持到案件生效判决执行时止。”

⑧ 《最高人民法院关于适用〈中华人民共和国民事诉讼法〉的解释》第165条。

⑨ 《最高人民法院关于人民法院办理财产保全案件若干问题的规定》第26条。

保全,案外人对保全裁定或者保全裁定实施过程中的执行行为不服,基于实体权利对被保全财产提出书面异议的,人民法院应当依照《民事诉讼法》第 234 条规定审查处理并作出裁定。(2)执行异议之诉。案外人、申请保全人对该裁定不服的,可以自裁定送达之日起 15 日内向人民法院提起执行异议之诉。① (3)异议成立后的解除。人民法院裁定案外人异议成立后,申请保全人在法律规定的期间内未提起执行异议之诉的,人民法院应当自起诉期限届满之日起 7 日内对该被保全财产解除保全。②

9. 保全的担保。(1)担保书。①申请保全人或第三人为财产保全提供财产担保的,应当向人民法院出具担保书。担保书应当载明担保人、担保方式、担保范围、担保财产及其价值、担保责任承担等内容,并附相关证据材料。第三人为财产保全提供保证担保的,应当向人民法院提交保证书。保证书应当载明保证人、保证方式、保证范围、保证责任承担等内容,并附相关证据材料。对财产保全担保,人民法院经审查,认为违反《民法典》、《公司法》等有关法律禁止性规定的,应当责令申请保全人在指定期限内提供其他担保;逾期未提供的,裁定驳回申请。③ ②保险人以其与申请保全人签订财产保全责任险合同的方式为财产保全提供担保的,应当向人民法院出具担保书。担保书应当载明,因申请财产保全错误,由保险人赔偿被保全人因保全所遭受的损失等内容,并附相关证据材料。④ ③金融监管部门批准设立的金融机构以独立保函形式为财产保全提供担保的,人民法院应当依法准许。⑤ (2)担保的追加。财产保全期间,申请保全人提供的担保不足以赔偿可能给被保全人造成的损失的,人民法院可以责令其追加相应的担保;拒不追加的,可以裁定解除或者部分解除保全。⑥ (3)担保标的物的变更。财产保全的被保全人提供其他等值担保财产且有利于执行的,人民法院可以裁定变更保全标的物为被保全人提供的担保财产。⑦

10. 保全的协助。人民法院在财产保全中采取查封、扣押、冻结措施,需要有

① 《最高人民法院关于人民法院办理财产保全案件若干问题的规定》第 27 条第 1 款。
② 《最高人民法院关于人民法院办理财产保全案件若干问题的规定》第 27 条第 2 款。
③ 《最高人民法院关于人民法院办理财产保全案件若干问题的规定》第 6 条。
④ 《最高人民法院关于人民法院办理财产保全案件若干问题的规定》第 7 条。
⑤ 《最高人民法院关于人民法院办理财产保全案件若干问题的规定》第 8 条。
⑥ 《最高人民法院关于人民法院办理财产保全案件若干问题的规定》第 5 条第 3 款。
⑦ 《最高人民法院关于适用〈中华人民共和国民事诉讼法〉的解释》第 167 条。

关单位协助办理登记手续的，有关单位应当在裁定书和协助执行通知书送达后立即办理。针对同一财产有多个裁定书和协助执行通知书的，应当按照送达的时间先后办理登记手续。①

11. 保全裁定的撤销、变更或补正。财产保全裁定执行中，人民法院发现保全裁定的内容与被保全财产的实际情况不符的，应当予以撤销、变更或补正。②

12. 第二审中的保全。（1）对当事人不服一审判决提起上诉的案件，在第二审人民法院接到报送的案件之前，当事人有转移、隐匿、出卖或者毁损财产等行为，必须采取保全措施的，由第一审人民法院依当事人申请或者依职权采取。第一审人民法院的保全裁定，应当及时报送第二审人民法院。③（2）第二审人民法院裁定对第一审人民法院采取的保全措施予以续保或者采取新的保全措施的，可以自行实施，也可以委托第一审人民法院实施。再审人民法院裁定对原保全措施予以续保或者采取新的保全措施的，可以自行实施，也可以委托原审人民法院或者执行法院实施。④

13. 再审中的保全。再审审查期间，债务人申请保全生效法律文书确定给付的财产的，人民法院不予受理。再审审理期间，原生效法律文书中止执行，当事人申请财产保全的，人民法院应当受理。⑤

三、执行中的保全

执行中的保全包括对金融资产和个人财产的查封、扣押和冻结。

1. 自动转换。保全裁定未经人民法院依法撤销或者解除，进入执行程序后，自动转为执行中的查封、扣押、冻结措施，期限连续计算，执行法院无需重新制作裁定书，但查封、扣押、冻结期限届满的除外。⑥

2. 申请与解除。法律文书生效后，进入执行程序前，债权人因对方当事人转移财产等紧急情况，不申请保全将可能导致生效法律文书不能执行或者难以执行的，可以向执行法院申请采取保全措施。债权人在法律文书指定的履行期间

---

① 《最高人民法院关于人民法院办理财产保全案件若干问题的规定》第16条。
② 《最高人民法院关于人民法院办理财产保全案件若干问题的规定》第24条。
③ 《最高人民法院关于适用〈中华人民共和国民事诉讼法〉的解释》第161条。
④ 《最高人民法院关于适用〈中华人民共和国民事诉讼法〉的解释》第162条。
⑤ 《最高人民法院关于人民法院办理财产保全案件若干问题的规定》第19条。
⑥ 《最高人民法院关于适用〈中华人民共和国民事诉讼法〉的解释》第168条。

届满后5日内不申请执行的，人民法院应当解除保全。①

3. 保全的审查。对保全财产和担保财产及时采取执行措施。进入执行程序后，各地法院要加大对保全财产和担保财产的执行力度，对当事人、担保人或者第三人提出的异议要及时进行审查，审查期间应当依法对相应财产采取控制性措施，驳回异议后应当加大对相应财产的执行力度。②

4. 保全的担保。(1)可以责令担保。人民法院采取保全措施，可以责令申请人提供担保，申请人不提供担保的，裁定驳回申请。③ (2)不要求提供担保。当事人在诉讼中申请财产保全，有下列情形之一的，人民法院可以不要求提供担保：①追索赡养费、扶养费、抚育费、抚恤金、医疗费用、劳动报酬、工伤赔偿、交通事故人身损害赔偿的；②婚姻家庭纠纷案件中遭遇家庭暴力且经济困难的；③人民检察院提起的公益诉讼涉及损害赔偿的；④因见义勇为遭受侵害请求损害赔偿的；⑤案件事实清楚、权利义务关系明确，发生保全错误可能性较小的；⑥申请保全人为商业银行、保险公司等由金融监管部门批准设立的具有独立偿付债务能力的金融机构及其分支机构的。法律文书生效后，进入执行程序前，债权人申请财产保全的，人民法院可以不要求提供担保。④ (3)担保的数额。①在诉讼中，人民法院依申请或者依职权采取保全措施的，应当根据案件的具体情况，决定当事人是否应当提供担保以及担保的数额。⑤ ②人民法院依照《民事诉讼法》第103条规定责令申请保全人提供财产保全担保的，担保数额不超过请求保全数额的30%；申请保全的财产系争议标的的，担保数额不超过争议标的的价值的30%。⑥

四、具体纠纷案件的保全

1. 夫妻财产纠纷案件的保全。夫妻一方申请对配偶的个人财产或者夫妻共

---

① 《最高人民法院关于适用〈中华人民共和国民事诉讼法〉的解释》第163条。

② 《最高人民法院关于依法制裁规避执行行为的若干意见》第8条。

③ 《民事诉讼法》第103条第2款。

本条规定"可以"，是给予人民法院一定的自由裁量权。同时，担保金额的确定应当以被申请人可能遭受的损失为基础，并不能一概要求申请人提供与保全金额相当的担保，至于担保金额与保全金额的比例，法律中难以作出统一的规定，根据具体案件情况确定为宜。

④ 《最高人民法院关于人民法院办理财产保全案件若干问题的规定》第9条。

⑤ 《最高人民法院关于适用〈中华人民共和国民事诉讼法〉的解释》第152条第3款。

担保金额的确定应当以被申请人可能遭受的损失为基础，并不能一概要求申请人提供与保全金额相当的担保，至于担保金额与保全金额的比例，法律中难以作出统一的规定，根据具体案件情况确定为宜。

⑥ 《最高人民法院关于人民法院办理财产保全案件若干问题的规定》第5条第1款。

同财产采取保全措施的，人民法院可以在采取保全措施可能造成损失的范围内，根据实际情况，确定合理的财产担保数额。①

2. 票据纠纷案件的保全。人民法院在审理、执行票据纠纷案件时，对具有下列情形之一的票据，经当事人申请并提供担保，可以依法采取保全措施或者执行措施：(1)不履行约定义务，与票据债务人有直接债权债务关系的票据当事人所持有的票据；(2)持票人恶意取得的票据；(3)应付对价而未付对价的持票人持有的票据；(4)记载有"不得转让"字样而用于贴现的票据；(5)记载有"不得转让"字样而用于质押的票据；(6)法律或者司法解释规定有其他情形的票据。②

3. 清算中的保全。(1)托管信用合作社。在审理或执行涉及被依法托管信用合作社的经济纠纷案件过程中，对被告可能发生转移、隐匿、变卖财产等行为的，应当根据清算组的申请，依法及时予以财产保全；对清算组没有提出财产保全申请的，必要时，人民法院也可以采取财产保全措施。为有利于清算组对被关闭的信用合作社的财产进行清理，人民法院在审理涉及信用合作社为债务人的经济纠纷案件中，不宜于对其财产采取保全措施。③ (2)公司。人民法院受理强制清算申请后，公司财产存在被隐匿、转移、毁损等可能影响依法清算情形的，人民法院可依清算组或者申请人的申请，对公司财产采取相应的保全措施。④

4. 移交、撤销、脱钩企业纠纷案件的保全。人民法院在审理有关移交、撤销、脱钩的企业的案件时，认定开办单位应当承担民事责任的，不得对开办单位的国库款、军费、财政经费账户、办公用房、车辆等其他办公必需品采取查封、扣押、冻结、拍卖等保全和执行措施。⑤

5. 海事诉讼中的保全。海事诉讼中，海事请求人申请海事请求保全，适用《中华人民共和国海事诉讼特别程序法》及相关司法解释。⑥

6. 为了制止专利侵权行为，在证据可能灭失或者以后难以取得的情况下，专

---

① 《最高人民法院关于适用〈中华人民共和国民法典〉婚姻家庭编的解释(一)》第85条。

② 《最高人民法院关于审理票据纠纷案件若干问题的规定》第7条。

③ 《最高人民法院关于恢复审理和执行涉及原北海市大业城市信用合作社等十四家城市信用合作社和原广东省恩平市农村信用合作社联合社等二十家城乡信用合作社经济纠纷案》。

④ 《最高人民法院关于审理公司强制清算案件工作座谈会纪要》第27条。

⑤ 《最高人民法院关于审理军队、武警部队、政法机关移交、撤销企业和与党政机关脱钩企业相关纠纷案件若干问题的规定》第10条。

⑥ 《最高人民法院关于人民法院办理财产保全案件若干问题的规定》第28条。

利权人或者利害关系人可以在起诉前依法向人民法院申请保全证据。[①]

利害关系人的诉前保全

第一百零四条　利害关系人因情况紧急，不立即申请保全将会使其合法权益受到难以弥补的损害的，可以在提起诉讼或者申请仲裁前向被保全财产所在地、被申请人住所地或者对案件有管辖权的人民法院申请采取保全措施。申请人应当提供担保，不提供担保的，裁定驳回申请。

人民法院接受申请后，必须在四十八小时内作出裁定；裁定采取保全措施的，应当立即开始执行。

申请人在人民法院采取保全措施后三十日内不依法提起诉讼或者申请仲裁的，人民法院应当解除保全。

本条明确利害关系人的诉讼前保全。

诉讼前保全，又称诉前保全，是指在起诉或者仲裁[②]前，对于因情况紧急不立即申请保全，将会使利害关系人的合法权益受到难以弥补的损害，依据利害关系人的申请而采取的保全措施。本书仅就利害关系人的诉讼前保全进行阐释。

1. 利害关系人的诉讼前保全的申请。(1)申请财产应当提交申请书，明确请求保全的标的物或有关财产的种类、数量、份额及所在地，以及申请保全的理由。口头申请的，由人民法院记入笔录，并由申请人签名或盖章。(2)利害关系人申请诉前保全的，应当提供担保。[③]

2. 利害关系人的诉讼前保全的审查。(1)当事人申请诉前保全后在法定期间内起诉或者申请仲裁，被申请人、利害关系人因保全受到损失提起的诉讼，由

---

① 《专利法》第73条。

② 《仲裁法》第28条规定："一方当事人因另一方当事人的行为或者其他原因，可能使裁决不能执行或者难以执行的，可以申请财产保全。当事人申请财产保全的，仲裁委员会应当将当事人的申请依照民事诉讼法的有关规定提交人民法院。申请有错误的，申请人应当赔偿被申请人因财产保全所遭受的损失。"

③ 《最高人民法院关于适用〈中华人民共和国民事诉讼法〉的解释》第152条第2款。

受理起诉的人民法院或者采取保全措施的人民法院管辖。① (2)诉前、申请执行前的财产保全申请由立案机构进行审查并作出裁定;裁定保全的,移交执行局执行。② (3)当事人申请诉前财产保全、证据保全等措施,①严格审查申请的条件和理由,及时依法作出裁定;②裁定采取保全等措施的,及时依法执行;不符合申请条件的,耐心解释原因;③不得滥用诉前财产保全、证据保全等措施。③

3. 利害关系人的诉讼前保全的担保。利害关系人申请诉前保全的,应当提供担保。申请诉前财产保全的,应当提供相当于请求保全数额的担保;情况特殊的,人民法院可以酌情处理。申请诉前行为保全的,担保的数额由人民法院根据案件的具体情况决定。④

4. 利害关系人的诉讼前保全的决(裁)定。(1)人民法院受理当事人诉前财产保全申请后,应当按照诉前财产保全标的金额并参照《中华人民共和国民事诉讼法》关于级别管辖和专属管辖的规定,决定采取诉前财产保全措施。⑤ (2)人民法院作出诉讼前保全裁定后应当送达被申请人(法人)的主要营业地或者主要办事机构所在地,并经签收后在该地具体执行。⑥

5. 利害关系人的诉讼前保全的移送的期限。(1)诉讼前保全裁定作出的期限。人民法院接受申请后,必须在48小时内作出裁定;裁定采取保全措施的,应当立即开始执行。(2)诉讼前保全作出裁定解除的期限。申请人在人民法院采取保全措施后30日内不依法提起诉讼或者申请仲裁的,人民法院应当解除保全。

6. 利害关系人的诉讼前保全的移送。(1)采取财产保全措施的人民法院受

---

① 《最高人民法院关于适用〈中华人民共和国民事诉讼法〉的解释》第27条第2款。

《最高人民法院关于实施〈中华人民共和国仲裁法〉几个问题的通知》第2条规定:"在仲裁过程中,当事人申请财产保全的,一般案件由被申请人住所地或者财产所在地基层人民法院作出裁定;属涉外仲裁案件的,依据《中华人民共和国民事诉讼法》第二百五十六条的规定,由被申请人住所地或者财产所在地的中级人民法院作出裁定。有关人民法院对仲裁机构提交的财产保全申请应当认真进行审查,符合法律规定的,即应依法作出财产保全的裁定;如认为不符合法律规定的,应依法裁定驳回申请。"(此处适用的是2007年《民事诉讼法》,本条规定中的《民事诉讼法》第256条参见2021年《民事诉讼法》第279条。)

② 《最高人民法院关于执行权合理配置和科学运行的若干意见》第15条。

③ 《法官行为规范》第24条。

④ 《最高人民法院关于适用〈中华人民共和国民事诉讼法〉的解释》第152条第2款。

《最高人民法院关于人民法院办理财产保全案件若干问题的规定》第5条第2款规定:"利害关系人申请诉前财产保全的,应当提供相当于请求保全数额的担保;情况特殊的,人民法院可以酌情处理。"

⑤ 《最高人民法院关于诉前财产保全几个问题的批复》第1条。

⑥ 《最高人民法院关于黎川县人民法院对江苏省宜兴市堰头工业联合公司采取诉前财产保全措施执行情况报告的有关问题的复函》。

理申请人的起诉后,发现所受理的案件不属于本院管辖的,应当将案件和财产保全申请费一并移送有管辖权的人民法院。案件移送后,诉前财产保全裁定继续有效。因执行诉前财产保全裁定而实际支出的费用,应由受诉人民法院在申请费中返还给作出诉前财产保全的人民法院。[①] (2)当事人向采取诉前保全措施以外的其他有管辖权的人民法院起诉的,采取诉前保全措施的人民法院应当将保全手续移送受理案件的人民法院。诉前保全的裁定视为受移送人民法院作出的裁定。[②]

7. 利害关系人的诉讼前保全的自动转换。利害关系人申请诉前财产保全,在人民法院采取保全措施后 30 日内依法提起诉讼或者申请仲裁的,诉前财产保全措施自动转为诉讼或仲裁中的保全措施;进入执行程序后,保全措施自动转为执行中的查封、扣押、冻结措施。依前款规定,自动转为诉讼、仲裁中的保全措施或者执行中的查封、扣押、冻结措施的,期限连续计算,人民法院无需重新制作裁定书。[③]

8. 专利的诉讼前保全。专利权人或者利害关系人有证据证明他人正在实施或者即将实施侵犯专利权、妨碍其实现权利的行为,如不及时制止将会使其合法权益受到难以弥补的损害的,可以在起诉前依法向人民法院申请采取财产保全、责令作出一定行为或者禁止作出一定行为的措施。[④]

保全范围

第一百零五条　保全限于请求的范围,或者与本案有关的财物。

本条明确保全范围。[⑤] 本书仅就其进行阐释。

保全限于请求的范围,或者与本案有关的财物。其中,“限于请求的范围”,是指所保全的财产或者行为,应当在对象或者价值上与当事人所提诉讼请求内容相符或者相等。“与本案有关的财物”,是指本案的诉争标的,或者当事人在诉

---

① 《最高人民法院关于诉前财产保全几个问题的批复》第 2 条。

② 《最高人民法院关于适用〈中华人民共和国民事诉讼法〉的解释》第 160 条。

③ 《最高人民法院关于人民法院办理财产保全案件若干问题的规定》第 17 条。

④ 《专利法》第 72 条。

⑤ 《民事诉讼法》第 105 条单独规定保全范围,且不限于财产保全,还包括行为保全。

讼请求中没有直接涉及，但是与日后本案生效判决的强制执行相牵连的财物。

财产保全措施

第一百零六条　财产保全采取查封、扣押、冻结或者法律规定的其他方法。人民法院保全财产后，应当立即通知被保全财产的人。

财产已被查封、冻结的，不得重复查封、冻结。

本条明确财产保全措施。本书仅就其进行阐释。

1. 财产保全的方法。财产保全采取查封、扣押、冻结或者法律规定的其他方法。其中，“查封”，是指把被执行人的财产清查封闭贴上封条，就地封存，不准任何人转移和处理。是一种用于不动产的临时性措施。扣押，是指把被执行人的财产就地或者运到另外的场所，加以扣留，避免被执行人占有、使用和处分。是一种用于动产的临时性措施。冻结，是指人民法院向银行、证券公司等金融机构发出协助执行通知书，不准被执行人在一定期限内提取和转移该项存款、证券的执行措施。法律规定的其他办法，是指法律规定的除查封、扣押、冻结外的其他执行措施，如清点被保全的财产，并责令被申请人保管，保管期间可以使用，但不得变卖、转移、毁损和隐匿；对不动产和特定的动产（如车辆、船舶）等进行财产保全，可以采用扣押有关财产权证照并通知有关产权登记部门不予办理该项财产的转移手续的财产保全措施；对债务人到期应得的收益，可以通知有关单位限制其支取；被申请人对第三人有到期债权的，人民法院可以通知该第三人不得向被申请人清偿。

2. 财产保全的规则适用。人民法院采取财产保全的方法和措施，依照执行程序相关规定办理。[①] (1)不动产的保全规则。①查封不动产的，人民法院应当张贴封条或者公告，并可以提取保存有关财产权证照。查封、扣押、冻结已登记的不动产、特定动产及其他财产权，应当通知有关登记机关办理登记手续。未办理登记手续的，不得对抗其他已经办理了登记手续的查封、扣押、冻结行

① 《最高人民法院关于适用〈中华人民共和国民事诉讼法〉的解释》第156条。

为。[①] ②人民法院的查封、扣押、冻结没有公示的，其效力不得对抗善意第三人。[②] (2)存款的保全规则。①人民法院查询被执行人在金融机构的存款时，执行人员应当出示本人工作证和执行公务证，并出具法院协助查询存款通知书。金融机构应当立即协助办理查询事宜，不需办理签字手续，对于查询的情况，由经办人签字确认。[③] ②人民法院对查询到的被执行人在金融机构的存款，需要冻结的，执行人员应当出示本人工作证和执行公务证，并出具法院冻结裁定书和协助冻结存款通知书。金融机构应当立即协助执行。[④] ③人民法院扣划被执行人在金融机构存款的，执行人员应当出示本人工作证和执行公务证，并出具法院扣划裁定书和协助扣划存款通知书，还应当附生效法律文书副本。金融机构应当立即协助执行。[⑤] ④人民法院查询、冻结、扣划被执行人在金融机构的存款时，可以根据工作情况要求存款人开户的营业场所的上级机构责令该营业场所做好协助执行工作，但不得要求该上级机构协助执行。[⑥] ⑤人民法院要求金融机构协助冻结、扣划被执行人的存款时，冻结、扣划裁定和协助执行通知书适用留置送达的规定。[⑦] (3)不宜长期保存物品的保全规则。人民法院对季节性商品、鲜活、易腐烂变质以及其他不宜长期保存的物品采取保全措施时，可以责令当事人及时处理，由人民法院保存价款；必要时，人民法院可予以变卖，保存价款。[⑧] (4)担保物的保全规则。①人民法院对抵押物、质押物、留置物可以采取财产保全措施，但不影响抵押权人、质权人、留置权人的优先受偿权。[⑨] ②对申请保全人或者他人提供的担保财产，人民法院应当依法办理查封、扣押、冻结等手续。[⑩] (5)债务的

① 《最高人民法院关于人民法院民事执行中查封、扣押、冻结财产的规定》第7条。

② 《最高人民法院关于人民法院民事执行中查封、扣押、冻结财产的规定》第24条第3款。

③ 《最高人民法院、中国人民银行关于依法规范人民法院执行和金融机构协助执行的通知》第1条第1款。

④ 《最高人民法院、中国人民银行关于依法规范人民法院执行和金融机构协助执行的通知》第1条第2款。

⑤ 《最高人民法院、中国人民银行关于依法规范人民法院执行和金融机构协助执行的通知》第1条第3款。

⑥ 《最高人民法院、中国人民银行关于依法规范人民法院执行和金融机构协助执行的通知》第1条第4款。

⑦ 《最高人民法院、中国人民银行关于依法规范人民法院执行和金融机构协助执行的通知》第2条。

⑧ 《最高人民法院关于适用〈中华人民共和国民事诉讼法〉的解释》第153条。

⑨ 《最高人民法院关于适用〈中华人民共和国民事诉讼法〉的解释》第157条。

⑩ 《最高人民法院关于适用〈中华人民共和国民事诉讼法〉的解释》第164条。

保全规则。①人民法院对债务人到期应得的收益，可以采取财产保全措施，限制其支取，通知有关单位协助执行。[①] ②债务人的财产不能满足保全请求，但对他人有到期债权的，人民法院可以依债权人的申请裁定该他人不得对本案债务人清偿。该他人要求偿付的，由人民法院提存财物或者价款。[②]

3. 保全财产的规则。(1)保全财产的选择。被保全人有多项财产可供保全的，在能够实现保全目的的情况下，人民法院应当选择对其生产经营活动影响较小的财产进行保全。人民法院对厂房、机器设备等生产经营性财产进行保全时，指定被保全人保管的，应当允许其继续使用。[③] (2)保全财产的报告。被保全财产系机动车、航空器等特殊动产的，除被保全人下落不明的以外，人民法院应当责令被保全人书面报告该动产的权属和占有、使用等情况，并予以核实。[④] (3)保全财产的保管。①人民法院在财产保全中采取查封、扣押、冻结财产措施时，应当妥善保管被查封、扣押、冻结的财产。不宜由人民法院保管的，人民法院可以指定被保全人负责保管；不宜由被保全人保管的，可以委托他人或者申请保全人保管。查封、扣押、冻结担保物权人占有的担保财产，一般由担保物权人保管；由人民法院保管的，质权、留置权不因采取保全措施而消灭。[⑤] ②由人民法院指定被保全人保管的财产，如果继续使用对该财产的价值无重大影响，可以允许被保全人继续使用；由人民法院保管或者委托他人、申请保全人保管的财产，人民法院和其他保管人不得使用。[⑥] (4)保全财产的处分。①保全期间内的处分。财产保全期间，被保全人请求对被保全财产自行处分，人民法院经审查，认为不损害申请保全人和其他执行债权人合法权益的，可以准许，但应当监督被保全人按照合理价格在指定期限内处分，并控制相应价款。被保全人请求对作为争议标的的被保全财产自行处分的，须经申请保全人同意。人民法院准许被保全人自行处分被保全财产的，应当通知申请保全人；申请保全人不同意的，可以依照《民事诉讼法》第232条规定提出异议。[⑦] ②超过期限的处分。保全法院在首先采取查

① 《最高人民法院关于适用〈中华人民共和国民事诉讼法〉的解释》第158条。
② 《最高人民法院关于适用〈中华人民共和国民事诉讼法〉的解释》第159条。
③ 《最高人民法院关于人民法院办理财产保全案件若干问题的规定》第13条。
④ 《最高人民法院关于人民法院办理财产保全案件若干问题的规定》第14条。
⑤ 《最高人民法院关于适用〈中华人民共和国民事诉讼法〉的解释》第154条。
⑥ 《最高人民法院关于适用〈中华人民共和国民事诉讼法〉的解释》第155条。
⑦ 《最高人民法院关于人民法院办理财产保全案件若干问题的规定》第20条。

封、扣押、冻结措施后超过1年未对被保全财产进行处分的,除被保全财产系争议标的外,在先轮候查封、扣押、冻结的执行法院可以商请保全法院将被保全财产移送执行。但司法解释另有特别规定的,适用其规定。保全法院与在先轮候查封、扣押、冻结的执行法院就移送被保全财产发生争议的,可以逐级报请共同的上级法院指定该财产的执行法院。共同的上级法院应当根据被保全财产的种类及所在地、各债权数额与被保全财产价值之间的关系等案件具体情况指定执行法院,并督促其在指定期限内处分被保全财产。[①] (5)财产保全措施的适用。当事人申请财产保全,应当按规定交纳保全费用而没有交纳的,人民法院不会对申请保全的财产采取保全措施。当事人提出财产保全申请,未按人民法院要求提供相应财产担保的,人民法院将依法驳回其申请。申请人申请财产保全有错误的,将要赔偿被申请人因财产保全所受到的损失。[②]

4. 财产保全的禁止行为。禁止重复查封、冻结原则,是指执行法院依法对被执行人的财产查封、冻结后,任何单位包括其他法院不得在相同时间对同一标的物再行查封、冻结,否则后来的查封、冻结行为无效。但是,对已被人民法院查封、扣押、冻结的财产,其他人民法院可以进行轮候查封、扣押、冻结。查封、扣押、冻结解除的,登记在先的轮候查封、扣押、冻结即自动生效。[③]

解除保全

第一百零七条　财产纠纷案件,被申请人提供担保的,人民法院应当裁定解除保全。

本条明确被申请人提供担保后的解除保全。

解除保全是终止保全措施的法律效力。本条中的“财产纠纷案件”,包括财产归属的确认之诉、给付内容为金钱或者物的给付之诉案件,不包括以行为给付

---

① 《最高人民法院关于人民法院办理财产保全案件若干问题的规定》第21条。

② 《最高人民法院关于印发〈人民法院民事诉讼风险提示书〉的通知》第7条。

③ 《最高人民法院关于人民法院民事执行中查封、扣押、冻结财产的规定》第26条第1款。《民事诉讼法》规定的不得重复查封、冻结,不包括轮候查封、冻结制度。

为内容的案件，也不包括形成之诉的案件。[①] 本书仅就被申请人提供担保后的解除保全进行阐释。

1. 解除保全的法定情形。(1)申请人应当及时申请的解除。人民法院采取财产保全措施后，有下列情形之一的，申请保全人应当及时申请解除保全：①采取诉前财产保全措施后30日内不依法提起诉讼或者申请仲裁的；②仲裁机构不予受理仲裁申请、准许撤回仲裁申请或者按撤回仲裁申请处理的；③仲裁申请或者请求被仲裁裁决驳回的；④其他人民法院对起诉不予受理、准许撤诉或者按撤诉处理的；⑤起诉或者诉讼请求被其他人民法院生效裁判驳回的；⑥申请保全人应当申请解除保全的其他情形。[②] (2)申请人提供担保的解除。财产纠纷案件，被申请人提供担保的，人民法院应当裁定解除保全。(3)异议成立后的解除。人民法院对诉讼争议标的以外的财产进行保全，案外人对保全裁定或者保全裁定实施过程中的执行行为不服，基于实体权利对被保全财产提出书面异议的，人民法院应当依照《民事诉讼法》第234条[③]规定审查处理并作出裁定。案外人、申请保全人对该裁定不服的，可以自裁定送达之日起15日内向人民法院提起执行异议之诉。人民法院裁定案外人异议成立后，申请保全人在法律规定的期间内未提起执行异议之诉的，人民法院应当自起诉期限届满之日起7日内对该被保全财产解除保全。[④]

2. 解除保全的方式。(1)法定的解除保全。财产纠纷案件，被保全人或第三人提供充分有效担保请求解除保全，人民法院应当裁定准许。(2)协议的解除保

---

① 在民事诉讼理论中，可以把诉分为给付之诉、确认之诉和变更之诉，分别对应实体法上的请求权、支配权和形成权。给付之诉，是指原告请求被告履行一定给付义务的诉讼。给付之诉可分为金钱给付、物之给付和行为给付。确认之诉，是指原告请求法院确认当事人之间争议的权利或者法律关系是否存在的诉讼。确认之诉的判决一般不具有强制执行的效力。变更之诉，是指原告请求法院变更某一法律关系之诉。确认之诉是给付之诉、变更之诉的前提。

这里规定的财产纠纷案件并不完全等同于财产保全案件，一部分行为保全案件也涉及财产纠纷，如侵犯知识产权中的财产权案件、普通的侵权案件等，也属于本条的适用范围。

② 《最高人民法院关于人民法院办理财产保全案件若干问题的规定》第23条第1款。

③ 《民事诉讼法》第234条规定："执行过程中，案外人对执行标的提出书面异议的，人民法院应当自收到书面异议之日起十五日内审查，理由成立的，裁定中止对该标的的执行；理由不成立的，裁定驳回。案外人、当事人对裁定不服，认为原判决、裁定错误的，依照审判监督程序办理；与原判决、裁定无关的，可以自裁定送达之日起十五日内向人民法院提起诉讼。"

④ 《最高人民法院关于人民法院办理财产保全案件若干问题的规定》第27条。

全。被保全人请求对作为争议标的的财产解除保全的，须经申请保全人同意。[①]

3. 解除保全的裁定。(1)裁定采取保全措施后，有下列情形之一的，人民法院应当作出解除保全裁定：①保全错误的；②申请人撤回保全申请的；③申请人的起诉或者诉讼请求被生效裁判驳回的；④人民法院认为应当解除保全的其他情形。解除以登记方式实施的保全措施的，应当向登记机关发出协助执行通知书。[②] (2)人民法院收到解除保全申请后，应当在5日内裁定解除保全；对情况紧急的，必须在48小时内裁定解除保全。申请保全人未及时申请人民法院解除保全，应当赔偿被保全人因财产保全所遭受的损失。被保全人申请解除保全，人民法院经审查认为符合法律规定的，应当在前述规定的期间内裁定解除保全。[③] (3)在非财产纠纷案件中，即便被申请人提供了担保，也不能裁定解除保全。

保全错误赔偿

第一百零八条　申请有错误的，申请人应当赔偿被申请人因保全所遭受的损失。

本条明确申请保全错误的赔偿。

保全错误赔偿责任属于民事侵权损害赔偿。本书仅就申请保全错误的赔偿进行阐释。

1. 申请保全错误赔偿的情形。(1)错误保全被人民法院裁定撤销的(由于达成和解而由申请人向人民法院申请撤销保全措施的除外)，被申请人可因保全错误而要求申请人赔偿损失。(2)诉讼中保全导致被申请人损失的，被申请人可以向审理本案的人民法院起诉，由该法院与本案合并审理。(3)申请人错误申请诉讼前保全的，当事人申请诉前财产保全后没有在法定的期间起诉，因而给被申请人造成财产损失引起诉讼的，由采取该财产保全措施的人民法院管辖。[④]

---

① 《最高人民法院关于人民法院办理财产保全案件若干问题的规定》第22条。

② 《最高人民法院关于适用〈中华人民共和国民事诉讼法〉的解释》第166条。

③ 《最高人民法院关于人民法院办理财产保全案件若干问题的规定》第23条第2~4款。

④ 被申请人要求申请人赔偿损失的，应当满足以下条件：(1)因错误保全被人民法院裁定撤销，但由于达成和解而由申请人向法院申请撤销保全措施的除外；(2)被申请人的损害与申请人错误申请存在因果关系；(3)在诉讼时效期间内主张权利。

2. 申请保全错误赔偿的承担主体。当事人申请财产保全错误造成案外人损失的，应当依法承担赔偿责任。[①]

先予执行

第一百零九条 人民法院对下列案件，根据当事人的申请，可以裁定先予执行：

（一）追索赡养费、扶养费、抚养费、抚恤金、医疗费用的；

（二）追索劳动报酬的；

（三）因情况紧急需要先予执行的。

本条明确先予执行。

先予执行，是指人民法院在审理民事案件中，因当事人一方生活或者生产的急需，在作出判决之前，根据当事人申请，裁定一方当事人给付另一方当事人一定数额的款项或者特定物，停止或者实施某些行为（预先履行义务），并立即执行的法律制度。[②] 本书仅就其进行阐释。

1. 先予执行的规则。（1）《民事诉讼法》规定的先予执行，人民法院应当在受理案件后终审判决作出前采取。先予执行应当限于当事人诉讼请求的范围，并以当事人的生活、生产经营的急需为限。[③]（2）人民法院先予执行后，根据发生法律效力的判决，申请人应当返还因先予执行所取得的利益的，适用《民事诉讼法》第240条[④]的规定。[⑤]

2. 先予执行的第二审裁定。有关生活费、子女抚养费的案件，第一审人民法院没有作出先行给付裁定，上诉审人民法院在审理过程中认为需要先行给付，因

① 《最高人民法院关于当事人申请财产保全错误造成案外人损失应否承担赔偿责任问题的解释》。

② 先予执行是相对于根据生效判决所进行的强制执行而言的。个别原告可能因为经济困难，难以维持正常的生活或者生产经营活动，故有必要创设先予执行制度，但《民事诉讼法》对能够适用先予执行作了较为严格的限定。

③ 《最高人民法院关于适用〈中华人民共和国民事诉讼法〉的解释》第169条。

④ 《民事诉讼法》第240条规定："执行完毕后，据以执行的判决、裁定和其他法律文书确有错误，被人民法院撤销的，对已被执行的财产，人民法院应当作出裁定，责令取得财产的人返还；拒不返还的，强制执行。"

⑤ 《最高人民法院关于适用〈中华人民共和国民事诉讼法〉的解释》第173条。

此判决先行给付的裁定,在法律没有明文规定以前,对此裁定不准上诉。①

3. 具体纠纷案件的先予执行。(1)追索赡养费、扶养费、抚养费、抚恤金、医疗费用的案件。② (2)追索劳动报酬的案件。③ (3)因情况紧急需要先予执行的案件。其中,"因情况紧急需要先予执行的",是指在诉讼中,因一方当事人的行为或责任,使另一方当事人的生产或生活发生严重困难,不及时采取先予执行措施,生产、生活就难以维持下去的情况。包括"需要立即停止侵害、排除妨碍的""需要立即制止某项行为的""追索恢复生产、经营急需的保险理赔费的""需要立即返还社会保险金、社会救助资金的""不立即返还款项,将严重影响权利人生活和生产经营的"。④ (4)对权利义务关系明确的(农村土地承包经济)纠纷,经当事人申请,仲裁庭可以先行裁定维持现状、恢复农业生产以及停止取土、占地等行为。一方当事人不履行先行裁定的,另一方当事人可以向人民法院申请执行,但应当提供相应的担保。⑤

先予执行的条件、担保及损失赔偿

第一百一十条　人民法院裁定先予执行的,应当符合下列条件:

(一)当事人之间权利义务关系明确,不先予执行将严重影响申请人的生活或者生产经营的;

(二)被申请人有履行能力。

人民法院可以责令申请人提供担保,申请人不提供担保的,驳回申请。申请人败诉的,应当赔偿被申请人因先予执行遭受的财产损失。

本条明确先予执行的条件、对先予执行的担保和先予执行损失的赔偿。本

---

① 《最高人民法院关于上诉审法院审理有关生活费等案件中所作的先行给付的裁定不准上诉问题的批复》。

② 追索赡养费、扶养费、抚养费,一般涉及老人、妇女、儿童等弱势群体的基本生活保障的纠纷。追索抚恤金,一般涉及军人、国家机关工作人员以及其他因公牺牲或伤残人员,由民政部门依法对死者的家属或者伤残者本人发给抚恤金而引发的纠纷。追索医疗费用,只能适用在不先于执行会使正在进行的医疗措施难以继续,严重影响申请人生命、健康的情况之下。

③ 劳动报酬一般关系劳动者及其家属的生活,人民法院可以根据当事人的申请先予执行。

④ 《最高人民法院关于适用〈中华人民共和国民事诉讼法〉的解释》第170条。

⑤ 《农村土地承包经营纠纷调解仲裁法》第42条。

书仅就其进行阐释。

1. 先予执行的条件。(1)由当事人提出书面申请;(2)当事人之间民事权利义务关系明确;(3)具有适用先予执行的必要性;(4)被申请人有履行能力;(5)当事人提供担保。[①]

2. 先予执行的担保。申请人申请先行执行是否必须提供担保,由人民法院根据案件具体情况而确定,一旦法院责令申请人提供担保,申请人不提供担保的,驳回申请。

3. 先予执行的损失赔偿。申请人败诉的,先予执行错误的,应责令申请人赔偿被申请人因先予执行遭受的财产损失。[②]

复议

第一百一十一条　当事人对保全或者先予执行的裁定不服的,可以申请复议一次。复议期间不停止裁定的执行。

本条明确不服保全和先予执行裁定的复议。

本条中所谓"不服"应当包括申请人申请保全或者先予执行,人民法院裁定不予保全或者不予执行的情形,还包括被申请人认为保全和先予执行裁定存在错误的情形。所谓"申请复议",是指向作出裁定的人民法院申请,并不是向上一级人民法院申请。[③] 本书仅就不服保全和先予执行裁定的复议进行阐释。

1. 对保全和先予执行裁定复议的申请。(1)当事人申请。当事人对保全或者先予执行裁定不服的,可以自收到裁定书之日起5日内向作出裁定的人民法院申请复议。人民法院应当在收到复议申请后10日内审查。裁定正确的,驳回当

---

① 洪冬英主编:《民事诉讼法学通论》(第3版),北京大学出版社2020年版,第226页。

② 洪冬英主编:《民事诉讼法学通论》(第3版),北京大学出版社2020年版,第228页。

③ 《民事诉讼法》规定的对判决、裁定、决定的救济措施主要有:(1)向上一级人民法院提出上诉,适用判决和三种裁定。其中,判决,是指除小额诉讼判决外的第一审判决。三种裁定分别是不予受理裁定、管辖权异议裁定、驳回起诉裁定。(2)申请复议,主要适用于保全裁定、先予执行裁定、回避申请的决定。(3)向上一级人民法院申请复议,主要适用于执行行为异议裁定、罚款决定、拘留决定。(4)审判监督程序,适用于已经发生法律效力的判决、裁定。

事人的申请;裁定不当的,变更或者撤销原裁定。[①] (2)利害关系人申请。利害关系人对保全或者先予执行的裁定不服申请复议的,由作出裁定的人民法院依照《民事诉讼法》第111条规定处理。[②]

2. 申请保全和先予执行裁定复议的效力。复议期间不停止裁定的执行。[③]

---

① 《最高人民法院关于适用〈中华人民共和国民事诉讼法〉的解释》第171条。

《最高人民法院关于人民法院办理财产保全案件若干问题的规定》第25条规定:"申请保全人、被保全人对保全裁定或者驳回申请裁定不服的,可以自裁定书送达之日起5日内向作出裁定的人民法院申请复议一次。人民法院应当自收到复议申请后10日内审查。对保全裁定不服申请复议的,人民法院经审查,理由成立的,裁定撤销或变更;理由不成立的,裁定驳回。对驳回申请裁定不服申请复议的,人民法院经审查,理由成立的,裁定撤销,并采取保全措施;理由不成立的,裁定驳回。"

② 《最高人民法院关于适用〈中华人民共和国民事诉讼法〉的解释》第172条。

③ 由于保全和先予执行都是在紧急情况下采取的临时性救济措施,本条规定的"复议"属于事中救济,为了防止当事人利用申请复议的期间转移财产、损害申请人的合法利益,本条特别规定,复议期间不停止裁定的执行。

第十章　对妨害民事诉讼的强制措施

妨害民事诉讼的行为，是指当事人、其他诉讼参与人和案外人在民事诉讼过程中，故意实施的扰乱、危害正常诉讼秩序，妨害、阻碍民事诉讼活动正常进行的行为。[①] 其通常包括：(1)依法必须到庭的被告和未成年人的法定代理人拒不到庭。(2)违反法庭规则，扰乱法庭秩序的行为。(3)妨害诉讼证据的收集、调查和阻拦、干扰诉讼进行。①伪造、毁灭重要证据，妨碍人民法院审理案件。②以暴力、威胁、贿买方法阻止证人作证或者指命名、贿买、胁迫他人作伪证。③隐藏、转移、变卖、毁损已被查封、扣押的财产，或者已被清点并责令其保管的财产，转移已被冻结的财产。④对司法工作人员、诉讼参加人、证人、翻译人员、鉴定人、勘验人、协助执行的人进行侮辱、诽谤、诬陷、殴打或者打击报复。⑤以暴力、威胁或者其他方法阻碍司法工作人员执行职务。⑥拒不履行人民法院已经发生法律效力的判决、裁定。(4)当事人之间恶意串通、企图通过诉讼、调解等方式侵害他人的合法权益。(5)被执行人与他人恶意串通，通过诉讼、仲裁、调解等方式逃避履行法律文书确定的义务。(6)有义务协助调查、执行的单位或组织拒不履行义务的行为：①有关单位拒绝或者妨碍人民法院调查取证。②有关单位接到人民法院协助执行通知书后，拒不协助查询、扣押、冻结、划拨、变价财产。③有关单位接到人民法院协助执行通知书后，拒不协助扣留被执行人的收入，拒不办理有关财产权证转移手续，拒不转交有关票证、证照或者其他财产。④其他拒绝协助执行的行为。[②] (7)妨害执行的行为[③]等。[④]

妨害民事诉讼的强制措施，是指人民法院在民事诉讼中，为了维护正常的诉

---

① 洪冬英主编：《民事诉讼法学通论》(第3版)，北京大学出版社2020年版，第229页。

构成妨害民事诉讼的行为应具备的条件：(1)有妨害民事诉讼行为的发生(行为包括作为和不作为)。(2)妨害行为在诉讼过程中实施。(3)行为人有主观故意。(4)足以妨害民事诉讼的进行。

② 《民事诉讼法》第117条。

③ 《最高人民法院关于人民法院执行工作若干问题的规定(试行)》第57条。

④ 参见洪冬英主编：《民事诉讼法学通论》(第3版)，北京大学出版社2020年版，第229~232页。

讼秩序,保证审判和执行活动的顺利进行,依法对妨害人所采取各种强制手段。

本章共9条,对妨害民事诉讼的行为及应当适用的强制措施作了规定。

拘传

第一百一十二条　人民法院对必须到庭的被告,经两次传票传唤,无正当理由拒不到庭的,可以拘传。

本条明确拘传。

拘传,是指司法机关对必须到庭的被告,经2次传票传唤,无正当理由拒不到庭的,由司法警察[①]强制被传唤人到庭的措施。[②] 其中,"必须到庭的被告",一般指追索赡养费、扶养费、抚养费、抚恤金、劳动报酬案件和婚姻案件的被告,以及其他不到庭就无法查清案情的被告。"无正当理由",是指没有不可抗力、意外事件等使被告无法到庭的特殊情况,是否属于正当理由,需要根据具体案件情况判断。本书仅就其进行阐释。

1. 必须到庭的人员。(1)《民事诉讼法》第112条规定的必须到庭的被告,是指负有赡养、抚育、扶养义务和不到庭就无法查清案情的被告。[③] (2)人民法院对必须到庭才能查清案件基本事实的原告,经两次传票传唤,无正当理由拒不到庭的,可以拘传。[④] (3)有义务列席债权人会议的债务人和有关人员,经人民法院传唤,无正当理由拒不列席债权人会议的,人民法院可以拘传,并依法处以罚款。债务人的有关人员违反本法规定,拒不陈述、回答,或者作虚假陈述、回答的,人民法院可以依法处以罚款。[⑤]

2. 拘传的规则。人民法院采取拘留、罚款、拘传等强制措施的,应当依法向被采取强制措施的人出示有关手续,并说明对其采取强制措施的理由和法律依

---

① 《最高人民法院关于加强人民法院司法警察队伍建设的若干意见》规定,依法履行实施强制措施的职能,法院决定的拘传、拘留等强制措施,应交司法警察部门实施。

② 拘传是依法限制被执行人人身自由的强制措施,必须严格限定其适用范围和适用程序。

③ 《最高人民法院关于适用〈中华人民共和国民事诉讼法〉的解释》第174条第1款。

④ 《最高人民法院关于适用〈中华人民共和国民事诉讼法〉的解释》第174条第2款。

⑤ 《企业破产法》第126条。

据。采取强制措施后,应当将情况告知其他当事人。[①]

对妨害法庭秩序的强制措施

第一百一十三条　诉讼参与人和其他人应当遵守法庭规则。

人民法院对违反法庭规则的人,可以予以训诫,责令退出法庭或者予以罚款、拘留。

人民法院对哄闹、冲击法庭,侮辱、诽谤、威胁、殴打审判人员,严重扰乱法庭秩序的人,依法追究刑事责任;情节较轻的,予以罚款、拘留。

本条明确对妨害法庭秩序采取的强制措施。

本条"训诫",是指人民法院以批评、警告的方式,指出行为人的违法事实和错误,并且责令其不许再犯。[②]"责令退出法庭",是指命令违反法庭规则、扰乱法庭秩序的人暂离法庭或者依法强制其离开法庭,以防止妨害法庭审理的行为继续。"罚款",是指责令妨害诉讼的人或者单位按照法律规定缴纳一定的金钱,以达到制止妨害诉讼的行为,并防止违法行为再次发生的目的。"拘留",是指在一定期间限制行为人自由,防止妨害行为继续。本书仅就妨害法庭秩序的强制措施进行阐释。

1. 法庭秩序的主要规则。(1)开庭审理前,书记员应当查明当事人和其他诉讼参与人是否到庭,宣布法庭纪律。[③](2)公开的庭审活动,公民可以旁听。旁听席位不能满足需要时,人民法院可以根据申请的先后顺序或者通过抽签、摇号等方式发放旁听证,但应当优先安排当事人的近亲属或其他与案件有利害关系的人旁听。[④](3)下列人员不得旁听:①证人、鉴定人以及准备出庭提出意见的有专门知识的人;②未获得人民法院批准的未成年人;③拒绝接受安全检查的人;

---

① 《最高人民法院关于人民法院执行公开的若干规定》第9条第1款。

《最高人民法院关于人民法院司法警察执行公务时使用告知的词的通知》第2条规定,执行拘传时:(1)现在依法执行公务,依据《民事诉讼法》的有关规定,现对你依法进行拘传,请你配合。(2)你如不服本决定,可依法提出申请,但不影响本决定的执行。

② 训诫的强制性在所有强制措施中最弱,仅适用于诉讼参与人和其他人违反法庭规则且情节显著轻微,尚不需适用责令退出法庭、罚款、拘留措施的。

③ 《民事诉讼法》第140条第1款。

④ 《人民法院法庭规则》第9条第1款、第2款。

④醉酒的人、精神病人或其他精神状态异常的人；⑤其他有可能危害法庭安全或妨害法庭秩序的人。① (4)全体人员在庭审活动中应当服从审判长或独任审判员的指挥，尊重司法礼仪，遵守法庭纪律，不得实施下列行为：①鼓掌、喧哗；②吸烟、进食；③拨打或接听电话；④对庭审活动进行录音、录像、拍照或使用移动通信工具等传播庭审活动；⑤其他危害法庭安全或妨害法庭秩序的行为。② (5)检察人员、诉讼参与人发言或提问，应当经审判长或独任审判员许可。③ (6)旁听人员不得进入审判活动区，不得随意站立、走动，不得发言和提问。④ (7)媒体记者经许可实施对庭审活动进行录音、录像、拍照或使用移动通信工具等传播庭审活动的行为，应当在指定的时间及区域进行，不得影响或干扰庭审活动。⑤

2. 违反法庭秩序的人员责任。(1)违反法庭秩序当事人的责任。①当事人情绪激动，在法庭上喊冤或者鸣不平，法官重申当事人必须遵守法庭纪律，法庭将会依法给其陈述时间；当事人不听劝阻的，应当及时制止；制止无效的，依照有关规定作出适当处置。⑥ ②诉讼各方发生争执或者进行人身攻击时，法官及时制止，并对各方进行批评教育，不得偏袒一方；告诫各方必须围绕案件依序陈述；对不听劝阻的，依照有关规定作出适当处置。⑦ (2)违反法庭秩序诉讼参与人、其他人的责任。①对于诉讼参与人、其他人⑧以哄闹、冲击等方式扰乱法庭秩序，违反法庭规则的，人民法院可以采取警告、训诫、责令具结悔过、责令退出法庭、强行带出法庭、罚款、拘留等多种措施，情节严重、构成犯罪的，依法追究刑事责任。⑨ ②诉讼参与人或者其他人有下列行为之一的，人民法院可以适用《民事诉讼法》第 113 条规定处理：(i)未经准许进行录音、录像、摄影的；(ii)未经准许以移动通信等方式现场传播审判活动的；(iii)其他扰乱法庭秩序，妨害审判活动进行的。有前款规定情形的，人民法院可以暂扣诉讼参与人或者其他人进行录音、录像、摄影、传播审判活动的器材，并责令其删除有关内容；拒不删除的，人民法院可以

---

① 《人民法院法庭规则》第 9 条第 3 款。
② 《人民法院法庭规则》第 17 条第 1 款。
③ 《人民法院法庭规则》第 17 条第 2 款。
④ 《人民法院法庭规则》第 17 条第 3 款。
⑤ 《人民法院法庭规则》第 17 条第 4 款。
⑥ 《法官行为规范》第 33 条。
⑦ 《法官行为规范》第 34 条。
⑧ 其他人，指并未参与诉讼，但关心诉讼活动进行的人，如法庭审理的旁听人。
⑨ 《最高人民法院办公厅关于进一步加强法庭审判秩序管理的通知》第 2 条。

采取必要手段强制删除。[1]（3）违反法庭秩序律师的责任。律师有“扰乱法庭、仲裁庭秩序，干扰诉讼、仲裁活动的正常进行的”，由设区的市级或者直辖市的区人民政府司法行政部门给予停止执业6个月以上1年以下的处罚，可以处5万元以下的罚款；有违法所得的，没收违法所得；情节严重的，由省、自治区、直辖市人民政府司法行政部门吊销其律师执业证书；构成犯罪的，依法追究刑事责任。[2]（4）违反法庭秩序涉外人员的责任。外国人、无国籍人旁听庭审活动，外国媒体记者报道庭审活动，应当遵守《人民法院法庭规则》。[3]

3. 违反法庭秩序的措施。（1）采取措施的人员。①司法警察依照审判长或独任审判员的指令维持法庭秩序。[4] ②出现危及法庭内人员人身安全或者严重扰乱法庭秩序等紧急情况时，司法警察可以直接采取必要的处置措施。[5]（2）采取措施的内容。①审判长或独任审判员对违反法庭纪律的人员应当予以警告；对不听警告的，予以训诫；对训诫无效的，责令其退出法庭；对拒不退出法庭的，指令司法警察将其强行带出法庭。[6] ②行为人实施下列行为之一，危及法庭安全或扰乱法庭秩序的，根据相关法律规定，予以罚款、拘留；构成犯罪的，依法追究其刑事责任：①非法携带枪支、弹药、管制刀具或者爆炸性、易燃性、放射性、毒害性、腐蚀性物品以及传染病病原体进入法庭；②哄闹、冲击法庭；③侮辱、诽谤、威胁、殴打司法工作人员或诉讼参与人；④毁坏法庭设施，抢夺、损毁诉讼文书、证据；⑤其他危害法庭安全或扰乱法庭秩序的行为。[7]（3）训诫、责令退出法庭由合议庭或者独任审判员决定。训诫的内容、被责令退出法庭者的违法事实应当记

---

① 《最高人民法院关于适用〈中华人民共和国民事诉讼法〉的解释》第176条。

② 《律师法》第49条第1款第6项。

《律师办理民事诉讼案件规范》第72条规定：“律师出庭应遵守法庭规则和法庭秩序，听从法庭指挥。”

《律师和律师事务所违法行为处罚办法》第21条规定：“有下列情形之一的，属于《律师法》第四十九条第八项规定的律师‘发表危害国家安全、恶意诽谤他人、严重扰乱法庭秩序的言论’的违法行为：（一）在承办代理、辩护业务期间，发表、散布危害国家安全，恶意诽谤法官、检察官、仲裁员及对方当事人、第三人，严重扰乱法庭秩序的言论的；（二）在执业期间，发表、制作、传播危害国家安全的言论、信息、音像制品或者支持、参与、实施以危害国家安全为目的活动的。”

③ 《人民法院法庭规则》第26条。

④ 《人民法院法庭规则》第21条第1款。

⑤ 《人民法院法庭规则》第21条第2款。

⑥ 《人民法院法庭规则》第19条第1款。

⑦ 《人民法院法庭规则》第20条。

入庭审笔录。①

对某些妨害诉讼行为的强制措施

第一百一十四条　诉讼参与人或者其他人有下列行为之一的，人民法院可以根据情节轻重予以罚款、拘留；构成犯罪的，依法追究刑事责任：

（一）伪造、毁灭重要证据，妨碍人民法院审理案件的；

（二）以暴力、威胁、贿买方法阻止证人作证或者指使、贿买、胁迫他人作伪证的；

（三）隐藏、转移、变卖、毁损已被查封、扣押的财产，或者已被清点并责令其保管的财产，转移已被冻结的财产的；

（四）对司法工作人员、诉讼参加人、证人、翻译人员、鉴定人、勘验人、协助执行的人，进行侮辱、诽谤、诬陷、殴打或者打击报复的；

（五）以暴力、威胁或者其他方法阻碍司法工作人员执行职务的；

（六）拒不履行人民法院已经发生法律效力的判决、裁定的。

人民法院对有前款规定的行为之一的单位，可以对其主要负责人或者直接责任人员予以罚款、拘留；构成犯罪的，依法追究刑事责任。

本条明确对某些妨害诉讼行为采取的强制措施。本书在此基础上进一步阐释两方面的内容。

一、妨害诉讼的行为及责任

1. 妨害诉讼的行为。（1）伪造、毁灭重要证据，妨碍人民法院审理案件的。其中，伪造证据，是指为了掩盖事实而仿造书证、物证、视听资料，提供假的鉴定意见和勘验笔录。毁灭证据，是指把能够证明案件事实的证据毁灭。（2）以暴力、威胁、贿买方法阻止证人作证或者指使、贿买、胁迫他人作伪证的。（3）隐藏、转移、变卖、毁损已被查封、扣押的财产，或者已被清点并责令其保管的财产，转移已被冻结的财产的。（4）对司法工作人员、诉讼参加人、证人、翻译人员、鉴定人、勘验人、协助执行的人，进行侮辱、诽谤、诬陷、殴打或者打击报复的。（5）以

① 《最高人民法院关于适用〈中华人民共和国民事诉讼法〉的解释》第177条。

暴力、威胁或者其他方法阻碍司法工作人员执行职务的。《民事诉讼法》第114条第1款第5项规定的以暴力、威胁或者其他方法阻碍司法工作人员执行职务的行为，包括：①在人民法院哄闹、滞留，不听从司法工作人员劝阻的；②故意毁损、抢夺人民法院法律文书、查封标志的；③哄闹、冲击执行公务现场，围困、扣押执行或者协助执行公务人员的；④毁损、抢夺、扣留案件材料、执行公务车辆、其他执行公务器械、执行公务人员服装和执行公务证件的；⑤以暴力、威胁或者其他方法阻碍司法工作人员查询、查封、扣押、冻结、划拨、拍卖、变卖财产的；⑥以暴力、威胁或者其他方法阻碍司法工作人员执行职务的其他行为。[①] (6)拒不履行人民法院已经发生法律效力的判决、裁定的。①《民事诉讼法》第114条第1款第6项规定的拒不履行人民法院已经发生法律效力的判决、裁定的行为，包括：(i)在法律文书发生法律效力后隐藏、转移、变卖、毁损财产或者无偿转让财产、以明显不合理的价格交易财产、放弃到期债权、无偿为他人提供担保等，致使人民法院无法执行的；(ii)隐藏、转移、毁损或者未经人民法院允许处分已向人民法院提供担保的财产的；(iii)违反人民法院限制高消费令进行消费的；(iv)有履行能力而拒不按照人民法院执行通知履行生效法律文书确定的义务的；(v)有义务协助执行的个人接到人民法院协助执行通知书后，拒不协助执行的。[②] ②被执行人不履行法律文书指定的行为，且该项行为只能由被执行人完成的，人民法院可以依照《民事诉讼法》第114条第1款第6项规定处理。被执行人在人民法院确定的履行期间内仍不履行的，人民法院可以依照《民事诉讼法》第114条第1款第6项规定再次处理。[③]

---

① 《最高人民法院关于适用〈中华人民共和国民事诉讼法〉的解释》第187条。

《最高人民法院关于人民法院执行工作若干问题的规定(试行)》第57条："被执行人或其他人有下列拒不履行生效法律文书或者妨害执行行为之一的，人民法院可以依照民事诉讼法第一百十一条的规定处理：(1)隐藏、转移、变卖、毁损向人民法院提供执行担保的财产的；(2)案外人与被执行人恶意串通转移被执行人财产的；(3)故意撕毁人民法院执行公告、封条的；(4)伪造、隐藏、毁灭有关被执行人履行能力的重要证据，妨碍人民法院查明被执行人财产状况的；(5)指使、贿买、胁迫他人对被执行人的财产状况和履行义务的能力问题作伪证的；(6)妨碍人民法院依法搜查的；(7)以暴力、威胁或其他方法妨碍或抗拒执行的；(8)哄闹、冲击执行现场的；(9)对人民法院执行人员或协助执行人员进行侮辱、诽谤、诬陷、围攻、威胁、殴打或者打击报复的；(10)毁损、抢夺执行案件材料、执行公务车辆、其他执行器械、执行人员服装和执行公务证件的。"(此处适用的是2017年《民事诉讼法》，本条规定中的《民事诉讼法》第111条参见2021年《民事诉讼法》第114条。)

② 《最高人民法院关于适用〈中华人民共和国民事诉讼法〉的解释》第188条。

③ 《最高人民法院关于适用〈中华人民共和国民事诉讼法〉的解释》第503条。

2. 参照适用妨害诉讼处理的行为。诉讼参与人或者其他人有下列行为之一的，人民法院可以适用《民事诉讼法》第114条的规定处理：①冒充他人提起诉讼或者参加诉讼的；②证人签署保证书后作虚假证言，妨碍人民法院审理案件的；③伪造、隐藏、毁灭或者拒绝交出有关被执行人履行能力的重要证据，妨碍人民法院查明被执行人财产状况的；④擅自解冻已被人民法院冻结的财产的；⑤接到人民法院协助执行通知书后，给当事人通风报信，协助其转移、隐匿财产的。[①]

3. 妨害诉讼行为的法律责任。(1)诉讼参与人或者其他人有上述妨害诉讼行为之一的，人民法院可以根据情节轻重予以罚款、拘留；构成犯罪的，依法追究刑事责任。(2)人民法院对有本条妨害诉讼行为之一的单位，可以对其主要负责人或者直接责任人员予以罚款、拘留；构成犯罪的，依法追究刑事责任。

二、具体案件妨害诉讼行为的认定

1. 依照"隐藏、转移、变卖、毁损已被查封、扣押的财产，或者已被清点并责令其保管的财产，转移已被冻结的财产的"认定。被执行人或其他人擅自处分已被查封、扣押、冻结的财产的，人民法院责令其限期追回财产，逾期不能追回的，承担相应的赔偿责任，并依照《民事诉讼法》第114条第1款第4项"隐藏、转移、变卖、毁损已被查封、扣押的财产，或者已被清点并责令其保管的财产，转移已被冻结的财产的"规定，视情节轻重给予罚款、拘留，构成犯罪的，依法追究刑事责任。

2. 依照"伪造、毁灭重要证据，妨碍人民法院审理案件的"认定。(1)诉讼代理人查阅案件材料时不得涂改、损毁、抽取案件材料。人民法院对修改、损毁、抽取案卷材料的诉讼代理人，可以参照《民事诉讼法》第114条第1款第1项的规定，按"伪造、毁灭重要证据，妨碍人民法院审理案件的"规定处理。[②] (2)对证

---

① 《最高人民法院关于适用〈中华人民共和国民事诉讼法〉的解释》第189条。

《最高人民法院关于人民法院执行工作若干问题的规定(试行)》第57条规定："被执行人或其他人有下列拒不履行生效法律文书或者妨害执行行为之一的，人民法院可以依照民事诉讼法第一百一十一条的规定处理：(1)隐藏、转移、变卖、毁损向人民法院提供执行担保的财产的；(2)案外人与被执行人恶意串通转移被执行人财产的；(3)故意撕毁人民法院执行公告、封条的；(4)伪造、隐藏、毁灭有关被执行人履行能力的重要证据，妨碍人民法院查明被执行人财产状况的；(5)指使、贿买、胁迫他人对被执行人的财产状况和履行义务的能力问题作伪证的；(6)妨碍人民法院依法搜查的；(7)以暴力、威胁或其他方法妨碍或抗拒执行的；(8)哄闹、冲击执行现场的；(9)对人民法院执行人员或协助执行人员进行侮辱、诽谤、诬陷、围攻、威胁、殴打或者打击报复的；(10)毁损、抢夺执行案件材料、执行公务车辆、其他执行器械、执行人员服装和执行公务证件的。"(此处适用的是2017年《民事诉讼法》，本条规定中的《民事诉讼法》第111条参见2021年《民事诉讼法》第114条)

② 《最高人民法院关于诉讼代理人查阅民事案件材料的规定》第9条。

人、鉴定人、勘验人的合法权益依法予以保护。当事人或者其他诉讼参与人伪造、毁灭证据,提供虚假证据,阻止证人作证,指使、贿买、胁迫他人作伪证,或者对证人、鉴定人、勘验人打击报复的,依照《民事诉讼法》第 113 条、第 114 条的规定处理。①

3. 依照"拒不履行人民法院已经发生法律效力的判决、裁定的"认定。(1)被执行人违反限制消费令进行消费的行为属于拒不履行人民法院已经发生法律效力的判决、裁定的行为,经查证属实的,依照《民事诉讼法》第 114 条的规定,予以拘留、罚款;情节严重,构成犯罪的,追究其刑事责任。② (2)在执行中,被执行人隐匿财产、会计账簿等资料的,人民法院除可依照《民事诉讼法》第 114 条第 1 款第 6 项规定对其处理外,还应责令被执行人交出隐匿的财产、会计账簿等资料。被执行人拒不交出的,人民法院可以采取搜查措施。③ (3)国土资源、房地产管理部门明知土地使用权、房屋已被人民法院查封、预查封,仍然办理抵押、转让等权属变更、转移登记手续的,对有关的国土资源、房地产管理部门和直接责任人可以依照《民事诉讼法》第 114 条规定处理。④

4. 其他依照《民事诉讼法》第 114 条的认定。(1)对于伪报票据丧失的当事人,人民法院在查明事实,裁定终结公示催告或者诉讼程序后,可以参照《民事诉讼法》第 114 条的规定,追究伪报人的法律责任。⑤ (2)被执行人既不履行义务又拒绝报告财产或者进行虚假报告、拒绝交出或者提供虚假财产财务会计凭证、协助执行义务人拒不协助执行或者妨碍执行、到期债务第三人提出异议后又擅自向被执行人清偿等,给申请执行人造成损失的,应当依法对相关责任人予以罚款、拘留。⑥ (3)夫妻一方隐藏、转移、变卖、毁损、挥霍夫妻共同财产,或者伪造夫妻共同债务企图侵占另一方财产的,在离婚分割夫妻共同财产时,对该方可以少分或者不分。离婚后,另一方发现有上述行为的,可以向人民法院提起诉讼,请

① 《最高人民法院关于民事诉讼证据的若干规定》第 98 条。

② 《最高人民法院关于限制被执行人高消费及有关消费的若干规定》第 11 条第 1 款。

③ 《最高人民法院关于适用〈中华人民共和国民事诉讼法〉的解释》第 494 条。

另参见《最高人民法院关于审理拒不执行判决、裁定刑事案件适用法律若干问题的解释》。

④ 《最高人民法院、国土资源部、建设部关于依法规范人民法院执行和国土资源房地产管理部门协助执行若干问题的通知》第 22 条第 2 款。

⑤ 《最高人民法院关于审理票据纠纷案件若干问题的规定》第 38 条。

⑥ 《最高人民法院关于依法制裁规避执行行为的若干意见》第 15 条。

求再次分割夫妻共同财产。[①] (4)被执行人或者其他人在人民法院执行完毕后对已执行的标的又恢复到执行前状况的,应当认定为对已执行标的的妨害行为,依照《民事诉讼法》第114条的规定对其作出拘留、罚款,直至追究刑事责任的处理。[②] (5)人民法院查询被执行人在金融机构的存款时,对协助执行手续完备拒不协助查询的、对协助执行手续完备拒不协助冻结的、对协助执行手续完备拒不协助扣划的,按照《民事诉讼法》第114条规定处理。金融机构在接到协助执行通知书后,不得再扣划应当协助执行的款项用以收贷收息;不得为被执行人隐匿、转移存款。违反此项规定的,按照《民事诉讼法》第114条规定处理。金融机构在接到人民法院的协助执行通知书后,向当事人通风报信,致使当事人转移存款的,法院有权责令该金融机构限期追回,逾期未追回的,按照《民事诉讼法》第114条规定予以罚款、拘留;构成犯罪的,依法追究刑事责任,并建议有关部门给予行政处分。[③]

对虚假诉讼、调解行为的司法处罚

第一百一十五条　当事人之间恶意串通,企图通过诉讼、调解等方式侵害他人合法权益的,人民法院应当驳回其请求,并根据情节轻重予以罚款、拘留;构成犯罪的,依法追究刑事责任。

本条明确对虚假诉讼、调解行为的司法处罚。本书在此基础上进一步阐释两方面的内容。

一、本条具体法语的界定

1. 本条规定的"虚假诉讼",本质上是一个原本并不存在的诉讼,当事人将国

① 《民法典》第1092条。

② 参见《最高人民法院执行办公室关于已执行完毕的案件被执行人又恢复到执行前的状况应如何处理问题的复函》。此复函同时规定,对申请执行人要求排除妨害的,人民法院应当继续按照原生效法律文书执行。至于被执行人或者其他人实施同样妨害行为的次数,只能作为认定妨害行为情节轻重的依据,并不涉及诉讼时效问题,不能据以要求申请执行人另行起诉;如果妨害行为给申请执行人或者其他人造成新的损失,受害人可以另行起诉。

③ 《最高人民法院、中国人民银行关于依法规范人民法院执行和金融机构协助执行的通知》。

家强制性的司法审判程序作为侵犯案外人合法权益的一种手段。①

2. 本条规定的"调解",仅指人民法院主持下的调解活动。②

3. 本条规定的"他人",可能是特定的案外人,也可能是非特定的案外人,如果当事人通过虚假诉讼转移某案外人所有的物,侵犯的是该特定案外人的物权;如果当事人通过虚构债务转移自身财产,侵犯的则是其所有债权人的债权。

4. 本条规定的"他人合法权益",包括案外人的合法权益、国家利益、社会公共利益。③

5. 本条规定的"驳回其请求",是指人民法院认为原告请求的内容没有事实依据而作出的对其请求不予支持的判决。

6. 本条规定的"拘留""罚款",是指人民法院实施的,对妨害民事诉讼的人采取的强制措施,是一种司法行政行为。

二、人民法院对于虚假诉讼、调解的处理

1. 当事人之间恶意串通,企图通过诉讼、调解等方式侵害他人合法权益的,人民法院应当驳回其请求,并根据情节轻重予以罚款、拘留;构成犯罪的,依法追究刑事责任。

2. 人民法院审理民事案件,发现当事人之间恶意串通,企图通过和解、调解方式侵害他人合法权益的,应当依照《民事诉讼法》第 115 条的规定处理。④

3. 单位有《民事诉讼法》第 115 条规定行为的,人民法院应当对该单位进行罚款,并可以对其主要负责人或者直接责任人员予以罚款、拘留;构成犯罪的,依法追究刑事责任。⑤

4. 第三人根据《民事诉讼法》第 59 条第 3 款规定提起撤销之诉,经审查,原

---

① 广义上的虚假诉讼还包括单方伪造证据故意将被告拖入诉讼等情形。本条是指狭义上的虚假诉讼,虚假诉讼是对这一类行为的统称,并非仅指通过诉讼形式,还包括通过仲裁、人民调解等其他形式。

当事人恶意合谋、串通构成虚假诉讼,但在司法实践中,当事人的主观状态难以直接证明,只能通过他们实施的客观行为来推定,如伪造证据、伪造借款协议等。

② 在我国法律中,调解不仅包括在人民法院主持下的调解,还包括在人民调解委员会、农村土地承包仲裁委员会、仲裁庭等组织主持下的调解等。

③ 《最高人民法院关于适用〈中华人民共和国民事诉讼法〉的解释》第 190 条第 1 款。

④ 《最高人民法院关于适用〈中华人民共和国民事诉讼法〉的解释》第 144 条。

⑤ 《最高人民法院关于适用〈中华人民共和国民事诉讼法〉的解释》第 191 条。

《刑法》第 313 条规定:"对人民法院的判决、裁定有能力执行而拒不执行,情节严重的,处三年以下有期徒刑、拘役或者罚金;情节特别严重的,处三年以上七年以下有期徒刑,并处罚金。单位犯前款罪的,对单位判处罚金,并对其直接负责的主管人员和其他直接责任人员,依照前款的规定处罚。"

案当事人之间恶意串通进行虚假诉讼的，适用《民事诉讼法》第 115 条规定处理。①

5. 案外人违反管辖规定，向执行法院之外的其他法院起诉，并取得生效裁判文书将已被执行法院查封、扣押、冻结的财产确权或者分割给案外人，或者第三人与被执行人虚构事实取得人民法院生效裁判文书申请参与分配，执行法院认为该生效裁判文书系恶意串通规避执行损害执行债权人利益的，可以向作出该裁判文书的人民法院或者其上级人民法院提出书面建议，有关法院应当依照《民事诉讼法》和有关司法解释的规定决定再审。②

对恶意串通逃避执行行为的司法处罚

第一百一十六条　被执行人与他人恶意串通，通过诉讼、仲裁、调解等方式逃避履行法律文书确定的义务的，人民法院应当根据情节轻重予以罚款、拘留；构成犯罪的，依法追究刑事责任。

本条明确对恶意串通逃避执行行为的司法处罚。本书仅就其进行阐释。

1. 本条规定的"法律文书"，泛指所有可以作为执行依据的法律文书，除人民法院制作的判决、裁定和调解书外，还包括刑事判决、裁定中的财产部分、仲裁裁决、公证债权文书、支付令，以及法律规定由人民法院执行的其他法律文书。本条仅列举了诉讼、仲裁、调解三种方式。法律文书确定的义务基本可以分为两种：一种是被执行人负有给付义务，给付义务又可以分为金钱给付义务与特定物的给付义务；另一种是被执行人负有履行一定行为的义务。以行为作为执行对象，被执行人拒绝履行的，法院可以通过替代履行、执行罚等措施强制其履行。

2. 被执行人或者其他人在人民法院执行完毕后对已执行的标的又恢复到执行前状况的，应当认定为对已执行标的妨害行为，对其作出拘留、罚款，直到追究刑事责任的处理。对申请执行人要求排除妨害的，人民法院应当继续按照原生效法律文书执行。至于被执行人或者其他人实施同样妨害行为的次数，只能作为认定

---

① 《最高人民法院关于适用〈中华人民共和国民事诉讼法〉的解释》第 190 条第 2 款。

② 《最高人民法院关于依法制裁规避执行行为的若干意见》第 11 条。

妨害行为情节轻重的依据，并不涉及诉讼时效问题，不能据以要求申请执行人另行起诉；如果妨害行为给申请执行人或者其他人造成新的损失，受害人可以另行起诉。①

3. 单位有《民事诉讼法》第 116 条规定行为的，人民法院应当对该单位进行罚款，并可以对其主要负责人或者直接责任人员予以罚款、拘留；构成犯罪的，依法追究刑事责任。②

对不协助调查、执行的强制措施

第一百一十七条　有义务协助调查、执行的单位有下列行为之一的，人民法院除责令其履行协助义务外，并可以予以罚款：

（一）有关单位拒绝或者妨碍人民法院调查取证的；

（二）有关单位接到人民法院协助执行通知书后，拒不协助查询、扣押、冻结、划拨、变价财产的；

（三）有关单位接到人民法院协助执行通知书后，拒不协助扣留被执行人的收入、办理有关财产权证照转移手续、转交有关票证、证照或者其他财产的；

（四）其他拒绝协助执行的。

人民法院对有前款规定的行为之一的单位，可以对其主要负责人或者直接责任人员予以罚款；对仍不履行协助义务的，可以予以拘留；并可以向监察机关或者有关机关提出予以纪律处分的司法建议。

本条明确对单位及其主要负责人或者直接责任人员不协助调查、执行采取的强制措施。本书在此基础上进一步阐释两方面的内容。

---

① 《最高人民法院执行办公室关于已执行完毕的案件被执行人又恢复到执行前的状况应如何处理问题的复函》（本条的前提条件是：被执行人或者其他人对人民法院已执行的标的又恢复执行前的状况，虽属新发生的侵权事实，但是与已经生效法律文书认定的侵权事实并无区别，如果申请执行人另行起诉，人民法院将会作出与已经生效法律文书完全相同的裁判。这样，不仅增加了申请执行人的讼累，同时也增加了人民法院的审判负担）。

② 《最高人民法院关于适用〈中华人民共和国民事诉讼法〉的解释》第 191 条。

《刑法》第 313 条规定："对人民法院的判决、裁定有能力执行而拒不执行，情节严重的，处三年以下有期徒刑、拘役或者罚金；情节特别严重的，处三年以上七年以下有期徒刑，并处罚金。单位犯前款罪的，对单位判处罚金，并对其直接负责的主管人员和其他直接责任人员，依照前款的规定处罚。"

一、本条基本法语的界定

1. 本条规定的“妨碍人民法院调查取证”，是指对人民法院的调查取证设置障碍，使人民法院无法得到所需证据。

2. 本条规定的“协助执行”，是指受理执行案件的人民法院通知有关单位、个人协助执行生效法律文书所确定的内容的一种法律制度。

3. 本条规定的“有关单位”，主要指银行、信用合作社、证券公司、证券登记结算机构、股票交易所、保险公司等负有管理金融账户义务的金融机构。

4. 本条规定的“其他拒绝协助执行”，指除本条第 2 项、第 3 项以外的拒绝协助的情形。比如，被执行人在判决生效后将诉争房屋出租给第三人，人民法院需要对该房屋采取执行措施，该第三人有义务予以配合。

二、不协助调查、执行的情形及强制措施

1. 有关单位拒绝或者妨碍人民法院调查取证的。①

2. 有关单位接到人民法院协助执行通知书后，拒不协助查询、扣押、冻结、划拨、变价财产的。(1)人民法院发出冻结的协助执行通知书，被通知人擅自支付，致使生效法律文书无法执行，可根据《民事诉讼法》第 114 条的规定处罚，也可以根据《关于执行工作若干问题的规定(试行)》第 32 条的规定，责令被通知人限期追回财产或承担相应的赔偿责任。② (2)通知有关银行协助执行划拨被告在银行的存款，而银行拒不划拨的，人民法院可以对该银行或者其主要负责人或者直接责任人员予以罚款，并可向同级政府的监察机关或者有关机关提出给予纪律处分的司法建议。被处罚人拒不履行罚款决定的，人民法院可以根据《民事诉讼法》第 259 条的规定，予以强制执行。③ (3)人民法院在办理案件过程中，依法需要通过期货交易所、期货公司查询、冻结、划拨资金或者有价证券的，期货交易所、期货公司应当予以协助。应当协助而拒不协助的，按照《民事诉讼法》第 117 条的规定办理。④

---

① 《最高人民法院关于工商行政管理局以收取查询费为由拒绝人民法院无偿查询企业登记档案人民法院是否应予民事制裁的复函》认为，某工商行政管理局依内部规定，以法院未交查询费为由，拒绝履行协助义务，对其罚款两万元。国家工商行政管理局以工商企字〔2000〕第 81 号《关于修改〈企业登记档案资料查询办法〉第十条的通知》将第 10 条第 1 款改为：“查询、复制企业登记档案资料，查询人应当交纳查询费、复制费。公、检、法、纪检监察、国家安全机关查询档案资料不交费。”

② 《最高人民法院执行办公室关于对案外人未协助法院冻结债权应如何处理问题的复函》。

③ 《最高人民法院研究室关于对有义务协助执行单位拒不协助予以罚款后又拒不执行应如何处理问题的答复》。

④ 《最高人民法院关于审理期货纠纷案件若干问题的规定(二)》第 8 条。

3. 有关单位接到人民法院协助执行通知书后,拒不协助扣留被执行人的收入,拒不协助办理有关财产权证照转移手续,拒不协助转交有关票证、证照或者其他财产的。(1)拒不协助扣留被执行人的收入。根据《民事诉讼法》第250条的规定,人民法院有权扣留、提取被执行人应当履行义务部分的收入,对人民法院发出的协助执行通知书,被执行人所在单位、银行、信用合作社和其他有储蓄业务的单位必须办理。(2)拒不协助办理有关财产权证照转移手续,如房产、机动车等财产证照。根据《民事诉讼法》第258条的规定,在执行中,需要办理有关财产权证照转移手续的,人民法院可以向有关单位发出协助执行通知书,有关单位必须办理。(3)拒不协助转交有关票证、证照或者其他财产,如仓单、提单、支票、身份证、驾驶证、营业执照等。根据《民事诉讼法》第256条的规定,有关单位持有票证的,应当根据人民法院的协助执行通知书转交,并由被交付人签收。

4. 其他拒绝协助执行的。有关单位接到人民法院协助执行通知书后,有下列行为之一的,人民法院可以适用《民事诉讼法》第117条规定处理:(1)允许被执行人高消费的;(2)允许被执行人出境的;(3)拒不停止办理有关财产权证照转移手续、权属变更登记、规划审批等手续的;(4)以需要内部请示、内部审批,有内部规定等为由拖延办理的。[①]

罚款、拘留

第一百一十八条　对个人的罚款金额,为人民币十万元以下。对单位的罚款金额,为人民币五万元以上一百万元以下。

拘留的期限,为十五日以下。

被拘留的人,由人民法院交公安机关看管。在拘留期间,被拘留人承认并改正错误的,人民法院可以决定提前解除拘留。

本条明确罚款和拘留。

---

① 《最高人民法院关于适用〈中华人民共和国民事诉讼法〉的解释》第192条。

《最高人民法院关于限制被执行人高消费的若干规定》第11条第2款规定:"有关单位在收到人民法院协助执行通知书后,仍允许被执行人进行高消费及非生活或者经营必需的有关消费的,人民法院可以依照《中华人民共和国民事诉讼法》第一百一十四条的规定,追究其法律责任。"(此处适用的是2012年《民事诉讼法》,本条规定中的《民事诉讼法》第114条参见2021年《民事诉讼法》第117条)

本条规定的“罚款”，是指人民法院对实施妨害民事诉讼行为情节比较严重的人，责令其在规定的时间内缴纳一定数额的金钱。“拘留”，是指人民法院对实施妨害民事诉讼行为情节严重的人，在一定期限内限制其人身自由的强制措施，是民事诉讼强制措施中最为严厉的一种。本书在罚款和拘留的基础上进一步阐释两方面的内容。

一、对罚款、拘留的适用

《民事诉讼法》第113条至第116条规定的罚款、拘留可以单独适用，也可以合并适用。[①]

（一）罚款、拘留的单独适用规则

1. 罚款的单独适用。(1)对个人的罚款金额，为人民币10万元以下。对单位的罚款金额，为人民币5万元以上100万元以下。(2)人民法院对个人或者单位采取罚款措施时，应当根据其实施妨害民事诉讼行为的性质、情节、后果，当地的经济发展水平，以及诉讼标的额等因素，在《民事诉讼法》第118条第1款规定的限额内确定相应的罚款金额。[②]

2. 拘留的单独适用。(1)拘留的一般规则。①因哄闹、冲击法庭，用暴力、威胁等方法抗拒执行公务等紧急情况，必须立即采取拘留措施的，可在拘留后，立即报告院长补办批准手续。院长认为拘留不当的，应当解除拘留。[③] ②人民法院对被拘留人采取拘留措施后，应当在24小时内通知其家属；确实无法按时通知或者通知不到的，应当记录在案。[④] ③对县级以上的各级人民代表大会代表，如果采取法律规定的其他限制人身自由的措施，应当经该级人民代表大会主席团或者人民代表大会常务委员会许可。乡、民族乡、镇的人民代表大会代表，如果被逮捕、受刑事处罚或者被采取法律规定的其他限制人自由的措施，执行机关应当立即报告乡、民族乡、镇的人民代表大会。行为人系多级人大代表应逐级许可。④拘留的期限，为15日以下。(2)被拘留人的看管。被拘留的人，由人民法院交公安机关看管。在拘留期间，被拘留人承认并改正错误的，人民法院可以决定提

---

① 《最高人民法院关于适用〈中华人民共和国民事诉讼法〉的解释》第183条。

② 《最高人民法院关于适用〈中华人民共和国民事诉讼法〉的解释》第193条。

③ 《最高人民法院关于适用〈中华人民共和国民事诉讼法〉的解释》第181条。

④ 《最高人民法院关于适用〈中华人民共和国民事诉讼法〉的解释》第180条。

前解除拘留。[1] (3)拘留的协助。被拘留人不在本辖区的,作出拘留决定的人民法院应当派员到被拘留人所在地的人民法院,请该院协助执行,受委托的人民法院应当及时派员协助执行。[2] (4)拘留的提前解除。①被拘留人在拘留期间认错悔改的,可以责令其具结悔过,提前解除拘留。提前解除拘留,应报经院长批准,并作出提前解除拘留决定书,交负责看管的公安机关执行。[3] 并送达提前解除拘留决定书、提前解除拘留通知书及回执。②委托其他法院协助执行时,被拘留人申请复议或者在拘留期间承认并改正错误,需要提前解除拘留的,受委托人民法院应当向委托人民法院转达或者提出建议,由委托人民法院审查决定。[4]

(二)罚款、拘留的共同适用规则

1. 予以罚款、拘留的行为。行为人实施下列行为之一,危及法庭安全或扰乱法庭秩序的,根据相关法律规定,予以罚款、拘留;构成犯罪的,依法追究其刑事责任:(1)非法携带枪支、弹药、管制刀具或者爆炸性、易燃性、放射性、毒害性、腐蚀性物品以及传染病病原体进入法庭;(2)哄闹、冲击法庭;(3)侮辱、诽谤、威胁、殴打司法工作人员或诉讼参与人;(4)毁坏法庭设施,抢夺、损毁诉讼文书、证据;(5)其他危害法庭安全或扰乱法庭秩序的行为。[5]

2. 罚款、拘留的决定。向妨害执行人送达罚款决定书,向公安机关送达拘留决定书。

3. 罚款、拘留的执行。人民法院依法对违反法庭纪律的人采取的扣押物品、强行带出法庭以及罚款、拘留等强制措施,由司法警察执行。[6]

4. 罚款、拘留连续适用的禁止。对同一妨害民事诉讼行为的罚款、拘留不得连续适用。发生新的妨害民事诉讼行为的,人民法院可以重新予以罚款、拘留。[7]

二、具体案件罚款、拘留的适用

1. 对申请破产的债务人的罚款、拘留。受理破产申请后,人民法院应当责令债

---

① 《最高人民法院关于适用〈中华人民共和国民事诉讼法〉的解释》第178条规定,由司法警察将被拘留人送交当地公安机关看管。

② 《最高人民法院关于适用〈中华人民共和国民事诉讼法〉的解释》第179条。

③ 《最高人民法院关于适用〈中华人民共和国民事诉讼法〉的解释》第182条。

④ 《最高人民法院关于适用〈中华人民共和国民事诉讼法〉的解释》第179条。

⑤ 《人民法院法庭规则》第20条。

⑥ 《人民法院法庭规则》第21条第3款。

⑦ 《最高人民法院关于适用〈中华人民共和国民事诉讼法〉的解释》第184条。

务人依法提交其财产状况说明、债务清册、债权清册、财务会计报告等有关材料，债务人拒不提交的，人民法院可以对债务人的直接责任人员采取罚款等强制措施。①

2. 对不履行职责单位的罚款、拘留。有关单位不依照《中央纪律检查委员会、中央组织部、中央宣传部等关于印发〈关于建立和完善执行联动机制若干问题的意见〉的通知》履行职责的，人民法院可以向监察机关或其他有关机关提出相应的司法建议，或者报请执行联动机制领导小组协调解决，或者依照《民事诉讼法》第117条的规定处理。②

拘传、罚款、拘留程序

第一百一十九条　拘传、罚款、拘留必须经院长批准。

拘传应当发拘传票。

罚款、拘留应当用决定书。对决定不服的，可以向上一级人民法院申请复议一次。复议期间不停止执行。

本条明确拘传、罚款、拘留的程序。本书仅就其进行阐释。

1. 报请批准。人民法院对于妨害诉讼的诉讼参与人或者其他人，依法采取拘传、罚款、拘留措施的，须报经院长批准。③

2. 发拘传票。拘传应当发拘传票。(1)拘传必须用拘传票，并直接送达被拘传人；在拘传前，应当向被拘传人说明拒不到庭的后果，经批评教育仍拒不到庭的，可以拘传其到庭。④ (2)拘传票应由被拘传人签名，拒绝签名的，应在“执行拘传情况”栏中注明。

3. 采用的决定书。罚款、拘留应当用决定书。人民法院依照《民事诉讼法》第113条至第117条的规定采取拘留措施的，应经院长批准，作出拘留决定书，由司法警察将被拘留人送交当地公安机关看管。⑤ 并附有执行拘留通知书和执行

---

① 《最高人民法院关于适用〈中华人民共和国企业破产法〉若干问题的规定(一)》第6条第2款。

② 《中央纪律检查委员会、中央组织部、中央宣传部等关于印发〈关于建立和完善执行联动机制若干问题的意见〉的通知》第24条。

③ 《最高人民法院关于人民法庭若干问题的规定》第19条。

④ 《最高人民法院关于适用〈中华人民共和国民事诉讼法〉的解释》第175条。

⑤ 《最高人民法院关于适用〈中华人民共和国民事诉讼法〉的解释》第178条。

拘留通知书（回执）。

4. 对罚款、拘留的复议。（1）被罚款、拘留的人不服罚款、拘留决定申请复议的，应当自收到决定书之日起3日内提出。上级人民法院应当在收到复议申请后5日内作出决定，并将复议结果通知下级人民法院和当事人。[①]（2）上级人民法院复议时认为强制措施不当的，应当制作决定书，撤销或者变更下级人民法院作出的拘留、罚款决定。情况紧急的，可以在口头通知后3日内发出决定书。[②]（3）人民法院应制作复议决定书，并送达复议申请人。复议期间，不停止执行。（4）第二审人民法院在审理案件过程中，认为当事人有违法行为应予依法制裁而原审人民法院未予制裁的，可以径行予以民事制裁。当事人不服人民法院民事制裁决定而向上一级人民法院申请复议的，该上级人民法院无论维持、变更或者撤销原决定，均应制作民事制裁决定书。人民法院复议期间，被制裁人请求撤回复议申请的，经过审查，应当采取通知的形式，准予撤回申请或者驳回其请求。[③]（5）审理对妨害诉讼的强制措施的民事决定不服申请复议的案件，期限为5日。[④]

强制措施决定权

第一百二十条　采取对妨害民事诉讼的强制措施必须由人民法院决定。任何单位和个人采取非法拘禁他人或者非法私自扣押他人财产追索债务的，应当依法追究刑事责任，或者予以拘留、罚款。

---

① 《最高人民法院关于适用〈中华人民共和国民事诉讼法〉的解释》第185条。

《最高人民法院关于采取民事强制措施不得逐级变更由行为人的上级机构承担责任的通知》第4条规定："金融机构对执行法院的民事强制措施即罚款和司法拘留的决定书不服的，可以依据《民事诉讼法》第105条的规定，向上一级法院申请复议；当事人向执行法院提出复议申请的，执行法院应当立即报送上一级法院，不得扣押或者延误转交；上一级法院受理复议申请后，应当及时审查处理；执行法院在上一级法院审查复议申请期间，可以继续执行处罚决定，但经上一级法院决定撤销处罚决定的，执行法院应当立即照办。"（此处适用的是1991年《民事诉讼法》，本条规定中的《民事诉讼法》第105条参见2021年《民事诉讼法》第119条）

② 《最高人民法院关于适用〈中华人民共和国民事诉讼法〉的解释》第186条。

③ 《最高人民法院关于第二审人民法院在审理过程中可否对当事人的违法行为径行制裁等问题的批复》。

④ 《最高人民法院案件审限管理规定》第3条。

《最高人民法院关于严格执行案件审理期限制度的若干规定》第2条第7款规定："对罚款、拘留民事决定不服申请复议的，审理期限为五日。"

本条明确民事诉讼强制措施的决定权。本书仅就其进行阐释。

1. 民事诉讼强制措施决定权的主体。根据法律规定,在诉讼过程中,对实施了妨害诉讼行为的人采取强制措施必须由人民法院决定。其中,“决定”是人民法院作出的一种裁判形式,是指人民法院对诉讼中某种特殊的事项作出的权威性判定。其法律文书所解决的事项不涉及案件的实体问题,而是与诉讼过程中发生的妨碍或者阻却诉讼活动正常进行的事项有关。

2. 民事诉讼强制措施决定权的适用范围。根据《民事诉讼法》的相关规定,决定应当适用于回避,对妨害民事诉讼的人采取强制措施罚款、拘留,当事人申请诉讼费用的减、免、缓问题,对当事人提出顺延诉讼期限申请的处理等。

3. 民事诉讼强制措施决定权的责任。(1)非法私自扣押他人财产的责任。①民事权益受到侵害的,被侵权人有权请求侵权人承担侵权责任。[①] ②承担民事责任的方式主要有:(i)停止侵害;(ii)排除妨碍;(iii)消除危险;(iv)返还财产;(v)恢复原状;(vi)修理、重作、更换;(vii)继续履行;(viii)赔偿损失;(ix)支付违约金;(x)消除影响、恢复名誉;(xi)赔礼道歉。法律规定惩罚性赔偿的,依照其规定。本条规定的承担民事责任的方式,可以单独适用,也可以合并适用。[②] ③民事收缴决定涉及民事主体的财产权益,决定一经作出即发生法律效力,即使可以申请复议,也不影响该决定法律效力的发生,此类裁判作出后能够直接导致被收缴的财物和非法所得的所有权归国家所有,产生物权变动。(2)非法拘禁他人的责任。非法拘禁他人或者以其他方式非法剥夺他人人身自由的,处3年以下有期徒刑、拘役、管制或者剥夺政治权利。具有殴打、侮辱情节的,从重处罚。致人重伤的,处3年以上10年以下有期徒刑;致人死亡的,处10年以上有期徒刑。使用暴力致人伤残、死亡的,依照故意伤害罪和故意杀人罪的规定定罪处罚。[③]

---

① 《民法典》第120条。

② 《民法典》第179条。

③ 《刑法》第238条。

《宪法》第37条规定:“中华人民共和国公民的人身自由不受侵犯。任何公民,非经人民检察院批准或者决定或者人民法院决定,并由公安机关执行,不受逮捕。禁止非法拘禁和以其他方法非法剥夺或者限制公民的人身自由,禁止非法搜查公民的身体。”

民事司法赔偿(非法条内容)

人民法院在民事、行政诉讼过程中,违法采取对妨害诉讼的强制措施、保全措施、先予执行措施,或者对判决、裁定及其他生效法律文书执行错误,侵犯公民、法人和其他组织合法权益并造成损害的,赔偿请求人可以依法向人民法院申请赔偿。① 本书仅就自由权展开三个方面的阐释。

一、国家承担赔偿责任的情形

1. 违法采取对妨害诉讼的强制措施,包括以下情形:(1)对没有实施妨害诉讼行为的人采取罚款或者拘留措施的;(2)超过法律规定金额采取罚款措施的;(3)超过法律规定期限采取拘留措施的;(4)对同一妨害诉讼的行为重复采取罚款、拘留措施的;(5)其他违法情形。②

2. 违法采取保全措施,包括以下情形:(1)依法不应当采取保全措施而采取的;(2)依法不应当解除保全措施而解除,或者依法应当解除保全措施而不解除的;(3)明显超出诉讼请求的范围采取保全措施的,但保全财产为不可分割物且被保全人无其他财产或者其他财产不足以担保债权实现的除外;(4)在给付特定物之诉中,对与案件无关的财物采取保全措施的;(5)违法保全案外人财产的;(6)对查封、扣押、冻结的财产不履行监管职责,造成被保全财产毁损、灭失的;(7)对季节性商品或者鲜活、易腐烂变质以及其他不宜长期保存的物品采取保全措施,未及时处理或者违法处理,造成物品毁损或者严重贬值的;(8)对不动产或者船舶、航空器和机动车等特定动产采取保全措施,未依法通知有关登记机构不予办理该保全财产的变更登记,造成该保全财产所有权被转移的;(9)违法采取行为保全措施的;(10)其他违法情形。③

---

① 《最高人民法院关于审理民事、行政诉讼中司法赔偿案件适用法律若干问题的解释》第1条。

非刑事司法赔偿一般以穷尽其他救济途径作为国家赔偿责任发生的前提,即国家赔偿程序是最后的救济程序。民事司法赔偿是非刑事司法赔偿之一。

② 《最高人民法院关于审理民事、行政诉讼中司法赔偿案件适用法律若干问题的解释》第2条。

③ 《最高人民法院关于审理民事、行政诉讼中司法赔偿案件适用法律若干问题的解释》第3条。

3. 违法采取先予执行措施，包括以下情形：(1)违反法律规定的条件和范围先予执行的；(2)超出诉讼请求的范围先予执行的；(3)其他违法情形。[①]

4. 对判决、裁定及其他生效法律文书执行错误，包括以下情形：(1)执行未生效法律文书的；(2)超出生效法律文书确定的数额和范围执行的；(3)对已经发现的被执行人的财产，故意拖延执行或者不执行，导致被执行财产流失的；(4)应当恢复执行而不恢复，导致被执行财产流失的；(5)违法执行案外人财产的；(6)违法将案件执行款物执行给其他当事人或者案外人的；(7)违法对抵押物、质物或者留置物采取执行措施，致使抵押权人、质权人或者留置权人的优先受偿权无法实现的；(8)对执行中查封、扣押、冻结的财产不履行监管职责，造成财产毁损、灭失的；(9)对季节性商品或者鲜活、易腐烂变质以及其他不宜长期保存的物品采取执行措施，未及时处理或者违法处理，造成物品毁损或者严重贬值的；(10)对执行财产应当拍卖而未依法拍卖的，或者应当由资产评估机构评估而未依法评估，违法变卖或者以物抵债的；(11)其他错误情形。[②]

二、民事诉讼中国家承担赔偿责任的一般规则

1. 国家赔偿责任的侵权行为。人民法院工作人员在民事、行政诉讼过程中，有殴打、虐待或者唆使、放纵他人殴打、虐待等行为，以及违法使用武器、警械，造成自然人身体伤害或者死亡的，适用《国家赔偿法》第 17 条第 4 项、第 5 项的规定予以赔偿。[③]

2. 国家赔偿责任的承担。(1)赔偿金额的确定。因多种原因造成公民、法人和其他组织合法权益损害的，应当根据人民法院及其工作人员行使职权的行为对损害结果的发生或者扩大所起的作用等因素，合理确定赔偿金额。[④] (2)赔偿责任的减轻。受害人对损害结果的发生或者扩大也有过错的，应当根据其过错对损害结果的发生或者扩大所起的作用等因素，依法减轻国家赔偿责任。[⑤]

3. 国家赔偿责任的排除。具有下列情形之一的，国家不承担赔偿责任：

---

① 《最高人民法院关于审理民事、行政诉讼中司法赔偿案件适用法律若干问题的解释》第4条。

② 《最高人民法院关于审理民事、行政诉讼中司法赔偿案件适用法律若干问题的解释》第5条。

③ 《最高人民法院关于审理民事、行政诉讼中司法赔偿案件适用法律若干问题的解释》第6条。

④ 《最高人民法院关于审理民事、行政诉讼中司法赔偿案件适用法律若干问题的解释》第8条。

⑤ 《最高人民法院关于审理民事、行政诉讼中司法赔偿案件适用法律若干问题的解释》第9条。

(1)法律规定的排除。①属于《民事诉讼法》第108条、第110条第2款和第240条规定情形的;②申请执行人提供执行标的物错误的,但人民法院明知该标的物错误仍予以执行的除外;③人民法院依法指定的保管人对查封、扣押、冻结的财产违法动用、隐匿、毁损、转移或者变卖的;④人民法院工作人员与行使职权无关的个人行为;⑤因不可抗力、正当防卫和紧急避险造成损害后果的;⑥依法不应由国家承担赔偿责任的其他情形。[①] (2)已获得赔偿、补偿的排除。公民、法人和其他组织的损失,已经在民事、行政诉讼过程中获得赔偿、补偿的,对该部分损失,国家不承担赔偿责任。[②]

三、民事诉讼中国家承担赔偿责任的程序规则

1. 民事诉讼中国家承担赔偿责任的申请。(1)申请的时间。公民、法人或者其他组织依据《国家赔偿法》第38条规定申请赔偿的,应当在民事、行政诉讼程序或者执行程序终结后提出,但下列情形除外:①人民法院已依法撤销对妨害诉讼的强制措施的;②人民法院采取对妨害诉讼的强制措施,造成公民身体伤害或者死亡的;③经诉讼程序依法确认不属于被保全人或者被执行人的财产,且无法在相关诉讼程序或者执行程序中予以补救的;④人民法院生效法律文书已确认相关行为违法,且无法在相关诉讼程序或者执行程序中予以补救的;⑤赔偿请求人有证据证明其请求与民事、行政诉讼程序或者执行程序无关的;⑥其他情形。赔偿请求人依据前款规定,在民事、行政诉讼程序或者执行程序终结后申请赔偿的,该诉讼程序或者执行程序期间不计入赔偿请求时效。[③] (2)申请的部门。人民法院在民事、行政诉讼过程中,违法采取对妨害诉讼的强制措施、保全措施、先予执行措施,或者对判决、裁定及其他生效法律文书执行错误,系因上一级人民法院复议改变原裁决所致的,由该上一级人民法院作为赔偿义务机关。[④]

2. 民事诉讼中国家承担赔偿责任的立案。用益物权人、担保物权人、承租人或者其他合法占有使用财产的人,依据《国家赔偿法》第38条规定申请赔偿的,人民法院应当依照《最高人民法院关于国家赔偿案件立案工作的规定》予以审查

---

① 《最高人民法院关于审理民事、行政诉讼中司法赔偿案件适用法律若干问题的解释》第7条。
② 《最高人民法院关于审理民事、行政诉讼中司法赔偿案件适用法律若干问题的解释》第10条。
③ 《最高人民法院关于审理民事、行政诉讼中司法赔偿案件适用法律若干问题的解释》第19条。
④ 《最高人民法院关于审理民事、行政诉讼中司法赔偿案件适用法律若干问题的解释》第18条。

立案。[①]

3. 民事诉讼中国家承担赔偿责任的审理。(1)审理的内容。人民法院赔偿委员会审理民事、行政诉讼中的司法赔偿案件,应当对人民法院及其工作人员行使职权的行为是否符合法律规定,赔偿请求人主张的损害事实是否存在,以及该职权行为与损害事实之间是否存在因果关系等事项一并予以审查。[②] (2)审理的时限。人民法院赔偿委员会审理民事、行政诉讼中的司法赔偿案件,有下列情形之一的,相应期间不计入审理期限:①需要向赔偿义务机关、有关人民法院或者其他国家机关调取案卷或者其他材料的;②人民法院赔偿委员会委托鉴定、评估的。[③]

4. 国家赔偿责任的特殊规定。(1)人民法院及其工作人员在民事、行政诉讼过程中,具有"违法采取对妨害诉讼的强制措施"[④]"在民事、行政诉讼过程中,有殴打、虐待或者唆使、放纵他人殴打、虐待等行为,以及违法使用武器、警械,造成自然人身体伤害或者死亡的"[⑤]规定情形,侵犯自然人人身权的,应当依照《国家赔偿法》第33条、第34条的规定计算赔偿金。致人精神损害的,应当依照《国家赔偿法》第35条的规定,在侵权行为影响的范围内,为受害人消除影响、恢复名誉、赔礼道歉;造成严重后果的,还应当支付相应的精神损害抚慰金。[⑥] (2)人民法院及其工作人员在民事、行政诉讼过程中,具有"违法采取对妨害诉讼的强制措施"[⑦]"违法采取保全措施"[⑧]"违法采取先予执行措施"[⑨]"对判决、裁定及其他生效法律文书执行错误"[⑩]规定情形,侵犯自然人、法人和非法人组织的财产权并

---

① 《最高人民法院关于审理民事、行政诉讼中司法赔偿案件适用法律若干问题的解释》第17条。

《最高人民法院关于印发〈关于人民法院推行立案登记制改革的意见〉的通知》第2条第1款规定:"登记立案范围有下列情形之一的,应当登记立案:……(五)赔偿请求人向作为赔偿义务机关的人民法院提出申请,对人民法院、人民检察院、公安机关等作出的赔偿、复议决定或者对逾期不作为不服,提出赔偿申请的……"

② 《最高人民法院关于审理民事、行政诉讼中司法赔偿案件适用法律若干问题的解释》第21条。

③ 《最高人民法院关于审理民事、行政诉讼中司法赔偿案件适用法律若干问题的解释》第20条。

④ 《最高人民法院关于审理民事、行政诉讼中司法赔偿案件适用法律若干问题的解释》第2条。

⑤ 《最高人民法院关于审理民事、行政诉讼中司法赔偿案件适用法律若干问题的解释》第6条。

⑥ 《最高人民法院关于审理民事、行政诉讼中司法赔偿案件适用法律若干问题的解释》第11条。

⑦ 《最高人民法院关于审理民事、行政诉讼中司法赔偿案件适用法律若干问题的解释》第2条。

⑧ 《最高人民法院关于审理民事、行政诉讼中司法赔偿案件适用法律若干问题的解释》第3条。

⑨ 《最高人民法院关于审理民事、行政诉讼中司法赔偿案件适用法律若干问题的解释》第4条。

⑩ 《最高人民法院关于审理民事、行政诉讼中司法赔偿案件适用法律若干问题的解释》第5条。

造成损害的,应当依照《国家赔偿法》第36条的规定承担赔偿责任。财产不能恢复原状或者灭失的,应当按照侵权行为发生时的市场价格计算损失;市场价格无法确定或者该价格不足以弥补受害人所受损失的,可以采用其他合理方式计算损失。[①] (3)人民法院及其工作人员对判决、裁定及其他生效法律文书执行错误,且对自然人、法人或者非法人组织的财产已经依照法定程序拍卖或者变卖的,应当给付拍卖或者变卖所得的价款。人民法院违法拍卖,或者变卖价款明显低于财产价值的,应当依照《最高人民法院关于审理民事、行政诉讼中司法赔偿案件适用法律若干问题的解释》第12条的规定支付相应的赔偿金。[②] (4)《国家赔偿法》第36条第6项规定的停产停业期间必要的经常性费用开支,是指法人、非法人组织和个体工商户为维系停产停业期间运营所需的基本开支,包括留守职工工资、必须缴纳的税费、水电费、房屋场地租金、设备租金、设备折旧费等必要的经常性费用。[③] (5)《国家赔偿法》第36条第7项规定的银行同期存款利息,以作出生效赔偿决定时中国人民银行公布的1年期人民币整存整取定期存款基准利率计算,不计算复利。应当返还的财产属于金融机构合法存款的,对存款合同存续期间的利息按照合同约定利率计算。应当返还的财产系现金的,比照"银行同期存款利息"规定支付利息。[④] (6)依照《国家赔偿法》第36条规定返还的财产系国家批准的金融机构贷款的,除贷款本金外,还应当支付该贷款借贷状态下的贷款利息。[⑤]

---

① 《最高人民法院关于审理民事、行政诉讼中司法赔偿案件适用法律若干问题的解释》第12条。
② 《最高人民法院关于审理民事、行政诉讼中司法赔偿案件适用法律若干问题的解释》第13条。
③ 《最高人民法院关于审理民事、行政诉讼中司法赔偿案件适用法律若干问题的解释》第14条。
④ 《最高人民法院关于审理民事、行政诉讼中司法赔偿案件适用法律若干问题的解释》第15条。
⑤ 《最高人民法院关于审理民事、行政诉讼中司法赔偿案件适用法律若干问题的解释》第16条。

第十一章　诉 讼 费 用

诉讼费用,是指当事人进行民事诉讼,依照法律规定应当向人民法院交纳和支付的费用。① 诉讼费用是世界各国在民事诉讼立法中规定的一项制度,法律一般在民事诉讼法中作原则性规定。对诉讼费用的范围、标准和计算方法等,以单行法另作规定。诉讼费用具体包括案件受理费、申请费和经济补偿费用。

本章仅 1 条,对诉讼费用作了原则性规定。

诉讼费用的交纳

第一百二十一条　当事人进行民事诉讼,应当按照规定交纳案件受理费。财产案件除交纳案件受理费外,并按照规定交纳其他诉讼费用。

当事人交纳诉讼费用确有困难的,可以按照规定向人民法院申请缓交、减交或者免交。

收取诉讼费用的办法另行制定。

本条明确诉讼费用的交纳。

当事人应当向人民法院交纳的诉讼费包括:(1)案件受理费;(2)申请费;(3)证人、鉴定人、翻译人员、理算人员在人民法院指定日期出庭发生的交通费、住宿费、生活费和误工补贴。② 证人、鉴定人、翻译人员、理算人员在人民法院指定日期出庭发生的交通费、食宿费、生活费和误工费补贴,由人民法院按照国家规定标准代为收取。③ 本书在诉讼费用的交纳基础上进一步阐释三个方面的内容。

---

① 洪冬英主编:《民事诉讼法学通论》(第 3 版),北京大学出版社 2020 年版,第 237 页。

② 《诉讼费用交纳办法》第 6 条。

③ 《诉讼费用交纳办法》第 11 条。

一、案件受理费

案件受理费，是指人民法院决定受理案件后，按照有关规定应向当事人收取的费用。[①] 其他诉讼费用，主要是指人民法院在审理民事案件过程中实际支出的，应当由当事人支付的费用。[②]

1. 案件受理费的分类。(1)财产类案件[③]受理费。财产案件根据诉讼请求的金额或者价额，按照下列比例分段累计交纳：①不超过1万元的，每件交纳50元；②超过1万元至10万元的部分，按照2.5%交纳；③超过10万元至20万元的部分，按照2%交纳；④超过20万元至50万元的部分，按照1.5%交纳；⑤超过50万元至100万元的部分，按照1%交纳；⑥超过100万元至200万元的部分，按照0.9%交纳；⑦超过200万元至500万元的部分，按照0.8%交纳；⑧超过500万元至1000万元的部分，按照0.7%交纳；⑨超过1000万元至2000万元的部分，按照0.6%交纳；⑩超过2000万元的部分，按照0.5%交纳。[④] (2)非财产类案件[⑤]受理费。①离婚案件每件交纳50元至300元。涉及财产分割，财产总额不超过20万元的，不另行交纳；超过20万元的部分，按照0.5%交纳。②侵害姓名权、名称权、肖像权、名誉权、荣誉权以及其他人格权的案件，每件交纳100元至500元。涉及损害赔偿，赔偿金额不超过5万元的，不另行交纳；超过5万元至10万元的部分，按照1%交纳；超过10万元的部分，按照0.5%交纳。③其他非财产案件每件交纳50元至100元。[⑥] (3)知识产权案件受理费。知识产权民事案件，没有争议金额或者价额的，每件交纳500元至1000元；有争议金额或者价额的，按照财产案件的标准交纳。[⑦] (4)劳动争议案件受理费。劳动争议案件每件交纳10元。[⑧] (5)行政案件受理费。行政案件按照下列标准交纳：①商标、专利、海事行

---

① 洪冬英主编：《民事诉讼法学通论》(第3版)，北京大学出版社2020年版，第238页。

案件受理费一般由原告在起诉时，向人民法院预交。案件受理费一般由败诉一方当事人负担。

② 其他诉讼费用是在案件审结后，由人民法院结算并决定由哪方当事人负担。

③ 财产案件，是指因财产权益争议提起诉讼的案件。[洪冬英主编：《民事诉讼法学通论》(第3版)，北京大学出版社2020年版，第239页。]

④ 《诉讼费用交纳办法》第13条第1款第1项。

⑤ 非财产案件，是指因人身关系或人身非财产关系发生争议而提起诉讼的案件。[洪冬英主编：《民事诉讼法学通论》(第3版)，北京大学出版社2020年版，第239页。]

⑥ 《诉讼费用交纳办法》第13条第1款第2项。

⑦ 《诉讼费用交纳办法》第13条第1款第3项。

⑧ 《诉讼费用交纳办法》第13条第1款第4项。

政案件每件交纳100元;②其他行政案件每件交纳50元。[①] (6)管辖权异议案件受理费。当事人提出案件管辖权异议,异议不成立的,每件交纳50元至100元。[②] (7)地方政府制度的受理费标准。省、自治区、直辖市人民政府可以结合本地实际情况在《诉讼费用交纳办法》第13条第1款第2项、第3项、第6项规定的幅度内制定具体交纳标准。[③]

2. 案件受理费的内容。(1)第一审案件受理费;(2)第二审案件受理费;(3)再审案件中,依照《诉讼费用交纳办法》规定需要交纳的案件受理费。[④]

3. 案件受理费的确定。(1)一审受理费的确定。①适用简易程序审理的案件减半交纳案件受理费。[⑤] ②适用简易程序审理的案件转为普通程序的,原告自接到人民法院交纳诉讼费用通知之日起7日内补交案件受理费。原告无正当理由未按期足额补交的,按撤诉处理,已经收取的诉讼费用退还一半。[⑥] ③以调解方式结案或者当事人申请撤诉的,减半交纳案件受理费。[⑦] ④被告提起反诉、有独立请求权的第三人提出与本案有关的诉讼请求,人民法院决定合并审理的,分别减半交纳案件受理费。[⑧] ⑤中止诉讼、中止执行的原因消除,恢复诉讼、执行的,不再交纳案件受理费、申请费。[⑨] ⑥民事案件的原告或者上诉人申请撤诉,人民法院裁定准许的,案件受理费由原告或者上诉人负担。行政案件的被告改变或者撤销具体行政行为,原告申请撤诉,人民法院裁定准许的,案件受理费由被告负担。[⑩] ⑦当事人在法庭调查终结后提出减少诉讼请求数额的,减少请求数额部分的案件受理费由变更诉讼请求的当事人负担。[⑪] (2)二审受理费的确定。对财产案件提起上诉的,按照不服一审判决部分的上诉请求数额交纳案件受理费。[⑫] (3)再审受理费的确定。①根据《民事诉讼法》和《行政诉讼法》规定的审

① 《诉讼费用交纳办法》第13条第1款第5项。
② 《诉讼费用交纳办法》第13条第1款第6项。
③ 《诉讼费用交纳办法》第13条第2款。
④ 《诉讼费用交纳办法》第7条、第13条。
⑤ 《诉讼费用交纳办法》第16条。
⑥ 《最高人民法院关于适用〈中华人民共和国民事诉讼法〉的解释》第199条。
⑦ 《诉讼费用交纳办法》第15条。
⑧ 《诉讼费用交纳办法》第18条。
⑨ 《诉讼费用交纳办法》第26条(后部分)。
⑩ 《诉讼费用交纳办法》第34条。
⑪ 《诉讼费用交纳办法》第35条。
⑫ 《诉讼费用交纳办法》第17条。

判监督程序审理的案件，当事人不交纳案件受理费。但是，下列情形除外：（i）当事人有新的证据，足以推翻原判决、裁定，向人民法院申请再审，人民法院经审查决定再审的案件；（ii）当事人对人民法院第一审判决或者裁定未提出上诉，第一审判决、裁定或者调解书发生法律效力后又申请再审，人民法院经审查决定再审的案件。[①] ②依照前文规定需要交纳案件受理费的再审案件，按照不服原判决部分的再审请求数额交纳案件受理费。[②] ③依照《诉讼费用交纳办法》第9条第1项、第2项的规定应当交纳案件受理费的再审案件，诉讼费用由申请再审的当事人负担；双方当事人都申请再审的，诉讼费用依照《诉讼费用交纳办法》第29条的规定负担。原审诉讼费用的负担由人民法院根据诉讼费用负担原则重新确定。[③]

4. 案件受理费的交纳时间。原告自接到人民法院交纳诉讼费用通知次日起7日内交纳案件受理费；反诉案件由提出反诉的当事人自提起反诉次日起7日内交纳案件受理费。[④]

5. 案件受理费的补交。（1）当事人在诉讼中变更诉讼请求数额，案件受理费依照下列规定处理：①当事人增加诉讼请求数额的，按照增加后的诉讼请求数额计算补交；②当事人在法庭调查终结前提出减少诉讼请求数额的，按照减少后的诉讼请求数额计算退还。[⑤] （2）支付令失效后转入诉讼程序的，债权人应当按照《诉讼费用交纳办法》补交案件受理费。支付诉讼被撤销后，债权人另行起诉的，按照《诉讼费用交纳办法》交纳诉讼费用。[⑥]

6. 案件受理费的退还。（1）人民法院审理民事案件过程中发现涉嫌刑事犯罪并将案件移送有关部门处理的，当事人交纳的案件受理费予以退还；移送后民事案件需要继续审理的，当事人已交纳的案件受理费不予退还。[⑦] （2）中止诉讼、中止执行的案件，已交纳的案件受理费、申请费不予退还。[⑧] （3）第二审人民法院

---

① 《诉讼费用交纳办法》第9条。
② 《诉讼费用交纳办法》第19条。
③ 《诉讼费用交纳办法》第32条。
④ 《诉讼费用交纳办法》第22条第1款。
⑤ 《诉讼费用交纳办法》第21条。
⑥ 《最高人民法院关于适用〈中华人民共和国民事诉讼法〉的解释》第195条。
⑦ 《诉讼费用交纳办法》第25条。
⑧ 《诉讼费用交纳办法》第26条。

决定将案件发回重审的，应当退还上诉人已交纳的第二审案件受理费。第一审人民法院裁定不予受理或者驳回起诉的，应当退还[①]当事人已交纳的案件受理费；当事人对第一审人民法院不予受理、驳回起诉的裁定提起上诉，第二审人民法院维持第一审人民法院作出的裁定的，第一审人民法院应当退还当事人已交纳的案件受理费。[②] (4)依照《民事诉讼法》第154条[③]规定终结诉讼的案件，依照《诉讼费用交纳办法》规定已交纳的案件受理费不予退还。[④]

7. 案件受理费的免除。(1)下列案件不交纳案件受理费：①依照《民事诉讼法》规定的特别程序审理的案件；②裁定不予受理、驳回起诉、驳回上诉的案件；③对不予受理、驳回起诉和管辖权异议裁定不服，提起上诉的案件；④行政赔偿案件。[⑤] (2)根据《民事诉讼法》和《行政诉讼法》规定的审判监督程序审理的案件，当事人不交纳案件受理费。但是，下列情形除外：①当事人有新的证据，足以推翻原判决、裁定，向人民法院申请再审，人民法院经审查决定再审的案件；②当事人对人民法院第一审判决或者裁定未提出上诉，第一审判决、裁定或者调解书发生法律效力后又申请再审，人民法院经审查决定再审的案件。[⑥]

二、案件申请费

申请费，是指当事人依照《民事诉讼法》的规定，要求人民法院启动执行程序、非诉讼程序以及若干程序保障事项而应当交纳的费用。

1. 案件申请费的交纳范围。当事人依法向人民法院申请下列事项，应当交纳申请费：(1)申请执行人民法院发生法律效力的判决、裁定、调解书，仲裁机构依法作出的裁决和调解书，公证机构依法赋予强制执行效力的债权文书；(2)申请保全措施；(3)申请支付令；(4)申请公示催告；(5)申请撤销仲裁裁决或者认

---

① 《最高人民法院关于诉讼收费监督管理的规定》第10条规定："诉讼费用结算完毕后，各级人民法院按照规定应当退还当事人诉讼费用的，应当及时办理退还手续；案件经审理需移送、移交的，应当及时办理随案移交诉讼费用的手续，不得影响当事人诉讼；当事人需要补缴诉讼费用的，应当及时督促补缴。"

② 《诉讼费用交纳办法》第27条。

③ 《民事诉讼法》第154条规定："有下列情形之一的，终结诉讼：(一)原告死亡，没有继承人，或者继承人放弃诉讼权利的；(二)被告死亡，没有遗产，也没有应当承担义务的人的；(三)离婚案件一方当事人死亡的；(四)追索赡养费、扶养费、抚养费以及解除收养关系案件的一方当事人死亡的。"

④ 《诉讼费用交纳办法》第28条。

⑤ 《诉讼费用交纳办法》第8条。

⑥ 《诉讼费用交纳办法》第9条。

定仲裁协议效力;(6)申请破产;(7)申请海事强制令、共同海损理算、设立海事赔偿责任限制基金、海事债权登记、船舶优先权催告;(8)申请承认和执行外国法院判决、裁定和国外仲裁机构裁决。[①]

2. 案件申请费的交纳主体。(1)《诉讼费用交纳办法》第10条规定的"申请执行人民法院发生法律效力的判决、裁定、调解书,仲裁机构依法作出的裁决和调解书,公证机构依法赋予强制执行效力的债权文书""申请承认和执行外国法院判决、裁定和国外仲裁机构裁决"申请费由被执行人负担。[②] (2)执行中当事人达成和解协议的,申请费的负担由双方当事人协商解决;协商不成的,由人民法院决定。[③] (3)《诉讼费用交纳办法》第10条规定的"申请保全措施"的申请费由申请人负担,申请人提起诉讼的,可以将该申请费列入诉讼请求。[④] (4)《诉讼费用交纳办法》第10条规定的"申请撤销仲裁裁决或者认定仲裁协议效力"申请费,由人民法院依照《诉讼费用交纳办法》第29条规定决定申请费的负担。[⑤] (5)债务人对督促程序未提出异议的,申请费由债务人负担。债务人对督促程序提出异议致使督促程序终结的,申请费由申请人负担;申请人另行起诉的,可以将申请费列入诉讼请求。[⑥] (6)公示催告的申请费由申请人负担。[⑦] 依照特别程序审理案件的公告费,由起诉人或者申请人负担。[⑧] (7)实现担保物权案件,人民法院裁定拍卖、变卖担保财产的,申请费由债务人、担保人负担;人民法院裁定驳回申请的,申请费由申请人负担。申请人另行起诉的,其已经交纳的申请费可以从案件受理费中扣除。[⑨] (8)拍卖、变卖担保财产的裁定作出后,人民法院强制执

---

① 《诉讼费用交纳办法》第10条。

申请费交纳标准同时参见《诉讼费用交纳办法》第14条。

② 《诉讼费用交纳办法》第38条第1款。

③ 《诉讼费用交纳办法》第38条第2款。

④ 《诉讼费用交纳办法》第38条第3款。

⑤ 《诉讼费用交纳办法》第38条第4款。

《诉讼费用交纳办法》第29条规定:"诉讼费用由败诉方负担,胜诉方自愿承担的除外。部分胜诉、部分败诉的,人民法院根据案件的具体情况决定当事人各自负担的诉讼费用数额。共同诉讼当事人败诉的,人民法院根据其对诉讼标的的利害关系,决定当事人各自负担的诉讼费用数额。"

⑥ 《诉讼费用交纳办法》第36条。

⑦ 《诉讼费用交纳办法》第37条。

⑧ 《诉讼费用交纳办法》第41条。

⑨ 《最高人民法院关于适用〈中华人民共和国民事诉讼法〉的解释》第204条。

行的,按照执行金额收取执行申请费。[①]

3. 案件申请费交纳的其他规则。(1)中止诉讼、中止执行的原因消除,恢复诉讼、执行的,不再交纳案件受理费、申请费。[②] (2)证人、鉴定人、翻译人员、理算人员在人民法院指定日期出庭发生的交通费、住宿费、生活费和误工补贴,由人民法院按照国家规定标准代为收取。当事人复制案件卷宗材料和法律文书应当按实际成本向人民法院交纳工本费。[③]

三、案件诉讼费

(一)诉讼费用的预交

诉讼费用的预交,是指由提起诉讼或者提出申请的一方当事人预先垫付诉讼费用。[④] 包括:案件受理费的预交、申请费的预交、经济补偿费的预交。

1. 诉讼费用预交的一般规则。(1)案件受理费由原告、有独立请求权的第三人、上诉人预交。被告提起反诉,按《诉讼费用交纳办法》规定需要交纳案件受理费的,由被告预交。追索劳动报酬的案件可以不预交案件受理费。申请费由申请人预交,但是,“申请执行人民法院发生法律效力的判决、裁定、调解书,仲裁机构依法作出的裁决和调解书,公证机构依法赋予强制执行效力的债权文书”“申请破产”,其申请费不由申请人预交,执行申请费执行后交纳,破产申请费清算后交纳。“证人、鉴定人、翻译人员、理算人员在人民法院指定日期出庭发生的交通费、食宿费、生活费和误工费”,待实际发生后交纳。[⑤] (2)“诉讼标的是同一种类、当事人一方人数众多在起诉时人数尚未确定的”[⑥]案件不预交案件受理费,结

---

① 《最高人民法院关于适用〈中华人民共和国民事诉讼法〉的解释》第205条。

② 《诉讼费用交纳办法》第26条。

③ 《诉讼费用交纳办法》第11条。

④ 洪冬英主编:《民事诉讼法学通论》(第3版),北京大学出版社2020年版,第238页。

案件受理费一般由原告在起诉时向人民法院预交。案件受理费一般由败诉一方当事人负担。

⑤ 《诉讼费用交纳办法》第20条。

《最高人民法院关于诉讼收费监督管理的规定》第8条规定:“各级人民法院不得违反规定预收执行申请费和破产申请费用。”

《最高人民法院关于适用〈诉讼费用交纳办法〉的通知》第4条规定:“关于执行申请费和破产申请费的收取《办法》第二十条规定,执行申请费和破产申请费不由申请人预交,执行申请费执行后交纳,破产申请费清算后交纳。自2007年4月1日起,执行申请费由人民法院在执行生效法律文书确定的内容之外直接向被执行人收取,破产申请费由人民法院在破产清算后,从破产财产中优先拨付。”

⑥ 《民事诉讼法》第57条。

案后按照诉讼标的额由败诉方交纳。[①] （3）当事人预交诉讼费：①严格按规定确定数额，不得额外收取或者随意降低；②需要到指定银行交费的，及时告知账号及地点；③确需人民法庭自行收取的，应当按规定出具收据。[②]

2. 诉讼费用预交的具体规则。（1）上诉受理费的预交。①原告、被告、第三人分别上诉的，按照上诉请求分别预交二审案件受理费。同一方多人共同上诉的，只预交一份二审案件受理费；分别上诉的，按照上诉请求分别预交二审案件受理费。[③] ②上诉案件的案件受理费由上诉人向人民法院提交上诉状时预交。双方当事人都提起上诉的，分别预交。上诉人在上诉期内未预交诉讼费用的，人民法院应当通知其在7日内预交。[④] ③一审法院报送的案卷中未附诉讼费交款收据，也未附上诉人缓交、减交、免交诉讼费申请的，立案庭向上诉人发出预交诉讼费通知，待收齐诉讼费后，立案庭予以立案，并将案卷移送相关审判庭。[⑤]（2）申请费的预交。申请费由申请人在提出申请时或者在人民法院指定的期限内预交。[⑥] （3）再审受理费的预交。有新证据而请求再审或未提出上诉而又申请再审的[⑦]，需要交纳案件受理费的，由申请再审的当事人预交。双方当事人都申请再审的，分别预交。[⑧]

3. 诉讼费预交的处理。（1）对当事人的处理。①原告应当预交而未预交案件受理费，人民法院应当通知其预交，通知后仍不预交或者申请减、缓、免未获批准而仍不预交的，裁定按撤诉处理。[⑨] ②当事人逾期不按照《诉讼费用交纳办法》第20条规定交纳案件受理费或者申请费并且没有提出司法救助申请，或者申请

---

① 《最高人民法院关于适用〈中华人民共和国民事诉讼法〉的解释》第194条。

② 《法官行为规范》第22条。

③ 《最高人民法院关于适用〈中华人民共和国民事诉讼法〉的解释》第202条。

《最高人民法院经济审判庭关于审理管辖权争议案件有关问题的电话答复》认为，人民法院向经济纠纷案件当事人预收案件受理费，是按照当事人争议财产的份额或金额计算的。没有仅就程序问题向当事人预收案件受理费的。人民法院在审理经济纠纷案件中，对当事人提出的管辖权异议进行审议，并依法作出裁决，属于程序审理，不涉及实体问题。因此，不存在经济纠纷案件当事人就管辖权异议不服原审裁定上诉后，上诉审法院向上诉人预收案件受理费问题。

④ 《诉讼费用交纳办法》第22条第2款。

⑤ 《最高人民法院关于本院各类案件诉讼费收交办法》第3条第2款。

⑥ 《诉讼费用交纳办法》第22条第3款。

⑦ 《诉讼费用交纳办法》第9条。

⑧ 《诉讼费用交纳办法》第23条。

⑨ 《最高人民法院关于适用〈中华人民共和国民事诉讼法〉的解释》第213条。

司法救助未批准,在人民法院指定期限内仍未交纳案件受理费或者申请费的,由人民法院依法按照当事人自动撤诉或者撤回申请处理。[①] (2)对上诉人的处理。①上诉人自收到人民法院预交诉讼费通知的次日起7日内,既不交纳诉讼费又不提出缓交、减交、免交诉讼费申请,且无其他正当理由的,立案庭裁定按撤回上诉处理。[②] ②上诉人提出缓交诉讼费申请,立案庭经审查决定缓交的,应当通知上诉人。缓交期限不得超过1个月。上诉人按照批准的缓交期限交纳诉讼费的,立案庭予以立案,并将案卷移送相关审判庭。逾期不交的,立案庭裁定按撤回上诉处理。立案庭经审查认为缓交诉讼费的理由不能成立的当作出不予缓交诉讼费的决定,并向上诉人发出预交诉讼费通知书。逾期不交的,立案庭裁定按撤回上诉处理。[③] ③上诉人提出减交、免交诉讼费申请,立案庭经审查决定减交、免交诉讼费的,应当通知上诉人。上诉人在规定的期限内按批准减交的数额交纳诉讼费或被批准免交诉讼费后,立案庭予以立案,并将案卷移送相关审判庭。立案庭认为减交、免交诉讼费的理由不能成立的,应当作出不予减交、免交诉讼费的决定,并向上诉人发出预交诉讼费通知书。逾期不交的,立案庭裁定按撤回上诉处理。[④] ④上诉人直接向人民法院提出上诉并提出缓交、减交、免交诉讼费申请的,立案庭通知一审法院向人民法院移送案卷。立案庭收到一审案卷后,按《最高人民法院关于本院各类案件诉讼费收交办法》第5条、第6条的规定办理。[⑤]

(二)诉讼费用的负担

诉讼费用的负担,是指诉讼程序结束时,确定已交和实际已发生的诉讼费用最终应如何在当事人之间进行分配的一种方法。[⑥]

1. 败诉方负担。(1)判决生效后,胜诉方预交但不应负担的诉讼费用,人民

---

① 《最高人民法院关于适用〈诉讼费用交纳办法〉的通知》第2条。

《诉讼费用交纳办法》第22条第4款规定:"当事人逾期不交纳诉讼费用又未提出司法救助申请,或者申请司法救助未批准,在人民法院指定期限内仍未交纳诉讼费用的,由人民法院依照有关规定处理。"

② 《最高人民法院关于本院各类案件诉讼费收交办法》第4条。

《最高人民法院人民法院民事诉讼风险提示书》第6条规定:"不按时交纳诉讼费用　当事人起诉或者上诉,不按时预交诉讼费用,或者提出缓交、减交、免交诉讼费用申请未获批准仍不交纳诉讼费用的,人民法院将会裁定按自动撤回起诉、上诉处理。当事人提出反诉,不按规定预交相应的案件受理费的,人民法院将不会审理。"

③ 《最高人民法院关于本院各类案件诉讼费收交办法》第5条。

④ 《最高人民法院关于本院各类案件诉讼费收交办法》第6条。

⑤ 《最高人民法院关于本院各类案件诉讼费收交办法》第7条。

⑥ 洪冬英主编:《民事诉讼法学通论》(第3版),北京大学出版社2020年版,第244页。

法院应当退还，由败诉方向人民法院交纳，但胜诉方自愿承担或者同意败诉方直接向其支付的除外。当事人拒不交纳诉讼费用的，人民法院可以强制执行。[①] (2) 承担连带责任的当事人败诉的，应当共同负担诉讼费用。[②]

2. 原告负担。民事案件的原告或者上诉人申请撤诉，人民法院裁定准许的，案件受理费由原告或者上诉人负担。[③]

3. 按比例负担。部分胜诉、部分败诉的，人民法院根据案件的具体情况决定当事人各自负担的诉讼费用数额。[④]

4. 人民法院决定如何负担。(1) 共同诉讼当事人败诉的，人民法院根据其对诉讼标的的利害关系，决定当事人各自负担的诉讼费用数额。[⑤] (2) 第二审人民法院改变第一审人民法院作出判决、裁定的，应当相应变更第一审人民法院对诉讼费用负担的决定。[⑥] (3) 离婚案件诉讼费用的负担由双方当事人协商解决；协商不成的，由人民法院决定。[⑦] (4) 经人民法院调解达成协议的案件，诉讼费用的负担由双方当事人协商解决；协商不成的，由人民法院决定。[⑧] (5) 人民法院改变原判决、裁定、调解结果的，应当在裁判文书中对原审诉讼费用的负担一并作出处理。[⑨]

5. 自行负担。(1) 当事人因自身原因未能在举证期限内举证，在二审或者再审期间提出新的证据致使诉讼费用增加的，增加的诉讼费用由该当事人负担。[⑩] (2) 当事人在法庭调查终结后提出减少诉讼请求数额的，减少请求数额部分的案

---

① 《最高人民法院关于适用〈中华人民共和国民事诉讼法〉的解释》第 207 条。

《诉讼费用交纳办法》第 29 条第 1 款规定："诉讼费用由败诉方负担，胜诉方自愿承担的除外。"

《最高人民法院关于适用〈诉讼费用交纳办法〉的通知》第 3 条规定："关于诉讼费用的负担　《办法》第二十九条规定，诉讼费用由败诉方负担，胜诉方自愿承担的除外。对原告胜诉的案件，诉讼费用由被告负担，人民法院应当将预收取的诉讼费用退还原告，再由人民法院直接向被告收取，但原告自愿承担或者同意被告直接向其支付的除外。当事人拒不交纳诉讼费用的，人民法院应当依法强制执行。"

② 《最高人民法院关于适用〈中华人民共和国民事诉讼法〉的解释》第 203 条。

③ 《诉讼费用交纳办法》第 34 条第 1 款。

④ 《诉讼费用交纳办法》第 29 条第 2 款。

⑤ 《诉讼费用交纳办法》第 29 条第 3 款。

⑥ 《诉讼费用交纳办法》第 30 条。

⑦ 《诉讼费用交纳办法》第 33 条。

⑧ 《诉讼费用交纳办法》第 31 条。

⑨ 《最高人民法院关于适用〈中华人民共和国民事诉讼法〉的解释》第 196 条。

⑩ 《诉讼费用交纳办法》第 40 条。

件受理费由变更诉讼请求的当事人负担。①

(三)诉讼费的免除及不得代收

1. 诉讼过程中因鉴定、公告、勘验、翻译、评估、拍卖、变卖、仓储、保管、运输、船舶监管等发生的依法应当由当事人负担的费用,人民法院根据谁主张、谁负担的原则,决定由当事人直接支付给有关机构或者单位,人民法院不得代收代付。②

2. 人民法院依照《民事诉讼法》第11条第3款规定提供当地民族通用语言、文字翻译的,不收取费用。③

3. 外交送达费不得收取。④

4. 人民法院受理撤销监护人资格案件,不收取诉讼费用。⑤

(四)诉讼费交纳中的司法救助

司法救助,是指人民法院在民事、行政诉讼中,对交纳诉讼费用确有困难的当事人实行缓交、减交和免交诉讼费用的法律制度。⑥

1. 司法救助的情形。(1)应当准予缓交诉讼费用:①追索社会保险金、经济补偿金的;②海上事故、交通事故、医疗事故、工伤事故、产品质量事故或者人身伤害事故的受害人请求赔偿的;③正在接受有关部门法律援助的;④确实需要缓交的其他情形。⑦ (2)当事人申请司法救助,符合下列情形之一的,人民法院应当准予减交诉讼费用:①因自然灾害等不可抗力造成生活困难,正在接受社会救

---

① 《诉讼费用交纳办法》第35条。

② 《诉讼费用交纳办法》第12条第1款。

③ 《诉讼费用交纳办法》第12条第2款。

《最高人民法院关于适用〈诉讼费用交纳办法〉的通知》第6条规定:"关于各省、自治区、直辖市案件受理费和申请费的具体交纳标准 《办法》授权各省、自治区、直辖市人民政府可以结合本地实际情况,在第十三条第(二)、(三)、(六)项和第十四条第(一)项规定的幅度范围内制定各地案件受理费和申请费的具体交纳标准。各高级人民法院要商同级人民主政府,及时就上述条款制定本省、自治区、直辖市案件受理费和申请费的具体交纳标准,并尽快下发辖区法院执行。"

④ 《最高人民法院关于涉外商事海事案件中法律文书外交送达费用人民币1000元以上的性质应如何认定的请示的复函》。

⑤ 《最高人民法院、最高人民检察院、公安部、民政部关于依法处理监护人侵害未成年人权益行为若干问题的意见》第31条第2款。

⑥ 洪冬英主编:《民事诉讼法学通论》(第3版),北京大学出版社2020年版,第2246页。

⑦ 《诉讼费用交纳办法》第47条。

《最高人民法院关于审理环境民事公益诉讼案件适用法律若干问题的解释》第33条规定:"原告交纳诉讼费用确有困难,依法申请缓交的,人民法院应予准许。败诉或者部分败诉的原告申请减交或者免交诉讼费用的,人民法院应当依照《诉讼费用交纳办法》的规定,视原告的经济状况和案件的审理情况决定是否准许。"

济，或者家庭生产经营难以为继的；②属于国家规定的优抚、安置对象的；③社会福利机构和救助管理站；④确实需要减交的其他情形。人民法院准予减交诉讼费用的，减交比例不得低于30%。[①]（3）当事人申请司法救助符合下列情形之一的，人民法院应当准予免交诉讼费用：①残疾人无固定生活来源的；②追索赡养费、扶养费、抚育费、抚恤金的；③最低生活保障对象、农村特困定期救济对象、农村五保供养对象或者领取失业保险金人员，无其他收入的；④因见义勇为或者为保护社会公共利益致使自身合法权益受到损害，本人或者其亲属请求赔偿或者补偿的；⑤确实需要免交的其他情形。[②]

2. 司法救助的程序。[③]（1）司法救助的提出。①当事人交纳诉讼费用确有困难的，可以依照《诉讼费用交纳办法》向人民法院立案庭[④]申请缓交、减交或者免交诉讼费用的司法救助。诉讼费用的免交只适用于自然人。[⑤]②当事人申请司法救助，应当在起诉或者上诉时提交书面申请、足以证明其确有经济困难的证明材料以及其他相关证明材料。因生活困难或者追索基本生活费用申请免交、减交诉讼费用的，还应当提供本人及其家庭经济状况符合当地民政、劳动保障等部门规定的自然人经济困难标准的证明。[⑥]（2）司法救助的审批。对当事人请求缓交诉讼费用的，由承办案件的审判人员或合议庭提出意见，报庭长审批；对当事人请求减交、免交诉讼费用的，由承办案件的审判人员或合议庭提出意见，经庭长审核同意后，报院长审批。[⑦]（3）司法救助的告知。当事人未及时交纳诉讼费：①符合司法救助条件的，告知可以申请缓交或者减免诉讼费；②不符合司法救助条件的，可以书面形式通知其在规定期限内交费，并告知无正当理由逾期不

---

① 《诉讼费用交纳办法》第46条。

② 《诉讼费用交纳办法》第45条。

③ 《最高人民法院关于适用〈诉讼费用交纳办法〉的通知》第5条规定："《办法》对司法救助的原则、形式、程序等作出了规定，但对司法救助的申请和批准程序未作规定。为规范人民法院司法救助的操作程序，最高人民法院将于近期对《关于对经济确有困难的当事人提供司法救助的规定》进行修订，及时向全国法院颁布施行。"

④ 《最高人民法院关于本院各类案件诉讼费收交办法》第2条规定："我院各类案件诉讼费的收交和缓交、减交申请的办理，统一由立案庭负责。"

⑤ 《诉讼费用交纳办法》第44条。

⑥ 《诉讼费用交纳办法》第48条。

《最高人民法院关于对经济确有困难的当事人提供司法救助的规定》第2条。

⑦ 《最高人民法院关于对经济确有困难的当事人提供司法救助的规定》第7条。

交诉讼费的，将按撤诉处理。[①] (4)司法救助的决定。①人民法院对当事人的司法救助申请不予批准的，应当向当事人书面说明理由。[②] ②当事人申请缓交诉讼费用经审查符合缓交规定的，人民法院应当在决定立案之前作出准予缓交的决定。[③]

3. 司法救助的其他规则。(1)人民法院对一方当事人提供司法救助，对方当事人败诉的，诉讼费用由对方当事人负担；对方人胜诉的，可以视申请司法救助的当事人的经济状况决定其减交、免交诉讼费用。[④] (2)人民法院准予当事人减交、免交诉讼费用的，应当在法律文书中载明。[⑤] (3)人民法院决定减半收取案件受理费的，只能减半一次。[⑥] (4)当事人骗取司法救助的，人民法院应当责令其补交诉讼费用；拒不补交的，以妨害诉讼行为论处。[⑦]

(五)诉讼费用的管理

诉讼费用的管理，是指人民法院在收取、结算诉讼费用方面的运作制度。[⑧]

1. 诉讼费用的交纳和收取制度应当公示。人民法院收取诉讼费用按照其财务隶属关系使用国务院财政部门或者省级人民政府财政部门印制的财政票据。案件受理费、申请费全额上缴财政，纳入预算，实行收支两条线管理。人民法院收取诉讼费用应当向当事人开具缴费凭证，当事人持缴费凭证到指定代理银行交费。依法应当向当事人退费的，人民法院应当按照国家有关规定办理。诉讼费用缴库和退费的具体办法由国务院财政部门商最高人民法院另行制定。在边远、水上、交通不便地区，基层巡回法庭当场审理案件，当事人提出向指定代理银

---

① 《法官行为规范》第23条。

② 《诉讼费用交纳办法》第48条第3款。

③ 《诉讼费用交纳办法》第49条。

另参见《最高人民法院关于对经济确有困难的当事人提供司法救助的规定》第5条。

④ 《诉讼费用交纳办法》第50条。

《最高人民法院关于对经济确有困难的当事人提供司法救助的规定》第6条同时规定，对方当事人胜诉的，可视申请司法救助当事人的经济状况决定其减交、免交诉讼费用。决定减交诉讼费用的，减交比例不得低于30%。

⑤ 《诉讼费用交纳办法》第51条。

《最高人民法院关于对经济确有困难的当事人提供司法救助的规定》第8条。

⑥ 《最高人民法院关于适用〈中华人民共和国民事诉讼法〉的解释》第206条。

⑦ 《最高人民法院关于对经济确有困难的当事人提供司法救助的规定》第9条。

⑧ 洪冬英主编：《民事诉讼法学通论》(第3版)，北京大学出版社2020年版，第243页。

案件受理费一般由原告在起诉时向人民法院预交，一般由败诉一方当事人负担。

行交纳诉讼费用确有困难的，基层巡回法庭可以当场收取诉讼费用，并向当事人出具省级人民政府财政部门印制的财政票据；不出具省级人民政府财政部门印制的财政票据的，当事人有权拒绝交纳。[①]

2. 诉讼费用的通知。案件审结后，人民法院应当将诉讼费用的详细清单和当事人应当负担的数额书面通知当事人，同时在判决书、裁定书或者调解书中写明当事人各方应当负担的数额。需要向当事人退还诉讼费用的，人民法院应当自法律文书生效之日起15日内退还有关当事人。[②]

3. 诉讼费用的监管。价格主管部门、财政部门按照收费管理的职责分工，对诉讼费用进行管理和监督；对违反《诉讼费用交纳办法》规定的乱收费行为，依照法律、法规和国务院相关规定予以查处。[③]

4. 具体案件诉讼费用的确定。（1）诉讼标的物是证券的，按照证券交易规则并根据当事人起诉之日前最后一个交易日的收盘价、当日的市场价或者其载明的金额计算诉讼标的金额。[④]（2）诉讼标的物是房屋、土地、林木、车辆、船舶、文物等特定物或者知识产权，起诉时价值难以确定的，人民法院应当向原告释明主张过高或者过低的诉讼风险，以原告主张的价值确定诉讼标的金额。[⑤]（3）破产程序中有关债务人的民事诉讼案件，按照财产案件标准交纳诉讼费，但劳动争议案件除外。[⑥]（4）既有财产性诉讼请求，又有非财产性诉讼请求的，按照财产性诉讼请求的标准交纳诉讼费。有多个财产性诉讼请求的，合并计算交纳诉讼费；诉讼请求中有多个非财产性诉讼请求的，按一件交纳诉讼费。[⑦]（5）诉讼费用以人民币为计算单位。以外币为计算单位的，依照人民法院决定受理案件之日国家公布的汇率换算成人民币计算交纳；上诉案件和申请再审案件的诉讼费用，按照第一审人民法院决定受理案件之日国家公布的汇率换算。[⑧]

（六）诉讼费的其他规则

1. 诉讼费的移送。依照《民事诉讼法》第37条、第38条、第39条、第130条

---

① 《诉讼费用交纳办法》第52条。

② 《诉讼费用交纳办法》第53条。

③ 《诉讼费用交纳办法》第54条。

④ 《最高人民法院关于适用〈中华人民共和国民事诉讼法〉的解释》第197条。

⑤ 《最高人民法院关于适用〈中华人民共和国民事诉讼法〉的解释》第198条。

⑥ 《最高人民法院关于适用〈中华人民共和国民事诉讼法〉的解释》第200条。

⑦ 《最高人民法院关于适用〈中华人民共和国民事诉讼法〉的解释》第201条。

⑧ 《诉讼费用交纳办法》第55条。

规定移送、移交的案件,原受理人民法院应当将当事人预交的诉讼费用随案移交接收案件的人民法院。①

2. 诉讼费用的异议。② 当事人不得单独对人民法院关于诉讼费用的决定提起上诉。当事人单独对人民法院关于诉讼费用的决定有异议的,可以向作出决定的人民法院院长申请复核。复核决定应当自收到当事人申请之日起15日内作出。当事人对人民法院决定诉讼费用的计算有异议的,可以向作出决定的人民法院请求复核。计算确有错误的,作出决定的人民法院应当予以更正。③

3. 诉讼费用的退还。上诉人向人民法院提出上诉并交纳诉讼费后,又提出撤诉的,立案庭立案后,将案卷移送相关的审判庭审查决定;准许撤诉的,上诉人持准许撤诉裁定书到人民法院司法行政装备管理局办理退还诉讼费的手续。④

---

① 《诉讼费用交纳办法》第24条。

② 对人民法院诉讼费用的异议分为两种情况:(1)对诉讼费用决定的异议;(2)对诉讼费用计算的异议。

③ 《诉讼费用交纳办法》第43条。

④ 《最高人民法院关于本院各类案件诉讼费收交办法》第8条。

第二编

审判程序

审理程序是人民法院审理案件适用的程序，包括第一审普通程序、简易程序、第二审普通程序、特别审判程序、审判监督程序、督促程序和公示催告程序。

第十二章 第一审普通程序

第一审普通程序，是指人民法院审理第一审民事案件通常适用的程序。[①] 它是整个民事诉讼程序中最完备、适用最广泛的程序，包括起诉受理、审判前的准备、开庭审理三个相对独立的阶段。[②]

第一节 起诉和受理

受理，是指人民法院对当事人的起诉进行审查后，认为符合法律规定的起诉条件，予以接受并决定立案审理，从而引起诉讼程序开始的一种诉讼活动。只有具备起诉应具备法定的实质条件和形式条件，人民法院才能受理。

起诉条件

第一百二十二条 起诉必须符合下列条件：

（一）原告是与本案有直接利害关系的公民、法人和其他组织；

（二）有明确的被告；

（三）有具体的诉讼请求和事实、理由；

（四）属于人民法院受理民事诉讼的范围和受诉人民法院管辖。

本条明确起诉条件。

---

① 洪冬英主编：《民事诉讼法学通论》（第3版），北京大学出版社2020年版，第249页。

② 从当事人起诉、人民法院受理、审理前的准备、开庭审理及最后裁判，全部程序都有具体明确的规定，并作了科学合理的编排，体系完整，反映了诉讼活动的基本原则。同时，规定了诸如撤诉、制度判决、延期审理、诉讼中止和诉讼终结等诉讼制度。

起诉，是指自然人、法人和非法人组织在民事权益受到侵犯或发生民事争议的情况下，依法以自己的名义向人民法院提出诉讼，要求人民法院予以审判的诉讼行为。[①] 本书在起诉条件基础上进一步阐释两方面的内容。

一、起诉条件

起诉的条件，是指当事人向人民法院起诉时必须具备的实质要件和形式要件。原告向人民法院起诉或者被告提出反诉，应当提供符合起诉条件的相应的证据。[②]

1. 实质要件。[③] (1)原告是与本案有直接利害关系的自然人、法人和非法人组织。其中，"原告与本案有直接利害关系"，是指当事人自己的民事权益、管理支配的民事权利受到侵害或者与他人发生争议，为维护其合法权益而向人民法院提起诉讼，引起诉讼程序发生的人。(2)有明确的被告。原告提供被告的姓名或者名称、住所[④]等信息具体明确，足以使被告与他人相区别的，可以认定为有明确的被告。起诉状列写被告信息不足以认定明确的被告的，人民法院可以告知原告补正。原告补正后仍不能确定明确的被告的，人民法院裁定不予受理。[⑤] (3)有具体的诉讼请求和事实、理由。①诉讼请求，是指原告提出自己对实体权利的主张。当事人提出的诉讼请求应明确、具体、完整，对未提出的诉讼请求人民法院不会审理。当事人提出的诉讼请求要适当，不要随意扩大诉讼请求范围；

---

① 诉，是指原告对自己向被告的权利主张，要求人民法院给予司法保护之申请，其本质是权利保护之申请。在反诉中，本诉被告的诉讼地位在性质上属于原告。有独立请求权第三人采用起诉的方式参加原案诉讼的，其在自己提起之诉中的诉讼地位属于原告。讼，是指在法庭上争辩是非曲直，打官司。

② 《最高人民法院关于民事诉讼证据的若干规定》第1条。

③ 《最高人民法院关于人民法院推行立案登记制改革的意见》第2条规定："登记立案范围有下列情形之一的，应当登记立案：(一)与本案有直接利害关系的公民、法人和其他组织提起的民事诉讼，有明确的被告、具体的诉讼请求和事实依据，属于人民法院主管和受诉人民法院管辖的……(四)生效法律文书有给付内容且执行标的和被执行人明确，权利人或其继承人、权利承受人在法定期限内提出申请，属于受申请人民法院管辖的……"

④ 《最高人民法院关于丁怀敏诉高锦债务纠纷案的管辖问题的复函》认为，起诉书应记明当事人的住址，否则请将此案退回，由该院通知原告提供被告高锦的确切住址。如他不能提供，法院无法查清，可依法驳回起诉。

⑤ 《最高人民法院关于适用〈中华人民共和国民事诉讼法〉的解释》第209条第2款。

有明确的被告，是指原告控告的相对方的姓名或名称以及具体住址应当明白、确切。法律没有苛求被告是否必须是正当的被告，只要有即可。只要能够提供其他足以确定被告身份的信息，即满足"有明确的被告"的条件。有关被告"联系方式"等信息，应当由被告在提交答辩状时向法院提供。

无根据的诉讼请求，除得不到人民法院支持外，当事人还要负担相应的诉讼费用。[①] ②原告提供的事实主要是纠纷发生的事实经过，即客观情况。③当事人增加、变更诉讼请求或者提出反诉，超过人民法院许可或者指定期限的，可能不被审理。[②] ④原告向人民法院起诉后，被告提出原告的起诉已超过法律保护期间的，如果原告没有对超过法律保护期间的事实提供证据证明，其诉讼请求不会得到人民法院的支持。[③] (4)属于人民法院受理民事诉讼的范围和受诉人民法院管辖。其中，"属于人民法院受理民事诉讼的范围"，是指属于人民法院受理民事诉讼的范围，主要是指符合《民事诉讼法》第3条规定的自然人之间、法人之间、非法人组织之间以及他们相互之间因财产关系和人身关系提起的民事诉讼。属于受诉人民法院管辖，是指原告提起的诉讼，除属于民事诉讼的范围外，还必须是根据《民事诉讼法》第二章管辖的有关规定，属于受理该案的人民法院管辖。

2. 形式要件。即起诉应采取的形式，包括书面形式、口头形式。

二、诉讼时效

1. 诉讼时效的一般规则。(1)诉讼时效，是指权利人未在法定期间内行使权利而丧失请求人民法院依法保护其的权利的法律制度。[④] (2)诉讼时效期间届满，当事人一方向对方当事人作出同意履行义务的意思表示或者自愿履行义务后，又以诉讼时效期间届满为由进行抗辩的，人民法院不予支持。[⑤] (3)主债务诉讼时效期间届满，保证人享有主债务人的诉讼时效抗辩权。保证人未主张前述诉讼时效抗辩权，承担保证责任后向主债务人行使追偿权的，人民法院不予支持，但主债务人同意给付的情形除外。[⑥] (4)人民法院不得主动适用诉讼时效的

---

① 《最高人民法院人民法院民事诉讼风险提示书》(二、诉讼请求不适当)。

诉讼标的是一个诉讼的审判对象和争议对象之结合。

民事诉讼将当事人的权利主张诉讼请求分为给付请求、确认请求和形成请求。以各诉讼请求为内容的诉分别是给付之诉、确认之诉和形成之诉(创设之诉、变更之诉)。

② 《最高人民法院人民法院民事诉讼风险提示书》(三、逾期改变诉讼请求)。

③ 《最高人民法院人民法院民事诉讼风险提示书》(四、超过诉讼时效)。

④ 诉讼时效的特征：(1)诉讼时效届满胜诉权消灭。对于原告已过诉讼时效的请求，人民法院将驳回其诉讼请求。(2)诉讼时效届满并不消灭实体权利。诉讼时效届满后，权利人仍然享有实体权利，如果义务人自愿履行，权利人仍有权受领。(3)诉讼时效属于强制性规定，当事人对诉讼时效期间、计算方法以及中止、中断等事由的约定无效。

⑤ 《最高人民法院关于审理民事案件适用诉讼时效制度若干问题的规定》第19条第1款。

⑥ 《最高人民法院关于审理民事案件适用诉讼时效制度若干问题的规定》第18条。

规定。[①] (5)下列请求权不适用诉讼时效的规定:①请求停止侵害、排除妨碍、消除危险;②不动产物权和登记的动产物权的权利人请求返还财产;③请求支付抚养费、赡养费或者扶养费;④依法不适用诉讼时效的其他请求权。[②]

2. 诉讼时效的期间。(1)诉讼时效期间的基本界定。①诉讼时效期间,是指权利人请求人民法院保护其民事权利的法定期间。[③] ②诉讼时效期间包括普通诉讼时效期间、特别诉讼时效期间、最长诉讼时效期间。[④] ③权利人向人民法院请求保护民事权利的普通诉讼时效期间为 3 年。(2)诉讼时效期间的规则。①向人民法院请求保护民事权利的诉讼时效期间为 3 年。法律另有规定的,依照其规定。诉讼时效期间自权利人知道或者应当知道权利受到损害以及义务人之日起计算。法律另有规定的,依照其规定。但是,自权利受到损害之日起超过 20 年的,人民法院不予保护;有特殊情况的,人民法院可以根据权利人的申请决定延长。[⑤] 其中,"知道",是指权利人主观上已经知道自己的权利被侵害的事实。"应当知道",则是一种法律推定,应指基于客观之情事及根据权利人智识经验应尽的合理注意义务[⑥],权利人应当知悉其权利被侵害的事实,但因其自身过失而未知情,在该情形下,法律推定权利人知道其权利受到损害。②诉讼时效的期间、计算方法以及中止、中断的事由由法律规定,当事人约定无效。当事人对诉讼时效利益的预先放弃无效。[⑦] (3)具体案件诉讼时效期间的计算。①当事人约

---

① 《民法典》第 193 条。

② 《民法典》第 196 条。

③ 诉讼时效期间的特点:(1)诉讼时效期间具有法定性,不能由当事人约定。(2)诉讼时效期间具有可变性,可以依法中止、中断和延长。(3)诉讼时效期间具有强行性,当事人不得约定排除适用诉讼时效规定,也不得预先放弃诉讼时效利益。

诉讼时效期间与除斥期间(法律对某种权利规定的存续期间)的相同之处是二者都具有及时确定法律关系的目的。但二者也存在区别:(1)除斥期间届满的法律后果是使该项实体权利消灭,而诉讼时效期间届满的法律后果是权利人丧失请求人民法院的保护其民事权利,实体权利并不消灭。(2)人民法院可以主动适用除斥期间的有关规定,但不能主动适用诉讼时效的规定。(3)除斥期间为不变期间,诉讼时效期间则可以中止、中断或延迟。

④ 特别诉讼时效期间,是指法律规定的仅适用某些特殊民事法律关系的诉讼时效期间,其优于一般诉讼时效期间而适用。

最长诉讼时效期间,是指不适用诉讼时效中止、中断规定的时效期间。

⑤ 《民法典》第 188 条。

⑥ 合理注意,是指以普通谨慎人的标准衡量权利人的认知和行为能力,同时还应考虑权利人的主观心态、智识能力等主观因素。

⑦ 《民法典》第 197 条。

定同一债务分期履行的,诉讼时效期间自最后一期履行期限届满之日起计算。[①] ②返还不当得利请求权的诉讼时效期间,从当事人一方知道或者应当知道不当得利事实及对方当事人之日起计算。[②] ③管理人因无因管理行为产生的给付必要管理费用、赔偿损失请求权的诉讼时效期间,从无因管理行为结束并且管理人知道或者应当知道本人之日起计算。本人因不当无因管理行为产生的赔偿损失请求权的诉讼时效期间,从其知道或者应当知道管理人及损害事实之日起计算。[③] ④当事人依据《民法典》第 1092 条[④]的规定向人民法院提起诉讼,请求再次分割夫妻共同财产的诉讼时效为 3 年,从当事人发现之日起计算。[⑤] ⑤无民事行为能力人或者限制民事行为能力人对其法定代理人的请求权的诉讼时效期间,自该法定代理终止之日起计算。[⑥] ⑥未成年人遭受性侵害的损害赔偿请求权的诉讼时效期间,自受害人年满 18 周岁之日起计算。[⑦] ⑦法律对仲裁时效有规定的,依照其规定;没有规定的,适用诉讼时效的规定。[⑧] ⑧法律规定或者当事人约定的撤销权、解除权等权利的存续期间,除法律另有规定外,自权利人知道或者应当知道权利产生之日起计算,不适用有关诉讼时效中止、中断和延长的规定。存续期间届满,撤销权、解除权等权利消灭。[⑨]

3. 诉讼时效中止。(1)在诉讼时效期间的最后 6 个月内,因下列障碍,不能行使请求权的,诉讼时效中止:①不可抗力;②无民事行为能力人或者限制民事行为能力人没有法定代理人,或者法定代理人死亡、丧失民事行为、丧失代理权;③继承开始后未确定继承人或者遗产管理人;④权利人被义务人或者其他人控制;⑤其他导致权利人不能行使请求权的障碍。自中止时效的原因清除之日起满 6 个月,诉讼时效期间届满。[⑩] (2)从中止时效的原因消除之日起,诉讼时效期

---

① 《民法典》第 189 条。

② 《最高人民法院关于审理民事案件适用诉讼时效制度若干问题的规定》第 6 条。

③ 《最高人民法院关于审理民事案件适用诉讼时效制度若干问题的规定》第 7 条。

④ 《民法典》第 1092 条规定:"夫妻一方隐藏、转移、变卖、毁损、挥霍夫妻共同财产,或者伪造夫妻共同债务企图侵占另一方财产的,在离婚分割夫妻共同财产时,对该方可以少分或者不分。离婚后,另一方发现有上述行为的,可以向人民法院提起诉讼,请求再次分割夫妻共同财产。"

⑤ 《最高人民法院关于适用〈中华人民共和国民法典〉婚姻家庭编的解释(一)》第 84 条。

⑥ 《民法典》第 190 条。

⑦ 《民法典》第 191 条。

⑧ 《民法典》第 198 条。

⑨ 《民法典》第 199 条。

⑩ 《民法典》第 194 条。

间继续计算。

4. 诉讼时效中断。(1)诉讼时效中断的情形。①有下列情形之一的,诉讼时效中断,从中断、有关程序终结时起,诉讼时效期间重新计算:(i)权利人向义务人提出履行请求;(ii)义务人同意履行义务;(iii)权利人提起诉讼或者申请仲裁;(iv)与提起诉讼或者申请仲裁具有同等效力的其他情形。[①] ②具有下列情形之一的,应当认定为《民法典》第195条规定的"权利人向义务人提出履行请求",产生诉讼时效中断的效力:(i)当事人一方直接向对方当事人送交主张权利文书,对方当事人在文书上签字、盖章、按指印或者虽未签字、盖章、按指印但能够以其他方式证明该文书到达对方当事人的;(ii)当事人一方以发送信件或者数据电文方式主张权利,信件或者数据电文到达或者应当到达对方当事人的;(iii)当事人一方为金融机构,依照法律规定或者当事人约定从对方当事人账户中扣收欠款本息的;(iv)当事人一方下落不明,对方当事人在国家级或者下落不明的当事人一方住所地的省级有影响的媒体上刊登具有主张权利内容的公告的,但法律和司法解释另有特别规定的,适用其规定。前款第1项情形中,对方当事人为法人或者其他组织的,签收人可以是其法定代表人、主要负责人、负责收发信件的部门或者被授权主体;对方当事人为自然人的,签收人可以是自然人本人、同住的具有完全行为能力的亲属或者被授权主体。[②] ③义务人作出分期履行、部分履行、提供担保、请求延期履行、制定清偿债务计划等承诺或者行为的,应当认定为《民法典》第195条[③]规定的"义务人同意履行义务"。[④] ④下列事项之一,人民法院应当认定与提起诉讼具有同等诉讼时效中断的效力:(i)申请支付令;(ii)申请破产、申报破产债权;(iii)为主张权利而申请宣告义务人失踪或死亡;(iv)申请诉前财产保全、诉前临时禁令等诉前措施;(v)申请强制执行;(vi)申请追加当事人或者被通知参加诉讼;(vii)在诉讼中主张抵销;(viii)其他与提起诉讼具有同等诉讼时效中断效力的事项。[⑤] (2)诉讼时效中断的起算。①当事人一方向人民法

---

① 《民法典》第195条。

② 《最高人民法院关于审理民事案件适用诉讼时效制度若干问题的规定》第8条。

③ 《民法典》第195条规定:"有下列情形之一的,诉讼时效中断,从中断、有关程序终结时起,诉讼时效期间重新计算:(一)权利人向义务人提出履行请求;(二)义务人同意履行义务;(三)权利人提起诉讼或者申请仲裁;(四)与提起诉讼或者申请仲裁具有同等效力的其他情形。"

④ 《最高人民法院关于审理民事案件适用诉讼时效制度若干问题的规定》第14条。

⑤ 《最高人民法院关于审理民事案件适用诉讼时效制度若干问题的规定》第11条。

院提交起诉状或者口头起诉的，诉讼时效从提交起诉状或者口头起诉之日起中断。[①] ②权利人向人民调解委员会以及其他依法有权解决相关民事纠纷的国家机关、事业单位、社会团体等社会组织提出保护相应民事权利的请求，诉讼时效从提出请求之日起中断。[②] ③权利人向公安机关、人民检察院、人民法院报案或者控告，请求保护其民事权利的，诉讼时效从其报案或者控告之日起中断。上述机关决定不立案、撤销案件、不起诉的，诉讼时效期间从权利人知道或者应当知道不立案、撤销案件或者不起诉之日起重新计算；刑事案件进入审理阶段，诉讼时效期间从刑事裁判文书生效之日起重新计算。[③] （3）诉讼时效中断的法律效力。①权利人对同一债权中的部分债权主张权利，诉讼时效中断的效力及于剩余债权，但权利人明确表示放弃剩余债权的情形除外。[④] ②对于连带债务人中的一人发生诉讼时效中断效力的事由，应当认定对其他连带债务人也发生诉讼时效中断的效力。[⑤] ③债权人提起代位权诉讼的，应当认定对债权人的债权和债务人的债权均发生诉讼时效中断的效力。[⑥] ④债权转让的，应当认定诉讼时效从债权转让通知到达债务人之日起中断。债务承担情形下，构成原债务人对债务承认的，应当认定诉讼时效从债务承担意思表示到达债权人之日起中断。[⑦] （4）具体纠纷案件的诉讼时效中断。①正本提单持有人以承运人与无正本提单交付货物为由提起的诉讼，诉讼时效中断适用《海商法》第 267 条规定。正本提单持有人以承运人与无正本提单交付货物的人共同实施无正本提单交付货物行为为由提起的侵权诉讼，时效中断适用本条前款规定。[⑧] ②未约定履行期限的合同，依照《民法典》第 510 条[⑨]、第 511 条[⑩]的规定，可以确定履行期限的，诉讼时效期间

---

① 《最高人民法院关于审理民事案件适用诉讼时效制度若干问题的规定》第 10 条。

② 《最高人民法院关于审理民事案件适用诉讼时效制度若干问题的规定》第 12 条。

③ 《最高人民法院关于审理民事案件适用诉讼时效制度若干问题的规定》第 13 条。

④ 《最高人民法院关于审理民事案件适用诉讼时效制度若干问题的规定》第 9 条。

⑤ 《最高人民法院关于审理民事案件适用诉讼时效制度若干问题的规定》第 15 条第 1 款。

⑥ 《最高人民法院关于审理民事案件适用诉讼时效制度若干问题的规定》第 16 条。

⑦ 《最高人民法院关于审理民事案件适用诉讼时效制度若干问题的规定》第 17 条。

⑧ 《最高人民法院关于审理无正本提单交付货物案件适用法律若干问题的规定》第 15 条。

⑨ 《民法典》第 510 条规定："合同生效后，当事人就质量、价款或者报酬、履行地点等内容没有约定或者约定不明确的，可以协议补充；不能达成补充协议的，按照合同相关条款或者交易习惯确定。"

⑩ 《民法典》第 511 条规定："当事人就有关合同内容约定不明确，依照前款规定仍不能确定的，适用下列规定：……（四）履行期限不明确的，债务人可以随时履行，债权人也可以随时请求履行，但是应当给对方必要的准备时间……"

从履行期限届满之日起计算;不能确定履行期限的,诉讼时效期间从债权人要求债务人履行义务的宽限期届满之日起计算,但债务人在债权人第1次向其主张权利之时明确表示不履行义务的,诉讼时效期间从债务人明确表示不履行义务之日起计算。[①] ③合同被撤销,返还财产、赔偿损失请求权的诉讼时效期间从合同被撤销之日起计算。[②] ④返还不当得利请求权的诉讼时效期间,从当事人一方知道或者应当知道不当得利事实及对方当事人之日起计算。[③] ⑤管理人因无因管理行为产生的给付必要管理费用、赔偿损失请求权的诉讼时效期间,从无因管理行为结束并且管理人知道或者应当知道本人之日起计算。本人因不当无因管理行为产生的赔偿请求权的诉讼时效期间,从其知道或者应当知道管理人及损害事实之日起计算。[④] ⑥债权转让的,应当认定诉讼时效从债权转让通知到达债务人之日起中断。债务承担情形下,构成原债务人对债务承认的,应当认定诉讼时效从债务承担意思表示到达债权人之日起中断。[⑤]

5. 诉讼时效抗辩。(1)当事人可以对债权请求权提出诉讼时效抗辩,但对下列债权请求权提出诉讼时效抗辩的,人民法院不予支持:①支付存款本金及利息请求权;②兑付国债、金融债券以及向不特定对象发行的企业债券本息请求权;③基于投资关系产生的缴付出资请求权;④其他依法不适用诉讼时效规定的债权请求权。[⑥] (2)当事人未提出诉讼时效抗辩,人民法院不应对诉讼时效问题进行释明。[⑦] (3)当事人在一审期间未提出诉讼时效抗辩,在二审期间提出的,人民法院不予支持,但其基于新的证据能够证明对方当事人的请求权已过诉讼时效期间的情形除外。[⑧] (4)诉讼时效期间届满,当事人一方向对方当事人作出同意履行义务的意思表示或者自愿履行义务后,又以诉讼时效期间届满为由进行抗辩的,人民法院不予支持。[⑨] (5)主债务诉讼时效期间届满,保证人享有主债务人的诉讼时效抗辩权。保证人未主张前述诉讼时效抗辩权,承担保证责任后向主

---

① 《最高人民法院关于审理民事案件适用诉讼时效制度若干问题的规定》第4条。
② 《最高人民法院关于审理民事案件适用诉讼时效制度若干问题的规定》第5条第2款。
③ 《最高人民法院关于审理民事案件适用诉讼时效制度若干问题的规定》第6条。
④ 《最高人民法院关于审理民事案件适用诉讼时效制度若干问题的规定》第7条。
⑤ 《最高人民法院关于审理民事案件适用诉讼时效制度若干问题的规定》第17条。
⑥ 《最高人民法院关于审理民事案件适用诉讼时效制度若干问题的规定》第1条。
⑦ 《最高人民法院关于审理民事案件适用诉讼时效制度若干问题的规定》第2条。
⑧ 《最高人民法院关于审理民事案件适用诉讼时效制度若干问题的规定》第3条第1款。
⑨ 《最高人民法院关于审理民事案件适用诉讼时效制度若干问题的规定》第19条第1款。

债务人行使追偿权的，人民法院不予支持，但主债务人同意给付的情形除外。[①](6)享有撤销权的当事人一方请求撤销合同的，应适用《民法典》第152条[②]关于1年除斥期间的规定。对方当事人对撤销合同请求权提出诉讼时效抗辩的，人民法院不予支持。

起诉方式

第一百二十三条　起诉应当向人民法院递交起诉状，并按照被告人数提出副本。

书写起诉状确有困难的，可以口头起诉，由人民法院记入笔录，并告知对方当事人。

本条明确起诉方式。本书仅就其进行阐释。

原告起诉有两种方式[③]。

1. 书面方式。人民法院应当提供诉状样本，为当事人书写诉状提供示范和指引。[④]

2. 口头方式。(1)当事人书写诉状确有困难的，可以口头提出，由人民法院记入笔录。符合法律规定的，予以登记立案。[⑤] 其中，笔录应由起诉人签名或盖章，与起诉状具有同等效力。人民法院既可以将抄录的原告口诉笔录送给被告，也可以将原告口诉的主要内容口头告知被告。(2)当事人口头起诉时，人民法院应告知当事人应当递交书面诉状。当事人不能书写诉状且委托他人代写有困难的，要求其明确诉讼请求、如实提供案件情况和联络方式，记入笔录并向其宣读，

---

① 《最高人民法院关于审理民事案件适用诉讼时效制度若干问题的规定》第18条。

② 《民法典》第152条规定："有下列情形之一的，撤销权消灭：(一)当事人自知道或者应当知道撤销事由之日起一年内、重大误解的当事人自知道或者应当知道撤销事由之日起九十日内没有行使撤销权；(二)当事人受胁迫，自胁迫行为终止之日起一年内没有行使撤销权；(三)当事人知道撤销事由后明确表示或者以自己的行为表明放弃撤销权。当事人自民事法律行为发生之日起五年内没有行使撤销权的，撤销权消灭。"

③ 以书面方式为主，只有在起诉人"书写起诉状确有困难"的情况下，为便利其行使起诉的权利，才可以允许原告口头起诉。

④ 《最高人民法院关于人民法院登记立案若干问题的规定》第3条第1款。

⑤ 《最高人民法院关于人民法院登记立案若干问题的规定》第3条第2款。

确认无误后交其签名或者捺印。①

民事起诉状

第一百二十四条　起诉状应当记明下列事项：

（一）原告的姓名、性别、年龄、民族、职业、工作单位、住所、联系方式，法人或者其他组织的名称、住所和法定代表人或者主要负责人的姓名、职务、联系方式；

（二）被告的姓名、性别、工作单位、住所等信息，法人或者其他组织的名称、住所等信息；

（三）诉讼请求和所根据的事实与理由；

（四）证据和证据来源，证人姓名和住所。

本条明确民事起诉状应记明的事项。本书在此基础上进一步阐释两方面的内容。

一、民事起诉状

1. 民事起诉状的内容。民事起诉状应当记明以下事项：(1)原告的姓名、性别、年龄、民族、职业、工作单位、住所、联系方式，法人或者其他组织的名称、住所和法定代表人或者主要负责人的姓名、职务、联系方式；(2)被告的姓名、性别、工作单位、住所等信息，法人或者其他组织的名称、住所等信息；(3)诉讼请求和所根据的事实与理由；(4)证据和证据来源；(5)有证人的，载明证人姓名和住所。②起诉状还应当写明起诉的日期，并由原告署名或盖章。③

2. 民事起诉讼中的第三人。原告在起诉状中直接列明第三人的，视为其申请人民法院追加该第三人参加诉讼。是否通知第三人参加诉讼，由人民法院审

---

① 《法官行为规范》第11条。

② 《最高人民法院关于人民法院登记立案若干问题的规定》第4条第1款。

③ 《最高人民法院关于人民法院受理经济纠纷案件中几个问题的复函》第1条认为："企业法人因经济、民事纠纷向人民法院递交的起诉状，应当加盖企业法人的公章，并有其法定代表人的签字或盖章。未加盖企业法人公章，或者法定代表人未签字或盖章的，受诉法院应令其补正。立案时限，从补正后交法院的次日起计算。"

查决定。[①]

3. 人民法院对民事起诉状内容的告知。(1)原告在起诉状中有谩骂和人身攻击之辞的,人民法院应当告知其修改后提起诉讼。[②] (2)诉状内容和形式不符合规定,人民法院应告知按照有关规定进行更正,做到一次讲清要求;不得因起诉要件以外的瑕疵拒绝立案。[③]

4. 民事起诉状的样本。人民法院应当提供诉状样本,为当事人书写诉状提供示范和指引。当事人书写诉状确有困难的,可以口头提出,由人民法院记入笔录。符合法律规定的,予以登记立案。[④]

5. 民事起诉状的接收。对起诉、自诉,人民法院应当一律接收诉状,出具书面凭证并注明收到日期。[⑤]

二、提交的材料

1. 提交的材料的内容。当事人提出起诉、自诉的,应当提交以下材料:(1)起诉人、自诉人是自然人的,提交身份证明复印件;起诉人、自诉人是法人或者非法人组织的,提交营业执照或者组织机构代码证复印件、法定代表人或者主要负责人身份证明书;法人或者其他组织不能提供组织机构代码的,应当提供组织机构被注销的情况说明;(2)委托起诉或者代为告诉的,应当提交授权委托书、代理人身份证明、代为告诉人身份证明等相关材料;(3)具体明确的足以使被告或者被告人与他人相区别的姓名或者名称、住所等信息;(4)起诉状原本和与被告或者被告人及其他当事人人数相符的副本;(5)与诉请相关的证据或者证明材料。[⑥]

2. 提交的材料的授权委托书。(1)当事人委托诉讼代理人代为承认、放弃、变更诉讼请求,进行和解,提起反诉或者上诉等事项的,应在授权委托书中特别注明。没有授权委托书中明确、具体记明特别授权事项的,诉讼代理人就上述特

---

① 《最高人民法院关于适用〈中华人民共和国民事诉讼法〉的解释》第222条。

② 《最高人民法院关于适用〈中华人民共和国民事诉讼法〉的解释》第210条。

③ 《法官行为规范》第16条。

④ 《最高人民法院关于人民法院登记立案若干问题的规定》第3条。

⑤ 《最高人民法院关于人民法院登记立案若干问题的规定》第2条第1款。

⑥ 《最高人民法院关于人民法院登记立案若干问题的规定》第6条。

所谓起诉状副本,即与起诉状内容相同的文本,是相对于递交人民法院的诉状而言的。递交法院的诉状称正本,副本可以抄写也可以打印复印。

别授权事项发表的意见不具有法律效力。[①] (2)原告起诉时已委托他人代为诉讼的,应当将授权委托书随起诉状一并递交。

3. 提起反诉的证据。原告向人民法院起诉或者被告提出反诉,应当提供符合起诉条件的相应的证据。[②]

4. 提交的材料的便捷方式。当事人因肢体残疾行动不便或者身患重病卧床不起等原因,确实无法到法院起诉且没有能力委托代理人的,人民法院可以根据实际情况上门接收起诉材料;当事人所在地离受案法院距离远且案件事实清楚、关系明确、争议不大的,人民法院可以通过网络或者邮寄的方式接收起诉材料;对不符合上述条件的当事人,人民法院应当告知其到法院起诉。[③]

5. 提交的材料的审查、移送期限。立案庭承担有关法律文书送达、对管辖权异议的审查,诉讼保全、庭前证据交换等庭前程序性工作的,向审判庭移送案卷材料的期限可不受"立案机构应当在决定立案的三日内将案卷材料移送审判庭"[④]规定的限制,但第一审案件移送案卷材料的期限最长不得超 20 日,第二审案件最长不得超过 15 日。立案庭未承担上述程序性工作的,仍应在 3 日内移送完毕。[⑤]

先行调解

第一百二十五条　当事人起诉到人民法院的民事纠纷,适宜调解的,先行调解,但当事人拒绝调解的除外。

本条明确先行调解。

先行调解,主要是指人民法院在立案前或者立案后不久、尚未开庭审理前的调解。主要适用于婚姻家庭纠纷和继承纠纷;劳务合同纠纷;交通事故和工伤事故引起的权利义务关系较为明确的损害赔偿纠纷;宅基地和相邻关系纠纷;合伙

---

① 《人民法院民事诉讼风险提示书》(五、授权不明)。

② 《最高人民法院关于民事诉讼证据的若干规定》第 1 条。

③ 《法官行为规范》第 12 条。

④ 《最高人民法院关于严格执行案件审理制度的若干规定》第 7 条。

⑤ 《最高人民法院关于执行〈最高人民法院关于严格执行案件审理期限制度的若干规定〉中有关问题的复函》。

合同纠纷;以及诉讼标的额较小的纠纷。① 人民法院认为“适宜”调解,且当事人不拒绝,即为法律强制性调解。② 本书仅就先行调解进行阐释。

1. 在案件移送审判业务庭、开庭审理之前,当事人同意调解的,要及时进行调解。要进一步加强庭前调解组织建设,有条件的人民法院可以探索建立专门的庭前调解组织。要进一步优化审判资源配置,有条件的人民法院可以探索试行法官助理等审判辅助人员开展庭前调解工作,提高调解工作效率,减轻审判人员的工作负担。③

2. 在收到当事人起诉状或者口头起诉之后、正式立案之前,对于未经人民调解、行政调解、行业调解等非诉讼纠纷解决方式调处的案件,要积极引导当事人先行就近、就地选择非诉讼调解组织解决纠纷,力争将矛盾纠纷化解在诉前。当事人选择非诉讼调解的,应当暂缓立案;当事人不同意选择非诉讼调解的,或者经非诉讼调解未达成协议,坚持起诉的,经审查符合相关诉讼法规定的受理条件的,应当及时立案。要进一步加强与人民调解组织、行政调解组织以及其他调解组织的协商与配合,有条件的基层法院特别是人民法庭应当设立诉前调解工作室或者“人民调解窗口”,充分发挥诉前调解的案件分流作用。④

---

① 《最高人民法院关于适用简易程序审理民事案件的若干规定》第 14 条。

《最高人民法院关于进一步贯彻“调解优先、调判结合”工作原则的若干意见》第 4 条规定:“……对《最高人民法院关于适用简易程序审理民事案件的若干规定》第十四条规定的婚姻家庭纠纷、继承纠纷、劳务合同纠纷、交通事故和工伤事故引起的权利义务关系较为明确的损害赔偿纠纷、宅基地和相邻关系纠纷、合伙协议纠纷、诉讼标的额较小的民事纠纷,在开庭审理时应当先行调解。但是根据案件的性质和当事人的实际情况不能调解或者显然没有调解必要的除外。……”

② 先行调解的适用条件:(1)人民法院认“适宜调解”。“适宜”的判断标准由人民法院根据案件的具体情况具体掌握。(2)当事人不拒绝。当事人明确表示不同意调解,尚未立案的,人民法院应当依法及时立案;已经受理立案的,应当依法及时判决。当事人不拒绝不仅包括当事人明示的同意,还包括其默示的同意。

③ 《最高人民法院关于进一步贯彻“调解优先、调判结合”工作原则的若干意见》第 10 条。

④ 《最高人民法院关于进一步贯彻“调解优先、调判结合”工作原则的若干意见》第 8 条。

《最高人民法院关于建立健全诉讼与非诉讼相衔接的矛盾纠纷解决机制的若干意见》第 15 条规定:“经双方当事人同意,或者人民法院认为确有必要的,人民法院可以在立案后将民事案件委托行政机关、人民调解组织、商事调解组织、行业调解组织或者其他具有调解职能的组织协助进行调解。当事人可以协商选定有关机关或者组织,也可商请人民法院确定。调解结束后,有关机关或者组织应当将调解结果告知人民法院。达成调解协议的,当事人可以申请撤诉、申请司法确认,或者由人民法院经过审查后制作调解书。调解不成的,人民法院应当及时审判。”

3. 在案件立案之后、移送审判业务庭之前，要充分利用立案窗口“第一时间接触当事人、第一时间了解案情”的优势，积极引导当事人选择调解方式解决纠纷。对事实清楚、权利义务关系明确、争议不大的简单民事案件，在立案后应当及时调解；对可能影响社会和谐稳定的群体性案件、集团诉讼案件，敏感性强、社会广泛关注的案件，在立案后也要尽可能调解。对当事人拒绝调解的，无法及时与当事人及其委托代理人取得联系的，或者案情复杂、争议较大的案件，以及法律规定不得调解的案件，应当在立案后及时移送审理。对在调解过程中发现案件涉及国家利益、社会公共利益和第三人利益的，案件需要审计、评估、鉴定的，或者需要人民法院调查取证的，应当终结调解程序，及时移送审理。立案阶段的调解应当坚持以效率、快捷为原则，避免案件在立案阶段积压。适用简易程序的一审民事案件，立案阶段调解期限原则上不超过立案后 10 日；适用普通程序的一审民事案件，立案阶段调解期限原则上不超过 20 日，经双方当事人同意，可以再延长 10 日。延长的调解期间不计入审限。①

受理及立案期限

第一百二十六条　人民法院应当保障当事人依照法律规定享有的起诉权利。对符合本法第一百二十二条的起诉，必须受理。符合起诉条件的，应当在七日内立案，并通知当事人；不符合起诉条件的，应当在七日内作出裁定书，不予受理；原告对裁定不服的，可以提起上诉。

本条明确人民法院的受理、立案期限。本书在此基础上进一步阐释五个方面的内容。

---

① 《最高人民法院关于进一步贯彻“调解优先、调判结合”工作原则的若干意见》第 9 条。

《最高人民法院关于建立健全诉讼与非诉讼相衔接的矛盾纠纷解决机制的若干意见》第 16 条规定：“对于已经立案的民事案件，人民法院可以按照有关规定邀请符合条件组织或者人员与审判组织共同调解。调解应当在人民法院的法庭或者其他办公场所进行，经当事人同意也可以在法院以外的场所进行。达成调解协议的，可以允许当事人撤诉，或者由人民法院经过审查后制作调解书。调解不成的，人民法院应当及时审判。开庭前从事调解的法官原则上不参与同一案件的开庭审理，当事人同意的除外。”第 17 条规定：“有关组织调解案件时，在不违反法律、行政法规强制性规定的前提下，可以参考行业惯例、村规民约、社区公约和当地善良风俗等行为规范，引导当事人达成调解协议。”

一、受理与接收

受理,是指人民法院接受原告的起诉,并启动诉讼程序的行为。[①] 它是人民法院对诉讼主体提交的材料经过初步审查属于职责范围且手续基本齐全的予以接受的一道程序。

1. 当事人到人民法庭起诉,人民法院法庭有权受理的,应当接受起诉材料,不得要求当事人到所在基层人民法院立案庭起诉。[②]

2. 收到诉状的时间,一般应在收到之日起开始计算,对于需要当事人补交有关证据材料的,其起始日期从补齐时开始计算。[③]

3. 基层人民法院、公安机关对适宜通过人民调解方式解决的纠纷,可以在受理前告知当事人向人民调解委员会申请调解。[④]

4. 原告应当预交而未预交案件受理费,人民法院应当通知其预交,通知后仍不预交或者申请减、缓、免未获批准而仍不预交的,裁定按撤诉处理。[⑤]

5. 禁止在法律规定之外设定受理条件,全面清理和废止不符合法律规定的立案"土政策"。[⑥] 人民法院依法维护登记立案秩序,推进诉讼诚信建设。

二、人民法院审查起诉

原告向人民法院提起诉讼后,人民法院将对起诉进行审查。包括实质的审查与形式的审查。[⑦]

1. 审查后的裁决。(1)不予受理的裁决。①不予受理的包括:(i)起诉状列写被告信息不足以认定明确的被告的,人民法院可以告知原告补正。原告补正后仍不能确定明确的被告的,人民法院裁定不予受理。[⑧] (ii)对本院没有管辖权的案件,告知原告向有管辖权的人民法院起诉;原告坚持起诉的,裁定不予受理;

---

① 受理的法律后果:(1)受诉人民法院对该案件取得了审判权。(2)确定了当事人双方的诉讼地位。(3)诉讼时效中断。(4)双方当事人不得就同一纠纷再向其他人民法院提起诉讼。

② 《法官行为规范》第 13 条。

③ 《最高人民法院关于人民法院登记立案若干问题的规定》第 2 条、第 7 条。

④ 《人民调解法》第 18 条。

⑤ 《最高人民法院关于适用〈中华人民共和国民事诉讼法〉的解释》第 213 条。

⑥ 《最高人民法院关于印发〈关于人民法院推行立案登记制改革的意见〉的通知》第 3 条第4 项。

⑦ 审查分为两个部分:一是对起诉状的形式审查,主要是看起诉状记明的事项是否符合《民事诉讼法》第 124 条的规定。二是对起诉要件的实质审查,主要是看起诉是否符合《民事诉讼法》第 122 条的规定。

⑧ 《最高人民法院关于适用〈中华人民共和国民事诉讼法〉的解释》第 209 条第 2 款。

立案后发现本院没有管辖权的，应当将案件移送有管辖权的人民法院。[①] ②对不属于人民法院主管或者管辖的案件，人民法院应告知当事人不属于人民法院主管或者没有管辖权的理由；根据案件实际情况，指明主管机关或者有管辖权的法院；当事人坚持起诉的，裁定不予受理，不得违反管辖规定受理案件。[②] ③原审原告在第二审程序中撤回起诉后重复起诉的，人民法院不予受理。[③] （2）不予立案的裁决。①有下列情形之一的，不予登记立案：(i)违法起诉或者不符合法定起诉条件的；(ii)诉讼已经终结的；(iii)涉及危害国家主权和领土完整、危害国家安全、破坏国家统一和民族团结、破坏国家宗教政策的；(iv)其他不属于人民法院主管的所诉事项。[④] ②作出不予立案裁定书。对原告起诉不予立案的，人民法院应当制作民事裁定书，由负责审查的审判人员、书记人员署名，报请庭长或院长批准，并加盖人民法院印章。

2. 说明理由。（1）对不符合法律规定的起诉、自诉，人民法院应当予以释明。[⑤] （2）人民法院对起诉、自诉不予受理或者不予立案的，应当出具书面裁定或者决定，并载明理由。[⑥] （3）对不符合法律规定的起诉、自诉和申请，应当依法裁决不予受理或者不予立案，并载明理由。当事人不服的，可以提起上诉或者申请复议。禁止不收材料、不予答复、不出具法律文书。[⑦]

三、立案

1. 立案的法定情形。（1）登记立案范围有下列情形之一的，应当登记立案：与本案有直接利害关系的公民、法人和其他组织提起的民事诉讼，有明确的被告、具体的诉讼请求和事实依据，属于人民法院主管和受诉人民法院

---

① 《最高人民法院关于适用〈中华人民共和国民事诉讼法〉的解释》第211条。

② 《法官行为规范》第14条。

③ 《最高人民法院关于适用〈中华人民共和国民事诉讼法〉的解释》第336条第2款。

④ 《最高人民法院关于印发〈关于人民法院推行立案登记制改革的意见〉的通知》第2条第2款。《最高人民法院关于人民法院登记立案若干问题的规定》第10条。

⑤ 《最高人民法院关于人民法院登记立案若干问题的规定》第2条第3款。

《最高人民法院关于印发〈关于人民法院推行立案登记制改革的意见〉的通知》第1条第3项规定：“坚持有案必立、有诉必理。对符合法律规定条件的案件，法院必须依法受理，任何单位和个人不得以任何借口阻挠法院受理案件。”

⑥ 《最高人民法院关于人民法院登记立案若干问题的规定》第9条。

⑦ 《最高人民法院关于印发〈关于人民法院推行立案登记制改革的意见〉的通知》第3条第3项。

管辖的。[①] (2)起诉材料中证据不足,人民法院原则上不能以支持诉讼请求的证据不充分为由拒绝立案。[②]

2. 立案的要求。(1)对符合法律规定的起诉、自诉和申请,一律接收诉状,当场登记立案。对当场不能判定是否符合法律规定的,应当在法律规定的期限内决定是否立案。[③] (2)起诉、自诉和申请材料不符合形式要件的,应当及时释明,以书面形式一次性全面告知应当补正的材料和期限。在指定期限内经补正符合法律规定条件的,人民法院应当登记立案。[④] (3)对干扰立案秩序、虚假诉讼的,根据《民事诉讼法》《行政诉讼法》有关规定予以罚款、拘留。[⑤]

3. 立案的方式。(1)当场立案。人民法院接到当事人提交的民事起诉状时,对符合《民事诉讼法》第 122 条的规定(口头起诉笔录符合法律规定的[⑥]),且不属于第 127 条规定情形的,应当(当场)登记立案;对当场不能判定是否符合起诉条件的,应当接收起诉材料,并出具注明收到日期的书面凭证。[⑦] (2)延期立案。①对当事人提出的起诉,人民法院当场不能判定是否符合法律规定,对民事起诉,应当在收到起诉状之日起 7 日内决定是否立案。[⑧] ②对第三人撤销之诉,应

---

① 《最高人民法院关于印发〈关于人民法院推行立案登记制改革的意见〉的通知》第 2 条第 1 款。

《最高人民法院关于人民法院登记立案若干问题的规定》第 1 条规定:"人民法院对依法应该受理的一审民事起诉、行政起诉和刑事自诉,实行立案登记制。"

《最高人民法院关于人民法院登记立案若干问题的规定》第 14 条规定:"为方便当事人行使诉权,人民法院提供网上立案、预约立案、巡回立案等诉讼服务。"

② 《法官行为规范》第 17 条。

③ 《最高人民法院关于印发〈关于人民法院推行立案登记制改革的意见〉的通知》第 3 条第1 款。

④ 《最高人民法院关于印发〈关于人民法院推行立案登记制改革的意见〉的通知》第 3 条第2 款。

⑤ 《最高人民法院关于人民法院登记立案若干问题的规定》第 16 条。

⑥ 《最高人民法院关于人民法院登记立案若干问题的规定》第 3 条第 2 款规定:"当事人书写诉状确有困难的,可以口头提出,由人民法院记入笔录。符合法律规定的,予以登记立案。"

⑦ 《最高人民法院关于适用〈中华人民共和国民事诉讼法〉的解释》第 208 条第 1 款。

《最高人民法院关于人民法院登记立案若干问题的规定》第 2 条第 2 款规定:"对符合法律规定的起诉、自诉,人民法院应当当场予以登记立案。"

《最高人民法院关于印发〈关于人民法院推行立案登记制改革的意见〉的通知》第 2 条规定:"登记立案范围有下列情形之一的,应当登记立案:(一)与本案有直接利害关系的公民、法人和其他组织提起的民事诉讼,有明确的被告、具体的诉讼请求和事实依据,属于人民法院主管和受诉人民法院管辖的……"

《最高人民法院关于印发〈关于人民法院推行立案登记制改革的意见〉的通知》第 3 条第 1 项规定:"实行当场登记立案。对符合法律规定的起诉、自诉和申请,一律接收诉状,当场登记立案。对当场不能判定是否符合法律规定的,应当在法律规定的期限内决定是否立案。"

⑧ 《最高人民法院关于人民法院登记立案若干问题的规定》第 8 条第 1 款第 1 项。

当在收到起诉状之日30日内决定是否立案。[①] (3)先行立案。人民法院在法定期间内不能判定起诉是否符合法律规定的,应当先行立案。[②] (4)补充材料后立案。①当事人提交的诉状和材料不符合要求的,人民法院应当一次性书面告知在指定期限内补正。[③] ②需要补充必要相关材料的,人民法院应当及时告知当事人。在补齐相关材料后,应当在7日内决定是否立案。[④] ③需要补充必要相关材料的,人民法院应当及时告知当事人。当事人在指定期限内补正的,人民法院决定是否立案的期间,自收到补正材料之日起计算。[⑤] ④当事人在指定期限内没有补正的,退回诉状并记录在册;坚持起诉、自诉的,裁定或者决定不予受理、不予立案。经补正仍不符合要求的,裁定或者决定不予受理、不予立案。[⑥]

4. 立案的期限。《民事诉讼法》第126条规定的立案期限,因起诉状内容欠缺通知原告补正的,从补正后交人民法院的次日起算。由上级人民法院转交下级人民法院立案的案件,从受诉人民法院收到起诉状的次日起算。[⑦]

5. 立案的审批。登记立案后,人民法院立案庭应当及时将案件移送审判庭审理。[⑧]

6. 立案的投诉。对立案工作中存在的不接收诉状、接收诉状后不出具书面凭证,不一次性告知当事人补正诉状内容,以及有案不立、拖延立案、干扰立案、

---

① 《最高人民法院关于人民法院登记立案若干问题的规定》第8条第1款第3项。

② 《最高人民法院关于人民法院登记立案若干问题的规定》第8条第2款。

③ 《最高人民法院关于人民法院登记立案若干问题的规定》第7条第1款。

《最高人民法院关于印发〈关于人民法院推行立案登记制改革的意见〉的通知》第3条第2项规定:“实行一次性全面告知和补正。起诉、自诉和申请材料不符合形式要件的,应当及时释明,以书面形式一次性全面告知应当补正的材料和期限。在指定期限内经补正符合法律规定条件的,人民法院应当登记立案。”

《法官行为规范》第16条规定:“诉状内容和形式不符合规定 (一)告知按照有关规定进行更正,做到一次讲清要求;(二)不得因法定起诉要件以外的瑕疵拒绝立案。”第17条规定:“起诉材料中证据不足,原则上不能以支持诉讼请求的证据不充分为由拒绝立案。”

④ 《最高人民法院关于适用〈中华人民共和国民事诉讼法〉的解释》第208条第2款。

⑤ 《最高人民法院关于人民法院登记立案若干问题的规定》第7条第2款。

⑥ 《最高人民法院关于人民法院登记立案若干问题的规定》第7条第3款、第4款。

⑦ 《最高人民法院关于适用〈中华人民共和国民事诉讼法〉的解释》第126条。

⑧ 《最高人民法院关于人民法院登记立案若干问题的规定》第12条。

《最高人民法院关于严格执行案件审理期限制度的若干规定》第7条规定:“立案机构应当在决定立案的三日内将案卷材料移送审判庭。”

《最高人民法院案件审限管理规定》第14条规定:“立案庭应当在决定立案并办妥有关诉讼收费事宜后,三日内将案卷材料移送相关审判庭。”

既不立案又不作出裁定或者决定等违法违纪情形，当事人可以向受诉人民法院或者上级人民法院投诉。人民法院应当在受理投诉之日起15日内，查明事实，并将情况反馈当事人。发现违法违纪行为的，依法依纪追究相关人员责任；构成犯罪的，依法追究刑事责任。①

7. 立案的监督。(1)加强内部监督。人民法院应当公开立案程序，规范立案行为，加强对立案流程的监督。上级人民法院应充分发挥审级监督职能，对下级法院有案不立的，责令其及时纠正。必要时，可提级管辖或者指定其他下级法院立案审理。(2)加强外部监督。人民法院要自觉接受监督，对各级人民代表大会及其常务委员会督查法院登记立案工作反馈的问题和意见，要及时提出整改和落实措施；对检察机关针对不予受理、不予立案、驳回起诉的裁定依法提出的抗诉，要依法审理，对检察机关提出的检察建议要及时处理，并书面回复；自觉接受新闻媒体和人民群众的监督，对反映和投诉的问题，要及时回应，确实存在问题的，要依法纠正。(3)强化责任追究。人民法院监察部门对立案工作应加大执纪监督力度。发现有案不立、拖延立案、人为控制立案、"年底不立案"、干扰依法立案等违法行为，对有关责任人员和主管领导，依法依纪严肃追究责任。造成严重后果或者恶劣社会影响，构成犯罪的，依法追究刑事责任。各级人民法院要认真贯彻《关于人民法院推行立案登记制改革的意见》的精神，切实加强领导，明确责任，周密部署，精心组织，确保立案登记制改革顺利进行。②

四、案件的处理

1. 驳回起诉。(1)裁定驳回起诉。①立案后发现不符合起诉条件或者属于《民事诉讼法》第127条规定情形的，裁定驳回起诉。③ ②人民法院立案后，发现民间借贷行为本身涉嫌非法集资犯罪的，应当裁定驳回起诉，并将涉嫌非法集资等犯罪的线索、材料移送公安或者检察机关。公安或者检察机关不予立案，或者立案侦查后撤销案件，或者检察机关作出不起诉决定，或者经人民法院生效判决认定不构成非法集资犯罪，当事人又以同一事实向人民法院提起诉讼的，人民法

① 《最高人民法院关于人民法院登记立案若干问题的规定》第13条。

② 《最高人民法院关于印发〈关于人民法院推行立案登记制改革的意见〉的通知》第6条。

③ 《最高人民法院关于适用〈中华人民共和国民事诉讼法〉的解释》第208条第3款。

《人民法院民事诉讼风险提示书》第1条规定："起诉不符合条件　当事人起诉不符合法律规定条件的，人民法院不会受理，即使受理也会驳回起诉。当事人起诉不符合管辖规定的，案件将会被移送到有权管辖的人民法院审理。"

院应予受理。[①] (2)判决驳回起诉。当事人超过诉讼时效期间起诉的,人民法院应予受理。受理后对方当事人提出诉讼时效抗辩,人民法院经审理认为抗辩事由成立的,判决驳回原告的诉讼请求。[②]

2. 按撤诉处理。登记立案后,当事人未在法定期限内交纳诉讼费的,按撤诉处理,但符合法律规定的缓、减、免交诉讼费条件的除外。[③]

3. 案件的移送。(1)立案后发现本院没有管辖权的,应当将案件移送有管辖权的人民法院。[④] (2)人民法院立案后,发现与民间借贷纠纷案件虽有关联但不是同一事实的涉嫌非法集资等犯罪的线索、材料的,人民法院应当继续审理民间借贷纠纷案件,并将涉嫌非法集资等犯罪的线索、材料移送公安或者检察机关。[⑤]

五、立案前后的调解

1. 立案前的调解。对属于人民法院受理民事诉讼的范围和受诉人民法院管辖的案件,人民法院在收到起诉状或者口头起诉之后、正式立案之前,可以依职权或者经当事人申请后,委派行政机关、人民调解组织、商事调解组织、行业调解组织或者其他具有调解职能的组织进行调解。当事人不同意调解或者在商定、指定时间内不能达成调解协议的,人民法院应当依法及时立案。[⑥]

2. 立案后的调解。(1)经双方当事人同意,或者人民法院认为确有必要的,人民法院可以在立案后将民事案件委托行政机关、人民调解组织、商事调解组织、行业调解组织或者其他具有调解职能的组织协助进行调解。当事人可以协商选定有关机关或者组织,也可商请人民法院确定。[⑦] (2)对于已经立案的民事案件,人民法院可以按照有关规定邀请符合条件的组织或者人员与审判组织共同进行调解。调解应当在人民法院的法庭或者其他办公场所进行,经当事人同

---

① 《最高人民法院关于审理民间借贷案件适用法律若干问题的规定》第5条。

② 《最高人民法院关于适用〈中华人民共和国民事诉讼法〉的解释》第219条。

③ 《最高人民法院关于人民法院登记立案若干问题的规定》第11条。

《最高人民法院关于适用〈中华人民共和国民事诉讼法〉的解释》第213条规定:"原告应当预交而未预交案件受理费,人民法院应当通知其预交,通知后仍不预交或者申请减、缓、免未获批准而仍不预交的,裁定按撤诉处理。"

④ 《最高人民法院关于适用〈中华人民共和国民事诉讼法〉的解释》第211条。

⑤ 《最高人民法院关于审理民间借贷案件适用法律若干问题的规定》第6条。

⑥ 《最高人民法院关于建立健全诉讼与非诉讼相衔接的矛盾纠纷解决机制的若干意见》第14条。

⑦ 《最高人民法院关于建立健全诉讼与非诉讼相衔接的矛盾纠纷解决机制的若干意见》第15条第1款。

意也可以在法院以外的场所进行。[①]

3. 对调解的处理。调解结束后,有关机关或者组织应当将调解结果告知人民法院。达成调解协议的,当事人可以申请撤诉、申请司法确认,或者由人民法院经过审查后制作调解书。调解不成的,人民法院应当及时审判。[②]

起诉的处理

第一百二十七条　人民法院对下列起诉,分别情形,予以处理:

(一)依照行政诉讼法的规定,属于行政诉讼受案范围的,告知原告提起行政诉讼;

(二)依照法律规定,双方当事人达成书面仲裁协议申请仲裁、不得向人民法院起诉的,告知原告向仲裁机构申请仲裁;

(三)依照法律规定,应当由其他机关处理的争议,告知原告向有关机关申请解决;

(四)对不属于本院管辖的案件,告知原告向有管辖权的人民法院起诉;

(五)对判决、裁定、调解书已经发生法律效力的案件,当事人又起诉的,告知原告申请再审,但人民法院准许撤诉的裁定除外;

(六)依照法律规定,在一定期限内不得起诉的案件,在不得起诉的期限内起诉的,不予受理;

(七)判决不准离婚和调解和好的离婚案件,判决、调解维持收养关系的案件,没有新情况、新理由,原告在六个月内又起诉的,不予受理。

本条明确对起诉的处理。[③] 本书仅就其进行阐释。

人民法院对起诉的处理:

---

① 《最高人民法院关于建立健全诉讼与非诉讼相衔接的矛盾纠纷解决机制的若干意见》第16条第1款。

② 《最高人民法院关于建立健全诉讼与非诉讼相衔接的矛盾纠纷解决机制的若干意见》第15条第2款。

③ 人民法院对当事人以起诉状或者口头方式起诉的,应当按照《民事诉讼法》第122条规定的起诉条件进行审查,对符合起诉条件的,必须予以受理,不得以法定条件之外的其他理由将当事人拒之门外。对不符合起诉条件的,不予受理,但应当分别情形,予以处理。

1. 依照行政诉讼法的规定,属于行政诉讼受案范围的,告知原告提起行政诉讼。其中,"行政诉讼",是指自然人、法人或者非法人组织认为行政机关或行政机关工作人员的具体行政行为侵犯其合法权益,而提起的诉讼。对于属于行政诉讼受案范围的,应当告知原告提起行政诉讼。

2. 依照法律规定,双方当事人达成书面仲裁协议申请仲裁、不得向人民法院起诉的,告知原告向仲裁机构申请仲裁。(1)依照《民事诉讼法》第127条第2项的规定,当事人在书面合同中订有仲裁条款,或者在发生纠纷后达成书面仲裁协议,一方向人民法院起诉的,人民法院应当告知原告向仲裁机构申请仲裁,其坚持起诉的,裁定不予受理,但仲裁条款或者仲裁协议不成立、无效、失效、内容不明确无法执行的除外。[①] (2)对于当事人达成仲裁协议的合同纠纷,人民法院应当告知原告向仲裁机构申请仲裁。但仲裁协议无效、失效或内容不明确无法执行的,以及当事人在仲裁协议中选择的仲裁机构不存在或选择裁决的事项超越仲裁机构权限的,人民法院有权依法受理一方当事人的起诉。此外,一方起诉时未声明有仲裁协议,人民法院受理后,对方当事人应诉答辩的,视为人民法院拥有对该案的管辖权。

3. 在人民法院首次开庭前,被告以有书面仲裁协议为由对受理民事案件提出异议的,人民法院应当进行审查。经审查符合下列情形之一的,人民法院应当裁定驳回起诉:(1)仲裁机构或者人民法院已经确认仲裁协议有效的;(2)当事人没有在仲裁庭首次开庭前对仲裁协议的效力提出异议的;(3)仲裁协议符合《仲裁法》第16条规定且不具有《仲裁法》第17条规定情形的。[②]

4. 依照法律规定,应当由其他机关处理的争议,告知原告向有关机关申请解

---

① 《最高人民法院关于适用〈中华人民共和国民事诉讼法〉的解释》第215条。

《最高人民法院关于进一步做好边境地区涉外民商事案件审判工作的指导意见》规定:"当事人之间就纠纷的解决达成了有效的仲裁协议,或者在无协议时根据相关国际条约的规定当事人之间的争议应当通过仲裁解决的,人民法院应当告知当事人通过仲裁方式解决。"

② 《最高人民法院关于适用〈中华人民共和国民事诉讼法〉的解释》第216条。

《仲裁法》第16条规定:"仲裁协议包括合同中订立的仲裁条款和以其他书面方式在纠纷发生前或者纠纷发生后达成的请求仲裁的协议。仲裁协议应当具有下列内容:(一)请求仲裁的意思表示;(二)仲裁事项;(三)选定的仲裁委员会。"第17条规定:"有下列情形之一的,仲裁协议无效:(一)约定的仲裁事项超出法律规定的仲裁范围的;(二)无民事行为能力人或者限制民事行为能力人订立的仲裁协议;(三)一方采取胁迫手段,迫使对方订立仲裁协议的。"

决。依照《宪法》《人民法院组织法》以及其他法律法规的规定，人民法院和其他国家机关的职权范围有着明确的分工，凡依法应当由其他机关处理的争议，人民法院无权处理。①

5. 对本院没有管辖权的案件，告知原告向有管辖权的人民法院起诉；原告坚持起诉的，裁定不予受理；立案后发现本院没有管辖权的，应当将案件移送有管辖权的人民法院。②

6. 对判决、裁定、调解书已经发生法律效力的案件，当事人又起诉的，告知原告申请再审，但人民法院准许撤诉的裁定除外。

7. 依照法律规定，在一定期限内不得起诉的案件，在不得起诉的期限内起诉的，不予受理。

8. 判决不准离婚和调解和好的离婚案件，判决、调解维持收养关系的案件，没有新情况、新理由，原告在6个月内又起诉的，不予受理。

可诉的具体纠纷案件（非法条内容）

本书阐释可诉的具体案件，并在此基础上进一步阐释六个方面的内容。

一、可诉的人身权纠纷案件

1. 解除身份关系的纠纷案件。（1）夫妻一方下落不明，另一方诉至人民法院，只要求离婚，不申请宣告下落不明人失踪或者死亡的案件，人民法院应当受理，对下落不明人公告送达诉讼文书。③（2）夫妻一方或者双方死亡后，生存一方或者利害关系人依据《民法典》第1051条④的规定请求确认婚姻无效的，人民法院应当受理。⑤（3）当事人提起诉讼仅请求解除同居关系的，人民法院不予受理；已经受理的，裁定驳回起诉。当事人因同居期间财产分割或者子女抚养纠纷提

---

① 例如，行政机关工作人员对其机关给予的行政处分不服的，不属于人民法院的主管范围，如果被处分的人向人民法院起诉，人民法院应当告知其向有关行政机关申请解决。

② 《最高人民法院关于适用〈中华人民共和国民事诉讼法〉的解释》第211条。

③ 《最高人民法院关于适用〈中华人民共和国民事诉讼法〉的解释》第217条。

④ 《民法典》第1051条规定："有下列情形之一的，婚姻无效：（一）重婚；（二）有禁止结婚的亲属关系；（三）未到法定婚龄。"

⑤ 《最高人民法院关于适用〈中华人民共和国民法典〉婚姻家庭编的解释（一）》第14条。

起诉讼的,人民法院应当受理。①（4）终审判决维持收养关系,半年后,当事人起诉要求解除,人民法院应作为新案受理。②（5）我国自然人向中国人民法院起诉离婚,同时又向外国法院起诉,外国法院作出判决,在当事人未撤回向中国人民法院起诉的情况下,中国人民法院应依法受理(在中国与外国尚无司法协助协定的情况下,外国法院通过其驻中国大使馆等向中国国内当事人送达诉讼文书是不允许的)。华侨向居住国法院起诉离婚,其中国国内配偶不应诉;或外国法院判决离婚后,其国内配偶不上诉,而另向中国人民法院提起离婚之诉,中国人民法院应予受理。③

2. 离婚财产分割的纠纷案件。（1）遗产分割的时间、办法和份额,由继承人协商确定;协商不成的,可以由人民调解委员会调解或者向人民法院提起诉讼。④（2）婚姻关系存续期间,夫妻一方作为继承人依法可以继承的遗产,在继承人之间未实际分割,起诉离婚时另一方请求分割的,人民法院应当告知当事人在继承人之间实际分割遗产后另行起诉。⑤（3）当事人依照《民法典》第1076条⑥签订的离婚协议中关于财产以及债务处理的条款,对男女双方具有法律约束力。登记离婚后当事人因履行上述协议发生纠纷提起诉讼的,人民法院应当受理。⑦（4）夫妻双方协议离婚后就财产分割问题反悔,请求撤销财产分割协议的,人民法院应当受理。人民法院审理后,未发现订立财产分割协议时存在欺诈、胁迫等情形的,应当依法驳回当事人的诉讼请求。⑧

3. 离婚的其他诉求的纠纷案件。（1）人民法院作出的生效的离婚判决中未

---

① 《最高人民法院关于适用〈中华人民共和国民法典〉婚姻家庭编的解释(一)》第3条。

② 《最高人民法院关于原判决维持收养关系后当事人再次起诉,人民法院是否作新案受理的批复》。

③ 《最高人民法院关于我国法院有权受理旅居外国的中国自然人同时向两国法院起诉的案件的批复》。

④ 《民法典》第1132条。

⑤ 《最高人民法院关于适用〈中华人民共和国民法典〉婚姻家庭编的解释(一)》第81条。

⑥ 《民法典》第1076条规定:"夫妻双方自愿离婚的,应当签订书面离婚协议,并亲自到婚姻登记机关申请离婚登记。离婚协议应当载明双方自愿离婚的意思表示和对子女抚养、财产以及债务处理等事项协商一致的意见。"

⑦ 《最高人民法院关于适用〈中华人民共和国民法典〉婚姻家庭编的解释(一)》第9条第2款。

⑧ 《最高人民法院关于适用〈中华人民共和国民法典〉婚姻家庭编的解释(一)》第70条。

涉及探望权，当事人就探望权问题单独提起诉讼的，人民法院应予受理。[①] (2)当事人在婚姻登记机关办理离婚登记手续后，以《民法典》第1091条[②]规定为由向人民法院提出损害赔偿请求的，人民法院应当受理。但当事人在协议离婚时已经明确表示放弃该项请求的，人民法院不予支持。[③] (3)赡养费、扶养费、抚养费案件，裁判发生法律效力后，因新情况、新理由，一方当事人再行起诉要求增加或者减少费用的，人民法院应作为新案受理。[④]

二、可诉的物权纠纷案件

1. 土地承包的纠纷案件。(1)因土地承包经营发生纠纷的，双方当事人可以通过协商解决，也可以请求村民委员会、乡(镇)人民政府等调解解决。当事人不愿协商、调解或者协商、调解不成的，可以向农村土地承包仲裁机构申请仲裁，也可以直接向人民法院起诉。[⑤] (2)当事人对农村土地承包仲裁机构裁决不服而提起诉讼的，人民法院应当及时审理。[⑥] (3)土地所有权和使用权争议时，当事人对

---

① 《最高人民法院关于适用〈中华人民共和国民法典〉婚姻家庭编的解释(一)》第65条。

② 《民法典》第1091条规定："有下列情形之一，导致离婚的，无过错方有权请求损害赔偿：(一)重婚；(二)与他人同居；(三)实施家庭暴力；(四)虐待、遗弃家庭成员；(五)有其他重大过错。"

③ 《最高人民法院关于适用〈中华人民共和国民法典〉婚姻家庭编的解释(一)》第89条。

④ 《最高人民法院关于适用〈中华人民共和国民事诉讼法〉的解释》第218条。

《最高人民法院关于离婚时协议一方不负担子女抚养费，经过若干时间他方提起要求对方负担抚养费的诉讼，法院如何处理的复函》认为，抚养孩子的一方向法院提起要求对方负担抚养费提起诉讼，人民法院应予受理，并根据原告申述的理由，经调查了解双方经济情况有无变化，子女生活费和教育费是否确有增加的必要，从而作出变更或维持原协议的判决。可由法院发交基层法院作新案处理。

⑤ 《农村土地承包法》第55条。

《最高人民法院关于审理涉及农村土地承包纠纷案件适用法律问题的解释》第2条规定："当事人自愿达成书面仲裁协议的，受诉人民法院应当参照《最高人民法院关于适用〈中华人民共和国民事诉讼法〉的解释》第二百一十五条、第二百一十六条的规定处理。当事人未达成书面仲裁协议，一方当事人向农村土地承包仲裁机构申请仲裁，另一方当事人提起诉讼的，人民法院应予受理，并书面通知仲裁机构。但另一方当事人接受仲裁管辖后又起诉的，人民法院不予受理。当事人对仲裁裁决不服并在收到裁决书之日起三十日内提起诉讼的，人民法院应予受理。"

《最高人民法院关于审理涉及农村土地承包纠纷案件适用法律问题的解释》第1条规定："下列涉及农村土地承包民事纠纷，人民法院应当依法受理：(一)承包合同纠纷；(二)承包经营权侵权纠纷；(三)土地经营权侵权纠纷；(四)承包经营权互换、转让纠纷；(五)土地经营权流转纠纷；(六)承包地征收补偿费用分配纠纷；(七)承包经营权继承纠纷；(八)土地经营权继承纠纷。农村集体经济组织成员因未实际取得土地承包经营权提起民事诉讼的，人民法院应当告知其向有关行政主管部门申请解决。农村集体经济组织成员就用于分配的土地补偿费数额提起民事诉讼的，人民法院不予受理。"

⑥ 《最高人民法院关于建立健全诉讼与非诉讼相衔接的矛盾纠纷解决机制的若干意见》第6条。

有关人民政府的处理决定[①]不服的，可以自接到处理决定通知之日起30日内，向人民法院起诉。[②]

2. 征用农民耕地的纠纷案件。农村集体经济组织成员与农村集体经济组织因土地补偿费发生的争议，人民法院依法不予受理（应由有关行政部门协调解决）。因安置补助费发生的争议，对于需要安置的人员由农村集体经济组织安置的，安置补偿费支付给农村集体经济组织，其发生的争议，人民法院不应作为民事案件受理；对于不需要由农村集体经济组织安置的人员，安置补偿费发生的争议，人民法院应受理。地上附着物与青苗补偿费（应归地上附着物及青苗的所有者所有）发生的争议，人民法院应当作为民事案件受理。[③]

3. 自然资源的纠纷案件。(1)因土地、山岭、森林、草原、荒地、滩涂、水面等自然资源的所有权或使用权发生权属争议的，应当由有关行政部门处理。[④](2)水利工程管理单位与用水单位之间拖欠水费的纠纷（属于平等主体之间的纠纷），人民法院应受理。[⑤]

4. 住房的纠纷案件。(1)军队转业人员、遗属及退休干部子女与军队单位之间因部队住房清退而发生的纠纷，在双方没有达成住房清退协议的情况下，属于军队和地方在干部转业、死亡以及离退休干部移交地方管理过程中历史遗留问

---

① 《土地管理法》第14条规定："土地所有权和使用权争议，由当事人协商解决；协商不成的，由人民政府处理。单位之间的争议，由县级以上人民政府处理；个人之间、个人与单位之间的争议，由乡级人民政府或者县级以上人民政府处理。……在土地所有权和使用权争议解决前，任何一方不得改变土地利用现状。"

② 《土地管理法》第14条第2款。

③ 《最高人民法院关于徐志君等十一人诉龙泉市龙渊镇第八村村委会土地征用补偿费分配纠纷一案的批复》认为，依据2011年《土地管理法实施条例》第25条、第26条，国家征用农民的耕地的费用包括土地补偿费、安置补助费以及地上附着物和青苗的补偿费。

《最高人民法院关于人民法院研究室对农村集体经济所得收益分配纠纷是否受理问题的答复》认为："农村集体经济组织与其成员之间因收益分配产生的纠纷，属平等民事主体之间的纠纷。当事人就该纠纷起诉到人民法院，只要符合《中华人民共和国民事诉讼法》第一百零八条的规定，人民法院应当受理。"（此处适用的是1991年《民事诉讼法》，本条规定中的《民事诉讼法》第108条参见2021年《民事诉讼法》第122条。）

④ 《最高人民法院关于处理涉及汶川地震相关案件适用法律问题的意见(一)》第3条规定："农村承包地因地震灾害导致不能耕种、边界不明，当事人起诉要求进行调整。边界划定或重新确权的，人民法院应当告知当事人向有关政府行政主管部门申请解决。"

⑤ 《最高人民法院关于人民法院是否受理水利工程管理单位与用水单位之间拖欠水费纠纷问题的复函》。

题,人民法院不宜受理,应由军队和地方通过行政手段解决。[①] (2)部队要求已经退休并转入地方的人员及其子女腾房,符合《民事诉讼法》第122条的规定,人民法院应予以受理。[②]

5. 收益分配的纠纷案件。农村集体经济组织与其成员之间因收益分配产生的纠纷,属平等民事主体之间的纠纷,当事人就该纠纷起诉到人民法院,只要符合《民事诉讼法》第122条规定的立案条件,人民法院应当受理。[③]

6. 票据相关权利的纠纷案件。(1)当事人在起诉前申请中止支付信用证项下款项符合法定条件的,人民法院应予受理。[④] (2)因行使票据权利或者《票据法》上的非票据权利而引起的纠纷,人民法院应当依法受理。[⑤] (3)依照《票据法》第10条[⑥]的规定,票据债务人(即出票人)以在票据未转让时的基础关系违法、双方不具有真实的交易关系和债权债务关系、持票人应付对价而未付对价为由,要求返还票据而提起诉讼的,人民法院应当依法受理。[⑦] (4)依照《票据法》

---

① 《最高人民法院关于中国人民解放军北京军区房地产管理局请求法院受理军队家属住房清退案有关问题请求的复函》。

《最高人民法院关于房地产案件受理问题的通知》第3条规定:"凡不符合民事诉讼法、行政诉讼法有关起诉条件的属于历史遗留的落实政策性质的房地产纠纷,因行政指令而调整划拨、机构撤并分合等引起的房地产纠纷,因单位内部建房、分房等而引起的占房、腾房等房地产纠纷,均不属于人民法院主管工作的范围,当事人为此而提起的诉讼,人民法院应依法不予受理或驳回起诉,可告知其找有关部门申请解决。"

② 《最高人民法院关于中国人民解放军北京军区空军司令部诉吕全修等人腾退军产房是否受理的答复意见》。

《最高人民法院研究室关于人民法院是否受理涉及军队房地产腾退、拆迁安置纠纷案件的答复》认为:"根据最高人民法院1992年下发的《最高人民法院关于房地产案件受理问题的通知》的精神,因涉及军队房地产腾退、拆迁安置而引起的纠纷,不属于人民法院主管工作的范围"。

③ 《最高人民法院研究室关于人民法院对农村集体经济所得收益分配纠纷是否受理问题的答复》。

④ 《最高人民法院关于审理信用证纠纷案件若干问题的规定》第11条规定:"当事人在起诉前申请中止支付信用证项下款项符合下列条件的,人民法院应予受理:(一)受理申请的人民法院对该信用证纠纷案件享有管辖权;(二)申请人提供的证据材料证明存在本规定第八条的情形;(三)如不采取中止支付信用证项下款项的措施,将会使申请人的合法权益受到难以弥补的损害;(四)申请人提供了可靠、充分的担保;(五)不存在本规定第十条的情形。当事人在诉讼中申请中止支付信用证项下款项的,应当符合前款第(二)、(三)、(四)、(五)项规定的条件。"

⑤ 《最高人民法院关于审理票据纠纷案件若干问题的规定》第1条。

⑥ 《票据法》第10条第1款规定:"票据的签发、取得和转让,应当遵循诚实信用的原则,具有真实的交易关系和债权债务关系。"

⑦ 《最高人民法院关于审理票据纠纷案件若干问题的规定》第2条。

第36条[①]的规定，票据被拒绝承兑、被拒绝付款或者汇票、支票超过付款期限后，票据持有人背书转让的，被背书人以背书人为被告行使追索权而提起诉讼的，人民法院应当依法受理。[②]

三、可诉的合同纠纷案件

1. 劳动（务）合同的纠纷案件。（1）先仲裁后起诉的纠纷案件。①劳动争议发生后，当事人可以向本单位劳动争议调解委员会申请调解；调解不成，当事人一方要求仲裁的，可以向劳动争议仲裁委员会申请仲裁。当事人一方也可以直接向劳动争议仲裁委员会申请。对裁决不服的，可以向人民法院提起诉讼。[③] ②对劳动、人事争议仲裁机构不予受理或者逾期未作出决定的劳动、人事争议事项，申请人向人民法院提起诉讼的，人民法院应当依法受理。[④] ③劳动争议当事人对仲裁裁决不服的，可以自收到仲裁裁决书之日起15日内向人民法院提起诉讼。一方当事人在法定期限内不起诉又履行仲裁裁决的，另一方当事人可以申请人民法院强制执行。[⑤] ④劳动者与用人单位之间发生的下列纠纷，属于劳动争议，当事人不服劳动争议仲裁机构作出的裁决，依法提起诉讼的，人民法院应予受理：(i)劳动者与用人单位在履行劳动合同过程中发生的纠纷；(ii)劳动者与用人单位之间没有订立书面劳动合同，但已形成劳动关系后发生的纠纷；(iii)劳动者与用人单位因劳动关系是否已经解除或者终止，以及应否支付解除或者终止劳动关系经济补偿金发生的纠纷；(iv)劳动者与用人单位解除或者终止劳动关系后，请求用人单位返还其收取的劳动合同定金、保证金、抵押金、抵押物发生的纠纷，或者办理劳动者的人事档案、社会保险关系等移转手续发生的纠纷；(v)劳动者以用人单位未为其办理社会保险手续，且社会保险经办机构不能补办导致其

---

① 《票据法》第36条规定："汇票被拒绝承兑、被拒绝付款或者超过付款提示期限的，不得背书转让；背书转让的，背书人应当承担汇票责任。"

② 《最高人民法院关于审理票据纠纷案件若干问题的规定》第3条。

③ 《劳动法》第79条。

《劳动法》第2条规定："在中华人民共和国境内的企业、个体经济组织（以下统称用人单位）和与之形成劳动关系的劳动者，适用本法。国家机关、事业组织、社会团体和与之建立劳动合同关系的劳动者，依照本法执行。"

④ 《最高人民法院关于建立健全诉讼与非诉讼相衔接的矛盾纠纷解决机制的若干意见》第5条。

⑤ 《劳动法》第83条。

《劳动法》第84条第2款规定："因履行集体合同发生争议，当事人协商解决不成的，可以向劳动争议仲裁委员会申请仲裁；对仲裁裁决不服的，可以自收到仲裁裁决书之日起15日内向人民法院提起诉讼。"

无法享受社会保险待遇为由，要求用人单位赔偿损失发生的纠纷；(vi)劳动者退休后，与尚未参加社会保险统筹的原用人单位因追索养老金、医疗费、工伤保险待遇和其他社会保险待遇而发生的纠纷；(vii)劳动者因为工伤、职业病，请求用人单位依法给予工伤保险待遇发生的纠纷；(viii)劳动者依据《劳动合同法》第85条规定，要求用人单位支付加付赔偿金发生的纠纷；(ix)因企业自主进行改制发生的纠纷。[①] (2)对仲裁不服起诉的纠纷案件。①劳动者对《劳动争议调解仲裁法》第47条[②]规定的仲裁裁决不服的，可以自收到仲裁裁决书之日起15日内向人民法院提起诉讼。[③] ②劳动争议仲裁委员会为纠正原仲裁裁决错误重新作出裁决，当事人不服依法提起诉讼的，人民法院应当受理。[④] ③劳动争议仲裁机构逾期未作出受理决定或仲裁裁决，当事人直接提起诉讼的，人民法院应予受理，但申请仲裁的案件存在下列事由的除外：(i)移送管辖的；(ii)正在送达或送达延误的；(iii)等待另案诉讼结果、评残结论的；(iv)正在等待劳动人事争议仲裁委员会开庭的；(v)启动鉴定程序或者委托其他部门调查取证的；(vi)其他正当事由。当事人以劳动争议仲裁机构逾期未作出仲裁裁决为由提起诉讼的，应当提交该仲裁机构出具的受理通知书或者其他已接受仲裁申请的凭证、证明。[⑤] (3)直接起诉的纠纷案件。①工会提起的诉讼。用人单位违反集体合同，侵犯职工劳动权益的，工会可以依法要求用人单位承担责任；因履行集体合同发生争议，经协商解决不成的，工会可以依法申请仲裁、提起诉讼。[⑥] ②当事人提起的诉讼。(i)用人单位有证据证明《劳动争议调解仲裁法》第47条规定的仲裁裁决有"适

---

① 《最高人民法院关于审理劳动争议案件适用法律问题的解释(一)》第1条。

② 《劳动争议调解仲裁法》第47条规定："下列劳动争议，除本法另有规定的外，仲裁裁决为终局裁决，裁决书自作出之日起发生法律效力：(一)追索劳动报酬、工伤医疗费、经济补偿或者赔偿金，不超过当地月最低工资标准十二个月金额的争议；(二)因执行国家的劳动标准在工作时间、休息休假、社会保险等方面发生的争议。"

③ 《劳动争议调解仲裁法》第48条。

《最高人民法院关于人民法院审理事业单位人事争议案件若干问题的规定》第2条规定："当事人对依照国家有关规定设立的人事争议仲裁机构所作的人事争议仲裁裁决不服，自收到仲裁裁决之日起十五日内向人民法院提起诉讼的，人民法院应当依法受理。一方当事人在法定期间内不起诉又不履行仲裁裁决，另一方当事人向人民法院申请执行的，人民法院应当依法执行。"

④ 《最高人民法院关于审理劳动争议案件适用法律问题的解释(一)》第8条。

⑤ 《最高人民法院关于审理劳动争议案件适用法律问题的解释(一)》第12条。

⑥ 《劳动合同法》第56条。

用法律、法规确有错误的”“劳动争议仲裁委员会无管辖权的”“违反法定程序的”“裁决所根据的证据是伪造的”“对方当事人隐瞒了足以影响公正裁决的证据的”“仲裁员在仲裁该案时有索贿受贿、徇私舞弊、枉法裁决行为的”五种情形之一，可以自收到仲裁裁决书之日起30日内向劳动争议仲裁委员会所在地的中级人民法院申请撤销裁决。人民法院经组成合议庭审查核实裁决有前述情形之一的，应当裁定撤销。仲裁裁决被人民法院裁定撤销的，当事人可以自收到裁定书之日起15日内就该劳动争议事项向人民法院提起诉讼。[①]（ii）当事人对《劳动争议调解仲裁法》第47条以外的其他劳动争议案件的仲裁裁决不服的，可以自收到仲裁裁决书之日起15日内向人民法院提起诉讼；期满不起诉的，裁决书发生法律效力。[②]（iii）平等主体间在企业产权制度履行中发生的民事纠纷，当事人起诉符合法定情形[③]，并符合《民事诉讼法》第122条规定的起诉条件的，人民法院应当予以受理。[④]（iv）检察机关对发生法律效力的撤销仲裁裁决的民事裁定提起抗诉，没有法律依据，人民法院不予受理。依照《仲裁法》第9条[⑤]的规定，仲裁裁决被人民法院依法撤销后，当事人可以重新达成仲裁协议申请仲裁，也可以向人民法院提起诉讼。[⑥]（v）当事人在《调解仲裁法》第10条规定的调解组织主持下仅就劳动报酬争议达成调解协议，用人单位不履行调解协议确定的给付义务，劳动者直接提起诉讼的，人民法院可以按照普通民事纠纷受理。[⑦]（vi）劳动争议仲裁机构逾期未作出受理决定或仲裁裁决，当事人直接提起诉讼的，人民法院

① 《劳动争议调解仲裁法》第49条。

② 《劳动争议调解仲裁法》第50条。

③ 《最高人民法院关于审理与企业改制相关的民事纠纷案件若干问题的规定》第1条规定：“人民法院受理以下平等民事主体间在企业产权制度改造中发生的民事纠纷案件：（一）企业公司制改造中发生的民事纠纷；（二）企业股份合作制改造中发生的民事纠纷；（三）企业分立中发生的民事纠纷；（四）企业债权转股权纠纷；（五）企业出售合同纠纷；（六）企业兼并合同纠纷；（七）与企业改制相关的其他民事纠纷。”

④ 《最高人民法院关于审理与企业改制相关的民事纠纷案件若干问题的规定》第2条。

⑤ 《仲裁法》第9条第1款规定：“仲裁实行一裁终局的制度。裁决作出后，当事人就同一纠纷再申请仲裁或者向人民法院起诉的，仲裁委员会或者人民法院不予受理。”

⑥ 《最高人民法院关于人民检察院对撤销仲裁裁决的民事裁定提起抗诉，人民法院应如何处理问题的批复》。

⑦ 《最高人民法院关于审理劳动争议案件适用法律问题的解释（一）》第51条第2款。（第1款规定：“当事人在调解仲裁法第十条规定的调解组织主持下达成的具有劳动权利义务内容的调解协议，具有劳动合同的约束力，可以作为人民法院裁判的根据。”）

应予受理，但申请仲裁的案件存在法定事由的除外。[①] ③劳动者提起的诉讼。(i)劳动者合法权益受到侵害的，有权要求有关部门依法处理，或者依法申请仲裁、提起诉讼。[②] (ii)劳动者以用人单位的工资欠条为证据直接提起诉讼，诉讼请求不涉及劳动关系其他争议的，视为拖欠劳动报酬争议，人民法院按照普通民事纠纷受理。[③] (iii)国际劳务输出合同担保产生的纠纷，人民法院不应受理。[④] (4)非诉程序受理的纠纷案件。①劳动者依据《劳动合同法》第30条第2款[⑤]和《调解仲裁法》第16条[⑥]规定向人民法院申请支付令，符合《民事诉讼法》第17章督促程序规定的，人民法院应予受理。依据《劳动合同法》第30条第2款规定申请支付令被人民法院裁定终结督促程序后，劳动者就劳动争议事项直接向人民法院起诉的，人民法院应当告知其先向劳动人事争议仲裁委员会申请仲裁。依据《调解仲裁法》第16条规定申请支付令被人民法院裁定终结督促程序后，劳动者依据调解协议直接向人民法院提起诉讼的，人民法院应予受理。[⑦] ②劳动争议仲裁机构对多个劳动者的劳动争议作出仲裁裁决后，部分劳动者对裁决不服，依法向人民法院起诉的，仲裁裁决对提出起诉的劳动者不发生法律效力；对未提出起诉的部分劳动者，发生法律效力，如其申请执行的，人民法院应当受理。[⑧] ③当事人不服劳动争议仲裁机构作出的预先支付劳动者劳动报酬、工伤医疗费、经

---

① 《最高人民法院关于审理劳动争议案件适用法律问题的解释(一)》第12条。(本条规定的法定事由具体如下："(一)移送管辖的；(二)正在送达或者送达延误的；(三)等待另案诉讼结果、评残结论的；(四)正在等待劳动争议仲裁机构开庭的；(五)启动鉴定程序或者委托其他部门调查取证的；(六)其他正当事由。"本条第2款同时规定："当事人以劳动争议仲裁机构逾期未作出仲裁裁决为由提起诉讼的，应当提交该仲裁机构出具的受理通知书或者其他已接受仲裁申请的凭证、证明。")

② 《劳动合同法》第77条。

③ 《最高人民法院关于审理劳动争议案件适用法律问题的解释(一)》第15条。

④ 《最高人民法院关于劳务输出合同的担保纠纷人民法院应否受理问题的复函》。

国际劳务输出合同担保是派出单位为保证劳务输出合同的顺利实施，而依其行政职权要求派出人员在出国期间遵守所在国法律和所在国公司各项行政规章及出国纪律等方面作出的行为保证。这是派出单位对派出人员进行管理的一种行政措施。不属于民法调整范畴。

⑤ 《劳动合同法》第30条规定："用人单位应当按照劳动合同约定和国家规定，向劳动者足额支付劳动报酬。用人单位拖欠或者未足额支付劳动报酬的，劳动者可以依法向当地人民法院申请支付令，人民法院应当依法发出支付令。"

⑥ 《劳动争议调解仲裁法》第16条规定："因支付拖欠劳动报酬、工伤医疗费、经济补偿或者赔偿金事项达成调解协议，用人单位在协议约定期限内不履行的，劳动者可以持调解协议书依法向人民法院申请支付令。人民法院应当依法发出支付令。"

⑦ 《最高人民法院关于审理劳动争议案件适用法律问题的解释(一)》第13条。

⑧ 《最高人民法院关于审理劳动争议案件适用法律问题的解释(一)》第17条。

济补偿或者赔偿金的裁决,依法提起诉讼的,人民法院不予受理。用人单位不履行上述裁决中的给付义务,劳动者依法申请强制执行的,人民法院应予受理。①

2. 贷(存)款合同的纠纷案件。(1)存单纠纷案件②当事人向人民法院提起诉讼,人民法院应当依照《民事诉讼法》第122条的规定,予以审查③,符合规定的,均应受理。④ (2)因银行储蓄卡密码被泄露,他人伪造银行储蓄卡骗取存款人银行存款,存款人依其与银行订立的储蓄合同提起民事诉讼的,人民法院应当依法受理。⑤ (3)民间借贷中,借款人涉嫌犯罪或者生效判决认定其有罪,出借人起诉请求担保人承担民事责任的,人民法院应予受理。⑥ (4)民间纠纷未经司法助理员调解或者乡(镇)人民政府处理,当事人直接向人民法院起诉的,人民法院应当依法受理,不得以未经调处为由拒绝受理。⑦ (5)民间纠纷经司法助理员调解,当事人未达成协议或者达成协议后又反悔,如果一方直接向人民法院起诉,或者先请求乡(镇)人民政府处理但不服处理决定而向人民法院起诉的,人民法院应当作为民事案件依法受理,以原纠纷的双方为案件当事人。⑧ (6)民间借贷争议中,当事人持有的借据、收据、欠条等债权凭证没有载明债权人,持有债权凭证的当事人提起民间借贷诉讼的,人民法院应予受理。被告对原告的债权人资格提出有事实依据的抗辩,人民法院经审理认为原告不具有债权人资格的,裁定驳回起诉。⑨

---

① 《最高人民法院关于审理劳动争议案件适用法律问题的解释(一)》第10条。

② 《最高人民法院关于审理存单纠纷案件的若干规定》第1条规定:"存单纠纷案件的范围 (一)存单持有人以存单为重要证据向人民法院提起诉讼的纠纷案件;(二)当事人以进账单、对账单、存款合同等凭证为主要证据向人民法院提起诉讼的纠纷案件;(三)金融机构向人民法院起诉要求确认存单、进账单、对账单、存款合同等凭证无效的纠纷案件;(四)以存单为表现形式的借贷纠纷案件。"

③ 《最高人民法院关于审理存单纠纷案件的若干规定》第2条规定:"人民法院可将本规定第一条所列案件,一律以存单纠纷为案由。实体审理时应以存单纠纷案件中真实法律关系为基础依法处理。"

④ 《最高人民法院关于审理存单纠纷案件的若干规定》第3条第1款。

⑤ 《最高人民法院关于银行储蓄卡密码被泄露导致存款被他人骗取引起的储蓄合同纠纷应否作为民事案件受理问题的批复》。

⑥ 《最高人民法院关于审理民间借贷案件适用法律若干问题的规定》第8条。

⑦ 《最高人民法院研究室关于当事人对乡镇人民政府就民间纠纷作出的调处决定不服而起诉人民法院应以何种案件受理的复函》。

⑧ 《最高人民法院研究室关于当事人对乡镇人民政府就民间纠纷作出的调处决定不服而起诉人民法院应以何种案件受理的复函》。

⑨ 《最高人民法院关于审理民间借贷案件适用法律若干问题的规定》第2条第2款。

3. 技术合同的纠纷案件。当事人将技术合同和其他合同内容或者将不同类型的技术合同内容订立在一个合同中的，应当根据当事人争议的权利义务内容，确定案件的性质和案由。技术合同名称与约定的权利义务关系不一致的，应当按照约定的权利义务内容，确定合同的类型和案由。技术转让合同或者技术许可合同中约定让与人或者许可人负责包销或者回购受让人、被许可人实施合同标的技术制造的产品，仅因让与人或者许可人不履行或者不能全部履行包销或者回购义务引起纠纷，不涉及技术问题的，应当按包销或者回购条款约定的权利义务内容确定案由。①

4. 承包合同的纠纷案件。总分包单位因分包合同发生纠纷向人民法院起诉，只要符合《民事诉讼法》第122条规定的起诉条件的，人民法院应予受理。②

5. 保管合同的纠纷案件。保存档案的企事业单位，违反关于妥善保存档案的法律规定，丢失他人档案的，应当承担相应的民事责任。档案关系人起诉请求补办档案、赔偿损失的，人民法院应当作为民事案件受理。③

6. 旅游合同的纠纷案件。(1)以单位、家庭等集体形式与旅游经营者订立旅游合同，在履行过程中发生纠纷，除集体以合同一方当事人名义起诉外，旅游者个人提起旅游合同纠纷诉讼的，人民法院应予受理。④ (2)签订旅游合同的旅游经营者将其部分旅游业务委托旅游目的地的旅游经营者，因受托方未尽旅游合同义务，旅游者在旅游过程中受到损害，要求作出委托的旅游经营者承担责任的，人民法院应予支持。旅游经营者委托除前款规定以外的人从事旅游业务，发生旅游纠纷，旅游者起诉旅游经营者的，人民法院应予受理。⑤

四、可诉的侵权纠纷案件

1. 物权侵权的纠纷案件。(1)建筑物区分所有侵权的纠纷案件。业主大会或者业主委员会，对任意弃置垃圾、排放污染物或者噪声、违反规定饲养动物、违章搭建、侵占通道、拒付物业费等损害他人合法权益的行为，有权依照法律、法规

---

① 《最高人民法院关于审理技术合同纠纷案件适用法律若干问题的解释》第42条。

② 《最高人民法院经济审判庭关于人民法院是否受理建筑安装工程分包合同纠纷问题的复函》。

③ 《最高人民法院关于人事档案被原单位丢失后当事人起诉原用人单位补办人事档案并赔偿经济损失是否受理的复函》。

④ 《最高人民法院关于审理旅游纠纷案件适用法律若干问题的规定》第2条。

⑤ 《最高人民法院关于审理旅游纠纷案件适用法律若干问题的规定》第15条。

以及管理规约，请求行为人停止侵害、排除妨碍、消除危险、恢复原状、赔偿损失。[①] (2)著作权侵权的纠纷案件。①对著作权行政管理部门查处的侵害著作权行为，当事人向人民法院提起诉讼追究该行为人民事责任的，人民法院应当受理。[②] ②依法成立的著作权集体管理组织，根据著作权人的书面授权，以自己的名义提起诉讼，人民法院应当受理。[③] (3)专利侵权的纠纷案件。未经专利权人许可，实施其专利，即侵犯其专利权，引起纠纷的，由当事人协商解决；不愿协商或者协商不成的，专利权人或者利害关系人可以向人民法院起诉，也可以请求管理专利工作的部门处理。[④] (4)商标侵权的纠纷案件。①有《商标法》第57条[⑤]所列侵犯注册商标专用权行为之一，引起纠纷的，由当事人协商解决；不愿协商或者协商不成的，商标注册人或者利害关系人[⑥]可以向人民法院起诉，也可以请求市场监督管理部门处理。[⑦] 在发生注册商标专用权被侵害时，独占使用许可合同的被许可人可以向人民法院提起诉讼；排他使用许可合同的被许可人可以和

① 《民法典》第286条第2款。

② 《最高人民法院关于审理著作权民事纠纷案件适用法律若干问题的解释》第3条第1款。

③ 《最高人民法院关于审理著作权民事纠纷案件适用法律若干问题的解释》第6条。

④ 《专利法》第65条。该条规定："管理专利工作的部门处理时，认定侵权行为成立的，可以责令侵权人立即停止侵权行为，当事人不服的，可以自收到处理通知之日起十五日内依照《中华人民共和国行政诉讼法》向人民法院起诉；侵权人期满不起诉又不停止侵权行为的，管理专利工作的部门可以申请人民法院强制执行。进行处理的管理专利工作的部门应当事人的请求，可以就侵犯专利权的赔偿数额进行调解；调解不成的，当事人可以依照《中华人民共和国民事诉讼法》向人民法院起诉。"

⑤ 《商标法》第57条规定："有下列行为之一的，均属侵犯注册商标专用权：(一)未经商标注册人的许可，在同一种商品上使用与其注册商标相同的商标的；(二)未经商标注册人的许可，在同一种商品上使用与其注册商标近似的商标，或者在类似商品上使用与其注册商标相同或者近似的商标，容易导致混淆的；(三)销售侵犯注册商标专用权的商品的；(四)伪造、擅自制造他人注册商标标识或者销售伪造、擅自制造的注册商标标识的；(五)未经商标注册人同意，更换其注册商标并将该更换商标的商品又投入市场的；(六)故意为侵犯他人商标专用权行为提供便利条件，帮助他人实施侵犯商标专用权行为的；(七)给他人的注册商标专用权造成其他损害的。"

⑥ 《最高人民法院关于审理商标民事纠纷案件适用法律若干问题的解释》第4条第1款规定："商标法第六十条第一款规定的利害关系人，包括注册商标使用许可合同的被许可人、注册商标财产权利的合法继承人等。"

⑦ 《商标法》第60条第1款。(第3款规定："对侵犯商标专用权的赔偿数额的争议，当事人可以请求进行处理的工商行政管理部门调解，也可以依照《中华人民共和国民事诉讼法》向人民法院起诉。经工商行政管理部门调解，当事人未达成协议或者调解书生效后不履行的，当事人可以依照《中华人民共和国民事诉讼法》向人民法院起诉。")

商标注册人共同起诉,也可以在商标注册人不起诉的情况下[①],自行提起诉讼;普通使用许可合同的被许可人经商标注册人明确授权,可以提起诉讼。[②] ②行政管理部门对同一侵犯注册商标专用权行为已经给予行政处罚的,人民法院不再予以民事制裁。[③] 原告以他人注册商标使用的文字、图形等侵犯其著作权、外观设计专利权、企业名称权等在先权利为由提起诉讼,符合《民事诉讼法》第122条规定的,人民法院应当受理。原告以他人使用在核定商品上的注册商标与其在先的注册商标相同或者近似为由提起诉讼的,人民法院应当根据《民事诉讼法》第126条第3项的规定,告知原告向有关行政主管机关申请解决。但原告以他人超出核定商品的范围或者以改变显著特征、拆分、组合等方式使用的注册商标,与其注册商标相同或者近似为由提起诉讼的,人民法院应当受理。[④]

2. 人身侵权的纠纷案件。(1)因人身权益或者具有人身意义的特定物受到侵害,自然人或者其近亲属向人民法院提起诉讼请求精神损害赔偿的,人民法院应当依法予以受理。[⑤] (2)非法使被监护人脱离监护,导致亲子关系或者近亲属间的亲属关系遭受严重损害,监护人向人民法院起诉请求赔偿精神损害的,人民法院应当依法予以受理。[⑥] (3)死者的姓名、肖像、名誉、荣誉、隐私、遗体、遗骨等受到侵害,其近亲属向人民法院提起诉讼请求精神损害赔偿的,人民法院应当依法予以支持。[⑦]

---

① 《最高人民法院关于商标侵权纠纷中注册商标排他使用合同的被许可人是否有权单独提起诉讼问题的函》:"商标注册人不起诉包括商标注册人明示放弃起诉的情形,也包括注册商标排他使用许可合同的被许可人有证据证明其已告知商标注册人或者商标注册人已知道有侵犯商标专用权行为发生而仍不起诉的情形。"

② 《最高人民法院关于审理商标民事纠纷案件适用法律若干问题的解释》第4条第2款。

③ 《最高人民法院关于审理商标民事纠纷案件适用法律若干问题的解释》第21条。

④ 《最高人民法院关于审理注册商标、企业名称与在先权利冲突的民事纠纷案件若干问题的规定》第1条。

⑤ 《最高人民法院关于确定民事侵权精神损害赔偿责任若干问题的解释》第1条。

《最高人民法院关于确定民事侵权精神损害赔偿责任若干问题的解释》第4条规定:"法人或者非法人组织以名誉权、荣誉权、名称权遭受侵害为由,向人民法院起诉请求精神损害赔偿的,人民法院不予支持。"

⑥ 《最高人民法院关于确定民事侵权精神损害赔偿责任若干问题的解释》第2条。

⑦ 《最高人民法院关于确定民事侵权精神损害赔偿责任若干问题的解释》第3条。

《最高人民法院关于周海婴诉绍兴越王珠宝金行侵犯鲁迅肖像权一案应否受理的答复意见》认为:"公民死亡后,其肖像权应依法保护。任何污损、丑化或擅自以营利为目的使用死者肖像构成侵权的,死者的近亲属有权向人民法院提起诉讼。"

3. 其他侵权的纠纷案件。(1)知识产权侵权的纠纷案件。①对于涉及计算机网络域名注册、使用等行为的民事纠纷,当事人向人民法院提起诉讼,经审查符合《民事诉讼法》第122条规定的,人民法院应当受理。[①] ②人民法院应受理法定专利纠纷案件。[②] ③人民法院应受理法定的著作权民事纠纷案件。[③] ④植物新品种[④]权所有人或者利害关系人认为植物新品种权受到侵犯的,可以依法向人民法院提起诉讼。(2)不正当竞争的纠纷案件。①凡经营者的合法权益因不正当竞争行为受到损害而向人民法院提起民事诉讼的,人民法院应当依法受理。[⑤] ②原告以他人企业名称与其在先的企业名称相同或者近似,足以使相关公众对

---

① 《最高人民法院关于审理涉及计算机网络域名民事纠纷案件适用法律若干问题的解释》第1条。

② 《最高人民法院关于审理专利纠纷案件适用法律问题的若干规定》第1条规定:"人民法院受理下列专利纠纷案件:1. 专利申请权权属纠纷案件;2. 专利权权属纠纷案件;3. 专利合同纠纷案件;4. 侵害专利权纠纷案件;5. 假冒他人专利纠纷案件;6. 发明专利临时保护期使用费纠纷案件;7. 职务发明创造发明人、设计人奖励、报酬纠纷案件;8. 诉前申请行为保全纠纷案件;9. 诉前申请财产保全纠纷案件;10. 因申请行为保全损害责任纠纷案件;11. 因申请财产保全损害责任纠纷案件;12. 发明创造发明人、设计人署名权纠纷案件;13. 确认不侵害专利权纠纷案件;14. 专利权宣告无效后返还费用纠纷案件;15. 因恶意提起专利权诉讼损害责任纠纷案件;16. 标准必要专利使用费纠纷案件;17. 不服国务院专利行政部门维持驳回申请复审决定案件;18. 不服国务院专利行政部门专利权无效宣告请求决定案件;19. 不服国务院专利行政部门实施强制许可决定案件;20. 不服国务院专利行政部门实施强制许可使用费裁决案件;21. 不服国务院专利行政部门行政复议决定案件;22. 不服国务院专利行政部门作出的其他行政决定案件;23. 不服管理专利工作的部门行政决定案件;24. 确认是否落入专利权保护范围纠纷案件;25. 其他专利纠纷案件。"

③ 《最高人民法院关于审理著作权民事纠纷案件适用法律若干问题的解释》第1条规定:"人民法院受理以下著作权民事纠纷案件:(一)著作权及与著作权有关权益权属、侵权、合同纠纷案件;(二)申请诉前停止侵害著作权、与著作权有关权益行为,申请诉前财产保全、诉前证据保全案件;(三)其他著作权、与著作权有关权益纠纷案件。"

④ 《最高人民法院关于审理植物新品种纠纷案件若干问题的解释》第1条规定:"人民法院受理的植物新品种纠纷案件主要包括以下几类:(一)植物新品种申请驳回复审行政纠纷案件;(二)植物新品种权无效行政纠纷案件;(三)植物新品种权更名行政纠纷案件;(四)植物新品种权强制许可纠纷案件;(五)植物新品种权实施强制许可使用费纠纷案件;(六)植物新品种申请权权属纠纷案件;(七)植物新品种权权属纠纷案件;(八)植物新品种申请权转让合同纠纷案件;(九)植物新品种权转让合同纠纷案件;(十)侵害植物新品种权纠纷案件;(十一)假冒他人植物新品种权纠纷案件;(十二)植物新品种培育人署名权纠纷案件;(十三)植物新品种临时保护期使用费纠纷案件;(十四)植物新品种行政处罚纠纷案件;(十五)植物新品种行政复议纠纷案件;(十六)植物新品种行政赔偿纠纷案件;(十七)植物新品种行政奖励纠纷案件;(十八)其他植物新品种权纠纷案件。"

⑤ 《最高人民法院关于是否受理低价倾销不正当竞争纠纷及其管辖确定问题的批复》。

其商品的来源产生混淆，违反《反不正当竞争法》第6条第2项[①]的规定为由提起诉讼，符合《民事诉讼法》第122条规定的，人民法院应当受理。[②] (3)消费者侵权的纠纷案件。①消费者与经营者发生消费者权益争议的，消费者有权向人民法院提起诉讼。[③] ②因产品质量发生民事纠纷时，当事人各方没有达成仲裁协议或者仲裁协议无效的，可以直接向人民法院起诉。[④] (4)虚假陈述行为侵权的纠纷案件。原告提起证券虚假陈述侵权民事赔偿诉讼，符合《民事诉讼法》第122条规定，并提交以下证据或者证明材料的，人民法院应当受理：①证明原告身份的相关文件；②信息披露义务人实施虚假陈述的相关证据；③原告因虚假陈述进行交易的凭证及投资损失等相关证据。人民法院不得仅以虚假陈述未经监管部门行政处罚或者人民法院生效刑事判决的认定为由裁定不予受理。[⑤] (5)交通侵权的纠纷案件。①对交通事故损害赔偿的争议，当事人可以请求公安机关交通管理部门调解，也可以直接向人民法院提起民事诉讼。经公安机关交通管理部门调解，当事人未达成协议或者调解书生效后不履行的，当事人可以向人民法院提起民事诉讼。[⑥] ②当事人诉交通局、公路段人身损害赔偿案件，只要符合《民事诉讼法》第122条规定，人民法院就应当受理。[⑦]

五、可诉的其他纠纷案件

1. 与仲裁有关可诉的纠纷案件。(1)当事人对仲裁协议的效力有异议，一方当事人申请仲裁机构确认仲裁协议效力，另一方当事人请求人民法院确认仲裁协议无效，如果仲裁机构先于人民法院接受申请并已作出决定，人民法院不予受理；如果仲裁机构接受申请后尚未作出决定，人民法院应予受理，同时通知仲裁

---

① 《反不正当竞争法》第6条规定："经营者不得实施下列混淆行为，引人误认为是他人商品或者与他人存在特定联系：(一)擅自使用与他人有一定影响的商品名称、包装、装潢等相同或者近似的标识；(二)擅自使用他人有一定影响的企业名称(包括简称、字号等)、社会组织名称(包括简称等)、姓名(包括笔名、艺名、译名等)；(三)擅自使用他人有一定影响的域名主体部分、网站名称、网页等；(四)其他足以引人误认为是他人商品或者与他人存在特定联系的混淆行为。"

② 《最高人民法院关于审理注册商标、企业名称与在先权利冲突的民事纠纷案件若干问题的规定》第2条。

③ 《消费者权益保护法》第39条第5项。

④ 《产品质量法》第47条。

⑤ 《最高人民法院关于审理证券市场虚假陈述侵权民事赔偿案件的若干规定》第2条。

⑥ 《道路交通安全法》第74条。

⑦ 《最高人民法院关于陈贵松等27人诉竹山县交通局、竹山县公路段人身损害赔偿纠纷一案受理问题的复函》。

机构终止仲裁。[①] (2)一方当事人就合同纠纷或者其他财产权益纠纷申请仲裁，另一方当事人对仲裁协议的效力有异议，请求人民法院确认仲裁协议无效并就合同纠纷或者其他财产权益纠纷起诉的，人民法院受理后应当通知仲裁机构中止仲裁。人民法院依法作出仲裁协议有效或者无效的裁定后，应当将裁定书副本送达仲裁机构，由仲裁机构根据人民法院的裁定恢复仲裁或者撤销仲裁案件。人民法院依法对仲裁协议作出无效的裁定后，另一方当事人拒不应诉的，人民法院可以缺席判决；原受理仲裁申请的仲裁机构在人民法院确认仲裁协议无效后仍不撤销其仲裁案件的，不影响人民法院对案件的审理。[②] (3)当事人事先在合同中约定或争议发生后约定由国外的临时仲裁机构或非常设仲裁机构仲裁的，原则上应当承认该仲裁条款的效力，法院不再受理当事人的起诉。[③]

2. 与仲裁无关可诉的纠纷案件。(1)当事人就人民法院生效裁判文书所确定的给付事项超过执行期限后又重新达成协议的，应当视为当事人之间形成了新的民事法律关系，当事人就该新协议向人民法院提起诉讼的，只要符合《民事诉讼法》立案受理的有关规定的，人民法院应当受理。[④] (2)裁定不予受理、驳回起诉的案件，原告再次起诉，符合起诉条件且不属于《民事诉讼法》第127条规定情形的，人民法院应予受理。[⑤] (3)当事人超过诉讼时效期间起诉的，人民法院应予受理。受理后对方当事人提出诉讼时效抗辩，人民法院经审理认为抗辩事由成立的，判决驳回原告的诉讼请求。[⑥] (4)原告撤诉或者人民法院按撤诉处理后，原告以同一诉讼请求再次起诉的，人民法院应予受理。[⑦] (5)裁判发生法律效力后，发生新的事实，当事人再次提起诉讼的，人民法院应当依法受理。[⑧]

---

① 《最高人民法院关于确认仲裁协议效力几个问题的批复》第3条。

② 《最高人民法院关于确认仲裁协议效力几个问题的批复》第4条。

③ 《最高人民法院关于福建省生产资料总公司与金鸽航运有限公司国际海运纠纷一案中提单仲裁条款效力问题的复函》。

④ 《最高人民法院关于当事人对人民法院生效法律文书所确定的给付事项超过申请执行期限后又重新就其中的部分给付内容达成新的协议的应否立案的批复》。

⑤ 《最高人民法院关于适用〈中华人民共和国民事诉讼法〉的解释》第212条。

⑥ 《最高人民法院关于适用〈中华人民共和国民事诉讼法〉的解释》第219条。

⑦ 《最高人民法院关于适用〈中华人民共和国民事诉讼法〉的解释》第214条第1款。

《最高人民法院经济审判庭关于已裁定撤诉的案件当事人再起诉时人民法院能否受理问题的电话答复》。

⑧ 《最高人民法院关于适用〈中华人民共和国民事诉讼法〉的解释》第248条。

六、不可诉的具体纠纷案件

1. 婚姻家庭纠纷案件。(1)承担《民法典》第1091条规定的损害赔偿责任的主体,为离婚诉讼当事人中无过错方的配偶。人民法院判决不准离婚的案件,对于当事人基于《民法典》第1091条提出的损害赔偿请求,不予支持。在婚姻关系存续期间,当事人不起诉离婚而单独依据《民法典》第1091条提起损害赔偿请求的,人民法院不予受理。① (2)当事人仅以《民法典》第1043条②为依据提起诉讼的,人民法院不予受理;已经受理的,裁定驳回起诉。③ (3)原告撤诉或者按撤诉处理的离婚案件,没有新情况、新理由,6个月内又起诉的,比照"判决不准离婚和调解和好的离婚案件,判决、调解维持收养关系的案件,没有新情况、新理由,原告在6个月内又起诉"的规定不予受理。④ (4)流浪乞讨人员因侵权行为导致死亡,无赔偿权利人或者赔偿权利人不明的情况下,民政部门不属于与案件有利益关系的法人或者非法人组织,不能成为适格的诉讼主体。⑤

2. 金融的纠纷案件。(1)有关当事人因中国人民银行、金融监管机构以及依据《个人债权及客户证券交易结算资金收购意见》成立的甄别确认小组在风险处置过程中甄别确认其债权不属于国家收购范围的个人债权或者客户证券交易结算资金,向人民法院提起诉讼,请求确认其债权应纳入国家收购范围的,人民法院不予受理。⑥ (2)有关权利人仅以托管为由向人民法院提起诉讼,请求判令信托管理机构承担被托管证券公司债务的,人民法院不予受理。⑦ (3)证券公司的债权人向人民法院提起诉讼,请求判令买受人承担证券公司债务偿还责任的,人

---

① 《最高人民法院关于适用〈中华人民共和国民法典〉婚姻家庭编的解释(一)》第87条。

② 《民法典》第1043条规定:"家庭应当树立优良家风,弘扬家庭美德,重视家庭文明建设。夫妻应当互相忠实,互相尊重,互相关爱;家庭成员应当敬老爱幼,互相帮助,维护平等、和睦、文明的婚姻家庭关系。"

③ 《最高人民法院关于适用〈中华人民共和国民法典〉婚姻家庭编的解释(一)》第4条。

④ 《最高人民法院关于适用〈中华人民共和国民事诉讼法〉的解释》第214条第2款。

⑤ 《最高人民法院关于侵权行为导致流浪乞讨人员死亡,无赔偿权利人或者赔偿权利人不明的,民政部门能否提出民事诉讼的复函》。

⑥ 《最高人民法院关于依法审理和执行被风险处置证券公司相关案件的通知》第1条。

⑦ 《最高人民法院关于依法审理和执行被风险处置证券公司相关案件的通知》第2条。(该条同时规定:"托管是相关监管部门对高风险证券公司的证券经纪业务等涉及公众客户的业务采取的行政措施,托管机构仅对被托管证券公司的经纪业务行使经营管理权,不因托管而承继被托管证券公司的债务。")

民法院对其诉讼请求不予支持。[①] (4)金融资产管理公司接收国有商业银行的不良资产时,金融资产管理公司与国有商业银行就政策性金融资产转让协议发生纠纷起诉到人民法院的,人民法院不予受理。[②]

3. 行政的纠纷案件。(1)社会保险基金经办机构与用人单位因拖欠社会保险费而发生的纠纷,属于行政争议,人民法院不应以民事案件受理。[③] (2)委托代征、代收费用单位与被委托单位形成行政委托法律关系的,被委托单位与转委托单位属行政委托的转委托关系,对于被委托单位与转委托单位之间关于代征、代收费用的纠纷,人民法院不应以民事委托关系案件受理。[④] (3)政府主管部门在对企业国有资产进行行政性调整、划转过程中发生的纠纷,当事人向人民法院提起民事诉讼的,人民法院不予受理。[⑤] (4)有关当事人因中国人民银行、金融监管机构以及依据《个人债权及客户证券交易结算资金收购意见》成立的甄别确认小组在风险处置过程中甄别确认其债权不属于国家收购范围的个人债权或者客户证券交易结算资金,向人民法院提起诉讼,请求确认其债权应纳入国家收购范围的,人民法院不予受理。国家收购范围之外的债权,有关权利人可以在相关证券公司进入破产程序后向人民法院申报。[⑥]

4. 仲裁的纠纷案件。(1)依照《仲裁法》第20条第2款[⑦]的规定,当事人在仲裁庭开庭前没有对仲裁协议的效力提出异议,而后向人民法院申请确认仲裁

---

① 《最高人民法院关于依法审理和执行被风险处置证券公司相关案件的通知》第3条。(该条同时规定:"处置证券类资产是行政处置过程中的一个重要环节,行政清算组依照法律、行政法规及国家相关政策,对证券类资产采取市场交易方式予以处置,在合理估价的基础上转让证券类资产,受让人支付相应的对价。")

② 《最高人民法院关于人民法院是否受理金融资产管理公司与国有商业银行就政策性金融资产转让协议发生的纠纷问题的答复》(该答复同时认为:"金融资产管理公司接收国有商业银行的不良资产是国家根据有关政策实施的,具有政府指令划转国有资产的性质"。)

③ 《最高人民法院行政审判庭关于拖欠社会保险基金纠纷是否由法院主管的答复》。

④ 《最高人民法院关于对中国长江航运(集团)总公司与武汉港务管理局委托代收水运客货运附加费纠纷一案请示的复函》。

《最高人民法院关于职工执行公务在单位借款长期挂账发生纠纷法院是否受理问题的答复》认为,受单位委派是职务行为,其与单位之间不存在平等主体间的债权债务关系,人民法院不应作为民事案件受理。当事人在受托事项完成后,因未及时报销冲账与单位发生纠纷,应由单位按其内部财会制度处理。

⑤ 《最高人民法院关于审理与企业改制相关的民事纠纷案件若干问题的规定》第3条。

⑥ 《最高人民法院关于依法审理和执行被风险处置证券公司相关案件的通知》第1条。

⑦ 《仲裁法》第20条规定:"当事人对仲裁协议的效力有异议的,可以请求仲裁委员会作出决定或者请求人民法院作出裁定。一方请求仲裁委员会作出决定,另一方请求人民法院作出裁定的,由人民法院裁定。当事人对仲裁协议的效力有异议,应当在仲裁庭首次开庭前提出。"

协议无效的，人民法院不予受理。仲裁机构对仲裁协议的效力作出决定后，当事人向人民法院申请确认仲裁协议效力或者申请撤销仲裁机构的决定的，人民法院不予受理。① (2)依照《民事诉讼法》第127条第2项的规定，当事人在书面合同中订有仲裁条款，或者在发生纠纷后达成书面仲裁协议，一方向人民法院起诉的，人民法院应当告知原告向仲裁机构申请仲裁，其坚持起诉的，裁定不予受理，但仲裁条款或者仲裁协议不成立、无效、失效、内容不明确无法执行的除外。②

5. 合同的纠纷案件。(1)合作开发房地产合同的当事人请求分配房地产项目利益具有特定法定情形的，不予受理；已经受理的，驳回起诉。③ (2)国际劳务输出合同担保产生的纠纷，人民法院不应受理。④

6. 其他的纠纷案件。(1)人民法院受理强制清算申请后，经审查发现强制清算申请不符合法律规定的，可以裁定驳回强制清算申请。⑤ (2)当事人重复起诉的⑥，裁定不予受理；已经受理的，裁定驳回起诉，但法律、司法解释另有规定的除外。⑦ (3)主管机关正在处理的案件。⑧ (4)当事人对公证不当或者错误而将公

---

① 《最高人民法院关于适用〈中华人民共和国仲裁法〉若干问题的解释》第13条。

② 《最高人民法院关于适用〈中华人民共和国民事诉讼法〉的解释》第215条。

③ 《最高人民法院关于审理涉及国有土地使用权合同纠纷案件适用法律问题的解释》第16条规定："在下列情形下，合作开发房地产合同的当事人请求分配房地产项目利益的，不予受理；已经受理的，驳回起诉：(一)依法需经批准的房地产建设项目未经有批准权的人民政府主管部门批准；(二)房地产建设项目未取得建设工程规划许可证；(三)擅自变更建设工程规划。因当事人隐瞒建设工程规划变更的事实所造成的损失，由当事人按照过错承担。"

④ 《最高人民法院关于劳务输出合同的担保纠纷人民法院应否受理问题的复函》。

国际劳务输出合同担保是派出单位为保证劳务输出合同的顺利实施，而依其行政职权要求派出人员在出国期间遵守所在国法律和所在国公司各项行政规章及出国纪律等方面作出的行为保证。这是派出单位对派出人员进行管理的一种行政措施。不属于民法和经济合同法调整范畴。

⑤ 《最高人民法院关于审理公司强制清算案件工作座谈会纪要》第15条。

⑥ 《最高人民法院关于适用〈中华人民共和国民事诉讼法〉的解释》第247条第1款规定："当事人就已经提起诉讼的事项在诉讼过程中或者裁判生效后再次起诉，同时符合下列条件的，构成重复起诉：(一)后诉与前诉的当事人相同；(二)后诉与前诉的诉讼标的相同；(三)后诉与前诉的诉讼请求相同，或者后诉的诉讼请求实质上否定前诉裁判结果。"

⑦ 《最高人民法院关于适用〈中华人民共和国民事诉讼法〉的解释》第247条第2款。

⑧ 《最高人民法院关于王淑才与许桂兰为分配保险赔偿费发生的纠纷主管部门正在处理应由他们继续解决人民法院不宜直接受理的批复》。

《最高人民法院关于咸阳爱心总公司与咸阳爱心总公司1930名传销员传销纠纷如何适用[1998]38号通知的复函》认为："传销或者变相传销行为，由工商行政管理机关进行认定和处罚，当事人之间因传销行为发生纠纷诉至人民法院的，人民法院不宜将此类纠纷作为民事案件受理。"

证机关作为被告,要求公证机关赔偿损失向人民法院起诉的,人民法院不予受理。[①]

第二节　审理前的准备

审理前的准备,是指人民法院受理案件后,在开庭审理之前,为保证案件审理的顺利进行所进行的一系列诉讼活动。开庭前的准备程序,是整个民事诉讼程序的重要组成部分,是以庭审为中心的民事诉讼程序结构的重要基础,它使案件的诉讼资料能够适用于集中开庭审理,提高庭审的效率。

审理前的准备工作包括:(1)在法定期限内送达诉讼文书、常见的诉讼文书有起诉状、答辩状和各种通知书(如举证通知书)等。(2)告知成立审判组织、当事人有关诉讼权利和义务。(3)审核诉讼材料,调查收集必要的证据材料。(4)其他准备工作,如追加当事人、移送案件、诉讼费用等。

答辩状

第一百二十八条　人民法院应当在立案之日起五日内将起诉状副本发送被告,被告应当在收到之日起十五日内提出答辩状。答辩状应当记明被告的姓名、性别、年龄、民族、职业、工作单位、住所、联系方式;法人或者其他组织的名称、住所和法定代表人或者主要负责人的姓名、职务、联系方式。人民法院应当在收到答辩状之日起五日内将答辩状副本发送原告。

被告不提出答辩状的,不影响人民法院审理。

本条明确审理前人民法院发送起诉状副本、被告提出答辩状和人民法院发送答辩状副本以及期间。本书在此基础上进一步阐释两方面的内容。

一、审理前送达诉讼文书

人民法院开庭前应做好必要的法定工作,如在法定期限内,分别向当事人送

① 《最高人民法院经济审判庭关于合同公证失误公证机关能否作为被告问题的电话答复》。

达受理案件通知书[①]、应诉通知书[②]和起诉状、答辩状副本、举证通知书。

1. 送达起诉状。人民法院应当在收到起诉状和证据材料之日起5日内送交对方当事人，对方当事人可以自收到起诉状之日起10日内提出书面意见。[③]

2. 提交答辩状。(1)答辩状应当记明被告的姓名、性别、年龄、民族、职业、工作单位、住所、联系方式；法人或者非法人组织的名称、住所和法定代表人或者主要负责人的姓名、职务、联系方式。(2)被告在收到起诉状副本之日起15日(涉外案件为30日)内，应向人民法院提交答辩状。被告应当在答辩期届满前提出书面答辩。(3)被告应当在答辩期届满前提出书面答辩，阐明其对原告诉讼请求及所依据的事实和理由的意见。[④] (4)被告不提出答辩状的，不影响人民法院审理。

3. 发送答辩状副本。人民法院案件立案后，应当在立案之日起5日内将起诉状副本发送被告，如果原告是口头起诉的，人民法院也应在5日内将口诉笔录的复制本发送被告。

4. 送达举证通知书。人民法院应当在审理前的准备阶段向当事人送达举证通知书。举证通知书应当载明举证责任的分配原则和要求、可以向人民法院申请调查收集证据的情形、人民法院根据案件情况指定的举证期限以及逾期提供证据的法律后果等内容。[⑤]

二、当事人审理前应提交的材料

1. 法人或者其他组织参加诉讼的，应当提交法人或者其他组织资格证明以及法定代理人身份证明书或者负责人身份证明书。[⑥]

---

① 受理案件通知书，是指人民法院接到原告起诉后，经审查符合起诉条件的，应当在决定立案后，向原告发出决定立案和预交诉讼费的通知书。

② 应诉通知书，是指人民法院对原告的起诉决定受理后，应向被告发出的通知书，主要内容包括：原告、被告姓名，案由，送达起诉状副本，告知被告按期提出答辩，可以委托诉讼代理人及其他事项。

③ 《最高人民法院关于适用〈中华人民共和国民事诉讼法〉的解释》第291条第1款。

④ 《最高人民法院关于民事诉讼证据的若干规定》第49条。

⑤ 《最高人民法院关于民事诉讼证据的若干规定》第50条。

最高人民法院(2009)民三终字第4号民事裁定书认为，人民法院应当在立案之日起5日内至少应将起诉状副、应诉通知书、举证通知书发送被告，并无必须同时将原告证据一并发送被告的强制性规定。

⑥ 《最高人民法院〈关于民事诉讼证据的若干规定〉文书样式(试行)的通知》样式之一：《××人民法院应诉通知书》第3条。

2. 自然人参加诉讼的,应当提交身份证明。[①]

3. 需要委托代理人代为诉讼的,应当提交由委托人签名或者盖章的授权委托书,授权委托书应当依照《民事诉讼法》第62条的规定委托事项和权限。[②]

权利义务的告知

第一百二十九条　人民法院对决定受理的案件,应当在受理案件通知书和应诉通知书中向当事人告知有关的诉讼权利义务,或者口头告知。

本条明确审理前人民法院受理案件时应告知的权利义务。本书仅就其进行阐释。

1. 审理前人民法院应告知当事人的权利义务。人民法院对决定受理的案件,应当在受理案件通知书和应诉通知书中,向当事人告知[③]有关的诉讼法权利义务,或者口头予以告知,如果已经确定开庭日期的,应当一并告知当事人及其诉讼代理人开庭的时间、地点。

2. 审理前人民法院应告知当事人的其他诉讼事项。(1)在法定期限内及时通知诉讼各方开庭时间和地点;(2)公开审理的,应当在法定期限内及时公告;(3)当事人申请不公开审理的,应当及时审查,符合法定条件的,应当准许;不符合法定条件的,应当公开审理并解释理由;(4)需要进行庭前证据交换的,应当及时提醒,并主动告知举证时限;(5)当事人申请法院调取证据的,如确属当事人无法收集的证据,应当及时调查收集,不得拖延;证据调取不到的,应当主动告知原因;如属于当事人可以自行收集的证据,应当告知其自行收集;(6)自觉遵守关于回避的法律规定和相关制度,对当事人提出的申请回避请求不予同意的,应当向当事人说明理由。[④]

---

① 《最高人民法院〈关于民事诉讼证据的若干规定〉文书样式(试行)的通知》样式之一:《××人民法院应诉通知书》第3条(后部分)。

② 《最高人民法院〈关于民事诉讼证据的若干规定〉文书样式(试行)的通知》样式之一:《××人民法院应诉通知书》第4条。

③ 告知可以采用书面方式,即在受理案件通知书和应诉通知书中,向当事人写明有关的诉讼权利和义务。也可以采用口头方式,在通知书送达时,对于通知书中未记明的内容,用口头方式告知当事人。

④ 《法官行为规范》第27条。

管辖权异议、应诉管辖

第一百三十条 人民法院受理案件后，当事人对管辖权有异议的，应当在提交答辩状期间提出。人民法院对当事人提出的异议，应当审查。异议成立的，裁定将案件移送有管辖权的人民法院；异议不成立的，裁定驳回。

当事人未提出管辖异议，并应诉答辩的，视为受诉人民法院有管辖权，但违反级别管辖和专属管辖规定的除外。

本条明确审理前管辖权异议、应诉管辖。本书在此基础上进一步阐释两方面的内容。

一、管辖权异议

管辖权异议，是指人民法院受理案件后，被告对于人民法院对案件是否有管辖权提出异议，而向人民法院提出的不服该人民法院管辖的意见或主张。[①] 它是当事人的一项诉讼权利。第三人无权对受诉法院的管辖权提出异议。[②]

1. 管辖权异议的提出。(1)提交答辩状期间的异议提出。①当事人在提交答辩状期间提出管辖异议，又针对起诉状的内容进行答辩的，人民法院应当依照《民事诉讼法》第130条第1款的规定，对管辖异议进行审查。[③] ②被告在提交答辩状期间提出管辖权异议，认为受诉人民法院违反级别管辖规定，案件应当由上级人民法院或者下级人民法院管辖的，受诉人民法院应当审查，并在受理异议之日起15日内作出裁定：(i)异议不成立的，裁定驳回；(ii)异议成立的，裁定移送有管辖权的人民法院。[④] (2)提交答辩状期间届满后的异议提出。①提交答辩状期间届满后，原告增加诉讼请求金额致使案件标的额超过受诉人民法院级别管辖标准，被告提出管辖权异议，请求由上级人民法院管辖的，人民法院应当按照《最高人民法院关于审理民事级别管辖异议案件若干问题的规定》第1条审查并作出裁定。[⑤] ②人民法院对原中止诉讼的案件应原告之请求，变更被告，恢复诉

---

① 原告是否有权提出管辖权异议，法律未作限制性规定。

② 《最高人民法院关于第三人能否对管辖权提出异议问题的批复》。

③ 《最高人民法院关于适用〈中华人民共和国民事诉讼法〉的解释》第223条第1款。

④ 《最高人民法院关于审理民事级别管辖异议案件若干问题的规定》第1条。

⑤ 《最高人民法院关于审理民事级别管辖异议案件若干问题的规定》第3条。

讼后,变更后的被告应享有法律规定的一切诉讼权利,包括在答辩期内向人民法院提出管辖权异议。[①]

2. 管辖权异议的裁定。(1)裁定方式。①人民法院应当"对管辖权有异议"予以裁定,不能以回函形式处理被告所提出的管辖权异议。[②] ②被告以受诉人民法院同时违反级别管辖和地域管辖规定为由提出管辖权异议的,受诉人民法院应当一并作出裁定。[③] (2)裁定后举证期的重新指定。当事人在一审答辩期内提出管辖权异议的,人民法院应当在驳回当事人管辖权异议的裁定生效后,重新指定不少于30日的举证期限。但在征得当事人同意后,人民法院可以指定少于30日的举证期限。[④] (3)裁定的驳回。人民法院认为管辖异议不成立的,应裁定驳回。[⑤] (4)裁定前的撤回。在管辖权异议裁定作出前,原告申请撤回起诉,受诉人民法院作出准予撤回起诉裁定的,对管辖权异议不再审查,并在裁定书中一并写明。[⑥] (5)对裁定的上诉。对人民法院就级别管辖异议作出的裁定,当事人不服提起上诉的,第二审人民法院应当依法审理并作出裁定。[⑦]

二、视为"接受管辖"的情形

1. 未提出管辖异议的。当事人未提出管辖异议,就案件实体内容进行答辩、陈述或者反诉的,可以认定为《民事诉讼法》第130条第2款规定的应诉答辩。[⑧]

2. 第三人参加他人诉讼的。有独立请求权的第三人主动参加他人已开始的诉讼,应视为承认和接受了受诉法院的管辖,因而不发生对管辖权提出异议的问题;无独立请求权的第三人参加他人已开始的诉讼,无权对受诉法院的管辖权提出异议。[⑨]

3. 视为受诉人民法院有管辖权,但违反级别管辖和专属管辖规定的除外。

---

① 《最高人民法院经济审判庭关于法院应原告变更被告之请求而恢复诉讼,变更后的被告是否有权提出管辖异议问题的答复》。

② 《最高人民法院经济审判庭关于法院应原告变更被告之请求而恢复诉讼,变更后的被告是否有权提出管辖异议问题的答复》。

③ 《最高人民法院关于审理民事级别管辖异议案件若干问题的规定》第5条。

④ 《最高人民法院关于适用〈关于民事诉讼证据的若干规定〉中有关举证时限规定的通知》第3条。

⑤ 《最高人民法院关于审理民事级别管辖异议案件若干问题的规定》第1条。

⑥ 《最高人民法院关于审理民事级别管辖异议案件若干问题的规定》第2条。

⑦ 《最高人民法院关于审理民事级别管辖异议案件若干问题的规定》第7条。

⑧ 《最高人民法院关于适用〈中华人民共和国民事诉讼法〉的解释》第223条第2款。

⑨ 《最高人民法院关于第三人能否对管辖权提出异议问题的批复》。

告知审判人员

第一百三十一条　审判人员确定后，应当在三日内告知当事人。

本条明确审判人员的告知。[①] 本书在其基础上进行阐释。

根据《民事诉讼法》的规定，人民法院立案后，将案件交由审判人员承办，依照第一审普通程序审理的案件，人民法院必须组成合议庭进行审理。第一审合议庭有两种组织形式：一是由审判员和陪审员共同组成合议庭，陪审员在执行陪审职务时，享有与审判员同等的权利义务。二是由审判员单独组成合议庭，陪审员不参与该合议庭的组成。合议庭的人数必须是3人以上的单数，对于审判员与陪审员的比例，本法未作规定。

人民法院可以按照受理案件的类别，通过随机产生的方式，组建由法官或者法官与人民陪审员组成的合议庭，审理适用普通程序和依法由合议庭审理的简易程序的案件。案件数量较多的基层人民法院，可以组建相对固定的审判团队，实行扁平化的管理模式。[②]

审核材料、调查收集证据

第一百三十二条　审判人员必须认真审核诉讼材料，调查收集必要的证据。

本条明确审核诉讼材料、调查收集必要证据。本书在此基础上进一步阐释两方面的内容。

一、审核诉讼材料

审核诉讼材料，主要是指承办案件的审判人员对原告的起诉状、被告的答辩

---

① 当事人有权及时告知人民法院负责审判的合议庭所有组成人员，以便日后开庭审理时依法充分、有效地行使申请回避的权利。

② 《最高人民法院关于完善人民法院司法责任制的若干意见》第4条第2款。

状以及他们提出的证据和其他诉讼材料进行审查和核实。[①] 审核的内容:(1)案件是否属于人民法院受案范围和受诉人民法院管辖。(2)了解原告的诉讼请求和被告对诉讼请求的反驳是否还需要一定的证明材料。(3)审查被告是否提出了反诉,反诉是否符合条件,反诉的诉讼请求是什么,有何事实和理由。(4)查明有无必要对证据进行鉴定或者勘验,是否需要人民法院调查、收集必要的证据,是否需要对可能灭失的证据采取保全措施。(5)确定是否有必要按法定程序通知其他人参加诉讼。

二、调查收集证据

人民法院调查、收集证据分为两种情形:(1)人民法院依职权主动调查、收集与案件有关的证据;(2)人民法院依当事人的申请,调查、收集与案件有关的证据。[②]

人民法院调查程序

第一百三十三条　人民法院派出人员进行调查时,应当向被调查人出示证件。

调查笔录经被调查人校阅后,由被调查人、调查人签名或者盖章。

本条明确人民法院调查程序。本书仅就其进行阐释。

1. 人民法院派出的审判员或书记员进行调查时,应当向被调查人出示表明调查人员身份的证件,取得被调查人的信任和合作。

2. 调查应当由两人以上共同进行。调查时应当制作调查笔录,调查完毕,应当将制作的调查笔录送请被调查人校阅,经核对准确后,由被调查人、调查人、记录人在笔录末尾处签名或者盖章。

---

① 审核诉讼材料,调查、收集必要证据的工作,在于使审判人员通过认真审核诉讼材料和调查收集必要的证据来了解案情,审查证据,以便查清、核实双方当事人争议的焦点和需要庭审调查、辩论的主要问题,为庭审活动做好前期准备,而不是指审判人员在开庭审理前对案件事实以及证据的认定形成结论性的意见。从性质上讲,此项工作只是一种程序性的准备而非实体性审理。

② 人民法院可以依职权进行调查、收集工作,这对于案件审判程序的顺利进行,以及在开庭审理过程中查清案情、分清是非、作出正确裁判有着重要意义。人民法院主动调查、收集相关证据是当事人提供证据的补充。

3. 调查中摘抄的有关材料，除应注明原材料的名称、出处外，还应由有关单位和个人盖章。未经上述程序取得的调查材料，不具备证明效力，不得据以作出裁判。

4. 调查笔录经被调查人校阅后，由被调查人、调查人签名或者盖章。

委托调查

第一百三十四条　人民法院在必要时可以委托外地人民法院调查。

委托调查，必须提出明确的项目和要求。受委托人民法院可以主动补充调查。

受委托人民法院收到委托书后，应当在三十日内完成调查。因故不能完成的，应当在上述期限内函告委托人民法院。

本条明确委托调查。本书仅就其进行阐释。

1. 人民法院除自行调查以外，对在外地的证据，在必要的时候可以委托外地人民法院调查。①

2. 委托调查，必须提出明确的项目和要求。为了保证调查事项的完整性并以此满足诉讼活动和客观需要，受委托人民法院除根据委托调查的项目和要求进行调查外，如果发现与委托项目有关的证据，可以主动补充调查。

3. 受委托的人民法院收到委托书后，应当在 30 日内完成调查，并将调查材料函复委托人民法院。如果因故不能完成，或者需要延长期限完成的，应当在上述期限内函告委托人民法院。

当事人追加

第一百三十五条　必须共同进行诉讼的当事人没有参加诉讼的，人民法院应当通知其参加诉讼。

---

①　委托调查是一种法定调查方式，受委托的人民法院有义务协助调查取证。这样可以在保证调查质量的前提下降低调查成本，提高调查效率。

本条明确当事人的追加。

当事人的追加包括当事人申请追加和人民法院依职权追加。本书仅就当事人的追加进行阐释。

1. 当事人申请追加。人民法院对当事人提出的申请,应当进行审查,申请理由不成立的,裁定驳回;申请理由成立的,书面通知被追加的当事人参加诉讼。[①]

2. 人民法院依职权追加当事人。[②] (1)追加当事人的情形。①必须共同进行诉讼的当事人没有参加诉讼的,人民法院应当依照《民事诉讼法》第135条的规定,通知其参加。[③] ②当事人不服劳动争议仲裁机构作出的仲裁裁决,依法提起诉讼,人民法院审查认为仲裁裁决遗漏了必须共同参加仲裁的当事人的,应当依法追加遗漏的人为诉讼当事人。[④] (2)追加当事人的规则。①人民法院追加共同诉讼的当事人时,应当通知其他当事人。应当追加的原告,已明确表示放弃实体权利的,可不予追加;既不愿意参加诉讼,又不放弃实体权利的,仍应追加为共同原告,其不参加诉讼,不影响人民法院对案件的审理和依法作出判决。[⑤] ②应当追加的被告属于依法必须到庭的被告,在其经人民法院通知追加后拒不到庭参加诉讼的,经两次传票传唤,无正当理由拒不到庭的,可以对其实行拘传。如果发现原告或被告不符合当事人条件的,应当通知符合条件的原告或者被告参加诉讼,更换不合格的当事人。(3)具体案件的当事人追加。买受人未按照商品房担保贷款合同的约定偿还贷款,亦未与担保权人办理不动产抵押登记手续,担保权人起诉买受人,请求处分商品房买卖合同项下买受人合同权利的,应当通知出卖人参加诉讼;担保权人同时起诉出卖人时,如果出卖人为商品房担保贷款合同提供保证的,应当列为共同被告。[⑥]

---

① 《最高人民法院关于适用〈中华人民共和国民事诉讼法〉的解释》第73条。

② 人民法院依职权追加当事人,是指人民法院发现对诉讼标的具有共同权利或义务的当事人未参加诉讼时,依照职权追加其为案件的原告或被告的诉讼行为。

③ 《最高人民法院关于适用〈中华人民共和国民事诉讼法〉的解释》第73条。

④ 《最高人民法院关于审理劳动争议案件适用法律问题的解释(一)》第31条第1款。

⑤ 《最高人民法院关于适用〈中华人民共和国民事诉讼法〉的解释》第74条。

最高人民法院(2007)民二终字第25号民事判决书认为,经原审法院询问是否追加的被告,其明确表示不申请追加。其以本案原审法院遗漏诉讼主体的上诉理由无事实依据,不予支持。

⑥ 《最高人民法院关于审理商品房买卖合同纠纷案件适用法律若干问题的解释》第22条。

受理案件的处理方式

第一百三十六条 人民法院对受理的案件,分别情形,予以处理:

(一)当事人没有争议,符合督促程序规定条件的,可以转入督促程序;

(二)开庭前可以调解的,采取调解方式及时解决纠纷;

(三)根据案件情况,确定适用简易程序或者普通程序;

(四)需要开庭审理的,通过要求当事人交换证据等方式,明确争议焦点。

本条明确受理案件的处理方式。本书在此基础上进一步阐释两方面的内容。

一、对受理案件的处理

1. 转入督促程序。其中,“符合督促程序规定条件”,是指《民事诉讼法》第221条第1款规定的督促程序适用条件,人民法院对债务人提出的书面异议不是当然裁定督促程序的终结,而是首先进行审查,异议成立的,裁定终结,支付令自行失效。支付令失效的,除申请支付令的一方当事人(债权人)不同意提起诉讼的外,该争议转入诉讼程序。

2. 确定适用简易程序或普通程序。“根据案件情况,确定适用简易程序或者普通程序”中的“案件情况”不仅包括人民法院对案件是否属于“事实清楚、权利义务关系明确、争议不大的简单的民事案件”的判断,还包括当事人双方是否约定适用简易程序的情况。① 但是,案件的审理程序主要还是应由人民法院根据案件性质确定,即使当事人约定适用简易程序,但人民法院在审理过程中,发现案件不宜适用简易程序的,应裁定转为普通程序。

3. 需要开庭审理的,通过要求当事人交换证据等方式,明确争议焦点。(1)“需要开庭审理的,通过要求当事人交换证据等方式,明确争议焦点”规定的“证据交

---

① 《民事诉讼法》对于简易程序的适用条件作了明确的规定,主要分为两类:一类是“事实清楚、权利义务关系明确、争议不大的简单的民事案件”,基层人民法院和它派出的法庭有权决定受理权;另一类是在上述民事案件之外,即“当事人双方也可以约定适用简易程序”。

换”“焦点明确”，是在人民法院的指挥和管理下进行的。[①] (2)是否需要在开庭审理前明确争议焦点，是通过要求当事人以证据交换的方式还是以其他方式明确争议焦点，如何确定证据交换的日期等诸项事宜都是法院根据案件的具体情况作出判断，并在其主导下组织当事人及其他诉讼参加人完成的，方式与方法可以灵活掌握。同时，人民法院应当根据当事人的诉讼请求、答辩意见以及证据交换的情况，归纳争议焦点，并就归纳的争议焦点征求当事人的意见。[②] (3)《民事诉讼法》在规定对受理的案件处理的同时，通过司法解释规定了审理前的准备工作，即依照《民事诉讼法》第136条第4项规定，人民法院可以在答辩期届满后，通过组织证据交换、召集庭前会议等方式，做好审理前的准备。[③]

二、庭前会议

根据案件具体情况，庭前会议可以包括下列内容：(1)明确原告的诉讼请求和被告的答辩意见；(2)审查处理当事人增加、变更诉讼请求的申请和提出的反诉，以及第三人提出的与本案有关的诉讼请求；(3)根据当事人的申请决定调查收集证据，委托鉴定，要求当事人提供证据，进行勘验，进行证据保全；(4)组织交换证据；(5)归纳争议焦点；(6)进行调解。[④]

第三节　开庭审理

人民法院完成审理前的准备工作之后，进入开庭审理阶段。

开庭审理(又称法庭审理)，是指人民法院在当事人和其他诉讼参与人的参加下，以法定形式和程序，对民事案件进行实体审理，并依法作出裁判或调解的活动。开庭审理由合议庭或独任审判员主持，通过审查核实证据、查明事实，分清是非责任，确认当事人之间的民事权利义务关系，正确适用法律，作出公正裁判。开庭审理的法定程序有：庭审准备、宣布开庭、法庭调查、法庭辩论、法庭调

---

① 有关开庭审理前的证据交换和争议焦点的明确，是本条规定的重要内容之一。我国的司法实践中，尤其在《最高人民法院关于民事诉讼证据的若干规定》实施后，人民法院通过庭前证据交换，明确争议焦点，提高质证的效果，减少二审和再审的可能，使纠纷得到迅速及时地处理。

② 《最高人民法院关于适用〈中华人民共和国民事诉讼法〉的解释》第226条。

③ 《最高人民法院关于适用〈中华人民共和国民事诉讼法〉的解释》第224条。

④ 《最高人民法院关于适用〈中华人民共和国民事诉讼法〉的解释》第225条。

解、合议庭评议、宣告判决、闭庭。

按照普通程序审理的案件，开庭审理应当在答辩期届满并做好必要的准备工作后进行。当事人明确表示不提交答辩状，或者在答辩期届满前已经答辩，或者同意在答辩期间开庭的，也可以在答辩期限届满前开庭审理。[①]

在审判中出现撤诉、延期审理、制度判决、诉讼中止和诉讼终结等特殊情况均有各自适用的法定事由和程序。在诉讼审理中或审理程序结束时，人民法院要作出裁判，形式包括判决、裁定、决定等，分别针对实体事项、程序事项、特殊事项而作出，不同形式包含的内容和法律效力有所不同。

审理方式

第一百三十七条　人民法院审理民事案件，除涉及国家秘密、个人隐私或者法律另有规定的以外，应当公开进行。

离婚案件，涉及商业秘密的案件，当事人申请不公开审理的，可以不公开审理。

本条明确审理方式。

开庭审理分为公开审理和不公开审理。本书仅就审理方式进行阐释。

1. 公开审理。(1)公开审理是人民法院审判案件的一项基本原则，是开庭审理的主要形式。[②] (2)人民法院开庭审理第一审普通程序和第二审程序刑事、民事和行政案件，应当对庭审活动全程同步录音或者录像；简易程序及其他程序案件，应当根据需要对庭审活动录音或者录像。对于巡回审判等不在审判法庭进行的庭审活动，不具备录音录像条件的，可以不录音录像。[③] (3)庭审录音录像应当由书记员或者其他工作人员自案件开庭时开始录制，并告知诉讼参与人，至闭

---

① 《最高人民法院关于民事案件审理前是否必须开准备庭和民事被告人对原告人的诉状副本是否必须提出答辩书问题的复函》认为，如果被告人不提出答辩书，人民法院仍应照常进行审判。

② 根据《民事诉讼法》第10条的规定，我国实行公开审判制度。公开审理是人民法院审判案件的一项基本原则，是开庭审理的主要形式。由于涉及国家秘密、个人隐私的案件公开审理会损害国家利益、社会利益以及当事人的合法权益，所以法律规定这些情形应当作为公开审理的例外。且规定对于离婚案件以及涉及商业秘密的案件，允许当事人向人民法院申请不公开审理。

③ 《关于庭审活动录音录像的若干规定》第1条。

庭时结束。除休庭和不宜录音录像的调解活动外,录音录像不得间断。[①]

2. 不公开审理。(1)不公开审理主要有两种情况:一种是法定不公开审理,主要是指涉及国家秘密、个人隐私的案件。[②] 另一种是依当事人申请而不公开审理,包括离婚案件[③]、商业秘密[④],当事人申请不公开审理的,可以不公开审理。(2)不公开审理的案件,宣判应当公开进行。[⑤]

巡回审理

第一百三十八条　人民法院审理民事案件,根据需要进行巡回审理,就地办案。

本条明确人民法院巡回审理、就地办案。

巡回审理、就地办案,是指人民法院派出流动法庭,轮流到民事案件发生地就近审理简单的民事案件。本书仅就其进行阐释。

1. 最高人民法院与巡回法庭。(1)最高人民法院设立巡回法庭,受理巡回区内相关案件。[⑥] (2)最高人民法院根据有关规定和审判工作需要,可以增设巡回法庭,并调整巡回法庭的巡回区和案件受理范围。[⑦]

2. 巡回法庭受理的案件。(1)巡回法庭审理或者办理巡回区内应当由最高

---

① 《关于庭审活动录音录像的若干规定》第3条第1款。

② 国家秘密,是指关系国家的安全和利益,依照法定程序确定,在一定时间内只限一定范围的人员知悉的事项。个人隐私,是指个人不愿意为别人知晓和干预的私人生活,主要包括私人生活安宁不受他人非法干扰,私人情报信息保密不受他人非法搜集、刺探和公开等。

③ 涉及当事人感情问题,还可能涉及家庭私生活。

④ 商业秘密,是指采取一定的措施进行保护,可以带来经济利益的技术、情报及其他信息。《最高人民法院关于适用〈中华人民共和国民事诉讼法〉的解释》第220条规定:"民事诉讼法第七十一条、第一百三十七条、第一百五十九条规定的商业秘密,是指生产工艺、配方、贸易联系、购销渠道等当事人不愿公开的技术秘密、商业情报及信息。"

⑤ 《民事诉讼法》第151条第1款。

⑥ 《最高人民法院关于巡回法庭审理案件若干问题的规定》第1条第1款。(该款同时规定:"第一巡回法庭设在广东省深圳市,巡回区为广东、广西、海南、湖南四省区。第二巡回法庭设在辽宁省沈阳市,巡回区为辽宁、吉林、黑龙江三省。第三巡回法庭设在江苏省南京市,巡回区为江苏、上海、浙江、福建、江西五省市。第四巡回法庭设在河南省郑州市,巡回区为河南、山西、湖北、安徽四省。第五巡回法庭设在重庆市,巡回区为重庆、四川、贵州、云南、西藏五省区。第六巡回法庭设在陕西省西安市,巡回区为陕西、甘肃、青海、宁夏、新疆五省区。")

⑦ 《最高人民法院关于巡回法庭审理案件若干问题的规定》第1条第2款。

人民法院受理的以下案件：①全国范围内重大、复杂的第一审行政案件；②在全国有重大影响的第一审民商事案件；③不服高级人民法院作出的第一审行政或者民商事判决、裁定提起上诉的案件；④对高级人民法院作出的已经发生法律效力的行政或者民商事判决、裁定、调解书申请再审的案件；⑤刑事申诉案件；⑥依法定职权提起再审的案件；⑦不服高级人民法院作出的罚款、拘留决定申请复议的案件；⑧高级人民法院因管辖权问题报请最高人民法院裁定或者决定的案件；⑨高级人民法院报请批准延长审限的案件；⑩涉港澳台民商事案件和司法协助案件；⑪最高人民法院认为应当由巡回法庭审理或者办理的其他案件。[①] (2)巡回法庭依法办理巡回区内向最高人民法院提出的来信来访事项。[②] (3)知识产权、涉外商事、海事海商、死刑复核、国家赔偿、执行案件和最高人民检察院抗诉的案件暂由最高人民法院本部审理或者办理。[③]

3. 巡回法庭审理的案件。(1)巡回法庭设立诉讼服务中心，接受并登记属于巡回法庭受案范围的案件材料，为当事人提供诉讼服务。对于依照《最高人民法院关于巡回法庭审理案件若干问题的规定》应当由最高人民法院本部受理案件的材料，当事人要求巡回法庭转交的，巡回法庭应当转交。巡回法庭对于符合立案条件的案件，应当在最高人民法院办案信息平台统一编号立案。[④] (2)巡回法庭受理的案件，统一纳入最高人民法院审判信息综合管理平台进行管理，立案信息、审判流程、裁判文书面向当事人和社会依法公开。[⑤] (3)巡回法庭的合议庭由主审法官组成。[⑥] (4)巡回法庭庭长、副庭长应当参加合议庭审理案件。合议庭审理案件时，由承办案件的主审法官担任审判长。庭长或者副庭长参加合议庭审理案件时，自己担任审判长。巡回法庭作出的判决、裁定，经合议庭成员签署后，由审判长签发。[⑦] (5)巡回法庭是最高人民法院派出的常设审判机构。巡回法庭作出的判决、裁定和决定，是最高人民法院的判决、裁定和决定。[⑧]

---

① 《最高人民法院关于巡回法庭审理案件若干问题的规定》第3条第1款。
② 《最高人民法院关于巡回法庭审理案件若干问题的规定》第3条第2款。
③ 《最高人民法院关于巡回法庭审理案件若干问题的规定》第4条。
④ 《最高人民法院关于巡回法庭审理案件若干问题的规定》第5条。
⑤ 《最高人民法院关于巡回法庭审理案件若干问题的规定》第12条。
⑥ 《最高人民法院关于巡回法庭审理案件若干问题的规定》第10条。
⑦ 《最高人民法院关于巡回法庭审理案件若干问题的规定》第11条。
⑧ 《最高人民法院关于巡回法庭审理案件若干问题的规定》第2条。

4. 巡回法庭案件移交的案件。最高人民法院认为巡回法庭受理的案件对统一法律适用有重大指导意义的,可以决定由本部审理。巡回法庭对于已经受理的案件,认为对统一法律适用有重大指导意义的,可以报请最高人民法院本部审理。[①]

5. 巡回法庭案件的上诉。(1)当事人不服巡回区内高级人民法院作出的第一审行政或者民商事判决、裁定提起上诉的,上诉状应当通过原审人民法院向巡回法庭提出。当事人直接向巡回法庭上诉的,巡回法庭应当在5日内将上诉状移交原审人民法院。原审人民法院收到上诉状、答辩状,应当在5日内连同全部案卷和证据,报送巡回法庭。[②] (2)当事人对巡回区内高级人民法院作出的已经发生法律效力的判决、裁定申请再审或者申诉的,应当向巡回法庭提交再审申请书、申诉书等材料。[③]

开庭通知及公告

第一百三十九条　人民法院审理民事案件,应当在开庭三日前通知当事人和其他诉讼参与人。公开审理的,应当公告当事人姓名、案由和开庭的时间、地点。

本条明确人民法院通知当事人、诉讼参与人参加诉讼和公开审理的案件发布公告。[④] 本书仅就其进行阐释。

1. 开庭的通知。(1)人民法院适用普通程序审理案件,应当在开庭3日[⑤]前用传票传唤当事人。对诉讼代理人、证人、鉴定人、勘验人、翻译人员应当用通知书通知其到庭。当事人或者其他诉讼参与人在外地的,应当留有必要的在途时

---

① 《最高人民法院关于巡回法庭审理案件若干问题的规定》第8条。

② 《最高人民法院关于巡回法庭审理案件若干问题的规定》第6条。

③ 《最高人民法院关于巡回法庭审理案件若干问题的规定》第7条。

④ 任何第一审民事案件都必须开庭审理,可以保证当事人在法庭调查、法庭辩论、最后陈述等阶段充分行使诉讼权利,阐述事实与理由,维护合法权益。人民法院应当在开庭前一定期限内通知当事人和其他诉讼参与人,这有助于当事人及时把握诉讼进程,做好必要的准备。

⑤ 北京市高级人民法院(2010)高民终字第1866号民事判决书认为,通知开庭审理虽未达到法定要求的3天前进行通知,但是当事人未提出异议,并且按时参加了一审庭审,一审法院相应程序虽存在不当之处,但未对其相应实体权利受到损害,也未对本案判决结果产生不良影响,故不予支持对其上诉。

间。[①] (2)无独立请求权的第三人经人民法院传票传唤,无正当理由拒不到庭,或者未经法庭许可中途退庭的,不影响案件的审理。[②]

2. 听证会的通知。人民法院决定召开听证会的,应当于听证会召开5日前通知申请人、被申请人,并送达相关申请材料。[③]

3. 审理的公告。(1)公开审理的,应当公告。(2)公告日期至迟应在开庭审理3日前决定,应当注明当事人姓名、案由、开庭的时间和地点。(3)凡公开审理的案件应当在开庭3日前发出公告。

开庭审理前和审理时应做的事项

第一百四十条 开庭审理前,书记员应当查明当事人和其他诉讼参与人是否到庭,宣布法庭纪律。

开庭审理时,由审判长或者独任审判员核对当事人,宣布案由,宣布审判人员、书记员名单,告知当事人有关的诉讼权利义务,询问当事人是否提出回避申请。

本条明确人民法院在开庭审理前和审理时应做的事项。

在审理开始阶段,主要任务是为开庭审理做必要的准备工作,解决影响庭审开始有关程序方面的问题。本书在人民法院在开庭审理前和审理时应做事项基础上进一步阐释两方面的内容。

一、开庭审理前应做的事项

1. 开庭审理前,书记员应当查明当事人和其他诉讼参与人是否到庭。

2. 书记员宣布法庭纪律。[④]

---

① 《最高人民法院关于适用〈中华人民共和国民事诉讼法〉的解释》第227条。

② 《最高人民法院关于适用〈中华人民共和国民事诉讼法〉的解释》第240条。

③ 《最高人民法院关于审理公司强制清算案件工作座谈会纪要》第10条。

④ 《人民法院法庭规则》第14条规定:"庭审活动开始前,书记员应当宣布本规则第十七条规定的法庭纪律。"第17条第1款规定:"全体人员在庭审活动中应当服从审判长或独任审判员的指挥,尊重司法礼仪,遵守法庭纪律,不得实施下列行为:(一)鼓掌、喧哗;(二)吸烟、进食;(三)拨打或接听电话;(四)对庭审活动进行录音、录像、拍照或使用移动通信工具等传播庭审活动;(五)其他危害法庭安全或妨害法庭秩序的行为。"

参见《人民法院法庭规则》第7条(禁止携带物品)、第9条(旁听)、第10条(录音录像)。

3. 审判人员进入法庭以及审判长或独任审判员宣告判决、裁定、决定时,全体人员应当起立。①

二、开庭审理时应做的事项

人民法院开庭审判案件应当严格按照法律规定的诉讼程序进行。审判人员在庭审活动中应当平等对待诉讼各方。②

1. 审判长或者独任审判员核对当事人及其诉讼代理人的身份,查明原告、被告及其诉讼代理人的姓名、性别、年龄、职业等身份情况③,查明诉讼代理人有无授权委托书及代理权限。并询问各方当事人对于对方出庭人员有无异议。当事人的身份经审判长或者独任审判员核对无误,且当事人对对方出庭人员没有异议,审判长或者独任审判员宣布各方当事人及其诉讼代理人符合法律规定,可以参加本案诉讼。

2. 审判长或者独任审判员宣布案由及开始庭审,不公开审理的应当说明理由。

3. 审判长或者独任审判员宣布合议庭组成人员、书记员名单。

4. 审判长或者独任审判员告知当事人有关的诉讼权利义务,询问各方当事人是否申请回避。被申请回避的人员在人民法院作出是否回避的决定前,应当暂停参与本案的工作,但案件需要采取紧急措施的除外。院长担任审判长时的回避,由审判委员会决定;审判人员的回避,由院长决定;其他人员的回避,由审判长或者独任审判员决定。人民法院对当事人提出的回避申请,应当在申请提出的3日内,以口头或者书面形式作出决定。申请人对决定不服的,可以在接到决定时申请复议一次。复议期间,被申请回避的人员,不停止参与本案的工作。人民法院对复议申请,应当在3日内作出复议决定,并通知复议申请人。

---

① 《人民法院法庭规则》第15条。

② 《人民法院法庭规则》第16条。

③ 最高人民法院(2011)民二终字第62号民事判决书认为,原审法院在当事人提供了身份证明和证据的情况下,允许其以他人名义参加诉讼,并不违反《民事诉讼法》的有关规定。他人身份证明是否虚假,不属民事案件审理范畴。

法庭调查顺序

第一百四十一条　法庭调查按照下列顺序进行：

（一）当事人陈述；

（二）告知证人的权利义务，证人作证，宣读未到庭的证人证言；

（三）出示书证、物证、视听资料和电子数据；

（四）宣读鉴定意见；

（五）宣读勘验笔录。

本条明确法庭调查顺序。

法庭调查，是指人民法院依照法定程序，在法庭上对案件事实进行调查，对各种证据予以核实的诉讼活动。法庭审理应当围绕当事人争议的事实、证据和法律适用等焦点问题进行。[①] 其主要任务是进一步明确当事人的诉讼请求，查明案件事实，核实证据，从而全面揭示案情。本书在法庭调查基础上进一步阐释两方面的内容。

一、法庭调查的顺序及内容

1. 诉讼参与人陈述。（1）当事人陈述。①审判长或者独任审判员宣布进行法庭调查后，应当告知当事人法庭调查的重点是双方争议的事实。当事人对自己提出的诉讼请求所依据的事实或者反驳对方诉讼请求所依据的事实，应当提供证据加以证明，但法律另有规定的除外。[②] ②当事人应当就案件事实作真实、完整的陈述。当事人的陈述与此前陈述不一致的，人民法院应当责令其说明理由，并结合当事人的诉讼能力、证据和案件具体情况进行审查认定。当事人故意作虚假陈述妨碍人民法院审理的，人民法院应当根据情节，依照《民事诉讼法》第114条的规定进行处罚。[③] ③人民法院认为有必要的，可以要求当事人本人到场，就案件的有关事实接受询问。人民法院要求当事人到场接受询问的，应当通知

---

① 《最高人民法院关于适用〈中华人民共和国民事诉讼法〉的解释》第228条。

② 《最高人民法院关于适用〈中华人民共和国民事诉讼法〉的解释》第90条。

③ 《最高人民法院关于民事诉讼证据的若干规定》第63条。

当事人询问的时间、地点、拒不到场的后果等内容。[①] ④人民法院应当在询问前责令当事人签署保证书并宣读保证书的内容。保证书应当载明保证据实陈述，绝无隐瞒、歪曲、增减，如有虚假陈述应当接受处罚等内容。当事人应当在保证书上签名、捺印。当事人有正当理由不能宣读保证书的，由书记员宣读并进行说明。[②] ⑤当事人无正当理由拒不到场、拒不签署或宣读保证书或者拒不接受询问的，人民法院应当综合案件情况，判断待证事实的真伪。待证事实无其他证据证明的，人民法院应当作出不利于该当事人的认定。[③] (2)第三人陈述或答辩。有独立请求权的第三人陈述诉讼请求及理由。无独立请求权的第三人针对原告、被告的陈述提出承认或否认的答辩意见。

2. 证人作证。(1)凡是知道案件情况的单位和个人，都有义务出庭作证。人民法院应当要求证人在作证之前签署保证书，并在法庭上宣读保证书的内容。但无民事行为能力人和限制民事行为能力人作为证人的除外。证人确有正当理由不能宣读保证书的，由书记员代为宣读并进行说明。证人拒绝签署或者宣读保证书的，不得作证，并自行承担相关费用。证人保证书的内容适用当事人保证书的规定。[④] 证人应当客观陈述其亲身感知的事实，作证时不得使用猜测、推断或者评论性语言。证人作证前不得旁听法庭审理，作证时不得以宣读事先准备的书面材料的方式陈述证言。证人言辞表达有障碍的，可以通过其他表达方式作证。[⑤] 证人应当就其作证的事项进行连续陈述。[⑥] 审判人员可以对证人进行询问。当事人及其诉讼代理人经审判人员许可后可以询问证人。询问证人时其他证人不得在场。人民法院认为有必要的，可以要求证人之间进行对质。[⑦] (2)不能正确表达意思的人，不能作为证人。待证事实与其年龄、智力状况或者精神健康状况相适应的无民事行为能力人和限制民事行为能力人，可以作为证人。[⑧] (3)诉讼参与人发言或提问，应当经审判长或独任审判员许可。[⑨]

---

① 《最高人民法院关于民事诉讼证据的若干规定》第 64 条。
② 《最高人民法院关于民事诉讼证据的若干规定》第 65 条。
③ 《最高人民法院关于民事诉讼证据的若干规定》第 66 条。
④ 《最高人民法院关于民事诉讼证据的若干规定》第 71 条。
⑤ 《最高人民法院关于民事诉讼证据的若干规定》第 72 条。
⑥ 《最高人民法院关于民事诉讼证据的若干规定》第 73 条第 1 款。
⑦ 《最高人民法院关于民事诉讼证据的若干规定》第 74 条。
⑧ 《最高人民法院关于民事诉讼证据的若干规定》第 67 条。
⑨ 《人民法院法庭规则》第 17 条第 2 款。

3. 出示书证、物证、视听资料和电子数据。(1)双方当事人就争议的事实所提供的书证、物证、视听资料,应经对方辨认,互相质证。涉及国家机密、商业秘密的证据,当事人提交法庭的,法庭不能公开出示,但可以适当提示。(2)当事人及其诉讼代理人、第三人可以对出示的证据陈述自己的意见,以辨明真伪。必要时可以责令提供书证的当事人或其他人对书证的内容作出说明,物证原件无法在法庭上出示的,可以出示物证的照片或者复制品。(3)案件的视听资料应在法庭上播放,必要时,应由录制人员说明录制情况和经过,回答法庭提出的问题。当事人在法庭上提出新的证据的,人民法院应当依照《民事诉讼法》第68条第2款规定和《最高人民法院关于适用〈中华人民共和国民事诉讼法〉的解释》相关规定处理。[①] (4)经过庭审的证据,能够当即认定的,应当当即认定;当即不能认定的,可以休庭合议后再予以认定。合议之后认为需要继续举证或者进行鉴定、勘验等工作的,可以在下次开庭后认定。

4. 宣读鉴定意见。(1)开庭审理前,人民法院对专门性问题认为需要进行鉴定的,应当鉴定。(2)开庭审理时,应当宣读鉴定意见,让当事人及其诉讼代理人知道鉴定情况和鉴定意见。由鉴定人宣读鉴定意见的,应当告知鉴定人的权利和义务,告知如果故意作出不正确的鉴定意见,要负法律责任。(3)人民法院对鉴定人出具的鉴定书,应当审查是否具有下列内容:①委托法院的名称;②委托鉴定的内容、要求;③鉴定材料;④鉴定所依据的原理、方法;⑤对鉴定过程的说明;⑥鉴定意见;⑦承诺书。鉴定书应当由鉴定人签名或者盖章,并附鉴定人的相应资格证明。委托机构鉴定的,鉴定书应当由鉴定机构盖章,并由从事鉴定的人员签名。[②] (4)人民法院应当组织当事人对鉴定材料进行质证。未经质证的材料,不得作为鉴定的根据。经人民法院准许,鉴定人可以调取证据、勘验物证和现场、询问当事人或者证人。[③] (5)对需要鉴定的待证事实负有举证责任的当事人,在人民法院指定的期限内无正当理由不提出鉴定申请或者不预交鉴定费用,或者拒不提供相关材料,致使待证事实无法查明的,应当承担举证不能的法律后果。[④] (6)对于一方当事人就专门性问题自行委托有关机构或者人员出具的意

① 《最高人民法院关于适用〈中华人民共和国民事诉讼法〉的解释》第231条。

② 《最高人民法院关于民事诉讼证据的若干规定》第36条。

③ 《最高人民法院关于民事诉讼证据的若干规定》第34条。

④ 《最高人民法院关于民事诉讼证据的若干规定》第31条。

见，另一方当事人有证据或者理由足以反驳并申请鉴定的，人民法院应予准许。[①]

5. 宣读勘验笔录。经法庭许可，当事人可以询问鉴定人、勘验人。[②]

二、法庭调查的相关规则

1. 法庭调查程序的适当合并。人民法院根据案件具体情况并征得当事人同意，可以将法庭调查和法庭辩论合并进行。[③]

2. 法庭调查认可事实的处理。当事人在庭审中对其在审理前的准备阶段认可的事实和证据提出不同意见的，人民法院应当责令其说明理由。必要时，可以责令其提供相应证据。人民法院应当结合当事人的诉讼能力、证据和案件的具体情况进行审查。理由成立的，可以列入争议焦点进行审理。[④]

3. 法庭调查需要注意的事项。(1)审判长或者独任审判员根据案情和审理需要，公平、合理地分配诉讼各方在庭审中的陈述及辩论时间；不得随意打断当事人、代理人、辩护人等的陈述；当事人、代理人、辩护人发表意见重复或与案件无关的，要适当提醒制止，不得以生硬言辞进行指责。[⑤] (2)诉讼一方只能讲方言的，应当准许；他方表示不通晓的，可以由懂方言的人用普通话进行复述，复述应当准确无误；使用少数民族语言陈述，他方表示不通晓的，应当为其配备翻译。[⑥] (3)审判长或者独任审判员在庭审中，要坐姿端正，杜绝各种不雅动作；集中精力，专注庭审，不做与庭审活动无关的事；不得在审判席上吸烟、闲聊或者打瞌睡，不得接打电话，不得随意离开审判席；平等对待与庭审活动有关的人员，不与诉讼中的任何一方有亲近的表示；礼貌示意当事人及其他诉讼参加人发言；不得用带有倾向性的语言进行提问，不得与当事人及其他诉讼参加人争吵；严格按照规定使用法槌，敲击法槌的轻重应当以旁听区能够听见为宜。[⑦] (4)当事人情绪激动，在法庭上喊冤或者鸣不平时，审判长或者独任审判员重申当事人必须遵守法庭纪律，法庭将会依法给其陈述时间；当事人不听劝阻的，应当及时制止；制止

---

① 《最高人民法院关于民事诉讼证据的若干规定》第41条。

② 《最高人民法院关于民事诉讼证据的若干规定》第82条第1款。

③ 《最高人民法院关于适用〈中华人民共和国民事诉讼法〉的解释》第230条。

④ 《最高人民法院关于适用〈中华人民共和国民事诉讼法〉的解释》第229条。

⑤ 《法官行为规范》第31条。

⑥ 《法官行为规范》第32条。

⑦ 《法官行为规范》第30条。

无效的，依照有关规定作出适当处置。[①] (5)诉讼各方发生争执或者进行人身攻击时，审判长或者独任审判员及时制止，并对各方进行批评教育，不得偏袒一方；告诫各方必须围绕案件依序陈述；对不听劝阻的，依照有关规定作出适当处置。[②] (6)旁听人员不得进入审判活动区，不得随意站立、走动，不得发言和提问。[③]

4. 归纳总结与调查结束。案件的事实清楚后，审判长宣布法庭调查结束。

当事人在法庭调查阶段的诉讼权利

第一百四十二条　当事人在法庭上可以提出新的证据。

当事人经法庭许可，可以向证人、鉴定人、勘验人发问。

当事人要求重新进行调查、鉴定或者勘验的，是否准许，由人民法院决定。

本条明确当事人在法庭调查阶段的诉讼权利。本书仅就其进行阐释。

当事人有权提出新的证据。(1)当事人可以在起诉和受理阶段提供证据，也可以在法院审理前阶段提供证据，同样在法庭调查阶段也有权提出新的证据。当事人在法庭上提出新的证据的，人民法院应当依照《民事诉讼法》第68条第2款[④]规定和《最高人民法院关于适用〈中华人民共和国民事诉讼法〉的解释》相关规定处理。[⑤] (2)当事人在庭审中对其在审理前的准备阶段认可的事实和证据提出不同意见的，人民法院应当责令其说明理由。必要时，可以责令其提供相应证据。人民法院应当结合当事人的诉讼能力、证据和案件的具体情况进行审查。理由成立的，可以列入争议焦点进行审理。[⑥]

① 《法官行为规范》第33条。

② 《法官行为规范》第34条。

③ 《人民法院法庭规则》第17条第3款。

④ 《民事诉讼法》第68条第2款规定："人民法院根据当事人的主张和案件审理情况，确定当事人应当提供的证据及其期限。当事人在该期限内提供证据确有困难的，可以向人民法院申请延长期限，人民法院根据当事人的申请适当延长。当事人逾期提供证据的，人民法院应当责令其说明理由；拒不说明理由或者理由不成立的，人民法院根据不同情形可以不予采纳该证据，或者采纳该证据但予以训诫、罚款。"

⑤ 《最高人民法院关于适用〈中华人民共和国民事诉讼法〉的解释》第231条。

⑥ 《最高人民法院关于适用〈中华人民共和国民事诉讼法〉的解释》第229条。

合并审理

第一百四十三条　原告增加诉讼请求,被告提出反诉,第三人提出与本案有关的诉讼请求,可以合并审理。

本条明确合并审理。[①]

合并审理,是指人民法院把两个或两个以上独立诉讼合并在一个诉讼程序中进行审理和裁定的制度。本书在合并审理基础上进一步阐释三个方面的内容。

一、合并审理

1. 合并审理的情形。依据《民事诉讼法》及其司法解释的相关规定,合并审理的诉主要包括三种情况:一是基于同一事实提起的诉;二是诉讼标的同一或者同类的共同诉讼;三是本诉和反诉。法律也规定了"诉的合并"案件的不合并审理,即人民法院根据新、旧诉讼请求的实际内容,结合案件的具体情况,认为合并审理并不能同时解决几个方面的问题,也不能简化诉讼程序,反而会给案件的处理增加困难,或者不利于当事人、第三人及其他诉讼参与人进行诉讼,人民法院可以作出不合并审理的决定。人民法院对于不合并审理的案件,应当告知当事人另行起诉,或者对第三人的起诉另行立案审理。

2. 合并审理的案件。(1)申请增加诉讼请求或提出反诉、第三人提出与本案有关诉讼请求的第一审案件。①在案件受理后,法庭辩论结束前,原告增加诉讼请求[②],被告提出反诉,第三人提出与本案有关的诉讼请求[③],可以合并审理的,人民法院应当合并审理。[④] ②有独立请求权的第三人有权申请参加其他人已进行的诉讼,也有权以原告身份向其他有管辖权的法院另行起诉。其已向有管辖权

---

① 从理论上看,将原告的新的诉讼请求、被告的反诉以及第三人的起诉与本诉合并审理,应当具备以下条件:(1)原告的新的诉讼请求、被告的反诉以及第三人的起诉都是在本诉进行中提起的。(2)原告的新的诉讼请求、被告的反诉以及第三人的起诉的诉讼请求应当与正在进行的诉讼在决定诉讼标的基础法律关系、讼争事实或者诉讼理由方面有足够的联系。

② 作为民事实体权利的主张者和民事诉讼的发起人,原告对自己的实体权利和诉讼权利拥有处分权,可以根据自身情况和诉讼形势的变化调整诉讼请求,包括增加新的诉讼请求。

③ 《民事诉讼法》第59条第1款规定:"对当事人双方的诉讼标的,第三人认为有独立请求权的,有权提起诉讼。"

④ 《最高人民法院关于适用〈中华人民共和国民事诉讼法〉的解释》第232条。

的人民法院另行起诉,故不应发生诉的合并审理问题。[①] ③被告提起反诉、有独立请求权的第三人提出与本案有关的诉讼请求,人民法院决定合并审理的,分别减半交纳案件受理费。[②] (2)申请变更[③]、增加诉讼请求或提出反诉的重审案件。二审裁定撤销一审判决发回重审的案件,当事人申请变更、增加诉讼请求或者提出反诉,第三人提出与本案有关的诉讼请求的,依照《民事诉讼法》第143条规定处理。[④] (3)申请变更、增加诉讼请求或提出反诉的再审案件。再审裁定撤销原判决、裁定发回重审的案件,当事人申请变更、增加诉讼请求或者提出反诉,符合下列情形之一的,人民法院应当准许:①原审未合法传唤缺席判决,影响当事人行使诉讼权利的;②追加新的诉讼当事人的;③诉讼标的物灭失或者发生变化致使原诉讼请求无法实现的;④当事人申请变更、增加的诉讼请求或者提出的反诉,无法通过另诉解决的,人民法院应当准许。[⑤] (4)基于同一事实的案件。基于同一事实发生的纠纷,当事人分别向同一人民法院起诉的,人民法院可以合并审理。[⑥] (5)具体有因果联系的案件。①有因果联系,却具有不同的法律关系的纠纷。基于两个事实发生纠纷,这两个事实具有因果关系,当事人向两个人民法院起诉,先受理的人民法院可以合并审理。[⑦] ②基于同一原因而提出不同诉求的案件,应当合并审理。[⑧]

二、具体纠纷案件的合并审理

1. 劳动争议案件。(1)人民法院受理劳动争议案件后,当事人增加诉讼请求

---

① 《最高人民法院经济审判庭有关案件合并审理问题的电话答复》。

② 《诉讼费用交纳办法》第18条。

③ 请求趣旨的变更,是指原告提出的、其与被告间争议且要求人民法院判决的具体诉讼目的,或称原告要求人民法院作出的审判结论。请求原因的变更,是指原告不变更请求趣旨,仅对作为请求原因的实体法上权利即法律观点进行变更。其主要发生在请求权或形成权竞合之场合。请求的变更,是指在诉讼系属中,原告以新的诉讼请求替换原来的诉讼请求,或者追加新的诉讼请求。新诉讼标的理论下,请求的变更则主要是指请求趣旨的变更。

④ 《最高人民法院关于适用〈中华人民共和国民事诉讼法〉的解释》第251条。

⑤ 《最高人民法院关于适用〈中华人民共和国民事诉讼法〉的解释》第252条。

⑥ 《最高人民法院关于适用〈中华人民共和国民事诉讼法〉的解释》第221条。

⑦ 《最高人民法院关于借款合同纠纷案件管辖问题的复函》认为,当事人之间的委托合同与借款合同本身虽属两个不同的民事法律关系,其诉讼标的也不相同,但两者之间有着事实上的联系。委托合同的存在是借款合同产生的原因,借款合同的签订是为了保证委托合同的履行。该两合同产生的纠纷案件,符合合并审理的条件。

⑧ 《最高人民法院关于甘肃华亭煤矿与陕西宝鸡金联运输有限公司购销合同纠纷一案的指定管辖通知》认为:"本案两地法院立案案由不同,但双方当事人所诉案件均是由于购销合同而发生的运输结算纠纷,购销合同与运输结算交叉履行,滚动结算,故应合并审理。"

的,如该诉讼请求与讼争的劳动争议具有不可分性,应当合并审理;如属独立的劳动争议,应当告知当事人向劳动争议仲裁委员会申请仲裁。① (2)劳动者与用人单位均不服劳动争议仲裁机构的同一裁决,向同一人民法院起诉的,人民法院应当并案审理,双方当事人互为原告和被告对双方的诉讼请求,人民法院应当一并作出裁决。在诉讼过程中,一方当事人撤诉的,人民法院应当根据另一方当事人的诉讼请求继续审理。②

2. 技术合同纠纷案件。第三人向受理技术合同纠纷案件的人民法院就合同标的技术提出权属或者侵权请求时,受诉人民法院对此也有管辖权的,可以将权属或者侵权纠纷与合同纠纷合并审理;人民法院对此没有管辖权的,应当告知其向有管辖权的人民法院另行起诉或者将已经受理的权属或者侵权纠纷案件移送有管辖权的人民法院。权属或者侵权纠纷另案受理后,合同纠纷应当中止诉讼。③

3. 商品房纠纷案件。以担保贷款为付款方式的商品房买卖合同的当事人一方请求确认商品房买卖合同无效或者撤销、解除合同的,如果担保权人作为有独立请求权第三人提出诉讼请求,应当与商品房担保贷款合同纠纷合并审理;未提出诉讼请求的,仅处理商品房买卖合同纠纷。担保权人就商品房担保贷款合同纠纷另行起诉的,可以与商品房买卖合同纠纷合并审理。④

三、诉的合并

诉的合并,是指人民法院将两个或两个以上彼此之间有牵连的诉合并到一个诉讼中审理和裁判。

法庭辩论

第一百四十四条　法庭辩论按照下列顺序进行:

(一)原告及其诉讼代理人发言;

---

① 《最高人民法院关于审理劳动争议案件适用法律问题的解释(一)》第14条。

② 《最高人民法院关于审理劳动争议案件适用法律问题的解释(一)》第4条。

③ 《最高人民法院关于审理技术合同纠纷案件适用法律若干问题的解释》第45条第1款。

④ 《最高人民法院关于审理商品房买卖合同纠纷案件适用法律若干问题的解释》第21条第1款。

（二）被告及其诉讼代理人答辩；

（三）第三人及其诉讼代理人发言或者答辩；

（四）互相辩论。

法庭辩论终结，由审判长或者独任审判员按照原告、被告、第三人的先后顺序征询各方最后意见。

本条明确法庭辩论。本书在此基础上进一步阐释两方面的内容。

法庭辩论是当事人及其诉讼代理人就案件事实和适用法律向人民法院阐明观点、申明理由，相互进行辩论的诉讼活动。[①]

一、法庭辩论的顺序

1. 原告及其诉讼代理人发言。审判长宣布进入法庭辩论阶段后，先由原告就法庭调查的事实、证据和应当适用的法律、陈述自己的意见。原告陈述后，有代理人的，由代理人对原告的发言作补充或者进一步说明，以便更好地维护原告的合法权益。原告不到庭的，可由其诉讼代理人发言。

2. 被告及其诉讼代理人答辩。原告及其诉讼代理人发言完毕，由被告就法庭调查的事实、证据和应当适用的法律发表意见，并针对原告的发言进行答辩。被告有诉讼代理人的，在被告发言完毕后，其诉讼代理人对被告的发言作补充或者进一步说明，以便更好地维护被告的合法权益。被告不到庭的，可由其诉讼代理人发言和答辩。

3. 第三人及其诉讼代理人发言或答辩。有第三人参加诉讼的，原告、被告发言、答辩后，法庭应当让第三人发言或者答辩，让其就法庭调查的事实和证据，应当适用的法律，以及原告、被告的发言、答辩，提出自己的意见。第三人有诉讼代理人的，可由其诉讼代理人发言或者答辩。

4. 相互辩论。

5. 第一轮辩论结束，审判长应当询问当事人是否还有补充意见。当事人要求继续发言的，应当允许，但要提醒不可重复。当事人没有补充意见的，审判长宣布法庭辩论终结。

---

① 法庭辩论是当事人庭审交锋的最后一环，是《民事诉讼法》第12条规定的当事人的辩论权的直接体现。其涵盖当事人在诉讼过程中表达各自意思的各种方式，包括当事人提出起诉状、答辩状，当庭作出陈述、法庭辩论等行使辩论权。

6. 法庭辩论终结,审判长按照原告、被告、第三人的顺序征询各方最后意见,以充分保证当事人行使权利。

二、法庭辩论中审判人员应注意的问题

1. 审判长宣布法庭辩论开始,当事人及其诉讼代理人就本案争议的问题进行辩论。辩论应当实事求是,以理服人。必要时,审判长可以根据案情限定当事人及其诉讼代理人每次发表意见的时间。

2. 法庭辩论时,审判人员不得对案件性质、是非责任发表意见,不得与当事人辩论。

3. 法庭辩论后,双方当事人、第三人就本案的问题互相向对方发问,辩驳对方的主张并阐述自己的意见。审判人员在当事人互相辩论时,应当使辩论集中在案件必须解决的问题上,必要时,可以对当事人进行启发、引导,审判人员必须公开地保障双方当事人的辩论权利。当事人也不得滥用辩论权利,无理狡辩,互相争吵,甚至哄闹滋事。一轮辩论结束后,审判长会询问当事人是否还有补充意见。当事人要求继续辩论的,可以再次按照顺序进行下一轮辩论,但审判长要提醒不可重复已经发表的意见。

法庭辩论后的调解

第一百四十五条　法庭辩论终结,应当依法作出判决。判决前能够调解的,还可以进行调解,调解不成的,应当及时判决。

本条明确法庭辩论后的调解。①

法庭辩论终结,审判长或者独任审判员征得各方当事人同意后,可以依法进行调解,调解不成的,应当及时判决。本书仅就法庭辩论后的调解进行阐释。

1. 调解中的询问及休庭。经过法庭调查和辩论,如果事实清楚的,审判长按照原告、被告和有独立请求权第三人的顺序询问当事人是否愿意调解。无独立请求权的第三人需要承担义务的,在询问原告、被告之后,还应询问其是否愿意

① 《民事诉讼法》之所以在第八章之外还要在本条强调法庭辩论后的调解,是因为有些民事案件,诉讼开始时,双方当事人争执很大,互不相让,不愿进行调解。法庭辩论终结后,案件已经查清,是非也已分明,双方当事人比较愿意接受调解。

调解。当事人愿意调解的，可以当庭进行，也可以休庭后进行。

2. 组织调解。调解时，可以先由各方当事人提出调解方案。当事人意见不一致的，合议庭要讲清法律规定，分清责任，促使双方当事人达成协议。必要时，合议庭可以根据双方当事人的请求提出调解方案，供双方当事人考虑；也可以先分别征询各方当事人意见，而后进行调解。

3. 制作调解协议、调解书、调解笔录。经过调解，双方当事人达成协议的，应当在调解协议上签字盖章。人民法院应当根据双方当事人达成的调解协议制作调解书送达当事人。双方当事人达成协议后当即履行完毕，不要求发给调解书的，应当记入笔录，在双方当事人、合议庭成员、书记员签名或盖章后，即具有法律效力。

4. 调解书的效力。双方当事人当庭达成调解协议的，合议庭应当宣布调解结果，告知当事人调解书经双方当事人签收后，即具有法律效力。

按撤诉处理

第一百四十六条　原告经传票传唤，无正当理由拒不到庭的，或者未经法庭许可中途退庭的，可以按撤诉处理；被告反诉的，可以缺席判决。

本条明确按撤诉处理。①

撤诉，是指原告向人民法院起诉后，在判决宣告前，全部放弃自己诉讼请求的行为。② 分为申请撤诉和按撤诉处理两种。③ 本书仅就按撤诉处理进行阐释。

1. 按撤诉处理的内涵。按撤诉处理，是人民法院在审理过程中，依法对原告经传票传唤无正当理由拒不到庭或者未经法庭准许中途退庭行为进行处理的一种方式。

---

① 在民事诉讼中，经人民法院传票传唤，原告有义务按时到庭，以保证诉讼活动及时、顺利地进行，维护法律的严肃性和人民法院的权威。如果原告不履行出庭义务，将承担相应的法律后果。

② 撤诉和起诉都是原告处分权的体现，其行使应当遵循诚实信用原则，不得违反法律规定。起诉和撤诉是否发生原告希望的法律后果，取决于人民法院的决定。原告撤诉仅处分自己的诉讼权利，没有处分自己的实体权利。

③ 从广义上讲，泛指当事人向人民法院撤回诉讼请求，不再要求人民法院对案件进行审理的行为。包括原告撤回起诉、被告撤回反诉、第三人撤回参加之诉、上诉人撤回上诉等。我国《民事诉讼法》在普通程序中仅对撤诉作了狭义规定，即撤诉分为申请撤诉和按撤诉处理两种。

2. 按撤诉处理的情形。(1)原告经传票传唤[①],无正当理由[②]拒不到庭,或者未经法庭许可中途退出法庭的[③],人民法院将按自动撤回起诉处理。(2)有独立请求权的第三人经人民法院传票传唤,无正当理由拒不到庭的,或者未经法庭许可中途退庭的,比照《民事诉讼法》第146条的规定,按撤诉处理。[④] 有独立请求权的第三人参加诉讼后,原告申请撤诉,人民法院在准许原告撤诉后,有独立请求权的第三人作为另案原告,原案原告、被告作为另案被告,诉讼继续进行。[⑤] (3)无民事行为能力的当事人的法定代理人,经传票传唤无正当理由拒不到庭,属于原告方的,比照《民事诉讼法》第146条的规定,按撤诉处理;属于被告方的,比照《民事诉讼法》第147条的规定,缺席判决。必要时,人民法院可以拘传其到庭。[⑥] 但是,无民事行为能力人的离婚诉讼,当事人的法定代理人应当到庭;法定代理人不能到庭的,人民法院应当在查清事实的基础上,依法作出判决。[⑦] (4)原告应当预交案件受理费,人民法院通知其预交而仍不预交的,或者原告申请缓、减、免交未获人民法院批准而仍不预交的,裁定按自动撤诉处理。[⑧]

3. 按撤诉处理的除外。当事人申请撤诉或者依法可以按撤诉处理的案件,如果当事人有违反法律的行为需要依法处理的,人民法院可以不准许撤诉或者不按撤诉处理。法庭辩论终结后原告申请撤诉,被告不同意的,人民法院可以不

---

① 原告经人民法院传票传唤,没有正当理由拒不到庭的,可以视为放弃自身的诉讼请求,也是一种对自己诉讼权利的消极处分,可以按照撤诉处理。

② 无正当理由,一般指没有不可抗力、意外事件等使被告无法到庭的特殊情况。

③ 原告未经法庭许可中途退庭,是一种藐视法庭的行为。这一行为违反了法庭纪律,扰乱了诉讼程序,干扰了诉讼进程。

④ 《最高人民法院关于适用〈中华人民共和国民事诉讼法〉的解释》第236条。

有独立请求权的第三人,也是独立起诉的主体,只是由于本诉的存在,他以第三人的身份参加到本诉的审理中。如果原告申请撤诉,人民法院在准许原告撤诉后,有独立请求权的第三人还可以作为另案原告,原案原告、被告作为另案被告,诉讼另行进行。在司法实践中,对于经人民法院传票传唤,无正当理由拒不到庭的,或者未经法庭许可中途退庭的第三人,往往比照本条的规定,按撤诉处理。

⑤ 《最高人民法院关于适用〈中华人民共和国民事诉讼法〉的解释》第237条。

⑥ 《最高人民法院关于适用〈中华人民共和国民事诉讼法〉的解释》第235条。

⑦ 《最高人民法院关于适用〈中华人民共和国民事诉讼法〉的解释》第234条。

⑧ 《最高人民法院关于人民法院受理经济纠纷案件中几个问题的复函》第3条认为:"原告接到人民法院预交诉讼费的通知后,在规定的预交期限内未预交又不提出缓交申请的,受诉法院应按自动撤诉处理,并书面通知当事人。"

予准许。[①]

4. 按撤诉处理后的受理。原告撤诉或者人民法院按撤诉处理后,原告以同一诉讼请求再次起诉的,人民法院应予受理。原告撤诉或者按撤诉处理的离婚案件,没有新情况、新理由,6 个月内又起诉的,可比照《民事诉讼法》第 127 条第 7 项的规定不予受理。[②]

缺席判决

第一百四十七条　被告经传票传唤,无正当理由拒不到庭的,或者未经法庭许可中途退庭的,可以缺席判决。

本条明确缺席判决。

缺席判决,是指人民法院开庭审理案件时,在一方当事人没有到庭的情况下依法作出的判决。[③] 本书仅就其进行阐释。

1. 缺席判决的一般情形。(1)原告经传票传唤,无正当理由拒不到庭的,或者未经法庭许可中途退庭的,被告反诉的,人民法院将对反诉的内容缺席审判。(2)被告经传票传唤[④]无正当理由[⑤]拒不到庭,或者未经法庭许可中途退庭的[⑥],人民法院应当按期开庭或者继续开庭审理,对到庭的当事人诉讼请求、双方的诉辩理由以及已经提交的证据及其他诉讼材料进行审理后,可以依法缺席判决。[⑦]

---

① 《最高人民法院关于适用〈中华人民共和国民事诉讼法〉的解释》第 238 条。

② 《最高人民法院关于适用〈中华人民共和国民事诉讼法〉的解释》第 214 条。

③ 洪冬英主编:《民事诉讼法学通论》(第 3 版),北京大学出版社 2020 年版,第 270 页。

根据《民事诉讼法》的规定,适用缺席判决的,有以下四种情况:(1)被告经合法传唤,无正当理由拒不到庭的,或者未经法庭许可中途退庭的;(2)宣判前,原告申请撤诉,人民法院裁定不准撤诉,原告经传票传唤无正当理由拒不到庭的;(3)原告经传票传唤,无正当理由拒不到庭或者未经法庭许可中途退庭,又不宜按撤诉处理的;(4)在被告提出反诉的情况下,原告经传票传唤无正当理由拒不到庭的,或者未经法庭许可中途退庭的。

④ 缺席判决是一种对缺席当事人的权益保护非常不利的处理方式,为了正确判决,确保司法公正,我国《民事诉讼法》对其适用规定了必须经传票传唤的前提条件,而且规定特别注意遵守法定程序,慎重适用缺席审判。

⑤ 无正当理由,一般指没有不可抗力、意外事件等使被告无法到庭的特殊情况。

⑥ 原告未经法庭许可中途退庭,是一种藐视法庭的行为。这一行为违反了法庭纪律,扰乱了诉讼程序,干扰了诉讼进程。人民法院可以按照原告撤诉处理。

⑦ 《最高人民法院关于适用〈中华人民共和国民事诉讼法〉的解释》第 241 条。

(3)人民法院裁定不准许撤诉的,原告经传票传唤,无正当理由拒不到庭的,可以缺席判决。①

2. 具体纠纷案件的缺席判决。国内一方当事人向人民法院提出离婚的,另一方在国外,人民法院可以缺席判决。②

申请撤诉

第一百四十八条　宣判前,原告申请撤诉的,是否准许,由人民法院裁定。

人民法院裁定不准许撤诉的,原告经传票传唤,无正当理由拒不到庭的,可以缺席判决。

本条明确申请撤诉。

申请撤诉,即原告在法院立案受理后,进行宣判前,以书面或口头形式向人民法院提出撤回其起诉的要求。本书在此基础上进一步阐释两方面的内容。

一、申请撤诉的一般规则

1. 原告申请撤诉,应当向人民法院递交撤诉申请书,简易程序审理的案件,也可以口头申请撤诉。

2. 当事人申请撤诉或者依法可以按撤诉处理的案件,如果当事人有违反法律的行为需要依法处理的,人民法院可以不准许撤诉或者不按撤诉处理。法庭辩论终结后原告申请撤诉,被告不同意的,人民法院可以不予准许。③

3. 人民法院准许本诉原告撤诉的,应当对反诉继续审理;被告申请撤回反诉的,人民法院应予准许。④

4. 人民法院裁定不准许撤诉的,原告经传票传唤,无正当理由拒不到庭的,

---

① 《民事诉讼法》第148条第2款。

② 《最高人民法院关于男方居住苏联女方提出离婚可以缺席判决等问题的批复》认为,男方原系国家干部因贪污被开除后,偷越国境逃跑国外。男方原在西安已婚,后在新疆又与苏联妇女结婚并经新疆公安厅批准与苏联妇女一同出国居住,这两种情况,其在国内的妻子提出离婚,均可缺席判决离婚。判决书可交男方亲属转达。

③ 《最高人民法院关于适用〈中华人民共和国民事诉讼法〉的解释》第238条。

④ 《最高人民法院关于适用〈中华人民共和国民事诉讼法〉的解释》第239条。

可以缺席判决。

二、具体纠纷案件的申请撤诉

1. 婚姻纠纷案件的申请撤诉。人民法院受理请求确认婚姻无效案件后，原告申请撤诉的，不予准许。①

2. 公司纠纷案件的申请撤诉。（1）人民法院裁定受理公司强制清算申请前，申请人请求撤回其申请的，人民法院应予准许。②（2）公司因公司章程规定的营业期限届满或者公司章程规定的其他解散事由出现，或者股东会、股东大会决议自愿解散的，人民法院受理强制清算申请后，清算组对股东进行剩余财产分配前，申请人以公司修改章程，或者股东会、股东大会决议公司继续存续为由，请求撤回强制清算申请的，人民法院应予准许。③（3）公司因依法被吊销营业执照、责令关闭或者被撤销，或者被人民法院判决强制解散的，人民法院受理强制清算申请后，清算组对股东进行财产分配前，申请人向人民法院申请撤回强制清算申请的，人民法院应不予准许。但申请人有证据证明相关行政决定被撤销，或者人民法院作出解散公司判决后当事人又达成公司和解协议的除外。④

3. 劳动纠纷案件的申请撤诉。劳动者与用人单位均不服劳动争议仲裁机构的同一裁决，向同一人民法院起诉的，人民法院应当并案审理，双方当事人互为原告和被告，对双方的诉讼请求，人民法院应当一并作出裁决。在诉讼过程中，一方当事人撤诉的，人民法院应当根据另一方当事人的诉讼请求继续审理。⑤

延期审理

第一百四十九条　有下列情形之一的，可以延期开庭审理：

（一）必须到庭的当事人和其他诉讼参与人有正当理由没有到庭的；

---

① 《最高人民法院关于适用〈中华人民共和国民法典〉婚姻家庭编的解释（一）》第11条第1款。
② 《最高人民法院关于审理公司强制清算案件工作座谈会纪要》第17条。
③ 《最高人民法院关于审理公司强制清算案件工作座谈会纪要》第18条。
④ 《最高人民法院关于审理公司强制清算案件工作座谈会纪要》第19条。
⑤ 《最高人民法院关于审理劳动争议案件适用法律问题的解释（一）》第4条。

（二）当事人临时提出回避申请的；

（三）需要通知新的证人到庭，调取新的证据，重新鉴定、勘验，或者需要补充调查的；

（四）其他应当延期的情形。

本条明确延期审理。

延期审理，是指在诉讼过程中，由于发生了法律规定的情况，致使人民法院不能在原定的日期对案件进行审理时，人民法院把已经开庭审理的案件，改到另一日期进行审理。[①] 本书仅就其进行阐释。

1. 可以延期审理的情形。[②]（1）必须到庭的当事人和其他诉讼参与人有正当理由没有到庭。必须到庭的当事人和其他诉讼参与人，确因突然患病等正当理由没法到庭，审查证据、认定事实等就难以进行，可以延期审理。（2）当事人临时申请回避。根据《民事诉讼法》的规定，被申请回避的人员在人民法院作出回避决定前，被申请回避的人员不参加本案的工作，致使案件审理一时无法进行的，可以延期审理。（3）需要通知新的证人到庭，调取新的证据，重新鉴定、勘验或者需要补充调查的可以延期审理。（4）其他应当延期审理的情形。例如，一方当事人在诉讼过程中因妨害民事诉讼而被拘留，不能按期或者继续开庭审理等。

2. 延期审理日期、地点的确定。人民法院决定延期审理后，对下次开庭审理的日期和地点能够即时确定的，应当当庭通知当事人和其他诉讼参与人。不能即时确定的，可以在确定以后另行通知。

3. 延期审理的决定。原告确实有不能到庭的事由，在接到人民法院的传票后，应当及早向人民法院提出。人民法院经审查，认为原告提出的不能到庭的理由正当，确实不能到庭的，可以决定延期审理，并及时将延期审理的情况通知被告。

4. 延期审理的通知。开庭审理前，书记员应当查明当事人和其他诉讼参与人是否到庭。当事人或其他诉讼参与人没有到庭的，应将情况及时报告审判长，

---

① 司法实践中，发现是否存在需要延期审理的情况是开庭前准备的重要内容。开庭审理前，书记员应当查明当事人和其他诉讼参与人是否到庭。当事人或其他诉讼参与人没有到庭的，应将情况及时报告审判长，并由合议庭确定是否需要延期开庭审理或者中止诉讼。

② “可以”延审理属于授权性规范，不同于“必须”和“应当”。

并由合议庭确定是否需要延期开庭审理或者中止诉讼。决定延期开庭审理的，应当及时通知当事人和其他诉讼参与人；决定中止诉讼的，应当制作裁定书，发给当事人。

庭审笔录

第一百五十条　书记员应当将法庭审理的全部活动记入笔录，由审判人员和书记员签名。

法庭笔录应当当庭宣读，也可以告知当事人和其他诉讼参与人当庭或者在五日内阅读。当事人和其他诉讼参与人认为对自己的陈述记录有遗漏或者差错的，有权申请补正。如果不予补正，应当将申请记录在案。

法庭笔录由当事人和其他诉讼参与人签名或者盖章。拒绝签名盖章的，记明情况附卷。

本条明确庭审笔录。①

庭审笔录（又称法庭记录），是由书记员制作的，如实反映人民法庭在审判民事案件中审判人员、当事人以及其他诉讼参与人的主要活动的书面记录。本书仅就其进行阐释。

1. 庭审笔录应当记明的主要内容。(1)笔录名称，如开庭笔录、宣判笔录等。(2)案由、开庭时间和地点、审判人员、书记员的姓名。(3)原告、被告、第三人、诉讼代理人的姓名、性别、年龄等。未到庭的，应当记明未到庭的情况。(4)审判长告知当事人的诉讼权利和义务其他出庭人员回避的情况。(5)当事人陈述。(6)法庭调查的全部情况；法庭对所有证据进行的调查，当事人对各种证据的辨认和提出的意见和要求，在审理过程中提出的新证据。(7)原告、被告、第三人、诉讼代理人法庭辩论的发言。(8)原告提出增加、变更、撤回的诉讼请求，被告提出的反诉，第三人提出的诉讼请求等，以及审判人员对这些情况的处理。(9)审

---

①　法庭笔录是法庭审判全部活动的反映，是人民法院依法判案的重要依据。真实、准确的法庭笔录，有利于人民法院正确及时解决当事人之间的纠纷，有利于审判人员总结工作经验、提高审判工作的质量；有利于人民检察院、上级人民法院对民事审判活动进行法律监督；也有利于上诉审和再审人民法院处理上诉案件和再审案件。

判人员、书记员、当事人和其他诉讼参与人的签名或盖章，或者当事人和其他诉讼参与人拒绝签名或盖章的情况。

2. 庭审笔录内容的记入。书记员应当将庭审录音录像的起始、结束时间及有无间断等情况记入法庭笔录。①

3. 庭审笔录的签字、核对。当事人在庭审笔录上签字时，审判长或者独任审判员应当告知当事人庭审笔录的法律效力，将庭审笔录交其阅读；无阅读能力的，应当向其宣读，确认无误后再签字、捺印；当事人指出记录有遗漏或者差错的，经核实后要当场补正并要求当事人在补正处签字、捺印；无遗漏或者差错不应当补正的，应当将其申请记录在案；未经当事人阅读核对，不得要求其签字、捺印。当事人放弃阅读核对的，应当要求其签字、捺印；当事人不阅读又不签字、捺印的，应当将情况记录在案。②

4. 庭审笔录的宣读、补正。由书记员宣读庭审笔录，也可以告知当事人和其他诉讼参与人当庭或者在5日内阅读。庭审笔录经宣读或阅读，当事人和其他诉讼参与人认为记录无误的，应当在笔录上签名或盖章；拒绝签名、盖章的，记明情况附卷；认为对自己的陈述记录有遗漏或者差错，申请补正的，允许在笔录后面或另页补正。

宣判

第一百五十一条　人民法院对公开审理或者不公开审理的案件，一律公开宣告判决。

当庭宣判的，应当在十日内发送判决书；定期宣判的，宣判后立即发给判决书。

宣告判决时，必须告知当事人上诉权利、上诉期限和上诉的法院。

宣告离婚判决，必须告知当事人在判决发生法律效力前不得另行结婚。

---

① 《最高人民法院关于庭审活动录音录像的若干规定》第3条第2款。

② 《法官行为规范》第35条。

《最高人民法院关于庭审活动录音录像的若干规定》第4条规定："当事人和其他诉讼参与人对法庭笔录有异议并申请补正的，书记员应当播放录音录像进行核对、补正。如果不予补正，应当将申请记录在案。"

本条明确宣判。本书在此基础上进一步阐释两方面的内容。

一、宣判

宣判，是指人民法院向当事人宣布判决结果。① 合议庭评议后，由审判长宣布继续开庭并宣读裁判。

1. 宣判人员。合议庭评议后，由审判长宣布开庭并宣读裁判。当合议庭组成人员中某一人民法院陪审员因故不能参加宣判时，可由审判员和其他人民陪审员开庭宣判；人民陪审员都因故不能参加宣判时，可由审判员独自开庭宣判。判决书仍应由合议庭全体组成人员署名。②

2. 宣判内容。（1）宣判内容包括认定的事实、适用的法律、判决的结果和理由、诉讼费的负担、当事人的上诉权利、上诉期限和上诉法院。（2）宣告判决时，必须告知当事人上诉的权利、上诉期限和上诉的人民法院。宣告离婚判决的，还必须告诫双方当事人在判决书生效前不得另行结婚。

3. 宣判方式。（1）当庭宣判。①当庭宣判的，应当宣告裁判事项，简要说明裁判理由并告知裁判文书送达的法定期限。③ ②适用简易程序审理的民事案件，除人民法院认为不宜当庭宣判的以外，应当当庭宣判。④ ③当庭宣判的案件，除当事人当庭要求邮寄发送裁判文书的外，人民法院应当告知当事人或者诉讼代理人领取裁判文书的时间和地点以及逾期不领取的法律后果。上述情况，应当记入笔录。⑤ （2）定期宣判。①人民法院经过对案件的审理，认为不能当庭宣判的，审判长应当宣布另定日期宣判。⑥ ②定期宣判的，应当在宣判后立即送达裁判文书。⑦

4. 宣判要求。（1）宣判时，当事人及其他诉讼参与人、旁听人员应当起立。

---

① 从诉讼程序角度讲，宣告判决是审判程序的最后一环。从实体权利角度讲，宣判是当事人争议的民事法律关系得到司法确认的标志。

② 《最高人民法院关于定期宣判的案件人民陪审员因故不能参加宣判时可否由审判员开庭宣判问题的批复》认为：“定期宣判的案件，人民陪审员因故不能参加宣判，在不改变原来评议时所作的决定的情况下，可以由原来审判本案的审判员独自开庭宣判；判决书上仍应署审判案件的审判员和人民陪审员的姓名。”

③ 《法官行为规范》第 36 条第 3 项。

④ 《最高人民法院关于适用简易程序审理民事案件的若干规定》第 27 条。

⑤ 《最高人民法院关于适用〈中华人民共和国民事诉讼法〉的解释》第 253 条。

⑥ 由于某种特殊原因不能当庭宣判的，如合议庭需要另行评议、案件需要提交审判委员会讨论决定等，也可以择日公开宣判。

⑦ 《法官行为规范》第 36 条第 4 项。

(2)宣告判决,一律公开进行;宣判时,合议庭成员或者独任法官应当起立,宣读裁判文书声音要洪亮、清晰、准确无误;当庭宣判的,应当宣告裁判事项,简要说明裁判理由并告知裁判文书送达的法定期限。①

二、宣判后的工作

1. 纠错工作。一审宣判后,原审人民法院发现判决有错误,当事人在上诉期内提出上诉的,原审人民法院可以提出原判决有错误的意见,报送第二审人民法院,由第二审人民法院按照第二审程序进行审理;当事人不上诉的,按照审判监督程序处理。②

2. 解释工作。宣判后,对诉讼各方不能赞赏或者指责,对诉讼各方提出的质疑,应当耐心做好解释工作。③

审限

第一百五十二条　人民法院适用普通程序审理的案件,应当在立案之日起六个月内审结。有特殊情况需要延长的,经本院院长批准,可以延长六个月;还需要延长的,报请上级人民法院批准。

本条明确民事案件的审限。

本条规定的审限,是指从立案之日起至裁判宣告、调解书送达之日止的期间,但公告期间、鉴定期间、双方当事人和解期间、审理当事人提出的管辖异议以及处理人民法院之间的管辖争议期间不应计算在内。④ 本书在此基础上进一步阐释两方面的内容。

一、审限

1. 审限的期限。(1)适用普通程序审理的第一审民事案件,期限为6个月。

---

① 《法官行为规范》第36条第1~3项。

② 《最高人民法院关于适用〈中华人民共和国民事诉讼法〉的解释》第242条。

③ 《法官行为规范》第36条第5项。

④ 《最高人民法院关于适用〈中华人民共和国民事诉讼法〉的解释》第243条。

第一审普通程序审结民事案件的期限,为立案之日起6个月。由于民事案件范围广、种类多,不同种类案件的复杂程度不同,有的案件需要专门性知识,有的需要做大量的调查取证与核实证据工作,还有的案件中需要进行鉴定、公告等,可能在6个月内不能及时审结,《民事诉讼法》为此规定了期限的延长。

有特殊情况需要延长的，经本院院长批准，可以延长6个月，还需延长的，报请上一级人民法院批准，可以再延长3个月。[①] (2)涉外、涉港、澳、台民事案件应当在庭审结束后3个月内结案；有特殊情况需要延长的，由院长批准。[②] (3)办理下级人民法院按规定向本院请示的各类适用法律的特殊案件，期限为3个月；有特殊情况需要延长的，经院长批准，可以延长3个月。[③] (4)委托执行的案件，委托的人民法院应当在立案后1个月内办理完委托执行手续，受委托的人民法院应当在收到委托函件后30日内执行完毕。未执行完毕，应当在期限届满后15日内将执行情况函告委托人民法院。[④] (5)审理第一审船舶碰撞、共同海损案件的期限为1年；有特殊情况需要延长的，经本院院长批准，可以延长6个月。[⑤]

2. 审限的起算。(1)案件的审理期限从立案次日起计算。[⑥] 涉外、涉港、澳、台民事案件的结案期限从最后一次庭审结束后的次日起计算。[⑦] (2)由简易程序转为普通程序审理的第一审刑事案件的期限，从决定转为普通程序次日起计算；由简易程序转为普通程序审理的第一审民事案件的期限，从立案次日起连续计算。[⑧]

3. 不计入审限的期间。(1)申请的法定期间不计入审限。①因当事人、诉讼代理人、辩护人申请通知新的证人到庭、调取新的证据、申请重新鉴定或者勘验，法院决定延期审理1个月之内的期间；②民事案件公告、鉴定的期间；③审理当事人提出的管辖权异议和处理法院之间的管辖争议的期间；④民事、执行案件由有关专业机构进行审计、评估、资产清理的期间；⑤中止诉讼(审理)或执行至恢复诉讼(审理)或执行的期间；⑥当事人达成执行和解或者提供执行担保后，执行法院决定暂缓执行的期间；⑦上级人民法院通知暂缓执行的期间；⑧执行中拍卖、

---

① 《最高人民法院关于严格执行案件审理期限制度的若干规定》第2条第1款。

② 《最高人民法院案件审限管理规定》第10条。

《最高人民法院关于严格执行案件审理期限制度的若干规定》第2条第8款规定："审理涉外民事案件，根据民事诉讼法第二百四十八条的规定，不受上述案件审理期限的限制。"第9款规定："审理涉港、澳、台的民事案件的期限，参照审理涉外民事案件的规定办理。"(此处适用的是2007年《民事诉讼法》，本条规定中的《民事诉讼法》第248条参见2021年《民事诉讼法》第277条)

③ 《最高人民法院案件审限管理规定》第9条。

④ 《最高人民法院关于严格执行案件审理期限制度的若干规定》第5条第2款。

⑤ 《最高人民法院关于严格执行案件审理期限制度的若干规定》第2条第4款。

⑥ 《最高人民法院案件审限管理规定》第15条第1款。

⑦ 《最高人民法院案件审限管理规定》第15条第3款。

⑧ 《最高人民法院关于严格执行案件审理期限制度的若干规定》第8条。

变卖被查封、扣押财产的期间。[①] (2)调解、和解期间不计入审限。①当事人在诉讼过程中自行达成和解协议的,人民法院可以根据当事人的申请依法确认和解协议制作调解书。双方当事人申请庭外和解的期间,不计入审限。当事人在和解过程中申请人民法院对和解活动进行协调的,人民法院可以委派审判辅助人员或者邀请、委托有关单位和个人从事协调活动。[②] ②在答辩期满前人民法院对案件进行调解,适用普通程序的案件在当事人同意调解之日起15天内,适用简易程序的案件在当事人同意调解之日起7天内未达成调解协议的,经各方当事人同意,可以继续调解。延长的调解期间不计入审限。[③] (3)案情重大、疑难,需由审判委员会作出决定的案件,自提交审判委员会之日起至审判委员会作出决定之日止的期间,不计入审理期限。需要向有关部门征求意见的案件,征求意见的期间不计入审理期限,参照"民事、行政、执行案件由有关专业机构进行审计、评估、资产清理的期间"的规定办理。要求下级人民法院查报的案件,下级人民法院复查的期间不计入审理期限。[④]

4. 审限的延长。除了本条第一部分关于审限的限长外,法律还规定:(1)民事案件应当在审理期限届满10日前向本院院长提出申请;还需延长的,应当在审理期限届满10日前向上一级人民法院提出申请。[⑤] (2)对于下级人民法院申请延长办案期限的报告,上级人民法院应当在审理期限届满3日前作出决定,并通知提出申请延长审理期限的人民法院。需要本院院长批准延长办案期限的,院长应当在届满前批准或者决定。[⑥] (3)案件不能在审限内结案,①需要延长审限的,按照规定履行审批手续;②应当在审限届满或者转换程序前的合理时间内,及时将不能审结的原因告知当事人及其他诉讼参加人。[⑦] (4)附带民事诉讼案件的审理期限,经本院院长批准,可以延长2个月。[⑧] (5)当事人愿意进行调解,但

---

① 《最高人民法院关于严格执行案件审理期限制度的若干规定》第9条第5~12款。

② 《最高人民法院关于人民法院民事调解工作若干问题的规定》第2条。

③ 《最高人民法院关于人民法院民事调解工作若干问题的规定》第4条。

④ 《最高人民法院案件审限管理规定》第16条。

⑤ 《最高人民法院关于严格执行案件审理期限制度的若干规定》第12条。

⑥ 《最高人民法院关于严格执行案件审理期限制度的若干规定》第14条。

《最高人民法院案件审限管理规定》第20条规定:"需要院长批准延长审理期限的,院长应当在审限届满以前作出决定。"

⑦ 《法官行为规范》第37条。

⑧ 《最高人民法院关于严格执行案件审理期限制度的若干规定》第1条第1款。

审理期限即将届满的，可以由当事人协商确定继续调解的期限，经人民法院审查同意后，由承办法官记录在卷。案件有达成调解协议的可能，当事人不能就继续调解的期限达成一致的，经本院院长批准，可以合理延长调解期限。[①]（6）凡变动案件审理期限的，有关合议庭应当及时到立案庭备案。[②]

5. 审限的超期。原审法院审理期限虽超期，但处理结果并无错误，此点不足以成为撤销原判决的充分理由。[③]

6. 审限的监督。（1）人民法院各类案件审理期限的监督、管理工作由立案庭负责。距案件审限届满前10日，立案庭应当向有关审判庭发出提示。对超过审限的案件实行按月通报制度。[④]（2）审判人员故意拖延办案，或者因过失延误办案，造成严重后果的，依照《人民法院工作人员处分条例》第47条的规定予以处分。

二、结案时间

1. 人民法院判决书宣判、裁定书宣告或者调解书送达最后一名当事人的日期为结案时间。如需委托宣判、送达的，委托宣判、送达的人民法院应当在届满前将判决书、裁定书、调解书送达受托人民法院。受托人民法院应当在收到委托书后7日内送达。人民法院判决书宣判、裁定书宣告或者调解书送达有法定情形之一的，结案时间遵守以下规定：（1）留置送达的，以裁判文书留在受送达人的住所日为结案时间；（2）公告送达的，以公告刊登之日为结案时间；（3）邮寄送达的，以交邮日期为结案时间；（4）通过有关单位转交送达的，以送达回证上当事人签收的日期为结案时间。[⑤]

2. 请示案件的结案时间以批复、复函签发日期为准，审查申诉的结案时间以作出决定或裁定的日期为准。[⑥]

自由裁量权（非法条内容）

本《编释》仅就自由权展开阐释。

---

① 《最高人民法院关于进一步贯彻“调解优先、调判结合”工作原则的若干意见》第18条。

② 《最高人民法院案件审限管理规定》第21条。

③ 参见北京市第二中级人民法院民事判决书，(2013)二中民终字第13882号。

④ 《最高人民法院案件审限管理规定》第22条。

⑤ 《最高人民法院关于严格执行案件审理期限制度的若干规定》第10条。

⑥ 《最高人民法院案件审限管理规定》第17条。

自由裁量权是人民法院在审理案件过程中，根据法律规定和立法精神，秉持正确司法理念，运用科学方法，对案件事实认定、法律适用以及程序处理等问题进行分析和判断，并最终作出依法有据、公平公正、合情合理裁判的权力。[①]

1. 行使自由裁量权的条件。人民法院在审理案件过程中，对下列情形依法行使自由裁量权：(1)法律规定由人民法院根据案件具体情况进行裁量的；(2)法律规定由人民法院从几种法定情形中选择其一进行裁量，或者在法定的范围、幅度内进行裁量的；(3)根据案件具体情况需要对法律精神、规则或者条文进行阐释的；(4)根据案件具体情况需要对证据规则进行阐释或者对案件涉及的争议事实进行裁量认定的；(5)根据案件具体情况需要行使自由裁量权的其他情形。[②]

2. 行使自由裁量权的原则。(1)合法原则。要严格依据法律规定，遵循法定程序和正确裁判方法，符合法律、法规和司法解释的精神以及基本法理的要求，行使自由裁量权。不能违反法律明确、具体的规定。(2)合理原则。要从维护社会公平正义的价值观出发，充分考虑公共政策、社会主流价值观念、社会发展的阶段性、社会公众的认同度等因素，坚持正确的裁判理念，努力增强行使自由裁量权的确定性和可预测性，确保裁判结果符合社会发展方向。(3)公正原则。要秉持司法良知，恪守职业道德，坚持实体公正与程序公正并重。坚持法律面前人人平等，排除干扰，保持中立，避免偏颇。注重裁量结果与社会公众对公平正义普遍理解的契合性，确保裁判结果符合司法公平正义的要求。(4)审慎原则。要严把案件事实关、程序关和法律适用关，在充分理解法律精神、依法认定案件事实的基础上，审慎衡量、仔细求证，同时注意司法行为的适当性和必要性，努力实现办案的法律效果和社会效果的有机统一。[③]

3. 行使自由裁量权的要求。行使自由裁量权，要正确运用证据规则，从保护当事人合法权益、有利查明事实和程序正当的角度，合理分配举证责任，全面、客

---

① 《最高人民法院关于在审判执行工作中切实规范自由裁量权行使保障法律统一适用的指导意见》第1条。

② 《最高人民法院关于在审判执行工作中切实规范自由裁量权行使保障法律统一适用的指导意见》第2条。

③ 《最高人民法院关于在审判执行工作中切实规范自由裁量权行使保障法律统一适用的指导意见》第3条。

观、准确认定证据的证明力，严格依证据认定案件事实，努力实现法律事实与客观事实的统一。[①]

4. 行使自由裁量权的运用方法。(1)正确运用法律适用方法。行使自由裁量权，要处理好上位法与下位法、新法与旧法、特别法与一般法的关系，正确选择所应适用的法律；难以确定如何适用法律的，应按照《立法法》的规定报请有关机关裁决，以维护社会主义法制的统一。对同一事项同一法律存在一般规定和特别规定的，应优先适用特别规定。要正确把握法律、法规和司法解释中除明确列举之外的概括性条款规定，确保适用结果符合立法原意。[②] (2)正确运用法律解释方法。行使自由裁量权，要结合立法宗旨和立法原意、法律原则、国家政策、司法政策等因素，综合运用各种解释方法，对法律条文作出最能实现社会公平正义、最具现实合理性的解释。[③] (3)正确运用利益衡量方法。行使自由裁量权，要综合考量案件所涉各种利益关系，对相互冲突的权利或利益进行权衡与取舍，正确处理好公共利益与个人利益、人身利益与财产利益、生存利益与商业利益的关系，保护合法利益，抑制非法利益，努力实现利益最大化、损害最小化。[④] (4)加强司法解释。最高人民法院要针对审判实践中的新情况、新问题，及时开展有针对性的司法调研。通过司法解释或司法政策，细化立法中的原则性条款和幅度过宽条款，规范选择性条款和授权条款，统一法律适用标准。要进一步提高司法解释和司法政策的质量，及时清理已过时或与新法产生冲突的司法解释，避免引起歧义或规则冲突。[⑤]

5. 行使自由裁量权的强化规范。(1)强化诉讼程序规范。行使自由裁量权，要严格依照程序法的规定，充分保障各方当事人的诉讼权利。要充分尊重当事

---

① 《最高人民法院关于在审判执行工作中切实规范自由裁量权行使保障法律统一适用的指导意见》第4条。

② 《最高人民法院关于在审判执行工作中切实规范自由裁量权行使保障法律统一适用的指导意见》第5条。

③ 《最高人民法院关于在审判执行工作中切实规范自由裁量权行使保障法律统一适用的指导意见》第6条。

④ 《最高人民法院关于在审判执行工作中切实规范自由裁量权行使保障法律统一适用的指导意见》第7条。

⑤ 《最高人民法院关于在审判执行工作中切实规范自由裁量权行使保障法律统一适用的指导意见》第13条。

人的处分权，依法保障当事人的辩论权，对可能影响当事人实体性权利或程序性权利的自由裁量事项，应将其作为案件争议焦点，充分听取当事人的意见；要完善相对独立的量刑程序，将量刑纳入庭审过程；要充分保障当事人的知情权，并根据当事人的要求，向当事人释明行使自由裁量权的依据、考量因素等事项。[①] (2)强化审判组织规范。要进一步强化合议庭审判职责，确保全体成员对案件审理、评议、裁判过程的平等参与，充分发挥自由裁量权行使的集体把关机制。自由裁量权的行使涉及对法律条文的阐释、对不确定概念的理解、对证据规则的把握以及其他可能影响当事人重大实体性权利或程序性权利事项，且有重大争议的，可报请审判委员会讨论决定，确保法律适用的统一。[②] (3)强化裁判文书规范。要加强裁判文书中对案件事实认定理由的论证，使当事人和社会公众知悉法院对证据材料的认定及采信理由。要公开援引和适用的法律条文，并结合案件事实阐明法律适用的理由，充分论述自由裁量结果的正当性和合理性，提高司法裁判的公信力和权威性。[③]

6. 行使自由裁量权的加强监管。(1)强化审判管理。要加强院长、庭长对审判活动的管理。要将自由裁量权的行使纳入案件质量评查范围，建立健全长效机制，完善评查标准。对自由裁量内容不合法、违反法定程序、结果显失公正以及其他不当行使自由裁量权的情形，要结合审判质量考核的相关规定予以处理；裁判确有错误，符合再审条件的，要按照审判监督程序进行再审。[④] (2)合理规范审级监督。要正确处理依法改判与维护司法裁判稳定性的关系，不断总结和规范二审、再审纠错原则，努力实现裁判标准的统一。下级人民法院依法正当行使自由裁量权作出的裁判结果，上级人民法院应当依法予以维持；下级人民法院行使自由裁量权明显不当的，上级人民法院可以予以撤销或变更；原审人民法院行

---

① 《最高人民法院关于在审判执行工作中切实规范自由裁量权行使保障法律统一适用的指导意见》第 8 条。

② 《最高人民法院关于在审判执行工作中切实规范自由裁量权行使保障法律统一适用的指导意见》第 9 条。

③ 《最高人民法院关于在审判执行工作中切实规范自由裁量权行使保障法律统一适用的指导意见》第 10 条。

④ 《最高人民法院关于在审判执行工作中切实规范自由裁量权行使保障法律统一适用的指导意见》第 11 条。

使自由裁量权显著不当的，要按照审判监督程序予以撤销或变更。[①] (3)加强案例指导。各级人民法院要及时收集、整理涉及自由裁量权行使的典型案例，逐级上报最高人民法院。最高人民法院在公布的指导性案例中，要有针对性地筛选出在诉讼程序展开、案件事实认定和法律适用中涉及自由裁量事项的案例，对考量因素和裁量标准进行类型化。上级人民法院要及时掌握辖区内自由裁量权的行使情况，不断总结审判经验，提高自由裁量权行使的质量。[②] (4)不断统一裁判标准。各级人民法院内部对同一类型案件行使自由裁量权的，要严格、准确适用法律、司法解释，参照指导性案例，努力做到类似案件类似处理。下级人民法院对所审理的案件，认为存在需要统一裁量标准的，要书面报告上级人民法院。在案件审理中，发现不同人民法院对同类案件的处理存在明显不同裁量标准的，要及时将情况逐级上报共同的上级人民法院予以协调解决。自由裁量权的行使涉及具有普遍法律适用意义的新型、疑难问题的，要逐级书面报告最高人民法院。[③] (5)防止权力滥用。要进一步拓展司法公开的广度和深度，自觉接受人大、政协、检察机关和社会各界的监督。要深入开展廉洁司法教育，建立健全执法过错责任追究和防止利益冲突等制度规定，积极推进人民法院廉政风险防控机制建设，切实加强对自由裁量权行使的监督，对滥用自由裁量权并构成违纪违法的人员，要依据有关法律法规及纪律规定进行严肃处理。[④]

7. 行使自由裁量权的法官职业保障。要严格执行《宪法》《法官法》的规定，增强法官职业荣誉感，保障法官正当行使自由裁量权。要大力建设学习型法院，全面提升司法能力。要加强法制宣传，引导社会和公众正确认识自由裁量权在司法审判中的必要性、正当性，不断提高社会公众对依法行使自由裁量权的认同程度。[⑤]

---

① 《最高人民法院关于在审判执行工作中切实规范自由裁量权行使保障法律统一适用的指导意见》第12条。

② 《最高人民法院关于在审判执行工作中切实规范自由裁量权行使保障法律统一适用的指导意见》第14条。

③ 《最高人民法院关于在审判执行工作中切实规范自由裁量权行使保障法律统一适用的指导意见》第15条。

④ 《最高人民法院关于在审判执行工作中切实规范自由裁量权行使保障法律统一适用的指导意见》第17条。

⑤ 《最高人民法院关于在审判执行工作中切实规范自由裁量权行使保障法律统一适用的指导意见》第16条。

第四节　诉讼中止和终结

诉讼终结和诉讼中止都是停止诉讼的活动，但两者有根本的区别，即诉讼终结是永远的停止，而诉讼中止是暂时停止，待障碍消除后可恢复诉讼程序。

中止诉讼

第一百五十三条　有下列情形之一的，中止诉讼：

（一）一方当事人死亡，需要等待继承人表明是否参加诉讼的；

（二）一方当事人丧失诉讼行为能力，尚未确定法定代理人的；

（三）作为一方当事人的法人或者其他组织终止，尚未确定权利义务承受人的；

（四）一方当事人因不可抗拒的事由，不能参加诉讼的；

（五）本案必须以另一案的审理结果为依据，而另一案尚未审结的；

（六）其他应当中止诉讼的情形。

中止诉讼的原因消除后，恢复诉讼。

本条明确中止诉讼。

中止诉讼，是指在诉讼进行中，由于发生某种法定事由，使诉讼无法继续进行，由人民法院裁定停止诉讼程序，待引起中止的原因消除后再恢复诉讼程序的制度。[①] 本书在此基础上进一步阐释四个方面的内容。

一、中止诉讼的法定情形

1. 一方当事人死亡，需要等待继承人表明是否参加诉讼的。其需要等待继承人的情况仅发生在因财产关系发生争议的案件中，由身份关系提起的诉讼，不

---

① 洪冬英主编：《民事诉讼法学通论》（第3版），北京大学出版社2020年版，第270页。

一般情况下，民事诉讼程序开始后，应当依照法定程序连续进行，但有时会出现某种无法克服和难以避免的特殊情况，导致诉讼程序不能或者不宜进行，需要使诉讼程序暂时停止，必须等待中止诉讼的原因消除后，才能继续进行。

发生等待继承人参加诉讼的问题，如离婚案件中，一方当事人死亡，婚姻关系就自然解除。

2. 一方当事人丧失诉讼行为能力，尚未确定法定代理人的。当事人丧失诉讼行为能力后，未确定法定代理人等承担诉讼主体之前，应暂停诉讼程序。

3. 作为一方当事人的法人或者非法人组织终止，尚未确定权利义务承受人的，法人、非法人组织终止。未确定新法人、清算组织等承担诉讼主体之前，应暂停诉讼程序。

4. 一方当事人因不可抗拒的事由，不能参加诉讼的。不可抗拒的事由是非人力所能预料、抗衡的事由，并致使当事人不能参加诉讼，应当暂时中止。

5. “本案必须以另一案的审理结果为依据，而另一案尚未审结的”，是指另一案的审理结果对本案有预决性，必须待另一案确定后，本案才能进行审理。[①]

6. “其他应当中止诉讼的情形”是一项弹性规定。[②]

二、中止诉讼的适用规则

1. 开庭审理前的中止诉讼。开庭审理前，书记员应当查明当事人和其他诉讼参与人是否到庭。当事人或者其他诉讼参与人没有到庭的，应将情况及时报告审判长，并由合议庭确定是否需要延期开庭审理或者中止诉讼。决定延期开庭审理的，应当及时通知当事人和其他诉讼参与人；决定中止诉讼的，应当制作裁定书，发给当事人。原告经传票传唤，无正当理由拒不到庭的，可以按撤诉处理；被告经传票传唤，无正当理由拒不到庭的，可以缺席判决。

2. 中止诉讼的裁定。中止诉讼的裁定一经作出即发生法律效力，当事人不得上诉，不得申请复议。

3. 中止诉讼案件被告的变更。人民法院对原中止诉讼的案件应原告之请求，变更被告，恢复诉讼后，变更后的被告应享有法律规定的一切诉讼权利，包括

---

① 吴国军诉陈晓富、王克祥及德清县中建房地产开发有限公司民间借贷、担保合同纠纷案，载《最高人民法院公报》2011 年第 11 期。

② 《最高人民法院关于中止审理、中止执行已编入全国证券回购机构间债务清欠链条的证券回购经济纠纷案件的通知》规定：“对已编入全国证券回购机构间债务清欠链条的证券回购纠纷，未受理的，暂不受理；已经受理的上述证券回购纠纷案件，应根据民事诉讼法第一百三十六条第一款第（六）项的规定中止诉讼；对已发生法律效力的上述证券回购纠纷案件，应根据民事诉讼法第二百三十四条第一款第（五）项的规定中止执行；对因此类纠纷案件已裁定冻结上述证券回购机构帐户款项的，应当解除冻结。”（此处适用的是 1991 年《民事诉讼法》，本条规定中的《民事诉讼法》第 136 条、第 234 条分别参见 2021 年《民事诉讼法》第 153 条、第 263 条。）

在答辩期内向人民法院提出管辖权异议。对此,人民法院应当根据《民事诉讼法》第 157 条第 1 款第 2 项的规定予以裁定,不能以回函形式处理被告所提出的管辖权异议。①

4. 中止诉讼原因的清除。裁定中止诉讼的原因消除,恢复诉讼程序时,不必撤销原裁定,从人民法院通知或者准许当事人双方继续进行诉讼时起,中止诉讼的裁定即失去效力。②

5. 中上诉讼的费用。中止诉讼的案件,已交纳的案件受理费不予退还。中止诉讼的原因消除,恢复诉讼的,不再交纳案件受理费。③

三、具体纠纷案件的诉讼中止

1. 人身权纠纷案件的诉讼中止。(1)继承纠纷案件的诉讼中止。在诉讼中,一方当事人死亡,需要等待继承人表明是否参加诉讼的,裁定中止诉讼。人民法院应当及时通知继承人作为当事人承担诉讼,被继承人已经进行的诉讼行为对承担诉讼的继承人有效。④ (2)特殊情况的诉讼中止。①在诉讼时效期间内,因不可抗拒的事由致继承人无法主张继承权利的,人民法院可按中止诉讼时效处理。②当事人在审判中精神病发作,应中止审理,待精神病好转后恢复审理。⑤

2. 合同纠纷案件的诉讼中止。(1)第三人向受理技术合同纠纷案件的人民法院就合同标的技术提出权属或者侵权请求时,受诉人民法院对此没有管辖权的,应当告知其向有管辖权的人民法院另行起诉或者将已经受理的权属或者侵权纠纷案件移送有管辖权的人民法院。权属或者侵权纠纷另案受理后,合同纠纷应当中止诉讼。专利实施许可合同诉讼中,受让人或者第三人向国家知识产权局请求宣告专利权无效的,人民法院可以不中止诉讼。⑥ (2)(存单纠纷案件当事人向人民法院提起诉讼)人民法院在受理存单纠纷案件后,如发现犯罪线索,应将犯罪线索及时书面告知公安或检察机关。如案件当事人因伪造、变造、虚开存单或涉嫌诈骗,有关国家机关已立案侦查,存单纠纷案件确须待刑事案件

---

① 《最高人民法院经济审判庭关于法院应原告变更被告之请求而恢复诉讼,变更后的被告是否有权提出管辖异议问题的答复》。

② 《最高人民法院关于适用〈中华人民共和国民事诉讼法〉的解释》第 246 条。

③ 《诉讼费用交纳办法》第 26 条。

④ 《最高人民法院关于适用〈中华人民共和国民事诉讼法〉的解释》第 55 条。

⑤ 《最高人民法院关于案件在何种情况下可以中止审理问题的批复》。

⑥ 《最高人民法院关于审理技术合同纠纷案件适用法律若干问题的解释》第 45 条。

结案后才能审理的，人民法院应当中止审理。[①] (3)民间借贷纠纷的基本案件事实必须以刑事案件的审理结果为依据，而该刑事案件尚未审结的，人民法院应当裁定中止诉讼。[②] (4)国有企业债务人另行提起不良债权转让合同无效诉讼的[③]，人民法院应中止审理受让人向国有企业债务人主张债权的诉讼，在不良债权转让合同无效诉讼被受理后，两案合并审理。国有企业债务人在二审期间另行提起不良债权转让合同无效诉讼的，人民法院应中止审理受让人向国有企业债务人主张债权的诉讼，在不良债权转让合同无效诉讼被受理且做出一审裁判后再行审理。[④]

3. 破产纠纷案件的诉讼中止。(1)人民法院受理破产申请后，已经开始而尚未终结的有关债务人的民事诉讼或者仲裁应当中止；在管理人接管债务人的财产后，该诉讼或者仲裁继续进行。[⑤] (2)人民法院受理企业破产案件后，对债务人财产的其他民事执行程序应当中止。[⑥]

4. 其他纠纷案件的诉讼中止。(1)对已编入全国证券回购机构间债务清欠链条的证券回购，未受理的，暂时不受理；已经受理的上述证券回购纠纷案件，应

---

① 《最高人民法院关于审理存单纠纷案件的若干规定》第3条第2款。

② 《最高人民法院关于审理民间借贷案件适用法律若干问题的规定》第7条。

《最高人民法院经济审判庭关于个体经营人因诈骗罪判刑后被骗人能否再对其提起经济诉讼问题的电话答复》认为："姚建国诈骗机电公司预付款案，虽作为合同纠纷审理在前，但在实体判决前即中止审理，移送公安、检察机关查处。"

③ 《最高人民法院关于审理涉及金融不良债权转让案件工作座谈会纪要》指出："不良债权已经剥离至金融资产管理公司又被转让给受让人后，国有企业债务人知道或者应当知道不良债权已经转让而仍向原国有银行清偿的，不得对抗受让人对其提起的追索之诉，国有企业债务人在对受让人清偿后向原国有银行提起返还不当得利之诉的，人民法院应予受理；国有企业债务人不知道不良债权已经转让而向原国有银行清偿的，可以对抗受让人对其提起的追索之诉，受让人向国有银行提起返还不当得利之诉人的，人民法院应予受理。"

④ 《最高人民法院关于审理涉及金融不良债权转让案件工作座谈会纪要》。

⑤ 《企业破产法》第20条。

⑥ 《最高人民法院关于适用〈中华人民共和国企业破产法〉若干问题的规定(二)》第21条规定："破产申请受理前，债权人就债务人财产提起下列诉讼，破产申请受理时案件尚未审结的，人民法院应当中止审理：(一)主张次债务人代替债务人直接向其偿还债务的；(二)主张债务人的出资人、发起人和负有监督股东履行出资义务的董事、高级管理人员，或者协助抽逃出资的其他股东、董事、高级管理人员、实际控制人等直接向其承担出资不实或者抽逃出资责任的；(三)以债务人的股东与债务人法人人格严重混同为由，主张债务人的股东直接向其偿还债务人对其所负债务的；(四)其他就债务人财产提起的个别清偿诉讼。债务人破产宣告后，人民法院应当依照企业破产法第四十四条的规定判决驳回债权人的诉讼请求。但是，债权人一审中变更其诉讼请求为追收的相关财产归入债务人财产的除外。债务人破产宣告前，人民法院依据企业破产法第十二条或者第一百零八条的规定裁定驳回破产申请或者终结破产程序的，上述中止审理的案件应当依法恢复审理。"

根据《民事诉讼法》第153条第1款第6项的规定中止诉讼；对已发生法律效力的上述证券回购纠纷案件，应根据《民事诉讼法》第263条第1款第5项的规定中止执行；对因此类纠纷案件已裁定冻结上述证券回购机构账户款项的，应当解除冻结。[①] (2)审判机构在审理确权诉讼时，应当查询所要确权的财产权属状况，发现已经被执行局查封、扣押、冻结的，应当中止审理；当事人诉请确权的财产被执行局处置的，应当撤销确权案件；在执行局查封、扣押、冻结后确权的，应当撤销确权判决或者调解书。[②] (3)城市信用社被撤销后，对以其为被告而起诉的民事案件，人民法院不予受理，并应当告知当事人依照《金融机构撤销条例》的规定申报债权；已经受理的，中止审理，待清算组成立后，人民法院可以以清算组为诉讼当事人恢复审理。以被撤销的城市信用社为被执行人的执行案件，尚未执行的，不予执行；已经开始执行的，终止执行。当事人对被撤销的城市信用社的清算行为不服向人民法院提起民事诉讼，或者清算组提起民事诉讼的，人民法院应当依法受理。对以停业整顿的城市信用社为被告起诉的民事案件，人民法院暂时不受理；已经受理的，中止审理；对以停业整顿的城市信用社为被执行人的执行案件，人民法院暂不执行；正在执行的，中止执行。[③] (4)侵犯实用新型、外观设计专利权纠纷案件的被告请求中止诉讼的，应当在答辩期内对原告的专利权提出宣告无效的请求。[④] 人民法院决定中止诉讼，专利权人或者利害关系人请求责令被告停止有关行为或者采取其他制止侵权损害继续扩大的措施，并提供了担保，人民法院经审查符合有关法律规定的，可以在裁定中止诉讼的同时一并作出有关裁定。[⑤]

四、不应中止诉讼的具体纠纷案件

1. 实用新型、外观设计专利权的纠纷案件。(1)人民法院受理的侵犯实用新型、外观设计专利权纠纷案件，被告在答辩期间内请求宣告该项专利权无效的，人民法院应当中止诉讼，但具备下列情形之一的，可以不中止诉讼：①原告出具的检索报告或者专利权评价报告未发现导致实用新型或者外观设计专利权无效的事由的；②被告提供的证据足以证明其使用的技术已经公知的；③被告请求宣

---

① 《最高人民法院关于中止审理、中止执行已编入全国证券回购机构间债务清欠链条的证券回购经济纠纷案件的通知》。

② 《最高人民法院关于执行权合理配置和科学运行的若干意见》第26条。

③ 《最高人民法院关于审理城市信用社清理整顿期间相关民事案件有关问题的通知》。

④ 《最高人民法院关于审理专利纠纷案件适用法律问题的若干规定》第4条第2款。

⑤ 《最高人民法院关于审理专利纠纷案件适用法律问题的若干规定》第8条。

告该项专利权无效所提供的证据或者依据的理由明显不充分的；④人民法院认为不应当中止诉讼的其他情形。[①] (2)人民法院受理的侵犯实用新型、外观设计专利权纠纷案件，被告在答辩期间届满后请求宣告该项专利权无效的，人民法院不应当中止诉讼，但经审查认为有必要中止诉讼的除外。[②] (3)人民法院受理的侵犯发明专利权纠纷案件或者经国务院专利行政部门审查维持专利权的侵犯实用新型、外观设计专利权纠纷案件，被告在答辩期间内请求宣告该项专利权无效的，人民法院可以不中止诉讼。[③]

2. 专利纠纷案件。(1)人民法院受理的侵犯布图设计专有权纠纷案件，被告以原告的布图设计专有权不具有足够的稳定性为由要求中止诉讼的，人民法院一般不中止诉讼。[④] (2)专利实施许可合同诉讼中，被许可人或者第三人向国家知识产权局请求宣告专利权无效的，人民法院可以不中止诉讼。在案件审理过程中专利权被宣告无效的，按照《专利法》第47条第2款和第3款[⑤]的规定处理。[⑥] (3)人民法院受理的侵犯发明专利权纠纷案件或者经国务院专利行政部门审查维持专利权的侵犯实用新型、外观设计专利权纠纷案件，被告在答辩期间内请求宣告该项专利权无效的，人民法院可以不中止诉讼。[⑦]

终结诉讼

第一百五十四条　有下列情形之一的，终结诉讼：

(一)原告死亡，没有继承人，或者继承人放弃诉讼权利的；

(二)被告死亡，没有遗产，也没有应当承担义务的人的；

---

① 《最高人民法院关于审理专利纠纷案件适用法律问题的若干规定》第5条。

② 《最高人民法院关于审理专利纠纷案件适用法律问题的若干规定》第6条。

③ 《最高人民法院关于审理专利纠纷案件适用法律问题的若干规定》第7条。

④ 《最高人民法院关于开展涉及集成电路布图设计案件审判工作的通知》第4条。

⑤ 《专利法》第47条第2款规定："宣告专利权无效的决定，对在宣告专利权无效前人民法院作出并已执行的专利侵权的判决、调解书，已经履行或者强制执行的专利侵权纠纷处理决定，以及已经履行的专利实施许可合同和专利权转让合同，不具有追溯力。但是因专利权人的恶意给他人造成的损失，应当给予赔偿。"第3款规定："依照前款规定不返还专利侵权赔偿金、专利使用费、专利权转让费，明显违反公平原则的，应当全部或者部分返还。"

⑥ 《最高人民法院关于审理技术合同纠纷案件适用法律若干问题的解释》第45条第2款。

⑦ 《最高人民法院关于审理专利纠纷案件适用法律问题的若干规定》第7条。

（三）离婚案件一方当事人死亡的；

（四）追索赡养费、扶养费、抚养费以及解除收养关系案件的一方当事人死亡的。

本条明确终结诉讼。

诉讼终结，是指在诉讼程序进行中，由于某种法定事由的出现，使诉讼继续进行已无必要或者成为不可能时，由人民法院裁定结束诉讼程序的制度。① 本书在此基础上进一步阐释两方面的内容。

一、诉讼终结的法定情形

1. 原告死亡，没有继承人，或者继承人放弃诉讼权利的。在此情形下，就使诉讼失去了权利主张人。

2. 被告死亡，没有遗产，也没有应当承担义务的人的。在此情形下，原告的诉讼请求不可能得到满足，诉讼继续进行既不可能也无意义，应当终结诉讼。

3. 离婚案件一方当事人死亡的。离婚案件中，一方当事人死亡的属于婚姻关系自然消灭，诉讼要解决的问题前提已经不复存在，应当终结诉讼。

4. 追索赡养费、扶养费、抚养费以及解除收养关系案件的一方当事人死亡的。在此情形下，原告死亡的，提出给付要求的人不存在了；被告死亡，也不能再支付赡养费、扶养费和抚养费。解除收养关系案件的一方当事人死亡的，收养关系已经不复存在，诉讼也没有进行的必要，应当终结诉讼。

二、诉讼终结的适用规则

依照《民事诉讼法》第 154 条规定终结诉讼的案件，依照《诉讼费用交纳办法》规定已交纳的案件受理费不予退还。②

---

① 洪冬英主编：《民事诉讼法学通论》（第 3 版），北京大学出版社 2020 年版，第 271 页。

民事诉讼因人民法院对案件作出裁判后终结，或因法律规定的某种特殊情况的出现而裁定终结诉讼。诉讼终结，案件就不再审理，当事人不得再就同一诉讼标的提起诉讼。诉讼终结关系另一方当事人的民事权益能否得到保护的问题，《民事诉讼法》明确规定了可以终结诉讼的四种情况，而没有作类似诉讼中止的兜底性条款规定，其意义在于对诉讼终结的适用，要求严格掌握，依法进行。

诉讼终结与诉讼结束不同：前者是诉讼的非正常结束，后者是诉讼的正常结束；前者诉讼程序尚未完毕，后者诉讼程序业已进行完毕；前者对当事人实体权利义务不作结论性判定，后者则必须对当事人双方实体权利义务关系作出判定；前者只能用裁定书，后者则采用判决书、裁定书或调解书。［洪冬英主编：《民事诉讼法学通论》（第 3 版），北京大学出版社 2020 年版，第 271 页。］

② 《诉讼费用交纳办法》第 28 条。

第五节　判决和裁定

民事判决，是指人民法院对民事案件就法定程序审理后，根据事实和法律，就当事人之间的民事权利义务的争议或者就确认某种法律事实存在与否所作的判定或者宣告。民事判决只适用于处理实体问题。[①] 民事判决分为诉讼案件判决与非讼案件判决、生效判决与未生效判决、对席判决与缺席判决、全部判决与部分判决、给付判决[②]、确认判决[③]与形成判决[④]、原判决与补充判决。[⑤] 民事判决的效力，是指民事判决宣告和生效后的法律效果。[⑥]

民事决定，是指人民法院对民事诉讼中发生的某些特殊事项所作的处理结论。决定权派生于审判权，是人民法院指挥诉讼、维持诉讼秩序、保证诉讼顺利进行以及处理有关诉讼问题的必要权能。民事决定处理的事项不涉及案件的实体问题，决定处理事项是那些阻碍诉讼程序正常进行的特殊事项，往往具有紧迫性。包括处理回避问题、处理妨害民事诉讼行为的问题、处理当事人诉讼期间的顺延问题，处理诉讼费用的缓、减、免问题，处理案件的再审问题。民事决定可以

---

① 洪冬英主编：《民事诉讼法学通论》（第3版），北京大学出版社2020年版，第272页。

② 给付判决旨在确认原告针对被告的权利，并命令被告向原告给付。就给付判决与物权变动的关系而言，给付判决并不能直接导致物权变动，其原因在于，给付判决并没有使既存的法律关系发生改变，而只是经由人民法院裁判实现当事人既存的法律关系，具有执行力而不具有变更权利义务关系的形成力。

③ 确认判决旨在确认某种法律关系是否存在，即确认具体生活事实中产生的人与人之间的或人与物之间的法律关系的存在（或者不存在）（[德]奥特马·尧厄尼希：《民事诉讼法》，周翠译，法律出版社2003年版，第184页）。确认判决不仅包括人民法院就确认之诉作出的判决，还包括人民法院驳回原告诉讼（包括给付之诉、形成之诉和确认之诉）的判决。

④ 形成判决，是人民法院就形成之诉作出的支持原告的判决，其既非确认也非实现现存的法律状态，而是改造现存法律状态并创造新的法律状态。从判决内容上具有形成力。这种形成力体现在原告胜诉的形成判决在确定之时，无须强制执行就自动发生法律关系变动的效果，即设定、变更或撤销一种法律关系。法学理论认为，形成判决能够直接引起物权变动。

⑤ 洪冬英主编：《民事诉讼法学通论》（第3版），北京大学出版社2020年版，第272～274页。

⑥ 对当事人而言，判决一经宣告，就不能对已判决的内容再行起诉，民事义务人必须履行已生效的判决，对于拒不履行判决的，权利人有权向人民法院申请强制执行。对人民法院而言，判决一经宣告，无论生效与否，未经法定程序，均不得撤销或变更已宣告的判决。对于具有执行力的判决，在权利人的执行申请成立时，或需要依职权主动执行时，人民法院有责任实施强制执行。对社会而言，任何自然人、法人和非法人组织都要维护人民法院的判决，有义务协助执行的都必须履行其协助执行的义务。

采用书面形式,也可以采用口头形式。决定正文的内容包括:决定的事项、事实、法律依据和处理结论。民事决定一经宣布,立即生效。对于妨碍民事诉讼的行为人的罚款、拘留的决定,当事人不服可以申请复议。对于回避的决定等,在复议期间不停止执行。

人民法院应当以证据能够证明的案件事实为根据依法作出裁判。[①]

判决书

第一百五十五条　判决书应当写明判决结果和作出该判决的理由。判决书内容包括:

(一)案由、诉讼请求、争议的事实和理由;

(二)判决认定的事实和理由、适用的法律和理由;

(三)判决结果和诉讼费用的负担;

(四)上诉期间和上诉的法院。

判决书由审判人员、书记员署名,加盖人民法院印章。

本条明确民事判决书。

民事判决必须采用书面形式作出,称为民事判决书。[②] 本书在此基础上进一步阐释三个方面的内容。

一、民事判决文书的内容

1. 民事判决文书的首部。首部,即民事判决书的开头部分。包括:判决的人民法院名称;案件类别和编号;当事人的基本情况,即当事人的姓名、性别、年龄、职业、住址等,当事人是法人或非法人组织的,应写明其名称、住所和法定代表人

---

① 《最高人民法院关于民事诉讼证据的若干规定》第 85 条第 1 款。

② 洪冬英主编:《民事诉讼法学通论》(第 3 版),北京大学出版社 2020 年版,第 274 页。

法律文书有广义和狭义之分。广义的法律文书,是指参与法律活动的主体在处理各项法律事务过程中,依法制作的、具有法律效力或法律意义的文书。法律文书不仅可以由司法机关和仲裁机关制作,也可以由律师、平等当事人等参与法律活动的其他主体制作。狭义的法律文书,是指司法机关或者仲裁机关、在处理各项法律事务过程中依法依职权制作的,具有法律效力或法律意义的对当事人产生法律约束力的非规范性法律文书。狭义的法律文书的形式包括人民法院的判决、裁定、决定、调解书以及各种命令、通知,仲裁委员会的裁决、调解书等。通常包括形成性文书、给付性文书和确认性文书。

另参见《最高人民法院关于印发〈人民法院民事裁判文书制作规范〉〈民事诉讼文书样式〉的通知》。

的姓名和职务，当事人有诉讼代理人的，还应写明诉讼代理人的基本情况；案由；审判组织和审判方式。

2. 民事判决文书的正文。正文是判决书的核心部分，是判决的主要内容。包括三个方面的内容：(1)诉讼请求、争议的事实和理由。(2)判决认定的事实和理由、适用的法律和理由。①人民法院的裁判文书应当准确叙述事实。(i)对审判程序及审判全过程的叙述，要准确叙述当事人的名称、案由、立案时间、开庭审理时间、诉讼参加人到庭等情况；简易程序转为普通程序的，应当写明转换程序的时间和理由；追加、变更当事人的，应当写明追加、变更的时间、理由等情况；应当如实叙述审理管辖异议、委托司法鉴定、评估、审计、延期审理等环节的流程等一些重要事项。[①] (ii)对诉讼各方诉状、答辩状的归纳，要简要、准确归纳诉讼各方的诉、辩主张；应当公平、合理分配篇幅。[②] (iii)对当事人质证过程和争议焦点的叙述，要简述开庭前证据交换和庭审质证阶段各方当事人质证过程；准确概括各方当事人争议的焦点；案件事实、法律关系较复杂的，应当在准确归纳争议焦点的基础上分段、分节叙述。[③] (iv)普通程序案件的裁判文书对事实认定部分的叙述，要表述客观，逻辑严密，用词准确，避免使用明显的褒贬词汇；准确分析说明各方当事人提交证据采信与否的理由以及被采信的证据能够证明的事实；对证明责任、证据的证明力以及证明标准等问题应当进行合理解释。[④] ②人民法院的裁判文书依法说理、评判。依法对普通程序案件定性及审理结果的分析论证，应当进行准确、客观、简练的说理，对答辩意见、辩护意见、代理意见等是否采纳要简述理由；审理民事案件，应当根据法律、法规、司法解释的有关规定，结合个案具体情况，理清案件法律关系，对当事人之间的权利义务关系、责任承担及责任大小等进行详细的归纳评判。[⑤] ③人民法院应当在裁判文书中阐明证据是否采纳的理由。(i)对当事人无争议的证据，是否采纳的理由可以不在裁判文书中

① 《法官行为规范》第48条。

《最高人民法院关于审理涉及驰名商标保护的民事纠纷案件应用法律若干问题的解释》第13条规定："在涉及驰名商标保护的民事纠纷案件中，人民法院对于商标驰名的认定，仅作为案件事实和判决理由，不写入判决主文；以调解方式审结的，在调解书中对商标驰名的事实不予认定。"

② 《法官行为规范》第49条。

③ 《法官行为规范》第50条。

④ 《法官行为规范》第51条。

⑤ 《法官行为规范》第52条。

表述。[①]（ii）除法律和司法解释规定不需要提供证据证明外，当事人提出诉讼请求或者反驳对方的诉讼请求，应提供证据证明。不能提供相应的证据或者提供的证据证明不了有关事实的，可能面临不利的裁判后果。[②] ④人民法院的裁判文书应当依法引用相关法律、法规等规范性法律文件作为裁判依据。引用时应当准确完整写明规范性法律文件的名称、条款序号，需要引用具体条文的，应当整条引用。[③]（i）并列引用多个规范性法律文件的，引用顺序如下：法律及法律解释、行政法规、地方性法规、自治条例或者单行条例、司法解释。同时引用两部以上法律的，应当先引用基本法，后引用其他法律。引用包括实体法和程序法的，先引用实体法，后引用程序法。[④]（ii）民事裁判文书应当引用法律、法律解释或者司法解释。对于应当适用的行政法规、地方性法规或者自治条例和单行条例，可以直接引用。[⑤]（iii）对于《最高人民法院关于裁判文书引用法律、法规等规范性法律文件的规定》第 3 条、第 4 条、第 5 条规定之外的规范性文件，根据审理案件的需要，经审查认定为合法有效的，可以作为裁判说理的依据。[⑥]（iv）人民法院制作裁判文书确需引用的规范性法律文件之间存在冲突，根据《立法法》等有关法律规定无法选择适用的，应当依法提请有决定权的机关做出裁决，不得自行在裁判文书中认定相关规范性法律文件的效力。[⑦]（v）法律条文的引用，在裁判理由部分应当引用法律条款原文，必须引用到法律的条、款、项；说理中涉及多个争议问题的，应当一论一引；在判决主文理由部分最终援引法律依据时，只引用法律条款序号。[⑧]（3）判决结果和诉讼费用的负担。

3. 民事判决文书的尾部，即判决的结尾部分。这一部分的内容包括：判决是否准许上诉、上诉期间和上诉的法院；审判人员、书记员署名、加盖法院印章；注明作出判决的时间。[⑨]

---

① 《最高人民法院关于民事诉讼证据的若干规定》第 97 条第 2 款。

② 《人民法院民事诉讼风险提示书》（八、不提供或者不充分提供证据）。

③ 《最高人民法院关于裁判文书引用法律、法规等规范性法律文件的规定》第 1 条。

④ 《最高人民法院关于裁判文书引用法律、法规等规范性法律文件的规定》第 2 条。

⑤ 《最高人民法院关于裁判文书引用法律、法规等规范性法律文件的规定》第 4 条。

⑥ 《最高人民法院关于裁判文书引用法律、法规等规范性法律文件的规定》第 6 条。

⑦ 《最高人民法院关于裁判文书引用法律、法规等规范性法律文件的规定》第 7 条。

⑧ 《法官行为规范》第 53 条。

⑨ 参见《最高人民法院关于印发〈人民法院民事裁判文书制作规范〉〈民事诉讼文书样式的通知〉》。

二、民事判决文书的申请查阅、更正

1. 民事判决文书的申请查阅。(1)公民、法人或者其他组织申请查阅发生法律效力的判决书、裁定书的,应当向作出该生效裁判的人民法院提出。申请应当以书面形式提出,并提供具体的案号或者当事人姓名、名称。① (2)对于查阅判决书、裁定书的申请,人民法院根据下列情形分别处理:①判决书、裁定书已经通过信息网络向社会公开的,应当引导申请人自行查阅;②判决书、裁定书未通过信息网络向社会公开,且申请符合要求的,应当及时提供便捷的查阅服务;③判决书、裁定书尚未发生法律效力,或者已失去法律效力的,不提供查阅并告知申请人;④发生法律效力的判决书、裁定书不是本院作出的,应当告知申请人向作出生效裁判的人民法院申请查阅;⑤申请查阅的内容涉及国家秘密、商业秘密、个人隐私的,不予准许并告知申请人。②

2. 民事判决文书宣告或者送达后的更正。裁判文书宣告或者送达后发现文字差错,(1)对一般文字差错或病句,应当及时向当事人说明情况并收回裁判文书,以校对章补正或者重新制作裁判文书;(2)对重要文字差错或者病句,能立即收回的,当场及时收回并重新制作;无法立即收回的,应当制作裁定予以补正。③其中,"笔误",是指法律文书误写、误算,诉讼费用漏写、误算和其他笔误。④

三、民事裁判文书的互联网公布

1. 互联网公布的民事裁判文书。(1)应该公布的裁判文书。人民法院作出的下列民事裁判文书应当在互联网公布:①民事判决书;②民事及其执行裁定书;③支付令;④民事及其执行驳回申诉通知书;⑤国家赔偿决定书;⑥对妨害诉讼行为、执行行为作出的拘留、罚款决定书,提前解除拘留决定书,因对不服拘留、罚款等制裁决定申请复议而作出的复议决定书;⑦民事公益诉讼调解书;⑧其他有中止、终结诉讼程序作用或者对当事人实体权益有影响、对当事人程序权益有重大影响的裁判文书。⑤ (2)不应公布的裁判文书。人民法院作出的裁判文书有下列情形之一的,不在互联网公布:①涉及国家秘密的;②未成年人犯罪的;③以调解方式结案或者确认人民调解协议效力的,但为保护国家利益、社会

---

① 《最高人民法院关于适用〈中华人民共和国民事诉讼法〉的解释》第254条。
② 《最高人民法院关于适用〈中华人民共和国民事诉讼法〉的解释》第255条。
③ 《法官行为规范》第54条。
④ 《最高人民法院关于适用〈中华人民共和国民事诉讼法〉的解释》第245条。
⑤ 《最高人民法院关于人民法院在互联网公布裁判文书的规定》第3条。

公共利益、他人合法权益确有必要公开的除外;④离婚诉讼或者涉及未成年子女抚养、监护的;⑤人民法院认为不宜在互联网公布的其他情形。[①] ⑥不在互联网公布的裁判文书,应当公布案号、审理法院、裁判日期及不公开理由,但公布上述信息可能泄露国家秘密的除外。[②] ⑦办案法院的处理。办案法官认为裁判文书具有《最高人民法院关于人民法院在互联网公布裁判文书的规定》第4条第5项不宜在互联网公布情形的,应当提出书面意见及理由,由部门负责人审查后报主管副院长审定。[③]

2. 互联网公布民事裁判文书的告知。(1)告知的形式及范围。人民法院应当在受理案件通知书、应诉通知书中告知当事人在互联网公布裁判文书的范围,并通过政务网站、电子触摸屏、诉讼指南等多种方式,向公众告知人民法院在互联网公布裁判文书的相关规定。[④] (2)重新公布及撤回的告知。在互联网公布的裁判文书与裁判文书原本不一致或者技术处理不当的,应当及时撤回并在纠正后重新公布。在互联网公布的裁判文书,经审查存在《最高人民法院关于人民法院在互联网公布裁判文书的规定》第4条列明不应在互联网公布的裁判文书情形的,应当及时撤回,并按照《最高人民法院关于人民法院在互联网公布裁判文书的规定》第6条进行告知。[⑤]

3. 互联网公布民事裁判文书的时间。发生法律效力的裁判文书,应当在裁判文书生效之日起7个工作日内在互联网公布。依法提起抗诉或者上诉的一审判决书、裁定书,应当在二审裁判生效后7个工作日内在互联网公布。[⑥]

4. 互联网公布民事裁判文书的规则。(1)隐名处理。①人民法院在互联网公布裁判文书时,应当对下列人员的姓名进行隐名处理:(i)婚姻家庭、继承纠纷案件中的当事人及其法定代理人;(ii)刑事案件被害人及其法定代理人、附带民事诉讼原告人及其法定代理人、证人、鉴定人;(iii)未成年人及其法定代理人。[⑦] ②根据《最高人民法院关于人民法院在互联网公布裁判文书的规定》第8条进行隐名处理时,应当按以下情形处理:(i)保留姓氏,名字以"某"替代;(ii)对于少数

① 《最高人民法院关于人民法院在互联网公布裁判文书的规定》第4条。
② 《最高人民法院关于人民法院在互联网公布裁判文书的规定》第6条。
③ 《最高人民法院关于人民法院在互联网公布裁判文书的规定》第12条。
④ 《最高人民法院关于人民法院在互联网公布裁判文书的规定》第5条。
⑤ 《最高人民法院关于人民法院在互联网公布裁判文书的规定》第16条。
⑥ 《最高人民法院关于人民法院在互联网公布裁判文书的规定》第7条。
⑦ 《最高人民法院关于人民法院在互联网公布裁判文书的规定》第8条。

民族姓名，保留第一个字，其余内容以“某”替代；(iii)对于外国人、无国籍人姓名的中文译文，保留第一个字，其余内容以“某”替代；对于外国人、无国籍人的英文姓名，保留第一个英文字母，删除其他内容。对不同姓名隐名处理后发生重复的，通过在姓名后增加阿拉伯数字进行区分。① (2)删除信息。人民法院在互联网公布裁判文书时，应当删除下列信息：①自然人的家庭住址、通讯方式、身份证号码、银行账号、健康状况、车牌号码、动产或不动产权属证书编号等个人信息；②法人以及非法人组织的银行账号、车牌号码、动产或不动产权属证书编号等信息；③涉及商业秘密的信息；④家事、人格权益等纠纷中涉及个人隐私的信息；⑤涉及技术侦查措施的信息；⑥人民法院认为不宜公开的其他信息。按照《最高人民法院关于人民法院在互联网公布裁判文书的规定》第10条第1款删除信息影响对裁判文书正确理解的，用符号“×”作部分替代。② (3)保留信息。人民法院在互联网公布裁判文书，应当保留当事人、法定代理人、委托代理人、辩护人的下列信息：①除根据《最高人民法院关于人民法院在互联网公布裁判文书的规定》第8条进行隐名处理的以外，当事人及其法定代理人是自然人的，保留姓名、出生日期、性别、住所地所属县、区；当事人及其法定代理人是法人或非法人组织的，保留名称、住所地，以及法定代表人或主要负责人的姓名、职务；②委托代理人、辩护人是律师或者基层法律服务工作者的，保留姓名、执业证号和律师事务所、基层法律服务机构名称；委托代理人、辩护人是其他人员的，保留姓名、出生日期、性别、住所地所属县、区，以及与当事人的关系。③ (4)公布的要求。①人民法院在互联网公布裁判文书，应当依法、全面、及时、规范。④ ②在互联网公布的裁判文书，除依照《最高人民法院关于人民法院在互联网公布裁判文书的规定》要求进行技术处理的以外，应当与裁判文书的原本一致。⑤

5. 互联网公布民事裁判文书的分工。(1)各级法院的分工。①最高人民法院监督指导全国法院在互联网公布裁判文书的工作。高级、中级人民法院监督指导辖区法院在互联网公布裁判文书的工作。②各级人民法院审判管理办公室

---

① 《最高人民法院关于人民法院在互联网公布裁判文书的规定》第9条。
② 《最高人民法院关于人民法院在互联网公布裁判文书的规定》第10条。
③ 《最高人民法院关于人民法院在互联网公布裁判文书的规定》第11条。
④ 《最高人民法院关于人民法院在互联网公布裁判文书的规定》第1条。
⑤ 《最高人民法院关于人民法院在互联网公布裁判文书的规定》第15条第1款。

或者承担审判管理职能的其他机构负责本院在互联网公布裁判文书的管理工作,履行以下职责:(i)组织、指导在互联网公布裁判文书;(ii)监督、考核在互联网公布裁判文书的工作;(iii)协调处理社会公众对裁判文书公开的投诉和意见;(iv)协调技术部门做好技术支持和保障;(v)其他相关管理工作。[①] 同时,各级人民法院应当依托信息技术将裁判文书公开纳入审判流程管理,减轻裁判文书公开的工作量,实现裁判文书及时、全面、便捷公布。[②] (2)业务分工。①中国裁判文书网是全国法院公布裁判文书的统一平台。各级人民法院在本院政务网站及司法公开平台设置中国裁判文书网的链接。[③] ②人民法院信息技术服务中心负责中国裁判文书网的运行维护和升级完善,为社会各界合法利用在该网站公开的裁判文书提供便利。中国裁判文书网根据案件适用不同审判程序的案号,实现裁判文书的相互关联。[④]

6. 互联网公布民事裁判文书的处理。(1)重新公布及撤回。在互联网公布的裁判文书与裁判文书原本不一致或者技术处理不当的,应当及时撤回并在纠正后重新公布。在互联网公布的裁判文书,经审查存在《最高人民法院关于人民法院在互联网公布裁判文书的规定》第4条列明不应在互联网公布的裁判文书情形的,应当及时撤回,并按照《最高人民法院关于人民法院在互联网公布裁判文书的规定》第6条进行告知。[⑤] (2)补正。人民法院对裁判文书中的笔误进行补正的,应当及时在互联网公布补正笔误的裁定书。办案法官对在互联网公布的裁判文书与裁判文书原本的一致性,以及技术处理的规范性负责。[⑥]

先行判决

第一百五十六条　人民法院审理案件,其中一部分事实已经清楚,可以就该部分先行判决。

---

① 《最高人民法院关于人民法院在互联网公布裁判文书的规定》第13条第2款。
② 《最高人民法院关于人民法院在互联网公布裁判文书的规定》第14条。
③ 《最高人民法院关于人民法院在互联网公布裁判文书的规定》第2条。
④ 《最高人民法院关于人民法院在互联网公布裁判文书的规定》第17条。
⑤ 《最高人民法院关于人民法院在互联网公布裁判文书的规定》第16条。
⑥ 《最高人民法院关于人民法院在互联网公布裁判文书的规定》第15条第2款、第3款。

本条明确先行判决。本书仅就其进行阐释。

1. 为了及时保障当事人的合法权益,防止诉讼过分迟延,如果对一部分请求的相关事实已经查明,而且就这部分诉讼请求又需要尽快判决。其中,“可以进行先行判决的部分”,主要是指在诉讼请求中可以独立分出的部分,或者是几个合并审理的诉中的一个相对独立的部分;而且先行判决部分事实必须已经清楚。

2. 就当事人的部分诉讼请求先行判决后,整个案件并没有结束,只是人民法院审判活动将集中在其他未决事项上。没有判决的部分不是不管,而是仍然在审理中。①

3. 部分先行判决的法律效力与全案判决的效力相同,如果是一审的,当事人对部分先行判决不服的,可以在判决作出后 15 日内,就该判决向上一级人民法院提起上诉。

4. 在诉讼中需要停止侵权、排除妨碍、消除危险的情况时,人民法院可以根据当事人的申请或者依职权先行作出裁定。当事人在诉讼中用赔礼道歉方式承担民事责任的,应当在判决中叙明。

5. 有关生活费、子女抚养费的案件,第一审人民法院没有作出先行给付裁定,上诉审人民法院在审理过程中认为需要先行给付,其应判决作出先行给付的裁定,这些裁定不准上诉。②

民事裁定

第一百五十七条　裁定适用于下列范围:

(一)不予受理;

(二)对管辖权有异议的;

(三)驳回起诉;

(四)保全和先予执行;

---

① 在就部分已查清的事实进行先行判决时,也要向当事人说明案件的其他部分仍然在审理中,以免发生误解,造成不必要的纠纷。

② 《最高人民法院关于上诉审法院审理有关生活费等案件中所作的先行给付的裁定不准上诉问题的批复》。

（五）准许或者不准许撤诉；

（六）中止或者终结诉讼；

（七）补正判决书中的笔误；

（八）中止或者终结执行；

（九）撤销或者不予执行仲裁裁决；

（十）不予执行公证机关赋予强制执行效力的债权文书；

（十一）其他需要裁定解决的事项。

对前款第一项至第三项裁定，可以上诉。

裁定书应当写明裁定结果和作出该裁定的理由。裁定书由审判人员、书记员署名，加盖人民法院印章。口头裁定的，记入笔录。

本条明确民事裁定。

民事裁定，是指人民法院在民事审判和执行程序中，就程序方面发生的问题所作的具有诉讼法上约束力的处理决定。① 裁定书，是指人民法院对案件审理过程中所发生的程序问题作出的处理决定。② 裁定可分为口头裁定③和书面裁定④。本书在民事裁定基础上进一步阐释两方面的内容。

一、民事裁定

1. 民事裁定的适用范围。(1)不予受理。(2)对管辖权有异议的。(3)驳回起诉。(4)保全和先予执行。(5)准许或者不准许撤诉。(6)中止或者终结诉讼。(7)补正判决书中的笔误。《民事诉讼法》第157条第1款第7项规定的笔

① 洪冬英主编：《民事诉讼法学通论》（第3版），北京大学出版社2020年版，第276页。

民事裁定也是人民法院在行使审判权，它主要解决审判和执行过程中的程序问题。有时也涉及实体问题的处理，不是对实体问题的最终处理。

② 裁定书应主要写明以下内容：(1)当事人的基本情况和诉讼代理人、案由；(2)认定的事实和理由、适用的法律和理由等作出裁定的理由；(3)裁定的结果；(4)允许上诉的裁定，注明上诉期间和上诉的法院。允许复议的，注明复议的权利和复议的法院；(5)审判人员、书记员署名，加盖人民法院印章，注明日期。

裁定书决定民事诉讼程序进展方向或案件结局，同判决书一样具有既判力、确定力和执行力。

③ 口头裁定，是指审判人员不制作裁定书，而是将裁定的内容口头向当事人宣布。口头裁定一般适用于比较简单的程序问题，如准予撤诉、延期审理等。口头裁定的内容以及宣布的情况应当记入笔录。

④ 书面裁定是以书面形式作出的法律文书，适用于关系当事人权利比较重大的程序问题，如允许上诉的裁定以及终结诉讼、终结执行、不予执行等裁定。

误是指法律文书误写、误算，诉讼费用漏写、误算和其他笔误。[①] (8)中止或者终结执行。(9)撤销或者不予执行仲裁裁决。(10)不予执行公证机关赋予强制执行效力的债权文书。(11)其他需要裁定解决的事项。[②] ①“其他需要裁定解决的事项”，是指除上述10种情形外，为解决某些程序问题，对于其他需要裁定的事项，人民法院也应当作出裁定。例如，依特别程序审理案件的过程中，发现本案存在民事权利义务争议，应当裁定终结特别程序。②第二审人民法院对于不服第一审人民法院裁定的上诉案件的处理，一律使用裁定。第二审人民法院审理需要追加或更换当事人的案件，如调解不成，应发回重审。在发回重审的民事裁定书上，不应列被追加或更换的当事人。[③]

2. 可上诉的民事裁定。(1)“不予受理”“对管辖权有异议的”“驳回起诉”的裁定，可以上诉。(2)在民事给付财产案件的执行中所作的中止执行和终止执行的裁定，可以上诉。[④] (3)人民法院决定采取保全措施(如查封、扣押、冻结、提供财产保证或先行给付)的裁定，可以上诉，准许上诉的裁定书内应注明上诉期间和上诉审人民法院。[⑤]

3. 依职权撤销的民事裁定。人民法院院长以本院已经发生法律效力的诉前保全裁定和在执行程序中作出的裁定，发现确有错误，认为需要撤销的，应当提交审判委员会讨论决定后，裁定撤销原裁定。[⑥]

二、具体纠纷案件的裁定

1. 强制清算纠纷案件的裁定。审理强制清算的审判庭审理该类案件时，对于受理、不受理强制清算申请、驳回申请人的申请、允许或者驳回申请人撤回申请、采取保全措施、确认清算方案、确认清算终结报告、终结强制清算程序的，应当制作民事裁定书。对于指定或者变更清算组成员、确定清算组成员报酬、延长清算期限、制裁妨碍清算行为的，应当制作决定书。对于其他所涉有关法律文书

---

① 《最高人民法院关于适用〈中华人民共和国民事诉讼法〉的解释》第245条。

② 洪冬英主编:《民事诉讼法学通论》(第3版)，北京大学出版社2020年版，第277~279页。

③ 《最高人民法院关于第二审人民法院因追加、更换当事人民发回重审的民事裁定书上，应如何列当事人问题的批复》。

④ 《最高人民法院关于在民事给付财产案件的执行中所作的“中止”执行和“终止”执行的裁定准否上诉问题的批复》。

⑤ 《最高人民法院关于哪些裁定准许上诉，哪些裁定不准许上诉问题的批复》。

⑥ 《最高人民法院关于人民法院发现本院作出的诉前保全裁定和在执行程序中作出的裁定确有错误以及人民检察院对人民法院作出的诉前保全裁定提出抗诉人民法院应当如何处理的批复》第1条。

的制作，可参照企业破产清算中人民法院的法律文书样式。[①]

2. 连带债务偿还纠纷案件的裁定。根据生效的法律文书，连带责任人代主债务人偿还了债务，或者连带责任人对外承担的责任超过了自己应承担的份额的，可以向原审人民法院请求行使追偿权。原审人民法院应当裁定主债务人或其他连带责任人偿还。此裁定不允许上诉，但可复议一次。如果生效法律文书中，对各连带责任人应承担的份额没有确定的，连带责任人对外偿还债务后向其它连带责任人行使追偿权的，应当向人民法院另行起诉。[②]

3. 无独立请求权第三人不服民事裁定纠纷案件的裁定。无独立请求权第三人，虽然人民法院通知其参加诉讼，但因其不具有当事人的诉讼权利且原审判决也未判令其承担责任，其所提出的人民法院未对其诉讼请求作出判决、未对其管辖异议作出书面裁定等程序违法的理由，均不予成立。[③]

生效裁判

第一百五十八条　最高人民法院的判决、裁定，以及依法不准上诉或者超过上诉期没有上诉的判决、裁定，是发生法律效力的判决、裁定。

本条明确发生法律效力的判决、裁定。[④]

最高人民法院的判决、裁定，以及依法不准上诉或者超过上诉期没有上诉的判决、裁定，是发生法律效力的判决、裁定。本书在此基础上进一步阐释两方面的内容。

一、裁决文书的制作

1. 裁决文书制作的责任分工。(1)案件承办法官或者独任法官对裁判文书质量负主要责任，其他合议庭成员对裁判文书负有次要责任；(2)对裁判文书负

① 《最高人民法院关于审理公司强制清算案件工作座谈会纪要》第38条。

② 《最高人民法院经济审判庭关于生效判决的连带责任人代偿债务后应以何种诉讼程序向债务人追偿问题的复函》。

③ 最高人民法院民事判决书，(2001)民二终字第197号。

④ 民事判决、裁定最重要的法律意义在于它们是诉讼程序的结果，或者某些重要程序问题的决定，一旦发生法律效力，有关问题就将成为国家司法权已经确定的问题，除了通过审判监督程序和法律的其他特别程序规定，不能再寻求民事司法方面的解决途径。

责审核、签发的法官,应当做到严格审查、认真把关。①

2. 裁决文书的签署。(1)定期宣判的案件,人民陪审员因故不能参加宣判,在不改变原来评议时所作的决定的情况下,可以由原来审判本案的审判员独自开庭宣判;判决书上仍应署审判本案的审判员和人民陪审员的姓名。人民法院的审判员需调动工作时,应当把自己承办的未结案件加以清理,在不改变原来评议时所作决定的情况下,可以由院长或庭长另行指定审判员代为制作判决书,由该审判员与原来参加审判本案的人民陪审员共同开庭宣判;或者由原来参加审判本案的人民陪审员开庭宣判;在宣判时可向当事人说明不由原来审判员宣判的原因,判决书上仍应署审判本案的审判员和人民陪审员的姓名。② (2)独任法官审理案件形成的裁判文书,由独任法官直接签署。合议庭审理案件形成的裁判文书,由承办法官、合议庭其他成员、审判长依次签署;审判长作为承办法官的,由审判长最后签署。审判组织的法官依次签署完毕后,裁判文书即可印发。除审判委员会讨论决定的案件以外,院长、副院长、庭长对其未直接参加审理案件的裁判文书不再进行审核签发。③

3. 裁决文书的审核。裁判文书一般由审判长或者承办法官制作。但是审判长或者承办法官的评议意见与合议庭评议结论或者审判委员会的决定有明显分歧的,也可以由其他合议庭成员制作裁判文书。对制作的裁判文书,合议庭成员应当共同审核,确认无误后签名。④

4. 裁决文书制作的期限。合议庭一般应当在作出评议结论或者审判委员会作出决定后的5个工作日内制作出裁判文书。⑤

二、裁决文书的效力

1. 最高人民法院作出的所有裁定,都是发生终局效力的裁定。不准上诉的

① 《法官行为规范》第47条。

《法官行为规范》第46条规定:"基本要求 (一)严格遵守格式和规范,提高裁判文书制作能力,确保裁判文书质量,维护裁判文书的严肃性的权威性;(二)普通程序案件的裁判文书应当内容全面、说理透彻、逻辑严密、用语规范、文字精炼;(三)简易程序案件的裁判文书应当简练、准确、规范;(四)组成合议庭审理的案件的裁判文书要反映多数人的意见。"

② 《最高人民法院关于审判案件中的几个具体问题的批复》。

《最高人民法院关于判决书、裁定书是否应由院长署名的问题的批复》认为:"各级人民法院制作的判决书和裁定书,一律由合议庭的组成人员或者审判员(独任审理的)署名,院长不再署名。"

③ 《最高人民法院关于完善人民法院司法责任制的若干意见》第6条第1款。

④ 《最高人民法院关于人民法院合议庭工作的若干规定》第15条。

⑤ 《最高人民法院关于人民法院合议庭工作的若干规定》第14条。

裁定,一经宣布,即具有法律效力。①

2. 实行一审终审不准上诉的判决,一经宣告即发生法律效力,包括依照特别程序审理的选民资格案件、宣告失踪、宣告死亡案件、认定自然人无民事行为能力或者限制民事行为能力案件、认定财产无主案件、小额诉讼案件等。②

3. 可上诉的裁定,超过法定期限当事人未提出上诉,又没有延长期限的正当理由,上诉期满后,裁定即发生法律效力。第二审人民法院对提起上诉的裁定作出的裁定是终审裁定,一经宣布,即发生法律效力。

4. 一审当事人不上诉或检察院未抗诉(或未向本级人民法院提出检察建议),一审裁判为发生法律效力的裁判。

裁判文书公开

第一百五十九条　公众可以查阅发生法律效力的判决书、裁定书,但涉及国家秘密、商业秘密和个人隐私的内容除外。

本条明确裁判文书的公开。③ 本书在此基础上进一步阐释两方面的内容。

一、裁判文书的公布

公布的裁判文书,是指人民法院各审判庭审理案件所作出的判决书、裁定书。④

1. 裁判文书公布的主要方式。(1)对有重大影响的案件的裁判文书,商请《人民日报》《法治日报》等报刊予以公布。(2)对具有典型意义、有一定指导作用的案件的裁判文书,不定期地在人民法院报、公报上公布。(3)日常的裁判文书可随时在人民法院报网和人民法院开通的政府网上公布。这是公布裁判文书的一种主要形式。(4)所有公布的裁判文书可装订成册,放在指定部门供各界人

---

① 依法不准上诉的裁定,是指属于受理、决定管辖权异议、驳回起诉裁定之外的各种裁定,这些裁定有的可以复议,但复议不停止执行,裁定作出后就发生法律效力。

② 《最高人民法院关于转卖人民法院查封房屋行为无效问题的复函》认为,北京市第二中级人民法院依法作出的[1994]中法调字第23号民事裁定书虽未抄告房管部门,但已送达当事人,根据《民事诉讼法》的规定,诉前保全的裁定是不准上诉的裁定,依该裁定书保全查封被告的房产,属合法有效。

③ 裁判文书公开,是审判公开制度的一项重要内容,对提高审判质量、释法服判具有重要作用。

④ 《最高人民法院裁判文书公布管理办法》第1条。

士查阅。目前先考虑放在出版社的读者服务部，同时设置一部触摸式电脑将公布的裁判文书输入，供查阅。如当事人需要索取的，可收取成本费。（5）每年将所公布的裁判文书汇集成册，由出版社出版发行。①

2. 裁判文书公布的程序。公布程序：（1）本院的裁判文书公布工作由办公厅负责统一协调。（2）各审判庭负责提供各类裁判文书的正本。（3）办公厅总值班室对各审判庭的裁判文书加盖院印时留存三份，一份供筛选公布，一份供装订成册，一份备查。（4）公报编辑部负责对裁判文书进行初选，并将拟公布的裁判文书冠一个案名，商有关审判庭提出公布的意见后，送办公厅。（5）办公厅对拟公布的裁判文书进行审核。必要时，报主管院领导审核。（6）办公厅宣传处负责对经领导审核后可予以公布的裁判文书进行编号，对外提供。（7）公布时间一般以裁判文书盖章后1个月之后。对送达有特殊情形需要延长裁判文书公布时间的，有关审判庭应及时通知公报编辑部。特殊案件的裁判文书协调好时间后即可公布。②

3. 不宜公布的裁判文书。（1）裁判文书中涉及国家政治生活，公布后可能产生不良影响的；（2）案件涉及国家秘密、商业秘密③、未成年人犯罪和个人隐私情况的；（3）裁判文书比较集中反映死刑数字的；（4）裁判文书中过多涉及其他人和事，因可能会给他人造成精神压力或给法院工作带来不利影响而无必要公布的；（5）裁判文书中的理由部分说理不透彻，不足以印证裁判主义的；（6）裁判文书文字表达存在缺陷、错误的；（7）其他不宜公布的裁判文书。④

4. 裁判文书公布的责任。对违反《最高人民法院裁判文书公布管理办法》擅自对外公布裁判文书造成重大恶劣影响的，按照有关规定追究有关人员的责任。⑤

---

① 《最高人民法院裁判文书公布管理办法》第2条。

② 《最高人民法院裁判文书公布管理办法》第3条。

③ 《最高人民法院关于适用〈中华人民共和国民事诉讼法〉的解释》第220条规定："民事诉讼法第七十一条、第一百三十七条、第一百五十九条规定的商业秘密，是指生产工艺、配方、贸易联系、购销渠道等当事人不愿公开的技术秘密、商业情报及信息。"

④ 《最高人民法院裁判文书公布管理办法》第4条。

⑤ 《最高人民法院裁判文书公布管理办法》第5条。

二、裁判文书的查阅

本条规定的公众查阅权,与《民事诉讼法》第 52 条[①]、第 64 条[②]的规定有区别。本规定主要是指诉讼当事人及其代理人以外的公众查阅的对象为发生法律效力的判决书、裁定书,公众无权查阅涉及国家、商业和个人隐私的内容。[③]

1. 查阅裁判文书的申请。公民、法人或者其他组织申请查阅发生法律效力的判决书、裁定书的,应当向作出该生效裁判的人民法院提出。申请应当以书面形式提出,并提供具体的案号或者当事人姓名、名称。[④]

2. 对查阅裁判文书申请的处理。对于查阅判决书、裁定书的申请,人民法院根据下列情形分别处理:(1)判决书、裁定书已经通过信息网络向社会公开的,应当引导申请人自行查阅;(2)判决书、裁定书未通过信息网络向社会公开,且申请符合要求的,应当及时提供便捷的查阅服务;(3)判决书、裁定书尚未发生法律效力,或者已失去法律效力的,不提供查阅并告知申请人;(4)发生法律效力的判决书、裁定书不是本院作出的,应当告知申请人向作出生效裁判的人民法院申请查阅;(5)申请查阅的内容涉及国家秘密、商业秘密、个人隐私的,不予准许并告知申请人。[⑤]

---

① 《民事诉讼法》第 52 条规定:"当事人有权委托代理人,提出回避申请,收集、提供证据,进行辩论,请求调解,提起上诉,申请执行。当事人可以查阅本案有关材料,并可以复制本案有关材料和法律文书。查阅、复制本案有关材料的范围和办法由最高人民法院规定。当事人必须依法行使诉讼权利,遵守诉讼秩序,履行发生法律效力的判决书、裁定书和调解书。"

② 《民事诉讼法》第 64 条规定:"代理诉讼的律师和其他诉讼代理人有权调查收集证据,可以查阅本案有关材料。查阅本案有关材料的范围和办法由最高人民法院规定。"

③ 补充:《民事诉讼法》第 52 条、第 64 条主要是指诉讼当事人及其代理人,查阅范围还包括判决书、裁定书之外的法律文书(当事人可以查阅、复制起诉状、答辩状、法庭笔录、法庭上出示的有关证据等有关材料和法律文书,诉讼代理人在诉讼中可以查阅、摘抄和复印起诉书、答辩书、庭审笔录及各种证据材料等)、尚未发生法律效力的判决书、裁定书,当事人及其代理人有权查阅本案中涉及国家秘密、商业秘密和个人隐私的内容。

④ 《最高人民法院关于适用〈中华人民共和国民事诉讼法〉的解释》第 254 条。

⑤ 《最高人民法院关于适用〈中华人民共和国民事诉讼法〉的解释》第 255 条。

第十三章 简 易 程 序

简易程序是相对于普通程序而言的,是基层人民法院和它的派出法庭审理简单的民事案件所适用的一种独立的第一审诉讼程序。

适用简易程序的范围

第一百六十条 基层人民法院和它派出的法庭审理事实清楚、权利义务关系明确、争议不大的简单的民事案件,适用本章规定。

基层人民法院和它派出的法庭审理前款规定以外的民事案件,当事人双方也可以约定适用简易程序。

本条明确简易程序的适用范围。[①] 本书仅就其进行阐释。

1. 简易程序的分类:(1)法定的简易程序。①基层人民法院和它派出的法庭审理事实清楚、权利义务关系明确的简单的民事案件,适用简易程序。[②] 其中,"事实清楚",是指当事人对争议的事实陈述基本一致,并能提供相应的证据,无须人民法院调查收集证据即可查明事实。"权利义务关系明确",是指能明确区分谁是责任的承担者,谁是权利的享有者。②有管辖权的基层人民法院审理事实清楚、权利义务关系明确、争议不大的涉港澳商事案件,可以适用《民事诉讼法》规定的简易程序。[③] (2)约定的简易程序。①基层人民法院和它派出的法庭审理"事实清楚、权利义务关系明确的简单程序"以外的民事案件,当事人双方也可以约定适用简易程序。②当事人双方根据《民事诉讼法》第160条第2款规定

---

① 简易程序相对于普通程序,在起诉手续、传唤当事人的方式、审理程序以及审限等方面都做了简化,可以说是一种简化了的普通程序。

② 《民事诉讼法》第160条第1款。

③ 《全国法院涉港澳商事审判工作座谈会纪要》第31条。

约定适用简易程序的，①应当在开庭前提出。口头提出的，记入笔录，由双方当事人签名或者捺印确认。②

2. 不适用简易程序的案件。(1)起诉时被告下落不明的；(2)发回重审的；(3)当事人一方人数众多的；(4)适用审判监督程序的；(5)涉及国家利益、社会公共利益的；(6)第三人起诉请求改变或者撤销生效判决、裁定、调解书的；(7)其他不宜适用简易程序的案件。③

适用简易程序的起诉方式

第一百六十一条　对简单的民事案件，原告可以口头起诉。

当事人双方可以同时到基层人民法院或者它派出的法庭，请求解决纠纷。基层人民法院或者它派出的法庭可以当即审理，也可以另定日期审理。

本条明确适用简易程序的起诉方式。本书仅就其进行阐释。

1. 适用简易程序起诉的提起。适用简易程序的民事案件，可以采取口头方式起诉，对口头起诉的案件，人民法院在审理时应当记入笔录，决定受理的，还应通知另一方当事人。④

2. 适用简易程序起诉的笔录。原告口头起诉的，人民法院应当将当事人的姓名、性别、工作单位、住所、联系方式等基本信息，诉讼请求，事实及理由等准确记入笔录，由原告核对无误后签名或者捺印。对当事人提交的证据材料，应当出

---

① 《最高人民法院关于适用简易程序审理民事案件的若干规定》第2条规定："基层人民法院适用第一审普通程序审理的民事案件，当事人各方自愿选择适用简易程序，经人民法院审查同意的，可以适用简易程序进行审理。人民法院不得违反当事人自愿原则，将普通程序转为简易程序。"

② 《最高人民法院关于适用〈中华人民共和国民事诉讼法〉的解释》第264条第1款。

③ 《最高人民法院关于适用〈中华人民共和国民事诉讼法〉的解释》第257条。

《最高人民法院关于适用简易程序审理民事案件的若干规定》第1条规定："基层人民法院根据民事诉讼法第一百五十七条规定审理简单的民事案件，适用本规定，但有下列情形之一的案件除外：(一)起诉时被告下落不明的；(二)发回重审的；(三)共同诉讼中一方或者双方当事人人数众多的；(四)法律规定应当适用特别程序、审判监督程序、督促程序、公示催告程序和企业法人破产还债程序的；(五)人民法院认为不宜适用简易程序进行审理的。"(此处适用的是2017年《民事诉讼法》，本条规定中的《民事诉讼法》第157条参见2021年《民事诉讼法》第160条。)

《最高人民法院关于适用〈中华人民共和国民事诉讼法〉的解释》第264条第2款规定："本解释第二百五十七条规定的案件，当事人约定适用简易程序的，人民法院不予准许。"

④ 适用普通程序起诉时，是以书面起诉为原则，以口头形式为例外。

具收据。[①]

3. 适用简易程序起诉的的审理。当事人双方可以同时到法院或者派出法庭起诉。简易程序中当事人双方可以同时到基层人民法院或者它派出的法庭，请求解决纠纷。基层人民法院或者它派出的法庭可以当即审理，也可以另定日期审理。

简便方式传唤、送达和审理

第一百六十二条　基层人民法院和它派出的法庭审理简单的民事案件，可以用简便方式传唤当事人和证人、送达诉讼文书、审理案件，但应当保障当事人陈述意见的权利。

本条明确简便方式传唤、送达、审理。[②]

除了明析简便审理案件，保障当事人陈述意见的权利外，本书在此基础上进一步阐释两方面内容。

一、简便的传唤

1. 简便的传唤方式。原告起诉后，人民法院可以采取捎口信、电话、传真、电子邮件等简便方式随时传唤双方当事人、证人。[③]

2. 简便传唤后的处理。原告经传票传唤，无正当理由拒不到庭或者未经法庭许可中途退庭的，可以按撤诉处理；被告经传票传唤，无正当理由拒不到庭或者未经法庭许可中途退庭的，人民法院可以根据原告的诉讼请求及双方已经提交给法庭的证据材料缺席判决。按撤诉处理或者缺席判决的，人民法院可以按照当事人自己提供的送达地址将裁判文书送达给未到庭的当事人。[④]

二、简便的诉讼文书送达

1. 简便的诉讼文书送达的要求。当事人应当在起诉或者答辩时向人民法院

---

① 《最高人民法院关于适用〈中华人民共和国民事诉讼法〉的解释》第265条。

《最高人民法院关于适用简易程序审理民事案件的若干规定》第4条第2款规定："原告口头起诉的，人民法院应当将当事人的基本情况、联系方式、诉讼请求、事实及理由予以准确记录，将相关证据予以登记。人民法院应当将上述记录和登记的内容向原告当面宣读，原告认为无误后应当签名或者捺印。"

② 简易程序虽然简易，但仍应保障当事人的诉讼权利。

③ 《最高人民法院关于适用简易程序审理民事案件的若干规定》第6条。

④ 《最高人民法院关于适用简易程序审理民事案件的若干规定》第30条。

提供自己准确的送达地址、收件人、电话号码等其他联系方式,并签名或者按指印确认。送达地址应当写明受送达人住所地的邮政编码和详细地址;受送达人是有固定职业的自然人的,其从业的场所可以视为送达地址。[①]

2. 简便的诉讼文书送达地址不详的处理。(1)对被告提供不准确的处理。人民法院按照原告提供的被告的送达地址或者其他联系方式无法通知被告应诉的,应当按以下情况分别处理:①原告提供了被告准确的送达地址,但人民法院无法向被告直接送达或者留置送达应诉通知书的,应当将案件转入普通程序审理;②原告不能提供被告准确的送达地址,人民法院经查证后仍不能确定被告送达地址的,可以被告不明确为由裁定驳回原告起诉。[②] (2)对被告拒绝提供的地址联系方式的处理。①被告到庭后拒绝提供自己的送达地址和联系方式的,人民法院应当告知其拒不提供送达地址的后果;经人民法院告知后被告仍然拒不提供的,按下列方式处理:(i)被告是自然人的,以其户籍登记中的住所或者经常居所为送达地址;(ii)被告是法人或者非法人组织的,应当以其在登记机关登记、备案中的住所为送达地址。人民法院应当将上述告知的内容记入笔录。[③] ②受送达的自然人以及他的同住成年家属拒绝签收诉讼文书的,或者法人、非法人组织负责收件的人拒绝签收诉讼文书的,送达人应当依据《民事诉讼法》第89条的规定邀请有关基层组织或者所在单位的代表[④]到场见证,被邀请的人不愿到场见证的,送达人应当在送达回证上记明拒收事由、时间和地点以及被邀请人不愿到场见证的情形,将诉讼文书留在受送达人的住所或者从业场所,即视为送达。受送达人的同住成年家属或者法人、非法人组织负责收件的人是同一案件中另一方当事人的,不适用前款规定。[⑤] (3)对当事人本人提供不准确地址的处理。①适用简易程序审理的案件,人民法院按照当事人自己提供的送达地址送达诉讼文书时,因当事人提供的己方送达地址不准确,或者送达地址变更未及时告知人民法院,致使人民法院无法送达,造成诉讼文书被退回的,诉讼文书也视

---

① 《最高人民法院关于适用简易程序审理民事案件的若干规定》第5条。

② 《最高人民法院关于适用简易程序审理民事案件的若干规定》第8条。

③ 《最高人民法院关于适用简易程序审理民事案件的若干规定》第9条。

④ 《最高人民法院关于适用〈中华人民共和国民事诉讼法〉的解释》第130条第2款规定:"民事诉讼法第八十九条规定的有关基层组织和所在单位的代表,可以是受送达人住所地的居民委员会、村民委员会的工作人员以及受送达人所在单位的工作人员。"

⑤ 《最高人民法院关于适用简易程序审理民事案件的若干规定》第11条。

为送达。[1] ②因当事人自己提供的送达地址不准确、送达地址变更未及时告知人民法院，或者当事人拒不提供自己的送达地址而导致诉讼文书未能被当事人实际接收的，按下列方式处理：(i)邮寄送达的，以邮件回执上注明的退回之日视为送达之日；(ii)直接送达的，送达人当场在送达回证上记明情况之日视为送达之日。上述内容，人民法院应当在原告起诉和被告答辩时以书面或者口头方式告知当事人。[2]

3. 开庭通知的确认、接收。以捎口信、电话、传真、电子邮件等形式发送的开庭通知，未经当事人确认或者没有其他证据足以证明当事人已经收到的，人民法院不得将其作为按撤诉处理和缺席判决的根据。[3]

适用简易程序的简便审理

第一百六十三条　简单的民事案件由审判员一人独任审理，并不受本法第一百三十九条、第一百四十一条、第一百四十四条规定的限制。

本条明确适用简易程序的简便审理。[4] 本书在此基础上进一步阐释两方面的内容。

一、适用简易程序的简便审理

1. 适用简易程序审理的简便性。适用简易程序审理的案件，人民法院可以根据案件情况，采取下列方式简化庭审程序，但应当保障当事人答辩、举证、质证、陈述、辩论等诉讼权利：(1)开庭前已经通过庭前会议或者其他方式完成当事人身份核实、权利义务告知、庭审纪律宣示的，开庭时可以不再重复；(2)经庭前会议笔录记载的无争议事实和证据，可以不再举证、质证；(3)庭审可以直接围绕诉讼请求或者案件要素进行。[5]

2. 适用简易程序简便审理的调解。(1)调解的方式。①先行调解。适用简易程序时，下列民事案件，人民法院在开庭审理时应当先行调解：(i)婚姻家庭纠

---

① 《人民法院民事诉讼风险提示书》(十四、不准确提供送达地址)。

② 《最高人民法院关于适用简易程序审理民事案件的若干规定》第10条。

③ 《最高人民法院关于适用简易程序审理民事案件的若干规定》第18条。

④ 简易程序主要是采取独任制审判的限制，以体现其程序的简便。

⑤ 《民事诉讼程序繁简分流改革试点实施办法》第13条。

纷和继承纠纷;(ii)劳务合同纠纷;(iii)交通事故和工伤事故引起的权利义务关系较为明确的损害赔偿纠纷;(iv)宅基地和相邻关系纠纷;(v)合伙合同纠纷;(vi)诉讼标的额较小的纠纷。但是根据案件的性质和当事人的实际情况不能调解或者显然没有调解必要的除外。① ②审理中调解。③宣判前调解。调解达不成协议的,审判可以当庭宣判。(2)调解协议。①适用简易程序时,调解达成协议并经审判人员审核后,双方当事人同意该调解协议经双方签名或者按指印生效的,该调解协议自双方签名或者按指印之日起发生法律效力。当事人要求摘录或者复制该调解协议的,应予准许。调解协议符合前款规定,且不属于不需要制作调解书的,人民法院应当另行制作民事调解书。调解协议生效后一方拒不履行的,另一方可以持民事调解书申请强制执行。② ②人民法院可以当庭告知当事人到人民法院领取民事调解书的具体日期,也可以在当事人达成调解协议的次日起10日内将民事调解书发送给当事人。③ ③当事人以民事调解书与调解协议的原意不一致为由提出异议,人民法院审查后认为异议成立的,应当根据调解协议裁定补正民事调解书的相关内容。④

3. 适用简易程序简便审理审判员的职责。(1)适用简易程序审理案件,由审判员独任审判,书记员担任记录。⑤ (2)法官独任审理案件时,应当履行以下审判职责:①主持或者指导法官助理做好庭前会议、庭前调解、证据交换等庭前准备工作及其他审判辅助工作;②主持案件开庭、调解,依法作出裁判,制作裁判文书或者指导法官助理起草裁判文书,并直接签发裁判文书;③依法决定案件审理中的程序性事项;④依法行使其他审判权力。⑥

4. 适用简易程序简便审理的裁判文书。(1)适用简易程序审理的案件,有下列情形之一的,人民法院在制作判决书、裁定书、调解书时,对认定事实或者裁判理由部分可以适当简化:①当事人达成调解协议并需要制作民事调解书的;②一方当事人明确表示承认对方全部或者部分诉讼请求的;③涉及商业秘密、个人隐私的案件,当事人一方要求简化裁判文书中的相关内容,人民法院认为理由正当

---

① 《最高人民法院关于适用简易程序审理民事案件的若干规定》第14条。
② 《最高人民法院关于适用简易程序审理民事案件的若干规定》第15条。
③ 《最高人民法院关于适用简易程序审理民事案件的若干规定》第16条。
④ 《最高人民法院关于适用简易程序审理民事案件的若干规定》第17条。
⑤ 《最高人民法院关于适用〈中华人民共和国民事诉讼法〉的解释》第261条第3款。
⑥ 《最高人民法院关于完善人民法院司法责任制的若干意见》第15条。

的;④当事人双方同意简化的。[①] (2)适用简易程序审理的案件,人民法院可以采取下列方式简化裁判文书:①对于能够概括出案件固定要素的,可以根据案件要素载明原告、被告意见、证据和法院认定理由、依据及裁判结果;②对于一方当事人明确表示承认对方全部或者主要诉讼请求的、当事人对案件事实没有争议或者争议不大的,裁判文书可以只包含当事人基本信息、诉讼请求、答辩意见、主要事实、简要裁判理由、裁判依据和裁判主文。[②] (3)人民法庭制作的判决书、裁定书、调解书,必须加盖基层人民法院印章,不得用人民法庭的印章代替基层人民法院的印章。[③] (4)简化后的裁判文书应当包含诉讼费用负担、告知当事人上诉权利等必要内容。[④]

5. 适用简易程序简便审理的卷宗。适用简易程序审理案件,卷宗中应当具备以下材料:(1)起诉状或者口头起诉笔录;(2)答辩状或者口头答辩笔录;(3)当事人身份证明材料;(4)委托他人代理诉讼的授权委托书或者口头委托笔录;(5)证据;(6)询问当事人笔录;(7)审理(包括调解)笔录;(8)判决书、裁定书、调解书或者调解协议;(9)送达和宣判笔录;(10)执行情况;(11)诉讼费收据;(12)适用《民事诉讼法》第165条[⑤]规定审理的,有关程序适用的书面告知。[⑥]

---

① 《最高人民法院关于适用〈中华人民共和国民事诉讼法〉的解释》第270条。

《最高人民法院关于适用简易程序审理民事案件的若干规定》第32条规定:"适用简易程序审理的民事案件,有下列情形之一的,人民法院在制作裁判文书时对认定事实或者判决理由部分可以适当简化:(一)当事人达成调解协议并需要制作民事调解书的;(二)一方当事人在诉讼过程中明确表示承认对方全部诉讼请求或者部分诉讼请求的;(三)当事人对案件事实没有争议或者争议不大的;(四)涉及自然人的隐私、个人信息,或者商业秘密的案件,当事人一方要求简化裁判文书中的相关内容,人民法院认为理由正当的;(五)当事人双方一致同意简化裁判文书的。"第33条:"本院已经公布的司法解释与本规定不一致的,以本规定为准。"

② 《民事诉讼程序繁简分流改革试点实施办法》第14条第1款。

③ 《最高人民法院关于适用〈中华人民共和国民事诉讼法〉的解释》第262条。

④ 《民事诉讼程序繁简分流改革试点实施办法》第14条第2款。

⑤ 《民事诉讼法》第165条规定:"基层人民法院和它派出的法庭审理事实清楚、权利义务关系明确、争议不大的简单金钱给付民事案件,标的额为各省、自治区、直辖市上年度就业人员年平均工资百分之五十以下的,适用小额诉讼的程序审理,实行一审终审。基层人民法院和它派出的法庭审理前款规定的民事案件,标的额超过各省、自治区、直辖市上年度就业人员年平均工资百分之五十但在二倍以下的,当事人双方也可以约定适用小额诉讼的程序。"

⑥ 《最高人民法院关于适用〈中华人民共和国民事诉讼法〉的解释》第263条。

6. 适用简易程序简便审理的收费标准。适用简易程序审理的案件减半交纳案件受理费。①

二、适用简易程序审理的程序规则

1. 决定适用简易程序简便审理。(1)适用简易程序审理的民事案件,当事人及其诉讼代理人申请证人出庭作证,应当在举证期限届满前提出。② (2)简易程序中,被告要求书面答辩的,人民法院可在征得其同意的基础上,合理确定答辩期间。③ (3)人民法院应当将举证期限和开庭日期告知双方当事人,并向当事人说明逾期举证以及拒不到庭的法律后果,由双方当事人在笔录和开庭传票的送达回证上签名或者捺印。当事人双方均表示不需要举证期限、答辩期间的,人民法院可以立即开庭审理或者确定开庭日期。④

2. 适用简易程序简便审理的传唤、答辩。双方当事人到庭后,被告同意口头答辩的,人民法院可以当即开庭审理;被告要求书面答辩的,人民法院应当将提交答辩状的期限和开庭的具体日期告知各方当事人,并向当事人说明逾期举证以及拒不到庭的法律后果,由各方当事人在笔录和开庭传票的送达回证上签名或者按指印。⑤

3. 适用简易程序简便审理开庭前的准备。(1)适用简易程序审理案件,可以简便方式进行审理前的准备。⑥ (2)当事人就案件适用简易程序提出异议,人民法院经审查,异议成立的,裁定转为普通程序;异议不成立的,裁定驳回。裁定以口头方式作出的,应当记入笔录。⑦ (3)当事人双方可就开庭方式向人民法院提出申请,由人民法院决定是否准许。经当事人双方同意,可以采用视听传输技术等方式开庭。⑧

---

① 《诉讼费用交纳办法》第16条。

② 《最高人民法院关于适用简易程序审理民事案件的若干规定》第12条。

③ 《最高人民法院关于适用〈中华人民共和国民事诉讼法〉的解释》第266条第1款。

④ 《最高人民法院关于适用〈中华人民共和国民事诉讼法〉的解释》第266条第2款、第3款。

⑤ 《最高人民法院关于适用简易程序审理民事案件的若干规定》第7条。

⑥ 《最高人民法院关于适用〈中华人民共和国民事诉讼法〉的解释》第267条。

⑦ 《最高人民法院关于适用〈中华人民共和国民事诉讼法〉的解释》第269条第1款。

《最高人民法院关于适用简易程序审理民事案件的若干规定》第13条第1款规定:"当事人一方或者双方就适用简易程序提出异议后,人民法院应当进行审查,并按下列情形分别处理:(一)异议成立的,应当将案件转入普通程序审理,并将合议庭的组成人员及相关事项以书面形式通知双方当事人;(二)异议不成立的,口头告知双方当事人,并将上述内容记入笔录。"

⑧ 《最高人民法院关于适用〈中华人民共和国民事诉讼法〉的解释》第259条。

4. 适用简易程序简便审理的开庭。开庭前已经书面或者口头告知当事人诉讼权利义务,或者当事人各方均委托律师代理诉讼的,审判人员除告知当事人申请回避的权利外,可以不再告知当事人其他的诉讼权利义务。①

5. 适用简易程序简便审理的法庭调查。(1)当事人双方同时到基层人民法院请求解决简单的民事纠纷,但未协商举证期限,或者被告一方经简便方式传唤到庭的,当事人在开庭审理时要求当庭举证的,应予准许。② (2)对没有委托律师、基层法律服务工作者代理诉讼的当事人,人民法院在庭审过程中可以对回避、自认、举证证明责任等相关内容向其作必要的解释或者说明,并在庭审过程中适当提示当事人正确行使诉讼权利、履行诉讼义务。③

6. 适用简易程序简便审理的法庭辩论。开庭时,审判人员可以根据当事人的诉讼请求和答辩意见归纳出争议焦点,经当事人确认后,由当事人围绕争议焦点举证、质证和辩论。当事人对案件事实无争议的,审判人员可以在听取当事人就适用法律方面的辩论意见后径行判决、裁定。④

7. 适用简易程序简便审理的庭审结束。(1)庭审结束时,审判人员可以根据案件的审理情况对争议焦点和当事人各方举证、质证和辩论的情况进行简要总结,并就是否同意调解征询当事人的意见。⑤ (2)审判人员在审理过程中发现案情复杂需要转为普通程序的,应当在审限届满前及时作出决定,并书面通知当事人。⑥

8. 适用简易程序简便审理的宣判。适用简易程序审理的民事案件,除人民法院认为不宜当庭宣判的以外,应当当庭宣判。⑦

9. 适用简易程序简便审理裁判文书的送达。(1)当庭宣判的案件,除当事人

---

① 《最高人民法院关于适用简易程序审理民事案件的若干规定》第19条。

② 《最高人民法院关于适用简易程序审理民事案件的若干规定》第22条。

③ 《最高人民法院关于适用〈中华人民共和国民事诉讼法〉的解释》第268条。

《最高人民法院关于适用简易程序审理民事案件的若干规定》第20条规定:"对没有委托律师代理诉讼的当事人,审判人员应当对回避、自认、举证责任等相关内容向其作必要的解释或者说明,并在庭审过程中适当提示当事人正确行使诉讼权利、履行诉讼义务,指导当事人进行正常的诉讼活动。"

④ 《最高人民法院关于适用简易程序审理民事案件的若干规定》第21条。

⑤ 《最高人民法院关于适用简易程序审理民事案件的若干规定》第25条。

⑥ 《最高人民法院关于适用简易程序审理民事案件的若干规定》第26条。

⑦ 《最高人民法院关于适用简易程序审理民事案件的若干规定》第27条。

当庭要求邮寄送达的以外，人民法院应当告知当事人或者诉讼代理人领取裁判文书的期间和地点以及逾期不领取的法律后果。上述情况，应当记入笔录。人民法院已经告知当事人领取裁判文书的期间和地点的，当事人在指定期间内领取裁判文书之日即为送达之日；当事人在指定期间内未领取的，指定领取裁判文书期间届满之日即为送达之日，当事人的上诉期从人民法院指定领取裁判文书期间届满之日的次日起开始计算。[①] (2)定期宣判的案件，定期宣判之日即为送达之日，当事人的上诉期自定期宣判的次日起开始计算。当事人在定期宣判的日期无正当理由未到庭的，不影响该裁判上诉期间的计算。当事人确有正当理由不能到庭，并在定期宣判前已经告知人民法院的，人民法院可以按照当事人自己提供的送达地址将裁判文书送达给未到庭的当事人。[②] (3)当事人因交通不便或者其他原因要求邮寄送达裁判文书的，人民法院可以按照当事人自己提供的送达地址邮寄送达。人民法院根据当事人自己提供的送达地址邮寄送达的，邮件回执上注明收到或者退回之日即为送达之日，当事人的上诉期从邮件回执上注明收到或者退回之日的次日起开始计算。[③]

适用简易程序审理期限

第一百六十四条　人民法院适用简易程序审理案件，应当在立案之日起三个月内审结。有特殊情况需要延长的，经本院院长批准，可以延长一个月。

本条明确适用简易程序审理期限。本书仅就其进行阐释。

1. 适用简易程序的审理期限。(1)人民法院适用简易程序审理的案件，应当在立案之日起3个月内审结。有特殊情况需要延长的，经本院院长批准，可以延长1个月。[④] (2)适用简易程序审理的案件，审理期限到期后，有特殊情况需要延

① 《最高人民法院关于适用简易程序审理民事案件的若干规定》第28条。
② 《最高人民法院关于适用简易程序审理民事案件的若干规定》第31条。
③ 《最高人民法院关于适用简易程序审理民事案件的若干规定》第29条。
④ 《民事诉讼程序繁简分流改革试点实施办法》第15条。
《最高人民法院关于严格执行案件审理期限制度的若干规定》第2条第2款亦规定，适用简易程序审理的民事案件，期限为3个月。

长的,经本院院长批准,可以延长审理期限。延长后的审理期限累计不得超过4个月。人民法院发现案件不宜适用简易程序,需要转为普通程序审理的,应当在审理期限届满前作出裁定并将审判人员及相关事项书面通知双方当事人。案件转为普通程序审理的,审理期限自人民法院立案之日计算。①

2. 适用简易程序审理的举证期限。(1)适用简易程序案件的举证期限由人民法院确定,也可以由当事人协商一致并经人民法院准许,但不得超过15日。被告要求书面答辩的,人民法院可在征得其同意的基础上,合理确定答辩期间。②(2)适用简易程序审理的案件,人民法院指定的举证期限可以少于30日。简易程序转为普通程序审理,人民法院指定的举证期限少于30日的,人民法院应当为当事人补足不少于30日的举证期限。但在征得当事人同意后,人民法院指定的举证期限可以少于30日。③

小额诉讼程序

第一百六十五条　基层人民法院和它派出的法庭审理事实清楚、权利义务关系明确、争议不大的简单金钱给付民事案件,标的额为各省、自治区、直辖市上年度就业人员年平均工资百分之五十以下的,适用小额诉讼的程序审理,实行一审终审。

基层人民法院和它派出的法庭审理前款规定的民事案件,标的额超过各省、自治区、直辖市上年度就业人员年平均工资百分之五十但在二倍以下的,当事人双方也可以约定适用小额诉讼的程序。

本条明确小额诉讼程序。

---

① 《最高人民法院关于适用〈中华人民共和国民事诉讼法〉的解释》第258条。

② 《最高人民法院关于适用〈中华人民共和国民事诉讼法〉的解释》第266条第1款。

《最高人民法院关于适用简易程序审理民事案件的若干规定》第22条规定:"当事人双方同时到基层人民法院请求解决简单的民事纠纷,但未协商举证期限,或者被告一方经简便方式传唤到庭的,当事人在开庭审理时要求当庭举证的,应予准许;当事人当庭举证有困难的,举证的期限由当事人协商决定,但最长不得超过十五日;协商不成的,由人民法院决定。"

③ 《最高人民法院关于适用〈关于民事诉讼证据的若干规定〉中有关举证时限规定的通知》第2条。

小额诉讼程序是与普通程序、简易程序三者并列的独立诉讼程序。[①] 本书仅对其进行阐释。

1. 适用小额诉讼程序必须是事实清楚、权利义务关系明确的简单金钱给付民事案件。[②]

2. 适用小额诉讼程序案件标的必须符合规定的标准。(1)简单金钱给付案件的标的额为各省、自治区、直辖市上年度就业人员年平均工资50%以下。标的额超出50%规定的,但在各省、自治区、直辖市上年度就业人员年平均工资3倍以下的,当事人双方可以约定适用小额诉讼程序。其中,《民事诉讼法》第165条规定的各省、自治区、直辖市上年度就业人员年平均工资,是指已经公布的各省、自治区、直辖市上一年度就业人员年平均工资。在上一年度就业人员年平均工资公布前,以已经公布的最近年度就业人员年平均工资为准。[③] (2)海事法院可以审理海事、海商小额诉讼案件。案件标的额应当以实际受理案件的海事法院或者其派出法庭所在的省、自治区、直辖市上年度就业人员年平均工资为基数计算。[④]

---

① 本条中主要包含四层含义:(1)小额诉讼程序只能在基层人民法院和它派出的法庭审理的民事案件中适用。(2)小额诉讼程序适用于简单民事案件。小额诉讼程序的适用范围必须是事实清楚、权利义务关系明确、争议不大的简单的民事案件。(3)小额诉讼程序实行一审终审。(4)简易程序的规定也适用于小额诉讼程序。

小额诉讼程序并非为广义小额诉讼程序所提出的"小额诉讼程序即简易程序的再简化",而承认狭义小额诉讼程序所认同的"小额诉讼程序作为一种新型程序"。

② 《最高人民法院关于部分基层人民法院开展小额速裁试点工作的指导意见》"二、小额速裁试点工作的内容":"1. 小额速裁的适用对象　当事人起诉的案件法律关系单一,事实清楚,争议标的金额不足1万元的下列给付之诉的案件,可以适用小额速裁,但当事人提出异议的除外:(1)权利义务关系明确的借贷、买卖、租赁和借用纠纷案件;(2)身份关系清楚,仅在给付的数额、时间上存在争议的抚养费、赡养费、扶养费纠纷案件;(3)责任明确、损失金额确定的道路交通事故损害赔偿和其他人身损害赔偿纠纷案件;(4)权利义务关系明确的拖欠水、电、暖、天然气费及物业管理费纠纷案件;(5)其他可以适用小额速裁的案件。各省、自治区、直辖市高级人民法院可以根据当地经济发展情况,在上述规定范围内具体确定本辖区试点法院小额速裁案件的最高收案标的金额。经济发达地区可根据实际情况,适当放宽,但不得超过5万元。本辖区高级人民法院确定的前述最高收案标的金额以上5万元以下的给付之诉,当事人双方书面申请人民法院小额速裁的,人民法院可以适用。当事人变更诉讼请求,追加当事人或者提出反诉的,除当事人双方同意继续适用小额速裁并经人民法院准许外,一律不得适用小额速裁。"

③ 《最高人民法院关于适用〈中华人民共和国民事诉讼法〉的解释》第272条。

④ 《最高人民法院关于适用〈中华人民共和国民事诉讼法〉的解释》第273条。

《最高人民法院关于海事法院可否适用小额诉讼程序问题的批复》认为,适用小额诉讼程序的标的额应以实际受理案件的海事法院或其派出法庭所在的省、自治区、直辖市上年度就业人员年平均工资30%为限。

不适用小额诉讼程序审理的案件

第一百六十六条 人民法院审理下列民事案件，不适用小额诉讼的程序：

（一）人身关系、财产确权案件；

（二）涉外案件；

（三）需要评估、鉴定或者对诉前评估、鉴定结果有异议的案件；

（四）一方当事人下落不明的案件；

（五）当事人提出反诉的案件；

（六）其他不宜适用小额诉讼的程序审理的案件。

本条明确不适用小额诉讼程序审理的案件。本书仅就其进行阐释。

1. 下列案件，不适用小额诉讼程序审理：(1)人身关系、财产确权纠纷；(2)涉外民事纠纷；(3)需要评估、鉴定或者对诉前评估、鉴定结果有异议的纠纷；(4)一方当事人下落不明的纠纷；(5)当事人提出反诉的纠纷；(6)其他不宜适用小额诉讼程序审理的纠纷。①

2. 因当事人申请增加或者变更诉讼请求、提出反诉、追加当事人等，致使案件不符合小额诉讼案件条件的，应当适用简易程序的其他规定审理。前款规定案件，应当适用普通程序审理的，裁定转为普通程序。②

小额诉讼程序的简化

第一百六十七条 人民法院适用小额诉讼的程序审理案件，可以一次开庭审结并且当庭宣判。

本条明确小额诉讼程序的简化。本书仅就其进行阐释。

1. 适用小额诉讼程序的审判。(1)人民法院审理小额诉讼案件，适用《民事

① 《民事诉讼程序繁简分流改革试点实施办法》第6条。

② 《最高人民法院关于适用〈中华人民共和国民事诉讼法〉的解释》第278条第1款、第2款。

诉讼法》第165条的规定，实行一审终审。[①] (2)适用小额速裁审理民事案件，应当贯彻调解优先原则，调解不成的，要及时作出裁判。[②] (3)适用小额速裁审理民事案件，可以当庭宣判。[③] (4)小额诉讼案件的裁判文书可以简化，主要记载当事人基本信息、诉讼请求、裁判主文等内容。[④] (5)当事人对于人民法院适用小额速裁作出的判决不服，可以在收到判决书之日起10日内向原审人民法院提出异议申请。[⑤] (6)人民法院应当指定其他审判员对异议申请进行审查。[⑥] (7)经审查异议不成立的，人民法院应当在3日内裁定驳回异议。经审查异议成立的，人民法院应当裁定撤销原判，并适用普通程序对案件进行审理。[⑦]

2. 适用小额诉讼程序审理的案件，庭审可以不受法庭调查、法庭辩论等庭审程序限制，直接围绕诉讼请求或者案件要素进行，原则上应当一次开庭审结，但人民法院认为确有必要再次开庭的除外。[⑧]

3. 适用小额诉讼程序审理的案件，可以比照简易程序进一步简化裁判文书，主要记载当事人基本信息、诉讼请求、答辩意见、主要事实、简要裁判理由、裁判依据、裁判主文和一审终审的告知等内容。对于案情简单、法律适用明确的案件，法官可以当庭作出裁判并说明裁判理由。对于当庭裁判的案件，裁判过程经庭审录音录像或者庭审笔录完整记录的，人民法院在制作裁判文书时可以不再载明裁判理由。[⑨]

小额诉讼案件的审结期限

第一百六十八条　人民法院适用小额诉讼的程序审理案件，应当在立案之日起两个月内审结。有特殊情况需要延长的，经本院院长批准，可以延长一个月。

---

① 《最高人民法院关于适用〈中华人民共和国民事诉讼法〉的解释》第271条。
② 《最高人民法院关于部分基层人民法院开展小额速裁试点工作的指导意见》第3条第2款。
③ 《最高人民法院关于部分基层人民法院开展小额速裁试点工作的指导意见》第3条第3款。
④ 《最高人民法院关于适用〈中华人民共和国民事诉讼法〉的解释》第280条。
⑤ 《最高人民法院关于部分基层人民法院开展小额速裁试点工作的指导意见》第3条第4款。
⑥ 《最高人民法院关于部分基层人民法院开展小额速裁试点工作的指导意见》第3条第5款。
⑦ 《最高人民法院关于部分基层人民法院开展小额速裁试点工作的指导意见》第3条第6款。
⑧ 《民事诉讼程序繁简分流改革试点实施办法》第8条第2款。
⑨ 《民事诉讼程序繁简分流改革试点实施办法》第9条。

本条明确小额诉讼案件的审结期限、延长。本书仅就其进行阐释。

1. 适用小额诉讼程序审理的案件,应当在立案之日起2个月内审结,有特殊情况需要延长的,经本院院长批准,可以延长1个月。①

2. 小额诉讼案件的审结次数。适用简易程序审理的民事案件,应当一次开庭审结,但人民法院认为确有必要再次开庭的除外。②

小额诉讼程序转化为简易程序、普通程序

第一百六十九条　人民法院在审理过程中,发现案件不宜适用小额诉讼的程序的,应当适用简易程序的其他规定审理或者裁定转为普通程序。

当事人认为案件适用小额诉讼的程序审理违反法律规定的,可以向人民法院提出异议。人民法院对当事人提出的异议应当审查,异议成立的,应当适用简易程序的其他规定审理或者裁定转为普通程序;异议不成立的,裁定驳回。

本条明确小额诉讼程序转化为简易程序、普通程序。本书仅就其进行阐释。

1. 小额诉讼程序转化为简易程序、普通程序的情形。适用小额诉讼程序审理的案件,出现下列情形之一,符合适用简易程序审理条件的,裁定转为简易程序审理:(1)当事人认为案件不符合本办法第5条、第6条关于小额诉讼程序适用条件的规定,向人民法院提出异议,经审查认为异议成立的;(2)当事人申请增加或者变更诉讼请求、追加当事人,致使案件标的额在人民币5万元以上、10万元以下,且一方当事人不同意继续适用小额诉讼程序的;(3)当事人申请增加或者变更诉讼请求、追加当事人,致使案件标的额在人民币10万元以上或者不符合小额诉讼程序适用条件的;(4)当事人提出反诉的;(5)需要鉴定、评估、审计的;

---

① 《民事诉讼程序繁简分流改革试点实施办法》第10条。

《最高人民法院关于部分基层人民法院开展小额速裁试点工作的指导意见》亦规定,适用小额速裁审理民事案件,应当在立案之日起1个月内审结,不得延长审限。1个月内未能审结的,应当转而适用普通程序继续审理。

② 《最高人民法院关于适用简易程序审理民事案件的若干规定》第23条。

(6)其他不宜继续适用小额诉讼程序的情形。[①]

2. 小额诉讼程序转化为简易程序、普通程序的情形。(1)人民法院在审理过程中,发现案件不宜适用小额诉讼程序的,应当适用简易程序的其他规定审理或者裁定转为普通程序。(2)《最高人民法院关于适用〈中华人民共和国民事诉讼法〉的解释》第 278 条第 1 款[②]规定的案件,应当适用普通程序审理的,裁定转为普通程序。[③] (3)适用小额诉讼程序审理的案件,审理中发现案情疑难复杂,并且不适宜适用简易程序审理的,裁定转为普通程序审理。由小额诉讼程序转为简易程序审理的案件,一般不得再转为普通程序审理,但确有必要的除外。[④]

3. 小额诉讼程序转化为简易程序、普通程序的举证、质证。适用小额诉讼程序审理的案件,转为简易程序或者普通程序审理前,双方当事人已确认的事实,可以不再举证、质证。[⑤]

简易程序转普通程序

第一百七十条　人民法院在审理过程中,发现案件不宜适用简易程序的,裁定转为普通程序。

本条明确简易程序转为普通程序。[⑥] 本书仅就其进行阐释。

1. 简易程序转为普通程序的情形。(1)当事人就适用简易程序提出异议,人民法院认为异议成立的,或者人民法院在审理过程中发现不宜适用简易程序的,

---

① 《民事诉讼程序繁简分流改革试点实施办法》第 11 条第 1 款。

② 《最高人民法院关于适用〈中华人民共和国民事诉讼法〉的解释》第 278 条第 1 款规定:"因当事人申请增加或者变更诉讼请求、提出反诉、追加当事人等,致使案件不符合小额诉讼案件条件的,应当适用简易程序的其他规定审理。"

③ 《最高人民法院关于适用〈中华人民共和国民事诉讼法〉的解释》第 278 条第 2 款。

④ 《民事诉讼程序繁简分流改革试点实施办法》第 11 条第 2 款。

⑤ 《民事诉讼程序繁简分流改革试点实施办法》第 11 条第 3 款。

《最高人民法院关于适用〈中华人民共和国民事诉讼法〉的解释》第 278 条第 3 款规定:"适用简易程序的其他规定或者普通程序审理前,双方当事人已确认的事实,可以不再进行举证、质证。"

⑥ 简易程序可转为普通程序的有:(1)当事人就适用简易程序提出异议,人民法院认为异议成立的;(2)人民法院在审理过程中发现不宜适用简易程序的。

应当将案件转入普通程序审理。[①] (2)当事人就案件适用简易程序提出异议,人民法院经审查,异议成立的,裁定转为普通程序。[②]

2. 简易程序转为普通程序的通知。(1)人民法院发现案件不宜适用简易程序,需要转为普通程序审理的,应当在审理期限届满前作出裁定并将审判人员及相关事项书面通知双方当事人。[③] (2)转为普通程序的,人民法院应当将审判人员及相关事项以书面形式通知双方当事人。[④] (3)法院向当事人发送的《合议庭组成人员告知书》,其实质是告知当事人该案的审理程序已由简易程序转为普通程序。[⑤]

3. 简易程序转为普通程序的立案时间起算。案件转为普通程序审理的,审理期限自人民法院立案之日计算。[⑥]

4. 简易程序转为普通程序的禁止。已经按照普通程序审理的案件,在开庭后不得转为简易程序审理。[⑦]

5. 简易程序转为普通程序的事实确认。转为普通程序前,双方当事人已确认的事实,可以不再进行举证、质证。[⑧]

---

① 《最高人民法院关于适用简易程序审理民事案件的若干规定》第3条。

《最高人民法院关于适用简易程序审理民事案件的若干规定》第13条第1款规定:"当事人一方或者双方就适用简易程序提出异议后,人民法院应当进行审查,并按下列情形分别处理:(一)异议成立的,应当将案件转入普通程序审理,并将合议庭的组成人员及相关事项以书面形式通知双方当事人;(二)异议不成立的,口头告知双方当事人,并将上述内容记入笔录。"

② 《最高人民法院关于适用〈中华人民共和国民事诉讼法〉的解释》第269条第1款。

③ 《最高人民法院关于适用〈中华人民共和国民事诉讼法〉的解释》第258条第2款。

《最高人民法院关于适用简易程序审理民事案件的若干规定》第26条规定:"审判人员在审理过程中发现案情复杂需要转为普通程序的,应当在审限届满前及时作出决定,并书面通知当事人。"

④ 《最高人民法院关于适用〈中华人民共和国民事诉讼法〉的解释》第269条第2款。

⑤ 北京市第一中级人民法院民事判决书,(2012)一中民终字第5474号。

⑥ 《最高人民法院关于适用〈中华人民共和国民事诉讼法〉的解释》第258条第3款。

《最高人民法院关于适用简易程序审理民事案件的若干规定》第13条第2款规定:"转入普通程序审理的民事案件的审理期限自人民法院立案的次日起开始计算。"

⑦ 《最高人民法院关于适用〈中华人民共和国民事诉讼法〉的解释》第260条。

⑧ 《最高人民法院关于适用〈中华人民共和国民事诉讼法〉的解释》第269条第3款。

第十四章　第二审程序

第二审程序(又可称为终审程序),是指上级人民法院根据当事人的上诉,对下级第一审人民法院未发生法律效力的民事判决、裁定进行审理的程序。[①] 第二审程序和第一审程序共同构成了我国两审终审制。

第二审程序应注重"禁止变更不利益原则",即上诉审法院在审理案件时,仅能就当事人上诉的部分请求进行审理,当事人没有上诉的部分不得审理。

提起上诉

第一百七十一条　当事人不服地方人民法院第一审判决的,有权在判决书送达之日起十五日内向上一级人民法院提起上诉。

当事人不服地方人民法院第一审裁定的,有权在裁定书送达之日起十日内向上一级人民法院提起上诉。

本条明确提起上诉。

上诉,是指当事人不服地方各级人民法院依据第一审程序作出的尚未发生效力的判决、裁定,依法请求上一级人民法院予以审理,以求撤销或变更该判决、裁定,保护其合法权益的诉讼行为。[②] 本书在此基础上进一步阐释两方面的

---

① 关于第二审程序的性质,有以下三种不同的学说:(1)复审制说,即对案件的重新审理,第一审中的一切诉讼资料于第二审无效。(2)续审制说,即第二审是第一审的继续和发展,当事人在第一审中提出的诉讼资料,于第二审仍然有效,当事人在第一审没有提出,可以在第二审中提出。(3)事后审制说,即第二审只能针对当事人在第一审中提出的诉讼资料,不允许当事人在第二审中提出新的诉讼资料。我国与大多国家一样,采用续审制说。

② 上诉权和起诉权同属诉权,但两者不尽相同:(1)上诉是当事人因不满第一审未生效的裁判而向上一级人民法院提起的审判请求;起诉则是当事人因为民事权益发生争议而向人民法院提出的审判请求。(2)上诉是针对第一审人民法院未生效的裁判提起的,并要求上一级人民法院纠正错误的裁判;起诉则是原告针对被告的侵权行为或与被告发生权益纠纷,要求人民法院进行审理并作出裁判,以解决他们之间的纠纷。(3)上诉只能采用书面形式;起诉可以是书面的,在特殊情况下也可以是口头的。

内容。

一、提出上诉的条件[①]

1. 提起上诉的主体必须是依法享有上诉权的人，且被上诉人适格。(1)上诉人。①上诉人，是指依法提起上诉的一方当事人。包括原告、被告、共同诉讼人、诉讼代表人、有独立请求权的第三人和判决其承担民事责任的无独立请求权的第三人。②双方当事人和第三人都提起上诉的，均列为上诉人。人民法院可以依职权确定第二审程序中当事人的诉讼地位。[②] (2)被上诉人。被上诉人，是指被提起上诉的一方当事人。被上诉人应适格。

2. 提起上诉的客体必须是依法允许上诉的一审判决、裁定。地方各级人民法院适用普通程序和简易程序所作的判决、第二审人民法院发回重审的案件、重审后所作的判决，当事人可以上诉；地方各级人民法院作出的不予受理、驳回起诉的裁定以及管辖权异议的裁定，当事人可以上诉。

3. 上诉必须在法定期间内提出。(1)判决书送达之日起15日或裁定书送达之日起10日内，当事人可以向上一级人民法院提起上诉。上诉期间自判决书或裁定书送达当事人后的第二日起算。(2)可以上诉的判决书、裁定书不能同时送达双方当事人的，上诉期从各自收到判决书、裁定书之日计算。[③]

4. 提起上诉必须提交上诉状。

5. 当事人除了具备上诉的期限、上诉的程序之外，还应具备上诉的利益。

二、提出上诉的适用规则

1. 提出上诉与应诉。(1)享有上诉权的人，一般都能自己提起上诉，但有时享有上诉权的人没有诉讼行为能力，这时应由其法定代理人代为提起上诉或者委托代理人提起上诉。无民事行为能力人、限制民事行为能力人的法定代理人，可以代理当事人提起上诉。[④] (2)上诉人为法人或者非法人组织，则由其法定代表人或者主要负责人提起上诉。同样，作为被上诉人如为法人或者非法人组织，则应由法定代表人或者主要负责人应诉。(3)被委托的诉讼代理人如果提起上

① 洪冬英主编:《民事诉讼法学通论》(第3版)，北京大学出版社2020年版，第299~301页。

② 《最高人民法院关于适用〈中华人民共和国民事诉讼法〉的解释》第315条。

③ 《最高人民法院关于适用〈中华人民共和国民事诉讼法〉的解释》第244条。

④ 《最高人民法院关于适用〈中华人民共和国民事诉讼法〉的解释》第319条。

诉必须经过被代理人的特别授权,才能以被代理人的名义提起上诉。

2. 提出上诉的审理期限。对判决提起上诉的期限为15日,对裁定提起上诉的期限为10日。当事人在法定期限内未提起上诉,判决和裁定即发生法律效力。一审宣判时或者判决书、裁定书送达时,当事人口头表示上诉的,人民法院应告知其必须在法定上诉期间内递交上诉状。未在法定上诉期间内递交上诉状的,视为未提起上诉。虽递交上诉状,但未在指定的期限内交纳上诉费的,按自动撤回上诉处理。①

3. 提出上诉的举证期限。在第二审人民法院审理中,当事人申请提供新的证据的,人民法院指定的举证期限,不受"不得少于30日"的限制。②

4. 提出上诉的参加及终止。上诉案件的当事人死亡或者终止的,人民法院依法通知其权利义务承继者参加诉讼。需要终结诉讼的,适用《民事诉讼法》第154条规定。③

5. 提起上诉当事人的列明。在共同诉讼中,必要共同诉讼人的一人或者部分人提起上诉的,按下列情形分别处理:①上诉仅对与对方当事人之间权利义务分担有意见,不涉及其他共同诉讼人利益的,对方当事人为被上诉人,未上诉的同一方当事人依原审诉讼地位列明;②上诉仅对共同诉讼人之间权利义务分担有意见,不涉及对方当事人利益的,未上诉的同一方当事人为被上诉人,对方当事人依原审诉讼地位列明;③上诉对双方当事人之间以及共同诉讼人之间权利义务承担有意见的,未提起上诉的其他当事人均为被上诉人。④

---

① 《最高人民法院关于适用〈中华人民共和国民事诉讼法〉的解释》第318条。

需要明确的是,上诉期限应以每个有上诉权的诉讼参加人各自收到判决书、裁定书后分别计算,任何一方均可在自己的上诉期内上诉,只有在所有有上诉权的诉讼参加人的上诉期限都届满而没有提起上诉的情况下,判决和裁定才发生法律效力。在共同诉讼中,必要的共同诉讼以最后一个共同诉讼人的上诉期限为全体共同诉讼人的上诉期限,普通共同诉讼以各自的起算日期计算上诉期限。

② 《最高人民法院关于适用〈关于民事诉讼证据的若干规定〉中有关举证时限规定的通知》第8条。

③ 《最高人民法院关于适用〈中华人民共和国民事诉讼法〉的解释》第320条。

《民事诉讼法》第154条规定:"有下列情形之一的,终结诉讼:(一)原告死亡,没有继承人,或者继承人放弃诉讼权利的;(二)被告死亡,没有遗产,也没有应当承担义务的人的;(三)离婚案件一方当事人死亡的;(四)追索赡养费、扶养费、抚养费以及解除收养关系案件的一方当事人死亡的。"

④ 《最高人民法院关于适用〈中华人民共和国民事诉讼法〉的解释》第317条。

递交上诉状的内容

第一百七十二条　上诉应当递交上诉状。上诉状的内容，应当包括当事人的姓名，法人的名称及其法定代表人的姓名或者其他组织的名称及其主要负责人的姓名；原审人民法院名称、案件的编号和案由；上诉的请求和理由。

本条明确递交上诉状的内容。

上诉状，是指上诉人不服第一审人民法院的裁判，请求上一级人民法院撤销或者变更原审人民法院裁判的诉讼文书。[①] 本书仅就上诉状的内容进行阐释。

1. 上诉应当递交上诉状。它是上诉人提起上诉的法定形式。[②]

2. 上诉状的内容。(1)上诉人、被上诉人的姓名，法人的名称及其法定代表人的姓名或者非法人组织的名称及其主要负责人的姓名。(2)原审人民法院名称、案件的编号和案由。(3)上诉的请求和理由。此项为上诉状中的主要内容。必须说明是请求改判还是撤销原判决、裁定；必须将理由叙述清楚，是认为认定事实不清还是适用法律不当，抑或两者兼有；同时，可以提出在一审程序中未提供的事实、理由和证据。

上诉状提出的方式

第一百七十三条　上诉状应当通过原审人民法院提出，并按照对方当事人或者代表人的人数提出副本。

当事人直接向第二审人民法院上诉的，第二审人民法院应当在五日内将上诉状移交原审人民法院。

---

① 上诉状与起诉书虽然同样都是引起人民法院审理程序的诉讼文书，但两者是不同的，起诉书是要求人民法院对民事争议进行处理，维护自己合法的民事权益。上诉状的提起，固然也是从维护自身利益出发的，但这是通过要求上级人民法院撤销或者改变原审人民法院的判决、裁定来达到维护其权利的目的。

② 上诉人要提出上诉必须递交上诉状，不能口头提出。当事人在一审法院宣告判决、裁定时，当庭表示不服要上诉的，法庭应记入法庭笔录，承认其上诉的意思表示，但不能以此代替上诉状的提出，当事人仍应在法定上诉期内向人民法院递交上诉状，这样才能引起上诉审程序。即使当事人当庭声明不上诉，在法定上诉期内仍然有上诉权。

本条明确上诉状的提出。本书仅就其进行阐释。

1. 提出上诉的方式。(1)向原审人民法院提出。(2)向第二审法院提出。当事人直接向第二审法院(最高人民法院)递交上诉状的,第二审法院(最高人民法院)在上诉状上加盖签收印章,用例稿函将上诉状移交有关第一审法院(高级人民法院)审查处理。当事人的上诉日期以第二审法院(最高人民法院)签收的日期为准。①

2. 提出上诉的规则。(1)上诉状应当通过原审人民法院提出,并按照对方当事人或者代表人的人数提出副本。(2)当事人直接向第二审人民法院上诉的,第二审人民法院应当在5日内将上诉状移交原审人民法院。(3)《民事诉讼法》第173条、第174条规定的对方当事人包括被上诉人和原审其他当事人。②

受理上诉

第一百七十四条　原审人民法院收到上诉状,应当在五日内将上诉状副本送达对方当事人,对方当事人在收到之日起十五日内提出答辩状。人民法院应当在收到答辩状之日起五日内将副本送达上诉人。对方当事人不提出答辩状的,不影响人民法院审理。

原审人民法院收到上诉状、答辩状,应当在五日内连同全部案卷和证据,报送第二审人民法院。

本条明确受理上诉。本书在此基础上进一步阐释两方面的内容。

一、上诉的受理

1. 原审法院收到上诉状后的工作。(1)第一审人民法院收到上诉状后,应当对上诉人资格、被上诉人资格进行审查。对于无上诉权的人提起的上诉,作出裁定予以驳回;对不符合条件的被上诉人提起的上诉,应通知上诉人更换符合条件

---

① 《最高人民法院关于委托高级人民法院向当事人送达预交上诉案件受理费等有关事项的通知》第6条。

第一种提交方式,便于通知被上诉人应诉,审查上诉状是否超过了法定上诉期限、内容是否欠缺,提出意见附卷报送,供二审人民法院在审理时参考。第二种提交方式,给上诉人又一种选择的方式。在当事人不愿将上诉状提交一审人民法院的情况下,可以直接向第二审人民法院提交。

② 《最高人民法院关于适用〈中华人民共和国民事诉讼法〉的解释》第316条。

的被上诉人，如果上诉人坚持不变更，人民法院应当作出裁定驳回上诉。[①]（2）当事人提出上诉的二审民事案件，第一审人民法院收到上诉状，应当在5日内将上诉状副本送达对方当事人。人民法院收到答辩状，应当在5日内将副本送达上诉人。人民法院受理人民检察院抗诉的民事案件的移送期限，比照前款规定办理。[②]（3）对方当事人在收到上诉状副本之日起15日内提交答辩状。（4）原审人民法院在收到上诉状、答辩状以后，或者超过提交答辩状期限被上诉人不交答辩状的，均应连同原审的全部案卷在5日内报送二审人民法院。[③]

2. 原审法院在报送前的法定工作。（1）第一审法院报送的上诉案件卷宗材料应当符合立案的有关规定。第一审法院报送的案件卷宗材料应当附上诉状、上诉状副本送达回证或邮寄回执、第一审裁判文书5份以及各方当事人签收《当事人提起上诉及预交上诉案件受理费等事项的通知》的送达回证或邮寄回执。[④]（2）第一审法院报送的案件卷宗材料不符合规定，第二审法院立案庭通知该高级人民法院补报的，该第一审法院接到通知后10日内仍未补报的，第二审法院立案庭将全部案件卷宗材料退回该一审人民法院。[⑤]（3）第一审法院（高级人民法院）在向当事人送达第一审裁判文书的同时送达《当事人提起上诉及预交上诉案件受理费等事项的通知》。[⑥]（4）当事人收到《当事人提起上诉及预交上诉案件受理费等事项的通知》后，在规定的期间内向作出第一审裁判的一审法院提出缓交、减交、免交上诉案件受理费申请及相关证明的，该原审法院（高级人民法院）应将申请连同全部案件卷宗报送二审法院（最高人民法院）立案庭。[⑦]

---

① 姚红主编、全国人大常委会法制工作委员会民法室编著：《中华人民共和国民事诉讼法解读》，中国法制出版社2007年版。

② 《最高人民法院关于严格执行案件审理期限制度的若干规定》第17条。

③ 被上诉人提出答辩状为诉讼权利。被上诉人可以提出，也可以不提出。可以将来口头答辩或者以后再提交书面材料。如果被上诉人提出答辩状的，人民法院应当在收到答辩状之日起5日内，将副本送达上诉人。15日的规定，是指如果被上诉人愿意提出答辩状应在15日内提出，15日内不提出，原审人民法院就不再等待答辩状提交，而直接将案卷材料报送上级人民法院。

④ 《最高人民法院关于委托高级人民法院向当事人送达预交上诉案件受理费等有关事项的通知》第4条。

⑤ 《最高人民法院关于委托高级人民法院向当事人送达预交上诉案件受理费等有关事项的通知》第5条。

⑥ 《最高人民法院关于委托高级人民法院向当事人送达预交上诉案件受理费等有关事项的通知》第1条。

⑦ 《最高人民法院关于委托高级人民法院向当事人送达预交上诉案件受理费等有关事项的通知》第3条。

3. 二审法院收到上诉材料后的工作。(1)二审人民法院收到原审人民法院报送材料,经过审查,认为上诉符合法定条件,予以受理;认为上诉欠缺法定条件,应当裁定不予受理。(2)下级人民法院接到上级人民法院调卷通知后,应当在5日内将全部案卷和证据移送,至迟不超过10日。①

二、上诉的立案

1. 第二审人民法院立案时发现上诉案件材料不齐全的,应当在2日内通知第一审人民法院。第一审人民法院应当在接到第二审人民法院的通知后5日内补齐。②

2. 第二审人民法院应当在收到第一审人民法院移送的上(抗)诉材料及案卷材料后的5日内立案。③

3. 一审法院报送的上诉案件,当事人已交纳诉讼费的,立案庭予以立案,并将案件卷宗移送相关审判庭。一审法院报送的案卷中未附诉讼费交款收据,也未附上诉人缓交、减交、免交诉讼费申请的,立案庭向上诉人发出预交诉讼费通知,待收齐诉讼费后,立案庭予以立案,并将案卷移送相关审判庭。④

审查的范围

第一百七十五条　第二审人民法院应当对上诉请求的有关事实和适用法律进行审查。

本条明确审查范围。本书仅就其进行阐释。

---

① 《最高人民法院关于严格执行案件审理期限制度的若干规定》第19条。

② 《最高人民法院关于严格执行案件审理期限制度的若干规定》第18条。

③ 《最高人民法院关于严格执行案件审理期限制度的若干规定》第6条第3款。

《最高人民法院案件审限管理规定》第13条第1款规定:"二审案件应当在收到上(抗)诉书及案卷材料后的五日内立案。"

④ 《最高人民法院关于本院各类案件诉讼费收交办法》第3条。

《最高人民法院关于委托高级人民法院向当事人送达预交上诉案件受理费等有关事项的通知》第2条规定:"当事人收到《当事人提起上诉及预交上诉案件受理费等事项的通知》后,未在规定的交费期间预交上诉案件受理费,也未提出缓交、减交、免交上诉案件受理费申请的,高级人民法院应将上诉状、送达回证、第一审裁判文书等有关材料报送最高人民法院立案庭。"

第二审人民法院应当围绕当事人的上诉请求进行审理。当事人没有提出请求的，不予审理，但一审判决违反法律禁止性规定，或者损害国家利益、社会公共利益、他人合法权益的除外。[①]

第二审人民法院审理上诉案件，应当对上诉请求的有关事实和适用法律进行审查。(1)上诉请求涉及的有关事实，即针对上诉人提出的原判决、裁定中需要撤销或者变更的部分，以及其主张的民事权利有无事实根据进行审查。当事人在二审中提出新的事实和证据的，第二审人民法院应当一并审查核实。(2)对当事人提出上诉请求涉及的一审判决、裁定的内容在适用法律上是否正确，进行审查。

二审审理方式及审理地点

第一百七十六条　第二审人民法院对上诉案件应当开庭审理。经过阅卷、调查和询问当事人，对没有提出新的事实、证据或者理由，人民法院认为不需要开庭审理的，可以不开庭审理。

第二审人民法院审理上诉案件，可以在本院进行，也可以到案件发生地或者原审人民法院所在地进行。

本条明确二审审理方式、审理地点。[②] 本书在此基础上进一步阐释两方面的内容。

一、上诉案件的开庭前准备

1. 组成合议庭。二审人民法院接到上诉状及案卷材料后，应立即组成合议庭开始对上诉案件进行审查。与一审可以由审判员、陪审员组成合议庭不同，二审的合议庭应由审判员组成。合议庭的成员，应为3人以上单数。

2. 审查。(1)第二审审查案卷时，合议庭成员应审查上诉人与被上诉人的资格是否具备，上诉是否超过上诉期间，上诉请求、答辩主张以及案卷的其他材料，审理有关事实是否清楚，证据是否确实充分，适用法律是否恰当，为开庭审理和

---

① 《最高人民法院关于适用〈中华人民共和国民事诉讼法〉的解释》第321条。

② 本条是在保证查清案情、分清是非以作出合理、合法裁判的前提下，应当方便当事人、方便审理，提高工作效率。

径行判决做好必要的准备工作。(2)对于无上诉权的人提起的上诉作出裁定予以驳回;对于不符合条件的被上诉人通知更换;对于上诉书内容欠缺的,通知补正。对于超过法定上诉期限而原审人民法院未裁定驳回上诉而直接送二审人民法院的,合议庭应当裁定驳回上诉。

3. 调查。在对上诉行为审查之后,应立即审阅案卷材料,熟悉案情,必要时应作调查。

4. 准备。开庭审理的上诉案件,第二审人民法院可以依照《民事诉讼法》第136条第4项[①]规定进行审理前的准备。[②]

二、上诉案件的审理

1. 审理的方式。(1)原则上,第二审人民法院对上诉案件应当开庭审理。[③](2)第二审人民法院对下列上诉案件,依照《民事诉讼法》第176条规定可以不开庭审理:①不服不予受理、管辖权异议和驳回起诉裁定的;②当事人提出的上诉请求明显不能成立的;③原判决、裁定认定事实清楚,但适用法律错误的;④原判决严重违反法定程序,需要发回重审的。[④](3)审查一审的裁定,二审法院可以不开庭审理。[⑤]

2. 审理的地点。二审人民法院在做好准备工作之后,如果决定开庭审理的,则应当确定开庭的地点。第二审人民法院审理上诉案件,可以在本院进行,也可以到案件发生地或者原审人民法院所在地进行。

3. 审理中的认定。当事人在第一审程序中实施的诉讼行为,在第二审程序中对该当事人仍具有拘束力。当事人推翻其在第一审程序中实施的诉讼行为时,人民法院应当责令其说明理由。理由不成立的,不予支持。[⑥]

---

① 《民事诉讼法》第136条规定:"人民法院对受理的案件,分别情形,予以处理:……(四)需要开庭审理的,通过要求当事人交换证据等方式,明确争议焦点。"

② 《最高人民法院关于适用〈中华人民共和国民事诉讼法〉的解释》第322条。

③ 开庭审理,是指直接传唤当事人和其他诉讼参加人到庭,开庭调查、辩论,合议庭进行评议和作出判决。

④ 《最高人民法院关于适用〈中华人民共和国民事诉讼法〉的解释》第331条。

⑤ 一审裁定的内容是关于程序上的决定,并非对实体权利义务的确认。

⑥ 《最高人民法院关于适用〈中华人民共和国民事诉讼法〉的解释》第340条。

4. 径行裁判。[①] (1)人民法院经过审查案卷,调查、询问当事人,对没有提出新的事实、证据或者理由,在事实核对清楚后,如果认为案件事实清楚,上诉人的请求和理由明确,上诉人与被上诉人双方提出的事实和证据基本一致,纠纷也比较清楚,可以不开庭审理而径行判决。(2)根据相关司法解释的规定,可以依照《民事诉讼法》第 176 条的规定径行判决、裁定的案件有:①一审就不予受理、驳回起诉和管辖权异议作出裁定的案件;②当事人提出的上诉请求明显不能成立的案件;③原审裁判认定事实清楚,但适用法律错误的案件;④原判决违反法定程序,可能影响案件正确判决,需要发回的案件。

5. 宣判。第二审人民法院宣告判决可以自行宣判,也可以委托原审人民法院或者当事人所在地人民法院代行宣判。[②]

对上诉案件的处理

第一百七十七条　第二审人民法院对上诉案件,经过审理,按照下列情形,分别处理:

(一)原判决、裁定认定事实清楚,适用法律正确的,以判决、裁定方式驳回上诉,维持原判决、裁定;

(二)原判决、裁定认定事实错误或者适用法律错误的,以判决、裁定方式依法改判、撤销或者变更;

(三)原判决认定基本事实不清的,裁定撤销原判决,发回原审人民法院重审,或者查清事实后改判;

(四)原判决遗漏当事人或者违法缺席判决等严重违反法定程序的,裁定撤销原判决,发回原审人民法院重审。

原审人民法院对发回重审的案件作出判决后,当事人提起上诉的,第二审人民法院不得再次发回重审。

---

① 径行裁判,是指合议庭经过阅卷、调查、询问当事人,在全部事实核实后,认为不需要开庭审理的,直接作出裁判的审理方式。

我国的径行裁判不同于西方国家民事诉讼中的书面审理,所谓书面审理,是指不开庭,不调查,不询问当事人、证人,只通过审查一审案卷材料即作出裁判的审理方式。而我国径行裁判的案件,审判人员必须和当事人见面,亲自听取当事人陈述,并询问当事人。

② 《最高人民法院关于适用〈中华人民共和国民事诉讼法〉的解释》第 338 条。

本条明确上诉案件的判决、裁定。本书仅就其进行阐释。

根据本条的规定,第二审人民法院对于上诉案件,应当根据不同的情形,作出不同的处理:

1. 以判决、裁定方式驳回上诉,维持原判决、裁定。(1)原判决、裁定认定事实清楚,适用法律正确的,以判决、裁定方式驳回上诉,维持原判决、裁定。(2)原判决、裁定认定事实或者适用法律虽有瑕疵,但裁判结果正确的,第二审人民法院可以在判决、裁定中纠正瑕疵后,依照《民事诉讼法》第177条第1款第1项规定予以维持。①

2. 以判决、裁定方式依法改判、撤销或者变更。原判决、裁定认定事实或者适用法律错误的,以判决、裁定方式依法改判、撤销或者变更。其中,"改判、撤销或者变更情况"包括"认定事实错误的""适用法律错误的""认定事实适用法律都存在错误的",第二审人民法院直接以判决、裁定方式对原审判决、裁定进行改判、撤销或者变更。

3. 查清事实后改判。原判决认定基本事实不清的,裁定撤销原判决,发回原审人民法院重审,或者查清事实后改判。其中,《民事诉讼法》第177条第1款第3项规定的基本事实,是指用以确定当事人主体资格、案件性质、民事权利义务等对原判决、裁定的结果有实质性影响的事实。②

4. 发回重审。(1)对于原判决遗漏当事人或者违法缺席判决等严重违反法定程序的,裁定撤销原判决,发回原审人民法院重审。下列情形,可以认定为《民事诉讼法》第177条第1款第4项规定的严重违反法定程序:①审判组织的组成不合法的;②应当回避的审判人员未回避的;③无诉讼行为能力人未经法定代理人代为诉讼的;④违法剥夺当事人辩论权利的。③ (2)第二审人民法院审理需要

① 《最高人民法院关于适用〈中华人民共和国民事诉讼法〉的解释》第332条。

② 《最高人民法院关于适用〈中华人民共和国民事诉讼法〉的解释》第333条。

在一般事实不清的情况下,第二审人民法院应直接认定事实后改判,只有在基本事实不清的情况下,第二审人民法院才可以考虑在查清事实后改判和发回重审之间选择。在原判决认定基本事实不清的情况下,第二审人民法院如果能够直接查情事实后改判的,应当首先考虑查清事实后改判。在由原审人民法院审理更方便于查清基本事实的情况下,才考虑将案件发回原审法院重审。

③ 《最高人民法院关于适用〈中华人民共和国民事诉讼法〉的解释》第323条。

《最高人民法院关于审判人员在诉讼活动中执行回避制度若干问题的规定》第7条规定:"第二审人民法院认为第一审人民法院的审理有违反本规定第一条至第三条规定的,应当裁定撤销原判,发回原审人民法院重新审判。"

追加或更换当事人的案件，如调解不成，应发回重审。在发回重审的民事裁定书上，不应列被追加或更换的当事人。[①] (3)第一审人民法院已经查清事实的案件，第二审人民法院原则上不得以事实不清、证据不足为由发回重审。第二审人民法院作出发回重审裁定时，应当在裁定书中详细阐明发回重审的理由及法律依据。[②] (4)第二审人民法院因原审判决事实不清、证据不足将案件发回重审的，原则上只能发回重审一次。[③] (5)原审人民法院对发回重审的案件作出判决后，当事人提起上诉的，第二审人民法院不得再次发回重审。(6)发回重审的案件，第一审人民法院在重新审理时，可以结合案件的具体情况和发回重审的原因等情况，酌情确定举证期限。如果案件是因违反法定程序被发回重审的，人民法院在征求当事人的意见后，可以不再指定举证期限或者酌情指定举证期限。但案件因遗漏当事人被发回重审的，按照《最高人民法院关于适用〈关于民事诉讼证据的若干规定〉中有关举证时限规定的通知》第5条[④]处理。如果案件是因认定事实不清、证据不足发回重审的，人民法院可以要求当事人协商确定举证期限，或者酌情指定举证期限。上述举证期限不受“不得少于30日”的限制。[⑤] (7)发回重审或指令再审的案件，应当在收到发回重审或指令再审裁定及案卷材料后的次日内立案。[⑥]

5. 上诉案件处理的其他规则。(1)人民法院依照第二审程序审理案件，认为依法不应由人民法院受理的，可以由第二审人民法院直接裁定撤销原裁判，驳回起诉。[⑦] (2)人民法院依照第二审程序审理案件，认为第一审人民法院受理案件

---

① 《最高人民法院关于第二审人民法院因追加、更换当事人发回重审的民事裁定书上，应如何列当事人问题的批复》。

② 《最高人民法院关于规范上下级人民法院审判业务关系的若干意见》第6条。

③ 《最高人民法院关于规范上下级人民法院审判业务关系的若干意见》第7条。

④ 《最高人民法院关于适用〈关于民事诉讼证据的若干规定〉中有关举证时限规定的通知》第5条规定：“关于增加当事人时的举证期限问题。人民法院在追加当事人或者有独立请求权的第三人参加诉讼的情况下，应当依照《证据规定》第三十三条第三款的规定，为新参加诉讼的当事人指定举证期限。该举证期限适用于其他当事人。”

⑤ 《最高人民法院关于适用〈关于民事诉讼证据的若干规定〉中有关举证时限规定的通知》第9条。

⑥ 《最高人民法院关于严格执行案件审理期限制度的若干规定》第6条第4款。

⑦ 《最高人民法院关于适用〈中华人民共和国民事诉讼法〉的解释》第328条。

《最高人民法院经济审判庭关于不服一审判决上诉的案件二审人民法院可否作出裁定驳回起诉处理问题的电话答复》认为：“二审人民法院如查明一审原告起诉不符合立案受理条件的，应依据民事诉讼法(试行)第一百五十一条第一款第(三)项规定，裁定撤销原判，发回原审人民法院。需要驳回的，由一审法院裁定驳回。”(此处适用的是1982年《民事诉讼法(试行)》，本条规定中的第151条参见2021年《民事诉讼法》第177条。)

违反专属管辖规定的，应当裁定撤销原裁判并移送有管辖权的人民法院。[①] (3)第二审人民法院查明第一审人民法院作出的不予受理裁定有错误的，应当在撤销原裁定的同时，指令第一审人民法院立案受理；查明第一审人民法院作出的驳回起诉裁定有错误的，应当在撤销原裁定的同时，指令第一审人民法院审理。[②] (4)人民法院依照第二审程序审理的案件，认为依法不应由人民法院受理的，可以由第二审人民法院直接裁定撤销原判，驳回起诉。

二审裁定的使用

第一百七十八条　第二审人民法院对不服第一审人民法院裁定的上诉案件的处理，一律使用裁定。

本条明确二审裁定的使用。本书仅就其进行阐释。

1. 第二审人民法院对不服第一审人民法院裁定的上诉案件[③]的处理，一律使用裁定。

2. 除了对不服第一审人民法院裁定的上诉案件裁定之外，二审人民法院亦可对准予或者不准撤回上诉、中止或者终结诉讼、补正判决书中的失误等项作裁定。

第二审调解

第一百七十九条　第二审人民法院审理上诉案件，可以进行调解。调解达成协议，应当制作调解书，由审判人员、书记员署名，加盖人民法院印章。调解书送达后，原审人民法院的判决即视为撤销。

本条明确第二审调解。本书在此基础上进一步阐释两方面的内容。

一、第二审调解的内容

1. 对当事人在第一审程序中已经提出的诉讼请求，原审人民法院未作审理、

---

① 《最高人民法院关于适用〈中华人民共和国民事诉讼法〉的解释》第329条。

② 《最高人民法院关于适用〈中华人民共和国民事诉讼法〉的解释》第330条。

③ 当事人不服第一审人民法院提起上诉的裁定有四种：(1)不予受理的裁定；(2)对管辖权有异议的裁定；(3)驳回起诉的裁定；(4)驳回破产申请的裁定。

判决的，第二审人民法院可以根据当事人自愿的原则进行调解；调解不成的，发回重审。①

2. 必须参加诉讼的当事人或者有独立请求权的第三人，在第一审程序中未参加诉讼，第二审人民法院可以根据当事人自愿的原则予以调解；调解不成的，发回重审。②

3. 在第二审程序中，原审原告增加独立的诉讼请求或者原审被告提出反诉的，第二审人民法院可以根据当事人自愿的原则就新增加的诉讼请求或者反诉进行调解；调解不成的，告知当事人另行起诉。双方当事人同意由第二审人民法院一并审理的，第二审人民法院可以一并裁判。③

4. 第二审人民法院审理需要追加或更换当事人的案件，如调解不成，应发回重审。在发回重审的民事裁定书上，不应列被追加或更换的当事人。④

5. 一审判决不准离婚的案件，上诉后，第二审人民法院认为应当判决离婚的，可以根据当事人自愿的原则，与子女抚养、财产问题一并调解；调解不成的，发回重审。双方当事人同意由第二审人民法院一并审理的，第二审人民法院可以一并裁判。⑤

二、第二审的调解书

1. 二审的调解与一审的调解一样，调解达成协议，应当制作调解书，由审判人员、书记员署名，加盖人民法院印章。

2. 当事人在第二审程序中达成和解协议的，人民法院可以根据当事人的请求，对双方达成的和解协议进行审查并制作调解书送达当事人。⑥

3. 第二审的调解书送达后，原审人民法院的判决即视为撤销。如果在调解书送达前当事人反悔的，或者调解不成的，应当及时判决，不应久调不决。

---

① 《最高人民法院关于适用〈中华人民共和国民事诉讼法〉的解释》第324条。

② 《最高人民法院关于适用〈中华人民共和国民事诉讼法〉的解释》第325条。

③ 《最高人民法院关于适用〈中华人民共和国民事诉讼法〉的解释》第326条。

④ 《最高人民法院关于第二审人民法院因追加、更换当事人发回重审的民事裁定书上，应如何列当事人问题的批复》。

⑤ 《最高人民法院关于适用〈中华人民共和国民事诉讼法〉的解释》第327条。

⑥ 《最高人民法院关于适用〈中华人民共和国民事诉讼法〉的解释》第337条。

撤回上诉

第一百八十条　第二审人民法院判决宣告前，上诉人申请撤回上诉的，是否准许，由第二审人民法院裁定。

本条明确撤回上诉。

撤回上诉，是指上诉人提起上诉后，在第二审人民法院判决宣告前撤回上诉请求的诉讼行为。[①] 本书仅就其进行阐释。

1. 撤回上诉的请求可以是书面的，也可以是口头的。口头撤回上诉的，应将申请内容记入笔录。但无论以何种方式提出，都需要在判决、裁定宣告之前。判决、裁定一经人民法院宣告，上诉人便丧失撤诉权。

2. 当事人撤回上诉，就放弃了自己的上诉权利，不得再上诉。这与起诉的撤诉不同，起诉后撤诉的，还可以再起诉。

3. 撤回上诉虽然是当事人的权利，但仍需经人民法院审查，是否准许，由人民法院裁定。第二审人民法院对不准上诉撤回上诉的，可以口头裁定驳回，并将裁定内容记入笔录。准予上诉人撤回上诉的，应以书面形式作出裁定。准予上诉的裁定是终审裁定。

4. 二审中，因和解而申请撤诉，经审查符合撤诉条件的，人民法院应予准许。[②]

5. 在第二审程序中，当事人申请撤回上诉，人民法院经审查认为一审判决确有错误，或者当事人之间恶意串通损害国家利益、社会公共利益、他人合法权益的，不应准许。[③]

6. 在第二审程序中，原审原告申请撤回起诉，经其他当事人同意，且不损害国家利益、社会公共利益、他人合法权益的，人民法院可以准许。准许撤诉的，应当一并裁定撤销一审裁判。原审原告在第二审程序中撤回起诉后重复起诉的，人民法院不予受理。[④]

---

① 洪冬英主编：《民事诉讼法学通论》（第3版），北京大学出版社2020年版，第302页。

② 《最高人民法院关于适用〈中华人民共和国民事诉讼法〉的解释》第337条。

③ 《最高人民法院关于适用〈中华人民共和国民事诉讼法〉的解释》第335条。

④ 《最高人民法院关于适用〈中华人民共和国民事诉讼法〉的解释》第336条。

二审适用程序

第一百八十一条 第二审人民法院审理上诉案件，除依照本章规定外，适用第一审普通程序。

本条明确二审适用程序。

第二审程序，又称上诉审程序，是指第二审人民法院根据上诉人的上诉或者人民检察院的抗诉，对第一审人民法院尚未发生法律效力的判决或裁定进行审判所应遵循的程序。本书仅就其进行阐释。

1. 二审适用的程序。第二审人民法院审理上诉案件，除依照《民事诉讼法》第十四章特别规定外，适用第一审普通程序。

2. 二审开庭审理，也要进行开庭前准备、开庭审理、法庭调查、法庭辩论、法庭评议和裁判等。

3. 第二审人民法院在审理案件过程中，认为当事人有违法行为应予依法制裁而原审人民法院未予制裁的，可以径行予以民事制裁。[①]

4. 当事人不服人民法院民事制裁决定而向上一级人民法院申请复议的，该上级人民法院无论维持、变更或者撤销原决定，均应制作民事制裁决定书。[②]

5. 二审中，人民法院复议期间，被制裁人请求撤回复议申请的，经过审查，应当采取通知的形式，准予撤回申请或者驳回其请求。[③]

二审裁判效力

第一百八十二条 第二审人民法院的判决、裁定，是终审的判决、裁定。

---

① 《最高人民法院关于第二审人民法院在审理过程中可否对当事人的违法行为径行制裁等问题的批复》第 1 条。

② 《最高人民法院关于第二审人民法院在审理过程中可否对当事人的违法行为径行制裁等问题的批复》第 2 条。

③ 《最高人民法院关于第二审人民法院在审理过程中可否对当事人的违法行为径行制裁等问题的批复》第 3 条。

本条明确二审裁判效力。本书仅就其进行阐释。

1. 二审判决、裁定是终审的判决、裁定，一经宣告或者送达即发生法律效力，即当事人不能对二审的判决、裁定再上诉。

2. 终审判决如果是对当事人实体权利义务的裁判，争议自当结束，判决一经作出，任何一方当事人，不得再以此民事争议提起新的诉讼。终审判决如果是具有给付内容的，享有权利的一方即有权要求对方履行义务，如拒绝履行，权利方有权申请人民法院强制执行。

3. 判决、裁定确有错误，符合本法规定条件的，可以申请审判监督程序。

二审裁判期限

第一百八十三条　人民法院审理对判决的上诉案件，应当在第二审立案之日起三个月内审结。有特殊情况需要延长的，由本院院长批准。

人民法院审理对裁定的上诉案件，应当在第二审立案之日起三十日内作出终审裁定。

本条明确二审裁判期限。本书仅就其进行阐释。

1. 审理对民事判决的上诉案件，审理期限为 3 个月；有特殊情况需要延长的，经本院院长批准，可以延长 3 个月。[①]

2. 人民法院审理对裁定的上诉案件，应当在第二审立案之日起 30 日内作出终审裁定。有特殊情况需要延长审限的，由本院院长批准。[②]

---

① 《最高人民法院关于严格执行案件审理期限制度的若干规定》第 2 条第 5 款。

《最高人民法院案件审限管理规定》第 2 条规定："审理对民事判决的上诉案件，期限为三个月；有特殊情况需要延长的，经院长批准，可以延长三个月。审理对民事裁定的上诉案件，期限为一个月。"

② 《最高人民法院关于适用〈中华人民共和国民事诉讼法〉的解释》第 339 条。

《最高人民法院关于严格执行案件审理期限制度的若干规定》第 2 条第 6 款规定："审理对民事裁定的上诉案件，审理期限为三十日。"

第十五章　特别程序

特别程序，是指人民法院审理某些民事争议所适用的特殊审判程序。人民法院审理特殊类型民事案件所适用的特殊审判程序，是与第一审程序、简易程序并列的一种审判程序，具有自己的特殊性和独立性。①

特别程序的特点：(1)确认某种法律事实或某种资格。(2)没有原告和被告。选民资格案件中的起诉人、认定无主财产案件中的申请人，不要求与案件有直接利害关系，且在程序中也没有反诉、辩论、调解等与被告有关的程序。(3)实行一审终审制度。判决书一经送达，即发生法律效力，不得提起上诉。(4)审判组织原则上采用独任制。由一名审判员独任审理，只有选民资格案件和重大疑难的非讼案件，才由审判员组成合议庭审理。(5)不适用审判监督程序，但能够用新判决撤销原判决。判决发生法律效力后，如出现新情况，原审人民法院可以根据有关人员的申请，撤销原判决，作出新判决。(6)审限较短。除选民资格案件应当在选举日前审结，非讼案件应当在立案之日起或公告期满后1个月内审结。(7)免交诉讼费。

第一节　一般规定

适用特别程序的案件

第一百八十四条　人民法院审理选民资格案件、宣告失踪或者宣告死亡

---

① 洪冬英主编：《民事诉讼法学通论》(第3版)，北京大学出版社2020年版，第323页。

特别程序的特定性表现在：(1)适用特殊程序的人民法院仅限于基层人民法院。(2)适用特殊程序审理的案件只限于审理选民资格案件和非讼案件。其中，非讼案件的审理包括特别程序、督促程序、公示程序和企业法人破产还债程序。指定或撤销监护案件，从性质上讲也是非讼案件，人民法院审理这类案件应当比照特别程序的有关规定进行。

案件、认定公民无民事行为能力或者限制民事行为能力案件、认定财产无主案件、确认调解协议案件和实现担保物权案件，适用本章规定。本章没有规定的，适用本法和其他法律的有关规定。

本条明确适用特别程序的案件。[①] 本书仅就其进行阐释。

1. 适用特别程序的案件不是由双方当事人之间发生了民事权利义务的争议而引起的，人民法院的审理是确认某种法律事实是否存在，确认某种权利的实际状态。本条所列选民资格案件、宣告失踪或者宣告死亡案件、认定自然人无民事行为能力或者限制民事行为能力案件、认定财产无主案件、确认调解协议案件和实现担保物权案件[②]，均具有这个特点。

2. 除选举资格外，适用特别程序审理的的案件虽然不是民事权利义务争议，而是事实或者权利状态的认定，但往往与民事权利义务关系密切相关。

特别程序审级制度及审判组织

第一百八十五条　依照本章程序审理的案件，实行一审终审。选民资格案件或者重大、疑难的案件，由审判员组成合议庭审理；其他案件由审判员一人独任审理。

本条是明确特别程序审级制度及审判组织。本书仅就其进行阐释。

1. 特别程序在审级上实行一审终审制度。人民法院对这类案件的审理所作的判决，自判决书送达之日起，立即发生法律效力，有关人员不得提起上诉。[③]

2. 在审判组织上，特别程序除选民资格案件或者重大、疑难案件外，实行审判员一人独任审判。依照特别程序审理选民资格案件或者重大、疑难案件时，由审判员组成合议庭审理，而依照普通程序审理案件，可以由审判员和陪审员共同

---

① 按照特别程序规定审理的案件，不能按照普通程序、简易程序的规定去审理。

② “实现担保物权案件”解决了《民事诉讼法》与《民法典》物权编等法律的衔接，明确了行使担保物权请求权的主体、管辖法院以及审查实现担保物权申请的规定。

③ 按照普通程序或者简易程序审理的案件，除了最高人民法院所作的第一审判决是终审判决以外，其他任何人民法院所作的一审判决，当事人不服，都可以向上诉审人民法院提起上诉。

组成合议庭或者由审判员组成合议庭审理。按照特别程序规定审理案件的合议庭，没有陪审员参加。

对属于民事权益争议的处理

第一百八十六条　人民法院在依照本章程序审理案件的过程中，发现本案属于民事权益争议的，应当裁定终结特别程序，并告知利害关系人可以另行起诉。

本条明确特别程序中对属于民事权益争议的处理。[①] 本书仅就其进行阐释。

1. 人民法院在依照特别程序审理案件的过程中，发现本案属于民事权益争议的，应当裁定终结特别程序。

2. 裁定终结特别程序后，告知利害关系人可以另行起诉。

特别程序审限

第一百八十七条　人民法院适用特别程序审理的案件，应当在立案之日起三十日内或者公告期满后三十日内审结。有特殊情况需要延长的，由本院院长批准。但审理选民资格的案件除外。

本条明确特别程序审限。本书仅就其进行阐释。

适用特别程序审理的民事案件，期限为30日；有特殊情况需要延长的，经本院院长批准，可以延长30日，但审理选民资格案件必须在选举日前审结。[②]

① 人民法院审理案件的目的只是对一定的民事权利或者法律事实加以确认，而不是解决民事权利义务争议。

② 《最高人民法院关于严格执行案件审理期限制度的若干规定》第2条第3款。

第二节　选民资格案件

选民资格案件的起诉与受理

第一百八十八条　公民不服选举委员会对选民资格的申诉所作的处理决定,可以在选举日的五日以前向选区所在地基层人民法院起诉。

本条明确选民资格案件的起诉与受理。①

选民资格案件,是指公民对选举委员会公布的选民资格名单有不同意见,向选举委员会申诉后,对选举委员会就申诉所做决定不服,而向人民法院提起诉讼的案件。② 本书仅就选民资格案件的起诉与受理进行阐释。

1. 选民资格案件的申诉先行。对于公布的选民名单有不同意见的,可以在选民名单公布之日起5日内向选举委员会提出申诉。选举委员会对申诉意见,应在3日内作出处理决定。③

2. 选民资格案件的起诉。申诉人如果对处理决定不服,可以在选举日的5日以前向人民法院起诉,人民法院应在选举日以前作出判决。人民法院的判决为最后决定。④ 这一期间属法定的不变期间。如果离选举日不足5日才提出诉讼,人民法院将不予受理。

3. 选民资格案件的管辖。由选区所在地的基层人民法院管辖。

选民资格案件的审理

第一百八十九条　人民法院受理选民资格案件后,必须在选举日前审结。

---

① 《宪法》赋予我国自然人选举权与被选举权。对选举资格的确认提起诉讼,人民法院都应当受理和审判,以保障选民名单精准无误,保障有选举资格的自然人权利不受侵犯。

② 洪冬英主编:《民事诉讼法学通论》(第3版),北京大学出版社2020年版,第326页。

③ 《全国人民代表大会和地方各级人民代表大会选举法》第29条。

④ 《全国人民代表大会和地方各级人民代表大会选举法》第29条。

审理时，起诉人、选举委员会的代表和有关公民必须参加。

人民法院的判决书，应当在选举日前送达选举委员会和起诉人，并通知有关公民。

本条选民资格案件的审理。

人民法院审理选民资格案件，关系自然人的选举权与被选举权。本书仅就选民资格案件的审理进行阐释。

1. 选民资格案件的申请人。申请人可以是任何一个中华人民共和国的自然人。

2. 选民资格案件的诉讼参加人。诉讼参加人包括起诉人、选举委员会的代表和有关自然人。其中，“有关自然人”，是指起诉人认为是漏掉的自然人或者不应列入选举名单的人。

3. 选民资格案件的审判组织。选民资格案件的审理实行合议制，并由审判员组成合议庭进行审理，即使案情简单也不能由审判员一人独任审判，也不能由审判员与陪审员共同组成合议庭。

4. 选民资格案件的审查。(1)自然人提起诉讼后，人民法院应及时进行审查，对符合上述条件的起诉，应予受理，对不符合上述条件的，应根据不同情况，分别处理。(2)对未经申诉直接提起诉讼和不属于本法院管辖的诉讼，应告知起诉人向选举委员会申诉和向有管辖权的法院起诉，对起诉人无民事诉讼行为能力或者离选举日不足5 日的，以裁定驳回起诉。(3)选民资格案件的审理，虽然有起诉人、选举委员会代表及有关自然人参加，但不能适用调解，不得以调解的方式结案。①

5. 选民资格案件的判决。人民法院对选民资格案件的审理，必须在选举日前作出判决，并将判决书送达选举委员会和起诉人，通知有关自然人，以便于有选举权的自然人在选举日到来时能够行使自己的选举权。人民法院的判决是终审判决，是对选民资格问题的最终决定，判决书一经送达即发生法律效力。

---

① 自然人是否具有选举权和被选举权，是否具有选民资格，只能依据法律的具体规定，不受有关主体意志的影响。

第三节 宣告失踪、宣告死亡案件

宣告失踪案件，是指自然人离开自己的住所或者经常居住地，去向不明，杳无音讯，持续时间满2年的，利害关系人即可向人民法院提出申请。人民法院经查证属实后宣告该下落不明人为失踪人的案件。①

宣告死亡，是指人民法院经利害关系人申请依审判程序宣告下落不明一定期间的自然人为死亡的法律制度。宣告死亡②判决具有推定受宣告人死亡的效力。③

宣告自然人失踪的条件及申请

第一百九十条　公民下落不明满二年，利害关系人申请宣告其失踪的，向下落不明人住所地基层人民法院提出。

申请书应当写明失踪的事实、时间和请求，并附有公安机关或者其他有关机关关于该公民下落不明的书面证明。

本条明确宣告自然人失踪的条件及申请。④ 本书在此基础上进一步阐释两方面的内容。

一、宣告自然人失踪的条件

1. 被申请人有下落不明满2年的事实。其中，“下落不明”，是指自然人离开

---

① 洪冬英主编：《民事诉讼法学通论》(第3版)，北京大学出版社2020年版，第327～328页。《民法典》第40条规定：“自然人下落不明满二年的，利害关系人可以向人民法院申请宣告该自然人为失踪人。”

② 宣告失踪与宣告死亡的区别：(1)宣告失踪旨在为失踪人设立财产代管人；宣告死亡则在解决失踪人参与的以其住所地为中心的民事法律关系。(2)宣告失踪的失踪期间为2年；宣告死亡的失踪期间一般为4年，基于意外事件的时间为2年或不受限制。(3)宣告失踪的公告期间为3个月；宣告死亡的公告期间一般为1年。因意外事件下落不明，经有关机关证明该自然人不可能宣告死亡的公告期间为2个月。(4)宣告死亡的撤销具有溯及力。最终将恢复原状；宣告失踪则无此效力。

③ 所谓推定死亡，只是以死亡为前提清理受宣告人所参加的以其原住所地为中心的私法关系，如婚姻关系消灭、子女可被他人收养、财产发生继承等，但并不因此消灭受宣告人的民事权利能力。

④ 自然人长期失踪，既会使他本人的财产因无人照管而损坏、丢失，也会使他与别人的民事关系处于不稳定状态。宣告失踪的法律制度，能够结束这些不确定状态，保护利害关系人的利益。宣告失踪制度能够解决失踪人的财产代管和债务清偿等问题。

住所地或者居所地去向不明，毫无音讯。“满2年”，是指下落不明状态持续不断地达到2年时间，而不是下落不明的时间累计相加满2年。在通常情况下，下落不明的期间从自然人离开住所或者居所之日起开始计算，但在战争期间失踪的，应当从战争结束之日起计算。在意外事故中失踪的，从事故发生之日起计算。下落不明状态时断时续的，从最后一次下落不明开始之日起计算。①

2. 申请人为下落不明自然人的利害关系人。其中，“利害关系人”，是指与下落不明的自然人在法律上有人身关系和财产关系的人。② (1)被申请人的近亲属；(2)依据《民法典》第1128条、第1129条规定对被申请人有继承权的亲属；(3)债权人、债务人、合伙人等与被申请人有民事权利义务关系的民事主体，但是不申请宣告失踪不影响其权利行使、义务履行的除外。③

3. 申请人应向失踪人住所地的基层人民法院提出。宣告自然人失踪的案件，由失踪人住所地的基层人民法院管辖。住所地与居所地不一致，则由最后居所地的人民法院管辖。

4. 申请必须是书面形式的，不能是口头的。利害关系人应当向人民法院提交宣告失踪的申请书，申请书应当写明自然人下落不明的事实、时间和宣告失踪的请求，还应提交公安机关或者其他机关出具的关于该自然人下落不明的书面证明。

二、宣告失踪的法律后果

宣告失踪的法律后果，自然人被宣告失踪后，其法律后果主要体现在失踪人的财产管理方面。

1. 确定财产代管人。(1)一般财产代管人。失踪人的财产由其配偶、成年子女、父母或者其他愿意担任财产代管人的人代管。④ (2)指定财产代管人。①代管有争议，没有前款规定的人，或者前款规定的人无代管能力的，由人民法院指定的人代管。⑤ ②宣告失踪或者宣告死亡案件，人民法院可以根据申请人的请求，清理下落不明人的财产，并指定案件审理期间的财产管理人。公告期满后，人民法院判决宣告失踪的，应当同时依照《民法典》第42条的规定指定失踪人的

---

① 《民法典》第41条规定：“自然人下落不明的时间自其失去音讯之日起计算。战争期间下落不明的，下落不明的时间自战争结束之日或者有关机关确定的下落不明之日起计算。”

② 《最高人民法院关于失踪人的工作单位能否向人民法院申请宣告失踪人死亡的批复》认为：“……利害关系人，必须是与被申请宣告死亡的人存在一定的人身关系或者民事权利义务关系的人。”

③ 《最高人民法院关于适用〈中华人民共和国民法典〉总则编若干问题的解释》第14条。

④ 《民法典》第42条第1款。

⑤ 《民法典》第42条第2款。

财产代管人。[①] ③失踪人的财产代管人经人民法院指定后，代管人申请变更代管的，比照《民事诉讼法》特别程序的有关规定进行审理。申请理由成立的，裁定撤销申请人的代管人身份，同时另行指定财产代管人；申请理由不成立的，裁定驳回申请。失踪人的其他利害关系人申请变更代管的，人民法院应当告知其以原指定的代管人为被告起诉，并按普通程序进行审理。[②]

2. 利害关系人申请宣告下落不明人失踪的，人民法院作出宣告失踪判决后，应当变更财产代管人为当事人，相关法律文书向财产代管人送达。[③]

3. 财产代管人应当妥善管理失踪人的财产，维护其财产权益。失踪人所欠税款、债务和应付的其他费用，由财产代管人从失踪人的财产中支付。财产代管人因故意或者重大过失造成失踪人财产损失的，应当承担赔偿责任。[④]

4. 代管人除法律规定[⑤]外，不得处分失踪人的财产，不得将财产据为己有，不得有侵害代管财产的行为。财产代管人不履行代管职责、侵害失踪人财产权益或者丧失代管能力的，失踪人的利害关系人可以向人民法院申请变更财产代管人。财产代管人有正当理由的，可以向人民法院申请变更财产代管人。人民法院变更财产代管人的，变更后的财产代管人有权请求原财产代管人及时移交有关财产并报告财产代管情况。[⑥]

宣告自然人死亡的条件及申请

第一百九十一条　公民下落不明满四年，或者因意外事件下落不明满二年，或者因意外事件下落不明，经有关机关证明该公民不可能生存，利害关系人申请宣告其死亡的，向下落不明人住所地基层人民法院提出。

申请书应当写明下落不明的事实、时间和请求，并附有公安机关或者其他有关机关关于该公民下落不明的书面证明。

---

① 《最高人民法院关于适用〈中华人民共和国民事诉讼法〉的解释》第341条。

② 《最高人民法院关于适用〈中华人民共和国民事诉讼法〉的解释》第342条。

③ 《最高人民法院关于处理涉及汶川地震相关案件适用法律问题的意见(一)》第8条第2款。

④ 《民法典》第43条。

⑤ 代管人有权向人民法院提起诉讼，请求排除妨害；造成损害的，可请求赔偿。失踪人对他人享有债权的，代管人可以请求债务人还债，也可以作为原告向法院提起诉讼。

⑥ 《民法典》第44条。

本条明确宣告自然人死亡的条件及申请。①

宣告死亡，是指自然人离开住所，下落不明达到法定期限，经利害关系人申请，由人民法院宣告其死亡的法律制度。利害关系人同失踪的自然人具有利益关系，且如果不能通过自然人死亡这个制度，则其利益不能得到满足。② 本书在宣告自然人死亡的条件及申请基础上进一步阐释三方面的内容。

一、宣告自然人死亡成立的条件

1. 必须达到的法定期限。自然人有下列情形之一的，利害关系人可以向人民法院申请宣告该自然人死亡：(1)下落不明满4年；(2)因意外事件③，下落不明满2年。因意外事件下落不明，经有关机关证明该自然人不可能生存的，申请宣告死亡不受2年时间的限制。④ (3)对于战争期间下落不明的，仍然适用"下落不明满4年的"的条件，不适用"因意外事件，下落不明满2年"的条件。

2. 自然人失踪后必须生死不明，且这种状态持续一定时间。⑤

二、宣告自然人死亡的程序

1. 宣告死亡的申请。(1)人民法院宣告死亡不必先经宣告失踪的程序。对同一自然人，有的利害关系人申请宣告死亡，有的利害关系人申请宣告失踪，符合《民法典》规定的宣告死亡条件的，人民法院应当宣告死亡。⑥ (2)对同一自然人，利害关系人有顺序之分的，顺序在前的利害关系人不同意宣告死亡，顺序在后的无权申请；同一顺序的利害关系人有的申请宣告死亡，有的不同意宣告死亡，人民法院应当依法按照宣告死亡案件审理。(3)利害关系人向人民法院申请宣告下落不明人死亡，必须是书面形式，不能以口头形式提出。申请书应当写明自然人下落不明的事实、时间和请求，并附有公安机关或者其他机关出具的关于该自然人下落不明的书面证明。

---

① 宣告失踪制度能够解决失踪人的财产代管和债务清偿等问题，而宣告自然人死亡，是在自然人长期失踪的情况下，从根本上解决失踪人的财产归属和与失踪人有关的人身方面的法律关系问题。

② 单纯具有财产利益关系不应具有申请宣告死亡的"利害关系人"的资格。对于以下利害关系人，不允许其申请宣告失踪人死亡：(1)失踪人的债权人；(2)与失踪自然人具有劳动关系的单位；(3)在自然人尚有配偶或者父母、子女的情况下，则其兄弟姐妹不应具有申请宣告死亡的资格。

③ 意外事件，是指非因当事人的故意或过失而偶然发生的事故。

④ 《民法典》第46条。

⑤ 宣告死亡，对于被宣告人的利益关系极大，必须在一定期间内等待失踪人的消息，保护其利益。

⑥ 《民法典》第47条。

2. 宣告死亡的受理。(1)申请人应向下落不明人住所地[①]的基层人民法院提出。(2)人民法院判决宣告公民失踪后,利害关系人向人民法院申请宣告失踪人死亡,自失踪之日起满4年的,人民法院应当受理,宣告失踪的判决即是该公民失踪的证明,审理中仍应依照《民事诉讼法》第192条规定进行公告。[②]

3. 宣告死亡的审理、判决。宣告死亡的案件只能由基层人民法院审理,宣告死亡适用于特别程序。人民法院宣告人死亡,应制作判决书,以判决书的形式宣告死亡。判决书除应送达申请人外,还应在被宣告死亡自然人住所地和人民法院所在地公告。判决一经宣告,即发生法律效力,宣告死亡的判决作出之日视为其死亡的日期(意外事件发生之日视为其死亡的日期),并实行一审终审制。

三、宣告自然人死亡的法律后果

自然人被宣告死亡,其法律后果与自然死亡基本相同,但是其法律后果就会出现比较复杂的情况。[③]

1. 宣告死亡人的财产,在宣告期间被他人取得的,宣告死亡的判决被撤销后,该自然人有权请求返还。利害关系人隐瞒真实情况使他人被宣告死亡而取得其财产的,除应当返还原物及利息外,还应对造成的损失予以赔偿。

2. 宣告自然人死亡的判决被撤销后,该自然人因死亡宣告而消灭的人身关系,有条件恢复的,可以恢复。

3. 被宣告死亡人在被宣告死亡期间,其子女有权被他人依法收养。

4. 被宣告死亡的人,人民法院宣告死亡的判决作出之日视为其死亡的日期;因意外事件下落不明宣告死亡的,意外事件发生之日视为其死亡的日期。[④]

5. 被宣告死亡和自然死亡的时间不一致的,被宣告死亡所引起的法律后果仍然有效,但自然死亡前实施的民事法律行为与被宣告死亡引起的法律后果相抵触的,则以其实施的民事法律行为为准。

6. 自然人被宣告死亡但是并未死亡的,不影响该自然人在被宣告死亡期间

---

① 经常居所与住所不一致的,由经常居所地的人民法院管辖。住所地与居所地不一致,则由最后居所地的人民法院管辖。

② 《最高人民法院关于适用〈中华人民共和国民事诉讼法〉的解释》第343条。

③ 宣告死亡与自然死亡不同,被宣告死亡的人仅仅是从法律上推定为死亡。

④ 《民法典》第48条。

实施的民事法律行为的效力。①

宣告失踪、宣告死亡的公告及作出的判决

第一百九十二条　人民法院受理宣告失踪、宣告死亡案件后，应当发出寻找下落不明人的公告。宣告失踪的公告期间为三个月，宣告死亡的公告期间为一年。因意外事件下落不明，经有关机关证明该公民不可能生存的，宣告死亡的公告期间为三个月。

公告期间届满，人民法院应当根据被宣告失踪、宣告死亡的事实是否得到确认，作出宣告失踪、宣告死亡的判决或者驳回申请的判决。

本条明确宣告失踪、死亡的公告和判决。② 本书仅就其进行阐释。

1. 宣告失踪、宣告死亡的共同申请人。人民法院接到书面申请和有关证明后，经过审查，符合法律规定的多个利害关系人提出宣告失踪、宣告死亡申请的，列为共同申请人。③

2. 宣告失踪、宣告死亡的公告。(1)认为手续完备，证明无误，应当受理并发出寻找下落不明人的公告。寻找下落不明人的公告应当记载下列内容：①被申请人应当在规定期间内向受理法院申报其具体地址及其联系方式。否则，被申请人将被宣告失踪、宣告死亡；②凡知悉被申请人生存现状的人，应当在公告期间内将其所知道情况向受理法院报告。④ 除以上这些内容外，重要的还要写明公告的截止日期，公告的时间长短要根据宣告失踪和宣告死亡的性质不同作不同的规定。(2)公告应在人民法院的公告栏内张贴，也应当在适当的报纸、刊物等处刊登。(3)宣告失踪的案件期满时间是 3 个月；宣告死亡案件的公告期满时间是 1 年；因意外事件下落不明经有关机关证明该自然人不可能生存的，宣告死亡

---

① 《民法典》第 49 条。

宣告死亡制度要解决的是一个自然人参与的、已有的、“以住所地为中心的”民事法律关系因其长期失踪造成的不确定状态的问题，而不是其民事权利能力问题。

② 确立由人民法院宣告失踪、死亡的公告程序，有利于保护失踪人和利害关系人的利益，稳定社会经济秩序。

③ 《最高人民法院关于适用〈中华人民共和国民事诉讼法〉的解释》第 344 条。

④ 《最高人民法院关于适用〈中华人民共和国民事诉讼法〉的解释》第 345 条。

的公告期间为3个月。

3. 宣告失踪、宣告死亡的判决。(1)在公告期间,如果下落不明人重新出现或者有确实消息证明其已有下落、或生或死,人民法院应当驳回利害关系人的申请,裁定终结审理。(2)公告期间届满后,如果下落不明人仍然没有消息,人民法院方可作出宣告失踪或者宣告死亡的判决。(3)人民法院受理宣告失踪、宣告死亡案件后,作出判决前,申请人撤回申请的,人民法院应当裁定终结案件,但其他符合法律规定的利害关系人加入程序要求继续审理的除外。[①]

4. 宣告失踪、宣告死亡上诉的禁止。宣告失踪或者宣告死亡的判决和裁定终结审理,都是终审裁判,不得提起上诉。

撤销宣告失踪、宣告死亡的判决

第一百九十三条　被宣告失踪、宣告死亡的公民重新出现,经本人或者利害关系人申请,人民法院应当作出新判决,撤销原判决。

本条明确撤销宣告失踪、宣告死亡的判决。[②] 本书在此基础上进一步阐释两方面的内容。

一、宣告自然人失踪判决的撤销

失踪人重新出现,经本人或者利害关系人申请,人民法院应当撤销失踪宣告。失踪人重新出现,有权要求财产代管人及时移交有关财产并报告财产代管情况。[③]

二、宣告自然人死亡判决的撤销

1. 撤销宣告死亡判决的申请。(1)被宣告死亡的人重新出现,经本人或者利害关系人申请,人民法院应当撤销死亡宣告。[④] (2)经本人或利害关系人申请,提交申请书,写明该自然人重新出现的事实(这种事实可以基于被宣告死亡的人出现,也可以由有关机关加以书面证明)、时间和请求。如果是利害关系人提起申

---

① 《最高人民法院关于适用〈中华人民共和国民事诉讼法〉的解释》第346条。

② 宣告失踪为法律拟定的一种法律状态,宣告死亡也只是法律拟定的死亡,是一种推定。失踪人或"被死亡人"重新出现或者已知其下落,可以通过撤销宣告失踪、宣告死亡的判决,重新恢复其以前的法律状态。

③ 《民法典》第45条。

④ 《民法典》第50条。

请的,还可以附有公安机关或者其他有关机关关于该自然人重新出现的书面证明。申请应向作出死亡宣告判决的基层人民法院提出。申请宣告死亡和申请撤销死亡宣告案件均适用特殊程序(必要时可以被归入"重大、疑难的案件"的范围,由审判员组成合议庭审理)。人民法院经审理,确认被宣告死亡的自然人仍然生存的,应作出新判决,并在新判决中撤销之前的原判决。

2. 撤销宣告死亡判决后的财产关系处理。(1)被撤销死亡宣告的人有权请求依照《民法典》继承编规定取得其财产的民事主体返还财产。无法返还的,应当给予适当补偿。利害关系人隐瞒真实情况,致使他人被宣告死亡取得其财产的,除应当返还财产外,还应当对由此造成的损失承担赔偿责任。① (2)在当事人申请撤销死亡宣告的同时,不能同时根据《民法典》第53条的规定,请求相关的当事人返还其财产。②

3. 撤销宣告死亡判决后的人身关系处理。(1)被宣告死亡的人的婚姻关系,自死亡宣告之日起消除。死亡宣告被撤销的,婚姻关系自撤销死亡宣告之日起自行恢复,但是,其配偶再婚或者向婚姻登记机关书面声明不愿意恢复的除外。③(2)被宣告死亡的人在被宣告死亡期间,其子女被他人依法收养的,在死亡宣告被撤销后,不得以未经本人同意为由主张收养行为无效。④

第四节　认定自然人无民事行为能力、限制民事行为能力案件

民事权利能力,是指享有民事权利、承担民事义务的法律资格。⑤ 自然人从出生时起到死亡时止,具有民事权利能力,依法享有民事权利,承担民事义务。⑥

---

① 《民法典》第53条。

② 后者涉及实体权利,审理时应适用民事普通程序而非适用特别程序。故既不能放在同一程序中进行审理,亦不能予以合并审理。

③ 《民法典》第51条。

④ 《民法典》第52条。

⑤ 资格,又叫地位或可能性,主体只是在抽象意义上有享有权利、承担义务的可能,需要通过民事行为能力与具体的权利或义务发生间接关联来实现的。

⑥ 《民法典》第13条。

民事行为能力,是指独立地行使民事权利、履行民事义务的能力,包括承担其所做的民事行为后果的能力。民事行为能力人包括三种人:(1)完全民事行为能力人。①18周岁以上的成年人;[①]②16周岁以上有固定劳动收入的自然人。[②](2)限制民事行为能力人。①年满8周岁不满18周岁的自然人;[③]②不能完全辨认自己行为的成年人。[④](3)无民事行为能力人。①不满8周岁的自然人;[⑤]②不能辨认自己行为的成年人。[⑥]

认定自然人无民事行为能力、限制民事行为能力案件,是指人民法院根据利害关系人的申请,对不能正确辨认自己行为或不能完全辨认自己行为的不能辨认、不能完全辨认自己行为的成年人,按照法定程序,认定并宣告该自然人无民事行为能力或限制民事行为能力的案件。[⑦]

认定自然人无民事行为能力、限制民事行为能力的申请

第一百九十四条　申请认定公民无民事行为能力或者限制民事行为能力,由利害关系人或者有关组织向该公民住所地基层人民法院提出。

申请书应当写明该公民无民事行为能力或者限制民事行为能力的事实和根据。

---

① 《民法典》第17条规定:"十八周岁以上的自然人为成年人。不满十八周岁的自然人为未成年人。"

② 《民法典》第18条规定:"成年人为完全民事行为能力人,可以独立实施民事法律行为。十六周岁以上的未成年人,以自己的劳动收入为主要生活来源的,视为完全民事行为能力人。"

③ 《民法典》第19条规定:"八周岁以上的未成年人为限制民事行为能力人,实施民事法律行为由其法定代理人代理或者经其法定代理人同意、追认;但是,可以独立实施纯获利益的民事法律行为或者与其年龄、智力相适应的民事法律行为。"

④ 《民法典》第22条规定:"不能完全辨认自己行为的成年人为限制民事行为能力人,实施民事法律行为由其法定代理人代理或者经其法定代理人同意、追认;但是,可以独立实施纯获利益的民事法律行为或者与其智力、精神健康状况相适应的民事法律行为。"

⑤ 《民法典》第20条规定:"不满八周岁的未成年人为无民事行为能力人,由其法定代理人代理实施民事法律行为。"

⑥ 《民法典》第21条规定:"不能辨认自己行为的成年人为无民事行为能力人,由其法定代理人代理实施民事法律行为。八周岁以上的未成年人不能辨认自己行为的,适用前款规定。"

⑦ 洪冬英主编:《民事诉讼法学通论》(第3版),北京大学出版社2020年版,第332页。

《民法典》第40条规定:"自然人下落不明满二年的,利害关系人可以向人民法院申请宣告该自然人为失踪人。"

本条明确认定自然人无民事行为能力、限制民事行为能力案件的申请。[①]

在诉讼中，当事人的利害关系人或者有关组织提出该当事人不能辨认或者不能完全辨认自己的行为，要求宣告该当事人无民事行为能力或者限制民事行为能力的，应由利害关系人或者有关组织向人民法院提出申请，由受诉人民法院按照特别程序立案审理，原诉讼中止。[②] 本书以宣告不能辨认、不能完全辨认自己行为的成年人为无民事行为能力、限制行为能力申请为例，在认定自然人无民事行为能力、限制民事行为能力案件的申请基础上进一步阐释两方面的内容。

一、申请时应具备的条件

1. 必须有不能辨认或者不能完全辨认自己行为的事实存在。对于当事人是否患有精神病，人民法院应当根据司法精神病学鉴定或者参照医院的诊断、鉴定确认。在不具备诊断、鉴定条件的情况下，也可以参照群众公认的当事人的精神状态认定，但应以关系人没有异议为限。

2. 必须由无民事行为能力或者限制民事行为能力人的近亲属或者利害关系人提出申请。(1)申请人是被申请认定的自然人的近亲属[③]或者其他利害关系人[④]。(2)不能辨认、不能完全辨认自己行为的成年人有近亲属的，由其近亲属行使申请权；没有近亲属的，由与不能辨认、不能完全辨认自己行为的成年人关系密切的其他亲属、朋友，并经不能辨认、不能完全辨认自己行为的成年人所在单位或者住所地的居委会、村委会同意的人行使申请权。没有这些人或者其所在单位或者居委会、村委会对其他申请人不同意的，由不能辨认、不能完全辨认自己行为的成年人所在地的居委会或者民政部门行使申请权。

3. 必须采取书面形式提出。申请书应当写明该自然人无民事行为能力或者限制民事行为能力的事实和根据。申请人提出申请必须以书面形式，不得以口头形式，申请书应当写明该自然人无民事行为能力或者限制民事行为能力的事

---

① 确认自然人为无民事行为能力或限制民事行为能力人，并结合监护制度，可以保护他们以及与他们进行民事交往的人的合法权益。

② 《最高人民法院关于适用〈中华人民共和国民事诉讼法〉的解释》第 347 条。

③ 《民法典》第 1045 条规定："亲属包括配偶、血亲和姻亲。配偶、父母、子女、兄弟姐妹、祖父母、外祖父母、孙子女、外孙子女为近亲属。配偶、父母、子女和其他共同生活的近亲属为家庭成员。"

④ 精神病人的其他利害关系人，是指精神病人的近亲属以外的，与精神病人关系密切的其他亲属、朋友，或者精神病人的所在单位或者住所地的居民委员会、村民委员会或者民政部门。此外，利害关系人还包括被认定为无民事行为能力人或者限制民事行为能力人的债权人、债务人。

实和根据，即该自然人的精神健康情况、丧失行为能力或者部分丧失行为能力的原因及其表现、是否经医疗机构诊断以及医生对该自然人病情的诊断情况等，都应在申请书中具体写明。

二、管辖的人民法院

申请认定自然人无民事行为能力、限制民事行为能力的案件，申请人应当向被申请人住所地的基层人民法院提出。

医学鉴定

第一百九十五条　人民法院受理申请后，必要时应当对被请求认定为无民事行为能力或者限制民事行为能力的公民进行鉴定。申请人已提供鉴定意见的，应当对鉴定意见进行审查。

本条认定无民事行为能力或者限制民事行为能力的医学鉴定。本书仅就其进行阐释。

1. 只有近亲属或者其他利害关系人申请时，人民法院认为有必要对其进行鉴定，应当对被请求认定为无民事行为能力或者限制民事行为能力的自然人，由人民法院指定鉴定单位重新鉴定。

2. 人民法院对于不能辨认、不能完全辨认自己行为的成年人无民事行为能力或限制民事行为能力的认定，应有司法精神病学鉴定意见。

3. 申请人已提供鉴定意见的，应当对鉴定意见进行审查。

4. 对被申请人的不能辨认、不能完全辨认自己行为进行鉴定并非人民法院审理此类案件的程序。根据被申请人的具体情况，人民法院认为参照周围群众的普遍反映，凭借一般的生活经验，不进行医学鉴定便可对其精神状况作出认定，在对有关证据作出适当调查之后，就可作出认定该被申请人为无民事行为能力或限制民事行为能力人的判决。①

---

① 申请人提出申请时，已经将有关医院出具的、能确切表明被申请人系精神病人的鉴定意见作为证据提交人民法院，审判人确认申请人提供的鉴定意见审查核实无疑问的，就不必再进行医学鉴定。

审理认定自然人无民事行为能力、限制民事行为能力的有关事项

第一百九十六条 人民法院审理认定公民无民事行为能力或者限制民事行为能力的案件，应当由该公民的近亲属为代理人，但申请人除外。近亲属互相推诿的，由人民法院指定其中一人为代理人。该公民健康情况许可的，还应当询问本人的意见。

人民法院经审理认定申请有事实根据的，判决该公民为无民事行为能力或者限制民事行为能力人；认定申请没有事实根据的，应当判决予以驳回。

本条明确认定自然人无民事行为能力、限制民事行为能力的有关事项。本书在此基础上进一步阐释三方面的内容。

一、无民事行为能力、限制民事行为能力人的代理人确定

1. 无民事行为能力、限制民事行为能力人有近亲属的代理人确定。(1)人民法院审理认定自然人无民事行为能力、限制民事行为能力的案件，应当由该自然人的近亲属为代理人，但如果申请人就是近亲属，该近亲属就不能充当代理人。(2)近亲属互相推诿的，由人民法院指定其中一人为代理人。在审理中，如果被申请人的健康状态许可，指定谁做代理人还需询问被申请人本人的意见。

2. 无民事行为能力、限制民事行为能力人无近亲属的代理人确定。(1)申请认定公民无民事行为能力或者限制民事行为能力的案件，被申请人没有近亲属的，人民法院可以指定经被申请人住所地的居民委员会、村民委员会或者民政部门同意，且愿意担任代理人的个人或者组织为代理人。[①] (2)没有《最高人民法院关于适用〈中华人民共和国民事诉讼法〉的解释》第350条第1款规定的代理人的，由被申请人所在单位或者住所地的居民委员会、村民委员会或者民政部门担任代理人。[②] (3)代理人可以是一人，也可以是同一顺序中的两人。[③]

二、认定自然人无民事行为能力、限制民事行为能力的判决

人民法院受理认定自然人无民事行为能力、限制民事行为能力案件后，在调

---

① 《最高人民法院关于适用〈中华人民共和国民事诉讼法〉的解释》第350条第1款。
② 《最高人民法院关于适用〈中华人民共和国民事诉讼法〉的解释》第350条第2款。
③ 《最高人民法院关于适用〈中华人民共和国民事诉讼法〉的解释》第350条第3款。

查研究、澄清事实的基础上应当开庭审理，对于不同情况作出判决。

1. 人民法院经审理认为，申请没有根据，该自然人精神正常，并未丧失民事行为能力，则不能认定该自然人为无民事行为能力或者限制民事行为能力人的，应当判决驳回申请。

2. 人民法院经过审理，有充分的事实根据认为，该自然人精神不正常、不能辨认自己的行为或者不能完全辨认自己的行为，则应当判决认定该自然人为无民事行为能力或者限制民事行为能力人。

三、指定监护人

指定监护人是在认定自然人为无民事行为能力或者限制民事行为能力人之后或者之外另行产生的诉讼程序。①

1. 自然人被宣告为无民事行为能力人或者限制民事行为能力人后，就应为其指定监护人。

2. 被指定的监护人不服居民委员会、村民委员会或者民政部门指定，应当自接到通知之日起30日内向人民法院提出异议。经审理，认为指定并无不当的，裁定驳回异议；指定不当的，判决撤销指定，同时另行指定监护人。判决书应当送达异议人、原指定单位及判决指定的监护人。②

撤销认定自然人无民事行为能力或者限制民事行为能力的判决

第一百九十七条　人民法院根据被认定为无民事行为能力人、限制民事行为能力人本人、利害关系人或者有关组织的申请，证实该公民无民事行为能力或者限制民事行为能力的原因已经消除的，应当作出新判决，撤销原判决。

本条明确撤销认定自然人无民事行为能力或者限制民事行为能力的判决。本书仅就其进行阐释。

---

① “认定能力”不是“指定监护”的一个阶段或者组成部分，也不是在后者结束之后必须产生的程序。监护人是否要人民法院指定，在实体上取决于有无指定监护人的必要，在程序上取决于有无申请人提出申请。

② 《最高人民法院关于适用〈中华人民共和国民事诉讼法〉的解释》第349条。

1. 被认定为无民事行为能力或限制民事行为能力人所依据的原因消除后，被认定为无民事行为能力或者限制民事行为能力人本人、利害关系人或者有关组织有权申请撤销"认定自然人无民事行为能力或者限制民事行为能力的判决"，人民法院受理申请后，应当就有关事实进行调查。

2. 人民法院可以要求有关部门进行鉴定，也可以就有关当事人提交鉴定意见或者其他证明标准予以审查，并在适当时询问该自然人本人，以查清该自然人无民事行为能力或限制民事行为能力的原因是否已经消除。人民法院经过审查认为申请有理由的，判决撤销无民事行为能力或限制民事行为能力的认定。

3. 判决应当送达申请人和本人，并发布公告。

4. 判决送达后，该自然人就成为完全民事行为能力人，原判决指定的监护人就不再是该自然人的监护人。

第五节　认定财产无主案件

认定无主财产的申请

第一百九十八条　申请认定财产无主，由公民、法人或者其他组织向财产所在地基层人民法院提出。

申请书应当写明财产的种类、数量以及要求认定财产无主的根据。

本条明确认定无主财产的申请。

认定财产无主案件，是指人民法院按照特别程序依法将某项权利主体不明或失去权利主体的财产判决宣布为无主财产，收归国家或者集体组织所有的案件。[①] 本书在认定无主财产的申请基础上进一步阐释两方面的内容。

---

① 洪冬英主编：《民事诉讼法学通论》(第3版)，北京大学出版社2020年版，第335页。

《民法典》第40条规定："自然人下落不明满二年的，利害关系人可以向人民法院申请宣告该自然人为失踪人。"

一、认定无主财产的条件①

1. 需要认定的财产,必须是有形财产。无形财产或者精神财富,不能成为认定财产无主案件的对象。

2. 财产的权利主体不明,包括"财产的所有人已不存在,或者谁是所有人无法确定""不明的埋藏物和隐藏物""拾得的遗失物、漂流物、失散的饲养动物,无人认领者""经公安机关招领满一定期限无人认领的遗失物、赃款、赃物""无人继承的财产"等。

3. 财产没有所有人或者所有人不明的,其无主的持续状态超过一定期限。

二、认定无主财产的申请

1.《民事诉讼法》规定,申请人可以是"有关机关、企业事业单位、基层组织或者个人"。②

2. 申请人应写申请书,申请书主要写明财产的种类、数量以及要求认定财产无主的根据。

3. 财产所在地的基层人民法院是审理认定财产无主案件的管辖法院。③

认定财产无主案件的审理

第一百九十九条　人民法院受理申请后,经审查核实,应当发出财产认领公告。公告满一年无人认领的,判决认定财产无主,收归国家或者集体所有。

本条明确认定财产无主案件的审理。④ 本书仅就其进行阐释。

---

① 洪冬英主编:《民事诉讼法学通论》(第3版),北京大学出版社2020年版,第336页。

② 有关机关、企业事业单位、基层组织或者个人,是指财产的发现人、财产所在地的基层组织或者基层人民政府以及该继承人死亡后的财产管理人等。自然人申请,大致有两种情况:一是他发现了无主财产。二是他知道原财产所有人已经死亡而又无继承人,无人对财产主张权利。法人或者非法人组织提出申请,主要有两种情况:一是在其主管范围内发现了无主财产。二是财产的原财产所有人是其成员或者与其有经济上的联系,而该原财产所有人无继承人等。

③ 这是一个特殊规定,与《民事诉讼法》一般管辖的规定不同,不是由申请人住所地的法院管辖。

④ 对于所有人不明或者所有人不存在的财产,人民法院根据申请人的申请,经审查核实后,认定财产的所有人确实不明的,必须发出财产认领的公告,寻找财产所有人。这是法定程序,在公告后的一定期限内,如还是无人认领,人民法院判决宣布其为无主财产,并将其收归国家或者集体所有。

1. 人民法院决定受理申请认定财产无主案件后，应当进行认真的审查核实，如果查明是有主的，即应作出驳回申请人申请认定财产无主的判决。通知所有人认领财产。财产所有人确实不明的，即该财产在形式上属于无主财产，应当发出财产认领公告，寻找该财产的所有权人，以确认该财产在实质上是否属于无主财产，公告期为1年。

2. 认定财产无主案件，公告期间有人对财产提出请求的，人民法院应当裁定终结特别程序，告知申请人另行起诉，适用普通程序审理。[①]

3. 公告期满后，仍无人认领，人民法院则可作出判决。根据不同情况，将财产收归国家或者集体所有。财产被他人占有的，占有人应自判决生效之日起将财产交给国家或者集体。无主财产经确认收归国有后，由国家授权的机关、单位占有使用或者经营管理。归集体所有的无主财产，主要是指集体组织的成员死后无人继承。

撤销认定财产无主的判决

第二百条　判决认定财产无主后，原财产所有人或者继承人出现，在民法典规定的诉讼时效期间可以对财产提出请求，人民法院审查属实后，应当作出新判决，撤销原判决。

本条明确撤销认定财产无主的判决。[②] 本书仅就其进行阐释。

1. 人民法院作出认定财产无主的判决并将财产收归国家或者集体所有之后，如果原财产所有人或者合法继承人出现，并在诉讼时效期间对财产提出请求的，人民法院不应以公告期满为由驳回申请，而应审查其是否属实。不属实的，驳回申请；属实的，应当作出新判决，撤销原判决。

2. 原判决被撤销后，国家或者集体应将财产归还，如果已经损失，应当给予适当补偿；原财产已不复存在的，应按原财产的实际价值折价返还。

---

① 《最高人民法院关于适用〈中华人民共和国民事诉讼法〉的解释》第348条。

② 为了保护财产所有人或者继承人的合法利益，法律允许他们在一定期限内要求撤销已生效的宣告财产无主的判决。

第六节　确认调解协议案件

确认调解协议(效力)案件,是指人民法院根据当事人的申请,对双方自愿达成的调解进行审查,并依法对该调解协议的效力进行司法判定的程序。①

确认调解协议案件包括村民委员会、居民委员会主持的人民调解,行政机关进行的调解,调解组织进行的调解,行业调解组织进行的调解,以及其他具有调解职能的组织进行调解等案件。②

对调解协议司法确认的申请

第二百零一条　经依法设立的调解组织调解达成调解协议,申请司法确认的,由双方当事人自调解协议生效之日起三十日内,共同向下列人民法院提出:

(一)人民法院邀请调解组织开展先行调解的,向作出邀请的人民法院提出;

(二)调解组织自行开展调解的,向当事人住所地、标的物所在地、调解组织所在地的基层人民法院提出;调解协议所涉纠纷应当由中级人民法院管辖的,向相应的中级人民法院提出。

本条明确对调解协议司法确认的申请。

确认调解协议案件,是指当事人对经人民调解委员会等调解组织调解达成的

---

① 洪冬英主编:《民事诉讼法学通论》(第3版),北京大学出版社2020年版,第337页。

《民法典》第40条规定:"自然人下落不明满二年的,利害关系人可以向人民法院申请宣告该自然人为失踪人。"

② 《人民调解法》第7条规定:"人民调解委员会是依法设立的调解民间纠纷的群众性组织。"第8条第1款规定:"村民委员会、居民委员会设立人民调解委员会。企业事业单位根据需要设立人民调解委员会。"

除人民调解委员会达成的调解协议外,其他有关部门主持调解达成的协议也应该允许申请司法确认。

协议，依法申请人民法院予以确认，并赋予该调解协议强制执行力的案件。[①] 本书在对调解协议司法确认的申请基础上进一步阐释三方面的内容。

一、确认调解协议的审理

1. 确认调解协议的申请。(1)经人民调解委员会、特邀调解组织或者特邀调解员调解达成民事调解协议的，双方当事人可以自调解协议生效之日起30日内共同向人民法院申请司法确认。[②] (2)调解协议生效后，当事人想通过人民法院确认调解协议的效力，应当共同申请。调解协议书自各方当事人签名、盖章或者按指印，人民调解员签名并加盖人民调解委员会印章之日起生效。[③] (3)申请司法确认调解协议的，双方当事人应当本人或者由符合《民事诉讼法》第61条规定的代理人依照《民事诉讼法》第201条的规定提出申请。[④] (4)当事人申请司法确认调解协议，可以采用书面形式或者口头形式。当事人口头申请的，人民法院应当记入笔录，并由当事人签名、捺印或者盖章。[⑤] (5)当事人申请司法确认调解协议，应当向人民法院提交调解协议、调解组织主持调解的证明，以及与调解协议相关的财产权利证明等材料，并提供双方当事人的身份、住所、联系方式等基本信息。当事人未提交上述材料的，人民法院应当要求当事人限期补交。[⑥]

2. 确认调解协议的管辖。(1)管辖法院。①当事人可以在书面调解协议中选择当事人住所地、调解协议履行地、调解协议签订地、标的物所在地基层人民法院管辖，但不得违反法律对专属管辖的规定。当事人没有约定的，除《民事诉讼法》第34条规定的情形外，由当事人住所地或者调解协议履行地的基层人民

---

① 调解协议的司法确认制度使非诉讼纠纷解决机制与诉讼解决机制作出有机的衔接。"确认调解协议案件"解决了民事诉讼法和人民调解法的衔接，且经司法确认的调解协议具有强制执行效力。

② 《民事诉讼程序繁简分流改革试点实施办法》第3条。

③ 《人民调解法》第29条第2款。

④ 《最高人民法院关于适用〈中华人民共和国民事诉讼法〉的解释》第351条。

《人民调解法》第33条第1款、第2款规定："经人民调解委员会调解达成调解协议后，双方当事人认为有必要的，可以自调解协议生效之日起三十日内共同向人民法院申请司法确认，人民法院应当及时对调解协议进行审查，依法确认调解协议的效力。人民法院依法确认调解协议有效，一方当事人拒绝履行或者未全部履行的，对方当事人可以向人民法院申请强制执行。"

⑤ 《最高人民法院关于适用〈中华人民共和国民事诉讼法〉的解释》第353条。

⑥ 《最高人民法院关于适用〈中华人民共和国民事诉讼法〉的解释》第354条。

《最高人民法院关于人民调解协议司法确认程序的若干规定》第3条规定："当事人申请确认调解协议，应当向人民法院提交司法确认申请书、调解协议和身份证明、资格证明，以及与调解协议相关的财产权利证明等证明材料，并提供双方当事人的送达地址、电话号码等联系方式。委托他人代为申请的，必须向人民法院提交由委托人签名或者盖章的授权委托书。"

法院管辖。经人民法院委派或委托有关机关或者组织调解达成的调解协议的申请确认案件,由委派或委托人民法院管辖。[①] ②当事人应当共同向有管辖权的人民法院以书面形式或者口头形式提出确认申请。一方当事人提出申请,另一方表示同意的,视为共同提出申请。当事人提出申请时,应当向人民法院提交调解协议书、承诺书。人民法院在收到申请后应当及时审查,材料齐备的,及时向当事人送达受理通知书。双方当事人签署的承诺书应当明确载明以下内容:(i)双方当事人出于解决纠纷的目的自愿达成协议,没有恶意串通、规避法律的行为;(ii)如果因为该协议内容而给他人造成损害的,愿意承担相应的民事责任和其他法律责任。[②] ③调解组织自行开展的调解,有两个以上调解组织参与的,符合《民事诉讼法》第201条规定的各调解组织所在地人民法院均有管辖权。双方当事人可以共同向符合《民事诉讼法》第201条规定的其中一个有管辖权的人民法院提出申请;双方当事人共同向两个以上有管辖权的人民法院提出申请的,由最先立案的人民法院管辖。[③] ④当事人申请确认调解协议的,由主持调解的人民调解委员会所在地基层人民法院或者它派出的法庭管辖。人民法院在立案前委派人民调解委员会调解并达成调解协议,当事人申请司法确认的,由委派的人民法院管辖。[④] (2)管辖次序。司法确认案件按照以下规定依次确定管辖:①委派调解的,由作出委派的人民法院管辖;②当事人选择由人民调解委员会或者特邀调解组织调解的,由调解组织所在地基层人民法院管辖;当事人选择由特邀调解员调解的,由调解协议签订地基层人民法院管辖。案件符合级别管辖或者专门管辖标准的,由对应的中级人民法院或者专门人民法院管辖。[⑤]

3. 确认调解协议的受理。(1)当事人根据《人民调解法》第33条[⑥]的规定共同向人民法院申请确认调解协议的,人民法院应当依法受理。[⑦] (2)当事人申请司法确认调解协议,有下列情形之一的,人民法院裁定不予受理:①不属于人民

---

① 《最高人民法院关于建立健全诉讼与非诉讼相衔接的矛盾纠纷解决机制的若干意见》第21条。

② 《最高人民法院关于建立健全诉讼与非诉讼相衔接的矛盾纠纷解决机制的若干意见》第22条。

③ 《最高人民法院关于适用〈中华人民共和国民事诉讼法〉的解释》第352条。

④ 《最高人民法院关于人民调解协议司法确认程序的若干规定》第2条。

⑤ 《民事诉讼程序繁简分流改革试点实施办法》第4条。

⑥ 《人民调解法》第33条第1款规定:"经人民调解委员会调解达成调解协议后,双方当事人认为有必要的,可以自调解协议生效之日起三十日内共同向人民法院申请司法确认,人民法院应当及时对调解协议进行审查,依法确认调解协议的效力。"

⑦ 《最高人民法院关于人民调解协议司法确认程序的若干规定》第1条。

法院受理范围的;②不属于收到申请的人民法院管辖的;③申请确认婚姻关系、亲子关系、收养关系等身份关系无效、有效或者解除的;④涉及适用其他特别程序、公示催告程序、破产程序审理的;⑤调解协议内容涉及物权、知识产权确权的。人民法院受理申请后,发现有上述不予受理情形的,应当裁定驳回当事人的申请。①

4. 确认调解协议的审理(查)。(1)人民法院审理申请确认调解协议案件,参照适用《民事诉讼法》有关简易程序的规定。案件由审判员一人独任审理,双方当事人应当同时到庭。② (2)人民法院以书面审理为原则,审判员认为有必要时,可以通知当事人或证人到庭进行询问,也可以通知调解人到庭或以其他方式询问案件情况,以核清事实。人民法院经审查,认为当事人的陈述或者提供的证明材料不充分、不完备或者有疑义的,可以要求当事人限期补充陈述或者补充证明材料。必要时,人民法院可以向调解组织核实有关情况。③ (3)根据审查的调解的具体情况,既可以按照调解协议内容出具调解书,也可以对公证机关赋予强制执行效力的调解协议出具执行裁定书,还可以对当事人持调解协议申请支付令并符合法定条件的,发出支付令。

二、确认调解协议的其他规则

1. 撤销调解协议的确认。案外人认为经人民法院确认的调解协议侵害其合法权益的,可以自知道或者应当知道权益被侵害之日起 1 年内,向作出确认决定

---

① 《最高人民法院关于适用〈中华人民共和国民事诉讼法〉的解释》第 355 条。

《最高人民法院关于人民调解协议司法确认程序的若干规定》第 4 条规定:"人民法院收到当事人司法确认申请,应当在三日内决定是否受理。人民法院决定受理的,应当编立'调确字'案号,并及时向当事人送达受理通知书。双方当事人同时到法院申请司法确认的,人民法院可以当即受理并作出是否确认的决定。有下列情形之一的,人民法院不予受理:(一)不属于人民法院受理民事案件的范围或者不属于接受申请的人民法院管辖的;(二)确认身份关系的;(三)确认收养关系的;(四)确认婚姻关系的。"

② 《最高人民法院关于建立健全诉讼与非诉讼相衔接的矛盾纠纷解决机制的若干意见》第 23 条。

审查调解协议是否符合法律规定,主要考虑以下情形:(1)通过调解方式解决纠纷是否是当事人自愿。(2)调解协议的内容是否违反法律、法规的强制性规定或者社会公共利益。(3)达成调解协议是否出于当事人自愿,是否有重大误解或者显失公平等严重违背其真实意思表示的情形。只有结论是肯定的,才应确认该调解协议有效,否则就要驳回申请。

③ 《最高人民法院关于适用〈中华人民共和国民事诉讼法〉的解释》第 356 条第 2 款。

《最高人民法院关于人民调解协议司法确认程序的若干规定》第 6 条规定:"人民法院受理司法确认申请后,应当指定一名审判人员对调解协议进行审查。人民法院在必要时可以通知双方当事人同时到场,当面询问当事人。当事人应当向人民法院如实陈述申请确认的调解协议的有关情况,保证提交的证明材料真实、合法。人民法院在审查中,认为当事人的陈述或者提供的证明材料不充分、不完备或者有疑义的,可以要求当事人补充陈述或者补充证明材料。当事人无正当理由未按时补充或者拒不接受询问的,可以按撤回司法确认申请处理。"

的人民法院申请撤销确认决定。①

2. 确认调解协议的费用。人民法院办理人民调解协议司法确认案件，不收取费用。②

3. 确认调解协议的通报。人民法院可以将调解协议不予确认的情况定期或者不定期通报同级司法行政机关和相关人民调解委员会。③

4. 确认调解协议的参照。经人民法院建立的调解员名册中的调解员调解达成协议后，当事人申请司法确认的，参照《最高人民法院关于人民调解协议司法确认程序的若干规定》办理。人民法院立案后委托他人调解达成的协议的司法确认，按照《最高人民法院关于人民法院民事调解工作若干问题的规定》的有关规定办理。④

三、确认调解协议的具体纠纷案件

经《劳动争议调解仲裁法》规定的调解组织调解达成的劳动争议调解协议，由双方当事人签名或者盖章，经调解员签名并加盖调解组织印章后生效，对双方当事人具有合同约束力，当事人应当履行。双方当事人可以不经仲裁程序，根据《最高人民法院关于建立健全诉讼与非诉讼相衔接的矛盾纠纷解决机制的若干意见》关于司法确认的规定直接向人民法院申请确认调解协议效力。人民法院不予确认的，当事人可以向劳动争议仲裁委员会申请仲裁。⑤

对调解协议的裁定和变更

第二百零二条　人民法院受理申请后，经审查，符合法律规定的，裁定调解协议有效，一方当事人拒绝履行或者未全部履行的，对方当事人可以向人民法院申请执行；不符合法律规定的，裁定驳回申请，当事人可以通过调解方式变更原调解协议或者达成新的调解协议，也可以向人民法院提起诉讼。

---

① 《最高人民法院关于人民调解协议司法确认程序的若干规定》第10条。
② 《最高人民法院关于人民调解协议司法确认程序的若干规定》第11条。
③ 《最高人民法院关于人民调解协议司法确认程序的若干规定》第12条。
④ 《最高人民法院关于人民调解协议司法确认程序的若干规定》第13条。
⑤ 《最高人民法院关于建立健全诉讼与非诉讼相衔接的矛盾纠纷解决机制的若干意见》第11条。

本条明确对调解协议的裁定和变更。本书在此基础上进一步阐释四方面的内容。

一、调解协议确认的方式

1. 人民法院确认。(1)经《劳动争议调解仲裁法》规定的调解组织调解达成的劳动争议调解协议,由双方当事人签名或者盖章,经调解员签名并加盖调解组织印章后生效,对双方当事人具有合同约束力,当事人应当履行。双方当事人可以不经仲裁程序,根据《最高人民法院关于建立健全诉讼与非诉讼相衔接的矛盾纠纷解决机制的若干意见》关于司法确认的规定直接向人民法院申请确认调解协议效力。人民法院不予确认的,当事人可以向劳动争议仲裁委员会申请仲裁。[①] (2)经行政机关、人民调解组织、商事调解组织、行业调解组织或者其他具有调解职能的组织调解达成的具有民事合同性质的协议,经调解组织和调解员签字盖章后,当事人可以申请有管辖权的人民法院确认其效力。当事人请求履行调解协议、请求变更、撤销调解协议或者请求确认调解协议无效的,可以向人民法院提起诉讼。[②] (3)根据《民事诉讼法》第101条第1款第4项规定,当事人各方同意在调解协议上签名或者盖章后即发生法律效力的,经人民法院审查确认后,应当记入笔录或者将调解协议附卷,并由当事人、审判人员、书记员签名或者盖章后即具有法律效力。前款规定情形,当事人请求制作调解书的,人民法院审查确认后可以制作调解书送交当事人。当事人拒收调解书的,不影响调解协议的效力。[③]

2. 公证机关的确认。经行政机关、人民调解组织、商事调解组织、行业调解组织或者其他具有调解职能的组织对民事纠纷调解后达成的具有给付内容的协议,当事人可以按照《公证法》的规定申请公证机关依法赋予强制执行效力。债务人不履行或者不适当履行具有强制执行效力的公证文书的,债权人可以依法向有管辖权的人民法院申请执行。[④]

3. 当事人的共同确认。适用简易程序时,调解达成协议并经审判人员审核后,双方当事人同意该调解协议经双方签名或者按指印生效的,该调解协议自双

---

① 《最高人民法院关于建立健全诉讼与非诉讼相衔接的矛盾纠纷解决机制的若干意见》第11条。
② 《最高人民法院关于建立健全诉讼与非诉讼相衔接的矛盾纠纷解决机制的若干意见》第20条。
③ 《最高人民法院关于适用〈中华人民共和国民事诉讼法〉的解释》第151条。
④ 《最高人民法院关于建立健全诉讼与非诉讼相衔接的矛盾纠纷解决机制的若干意见》第12条。

方签名或者按指印之日起发生法律效力。当事人要求摘录或者复制该调解协议的，应予准许。调解协议符合前款规定，且不属于不需要制作调解书的，人民法院应当另行制作民事调解书。调解协议生效后一方拒不履行的，另一方可以持民事调解书申请强制执行。[①]

二、调解协议的裁定

1. 确认调解协议的裁定（确认）。（1）裁定驳回申请。经审查，调解协议有下列情形之一的，人民法院应当裁定驳回申请：①违反法律强制性规定的；②损害国家利益、社会公共利益、他人合法权益的；③违背公序良俗的；④违反自愿原则的；⑤内容不明确的；⑥其他不能进行司法确认的情形。[②]（2）确定调解协议的告知。调解协议损害他人利益的，人民法院应告知参与调解的当事人应当对涉及他人权利、义务的约定进行修正；发现调解协议有损他人利益的，不得确认该调解协议内容效力。[③]（3）作出（不予）确认决定书。审理后，人民法院经审查认为调解协议符合确认条件的，应当作出确认决定书；决定不予确认调解协议效力的，应当作出不予确认决定书。[④]（4）确认调解协议的时限。人民法院应当自受理司法确认申请之日起 15 日内作出是否确认的决定。因特殊情况需要延长的，经本院院长批准，可以延长 10 日。在人民法院作出是否确认的决定前，一方或者双方当事人撤回司法确认申请的，人民法院应当准许。[⑤]（5）确认调解协议申请的撤回。确认调解协议的裁定作出前，当事人撤回申请的，人民法院可以裁定准

---

① 《最高人民法院关于适用简易程序审理民事案件的若干规定》第 15 条。

② 《最高人民法院关于适用〈中华人民共和国民事诉讼法〉的解释》第 358 条。

另参见《最高人民法院关于人民调解协议司法确认程序的若干规定》第 7 条。

《最高人民法院关于建立健全诉讼与非诉讼相衔接的矛盾纠纷解决机制的若干意见》第 24 条规定："有下列情形之一的，人民法院不予确认调解协议效力：（一）违反法律、行政法规强制性规定的；（二）侵害国家利益、社会公共利益的；（三）侵害案外人合法权益的；（四）涉及是否追究当事人刑事责任的；（五）内容不明确，无法确认和执行的；（六）调解组织、调解员强迫调解或者有其他严重违反职业道德准则的行为的；（七）其他情形不应当确认的。当事人在违背真实意思的情况下签订调解协议，或者调解组织、调解员与案件有利害关系、调解显失公正的，人民法院对调解协议效力不予确认，但当事人明知存在上述情形，仍坚持申请确认的除外。"

《最高人民法院关于人民法院民事调解工作若干问题的规定》第 10 条规定："调解协议具有下列情形之一的，人民法院不予确认：（一）侵害国家利益、社会公共利益的；（二）侵害案外人利益的；（三）违背当事人真实意思的；（四）违反法律、行政法规禁止性规定的。"

③ 《法官行为规范》第 43 条。

④ 《最高人民法院关于人民调解协议司法确认程序的若干规定》第 8 条。

⑤ 《最高人民法院关于人民调解协议司法确认程序的若干规定》第 5 条。

许。当事人无正当理由未在限期内补充陈述、补充证明材料或者拒不接受询问的，人民法院可以按撤回申请处理。[①] (6)确认调解协议的生效。根据《民事诉讼法》第101条第1款第4项规定，当事人各方同意在调解协议上签名或者盖章后即发生法律效力的，经人民法院审查确认后，应当记入笔录或者将调解协议附卷，并由当事人、审判人员、书记员签名或者盖章后即具有法律效力。[②]

2. 调解协议裁定(确认)送达的效力。人民法院依法审查后，决定是否确认调解协议的效力。确认调解协议效力的决定送达双方当事人后发生法律效力，一方当事人拒绝履行的，另一方当事人可以依法申请人民法院强制执行。[③]

3. 调解协议裁定后的异议。适用特别程序作出的判决、裁定，当事人、利害关系人认为有错误的，可以向作出该判决、裁定的人民法院提出异议。人民法院经审查，异议成立或者部分成立的，作出新的判决、裁定撤销或者改变原判决、裁定；异议不成立的，裁定驳回。对人民法院作出的确认调解协议、准许实现担保物权的裁定，当事人有异议的，应当自收到裁定之日起15日内提出；利害关系人有异议的，自知道或者应当知道其民事权益受到侵害之日起6个月内提出。[④]

三、调解协议的变更

1. 当事人可以通过调解方式变更原调解协议或者达成新的调解协议。

2. 经行政机关、人民调解组织、商事调解组织、行业调解组织或者其他具有调解职能的组织调解达成的具有民事合同性质的协议，经调解组织和调解员签字盖章后，当事人可以申请有管辖权的人民法院确认其效力。当事人请求履行调解协议、请求变更、撤销调解协议或者请求确认调解协议无效的，可以向人民法院提起诉讼。[⑤]

---

① 《最高人民法院关于适用〈中华人民共和国民事诉讼法〉的解释》第357条。

② 《最高人民法院关于适用〈中华人民共和国民事诉讼法〉的解释》第151条。

③ 《最高人民法院关于建立健全诉讼与非诉讼相衔接的矛盾纠纷解决机制的若干意见》第25条。《最高人民法院关于人民调解协议司法确认程序的若干规定》第9条规定："人民法院依法作出确认决定后，一方当事人拒绝履行或者未全部履行的，对方当事人可以向作出确认决定的人民法院申请强制执行。"

④ 《最高人民法院关于适用〈中华人民共和国民事诉讼法〉的解释》第372条。

⑤ 《最高人民法院关于建立健全诉讼与非诉讼相衔接的矛盾纠纷解决机制的若干意见》第20条。

四、调解协议的撤销

案外人认为经人民法院确认的调解协议侵害其合法权益的，可以自知道或者应当知道权益被侵害之日起1年内，向作出确认决定的人民法院申请撤销确认决定。[1]

第七节　实现担保物权案件

担保物权，是指担保物权人在债务人不履行到期债务或者发生当事人约定的实现担保物权的情形，依法享有就担保财产优先受偿的权利，但是法律另有规定的除外。[2]

担保物权被人民法院判决依法确认后，担保权利人才可向人民法院申请强制执行。在强制执行程序中，再由人民法院聘请评估机构对担保财产进行评估，聘请拍卖公司拍卖担保财产。

申请实现担保物权的主体及管辖法院

第二百零三条　申请实现担保物权，由担保物权人以及其他有权请求实现担保物权的人依照民法典等法律，向担保财产所在地或者担保物权登记地基层人民法院提出。

本条明确申请实现担保物权的主体及管辖法院。本书仅就其进行阐释。

1. 实现担保物权申请的主体。申请主体是担保物权人以及其他有权请求实现担保物权的人，《民事诉讼法》第203条规定的担保物权人，包括抵押权人[3]、质

---

① 《最高人民法院关于人民调解协议司法确认程序的若干规定》第10条。

② 《民法典》第386条。

③ 《民法典》第394条规定："为担保债务的履行，债务人或者第三人不转移财产的占有，将该财产抵押给债权人的，债务人不履行到期债务或者发生当事人约定的实现抵押权的情形，债权人有权就该财产优先受偿。前款规定的债务人或者第三人为抵押人，债权人为抵押权人，提供担保的财产为抵押财产。"

权人[①]、留置权人[②];其他有权请求实现担保物权的人,包括抵押人、出质人、财产被留置的债务人或者所有权人等。[③]

2. 实现担保物权申请的管辖法院。(1)依照本条的规定,申请实现担保物权,向担保财产所在地或者担保物权登记地基层人民法院提出。[④] (2)实现票据、仓单、提单等有权利凭证的权利质权案件,可以由权利凭证持有人住所地人民法院管辖;无权利凭证的权利质权,由出质登记地人民法院管辖。[⑤] (3)实现担保物权案件属于海事法院等专门人民法院管辖的,由专门人民法院管辖。[⑥]

实现担保物权审查、裁定

第二百零四条　人民法院受理申请后,经审查,符合法律规定的,裁定拍卖、变卖担保财产,当事人依据该裁定可以向人民法院申请执行;不符合法律规定的,裁定驳回申请,当事人可以向人民法院提起诉讼。

本条明确实现担保物权审查、裁定。本书在此基础上进一步阐释两方面的内容。

一、担保物权申请案件的审理

1. 担保物权申请案件的申请。申请实现担保物权,应当提交下列材料:(1)申请书。申请书应当记明申请人、被申请人的姓名或者名称、联系方式等基本信息,具体的请求和事实、理由;(2)证明担保物权存在的材料,包括主合同、担保合同、抵押登记证明或者他项权利证书,权利质权的权利凭证或者质权出质登

---

① 《民法典》第425条规定:"为担保债务的履行,债务人或者第三人将其动产出质给债权人占有的,债务人不履行到期债务或者发生当事人约定的实现质权的情形,债权人有权就该动产优先受偿。前款规定的债务人或者第三人为出质人,债权人为质权人,交付的动产为质押财产。"

② 《民法典》第447条规定:"债务人不履行到期债务,债权人可以留置已经合法占有的债务人的动产,并有权就该动产优先受偿。前款规定的债权人为留置权人,占有的动产为留置财产。"

③ 《最高人民法院关于适用〈中华人民共和国民事诉讼法〉的解释》第359条。

《民法典》第437条第1款规定:"出质人可以请求质权人在债务履行期届满后及时行使质权;质权人不行使的,出质人可以请求人民法院拍卖、变卖质押财产。"第454条规定:"债务人可以请求留置权人在债务履行期限届满后行使留置权;留置权人不行使的,债务人可以请求人民法院拍卖、变卖留置财产。"

④ 由担保财产所在地法院管辖实现担保物权的案件,便于担保财产的查封、扣押。

⑤ 《最高人民法院关于适用〈中华人民共和国民事诉讼法〉的解释》第360条。

⑥ 《最高人民法院关于适用〈中华人民共和国民事诉讼法〉的解释》第361条。

记证明等;(3)证明实现担保物权条件成就的材料;(4)担保财产现状的说明;(5)人民法院认为需要提交的其他材料。[①]

2. 申请实现担保物权的受理。(1)同一债权的担保物有多个且所在地不同,申请人分别向有管辖权的人民法院申请实现担保物权的,人民法院应当依法受理。[②] (2)依照《民法典》第392条[③]的规定,被担保的债权既有物的担保又有人的担保,当事人对实现担保物权的顺序有约定,实现担保物权的申请违反该约定的,人民法院裁定不予受理;没有约定或者约定不明的,人民法院应当受理。[④]

3. 担保物权申请案件受理后的保全、担保。(1)人民法院受理申请后,申请人对担保财产提出保全申请的,可以按照《民事诉讼法》关于诉讼保全的规定办理。[⑤] (2)同一财产上设立多个担保物权,登记在先的担保物权尚未实现的,不影响后顺位的担保物权人向人民法院申请实现担保物权。[⑥]

4. 担保物权申请案件的申请书送达。人民法院受理申请后,应当在5日内向被申请人送达申请书副本、异议权利告知书等文书。被申请人有异议的,应当在收到人民法院通知后的5日内向人民法院提出,同时说明理由并提供相应的证据材料。[⑦]

5. 担保物权申请案件的审理。(1)实现担保物权案件可以由审判员一人独任审查。担保财产标的额超过基层人民法院管辖范围的,应当组成合议庭进行审查。[⑧] (2)人民法院审查实现担保物权案件,可以询问申请人、被申请人、利害关系人,必要时可以依职权调查相关事实。[⑨] (3)人民法院应当就主合同的效力、

---

① 《最高人民法院关于适用〈中华人民共和国民事诉讼法〉的解释》第365条。

② 《最高人民法院关于适用〈中华人民共和国民事诉讼法〉的解释》第362条。

③ 《民法典》第392条规定:"被担保的债权既有物的担保又有人的担保的,债务人不履行到期债务或者发生当事人约定的实现担保物权的情形,债权人应当按照约定实现债权;没有约定或者约定不明确,债务人自己提供物的担保的,债权人应当先就该物的担保实现债权;第三人提供物的担保的,债权人可以就物的担保实现债权,也可以请求保证人承担保证责任。提供担保的第三人承担担保责任后,有权向债务人追偿。"

④ 《最高人民法院关于适用〈中华人民共和国民事诉讼法〉的解释》第363条。

⑤ 《最高人民法院关于适用〈中华人民共和国民事诉讼法〉的解释》第371条。

⑥ 《最高人民法院关于适用〈中华人民共和国民事诉讼法〉的解释》第364条。

⑦ 《最高人民法院关于适用〈中华人民共和国民事诉讼法〉的解释》第366条。

⑧ 《最高人民法院关于适用〈中华人民共和国民事诉讼法〉的解释》第367条。

实现担保物权申请的审查。人民法院受理后进行的审查应当是形式审查,即审查担保物权是否符合《民法典》等法律的规定。

⑨ 《最高人民法院关于适用〈中华人民共和国民事诉讼法〉的解释》第368条。

期限、履行情况，担保物权是否有效设立、担保财产的范围、被担保的债权范围、被担保的债权是否已届清偿期等担保物权实现的条件，以及是否损害他人合法权益等内容进行审查。被申请人或者利害关系人提出异议的，人民法院应当一并审查。[①]

二、担保物权审查后的裁定

1. 人民法院审查后，按下列情形分别处理：(1)当事人对实现担保物权无实质性争议且实现担保物权条件成就的，裁定准许拍卖、变卖担保财产；(2)当事人对实现担保物权有部分实质性争议的，可以就无争议部分裁定准许拍卖、变卖[②]担保财产；(3)当事人对实现担保物权有实质性争议的，裁定驳回申请，并告知申请人向人民法院提起诉讼。[③]

2. 人民法院受理申请后，应当对担保物权人等的申请进行审查别情形，作出裁定。符合法律规定的，裁定拍卖、变卖担保财产。[④] 不符合法律规定的，裁定驳回申请，当事人可以向人民法院提起诉讼。

3. 适用特别程序作出的判决、裁定，当事人、利害关系人认为有错误的，可以向作出该判决、裁定的人民法院提出异议。人民法院经审查，异议成立或者部分成立的，作出新的判决、裁定撤销或者改变原判决、裁定；异议不成立的，裁定驳回。对人民法院作出的确认调解协议、准许实现担保物权的裁定，当事人有异议的，应当自收到裁定之日起15日内提出；利害关系人有异议的，自知道或者应当知道其民事权益受到侵害之日起6个月内提出。[⑤]

---

① 《最高人民法院关于适用〈中华人民共和国民事诉讼法〉的解释》第369条。

② 《民法典》第410条第2款规定："抵押权人与抵押人未就抵押权实现方式达成协议的，抵押权人可以请求人民法院拍卖、变卖抵押财产。"第454条规定："债务人可以请求留置权人在债务履行期限届满后行使留置权；留置权人不行使的，债务人可以请求人民法院拍卖、变卖留置财产。"

《民事诉讼法》第254条规定："财产被查封、扣押后，执行员应当责令被执行人在指定期间履行法律文书确定的义务。被执行人逾期不履行的，人民法院应当拍卖被查封、扣押的财产；不适于拍卖或者当事人双方同意不进行拍卖的，人民法院可以委托有关单位变卖或者自行变卖。国家禁止自由买卖的物品，交有关单位按照国家规定的价格收购。"

③ 《最高人民法院关于适用〈中华人民共和国民事诉讼法〉的解释》第370条。

④ 符合法律规定，主要指的是符合物权法的规定，即具备实现担保物权的条件，如债务是否确实发生、债务数额有无异议、担保物权是否生效、债务人的债务到期有无履行等。这些符合法律规定，意指具备实现担保物权的一切条件，人民法院应当裁定拍卖、变卖担保财产。

⑤ 《最高人民法院关于适用〈中华人民共和国民事诉讼法〉的解释》第372条。

第十六章　审判监督程序

审判监督程序，是指依据"有错必改"的人民司法精神，对于确有错误的确定民事裁判进行司法救济的审级外诉讼程序。[①] 审判监督程序是监督程序的一种。我国《民事诉讼法》规定的审判监督程序，既包括审判监督程序中人民法院决定再审、检察院抗诉引起再审、当事人申请再审，还包括案外人启动的再审。

本章共 16 条，对提起、审判监督程序等一系列问题作出了规定。

人民法院依职权提起再审

第二百零五条　各级人民法院院长对本院已经发生法律效力的判决、裁定、调解书，发现确有错误，认为需要再审的，应当提交审判委员会讨论决定。

最高人民法院对地方各级人民法院已经发生法律效力的判决、裁定、调解书，上级人民法院对下级人民法院已经发生法律效力的判决、裁定、调解书，发现确有错误的，有权提审或者指令下级人民法院再审。

本条明确人民法院依职权提起的再审。[②]

人民法院依职权提起的再审（又称审判监督型再审），是指具有审判监督职

---

① 洪冬英主编:《民事诉讼法学通论》(第 3 版)，北京大学出版社 2020 年版，第 308 页。

《宪法》第 127 条第 2 款规定:"监察机关办理职务违法和职务犯罪案件，应当与审判机关、检察机关、执法部门互相配合，互相制约。"

② 按照《人民法院组织法》和本条的规定，各级法院院长对本院的生效判决、裁定发现确有错误，在本院审判委员会确认并决定后，应当进入再审程序。同时，最高人民法院有权监督地方各级人民法院和专门人民法院的审判工作；上级人民法院有权监督下级人民法院的审判工作。对下级人民法院已经发生法律效力的判决、裁定，发现确有错误的，有权提审或者指令下级人民法院再审。

本条第 1 款是关于作出生效裁判的人民法院基于自我监督而对案件进行再审的规定。本条第 2 款是基于最高人民法院对地方各级人民法院审判工作的监督，以及上级人民法院对下级人民法院审判工作的监督而引起案件再审的规定。

责的人民法院及各级人民法院院长,在发现确定裁判确有错误时,依照法定程序提起的再审。[①] 本书在此基础上进一步阐释两方面的内容。

一、人民法院依职权提起再审的主要条件[②]

1. 启动主体。本条规定了发起再审程序的主体之一是人民法院,也可以概括为是人民法院依职权再审。其主要包括:(1)人民法院院长。各级人民法院院长对本院已经发生法律效力的判决、裁定、调解书,发现确有错误,认为需要再审的,应当提交审判委员会讨论决定。(2)最高人民法院和上级人民法院。①最高人民法院和上级人民法院对于自己发现的确有错误的确定裁判可以采用两种方法处理:提审或指令下级人民法院再审。其中,"提审",是指上级人民法院将下级人民法院的原审案件提上来由自己进行管辖和审理。指令再审,是指上级人民法院发现下级人民法院的确定裁判确有错误后,指令作出确定裁判的人民法院对案件进行重新审理。②上级人民法院发现下级人民法院已生效的民事制裁决定确有错误时,应及时予以纠正。纠正的方法,可以口头或者书面通知下级人民法院纠正,也可以使用决定书,撤销下级人民法院的决定。[③]

2. 确有错误。不管是对发生法律效力的判决、裁定还是调解书,提起再审的条件都是"确有错误"。其中,"确有错误"主要是指有《民事诉讼法》第 207 条[④]、第 208 条[⑤]规定的各种情形,也包括"第二审法院裁定按自动撤回上诉处理的案

① 洪冬英主编:《民事诉讼法学通论》(第 3 版),北京大学出版社 2020 年版,第 313 页。

② 洪冬英主编:《民事诉讼法学通论》(第 3 版),北京大学出版社 2020 年版,第 314 ~ 315 页。

③ 《最高人民法院关于呼和浩特市中级人民法院重复受理湖南凤凰园经济开发区丰景贸易公司与内蒙古工商银行华银公司钢材购销合同纠纷一案问题的函》。

④ 《民事诉讼法》第 207 条规定:"当事人的申请符合下列情形之一的,人民法院应当再审:(一)有新的证据,足以推翻原判决、裁定的;(二)原判决、裁定认定的基本事实缺乏证据证明的;(三)原判决、裁定认定事实的主要证据是伪造的;(四)原判决、裁定认定事实的主要证据未经质证的;(五)对审理案件需要的主要证据,当事人因客观原因不能自行收集,书面申请人民法院调查收集,人民法院未调查收集的;(六)原判决、裁定适用法律确有错误的;(七)审判组织的组成不合法或者依法应当回避的审判人员没有回避的;(八)无诉讼行为能力人未经法定代理人代为诉讼或者应当参加诉讼的当事人,因不能归责于本人或者其诉讼代理人的事由,未参加诉讼的;(九)违反法律规定,剥夺当事人辩论权利的;(十)未经传票传唤,缺席判决的;(十一)原判决、裁定遗漏或者超出诉讼请求的;(十二)据以作出原判决、裁定的法律文书被撤销或者变更的;(十三)审判人员审理该案件时有贪污受贿,徇私舞弊,枉法裁判行为的。"

⑤ 《民事诉讼法》第 208 条规定:"当事人对已经发生法律效力的调解书,提出证据证明调解违反自愿原则或者调解协议的内容违反法律的,可以申请再审。经人民法院审查属实的,应当再审。"

件，二审裁定确有错误的”情形。[①]

二、人民法院依职权提起再审的规则

1. 最高人民法院的审判监督。(1)最高人民法院有关业务庭审查后要求高级人民法院复查并报送复查结果的申诉或者申请再审案件，高级人民法院应当在限定的期限内进行复查并依法处理，对申诉人或者再审申请人作出书面答复，同时将复查结果报最高人民法院相关业务庭。[②] (2)最高人民法院有关业务庭调卷的案件，相关高级人民法院应当在限定的期限内将案件全部卷宗寄出。最高人民法院有关业务庭根据审判监督工作实际需要提出的其他要求，高级人民法院应当在限定期限内完成。如有特殊情况，高级人民法院无法按期完成上述案件复查、调卷或其他事宜的，应当在期限届满前向最高人民法院有关业务庭说明情况，并提出预期完成的时间。[③] (3)最高人民法院指令高级人民法院再审并发函指出问题的案件，高级人民法院在作出裁判后应当将裁判文书及时报送最高人民法院。[④] (4)最高人民法院各有关业务庭按照职责分工开展审判监督工作，均系代表最高人民法院行使审判监督职权。各高级人民法院承担审判监督任务的有关业务庭应当以高度负责的态度，各司其职，积极协助和配合最高人民法院有关业务庭搞好申诉和申请再审案件的相关工作和审判监督工作，不得因上下级法院业务部门不对口而推诿拖延。[⑤] (5)违反上述要求的，最高人民法院有关业务庭应当积极督办；经督办仍无改进的，最高人民法院将依照有关规定予以处理。[⑥]

2. 再审的提审。(1)人民法院依据《民事诉讼法》第205条第2款裁定再审的，应当提审。[⑦] (2)虽然符合《最高人民法院关于民事审判监督程序严格依法

---

① 《最高人民法院研究室关于第二审法院裁定按自动撤回上诉处理的案件，二审裁定确有错误，如何适用程序问题的答复》认为：“第二审法院裁定按自动撤回上诉处理的案件，二审裁定确有错误的，应当依照审判监督程序再审。”

② 《最高人民法院关于开展审判监督工作若干问题的通知》第1条。

③ 《最高人民法院关于开展审判监督工作若干问题的通知》第2条。

④ 《最高人民法院关于开展审判监督工作若干问题的通知》第3条。

⑤ 《最高人民法院关于开展审判监督工作若干问题的通知》第4条。

⑥ 《最高人民法院关于开展审判监督工作若干问题的通知》第5条。

⑦ 《最高人民法院关于民事审判监督程序严格依法适用指令再审和发回重审若干问题的规定》第2条第3款。

《最高人民法院关于受理审查民事申请再审案件的若干意见》第27条规定：“人民法院经审查认为申请再审事由成立的，一般应由本院提审。”

适用指令再审和发回重审若干问题的规定》第2条可以指令再审的条件，但有下列情形之一的，应当提审：①原判决、裁定系经原审人民法院再审审理后作出的；②原判决、裁定系经原审人民法院审判委员会讨论作出的；③原审审判人员在审理该案件时有贪污受贿，徇私舞弊，枉法裁判行为的；④原审人民法院对该案无再审管辖权的；⑤需要统一法律适用或裁量权行使标准的；⑥其他不宜指令原审人民法院再审的情形。[1] (3)人民法院依职权裁定再审的案件一律提审，没有任何例外规定。[2] (4)各级人民法院院长发现本院发生法律效力的再审裁判确有错误依法必须改判的，应当提出书面意见请示上一级人民法院，并附全部案卷。上一级人民法院一般应当提审，也可以指令该法院的其他同级人民法院再审。[3] (5)提审的裁定书应当包括以下内容：①申请再审人、被申请人及原审其他当事人基本情况；②原审法院名称、申请再审的生效裁判文书名称、案号；③裁定再审的法律依据；④裁定结果。裁定书由院长署名，加盖人民法院印章。[4]

3. 再审的指令再审。(1)最高人民法院、高级人民法院审查的下列案件，可以指令原审法院再审：①依据《民事诉讼法》第207条第1款第8项至第13项事由提起再审的；②因违反法定程序可能影响案件正确判决、裁定提起再审的；③上一级法院认为其他应当指令原审法院再审的。[5] (2)指令再审的裁定书应当包括以下内容：①申请再审人、被申请人及原审其他当事人基本情况；②原审法院名称、申请再审的生效裁判文书名称、案号；③裁定再审的法律依据；④裁定结果。裁定书由院长署名，加盖人民法院印章。[6]

---

① 《最高人民法院关于民事审判监督程序严格依法适用指令再审和发回重审若干问题的规定》第3条。

《规范指令再审和发回重审提高审判监督质量效率——最高人民法院审判监督庭负责人答记者问》指出，《最高人民法院关于民事审判监督程序严格依法适用指令再审和发回重审若干问题的规定》第2条在坚持提审原则的基础上，对指令再审开了范围较小、界定清晰的"口子"，第3条则对开的小"口子"进一步收紧。规定了6种情形，《最高人民法院关于民事审判监督程序严格依法适用指令再审和发回重审若干问题的规定》排除了指令再审的适用。

② 《规范指令再审和发回重审提高审判监督质量效率——最高人民法院审判监督庭负责人答记者问》。

③ 《最高人民法院关于正确适用〈关于人民法院对民事案件发回重审和指令再审有关问题的规定〉的通知》第4条。

④ 《最高人民法院关于受理审查民事申请再审案件的若干意见》第29条。

⑤ 《最高人民法院关于受理审查民事申请再审案件的若干意见》第28条。

⑥ 《最高人民法院关于受理审查民事申请再审案件的若干意见》第29条。

当事人申请的再审

第二百零六条　当事人对已经发生法律效力的判决、裁定，认为有错误的，可以向上一级人民法院申请再审；当事人一方人数众多或者当事人双方为公民的案件，也可以向原审人民法院申请再审。当事人申请再审的，不停止判决、裁定的执行。

本条明确当事人申请的再审。本书在此基础上进一步阐释两方面的内容。

一、当事人申请再审的条件[①]

1. 申请主体必须合法。其中，《民事诉讼法》第206条规定的人数众多[②]的一方当事人，包括公民、法人和其他组织。[③]《民事诉讼法》第206条规定的当事人双方为公民的案件，是指原告和被告均为公民的案件。[④]

2. 申请对象是确有错误的确定裁判，以及违反自愿原则或者内容违法的调解书。

3. 申请必须在法定期限内提出。

4. 应当向有管辖权的人民法院提出申请。

5. 再审申请采用书面形式提交。

6. 再审必须符合法定的事实和理由。

二、当事人申请再审的适用规则

1. 当事人申请再审不予受理的范围。当事人申请再审，有下列情形之一的，人民法院不予受理：(1)再审申请被驳回后再次提出申请的；(2)对再审判决、裁定提出申请的；(3)在人民检察院对当事人的申请作出不予提出再审检察建议或者抗诉决定后又提出申请的。[⑤]

2. 当事人申请再审的管辖法院。当事人对已经发生法律效力的判决、裁定，

---

① 洪冬英主编：《民事诉讼法学通论》(第3版)，北京大学出版社2020年版，第315～317页。

② 《最高人民法院关于适用〈中华人民共和国民事诉讼法〉的解释》第75条规定："民事诉讼法第五十六条、第五十七条和第二百零六条规定的人数众多，一般指十人以上。"

③ 《最高人民法院关于适用〈中华人民共和国民事诉讼法〉的解释》第374条第1款。

④ 《最高人民法院关于适用〈中华人民共和国民事诉讼法〉的解释》第374条第2款。

⑤ 《最高人民法院关于适用〈中华人民共和国民事诉讼法〉的解释》第381条第1款。

认为有错误的,可以向上一级人民法院申请再审;当事人一方人数众多或者当事人双方为自然人的案件,也可以向原审人民法院申请再审。[①]

3. 当事人申请再审的告知。(1)申请再审人向原审法院申请再审的,原审法院应针对申请再审事由并结合原裁判理由作好释明工作。申请再审人坚持申请再审的,告知其可以向上一级法院提出。[②] (2)申请再审人越级申请再审的,有关上级法院应告知其向原审法院的上一级法院提出。[③] (3)人民法院认为再审申请不符合《民事诉讼法》第212条规定的期间要求的,应告知申请再审人。申请再审人认为未超过法定期间的,人民法院可以限期要求其提交生效裁判文书的送达回证复印件或其他能够证明裁判文书实际生效日期的相应证据材料。[④]

4. 当事人申请再审的决定。当事人主张的再审事由成立,且符合《民事诉讼法》和《最高人民法院关于适用〈中华人民共和国民事诉讼法〉的解释》规定的申请再审条件的,人民法院应当裁定再审。[⑤]

5. 当事人申请再审的驳回。当事人主张的再审事由不成立,或者当事人申请再审超过法定申请再审期限、超出法定再审事由范围等不符《民事诉讼法》和《最高人民法院关于适用〈中华人民共和国民事诉讼法〉的解释》规定的申请再审条件的,人民法院应当裁定驳回再审申请。[⑥]

6. 具体纠纷案件的当事人申请再审。(1)当事人死亡或者终止的,其权利义务承继者可以根据《民事诉讼法》第206条、第208条的规定申请再审。[⑦] (2)当事人就离婚案件中的财产分割问题申请再审,如涉及判决中已分割的财产,人民法院应当依照《民事诉讼法》第207条的规定进行审查,符合再审条件的,应当裁定再审;如涉及判决中未作处理的夫妻共同财产,应当告知当事人另行起诉。[⑧]

---

① 当事人认为已经发生法律效力的判决、裁定有错误,向上一级人民法院申请再审是一般原则。只有在当事人一方人数众多或当事人双方为自然人案件的情况下,才可以向原审人民法院申请再审。

② 《最高人民法院关于受理审查民事申请再审案件的若干意见》第7条。

③ 《最高人民法院关于受理审查民事申请再审案件的若干意见》第8条。

④ 《最高人民法院关于受理审查民事申请再审案件的若干意见》第9条。

⑤ 《最高人民法院关于适用〈中华人民共和国民事诉讼法〉的解释》第393条第1款。

⑥ 《最高人民法院关于适用〈中华人民共和国民事诉讼法〉的解释》第393条第2款。

⑦ 《最高人民法院关于适用〈中华人民共和国民事诉讼法〉的解释》第373条第1款。

⑧ 《最高人民法院关于适用〈中华人民共和国民事诉讼法〉的解释》第380条。

当事人申请再审的情形

第二百零七条　当事人的申请符合下列情形之一的，人民法院应当再审：

（一）有新的证据，足以推翻原判决、裁定的；

（二）原判决、裁定认定的基本事实缺乏证据证明的；

（三）原判决、裁定认定事实的主要证据是伪造的；

（四）原判决、裁定认定事实的主要证据未经质证的；

（五）对审理案件需要的主要证据，当事人因客观原因不能自行收集，书面申请人民法院调查收集，人民法院未调查收集的；

（六）原判决、裁定适用法律确有错误的；

（七）审判组织的组成不合法或者依法应当回避的审判人员没有回避的；

（八）无诉讼行为能力人未经法定代理人代为诉讼或者应当参加诉讼的当事人，因不能归责于本人或者其诉讼代理人的事由，未参加诉讼的；

（九）违反法律规定，剥夺当事人辩论权利的；

（十）未经传票传唤，缺席判决的；

（十一）原判决、裁定遗漏或者超出诉讼请求的；

（十二）据以作出原判决、裁定的法律文书被撤销或者变更的；

（十三）审判人员审理该案件时有贪污受贿，徇私舞弊，枉法裁判行为的。

本条明确当事人申请再审的情形。本书仅就其进行阐释。

本书在当事人申请再审的13种情形的基础上，补充两项规则。①

1. 有新的证据，足以推翻原判决、裁定的。（1）再审申请人提供的新的证据，

---

① 本条没有规定“违反法律规定，管辖错误”“对违反法定程序可能影响案件正确判决、裁定的情形”，是基于如下考虑：第一，因管辖问题导致案件有错误的，一般都表现为判决、裁定认定的事实和适用的法律是错误的，同时，《民事诉讼法》规定了管辖异议和上诉纠错机制。第二，司法实践表明，本条列举情形已经比较全面，审判过程中的细微程序性错误，没有必要启动再审程序。

能够证明原判决、裁定认定基本事实或者裁判结果错误的，应当认定为《民事诉讼法》第207条第1项规定的情形。对于符合前款规定的证据，人民法院应当责令再审申请人说明其逾期提供该证据的理由；拒不说明理由或者理由不成立的，依照《民事诉讼法》第68条第2款[①]和《最高人民法院关于适用〈中华人民共和国民事诉讼法〉的解释》第102条[②]的规定处理。[③]（2）再审申请人证明其提交的新的证据符合下列情形之一的，可以认定逾期提供证据的理由成立：①在原审庭审结束前已经存在，因客观原因于庭审结束后才发现的；②在原审庭审结束前已经发现，但因客观原因无法取得或者在规定的期限内不能提供的；③在原审庭审结束后形成，无法据此另行提起诉讼的。再审申请人提交的证据在原审中已经提供，原审人民法院未组织质证且未作为裁判根据的，视为逾期提供证据的理由成立，但原审人民法院依照《民事诉讼法》第68条规定不予采纳的除外。[④]

2. 原判决、裁定认定的基本事实缺乏证据证明的。（1）有下列情形之一的，应当认定为《民事诉讼法》第207条第2项规定的“认定的基本事实缺乏证据证明”：①认定的基本事实没有证据支持，或者认定的基本事实所依据的证据虚假、缺乏证明力的；②认定的基本事实所依据的证据不合法的；③对基本事实的认定违反逻辑推理或者日常生活法则的；④认定的基本事实缺乏证据证明的其他情形。[⑤]（2）申请再审人在原审中依法申请鉴定、勘验，原审人民法院应当准许而未予准许，且未经鉴定、勘验可能影响案件基本事实的，可以依据《民事诉讼法》第

---

① 《民事诉讼法》第68条第2款规定：“人民法院根据当事人的主张和案件审理情况，确定当事人应当提供的证据及其期限。当事人在该期限内提供证据确有困难的，可以向人民法院申请延长期限，人民法院根据当事人的申请适当延长。当事人逾期提供证据的，人民法院应当责令其说明理由；拒不说明理由或者理由不成立的，人民法院根据不同情形可以不予采纳该证据，或者采纳该证据但予以训诫、罚款。”

② 《最高人民法院关于适用〈中华人民共和国民事诉讼法〉的解释》第102条规定：“当事人因故意或者重大过失逾期提供的证据，人民法院不予采纳。但该证据与案件基本事实有关的，人民法院应当采纳，并依照民事诉讼法第六十八条、第一百一十八条第一款的规定予以训诫、罚款。当事人非因故意或者重大过失逾期提供的证据，人民法院应当采纳，并对当事人予以训诫。当事人一方要求另一方赔偿因逾期提供证据致使其增加的交通、住宿、就餐、误工、证人出庭作证等必要费用的，人民法院可予支持。”

③ 《最高人民法院关于适用〈中华人民共和国民事诉讼法〉的解释》第385条。

④ 《最高人民法院关于适用〈中华人民共和国民事诉讼法〉的解释》第386条。

⑤ 《人民检察院民事诉讼监督规则》第77条。

判决、裁定认定的基本事实缺乏证据证明，违反了《民事诉讼法》对人民法院审理案件的基本要求，也就足以构成再审的条件。《民事诉讼法》明确要求人民法院应当按照法定程序全面、客观地审查核实证据，而全面地收集证据是保证案件正确审理的前提条件。

207 条第 2 项的规定审查处理。① (3)申请再审人申请人民法院委托鉴定、勘验,并请求以鉴定结论、勘验笔录作为新证据申请再审的,不予支持。②

3. 原判决、裁定认定事实的主要证据是伪造的。伪造证据的行为属于严重妨害民事诉讼的行为,理应受到法律规定的惩罚。③

4. 原判决、裁定认定事实的主要证据未经质证的。(1)按照《民事诉讼法》的规定,无论是公开审理还是不公开审理的案件,证据都必须在法庭上出示,并由当事人互相质证,查明证据的真伪,从而作为认定事实的根据。④ (2)当事人对原判决、裁定认定事实的主要证据在原审中拒绝发表质证意见或者质证中未对证据发表质证意见的,不属于《民事诉讼法》第 207 条第 4 项规定的未经质证的情形。⑤

5. 对审理案件需要的主要证据,当事人因客观原因不能自行收集,书面申请人民法院调查收集,人民法院未调查收集的。(1)《民事诉讼法》第 207 条第 5 项规定的"对审理案件需要的主要证据",是指人民法院认定案件基本事实所必须的证据。⑥ (2)当事人及其诉讼代理人因客观原因不能自行收集的证据,或者人民法院认为审理案件需要的证据,人民法院应当调查收集。⑦

6. 原判决、裁定适用法律确有错误的。这里的"适用法律"包括适用法律、法规或司法解释。有下列情形之一,导致判决、裁定结果错误的,应当认定为《民事诉讼法》第 207 条第 6 项规定的原判决、裁定适用法律确有错误:(1)适用的法律与案件性质明显不符的;(2)确定民事责任明显违背当事人约定或者法律规定的;(3)适用已经失效或者尚未施行的法律的;(4)违反法律溯及力规定的;

---

① 《最高人民法院第一次全国民事再审审查工作会议纪要》第 21 条第 2 款。

② 《最高人民法院第一次全国民事再审审查工作会议纪要》第 21 条第 1 款。

③ 《民事诉讼法》第 114 条规定:"诉讼参与人或者其他人有下列行为之一的,人民法院可以根据情节轻重予以罚款、拘留;构成犯罪的,依法追究刑事责任:(一)伪造、毁灭重要证据,妨碍人民法院审理案件的……"

④ 质证是对证据查证属实的必要手段,法律设立质证规则的目的是从程序上保证查明证据的真实性。

⑤ 《最高人民法院关于适用〈中华人民共和国民事诉讼法〉的解释》第 387 条。

⑥ 《最高人民法院关于适用〈中华人民共和国民事诉讼法〉审判监督程序若干问题的解释》第 9 条。

⑦ 《民事诉讼法》第 67 条第 2 款。

(5)违反法律适用规则的;(6)明显违背立法原意的。[①]

7. 审判组织的组成不合法或者依法应当回避的审判人员没有回避的。(1)审判组织的组成不合法,应再审。有下列情形之一的,应当认定为《民事诉讼法》第207条第7项规定的“审判组织的组成不合法”:①应当组成合议庭审理的案件独任审判的;②人民陪审员参与第二审案件审理的;③再审、发回重审的案件没有另行组成合议庭的;④审理案件的人员不具有审判资格的;⑤审判组织或者人员不合法的其他情形。[②] (2)当事人有权申请审判人员回避,在法律规定的情形下,审判人员应当主动回避,[③]否则即使作出了发生法律效力的判决、裁定,也要面临再审。(3)申请再审人能够在一审答辩期间提出管辖权异议而未提出,判决、裁定生效后又依照《民事诉讼法》第207条第7项申请再审的,不予支持。但违反专属管辖规定的除外。[④]

8. 无诉讼行为能力人未经法定代理人代为诉讼或者应当参加诉讼的当事人,因不能归责于本人或者其诉讼代理人的事由,未参加诉讼的。(1)无诉讼行为能力人由他的监护人作为法定代理人代为诉讼。[⑤] (2)必须共同进行诉讼的当

① 《最高人民法院关于适用〈中华人民共和国民事诉讼法〉的解释》第388条。

《人民检察院民事诉讼监督规则》第78条规定:“有下列情形之一,导致判决、裁定结果错误的,应当认定为民事诉讼法第二百零七条第六项规定的原判决、裁定适用法律确有错误:(一)适用的法律与案件性质明显不符的;(二)确定民事责任明显违背当事人约定或者法律规定的;(三)适用已经失效或者尚未施行的法律的;(四)违反法律溯及力规定的;(五)违反法律适用规则的;(六)明显违背立法原意的。”

② 《人民检察院民事诉讼监督规则》第79条。

《最高人民法院第一次全国民事再审审查工作会议纪要》第25条规定:“有下列情形之一的,应当认定为民事诉讼法第一百七十九条第一款第(八)项规定的审判组织的组成不合法的情形:(1)人民陪审员独任审理的;(2)应当组成合议庭审理的案件采用独任制审理的;(3)合议庭成员曾参加同一案件一审、二审或者再审程序审理的;(4)参加开庭的审判组织成员与参加合议、在判决书、裁定书上署名的审判组织成员不一致的,但依法变更审判组织成员的除外;(5)变更审判组织成员未依法告知当事人的;(6)其他属于审判组织不合法的情形。”(此处适用的是2007年《民事诉讼法》,本条规定中的《民事诉讼法》第179条参见2021年《民事诉讼法》第207条。)

③ 《民事诉讼法》第47条规定:“审判人员有下列情形之一的,应当自行回避,当事人有权用口头或者书面方式申请他们回避:(一)是本案当事人或者当事人、诉讼代理人近亲属的;(二)与本案有利害关系的;(三)与本案当事人、诉讼代理人有其他关系,可能影响对案件公正审理的。审判人员接受当事人、诉讼代理人请客送礼,或者违反规定会见当事人、诉讼代理人的,当事人有权要求他们回避。审判人员有前款规定的行为的,应当依法追究法律责任。前三款规定,适用于书记员、翻译人员、鉴定人、勘验人。”

④ 《最高人民法院第一次全国民事再审审查工作会议纪要》第24条。

⑤ 《民事诉讼法》第60条。

事人没有参加诉讼的，人民法院应当通知其参加诉讼。[①] (3)接收通知的当事人因为其自身或者其诉讼代理人的故意或者过失，没有按照通知要求在诉讼中出现并主张自身权利的，就要为自己的不当行为承担责任，不能以自己没有参加为借口申请人民法院进行再审。(4)必须共同进行诉讼的当事人因不能归责于本人或者其诉讼代理人的事由未参加诉讼的，可以根据《民事诉讼法》第207条第8项规定，自知道或者应当知道之日起6个月内申请再审，但符合《最高人民法院关于适用〈中华人民共和国民事诉讼法〉的解释》第421条[②]规定情形的除外。人民法院因前款规定的当事人申请而裁定再审，按照第一审程序再审的，应当追加其为当事人，作出新的判决、裁定；按照第二审程序再审，经调解不能达成协议的，应当撤销原判决、裁定，发回重审，重审时应追加其为当事人。[③] (5)案外人不是必要的共同诉讼当事人的，人民法院仅审理原判决、裁定、调解书对其民事权益造成损害的内容。经审理，再审请求成立的，撤销或者改变原判决、裁定、调解书；再审请求不成立的，维持原判决、裁定、调解书。[④]

9. 违反法律规定，剥夺当事人辩论权利的。(1)剥夺当事人的辩论权利，一般涉及案件审理过程中的以下情形：①在案件审理前的准备阶段，没有给被告进行书面答辩的权利。人民法院没有给被告进行书面答辩的权利，则属于剥夺了被告的辩论权利。[⑤] ②人民法院在开庭审理阶段没有经过辩论程序，而是在法庭

① 《民事诉讼法》第135条。

这样的情况包括：(1)人民法院应当通知却未作通知；(2)人民法院虽然发出了通知，却有其他当事人从中隐匿、破坏甚至勾结其他人制造通知已经被收到的假象等。应当参加诉讼的当事人没有参加诉讼会直接造成诉讼主体缺失，影响对相应权利义务关系的正确判断，有必要通过再审来纠正。

② 《最高人民法院关于适用〈中华人民共和国民事诉讼法〉的解释》第421条规定："根据民事诉讼法第二百三十四条规定，案外人对驳回其执行异议的裁定不服，认为原判决、裁定、调解书内容错误损害其民事权益的，可以自执行异议裁定送达之日起六个月内，向作出原判决、裁定、调解书的人民法院申请再审。"

③ 《最高人民法院关于适用〈中华人民共和国民事诉讼法〉的解释》第420条。

《最高人民法院关于适用〈中华人民共和国民事诉讼法〉的解释》第422条第1款规定："根据民事诉讼法第二百三十四条规定，人民法院裁定再审后，案外人属于必要的共同诉讼当事人的，依照本解释第四百二十条第二款规定处理。"

④ 《最高人民法院关于适用〈中华人民共和国民事诉讼法〉的解释》第422条第2款。

⑤ 被告提出答辩状是被告行使辩论权的体现，《民事诉讼法》第128条规定，人民法院应当在立案之日起5日内将起诉状副本发送被告，被告应当在收到之日起15日内提出答辩状。被告不提出答辩状的，不影响人民法院审理。

调查之后,径行作出了判决。[①] (2)原审开庭过程中有下列情形之一的,应当认定为《民事诉讼法》第207条第9项规定的剥夺当事人辩论权利:①不允许当事人发表辩论意见的;②应当开庭审理而未开庭审理的;③违反法律规定送达起诉状副本或者上诉状副本,致使当事人无法行使辩论权利的;④违法剥夺当事人辩论权利的其他情形。[②]

10. 未经传票传唤,缺席判决的。《民事诉讼法》第139条规定,人民法院审理民事案件,应当在开庭3日前通知当事人和其他诉讼参与人。如果在第一审普通程序和第二审程序中,人民法院没有在开庭前3日通知当事人参加庭审,特别是未以传票的形式通知被告出庭应诉,就作出了缺席判决,则被告可以申请对此案进行再审,接受再审申请的人民法院在审查以后,查证属实的,应当裁定进行再审。[③]

11. 原判决、裁定遗漏或者超出诉讼请求的。(1)原则上人民法院应当在当事人提出的诉讼请求的范围内审理案件,不能超出当事人的诉讼请求作出判决、裁定。[④] (2)尊重当事人的处分原则不仅是人民法院审理民事案件的一个原则,也是仲裁机构仲裁民事案件的准则。[⑤] (3)《民事诉讼法》第207条第11项规定的诉讼请求,包括一审诉讼请求、二审上诉请求,但当事人未对一审判决、裁定遗漏或者超出诉讼请求提起上诉的除外。[⑥] (4)《民事诉讼法》第207条第12项规

---

① 《民事诉讼法》第12条规定:"人民法院审理民事案件时,当事人有权进行辩论。"

② 《最高人民法院关于适用〈中华人民共和国民事诉讼法〉的解释》第389条。

《人民检察院民事诉讼监督规则》第80条规定:"有下列情形之一的,应当认定为《中华人民共和国民事诉讼法》第二百条第九项规定的'违反法律规定,剥夺当事人辩论权利':(一)不允许或者严重限制当事人行使辩论权利的;(二)应当开庭审理而未开庭审理的;(三)违反法律规定送达起诉状副本或者上诉状副本,致使当事人无法行使辩论权利的;(四)违法剥夺当事人辩论权利的其他情形。"(此处适用的是2017年《民事诉讼法》,本条规定中的第200条参见2021年《民事诉讼法》第207条。)

③ 《民事诉讼法》第147条明确规定,只有在被告经传票传唤,无正当理由拒不到庭,或者未经法庭许可中途退庭的情况下,人民法院才能缺席判决。

④ 当事人的处分原则是民事诉讼法的基本原则之一,原告是否提出某些诉讼请求,是原告处分自己民事权利和诉讼权利的体现;被告是否反诉,也是被告处分自己民事权利和诉讼权利的体现。

⑤ 《民事诉讼法》和《仲裁法》均规定,仲裁裁决的事项不属于仲裁协议的范围或者仲裁委员会无权仲裁的,人民法院可以裁定不予执行,当事人可以申请撤销该仲裁裁决。有一点需要明确的是,人民法院或者仲裁机构在当事人明确提出的请求之外,认定合同无效,不属于超出当事人的诉讼请求,而是体现了国家对违反法律强制性规定以及公序良俗的合同的干预。

⑥ 《最高人民法院关于适用〈中华人民共和国民事诉讼法〉的解释》第390条。

定的法律文书包括:①发生法律效力的判决书、裁定书、调解书;②发生法律效力的仲裁裁决书;③具有强制执行效力的公证债权文书。[①]

12. 据以作出原判决、裁定的法律文书被撤销或者变更的。(1)民事案件是以另一民事案件的审理结果作为依据而作出的判决。另一个民事案件的判决、裁定后来依照法定程序被撤销或者变更,则之前以这些判决、裁定作为依据所作判决、裁定也应当相应地被撤销或者变更。人民法院经查证属实后,应当裁定再审。(2)原判决、裁定对基本事实和案件性质的认定系根据其他法律文书作出,而上述其他法律文书被撤销或变更的,人民法院可以认定为《民事诉讼法》第 207 条第 12 项规定的情形。[②]

13. 审判人员在审理该案件时有贪污受贿,徇私舞弊,枉法裁判行为的。《民事诉讼法》第 207 条第 13 项规定的审判人员审理该案件时有贪污受贿、徇私舞弊、枉法裁判行为,是指已经由生效刑事法律文书或者纪律处分决定所确认的行为。[③]

14. 违反法定程序可能影响案件正确判决、裁定的情形的。“人民法院违反法定程序,可能影响案件正确判决、裁定的”即违反法定程序作为抗诉条件,需要达到可能影响案件正确裁判的程度,包括审判员、书记员、勘验人员和鉴定人员应回避而未回避的、未依法开庭而作出裁判的、普通程序的案件未经传票传唤当事人而缺席判决等情况。

15. 当事人认为发生法律效力的不予受理、驳回起诉的裁定错误的,可以申请再审。[④]

同时规定,适用特别程序、督促程序、公示催告程序、破产程序等非讼程序审

---

① 《最高人民法院关于适用〈中华人民共和国民事诉讼法〉的解释》第 391 条。

② 《最高人民法院关于适用〈中华人民共和国民事诉讼法〉审判监督程序若干问题的解释》第 10 条。

③ 《最高人民法院关于适用〈中华人民共和国民事诉讼法〉的解释》第 392 条。

《民事诉讼法》第 46 条规定:“审判人员应当依法秉公办案。审判人员不得接受当事人及其诉讼代理人请客送礼。审判人员有贪污受贿,徇私舞弊,枉法裁判行为的,应当追究法律责任;构成犯罪的,依法追究刑事责任。”(这些行为会直接影响到审判结果的公平性)

④ 《最高人民法院关于适用〈中华人民共和国民事诉讼法〉的解释》第 379 条。

理的案件,当事人不得申请再审。[①]

对调解书的再审

第二百零八条　当事人对已经发生法律效力的调解书,提出证据证明调解违反自愿原则或者调解协议的内容违反法律的,可以申请再审。经人民法院审查属实的,应当再审。

本条明确对调解书[②]的再审。[③] 本书仅就其进行阐释。

1. 对调解书再审的情形。(1)调解违反自愿原则。①强迫当事人进行调解。[④] ②强迫一方当事人或者双方当事人接受。③变相强迫当事人接受调解协议内容的行为。如法庭辩论中,久调不决。[⑤] (2)调解协议的内容违反法律。调解协议的内容应当符合实体法的规定,不得违反法律强制性规定。[⑥]

2. 对调解书再审的提起。当事人对已经发生法律效力的调解书申请再审,应当在调解书发生法律效力后6个月内提出。[⑦]

3. 人民法院对调解书申请再审的审查,基本是比照适用关于判决、裁定申请再审的相关规定。

4. 对调解书再审的处理。人民法院对调解书裁定再审后,按照下列情形分别处理:(1)当事人提出的调解违反自愿原则的事由不成立,且调解书的内容不

---

① 《最高人民法院关于适用〈中华人民共和国民事诉讼法〉的解释》第378条。

② 调解书是由人民法院制作的,记载当事人双方协商、共同达成协议的法律文书。《民事诉讼法》第100条规定:"调解达成协议,人民法院应当制作调解书。调解书应当写明诉讼请求、案件的事实和调解结果。调解书由审判人员、书记员署名,加盖人民法院印章,送达双方当事人。调解书经双方当事人签收后,即具有法律效力。"

③ 调解书经双方当事人签收后,即具有法律效力,对第一审程序中作出的调解书而言,调解书生效后,当事人不能上诉。但是有时调解是违反自愿原则的,调解协议是违法达成的,对不合法的调解书,应当给当事人救济。

④ 《民事诉讼法》第96条规定:"人民法院审理民事案件,根据当事人自愿的原则,在事实清楚的基础上,分清是非,进行调解。"

⑤ 《民事诉讼法》第145条规定:"法庭辩论终结,应当依法作出判决。判决前能够调解的,还可以进行调解,调解不成的,应当及时判决。"

⑥ 《民事诉讼法》第99条规定:"调解达成协议,必须双方自愿,不得强迫。调解协议的内容不得违反法律规定。"

⑦ 《最高人民法院关于适用〈中华人民共和国民事诉讼法〉的解释》第382条。

违反法律强制性规定的，裁定驳回再审申请；(2)人民检察院抗诉或者再审检察建议所主张的损害国家利益、社会公共利益的理由不成立的，裁定终结再审程序。前款规定情形，人民法院裁定中止执行的调解书需要继续执行的，自动恢复执行。①

离婚的判决或者调解书不得申请再审

第二百零九条　当事人对已经发生法律效力的解除婚姻关系的判决、调解书，不得申请再审。

本条明确决定离婚的判决或者调解书不得申请再审。本书仅就其进行阐释。

1. 调解书与判决书具有同等法律效力，对解除婚姻关系的调解书也不得申请再审。②

2. 当事人可以对离婚判决或者离婚调解书中的财产分割问题申请再审。对涉及判决中未作处理的夫妻共同财产，人民法院应告知当事人另行起诉。

申请再审申请书等材料

第二百一十条　当事人申请再审的，应当提交再审申请书等材料。人民法院应当自收到再审申请书之日起五日内将再审申请书副本发送对方当事人。对方当事人应当自收到再审申请书副本之日起十五日内提交书面意见；不提交书面意见的，不影响人民法院审查。人民法院可以要求申请人和对方当事人补充有关材料，询问有关事项。

---

① 《最高人民法院关于适用〈中华人民共和国民事诉讼法〉的解释》第407条。

《最高人民法院关于适用〈中华人民共和国民事诉讼法〉审判监督程序若干问题的解释》第28条规定："人民法院以调解方式审结的案件裁定再审后，经审理发现申请再审人提出的调解违反自愿原则的事由不成立，且调解协议的内容不违反法律强制性规定的，应当裁定驳回再审申请，并恢复原调解书的执行。"

② 人民法院作出解除婚姻关系的判决或者调解书，男或女任何一方都可以与他人再婚。根据《民法典》第1083条的规定，离婚后，男女双方自愿恢复婚姻关系的，可以到婚姻登记机关重新进行结婚登记。因此，一方以感情未破裂为由，申请对离婚判决进行再审也没有任何意义。

本条明确当事人申请再审申请书等材料。

当事人申请再审是法律赋予当事人的一项诉讼权利，但当事人要启动再审程序，有义务提交再审申请书等材料。本书仅就当事人提交再审申请书等材料进行阐释。

1. 申请再审的申请材料。(1)当事人或案外人申请再审，应当提交再审申请书等材料，并按照被申请人及原审其他当事人人数提交再审申请书副本。① (2)当事人申请再审，应当提交下列材料：①再审申请书，并按照被申请人和原审其他当事人的人数提交副本；②再审申请人是自然人的，应当提交身份证明；再审申请人是法人或者其他组织的，应当提交营业执照、组织机构代码证书、法定代表人或者主要负责人身份证明书。委托他人代为申请的，应当提交授权委托书和代理人身份证明；③原审判决书、裁定书、调解书；④反映案件基本事实的主要证据及其他材料。②《最高人民法院关于受理审查民事申请再审案件的若干意见》第3条第2项、第3项、第4项规定的材料可以是与原件核对无异的复印件。(3)请再审人提交的再审申请书或者其他材料不符合本解释《最高人民法院关于适用〈中华人民共和国民事诉讼法〉审判监督程序若干问题的解释》第3条③、第4条④的规定，

① 《最高人民法院关于受理审查民事申请再审案件的若干意见》第1条。

② 《最高人民法院关于适用〈中华人民共和国民事诉讼法〉的解释》第375条第1款。

《最高人民法院关于适用〈中华人民共和国民事诉讼法〉审判监督程序若干问题的解释》第4条规定："当事人申请再审，应当向人民法院提交已经发生法律效力的判决书、裁定书、调解书，身份证明及相关证据材料。"

《最高人民法院关于受理审查民事申请再审案件的若干意见》第3条规定："申请再审人申请再审，除应提交符合前条规定的再审申请书外，还应当提交以下材料：(一)申请再审人是自然人的，应提交身份证明复印件；申请再审人是法人或其他组织的，应提交营业执照复印件、法定代表人或主要负责人身份证明书。委托他人代为申请的，应提交授权委托书和代理人身份证明；(二)申请再审的生效裁判文书原件，或者经核对无误的复印件；生效裁判系二审、再审裁判的，应同时提交一审、二审裁判文书原件，或者经核对无误的复印件；(三)在原审诉讼过程中提交的主要证据复印件；(四)支持申请再审事由和再审诉讼请求的证据材料。"

③ 《最高人民法院关于适用〈中华人民共和国民事诉讼法〉审判监督程序若干问题的解释》第3条规定："当事人申请再审，应当向人民法院提交再审申请书，并按照对方当事人人数提出副本。人民法院应当审查再审申请书是否载明下列事项：(一)申请再审人与对方当事人的姓名、住所及有效联系方式等基本情况；法人或其他组织的名称、住所和法定代表人或主要负责人的姓名、职务及有效联系方式等基本情况；(二)原审人民法院的名称，原判决、裁定、调解文书案号；(三)申请再审的法定情形及具体事实、理由；(四)具体的再审请求。"

④ 《最高人民法院关于适用〈中华人民共和国民事诉讼法〉审判监督程序若干问题的解释》第4条规定："当事人申请再审，应当向人民法院提交已经发生法律效力的判决书、裁定书、调解书，身份证明及相关证据材料。"

或者有人身攻击等内容，可能引起矛盾激化的，人民法院应当要求申请再审人补充或改正。[①] (4)人民法院应当自收到符合条件的再审申请书等材料后5日内完成向申请再审人发送受理通知书等受理登记手续，并向对方当事人发送受理通知书及再审申请书副本。[②]

2. 申请再审的申请书。再审申请书应当记明下列事项：(1)再审申请人与被申请人及原审其他当事人的基本信息；(2)原审人民法院的名称，原审裁判文书案号；(3)具体的再审请求；(4)申请再审的法定情形及具体事实、理由。再审申请书应当明确申请再审的人民法院，并由再审申请人签名、捺印或者盖章。[③]

当事人申请再审的审查程序和管辖法院

第二百一十一条　人民法院应当自收到再审申请书之日起三个月内审查，符合本法规定的，裁定再审；不符合本法规定的，裁定驳回申请。有特殊情况需要延长的，由本院院长批准。

因当事人申请裁定再审的案件由中级人民法院以上的人民法院审理，但当事人依照本法第二百零六条的规定选择向基层人民法院申请再审的除外。最高人民法院、高级人民法院裁定再审的案件，由本院再审或者交其他人民法院再审，也可以交原审人民法院再审。

本条明确当事人申请再审的审查程序和管辖法院。本书在此基础上进一步阐释两方面的内容。

一、当事人申请再审的审查

人民法院对再审申请的审查，是审查是否符合再审条件，是否应当再审，不是重新审理案件。这与起诉和上诉是有本质区别的。

1. 申请再审审查的依据。人民法院受理申请再审案件后，应当依照《民事

---

① 《最高人民法院关于适用〈中华人民共和国民事诉讼法〉审判监督程序若干问题的解释》第5条。
② 《最高人民法院关于适用〈中华人民共和国民事诉讼法〉审判监督程序若干问题的解释》第6条。
③ 《最高人民法院关于适用〈中华人民共和国民事诉讼法〉的解释》第376条。

诉讼法》第207条、第208条、第211条[①]等规定，对当事人主张的再审事由进行审查。[②]

2. 申请再审审查的组织。人民法院受理申请再审案件后，应当组成合议庭进行审查。[③]

3. 审查的内容。(1)人民法院审查申请再审案件，应当围绕申请再审事由是否成立进行，申请再审人未主张的事由不予审查。[④] (2)人民法院审查申请再审案件，应当审查当事人诉讼主体资格的变化情况。[⑤] (3)人民法院应当审查再审申请书是否载明下列事项：①申请再审人、被申请人及原审其他当事人的基本情况。当事人是自然人的，应列明姓名、性别、年龄、民族、职业、工作单位、住所及有效联系电话、邮寄地址；当事人是法人或者其他组织的，应列明名称、住所和法定代表人或者主要负责人的姓名、职务及有效联系电话、邮寄地址；②原审法院名称，原判决、裁定、调解文书案号；③具体的再审请求；④申请再审的法定事由及具体事实、理由；⑤受理再审申请的法院名称；⑥申请再审人的签名或者盖章。[⑥] (4)在人民法院对再审申请进行审查阶段，被申请人可以提交书面意见，也可不提交书面意见。决定提出书面意见或者不提出书面意见，都是对方当事人行使法律所赋予的辩论权利的体现。不提交书面意见的，不影响人民法院对再审申请的审查。

---

① 本条第1款规定是否裁定再审的条件是“符合本法规定的”，其中涵盖了对调解书申请再审的条件要求。

② 《最高人民法院关于适用〈中华人民共和国民事诉讼法〉的解释》第384条。

③ 《最高人民法院关于受理审查民事申请再审案件的若干意见》第10条。

④ 《最高人民法院关于受理审查民事申请再审案件的若干意见》第11条。

《最高人民法院关于适用〈中华人民共和国民事诉讼法〉审判监督程序若干问题的解释》第8条规定：“人民法院对再审申请的审查，应当围绕再审事由是否成立进行。”

《规范指令再审和发回重审提高审判监督质量效率——最高人民法院审判监督庭负责人答记者问》认为：“再审审查阶段的任务是，审查确定当事人的申请事由是否符合法律规定，这一阶段应严格依法限制审查的范围，符合法定事由的才裁定再审，以维护生效裁判的稳定性。”

⑤ 《最高人民法院关于受理审查民事申请再审案件的若干意见》第12条。

⑥ 《最高人民法院关于受理审查民事申请再审案件的若干意见》第2条。

《最高人民法院关于适用〈中华人民共和国民事诉讼法〉审判监督程序若干问题的解释》第3条第2款规定：“人民法院应当审查再审申请书是否载明下列事项：(一)申请再审人与对方当事人的姓名、住所及有效联系方式等基本情况；法人或其他组织的名称、住所和法定代表人或主要负责人的姓名、职务及有效联系方式等基本情况；(二)原审人民法院的名称，原判决、裁定、调解文书案号；(三)申请再审的法定情形及具体事实、理由；(四)具体的再审请求。”

4. 申请再审审查的方式。(1)人民法院认为仅审查再审申请书等材料难以作出裁定的,应当调阅原审卷宗予以审查。[①] (2)人民法院审查申请再审案件,采取以下方式:①审查当事人提交的再审申请书、书面意见等材料;②审阅原审卷宗;③询问当事人;[②]④组织当事人听证。[③]

5. 申请再审审查的期限。为了充分保障当事人的再审权利,民事诉讼法从法律上明确规定了人民法院对当事人再审申请的审查期限。对申请再审案件,人民法院应当自受理之日起3个月内审查完毕,但公告期间、当事人和解期间等不计入审查期限。有特殊情况需要延长的,由本院院长批准。[④]

6. 申请再审审查的并入。审查再审申请期间,被申请人及原审其他当事人依法提出再审申请的,人民法院应当将其列为再审申请人,对其再审事由一并审查,审查期限重新计算。经审查,其中一方再审申请人主张的再审事由成立的,应当裁定再审。各方再审申请人主张的再审事由均不成立的,一并裁定驳回再审申请。[⑤]

7. 申请再审审查中的调解、和解。(1)申请再审审查中的调解。当事人申诉、申请再审的案件,在审查立案或者听证过程中,双方当事人同意调解的,人民

---

① 《最高人民法院关于适用〈中华人民共和国民事诉讼法〉审判监督程序若干问题的解释》第12条。

② 《最高人民法院关于受理审查民事申请再审案件的若干意见》第17条规定:"人民法院可根据审查工作需要询问一方或者双方当事人。"

③ 《最高人民法院关于受理审查民事申请再审案件的若干意见》第13条。

《最高人民法院关于受理审查民事申请再审案件的若干意见》第18条规定:"人民法院对以下列事由申请再审的案件,可以组织当事人进行听证:(一)有新的证据,足以推翻原判决、裁定的;(二)原判决、裁定认定的基本事实缺乏证据证明的;(三)原判决、裁定认定事实的主要证据是伪造的;(四)原判决、裁定适用法律确有错误的。"

④ 《最高人民法院关于适用〈中华人民共和国民事诉讼法〉的解释》第129条。

《最高人民法院关于受理审查民事申请再审案件的若干意见》第32条规定:"人民法院应当自受理再审申请之日起3个月内审查完毕,但鉴定期间等不计入审查期限。有特殊情况需要延长的,报经本院院长批准。"

⑤ 《最高人民法院关于适用〈中华人民共和国民事诉讼法〉的解释》第396条。

《最高人民法院关于受理审查民事申请再审案件的若干意见》第22条规定:"人民法院在审查申请再审案件过程中,被申请人或者原审其他当事人提出符合条件的再审申请的,应当将其列为申请再审人,对于其申请再审事由一并审查,审查期限重新计算。经审查,其中一方申请再审人主张的再审事由成立的,人民法院即应裁定再审。各方申请再审人主张的再审事由均不成立的,一并裁定驳回。"

《最高人民法院关于适用〈中华人民共和国民事诉讼法〉审判监督程序若干问题的解释》第14条规定:"在审查再审申请过程中,对方当事人也申请再审的,人民法院应当将其列为申请再审人,对其提出的再审申请一并审查。"

法院可以调解，达成一致意见的，可以按照执行和解处理，终结审查程序。当事人自行达成和解协议的，人民法院审查确认后，可以按照执行和解处理。[①] （2）申请再审审查中的和解。审查过程中，申请再审人、被申请人及原审其他当事人自愿达成和解协议，当事人申请人民法院出具调解书且能够确定申请再审事由成立的，人民法院应当裁定再审并制作调解书。[②]

8. 申请再审审查中的申请撤回。（1）申请撤回的裁定。①申请再审人在审查过程中撤回再审申请的，是否准许，由人民法院裁定。[③] ②一审原告在再审审理程序中申请撤回起诉，经其他当事人同意，且不损害国家利益、社会公共利益、他人合法权益的，人民法院可以准许。裁定准许撤诉的，应当一并撤销原判决。[④]（2）按撤诉处理的裁定。①审查再审申请期间，再审申请人撤回再审申请的，是否准许，由人民法院裁定。再审申请人经传票传唤，无正当理由拒不接受询问的，可以按撤回再审申请处理。[⑤] ②申请再审人经传票传唤，无正当理由拒不参加询问、听证或未经许可中途退出的，裁定按撤回再审申请处理。[⑥]

9. 申请再审审查中的处理。（1）审查过程中，申请再审人或者被申请人死亡或者终止的，按下列情形分别处理：①申请再审人有权利义务继受人且该权利义务继受人申请参加审查程序的，变更其为申请再审人；②被申请人有权利义务继受人的，变更其权利义务继受人为被申请人；③申请再审人无权利义务继受人或其权利义务继受人未申请参加审查程序的，裁定终结审查程序；④被申请人无权利义务继受人且无可供执行财产的，裁定终结审查程序。[⑦] （2）审查再审申请期间，再审申请人申请人民法院委托鉴定、勘验的，人民法院不予准许。[⑧] （3）最高人民法院有关业务庭审查后要求高级人民法院复查并报送复查结果的申诉或者

---

① 《最高人民法院关于进一步发挥诉讼调解在构建社会主义和谐社会中积极作用的若干意见》第19条。

② 《最高人民法院关于受理审查民事申请再审案件的若干意见》第24条。

③ 《最高人民法院关于受理审查民事申请再审案件的若干意见》第23条。

④ 《最高人民法院关于适用〈中华人民共和国民事诉讼法〉的解释》第408条第1款。

⑤ 《最高人民法院关于适用〈中华人民共和国民事诉讼法〉的解释》第398条。

⑥ 《最高人民法院关于受理审查民事申请再审案件的若干意见》第21条。

《最高人民法院关于适用〈中华人民共和国民事诉讼法〉审判监督程序若干问题的解释》第15条第2款规定：“申请再审人经传票传唤，无正当理由拒不接受询问，可以裁定按撤回再审申请处理。”

⑦ 《最高人民法院关于受理审查民事申请再审案件的若干意见》第25条第4项。

⑧ 《最高人民法院关于适用〈中华人民共和国民事诉讼法〉的解释》第397条。

申请再审案件,高级人民法院应当在限定的期限内进行复查并依法处理,对申诉人或者再审申请人作出书面答复,同时将复查结果报最高人民法院相关业务庭。① (4)最高人民法院有关业务庭调卷的案件,相关高级人民法院应当在限定的期限内将案件全部卷宗寄出。最高人民法院有关业务庭根据审判监督工作实际需要提出的其他要求,高级人民法院应当在限定期限内完成。如有特殊情况,高级人民法院无法按期完成上述案件复查、调卷或其他事宜的,应当在期限届满前向最高人民法院有关业务庭说明情况,并提出预期完成的时间。②

10. 申请再审审查中的的裁定。(1)裁定终结审查。再审申请审查期间,有下列情形之一的,裁定终结审查:①再审申请人死亡或者终止,无权利义务承继者或者权利义务承继者声明放弃再审申请的;②在给付之诉中,负有给付义务的被申请人死亡或者终止,无可供执行的财产,也没有应当承担义务的人的;③当事人达成和解协议且已履行完毕的,但当事人在和解协议中声明不放弃申请再审权利的除外;④他人未经授权以当事人名义申请再审的;⑤原审或者上一级人民法院已经裁定再审的;⑥有《最高人民法院关于适用〈中华人民共和国民事诉讼法〉的解释》第381条第1款规定情形的。③ (2)裁定驳回再审申请。①当事人主张的再审事由不成立,或者当事人申请再审超过法定申请再审期限、超出法定再审事由范围等不符合《民事诉讼法》和《最高人民法院关于适用〈中华人民共和国民事诉讼法〉的解释》规定的申请再审条件的,人民法院应当裁定驳回再审申请。④ ②人民法院经审查认为再审申请超过《民事诉讼法》第212条规定期间的,裁定驳回申请。⑤ ③人民法院经审查申请再审人提交的再审申请书、对方当事人提交的书面意见、原审裁判文书和证据等材料,足以确定申请再审事由不能成立的,可以径行裁定驳回再审申请。⑥ ④驳回再审申请的裁定书,应当包括以下内容:(i)申请再审人、被申请人及原审其他当事人基本情况;(ii)原审法院名称、申请再审的生效裁判文书名称、案号;(iii)申请再审人主张的再审事由、被申请人的意见;(iv)驳回再审申请的理由、法律依据;(v)裁定结果。裁定书由审判人

---

① 《最高人民法院关于开展审判监督工作若干问题的通知》第1条。

② 《最高人民法院关于开展审判监督工作若干问题的通知》第2条。

③ 《最高人民法院关于适用〈中华人民共和国民事诉讼法〉的解释》第400条第6项。

④ 《最高人民法院关于适用〈中华人民共和国民事诉讼法〉的解释》第393条第2款。

⑤ 《最高人民法院关于受理审查民事申请再审案件的若干意见》第26条。

⑥ 《最高人民法院关于受理审查民事申请再审案件的若干意见》第14条。

员、书记员署名，加盖人民法院印章。[①] ⑤人民法院经审查认为申请再审事由不成立的，应当裁定驳回再审申请。驳回再审申请的裁定一经送达，即发生法律效力。[②] ⑥再审申请被裁定驳回后，申请再审人以相同理由再次申请再审的，不作为申请再审案件审查处理。申请再审人不服驳回其再审申请的裁定，向作出驳回裁定法院的上一级法院申请再审的，不作为申请再审案件审查处理。[③] （3）裁定不予受理。①判决生效后当事人将判决确认的债权转让，债权受让人对该判决不服提出再审申请的，因其不具有申请再审人主体资格，人民法院应依法不予受理。[④] ②当事人在一审期间未提出诉讼时效抗辩，在二审期间提出的，人民法院不予支持，但其基于新的证据能够证明对方当事人的请求权已过诉讼时效期间的情形除外。当事人未按照前款规定提出诉讼时效抗辩，以诉讼时效期间届满为由申请再审或者提出再审抗辩的，人民法院不予支持。[⑤] （4）裁定再审。①对于以下列事由申请再审，且根据当事人提交的申请材料足以确定再审事由成立的案件，人民法院可以径行裁定再审：（i）违反法律规定，管辖错误的；（ii）审判组织的组成不合法或者依法应当回避的审判人员没有回避的；（iii）无诉讼行为能力人未经法定代理人代为诉讼，或者应当参加诉讼的当事人因不能归责于本人或者其诉讼代理人的事由未参加诉讼的；（iv）据以作出原判决、裁定的法律文书被撤销或者变更的；（v）审判人员在审理该案件时有贪污受贿、徇私舞弊、枉法裁判行为，并经相关刑事法律文书或者纪律处分决定确认的。[⑥] ②对终审民事

---

① 《最高人民法院关于受理审查民事申请再审案件的若干意见》第30条。

② 《最高人民法院关于适用〈中华人民共和国民事诉讼法〉审判监督程序若干问题的解释》第16条。

《最高人民法院全国审判监督工作座谈会关于当前审判监督工作若干问题的纪要》第23条认为："'驳回申请再审（申诉）通知书'是审判监督程序复查阶段的结果，是对申请再审人提出申请再审进行复查后，认为理由不成立的书面答复。复查通知书与再审判决书不同，因此，不能用进入再审程序后制作判决书的标准来要求，但也不能过于简单，更不能采取格式化的方式答复。总的要求是针对再审申请人的主要理由进行批驳，正确适用有关法律规定，作出明确的答复。"

③ 《最高人民法院关于受理审查民事申请再审案件的若干意见》第31条。

④ 《最高人民法院关于判生效后当事人将判决确认的债权转让债权受让人对该判决不服提出再审申请人民法院是否受理问题的批复》。

⑤ 《最高人民法院关于审理民事案件适用诉讼时效制度若干问题的规定》第3条。

⑥ 《最高人民法院关于受理审查民事申请再审案件的若干意见》第15条。

《最高人民法院关于适用〈中华人民共和国民事诉讼法〉审判监督程序若干问题的解释》第11条第1款："人民法院经审查再审申请书等材料，认为申请再审事由成立的，应当径行裁定再审。"

裁判、调解的再审申请,具备下列情形之一的,人民法院应当裁定再审:(i)有再审申请人以前不知道或举证不能的证据,可能推翻原裁判的;(ii)主要证据不充分或者不具有证明力的;(iii)原裁判的主要事实依据被依法变更或撤销的;(iv)就同一法律事实或同一法律关系,存在两个相互矛盾的生效法律文书,再审申请人对后一生效法律文书提出再审申请的;(v)引用法律条文错误或者适用失效、尚未生效法律的;(vi)违反法律关于溯及力规定的;(vii)调解协议明显违反自愿原则,内容违反法律或者损害国家利益、公共利益和他人利益的;(viii)审判程序不合法,影响案件公正裁判的;(ix)审判人员在审理案件时索贿受贿、徇私舞弊并导致枉法裁判的。[①] ③当事人主张的再审事由成立,且符合《民事诉讼法》和《最高人民法院关于适用〈中华人民共和国民事诉讼法〉的解释》规定的申请再审条件的,人民法院应当裁定再审。[②] ④人民法院审查再审申请期间,人民检察院对该案提出抗诉的,人民法院应依照《民事诉讼法》第218条的规定裁定再审。申请再审人提出的具体再审请求应纳入审理范围。[③] ⑤上级人民法院应当严格依照《民事诉讼法》第207条等规定审查当事人的再审申请,符合法定条件的,裁定再审。不得因指令再审而降低再审启动标准,也不得因当事人反复申诉将依法不应当再审的案件指令下级人民法院再审。[④] ⑥对小额诉讼案件的判决、裁定,当事人以《民事诉讼法》第207条规定的事由向原审人民法院申请再审的,人民法院应当受理。申请再审事由成立的,应当裁定再审,组成合议庭进行审理。作出的再审判决、裁定,当事人不得上诉。当事人以不应按小额诉讼案件审理为由向原审人民法院申请再审的,人民法院应当受理。理由成立的,应当裁定再审,组成合议庭审理。作出的再审判决、裁定,当事人可以上诉。[⑤] (5)裁定终结再审程序。申请再审人在再审期间撤回再审申请的,是否准许由人民法院裁定。裁定准许的,应终结再审程序。人民检察院抗诉再审的案件,申请抗诉的当事人

---

① 《最高人民法院关于规范人民法院再审立案的若干意见(试行)》第8条。

② 《最高人民法院关于适用〈中华人民共和国民事诉讼法〉的解释》第393条第1款。

③ 《最高人民法院关于适用〈中华人民共和国民事诉讼法〉审判监督程序若干问题的解释》第17条。

④ 《最高人民法院关于民事审判监督程序严格依法适用指令再审和发回重审若干问题的规定》第1条。

⑤ 《最高人民法院关于适用〈中华人民共和国民事诉讼法〉的解释》第424条第1款。

在再审期间撤回再审申请，且不损害国家利益、社会公共利益或第三人利益的，人民法院应当裁定终结再审程序；人民检察院撤回抗诉的，应当准予。终结再审程序的，恢复原判决的执行。①

二、当事人申请再审的管辖法院

再审是以中级以上人民法院管辖为原则，以基层法院管辖为例外。

1. 一般管辖规则。(1)因当事人申请裁定再审的案件由中级人民法院以上的人民法院审理。(2)上一级人民法院经审查认为申请再审事由成立的，一般由本院提审。② (3)最高人民法院、高级人民法院也可以指定与原审人民法院同级的其他人民法院③再审，或者指令原审人民法院④再审。⑤ (4)上一级人民法院可以根据案件的影响程度以及案件参与人等情况，决定是否指定再审。需要指定再审的，应当考虑便利当事人行使诉讼权利以及便利人民法院审理等因素。接受指定再审的人民法院，应当按照《民事诉讼法》第214条第1款规定的程序审理。⑥

2. 特殊管辖规则。(1)当事人一方人数众多或者当事人双方为公民的案件，当事人分别向原审人民法院和上一级人民法院申请再审且不能协商一致的，由原审人民法院受理。⑦ (2)因当事人申请裁定再审的案件一般应当由裁定再审的人民法院审理。有下列情形之一的，最高人民法院、高级人民法院可以指令原审人民法院再审：①依据《民事诉讼法》第207条第4项、第5项或者第9项裁定再

---

① 《最高人民法院关于适用〈中华人民共和国民事诉讼法〉审判监督程序若干问题的解释》第23条。

② 《最高人民法院关于适用〈中华人民共和国民事诉讼法〉审判监督程序若干问题的解释》第18条。

③ 这里的“其他人民法院”应当是和原审人民法院同级的人民法院。

④ 这里的“原审人民法院”应当是作出生效判决、裁定的人民法院。

⑤ 《最高人民法院关于适用〈中华人民共和国民事诉讼法〉审判监督程序若干问题的解释》第18条。

高级人民法院和最高人民法院把再审的案件交下级人民法院进行审理，是因为：(1)其对下级法院的指导和监督工作。(2)其承担了众多的再审申请的审查工作。(3)其经过审查，认定了发生法律效力的判决裁定存在错误。即使将案件的再审审理任务交给下级其他人民法院、原审人民法院完成，一般也都会纠正原判决、裁定的错误。(4)符合方便当事人诉讼和方便人民法院审判的原则。

⑥ 《最高人民法院关于适用〈中华人民共和国民事诉讼法〉审判监督程序若干问题的解释》第19条。

⑦ 《最高人民法院关于适用〈中华人民共和国民事诉讼法〉的解释》第377条。

审的;②发生法律效力的判决、裁定、调解书是由第一审法院作出的;③当事人一方人数众多或者当事人双方为自然人的;④经审判委员会讨论决定的其他情形。[①] (3)有下列情形之一的,不得指令原审人民法院再审:①原审人民法院对该案无管辖权的;②审判人员在审理该案件时有贪污受贿,徇私舞弊,枉法裁判行为的;③原判决、裁定系经原审人民法院审判委员会讨论作出的;④其他不宜指令原审人民法院再审的。[②]

当事人申请再审的期限

第二百一十二条　当事人申请再审,应当在判决、裁定发生法律效力后六个月内提出;有本法第二百零七条第一项、第三项、第十二项、第十三项规定情形的,自知道或者应当知道之日起六个月内提出。

本条明确当事人申请再审的期限。本书仅就其及相关法律规则进行阐释。

1. 申请再审的期限。(1)当事人申请再审,应当在判决、裁定发生法律效力后6个月内提出;有《民事诉讼法》第207条第1项、第3项、第12项、第13项规定情形的,自知道或者应当知道之日起6个月内提出。[③] (2)必须共同进行诉讼的当事人因不能归责于本人或者其诉讼代理人的事由未参加诉讼的,可以根据《民事诉讼法》第207条第8项规定,自知道或者应当知道之日起6个月内申请再审,但符合《最高人民法院关于适用〈中华人民共和国民事诉讼法〉的解释》第

---

① 《最高人民法院关于民事审判监督程序严格依法适用指令再审和发回重审若干问题的规定》第2条第1款。

《规范指令再审和发回重审提高审判监督质量效率——最高人民法院审判监督庭负责人答记者问》指出:"因当事人申请裁定再审案件,以提审为原则,最高法院、高院在四种情形下可以指令再审:一是依据《民事诉讼法》第二百条第(四)项、第(五)项或第(九)项裁定再审的;二是发生法律效力的判决、裁定、调解书是由第一审法院作出的;三是当事人一方人数众多或者当事人双方为公民的;四是经审判委员会讨论决定的其他情形。前三种情形界定清晰且范围较小,第四种情形则作了极为严格的程序性限制,即需要经本院审委会讨论,没有被滥用的空间。"(此处适用的是2007年《民事诉讼法》,本条规定中的《民事诉讼法》第200条参见2021年《民事诉讼法》第207条。)

② 《最高人民法院关于适用〈中华人民共和国民事诉讼法〉审判监督程序若干问题的解释》第20条。

③ 《民事诉讼法》第212条。

421 条规定情形的除外。[①]（3）根据《民事诉讼法》第 234 条规定，案外人对驳回其执行异议的裁定不服，认为原判决、裁定、调解书内容错误损害其民事权益的，可以自执行异议裁定送达之日起 6 个月内，向作出原判决、裁定、调解书的人民法院申请再审。[②]（4）《民事诉讼法》第 212 条规定的申请再审期间不适用中止、中断和延长的规定。[③]（5）对不服本院生效裁判或不服高级人民法院复查驳回、再审改判的各类申诉或申请再审案件，应当在 3 个月内审查完毕，作出决定或裁定，至迟不得超过 6 个月。[④]（6）裁定再审的民事、行政案件，根据再审适用的不同程序，分别执行第一审或第二审审理期限的规定。[⑤]

2. 申请再审期限的起算。（1）审限自再审立案的次日起算。[⑥]（2）申请再审的 6 个月时间限制为不变期间，不存在中断或中止的情况。一般应当从判决、裁定发生法律效力时开始起算。但在以下四种情况下，应当从判决、裁定发生法律效力后，当事人知道或者应当知道有关情形之日开始计算：①判决、裁定发生法律效力后，发现有新的证据，足以推翻原判决、裁定的；②判决、裁定发生法律效力后，发现原判决、裁定认定事实的主要证据是伪造的；③判决、裁定发生法律效力后，据以作出原判决、裁定的法律文书被撤销或者变更的；④判决、裁定发生法律效力后，发现审判人员在审理该案件时有贪污受贿、徇私舞弊、枉法裁判行为的。（3）决定提审的，办案期限自裁定提审的次日起计算。

3. 申请再审的立案时间。按照审判监督程序重新审判的案件，应当在作出提审、再审裁定或决定的次日立案。[⑦]

4. 申请再审的审结时间。（1）再审案件按照第一审程序或者第二审程序审

---

① 《最高人民法院关于适用〈中华人民共和国民事诉讼法〉的解释》第 420 条第 1 款。

② 《最高人民法院关于适用〈中华人民共和国民事诉讼法〉的解释》第 421 条。

③ 《最高人民法院关于适用〈中华人民共和国民事诉讼法〉审判监督程序若干问题的解释》第 2 条。

④ 《最高人民法院案件审限管理规定》第 7 条。

⑤ 《最高人民法院关于严格执行案件审理期限制度的若干规定》第 4 条第 2 款。

⑥ 《最高人民法院关于适用〈中华人民共和国民事诉讼法〉的解释》第 128 条规定："再审案件按照第一审程序或者第二审程序审理的，适用民事诉讼法第一百五十二条、第一百八十三条规定的审限。审限自再审立案的次日起算。"

《最高人民法院案件审限管理规定》第 15 条第 2 款规定："申诉或申请再审的审查期限从收到申诉或申请再审材料并经立案后的次日起计算。"

⑦ 《最高人民法院案件审限管理规定》第 13 条第 2 款。

理的，适用《民事诉讼法》第 152 条规定“6 个月”[①]、第 183 条[②]规定“3 个月”的审限。特殊规定。有特殊情况需要延长的，由本院院长批准。(2) 人民法院审理对判决的上诉案件，应当在第二审立案之日起 3 个月内审结。有特殊情况需要延长的，由本院院长批准。人民法院审理对裁定的上诉案件，应当在第二审立案之日起 30 日内作出终审裁定。

中止原判决、裁定和调解的执行

第二百一十三条　按照审判监督程序决定再审的案件，裁定中止原判决、裁定、调解书的执行，但追索赡养费、扶养费、抚养费、抚恤金、医疗费用、劳动报酬等案件，可以不中止执行。

本条明确中止原判决、裁定、调解的执行。本书仅就其进行阐释。

1. 按照审判监督程序决定再审的案件的界定。按照审判监督程序决定再审的案件，是审判、裁定、调解书发生法律效力的案件，判决、裁定、调解书所发生的法律效力包括执行力。[③]

2. 按照审判监督程序决定再审案件中止执行的情形。(1) 在当事人尚未自觉履行完毕的情况下，或者人民法院强制执行尚未终结的情况下，如果人民法院决定对该案进行再审，原则上应当裁定中止执行。[④] (2) 人民法院对已经发生法律效力的判决、裁定、调解书依法决定再审，依照《民事诉讼法》第 213 条规定，需要中止执行的，应当在再审裁定中同时写明中止原判决、裁定、调解书的执行；情况紧急的，可以将中止执行裁定口头通知负责执行的人民法院，并在通知后 10 日

---

① 《民事诉讼法》第 152 条规定：“人民法院适用普通程序审理的案件，应当在立案之日起六个月内审结。有特殊情况需要延长的，由本院院长批准，可以延长 6 个月；还需要延长的，报请上级人民法院批准。”

② 《民事诉讼法》第 183 条规定：“人民法院审理对判决的上诉案件，应当在第二审立案之日起三个月内审结。有特殊情况需要延长的，由本院院长批准。人民法院审理对裁定的上诉案件，应当在第二审立案之日起三十日内作出终审裁定。”

③ 当事人应当自觉履行发生法律效力的判决、裁定、调解书确定的义务。一方当事人拒绝履行的，对方当事人可以向人民法院申请强制执行。

《民事诉讼法》第 100 条第 3 款规定，调解书经双方当事人签收后，即具有法律效力。

④ 决定对案件进行再审，前提是发生法律效力的判决裁定、调解书存在错误，如果继续执行，明显损害再审申请人的利益，并且造成司法资源的浪费。

内发出裁定书。[①] (3)第三人撤销之诉案件审理期间,人民法院对生效判决、裁定、调解书裁定再审的,受理第三人撤销之诉的人民法院应当裁定将第三人的诉讼请求并入再审程序。但有证据证明原审当事人之间恶意串通损害第三人合法权益的,人民法院应当先行审理第三人撤销之诉案件,裁定中止再审诉讼。[②]

3. 按照审判监督程序决定再审案件可以中止执行的除外。对于追索赡养费、抚养费、医疗费用等影响当事人生命健康的,且可先予执行的案件,不中止执行有时更有利于扶危济困,可以不中止执行。

再审案件审理程序、裁定的效力、再审组织

第二百一十四条　人民法院按照审判监督程序再审的案件,发生法律效力的判决、裁定是由第一审法院作出的,按照第一审程序审理,所作的判决、裁定,当事人可以上诉;发生法律效力的判决、裁定是由第二审法院作出的,按照第二审程序审理,所作的判决、裁定,是发生法律效力的判决、裁定;上级人民法院按照审判监督程序提审的,按照第二审程序审理,所作的判决、裁定是发生法律效力的判决、裁定。

人民法院审理再审案件,应当另行组成合议庭。

本条明确再审案件审理程序、裁定的效力、再审组织及上诉案件的审限。[③]本书在此基础上进一步阐释三方面的内容。

一、再审案件审理的一般规则

1. 再审案件审理的当事人确定。(1)民事再审案件的当事人应为原审案件的当事人。原审案件当事人死亡或者终止的,其权利义务承受人可以申请再审并参加再审诉讼。[④] (2)根据《民事诉讼法》第234条规定,人民法院裁定再审

---

① 《最高人民法院关于适用〈中华人民共和国民事诉讼法〉的解释》第394条。

② 《最高人民法院关于适用〈中华人民共和国民事诉讼法〉的解释》第299条。

③ 我国民事诉讼实行二审终审,再审是通过重新审理的方式达到纠错目标的程序,因而再审没有专门的审理程序。人民法院决定或者裁定再审的案件,应当根据原生效判决、裁定作出的法院而分别适用一审程序或者二审程序。

④ 《最高人民法院关于适用〈中华人民共和国民事诉讼法〉审判监督程序若干问题的解释》第29条。

后，案外人属于必要的共同诉讼当事人的，依照《最高人民法院关于适用〈中华人民共和国民事诉讼法〉的解释》第420条第2款规定①处理。②

2. 再审案件审理适用的程序。人民法院应当依照《民事诉讼法》第214条的规定，按照第一审程序或者第二审程序审理再审案件。③（1）适用第一审程序。①第一审法院作出的判决、裁定发生法律效力后，该第一审法院依职权决定再审的，该再审案件适用第一审程序进行审理，所作的判决、裁定，当事人可以上诉。④②发生法律效力的判决、裁定是适用简易程序作出的，则再审进行审理时应当适用第一审普通程序，即由合议庭进行审理，且原审的独任审判员不得参加新组成的合议庭。（2）适用第二审程序。①最高人民法院或者上级人民法院对下级人民法院已经发生法律效力的判决、裁定决定再审并进行提审的，由进行提审的上级人民法院组成合议庭，按照第二审程序进行审理，所作的判决、裁定是发生法律效力的判决、裁定。②最高人民法院或者上级人民法院对下级人民法院已经发生法律效力的判决、裁定决定再审并指令下级人民法院再审的，如果下级人民法院是第一审法院，则再审适用第一审程序；如果下级人民法院是第二审法院，则再审适用第二审程序。但都需另行组成合议庭。③因当事人申请裁定再审的案件，如果由负责审查再审申请的人民法院再审，一般应当适用第二审程序，所作的判决、裁定是发生法律效力的判决、裁定；在例外情况下适用第一审程序，所作的判决、裁定，当事人可以上诉。⑤ ④因当事人申请裁定再审的案件，如果被最高人民法院、高级人民法院交由原审人民法院同级的其他人民法院再审或者交原审人民法院再审，如果发生法律效力的判决、裁定是一审程序作出的，则再审

---

① 《最高人民法院关于适用〈中华人民共和国民事诉讼法〉的解释》第420条第2款规定："人民法院因前款规定的当事人申请而裁定再审，按照第一审程序再审的，应当追加其为当事人，作出新的判决、裁定；按照第二审程序再审，经调解不能达成协议的，应当撤销原判决、裁定，发回重审，重审时应追加其为当事人。"

② 《最高人民法院关于适用〈中华人民共和国民事诉讼法〉的解释》第422条。

③ 《最高人民法院关于适用〈中华人民共和国民事诉讼法〉审判监督程序若干问题的解释》第22条第1款。

④ 《最高人民法院关于依照第一审程序进行再审的案件是否准许上诉问题的批复》。

⑤ 这里的"例外情况"，是当事人依照《民事诉讼法》第206条的规定，即当事人一方人数众多或者当事人双方为自然人的案件，也可以向原审人民法院申请再审。如果上诉案件发生法律效力的判决、裁定是第一审法院作出的，而且当事人也选择向该第一审法院申请再审，该第一审法院就可以在裁定再审后继续进行再审审理，在这种例外情况下，应当适用的程序是第一审程序。与发生法律效力的判决、裁定相对比，经过再审后作出的判决、裁定，仍然是第一审人民法院作出的，当事人仍可以上诉。

适用第一审程序;如果发生法律效力的判决、裁定是二审程序作出的,则再审适用第二审程序。需要说明的是,交原审人民法院再审的,原审人民法院审理时应当另行组成合议庭。⑤人民检察院抗诉的案件,如果由接受抗诉的人民法院再审,则适用第二审程序,因为接受抗诉的人民法院是作出生效判决、裁定的人民法院的上一级法院。人民检察院抗诉的案件,如果交下一级人民法院再审的,原生效判决、裁定是一审程序作出的,则再审适用第一审程序;如果原生效判决、裁定是二审程序作出的,则再审适用第二审程序。

3. 再审案件审理的缺席审理。(1)再审案件当事人经法院传票传唤无正当理由拒不到庭的,由审判长宣布缺席审理,并说明传票送达合法及缺席审理的依据。[①] (2)人民法院审理再审案件,应当另行组成合议庭。

4. 再审审理案件的编号。(1)再审立案阶段民事案件编号。①当事人不服生效一审或者二审判决、裁定、调解书,向上一级人民法院申请再审,且符合申请再审受理条件的案件,编立"民申字"案号;②当事人不服生效再审判决、裁定、调解书,向上一级人民法院申请再审,且符合申请再审受理条件的案件,编立"民再申字"案号;③人民法院依据《民事诉讼法》第205条依职权进行审查的案件,编立"民监字"案号;④人民检察院依法提出抗诉的案件,编立"民抗字"案号。[②] (2)再审审理阶段民事案件编号。①上级人民法院提审的再审案件,编立"民提字"案号。②下列案件,编立"民再字"案号:(i)各级人民法院依据《民事诉讼法》第205条第1款对于本院生效判决、裁定决定再审的案件;(ii)最高人民法院对地方各级人民法院生效判决、裁定,上级人民法院对下级人民法院生效判决、裁定,依据《民事诉讼法》第205条第2款指令再审的案件;(iii)最高人民法院、高级人民法院依据《民事诉讼法》第211条第2款指令原审人民法院再审的案件;(iv)最高人民法院、高级人民法院依据《民事诉讼法》第211条第2款指令其他人民法院再审的案件;(v)上级人民法院对于人民检察院提出抗诉的案件,依据《民事诉讼法》第218条指令下一级人民法院再审的案件。[③]

---

① 《最高人民法院全国审判监督工作座谈会关于当前审判监督工作若干问题的纪要》第12条。《最高人民法院关于适用〈中华人民共和国民事诉讼法〉的解释》第401条第2款规定:"符合缺席判决条件的,可以缺席判决。"

② 《最高人民法院关于统一再审立案阶段和再审审理阶段民事案件编号的通知》第1条。

③ 《最高人民法院关于统一再审立案阶段和再审审理阶段民事案件编号的通知》第2条。

5. 再审审理案件的移交。(1)移交的部门。立案庭对不服本院生效裁判案件经审查认为可能有错误,决定再审立案或者登记立案并移送审判监督庭后,审判监督庭应及时审理。[①] (2)移交的材料。经立案庭审查立案的不服本院生效裁判案件,立案庭应将本案全部卷宗材料调齐,一并移送审批监督庭。经立案庭登记立案、尚未归档的不服本院生效裁判案件,审判监督庭需要调阅有关案卷材料的,应向相关业务庭发出调卷通知。有关业务庭应在收到调卷通知10日内,将有关案件卷宗按规定装订整齐,移送审判监督庭。[②]

6. 再审案件审理中有关人员的责任。(1)审判监督庭在审理案件中,发现原办案人员有《人民法院审判人员违法审判责任追究办法(试行)》等规定的违法违纪情况的,应移送纪检组(监察室)处理。当事人在案件审查或审理过程中反映原办案人员有违法违纪问题或提交有关举报材料的,应告知其向本院纪检组(监察室)反映或提交;已收举报材料的,审判监督庭应及时移送纪检组(监察室)。[③] (2)各级人民法院对民事案件指令再审和再审发回重审的审判行为,应当严格遵守本规定。违反本规定的,应当依照相关规定追究有关人员的责任。[④]

7. 再审案件审理的次数。(1)对本院审结案件的审理。各级人民法院对本院已经发生法律效力的民事判决、裁定,不论以何种方式启动审判监督程序的,一般只能再审一次。[⑤] (2)对下级审结法院案件的审理。对于下级人民法院已经再审过的民事案件,上一级人民法院认为需要再审的,应当依法提审。提审的人民法院对该案件只能再审一次。[⑥]

8. 再审的参照情形。对不服最高人民法院执行工作办公室、赔偿委员会办公室办理的有关案件,按照《最高人民法院关于办理不服本院生效裁判案件的若

---

① 《最高人民法院关于办理不服本院生效裁判案件的若干规定》第1条。

《最高人民法院关于办理不服本院生效裁判案件的若干规定》第9条规定:"审判监督庭负责本院国家赔偿的确认工作,办理高级人民法院国家赔偿确认工作的请示,负责对全国法院赔偿确认工作的监督与指导。"

② 《最高人民法院关于办理不服本院生效裁判案件的若干规定》第2条。

③ 《最高人民法院关于办理不服本院生效裁判案件的若干规定》第7条。

④ 《最高人民法院关于民事审判监督程序严格依法适用指令再审和发回重审若干问题的规定》第9条。

⑤ 《最高人民法院关于正确适用〈关于人民法院对民事案件发回重审和指令再审有关问题的规定〉的通知》第1条。

⑥ 《最高人民法院关于正确适用〈关于人民法院对民事案件发回重审和指令再审有关问题的规定〉的通知》第2条。

干规定》执行。[①]

二、再审案件审理的程序

（一）再审案件审理开庭前准备工作

1. 再审的受理。（1）再审的受理。①申请再审人提出的再审申请符合以下条件的，人民法院应当在5日内受理并向申请再审人发送受理通知书，同时向被申请人及原审其他当事人发送受理通知书、再审申请书副本及送达地址确认书：（i）申请再审人是生效裁判文书列明的当事人，或者符合法律和司法解释规定的案外人；（ii）受理再审申请的法院是作出生效裁判法院的上一级法院；（iii）申请再审的裁判属于法律和司法解释允许申请再审的生效裁判；（iv）申请再审的事由属于《民事诉讼法》第207条规定的情形。再审申请不符合上述条件的，应当及时告知申请再审人。[②] ②当事人在《民事诉讼法》第212条规定的期限内，以《民事诉讼法》第207条所列明的再审事由，向原审人民法院的上一级人民法院申请再审的，上一级人民法院应当依法受理。[③] （2）不予受理再审案件的情形。①当事人申请再审，有下列情形之一的，人民法院不予受理：（i）再审申请被驳回后再次提出申请的；（ii）对再审判决、裁定提出申请的；（iii）在人民检察院对当事人的申请作出不予提出再审检察建议或者抗诉决定后又提出申请的。《最高人民法院关于适用〈中华人民共和国民事诉讼法〉的解释》第381条第1项、第2项规定情形，人民法院应当告知当事人可以向人民检察院申请再审检察建议或者抗诉，但因人民检察院提出再审检察建议或者抗诉而再审作出的判决、裁定除外。[④] ②人民法院准许撤回再审申请或者按撤回再审申请处理后，再审申请人再次申请再审的，不予受理，但有《民事诉讼法》第207条第1项、第3项、第12项、第13项规定情形，自知道或者应当知道之日起6个月内提出的除外。[⑤] ③最高人民法院再审裁判或者复查驳回的案件，再审申请人或申诉人仍不服提出再审

---

① 《最高人民法院关于办理不服本院生效裁判案件的若干规定》第8条。

② 《最高人民法院关于受理审查民事申请再审案件的若干意见》第6条。

《最高人民法院对山东省高级人民法院关于〈人民检察院对人民法院再审裁定终结诉讼的案件能否提出抗诉的请示〉的复函》认为："……（你院请示涉及的×××一案），属于再审中发现申请人主体不合格而裁定终结诉讼的案件，人民检察院对该裁定提起抗诉，缺乏法律依据，人民法院不予受理。"

③ 《最高人民法院关于适用〈中华人民共和国民事诉讼法〉审判监督程序若干问题的解释》第1条。

④ 《最高人民法院关于适用〈中华人民共和国民事诉讼法〉的解释》第381条。

⑤ 《最高人民法院关于适用〈中华人民共和国民事诉讼法〉的解释》第399条。

申请或申诉的,不予受理。[①] ④第三人提起撤销之诉后,未中止生效判决、裁定、调解书执行的,执行法院对第三人依照《民事诉讼法》第234条规定提出的执行异议,应予审查。第三人不服驳回执行异议裁定,申请对原判决、裁定、调解书再审的,人民法院不予受理。[②] ⑤人民法院对不符合法定主体资格的再审申请或申诉,不予受理。[③] ⑥判决、调解书生效后,当事人将判决、调解书确认的债权转让,债权受让人对该判决、调解书不服申请再审的,人民法院不予受理。[④] ⑦一审原告在再审审理程序中撤回起诉后重复起诉的,人民法院不予受理。[⑤] ⑧人民法院依照《民事诉讼法》规定的特别程序、督促程序、公示催告程序、企业法人破产还债程序审理的案件;人民法院已经决定再审的案件;以调解方式审结的案件;涉及婚姻关系和收养的案件;当事人撤诉或者按撤诉处理的案件;执行和解的案件;原审案件当事人在原审裁判生效2年内无正当理由,未向人民法院或人民检察院提出申诉的案件;同一检察院提出过抗诉的案件和最高人民法院司法解释中明确不适用抗诉程序处理的案件,人民检察院提出抗诉的,人民法院不予受理。对不予受理的案件,人民法院应先同人民检察院协商,请人民检察院收回抗诉书销案;检察院坚持抗诉的,裁定不予受理。[⑥] ⑨上级人民法院对经终审法院的上一级人民法院依照审判监督程序审理后维持原判或者经两级人民法院依照

---

① 《最高人民法院关于规范人民法院再审立案的若干意见(试行)》第16条。

② 《最高人民法院关于适用〈中华人民共和国民事诉讼法〉的解释》第301条第1款。

在执行中,第三人发现原裁判有损害自己利益的情形,既可以依照《民事诉讼法》第59条第3款的规定提起第三撤销之诉,也可以以案外人身份依据《民事诉讼法》第234条的规定提起执行异议,若对执行异议裁定不服,认为原裁判错误的,可以依照审判监督程序提起再审。执行标的与原裁判无关的,该案外人只能依据《民事诉讼法》第234条的规定,自执行法院作出的执行异议裁定送达之日起15日内向人民法院提起诉讼。

③ 《最高人民法院关于规范人民法院再审立案的若干意见(试行)》第13条。

④ 《最高人民法院关于适用〈中华人民共和国民事诉讼法〉的解释》第373条第2款。

《最高人民法院关于判决生效后当事人将判决确认的债权转让债权受让人对该判决不服提出再审申请人民法院是否受理问题的批复》认为:"判决生效后当事人将判决确认的债权转让,债权受让人对该判决不服提出再审申请的,因其不具有申请再审人主体资格,人民法院应依法不予受理。"

⑤ 《最高人民法院关于适用〈中华人民共和国民事诉讼法〉的解释》第408条第2款。

⑥ 《最高人民法院全国审判监督工作座谈会关于当前审判监督工作若干问题的纪要》第14条。

《最高人民法院关于规范人民法院再审立案的若干意见(试行)》第12条规定:"人民法院对民事、行政案件的再审申请人或申诉人超过两年提出再审申请或申诉的,不予受理。"第14条:"人民法院对下列民事案件的再审申请不予受理:(一)人民法院依照督促程序、公示催告程序和破产还债程序审理的案件;(二)人民法院裁定撤销仲裁裁决和裁定不予执行仲裁裁决的案件;(三)人民法院判决、调解解除婚姻关系的案件,但当事人就财产分割问题申请再审的除外。"

审判监督程序复查均驳回的申请再审或申诉案件，一般不予受理。但再审申请人或申诉人提出新的理由，且符合《民事诉讼法》第207条及《最高人民法院关于规范人民法院再审立案的若干意见（试行）》第7～9条规定条件的除外。①

2. 询问当事人。人民法院根据审查案件的需要决定是否询问当事人。新的证据可能推翻原判决、裁定的，人民法院应当询问当事人。②

3. 驳回当事人申请。审判监督庭经审查驳回当事人申请再审的，或者经过再审程序审理结案的，应及时向本院有关部门通报案件处理结果。③

4. 相关文书的送达。(1)人民法院应当自收到符合条件的再审申请书等材料之日起5日内向再审申请人发送受理通知书，并向被申请人及原审其他当事人发送应诉通知书、再审申请书副本等材料。④ (2)对方当事人应当自收到再审申请书副本之日起15日内提交书面意见；不提交书面意见的，不影响人民法院审查。⑤ (3)送达再审开庭通知书时，应同时告知当事人的诉讼权利义务；明确当事人的举证时限及举证不能所应承担的法律后果。根据有关法院的司法实践，将举证时限限定在法庭辩论之前。⑥

5. 再审的立案。(1)立案的情形。①各级人民法院、专门人民法院对本院或者上级人民法院对下级人民法院作出的终审裁判，经复查认为符合再审立案条件的，应当决定或裁定再审。人民检察院依照法律规定对人民法院作出的终审裁判提出抗诉的，应当再审立案。⑦ ②上级人民法院对下级人民法院作出的终审

---

① 《最高人民法院关于规范人民法院再审立案的若干意见（试行）》第15条。

② 《最高人民法院关于适用〈中华人民共和国民事诉讼法〉的解释》第395条。

③ 《最高人民法院关于办理不服本院生效裁判案件的若干规定》第6条。

④ 《最高人民法院关于适用〈中华人民共和国民事诉讼法〉的解释》第383条。

《最高人民法院关于适用〈中华人民共和国民事诉讼法〉审判监督程序若干问题的解释》第6条规定："人民法院应当自收到符合条件的再审申请书等材料后五日内完成向申请再审人发送受理通知书等受理登记手续，并向对方当事人发送受理通知书及再审申请书副本。"

⑤ 再审申请的审查还没有进入对案件的重新审理阶段，对方当事人提交的是"书面意见"，表明是否同意对案件进行再审的态度及相应的事实和理由，而不是"答辩状"。

⑥ 《最高人民法院全国审判监督工作座谈会关于当前审判监督工作若干问题的纪要》第8条。

⑦ 《最高人民法院关于规范人民法院再审立案的若干意见（试行）》第1条。

《最高人民法院关于规范人民法院再审立案的若干意见（试行）》第2条规定："地方各级人民法院、专门人民法院负责下列案件的再审立案：（一）本院作出的终审裁判，符合再审立案条件的；（二）下一级人民法院复查驳回或者再审改判，符合再审立案条件的；（三）上级人民法院指令再审的；（四）人民检察院依法提出抗诉的。"第3条规定："最高人民法院负责下列案件的再审立案：（一）本院作出的终审裁判，符合再审立案条件的；（二）高级人民法院复查驳回或者再审改判，符合再审立案条件的；（三）最高人民检察院依法提出抗诉的；（四）最高人民法院认为应由自己再审的。"

裁判，认为确有必要的，可以直接立案复查，经复查认为符合再审立案条件的，可以决定或裁定再审。[①] (2)不予立案的情形。人民法院对刑事附带民事案件中仅就民事部分提出申诉的，一般不予再审立案。但有证据证明民事部分明显失当且原审被告人有赔偿能力的除外。[②] (3)立案的日期。按照审判监督程序重新审判的案件，应当在作出提审、再审裁定(决定)的次日立案。[③]

6. 交换、核对证据。开庭前的准备工作应当充分，保证当事人能够较好地行使诉讼权利及履行诉讼义务。开庭前可召集双方当事人及其诉讼代理人交换、核对证据，对双方无争议的原判事实和证据应当记录在卷，并由双方当事人签字确认，保证开庭时能够针对焦点问题进行充分的调查。[④]

7. 书记员的义务。经复查听证后进入再审程序的案件，或者开庭前已由书记员核对当事人身份，告知诉讼权利义务，出示、质证当事人认同的证据或事实等事项的案件，开庭后，不必再重复上述程序，但应重申关于申请回避的权利。[⑤]

(二)再审案件审理开庭后审理工作[⑥]

1. 再审案件的审理法院。(1)人民法院依职权提起的再审案件。①各级人民法院院长对本院已经发生法律效力的判决、裁定、调解书，发现确有错误，认为需要再审的，应当提交审判委员会讨论决定。[⑦] ②最高人民法院对地方各级人民法院已经发生法律效力的判决、裁定、调解书，上级人民法院对下级人民法院已经发生法律效力的判决、裁定、调解书，发现确有错误的，有权提审或者指令下级人民法院再审。[⑧] (2)当事人申请的再审案件。因当事人申请裁定再审的案件由中级人民法院以上的人民法院审理，但当事人依照《民事诉讼法》第 206 条的规定选择向基层人民法院申请再审的除外。最高人民法院、高级人民法院裁定再

---

① 《最高人民法院关于规范人民法院再审立案的若干意见(试行)》第 4 条。

② 《最高人民法院关于规范人民法院再审立案的若干意见(试行)》第 11 条。

③ 《最高人民法院关于严格执行案件审理期限制度的若干规定》第 6 条第 5 款。

④ 《最高人民法院全国审判监督工作座谈会关于当前审判监督工作若干问题的纪要》第 9 条。

⑤ 《最高人民法院全国审判监督工作座谈会关于当前审判监督工作若干问题的纪要》第 11 条。

⑥ 《规范指令再审和发回重审提高审判监督质量效率——最高人民法院审判监督庭负责人答记者问》指出，再审审理阶段的任务是，对当事人的再审请求依法裁判，这一阶段关注对象是再审请求是否有事实和法律依据，再审审理阶段应先让当事人明确具体的改判请求以及支持其改判请求的事实和法律依据，再进一步审理确定其依据是否充分。

⑦ 《民事诉讼法》第 205 条第 1 款。

⑧ 《民事诉讼法》第 205 条第 2 款。

审的案件，由本院再审或者交其他人民法院再审，也可以交原审人民法院再审。[①] (3)人民法院指定再审的案件。①有下列情形之一的，最高人民法院、高级人民法院可以指令原审人民法院再审：(i)依据《民事诉讼法》第207条第4项、第5项或者第9项裁定再审的；(ii)发生法律效力的判决、裁定、调解书是由第一审法院作出的；(iii)当事人一方人数众多或者当事人双方为自然人的；(iv)经审判委员会讨论决定的其他情形。[②] ②有下列情形之一的，不得指令原审人民法院再审：(i)原审人民法院对该案无管辖权的；(ii)审判人员在审理该案件时有贪污受贿，徇私舞弊，枉法裁判行为的；(iii)原判决、裁定系经原审人民法院审判委员会讨论作出的；(iv)其他不宜指令原审人民法院再审的。[③] (4)人民检察院抗诉的再审案件。①当事人的再审申请被上级人民法院裁定驳回后，人民检察院对原判决、裁定、调解书提出抗诉，抗诉事由符合《民事诉讼法》第207条第1项至第5项规定情形之一的，受理抗诉的人民法院可以交由下一级人民法院再审。[④] ②人民检察院按照审判监督程序提起抗诉的民事案件，一般应当由作出生效裁判的人民法院再审；作出生效裁判的人民法院已经再审过的，由上一级人民法院提审，

---

① 《民事诉讼法》第211条第2款。

② 《最高人民法院关于民事审判监督程序严格依法适用指令再审和发回重审若干问题的规定》第2条第1款。

③ 《最高人民法院关于适用〈中华人民共和国民事诉讼法〉审判监督程序若干问题的解释》第20条。

④ 《最高人民法院关于适用〈中华人民共和国民事诉讼法〉的解释》第416条。

《最高人民法院全国审判监督工作座谈会关于当前审判监督工作若干问题的纪要》第16条规定："人民检察院根据审判监督程序提出抗诉的案件，一般应由作出生效判决、裁定的人民法院裁定进行再审；人民检察院向作出生效判决、裁定的人民法院的上一级人民法院提出抗诉的，该上级人民法院可以交由作出生效判决、裁定的人民法院进行再审；人民检察院对生效的再审判决提出抗诉的，一般应由上级人民法院提审。再审裁定书由审理抗诉案件的人民法院作出。"

《最高人民法院关于民事审判监督程序严格依法适用指令再审和发回重审若干问题的规定》第2条第2款规定："人民检察院提出抗诉的案件，由接受抗诉的人民法院审理，具有民事诉讼法第二百条第(一)至第(五)项规定情形之一的，可以指令原审人民法院再审。"(此处适用的是2012年《民事诉讼法》，本条规定中的《民事诉讼法》第200条参见2021年《民事诉讼法》第207条。)

《规范指令再审和发回重审提高审判监督质量效率——最高人民法院审判监督庭负责人答记者问》指出："因抗诉裁定再审的案件，由接受抗诉的法院再审。检察院的抗诉是向同级法院提出的，而抗诉的对象是下级法院的生效裁判，由接受抗诉的法院再审，也体现了提审原则。"

《民事诉讼法》第218条："……有本法第二百零七条第一项至第五项规定情形之一的，可以交下一级人民法院再审，但经该下一级人民法院再审的除外。"

或者指令该法院的其他同级人民法院再审。[1]

2. 再审案件的审理方式。人民法院审理再审案件应当组成合议庭开庭审理,但按照第二审程序审理,有特殊情况或者双方当事人已经通过其他方式充分表达意见,且书面同意不开庭审理的除外。[2]

3. 再审案件审理的事实认定及陈述。(1)事实认定。人民法院按照第二审程序审理再审案件,发现原判决认定基本事实不清的,一般应当通过庭审认定事实后依法作出判决。但原审人民法院未对基本事实进行过审理的,可以裁定撤销原判决,发回重审。原判决认定事实错误的,上级人民法院不得以基本事实不清为由裁定发回重审。[3] (2)当事人等的陈述。①陈述顺序。人民法院开庭审理再审案件,应当按照下列情形分别进行:(i)因当事人申请再审的,先由再审申请人陈述再审请求及理由,后由被申请人答辩、其他原审当事人发表意见;(ii)因抗诉再审的,先由抗诉机关宣读抗诉书,再由申请抗诉的当事人陈述,后由被申请人答辩、其他原审当事人发表意见;(iii)人民法院依职权再审,有申诉人的,先由申诉人陈述再审请求及理由,后由被申诉人答辩、其他原审当事人发表意见;(iv)人民法院依职权再审,没有申诉人的,先由原审原告或者原审上诉人陈述,后由原审其他当事人发表意见。对《最高人民法院关于适用〈中华人民共和国民事诉讼法〉的解释》第402条第1项至第3项规定的情形,人民法院应当要求当事人明确其再审请求。[4] ②陈述的报请。对立案庭登记立案的不服本院生效裁判案件,合议庭在审查过程中,认为对案件有关情况需要听取双方当事人陈述的,应

---

① 《最高人民法院关于正确适用〈关于人民法院对民事案件发回重审和指令再审有关问题的规定〉的通知》第3条。

② 《最高人民法院关于适用〈中华人民共和国民事诉讼法〉的解释》第401条第1款。

《最高人民法院关于适用〈中华人民共和国民事诉讼法〉审判监督程序若干问题的解释》第7条规定:"人民法院受理再审申请后,应当组成合议庭予以审查。"第22条第2款规定:"人民法院审理再审案件应当开庭审理。但按照第二审程序审理的,双方当事人已经其他方式充分表达意见,且书面同意不开庭审理的除外。"

③ 《最高人民法院关于民事审判监督程序严格依法适用指令再审和发回重审若干问题的规定》第4条。

《规范指令再审和发回重审提高审判监督质量效率——最高人民法院审判监督庭负责人答记者问》指出:"第4条明确,'原判决认定基本事实不清的',以'通过庭审认定事实后依法作出判决'为原则,以发回重审为例外,同时规定,对'认定事实错误的'不得发回重审。……《规定》只将'未对基本事实进行过审理',作为'认定基本事实不清'为由发回重审的例外情形。"(此处所指《规定》,即《最高人民法院关于民事审判监督程序严格依法适用指令再审和发回重审若干问题的规定》。)

④ 《最高人民法院关于适用〈中华人民共和国民事诉讼法〉的解释》第402条。

报庭领导决定。[1]

4. 再审案件审理中的意见交换。在办理不服本院生效裁判案件过程中，经庭领导同意，承办人可以就案件有关情况与原承办人或原合议庭交换意见；未经同意，承办人不得擅自与原承办人或原合议庭交换意见。[2]

5. 再审案件审理的对象。(1)人民法院提起的再审案件。应在原审案件的范围内全案审查，但上级法院有明确审查范围意见的除外。[3] (2)当事人申请的再审案件。①申请人的请求。人民法院审理再审案件应当围绕再审请求进行。当事人的再审请求超出原审诉讼请求的，不予审理；符合另案诉讼条件的，告知当事人可以另行起诉。被申请人及原审其他当事人在庭审辩论结束前提出的再审请求，符合《民事诉讼法》第212条规定的，人民法院应当一并审理。人民法院经再审，发现已经发生法律效力的判决、裁定损害国家利益、社会公共利益、他人合法权益的，应当一并审理。[4] ②对方当事人的请求。再审案件应当围绕申请人的再审请求进行审理和裁判。对方当事人在再审庭审辩论终结前也提出再审请求的，应一并审理和裁判。当事人的再审请求超出原审诉讼请求的不予审理，构成另案诉讼的应告知当事人可以提起新的诉讼。[5] (3)人民检察院抗诉的再审案

---

① 《最高人民法院关于办理不服本院生效裁判案件的若干规定》第4条。

② 《最高人民法院关于办理不服本院生效裁判案件的若干规定》第3条。

③ 《最高人民法院全国审判监督工作座谈会关于当前审判监督工作若干问题的纪要》第10条第3款规定："由上级法院或院长发现程序启动的案件，应在原审案件的范围内全案审查，但上级法院有明确审查范围意见的除外。"

④ 《最高人民法院关于适用〈中华人民共和国民事诉讼法〉的解释》第403条。

《最高人民法院全国审判监督工作座谈会关于当前审判监督工作若干问题的纪要》第10条："……再审案件的审理范围应把握这样几个原则：由当事人申请再审启动再审程序的案件，再审案件的审理范围应确定在原审范围内，申请人诉什么就审什么，不诉不审。"

《民事诉讼法》第143条规定："原告增加诉讼请求，被告提出反诉，第三人提出与本案有关的诉讼请求，可以合并审理。"

⑤ 《最高人民法院关于民事审判监督程序严格依法适用指令再审和发回重审若干问题的规定》第7条。

《规范指令再审和发回重审提高审判监督质量效率——最高人民法院审判监督庭负责人答记者问》指出，再审案件的审理范围……《最高人民法院关于适用〈中华人民共和国民事诉讼法〉审判监督程序若干问题的解释》曾规定，人民法院应当在具体的再审请求范围内或在抗诉支持当事人请求的范围内审理再审案件。"……《最高人民法院关于民事审判监督程序严格依法适用指令再审和发回重审若干问题的规定》对此作了调整，抗诉案件不再限于检察机关支持的范围，而且还要求对对方当事人提出的再审请求也一并审理和裁判。……(这一调整)实质是强调再审应覆盖当事人在再审期间的全部争议。

件。①抗诉案件不再限于检察机关支持的范围。[①] ②抗诉案件的审理范围应围绕抗诉内容进行审理。抗诉内容与当事人申请再审理由不一致的,原则上应以检察机关的抗诉书为准。[②]

6. 再审案件审理的撤回申请。(1)按撤回申请处理。①申请再审人经传票传唤,无正当理由拒不到庭的,或者未经法庭许可中途退庭的,可以裁定按自动撤回再审申请处理。[③] ②人民法院开庭审理抗诉案件,经提前通知提出抗诉的人民检察院,检察院不派员出席法庭的,按撤回抗诉处理。[④] (2)裁定终止审理。人民法院对于人民检察院提起抗诉的民事案件作出再审裁定后,当事人正式提出撤回原抗诉申请,人民检察院没有撤回抗诉的,人民法院应当裁定终止审理,但原判决、裁定可能违反社会公共利益的除外。[⑤]

7. 再审案件审理中的质证。当事人申请再审提出的新证据,必须当庭质证;出示的书证、物证等应当交由对方当事人当庭辨认,发表质证意见;审判长根据案件的具体情况,经征求合议庭成员意见后,可当庭认证,或经合议庭评议后再行认证。[⑥]

8. 再审案件审理中的调解。当事人在再审审理中经调解达成协议的,人民法院应当制作调解书。调解书经各方当事人签收后,即具有法律效力,原判决、裁定视为被撤销。[⑦]

9. 再审案件审理中的检察机关。人民法院开庭审理抗诉案件,由抗诉机关

---

① 《规范指令再审和发回重审提高审判监督质量效率——最高人民法院审判监督庭负责人答记者问》。

② 《最高人民法院全国审判监督工作座谈会关于当前审判监督工作若干问题的纪要》第15条。

③ 《最高人民法院关于适用〈中华人民共和国民事诉讼法〉审判监督程序若干问题的解释》第23条第1款。

《最高人民法院全国审判监督工作座谈会关于当前审判监督工作若干问题的纪要》第20条认为:"人民法院开庭审理抗诉案件,向抗诉机关申诉的对方当事人经依法传唤,无正当理由不到庭或者未经法庭许可中途退庭的,依照民事诉讼法和行政诉讼法中的有关规定,缺席判决。经依法传唤,向抗诉机关申诉的一方当事人无正当理由不到庭或者表示撤回申请的,应建议检察机关撤回抗诉,抗诉机关同意的,按撤诉处理,作出裁定书;经依法传唤,当事人均不到庭,应当裁定终结再审程序,但原审判决严重损害国家利益或者社会公共利益的除外。"

④ 《最高人民法院全国审判监督工作座谈会关于当前审判监督工作若干问题的纪要》第18条。

⑤ 《最高人民法院关于人民法院在再审程序中应当如何处理当事人撤回原抗诉申请问题的复函》。

⑥ 《最高人民法院全国审判监督工作座谈会关于当前审判监督工作若干问题的纪要》第13条。

⑦ 《最高人民法院关于适用〈中华人民共和国民事诉讼法〉审判监督程序若干问题的解释》第25条。

出席法庭的人员按照再审案件的审判程序宣读抗诉书，不参与庭审中的其他诉讼活动，以避免抗诉机关成为一方当事人的“辩护人”或“代理人”，保证诉讼当事人平等的民事诉讼地位。由于抗诉机关的特殊地位。对方当事人不得对不参与庭审的抗诉机关出席法庭的人员进行询问、质问或者发表过激言论。人民检察院出席法庭的标牌和裁判文书的称谓统一为“抗诉机关”。[①]

（三）再审案件审理开庭后的裁定工作

1. 再审案件审理的裁定书。（1）首部简明扼要，不再列举当事人的自然情况。（2）在制作民事再审裁定书时，不再表述“原判决（调解、裁定）确有错误”或“原判认定事实不清，适用法律错误”等文字，变更为“经本院审查认为：当事人的申请符合《民事诉讼法》第×条第×款第×项规定的再审立案条件。根据《民事诉讼法》第×条、第×条的规定，裁定如下”。（3）民事再审裁定书体现院长对本院案件进行监督的，署院长姓名；院长授权的，也可以署副院长姓名；体现上级法院对下级法院进行监督的，署合议庭组成人员姓名。检察机关抗诉启动再审程序的，加盖院印不署名。[②]（4）人民法院对已经发生法律效力的判决、裁定、调解书依法决定再审，依照《民事诉讼法》第213条规定，需要中止执行的，应当在再审裁定中同时写明中止原判决、裁定、调解书的执行；情况紧急的，可以将中止执行裁定口头通知负责执行的人民法院，并在通知后10日内发出裁定书。[③]

2. 再审案件审理的具体裁定。（1）裁定撤回起诉。①申请再审人在再审期间撤回再审申请的，是否准许由人民法院裁定。裁定准许的，应终结再审程序。申请再审人经传票传唤，无正当理由拒不到庭的，或者未经法庭许可中途退庭的，可以裁定按自动撤回再审申请处理。人民检察院抗诉再审的案件，申请抗诉的当事人有前款规定的情形，且不损害国家利益、社会公共利益或第三人利益的，人民法院应当裁定终结再审程序；人民检察院撤回抗诉的，应当准予。终结再审程序的，恢复原判决的执行。[④] ②按照第一审程序审理再审案件时，一审原告申请撤回起诉的，是否准许由人民法院裁定。裁定准许的，应当同时裁定撤销

---

① 《最高人民法院全国审判监督工作座谈会关于当前审判监督工作若干问题的纪要》第19条。

② 《最高人民法院全国审判监督工作座谈会关于当前审判监督工作若干问题的纪要》第24条第1款第3项、第24条第2款。

③ 《最高人民法院关于适用〈中华人民共和国民事诉讼法〉的解释》第394条。

④ 《最高人民法院关于适用〈中华人民共和国民事诉讼法〉审判监督程序若干问题的解释》第23条。

原判决、裁定、调解书。[①] (2)裁定撤销原裁定。因违反法定程序、认定事实错误、适用法律错误进入再审程序的案件,应视情形分别处理。符合下列情形之一的,应裁定撤销原裁定:①原不予受理裁定错误的,应予撤销并指令原审法院受理;②原驳回起诉裁定错误的,应予撤销并指令原审法院审理;③原管辖权异议裁定错误,且案件尚未作出生效判决的,应予撤销并将案件移送有管辖权的人民法院。[②] (3)裁定撤销原判,驳回起诉。按照第二审程序再审的案件,人民法院经审理认为不符合《民事诉讼法》规定的起诉条件或者符合《民事诉讼法》第127条规定不予受理情形的,应当裁定撤销一、二审判决,驳回起诉。[③] (4)再审中的裁定撤销原判决,发回第一审人民法院重审。①裁定的具体情形。人民法院按照第二审程序审理再审案件,发现第一审人民法院有下列严重违反法定程序情形之一的,可以依照《民事诉讼法》第177条第1款第4项的规定,裁定撤销原判决,发回第一审人民法院重审:(i)原判决遗漏必须参加诉讼的当事人的;(ii)无诉讼行为能力人未经法定代理人代为诉讼,或者应当参加诉讼的当事人,因不能归责于本人或者其诉讼代理人的事由,未参加诉讼的;(iii)未经合法传唤缺席判决,或者违反法律规定剥夺当事人辩论权利的;(iv)审判组织的组成不合法或者依法应当回避的审判人员没有回避的;(v)原判决、裁定遗漏诉讼请求的;[④](vi)人民法院按照第二审程序审理再审案件,发现原判决认定事实错误或者认定事实不清

---

① 《最高人民法院关于适用〈中华人民共和国民事诉讼法〉审判监督程序若干问题的解释》第24条。

② 《最高人民法院全国审判监督工作座谈会关于当前审判监督工作若干问题的纪要》第1条。

③ 《最高人民法院关于适用〈中华人民共和国民事诉讼法〉的解释》第406条。

《最高人民法院全国审判监督工作座谈会关于当前审判监督工作若干问题的纪要》第3条认为:“民事、行政再审案件符合下列情形之一的,可裁定撤销原判,驳回起诉:(1)不属于法院受案范围的;(2)法律规定必须经过前置程序,未经前置程序直接诉至法院的;(3)当事人双方约定仲裁而一方直接诉至法院,对方在首次开庭前对人民法院受理该案提出异议,且不参加诉讼活动的,但人民法院终审裁定驳回其异议后,当事人参加诉讼活动的除外;(4)诉讼主体错误的;(5)其他不予受理的情形。”

④ 《最高人民法院关于民事审判监督程序严格依法适用指令再审和发回重审若干问题的规定》第5条。

《最高人民法院全国审判监督工作座谈会关于当前审判监督工作若干问题的纪要》第4条认为:“民事、行政再审案件符合下列情形之一,可能影响案件正确判决、裁定的,上级法院裁定撤销原判,发回原审人民法院重审:(1)审判组织组成不合法的;(2)审理本案的审判人员、书记员应当回避未回避的;(3)依法应当开庭审理而未经开庭即作出判决的;(4)适用普通程序审理的案件当事人未经传票传唤而缺席判决的;(5)作为定案依据的主要证据未经当庭质证的;(6)民事诉讼的原判遗漏了必须参加诉讼的当事人,且调解不成的;(7)其他发回重审的情形。”

的，应当在查清事实后改判。但原审人民法院便于查清事实，化解纠纷的，可以裁定撤销原判决，发回重审；原审程序遗漏必须参加诉讼的当事人且无法达成调解协议，以及其他违反法定程序不宜在再审程序中直接作出实体处理的，应当裁定撤销原判决，发回重审。[①] ②裁定书中理由阐明。上级人民法院裁定指令再审、发回重审的，应当在裁定书中阐明指令再审或者发回重审的具体理由。[②] ③发回重审案件的受理。再审裁定撤销原判决、裁定发回重审的案件，当事人申请变更、增加诉讼请求或者提出反诉，符合下列情形之一的，人民法院应当准许：(i)原审未合法传唤缺席判决，影响当事人行使诉讼权利的；(ii)追加新的诉讼当事人的；(iii)诉讼标的物灭失或者发生变化致使原诉讼请求无法实现的；(iv)当事人申请变更、增加的诉讼请求或者提出的反诉，无法通过另诉解决的。[③] ④发回重审案件的不予支持。再审发回重审的案件，应当围绕当事人原诉讼请求进行审理。当事人申请变更、增加诉讼请求和提出反诉的，按照《最高人民法院关于适用〈中华人民共和国民事诉讼法〉的解释》第252条的规定审查决定是否准许。当事人变更其在原审中的诉讼主张、质证及辩论意见的，应说明理由并提交相应的证据，理由不成立或证据不充分的，人民法院不予支持。[④] (5)裁定终结再审程序。再审审理期间，有下列情形之一的，可以裁定终结再审程序：①再审申请人在再审期间撤回再审请求，人民法院准许的；②再审申请人经传票传唤，无正当理由拒不到庭的，或者未经法庭许可中途退庭，按撤回再审请求处理的；③人民检察院撤回抗诉的；④有《最高人民法院关于适用〈中华人民共和国民事诉讼法〉的解释》第400条第1项至第4项规定情形的。因人民检察院提出抗诉裁定再审的案件，申请抗诉的当事人有前款规定的情形，且不损害国家利益、社会公共利益或者他人合法权益的，人民法院应当裁定终结再审程序。再审程序终结后，人民法院裁定中止执行的原生效判决自动恢复执行。[⑤] (6)裁定维持原

---

① 《最高人民法院关于适用〈中华人民共和国民事诉讼法〉审判监督程序若干问题的解释》第27条。

② 《最高人民法院关于民事审判监督程序严格依法适用指令再审和发回重审若干问题的规定》第6条。

③ 《最高人民法院关于适用〈中华人民共和国民事诉讼法〉的解释》第252条(与诉讼请求注解有重复)。

④ 《最高人民法院关于民事审判监督程序严格依法适用指令再审和发回重审若干问题的规定》第8条。

⑤ 《最高人民法院关于适用〈中华人民共和国民事诉讼法〉的解释》第404条。

裁定。人民法院将同级人民检察院提出抗诉的民事案件转交下级人民法院再审,再审法院依法再审后,认为应当维持原判的,可以在判决、裁定中说明抗诉理由不能成立。判决、裁定作出后,再审法院应当将裁判文书送达提出抗诉的人民检察院。[①]

(四)再审案件审理开庭后的判决工作

1. 再审案件审理的判决书。(1)首部要规范,程序要公开。判决书首部应当规范,与原审判决书相比,再审案件判决书的首部要素内容有其特征,如对当事人的称谓,原审及再审立案时间等等;对检察院提起抗诉的再审案件,判决书首部首先要列明抗诉机关;判决文书应当反映原审及再审程序提起的过程。(2)原审诉辩要表述,再审理由要具体,主要证据要列明,争执焦点要明确。再审案件判决书中应将当事人的原审诉辩主张根据案件的具体情况予以表述;对抗诉理由或申请再审的主要理由应作具体的表述;支持当事人原审诉辩主张和申请再审的主要证据一般应当编列序号,分项列述;判决书中要提炼案件争执的焦点问题,即在程序和实体方面证据的分歧、适用法律的争执点等。(3)正确运用有效证据,区别情况采取不同的方法对案件事实予以认定。对原审认定事实清楚部分和当事人无争议的事实可作简单概括。对有争议及原审认定不清的事实应详细地综合认证;对原审认定有错误的部分应着重分析,运用证据来表述其错在何处,取消"经再审查明"的传统表述方法,改为"经再审认定的证据,可证明如下事实:"的表述方法。(4)再审判决书,说理部分应结构严谨、语言精确、文简意赅、是非分明;内容紧紧围绕争议焦点、再审申请的主要理由展开;对案件争议的焦点可采用多种论证方法;法律法规和司法解释的适用要准确、规范,不能漏引、错引;注重服判息诉的社会效果。(5)判决主文是人民法院对当事人争议事项所作的结论,必须用鲜明、简洁、准确、规范、便于执行的文字表述;判决主义的表述顺序为:先维持。后撤销、再改判。[②] (6)部分当事人到庭并达成调解协议,其他当事人未作出书面表示的,人民法院应当在判决中对该事实作出表述;调解协议内容不违反法律规定,且不损害其他当事人合法权益的,可以在判决主文中予以

---

① 《最高人民法院研究室关于人民法院可否驳回人民检察院就民事案件提出的抗诉问题的答复》。

② 《最高人民法院全国审判监督工作座谈会关于当前审判监督工作若干问题的纪要》第25条第1款。

确认。①

2. 再审案件审理的具体判决。(1)维持原判。人民法院经再审审理认为,原判决、裁定认定事实清楚、适用法律正确的,应予维持;原判决、裁定认定事实、适用法律虽有瑕疵,但裁判结果正确的,应当在再审判决、裁定中纠正瑕疵后予以维持。② (2)裁定维持原裁定。人民法院将同级人民检察院提出抗诉的民事案件转交下级人民法院再审,再审法院依法再审后,认为应当维持原判的,可以在判决、裁定中说明抗诉理由不能成立。判决、裁定作出后,再审法院应当将裁判文书送达提出抗诉的人民检察院。③ (3)改判、撤销或者变更。原判决、裁定认定事实、适用法律错误,导致裁判结果错误的,应当依法改判、撤销或者变更。④

3. 再审案件审理的宣判。适用审判监督程序再审的案件,再审人民法院可以自行宣判,也可以委托原审人民法院宣判或者由当事人所在地人民法院代为宣判。⑤

三、再审案件判决中的改判

1. 再审案件改判的情形。(1)符合下列情形的,应予改判:①民事案件确定案由错误、认定合同效力错误、认定责任错误导致错判的。②民事案件错判承担民事责任形式、错划承担民事责任致显失公正的。③民事案件执行期限或财产数额错误的。④民事案件的调解协议严重违反自愿原则或者违反法律的。⑤其他应当改判的情形。⑥ (2)符合下列情形的,一般不予改判:①原判文书在事实认定、理由阐述、适用法律方面存在错误、疏漏,但原判文书主文正确或者基本正确的;②原判结果的误差在法官自由裁量幅度范围内的;③原判定性有部分错误,

---

① 《最高人民法院关于适用〈中华人民共和国民事诉讼法〉的解释》第410条。

② 《最高人民法院关于适用〈中华人民共和国民事诉讼法〉的解释》第405条第1款。

《最高人民法院关于适用〈中华人民共和国民事诉讼法〉审判监督程序若干问题的解释》第26条规定:"人民法院经再审审理认为,原判决、裁定认定事实清楚、适用法律正确的,应予维持;原判决、裁定在认定事实、适用法律、阐述理由方面虽有瑕疵,但裁判结果正确的,人民法院应在再审判决、裁定中纠正上述瑕疵后予以维持。"

③ 《最高人民法院研究室关于人民法院可否驳回人民检察院就民事案件提出的抗诉问题的答复》。

④ 《最高人民法院关于适用〈中华人民共和国民事诉讼法〉的解释》第405条第2款。

⑤ 《最高人民法院关于适用〈中华人民共和国民事诉讼法〉的解释》第423条规定:"本解释第三百三十八条规定适用于审判监督程序。"

《最高人民法院关于适用〈中华人民共和国民事诉讼法〉的解释》第338条:"第二审人民法院宣告判决可以自行宣判,也可以委托原审人民法院或者当事人所在地人民法院代行宣判。"

⑥ 《最高人民法院全国审判监督工作座谈会关于当前审判监督工作若干问题的纪要》第6条。

但即使定性问题纠正后，原判结果仍在可以维持范围内的；④原判有漏证或错引、漏引法条情况，但原判结果仍在可以维持范围内的；⑤原判应一并审理，但未审理部分可以另案解决的；⑥原判有错误，但可以用其他方法补救，而不必进行再审改判的。①

2. 再审案件改判的审理。(1)上一级人民法院认为下级人民法院已经再审但确有必须改判的错误的，应当裁定提审，改判后应在一定范围内通报。下级人民法院以驳回通知书复查结案的，或者以驳回起诉再审结案的，上级人民法院可以裁定指令再审。② (2)当事人提交新的证据致使再审改判，因再审申请人或者申请检察监督当事人的过错未能在原审程序中及时举证，被申请人等当事人请求补偿其增加的交通、住宿、就餐、误工等必要费用的，人民法院应予支持。③ (3)人民法院按照第二审程序审理再审案件，发现原判决认定事实错误或者认定事实不清的，应当在查清事实后改判。④

3. 再审案件改判的决定。对本院生效裁判案件经审查认为应当再审的，或者已经进入再审程序、经审理认为应当改判的，由院长提交审判委员会讨论决定。提交审判委员会讨论的案件审理报告应注明原承办人和原合议庭成员的姓名，并可附原合议庭对审判监督庭再审审查结论的书面意见。⑤

人民检察院对生效判决、裁定、调解书的抗诉或者检察的建议

第二百一十五条　最高人民检察院对各级人民法院已经发生法律效力的判决、裁定，上级人民检察院对下级人民法院已经发生法律效力的判决、裁定，发现有本法第二百零七条规定情形之一的，或者发现调解书损害国家利益、社会公共利益的，应当提出抗诉。

---

① 《最高人民法院全国审判监督工作座谈会关于当前审判监督工作若干问题的纪要》第7条。

② 《最高人民法院全国审判监督工作座谈会关于当前审判监督工作若干问题的纪要》第5条。

③ 《最高人民法院关于适用〈中华人民共和国民事诉讼法〉的解释》第409条。

④ 《最高人民法院关于适用〈中华人民共和国民事诉讼法〉审判监督程序若干问题的解释》第27条。

⑤ 《最高人民法院关于办理不服本院生效裁判案件的若干规定》第5条。

地方各级人民检察院对同级人民法院已经发生法律效力的判决、裁定，发现有本法第二百零七条规定情形之一的，或者发现调解书损害国家利益、社会公共利益的，可以向同级人民法院提出检察建议，并报上级人民检察院备案；也可以提请上级人民检察院向同级人民法院提出抗诉。

各级人民检察院对审判监督程序以外的其他审判程序中审判人员的违法行为，有权向同级人民法院提出检察建议。

本条明确人民检察院对生效判决、裁定、调解书的抗诉或者检察建议。本书在此基础上进一步阐释三方面的内容。

一、人民检察院对生效判决、裁定、调解书的抗诉

1. 人民检察院对生效判决、裁定、调解书抗诉的情形。(1)最高人民检察院、上级人民检察提出抗诉的情形。最高人民检察院对各级人民法院已经发生法律效力的民事判决、裁定、调解书，上级人民检察院对下级人民法院已经发生法律效力的民事判决、裁定、调解书，发现有《民事诉讼法》第207条、第215条规定情形的，应当向同级人民法院提出抗诉。[①] (2)各级人民法院检察提请抗诉的情形。①符合《人民检察院民事诉讼监督规则》第81条[②]规定的案件有下列情形之一

---

① 《人民检察院民事诉讼监督规则》第90条。

《最高人民法院、最高人民检察院关于对民事审判活动与行政诉讼实行法律监督的若干意见(试行)》第5条第1款规定："最高人民检察院对各级人民法院已经发生法律效力的民事判决、裁定，上级人民检察院对下级人民法院已经发生法律效力的民事判决、裁定，经过立案审查，发现有《中华人民共和国民事诉讼法》第一百七十九条规定情形之一，符合抗诉条件的，应当依照《中华人民共和国民事诉讼法》第一百八十七条之规定，向同级人民法院提出抗诉。"(此处适用的是2017年《民事诉讼法》，本条规定中的第200条、第208条分别参见2021年《民事诉讼法》第207条、第215条。)

对生效民事判决、裁定、调解书的抗诉原则上实行"上级抗"，即由上级人民检察院对下级人民法院生效的民事判决、裁定、调解书提出抗诉。地方各级人民检察院对同级人民法院的民事审判活动也有法律监督权，但不能提起抗诉，只能提请上级人民检察院提出抗诉。只有最高人民检察院可以进行"同级抗"。

② 《人民检察院民事诉讼监督规则》第81条规定："地方各级人民检察院发现同级人民法院已经发生法律效力的民事判决、裁定有下列情形之一的，可以向同级人民法院提出再审检察建议：(一)有新的证据，足以推翻原判决、裁定的；(二)原判决、裁定认定的基本事实缺乏证据证明的；(三)原判决、裁定认定事实的主要证据是伪造的；(四)原判决、裁定认定事实的主要证据未经质证的；(五)对审理案件需要的主要证据，当事人因客观原因不能自行收集，书面申请人民法院调查收集，人民法院未调查收集的；(六)审判组织的组成不合法或者依法应当回避的审判人员没有回避的；(七)无诉讼行为能力人未经法定代理人代为诉讼或者应当参加诉讼的当事人，因不能归责于本人或者其诉讼代理人的事由，未参加诉讼的；(八)违反法律规定，剥夺当事人辩论权利的；(九)未经传票传唤，缺席判决的；(十)原判决、裁定遗漏或者超出诉讼请求的；(十一)据以作出原判决、裁定的法律文书被撤销或者变更的。"

的,地方各级人民检察院一般应当提请上一级人民检察院抗诉:(i)判决、裁定是经同级人民法院再审后作出的;(ii)判决、裁定是经同级人民法院审判委员会讨论作出的。[①] ②地方各级人民检察院发现同级人民法院已经发生法律效力的民事判决、裁定具有下列情形之一的,一般应当提请上一级人民检察院抗诉:(i)原判决、裁定适用法律确有错误的;(ii)审判人员在审理该案件时有贪污受贿、徇私舞弊、枉法裁判行为的。[②] (3)其他抗诉的情形。①地方各级人民检察院发现民事调解书损害国家利益、社会公共利益的,可以向同级人民法院提出再审检察建议,也可以提请上一级人民检察院抗诉。[③] ②人民法院收到再审检察建议后,应当在3个月内进行审查并将审查结果书面回复人民检察院。人民法院认为需要再审的,应当通知当事人。人民检察院认为人民法院不予再审的决定不当的,应当提请上级人民检察院提出抗诉。[④] ③人民检察院提出检察建议或者抗诉后,人民法院对检察建议未予采纳或者作出的再审判决、裁定确有错误的,人民检察院可以依据《民事诉讼法》第215条的规定,依职权进行监督。[⑤] ④人民检察院对人民法院的审判工作提出检察建议书的,人民法院应认真研究以改进工作;经与同级人民法院协商同意,对个案提出检察建议书的,如符合再审立案条件,可依职权启动再审程序。[⑥]

2. 人民检察院对生效判决、裁定、调解书不可抗诉的案件。对人民法院已经采纳再审检察建议进行再审的案件,提出再审检察建议的人民检察院一般不得再向上级人民检察院提请抗诉。[⑦]

3. 人民检察院对生效判决、裁定、调解书抗诉的受理。下级人民检察院向上级人民检察院提请抗诉的,由上级人民检察院案件管理部门受理。[⑧]

---

① 《人民检察院民事诉讼监督规则》第82条。

② 《人民检察院民事诉讼监督规则》第83条。

③ 《人民检察院民事诉讼监督规则》第85条。

《最高人民法院、最高人民检察院关于对民事审判活动与行政诉讼实行法律监督的若干意见(试行)》第6条规定:"人民检察院发现人民法院已经发生效力的民事调解、行政赔偿调解损害国家利益、社会公共利益的,应当提出抗诉。"

④ 《最高人民法院、最高人民检察院关于对民事审判活动与行政诉讼实行法律监督的若干意见(试行)》第7条第2款。

⑤ 《最高人民检察院关于贯彻执行〈中华人民共和国民事诉讼法〉若干问题的通知》第9条第2款。

⑥ 《最高人民法院全国审判监督工作座谈会关于当前审判监督工作若干问题的纪要》第17条。

⑦ 《人民检察院民事诉讼监督规则》第86条。

⑧ 《最高人民检察院关于贯彻执行〈中华人民共和国民事诉讼法〉若干问题的通知》第4条第3款。

4. 人民检察院对生效判决、裁定、调解书抗诉的文书及送达。人民检察院提请抗诉,应当制作《提请抗诉报告书》,在决定提请抗诉之日起15日内将《提请抗诉报告书》连同案件卷宗报送上一级人民检察院,并制作决定提请抗诉的《通知书》,发送当事人。①

5. 人民法院对人民检察院抗诉的受理。(1)人民检察院依法对损害国家利益、社会公共利益的发生法律效力的判决、裁定、调解书提出抗诉,或者经人民检察院检察委员会讨论决定提出再审检察建议的,人民法院应予受理。② (2)人民检察院对已经发生法律效力的判决以及不予受理、驳回起诉的裁定依法提出抗诉的,人民法院应予受理,但适用特别程序、督促程序、公示催告程序、破产程序以及解除婚姻关系的判决、裁定等不适用审判监督程序的判决、裁定除外。③ (3)人民检察院依照《民事诉讼法》第216条第1款第3项规定对有明显错误的再审判决、裁定提出抗诉或者再审检察建议的,人民法院应予受理。④ (4)受理的除外。①上级人民检察院对下级人民法院已经发生法律效力的民事、经济、行政案件提出抗诉的,无论是同级人民法院再审还是指令下级人民法院再审,凡作出维持原裁判的判决、裁定后,原提出抗诉的人民检察院再次提出抗诉的,人民法院不予受理;原提出抗诉的人民检察院的上级人民检察院提出抗诉的,人民法院应当受理。⑤ ②人民检察院对人民法院作出的诉前保全裁定提出抗诉,没有法律依据,人民法院应当通知其不予受理。⑥ ③人民检察院对发生法律效力的不撤销仲裁裁决的民事裁定提出抗诉,没有法律依据,人民法院不予受理。⑦

---

① 《人民检察院民事诉讼监督规则》第88条。

② 《最高人民法院关于适用〈中华人民共和国民事诉讼法〉的解释》第411条。

③ 《最高人民法院关于适用〈中华人民共和国民事诉讼法〉的解释》第412条。

④ 《最高人民法院关于适用〈中华人民共和国民事诉讼法〉的解释》第413条。

⑤ 《最高人民法院关于人民检察院提出抗诉按照审判监督程序再审维持原裁判的民事、经济、行政案件,人民检察院再次提出抗诉应否受理的问题批复》。

⑥ 《最高人民法院关于人民法院发现本院作出的诉前保全裁定和在执行程序中作出的裁定确有错误以及人民检察院对人民法院作出的诉前保全裁定提出抗诉人民法院应当如何处理的批复》第2条。

《最高人民法院关于对执行程序中的裁定的抗诉不予受理的批复》认为:"根据《中华人民共和国民事诉讼法》的有关规定,人民法院为了保证已发生法律效力的判决、裁定或者其他法律文书的执行而在执行程序中作出的裁定,不属于抗诉的范围。因此,人民检察院针对人民法院在执行程序中作出的查封财产裁定提出抗诉,于法无据。对于坚持抗诉的,人民法院应通知不予受理。"

⑦ 《最高人民法院关于人民检察院对不撤销仲裁裁决的民事裁定提出抗诉人民法院应否受理问题的批复》。

6. 人民法院审理人民检察院抗诉的案件。(1)人民法院开庭审理抗诉案件,应当在开庭3日前通知人民检察院、当事人和其他诉讼参与人。同级人民检察院或者提出抗诉的人民检察院应当派员出庭。人民检察院因履行法律监督职责向当事人或者案外人调查核实的情况,应当向法庭提交并予以说明,由双方当事人进行质证。① (2)人民法院审理因人民检察院抗诉或者检察建议裁定再审的案件,不受此前已经作出的驳回当事人再审申请裁定的影响。②

7. 人民检察院抗诉中,人民法院的义务。(1)人民法院决定调卷审查的,原审法院应当在收到调卷函后15日内按要求报送卷宗。调取原审卷宗的范围可根据审查工作需要决定。必要时,在保证真实的前提下,可要求原审法院以传真件、复印件、电子文档等方式及时报送相关卷宗材料。③ (2)在制作检察机关抗诉理由不能成立的裁判文书中,一般不使用“驳回抗诉”的表述。④

二、人民检察院提出的检察建议

检察建议是人民检察院依法履行法律监督职责,参与社会治理,维护司法公正,促进依法行政,预防和减少违法犯罪,保护国家利益和社会公共利益,维护个人和组织合法权益,保障法律统一正确实施的重要方式。⑤

(一)人民检察院提出检察建议的一般规则

1. 人民检察院可以直接向本院所办理案件的涉案单位、本级有关主管机关以及其他有关单位提出检察建议。需要向涉案单位以外的上级有关主管机关提出检察建议的,应当层报被建议单位的同级人民检察院决定并提出检察建议,或者由办理案件的人民检察院制作检察建议书后,报被建议单位的同级人民检察院审核并转送被建议单位。需要向下级有关单位提出检察建议的,应当指令对

---

① 《最高人民法院关于适用〈中华人民共和国民事诉讼法〉的解释》第419条。

《人民检察院民事诉讼监督规则》第94条第1款规定:“人民检察院提出抗诉的案件,人民法院再审时,人民检察院应当派员出席法庭。”

② 《最高人民法院关于适用〈中华人民共和国民事诉讼法〉的解释》第418条。

③ 《最高人民法院关于受理审查民事申请再审案件的若干意见》第16条。

④ 《最高人民法院全国审判监督工作座谈会关于当前审判监督工作若干问题的纪要》第21条。

⑤ 《人民检察院检察建议工作规定》第2条。

检察建议不同于抗诉:(1)检察建议不能立刻引发再审,检察建议可以加强与人民法院的合作配合,促使其发现错误、纠正错误。(2)检察建议由同级人民检察院提出的,可以通过向上级人民检察院报请备案检察建议和提请抗诉,加强上下级检察机关的沟通,从而更慎重地决定是否抗诉。(3)检察建议比抗诉的适用范围更广,除了在审判监督程序外,还可以帮助人民法院发现其他审判程序中审判人员的违法行为。

应的下级人民检察院提出检察建议。需要向异地有关单位提出检察建议的，应当征求被建议单位所在地同级人民检察院意见。被建议单位所在地同级人民检察院提出不同意见，办理案件的人民检察院坚持认为应当提出检察建议的，层报共同的上级人民检察院决定。[①]

2. 提出检察建议，应当立足检察职能，结合司法办案工作，坚持严格依法、准确及时、必要审慎、注重实效的原则。[②]

3. 检察建议应当由检察官办案组或者检察官办理。[③]

4. 制发检察建议应当在统一业务应用系统中进行，实行以院名义统一编号、统一签发、全程留痕、全程监督。[④]

（二）人民检察院提出检察建议的类型

检察建议主要包括以下类型：(1)再审检察建议；(2)纠正违法检察建议；(3)公益诉讼检察建议；(4)社会治理检察建议；(5)其他检察建议。[⑤]

1. 再审检察建议。已经发生法律效力的民事判决、裁定。(1)地方各级人民检察院发现同级人民法院已经发生法律效力的民事判决、裁定有下列情形之一的，可以向同级人民法院提出再审检察建议：①有新的证据，足以推翻原判决、裁定的；②原判决、裁定认定的基本事实缺乏证据证明的；③原判决、裁定认定事实的主要证据是伪造的；④原判决、裁定认定事实的主要证据未经质证的；⑤对审理案件需要的主要证据，当事人因客观原因不能自行收集，书面申请人民法院调查收集，人民法院未调查收集的；⑥审判组织的组成不合法或者依法应当回避的审判人员没有回避的；⑦无诉讼行为能力人未经法定代理人代为诉讼或者应当参加诉讼的当事人，因不能归责于本人或者其诉讼代理人的事由，未参加诉讼的；⑧违反法律规定，剥夺当事人辩论权利的；⑨未经传票传唤，缺席判决的；⑩原判决、裁定遗漏或者超出诉讼请求的；⑪据以作出原判决、裁定的法律文书被撤销或者变更的。[⑥] (2)人民检察院发现同级人民法院已经发生法律效力的判决、裁定具有法律规定的应当再审情形的，或者发现调解书损害国家利益、社会

---

① 《人民检察院检察建议工作规定》第3条。
② 《人民检察院检察建议工作规定》第4条。
③ 《人民检察院检察建议工作规定》第6条。
④ 《人民检察院检察建议工作规定》第7条。
⑤ 《人民检察院检察建议工作规定》第5条。
⑥ 《人民检察院民事诉讼监督规则》第81条。

公共利益的,可以向同级人民法院提出再审检察建议。[①]

2. 纠正违法检察建议。人民检察院发现同级人民法院民事审判程序中[②]有下列情形之一的,应当向同级人民法院提出检察建议:(1)判决、裁定确有错误,但不适用再审程序纠正的;(2)调解违反自愿原则或者调解协议的内容违反法律的;(3)符合法律规定的起诉和受理条件,应当立案而不立案的;(4)审理案件适用审判程序错误的;(5)保全和先予执行违反法律规定的;(6)支付令违反法律规定的;(7)诉讼中止或者诉讼终结违反法律规定的;(8)违反法定审理期限的;(9)对当事人采取罚款、拘留等妨害民事诉讼的强制措施违反法律规定的;(10)违反法律规定送达的;(11)其他违反法律规定的情形;[③](12)民事执行活动中违反法律规定的;[④](13)人民法院的审判活动有《最高人民法院、最高人民检察院关于对民事审判活动与行政诉讼实行法律监督的若干意见(试行)》第5条[⑤]、第6条[⑥]以外违反法律规定情形,不适用再审程序的。人民检察院应当向人民法

---

① 《人民检察院检察建议工作规定》第8条。

② 《人民检察院民事诉讼监督规则》第98条规定:"《中华人民共和国民事诉讼法》第二百零八条第三款规定的审判程序包括:(一)第一审普通程序;(二)简易程序;(三)第二审程序;(四)特别程序;(五)审判监督程序;(六)督促程序;(七)公示催告程序;(八)海事诉讼特别程序;(九)破产程序。"(此处适用的是2017年《民事诉讼法》,本条规定中的《民事诉讼法》第208条参见2021年《民事诉讼法》第215条。)

③ 《人民检察院民事诉讼监督规则》第100条。

④ 《人民检察院检察建议工作规定》第9条规定:"人民检察院在履行对诉讼活动的法律监督职责中发现有关执法、司法机关具有下列情形之一的,可以向有关执法、司法机关提出纠正违法检察建议:(一)人民法院审判人员在民事、行政审判活动中存在违法行为的;(二)人民法院在执行生效民事、行政判决、裁定、决定或者调解书、支付令、仲裁裁决书、公证债权文书等法律文书过程中存在违法执行、不执行、怠于执行等行为,或者有其他重大隐患的;(三)人民检察院办理行政诉讼监督案件或者执行监督案件,发现行政机关有违反法律规定、可能影响人民法院公正审理和执行的行为的;(四)公安机关、人民法院、监狱、社区矫正机构、强制医疗执行机构等在刑事诉讼活动中或者执行人民法院生效刑事判决、裁定、决定等法律文书过程中存在普遍性、倾向性违法问题,或者有其他重大隐患,需要引起重视予以解决的;(五)诉讼活动中其他需要以检察建议形式纠正违法的情形。"

⑤ 《最高人民法院、最高人民检察院关于对民事审判活动与行政诉讼实行法律监督的若干意见(试行)》第5条第1款规定:"最高人民检察院对各级人民法院已经发生法律效力的民事判决、裁定,上级人民检察院对下级人民法院已经发生法律效力的民事判决、裁定,经过立案审查,发现有《中华人民共和国民事诉讼法》第一百七十九条规定情形之一,符合抗诉条件的,应当依照《中华人民共和国民事诉讼法》第一百八十七条之规定,向同级人民法院提出抗诉。"(此处适用的是2007年《民事诉讼法》,本条规定中的《民事诉讼法》第179条、第187条分别参见2021年《民事诉讼法》第207条、第215条。)

⑥ 《最高人民法院、最高人民检察院关于对民事审判活动与行政诉讼实行法律监督的若干意见(试行)》第6条规定:"人民检察院发现人民法院已经发生效力的民事调解、行政赔偿调解损害国家利益、社会公共利益的,应当提出抗诉。"

院提出检察建议。当事人认为人民法院的审判活动存在前述法条中规定情形，经提出异议人民法院未予纠正，向人民检察院申诉的，人民检察院应当受理。[①]

3. 改进工作的检察建议。人民检察院在办理案件中发现社会治理工作存在下列情形之一的，可以向有关单位和部门提出改进工作、完善治理的检察建议：(1)涉案单位在预防违法犯罪方面制度不健全、不落实，管理不完善，存在违法犯罪隐患，需要及时消除的；(2)一定时期某类违法犯罪案件多发、频发，或者已发生的案件暴露出明显的管理监督漏洞，需要督促行业主管部门加强和改进管理监督工作的；(3)涉及一定群体的民间纠纷问题突出，可能导致发生群体性事件或者恶性案件，需要督促相关部门完善风险预警防范措施，加强调解疏导工作的；(4)相关单位或者部门不依法及时履行职责，致使个人或者组织合法权益受到损害或者存在损害危险，需要及时整改消除的；(5)需要给予有关涉案人员、责任人员或者组织行政处罚、政务处分、行业惩戒，或者需要追究有关责任人员的司法责任的；(6)其他需要提出检察建议的情形。[②]

(三)人民检察院提出检察建议的具体程序

1. 检察建议的提出。(1)检察官在履行职责中发现有应当依照《人民检察院检察建议工作规定》提出检察建议情形的，应当报经检察长决定，对相关事项进行调查核实，做到事实清楚、准确。[③] (2)检察官可以采取以下措施进行调查核实：①查询、调取、复制相关证据材料；②向当事人、有关知情人员或者其他相关人员了解情况；③听取被建议单位意见；④咨询专业人员、相关部门或者行业协会等对专门问题的意见；⑤委托鉴定、评估、审计；⑥现场走访、查验；⑦查明事实所需要采取的其他措施。进行调查核实，不得采取限制人身自由和查封、扣押、冻结财产等强制性措施。[④] (3)检察官一般应当在检察长作出决定后2个月以内完成检察建议事项的调查核实。情况紧急的，应当及时办结。检察官调查核实完毕，应当制作调查终结报告，写明调查过程和认定的事实与证据，提出处理意见。认为需要提出检察建议的，应当起草检察建议书，一并报送检察长，由检察

---

① 《最高人民法院、最高人民检察院关于对民事审判活动与行政诉讼实行法律监督的若干意见(试行)》第9条。

② 《人民检察院检察建议工作规定》第11条。

③ 《人民检察院检察建议工作规定》第13条。

④ 《人民检察院检察建议工作规定》第14条。

长或者检察委员会讨论决定是否提出检察建议。经调查核实,查明相关单位不存在需要纠正或者整改的违法事实或者重大隐患,决定不提出检察建议的,检察官应当将调查终结报告连同相关材料订卷存档。[①] (4)检察建议书要阐明相关的事实和依据,提出的建议应当符合法律、法规及其他有关规定,明确具体、说理充分、论证严谨、语言简洁、有操作性。检察建议书一般包括以下内容:①案件或者问题的来源;②依法认定的案件事实或者经调查核实的事实及其证据;③存在的违法情形或者应当消除的隐患;④建议的具体内容及所依据的法律、法规和有关文件等的规定;⑤被建议单位提出异议的期限;⑥被建议单位书面回复落实情况的期限;⑦其他需要说明的事项。[②] (5)检察官依据《人民检察院检察建议工作规定》第11条的规定起草的检察建议书,报送检察长前,应当送本院负责法律政策研究的部门对检察建议的必要性、合法性、说理性等进行审核。检察建议书正式发出前,可以征求被建议单位的意见。[③]

2. 检察建议书及其送达。(1)提出检察建议的文书。人民检察院提出再审检察建议,应当制作《再审检察建议书》,在决定提出再审检察建议之日起15日内将《再审检察建议书》连同案件卷宗移送同级人民法院,并制作决定提出再审检察建议的《通知书》,发送当事人。人民检察院提出再审检察建议,应当经本院检察委员会决定,并将《再审检察建议书》报上一级人民检察院备案。[④] (2)审判程序中审判人员违法行为。人民检察院对"审判程序中审判人员违法行为"提出检察建议的,应当制作《检察建议书》,在决定提出检察建议之日起15日内将《检察建议书》连同案件卷宗移送同级人民法院,并制作决定提出检察建议的《通知书》,发送申请人。[⑤] (3)民事执行活动中违反法律规定的。人民检察院对执行活动提出检察建议的,应当经检察长或者检察委员会决定,制作《检察建议书》,在决定之日起15日内将《检察建议书》连同案件卷宗移送同级人民法院,并制作决定提出检察建议的《通知书》,发送当事人。[⑥] (4)检察建议书的送达。检察建议书应当以人民检察院的名义送达有关单位。送达检察建议书,可以书面送达,

---

① 《人民检察院检察建议工作规定》第15条。
② 《人民检察院检察建议工作规定》第16条。
③ 《人民检察院检察建议工作规定》第17条。
④ 《人民检察院民事诉讼监督规则》第87条。
⑤ 《人民检察院民事诉讼监督规则》第102条。
⑥ 《人民检察院民事诉讼监督规则》第108条。

也可以现场宣告送达。宣告送达检察建议书应当商被建议单位同意,可以在人民检察院、被建议单位或者其他适宜场所进行,由检察官向被建议单位负责人当面宣读检察建议书并进行示证、说理,听取被建议单位负责人意见。必要时,可以邀请人大代表、政协委员或者特约检察员、人民监督员等第三方人员参加。[①] (5)检察建议的处理。人民检察院提出检察建议,除另有规定外,应当要求被建议单位自收到检察建议书之日起2个月以内作出相应处理,并书面回复人民检察院。因情况紧急需要被建议单位尽快处理的,可以根据实际情况确定相应的回复期限。[②] (6)检察建议书的备案。发出的检察建议书,应当于5日内报上一级人民检察院对口业务部门和负责法律政策研究的部门备案。[③]

3. 检察建议书的变更、撤回。检察长认为本院发出的检察建议书确有不当的,应当决定变更或者撤回,并及时通知有关单位,说明理由。上级人民检察院认为下级人民检察院发出的检察建议书确有不当的,应当指令下级人民检察院变更或者撤回,并及时通知有关单位,说明理由。[④]

4. 人民法院接到再审建议后的工作。(1)人民检察院提出检察建议的,人民法院应当在1个月内作出处理并将处理情况书面回复人民检察院。人民检察院对人民法院的回复意见有异议的,可以通过上一级人民检察院向上一级人民法院提出。上一级人民法院认为人民检察院的意见正确的,应当监督下级人民法院及时纠正。[⑤] (2)人民法院收到再审检察建议后,应当在3个月内进行审查并将审查结果书面回复人民检察院。人民法院认为需要再审的,应当通知当事人。人民检察院认为人民法院不予再审的决定不当的,应当提请上级人民检察院提出抗诉。[⑥] (3)地方各级人民检察院依当事人的申请对生效判决、裁定向同级人民法院提出再审检察建议,符合下列条件的,应予受理:①再审检察建议书和原审当事人申请书及相关证据材料已经提交;②建议再审的对象为依照《民事诉讼

---

① 《人民检察院检察建议工作规定》第18条。

② 《人民检察院检察建议工作规定》第19条。

③ 《人民检察院检察建议工作规定》第21条。

④ 《人民检察院检察建议工作规定》第22条。

⑤ 《最高人民法院、最高人民检察院关于对民事审判活动与行政诉讼实行法律监督的若干意见(试行)》第10条。

⑥ 《最高人民法院、最高人民检察院关于对民事审判活动与行政诉讼实行法律监督的若干意见(试行)》第7条第2款。

法》和《最高人民法院关于适用〈中华人民共和国民事诉讼法〉的解释》规定可以进行再审的判决、裁定；③再审检察建议书列明该判决、裁定有《民事诉讼法》第215条第2款规定情形；④符合《民事诉讼法》第216条第1款第1项、第2项规定情形；⑤再审检察建议经该人民检察院检察委员会讨论决定。不符合上述规定的，人民法院可以建议人民检察院予以补正或者撤回；不予补正或者撤回的，应当函告人民检察院不予受理。[①] (4)人民法院收到再审检察建议后，应当组成合议庭，在3个月内进行审查，发现原判决、裁定、调解书确有错误，需要再审的，依照《民事诉讼法》第205条规定裁定再审，并通知当事人；经审查，决定不予再审的，应当书面回复人民检察院。[②]

5. 对检察建议的处理。(1)被建议单位对检察建议提出异议的，检察官应当立即进行复核。经复核，异议成立的，应当报经检察长或者检察委员会讨论决定后，及时对检察建议书作出修改或者撤回检察建议书；异议不成立的，应当报经检察长同意后，向被建议单位说明理由。[③] (2)人民检察院应当积极督促和支持配合被建议单位落实检察建议。督促落实工作由原承办检察官办理，可以采取询问、走访、不定期会商、召开联席会议等方式，并制作笔录或者工作记录。[④] (3)被建议单位在规定期限内经督促无正当理由不予整改或者整改不到位的，经检察长决定，可以将相关情况报告上级人民检察院，通报被建议单位的上级机关、行政主管部门或者行业自律组织等，必要时可以报告同级党委、人大，通报同级政府、纪检监察机关。符合提起公益诉讼条件的，依法提起公益诉讼。[⑤] (4)人民检察院提出检察建议或者抗诉后，人民法院对检察建议未予采纳或者作出的再审判决、裁定确有错误的，人民检察院可以依据《民事诉讼法》第215条的规定，依职权进行监督。[⑥]

6. 检察建议的监督、管理。(1)各级人民检察院检察委员会应当定期对本院制发的检察建议的落实效果进行评估。(2)人民检察院负责案件管理的部门负责检察建议的流程监控和分类统计，定期组织对检察建议进行质量评查，对检察建议工作情况进行综合分析。(3)人民检察院应当将制发检察建议的质量和效

---

① 《最高人民法院关于适用〈中华人民共和国民事诉讼法〉的解释》第414条。
② 《最高人民法院关于适用〈中华人民共和国民事诉讼法〉的解释》第417条。
③ 《人民检察院检察建议工作规定》第23条。
④ 《人民检察院检察建议工作规定》第24条。
⑤ 《人民检察院检察建议工作规定》第25条。
⑥ 《最高人民检察院关于贯彻执行〈中华人民共和国民事诉讼法〉若干问题的通知》第9条第2款。

果纳入检察官履职绩效考核。(4)上级人民检察院应当加强对下级人民检察院开展检察建议工作的指导,及时通报情况,帮助解决检察建议工作中的问题。

三、人民检察院监督的其他规定

1. 对处理结果的审查。人民法院对民事诉讼监督案件作出再审判决、裁定或者其他处理决定后,提出监督意见的人民检察院应当对处理结果进行审查,并填写《民事诉讼监督案件处理结果审查登记表》。①

2. 对人民法院建议的回复。人民法院对人民检察院监督行为提出建议的,人民检察院应当在1个月内将处理结果书面回复人民法院。人民法院对回复意见有异议,并通过上一级人民法院向上一级人民检察院提出的,上一级人民检察院认为人民法院建议正确,应当要求下级人民检察院及时纠正。②

3. 再次监督、提请监督。有下列情形之一的,人民检察院可以按照有关规定再次监督或者提请上级人民检察院监督:(1)人民法院审理民事抗诉案件作出的判决、裁定、调解书仍有明显错误的;(2)人民法院对检察建议未在规定的期限内作出处理并书面回复的;(3)人民法院对检察建议的处理结果错误的。③

4. 监督的请示。地方各级人民检察院对适用法律确属疑难、复杂,本院难以决断的重大民事诉讼监督案件,可以向上一级人民检察院请示。请示案件依照最高人民检察院关于办理下级人民检察院请示件、下级人民检察院向最高人民检察院报送公文的相关规定办理。④

5. 监督的法律文书。(1)制作民事诉讼监督法律文书,应当符合规定的格式。民事诉讼监督法律文书的格式另行制定。⑤ (2)人民检察院可以参照《民事诉讼法》有关规定发送法律文书。⑥ (3)人民检察院发现制作的法律文书存在笔误的,应当作出《补正决定书》予以补正。⑦

6. 监督案件的费用。人民检察院办理民事诉讼监督案件,不收取案件受理费。申请复印、鉴定、审计、勘验等产生的费用由申请人直接支付给有关机构或

---

① 《人民检察院民事诉讼监督规则》第123条。
② 《人民检察院民事诉讼监督规则》第122条。
③ 《人民检察院民事诉讼监督规则》第124条。
④ 《人民检察院民事诉讼监督规则》第125条。
⑤ 《人民检察院民事诉讼监督规则》第127条。
⑥ 《人民检察院民事诉讼监督规则》第128条。
⑦ 《人民检察院民事诉讼监督规则》第129条。

者单位,人民检察院不得代收代付。[①]

当事人申请检察建议或者抗诉

第二百一十六条　有下列情形之一的,当事人可以向人民检察院申请检察建议或者抗诉:

(一)人民法院驳回再审申请的;

(二)人民法院逾期未对再审申请作出裁定的;

(三)再审判决、裁定有明显错误的。

人民检察院对当事人的申请应当在三个月内进行审查,作出提出或者不予提出检察建议或者抗诉的决定。当事人不得再次向人民检察院申请检察建议或者抗诉。

本条明确当事人申请检察建议或者抗诉。本书在此基础上进一步阐释三方面的内容。

一、当事人申请检察建议、抗诉的情形

1. 人民法院驳回再审申请的。

2. 人民法院逾期未对再审申请作出裁定的。

3. 再审判决、裁定有明显错误的。

二、当事人申请检察建议、抗诉的程序

1. 当事人申请检察建议或者抗诉的次数。当事人有权向人民检察院申请检察建议或者抗诉,当事人的申请权只限1次。

2. 当事人申请检察建议或者抗诉后的决定。(1)人民检察院认为当事人的监督申请不符合提出再审检察建议或者提请抗诉条件的,应当作出不支持监督申请的决定,并在决定之日起15日内制作《不支持监督申请决定书》,发送当事人。[②]

---

① 《人民检察院民事诉讼监督规则》第131条。

② 《人民检察院民事诉讼监督规则》第89条。

《最高人民检察院关于贯彻执行〈中华人民共和国民事诉讼法〉若干问题的通知》第6条规定:“人民检察院在受理后经审查,认为申请监督的理由和依据不能成立的,应当作出不支持监督申请的决定并制作决定书送达案件当事人。”

(2)人民检察院认为当事人的监督申请不符合抗诉条件的,应当作出不支持监督申请的决定,并在决定之日起15日内制作《不支持监督申请决定书》,发送当事人。上级人民检察院可以委托提请抗诉的人民检察院将《不支持监督申请决定书》发送当事人。[①] (3)人民检察院认为当事人申请监督的审判程序中审判人员违法行为认定依据不足的,应当作出不支持监督申请的决定,并在决定之日起15日内制作《不支持监督申请决定书》,发送申请人。[②] (4)人民检察院认为当事人申请监督的人民法院执行活动不存在违法情形的,应当作出不支持监督申请的决定,并在决定之日起15日内制作《不支持监督申请决定书》,发送申请人。[③] (5)对一审生效裁判文书抗诉的,当事人要求二审法院直接审理的,二审法院可以参照最高人民法院诉讼费用交纳的相关规定,收费后提审;当事人拒交诉讼费用的,交由一审法院再审。[④]

3. 当事人申请检察建议或者抗诉的受理。(1)受理的条件。当事人向人民检察院申请监督的,人民检察院应当依照《民事诉讼法》第215条、第216条的规定进行审查,符合上述规定的,应当受理。[⑤] (2)受理的部门。①当事人向人民检察院申请监督,由作出生效判决、裁定、调解书或者正在审理、执行案件的人民法院的同级人民检察院控告检察部门受理。人民检察院受理监督申请时,应当要求当事人提交申请书、相关法律文书、身份证明和相关证据材料。[⑥] ②下级人民检察院向上级人民检察院提请抗诉的,由上级人民检察院案件管理部门受理。[⑦] (3)不予受理。①当事人未向人民法院申请再审,直接向人民检察院申请监督的,人民检察院应当依照《民事诉讼法》第216条第1款的规定不予受理。[⑧] ②当事人申请对民事审判程序中审判人员违法行为、民事执行活动进行监督,法律规定当事人可以提出异议、申请复议、提起诉讼,当事人没有按照法律规定行使权利或者人民法院正在处理的,人民检察院不予受理。[⑨] ③人民检察院已经作出检

---

① 《人民检察院民事诉讼监督规则》第93条。
② 《人民检察院民事诉讼监督规则》第103条。
③ 《人民检察院民事诉讼监督规则》第109条。
④ 《全国审判监督工作座谈会关于当前审判监督工作若干问题的纪要》第22条。
⑤ 《最高人民检察院关于贯彻执行〈中华人民共和国民事诉讼法〉若干问题的通知》第2条。
⑥ 《最高人民检察院关于贯彻执行〈中华人民共和国民事诉讼法〉若干问题的通知》第4条第1款。
⑦ 《最高人民检察院关于贯彻执行〈中华人民共和国民事诉讼法〉若干问题的通知》第4条第3款。
⑧ 《最高人民检察院关于贯彻执行〈中华人民共和国民事诉讼法〉若干问题的通知》第2条。
⑨ 《最高人民检察院关于贯彻执行〈中华人民共和国民事诉讼法〉若干问题的通知》第3条。

察监督决定或者人民法院基于检察监督作出判决、裁定、决定的，当事人再次申请监督，人民检察院不予受理。[①] ④当事人在一审判决、裁定生效前向人民检察院申请抗诉的，人民检察院应当告知其依照法律规定提出上诉。当事人对可以上诉的一审判决、裁定在发生法律效力后提出申诉的，应当说明未提出上诉的理由；没有正当理由的，不予受理。[②]

4. 当事人申请检察建议或者抗诉受理后的审查、决定。(1)检察建议或者抗诉的审查。①人民检察院受理的案件，应当在受理之日起3个月内进行审查，作出提出检察建议、抗诉的决定，或者作出不支持监督申请的决定。[③] ②人民法院应当在具体的再审请求范围内或在抗诉支持当事人请求的范围内审理再审案件。当事人超出原审范围增加、变更诉讼请求的，不属于再审审理范围。[④] ③人民检察院办理民事、行政申诉案件，经审查认为人民法院的审判活动合法、裁判正确的，应当及时将审查结果告知相关当事人并说明理由，做好服判息诉工作。人民检察院办理民事申诉、行政赔偿诉讼申诉案件，当事人双方有和解意愿、符合和解条件的，可以建议当事人自行和解。[⑤] ④人民检察院控告检察部门在接收材料后应进行审查，并作出是否受理的决定。符合受理条件的，控告检察部门应当在决定受理之日起3日内向申请人、被申请人送达《受理通知书》。[⑥] (2)检察建议书或者抗诉书受理后的决定。①人民检察院在受理后经审查，认为申请监督的理由和依据不能成立的，应当作出不支持监督申请的决定并制作决定书送达案件当事人。[⑦] ②人民检察院提请抗诉，应当制作提请抗诉报告书连同案件卷宗报送上一级人民检察院，并将提请抗诉的决定通知案件当事人。人民检察院

---

① 《最高人民检察院关于贯彻执行〈中华人民共和国民事诉讼法〉若干问题的通知》第9条第1款。

② 《最高人民法院、最高人民检察院关于对民事审判活动与行政诉讼实行法律监督的若干意见(试行)》第4条。

③ 《最高人民检察院关于贯彻执行〈中华人民共和国民事诉讼法〉若干问题的通知》第5条。

④ 《最高人民法院关于检察机关抗诉案件审理范围问题的请示的答复》明确了"在抗诉支持当事人请求的范围内审理再审案件"的原则，同时又指出，再审事由仅指能够引发再审、《民事诉讼法》第207条所规定的13种法定情形。具体理由则是指当事人提出的、支持其再审事由和请求的，带有主观色彩的说明性内容。请求即诉讼请求，这里仅指再审请求，是向法庭提出的案件如何处理的主张。

⑤ 《最高人民法院、最高人民检察院关于对民事审判活动与行政诉讼实行法律监督的若干意见(试行)》第12条。

⑥ 《最高人民检察院关于贯彻执行〈中华人民共和国民事诉讼法〉若干问题的通知》第4条第2款。

⑦ 《最高人民检察院关于贯彻执行〈中华人民共和国民事诉讼法〉若干问题的通知》第6条。

经审查决定不提请抗诉的，应当制作不支持监督申请的决定书并送达案件当事人。[①] ③人民法院裁定驳回再审申请后，当事人又向人民检察院申诉的，人民检察院对驳回再审申请的裁定不应当提出抗诉。人民检察院经审查认为原生效判决、裁定、调解符合抗诉条件的，应当提出抗诉。人民法院经审理查明，抗诉事由与被驳回的当事人申请再审事由实质相同的，可以判决维持原判。[②]

5. 当事人申请检察建议书或者抗诉书决定后的文书送达。(1)人民检察院经审查决定提出检察建议或者抗诉，应当制作检察建议书或者抗诉书发送同级人民法院，并将提出检察建议或者抗诉的决定通知案件当事人。提出再审检察建议应当经本院检察委员会决定，并报上一级人民检察院备案。人民检察院经审查决定不提出检察建议或者抗诉的，应当制作不支持监督申请的决定书送达案件当事人。[③] (2)人民检察院提请抗诉，应当制作提请抗诉报告书连同案件卷宗报送上一级人民检察院，并将提请抗诉的决定通知案件当事人。人民检察院经审查决定不提请抗诉的，应当制作不支持监督申请的决定书并送达案件当事人。[④]

三、检察建议或者抗诉的其他规则

1. 提出再审检察建议应当经本院检察委员会决定，并报上一级人民检察院备案。[⑤]

2. 各级人民检察院在执行《最高人民检察院关于贯彻执行〈中华人民共和国民事诉讼法〉若干问题的通知》过程中遇到的问题，请及时层报最高人民检察院。[⑥]

人民检察院的调查权

第二百一十七条　人民检察院因履行法律监督职责提出检察建议或者抗诉的需要，可以向当事人或者案外人调查核实有关情况。

---

① 《最高人民检察院关于贯彻执行〈中华人民共和国民事诉讼法〉若干问题的通知》第8条。

② 《最高人民法院、最高人民检察院关于对民事审判活动与行政诉讼实行法律监督的若干意见(试行)》第8条。

③ 《最高人民检察院关于贯彻执行〈中华人民共和国民事诉讼法〉若干问题的通知》第7条。

④ 《最高人民检察院关于贯彻执行〈中华人民共和国民事诉讼法〉若干问题的通知》第8条。

⑤ 《最高人民检察院关于贯彻执行〈中华人民共和国民事诉讼法〉若干问题的通知》第7条第2款。

⑥ 《最高人民检察院关于贯彻执行〈中华人民共和国民事诉讼法〉若干问题的通知》第9条第3款。

本条明确人民检察院的调查权。

检察权是一项严肃的国家权力，应当在坚持实事求是的基础上行使，在审判监督程序中，人民检察院决定是否提出检察建议或者抗诉，需要对有关情况进行调查核实。① 本书仅就人民检察院的调查权进行阐释。

1. 对于案件的有关情况，人民检察院可以就相关情况向有关人士进行调查了解，当事人和案外人应当支持人民检察院依法履行职责，如实提供有关信息。

2. 本条所规定的“调查权”，不应超出为了对生效判决、裁定、调解书提出检察建议或者抗诉而需要了解情况的具体范围，更不能理解为类似刑事诉讼的侦查权。②

3. 人民检察院在行使调查权时要注意严格遵守法律，注意根据提出检察建议或者抗诉的需要了解必要的信息，尊重并保护民事诉讼当事人的合法权益，特别是涉及个人隐私、信息安全的问题。

对人民检察院抗诉的裁定期限和再审的人民法院

第二百一十八条　人民检察院提出抗诉的案件，接受抗诉的人民法院应当自收到抗诉书之日起三十日内作出再审的裁定；有本法第二百零七条第一项至第五项规定情形之一的，可以交下一级人民法院再审，但经该下一级人民法院再审的除外。

本条明确人民检察院抗诉的裁定期限和再审人民法院。

人民检察院对人民法院生效的民事判决、裁定的抗诉必然引起再审程序的发生，人民检察院对人民法院生效的裁判提出抗诉应有一定的期限和审理法院的限定。本书在人民检察院抗诉的裁定期限和再审人民法院基础上进一步阐释两方面的内容。

---

① 《人民检察院组织法》第21条规定：“人民检察院行使本法第二十条规定的法律监督职权，可以进行调查核实，并依法提出抗诉、纠正意见、检察建议。有关单位应当予以配合，并及时将采纳纠正意见、检察建议的情况书面回复人民检察院。抗诉、纠正意见、检察建议的适用范围及其程序，依照法律有关规定。”

民事诉讼中的人民检察院的调查权，主要体现当事人对民事权利、诉讼权利的自主掌控，国家权力的干预应当慎重。

② 行使调查权，是在了解与生效判决、裁定、调解书有关的特定信息后，决定是否提出检察建议或者抗诉。

一、人民法院裁定期限

1. 接受抗诉的人民法院应当自收到抗诉书之日起30日内作出再审的裁定。

2. 人民检察院依当事人的申请对生效判决、裁定提出抗诉,符合下列条件的,人民法院应当在30日内裁定再审:(1)抗诉书和原审当事人申请书及相关证据材料已经提交;(2)抗诉对象为依照《民事诉讼法》和《最高人民法院关于适用〈中华人民共和国民事诉讼法〉的解释》规定可以进行再审的判决、裁定;(3)抗诉书列明该判决、裁定有《民事诉讼法》第215条第1款规定情形;(4)符合《民事诉讼法》第216条第1款第1项、第2项规定情形。不符合《最高人民法院关于适用〈中华人民共和国民事诉讼法〉的解释》第415条第1款规定的,人民法院可以建议人民检察院予以补正或者撤回;不予补正或者撤回的,人民法院可以裁定不予受理。①

二、有权再审的人民法院

1. 审理抗诉案件的人民法院,原则上是接受抗诉的人民法院,是原审人民法院的上级人民法院。

2. 当事人的再审申请被上级人民法院裁定驳回后,人民检察院对原判决、裁定、调解书提出抗诉,抗诉事由符合《民事诉讼法》第207条第1项至第5项规定情形之一的,受理抗诉的人民法院可以交由下一级人民法院再审。②

---

① 《最高人民法院关于适用〈中华人民共和国民事诉讼法〉的解释》第415条。

② 《最高人民法院关于适用〈中华人民共和国民事诉讼法〉的解释》第416条。

有《民事诉讼法》第207条第1项至第5项规定情形之一的,可以交下一级人民法院再审,主要因为其认定事实问题,将其交由下一级人民法院再审,便于证据调查和纠正事实认定中的错误。同时,法律还规定,人民检察院对符合规定情形的案件提出抗诉,接受抗诉的人民法院如果将案件交下一级人民法院审理,需要视该抗诉所针对的对象案件是否属于下一级人民法院再审的情况后作出。

《全国审判监督工作座谈会关于当前审判监督工作若干问题的纪要》第16条认为:"人民检察院根据审判监督程序提出抗诉的案件,一般应由作出生效判决、裁定的人民法院裁定进行再审;人民检察院向作出生效判决、裁定的人民法院的上一级人民法院提出抗诉的,该上级人民法院可以交由作出生效判决、裁定的人民法院进行再审;人民检察院对生效的再审判决提出抗诉的,一般应由上级人民法院提审。再审裁定书由审理抗诉案件的人民法院作出。"

《最高人民法院关于民事审判监督程序严格依法适用指令再审和发回重审若干问题的规定》第2条第2款规定:"人民检察院提出抗诉的案件,由接受抗诉的人民法院审理,具有民事诉讼法第二百条第(一)至第(五)项规定情形之一的,可以指令原审人民法院再审。"(此处适用的是2012年《民事诉讼法》,本条规定中的《民事诉讼法》第200条参见2021年《民事诉讼法》第207条。)

《规范指令再审和发回重审提高审判监督质量效率——最高人民法院审判监督庭负责人答记者问》指出:"因抗诉裁定再审的案件,由接受抗诉的法院再审。检察院的抗诉是向同级法院提出的,而抗诉的对象是下级法院的生效裁判,由接受抗诉的法院再审,也体现了提审原则。因民事诉讼法第二百一十一条规定,有民事诉讼法第二百条第(一)项至第(二)项规定情形之一的可以指令再审"。(此处适用的是2012年《民事诉讼法》,本条规定中的《民事诉讼法》第200条、第211条参见2021年《民事诉讼法》第207条、第218条。)

3. 需要注意的是，发生法律效力的判决、裁定、调解书已经是该下一级人民法院再审之后作出的，就不能再交该下一级人民法院进行再审。

抗诉书

第二百一十九条　人民检察院决定对人民法院的判决、裁定、调解书提出抗诉的，应当制作抗诉书。

本条明确人民检察院抗诉制作的抗诉书。本书仅就其进行阐释。

1. 抗诉书是人民检察院制作的诉讼文书。[①]

2. 抗诉书主要内容包括：(1)提出抗诉的人民检察院的名称；(2)案件来源、作出发生法律效力判决、裁定、调解书的原审人民法院的名称、案件编号和案由；(3)基本案情、人民法院审理情况、抗诉要求和所根据的事实与理由；(4)证据和证据来源。抗诉书由检察长签发，加盖人民检察院印章。

人民检察院派员出席抗诉案件再审的通知

第二百二十条　人民检察院提出抗诉的案件，人民法院再审时，应当通知人民检察院派员出席法庭。

本条是对人民法院对抗诉案件进行再审时应当通知人民检察院派员出席法庭的规定。本书仅就其进行阐释。

1. 检察院派员出席法庭，检察员在法庭上既不处于原告的地位，也不处于被告的地位，即不影响原审当事人的诉讼地位，而是在法庭上陈述抗诉的请求和所依据的事实理由，并监督人民法院的审判活动是否合法。

2. 人民法院开庭审理抗诉案件，应当在开庭3日前通知人民检察院、当事人和其他诉讼参与人。同级人民检察院或者提出抗诉的人民检察院应当派员出

① 按照我国《民事诉讼法》的规定，无论是第一审普通程序，还是第二审程序，原告或者上诉人必须提交起诉状或者上诉状，只有第一审是简易程序的，允许原告口头起诉。人民检察院的抗诉是法律赋予其行使监督权的体现，从抗诉形式上必须要严肃，应当采用抗诉书的方式提出抗诉。

庭。人民检察院因履行法律监督职责向当事人或者案外人调查核实的情况,应当向法庭提交并予以说明,由双方当事人进行质证。[①]

3. 接受抗诉的人民法院将抗诉案件交下级人民法院再审的,提出抗诉的人民检察院可以指令再审人民法院的同级人民检察院派员出庭。[②]

4. 检察人员出席再审法庭的任务是:(1)宣读抗诉书;(2)对人民检察院调查取得的证据予以出示和说明;(3)庭审结束时,经审判长许可,可以发表法律监督意见;(4)对法庭审理中违反诉讼程序的情况予以记录。检察人员发现庭审活动违法的,应当待休庭或者庭审结束之后,以人民检察院的名义提出检察建议。出庭检察人员应当全程参加庭审。[③]

---

① 《最高人民法院关于适用〈中华人民共和国民事诉讼法〉的解释》第419条。

《人民检察院民事诉讼监督规则》第94条第1款规定:"人民检察院提出抗诉的案件,人民法院再审时,人民检察院应当派员出席法庭。"

② 《人民检察院民事诉讼监督规则》第95条。

③ 《人民检察院民事诉讼监督规则》第96条。

第十七章　督 促 程 序

督促程序,是指债权人要求债务人给付金钱、有价证券,人民法院根据债权人请求发布支付令,催促债务人履行债务,若债务人在法定期间内不提出书面异议,则该支付令即具有执行力的一种特殊程序。[①] 督促程序由债权人申请支付令而开始。提出申请的债权人称为申请人,被请求履行义务的债务人称为被申请人。

本章共4条,对申请支付令的条件、督促程序的审理以及督促程序的终止等作了规定。

申请支付令的条件、内容和管辖法院

第二百二十一条　债权人请求债务人给付金钱、有价证券,符合下列条件的,可以向有管辖权的基层人民法院申请支付令:

(一)债权人与债务人没有其他债务纠纷的;

(二)支付令能够送达债务人的。

申请书应当写明请求给付金钱或者有价证券的数量和所根据的事实、证据。

本条明确申请支付令的条件、内容和管辖法院。

① 洪冬英主编:《民事诉讼法学通论》(第3版),北京大学出版社2020年版,第341页。

《民法典》第40条规定:"自然人下落不明满二年的,利害关系人可以向人民法院申请宣告该自然人为失踪人。"

督促程序是兼具诉讼程序、非诉程序二者特点的特殊的审判程序。它具有非诉性,是因为当事人之间债权债务关系不存在争议,不需要对案件事实进行调查和开庭审理,人民法院仅依债权人单方面提出的请求数额和证据材料发出支付令,在债务人不提起异议并拒绝履行的情况下,支付令的取得与确定给付判决具有同等的法律效力。债权人可以向人民法院申请强制执行。它具有诉讼性,是因为通过督促,能够产生诉讼程序所产生的法律后果。它是给付之诉的替代程序。

支付令的申请，是指债权人依法向人民法院提出书面申请，请求人民法院签发支付令，以督促债务人清偿债务的行为。[①] 本书在申请支付令的条件、内容和管辖法院基础上进一步阐释三方面的内容。

一、督促程序的支付令

1. 申请支付令的条件。(1)债权人请求债务人给付的标的物必须是金钱和汇票、本票、支票以及股票、债券、国库券、可转让的存款单等有价证券。(2)请求给付的金钱或有价证券已到偿付期且数额确定，并写明了请求所根据的事实、证据材料。(3)债权人没有对待给付义务。其中，"没有对待给付义务"，是指债权人与债务人没有其他债务纠纷，即申请人对被申请人没有给付金钱等其他债务。(4)支付令能够送达[②]债务人。其中，"能够送达"，主要指人民法院能够通过法定送达方式将支付令实际送达债务人。债务人不在我国境内，或者债务人下落不明需要公告送达的，不能申请支付令。(5)应当提交申请书。支付令申请书应当写明：①申请人和被申请人的姓名或名称、住所等基础情况。②请求给付金钱或者有价证券的数量和所根据的事实和证据[③]。③要求人民法院发出支付令的意思表示。[④]

2. 申请支付令的时间。债权人向人民法院申请执行支付令的期间，适用《民事诉讼法》第246条[⑤]的规定。[⑥]

3. 支付令的内容。支付令是人民法院根据债权人的申请，督促债务人限期清偿债务的裁判文书。根据有关司法解释的规定，制作支付令须记载以下事项：(1)债权人、债务人姓名或名称、住所等基本情况。(2)债务人应当给付的金钱、有价证券的种类、数量。清偿债务或者提出异议的期限。(3)债务人在法定期间

---

① 洪冬英主编：《民事诉讼法学通论》(第3版)，北京大学出版社2020年版，第343页。

② 能够送达，指能够通过审判人员、法警直接送达，或者通过邮寄送达、委托送达方式送达受送达人手中。

③ 事实，指债权债务关系存在及债务人没有履行债务的事实。对于提出的事实要有相应的证据证明。

④ 洪冬英主编：《民事诉讼法学通论》(第3版)，北京大学出版社2020年版，第343～344页。

⑤ 《民事诉讼法》第246条规定："申请执行的期间为二年。申请执行时效的中止、中断，适用法律有关诉讼时效中止、中断的规定。前款规定的期间，从法律文书规定履行期间的最后一日起计算；法律文书规定分期履行的，从最后一期履行期限届满之日起计算；法律文书未规定履行期间的，从法律文书生效之日起计算。"

⑥ 《最高人民法院关于适用〈中华人民共和国民事诉讼法〉的解释》第440条。

不提出异议的法律后果。(4)申请费的承担。(5)支付令由审判员、书记员署名,加盖管辖法院的印章。①

4. 支付令的法律效力。(1)引起程序的发生。(2)债权之请求权的时效中断。(3)人民法院取得支付令所涉案件的管辖权。

5. 支付令的撤销。人民法院院长发现本院已经发生法律效力的支付令确有错误,认为需要撤销的,应当提交本院审判委员会讨论决定后,裁定撤销支付令,驳回债权人的申请。②

二、督促程序的管辖法院

1. 一般地域管辖。债权人申请支付令,适用《民事诉讼法》第22条规定,由债务人住所地基层人民法院管辖。③

2. 共同管辖。两个以上人民法院都有管辖权的,债权人可以向其中一个基层人民法院申请支付令。债权人向两个以上有管辖权的基层人民法院申请支付令的,由最先立案的人民法院管辖。④

三、具体纠纷案件的支付令申请

1. 对于具有合同效力和给付内容的调解协议,债权人可以根据《民事诉讼法》和相关司法解释的规定向有管辖权的基层人民法院申请支付令。申请书应当写明请求给付金钱或者有价证券的数量和所根据的事实、证据,并附调解协议原件。⑤

2. 用人单位应当按照劳动合同约定和国家规定,向劳动者及时足额支付劳动报酬。用人单位拖欠或者未足额支付劳动报酬的,劳动者可以依法向当地人民法院申请支付令,人民法院应当依法发出支付令。⑥

---

① 《最高人民法院关于建立健全诉讼与非诉讼相衔接的矛盾纠纷解决机制的若干意见》第13条规定:"对于具有合同效力和给付内容的调解协议,债权人可以根据《中华人民共和国民事诉讼法》和相关司法解释的规定向有管辖权的基层人民法院申请支付令。申请书应当写明请求给付金钱或者有价证券的数量和所根据的事实、证据,并附调解协议原件。因支付拖欠劳动报酬、工伤医疗费、经济补偿或者赔偿金事项达成调解协议,用人单位在协议约定期限内不履行的,劳动者可以持调解协议书依法向人民法院申请支付令。"

② 《最高人民法院关于适用〈中华人民共和国民事诉讼法〉的解释》第441条。

③ 《最高人民法院关于适用〈中华人民共和国民事诉讼法〉的解释》第23条。

④ 《最高人民法院关于适用〈中华人民共和国民事诉讼法〉的解释》第425条。

⑤ 《最高人民法院关于建立健全诉讼与非诉讼相衔接的矛盾纠纷解决机制的若干意见》第13条第1款。

⑥ 《劳动合同法》第30条。

3. 因支付拖欠劳动报酬、工伤医疗费、经济补偿或者赔偿金事项达成调解协议,用人单位在协议约定期限内不履行的,劳动者可以持调解协议书依法向人民法院申请支付令。人民法院应当依法发出支付令。[①]

督促程序的受理

第二百二十二条　债权人提出申请后,人民法院应当在五日内通知债权人是否受理。

本条明确督促程序的受理。本书在此基础上进一步阐释两方面的内容。

一、督促程序受理的情形

1. 符合条件的受理。债权人申请支付令,符合下列条件的,基层人民法院应当受理,并在收到支付令申请书后5日内通知债权人:(1)请求给付金钱或者汇票、本票、支票、股票、债券、国库券、可转让的存款单等有价证券;(2)请求给付的金钱或者有价证券已到期且数额确定,并写明了请求所根据的事实、证据;(3)债权人没有对待给付义务;(4)债务人在我国境内且未下落不明;(5)支付令能够送达债务人;(6)收到申请书的人民法院有管辖权;(7)债权人未向人民法院申请诉前保全。不符合前款规定的,人民法院应当在收到支付令申请书后5日内通知债权人不予受理。基层人民法院受理申请支付令案件,不受债权金额的限制。[②]

2. 补正后的受理。人民法院收到债权人的支付令申请书后,认为申请书不符合要求的,可以通知债权人限期补正。人民法院应当自收到补正材料之日起5日内通知债权人是否受理。[③]

二、督促程序受理后的审查

1. 督促程序受理后审查的内容。根据民事审判方式改革方案提出的"立审分立"的原则,立案审查一般应由人民法院立案庭负责。审查内容包括:(1)申请人是否具备申请资格和当事人能力;(2)申请是否符合法定条件和方式,如果债权人的书面申请不符合要求,人民可以通知债权人限期补正;(3)申请手续是否

---

① 《劳动争议调解仲裁法》第16条。

② 《最高人民法院关于适用〈中华人民共和国民事诉讼法〉的解释》第427条。

③ 《最高人民法院关于适用〈中华人民共和国民事诉讼法〉的解释》第426条。

完备,包括是否按《诉讼费用交纳办法》的规定交纳了申请费;(4)申请是否应由本院管辖;(5)债权人是否已向法院申请诉前促使。[①]

2. 督促程序受理后审查的形式。人民法院采用书面审查的方式,以申请人的请求及附属文件为基础,无须询问债务人。[②]

3. 督促程序受理后审查的结果。经过审查,人民法院如果认为符合相关要求,应依法在5日内通知债权人予以受理;如果认为不符合申请支付令的条件,则通知不予受理。[③]

督促程序的审理、支付令的异议和执行

第二百二十三条　人民法院受理申请后,经审查债权人提供的事实、证据,对债权债务关系明确、合法的,应当在受理之日起十五日内向债务人发出支付令;申请不成立的,裁定予以驳回。

债务人应当自收到支付令之日起十五日内清偿债务,或者向人民法院提出书面异议。

债务人在前款规定的期间不提出异议又不履行支付令的,债权人可以向人民法院申请执行。

本条明确督促程序的审理、支付令的异议和执行。本书在此基础上进一步阐释四方面的内容。

一、督促程序的审理

1. 督促程序审理的形式。人民法院决定受理申请的,以支付令的形式催促债务人履行义务;在审理方式上无须询问债务人,不用开庭审理,不经过辩论和裁判等程序对案件的事实和权利义务作出评价。[④]

2. 督促程序审理的组织。适用督促审理的案件,审判组织采用独任制,由审

---

① 洪冬英主编:《民事诉讼法学通论》(第3版),北京大学出版社2020年版,第344页。

② 洪冬英主编:《民事诉讼法学通论》(第3版),北京大学出版社2020年版,第345页。

③ 洪冬英主编:《民事诉讼法学通论》(第3版),北京大学出版社2020年版,第345页。

④ 督促程序不以当事人双方直接对抗为必要,但能够产生类似诉讼程序的法律后果。同时,督促程序也是略式程序,无须传唤债务人开庭审理,就债权人的申请和证据进行单方形式审查。其对于及时解决债权债务问题,具有快捷、经济等优势。

判员一人审理。案件实行一审终审制,当事人也不得申请再审。

3. 督促程序审理的时限。支付令案件的审理,从人民法院决定受理支付令申请之日开始,并在 15 日内审查结束,审理的目标任务在于决定是否发出支付令。

4. 督促程序审理的内容。审理在立案审查的基础上进行,审理的内容主要为:(1)对申请依据的事实和证据进行更深入的审查,如对申请人提交的合同(还款协议)、收发货凭证、运发货凭证、运货单、票据复印件及其他能够证明交易事实的文书资料等实施进一步的查实。(2)债权债务关系是否明确、合法。审理阶段的审查更侧重债权债务关系等实质内容。[①]

5. 督促程序审理后的驳回裁定。(1)人民法院受理申请后,由审判员一人进行审查。经审查,有下列情形之一的,裁定驳回申请:①申请人不具备当事人资格的;②给付金钱或者有价证券的证明文件没有约定逾期给付利息或者违约金、赔偿金,债权人坚持要求给付利息或者违约金、赔偿金的;③要求给付的金钱或者有价证券属于违法所得的;④要求给付的金钱或者有价证券尚未到期或者数额不确定的。[②] ⑤人民法院经审查认为异议不成立的,裁定驳回。[③] (2)人民法院受理支付令申请后,发现不符合《最高人民法院关于适用〈中华人民共和国民事诉讼法〉的解释》规定的受理条件的,应当在受理之日起 15 日内裁定驳回申请。[④] (3)人民法院驳回债权人申请的裁定,应附理由,依职权送达债权人,而不必送达债务人。

二、支付令的发出

1. 支付令发出的期限。经过审理,人民法院如果认为债权债务关系明确、合法,应当在受理申请之日起 15 日内直接向债务人发出支付令,否则应以裁定驳回申请人的申请,该裁定不得上诉。

2. 支付令发出的通知。在送达债务人之后,还应通知债权人支付令送达债务人的具体日期,以方便债权人确定申请执行的时间。

3. 支付令的留置送达。向债务人本人送达支付令,债务人拒绝接收的,人民

---

① 洪冬英主编:《民事诉讼法学通论》(第 3 版),北京大学出版社 2020 年版,第 345 页。

② 《最高人民法院关于适用〈中华人民共和国民事诉讼法〉的解释》第 428 条第 1 款。

③ 《最高人民法院关于适用〈中华人民共和国民事诉讼法〉的解释》第 436 条第 2 款。

④ 《最高人民法院关于适用〈中华人民共和国民事诉讼法〉的解释》第 428 条第 2 款。

法院可以留置送达。[①]

三、支付令的异议

支付令的异议，是指债务人向人民法院书面申明不服支付令确定的给付义务的法律行为。即债务人认为支付令有错误，而以书面形式向人民法院提出不愿或不应履行支付令所载支付义务的一种意思表示。[②] 被申请人也可以基于处分原则撤回异议，但人民法院认可了异议并裁定终结督促程序的除外。

1. 支付令异议的提出。(1)债务人自收到支付令之日起15日内可以提出书面异议。[③] (2)债务人在收到支付令后，未在法定期间提出书面异议，而向其他人民法院起诉的，不影响支付令的效力。债务人超过法定期间提出异议的，视为未提出异议。[④] (3)债务人的口头异议无效。[⑤]

2. 支付令异议的审查。人民对债务人在法定期间内提出书面异议，应当进行审查，但无须审查异议是否有理由，即不必进行实体审理，但从程序上讲，应对异议进行形式上的审查。[⑥]

3. 支付令异议的条件。(1)异议成立的条件。①异议应在法定期间提出。②异议须针对债权人的请求，即债务人的异议应针对债务关系本身。③异议须以书面方式提出。[⑦] (2)异议认定的条件。经形式审查，债务人提出的书面异议有下列情形之一的，应当认定异议成立，裁定终结督促程序，支付令自行失效：①本解释规定的不予受理申请情形的；②本解释规定的裁定驳回申请情形的；③本解释规定的应当裁定终结督促程序情形的；④人民法院对是否符合发出支付令条件产生合理怀疑的。[⑧]

4. 支付令异议的法律效力。(1)异议成立的法律效力。①债务人在法定期

---

① 《最高人民法院关于适用〈中华人民共和国民事诉讼法〉的解释》第429条。

② 洪冬英主编：《民事诉讼法学通论》(第3版)，北京大学出版社2020年版，第346页。

《民法典》第40条规定："自然人下落不明满二年的，利害关系人可以向人民法院申请宣告该自然人为失踪人。"

③ 人民法院发布支付命令前，仅审查了申请人提出的事实并没有接触被申请人，也没有让被申请人对申请人的请求答辩。此规定是为了平等地保护当事人双方的合法权益。

④ 《最高人民法院关于适用〈中华人民共和国民事诉讼法〉的解释》第431条。

⑤ 《最高人民法院关于适用〈中华人民共和国民事诉讼法〉的解释》第436条第3款。

⑥ 洪冬英主编：《民事诉讼法学通论》(第3版)，北京大学出版社2020年版，第347页。

⑦ 洪冬英主编：《民事诉讼法学通论》(第3版)，北京大学出版社2020年版，第347页。

⑧ 《最高人民法院关于适用〈中华人民共和国民事诉讼法〉的解释》第435条。

间提出异议,经人民法院审查符合异议条件的,支付令失效。根据《民事诉讼法》第224条的规定,转入诉讼程序,但申请支付令一方当事人不同意提起诉讼的除外。支付令自行失效,当事人可以就纠纷选择解决方式,或者起诉或者调解解决等。②异议成立的,人民法院应当裁定终结督促程序,债权人不得对人民法院作出的终结督促程序的裁定提起上诉。③债务人未在法定期间提出书面异议,支付令即发生法律效力,债务人不得申请再审;超过法定期间债务人提出的异议,不影响支付令的效力。[①] (2)异议的其他影响力。①债务人对债务本身没有异议,只是提出缺乏清偿能力、延缓债务清偿期限、变更债务清偿方式等异议的,不影响支付令的效力。[②] ②债权人基于同一债权债务关系,在同一支付令申请中向债务人提出多项支付请求,债务人仅就其中一项或者几项请求提出异议的,不影响其他各项请求的效力。[③] ③债权人基于同一债权债务关系,就可分之债向多个债务人提出支付请求,多个债务人中的一人或者几人提出异议的,不影响其他请求的效力。[④]

5. 支付令异议的撤回。人民法院作出终结督促程序或者驳回异议裁定前,债务人请求撤回异议的,应当裁定准许。债务人对撤回异议反悔的,人民法院不予支持。[⑤]

四、支付令的执行

1. 债务人自收到支付令之日起15日内既不履行支付令,又不提出异议的,申请人可以申请人民法院强制执行。[⑥]

2. 发生法律效力的支付令,由债务人住所地或者被执行的财产所在地的基层人民法院负责执行。

3. 执行员依照《民事诉讼法》第247条规定立即采取强制执行措施的,可以

---

① 《最高人民法院关于支付令生效后发现确有错误应当如何处理给山东省高级人民法院的复函》第1条。

② 《最高人民法院关于适用〈中华人民共和国民事诉讼法〉的解释》第436条第1款。

③ 《最高人民法院关于适用〈中华人民共和国民事诉讼法〉的解释》第432条。

④ 《最高人民法院关于适用〈中华人民共和国民事诉讼法〉的解释》第433条。

⑤ 《最高人民法院关于适用〈中华人民共和国民事诉讼法〉的解释》第437条。

⑥ 债务人收到支付令后未于法定期限内提出异议,则支付令生效。生效的支付令具有以下法律效力:(1)督促力。债务人收到支付令在法定期限内不提出异议或异议在法律上不成立的,债务人自收到支付令之日起15日内应当清偿债务。(2)强制执行力。债务人自收到支付令之日起在15日内,既不提出异议,又不清偿债务的,债权人有权向有管辖权的人民法院申请强制执行。

同时或者自采取强制执行措施之日起3日内发送执行通知书。①

督促程序的终结

第二百二十四条　人民法院收到债务人提出的书面异议后，经审查，异议成立的，应当裁定终结督促程序，支付令自行失效。

支付令失效的，转入诉讼程序，但申请支付令的一方当事人不同意提起诉讼的除外。

本条明确督促程序的终结。本书在此基础上进一步阐释两方面的内容。

一、督促程序的终结

督促程序的终结，是指在督促程序中，因发生法律规定的某种特殊原因而结束督促程序。

1. 督促程序终结的情形。有下列情况之一的，人民法院应裁定终结督促程序：(1)清偿债务。债务人在法定期间清偿债务属于督促程序的自然终结。其中，"清偿"包括实际履行义务和同债权人达成和解两种情形。(2)提出异议。债务人在法定期间提出异议，经审查成立的，人民法院应当裁定终结督促程序，支付令自行失效。(3)起诉或支付令无法送达。人民法院发出支付令之日起30日内无法送达债务人的，应当裁定终结督促程序。② (4)支付令的撤销。人民法院院长发现本院已经发生法律效力的支付令确有错误，认为需要撤销的，应当提交本院审判委员会讨论决定后，裁定撤销支付令，驳回债权人的申请，③终结督促程序。(5)其他情形。①人民法院受理支付令申请后，债权人就同一债权债务关系又提起诉讼的；②债务人收到支付令前，债权人撤回申请的。④

2. 督促程序终结后转入诉讼的情形。(1)支付令失效后，申请支付令的一方当事人不同意提起诉讼的，应当自收到终结督促程序裁定之日起7日内向受理申请的人民法院提出。申请支付令的一方当事人不同意提起诉讼的，不影响其向

---

① 《最高人民法院关于适用〈中华人民共和国民事诉讼法〉执行程序若干问题的解释》第22条。

② 《最高人民法院关于适用〈中华人民共和国民事诉讼法〉的解释》第430条第2项。

③ 《最高人民法院关于适用〈中华人民共和国民事诉讼法〉的解释》第441条。

④ 《最高人民法院关于适用〈中华人民共和国民事诉讼法〉的解释》第430条第1项、第3项。

其他有管辖权的人民法院提起诉讼。[①]（2）支付令失效后，申请支付令的一方当事人自收到终结督促程序裁定之日起7日内未向受理申请的人民法院表明不同意提起诉讼的，视为向受理申请的人民法院起诉。债权人提出支付令申请的时间，即为向人民法院起诉的时间。[②]

二、具体纠纷案件的督促程序终结

劳动者依据《劳动合同法》第30条第2款[③]和《劳动争议调解仲裁法》第16条[④]规定向人民法院申请支付令，符合《民事诉讼法》第17章督促程序规定的，人民法院应予受理。依据《劳动合同法》第30条第2款规定申请支付令被人民法院裁定终结督促程序后，劳动者就劳动争议事项直接提起诉讼的，人民法院应当告知其先向劳动争议仲裁机构申请仲裁。依据《劳动争议调解仲裁法》第16条规定申请支付令被人民法院裁定终结督促程序后，劳动者依据调解协议直接提起诉讼的，人民法院应予受理。[⑤]

---

① 《最高人民法院关于适用〈中华人民共和国民事诉讼法〉的解释》第438条。

② 《最高人民法院关于适用〈中华人民共和国民事诉讼法〉的解释》第439条。

这样就使督促程序较好地与诉讼程序对接，省去了当事人再去立案的麻烦。当事人有是否转入诉讼的决定权。

③ 《劳动合同法》第30条第2款："用人单位拖欠或者未足额支付劳动报酬的，劳动者可以依法向当地人民法院申请支付令，人民法院应当依法发出支付令。"

④ 《劳动争议调解仲裁法》第16条："因支付拖欠劳动报酬、工伤医疗费、经济补偿或者赔偿金事项达成调解协议，用人单位在协议约定期限内不履行的，劳动者可以持调解协议书依法向人民法院申请支付令。人民法院应当依法发出支付令。"

⑤ 《最高人民法院关于审理劳动争议案件适用法律问题的解释(一)》第13条。

第十八章　公示催告程序

公示催告程序，是指人民法院根据因故失去有价证券的最后持有人的申请，以公示的方式催告不明的利害关系人在法定期间内申报权利，如无人申报权利，再根据申请人的申请，作出除权判决的程序。① 公示程序分为公示催告与除权判决两个相对独立的阶段。

本章共6条，对公示催告程序的适用范围、审理程序、公示催告期间、申请人、利害关系人、支付人的权利义务作了规定。

公示催告程序适用的范围和申请书

第二百二十五条　按照规定可以背书转让的票据持有人，因票据被盗、遗失或者灭失，可以向票据支付地的基层人民法院申请公示催告。依照法律规定可以申请公示催告的其他事项，适用本章规定。

申请人应当向人民法院递交申请书，写明票面金额、发票人、持票人、背书人等票据主要内容和申请的理由、事实。

本条明确公示催告程序适用的范围和申请书。本书在此基础上进一步阐释三方面的内容。

---

① 洪冬英主编：《民事诉讼法学通论》（第3版），北京大学出版社2020年版，第349页。

公示催告程序并非确权程序，而是非诉程序，为在确认一定事实的基础上解决两个问题：一是除权，即排除不明的利害关系人对有关票据享有的权利；二是确权，即确定申请人对该票据享有权益。在此程序中，没有特定的确定相对人，否则，应当提起诉讼。

公示催告程序的特点：(1)申请人的特定性。申请人只能是票据丧失的失票人。(2)适用范围的限定性。适用于两类情况：一是按规定可以背书转让的票据被盗、遗失或者灭失的；二是依法律规定可以申请公示催告的其他事项。另外，从管辖上看，除海事公示催告案件外，公示程序只适用于基层法院。(3)程序简略化。仅包括公示催告阶段和作出除权判决阶段。(4)实行一审终审。

一、公示催告程序适用的范围

1. 按照规定可以背书转让的票据被盗、遗失或者灭失。其中,“票据”,是指汇票、本票和支票,而不包括金融债券。[①]

2. 法律规定可以申请公示催告的其他事项。[②] 其中,“其他事项”包括但不限于我国《海事诉讼特别程序法》第100条规定的提单等提供凭证、第11章规定的船舶优先权,以及《公司法》第150条规定的记名股票等。

二、公示催告的申请

公示催告的申请,是指因故失去有价证券的最后持有人依法向人民请求公示催告的行为。[③] 其中,向人民法院提出公示请求的人称申请人。《民事诉讼法》第225条规定的票据持有人,是指票据被盗、遗失或者灭失前的最后持有人。[④]

1. 申请公示催告的条件。公示催告程序必须具备以下条件。(1)《票据法》第15条第3款规定的可以申请公示催告的失票人,是指按照规定可以背书转让的票据在丧失票据占有以前的最后合法持票人。[⑤] (2)申请公示催告的事由是可以背书转让的票据丧失。(3)向有管辖权的人民法院提出,依法向票据支付地[⑥]的基层人民法院申请公示催告。(4)向人民法院递交申请书并交纳申请费。失票人通知票据付款人挂失止付后3日内向人民法院申请公示催告的,公示催告申请书应当载明下列内容:①票面金额。票面金额是指票据上记载的,付款人应支付的金钱数额。②出票人、持票人、背书人。其中,出票人,是指制成票据并交付收款人,而使收款人得以向付款人请求支付票据金额的人;持票人,是指合法、实际地持有票据的人;背书人,是指意将票据权利转让给他人或者将一事实上的票据权利授予他人行使而在票据背面或者加附粘单上记载有关事项并签章的人。③申请的理由、事实。[⑦] 主要写明申请人如何获得票据,款项用途,票据被盗、遗失或者灭失时间、地点、经过以及证据材料,同时还应写明申请公示催告的法律

---

① 《最高人民法院关于对遗失金融债券可否按“公示催告”程序办理的复函》。

② 目前,我国《民事诉讼法》和民事实体法还没有明确规定除票据外哪些事项可以适用公示催告程序。此处仅作了较为灵活的规定。

③ 洪冬英主编:《民事诉讼法学通论》(第3版),北京大学出版社2020年版,第352页。

④ 《最高人民法院关于适用〈中华人民共和国民事诉讼法〉的解释》第442条。

⑤ 《最高人民法院关于审理票据纠纷案件若干问题的规定》第25条。

⑥ 票据支付地,是指票据上的付款机构所在地或者票据付款人的住所地。

⑦ 所谓理由和事实,主要是说明为什么要申请公示催告;票据是被盗,还是遗失或者灭失;申请人对票据有什么样的权利;票据是否被背书转让。

依据。④通知票据付款人或者代理付款人挂失止付的时间。对于记载了付款人或者可以确定付款人及其代理付款人的票据丧失的,失票人如果已经通知付款人挂失止付,则应在申请书中交代通知时间。未记载付款人或者无法确定付款人及其代理付款人的票据除外。⑤付款人或者代理付款人的名称、通信地址、电话号码等。申请人所丧失的票据上记载付款人或者可以确定付款人及其代理付款人的,应在申请书中写明付款人或者代理付款人的名称、通信地址、电话号码等。[①]

2. 申请公示催告的费用。申请人依法向人民法院申请公示催告,须按照国务院诉讼费用交纳办法的规定交纳申请费,每件100元。

3. 申请公示催告的撤回。公示催告申请人可以撤回申请,但撤回申请应在人民法院发出公告前提出。公示催告期间申请撤回的,人民法院可以径行裁定终结公示催告程序。

三、公示催告的受理

公示催告的受理,是指人民法院收到公示催告申请后,经审查认为符合申请公示催告条件,予以接受的行为。[②]

1. 公示催告受理的审查。人民法院收到公示催告的申请后,应当立即审查,并决定是否受理。[③]

2. 公示催告审查的内容。(1)因票据丧失,申请公示催告的,人民法院应结合票据存根、丧失票据的复印件、出票人关于签发票据的证明、申请人合法取得票据的证明、银行挂失止付通知书、报案证明等证据,决定是否受理。[④] (2)人民法院对公示催告申请的审查主要围绕申请公示催告条件展开,具体包括:①审查申请人是否为票据在丧失占有以前的最后合法持票人。②审查申请是否具备合法形式以及是否交纳了申请费。申请书的内容有欠缺的,应当限期要求申请人补正。提出申请时没有按规定交纳申请费的,应当限期要求申请人交纳。③审查有关票据是否属于公示催告程序的适用范围,以及申请事由是否属于法律规定的被盗遗失或者灭失的情形。④审查收到申请的人民法院是否具有管辖权。

---

① 《最高人民法院关于审理票据纠纷案件若干问题的规定》第28条。

② 洪冬英主编:《民事诉讼法学通论》(第3版),北京大学出版社2020年版,第353页。

③ 《最高人民法院关于适用〈中华人民共和国民事诉讼法〉的解释》第443条。

④ 《最高人民法院关于适用〈中华人民共和国民事诉讼法〉的解释》第444条。

如果该法院没有管辖权,应当告知申请人向有管辖权的人民法院申请。

3. 公示催告受理的情形。(1)票据丧失后,失票人直接向人民法院申请公示催告或者提起诉讼的,人民法院应当依法受理。① (2)出票人已经签章的授权补记的支票丧失后,失票人依法向人民法院申请公示催告的,人民法院应当依法受理。② (3)出票人已经签章但未记载代理付款人的银行汇票丧失后,失票人依法向付款人即出票银行所在地人民法院申请公示催告的,人民法院应当依法受理。③ (4)超过付款提示期限的票据丧失以后,失票人申请公示催告的,人民法院应当依法受理。④

4. 公示催告审查后的裁定。人民法院经审查认为符合受理条件的,通知予以受理,并同时通知支付人停止支付;认为不符合受理条件的,7 日内裁定驳回申请。⑤

通知停止支付、发出公告

第二百二十六条　人民法院决定受理申请,应当同时通知支付人停止支付,并在三日内发出公告,催促利害关系人申报权利。公示催告的期间,由人民法院根据情况决定,但不得少于六十日。

本条明确通知停止支付、发出公告。

公示催告案件的审理程序包括申请,也包括停止支付、公告和申报权利等环节和内容。本书仅就通知停止支付、发出公告进行阐释。

1. 人民法院通知止付。人民法院受理公示催告的同时,应当通知付款人或者代理付款人停止支付。⑥

2. 人民法院发出公告。⑦ (1)人民法院应当在受理之日起 3 日内发出公示

① 《最高人民法院关于审理票据纠纷案件若干问题的规定》第 23 条。
② 《最高人民法院关于审理票据纠纷案件若干问题的规定》第 24 条。
③ 《最高人民法院关于审理票据纠纷案件若干问题的规定》第 26 条。
④ 《最高人民法院关于审理票据纠纷案件若干问题的规定》第 27 条。
⑤ 《最高人民法院关于适用〈中华人民共和国民事诉讼法〉的解释》第 443 条。
⑥ 止付通知,是一种具有强制力的司法决定。
⑦ 公告,是指公示催告案件受理后,人民法院向社会发出的敦促不明的利害关系人在法定期间内向人民法院申报权利的告示,是保障不明的利害关系人合法权益的法定程序。

催告,催促利害关系人申报权利。(2)人民法院依照《民事诉讼法》第226条规定发出的受理申请的公告,应当写明下列内容:①公示催告申请人的姓名或者名称;②票据的种类、号码、票面金额、出票人、背书人、持票人、付款期限等事项以及其他可以申请公示催告的权利凭证的种类、号码、权利范围、权利人、义务人、行权日期等事项;③申报权利的期间;④在公示催告期间转让票据等权利凭证,利害关系人不申报的法律后果。[①] (3)公告应当在有关报纸或者其他媒体上刊登,并于同日公布于人民法院公告栏内。人民法院所在地有证券交易所的,还应当同日在该交易所公布。[②] 公示催告的公告,也可以在广播、电视中播放。(4)公告期间不得少于60日,且公示催告期间届满日不得早于票据付款日后15日。[③] (5)依照《民事诉讼法》第227条第2款的规定,在公示催告期间,以公示催告的票据质押、贴现,因质押、贴现而接受该票据的持票人主张票据权利的,人民法院不予支持,但公示催告期间届满以后人民法院作出除权判决以前取得该票据的除外。[④]

停止支付

第二百二十七条　支付人收到人民法院停止支付的通知,应当停止支付,至公示催告程序终结。

公示催告期间,转让票据权利的行为无效。

本条明确支付人的停止支付。本书仅就其进行阐释。

1. 付款人或者代理付款人收到人民法院发出的止付通知,应当立即停止支付,直至公示催告程序终结。非经发出止付通知的人民法院许可擅自解付的,不

---

① 《最高人民法院关于适用〈中华人民共和国民事诉讼法〉的解释》第445条。

② 《最高人民法院关于适用〈中华人民共和国民事诉讼法〉的解释》第446条。

《最高人民法院关于审理票据纠纷案件若干问题的规定》第31条规定:"公告应当在全国性报纸或者其他媒体上刊登,并于同日公布于人民法院公告栏内。人民法院所在地有证券交易所的,还应当同日在该交易所公布。"

③ 《最高人民法院关于适用〈中华人民共和国民事诉讼法〉的解释》第447条。

依据《最高人民法院关于审理票据纠纷案件若干问题的规定》第32条的规定,依照《民事诉讼法》第226条的规定,公告期间不得少于60日,且公示催告期间届满日不得早于票据付款日后15日。

④ 《最高人民法院关于审理票据纠纷案件若干问题的规定》第33条。

得免除票据责任。[1]

2. 停止支付从性质上看，是一种财产保全措施，应符合《民事诉讼法》上对财产保全的有关规定。[2]

3. 公示催告期间，转让票据权利的行为无效。

4. 付款人或者代理付款人拒不支付，除了可依照我国《民事诉讼法》第114条的规定采取强制措施外，在人民法院作出除权判决后，付款人或者代理付款人应当对申请人承担支付。

利害关系人申报票据的权利

第二百二十八条　利害关系人应当在公示催告期间向人民法院申报。

人民法院收到利害关系人的申报后，应当裁定终结公示催告程序，并通知申请人和支付人。

申请人或者申报人可以向人民法院起诉。

本条明确利害关系人申报票据的权利。

利害关系人应当在公示催告期间向人民法院申报。其中，利害关系人，是指实际持有申请人认为已经被盗、遗失或者灭失的票据凭证的人。本书在利害关系人申报票据的权利基础上进一步阐释三方面的内容。

一、申报权利

申报权利，是指受公示催告的利害关系人在指定期间内，向人民法院主张票据权利的行为。

1. 利害关系人申报票据的方式。利害关系人既可采用书面方式申报权利，也可以口头申报权利。

2. 利害关系人申报票据后的核对。利害关系人申报权利，人民法院应当通知其向法院出示票据，并通知公示催告申请人在指定的期间查看该票据。[3]

---

① 《最高人民法院关于审理票据纠纷案件若干问题的规定》第30条。

② 停止支付与一般的财产保全有所区别：(1)止付通知由人民法院依职权发出，无须当事人申请。(2)停止支付不能由利害关系人以提供担保的方式取代。(3)申请人、利害关系人、付款人等对止付通知不得申请复议。

③ 《最高人民法院关于适用〈中华人民共和国民事诉讼法〉的解释》第449条。

3. 利害关系人申报票据后的裁定。(1)在申报期届满后、判决作出之前,利害关系人申报权利的,人民法院应裁定终结公示催告程序,并通知申请人和支付人。申请人或者申报人可以向人民法院起诉。① (2)公示催告申请人申请公示催告的票据与利害关系人出示的票据不一致的,应当裁定驳回利害关系人的申报。②

二、公示催告的终结

1. 利害关系人申报权利的终结。人民法院收到利害关系人的申报后,应当裁定终结公示催告程序,并通知申请人和支付人。③

2. 无人申报或逾期不申请判决的终结。在申报权利的期间无人申报权利,或者申报被驳回的,申请人应当自公示催告期间届满之日起1个月内申请作出判决。逾期不申请判决的,终结公示催告程序。④

三、票据的诉讼

1. 公示催告程序因利害关系人申报权利而裁定终结后,或者人民法院裁定驳回利害关系人的申报后,申请人或者申报人可以按普通程序或简易程序向有管辖权的人民法院提起票据诉讼。⑤

2. 失票人向人民法院提起诉讼的,应向人民法院说明曾经持有票据及丧失票据的情形外,人民法院应当根据案件的具体情况,决定当事人是否应当提供担保以及担保的数额。⑥

3. 对于伪报票据丧失的当事人,人民法院在查明事实,裁定终结公示催告或者诉讼程序后,可以参照《民事诉讼法》第114条的规定,追究伪报人的法律责任。⑦

---

① 《最高人民法院关于适用〈中华人民共和国民事诉讼法〉的解释》第448条。

② 《最高人民法院关于适用〈中华人民共和国民事诉讼法〉的解释》第449条。

③ 《民事诉讼法》第228条第2款。

《最高人民法院关于适用〈中华人民共和国民事诉讼法〉的解释》第450条第2款规定:"裁定终结公示催告程序的,应当通知申请人和支付人。"

④ 《最高人民法院关于适用〈中华人民共和国民事诉讼法〉的解释》第450条第1款。

⑤ 对票据主张权利的人,为防止人民法院判决宣告票据无效,应当在公示催告期间向人民法院申报,并通过诉讼,最终确定票据的归属,实现票据利益。

⑥ 《最高人民法院关于审理票据纠纷案件若干问题的规定》第37条。

⑦ 《最高人民法院关于审理票据纠纷案件若干问题的规定》第38条。

除权判决

第二百二十九条　没有人申报的，人民法院应当根据申请人的申请，作出判决，宣告票据无效。判决应当公告，并通知支付人。自判决公告之日起，申请人有权向支付人请求支付。

本条明确除权判决。①

除权判决，是指人民法院在公示催告期间届满无人申报权利或者申报被驳回时，依申请人的请求所作出的宣告票据不再具有法律效力的判决。② 本书在此基础上进一步阐释两方面的内容。

一、除权判决

1. 除权判决的适用条件。(1)公示催告期间届满无人申报权利，或是申报被驳回。(2)申请人在法定期间内请求人民法院作除权判决。除权判决是公示催告程序的最后阶段，但不是必经阶段。人民法院不得依职权主动作出宣告票据无效的除权判决。公示催告申请人应从申报权利期间届满的次日起1个月内向人民法院提出申请，逾期不申请的，终结公示催告程序。③

2. 除权判决的审理、公告。判决宣告票据无效的，应依法组成合议庭进行审理。宣告票据无效的判决应当公告，并通知票据支付人。④

3. 除权判决的生效时间。自公告之日起除权判决生效，当事人不得提起上诉和申请再审。

4. 除权判决的法律效力。生效判决的法律效力如下：(1)该票据丧失效力，申请人以外的人对票据丧失权利，即使是票据丢失后的善意取得者也不例外。(2)申请人被确认享有票据权利，止付通知的效力终结，自判决生效之时起，申请

---

① 申请人申请公示催告，是为了取得票据利益，因此，公示催告期间届满无人申报票据权利的，人民法院应当通过判决，使申请人获得请求支付票据的权利。

② 洪冬英主编：《民事诉讼法学通论》（第3版），北京大学出版社2020年版，第356页。

宣告票据无效的判决是建立在依法推定的基础之上的，不准上诉和申请再审。

③ 洪冬英主编：《民事诉讼法学通论》（第3版），北京大学出版社2020年版，第356页。

④ 对于因故未能申报权利的利害关系人，通过公告可以知晓除权判决的有关内容，便于及时通过诉讼途径维护自己的合法权利。除权判决的公告亦应在全国性的报刊上登载。

人有权依据判决向付款人请求付款。(3)除申请人外,其他人失去了对票据的权利,今后其他任何持票人要求支付,票据支付人均有权拒付。[①]

二、除权判决后的请求支付

1. 判决公告之日起,公示催告申请人有权依据判决向付款人请求付款。[②]

2. 付款人拒绝付款,申请人向人民法院起诉,符合《民事诉讼法》第122条规定的起诉条件的,人民法院应予受理。[③]

利害关系人的票据权利保护

第二百三十条　利害关系人因正当理由不能在判决前向人民法院申报的,自知道或者应当知道判决公告之日起一年内,可以向作出判决的人民法院起诉。

本条明确因故未申报票据权利的利害关系人的权利保护。[④] 本书在此基础上进一步阐释两方面内容。

一、申请撤销原判决的主要条件

1. 申请撤销原判决的正当理由。[⑤]《民事诉讼法》第230条规定的正当理由,包括:(1)因发生意外事件或者不可抗力致使利害关系人无法知道公告事实的;(2)利害关系人因被限制人身自由而无法知道公告事实,或者虽然知道公告事实,但无法自己或者委托他人代为申报权利的;(3)不属于法定申请公示催告情形的;(4)未予公告或者未按法定方式公告的;(5)其他导致利害关系人在判决作出前未能向人民法院申报权利的客观事由。[⑥]

2. 申请撤销原判决的时限。申请撤销公示催告判决的诉讼应当在知道或者

---

① 洪冬英主编:《民事诉讼法学通论》(第3版),北京大学出版社2020年版,第357页。

② 《最高人民法院关于适用〈中华人民共和国民事诉讼法〉的解释》第451条第1款。

③ 《最高人民法院关于适用〈中华人民共和国民事诉讼法〉的解释》第451条第2款。

④ 人民法院受理公示催告的申请发出公告后,利害关系人有时因为某些特殊原因未在公示催告期间申报,除权判决将不利于对利害关系人合法权益的保护。因此,规定了除权判决的撤销。

⑤ 这里的"正当理由"在法律上没有明确的规定,但在实践中一般有两种情况:(1)客观上的原因,如公示催期间利害关系人无法知道公示催告的发出及其期间等。(2)人民法院的过错,如票据催告期间少于60日,或者未经申请,而人民法院作出了除权判决等。

⑥ 《最高人民法院关于适用〈中华人民共和国民事诉讼法〉的解释》第458条。

应当知道判决公告之日起1年内提出,超过了1年,人民法院不予保护。

二、申请撤销原判决的诉讼

1. 申请撤销原判决的诉求。(1)撤销除权判决。利害关系人按照普通程序向作出除权判决的人民法院提起诉讼,根据《民事诉讼法》第230条的规定,利害关系人请求人民法院撤销除权判决的,应当将申请人列为被告。[①] (2)确认为合法持票人。利害关系人仅诉请确认其为合法持票人的,人民法院应当在裁判文书中写明,确认利害关系人为票据权利人的判决作出后,除权判决即被撤销。[②]

2. 申请撤销原判决的审查。有管辖权的人民法院在接到利害关系人的起诉之后,应当认真进行审查。[③]

3. 申请撤销原判决的裁定、判决。认为没有正当理由的,裁定驳回起诉;认为有正当理由的,人民法院应予以受理,并作出撤销除权判决或确认合法持票人的新判决,票据上的权利自行恢复、确认。[④]

---

① 《最高人民法院关于适用〈中华人民共和国民事诉讼法〉的解释》第459条第1款。

② 《最高人民法院关于适用〈中华人民共和国民事诉讼法〉的解释》第459条第2款。

③ 洪冬英主编:《民事诉讼法学通论》(第3版),北京大学出版社2020年版,第357页。

④ 洪冬英主编:《民事诉讼法学通论》(第3版),北京大学出版社2020年版,第357页。

第三编

执行程序

民事强制执行(简称民事执行),是指执行机关依申请或者法定职权,按照法律规定的程序,强制债务人履行义务,实现生效法律文书所载债权要求的专门性活动。[①]

① 洪冬英主编:《民事诉讼法学通论》(第3版),北京大学出版社2020年版,第359页。

第十九章　一般规定

本章共12条，对执行程序的基本问题、执行应当遵循的基本原则以及执行中的共性规则等作了规定，主要包括以下几个方面的内容：执行根据、执行法院、执行救济①、变更执行法院、案外人异议、执行机构、委托执行、执行和解、提供担保的暂缓执行、被执行人死亡或者终止的债务履行、执行回转以及对执行活动的检察监督等。

执行根据、管辖

第二百三十一条　发生法律效力的民事判决、裁定，以及刑事判决、裁定中的财产部分，由第一审人民法院或者与第一审人民法院同级的被执行的财产所在地人民法院执行。

法律规定由人民法院执行的其他法律文书，由被执行人住所地或者被执行的财产所在地人民法院执行。

本条明确执行根据和执行管辖。本书在此基础上进一步阐释五个方面的内容。

一、执行根据

执行根据（又称执行名义），是指有权机构依法作出的、载明含有一定给付内容的权利义务关系，权利人可以据以请求人民强制执行的生效法律文书。②

1. 生效的法律文书。执行机构负责执行下列生效法律文书：(1)人民法院民

---

① 民事强制执行救济，是指民事强制执行中，在执行当事人、利害关系人或者案外人认为自己的合法权益受到损害或可能受到损害时，给予其补救途径的法律制度。分别规定在《民事诉讼法》第232条和第234条之中。

② 洪冬英主编：《民事诉讼法学通论》（第3版），北京大学出版社2020年版，第364页。

事、行政判决、裁定、调解书,民事制裁决定、支付令,以及刑事附带民事判决、裁定、调解书,刑事裁判涉财产部分;(2)依法应由人民法院执行的行政处罚决定、行政处理决定;(3)我国仲裁机构作出的仲裁裁决和调解书,人民法院依据《中华人民共和国仲裁法》有关规定作出的财产保全和证据保全裁定;(4)公证机关依法赋予强制执行效力的债权文书;(5)经人民法院裁定承认其效力的外国法院作出的判决、裁定,以及国外仲裁机构作出的仲裁裁决;(6)法律规定由人民法院执行的其他法律文书①。②

2. 人民法院确认的调解协议。人民法院依法审查后,决定是否确认调解协议的效力。确认调解协议效力的决定送达双方当事人后发生法律效力,一方当事人拒绝履行的,另一方当事人可以依法申请人民法院强制执行。③

二、执行管辖

民事强制执行管辖,是指不同级别的人民法院之间以及同一级别的不同人民法院之间受理民事强制执行案件、实施民事强制执行行为的分工和权限。同样包括级别管辖和地域管辖。④

1. 管辖法院。(1)第一审或财产所在地法院管辖的民事强制执行案件。①发生法律效力的民事判决、裁定,以及刑事判决、裁定中的财产部分,由第一审人民法院或者与第一审人民法院同级的被执行的财产所在地人民法院执行。法律规定由人民法院执行的其他法律文书,由被执行人住所地或者被执行的财产所在地人民法院执行。②在国内仲裁过程中,当事人申请财产保全,经仲裁机构提交人民法院的,由被申请人住所地或被申请保全的财产所在地的基层人民法院裁定并执行;申请证据保全的,由证据所在地的基层人民法院裁定并执行。⑤ ③发生法律效力的实现担保物权裁定、确认调解协议裁定、支付令,由作出裁定、支付令的人民法院或者与其同级的被执行财产所在地的人民法院执行。认定财产无主的判决,由作出判决的人民法院将无主财产收归国家或者集体所

---

① 如《香港特别行政区基本法》第95条、《澳门特别行政区基本法》第93条,以及《最高人民法院关于认可和执行台湾地区法院民事判决的规定》,对上述地区法院判决、仲裁裁决的认可和执行。

② 《最高人民法院关于人民法院执行工作若干问题的规定(试行)》第2条。

③ 《最高人民法院关于建立健全诉讼与非诉讼相衔接的矛盾纠纷解决机制的若干意见》第25条。

④ 洪冬英主编:《民事诉讼法学通论》(第3版),北京大学出版社2020年版,第371页。

⑤ 《最高人民法院关于人民法院执行工作若干问题的规定(试行)》第9条。

有。[①] (2)中级人民法院管辖的民事强制执行案件。①专利管理机关依法作出的处理决定和处罚决定,由被执行人住所地或财产所在地的省、自治区、直辖市有权受理专利纠纷案件的中级人民法院执行。[②] ②当事人申请执行仲裁裁决案件,由被执行人住所地或者被执行的财产所在地的中级人民法院管辖。[③] ③在涉外仲裁过程中,当事人申请财产保全,经仲裁机构提交人民法院的,由被申请人住所地或被申请保全的财产所在地的中级人民法院裁定并执行;申请证据保全的,由证据所在地的中级人民法院裁定并执行。[④] ④国务院各部门、各省、自治区、直辖市人民政府和海关依照法律、法规作出的处理决定和处罚决定,由被执行人住所地或财产所在地的中级人民法院执行。[⑤]

2. 管辖制度。(1)一般管辖。发生法律效力的民事判决、裁定,以及刑事判决、裁定中的财产部分,由第一审人民法院或者与第一审人民法院同级的被执行的财产所在地人民法院执行。(2)共同管辖。对两个以上人民法院都有管辖权的执行案件,人民法院在立案前发现其他有管辖权的人民法院已经立案的,不得重复立案。立案后发现其他有管辖权的人民法院已经立案的,应当撤销案件;已经采取执行措施的,应当将控制的财产交先立案的执行法院处理。[⑥] (3)指定管辖。强制执行程序的裁定管辖与审判程序的裁定管辖一样,也包括移送管辖、管辖权转移和指定管辖。[⑦] (4)管辖权转移。基层人民法院和中级人民法院管辖的执行案件,因特殊情况需要由上级人民法院执行的,可以报请上级人民法院执行。[⑧] (5)上级法院督促的管辖。上级法院发现下级法院的执行案件(包括受委托执行的案件)在规定的期限内未能执行结案的,应当作出裁定、决定、通知而不

---

① 《最高人民法院关于适用〈中华人民共和国民事诉讼法〉的解释》第 460 条。

② 《最高人民法院关于人民法院执行工作若干问题的规定(试行)》第 11 条。

③ 《最高人民法院关于适用〈中华人民共和国仲裁法〉若干问题的解释》第 29 条。

④ 《最高人民法院关于人民法院执行工作若干问题的规定(试行)》第 10 条。

⑤ 《最高人民法院关于人民法院执行工作若干问题的规定(试行)》第 12 条。

但是严格来讲,这些情况属于人民法院执行行政处罚的范畴,不是民事强制执行行为。

⑥ 《最高人民法院关于适用〈中华人民共和国民事诉讼法〉执行程序若干问题的解释》第 2 条。

《最高人民法院关于人民法院执行工作若干问题的规定(试行)》第 13 条规定:"两个以上人民法院都有管辖权的,当事人可以向其中一个人民法院申请执行;当事人向两个以上人民法院申请执行的,由最先立案的人民法院管辖。"

⑦ 《最高人民法院关于人民法院执行工作若干问题的规定(试行)》第 14 条规定:"人民法院之间因执行管辖权发生争议的,由双方协商解决;协商不成的,报请双方共同的上级人民法院指定管辖。"

⑧ 《最高人民法院关于人民法院执行工作若干问题的规定(试行)》第 15 条。

制作的，或应当依法实施具体执行行为而不实施的，应当督促下级法院限期执行，及时作出有关裁定等法律文书，或采取相应措施。对下级法院长期未能执结的案件，确有必要的，上级法院可以决定由本院执行或与下级法院共同执行，也可以指定本辖区其他法院执行。[①]

三、执行标的

执行标的（又称执行客体或者执行对象），是指可供执行机关强制执行，以实现执行根据所载的债权的客体或者对象。强制执行的标的应当是财产或者行为等。

1. 财产。既包括有体物，也包括无体物。有形财产包括动产和不动产；无形财产主要指财产性权益，如用益物权、股权、知识产权等。也有些财产性权益是承载于实物中的，如股权凭证等，对这类承载物采取执行措施，其对象仍然是其背后的权利。不得强制执行的财产主要有以下几类：（1）维持被执行人及其所抚养家属的生活必需费用和生活必需品。（2）性质上不宜转让的财产。[②]（3）禁止流通物。[③]（4）用于社会公益事业的财产，如学校等教育机构的教学设施、医院的医疗设备。（5）因外交豁免而不得执行的财产。（6）法律或者司法解释规定的其他不得执行的财产，如不得查封金融机构的营业场所。[④]

2. 行为。是指执行根据所确定的债务人应当履行的特定行为，包括作为与不作为。根据可否由第三人代为履行，作为又可分为可替代行为和不可替代行为。对于可替代行为的执行，人民法院可以通过拟制的方法，将第三人的替代履行视为履行完毕，在其他情况下则只能通过间接执行措施来实现。

3. 人身。尽管现行法律和司法解释对于人身作为执行标的持否定态度，但在采取间接执行措施，即拘留措施、搜查措施时，人身或人身自由是能够作为执行标的的。

---

① 《最高人民法院关于人民法院执行工作若干问题的规定（试行）》第74条。

② 这里所指的财产对所有者存在很强的专属性，如未公开的发明或者未发表的著作尚在所有者的智力完成过程中，土地、森林等资源则被我国法律明令专属于国家。

③ 出于公序良俗的维护而不得执行的财产物，如墓碑、遗体、遗照等。

④ 《中央政法委、最高人民法院关于规范集中清理执行积案结案标准的通知》第1条第1款规定："属于被执行人所有的财产，除法律或司法解释规定的被执行人及其所抚养家属生活所必需的房屋、生活用品、生活费用或其他不得查封、扣押、冻结的财产外，均为可供执行的财产。"

四、执行的其他规则

1. 民事强制执行的内容。(1)执行根据是启动民事强制执行的前提和依据。自然人的民事权利义务关系得到终局性认定,形成具有给付内容的生效法律文书后,执行机关才拥有了需要付诸实现的内容。(2)民事强制执行由国家专门机关实施。在我国,人民法院是法定的民事强制执行机关。(3)民事强制执行的强制性是其根本性。民事强制执行是执行运用国家公权力,强制处分债务人的财产或者强行限制其人身自由、意志自由的活动,一旦付诸实施,便充分体现了国家强制力的特性。(4)民事强制执行必须严格依照法定程序进行。必须严格控制和监督权力,防止公权力滥用。①

2. 民事强制执行的基本原则。是指在民事强制执行法律法规的制定和实施中起到普遍指导作用的根本准则。(1)执行效率原则。其不同于审判的公正价值取向,而是作为民事强制执行活动首要的价值追求,包括:及时、连续、迅速地完成执行工作。要求执行必须严格遵循法律规定的步骤、阶段、执行措施和有效的监督、救济制度。(2)执行标的有限原则。是指对执行标的的强制执行活动应当限制在一定范围之中的基本原则。其在权衡债权人和债务人利益的保护上互为补充,并且对执行工作和程序都作出了要求。② (3)执行协助原则。是指任何国家机关、事业单位、社会团体和个人,经人民法院要求,均有协助执行生效法律文书的义务的基本原则。其既明确了执行协助原则是法定义务,又强化了对违反协助执行义务者的制裁。

3. 执行案件包括执行实施类案件和执行审查类案件。(1)执行实施类案件,是指人民法院因申请执行人申请、审判机构移送、受托、提级、指定和依职权,对

---

① 民事强制执行和民事审判经常交叉(如财产保全与先予执行发生在审判过程中),执行中出现案外人异议可直接引发审判程序,且两者的许多原则、规则是共通的(如处分原则、同等对等原则、期间和送达制度、强制措施等),但两者是有区别的:(1)功能不同。前者是为了实现生效法律文书所确定的权利和义务;后者是明确争议的权利义务关系。(2)启动依据不同。前者以人民法院的民事执行权和执行根据为基础;后者则依据人民法院的审判权和当事人的起诉。(3)适用范围不同。前者仅限于具有给付的审判结论;但后者并不限于给付案件。(4)工作内容和特点不同。前者的工作内容是依法对法律文书、债务人履行能力进行调查,并采取各种执行措施,具有主动性和确定性;后者的工作内容则是认定事实和适用法律,具有被动性和不确定性。(5)权力结构不同。前者,公权力整体上偏向申请执行人。而后者,法官必须保持中立、居间裁断。

② 执行标的有限原则包括:(1)在将债务人处分资料作为执行标的同时,还要保证债务人正常生产和生活的维持。(2)在限制执行的同时,还要求人民法院尽可能实现执行根据所载的债权。(3)在穷尽了一切合法手段之后,应终结执行程序。

已发生法律效力且具有可强制执行内容的法律文书所确定的事项予以执行的案件。(2)执行审查类案件是指在执行过程中,人民法院审查和处理执行异议、复议、申诉、请示、协调以及决定执行管辖权的移转等事项的案件。①

4. 执行主体。是指在民事强制执行过程中,依法享有权利和承担义务,能够引起民事强制执行法律关系产生、变更或终结的人。执行主体包括执行机关和执行当事人。(1)执行机关。详见本书对《民事诉讼法》第228条的编释。(2)执行当事人。民事强制执行当事人,是指执行根据确定的,在民事强制执行中,以自己的名义享有权利和履行义务的人。② ①当债权人向人民法院提交强制执行申请时,债权人便转变为申请执行人,债务人成为被执行人。②担保人承担担保责任后,提起诉讼向被执行人追偿的,人民法院应予受理。③ ③在执行中,可能会出现其他案外人因法定情形而成为享有权利或履行义务的人,这在常理上通常称为执行承担,在司法解释中被规定为执行当事人的追加和变更。执行承担一般可以归纳为申请执行人的承担④和被执行人的承担⑤。裁定变更或追加被执行主体的,均由执行法院的执行机构办理。(3)其他执行参与人。是指除人民法院和执行当事人外,参加民事强制执行程序的单位和个人,包括执行见证人、协助执行人、执行代理人和翻译人员。从严格意义上讲,其他执行参与人并非民事强制执行主体。

五、具体纠纷案件的执行

1. 房地产过户纠纷案件的执行。对于继续履行合同,是使涉案土地达到《城

---

① 《最高人民法院关于执行案件立案、结案若干问题的意见》第1条第3款。

② 《最高人民法院关于人民法院执行工作若干问题的规定(试行)》第16条第1款第2项规定:"申请执行人是生效法律文书确定的权利人或其继承人、权利承受人。"

③ 《最高人民法院关于执行担保若干问题的规定》第14条。

④ 申请执行人承担的情形:(1)申请执行人死亡或被宣告失踪,由其继承人、受遗赠人、遗嘱执行人、遗产执行人、财产代管人承担。(2)法人合并的,由合并后的法人承担;依法分立的,根据约定,按比例承担。(3)法人进入清算程序的,由其清算人或者负有清算义务的人承担。(4)机关法人被撤销的,由继续行使其权利的机关承担。(5)非法人组织被撤销的,由设立该组织的自然人或法人承担。(6)申请执行人行使处分权,将可转让的债权转让的,由受让人承担。

⑤ 被执行人的承担的情形如下:(1)自然人死亡,人民法院可以裁定将没有放弃遗产继承的人变更为被执行人。(2)法人或者非法人组织、合并的,由变更后的法人或者非法人组织承受。(3)企业法人的分支机构不能清偿债务时,企业法人为被执行人。(4)个人合伙组织或合伙型联营企业,无能力履行偿还义务的,可以追加其他合伙人或其他法人为被执行人。(5)人民法院在审理案件期间,保证人为被执行人提供保证的,审结后无力清偿时,生效法律文书中未列明保证人责任,也应执行保证人在保证责任范围内的财产。

市房地产管理法》规定的过户条件及办理土地使用权的过户手续，人民法院应认真核查涉案土地状况，在确保履行相应合同义务的前提下，对已符合《城市房地产管理法》规定过户条件的地块，应直接裁定将土地使用权移转给申请执行人，并通知自然资源主管部门协助办理过户手续；对于不具备法定过户条件的地块，应当用足法律规定的各种强制执行措施，促使合同履行，使土地达到法定过户条件。①

2. 股权认定纠纷案件的执行。证券登记结算机构是为证券交易提供集中登记、与结算服务的机构，证券登记结算机构存管的仅是股权凭证，不能将股权凭证所在地视为股权所在地，应当将股权的发行公司住所地认定为该类财产所在地。②

3. 以房产清偿纠纷案件的执行。当事人对以房抵债生效法律文书或者调解协议申请执行的，原则上不得出具以房抵债裁定书或者要求登记机构办理过户的协助执行通知书，当事人要求以房产清偿债务的，应当采取拍卖等执行变价措施。③

4. 农村土地承包纠纷案件的执行。当事人对农村土地承包仲裁机构裁决不服而提起诉讼的，人民法院应当及时审理。当事人申请人民法院强制执行已经发生法律效力的裁决书和调解书的，人民法院应当依法及时执行。④

5. 保险理赔纠纷案件的执行。投保人不履行义务时，人民法院可以依据债权人或（受益人）的申请向保险公司发出协助执行通知书，由保险公司依照有关规定理赔，并给付申请执行人；申请执行人对保险公司理赔数额有异议的，可通过诉讼予以解决。⑤

---

① 参见《最高人民法院关于上海枫丹丽舍房地产开发有限公司申请执行本院（2006）民一终字第57号判决确定的继续履行土地使用权转让合同义务一案的监督意见》，该意见另说明：如果本案确实存在法律上或事实上的障碍而不能执行，应当努力促成执行和解。如果和解不成，应当告知当事人可以另行提起诉讼。

② 《最高人民法院执行局关于法院能否以公司证券登记结算地为财产所在地获得管辖权问题的复函》。

③ 《最高人民法院关于房地产调控政策下人民法院严格审查各类虚假诉讼的紧急通知》第2条第5项。

④ 《最高人民法院关于建立健全诉讼与非诉讼相衔接的矛盾纠纷解决机制的若干意见》第6条（后部分）。

⑤ 《最高人民法院关于人民法院能否提取投保人在保险公司所投的第三人责任险应得的保险赔偿款问题的复函》。

对违法执行行为的异议

第二百三十二条　当事人、利害关系人认为执行行为违反法律规定的，可以向负责执行的人民法院提出书面异议。当事人、利害关系人提出书面异议的，人民法院应当自收到书面异议之日起十五日内审查，理由成立的，裁定撤销或者改正；理由不成立的，裁定驳回。当事人、利害关系人对裁定不服的，可以自裁定送达之日起十日内向上一级人民法院申请复议。

本条明确对违法执行行为提出的异议。本书在此基础上进一步阐释两方面的内容。

一、当事人、利害关系的执行异议

当事人、利害关系人的执行异议，是指当事人、利害关系人认为人民法院某一民事强制执行行为违法或者不当，侵害或可能侵害其合法权益，以提出异议的方式请求纠正该执行行为的救济方式。[①] 其中，执行当事人包括申请执行人和被执行人。利害关系人，是指对于诉讼标的有直接或间接利害关系的人。直接利害关系人有权向人民法院起诉或可能被提起诉讼。间接利害关系人对当事人之间的诉讼标的没有直接的利害关系，但当事人一方的败诉可能使间接利害关系人遭受不利后果时，其可以参加到诉讼中，辅助一方当事人进行诉讼。

1. 提起执行异议的申请。(1)提起执行异议申请的情形。①执行命令行为违法或不当。如执行法院在执行活动中未按规定发出履行通知书等命令等。②采取执行措施的执行实施行为违法或不当(错误)。其中，"对判决、裁定及其他生效法律文书执行错误"，是指对已经发生法律效力的判决、裁定、民事制裁决定、调解、支付令、仲裁裁决、具有强制执行效力的公证债权文书以及行政处罚、处理决定等执行错误。对判决、裁定及其他生效法律文书执行错误，包括以下情形：(i)执行未生效法律文书的；(ii)超出生效法律文书确定的数额和范围执行的；(iii)对已经发现的被执行人的财产，故意拖延执行或者不执行，导致被执行

---

① 洪冬英主编：《民事诉讼法学通论》(第3版)，北京大学出版社2020年版，第379页。

这种执行异议局限于某一强制执行行为程序上的错误，通过纠正能够及时恢复执行秩序，以维护执行当事人和利害关系人程序法上的利益。当错误达到实体权益时，就要通过诉讼来解决。

财产流失的；(iv)应当恢复执行而不恢复，导致被执行财产流失的；(v)违法执行案外人财产的；(vi)违法将案件执行款物执行给其他当事人或者案外人的；(vii)违法对抵押物、质物或者留置物采取执行措施，致使抵押权人、质权人或者留置权人的优先受偿权无法实现的；(viii)对执行中查封、扣押、冻结的财产不履行监管职责，造成财产毁损、灭失的；(ix)对季节性商品或者鲜活、易腐烂变质以及其他不宜长期保存的物品采取执行措施，未及时处理或者违法处理，造成物品毁损或者严重贬值的；(x)对执行财产应当拍卖而未依法拍卖的，或者应当由资产评估机构评估而未依法评估，违法变卖或者以物抵债的；(xi)其他错误情形。① (2)提起执行异议的申请书。异议人提出执行异议，应当向人民法院提交申请书。申请书应当载明具体的异议请求、事实、理由等内容，并附下列材料：①异议人的身份证明；②相关证据材料；③送达地址和联系方式。② (3)向上级法院提出异议申请。执行法院收到执行异议后3日内既不立案又不作出不予受理裁定，或者受理后无正当理由超过法定期限不作出异议裁定的，异议人可以向上一级人民法院提出异议。上一级人民法院审查后理由成立的，应当指令执行法院在3日内立案或者在15日内作出异议裁定。③ (4)提出申请的时限。当事人、利害关系人依照《民事诉讼法》第232条规定提出异议的，应当在执行程序终结之前提出，但对终结执行措施提出异议的除外。④

2. 执行异议的立案、不予受理。(1)执行异议的立案。执行异议符合《民事诉讼法》第232条或者第234条规定条件的，人民法院应当在3日内立案，并在立案后3日内通知异议人和相关当事人。不符合受理条件的，裁定不予受理；立案后发现不符合受理条件的，裁定驳回申请。⑤ (2)执行异议的不予受理。①执行异议申请材料不齐备的，人民法院应当一次性告知异议人在3日内补足，逾期未补足的，不予受理。⑥ ②当事人、利害关系人对同一执行行为有多个异议事由，但未在异议审查过程中一并提出，撤回异议或者被裁定驳回异议后，再次就该执行行为提出异议的，人民法院不予受理。案外人撤回异议或者被裁定驳回异议后，

① 《最高人民法院关于审理民事、行政诉讼中司法赔偿案件适用法律若干问题的解释》第5条。
② 《最高人民法院关于人民法院办理执行异议和复议案件若干问题的规定》第1条。
③ 《最高人民法院关于人民法院办理执行异议和复议案件若干问题的规定》第3条。
④ 《最高人民法院关于人民法院办理执行异议和复议案件若干问题的规定》第6条第1款。
⑤ 《最高人民法院关于人民法院办理执行异议和复议案件若干问题的规定》第2条第1款。
⑥ 《最高人民法院关于人民法院办理执行异议和复议案件若干问题的规定》第2条第2款。

再次就同一执行标的提出异议的，人民法院不予受理。[①] ③依照《民事诉讼法》第244条第2款、第3款规定，人民法院裁定不予执行仲裁裁决后，当事人对该裁定提出执行异议或者复议的，人民法院不予受理。[②] ④执行过程中，第三人因书面承诺自愿代被执行人偿还债务而被追加为被执行人后，无正当理由反悔并提出异议的，人民法院不予支持。[③] (3)执行异议受理后的规则。①对于符合法律规定条件的执行异议和复议、异议之诉案件，各级人民法院必须及时受理并办理正式立案手续，受理后必须及时审查、及时作出异议、复议裁定或者异议之诉判决。依法应当再审、另诉或者通过其他程序解决的，应当及时向异议当事人进行释明，引导当事人申请再审、另诉或者通过其他程序解决。上级人民法院应当恪尽监督职责，对于执行当事人及案外人反映下级人民法院存在拒不受理异议或者受理异议后久拖不决的，应当责令下级人民法院依法及时受理和审查异议，必要时，可以指定异地人民法院受理和审查执行异议。[④] ②对于受理的执行异议案件，一要注意正确区分不同性质的异议，严守法定程序，确保认定事实清楚，适用法律正确，处理得当；二要注意提高法律文书质量，做到格式规范，逻辑清晰，说理透彻，依据充分；三要注意公开透明，该听证的要及时组织公开听证，确保当事人的知情权和程序参与权。[⑤]

3. 执行异议的审查。(1)执行案件被指定执行、提级执行、委托执行后，当事人、利害关系人对原执行法院的执行行为提出异议的，由提出异议时负责该案件执行的人民法院审查处理；受指定或者受委托的人民法院是原执行法院的下级人民法院的，仍由原执行法院审查处理。执行案件被指定执行、提级执行、委托执行后，案件人对原执行法院的执行标的提出异议的，参照上述规定处理。[⑥] (2)当事人、利害关系人认为执行过程中或者执行保全、先予执行裁定过程中的下列行为违法提出异议的，人民法院应当依照《民事诉讼法》第232条规定进行审查：①查封、扣押、冻结、拍卖、变卖、以物抵债、暂缓执行、中止执行、终结执行等执行措施；②执行的期间、顺序等应当遵守的法定程序；③人民法院作出的侵

---

① 《最高人民法院关于人民法院办理执行异议和复议案件若干问题的规定》第15条。

② 《最高人民法院关于适用〈中华人民共和国民事诉讼法〉的解释》第476条。

③ 《最高人民法院关于人民法院办理执行异议和复议案件若干问题的规定》第18条。

④ 《最高人民法院办公厅关于切实保障执行当事人及案外人异议权的通知》第2条。

⑤ 《最高人民法院办公厅关于切实保障执行当事人及案外人异议权的通知》第3条。

⑥ 《最高人民法院关于人民法院办理执行异议和复议案件若干问题的规定》第4条。

害当事人、利害关系人合法权益的其他行为。被执行人以债权消灭、丧失强制执行效力等执行依据生效之后的实体事由提出排除执行异议的，人民法院应当参照《民事诉讼法》第232条规定进行审查。除《最高人民法院关于人民法院办理执行异议和复议案件若干问题的规定》第19条[①]规定的情形外，被执行人以执行依据生效之前的实体事由提出排除执行异议的，人民法院应当告知其依法申请再审或者通过其他程序解决。[②] (3)案外人既基于实体权利对执行标的提出排除执行异议又作为利害关系人提出与实体权利无关的执行行为异议的，人民法院应当分别《民事诉讼法》第234条和第232条规定进行审查。[③] (4)人民法院审查执行异议或者复议案件，应当依法组成合议庭。指令重新审查的执行异议案件，应当另行组成合议庭。办理执行实施案件的人员不得参与相关执行异议和复议案件的审查。[④] (5)人民法院对执行异议案件实行书面审查。案情复杂、争议较大的，应当进行听证。[⑤] (6)异议人或者复议申请人经合法传唤，无正当理由拒不参加听证，或者未经法庭许可中途退出听证，致使人民法院无法查清相关事实的，由其自行承担不利后果。[⑥] (7)执行异议、复议案件审查期间，异议人、复议申请人申请撤回异议、复议审请的，是否准许由人民法院裁定。[⑦]

4. 执行异议的裁定。(1)执行过程中，当事人、利害关系人认为执行法院的执行行为违反法律规定的，可以依照《民事诉讼法》第232条的规定提出异议。执行法院审查处理执行异议，应当自收到书面异议之日起15日内作出裁定。[⑧] (2)人民法院对执行行为异议，应当按照下列情形，分别处理：①异议不成立的，裁定驳回异议；②异议成立的，裁定撤销相关执行行为；③异议部分成立的，裁定变更相关执行行为；④异议成立或者部分成立，但执行行为无撤销、变更内容的，

---

① 《最高人民法院关于人民法院办理执行异议和复议案件若干问题的规定》第19条规定："当事人互负到期债务，被执行人请求抵销，请求抵销的债务符合下列情形的，除依照法律规定或者按照债务性质不得抵销的以外，人民法院应予支持：(一)已经生效法律文书确定或者经申请执行人认可；(二)与被执行人所负债务的标的物种类、品质相同。"

② 《最高人民法院关于人民法院办理执行异议和复议案件若干问题的规定》第7条。

③ 《最高人民法院关于人民法院办理执行异议和复议案件若干问题的规定》第8条第2款。

④ 《最高人民法院关于人民法院办理执行异议和复议案件若干问题的规定》第11条。

⑤ 《最高人民法院关于人民法院办理执行异议和复议案件若干问题的规定》第12条。

⑥ 《最高人民法院关于人民法院办理执行异议和复议案件若干问题的规定》第14条。

⑦ 《最高人民法院关于人民法院办理执行异议和复议案件若干问题的规定》第13条。

⑧ 《最高人民法院关于适用〈中华人民共和国民事诉讼法〉执行程序若干问题的解释》第5条。

裁定异议成立或者相应部分异议成立。[①] (3)人民法院依照《民事诉讼法》第232条规定作出裁定时,应当告知相关权利人申请复议的权利和期限。人民法院作出其他裁定和决定时,法律、司法解释规定了相关权利人申请复议的权利和期限的,应当进行告知。[②]

5. 执行异议裁定的复议。(1)执行异议裁定复议的情形。①异议人对不予受理或者驳回申请裁定不服的,可以自裁定送达之日起10日内向上一级人民法院申请复议。上一级人民法院审查后认为符合受理条件的,应当裁定撤销原裁定,指令执行法院立案或者对执行异议进行审查。[③] ②当事人不服驳回不予执行公证债权文书申请的裁定的,可以自收到裁定之日起10日内向上一级人民法院申请复议。上一级人民法院应当自收到复议申请之日起30日内审查,理由成立的,裁定撤销原裁定,不予执行该公证债权文书;理由不成立的,裁定驳回复议申请。复议期间,不停止执行。[④] (2)执行异议裁定复议的前置行为。当事人、利害关系人认为执行法院的执行行为违法的,应当先提出异议,对执行法院作出的异议裁定不服的才能申请复议。执行法院不得在作出执行行为的裁定书中直接赋予当事人申请复议的权力。[⑤] (3)执行异议裁定复议材料的转交、报送。当事人、利害关系人申请复议的书面材料,可以通过执行法院转交,也可以直接向执行法院的上一级人民法院提交。执行法院收到复议申请后,应当在5日内将复议所需的案卷材料报送上一级人民法院;上一级人民法院收到复议申请后,应当通知执行法院在5日内报送复议所需的案卷材料。[⑥] (4)执行异议裁定复议的申请书。复议申请人申请复议,应当向人民法院提交申请书。申请书应当载明具体的复议请求、事实、理由等内容,并附下列材料:①复议申请人的身份证明;②相关证据材料;③送达地址和联系方式。[⑦] (5)申请执行异议裁定复议的形式。当事人、

① 《最高人民法院关于人民法院办理执行异议和复议案件若干问题的规定》第17条。

② 《最高人民法院关于人民法院办理执行异议和复议案件若干问题的规定》第16条第1款、第3款。

③ 《最高人民法院关于人民法院办理执行异议和复议案件若干问题的规定》第2条第3款。

④ 《最高人民法院关于人民法院办理执行异议和复议案件若干问题的规定》第10条。

⑤ 《最高人民法院关于执行工作中正确适用修改后民事诉讼法第202条、第204条规定的通知》第3条。

⑥ 《最高人民法院关于适用〈中华人民共和国民事诉讼法〉执行程序若干问题的解释》第7条。

⑦ 《最高人民法院关于人民法院办理执行异议和复议案件若干问题的规定》第1条。

利害关系人依照《民事诉讼法》第 232 条规定申请复议的，应当采取书面形式。[①] (6)上级法院对执行异议裁定复议申请的审查。①人民法院审查执行异议或者复议案件，应当依法组成合议庭。[②] ②办理执行实施案件的人员不得参与相关复议案件的审查。[③] ③人民法院对复议案件实行书面审查。[④] (7)对执行异议裁定复议申请的听证。①案情复杂、争议较大的，应当进行听证。[⑤] ②复议申请人经合法传唤，无正当理由拒不参加听证，或者未经法庭许可中途退出听证，致使人民法院无法查清相关事实的，由其自行承担不利后果。[⑥] (8)对执行异议裁定复议申请的撤回。复议案件审查期间，复议申请人申请撤回复议申请的，是否准许由人民法院裁定。[⑦] (9)对执行异议裁定复议申请的裁定及期限。①当事人、利害关系人依照《民事诉讼法》第 232 条规定申请复议的，上一级人民法院应当自收到复议申请之日起 30 日内审查完毕，并作出裁定。有特殊情况需要延长的，经本院院长批准，可以延长，延长的期限不得超过 30 日。[⑧] ②人民法院依照《民事诉讼法》第 232 条规定作出裁定时，应当告知相关权利人申请复议的权利和期限。[⑨] ③上一级人民法院对不服异议裁定的复议申请审查后，应当按照下列情形，分别处理：(i)异议裁定认定事实清楚，适用法律正确，结果应予维持的，裁定驳回复议申请，维持异议裁定；(ii)异议裁定认定事实错误，或者适用法律错误，结果应予纠正的，裁定撤销或者变更异议裁定；(iii)异议裁定认定基本事实不清、证据不足的，裁定撤销异议裁定，发回作出裁定的人民法院重新审查，或者查清事实后作出相应裁定；(iv)异议裁定遗漏异议请求或者存在其他严重违反法定程序的情形，裁定撤销异议裁定，发回作出裁定的人民法院重新审查；(v)异议裁定对应当适用《民事诉讼法》第 234 条规定审查处理的异议，错误适用《民事诉讼

---

① 《最高人民法院关于适用〈中华人民共和国民事诉讼法〉执行程序若干问题的解释》第 6 条。

② 《最高人民法院关于人民法院办理执行异议和复议案件若干问题的规定》第 11 条第 1 款。

③ 《最高人民法院关于人民法院办理执行异议和复议案件若干问题的规定》第 11 条第 3 款。

④ 《最高人民法院关于人民法院办理执行异议和复议案件若干问题的规定》第 12 条。

⑤ 《最高人民法院关于人民法院办理执行异议和复议案件若干问题的规定》第 12 条。

⑥ 《最高人民法院关于人民法院办理执行异议和复议案件若干问题的规定》第 14 条。

⑦ 《最高人民法院关于人民法院办理执行异议和复议案件若干问题的规定》第 13 条。

⑧ 《最高人民法院关于适用〈中华人民共和国民事诉讼法〉执行程序若干问题的解释》第 8 条。

《最高人民法院关于执行工作中正确适用修改后民事诉讼法第 202 条、第 204 条规定的通知》第 3 条规定："当事人、利害关系人认为执行法院的执行行为违法的，应当先提出异议，对执行法院作出的异议裁定不服的才能申请复议。执行法院不得在作出执行行为的裁定书中直接赋予当理人申请复议的权力。"

⑨ 《最高人民法院关于人民法院办理执行异议和复议案件若干问题的规定》第 16 条第 1 款。

法》第232条规定审查处理的，裁定撤销异议裁定，发回作出裁定的人民法院重新作出裁定。除依照《最高人民法院关于人民法院办理执行异议和复议案件若干问题的规定》第1款第3～5项发回重新审查或者重新作出裁定的情形外，裁定撤销或者变更异议裁定且执行行为可撤销、变更的，应当同时撤销或者变更该裁定维持的执行行为。人民法院对发回重新审查的案件作出裁定后，当事人、利害关系人申请复议的，上一级人民法院复议后不得再次发回重新审查。① (10)执行异议审查和复议期间对执行的影响。执行异议审查和复议期间，不停止执行。被执行人、利害关系人提供充分、有效的担保请求停止相应处分措施的，人民法院可以准许；申请执行人提供充分、有效的担保请求继续执行的，应当继续执行。②

二、具体纠纷案件的执行异议

1. 破产纠纷案件的执行异议。执行法院发现被执行人有虚假破产情形的，应当及时向受理破产案件的人民法院提出。申请执行人认为被执行人利用破产逃债的，可以向受理破产案件的人民法院或者其上级人民法院提出异议，受理异议的法院应当依法进行监督。③

2. 限制出境纠纷案件的执行异议。被限制出境的人认为对其限制出境错误的，可以自收到限制出境决定之日起10日内向上一级人民法院申请复议。上一级人民法院应当自收到复议申请之日起15日内作出决定。复议期间，不停止原决定的执行。④

3. 公证债权文书纠纷案件的执行异议。当事人不服驳回不予执行公证债权文书申请的裁定的，可以自收到裁定之日起10日内向上一级人民法院申请复议。上一级人民法院应当自收到复议申请之日起30日内审查，理由成立的，裁定撤销原裁定，不予执行该公证债权文书；理由不成立的，裁定驳回复议申请。复议期间，不停止执行。⑤

4. 执行信息纠纷案件的执行异议。(1)当事人对全国法院被执行人信息查

---

① 《最高人民法院关于人民法院办理执行异议和复议案件若干问题的规定》第23条。

② 《最高人民法院关于适用〈中华人民共和国民事诉讼法〉执行程序若干问题的解释》第9条。

③ 《最高人民法院关于依法制裁规避执行行为的若干意见》第10条。

④ 《最高人民法院关于人民法院办理执行异议和复议案件若干问题的规定》第9条。

⑤ 《最高人民法院关于人民法院办理执行异议和复议案件若干问题的规定》第10条。

询平台提供的信息内容有异议的，应及时向执行法院书面提出，并附相关证明材料。信息异议包括没有录入有关信息的异议、信息内容不准确的异议、信息发布不及时的异议。① 执行法院接到书面异议后3日内予以审查核对，异议成立的，应当在2日内对相关信息予以补录或更正。执行法院必须在接到书面异议后7日内将处理结果答复异议人。②（2）执行法院对信息异议逾期未作处理，或对处理结果不服的，异议人可以向上一级人民法院书面请求复核，并附相关证明材料。③（3）复核法院应在接到复核申请后2日内将复核申请函转执行法院，执行法院必须在2日内书面报告复核情况。执行法院不同意复核申请的，复核报告需附相关案卷材料。必要时，复核法院可调卷复核。复核请求成立的，复核法院应责成执行法院在2日内对相关信息予以补录或更正。复核法院必须在接到复核申请后7日内将处理结果答复复核申请人。④

责令限期执行和变更执行法院

第二百三十三条　人民法院自收到申请执行书之日起超过六个月未执行的，申请执行人可以向上一级人民法院申请执行。上一级人民法院经审查，可以责令原人民法院在一定期限内执行，也可以决定由本院执行或者指令其他人民法院执行。

本条明确责令限期执行和变更执行法院。本书在此基础上进一步阐释两方面的内容。

一、责令限期执行和变更执行法院的前提条件

1. 责令限期执行和变更执行法院的法定的情形。依照《民事诉讼法》第233条的规定，有下列情形之一的，上一级人民法院可以根据申请执行人的申请，责令执行法院限期执行或者变更执行法院：（1）债权人申请执行时被执行人有可供执行的财产，执行法院自收到申请执行书之日起超过6个月对该财产未执行完结

---

① 《最高人民法院关于全国法院被执行人信息查询平台信息异议处理的若干规定》第4条。
② 《最高人民法院关于全国法院被执行人信息查询平台信息异议处理的若干规定》第5条。
③ 《最高人民法院关于全国法院被执行人信息查询平台信息异议处理的若干规定》第6条。
④ 《最高人民法院关于全国法院被执行人信息查询平台信息异议处理的若干规定》第7条。

的;(2)执行过程中发现被执行人可供执行的财产,执行法院自发现财产之日起超过6个月对该财产未执行完结的;(3)对法律文书确定的行为义务的执行,执行法院自收到申请执行书之日起超过6个月未依法采取相应执行措施的;(4)其他有条件执行超过6个月未执行的。①

2. 责令限期执行和变更执行法院的法定期间。(1)《民事诉讼法》第233条规定的6个月期间,不应当计算执行中的公告期间、鉴定评估期间、管辖争议处理期间、执行争议协调期间、暂缓执行期间以及中止执行期间。② (2)下列期间不计入办案期限:①公告送达执行法律文书的期间;②暂缓执行的期间;③中止执行的期间;④就法律适用问题向上级法院请示的期间;⑤与其他法院发生执行争议报请共同的上级法院协调处理的期间。③

二、责令限期执行和变更执行法院的程序

1. 责令限期执行和变更执行法院的启动。(1)当事人反映下级法院有消极执行或者案件长期不能执结,上级法院认为情况属实的,应当督促下级法院及时采取执行措施,或者在指定期限内办结。④ (2)上级法院发现下级法院的执行案件(包括受委托执行的案件)在规定的期限内未能执行结案的,应当作出裁定、决定、通知而不制作的,或应当依法实施具体执行行为而不实施的,应当督促下级法院限期执行,及时作出有关裁定等法律文书,或采取相应措施。对下级法院长期未能执结的案件,确有必要的,上级法院可以决定由本院执行或与下级法院共同执行,也可以指定本辖区其他法院执行。⑤

2. 责令限期执行和变更执行法院的受理。上级法院应当在受理反映下级法院执行问题的申诉后10日内,对符合督办条件的案件制作督办函,并附相关材料函转下级法院。遇有特殊情况,上级法院可要求下级法院立即进行汇报,或派员实地进行督办。下级法院在接到上级法院的督办函后,应指定专人办理。⑥

3. 责令限期执行和变更执行法院的决定。上一级人民法院依照《民事诉讼法》第233条规定责令执行法院限期执行的,应当向其发出督促执行令,并将有

---

① 《最高人民法院关于适用〈中华人民共和国民事诉讼法〉执行程序若干问题的解释》第10条。

② 《最高人民法院关于适用〈中华人民共和国民事诉讼法〉执行程序若干问题的解释》第13条。

③ 《最高人民法院关于人民法院办理执行案件若干期限的规定》第13条。

④ 《最高人民法院关于执行案件督办工作的规定(试行)》第2条。

⑤ 《最高人民法院关于人民法院执行工作若干问题的规定(试行)》第74条。

⑥ 《最高人民法院关于执行案件督办工作的规定(试行)》第3条。

关情况书面通知申请执行人。上一级人民法院决定由本院执行或者指令本辖区其他人民法院执行的，应当作出裁定，送达当事人并通知有关人民法院。①

4. 责令限期执行和变更执行法院中下级法院的工作。(1)下级法院应当在上级法院指定的期限内，将案件办理情况或者处理意见向督办法院作出书面报告。②(2)对于上级法院督办的执行案件，被督办法院应当按照上一级法院的要求，及时制作案件督办函，并附案件相关材料函转至执行法院。被督办法院负责在上一级法院限定的期限届满前，将督办案件办理情况书面报告上一级法院，并附相关材料。③

5. 责令限期执行和变更执行法院中上级法院的工作。(1)下级法院逾期未报告工作情况或案件处理结果的，上级法院根据情况可以进行催报，也可以直接调卷审查，指定其他法院办理，或者提级执行。④(2)上一级人民法院责令执行法院限期执行，执行法院在指定期间内无正当理由仍未执行完结的，上一级人民法院应当裁定由本院执行或者指令本辖区其他人民法院执行。⑤(3)上级法院收到下级法院的书面报告后，认为下级法院的处理意见不当的，应当提出书面意见函告下级法院。下级法院应当按照上级法院的意见办理。⑥(4)对于上级法院督办的执行案件，下级法院无正当理由逾期未报告工作情况或案件处理结果，或者拒不落实、消极落实上级法院的处理意见，经上级法院催办后仍未纠正的，上级法院可以在辖区内予以通报，并依据有关规定追究相关法院或者责任人的责任。⑦

---

① 《最高人民法院关于适用〈中华人民共和国民事诉讼法〉执行程序若干问题的解释》第11条。

② 《最高人民法院关于执行案件督办工作的规定(试行)》第4条。

③ 《最高人民法院关于执行案件督办工作的规定(试行)》第5条。

④ 《最高人民法院关于执行案件督办工作的规定(试行)》第6条。

《最高人民法院关于高级人民法院统一管理执行工作若干问题的规定》第8条规定："高级人民法院对本院及下级人民法院的执行案件，认为需要指定执行的，可以裁定指定执行。高级人民法院对最高人民法院函示指定执行的案件，应当裁定指定执行。"第9条规定："高级人民法院对下级人民法院的下列案件可以裁定提级执行：1、高级人民法院指令下级人民法院限期执结，逾期未执结需要提级执行的；2、下级人民法院报请高级人民法院提级执行，高级人民法院认为应当提级执行的；3、疑难、重大和复杂的案件，高级人民法院认为应当提级执行的。高级人民法院对最高人民法院函示提级执行的案件，应当裁定提级执行。"

⑤ 《最高人民法院关于适用〈中华人民共和国民事诉讼法〉执行程序若干问题的解释》第12条。

⑥ 《最高人民法院关于执行案件督办工作的规定(试行)》第7条。

⑦ 《最高人民法院关于执行案件督办工作的规定(试行)》第9条。

《最高人民法院关于高级人民法院统一管理执行工作若干问题的规定》第13条规定："下级人民法院不执行上级人民法院对执行工作和案件处理作出的决定，上级人民法院应通报批评；情节严重的，可以建议有关部门对有关责任人员予以纪律处分。"

6. 责令限期执行和变更执行法院的复议。下级法院认为上级法院的处理意见错误，可以按照有关规定提请上级法院复议。对下级法院提请复议的案件，上级法院应当另行组成合议庭进行审查。经审查认为原处理意见错误的，应当纠正；认为原处理意见正确的，应当拟函督促下级法院按照原处理意见办理。[①]

案外人执行异议

第二百三十四条　执行过程中，案外人对执行标的提出书面异议的，人民法院应当自收到书面异议之日起十五日内审查，理由成立的，裁定中止对该标的的执行；理由不成立的，裁定驳回。案外人、当事人对裁定不服，认为原判决、裁定错误的，依照审判监督程序办理；与原判决、裁定无关的，可以自裁定送达之日起十五日内向人民法院提起诉讼。

本条明确案外人执行异议。本书在此基础上进一步阐释三方面的内容。

一、案外人的执行异议

案外人的执行异议，是指本案执行当事人以外的人，以自己对执行标的享有全部或部分的权利为由，向执行机构提出针对该标的执行的主张。[②] 其中，案件人，是指据以执行的生效法律文书没有载明，也没有被执行机构裁定变更或者追加的自然人、法人或者非法人组织，即未成为执行案件的当事人。

（一）案外人执行异议的提出

1. 案外人执行异议的提出。(1) 案外人对执行标的主张所有权或者有其他足以阻止执行标的转让、交付的实体权利的，可以依照《民事诉讼法》第 234 条的规定，向执行法院提出异议。[③] (2) 在执行中，被执行人通过仲裁程序将人民法院查封、扣押、冻结的财产确权或者分割给案外人的，不影响人民法院执行程序的

---

① 《最高人民法院关于执行案件督办工作的规定（试行）》第 8 条。

② 洪冬英主编：《民事诉讼法学通论》（第 3 版），北京大学出版社 2020 年版，第 381 页。

案外人执行异议主要有三种情形：(1) 对生效判决、裁定指向的标的的权属有异议；(2) 对判决、裁定并未涉及但执行过程中可作为执行标的予以执行有异议；(3) 认为执行行为影响了自己对执行标的物的使用权而提出异议。

③ 《最高人民法院关于适用〈中华人民共和国民事诉讼法〉执行程序若干问题的解释》第 14 条。

进行。案外人不服的，可以根据《民事诉讼法》第234条规定提出异议。[①]（3）调解书约定给付特定标的物的，调解协议达成前该物上已经存在的第三人的物权和优先权不受影响。第三人在执行过程中对执行标的物提出异议的，应当按照《民事诉讼法》第234条规定处理。[②]

2. 案外人提出执行异议的期限。案外人依照《民事诉讼法》第234条规定提出异议的，应当在异议指向的执行标的执行终结之前提出；执行标的由当事人受让的，应当在执行程序终结之前提出。[③]

3. 案外人提出执行异议的方式。案外人应以书面方式提出对执行标的的异议。

（二）案外人提出执行异议的受理、立案

1. 案外人提出执行异议的管辖法院。在执行阶段，案外人对人民法院已经查封、扣押、冻结的财产提起异议之诉的，应当依照《民事诉讼法》第234条的规定，由执行法院受理。案外人违反上述管辖规定，向执行法院之外的其他法院起诉，其他法院已经受理尚未作出裁判的，应当中止审理或者撤销案件，并告知案外人向作出查封、扣押、冻结裁定的执行法院起诉。[④]

2. 案外人提出执行异议的立案、不予受理和复议审查。执行异议符合《民事诉讼法》第232条或者第234条规定条件的，人民法院应当在3日内立案，并在立案后3日内通知异议人和相关当事人。不符合受理条件的，裁定不予受理；立案后发现不符合受理条件的，裁定驳回申请。执行异议申请材料不齐备的，人民法院应当一次性告知异议人在3日内补足，逾期未补足的，不予受理。异议人对不予受理或者驳回申请裁定不服的，可以自裁定送达之日起10日内向上一级人民法院申请复议。上一级人民法院审查后认为符合受理条件的，应当裁定撤销原裁定，指令执行法院立案或者对执行异议进行审查。[⑤]

---

① 《最高人民法院关于适用〈中华人民共和国民事诉讼法〉的解释》第477条。

② 《最高人民法院关于人民法院民事调解工作若干问题的规定》第16条。

③ 《最高人民法院关于人民法院办理执行异议和复议案件若干问题的规定》第6条第2款。《最高人民法院关于适用〈中华人民共和国民事诉讼法〉的解释》第462条规定："根据民事诉讼法第二百三十四条规定，案外人对执行标的提出异议的，应当在该执行标的的执行程序终结前提出。"

④ 《最高人民法院关于依法制裁规避执行行为的若干意见》第9条。

⑤ 《最高人民法院关于人民法院办理执行异议和复议案件若干问题的规定》第2条。

（三）案外人提出执行异议的审查

1. 人民法院对案外人提出执行异议的审查依据。（1）第三人提起撤销之诉后，未中止生效判决、裁定、调解书执行的，执行法院对第三人依照《民事诉讼法》第234条规定提出的执行异议，应予审查。第三人不服驳回执行异议裁定，申请对原判决、裁定、调解书再审的，人民法院不予受理。[①]（2）案外人基于实体权利既对执行标的提出排除执行异议又作为利害关系人提出执行行为异议的，人民法院应当依照《民事诉讼法》第234条规定进行审查。案外人既基于实体权利对执行标的提出排除执行异议又作为利害关系人提出与实体权利无关的执行行为异议的，人民法院应当分别依照《民事诉讼法》第234条和第232条规定进行审查。[②]（3）案外人对执行提出异议，人民法院可要求案外人提供有关异议的证据材料，并及时进行审查；根据具体情况，可以对执行财产采取限制性措施，暂不处分；异议成立的，采取适当方式纠正；异议不成立的，依法予以驳回。[③]（4）案外人所提的程序异议如果与其对执行标的权属主张之异议并无联系，则可在符合条件的情况下以利害关系人的身份适用《民事诉讼法》第232条规定的程序进行审查，与实体争议分别处理；如果案外人所提出的程序异议与实体异议关系密切，直接或间接地针对同一执行标的权属问题，在其同时提出实体异议的情况下，应当适用《民事诉讼法》第234条规定的程序进行审查，以减轻当事人的诉累。[④]（5）被执行人单独提出的异议，应当按照《民事诉讼法》第232条规定的程序进行审查。但如果被执行人所提异议实质是支持案外人对执行标的实体权利的主张，则对被执行人所提出的异议不应当单独审查，而应当在对案外人所提异议进行审查的过程中一并解决。[⑤]

2. 人民法院对案外人提出执行异议的审查标准、内容。（1）审查内容。对案

---

① 《最高人民法院关于适用〈中华人民共和国民事诉讼法〉的解释》第301条第1款。

在执行中，第三人发现原裁判有损害自己利益的情形，既依照《民事诉讼法》第59条第3款的规定提起第三人撤销之诉，也可以以案外人身份依据《民事诉讼法》第234条的规定提起执行异议，若对执行异议裁定不服，认为原裁判错误的，可以依照审判监督程序提起再审。执行标的与原裁判无关的，该案外人只能依据《民事诉讼法》第234条的规定，自执行法院作出的执行异议裁定送达之日起15日内向人民法院提起诉讼。

② 《最高人民法院关于人民法院办理执行异议和复议案件若干问题的规定》第8条。

③ 《法官行为规范》第63条。

④ 最高人民法院(2013)执复字第13号执行裁定书裁判摘要第2条。

⑤ 最高人民法院(2013)执复字第13号执行裁定书裁判摘要第3条。

外人提出的排除执行异议，人民法院应当审查下列内容：①案外人是否系权利人；②该权利的合法性与真实性；③该权利能否排除执行。[①]（2）审查标准。对案外人的异议，人民法院应当按照下列标准判断其是否系权利人：①已登记的不动产，按照不动产登记簿判断；未登记的建筑物、构筑物及其附属设施，按照土地使用权登记簿、建设工程规划许可、施工许可等相关证据判断；②已登记的机动车、船舶、航空器等特定动产，按照相关管理部门的登记判断；未登记的特定动产和其他动产，按照实际占有情况判断；③银行存款和存管在金融机构的有价证券，按照金融机构和登记结算机构登记的账户名称判断；有价证券由具备合法经营资质的托管机构名义持有的，按照该机构登记的实际出资人账户名称判断；④股权按照工商行政管理机关的登记和企业信用信息公示系统公示的信息判断；⑤其他财产和权利，有登记的，按照登记机构的登记判断；无登记的，按照合同等证明财产权属或者权利人的证据判断。[②]

3. 人民法院对案外人提出执行异议审查后的处理。[③]（1）对执行异议的审查，承办人应当在收到异议材料及执行案卷后15日内提出审查处理意见。[④]（2）案外人依据另案生效法律文书提出排除执行异议，该法律文书认定的执行标的权利人与依照《最高人民法院关于人民法院办理执行异议和复议案件若干问题的规定》第25条第1款的规定得出的判断不一致的，依照该规定第26条的规定处理。[⑤] ①金钱债权执行中，案外人依据执行标的被查封、扣押、冻结前作出的另案生效法律文书提出排除执行异议，人民法院应当按照下列情形，分别处理：（i）该法律文书系就案外人与被执行人之间的权属纠纷以及租赁、借用、保管等不以转移财产权属为目的的合同纠纷，判决、裁决执行标的归属于案外人或者向其返还执行标的且其权利能够排除执行的，应予支持；（ii）该法律文书系就案外人与被执行人之间除前项所列合同之外的债权纠纷，判决、裁决执行标的归属于案外人或者向其交付、返还执行标的的，不予支持。（iii）该法律文书系案外人受让执行标的的拍卖、变卖成交裁定或者以物抵债裁定且其权利能够排除执行的，

---

① 《最高人民法院关于人民法院办理执行异议和复议案件若干问题的规定》第24条。
② 《最高人民法院关于人民法院办理执行异议和复议案件若干问题的规定》第25条第1款。
③ 处理，即在案件裁决前对于各种诉求的态度。
④ 《最高人民法院关于人民法院办理执行案件若干期限的规定》第9条。
⑤ 《最高人民法院关于人民法院办理执行异议和复议案件若干问题的规定》第25条第2款。

应予支持。[1] ②金钱债权执行中，案外人依据执行标的被查封、扣押、冻结后作出的另案生效法律文书提出排除执行异议的，人民法院不予支持。[2] ③非金钱债权执行中，案外人依据另案生效法律文书提出排除执行异议，该法律文书对执行标的权属作出不同认定的，人民法院应当告知案外人依法申请再审或者通过其他程序解决。[3] ④申请执行人或者案外人不服人民法院依照《最高人民法院关于人民法院办理执行异议和复议案件若干问题的规定》第 26 条第 1 款、第 2 款规定作出的裁定，可以依照《民事诉讼法》第 234 条规定提起执行异议之诉。[4] (3)申请执行人对执行标的依法享有对抗案外人的担保物权等优先受偿权，人民法院对案外人提出的排除执行异议不予支持，但法律、司法解释另有规定的除外。[5] (4)金钱债权执行中，买受人对登记在被执行人名下的不动产提出异议，符合下列情形且其权利能够排除执行的，人民法院应予支持：①在人民法院查封之前已签订合法有效的书面买卖合同；②在人民法院查封之前已合法占有该不动产；③已支付全部价款，或者已按照合同约定支付部分价款且将剩余价款按照人民法院的要求交付执行；④非因买受人自身原因未办理过户登记。[6] (5)金钱债权执行中，买受人对登记在被执行的房地产开发企业名下的商品房提出异议，符合下列情形且其权利能够排除执行的，人民法院应予支持：①在人民法院查封之前已签订合法有效的书面买卖合同；②所购商品房系用于居住且买受人名下无其他用于居住的房屋；③已支付的价款超过合同约定总价款的 50%。[7] (6)金钱债权执行中，对被查封的办理了受让物权预告登记的不动产，受让人提出停止处分异议的，人民法院应予支持；符合物权登记条件，受让人提出排除执行异议的，应予支持。[8] (7)承租人请求在租赁期内阻止向受让人移交占有被执行的不动产，在人民法院查封之前已签订合法有效的书面租赁合同并占有使用该不动产的，人民法院应予支持。承租人与被执行人恶意串通，以明显不合理的低价承租被执行的不动

---

① 《最高人民法院关于人民法院办理执行异议和复议案件若干问题的规定》第 26 条第 1 款。
② 《最高人民法院关于人民法院办理执行异议和复议案件若干问题的规定》第 26 条第 2 款。
③ 《最高人民法院关于人民法院办理执行异议和复议案件若干问题的规定》第 26 条第 3 款。
④ 《最高人民法院关于人民法院办理执行异议和复议案件若干问题的规定》第 26 条第 4 款。
⑤ 《最高人民法院关于人民法院办理执行异议和复议案件若干问题的规定》第 27 条。
⑥ 《最高人民法院关于人民法院办理执行异议和复议案件若干问题的规定》第 28 条。
⑦ 《最高人民法院关于人民法院办理执行异议和复议案件若干问题的规定》第 29 条。
⑧ 《最高人民法院关于人民法院办理执行异议和复议案件若干问题的规定》第 30 条。

产或者伪造交付租金证据的，对其提出的阻止移交占有的请求，人民法院不予支持。①

4. 人民法院对案外人提出执行异议审查中的担保。案外人异议审查期间，人民法院不得对执行标的进行处分。案外人向人民法院提供充分、有效的担保请求解除对异议标的的查封、扣押、冻结的，人民法院可以准许；申请执行人提供充分、有效的担保请求继续执行的，应当继续执行。因案外人提供担保解除查封、扣押、冻结有错误，致使该标的无法执行的，人民法院可以直接执行担保财产；申请执行人提供担保请求继续执行有错误，给对方造成损失的，应当予以赔偿。②

5. 人民法院对案外人提出执行异议审查中的听证。对执行异议的审查需进行听证的，合议庭应当在决定听证后 10 日内组织异议人、申请执行人、被执行人及其他利害关系人进行听证。承办人应当在听证结束后 5 日内提出审查处理意见。③

6. 人民法院对案外人提出执行异议审查的期限。对执行异议的审查，人民法院一般应当在 1 个月内办理完毕。需延长期限的，承办人应当在期限届满前 3 日内提出申请。④

7. 对案外人提出执行异议的审查中的人民法院义务。案外人异议审查期间，人民法院不得对执行标的进行处分。执行异议审查期间，不停止执行。被执行人、利害关系人提供充分、有效的担保请求停止相应处分措施的，人民法院可以准许；申请执行人提供充分、有效的担保请求继续执行的，应当继续执行。⑤

（四）案外人提出执行异议的裁定

1. 案外人提出执行异议裁定的方式。法律、司法解释规定对执行异议案件可以口头裁定的，应当记入笔录。⑥

2. 案外人提出执行异议裁定的内容。案外人对执行标的提出的异议，经审

---

① 《最高人民法院关于人民法院办理执行异议和复议案件若干问题的规定》第 31 条。

② 《最高人民法院关于适用〈中华人民共和国民事诉讼法〉执行程序若干问题的解释》第 15 条。

③ 《最高人民法院关于人民法院办理执行案件若干期限的规定》第 10 条。

④ 《最高人民法院关于人民法院办理执行案件若干期限的规定》第 11 条。

⑤ 《最高人民法院关于适用〈中华人民共和国民事诉讼法〉执行程序若干问题的解释》第 9 条第 2 款。

⑥ 《最高人民法院关于执行案件立案、结案若干问题的意见》第 24 条第 2 款。

查,按照下列情形分别处理:(1)案外人对执行标的不享有足以排除强制执行的权益的,裁定驳回其异议;(2)案外人对执行标的享有足以排除强制执行的权益的,裁定中止执行。驳回案外人执行异议裁定送达案外人之日起15日内,人民法院不得对执行标的进行处分。①

3. 案外人提出执行异议裁定的告知。人民法院依照《民事诉讼法》第234条规定作出裁定时,应当告知相关权利人提起执行异议之诉的权利和期限。人民法院作出其他裁定和决定时,法律、司法解释规定了相关权利人申请复议的权利和期限的,应当进行告知。②

4. 案外人提出执行异议裁定的复议。案外人对执行标的提出异议的,执行法院应当审查并作出裁定。按《民事诉讼法》第234条的规定,案外人不服此裁定只能提起诉讼或者按审判监督程序办理。执行法院在针对异议作出的裁定书中赋予案外人、当事人申请复议的权利,无法律依据。③

二、执行异议裁定后的审判监督

1. 执行异议裁定后的审判监督的申请。(1)根据《民事诉讼法》第234条规定,案外人对驳回其执行异议的裁定不服,认为原判决、裁定、调解书内容错误损害其民事权益的,可以自执行异议裁定送达之日起6个月内,向作出原判决、裁定、调解书的人民法院申请再审。④ (2)被执行人以生效法律文书在实体或者程序上存在错误而不履行,生效法律文书确有错误的,人民法官告知当事人可以依法按照审判监督程序申请再审或者申请有关法院补正,并及时向领导报告;生效法律文书没有错误的,人民法官要及时做好解释工作并继续执行。⑤

2. 申请执行异议裁定后审判监督的时限。根据《民事诉讼法》第234条规定,案外人对驳回其执行异议的裁定不服,认为原判决、裁定、调解书内容错误损害其民事权益的,可以自执行异议裁定送达之日起6个月内,向作出原判决、裁

---

① 《最高人民法院关于适用〈中华人民共和国民事诉讼法〉的解释》第463条。

② 《最高人民法院关于人民法院办理执行异议和复议案件若干问题的规定》第16条第2款、第3款。

③ 《最高人民法院关于执行工作中正确适用修改后民事诉讼法第202条、第204条规定的通知》第2条。

④ 《最高人民法院关于适用〈中华人民共和国民事诉讼法〉的解释》第421条。

⑤ 《法官行为规范》第67条。

定、调解书的人民法院申请再审。①

3. 执行异议裁定后的审判监督申请的受理。第三人提起撤销之诉②后，未中止生效判决、裁定、调解书执行的，执行法院对第三人依照《民事诉讼法》第 234 条规定提出的执行异议，应予审查。第三人不服驳回执行异议裁定，申请对原判决、裁定、调解书再审的，人民法院不予受理。案外人对人民法院驳回其执行异议裁定不服，认为原判决、裁定、调解书内容错误损害其合法权益的，应当根据《民事诉讼法》第 234 条规定申请再审，提起第三人撤销之诉的，人民法院不予受理。③

4. 执行异议裁定后审判监督的审理法院。案外人、当事人认为据以执行的判决、裁定错误的，由作出生效判决、裁定的原审人民法院或其上级人民法院按照审判监督程序审理。④

5. 执行异议裁定后审判监督的裁判。（1）根据《民事诉讼法》第 234 条规定，人民法院裁定再审后，案外人属于必要的共同诉讼当事人的，依照下列规则处理：人民法院因必要的共同诉讼当事人申请而裁定再审，按照第一审程序再审的，应当追加其为当事人，作出新的判决、裁定；按照第二审程序再审，经调解不能达成协议的，应当撤销原判决、裁定，发回重审，重审时应追加其为当事人。⑤（2）案外人不是必要的共同诉讼当事人的，人民法院仅审理原判决、裁定、调解书对其民事权益造成损害的内容。经审理，再审请求成立的，撤销或者改变原判决、裁定、调解书；再审请求不成立的，维持原判决、裁定、调解书。⑥

三、案外人提起的执行异议之诉

案外人提起的异议之诉，是指案外人就人民法院对自己提出的执行异议所作裁定不服，进一步从实体法上寻求救济的方式，其目的在于通过获得有关执行

---

① 《最高人民法院关于适用〈中华人民共和国民事诉讼法〉的解释》第 421 条。

② 《民事诉讼法》第 59 条第 3 款规定："前两款规定的第三人，因不能归责于本人的事由未参加诉讼，但有证据证明发生法律效力的判决、裁定、调解书的部分或者全部内容错误，损害其民事权益的，可以自知道或者应当知道其民事权益受到损害之日起 6 个月内，向作出该判决、裁定、调解书的人民法院提起诉讼。人民法院经审理，诉讼请求成立的，应当改变或者撤销原判决、裁定、调解书；诉讼请求不成立的，驳回诉讼请求。"

③ 《最高人民法院关于适用〈中华人民共和国民事诉讼法〉的解释》第 301 条。

④ 《最高人民法院关于执行权合理配置和科学运行的若干意见》第 12 条第 2 款。

⑤ 《最高人民法院关于适用〈中华人民共和国民事诉讼法〉的解释》第 420 条第 2 款。

⑥ 《最高人民法院关于适用〈中华人民共和国民事诉讼法〉的解释》第 422 条第 2 款。

标的的实体上之裁判,来纠正执行错误。其中,“与原判决、裁定无关的”针对的标的物是法院在执行中审查认定属于被执行人的标的物,而非执行依据中确定执行的标的物,不涉及执行依据本身的对错问题,否则适用再审程序。[①]

1. 案外人提起的异议之诉。(1)提起异议之诉的条件。①案外人提起执行异议之诉,除符合《民事诉讼法》第122条规定外,还应当具备下列条件:(i)案外人的执行异议申请已经被人民法院裁定驳回;(ii)有明确的排除对执行标的执行的诉讼请求,且诉讼请求与原判决、裁定无关;(iii)自执行异议裁定送达之日起15日内提起。人民法院应当在收到起诉状之日起15日内决定是否立案。[②] ②申请执行人提起执行异议之诉,除符合《民事诉讼法》第122条规定外,还应当具备下列条件:(i)依案外人执行异议申请,人民法院裁定中止执行;(ii)有明确的对执行标的继续执行的诉讼请求,且诉讼请求与原判决、裁定无关;(iii)自执行异议裁定送达之日起15日内提起。人民法院应当在收到起诉状之日起15日内决定是否立案。[③] (2)提起异议之诉当事人的确定。①案外人提起执行异议之诉的,以申请执行人为被告。被执行人反对案外人异议的,被执行人为共同被告;被执行人不反对案外人异议的,可以列被执行人为第三人。[④] ②申请执行人提起执行异议之诉的,以案外人为被告。被执行人反对申请执行人主张的,以案外人和被执行人为共同被告;被执行人不反对申请执行人主张的,可以列被执行人为第三人。[⑤] (3)提起异议之诉的其他规则。①案外人对执行标的提出主张权属的异议,应当根据《民事诉讼法》第234条规定的程序进行审查,案外人、当事人对执行裁定不服,应当通过诉讼程序进行救济。不能将案外人作为利害关系人,适用《民事诉讼法》第232条规定的程序进行审查并赋予当事人申请复议的权利,否则即属适用法律错误,违反法定程序,应予纠正。[⑥] ②申请执行人对中止执行

---

① 执行异议之诉与再审的区别:(1)性质不同。前者是一种执行救济制度;后者则是一种审判监督制度。(2)目的功能不同。前者针对异议标的应否执行,旨在阻止、排除对特定标的的执行;后者针对生效法律文书的对错,旨在撤销、变更原生效法律文书。(3)适用情形不同。前者针对的标的物是法院在执行中审查认定属于被执行人的标的物,不涉及执行依据本身的对错问题;后者针对执行依据的生效判决、裁定、调解书中确定的标的物。

② 《最高人民法院关于适用〈中华人民共和国民事诉讼法〉的解释》第303条。

③ 《最高人民法院关于适用〈中华人民共和国民事诉讼法〉的解释》第304条。

④ 《最高人民法院关于适用〈中华人民共和国民事诉讼法〉的解释》第305条。

⑤ 《最高人民法院关于适用〈中华人民共和国民事诉讼法〉的解释》第306条。

⑥ 最高人民法院(2013)执复字第13号执行裁定书“裁判摘要”第1条。

裁定未提起执行异议之诉，被执行人提起执行异议之诉的，人民法院告知其另行起诉。[①] ③人民法院对执行标的裁定中止执行后，申请执行人在法律规定的期间内未提起执行异议之诉的，人民法院应当自起诉期限届满之日起7日内解除对该执行标的采取的执行措施。[②]

2. 案外人提起异议之诉的管辖法院。(1)根据《民事诉讼法》第234条规定，案外人、当事人对执行异议裁定不服，自裁定送达之日起15日内向人民法院提起执行异议之诉的，由执行法院管辖。[③] (2)案外人违反"案外人异议之诉"的管辖规定，向执行法院之外的其他法院起诉，并取得生效裁判文书将已被执行法院查封、扣押、冻结的财产确权或者分割给案外人，或者第三人与被执行人虚构事实取得人民法院生效裁判文书申请参与分配，执行法院认为该生效裁判文书系恶意串通规避执行损害执行债权人利益的，可以向作出该裁判文书的人民法院或者其上级人民法院提出书面建议，有关法院应当依照《民事诉讼法》和有关司法解释的规定决定再审。[④]

3. 案外人提起异议之诉的审理。(1)案外人或者申请执行人提起执行异议之诉的，案外人应当就其对执行标的享有足以排除强制执行的民事权益承担举证证明责任。[⑤] (2)案外人执行异议之诉、申请执行人执行异议之诉、执行分配方案异议之诉、代位析产之诉等涉执行的诉讼，由人民法院的审判机构按照民事诉讼程序审理。逐步促进涉执行诉讼审判的专业化。具备条件的人民法院可以设立专门审判机构，对涉执行的诉讼案件集中审理。[⑥]

4. 案外人提起异议之诉中的担保。案外人异议审查期间，人民法院不得对执行标的进行处分。案外人向人民法院提供充分、有效的担保请求解除对异议标的的查封、扣押、冻结的，人民法院可以准许；申请执行人提供充分、有效的担保请求继续执行的，应当继续执行。因案外人提供担保解除查封、扣押、冻结有错误，致使该标的无法执行的，人民法院可以直接执行担保财产；申请执行人提

---

① 《最高人民法院关于适用〈中华人民共和国民事诉讼法〉的解释》第307条。

② 《最高人民法院关于适用〈中华人民共和国民事诉讼法〉的解释》第314条。

③ 《最高人民法院关于适用〈中华人民共和国民事诉讼法〉的解释》第302条。

④ 《最高人民法院关于依法制裁规避执行行为的若干意见》第11条。

⑤ 《最高人民法院关于适用〈中华人民共和国民事诉讼法〉的解释》第309条。

⑥ 《最高人民法院关于执行权合理配置和科学运行的若干意见》第12条第1款。

供担保请求继续执行有错误，给对方造成损失的，应当予以赔偿。[①]

5. 案外人提起异议之诉的处理。(1)对案外人提起的执行异议之诉，人民法院经审理，按照下列情形分别处理：①案外人就执行标的享有足以排除强制执行的民事权益的，判决不得执行该执行标的；②案外人就执行标的不享有足以排除强制执行的民事权益的，判决驳回诉讼请求。案外人同时提出确认其权利的诉讼请求的，人民法院可以在判决中一并作出裁判。[②] (2)对申请执行人提起的执行异议之诉，人民法院经审理，按照下列情形分别处理：①案外人就执行标的不享有足以排除强制执行的民事权益的，判决准许执行该执行标的；②案外人就执行标的享有足以排除强制执行的民事权益的，判决驳回诉讼请求。[③]

6. 案外人提起异议之诉的相关法律后果。(1)对案外人执行异议之诉，人民法院判决不得对执行标的执行的，执行异议裁定失效。对申请执行人执行异议之诉，人民法院判决准许对该执行标的执行的，执行异议裁定失效，执行法院可以根据申请执行人的申请或者依职权恢复执行。[④] (2)被执行人与案外人恶意串通，通过执行异议、执行异议之诉妨害执行的，人民法院应当依照《民事诉讼法》第116条规定处理。申请执行人因此受到损害的，可以提起诉讼要求被执行人、案外人赔偿。[⑤]

执行机构、执行程序

第二百三十五条　执行工作由执行员进行。

采取强制执行措施时，执行员应当出示证件。执行完毕后，应当将执行情况制作笔录，由在场的有关人员签名或者盖章。

人民法院根据需要可以设立执行机构。

本条明确执行机构、执行程序。本书在此基础上进一步阐释六方面的内容。

---

① 《最高人民法院关于适用〈中华人民共和国民事诉讼法〉执行程序若干问题的解释》第15条。
② 《最高人民法院关于适用〈中华人民共和国民事诉讼法〉的解释》第310条。
③ 《最高人民法院关于适用〈中华人民共和国民事诉讼法〉的解释》第311条。
④ 《最高人民法院关于适用〈中华人民共和国民事诉讼法〉的解释》第312条。
⑤ 《最高人民法院关于适用〈中华人民共和国民事诉讼法〉的解释》第313条第2款。

一、执行主体

(一)执行机构

执行机构,是指行使执行权,负责执行工作的机构,是完成执行工作的重要保障。[①] 人民法院根据需要,依据有关法律的规定,设立执行机构,专门负责执行工作。[②] 一般认为,执行机构应由院长[③]、执行局(庭)长[④]、执行法官[⑤]、执行员[⑥]和司法警察[⑦]组成。

1. 执行机构执行的法律文书。执行机构负责执行下列生效法律文书:(1)人民法院民事、行政判决、裁定、调解书,民事制裁决定、支付令,以及刑事附带民事判决、裁定、调解书,刑事裁判涉财产部分;(2)依法应由人民法院执行的行政处罚决定、行政处理决定;(3)我国仲裁机构作出的仲裁裁决和调解书;人民法院依据《仲裁法》有关规定作出的财产保全和证据保全裁定;(4)公证机关依法赋予强制执行效力的债权文书;(5)经人民法院裁定承认其效力的外国法院作出的判决、裁定,以及国外仲裁机构作出的仲裁裁决;(6)法律规定由人民法院执行的其他法律文书。[⑧]

2. 执行机构的其他职责。(1)上级人民法院执行机构负责本院对下级人民法院执行工作的监督、指导和协调。[⑨] (2)执行法院对已查明的被执行人可供执行的财产,应当依法及时采取查封、扣押、冻结等相应的执行措施,并依法采取拍

---

① 江必新等编著:《新民事诉讼法配套适用规则适用指引(执行程序卷)》,法律出版社2016年版,第67页。

执行机关,是指依法行使国家民事强制执行权,从事民事强制执行工作的国家机关。

② 《最高人民法院关于人民法院执行工作若干问题的规定(试行)》第1条。

③ 院长负责决定"拘传、罚款、拘留三种妨害民事执行的强制措施""3名以上执行员对执行程序中重大事项的讨论结果""延长执行结案期限""签发搜查令""强制迁出房屋或强制退出土地的公告"等是否批准的工作。

④ 执行局(庭)长负责执行法官的工作,管理执行部门日常事务,主持执行重大事项的讨论等。

⑤ 执行法官的工作:(1)执行命令的发出,包括向债务人发出执行通知书,以及在被执行人不履行义务、对被执行人负有到期债务的第三人使其未依法提出异议时,进行强制执行;(2)执行裁判,包括对执行当事人之间,案外人与执行当事人之间,当事人、案外人与执行机构之间就执行相关的争议事项予以裁判。

⑥ 执行员专门负责采取强制执行措施,迫使债务人履行义务,以实现债权人的权利。

⑦ 在执行中,司法警察受执行员指挥,维持强制执行的秩序,必要时实施协助强制执行措施。

⑧ 《最高人民法院关于人民法院执行工作若干问题的规定(试行)》第2条。

⑨ 《最高人民法院关于人民法院执行工作若干问题的规定(试行)》第8条。

另参见《最高人民法院关于进一步加强和规范执行工作的若干意见》《最高人民法院关于高级人民法院统一管理执行工作若干问题的规定》。

卖、变卖、以物抵债等执行措施。① (3)被执行人下落不明但有财产可供执行的，可以直接对其财产采取执行措施。执行通知书的送达应依照有关法律规定办理。② (4)被执行人可供执行的财产在其他法院或者其他执法机关的控制之下，或该财产上存有权属争议或其他优先权正在审理或审查之中的，应按照法定程序提请上级法院或有关部门协调处理，不得作结案处理。③ (5)因协助执行周期或财产变现周期较长、无法在清理积案活动期间执行完毕的案件，执行法院应积极协调有关部门，争取尽快依法执结；在执结之前，不得作结案处理。④ (6)因涉及稳定、信访等因素在清理积案活动期间不宜强制执行的案件，执行法院应报请当地清理积案领导小组协调解决；在执结之前，不得作结案处理。⑤ (7)原统计为有财产可供执行的案件，在清理积案期间经进一步调查属于无财产可供执行的案件，须报上一级法院审查确认。⑥ (8)人民法院在审理民事、行政案件中作出的财产保全和先予执行裁定，一般应当移送执行机构实施。⑦ (9)人民法庭审结的案件，由人民法庭负责执行。其中复杂、疑难或被执行人不在本法院辖区的案件，由执行机构负责执行。⑧ (10)人民法院执行非诉讼生效法律文书，必要时可向制作生效法律文书的机构调取卷宗材料。⑨ (11)执行机构应配备必要的交通工具、通讯设备、音像设备和警械用具等，以保障及时有效地履行职责。⑩ (12)执行案件的立案、执行和结案情况应当及时、完整、真实、准确地录入全国法院执行案件信息管理系统。⑪

---

① 《中央政法委、最高人民法院关于规范集中清理执行积案结案标准的通知》第1条第2款。

② 《中央政法委、最高人民法院关于规范集中清理执行积案结案标准的通知》第1条第3款。

③ 《中央政法委、最高人民法院关于规范集中清理执行积案结案标准的通知》第1条第4款。

④ 《中央政法委、最高人民法院关于规范集中清理执行积案结案标准的通知》第1条第5款。

⑤ 《中央政法委、最高人民法院关于规范集中清理执行积案结案标准的通知》第1条第6款。

⑥ 《中央政法委、最高人民法院关于规范集中清理执行积案结案标准的通知》第1条第7款。

⑦ 《最高人民法院关于人民法院执行工作若干问题的规定(试行)》第3条。

⑧ 《最高人民法院关于人民法院执行工作若干问题的规定(试行)》第4条。

⑨ 《最高人民法院关于人民法院执行工作若干问题的规定(试行)》第25条。

⑩ 《最高人民法院关于人民法院执行工作若干问题的规定(试行)》第6条。

⑪ 《最高人民法院关于执行案件立案、结案若干问题的意见》第29条。

《最高人民法院关于执行案件立案、结案若干问题的意见》第30条规定："地方各级人民法院不能制定与法律、司法解释和本意见规定相抵触的执行案件立案、结案标准和结案方式。违反法律、司法解释和本意见的规定立案、结案，或者在全国法院执行案件信息管理系统录入立案、结案情况时弄虚作假的，通报批评；造成严重后果或恶劣影响的，根据《人民法院工作人员纪律处分条例》追究相关领导和工作人员的责任。"

（二）执行员

1. 执行员的职责。在案件执行程序中，人民法院应当通过适当方式，及时将执行立案、变更与追加被执行人、执行措施实施、执行财产查控、执行财产处置、终结本次执行、终结本次执行案件的恢复执行、终结执行等关键节点信息主动告知案件当事人。[①]

2. 执行员的要求。(1)执行程序中重大事项的办理，应由3名以上执行员讨论，并报经院长批准。[②] (2)执行人员执行公务时，应向有关人员出示工作证件，并按规定着装，必要时应由司法警察参加。[③]

3. 执行员的执行规则。(1)人民法院应当按照本院每年办案总数的一定比例，从当年审结或者执结的案件中随机抽取部分案件进行廉政回访，主动听取案件当事人对办案人员执行纪律作风规定情况的评价意见。[④] (2)人民法院案件承办部门对案件当事人反映的批评意见进行处置后，应当适时向案件当事人反馈处置情况。人民法院监察部门在对案件当事人反映的违纪违法线索进行处置后，应当适时向案件当事人反馈处置情况。[⑤]

（三）承办人及职责

1. 人民法院应当在立案后7日内确定承办人。[⑥]

2. 承办人收到案件材料后，经审查认为情况紧急、需立即采取执行措施的，经批准后可立即采取相应的执行措施。[⑦]

3. 承办人应当在收到案件材料后3日内向被执行人发出执行通知书，通知被执行人按照有关规定申报财产，责令被执行人履行生效法律文书确定的义务。被执行人在指定的履行期间内有转移、隐匿、变卖、毁损财产等情形的，人民法院在获悉后应当立即采取控制性执行措施。[⑧]

4. 承办人应当在收到案件材料后3日内通知申请执行人提供被执行人财产

---

① 《最高人民法院关于人民法院在审判执行活动中主动接受案件当事人监督的若干规定》第4条。

② 《最高人民法院关于人民法院执行工作若干问题的规定(试行)》第5条。

③ 《最高人民法院关于人民法院执行工作若干问题的规定(试行)》第7条。

④ 《最高人民法院关于人民法院在审判执行活动中主动接受案件当事人监督的若干规定》第8条。

⑤ 《最高人民法院关于人民法院在审判执行活动中主动接受案件当事人监督的若干规定》第13条第1款、第2款。

⑥ 《最高人民法院关于人民法院办理执行案件若干期限的规定》第2条。

⑦ 《最高人民法院关于人民法院办理执行案件若干期限的规定》第3条。

⑧ 《最高人民法院关于人民法院办理执行案件若干期限的规定》第4条。

状况或财产线索。[①]

5. 申请执行人提供了明确、具体的财产状况或财产线索的，承办人应当在申请执行人提供财产状况或财产线索后5日内进行查证、核实。情况紧急的，应当立即予以核查。申请执行人无法提供被执行人财产状况或财产线索，或者提供财产状况或财产线索确有困难，需人民法院进行调查的，承办人应当在申请执行人提出调查申请后10日内启动调查程序。根据案件具体情况，承办人一般应当在1个月内完成对被执行人收入、银行存款、有价证券、不动产、车辆、机器设备、知识产权、对外投资权益及收益、到期债权等资产状况的调查。[②]

6. 执行中采取评估、拍卖措施的，承办人应当在10日内完成评估、拍卖机构的遴选。[③]

7. 执行中涉及不动产、特定动产及其它财产需办理过户登记手续的，承办人应当在5日内向有关登记机关送达协助执行通知书。[④]

8. 对执行异议的审查，承办人应当在收到异议材料及执行案卷后15日内提出审查处理意见。[⑤]

9. 对执行异议的审查需进行听证的，合议庭应当在决定听证后10日内组织异议人、申请执行人、被执行人及其他利害关系人进行听证。承办人应当在听证结束后5日内提出审查处理意见。[⑥]

10. 对执行异议的审查，人民法院一般应当在1个月内办理完毕。需延长期限的，承办人应当在期限届满前3日内提出申请。[⑦]

11. 执行措施的实施及执行法律文书的制作需报经审批的，相关负责人应当在7日内完成审批程序。[⑧]

二、执行权

执行权是人民法院依法采取各类执行措施以及对执行异议、复议、申诉等事

---

① 《最高人民法院关于人民法院办理执行案件若干期限的规定》第5条。
② 《最高人民法院关于人民法院办理执行案件若干期限的规定》第6条。
③ 《最高人民法院关于人民法院办理执行案件若干期限的规定》第7条。
④ 《最高人民法院关于人民法院办理执行案件若干期限的规定》第8条。
⑤ 《最高人民法院关于人民法院办理执行案件若干期限的规定》第9条。
⑥ 《最高人民法院关于人民法院办理执行案件若干期限的规定》第10条。
⑦ 《最高人民法院关于人民法院办理执行案件若干期限的规定》第11条。
⑧ 《最高人民法院关于人民法院办理执行案件若干期限的规定》第12条。

项进行审查的权力，包括执行实施权和执行审查权。[①]

1. 执行权的分类。(1)地方人民法院执行局应当按照分权运行机制设立和其他业务庭平行的执行实施和执行审查部门，分别行使执行实施权和执行审查权。[②] (2)执行实施权的范围主要是财产调查、控制、处分、交付和分配以及罚款、拘留措施等实施事项。执行实施权由执行员或者法官行使。[③] (3)执行审查权的范围主要是审查和处理执行异议、复议、申诉以及决定执行管辖权的移转等审查事项。执行审查权由法官行使。[④]

2. 执行权的实施规则。(1)执行实施事项的处理应当采取审批制，执行审查事项的处理应当采取合议制。[⑤] (2)人民法院可以将执行实施程序分为财产查控、财产处置、款物发放等不同阶段并明确时限要求，由不同的执行人员集中办理，互相监督，分权制衡，提高执行工作质量和效率。执行局的综合管理部门应当对分段执行实行节点控制和流程管理。[⑥]

3. 执行权的行使。(1)对符合法定移送执行条件的法律文书，审判机构应当在法律文书生效后及时移送执行局执行。[⑦] (2)执行权由人民法院的执行局行使；人民法庭可根据执行局授权执行自审案件，但应接受执行局的管理和业务指导。[⑧]

三、执行费用

1. 执行费用的分担。(1)执行申请费的收取按照《诉讼费用交纳办法》办理。[⑨] (2)申请执行人民法院发生法律效力的判决、裁定、调解书，仲裁机构依法

---

① 《最高人民法院关于执行权合理配置和科学运行的若干意见》第1条。

《最高人民法院关于执行权合理配置和科学运行的若干意见》第11条规定："办理执行实施、执行异议、执行复议、执行监督、执行协调、执行请示等执行案件和案外人执行异议之诉、申请执行人执行异议之诉、执行分配方案异议之诉、代位析产之诉等涉执行的诉讼案件，由立案机构进行立案审查，并纳入审判和执行案件统一管理体系。人民法庭经授权执行自审案件，可由其自行办理立案登记手续，并纳入执行案件的统一管理。"

② 《最高人民法院关于执行权合理配置和科学运行的若干意见》第2条。

③ 《最高人民法院关于执行权合理配置和科学运行的若干意见》第3条。

④ 《最高人民法院关于执行权合理配置和科学运行的若干意见》第4条。

⑤ 《最高人民法院关于执行权合理配置和科学运行的若干意见》第5条。

⑥ 《最高人民法院关于执行权合理配置和科学运行的若干意见》第6条。

⑦ 《最高人民法院关于执行权合理配置和科学运行的若干意见》第27条。

⑧ 《最高人民法院关于执行权合理配置和科学运行的若干意见》第10条。

⑨ 《最高人民法院关于人民法院执行工作若干问题的规定(试行)》第21条。

作出的裁决和调解书，公证机构依法赋予强制执行效力的债权文书；申请承认和执行外国法院判决、裁定和国外仲裁机构裁决的申请费由被执行人负担。[①] (3)执行中当事人达成和解协议的，申请费的负担由双方当事人协商解决；协商不成的，由人民法院决定。[②]

2. 执行费的交纳。申请执行人民法院发生法律效力的判决、裁定、调解书，仲裁机构依法作出的裁决和调解书，公证机构依法赋予强制执行效力的债权文书；申请破产的申请费不由申请人预交，执行申请费执行后交纳，破产申请费清算后交纳。[③]

四、执行程序

1. 当事人申请执行。(1)当事人申请人民法院执行的生效法律文书应当具备下列条件：①权利义务主体明确；②给付内容明确。法律文书确定继续履行合同的，应当明确继续履行的具体内容。[④] (2)申请执行人向被执行的财产所在地人民法院申请执行的，应当提供该人民法院辖区有可供执行财产的证明材料。[⑤]

2. 当事人申请执行的受理。人民法院受理执行案件应当符合下列条件：(1)申请或移送执行的法律文书已经生效；(2)申请执行人是生效法律文书确定的权利人或其继承人、权利承受人；(3)申请执行的法律文书有给付内容，且执行标的和被执行人明确；(4)义务人在生效法律文书确定的期限内未履行义务；(5)属于受申请执行的人民法院管辖。人民法院对符合上述条件的申请，应当在7日内予以立案；不符合上述条件之一的，应当在7日内裁定不予受理。[⑥]

3. 当事人申请执行的管辖异议。人民法院受理执行申请后，当事人对管辖权有异议的，应当自收到执行通知书之日起10日内提出。人民法院对当事人提出的异议，应当审查。异议成立的，应当撤销执行案件，并告知当事人向有管辖权的人民法院申请执行；异议不成立的，裁定驳回。当事人对裁定不服的，可以向上一级人民法院申请复议。管辖权异议审查和复议期间，不停止执行。[⑦]

---

① 《诉讼费用交纳办法》第38条第1款。

② 《诉讼费用交纳办法》第38条第2款。

③ 《诉讼费用交纳办法》第20条第2款。

④ 《最高人民法院关于适用〈中华人民共和国民事诉讼法〉的解释》第461条。

⑤ 《最高人民法院关于适用〈中华人民共和国民事诉讼法〉执行程序若干问题的解释》第1条。

⑥ 《最高人民法院关于人民法院执行工作若干问题的规定(试行)》第16条。

⑦ 《最高人民法院关于适用〈中华人民共和国民事诉讼法〉执行程序若干问题的解释》第3条。

4. 当事人申请执行的立案。(1)立案审查。①执行案件统一由人民法院立案机构进行审查立案,人民法院经授权执行自审案件的,可以自行审查立案,法律、司法解释规定可以移送执行的,相关审判机构可以移送立案机构办理立案登记手续。立案机构立案后,应当依照法律、司法解释的规定向申请人发出执行案件受理通知书。[①] ②人民法院对符合法律、司法解释规定的立案标准的执行案件,应当予以立案,并纳入审判和执行案件统一管理体系。人民法院不得有审判和执行案件统一管理体系之外的执行案件。任何案件不得以任何理由未经立案即进入执行程序。[②] ③因地制宜地推行远程立案、网上立案,为行动不便的伤病患者、残疾人、老年人等提供上门立案服务。在交通不便的偏远地区,可指定人民法庭审查立案。[③] (2)立案情形。登记立案范围有下列情形之一的,应当登记立案:生效法律文书有给付内容且执行标的和被执行人明确,权利人或其继承人、权利承受人在法定期限内提出申请,属于受申请人民法院管辖的。[④] (3)立案编号。①立案机构在审查立案时,应当按照《最高人民法院关于执行案件立案、结案若干问题的意见》确定执行案件的类型代字和案件编号,不得违反该意见创设案件类型代字。[⑤] ②执行实施类案件类型代字为"执字",按照立案时间的先后顺序确定案件编号,单独进行排序;但执行财产保全裁定的,案件类型代字为"执保字",按照立案时间的先后顺序确定案件编号,单独进行排序;恢复执行的,案件类型代字为"执恢字",按照立案时间的先后顺序确定案件编号,单独进行排序。[⑥] ③执行异议案件类型代字为"执异字",按照立案时间的先后顺序确定案件编号,单独进行排序。[⑦] ④执行监督案件类型代字为"执监字",按照立案时

---

① 《最高人民法院关于执行案件立案、结案若干问题的意见》第2条。

② 《最高人民法院关于执行案件立案、结案若干问题的意见》第3条。

《最高人民法院关于执行权合理配置和科学运行的若干意见》第11条规定:"办理执行实施、执行异议、执行复议、执行监督、执行协调、执行请示等执行案件和案外人执行异议之诉、申请执行人执行异议之诉、执行分配方案异议之诉、代位析产之诉等涉执行的诉讼案件,由立案机构进行立案审查,并纳入审判和执行案件统一管理体系。人民法庭经授权执行自审案件,可由其自行办理立案登记手续,并纳入执行案件的统一管理。"

③ 《最高人民法院关于深入整治"六难三案"问题加强司法为民公正司法的通知》第6条。

④ 《最高人民法院关于印发关于人民法院推行立案登记制改革的意见的通知》第2条第1款第4项。

⑤ 《最高人民法院关于执行案件立案、结案若干问题的意见》第4条。

⑥ 《最高人民法院关于执行案件立案、结案若干问题的意见》第5条。

⑦ 《最高人民法院关于执行案件立案、结案若干问题的意见》第8条第1项。

间的先后顺序确定案件编号，单独进行排序。[①] ⑤执行请示案件类型代字为“执请字”，按照立案时间的先后顺序确定案件编号，单独进行排序。[②] ⑥执行复议案件类型代字为“执复字”，按照立案时间的先后顺序确定案件编号，单独进行排序。[③] ⑦执行协调案件类型代字为“执协字”，按照立案时间的先后顺序确定案件编号，单独进行排序。[④] (4)具体案件的立案。①恢复执行案件的立案。下列案件，人民法院应当按照恢复执行案件予以立案：(i)申请执行人因受欺诈、胁迫与被执行人达成和解协议，申请恢复执行原生效法律文书的；(ii)一方当事人不履行或不完全履行执行和解协议，对方当事人申请恢复执行原生效法律文书的；(iii)执行实施案件以裁定终结本次执行程序方式报结后，如发现被执行人有财产可供执行，申请执行人申请或者人民法院依职权恢复执行的；(iv)执行实施案件因委托执行结案后，确因委托不当被已立案的受托法院退回委托的；(v)依照《民事诉讼法》第264条[⑤]的规定而终结执行的案件，申请执行的条件具备时，申请执行人申请恢复执行的。[⑥] ②执行异议案件的立案。下列案件，人民法院应当按照执行异议案件予以立案：(i)当事人、利害关系人认为人民法院的执行行为违反法律规定，提出书面异议的；(ii)执行过程中，案外人对执行标的提出书面异议的；(iii)人民法院受理执行申请后，当事人对管辖权提出异议的；(iv)申请执行人申请追加、变更被执行人的；(v)被执行人以债权消灭、超过申请执行期间或者其他阻止执行的实体事由提出阻止执行的；(vi)被执行人对仲裁裁决或者公证机关赋予强制执行效力的公证债权文书申请不予执行的；(vii)其他依法可以申请执行异议的。[⑦] ③监督案件的立案。上级人民法院对下级人民法院，最高人民法院对地方各级人民法院依法进行监督的案件，应当按照执行监督案件予以立

---

① 《最高人民法院关于执行案件立案、结案若干问题的意见》第8条第3项。

② 《最高人民法院关于执行案件立案、结案若干问题的意见》第8条第4项。

③ 《最高人民法院关于执行案件立案、结案若干问题的意见》第8条第2项。

④ 《最高人民法院关于执行案件立案、结案若干问题的意见》第8条第5项。

⑤ 《民事诉讼法》第264条规定：“有下列情形之一的，人民法院裁定终结执行：(一)申请人撤销申请的；(二)据以执行的法律文书被撤销的；(三)作为被执行人的公民死亡，无遗产可供执行，又无义务承担人的；(四)追索赡养费、扶养费、抚养费案件的权利人死亡的；(五)作为被执行人的公民因生活困难无力偿还借款，无收入来源，又丧失劳动能力的；(六)人民法院认为应当终结执行的其他情形。”

⑥ 《最高人民法院关于执行案件立案、结案若干问题的意见》第6条。

⑦ 《最高人民法院关于执行案件立案、结案若干问题的意见》第9条。

案。[①] ④执行请示案件的立案。下列案件，人民法院应当按照执行请示案件予以立案：(i)当事人向人民法院申请执行内地仲裁机构作出的涉港澳仲裁裁决或者香港特别行政区、澳门特别行政区仲裁机构作出的仲裁裁决或者临时仲裁庭在香港特别行政区、澳门特别行政区作出的仲裁裁决，人民法院经审查认为裁决存在依法不予执行的情形，在作出裁定前，报请所属高级人民法院进行审查的，以及高级人民法院同意不予执行，报请最高人民法院的；(ii)下级人民法院依法向上级人民法院请示的。[②] ⑤执行复议案件的立案。下列案件，人民法院应当按照执行复议案件予以立案：(i)当事人、利害关系人不服人民法院针对《最高人民法院关于执行案件立案、结案若干问题的意见》第9条第1项、第3项、第5项作出的裁定，向上一级人民法院申请复议的；(ii)除因夫妻共同债务、出资人未依法出资、股权转让引起的追加和对一人公司股东的追加外，当事人、利害关系人不服人民法院针对《最高人民法院关于执行案件立案、结案若干问题的意见》第9条第4项作出的裁定，向上一级人民法院申请复议的；(iii)当事不服人民法院针对《最高人民法院关于执行案件立案、结案若干问题的意见》第9条第6项作出的不予执行公证债权文书、驳回不予执行公证债权文书申请、不予执行仲裁裁决、驳回不予执行仲裁裁决申请的裁定，向上一级人民法院申请复议的；(iv)其他依法可以申请复议的。[③] ⑥执行协调案件的立案。下列案件，人民法院应当按照执行协调案件予以立案：(i)不同法院因执行程序、执行与破产、强制清算、审判等程序之间对执行标的产生争议，经自行协调无法达成一致意见，向共同上级人民法院报请协调处理的；(ii)对跨高级人民法院辖区的法院与公安、检察等机关之间的执行争议案件，执行法院报请所属高级人民法院与有关公安、检察等机关所在地的高级人民法院商有关机关协调解决或者报请最高人民法院协调处理的；(iii)当事人对内地仲裁机构作出的涉港澳仲裁裁决分别向不同人民法院申请撤销及执行，受理执行申请的人民法院对受理撤销申请的人民法院作出的决定撤销或者不予撤销的裁定存在异议，亦不能直接作出与该裁定相矛盾的执行或者不予执行的裁定，报请共同上级人民法院解决的；(iv)当事人对内地仲裁机构作出的涉港澳仲裁裁决向人民法院申请执行且人民法院已经作出应予执行的裁定

---

① 《最高人民法院关于执行案件立案、结案若干问题的意见》第11条。

② 《最高人民法院关于执行案件立案、结案若干问题的意见》第12条。

③ 《最高人民法院关于执行案件立案、结案若干问题的意见》第10条。

后,一方当事人向人民法院申请撤销该裁决,受理撤销申请的人民法院认为裁决应予撤销且该人民法院与受理执行申请的人民法院非同一人民法院时,报请共同上级人民法院解决的;(v)跨省、自治区、直辖市的执行争议案件报请最高人民法院协调处理的;(vi)其他依法报请协调的。① (5)立案中的认定。企业法人的设立是否合法,应依据企业法人设立的有关法律规定并通过诉讼程序加以解决。在执行阶段,执行机构直接认定企业法人资格无效,无法律依据。②

5. 申请执行的告知。(1)严禁在法律规定之外另设受理条件,不得对符合立案条件的诉求拒绝立案、推诿立案、拖延立案。严格执行立案受理法定期限,及时告知当事人立案审查结果。依法规范诉前调解程序,杜绝久调不立。③(2)向当事人提供诉状样本,耐心回答当事人的询问,全面准确告知立案材料有关要求。当事人立案材料不全或诉状内容、形式不符合规定的,一次讲清如何补齐或更正,避免当事人多次往返、反复修改。④ (3)对符合诉讼费缓、减、免条件的当事人,及时办理有关手续,确保有理无钱的人打得起官司。对不符合诉讼费缓、减、免条件的当事人,要耐心说明理由。⑤ (4)做好诉讼指引工作,全面告知诉讼权利和义务。善意提示诉讼风险,引导当事人理性对待诉讼,依法提出合理诉求。⑥

6. 具体纠纷案件的执行。(1)除下列情形外,人民法院不得人为拆分执行实施案件:①生效法律文书确定的给付内容为分期履行的,各期债务履行期间届满,被执行人未自动履行,申请执行人可分期申请执行,也可以对几期或全部到期债权一并申请执行;②生效法律文书确定有多个债务人各自单独承担明确的债务的,申请执行人可以对每个债务人分别申请执行,也可以对几个或全部债务人一并申请执行;③生效法律文书确定有多个债权人各自享有明确的债权的(包括按份共有),每个债权人可以分别申请执行;④申请执行赡养费、扶养费、抚养费的案件,涉及金钱给付内容的,人民法院应当根据申请执行时已发生的债权数额进行审查立案,执行过程中新发生的债权应当另行申请执行;涉及人身权内容

① 《最高人民法院关于执行案件立案、结案若干问题的意见》第13条。
② 《最高人民法院执行工作办公室关于异议人深圳市天华电力投资有限公司申诉案的复函》。
③ 《最高人民法院关于深入整治"六难三案"问题加强司法为民公正司法的通知》第7条。
④ 《最高人民法院关于深入整治"六难三案"问题加强司法为民公正司法的通知》第8条。
⑤ 《最高人民法院关于深入整治"六难三案"问题加强司法为民公正司法的通知》第9条。
⑥ 《最高人民法院关于深入整治"六难三案"问题加强司法为民公正司法的通知》第10条。

的，人民法院应当根据申请执行时义务人未履行义务的事实进行审查立案，执行过程中义务人延续消极行为的，应当依据申请执行人的申请一并执行。[①]（2）对人民法院采取财产保全措施的案件，申请执行人向采取保全措施的人民法院以外的其他有管辖权的人民法院申请执行的，采取保全措施的人民法院应当将保全的财产交执行法院处理。[②]

五、执行财产的分配

1. 执行财产的分配方案。（1）多个债权人对执行财产申请参与分配的，执行法院应当制作财产分配方案，并送达各债权人和被执行人。债权人或者被执行人对分配方案有异议的，应当自收到分配方案之日起15日内向执行法院提出书面异议。[③]（2）债权人或者被执行人对分配方案提出书面异议的，执行法院应当通知未提出异议的债权人、被执行人。未提出异议的债权人、被执行人自收到通知之日起15日内未提出反对意见的，执行法院依异议人的意见对分配方案审查修正后进行分配；提出反对意见的，应当通知异议人。异议人可以自收到通知之日起15日内，以提出反对意见的债权人、被执行人为被告，向执行法院提起诉讼；异议人逾期未提起诉讼的，执行法院按照原分配方案进行分配。诉讼期间进行分配的，执行法院应当提存与争议债权数额相应的款项。[④]

2. 执行财产的分配方法。（1）执行标的物为特定物的，应当执行原物。原物确已毁损或者灭失的，经双方当事人同意，可以折价赔偿。双方当事人对折价赔偿不能协商一致的，人民法院应当终结执行程序。申请执行人可以另行起诉。[⑤]（2）人民法院执行被执行人对他人的到期债权，可以作出冻结债权的裁定，并通知该他人向申请执行人履行。该他人对到期债权有异议，申请执行人请求对异议部分强制执行的，人民法院不予支持。利害关系人对到期债权有异议的，人民法院应当按照《民事诉讼法》第234条规定处理。对生效法律文书确定的到期债

---

① 《最高人民法院关于执行案件立案、结案若干问题的意见》第7条。

② 《最高人民法院关于适用〈中华人民共和国民事诉讼法〉执行程序若干问题的解释》第4条。

③ 《最高人民法院关于适用〈中华人民共和国民事诉讼法〉的解释》第509条。
《最高人民法院关于适用〈中华人民共和国民事诉讼法〉执行程序若干问题的解释》第17条。

④ 《最高人民法院关于适用〈中华人民共和国民事诉讼法〉的解释》第510条。
《最高人民法院关于适用〈中华人民共和国民事诉讼法〉执行程序若干问题的解释》第18条。

⑤ 《最高人民法院关于适用〈中华人民共和国民事诉讼法〉的解释》第492条。

权,该他人予以否认的,人民法院不予支持。[①] (3)被执行人为自然人或者非法人组织,在执行程序开始后,被执行人的其他已经取得执行依据的债权人发现被执行人的财产不能清偿所有债权的,可以向人民法院申请参与分配。(4)对人民法院查封、扣押、冻结的财产有优先权、担保物权的债权人,可以直接申请参与分配,主张优先受偿权。[②] (5)参与分配申请应当在执行程序开始后,被执行人的财产执行终结前提出。[③] (6)参与分配执行中,执行所得价款扣除执行费用,并清偿应当优先受偿的债权后,对于普通债权,原则上按照其占全部申请参与分配债权数额的比例受偿。清偿后的剩余债务,被执行人应当继续清偿。债权人发现被执行人有其他财产的,可以随时请求人民法院执行。[④]

六、执行中的破产

1. 执行中破产案件的移送。在执行中,作为被执行人的企业法人符合《企业破产法》第2条第1款规定情形的,即"企业法人不能清偿到期债务,并且资产不足以清偿全部债务或者明显缺乏清偿能力的(依照本法规定清理债务)",执行法院经申请执行人之一或者被执行人同意,应当裁定中止对该被执行人的执行,将执行案件相关材料移送被执行人住所地人民法院。[⑤]

2. 执行中破产案件的受理。①被执行人住所地人民法院应当自收到执行案件相关材料之日起30日内,将是否受理破产案件的裁定告知执行法院。不予受

---

① 《最高人民法院关于适用〈中华人民共和国民事诉讼法〉的解释》第499条。

《最高人民法院关于石狮德辉开发建设有限公司对江苏省高级人民法院执行异议案的复函》认为,法院判决的债权不适用《最高人民法院关于适用〈中华人民共和国民事诉讼法〉的解释》第501条的规定。第501条规定的到期债权是指未经法律判决的债权。

最高人民法院民事裁定(2010)执复字第2号认为,中投信用担保有限公司与海通证券股份有限公司、海通证券股份有限公司福州广达路证券营业部证券权益纠纷执行复议案中最高人民法院(2000)执监字第304号复函是针对个案的答复,不具有普遍效力。随着发展,认为(其)不适用《最高人民法院关于适用〈中华人民共和国民事诉讼法〉若干问题的意见》第501条的意见已不再具有合理性。对此问题正确的解释应当是:对经法院判决(或调解书,以下通称判决)确定的债权,也可以由非判决法院第501条规定的程序执行。

② 《最高人民法院关于适用〈中华人民共和国民事诉讼法〉的解释》第506条第2款。

③ 《最高人民法院关于适用〈中华人民共和国民事诉讼法〉的解释》第507条第2款。

④ 《最高人民法院关于适用〈中华人民共和国民事诉讼法〉的解释》第508条。

⑤ 《最高人民法院关于适用〈中华人民共和国民事诉讼法〉的解释》第511条。

《最高人民法院关于适用〈中华人民共和国企业破产法〉若干问题的规定(二)》第5条规定:"破产申请受理后,有关债务人财产的执行程序未依照企业破产法第十九条的规定中止的,采取执行措施的相关单位应当依法予以纠正。依法执行回转的财产,人民法院应当认定为债务人财产。"

理的,应当将相关案件材料退回执行法院。[①] ②被执行人住所地人民法院裁定受理破产案件的,执行法院应当解除对被执行人财产的保全措施。被执行人住所地人民法院裁定宣告被执行人破产的,执行法院应当裁定终结对该被执行人的执行。被执行人住所地人民法院不受理破产案件的,执行法院应当恢复执行。[②]

3. 执行中破产案件的财产。当事人不同意移送破产或者被执行人住所地人民法院不受理破产案件的,执行法院就执行变价所得财产,在扣除执行费用及清偿优先受偿的债权后,对于普通债权,按照财产保全和执行中查封、扣押、冻结财产的先后顺序清偿。[③]

委托执行

第二百三十六条　被执行人或者被执行的财产在外地的,可以委托当地人民法院代为执行。受委托人民法院收到委托函件后,必须在十五日内开始执行,不得拒绝。执行完毕后,应当将执行结果及时函复委托人民法院;在三十日内如果还未执行完毕,也应当将执行情况函告委托人民法院。

受委托人民法院自收到委托函件之日起十五日内不执行的,委托人民法院可以请求受委托人民法院的上级人民法院指令受委托人民法院执行。

本条明确委托执行。

委托执行是人民法院之间的执行协助活动。人民法院在执行过程中,根据需要,可以委托其他人民法院代为执行。[④] 本书在此基础上进一步阐释两方面的内容。

一、委托执行的一般规则

1. 委托执行的情形。(1)被执行人或者被执行的财产在外地的,可以委托当地人民法院代为执行。(2)执行法院经调查发现被执行人在本辖区内已无财产

① 《最高人民法院关于适用〈中华人民共和国民事诉讼法〉的解释》第512条。

② 《最高人民法院关于适用〈中华人民共和国民事诉讼法〉的解释》第513条。

③ 《最高人民法院关于适用〈中华人民共和国民事诉讼法〉的解释》第514条。

④ 我国的人民法院是按行政区划设置的,执行工作一般是在本辖区内进行。本条是对被执行人、被执行的财产在外地时的规定。

可供执行,且在其他省、自治区、直辖市内有可供执行财产的,可以将案件委托异地[①]的同级人民法院执行。[②]

2. 委托执行的委托文书。案件委托执行时,委托法院应当提供下列材料:(1)委托执行函;(2)申请执行书和委托执行案件审批表;(3)据以执行的生效法律文书副本;(4)有关案件情况的材料或者说明,包括本辖区无财产的调查材料、财产保全情况、被执行人财产状况、生效法律文书的履行情况等;(5)申请执行人地址、联系电话;(6)被执行人身份证件或者营业执照复印件、地址、联系电话;(7)委托法院执行员和联系电话;(8)其他必要的案件材料等。[③]

二、委托执行的具体规则

1. 委托法院的委托工作。(1)委托执行案件应当由委托法院直接向受托法院办理委托手续,并层报各自所在的高级人民法院备案。事项委托应当通过人民法院执行指挥中心综合管理平台办理委托事项的相关手续。[④] (2)委托执行时,委托法院应当将已经采取查封、扣押、冻结的被执行人的异地财产,一并移交受托法院处理,并在委托执行函中说明。委托执行后,委托法院对被执行人财产已经采取查封、扣押、冻结等措施的,视为受托法院的查封、扣押、冻结措施。受托法院需要继续查封、扣押、冻结,持委托执行函和立案通知书办理相关手续。续封续冻时,仍为原委托法院的查封冻结顺序。查封、扣押、冻结等措施的有效期限在移交受托法院时不足1个月的,委托法院应当先行续封或者续冻,再移交受托法院。[⑤]

2. 受托法院。(1)受托法院及其受托后的工作。①受托法院。委托执行应当以执行标的物所在地或者执行行为实施地的同级人民法院为受托执行法院。有两处以上财产在异地的,可以委托主要财产所在地的人民法院执行。[⑥] ②受托法院受托后的工作。(i)案件委托执行后,受托法院应当依法立案,委托法院应

---

① 《最高人民法院关于委托执行若干问题的规定》第14条规定:"本规定所称的异地是指本省、自治区、直辖市以外的区域。各省、自治区、直辖市内的委托执行,由各高级人民法院参照本规定,结合实际情况,制定具体办法。"

② 《最高人民法院关于委托执行若干问题的规定》第1条第1款。

③ 《最高人民法院关于委托执行若干问题的规定》第5条。

④ 《最高人民法院关于委托执行若干问题的规定》第4条。

⑤ 《最高人民法院关于委托执行若干问题的规定》第6条。

⑥ 《最高人民法院关于委托执行若干问题的规定》第3条第1款。

当在收到受托法院的立案通知书后作销案处理。委托异地法院协助查询、冻结、查封、调查或者送达法律文书等有关事项的,受托法院不作为委托执行案件立案办理,但应当积极予以协助。[①] (ii)受托法院收到委托执行函后,应当在7日内予以立案,并及时将立案通知书通过委托法院送达申请执行人,同时将指定的承办人、联系电话等书面告知委托法院。[②] (iii)受托法院如发现委托执行的手续、材料不全,可以要求委托法院补办。委托法院应当在30日内完成补办事项,在上述期限内未完成的,应当作出书面说明。委托法院既不补办又不说明原因的,视为撤回委托,受托法院可以将委托材料退回委托法院。[③] (iv)受托法院退回委托的,应当层报所在辖区高级人民法院审批。高级人民法院同意退回后,受托法院应当在15日内将有关委托手续和案卷材料退回委托法院,并作出书面说明。委托执行案件退回后,受托法院已立案的,应当作销案处理。委托法院在案件退回原因消除之后可以再行委托。确因委托不当被退回的,委托法院应当决定撤销委托并恢复案件执行,报所在的高级人民法院备案。[④] ③受托法院的执行。(i)受委托人民法院必须在收到委托书和生效法律文书之日起7日内开始执行,并在开始执行后,及时告知委托人民法院。(ii)受托法院未能在6个月内将受托案件执结的,申请执行人有权请求受托法院的上一级人民法院提级执行或者指定执行,上一级人民法院应当立案审查,发现受托法院无正当理由不予执行的,应当限期执行或者作出裁定提级执行或者指定执行。[⑤] (2)具体纠纷案件的委托执行。被执行人是现役军人或者军事单位的,可以委托对其有管辖权的军事法院执行。执行标的物是船舶的,可以委托有管辖权的海事法院执行。[⑥]

3. 委托中相关问题的处理。委托法院在案件委托执行后又发现有可供执行财产的,应当及时告知受托法院。受托法院发现被执行人在受托法院辖区外另有可供执行财产的,可以直接异地执行,一般不再行委托执行。根据情况确需再

---

① 《最高人民法院关于委托执行若干问题的规定》第2条。

《最高人民法院案件审限管理规定》第13条第3款规定,执行协调案件应当在收到高级人民法院报送的案卷材料后3日内立案。

② 《最高人民法院关于委托执行若干问题的规定》第7条第1款。

③ 《最高人民法院关于委托执行若干问题的规定》第8条。

④ 《最高人民法院关于委托执行若干问题的规定》第9条。

⑤ 《最高人民法院关于委托执行若干问题的规定》第11条。

⑥ 《最高人民法院关于委托执行若干问题的规定》第3条第2款。

行委托的,应当按照委托执行案件的程序办理,并通知案件当事人。[①]

4. 委托执行中的上下级法院职责。(1)高级人民法院应当对辖区内委托执行和异地执行工作实行统一管理和协调,履行以下职责:①统一管理跨省、自治区、直辖市辖区的委托和受托执行案件;②指导、检查、监督本辖区内的受托案件的执行情况;③协调本辖区内跨省、自治区、直辖市辖区的委托和受托执行争议案件;④承办需异地执行的有关案件的审批事项;⑤对下级法院报送的有关委托和受托执行案件中的相关问题提出指导性处理意见;⑥办理其他涉及委托执行工作的事项。[②] (2)两个或两个以上人民法院在执行相关案件中发生争议的,应当协商解决。协商不成的,逐级报请上级法院,直至报请共同的上级法院协调处理。执行争议经高级人民法院协商不成的,由有关的高级人民法院书面报请最高人民法院协调处理。[③] (3)执行中发现两地法院或人民法院与仲裁机构就同一法律关系作出不同裁判内容的法律文书的,各有关法院应当立即停止执行,报请共同的上级法院处理。[④] (4)上级法院协调处理有关执行争议案件,认为必要时,可以决定将有关款项划到本院指定的账户。[⑤] (5)上级法院协调下级法院之间的执行争议所作出的处理决定,有关法院必须执行。[⑥]

执行和解

第二百三十七条　在执行中,双方当事人自行和解达成协议的,执行员应当将协议内容记入笔录,由双方当事人签名或者盖章。

申请执行人因受欺诈、胁迫与被执行人达成和解协议,或者当事人不履行和解协议的,人民法院可以根据当事人的申请,恢复对原生效法律文书的执行。

---

① 《最高人民法院关于委托执行若干问题的规定》第10条。
② 《最高人民法院关于委托执行若干问题的规定》第13条。
③ 《最高人民法院关于人民法院执行工作若干问题的规定(试行)》第67条。
④ 《最高人民法院关于人民法院执行工作若干问题的规定(试行)》第68条。
⑤ 《最高人民法院关于人民法院执行工作若干问题的规定(试行)》第69条。
⑥ 《最高人民法院关于人民法院执行工作若干问题的规定(试行)》第70条。

本条明确执行和解。

执行和解，是指在执行过程中，双方当事人自行协商，达成协议，执行员将协议内容记入笔录，由双方当事人签名或者盖章后，义务人按照协议的内容履行义务，从而结束执行程序的活动。但是，申请执行人因受欺诈、胁迫与被执行人达成和解协议的，或一方当事人不履行和解协议的，当事人均可以向人民法院提出申请，恢复对原生效法律文书的执行。本书在此基础上进一步阐释两方面的内容。

一、执行和解协议

执行和解协议是当事人双方的共同意思表示，对当事人双方都具有拘束力。[①]

1. 执行和解协议。在执行过程中，双方当事人可以自愿达成和解协议，变更生效法律文书确定的履行义务主体、标的物及其数额、履行期限和履行方式。

2. 执行和解协议的结案及审查。执行机构在判断一个和解协议是否能够产生终结执行程序的效力时，必须要对其是否具备法律规定的要件进行审查：(1)是否由执行当事人达成；(2)是否合法有效；(3)是否已经履行完毕。[②]

3. 执行和解协议达成后的中止执行、终结执行。申请执行人与被执行人达成和解协议后请求中止执行或者撤回执行申请的，人民法院可以裁定中止执行或者终结执行。[③]

4. 达成执行和解协议后的申请费。执行中当事人达成和解协议的，申请费的负担由双方当事人协商解决；协商不成的，由人民法院决定。[④]

二、恢复执行

1. 申请恢复执行的情形。(1)申请执行人因受欺诈、胁迫与被执行人达成和

---

① 执行和解协议的内容包括：(1)履行主体可以是被执行人，也可以是第三人；同理，债权人可以是申请执行人，也可以是第三人。(2)申请执行人与被执行人可以对标的物进行数量上的增减，对标的物进行实质上的变更。(3)申请执行人与被执行人可以约定或变更具体的履行方式。(4)执行双方可以就履行延期、延期时间进行商定。(5)执行双方可以对生效法律文书的任何部分进行和解约定。

指导案例2号：吴梅诉四川省眉山西城纸业有限公司买卖合同纠纷案指出，该和解协议属于双方当事人诉讼外达成的协议，未经人民法院依法确认制作调解书，不具有强制执行力。

② 成功、王飞与惠州市惠阳区南凯实业有限公司借款纠纷申诉案[(2013)执监字第49号]。

③ 《最高人民法院关于适用〈中华人民共和国民事诉讼法〉的解释》第464条。

执行和解是申请执行人与被执行人之间协议的结果，不属于法律文书，不具有强制执行力。但是，它在申请执行人与被执行人之间发生拘束效力，并且在程序上也产生影响，可能引起程序的中止或终结。

④ 《诉讼费用交纳办法》第38条第2款。

解协议,或者当事人不履行和解协议的,人民法院可以根据当事人的申请,恢复对原生效法律文书的执行。(2)一方当事人不履行或者不完全履行在执行中双方自愿达成的和解协议,对方当事人申请执行原生效法律文书的,人民法院应当恢复执行,但和解协议已履行的部分应当扣除。和解协议已经履行完毕的,人民法院不予恢复执行。[①]

2. 恢复执行的法律适用、执行期间的重新起算。申请恢复执行原生效法律文书,适用《民事诉讼法》第246条申请执行期间的规定。申请执行期间因达成执行中的和解协议而中断,其期间自和解协议约定履行期限的最后一日起重新计算。[②]

执行担保

第二百三十八条　在执行中,被执行人向人民法院提供担保,并经申请执行人同意的,人民法院可以决定暂缓执行及暂缓执行的期限。被执行人逾期仍不履行的,人民法院有权执行被执行人的担保财产或者担保人的财产。

本条明确执行担保。

执行担保,是指执行开始后,被执行人向人民法院提供某种履行义务的保证,经申请执行人同意后,暂缓执行程序的进行。[③] 本书在此基础上进一步阐释三方面的内容。

一、执行担保的适用条件[④]

1. 被执行人以书面方式向人民法院提出申请。

2. 被执行人向人民法院提供担保财产或担保人。(1)执行担保主要有保证、抵押和质押三种方式。[⑤] (2)根据《民事诉讼法》第238条规定向人民法院

① 《最高人民法院关于适用〈中华人民共和国民事诉讼法〉的解释》第465条。

② 《最高人民法院关于适用〈中华人民共和国民事诉讼法〉的解释》第466条。

③ 江必新等编著:《新民事诉讼法配套适用规则适用指引(执行程序卷)》,法律出版社2016年版,第101页。

④ 洪冬英主编:《民事诉讼法学通论》(第3版),北京大学出版社2020年版,第377页。

⑤ 在执行案件中,申请执行人就是因为不占有标的物才需要人民法院进行强制执行以实现权利,因而留置不属于执行担保的方式,即执行担保中物的担保方式仅限于抵押和质押。

提供执行担保的,可以由被执行人或者他人提供财产担保,也可以由他人提供保证。担保人应当具有代为履行或者代为承担赔偿责任的能力。他人提供执行保证的,应当向执行法院出具保证书,并将保证书副本送交申请执行人。被执行人或者他人提供财产担保的,应当参照《民法典》的有关规定办理相应手续。①

3. 得到申请执行人和人民法院的双重许可。

二、暂缓执行

执行担保可以引起暂缓执行。执行担保一经人民法院批准,执行程序就暂时中止,对被执行人不得再采取执行措施。

1. 引起暂缓执行的情形。(1)提供担保的暂缓执行。被执行人向人民法院提供担保,并经申请执行人同意的,人民法院可以决定暂缓执行及暂缓执行的期限。被执行人逾期仍不履行的,人民法院有权执行被执行人的担保财产或者担保人的财产。暂缓执行的期间不得超过3个月,因特殊事由需要延长的,可以适当延长,延长期限不得超过3个月。② (2)经申请决定的暂缓执行。①有下列情形之一的,经当事人或者其他利害关系人申请,人民法院可以决定暂缓执行:(i)执行措施或者执行程序违反法律规定的;(ii)执行标的物存在权属争议的;(iii)被执行人对申请执行人享有抵销权的。③ ②人民法院根据《最高人民法院关于正确适用暂缓执行措施若干问题的规定》第3条决定暂缓执行的,应当同时责令申请暂缓执行的当事人或者其他利害关系人在指定的期限内提供相应的担保。被执行人或者其他利害关系人提供担保申请暂缓执行,申请执行人提供担保要求继续执行的,执行法院可以继续执行。④ ③当事人或者其他利害关系人提供财产担保的,应当出具评估机构对担保财产价值的评估证明。评估机构出具虚假证明给当事人造成损失的,当事人可以对担保人、评估机构另行提起损害赔偿诉讼。⑤

---

① 《最高人民法院关于适用〈中华人民共和国民事诉讼法〉的解释》第468条。

② 《最高人民法院关于正确适用暂缓执行措施若干问题的规定》第10条第1款。

③ 《最高人民法院关于正确适用暂缓执行措施若干问题的规定》第3条。

《最高人民法院关于如何处理人民检察院提出的暂缓执行问题的批复》认为,根据《民事诉讼法》的规定,人民检察院对人民法院生效民事判决提出暂缓执行的建议没有法律依据。

④ 《最高人民法院关于正确适用暂缓执行措施若干问题的规定》第4条。

⑤ 《最高人民法院关于正确适用暂缓执行措施若干问题的规定》第5条。

2. 暂缓执行期间的禁止行为。被执行人或者担保人对担保的财产在暂缓执行期间有转移、隐藏、变卖、毁损等行为的，人民法院可以恢复强制执行。[①]

3. 暂缓执行期满的法律后果。被执行人在人民法院决定暂缓执行的期限届满后仍不履行义务的，人民法院可以直接执行担保财产，或者裁定执行担保人的财产，但执行担保人的财产以担保人应当履行义务部分的财产为限。[②]

三、执行担保中人民法院、保证人等的责任

1. 执行担保中人民法院的责任。进入执行程序后，各地法院要加大对保全财产和担保财产的执行力度，对当事人、担保人或者第三人提出的异议要及时进行审查，审查期间应当依法对相应财产采取控制性措施，驳回异议后应当加大对相应财产的执行力度。[③]

2. 执行担保中担保人的责任。人民法院在审理案件期间，保证人为被执行人提供保证，人民法院据此未对被执行人的财产采取保全措施或解除保全措施的，案件审结后如果被执行人无财产可供执行或其财产不足清偿债务时，即使生效法律文书中未确定保证人承担责任，人民法院有权裁定执行保证人在保证责任范围内的财产。[④]

执行承担

第二百三十九条　作为被执行人的公民死亡的，以其遗产偿还债务。作为被执行人的法人或者其他组织终止的，由其权利义务承受人履行义务。

本条明确执行承担。本书在此基础上进一步阐释两方面的内容。

一、执行承担的一般规则

1. 自然人的执行承担。作为被执行人的公民死亡，其遗产继承人没有放弃继承的，人民法院可以裁定变更被执行人，由该继承人在遗产的范围内偿还债

① 《最高人民法院关于适用〈中华人民共和国民事诉讼法〉的解释》第 467 条。
② 《最高人民法院关于适用〈中华人民共和国民事诉讼法〉的解释》第 469 条。
③ 《最高人民法院关于依法制裁规避执行行为的若干意见》第 8 条。
④ 《最高人民法院关于人民法院执行工作若干问题的规定(试行)》第 54 条。

务。继承人放弃继承的，人民法院可以直接执行被执行人的遗产。①

2. 法人的执行承担。(1)依照《民事诉讼法》第239条规定，执行中作为被执行人的法人或者其他组织分立、合并的，人民法院可以裁定变更后的法人或者其他组织为被执行人；被注销的，如果依照有关实体法的规定有权利义务承受人的，可以裁定该权利义务承受人为被执行人。② (2)在执行中，作为被执行人的法人或者其他组织名称变更的，人民法院可以裁定变更后的法人或者其他组织为被执行人。③

3. 非法人组织的执行承担。其他组织在执行中不能履行法律文书确定的义务的，人民法院可以裁定执行对该其他组织依法承担义务的法人或者公民个人的财产。④

二、具体纠纷案件的执行承担

1. 金融机构纠纷案件的执行承担。(1)出资人未出资或者未足额出资，但金融机构为企业提供不实、虚假的验资报告或者资金证明，相关当事人使用该报告或者证明，与该企业进行经济往来而受到损失的，应当由该企业承担民事责任。对于该企业财产不足以清偿债务的，由出资人在出资不实或者虚假资金额范围内承担责任。⑤ (2)对原事务所应当承担的民事责任，应由其开办单位在所接收的原事务所的剩余财产和风险基金范围内承担清算责任。但如开办单位将原事务所的剩余财产和风险基金留给脱钩改制后的新事务所，则应当由新事务所在所接收的资产范围内对原事务所的债务承担民事责任。⑥ (3)金融机构的分支机

---

① 《最高人民法院关于适用〈中华人民共和国民事诉讼法〉的解释》第473条。

《最高人民法院关于人身保险金能否作为被保险人的遗产进行赔偿问题的批复》认为，人身保险中指定了受益人的，被保险人死亡后，其人身保险金应付给受益人；未指定受益人的，被保险人死亡后，其人身保险金应作为其遗产处理，可以用来清偿债务或赔偿。

② 《最高人民法院关于适用〈中华人民共和国民事诉讼法〉的解释》第470条。

③ 《最高人民法院关于适用〈中华人民共和国民事诉讼法〉的解释》第472条。

《最高人民法院关于临沂市罗庄区人民政府应否对罗庄街道办事处的债务承担责任问题的请求的答复》认为，请示人在"请求报告"中明确表示，其"财政体制执行原财政体制，原镇政府的债权债务由设立后的相应办事处承担"，此案可参照我院法释〔1997〕1号批复的精神，由新设立的街道办事处承担原镇政府的债务。

④ 《最高人民法院关于适用〈中华人民共和国民事诉讼法〉的解释》第471条。

⑤ 《最高人民法院关于金融机构为企业出具不实或者虚假验资报告资金证明如何承担民事责任问题的通知》(注册会计师事务参照本通知办理)。

⑥ 《最高人民法院关于会计师事务所、审计事务所脱钩改制前民事责任承担问题的通知》。

构作为被执行人的，执行法院应当向其发出限期履行通知书，期限为15日；逾期未自动履行的，依法予以强制执行；对被执行人未能提供可供执行财产的，应当依法裁定逐级变更其上级机构为被执行人，直至其总行、总公司。每次变更前，均应当给予被变更主体15日的自动履行期限；逾期未自动履行的，依法予以强制执行。[①] (4)金融资产管理公司转让已经涉及诉讼、执行或者破产等程序的不良债权的，[②]人民法院应当根据债权转让合同以及受让人或者转让人的申请，裁定变更诉讼主体或者执行主体。[③] (5)在不良债权转让合同被认定无效后，金融资产管理公司请求变更受让人为金融资产管理公司以通过诉讼继续追索国有企业债务人的，人民法院应予支持。人民法院裁判金融不良债权转让合同无效后当事人履行相互返还义务时，应从不良债权最终受让人开始逐一与前手相互返还，直至完成第一受让人与金融资产管理公司的相互返还。后手受让人直接对金融资产管理公司主张不良债权转让合同无效并请求赔偿的，人民法院不予支持。[④]

2. 国家机关纠纷案件的执行承担。国家机关作为借款合同保证人，其保证条款应确认为无效。借款合同到期后，借款人无力归还银行贷款，给国家造成经济损失，保证人应承担相应的经济赔偿责任，并有权向借款人追偿。[⑤]

3. 企业纠纷案件的执行承担。(1)企业或企业工会对外发生的经济纠纷，各自承担民事责任。上级工会对基层工会是否具备法律规定的社会团体法人的条件审查不严或不实，应当承担与其过错相应的民事责任。人民法院不应以此为由冻结、划拨上级工会的经费并替欠债企业清偿债务。产业工会或基层工会

---

① 《最高人民法院、中国人民银行关于依法规范人民法院执行和金融机构协助执行的通知》。

② 《最高人民法院关于审理涉及金融不良债权转让案件工作座谈会纪要》第11条第1款规定："……国有银行向金融资产管理公司转让不良债权，或者金融资产管理公司受让不良债权后，通过债权转让方式处置不良资产的，可以适用最高人民法院《关于审理金融资产管理公司收购、管理、处置国有银行不良贷款形成的资产的案件适用法律若干问题的规定》……受让人受让不良债权后再行转让的，不适用上述规定，但受让人为相关地方人民政府或者代表本级人民政府履行出资人职责的机构、部门或者持有国有企业债务人国有资本的集团公司除外。"

③ 《最高人民法院关于金融资产管理公司收购、处置银行不良资产有关问题的补充通知》。

④ 《最高人民法院关于审理涉及金融不良债权转让案件工作座谈会纪要》第10条。

《最高人民法院关于审理涉及金融不良债权转让案件工作座谈会纪要》第12条规定了国有银行、金融资产管理公司、国有企业债务人、受让人、不良债权转让、政策性不良债权、商业性不良债权的具体界定。

⑤ 《最高人民法院经济审判庭关于国家机关作为借款合同保证人应否承担经济损失问题的电话答复》。

投资兴办的具备法人资格的企业，如果投资不足或者抽逃资金的，应当补足投资或者在注册资金不实的范围内承担责任；如果投资全部到位，又无抽逃资金的行为，当企业负债时，应当以企业所有的或者经营管理的财产承担有限责任。① （2）被执行人投资兴办的企业既经注册登记为企业法人，则其投资已成为该企业法人的注册资金，属于该企业法人经营管理的财产，作为投资人的被执行人已无权随意处分。即使可以用投资款偿还投资人的债务，也只能依法转让股权或以所得收益偿还，而不能直接扣划。② （3）公司帮助他人设立注册资金公司的，应在注册资金不实的范围内承担补充赔偿责任。③ （4）人民法院在办理行政机关申请人民法院强制执行其具体行政行为的案件过程中，作为被执行人的法人出现分立、合并、兼并、合营等情况，原具体行政行为仍应执行的，人民法院应当通知申请机关变更被执行人。对变更后的被执行人，人民法院应当依法进行审查。④

执行回转

第二百四十条　执行完毕后，据以执行的判决、裁定和其他法律文书确有错误，被人民法院撤销的，对已被执行的财产，人民法院应当作出裁定，责令取得财产的人返还；拒不返还的，强制执行。

本条明确执行回转。

---

① 《最高人民法院关于产业工会、基层工会是否具备社会团体法人资格和工会经费集中户可否冻结划拨问题的批复》。

《国务院关于在清理整顿公司中被撤并公司债权债务清理问题的通知》第 9 条规定："本通知同时适用于工会、妇联、共青团、文联和各种协会、学会、基金会等群众组织、社会团体开办的公司。"

② 《最高人民法院关于能否扣划被执行单位投资开办的企业法人的资金偿还被执行单位债务问题的复函》。

③ 《最高人民法院关于对帮助他人设立注册资金虚假的公司应当如何承担民事责任的请示的答复》认为，公司成立时，借用其他公司的资金登记注册，在成立后即抽回。可以判决并未实际出资的设立人承担连带清偿责任。因为其行为使公司得以成立，并从事与其实际履行能力不相适应的交易活动，给他人造成不应有的损害后果，应在注册资金不实的范围内承担补充赔偿责任。

④ 《最高人民法院对关于非诉执行案件中作为被执行人的法人终止，人民法院是否可以直接裁定变更被执行人请求的答复》。

执行回转,是指在强制执行过程中或执行完毕后,据以执行的法律文书被撤销,而将原权利人因强制执行所得之利益,返还给原被执行人或利害关系人的执行活动。[①] 本书在此基础上进一步阐释两方面的内容。

一、执行回转的条件[②]

1. 必须是人民法院按照执行程序将生效法律文书内容全部或部分执行完毕,如果法律文书尚未执行,不发生执行回转。

2. 必须是据以执行的法律文书被依法撤销或变更。法律文书未经法定程序撤销,即使认为执行错误,也不能实行执行回转。符合执行回转条件的,人民法院应当作出裁定,责令取得财产的人返还财产,拒不返还的,强制执行。

3. 原权利人所获得的利益有返还或折价返还的必要,而其拒不返还。

4. 人民法院作出责令财产取得人返还的裁定。

二、执行回转的规则

1. 执行回转的标的。(1)责令原申请执行人返还已取得的财产及其孳息。[③] (2)执行回转时,已执行的标的物系特定物的,应当退还原物。不能退还原物的,经双方当事人同意,可以折价抵偿。双方当事人对折价赔偿不能协商一致的,人民法院应当终结执行回转程序。申请执行人可以另行起诉。[④] (3)人民法院先予执行后,根据发生法律效力的判决,申请人应当返还因先予执行所取得的利益的,适用《民事诉讼法》第240条的规定。[⑤] (4)执行回转的优先权。在被执行人破产的情况下,不应当将当事人请求执行回转的权利作为普通债权对待。可以比照取回权制度,对执行回转案件申请执行人的权利予以优先保护,认定应当执行回转部分的财产数额,不属于破产财产。[⑥]

---

① 洪冬英主编:《民事诉讼法学通论》(第3版),北京大学出版社2020年版,第383页。

法律文书被撤销而发生执行回转的原因主要有以下几种:(1)人民法院作出的先予执行的裁定,在执行完毕后,生效的判决被否定。(2)人民法院制作的判决书、裁定书、调解书已执行完毕,依法被本院或者上级法院依法撤销。(3)其他机关制作的法律文书,依法由人民法院执行完毕,但又被制作机关撤销。

② 江必新等编著:《新民事诉讼法配套适用规则适用指引(执行程序卷)》,法律出版社2016年版,第161~162页。

③ 《最高人民法院关于人民法院执行工作若干问题的规定(试行)》第65条第1款。

④ 《最高人民法院关于人民法院执行工作若干问题的规定(试行)》第66条。

⑤ 《最高人民法院关于适用〈中华人民共和国民事诉讼法〉的解释》第173条。

⑥ 《最高人民法院执行工作办公室关于执行回转案件的申请执行人在被执行人破产案件中能否得到优先受偿保护的答复》。

2. 执行回转的申请。法律规定由人民法院执行的其他法律文书执行完毕后，该法律文书被有关机关或者组织依法撤销的，经当事人申请，适用《民事诉讼法》第240条规定。①

3. 执行回转的立案。执行回转应重新立案，适用执行程序的有关规定。②

4. 执行回转中的变更追加被执行人。有充分证据证明被执行人通过离婚析产、不依法清算、改制重组、关联交易、财产混同等方式恶意转移财产规避执行的，执行法院可以通过依法变更追加被执行人或者告知申请执行人通过诉讼程序追回被转移的财产。③

5. 执行回转的裁定。在执行中或执行完毕后，据以执行的法律文书被人民法院或其他有关机关撤销或变更的，原执行机构应当依照《民事诉讼法》240条的规定，依当事人申请或依职权，按照新的生效法律文书，作出执行回转的裁定，责令原申请执行人返还已取得的财产及其孳息。拒不返还的，强制执行。执行回转应重新立案，适用执行程序的有关规定。④ 其中，"原申请执行人"，是指原执行案件中的申请执行人，才能作为执行回转案中的被执行人。⑤

调解书的执行

第二百四十一条　人民法院制作的调解书的执行，适用本编的规定。

本条明确调解书的执行。本书仅就其进行阐释。

1. 调解书是人民法院主持达成调解协议后制作的法律文书，具有与判决书同等的法律效力，⑥包括确定力和执行力。

2. 人民法院依法作出确认决定后，一方当事人拒绝履行或者未全部履行的，

---

① 《最高人民法院关于适用〈中华人民共和国民事诉讼法〉的解释》第474条。

② 《最高人民法院关于人民法院执行工作若干问题的规定（试行）》第65条第2款。
执行回转具有新的执行根据、新的执行立案，是权利义务关系的重新确认，是一次完整的执行过程。

③ 《最高人民法院关于依法制裁规避执行行为的若干意见》第20条。

④ 《最高人民法院关于人民法院执行工作若干问题的规定（试行）》第65条。

⑤ 《最高人民法院执行工作办公室关于石油工业出版社申请执行回转一案的复函》。

⑥ 江必新：《新民事诉讼法配套适用规则适用指引（执行程序卷）》，法律出版社2016年版，第168页。

对方当事人可以向作出确认决定的人民法院申请强制执行。①

3. 调解书确定的担保条款条件或者承担民事责任的条件成就时，当事人申请执行的，人民法院应当依法执行。不履行调解协议的当事人按照前款规定承担了调解书确定的民事责任后，对方当事人又要求其承担《民事诉讼法》第 260 条规定的迟延履行责任的，人民法院不予支持。②

4. 调解书约定给付特定标的物的，调解协议达成前该物上已经存在的第三人的物权和优先权不受影响。第三人在执行过程中对执行标的物提出异议的，应当按照《民事诉讼法》第 234 条规定处理。③

民事执行法律监督

第二百四十二条　人民检察院有权对民事执行活动实行法律监督。

本条明确民事执行活动的法律监督。

人民检察院对人民法院在民事执行活动中违反法律规定的情形实行法律监督。本书仅就民事执行活动的法律监督进行阐释。

执行权分权（非法条内容）

本书仅就执行权分权进行三方面内容的阐释。

一、执行权分权、运行机制

1. 执行权分权。（1）执行权是人民法院依法采取各类执行措施以及对执行异议、复议、申诉等事项进行审查的权力，包括执行实施权和执行审查权。④（2）地方人民法院执行局应当按照分权运行机制设立和其他业务庭平行的执行实施和执行审查部门，分别行使执行实施权和执行审查权。⑤（3）执行实施权的范围主要是财产调查、控制、处分、交付和分配以及罚款、拘留措施等实施事项。执行实施

---

① 《最高人民法院关于人民调解协议司法确认程序的若干规定》第 9 条。
② 《最高人民法院关于人民法院民事调解工作若干问题规定》第 15 条。
③ 《最高人民法院关于人民法院民事调解工作若干问题规定》第 16 条。
④ 《最高人民法院关于执行权合理配置和科学运行的若干意见》第 1 条。
⑤ 《最高人民法院关于执行权合理配置和科学运行的若干意见》第 2 条。

权由执行员或者法官行使。[①] (4)执行审查权的范围主要是审查和处理执行异议、复议、申诉以及决定执行管辖权的移转等审查事项。执行审查权由法官行使。[②]

2. 运行机制。(1)执行实施事项的处理应当采取审批制,执行审查事项的处理应当采取合议制。[③] (2)人民法院可以将执行实施程序分为财产查控、财产处置、款物发放等不同阶段并明确时限要求,由不同的执行人员集中办理,互相监督,分权制衡,提高执行工作质量和效率。执行局的综合管理部门应当对分段执行实行节点控制和流程管理。[④] (3)执行中因情况紧急必须及时采取执行措施的,执行人员经执行指挥中心指令,可依法采取查封、扣押、冻结等财产保全和其他控制性措施,事后两个工作日内应当及时补办审批手续。[⑤] (4)人民法院在执行局内建立执行信访审查处理机制,以有效解决消极执行和不规范执行问题。执行申诉审查部门可以参与涉执行信访案件的接访工作,并应当采取排名通报、挂牌督办等措施促进涉执行信访案件的及时处理。[⑥] (5)继续推进全国法院执行案件信息管理系统建设,积极参与社会信用体系建设。执行信息部门应当发挥职能优势,采取多种措施扩大查询范围,实现执行案件所有信息在法院系统内的共享,推进执行案件信息与其他部门信用信息的共享,并通过信用惩戒手段促使债务人自动履行义务。[⑦]

二、执行局与立案、审判等机构之间的执行分工协作

执行权由人民法院的执行局行使;人民法庭可根据执行局授权执行自审案件,但应接受执行局的管理和业务指导。[⑧]

1. 审查的执行权分工。(1)立案机构的审查。①办理执行实施、执行异议、执行复议、执行监督、执行协调、执行请示等执行案件和案外人执行异议之诉、申请执行人执行异议之诉、执行分配方案异议之诉、代位析产之诉等涉执行的诉讼案件,由立案机构进行立案审查,并纳入审判和执行案件统一管理体系。人民法庭经授权执行自审案件,可由其自行办理立案登记手续,并纳入执行案件的统一

① 《最高人民法院关于执行权合理配置和科学运行的若干意见》第3条。
② 《最高人民法院关于执行权合理配置和科学运行的若干意见》第4条。
③ 《最高人民法院关于执行权合理配置和科学运行的若干意见》第5条。
④ 《最高人民法院关于执行权合理配置和科学运行的若干意见》第6条。
⑤ 《最高人民法院关于执行权合理配置和科学运行的若干意见》第7条。
⑥ 《最高人民法院关于执行权合理配置和科学运行的若干意见》第8条。
⑦ 《最高人民法院关于执行权合理配置和科学运行的若干意见》第9条。
⑧ 《最高人民法院关于执行权合理配置和科学运行的若干意见》第10条。

管理。[①] ②诉前、申请执行前的财产保全申请由立案机构进行审查并作出裁定；裁定保全的，移交执行局执行。[②] (2)审判机构的审查。①行政非诉案件、行政诉讼案件的执行申请，由立案机构登记后转行政审判机构进行合法性审查；裁定准予强制执行的，再由立案机构办理执行立案登记后移交执行局执行。[③] ②诉中财产保全、先予执行的申请由相关审判机构审查并作出裁定；裁定财产保全或者先予执行的，移交执行局执行。[④] ③对符合法定移送执行条件的法律文书，审判机构应当在法律文书生效后及时移送执行局执行。[⑤] ④境外法院、仲裁机构作出的生效法律文书的执行申请，由审判机构负责审查；依法裁定准予执行或者发出执行令的，移交执行局执行。[⑥] (3)立案或审判机构审查。①当事人、案外人对财产保全、先予执行的裁定不服申请复议的，由作出裁定的立案机构或者审判机构按照《民事诉讼法》第 110 条的规定进行审查。当事人、案外人、利害关系人对财产保全、先予执行的实施行为提出异议的，由执行局根据异议事项的性质按照《民事诉讼法》第 232 条或者第 234 条的规定进行审查。当事人、案外人的异议既指向财产保全、先予执行的裁定，又指向实施行为的，一并由作出裁定的立案机构或者审判机构分别按照《民事诉讼法》第 110 条和第 232 条或者第 234 条的规定审查。[⑦] ②立案、审判机构在办理民商事和附带民事诉讼案件时，应当根据案件实际，就追加诉讼当事人、申请诉前、诉中和申请执行前的财产保全等内容向当事人作必要的释明和告知。[⑧] ③立案、审判机构在办理民商事和附带民事诉讼案件时，除依法缺席判决等无法准确查明当事人身份和地址的情形外，应当在有关法律文书中载明当事人的身份证号码，在卷宗中载明送达地址。[⑨] (4)执行局的审查。①委托评估、拍卖、变卖由司法辅助部门负责，对评估、拍卖、变卖所提异议由执行局审查。[⑩] ②被执行人对国内仲裁裁决提出不予执行抗辩的，由执行局

---

① 《最高人民法院关于执行权合理配置和科学运行的若干意见》第 11 条。
② 《最高人民法院关于执行权合理配置和科学运行的若干意见》第 15 条。
③ 《最高人民法院关于执行权合理配置和科学运行的若干意见》第 13 条。
④ 《最高人民法院关于执行权合理配置和科学运行的若干意见》第 16 条。
⑤ 《最高人民法院关于执行权合理配置和科学运行的若干意见》第 27 条。
⑥ 《最高人民法院关于执行权合理配置和科学运行的若干意见》第 19 条。
⑦ 《最高人民法院关于执行权合理配置和科学运行的若干意见》第 17 条。
⑧ 《最高人民法院关于执行权合理配置和科学运行的若干意见》第 24 条。
⑨ 《最高人民法院关于执行权合理配置和科学运行的若干意见》第 25 条。
⑩ 《最高人民法院关于执行权合理配置和科学运行的若干意见》第 22 条。

审查。[①]

2. 审理的执行权分工。(1)审判机构的审理。①案外人执行异议之诉、申请执行人执行异议之诉、执行分配方案异议之诉、代位析产之诉等涉执行的诉讼，由人民法院的审判机构按照民事诉讼程序审理。逐步促进涉执行诉讼审判的专业化，具备条件的人民法院可以设立专门审判机构，对涉执行的诉讼案件集中审理。案外人、当事人认为据以执行的判决、裁定错误的，由作出生效判决、裁定的原审人民法院或其上级人民法院按照审判监督程序审理。[②] ②强制清算的实施由执行局负责，强制清算中的实体争议由民事审判机构负责审理。[③] ③执行过程中应当通过另诉或者提起再审追加、变更的，由审判机构按照法定程序办理。[④] ④审判机构在审理确权诉讼时，应当查询所要确权的财产权属状况，发现已经被执行局查封、扣押、冻结的，应当中止审理；当事人诉请确权的财产被执行局处置的，应当撤销确权案件；在执行局查封、扣押、冻结后确权的，应当撤销确权判决或者调解书。[⑤] (2)审查后的移交。

3. 执行局的执行权。(1)具有执行内容的财产刑和非刑罚制裁措施的执行由执行局负责。[⑥] (2)不同法院因执行程序，执行与破产、强制清算、审判等程序之间对执行标的产生争议，经自行协调无法达成一致意见的，由争议法院的共同上级法院执行局中的协调指导部门处理。[⑦] (3)执行过程中依法需要变更、追加执行主体的，由执行局按照法定程序办理。[⑧]

三、执行工作的统一管理

1. 中级以上人民法院对辖区人民法院的执行工作实行统一管理。下级人民法院拒不服从上级人民法院统一管理的，依照有关规定追究下级人民法院有关责任人的责任。[⑨]

2. 上级人民法院可以根据本辖区的执行工作情况，组织集中执行和专项执

---

① 《最高人民法院关于执行权合理配置和科学运行的若干意见》第 23 条。
② 《最高人民法院关于执行权合理配置和科学运行的若干意见》第 12 条。
③ 《最高人民法院关于执行权合理配置和科学运行的若干意见》第 14 条。
④ 《最高人民法院关于执行权合理配置和科学运行的若干意见》第 21 条。
⑤ 《最高人民法院关于执行权合理配置和科学运行的若干意见》第 26 条。
⑥ 《最高人民法院关于执行权合理配置和科学运行的若干意见》第 18 条。
⑦ 《最高人民法院关于执行权合理配置和科学运行的若干意见》第 20 条。
⑧ 《最高人民法院关于执行权合理配置和科学运行的若干意见》第 21 条。
⑨ 《最高人民法院关于执行权合理配置和科学运行的若干意见》第 28 条。

行活动。[①]

3. 对下级人民法院违法、错误的执行裁定、执行行为，上级人民法院有权指令下级人民法院自行纠正或者通过裁定、决定予以纠正。[②]

4. 上级人民法院在组织集中执行、专项执行或其他重大执行活动中，可以统一指挥和调度下级人民法院的执行人员、司法警察和执行装备。[③]

5. 上级人民法院根据执行工作需要，可以商政府有关部门编制辖区内人民法院的执行装备标准和业务经费计划。[④]

6. 上级人民法院有权对下级人民法院的执行工作进行考核，考核结果向下级人民法院通报。[⑤]

执行公开(非法条内容)

本书仅就执行公开进行阐释。

执行公开，是指人民法院将案件执行过程和执行程序予以公开。[⑥] 人民法院执行流程信息以公开为原则、不公开为例外。对依法应当公开、可以公开的执行流程及其相关信息，一律予以公开，实现执行案件办理过程全公开、节点全告知、程序全对接、文书全上网，为当事人和社会公众提供全方位、多元化、实时性的执行公开服务，全面推进阳光执行。[⑦]

1. 执行公开的方式。(1)人民法院应当通过通知、公告或者法院网络、新闻媒体等方式，依法公开案件执行各个环节和有关信息，但涉及国家秘密、商业秘密等法律禁止公开的信息除外。[⑧] (2)人民法院执行流程公开工作，以各级人民法院互联网门户网站(政务网)为基础平台和主要公开渠道，辅以手机短信、电话语音系统、电子公告屏和触摸屏、手机应用客户端、法院微博、法院微信公众号等其他平台或渠道，将执行案件流程节点信息、案件进展状态及有关材料向案件当

① 《最高人民法院关于执行权合理配置和科学运行的若干意见》第29条。
② 《最高人民法院关于执行权合理配置和科学运行的若干意见》第30条。
③ 《最高人民法院关于执行权合理配置和科学运行的若干意见》第31条。
④ 《最高人民法院关于执行权合理配置和科学运行的若干意见》第32条。
⑤ 《最高人民法院关于执行权合理配置和科学运行的若干意见》第33条。
⑥ 《最高人民法院关于人民法院执行公开的若干规定》第1条。
⑦ 《最高人民法院印发〈关于人民法院执行流程公开的若干意见〉的通知》第1条。
⑧ 《最高人民法院关于人民法院执行公开的若干规定》第2条。

事人及委托代理人公开，将与法院执行工作有关的执行服务信息、执行公告信息等公共信息向社会公众公开。①

2. 执行公开的内容。(1)应当向当事人及委托代理人公开执行案件信息。②(2)人民法院应当向社会公开执行案件的立案标准和启动程序。人民法院对当事人的强制执行申请立案受理后，应当及时将立案的有关情况、当事人在执行程序中的权利和义务以及可能存在的执行风险书面告知当事人；不予立案的，应当制作裁定书送达申请人，裁定书应当载明不予立案的法律依据和理由。③ (3)人民法院应当向社会公开执行费用的收费标准和根据，公开执行费减、缓、免交的基本条件和程序。④ (4)人民法院受理执行案件后，应当及时将案件承办人或合议庭成员及联系方式告知双方当事人。⑤ (5)人民法院在执行过程中，申请执行人要求了解案件执行进展情况的，执行人员应当如实告知。⑥ (6)人民法院对申

---

① 《最高人民法院印发〈关于人民法院执行流程公开的若干意见〉的通知》第2条第2款规定，最高人民法院在政务网上建立"中国执行信息公开网"，开设"中国审判流程信息公开网"的入口，提供查询执行案件流程信息的功能以及全国各级人民法院执行流程信息公开平台的链接。各级人民法院应当建立电话语音系统，在立案大厅或信访接待等场所设立电子触摸屏。

② 《最高人民法院印发〈关于人民法院执行流程公开的若干意见〉的通知》第3条规定："下列执行案件信息应当向当事人及委托代理人公开：(一)当事人名称、案号、案由、立案日期等立案信息；(二)执行法官以及书记员的姓名和办公电话；(三)采取执行措施信息，包括被执行人财产查询、查封、冻结、扣划、扣押等信息；(四)采取强制措施信息，包括司法拘留、罚款、拘传、搜查以及限制出境、限制高消费、纳入失信被执行人名单库等信息；(五)执行财产处置信息，包括委托评估、拍卖、变卖、以物抵债等信息；(六)债权分配和执行款收付信息，包括债权分配方案、债权分配方案异议、债权分配方案修改、执行款进入法院执行专用账户、执行款划付等信息；(七)暂缓执行、中止执行、委托执行、指定执行、提级执行等信息；(八)执行和解协议信息；(九)执行实施案件结案信息，包括执行结案日期、执行标的到位情况、结案方式、终结本次执行程序征求申请执行人意见等信息；(十)执行异议、执行复议、案外人异议、执行主体变更和追加等案件的立案时间、案件承办法官和合议庭其他组成人员以及书记员的姓名和办公电话、执行裁决、结案时间等信息；(十一)执行申诉信访、执行督促、执行监督等案件的立案时间、案件承办法官和合议庭其他组成人员以及书记员的姓名和办公电话、案件处理意见、结案时间等信息；(十二)执行听证、询问的时间、地点等信息；(十三)案件的执行期限或审查期限，以及执行期限或审查期限扣除、延长等变更情况；(十四)执行案件受理通知书、执行通知书、财产申报通知书、询问通知、听证通知、传票和询问笔录、调查取证笔录、执行听证笔录等材料；(十五)执行裁定书、决定书等裁判文书；(十六)执行裁判文书开始送达时间、完成送达时间、送达方式等送达信息；(十七)执行裁判文书在执行法院执行流程信息公开模块、中国执行信息公开网及中国裁判文书网公布的情况，包括公布时间、查询方式等；(十八)有关法律或司法解释要求公布的其他执行流程信息。"

③ 《最高人民法院关于人民法院执行公开的若干规定》第3条。

④ 《最高人民法院关于人民法院执行公开的若干规定》第4条。

⑤ 《最高人民法院关于人民法院执行公开的若干规定》第5条。

⑥ 《最高人民法院关于人民法院执行公开的若干规定》第6条。

请执行人提供的财产线索进行调查后，应当及时将调查结果告知申请执行人；对依职权调查的被执行人财产状况和被执行人申报的财产状况，应当主动告知申请执行人。[①]（7）人民法院采取查封、扣押、冻结、划拨等执行措施的，应当依法制作裁定书送达被执行人，并在实施执行措施后将有关情况及时告知双方当事人，或者以方便当事人查询的方式予以公开。[②]（8）人民法院采取拘留、罚款、拘传等强制措施的，应当依法向被采取强制措施的人出示有关手续，并说明对其采取强制措施的理由和法律依据。采取强制措施后，应当将情况告知其他当事人。采取拘留或罚款措施的，应当在决定书中告知被拘留或者被罚款的人享有向上级人民法院申请复议的权利。[③]（9）人民法院拟委托评估、拍卖或者变卖被执行人财产的，应当及时告知双方当事人及其他利害关系人，并严格按照《民事诉讼法》和《最高人民法院关于人民法院民事执行中拍卖、变卖财产的规定》等有关规定，采取公开的方式选定评估机构和拍卖机构，并依法公开进行拍卖、变卖。评估结束后，人民法院应当及时向双方当事人及其他利害关系人送达评估报告；拍卖、变卖结束后，应当及时将结果告知双方当事人及其他利害关系人。[④]（10）人民法院在办理参与分配的执行案件时，应当将被执行人财产的处理方案、分配原则和分配方案以及相关法律规定告知申请参与分配的债权人。必要时，应当组织各方当事人举行听证会。[⑤]（11）人民法院对案外人异议、不予执行的申请以及变更、追加被执行主体等重大执行事项，一般应当公开听证进行审查；案情简单，事实清楚，没有必要听证的，人民法院可以直接审查。审查结果应当依法制作裁定书送达各方当事人。[⑥]（12）人民法院依职权对案件中止执行的，应当制作裁定书并送达当事人。裁定书应当说明中止执行的理由，并明确援引相应的法律依据。对已经中止执行的案件，人民法院应当告知当事人中止执行案件的管理制度、申请恢复执行或者人民法院依职权恢复执行的条件和程序。[⑦]（13）人民法院依职权对据以执行的生效法律文书终结执行的，应当公开听证，但申请执行人没有异

---

① 《最高人民法院关于人民法院执行公开的若干规定》第7条。
② 《最高人民法院关于人民法院执行公开的若干规定》第8条。
③ 《最高人民法院关于人民法院执行公开的若干规定》第9条。
④ 《最高人民法院关于人民法院执行公开的若干规定》第10条。
⑤ 《最高人民法院关于人民法院执行公开的若干规定》第11条。
⑥ 《最高人民法院关于人民法院执行公开的若干规定》第12条。
⑦ 《最高人民法院关于人民法院执行公开的若干规定》第13条。

议的除外。终结执行应当制作裁定书并送达双方当事人。裁定书应当充分说明终结执行的理由，并明确援引相应的法律依据。[①] (14) 人民法院未能按照《最高人民法院关于人民法院办理执行案件若干期限的规定》中规定的期限完成执行行为的，应当及时向申请执行人说明原因。[②] (15) 人民法院对执行过程中形成的各种法律文书和相关材料，除涉及国家秘密、商业秘密等不宜公开的文书材料外，其他一般都应当予以公开。当事人及其委托代理人申请查阅执行卷宗的，经人民法院许可，可以按照有关规定查阅、抄录、复制执行卷宗正卷中的有关材料。[③] (16) 具备条件的法院，询问当事人、执行听证和开展重大执行活动时应当进行录音录像。询问、听证和执行活动结束后，该录音录像应当向当事人及委托代理人公开。当事人及委托代理人申请查阅录音录像的，执行法院经核对身份信息后，及时提供查阅。[④] (17) 各级人民法院通过网上办案，自动生成执行案件电子卷宗。电子卷宗正卷应当向当事人及委托代理人公开。当事人及委托代理人申请查阅电子卷宗的，执行法院经核对身份信息后，及时提供查阅。[⑤] (18) 对于执行裁定书、决定书以外的程序性执行文书，各级法院通过执行流程信息公开模块，向当事人及诉讼代理人提供电子送达服务。当事人及委托代理人同意人民法院采用电子方式送达执行文书的，应当在立案时提交签名或者盖章的确认书。[⑥] (19) 各级人民法院通过互联网门户网站（政务网）向社会公众公开本院下列信息：①法院地址、交通图示、联系方式、管辖范围、下辖法院、内设部门及其职能、投诉渠道等机构信息；②审判委员会组成人员、审判执行人员的姓名、职务等人员信息；③执行流程、执行裁判文书和执行信息的公开范围和查询方法等执行公开指南信息；④执行立案条件、执行流程、申请执行书等执行文书样式、收费标准、执行费缓减免交的条件和程序、申请强制执行风险提示等执行指南信息；⑤听证公告、悬赏公告、拍卖公告；⑥评估、拍卖及其他社会中介入选机构名册等名册信息；⑦司法解释、指导性案例、执行业务文件等。[⑦]

---

① 《最高人民法院关于人民法院执行公开的若干规定》第 14 条。

② 《最高人民法院关于人民法院执行公开的若干规定》第 15 条。

③ 《最高人民法院关于人民法院执行公开的若干规定》第 16 条。

④ 《最高人民法院印发〈关于人民法院执行流程公开的若干意见〉的通知》第 4 条。

⑤ 《最高人民法院印发〈关于人民法院执行流程公开的若干意见〉的通知》第 5 条。

⑥ 《最高人民法院印发〈关于人民法院执行流程公开的若干意见〉的通知》第 6 条。

⑦ 《最高人民法院印发〈关于人民法院执行流程公开的若干意见〉的通知》第 7 条。

3. 执行公开的方法。(1)除执行请示、执行协调案件外,各级人民法院受理的各类执行案件,应当及时向案件当事人及委托代理人预留的手机号码,自动推送短信,提示案件流程进展情况,提醒案件当事人及委托代理人及时接受电子送达的执行文书。立案部门、执行机构在向案件当事人及其委托代理人送达案件受理通知书、执行通知书时,应当告知案件流程进展查询、接受电子送达执行文书的方法,并做好宣传、咨询服务等工作。在执行过程中,追加或变更当事人、委托代理人的,由执行机构在送达相关法律文书时告知前述事项。[①] (2)在执行案件办理过程中,案件当事人及委托代理人可凭有效证件号码或组织机构代码、手机号码以及执行法院提供的查询码、密码,通过执行流程信息公开模块、电话语音系统、电子公告屏和触摸屏、手机应用客户端、法院微博、法院微信公众号等多种载体,查询、下载有关执行流程信息、材料等。[②] (3)执行流程信息公开模块应具备双向互动功能。案件当事人及委托代理人登录执行流程信息公开模块后,可向案件承办人留言。留言内容应于次日自动导入网上办案平台,案件承办人可通过网上办案平台对留言进行回复。[③] (4)同意采用电子方式送达执行文书的当事人及委托代理人,可以通过执行流程信息公开模块签收执行法院以电子方式送达的各类执行文书。当事人及委托代理人下载或者查阅以电子方式送达的执行文书时,自动生成送达回证,记录受送达人下载文书的名称、下载时间、IP 地址等。自动生成的送达回证归入电子卷宗。执行机构书记员负责跟踪受送达人接受电子送达的情况,提醒、指导受送达人及时下载、查阅电子送达的执行文书。提醒短信发出后 3 日内受送达人未下载或者查阅电子送达的执行文书的,应当通过电子邮件、传真、邮寄等方式及时送达。[④]

4. 执行公开的职责分工。(1)具备网上办案条件的法院,应当严格按照网上办案的相关要求,在网上办案系统中流转、审批执行案件,制作各类文书、笔录和报告,及时、准确、完整地扫描、录入案件材料和案件信息。执行案件因特殊情形未能严格实行网上办案的,案件信息录入工作应当与实际操作同步完成。因具有特殊情形不能及时录入信息的,应当详细说明原因,报执行机构负责人和分管

---

① 《最高人民法院印发〈关于人民法院执行流程公开的若干意见〉的通知》第 8 条。
② 《最高人民法院印发〈关于人民法院执行流程公开的若干意见〉的通知》第 9 条。
③ 《最高人民法院印发〈关于人民法院执行流程公开的若干意见〉的通知》第 10 条。
④ 《最高人民法院印发〈关于人民法院执行流程公开的若干意见〉的通知》第 11 条。

院领导审批。[①] (2)案件承办人认为具体案件不宜按照《最高人民法院印发〈关于人民法院执行流程公开的若干意见〉的通知》第3条、第4条和第5条公开全部或部分流程信息及材料的,应当填写《执行流程信息不予公开审批表》,详细说明原因,经执行机构负责人审核后,呈报分管院领导审批。[②] (3)各级人民法院网上办案系统生成的执行流程数据和执行过程中生成的其他流程信息,应当存储在网上办案系统数据库中,作为执行信息公开的基础数据,通过数据摆渡的方式同步到互联网上的执行信息公开模块,并及时、全面、准确将执行案件流程数据录入全国法院执行案件信息管理系统数据库。执行法院网上办案系统形成的执行裁判文书,通过数据摆渡的方式导出至执行法院互联网门户网站(政务网)下设的裁判文书公开网,并提供与中国裁判文书网和中国执行信息公开网链接的端口。[③] (4)案件承办人认为具体案件不宜按照《最高人民法院印发〈关于人民法院执行流程公开的若干意见〉的通知》第2条和第3条公开全部或部分流程信息及材料的,应当填写《执行流程信息不予公开审批表》,详细说明原因,经执行机构负责人审核后,呈报分管院领导审批。[④] (5)已在执行流程信息公开平台上发布的信息,因故需要变更的,案件承办人应当呈报执行机构领导审批后,及时更正网上办案平台中的相关信息,并通知当事人及网管人员,由网管人员及时更新执行流程信息公开平台上的相关信息。[⑤] (6)各级人民法院立案部门、执行机构是执行流程信息公开平台具体执行案件进度信息公开工作的责任部门,负责确保案件信息的准确性、完整性和录入、公开的及时性。[⑥] (7)各级人民法院司法行政装备管理部门应当为执行信息公开工作提供物质保障。信息技术部门负责网站建设、运行维护、技术支持,督促技术部门每日定时将网上办案平台中的有关信息数据,包括领导已经签发的各类执行文书等,导出至执行流程信息公开平台,并通过执行流程信息公开平台将收集的有关信息,包括自动生成的送达回证等,导入网上办案平台,实现网上办案平台与执行流程信息公开平台的数据安全

① 《最高人民法院印发〈关于人民法院执行流程公开的若干意见〉的通知》第12条。
② 《最高人民法院印发〈关于人民法院执行流程公开的若干意见〉的通知》第13条。
③ 《最高人民法院印发〈关于人民法院执行流程公开的若干意见〉的通知》第14条。
④ 《最高人民法院印发〈关于人民法院执行流程公开的若干意见〉的通知》第15条。
⑤ 《最高人民法院印发〈关于人民法院执行流程公开的若干意见〉的通知》第16条。
⑥ 《最高人民法院印发〈关于人民法院执行流程公开的若干意见〉的通知》第17条。

传输和对接。[①] (8)审判管理部门负责组织实施执行流程公开工作,监管执行流程信息公开平台,适时组织检查,汇总工作信息,向院领导报告工作情况,编发通报,进行督促、督办等。发现案件信息不完整、滞后公开或存在错误的,审判管理部门应当督促相关部门补正,并协调、指导信息技术部门及时做好信息更新等工作。[②] (9)向公众公开信息的发布和更新,由各级法院确定具体负责部门。[③]

5. 执行公开的责任与考评。(1)对违反本规定不公开或不及时公开案件执行信息的,视情节轻重,依有关规定追究相应的责任。[④] (2)因过失导致公开的执行流程信息出现重大错漏,造成严重后果的,依据相关规定追究有关人员的责任。[⑤] (3)执行流程信息公开工作纳入司法公开工作绩效考评范围,考评办法另行制定。[⑥]

执行案件的督办(非法条内容)

本书仅就执行案件的督办进行阐释。

1. 执行案件督办权的主体。最高人民法院对地方各级人民法院执行案件进行监督。高级人民法院、中级人民法院对本辖区内人民法院执行案件进行监督。[⑦]

2. 执行案件督办的启动。当事人反映下级法院有消极执行或者案件长期不能执结,上级法院认为情况属实的,应当督促下级法院及时采取执行措施,或者在指定期限内办结。[⑧]

3. 执行案件督办的过程。(1)上级法院应当在受理反映下级法院执行问题的申诉后十日内,对符合督办条件的案件制作督办函,并附相关材料函转下级法院。遇有特殊情况,上级法院可要求下级法院立即进行汇报,或派员实地进行督

---

① 《最高人民法院印发〈关于人民法院执行流程公开的若干意见〉的通知》第18条。
② 《最高人民法院印发〈关于人民法院执行流程公开的若干意见〉的通知》第19条。
③ 《最高人民法院印发〈关于人民法院执行流程公开的若干意见〉的通知》第20条。
④ 《最高人民法院关于人民法院执行公开的若干规定》第17条。
⑤ 《最高人民法院印发〈关于人民法院执行流程公开的若干意见〉的通知》第21条。
⑥ 《最高人民法院印发〈关于人民法院执行流程公开的若干意见〉的通知》第22条。
⑦ 《关于执行案件督办工作的规定(试行)》第1条。
⑧ 《关于执行案件督办工作的规定(试行)》第2条。

办。下级法院在接到上级法院的督办函后，应指定专人办理。[①] (2)下级法院应当在上级法院指定的期限内，将案件办理情况或者处理意见向督办法院作出书面报告。[②] (3)对于上级法院督办的执行案件，被督办法院应当按照上一级法院的要求，及时制作案件督办函，并附案件相关材料函转至执行法院。被督办法院负责在上一级法院限定的期限届满前，将督办案件办理情况书面报告上一级法院，并附相关材料。[③] (4)下级法院逾期未报告工作情况或案件处理结果的，上级法院根据情况可以进行催报，也可以直接调卷审查，指定其他法院办理，或者提级执行。[④] (5)上级法院收到下级法院的书面报告后，认为下级法院的处理意见不当的，应当提出书面意见函告下级法院。下级法院应当按照上级法院的意见办理。[⑤] (6)下级法院认为上级法院的处理意见错误，可以按照有关规定提请上级法院复议。对下级法院提请复议的案件，上级法院应当另行组成合议庭进行审查。经审查认为原处理意见错误的，应当纠正；认为原处理意见正确的，应当拟函督促下级法院按照原处理意见办理。[⑥]

4. 执行案件督办的责任。对于上级法院督办的执行案件，下级法院无正当理由逾期未报告工作情况或案件处理结果，或者拒不落实、消极落实上级法院的处理意见，经上级法院催办后仍未纠正的，上级法院可以在辖区内予以通报，并依据有关规定追究相关法院或者责任人的责任。[⑦]

---

① 《关于执行案件督办工作的规定(试行)》第 3 条。
② 《关于执行案件督办工作的规定(试行)》第 4 条。
③ 《关于执行案件督办工作的规定(试行)》第 5 条。
④ 《关于执行案件督办工作的规定(试行)》第 6 条。
⑤ 《关于执行案件督办工作的规定(试行)》第 7 条。
⑥ 《关于执行案件督办工作的规定(试行)》第 8 条。
⑦ 《关于执行案件督办工作的规定(试行)》第 9 条。

第二十章　执行的申请和移送

本章共五条，对执行的申请和移送，仲裁裁决、公证债权文书的执行、执行期间、执行通知以及强制执行措施采取的时间等作了规定。

申请执行和移送执行

第二百四十三条　发生法律效力的民事判决、裁定，当事人必须履行。一方拒绝履行的，对方当事人可以向人民法院申请执行，也可以由审判员移送执行员执行。

调解书和其他应当由人民法院执行的法律文书，当事人必须履行。一方拒绝履行的，对方当事人可以向人民法院申请执行。

本条明确申请执行和移送执行。

民事强制执行程序的开始有两种方式：申请执行和移送执行。本书仅就其进行阐释。

一、申请执行

申请执行，是指根据生效的法律文书，享有权利的一方当事人在对方拒绝履行义务的情况下，向人民法院提出申请，请求人民法院强制执行。[①] 生效法律文书的执行，一般应当由当事人依法提出申请。[②]

1. 申请执行的条件（又称执行受理的条件）。(1)申请执行的法律文书已经生效，且具有给付内容。(2)申请执行人是生效法律文书确定的权利人或其继承人、权利承受人。(3)义务人逾期不履行法律文书确定的义务。(4)在法定的期

① 江必新等编著：《新民事诉讼法配套适用规则适用指引(执行程序卷)》，法律出版社 2016 年版，第176 页。

② 《最高人民法院关于人民法院执行工作若干问题的规定(试行)》第 17 条第 1 款。

限内提出申请。(5)执行标的和被执行人明确。(6)属于受申请执行的人民法院管辖。[①]

2. 申请执行提交的文件和证件。申请执行,应向人民法院提交下列文件和证件:(1)申请执行书。申请执行书中应当写明申请执行的理由、事项、执行标的,以及申请执行人所了解的被执行人的财产状况。申请执行人书写申请执行书确有困难的,可以口头提出申请。人民法院接待人员对口头申请应当制作笔录,由申请执行人签字或盖章。外国一方当事人申请执行的,应当提交中文申请执行书。当事人所在国与我国缔结或共同参加的司法协助条约有特别规定的,按照条约规定办理。(2)生效法律文书副本。(3)申请执行人的身份证明。自然人申请的,应当出示居民身份证;法人申请的,应当提交法人营业执照副本和法定代表人身份证明;非法人组织申请的,应当提交营业执照副本和主要负责人身份证明。(4)继承人或权利承受人申请执行的,应当提交继承或承受权利的证明文件。(5)其他应当提交的文件或证件。[②] (6)申请执行仲裁机构的仲裁裁决,应当向人民法院提交有仲裁条款的合同书或仲裁协议书。申请执行国外仲裁机构的仲裁裁决的,应当提交经我国驻外使领馆认证或我国公证机关公证的仲裁裁决书中文本。[③]

3. 申请执行的委托代理人。申请执行人可以委托代理人代为申请执行。委托代理的,应当向人民法院提交经委托人签字或盖章的授权委托书,写明代理人的姓名或者名称、代理事项、权限和期限。委托代理人代为放弃、变更民事权利,或代为进行执行和解,或代为收取执行款项的,应当有委托人的特别授权。[④]

4. 申请执行的受理。人民法院对执行申请审查后,认为符合受理条件的,应当在 7 日内予以立案,不符合受理条件的,应当在 7 日内不予受理。

5. 申请执行中的执行措施。承办人收到案件材料后,经审查认为情况紧急、

---

① 洪冬英主编:《民事诉讼法学通论》(第 3 版),北京大学出版社 2020 年版,第 385～386 页。

② 《最高人民法院关于人民法院执行工作若干问题的规定(试行)》第 18 条。

③ 《最高人民法院关于人民法院执行工作若干问题的规定(试行)》第 19 条。

④ 《最高人民法院关于人民法院执行工作若干问题的规定(试行)》第 20 条。

《最高人民法院关于民事诉讼委托代理人在执行程序中的代理权限问题的批复》认为,当事人委托代理人时,应当依法向人民法院提交记明委托事项和代理人具体代理权限的授权委托书。如果当事人在授权委托书中没有写明代理人在执行程序中有代理权及具体的代理事项,代理人在执行程序中没有代理权,不能代理当事人直接领取或者处分标的物。

需立即采取执行措施的,经批准后可立即采取相应的执行措施。①

6. 依法保全被执行人的未到期债权。对被执行人的未到期债权,执行法院可以依法冻结,待债权到期后参照到期债权予以执行。第三人仅以该债务未到期为由提出异议的,不影响对该债权的保全。②

7. 引导申请执行人依法诉讼。被执行人怠于行使债权对申请执行人造成损害的,执行法院可以告知申请执行人依照《民法典》第535条的规定,向有管辖权的人民法院提起代位权诉讼。被执行人放弃债权、无偿转让财产或者以明显不合理的低价转让财产,对申请执行人造成损害的,执行法院可以告知申请执行人依照《民法典》第538条、第539条的规定向有管辖权的人民法院提起撤销权诉讼。③

8. 强制执行的告知、实施。对于被执行人已经生效法律文书确认的债权,执行法院可以书面通知被执行人在限期内向有管辖权的人民法院申请执行该生效法律文书。限期届满被执行人仍怠于申请执行的,执行法院可以依法强制执行该到期债权。被执行人已经申请执行的,执行法院可以请求执行该债权的人民法院协助扣留相应的执行款物。④

二、移送执行

移送执行,是指人民法院审判员依据生效法律文书,不待当事人的申请,将某些特殊的案件依法直接交付执行机构执行,从而启动执行程序。⑤

1. 移送执行的范围。⑥ 发生法律效力的具有给付赡养费、扶养费、抚育费内容的法律文书、民事制裁决定书,以及刑事附带民事判决、裁定、调解书,由审判庭移送执行机构执行。⑦

2. 移送执行的通知书。移送执行要填写移送执行通知书,其内容一般包括:移送执行案件的编号、案由;需要执行事项和具体要求;被执行人经济状况、履行

① 《最高人民法院关于人民法院办理执行案件若干期限的规定》第3条。

② 《最高人民法院关于依法制裁规避执行行为的若干意见》第13条。

③ 《最高人民法院关于依法制裁规避执行行为的若干意见》第14条。

④ 《最高人民法院关于依法制裁规避执行行为的若干意见》第12条。

⑤ 洪冬英主编:《民事诉讼法学通论》(第3版),北京大学出版社2020年版,第387页。

⑥ 洪冬英主编:《民事诉讼法学通论》(第3版),北京大学出版社2020年版,第37~388页。

⑦ 《最高人民法院关于人民法院执行工作若干问题的规定(试行)》第17条第2款。

《最高人民法院关于审理环境民事公益诉讼案件适用法律若干问题的解释》第32条规定:"发生法律效力的环境民事公益诉讼案件的裁判,需要采取强制执行措施的,应当移送执行。"

义务的能力、对判决的态度,以及在执行中需要注意的其他事项。

3. 移送执行的审批、移交。移送执行通知书经庭长或院长批准后,连同生效的判决书、裁定、支付令、调解协议书交给执行庭或者执行员。如有必要,也可以将案件一并移交。

4. 移送执行中的执行措施。人民法院在民事判决、裁定发生法律效力后,可以直接移送执行;可以依法依职权主动采取措施,调查、控制被执行人的财产,防止被执行人转移财产;在分配可供执行的财产时,可以优先考虑将财产分配给追索劳动报酬(包括农民工工资)、赡养费、扶养费、抚养费的申请执行人。对于需要先予执行的案件,可依法积极采取先予执行措施。①

仲裁裁决执行

第二百四十四条 对依法设立的仲裁机构的裁决,一方当事人不履行的,对方当事人可以向有管辖权的人民法院申请执行。受申请的人民法院应当执行。

被申请人提出证据证明仲裁裁决有下列情形之一的,经人民法院组成合议庭审查核实,裁定不予执行:

(一)当事人在合同中没有订有仲裁条款或者事后没有达成书面仲裁协议的;

(二)裁决的事项不属于仲裁协议的范围或者仲裁机构无权仲裁的;

(三)仲裁庭的组成或者仲裁的程序违反法定程序的;

(四)裁决所根据的证据是伪造的;

(五)对方当事人向仲裁机构隐瞒了足以影响公正裁决的证据的;

---

① 《最高人民法院关于开展涉民生案件专项集中执行活动的通知》规定,本次集中执行活动,以涉及人民群众生存生活的追索劳动报酬(包括农民工工资)、赡养费、扶养费、抚养费、抚恤金、医疗损害赔偿、交通事故人身损害赔偿、工伤赔偿以及最高人民法院挂牌督办的相关案件为重点,采取更加有效的执行措施,集中打击拒不执行人民法院生效裁判行为,提高案件执行效率。

（六）仲裁员在仲裁该案时有贪污受贿，徇私舞弊，枉法裁决行为的。

人民法院认定执行该裁决违背社会公共利益的，裁定不予执行。

裁定书应当送达双方当事人和仲裁机构。

仲裁裁决被人民法院裁定不予执行的，当事人可以根据双方达成的书面仲裁协议重新申请仲裁，也可以向人民法院起诉。

本条明确仲裁裁决的执行。

当事人应当履行裁决。一方当事人不履行的，另一方当事人可以依照《民事诉讼法》的有关规定向人民法院申请执行。受申请的人民法院应当执行。[①] 本书在此基础上进一步阐释三个方面的内容。

一、仲裁协议

1. 仲裁协议的内容。（1）仲裁协议包括合同中订立的仲裁条款和以其他书面方式在纠纷发生前或者纠纷发生后达成的请求仲裁的协议。仲裁协议应当具有下列内容：①请求仲裁的意思表示；②仲裁事项；③选定的仲裁委员会。[②]（2）仲裁协议的约定应表明，双方将仲裁作为解决争议的唯一方式和最终方式。[③]（3）当事人概括约定仲裁事项为合同争议的，基于合同成立、效力、变更、转让、履行、违约责任、解释、解除等产生的纠纷都可以认定为仲裁事项。[④]

2. 仲裁协议的形式。《仲裁法》第16条规定的"其他书面形式"的仲裁协议，包括以合同书、信件和数据电文（包括电报、电传、传真、电子数据交换和电子邮件）等形式达成的请求仲裁的协议。[⑤]

3. 仲裁协议的异议。当事人对仲裁协议的效力有异议的，可以请求仲裁委员会作出决定或者请求人民法院作出裁定。一方请求仲裁委员会作出决定，另一方请求人民法院作出裁定的，由人民法院裁定。当事人对仲裁协议的效力有异议，应当在仲裁庭首次开庭前提出。[⑥]

---

① 《仲裁法》第62条。

② 《仲裁法》第16条。

③ 《最高人民法院关于上海国际航运大厦有限公司与香港海宁工程（中国）有限公司承包合同纠纷一案管辖问题的复函》。

④ 《最高人民法院关于适用〈中华人民共和国仲裁法〉若干问题的解释》第2条。

⑤ 《最高人民法院关于适用〈中华人民共和国仲裁法〉若干问题的解释》第1条。

⑥ 《仲裁法》第20条。

4. 仲裁协议的效力。(1)仲裁协议的有效。①合同成立后未生效或者被撤销的，仲裁协议效力的认定适用《仲裁法》第19条第1款的规定。当事人在订立合同时就争议达成仲裁协议的，合同未成立不影响仲裁协议的效力。[①] ②当事人订立仲裁协议后合并、分立的，仲裁协议对其权利义务的继受人有效。当事人订立仲裁协议后死亡的，仲裁协议对承继其仲裁事项中的权利义务的继承人有效。前两款规定情形，当事人订立仲裁协议时另有约定的除外。[②] ③债权债务全部或者部分转让的，仲裁协议对受让人有效，但当事人另有约定、在受让债权债务时受让人明确反对或者不知有单独仲裁协议的除外。[③] (2)仲裁协议的无效。①仲裁协议对仲裁事项或者仲裁委员会没有约定或者约定不明确的，当事人可以补充协议；达不成补充协议的，仲裁协议无效。[④] ②当事人约定争议可以向仲裁机构申请仲裁也可以向人民法院起诉的，仲裁协议无效。但一方向仲裁机构申请仲裁，另一方未在《仲裁法》第20条第2款规定期间内提出异议的除外。[⑤] ③仲裁协议约定两个以上仲裁机构的，当事人可以协议选择其中的一个仲裁机构申请仲裁；当事人不能就仲裁机构选择达成一致的，仲裁协议无效。[⑥] ④仲裁协议约定由某地的仲裁机构仲裁且该地仅有一个仲裁机构的，该仲裁机构视为约定的仲裁机构。该地有两个以上仲裁机构的，当事人可以协议选择其中的一个仲裁机构申请仲裁；当事人不能就仲裁机构选择达成一致的，仲裁协议无效。[⑦] (3)仲裁协议效力的确定。①仲裁协议效力确定的不予受理。依照《仲裁法》第20条第2款的规定，当事人在仲裁庭首次开庭前没有对仲裁协议的效力提出异议，而后向人民法院申请确认仲裁协议无效的，人民法院不予受理。仲裁机构对

---

① 《最高人民法院关于适用〈中华人民共和国仲裁法〉若干问题的解释》第10条。

《仲裁法》第19条第1款规定："仲裁协议独立存在，合同的变更、解除、终止或者无效，不影响仲裁协议的效力。"

② 《最高人民法院关于适用〈中华人民共和国仲裁法〉若干问题的解释》第8条。

③ 《最高人民法院关于适用〈中华人民共和国仲裁法〉若干问题的解释》第9条。

④ 《仲裁法》第18条。

《最高人民法院关于仅选择仲裁地点而对仲裁机构没有约定的仲裁条款效力问题的函》认为："本案合同仲裁条款中双方当事人仅约定仲裁地点，而对仲裁机构没有约定。发生纠纷后，双方当事人就仲裁机构达不成补充协议，应依据《中华人民共和国仲裁法》第十八条之规定，认定本案所涉仲裁协议无效。"

⑤ 《最高人民法院关于适用〈中华人民共和国仲裁法〉若干问题的解释》第7条。

⑥ 《最高人民法院关于适用〈中华人民共和国仲裁法〉若干问题的解释》第5条。

⑦ 《最高人民法院关于适用〈中华人民共和国仲裁法〉若干问题的解释》第6条。

仲裁协议的效力作出决定后，当事人向人民法院申请确认仲裁协议效力或者申请撤销仲裁机构的决定的，人民法院不予受理。[①] ②仲裁协议效力确定的管辖法院。当事人向人民法院申请确认仲裁协议效力的案件，由仲裁协议约定的仲裁机构所在地的中级人民法院管辖；仲裁协议约定的仲裁机构不明确的，由仲裁协议签订地或者被申请人住所地的中级人民法院管辖。申请确认涉外仲裁协议效力的案件，由仲裁协议约定的仲裁机构所在地、仲裁协议签订地、申请人或者被申请人住所地的中级人民法院管辖。涉及海事海商纠纷仲裁协议效力的案件，由仲裁协议约定的仲裁机构所在地、仲裁协议签订地、申请人或者被申请人住所地的海事法院管辖；上述地点没有海事法院的，由就近的海事法院管辖。[②] ③仲裁协议效力确定的审查。(i)审查形式。人民法院审理仲裁协议效力确认案件，应当组成合议庭进行审查，并询问当事人。[③] (ii)适用法律。对涉外仲裁协议的效力审查，适用当事人约定的法律；当事人没有约定适用的法律但约定了仲裁地的，适用仲裁地法律；没有约定适用的法律也没有约定仲裁地或者仲裁地约定不明的，适用法院地法律。[④]

5. 仲裁协议的争议解决。合同约定解决争议适用其他合同、文件中的有效仲裁条款的，发生合同争议时，当事人应当按照该仲裁条款提请仲裁。涉外合同应当适用的有关国际条约中有仲裁规定的，发生合同争议时，当事人应当按照国际条约中的仲裁规定提请仲裁。[⑤]

二、仲裁司法审查

仲裁司法审查制度，主要包括申请撤销仲裁裁决和不予执行仲裁裁决两种。[⑥] 根据审理撤销、执行仲裁裁决案件的实际需要，人民法院可以要求仲裁机

① 《最高人民法院关于适用〈中华人民共和国仲裁法〉若干问题的解释》第13条。

② 《最高人民法院关于适用〈中华人民共和国仲裁法〉若干问题的解释》第12条。

③ 《最高人民法院关于适用〈中华人民共和国仲裁法〉若干问题的解释》第15条。

④ 《最高人民法院关于适用〈中华人民共和国仲裁法〉若干问题的解释》第16条。

⑤ 《最高人民法院关于适用〈中华人民共和国仲裁法〉若干问题的解释》第11条。

⑥ 不予执行仲裁裁决和撤销仲裁裁决的区别：(1)撤销后的仲裁裁决为自始无效，而不予执行并不对仲裁裁决进行效力评价。(2)双方当事人均可以申请撤销仲裁裁决，而仲裁裁决的被申请人可以提出不予执行。(3)当事人应当向仲裁委员会所在地的中级人民法院申请仲裁裁决；申请不予执行仲裁裁决是执行仲裁裁决的人民法院，不限于中级法院。(4)当事人应当自收到仲裁裁决书之日起6个月内向人民法院申请撤销仲裁裁决，而申请不予执行仲裁裁决则是在对方当事人向人民法院申请执行之后。(5)人民法院受理撤销裁决的申请后，可以通知仲裁庭重新仲裁，并裁定中止撤销程序，其拒绝重新仲裁的，裁定恢复撤销程序；而不予执行仲裁的程序中，人民法院经审查后直接作出裁定，不能要求仲裁庭重新仲裁。

构作出说明或者向相关仲裁机构调阅仲裁案卷。人民法院在办理涉及仲裁的案件过程中作出的裁定,可以送相关的仲裁机构。[①]

(一)撤销仲裁裁决

1. 撤销仲裁裁决的申请。(1)当事人提出证据证明裁决有下列情形之一的,可以向仲裁委员会所在地的中级人民法院申请撤销裁决:①没有仲裁协议的;②裁决的事项不属于仲裁协议的范围或者仲裁委员会无权仲裁的;③仲裁庭的组成或者仲裁的程序违反法定程序的;④裁决所根据的证据是伪造的;⑤对方当事人隐瞒了足以影响公正裁决的证据的;⑥仲裁员在仲裁该案时有索贿受贿,徇私舞弊,枉法裁决行为的。人民法院经组成合议庭审查核实裁决有上述规定情形之一的,应当裁定撤销。人民法院认定该裁决违背社会公共利益的,应当裁定撤销。[②] (2)一方当事人申请执行裁决,另一方当事人申请撤销裁决的,人民法院应当裁定中止执行。人民法院裁定撤销裁决的,应当裁定终结执行。撤销裁决的申请被裁定驳回的,人民法院应当裁定恢复执行。[③]

2. 撤销仲裁裁决的审查。(1)当事人申请撤销仲裁裁决的案件,人民法院应当组成合议庭审理,并询问当事人。[④] (2)人民法院受理当事人撤销仲裁裁决的申请后,另一方当事人申请执行同一仲裁裁决的,受理执行申请的人民法院应当在受理后裁定中止执行。[⑤]

3. 撤销仲裁裁决中的重新仲裁。(1)当事人申请撤销国内仲裁裁决的案件属于下列情形之一的,人民法院可以依照《仲裁法》第61条的规定通知仲裁庭在一定期限内重新仲裁:①仲裁裁决所根据的证据是伪造的;②对方当事人隐瞒了足以影响公正裁决的证据的。人民法院应当在通知中说明要求重新仲裁的具体理由。[⑥] (2)仲裁庭在人民法院指定的期限内开始重新仲裁的,人民法院应当裁定终结撤销程序;未开始重新仲裁的,人民法院应当裁定恢复撤销程序。[⑦] (3)当事人对重新仲裁裁决不服的,可以在重新仲裁裁决书送达之日起6个月内依据

① 《最高人民法院关于适用〈中华人民共和国仲裁法〉若干问题的解释》第30条。
② 《仲裁法》第58条。
③ 《仲裁法》第64条。
④ 《最高人民法院关于适用〈中华人民共和国仲裁法〉若干问题的解释》第24条。
⑤ 《最高人民法院关于适用〈中华人民共和国仲裁法〉若干问题的解释》第25条。
⑥ 《最高人民法院关于适用〈中华人民共和国仲裁法〉若干问题的解释》第21条。
⑦ 《最高人民法院关于适用〈中华人民共和国仲裁法〉若干问题的解释》第22条。

《仲裁法》第58条规定向人民法院申请撤销。[①]

4. 撤销仲裁裁决的提交讨论。人民法院院长对本院已经发生法律效力的诉前保全裁定和在执行程序中作出的裁定，发现确有错误，认为需要撤销的，应当提交审判委员会讨论决定后，裁定撤销原裁定。[②]

5. 撤销仲裁裁决的裁定。当事人以不属于《仲裁法》第58条或者《民事诉讼法》第281条规定的事由申请撤销仲裁裁决的，人民法院不予支持。[③]

6. 具体纠纷案件的撤销仲裁裁定。(1)用人单位有证据证明《劳动争议调解仲裁法》第47条规定的仲裁裁决有下列情形之一，可以自收到仲裁裁决书之日起30日内向劳动争议仲裁委员会所在地的中级人民法院申请撤销裁决：①适用法律、法规确有错误的；②劳动争议仲裁委员会无管辖权的；③违反法定程序的；④裁决所根据的证据是伪造的；⑤对方当事人隐瞒了足以影响公正裁决的证据的；⑥仲裁员在仲裁该案时有索贿受贿、徇私舞弊、枉法裁决行为的。人民法院经组成合议庭审查核实裁决有前款规定情形之一的，应当裁定撤销。仲裁裁决被人民法院裁定撤销的，当事人可以自收到裁定书之日起15日内就该劳动争议事项向人民法院提起诉讼。(2)仲裁裁决被人民法院裁定撤销的，当事人可以自收到裁定书之日起15日内就该劳动争议事项向人民法院提起诉讼。[④] (3)根据《仲裁法》第9条[⑤]规定的精神，当事人对人民法院驳回其申请撤销仲裁裁决的裁定不服而申请再审的，人民法院不予受理。[⑥]

(二)不予执行仲裁裁决

被申请人提出证据证明裁决有《民事诉讼法》第243条第2款规定的情形之一的，经人民法院组成合议庭审查核实，裁定不予执行。[⑦]

---

① 《最高人民法院关于适用〈中华人民共和国仲裁法〉若干问题的解释》第23条。

② 《最高人民法院关于人民法院发现本院作出的诉前保全裁定和在执行程序中作出的裁定确有错误以及人民检察院对人民法院作出的诉前保全裁定提出抗诉人民法院应当如何处理的批复》第1条。

③ 《最高人民法院关于适用〈中华人民共和国仲裁法〉若干问题的解释》第17条。

④ 《劳动争议调解仲裁法》第49条第3款。

⑤ 《仲裁法》第9条规定："仲裁实行一裁终局的制度。裁决作出后，当事人就同一纠纷再申请仲裁或者向人民法院起诉的，仲裁委员会或者人民法院不予受理。裁决被人民法院依法裁定撤销或者不予执行的，当事人就该纠纷可以根据双方重新达成的仲裁协议申请仲裁，也可以向人民法院起诉。"

⑥ 《最高人民法院关于当事人对驳回其申请撤销仲裁裁决的裁定不服而申请再审，人民法院不予受理问题的批复》。

⑦ 《仲裁法》第63条。

1. 裁决不予执行仲裁的情形。(1)当事人在合同中没有订有仲裁条款或者事后没有达成书面仲裁协议的。其中,"没有仲裁协议"是指当事人没有达成仲裁协议。仲裁协议被认定无效或者被撤销的,视为没有仲裁协议。[①] (2)裁决的事项不属于仲裁协议的范围或者仲裁机构无权仲裁的。[②] ①当事人以仲裁裁决事项超出仲裁协议范围为由申请撤销仲裁裁决,经审查属实的,人民法院应当撤销仲裁裁决中的超裁部分。但超裁部分与其他裁决事项不可分的,人民法院应当撤销仲裁裁决。[③] ②仲裁机构的确定也会影响到仲裁机构权力的有无。(i)仲裁协议约定的仲裁机构名称不准确,但能够确定具体的仲裁机构的,应当认定选定了仲裁机构。[④] (ii)仲裁协议仅约定纠纷适用的仲裁规则的,视为未约定仲裁机构,但当事人达成补充协议或者按照约定的仲裁规则能够确定仲裁机构的除外。[⑤] (iii)当事人没有选定仲裁员,也没有提交答辩状,虽然其参加了仲裁委的审理过程,并对案件的实体问题发表了意见,但其不认可该仲裁委的管辖权,故不能视为其接受了仲裁委的管辖。(3)仲裁庭的组成或者仲裁的程序违反法定程序的。其中,"违反法定程序",是指违反仲裁法规定的仲裁程序和当事人选择的仲裁规则可能影响案件正确裁决的情形。[⑥] (4)裁决所根据的证据是伪造的。当事人提供了伪造的证据,势必影响仲裁庭对案件事实作出正确判断,使一方当事人的合法权益受到损害,也就不能强制执行。(5)对方当事人向仲裁机构隐瞒了足以影响公正裁决的证据的。其中,"足以影响公正裁决的证据",是指直接关系到仲裁裁决的最后结论的证据,通常与仲裁案件所涉及的争议焦点或关键事实密切相关。被申请人需要证明两点:①对方当事人向仲裁机构隐瞒了相关证据;②该证据足以影响仲裁机构作出公正裁决。(6)仲裁员在仲裁该案时有贪污受贿、徇私舞弊、枉法裁决行为的。上述行为是仲裁过程中的违法行为,严重影响到仲裁裁决的公正性,人民法院查实后,不予执行该仲裁裁决。(7)具有《民事

---

① 《最高人民法院关于适用〈中华人民共和国仲裁法〉若干问题的解释》第 18 条。

② 《最高人民法院关于深圳市广夏文化实业总公司、宁夏伊斯兰国际信托投资公司、深圳兴庆电子公司与密苏尔有限公司仲裁裁决不予执行案的复函》认为,仲裁庭仲裁的案件仅限于契约或非契约性的民商事纠纷案件,对于涉及侵权性质的纠纷案件则无权进行仲裁。

③ 《最高人民法院关于适用〈中华人民共和国仲裁法〉若干问题的解释》第 19 条。

④ 《最高人民法院关于适用〈中华人民共和国仲裁法〉若干问题的解释》第 3 条。

⑤ 《最高人民法院关于适用〈中华人民共和国仲裁法〉若干问题的解释》第 4 条。

⑥ 《最高人民法院关于适用〈中华人民共和国仲裁法〉若干问题的解释》第 20 条。

诉讼法》第244条和第281条规定情形之一的,人民法院经审查属实,应当裁定不予执行。同时,不予执行公证机关赋予强制执行效力的债权文书的裁定一经作出,即具有法律效力,当事人既不能上诉,也不能申请复议。

2. 不予执行仲裁裁决的申请。当事人请求不予执行仲裁裁决或者公证债权文书的,应当在执行终结前向执行法院提出。[①]

3. 不予执行仲裁裁决的受理人民法院。(1)当事人申请执行仲裁裁决案件,由被执行人住所地或者被执行的财产所在地的中级人民法院管辖。[②] (2)当事人未向审判部门提出撤销仲裁裁决的申请而在执行阶段申请不予执行的,只要符合《民事诉讼法》第244条第2款规定,且人民法院的审判人员组成的合议庭符合法律规定,各法院可按照法院内部各部门之间业务分工的规定办理。[③]

4. 不予执行仲裁裁决的审查。(1)被执行人对国内仲裁裁决提出不予执行抗辩的,由执行局审查。[④] (2)依据《民事诉讼法》第244条的规定是对证据和事实认定问题进行审查,而《民事诉讼法》第281条和《仲裁法》第71条只对程序性问题进行审查。[⑤]

5. 不予执行仲裁裁决的裁定。(1)被申请人提出证据证明裁决有《民事诉讼法》第243条第2款规定的情形之一的,经人民法院组成合议庭审查核实,裁定不予执行。[⑥] (2)仲裁机构裁决的事项,部分有《民事诉讼法》第244条第2款、第3款规定情形的,人民法院应当裁定对该部分不予执行。[⑦] (3)当事人向人民法院申请撤销仲裁裁决被驳回后,又在执行程序中以相同理由提出不予执行抗辩的,人民法院不予支持。[⑧] (4)当事人请求不予执行仲裁调解书或者根据当事人之间的和解协议作出的仲裁裁决书的,人民法院不予支持。[⑨] (5)当事人在仲裁

---

① 《最高人民法院关于适用〈中华人民共和国民事诉讼法〉的解释》第479条。

② 《最高人民法院关于适用〈中华人民共和国仲裁法〉若干问题的解释》第29条。

③ 《最高人民法院执行工作办公室关于执行监督程序中裁定不予执行仲裁裁决几个问题请示案的复函》。

④ 《最高人民法院关于执行权合理配置和科学运行的若干意见》第23条。

⑤ 《最高人民法院关于上海市第一中级人民法院驳回上海久事大厦置业有限公司、上海久茂对外贸易公司不予执行仲裁裁决申请案的复函》。

⑥ 《仲裁法》第63条。

⑦ 《最高人民法院关于适用〈中华人民共和国民事诉讼法〉的解释》第475条第1款。

⑧ 《最高人民法院关于适用〈中华人民共和国仲裁法〉若干问题的解释》第26条。

⑨ 《最高人民法院关于适用〈中华人民共和国仲裁法〉若干问题的解释》第28条。

程序中未对仲裁协议的效力提出异议，在仲裁裁决作出后以仲裁协议无效为由主张撤销仲裁裁决或者提出不予执行抗辩的，人民法院不予支持。当事人在仲裁程序中对仲裁协议的效力提出异议，在仲裁裁决作出后又以此为由主张撤销仲裁裁决或者提出不予执行抗辩，经审查符合《仲裁法》第58条或者《民事诉讼法》第244条、第281条规定的，人民法院应予支持。[①] (6)经合议庭审查核实，不予执行仲裁裁决的，人民法院应当作出裁定书，并送达双方当事人和仲裁机构。仲裁裁决被人民法院裁定不予执行的，当事人可以根据双方达成的书面仲裁协议重新申请仲裁，也可以向人民法院起诉。

6. 裁定不予执行仲裁裁决后当事人的救济途径。依照《民事诉讼法》第244条第2款、第3款规定，人民法院裁定不予执行仲裁裁决后，当事人对该裁定提出执行异议或者复议的，人民法院不予受理。当事人可以就该民事纠纷重新达成书面仲裁协议申请仲裁，也可以向人民法院起诉。[②]

（三）指令不予执行仲裁裁决

1. 上级法院发现下级法院在执行中作出的裁定、决定、通知或具体执行行为不当或有错误的，应当及时指令下级法院纠正，并可以通知有关法院暂缓执行。[③]

2. 上级法院发现下级法院执行的非诉讼生效法律文书有不予执行事由，应当依法作出不予执行裁定而不制作的，可以责令下级法院在指定时限内作出裁定，必要时可直接裁定不予执行。[④]

三、具体纠纷案件的仲裁裁决执行

1. 土地承包纠纷案件的仲裁裁决执行。(1)当事人不服仲裁裁决的，可以自收到裁决书之日起30日内向人民法院起诉。逾期不起诉的，裁决书即发生法律效力。[⑤] (2)当事人对发生法律效力的调解书、裁决书，应当依照规定的期限履

---

① 《最高人民法院关于适用〈中华人民共和国仲裁法〉若干问题的解释》第27条。

② 《最高人民法院关于适用〈中华人民共和国民事诉讼法〉的解释》第476条。

③ 《最高人民法院关于人民法院执行工作若干问题的规定(试行)》第72条第1款。

《最高人民法院执行工作办公室关于执行监督程序中裁定不予执行仲裁裁决几个问题的请求案的复函》认为，本院《关于人民法院执行工作若干问题的规定(试行)》第130条第1款规定："上级法院发现下级法院在执行中作出的裁定、决定、通知或具体执行行为不当或有错误的，应当及时指令下级法院纠正，并可以通知有关法院暂缓执行。"其赋予上级法院对下级法院在执行中作出的不当或错误裁定的监督权。

④ 《最高人民法院关于人民法院执行工作若干问题的规定(试行)》第73条。

⑤ 《农村土地承包经营纠纷调解仲裁法》第48条。

行。一方当事人逾期不履行的,另一方当事人可以向被申请人住所地或者财产所在地的基层人民法院申请执行。受理申请的人民法院应当依法执行。[①]

2. 劳动人事纠纷案件的仲裁裁决执行。(1)当事人申请人民法院执行劳动争议仲裁机构作出的发生法律效力的裁决书、调解书,被申请人提出证据证明劳动争议仲裁裁决书、调解书有下列情形之一,并经审查核实的,人民法院可以根据《民事诉讼法》第244条规定,裁定不予执行:①裁决的事项不属于劳动争议仲裁范围,或者劳动争议仲裁机构无权仲裁的;②适用法律、法规确有错误的;③违反法定程序的;④裁决所根据的证据是伪造的;⑤对方当事人隐瞒了足以影响公正裁决的证据的;⑥仲裁员在仲裁该案时有索贿受贿、徇私舞弊、枉法裁决行为的;⑦人民法院认定执行该劳动争议仲裁裁决违背社会公共利益的。人民法院在不予执行的裁定书中,应当告知当事人在收到裁定书之次日起30日内,可以就该劳动争议事项向人民法院提起诉讼。[②] (2)对当事人申请执行劳动争议仲裁委员会复议仲裁决定的,应予立案执行。如被执行人提出申辩称该复议仲裁决定书有其他应不予执行的情形,应按照《民事诉讼法》第244条的规定。[③] (3)当事人对《劳动争议调解仲裁法》第47条规定以外的其他劳动争议案件的仲裁裁决不服的,可以自收到仲裁裁决书之日起15日内向人民法院提起诉讼;期满不起诉的,裁决书发生法律效力。[④] (4)当事人对发生法律效力的调解书、裁决书,应当依照规定的期限履行。一方当事人逾期不履行的,另一方当事人可以依照《民事诉讼法》的有关规定向人民法院申请执行。受理申请的人民法院应当依法执行。[⑤]

---

① 《农村土地承包经营纠纷调解仲裁法》第49条。

② 《最高人民法院关于审理劳动争议案件适用法律问题的解释(一)》第24条。

③ 《最高人民法院关于劳动争议仲裁委员会的复议仲裁决定书可否作为执行依据问题的批复》认为,仲裁一裁终局制度,是指仲裁决定一经作出即发生法律效力,当事人没有提请再次裁决的权利,但这并不排除原仲裁机构发现自己作出的裁决有错误进行重新裁决的情况。劳动争议仲裁委员会发现自己作出的仲裁决定书有错误而进行重新仲裁,符合实事求是的原则,不违背一裁终局制度,不应视为违反法定程序。

④ 《劳动争议调解仲裁法》第50条。

⑤ 《劳动争议调解仲裁法》第51条。

公证债权文书执行

第二百四十五条 对公证机关依法赋予强制执行效力的债权文书，一方当事人不履行的，对方当事人可以向有管辖权的人民法院申请执行，受申请的人民法院应当执行。

公证债权文书确有错误的，人民法院裁定不予执行，并将裁定书送达双方当事人和公证机关。

本条明确公证债权文书的执行。

对经公证的以给付为内容并载明债务人愿意接受强制执行承诺的债权文书，债务人不履行或者履行不适当的，债权人可以依法向有管辖权的人民法院申请执行。[①] 其中，公证债权文书，是指根据《公证法》第37条第1款规定经公证赋予强制执行效力的债权文书。[②] 本书在公证债权文书的执行基础上进一步阐释四个方面的内容。

一、办理具有强制执行效力的债权文书的公证

1. 办理具有强制执行效力的债权文书公证的申请。(1)当事人申请办理具有强制执行效力的债权文书公证，应当由债权人和债务人共同向公证机构提出。涉及第三人担保的债权文书，担保人(包括保证人、抵押人、出质人、反担保人)承诺愿意接受强制执行的，担保人应当向公证机构提出申请。申请出具执行证书由债权人向公证机构提出。[③] (2)符合《最高人民法院、司法部关于公证机关赋予强制执行效力的债权文书执行有关问题的联合通知》第2条规定未经公证的债权文书，当事人就履行过程中出现的争议或者违约订立新的协议，并就新的协议共同向公证机构申请办理具有强制执行效力债权文书公证的，公证机构可以受理，但应当要求当事人提供原债权真实、合法的证明材料，并对证明材料采取适当的方式进行核实。[④] (3)申请办理具有强制执行效力公证的债权文书应当对

---

① 《公证法》第37条第1款。

② 《最高人民法院关于公证债权文书执行若干问题的规定》第1条。

③ 《办理具有强制执行效力债权文书公证及出具执行证书的指导意见》第2条。

④ 《办理具有强制执行效力债权文书公证及出具执行证书的指导意见》第4条。

债权债务的标的、数额(包括违约金、利息、滞纳金)及计算方法、履行期限、地点和方式约定明确。当事人互为给付、债权文书附条件或者附期限,以及债权债务的数额(包括违约金、利息、滞纳金)、期限不固定的情形不属于债权债务关系不明确。①

2. 办理具有强制执行效力公证的债权文书。(1)公证机构办理具有强制执行效力的债权文书公证,债权文书应当以给付为内容,具体范围为《最高人民法院、司法部关于公证机关赋予强制执行效力的债权文书执行有关问题的联合通知》第2条规定的债权文书。② (2)公证机关赋予强制执行效力的债权文书应当具备以下条件:①债权文书具有给付货币、物品、有价证券的内容;②债权债务关系明确,债权人和债务人对债权文书有关给付内容无疑义;③债权文书中载明债务人不履行义务或不完全履行义务时,债务人愿意接受依法强制执行的承诺。③ (3)当事人申请办理具有强制执行效力的债权文书公证,债权文书中应当载明当债务人(包括担保人)不履行或者不适当履行义务时,其愿意接受强制执行的承诺。债务人(包括担保人)仅在债权文书的附件(包括补充条款、承诺书)中载明愿意接受强制执行承诺的,当事人应当在附件上签名(盖章)。该附件应当与债权文书一并装订在公证书中。当事人在公证申请表、询问笔录等债权文书(包括附件)以外的其他文书上所作的愿意接受强制执行的承诺,不宜单独作为公证机构办理具有强制执行效力的债权文书公证的依据。④ (4)债务人(包括担保人)的委托代理人代理申办公证时,在债权文书中增设愿意接受强制执行承诺条款的,其授权委托书中应当包括授权增设愿意接受强制执行承诺的内容,或者包括授权申办具有强制执行效力债权文书公证的内容,或者包括授权代理签订合同的内容。⑤

3. 办理具有强制执行效力的债权文书公证的审查。(1)公证机构办理具有强制执行效力的债权文书公证,除需要按照《公证程序规则》规定的事项进行审查外,还应当重点审查下列事项:①债务人(包括担保人)愿意接受强制执行的承诺是否明确,债务人(包括担保人)对做出愿意接受强制执行承诺的法律意义和

---

① 《办理具有强制执行效力债权文书公证及出具执行证书的指导意见》第5条。

② 《办理具有强制执行效力债权文书公证及出具执行证书的指导意见》第3条。

③ 《最高人民法院、司法部关于公证机关赋予强制执行效力的债权文书执行有关问题的联合通知》第1条。

④ 《办理具有强制执行效力债权文书公证及出具执行证书的指导意见》第6条。

⑤ 《办理具有强制执行效力债权文书公证及出具执行证书的指导意见》第7条。

后果是否清楚。②债权债务关系是否明确,债权人和债务人(包括担保人)对债权文书的下列给付内容是否无疑义:(i)债权债务的标的、数额(包括违约金、利息、滞纳金)及计算方法、履行期限、地点和方式;(ii)债务为分期履行的,对分期履行债务的强制执行的条件和范围的约定。① (2)公证机构出具执行证书,除需要按照《最高人民法院、司法部关于公证机关赋予强制执行效力的债权文书执行有关问题的联合通知》第5条规定的内容进行审查外,还应当重点审查下列内容:①债权人提交的已按债权文书约定履行了义务的证明材料是否充分、属实;②向债务人(包括担保人)核实其对债权文书载明的履行义务有无疑义,以及债权人提出的债务人(包括担保人)不履行或者不适当履行债务的主张是否属实。②(3)公证机关签发执行证书应当注意审查以下内容:①不履行或不完全履行的事实确实发生;②债权人履行合同义务的事实和证据,债务人依照债权文书已经部分履行的事实;③债务人对债权文书规定的履行义务有无疑义。③

4. 办理具有强制执行效力的债权文书公证的核实。(1)公证机构可以指导当事人就出具执行证书过程中双方当事人的举证责任和对债务人(包括担保人)不履行或者不适当履行债务的核实方式做出约定。债务人(包括担保人)可以约定采用"公证处信函核实"或者"公证处电话(传真)核实"等核实方式。该约定可以记载在债权文书或者其附件(包括补充条款、承诺书)中。"公证处信函核实"方式是指公证机构在出具执行证书前,应当根据当事人约定的寄送方式和通讯地址向债务人(包括担保人)以信函方式核实债务人(包括担保人)不履行或者不适当履行债务的事实。"公证处电话(传真)核实"方式是指公证机构在出具执行证书前,应当根据当事人约定的通讯号码向债务人(包括担保人)以电话(传真)方式核实债务人(包括担保人)不履行或者不适当履行债务的事实。④ (2)公证机构在出具执行证书前,对债务人(包括担保人)不履行或者不适当履行债务的事实进行核实时,当事人对核实方式有约定的,应当按照当事人约定的方式核实;当事人没有约定的,可以依据《办理具有强制执行效力债权文书公证及出具

① 《办理具有强制执行效力债权文书公证及出具执行证书的指导意见》第8条。

② 《办理具有强制执行效力债权文书公证及出具执行证书的指导意见》第12条。

③ 《最高人民法院、司法部关于公证机关赋予强制执行效力的债权文书执行有关问题的联合通知》第5条。

④ 《办理具有强制执行效力债权文书公证及出具执行证书的指导意见》第9条。

执行证书的指导意见》第9条的规定自行决定核实方式。公证机构按照当事人约定的方式进行核实时，无法与债务人（包括担保人）取得联系，或者债务人（包括担保人）未按约定方式回复，或者债务人（包括担保人）回复时提出异议但未能提出充分证明材料，不影响公证机构按照法定程序出具执行证书。[①]

5. 办理具有强制执行效力的债权文书公证的告知。公证机构办理具有强制执行效力的债权文书公证，除需要按照《公证程序规则》规定向当事人进行告知外，还应当重点告知下列内容：(1)申办具有强制执行效力债权文书公证的法律意义和后果；(2)债权人申请出具执行证书的程序、期限和举证责任；(3)债务人（包括担保人）对债权人申请出具执行证书提出异议的程序、期限和举证责任。公证机构告知上述内容可以采用告知书、询问笔录等方式，书面告知应当由当事人签名。[②]

6. 办理具有强制执行效力的债权文书公证强制执行力的赋予。(1)公证机关赋予强制执行效力的债权文书的范围：①借款合同、借用合同、无财产担保的租赁合同；②赊欠货物的债权文书；③各种借据、欠单；④还款（物）协议；⑤以给付赡养费、扶养费、抚育费、学费、赔（补）偿金为内容的协议；⑥符合赋予强制执行效力条件的其他债权文书。[③] (2)公证机关在办理符合赋予强制执行的条件和范围的合同、协议、借据、欠单等债权文书公证时，应当依法赋予该债权文书具有强制执行效力。未经公证的符合《最高人民法院、司法部关于公证机关赋予强制执行效力的债权文书执行有关问题的联合通知》第2条规定的合同、协议、借据、欠单等债权文书，在履行过程中，债权人申请公证机关赋予强制执行效力的，公证机关必须征求债务人的意见；如债务人同意公证并愿意接受强制执行的，公证机关可以依法赋予该债权文书强制执行效力。[④]

7. 办理具有强制执行效力的债权文书公证的执行证书。(1)债权人向公证机构申请出具执行证书，应当提交下列材料：①申请公证机构出具执行证书的申请书，申请书应当包括债权人保证所提交证明材料真实的承诺；②经公证的具有强制执行效力的债权文书；③委托代理人的，提交授权委托书；④已履行了债权

① 《办理具有强制执行效力债权文书公证及出具执行证书的指导意见》第13条。

② 《办理具有强制执行效力债权文书公证及出具执行证书的指导意见》第10条。

③ 《最高人民法院、司法部关于公证机关赋予强制执行效力的债权文书执行有关问题的联合通知》第2条。

④ 《最高人民法院、司法部关于公证机关赋予强制执行效力的债权文书执行有关问题的联合通知》第3条。

文书约定义务的证明材料。债权人如有债务人（包括担保人）不履行或者不适当履行债务的证明材料，应当向公证机构提交。[①] (2)有下列情形之一的，公证机构不予出具执行证书：①债权人未能对其已经履行义务的主张提出充分的证明材料；②债务人（包括担保人）对其已经履行义务的主张提出了充分的证明材料；③公证机构无法在法律规定的执行期限内完成核实；④人民法院已经受理了当事人就具有强制执行效力的债权文书提起的诉讼。[②] (3)公证机构在出具执行证书时，应当向债权人告知其向有管辖权的人民法院申请执行的期限。[③] (4)公证机构出具执行证书后，应当将核实债权文书履行状况的过程和结果制作成询问笔录、工作记录等书面材料归档保存。[④] (5)公证机构办理具有强制执行效力的债权文书公证及出具执行证书，应当注意下列问题：①可以要求当事人在债权文书、询问笔录和告知书上捺指印；②债权文书涉及股权、不动产的，以查阅登记机构档案的方式进行核实；③信函核实宜采用国家邮政机构寄送的方式；④电话（传真）核实宜以录像、录音的方式保全核实过程；⑤对民间借贷、非金融机构的还款协议，以及《最高人民法院、司法部关于公证机关赋予强制执行效力的债权文书执行有关问题的联合通知》第2条第6项规定的其他债权文书、第3条第2款规定的债权文书办理具有强制执效力公证的，宜更加谨慎；⑥当事人对债权文书中的修改、补充内容应当记载在债权文书中或者另行订立补充条款，不得以载入询问笔录代替。[⑤] (6)公证机关签发执行证书应当注明被执行人、执行标的和申请执行的期限。债务人已经履行的部分，在执行证书中予以扣除。因债务人不履行或不完全履行而发生的违约金、利息、滞纳金等，可以列入执行标的。[⑥]

二、具有强制执行效力的公证债权文书执行的申请

1. 公证债权文书申请执行的材料。(1)债务人不履行或不完全履行公证机关赋予强制执行效力的债权文书的，债权人可以向原公证机关申请执行证书。[⑦]

---

① 《办理具有强制执行效力债权文书公证及出具执行证书的指导意见》第11条。

② 《办理具有强制执行效力债权文书公证及出具执行证书的指导意见》第14条。

③ 《办理具有强制执行效力债权文书公证及出具执行证书的指导意见》第15条。

④ 《办理具有强制执行效力债权文书公证及出具执行证书的指导意见》第16条。

⑤ 《办理具有强制执行效力债权文书公证及出具执行证书的指导意见》第17条。

⑥ 《最高人民法院、司法部关于公证机关赋予强制执行效力的债权文书执行有关问题的联合通知》第6条。

⑦ 《最高人民法院、司法部关于公证机关赋予强制执行效力的债权文书执行有关问题的联合通知》第4条。

(2)债权人凭原公证书及执行证书可以向有管辖权的人民法院申请执行。① (3)债权人申请执行公证债权文书,除应当提交作为执行依据的公证债权文书等申请执行所需的材料外,还应当提交证明履行情况等内容的执行证书。② (4)债权人申请执行的公证债权文书应当包括公证证词、被证明的债权文书等内容。权利义务主体、给付内容应当在公证证词中列明。③ (5)申请执行公证债权文书的期间自公证债权文书确定的履行期间的最后一日起计算;分期履行的,自公证债权文书确定的每次履行期间的最后一日起计算。债权人向公证机构申请出具执行证书的,申请执行时效自债权人提出申请之日起中断。④

2. 公证债权文书申请的管辖法院。公证债权文书执行案件,由被执行人住所地或者被执行的财产所在地人民法院管辖。前款规定案件的级别管辖,参照人民法院受理第一审民商事案件级别管辖的规定确定。⑤

3. 公证债权文书申请执行的受理。(1)债权人申请执行公证债权文书,有下列情形之一的,人民法院应当裁定不予受理;已经受理的,裁定驳回执行申请:①债权文书属于不得经公证赋予强制执行效力的文书;②公证债权文书未载明债务人接受强制执行的承诺;③公证证词载明的权利义务主体或者给付内容不明确;④债权人未提交执行证书;⑤其他不符合受理条件的情形。⑥ (2)公证债权文书赋予强制执行效力的范围同时包含主债务和担保债务的,人民法院应当依法予以执行;仅包含主债务的,对担保债务部分的执行申请不予受理;仅包含担保债务的,对主债务部分的执行申请不予受理。⑦

4. 公证债权文书申请执行的复议。债权人对不予受理、驳回执行申请裁定

---

① 《最高人民法院、司法部关于公证机关赋予强制执行效力的债权文书执行有关问题的联合通知》第7条。

② 《最高人民法院关于公证债权文书执行若干问题的规定》第3条。

③ 《最高人民法院关于公证债权文书执行若干问题的规定》第4条。

④ 《最高人民法院关于公证债权文书执行若干问题的规定》第9条。

⑤ 《最高人民法院关于公证债权文书执行若干问题的规定》第2条。

⑥ 《最高人民法院关于公证债权文书执行若干问题的规定》第5条。

⑦ 《最高人民法院关于公证债权文书执行若干问题的规定》第6条。

《最高人民法院关于人民法院办理执行异议和复议案件若干问题的规定》第22条规定:"公证债权文书对主债务和担保债务同时赋予强制执行效力的,人民法院应予执行;仅对主债务赋予强制执行效力未涉及担保债务的,对担保债务的执行申请不予受理;仅对担保债务赋予强制执行效力未涉及主债务的,对主债务的执行申请不予受理。人民法院受理担保债务的执行申请后,被执行人仅以担保合同不属于赋予强制执行效力的公证债权文书范围为由申请不予执行的,不予支持。"

不服的,可以自裁定送达之日起10日内向上一级人民法院申请复议。申请复议期满未申请复议,或者复议申请被驳回的,当事人可以就公证债权文书涉及的民事权利义务争议向人民法院提起诉讼。①

5. 公证债权文书申请执行的办理。(1)人民法院接到申请执行书,应当依法按规定程序办理。必要时,可以向公证机关调阅公证卷宗,公证机关应当提供。案件执行完毕后,由人民法院在15日内将公证卷宗附结案通知退回公证机关。②(2)人民法院执行非诉讼生效法律文书,必要时可向制作生效法律文书的机构调取卷宗材料。③

6. 公证债权文书申请执行的起诉。公证机构决定不予出具执行证书的,当事人可以就公证债权文书涉及的民事权利义务争议直接向人民法院提起诉讼。④

三、具有强制执行效力公证债权文书的执行、不予执行

1. 具有强制执行效力公证债权文书的执行。(1)人民法院在执行实施中,根据公证债权文书并结合申请执行人的申请依法确定给付内容。⑤ (2)因民间借贷形成的公证债权文书,文书中载明的利率超过人民法院依照法律、司法解释规定应予支持的上限的,对超过的利息部分不纳入执行范围;载明的利率未超过人民法院依照法律、司法解释规定应予支持的上限,被执行人主张实际超过的,可以依照《最高人民法院关于公证债权文书执行若干问题的规定》第22条第1款规定提起诉讼。⑥

2. 具有强制执行效力公证债权文书的不予执行。(1)不予执行的情形。①公证债权文书有错误的。有下列情形之一的,可以认定为《民事诉讼法》第245条第2款规定的公证债权文书确有错误:(i)公证债权文书属于不得赋予强制执行效力的债权文书的;(ii)被执行人一方未亲自或者未委托代理人到场公证等严重违反法律规定的公证程序的;(iii)公证债权文书的内容与事实不符或者违反法律强制性规定的;(iv)公证债权文书未载明被执行人不履行义务或者不完全履

---

① 《最高人民法院关于公证债权文书执行若干问题的规定》第7条。

② 《最高人民法院、司法部关于公证机关赋予强制执行效力的债权文书执行有关问题的联合通知》第8条。

③ 《最高人民法院关于人民法院执行工作若干问题的规定(试行)》第25条。

④ 《最高人民法院关于公证债权文书执行若干问题的规定》第8条。

⑤ 《最高人民法院关于公证债权文书执行若干问题的规定》第10条。

⑥ 《最高人民法院关于公证债权文书执行若干问题的规定》第11条。

行义务时同意接受强制执行的。人民法院认定执行该公证债权文书违背社会公共利益的，裁定不予执行。公证债权文书被裁定不予执行后，当事人、公证事项的利害关系人可以就债权争议提起诉讼。[①] ②被执行申请的。有下列情形之一的，被执行人可以依照《民事诉讼法》第 245 条第 2 款规定申请不予执行公证债权文书：(i)被执行人未到场且未委托代理人到场办理公证的；(ii)无民事行为能力人或者限制民事行为能力人没有监护人代为办理公证的；(iii)公证员为本人、近亲属办理公证，或者办理与本人、近亲属有利害关系的公证的；(iv)公证员办理该项公证有贪污受贿、徇私舞弊行为，已经由生效刑事法律文书等确认的；(v)其他严重违反法定公证程序的情形。被执行人以公证债权文书的内容与事实不符或者违反法律强制性规定等实体事由申请不予执行的，人民法院应当告知其依照《最高人民法院关于公证债权文书执行若干问题的规定》第 22 条第 1 款规定提起诉讼。[②] ③上级法院发现的。上级法院发现下级法院执行的非诉讼生效法律文书有不予执行事由，应当依法作出不予执行裁定而不制作的，可以责令下级法院在指定时限内作出裁定，必要时可直接裁定不予执行。[③] (2)不予执行的提出。①被执行人申请不予执行公证债权文书，应当在执行通知书送达之日起 15 日内向执行法院提出书面申请，并提交相关证据材料；有《最高人民法院关于公证债权文书执行若干问题的规定》第 12 条第 1 款第 3 项、第 4 项规定情形且执行程序尚未终结的，应当自知道或者应当知道有关事实之日起 15 日内提出。[④] ②当事人请求不予执行仲裁裁决或者公证债权文书的，应当在执行终结前向执行法院提出。[⑤] ③被执行人认为公证债权文书存在《最高人民法院关于公证债权文书执行若干问题的规定》第 12 条第 1 款规定的多个不予执行事由的，应当在不予执行案件审查期间一并提出。不予执行申请被裁定驳回后，同一被执行人再次提出申请的，人民法院不予受理。但有证据证明不予执行事由在不予执行申请被裁定驳回后知道的，可以在执行程序终结前提出。[⑥] (3)不予执行的审查。公证债权文书执行案件被指定执行、提级执行、委托执行后，被执行人申请不予

① 《最高人民法院关于适用〈中华人民共和国民事诉讼法〉的解释》第 478 条。
② 《最高人民法院关于公证债权文书执行若干问题的规定》第 12 条。
③ 《最高人民法院关于人民法院执行工作若干问题的规定(试行)》第 73 条。
④ 《最高人民法院关于公证债权文书执行若干问题的规定》第 13 条第 1 款。
⑤ 《最高人民法院关于适用〈中华人民共和国民事诉讼法〉的解释》第 479 条。
⑥ 《最高人民法院关于公证债权文书执行若干问题的规定》第 14 条。

执行的，由提出申请时负责该案件执行的人民法院审查。[1]（4）不予执行的听证。人民法院审查不予执行公证债权文书案件，案情复杂、争议较大的，应当进行听证。必要时可以向公证机构调阅公证案卷，要求公证机构作出书面说明，或者通知公证员到庭说明情况。[2]（5）不予执行的审限。①人民法院审查不予执行公证债权文书案件，应当在受理之日起60日内审查完毕并作出裁定；有特殊情况需要延长的，经本院院长批准，可以延长30日。[3]②人民法院审查不予执行公证债权文书案件期间，不停止执行。被执行人提供充分、有效的担保，请求停止相应处分措施的，人民法院可以准许；申请执行人提供充分、有效的担保，请求继续执行的，应当继续执行。[4]（6）不予执行的裁定。①被执行人依照《最高人民法院关于公证债权文书执行若干问题的规定》第12条第1款规定申请不予执行，人民法院经审查认为理由成立的，裁定不予执行；理由不成立的，裁定驳回不予执行申请。公证债权文书部分内容具有《最高人民法院关于公证债权文书执行若干问题的规定》第12条第1款规定情形的，人民法院应当裁定对该部分不予执行；应当不予执行部分与其他部分不可分的，裁定对该公证债权文书不予执行。[5]②人民法院认定执行公证债权文书违背公序良俗的，裁定不予执行。[6]③公证债权文书被裁定不予执行的，当事人可以就该公证债权文书涉及的民事权利义务争议向人民法院提起诉讼；公证债权文书被裁定部分不予执行的，当事人可以就该部分争议提起诉讼。当事人对不予执行裁定提出执行异议或者申请复议的，人民法院不予受理。[7]（7）不予执行驳回的复议。当事人不服驳回不予执行申请裁定的，可以自裁定送达之日起10日内向上一级人民法院申请复议。上一级人民法院应当自收到复议申请之日起30日内审查。经审查，理由成立的，裁定撤销原裁定，不予执行该公证债权文书；理由不成立的，裁定驳回复议申请。复议期间，不停止执行。[8]

---

① 《最高人民法院关于公证债权文书执行若干问题的规定》第13条第2款。
② 《最高人民法院关于公证债权文书执行若干问题的规定》第15条。
③ 《最高人民法院关于公证债权文书执行若干问题的规定》第16条。
④ 《最高人民法院关于公证债权文书执行若干问题的规定》第17条。
⑤ 《最高人民法院关于公证债权文书执行若干问题的规定》第18条。
⑥ 《最高人民法院关于公证债权文书执行若干问题的规定》第19条。
⑦ 《最高人民法院关于公证债权文书执行若干问题的规定》第20条。
⑧ 《最高人民法院关于公证债权文书执行若干问题的规定》第21条。

四、对公证债权文书直接提起诉讼

1. 直接诉讼的提起。(1)债务人提起诉讼。①有下列情形之一的,债务人可以在执行程序终结前,以债权人为被告,向执行法院提起诉讼,请求不予执行公证债权文书:(i)公证债权文书载明的民事权利义务关系与事实不符;(ii)经公证的债权文书具有法律规定的无效、可撤销等情形;(iii)公证债权文书载明的债权因清偿、提存、抵销、免除等原因全部或者部分消灭。债务人提起诉讼,不影响人民法院对公证债权文书的执行。债务人提供充分、有效的担保,请求停止相应处分措施的,人民法院可以准许;债权人提供充分、有效的担保,请求继续执行的,应当继续执行。[①] ②对债务人依照《最高人民法院关于公证债权文书执行若干问题的规定》第22条第1款规定提起的诉讼,人民法院经审理认为理由成立的,判决不予执行或者部分不予执行;理由不成立的,判决驳回诉讼请求。当事人同时就公证债权文书涉及的民事权利义务争议提出诉讼请求的,人民法院可以在判决中一并作出裁判。[②] (2)债权人、利害关系人提起诉讼。①有下列情形之一的,债权人、利害关系人可以就公证债权文书涉及的民事权利义务争议直接向有管辖权的人民法院提起诉讼:(i)公证债权文书载明的民事权利义务关系与事实不符;(ii)经公证的债权文书具有法律规定的无效、可撤销等情形。债权人提起诉讼,诉讼案件受理后又申请执行公证债权文书的,人民法院不予受理。进入执行程序后债权人又提起诉讼的,诉讼案件受理后,人民法院可以裁定终结公证债权文书的执行;债权人请求继续执行其未提出争议部分的,人民法院可以准许。利害关系人提起诉讼,不影响人民法院对公证债权文书的执行。利害关系人提供充分、有效的担保,请求停止相应处分措施的,人民法院可以准许;债权人提供充分、有效的担保,请求继续执行的,应当继续执行。[③] ②当事人、公证事项的利害关系人依照《公证法》第43条规定向人民法院起诉请求民事赔偿的,应当以公证

---

① 《最高人民法院关于公证债权文书执行若干问题的规定》第22条。

② 《最高人民法院关于公证债权文书执行若干问题的规定》第23条。

③ 《最高人民法院关于公证债权文书执行若干问题的规定》第24条。

《公证法》第39条规定:"当事人、公证事项的利害关系人认为公证书有错误的,可以向出具该公证书的公证机构提出复查。公证书的内容违法或者与事实不符的,公证机构应当撤销该公证书并予以公告,该公证书自始无效;公证书有其他错误的,公证机构应当予以更正。"第40条规定:"当事人、公证事项的利害关系人对公证书的内容有争议的,可以就该争议向人民法院提起民事诉讼。"

机构为被告，人民法院应作为侵权责任纠纷案件受理。[①] ③当事人、公证事项的利害关系人起诉请求变更、撤销公证书或者确认公证书无效的，人民法院不予受理，告知其依照《公证法》第39条规定可以向出具公证书的公证机构提出复查。[②]

2. 直接诉讼的赔偿。(1)当事人提供虚假证明材料申请公证致使公证书错误造成他人损失的，当事人应当承担赔偿责任。公证机构依法尽到审查、核实义务的，不承担赔偿责任；未依法尽到审查、核实义务的，应当承担与其过错[③]相应的补充赔偿责任；明知公证证明的材料虚假或者与当事人恶意串通的，承担连带赔偿责任。[④] (2)当事人、公证事项的利害关系人明知公证机构所出具的公证书不真实、不合法而仍然使用造成自己损失，请求公证机构承担赔偿责任的，人民法院不予支持。[⑤]

申请执行期间

第二百四十六条　申请执行的期间为二年。申请执行时效的中止、中断，适用法律有关诉讼时效中止、中断的规定。

前款规定的期间，从法律文书规定履行期间的最后一日起计算；法律文书规定分期履行的，从最后一期履行期限届满之日起计算；法律文书未规定履行期间的，从法律文书生效之日起计算。

本条明确申请执行的期间。本书在此基础上进一步阐释两方面的内容。

---

① 《最高人民法院关于审理涉及公证活动相关民事案件的若干规定》第1条。

② 《最高人民法院关于审理涉及公证活动相关民事案件的若干规定》第2条。

③ 《最高人民法院关于审理涉及公证活动相关民事案件的若干规定》第4条规定，当事人、公证事项的利害关系人提供证据证明公证机构及其公证员在公证活动中具有下列情形之一的，人民法院应当认定公证机构有过错：(1)为不真实、不合法的事项出具公证书的；(2)毁损、篡改公证书或者公证档案的；(3)泄露在执业活动中知悉的商业秘密或者个人隐私的；(4)违反公证程序、办证规则以及国务院司法行政部门制定的行业规范出具公证书的；(5)公证机构在公证过程中未尽到充分的审查、核实义务，致使公证书错误或者不真实的；(6)对存在错误的公证书，经当事人、公证事项的利害关系人申请仍不予纠正或者补正的；(7)其他违反法律、法规、国务院司法行政部门强制性规定的情形。

④ 《最高人民法院关于审理涉及公证活动相关民事案件的若干规定》第5条。

⑤ 《最高人民法院关于审理涉及公证活动相关民事案件的若干规定》第6条。

一、执行期间

1. 申请执行期间。(1)申请执行的期限。申请执行的期间为2年。(2)申请执行期间的起算。①申请执行的期间,从法律文书规定履行期间的最后一日起计算;法律文书规定分期履行的,从最后一期履行期限届满之日起计算;法律文书未规定履行期间的,从法律文书生效之日起计算。②生效法律文书规定债务人负有不作为义务的,申请执行时效期间从债务人违反不作为义务之日起计算。[①] (3)申请执行时效的中止、中断,适用法律有关诉讼时效中止、中断的规定。(4)申请执行支付令的期间。债权人向人民法院申请执行支付令的期间,适用《民事诉讼法》第246条的规定。[②] (5)承认、执行国外生效裁判文书的期间。当事人申请承认和执行外国法院作出的发生法律效力的判决、裁定或者外国仲裁裁决的期间,适用《民事诉讼法》第246条的规定。[③]

2. 执行期间的超过(执行时效抗辩)。(1)执行期间超过的受理。①申请执行人超过申请执行时效期间向人民法院申请强制执行的,人民法院应予受理。被执行人对申请执行时效期间提出异议,人民法院经审查异议成立的,裁定不予执行。被执行人履行全部或者部分义务后,又以不知道申请执行时效期间届满为由请求执行回转的,人民法院不予支持。[④] ②当事人就人民法院生效裁判文书所确定的给付事项超过执行期限后又重新达成协议的,应当视为当事人之间形成了新的民事法律关系,当事人就该新协议向人民法院提起诉讼的,只要符合《民事诉讼法》立案受理的有关规定的,人民法院应当受理。[⑤] (2)执行期间超过的连带责任。连带责任保证人与主债务人即各自独立对债权人承担全部连带债务,债权人向连带责任保证人和主债务人申请强制执行的期限应当同时开始计算。债权人在法定申请强制执行期限内只对主债务人申请执行,而未申请执行

---

① 《最高人民法院关于适用〈中华人民共和国民事诉讼法〉执行程序若干问题的解释》第21条。

② 《最高人民法院关于适用〈中华人民共和国民事诉讼法〉的解释》第440条。

③ 《最高人民法院关于适用〈中华人民共和国民事诉讼法〉的解释》第545条。

④ 《最高人民法院关于适用〈中华人民共和国民事诉讼法〉的解释》第481条。

⑤ 《最高人民法院关于当事人对人民法院生效法律文书所确定的给付事项超过申请执行期限后又重新就其中的部分给付内容达成新的协议的应否立案的批复》。

《最高人民法院执行办公室关于如何处理因当事人达成和解协议致使逾期申请执行问题的复函》认为,申请执行人未在法定期限内申请执行,便丧失了请求法院强制执行保护其合法权益的权利。双方当事人于判决生效后达成还款协议,并不能引起法定申请执行期限的更改。

保证人的,在申请执行期限届满后即丧失了对连带责任保证人申请强制执行的权利。[①]

二、执行期限

1. 执行的具体期限。(1)立案期限。①第一审人民法院收到起诉书(状)或者执行申请书后,经审查认为符合受理条件的应当在7日内立案;收到自诉人自诉状或者口头告诉的,经审查认为符合自诉案件受理条件的应当在15日内立案。改变管辖的刑事、民事、行政案件,应当在收到案卷材料后的3日内立案。第二审人民法院应当在收到第一审人民法院移送的上(抗)诉材料及案卷材料后的5日内立案。发回重审或指令再审的案件,应当在收到发回重审或指令再审裁定及案卷材料后的次日内立案。按照审判监督程序重新审判的案件,应当在作出提审、再审裁定(决定)的次日立案。[②] ②立案庭应当在决定立案并办妥有关诉讼收费事宜后,3日内将案卷材料移送相关审判庭。[③] (2)审理期限。①审理期限的计算。案件的审理期限从立案次日起计算。由简易程序转为普通程序审理的第一审刑事案件的期限,从决定转为普通程序次日起计算;由简易程序转为普通程序审理的第一审民事案件的期限,从立案次日起连续计算。[④] ②审限届满前的通知期限。各类案件审理期限的监督、管理工作由立案庭负责。距案件审限届满前10日,立案庭应当向有关审判庭发出提示。对超过审限的案件实行按月通报制度。[⑤] (3)审理期限的延长。①民事案件应当在审理期限届满10日前向本院院长提出申请;还需延长的,应当在审理期限届满10日前向上一级人民法院提出申请。[⑥] ②对于下级人民法院申请延长办案期限的报告,上级人民法院应当在审理期限届满3日前作出决定,并通知提出申请延长审理期限的人民法院。需要本

---

① 《最高人民法院执行工作办公室关于申请执行人在法定期限内向法院申请执行主债务人但未申请执行负有连带责任的担保人,在法定申请期限届满后,法院是否可以依申请人的申请强制执行连带责任人问题的复函》。

② 《最高人民法院关于严格执行案件审理期限制度的若干规定》第6条。

③ 《最高人民法院案件审限管理规定》第14条。

④ 《最高人民法院关于严格执行案件审理期限制度的若干规定》第8条。

《最高人民法院案件审限管理规定》第15条规定:"案件的审理期限从立案次日起计算。申诉或申请再审的审查期限从收到申诉或申请再审材料并经立案后的次日起计算。涉外、涉港、澳、台民事案件的结案期限从最后一次庭审结束后的次日起计算。"

⑤ 《最高人民法院案件审限管理规定》第22条。

⑥ 《最高人民法院关于严格执行案件审理期限制度的若干规定》第12条。

院院长批准延长办案期限的,院长应当在审限届满前批准或者决定。[①] ③其他案件需要延长审理期限的,应当在审理期限届满10日以前,向院长提出申请。[②] ④需要院长批准延长审理期限的,院长应当在审限届满以前作出决定。[③] ⑤凡变动案件审理期限的,有关合议庭应当及时到立案庭备案。[④] (4)执结期限。执行案件应当在立案之日起6个月内执结,非诉执行案件应当在立案之日起3个月内执结;有特殊情况需要延长的,经本院院长批准,可以延长3个月,还需延长的,层报高级人民法院备案。委托执行的案件,委托的人民法院应当在立案后1个月内办理完委托执行手续,受委托的人民法院应当在收到委托函件后30日内执行完毕。未执行完毕,应当在期限届满后15日内将执行情况函告委托人民法院。刑事案件没收财产刑应当即时执行。刑事案件罚金刑,应当在判决、裁定发生法律效力后3个月内执行完毕,至迟不超过6个月。[⑤] (5)结案时间。①人民法院判决书宣判、裁定书宣告或者调解书送达最后一名当事人的日期为结案时间。如需委托宣判、送达的,委托宣判、送达的人民法院应当在审限届满前将判决书、裁定书、调解书送达受托人民法院。受托人民法院应当在收到委托书后7日内送达。人民法院判决书宣判、裁定书宣告或者调解书送达有下列情形之一的,结案时间遵守以下规定:(i)留置送达的,以裁判文书留在受送达人的住所日为结案时间;(ii)公告送达的,以公告刊登之日为结案时间;(iii)邮寄送达的,以交邮日期为结案时间;(iv)通过有关单位转交送达的,以送达回证上当事人签收的日期为结案时间。[⑥] ②结案时间除按《最高人民法院关于严格执行案件审理期限制度的若干规定》第10条执行外,请示案件的结案时间以批复、复函签发日期为准,审查申诉的结案时间以作出决定或裁定的日期为准,执行协调案件以批准协调方案日

---

① 《最高人民法院关于严格执行案件审理期限制度的若干规定》第14条。

② 《最高人民法院案件审限管理规定》第19条。

③ 《最高人民法院案件审限管理规定》第20条。

④ 《最高人民法院案件审限管理规定》第21条。

⑤ 《最高人民法院关于严格执行案件审理期限制度的若干规定》第5条。

《最高人民法院关于人民法院办理执行案件若干期限的规定》第1条规定:"被执行人有财产可供执行的案件,一般应当在立案之日起6个月内执结;非诉执行案件一般应当在立案之日起3个月内执结。有特殊情况须延长执行期限的,应当报请本院院长或副院长批准。申请延长执行期限的,应当在期限届满前5日内提出。"

⑥ 《最高人民法院关于严格执行案件审理期限制度的若干规定》第10条。

期为准。[1] (6)其他期限。①审理对妨害诉讼的强制措施的民事决定不服申请复议的案件,期限为5日。[2] ②对不服本院生效裁判或不服高级人民法院复查驳回、再审改判的各类申诉或申请再审案件,应当在3个月内审查完毕,作出决定或裁定,至迟不得超过6个月。[3] ③办理下级人民法院按规定向我院请示的各类适用法律的特殊案件,期限为3个月;有特殊情况需要延长的,经院长批准,可以延长3个月。[4] ④办理管辖争议案件的期限为2个月;有特殊情况需要延长的,经院长批准,可以延长2个月。[5] ⑤办理执行协调案件的期限为3个月,至迟不得超过6个月。[6]

2. 执行期限的其他规则。(1)不计入办案期限的情形。下列期间不计入办案期限:①公告送达执行法律文书的期间;②暂缓执行的期间;③中止执行的期间;④就法律适用问题向上级法院请示的期间;⑤与其他法院发生执行争议报请共同的上级法院协调处理的期间。[7] (2)不计入审理、执行期限的情形。①下列期间不计入审理、执行期限:(i)刑事案件对被告人作精神病鉴定的期间;(ii)刑事案件因另行委托、指定辩护人,法院决定延期审理的,自案件宣布延期审理之日起至第10日止准备辩护的时间;(iii)公诉人发现案件需要补充侦查,提出延期审理建议后,合议庭同意延期审理的期间;(iv)刑事案件二审期间,检察院查阅案卷超过7日后的时间;(v)因当事人、诉讼代理人、辩护人申请通知新的证人到庭、调取新的证据、申请重新鉴定或者勘验,法院决定延期审理一个月之内的期间;(vi)民事、行政案件公告、鉴定的期间;(vii)审理当事人提出的管辖权异议和处理法院之间的管辖争议的期间;(viii)民事、行政、执行案件由有关专业机构进行审计、评估、资产清理的期间;(ix)中止诉讼(审理)或执行至恢复诉讼(审理)或执行的期间;(x)当事人达成执行和解或者提供执行担保后,执行法院决定暂缓执行的期间;(xi)上级人民法院通知暂缓执行的期间;(xii)执行中拍卖、变卖

---

① 《最高人民法院案件审限管理规定》第17条。
② 《最高人民法院案件审限管理规定》第3条。
③ 《最高人民法院案件审限管理规定》第7条。
④ 《最高人民法院案件审限管理规定》第9条。
⑤ 《最高人民法院案件审限管理规定》第11条。
⑥ 《最高人民法院案件审限管理规定》第12条。
⑦ 《最高人民法院关于人民法院办理执行案件若干期限的规定》第13条。

被查封、扣押财产的期间。① ②不计入审理期限的期间依照《最高人民法院关于严格执行案件审理期限制度的若干规定》第 9 条执行。案情重大、疑难,需由审判委员会作出决定的案件,自提交审判委员会之日起至审判委员会作出决定之日止的期间,不计入审理期限。需要向有关部门征求意见的案件,征求意见的期间不计入审理期限,参照《最高人民法院关于严格执行案件审理期限制度的若干规定》第 9 条第 8 项的规定办理。要求下级人民法院查报的案件,下级人民法院复查的期间不计入审理期限。② (3)法律或司法解释对办理期限有明确规定的,按照法律或司法解释规定执行。③ (4)违反法定期限的责任。各级人民法院应当建立案件审理期限定期通报制度。对违反诉讼法规定,超过审理期限或者违反本规定的情况进行通报。④

执行通知及立即执行

第二百四十七条　执行员接到申请执行书或者移交执行书,应当向被执行人发出执行通知,并可以立即采取强制执行措施。

本条明确执行通知及立即执行。本书在此基础上进一步阐释两方面的内容。

一、执行通知

1. 执行通知书的发出。(1)申请、移交执行后发出执行通知。人民法院应当在收到申请执行书或者移交执行书后 10 日内发出执行通知。执行通知中除应责令被执行人履行法律文书确定的义务外,还应通知其承担《民事诉讼法》第 260 条规定的迟延履行利息或者迟延履行金。⑤ (2)立即发送的执行通知书。执行员依照《民事诉讼法》第 247 条规定立即采取强制执行措施的,可以同时或者自采

① 《最高人民法院关于严格执行案件审理期限制度的若干规定》第 9 条。

② 《最高人民法院案件审限管理规定》第 16 条。

③ 《最高人民法院关于人民法院办理执行案件若干期限的规定》第 14 条。

④ 《最高人民法院关于严格执行案件审理期限制度的若干规定》第 22 条。

⑤ 《最高人民法院关于适用〈中华人民共和国民事诉讼法〉的解释》第 480 条。

《最高人民法院关于人民法院办理执行案件若干期限的规定》第 4 条第 1 款规定:“承办人应当在收到案件材料后 3 日内向被执行人发出执行通知书,通知被执行人按照有关规定申报财产,责令被执行人履行生效法律文书确定的义务。”

取强制执行措施之日起3日内发送执行通知书。[①]

2. 执行通知书的送达,适用《民事诉讼法》关于送达的规定。

二、立即执行

1. 可以立即执行。执行员接到申请执行书或者移交执行书,可以立即执行,并可以立即采取强制执行措施。

2. 应当及时执行。被执行人未按执行通知书履行生效法律文书确定的义务的,应当及时采取执行措施。人民法院采取执行措施,应当制作相应法律文书,送达被执行人。[②]

申请执行中变更、追加当事人(非法条内容)

本书仅就申请执行中变更、追加当事人展开四个方面内容的阐释。[③]

执行过程中,申请执行人或其继承人、权利承受人可以向人民法院申请变更、追加当事人。申请符合法定条件的,人民法院应予支持。[④]

一、申请人的变更、追加

1. 自然人的变更、追加。(1)作为申请执行人的自然人死亡或被宣告死亡,该自然人的遗产管理人、继承人、受遗赠人或其他因该自然人死亡或被宣告死亡依法承受生效法律文书确定权利的主体,申请变更、追加其为申请执行人的,人民法院应予支持。作为申请执行人的自然人被宣告失踪,该自然人的财产代管人申请变更、追加其为申请执行人的,人民法院应予支持。[⑤] (2)作为申请执行人的自然人离婚时,生效法律文书确定的权利全部或部分分割给其配偶,该配偶申请变更、追加其为申请执行人的,人民法院应予支持。[⑥] (3)申请执行人将生效法律文书确定的债权依法转让给第三人,且书面认可第三人取得该债权,该第三人申请变更、追加其为申请执行人的,人民法院应予支持。[⑦]

---

① 《最高人民法院关于适用〈中华人民共和国民事诉讼法〉执行程序若干问题的解释》第22条。

② 《最高人民法院关于人民法院执行工作若干问题的规定(试行)》第24条。

③ 本条编释与执行承担有部分内容重复、交叉。

④ 《最高人民法院关于民事执行中变更、追加当事人若干问题的规定》第1条。

⑤ 《最高人民法院关于民事执行中变更、追加当事人若干问题的规定》第2条。

⑥ 《最高人民法院关于民事执行中变更、追加当事人若干问题的规定》第3条。

⑦ 《最高人民法院关于民事执行中变更、追加当事人若干问题的规定》第9条。

2. 法人的变更、追加。(1)作为申请执行人的法人或非法人组织终止,因该法人或非法人组织终止依法承受生效法律文书确定权利的主体,申请变更、追加其为申请执行人的,人民法院应予支持。[①] (2)作为申请执行人的法人或非法人组织因合并而终止,合并后存续或新设的法人、非法人组织申请变更其为申请执行人的,人民法院应予支持。[②] (3)作为申请执行人的法人或非法人组织分立,依分立协议约定承受生效法律文书确定权利的新设法人或非法人组织,申请变更、追加其为申请执行人的,人民法院应予支持。[③] (4)作为申请执行人的法人或非法人组织清算或破产时,生效法律文书确定的权利依法分配给第三人,该第三人申请变更、追加其为申请执行人的,人民法院应予支持。[④] (5)作为申请执行人的机关法人被撤销,继续履行其职能的主体申请变更、追加其为申请执行人的,人民法院应予支持,但生效法律文书确定的权利依法应由其他主体承受的除外;没有继续履行其职能的主体,且生效法律文书确定权利的承受主体不明确,作出撤销决定的主体申请变更、追加其为申请执行人的,人民法院应予支持。[⑤]

二、被执行人的变更、追加

1. 自然人的变更、追加。(1)作为被执行人的自然人死亡或被宣告死亡,申请执行人申请变更、追加该自然人的遗产管理人、继承人、受遗赠人或其他因该自然人死亡或被宣告死亡取得遗产的主体为被执行人,在遗产范围内承担责任的,人民法院应予支持。作为被执行人的自然人被宣告失踪,申请执行人申请变更该自然人的财产代管人为被执行人,在代管的财产范围内承担责任的,人民法院应予支持。[⑥] (2)执行过程中,第三人向执行法院书面承诺自愿代被执行人履行生效法律文书确定的债务,申请执行人申请变更、追加该第三人为被执行人,在承诺范围内承担责任的,人民法院应予支持。[⑦]

2. 法人的变更、追加。(1)作为被执行人的法人或非法人组织因合并而终止,申请执行人申请变更合并后存续或新设的法人、非法人组织为被执行人的,

---

① 《最高人民法院关于民事执行中变更、追加当事人若干问题的规定》第4条。
② 《最高人民法院关于民事执行中变更、追加当事人若干问题的规定》第5条。
③ 《最高人民法院关于民事执行中变更、追加当事人若干问题的规定》第6条。
④ 《最高人民法院关于民事执行中变更、追加当事人若干问题的规定》第7条。
⑤ 《最高人民法院关于民事执行中变更、追加当事人若干问题的规定》第8条。
⑥ 《最高人民法院关于民事执行中变更、追加当事人若干问题的规定》第10条。
⑦ 《最高人民法院关于民事执行中变更、追加当事人若干问题的规定》第24条。

人民法院应予支持。[①] (2)作为被执行人的法人或非法人组织分立,申请执行人申请变更、追加分立后新设的法人或非法人组织为被执行人,对生效法律文书确定的债务承担连带责任的,人民法院应予支持。但被执行人在分立前与申请执行人就债务清偿达成的书面协议另有约定的除外。[②] (3)作为被执行人的法人分支机构,不能清偿生效法律文书确定的债务,申请执行人申请变更、追加该法人为被执行人的,人民法院应予支持。法人直接管理的责任财产仍不能清偿债务的,人民法院可以直接执行该法人其他分支机构的财产。作为被执行人的法人,直接管理的责任财产不能清偿生效法律文书确定债务的,人民法院可以直接执行该法人分支机构的财产。[③] (4)作为被执行人的营利法人,财产不足以清偿生效法律文书确定的债务,申请执行人申请变更、追加未缴纳或未足额缴纳出资的股东、出资人或依公司法规定对该出资承担连带责任的发起人为被执行人,在尚未缴纳出资的范围内依法承担责任的,人民法院应予支持。[④] (5)作为被执行人的营利法人,财产不足以清偿生效法律文书确定的债务,申请执行人申请变更、追加抽逃出资的股东、出资人为被执行人,在抽逃出资的范围内承担责任的,人民法院应予支持。[⑤] (6)作为被执行人的公司,财产不足以清偿生效法律文书确定的债务,其股东未依法履行出资义务即转让股权,申请执行人申请变更、追加该原股东或依《公司法》规定对该出资承担连带责任的发起人为被执行人,在未依法出资的范围内承担责任的,人民法院应予支持。[⑥] (7)作为被执行人的一人有限责任公司,财产不足以清偿生效法律文书确定的债务,股东不能证明公司财产独立于自己的财产,申请执行人申请变更、追加该股东为被执行人,对公司债务承担连带责任的,人民法院应予支持。[⑦] (8)作为被执行人的公司,未经清算即办理注销登记,导致公司无法进行清算,申请执行人申请变更、追加有限责任公

① 《最高人民法院关于民事执行中变更、追加当事人若干问题的规定》第 11 条。

② 《最高人民法院关于民事执行中变更、追加当事人若干问题的规定》第 12 条。

③ 《最高人民法院关于民事执行中变更、追加当事人若干问题的规定》第 15 条。

《民法典》第 74 条规定:“法人可以依法设立分支机构。法律、行政法规规定分支机构应当登记的,依照其规定。分支机构以自己的名义从事民事活动,产生的民事责任由法人承担;也可以先以该分支机构管理的财产承担,不足以承担的,由法人承担。”

④ 《最高人民法院关于民事执行中变更、追加当事人若干问题的规定》第 17 条。

⑤ 《最高人民法院关于民事执行中变更、追加当事人若干问题的规定》第 18 条。

⑥ 《最高人民法院关于民事执行中变更、追加当事人若干问题的规定》第 19 条。

⑦ 《最高人民法院关于民事执行中变更、追加当事人若干问题的规定》第 20 条。

司的股东、股份有限公司的董事和控股股东为被执行人,对公司债务承担连带清偿责任的,人民法院应予支持。[①] (9)作为被执行人的法人或非法人组织,被注销或出现被吊销营业执照、被撤销、被责令关闭、歇业等解散事由后,其股东、出资人或主管部门无偿接受其财产,致使该被执行人无遗留财产或遗留财产不足以清偿债务,申请执行人申请变更、追加该股东、出资人或主管部门为被执行人,在接受的财产范围内承担责任的,人民法院应予支持。[②] (10)作为被执行人的法人或非法人组织,未经依法清算即办理注销登记,在登记机关办理注销登记时,第三人书面承诺对被执行人的债务承担清偿责任,申请执行人申请变更、追加该第三人为被执行人,在承诺范围内承担清偿责任的,人民法院应予支持。[③] (11)作为被执行人的法人或非法人组织,财产依行政命令被无偿调拨、划转给第三人,致使该被执行人财产不足以清偿生效法律文书确定的债务,申请执行人申请变更、追加该第三人为被执行人,在接受的财产范围内承担责任的,人民法院应予支持。[④]

3. 非法人组织的变更、追加。(1)作为被执行人的个人独资企业,不能清偿生效法律文书确定的债务,申请执行人申请变更、追加其出资人为被执行人的,人民法院应予支持。个人独资企业出资人作为被执行人的,人民法院可以直接执行该个人独资企业的财产。个体工商户的字号为被执行人的,人民法院可以直接执行该字号经营者的财产。[⑤] (2)作为被执行人的合伙企业,不能清偿生效法律文书确定的债务,申请执行人申请变更、追加普通合伙人为被执行人的,人民法院应予支持。作为被执行人的有限合伙企业,财产不足以清偿生效法律文书确定的债务,申请执行人申请变更、追加未按期足额缴纳出资的有限合伙人为被执行人,在未足额缴纳出资的范围内承担责任的,人民法院应予支持。[⑥] (3)个人独资企业、合伙企业、法人分支机构以外的非法人组织作为被执行人,不能清偿生效法律文书确定的债务,申请执行人申请变更、追加依法对该非法人组织的

---

① 《最高人民法院关于民事执行中变更、追加当事人若干问题的规定》第21条。
② 《最高人民法院关于民事执行中变更、追加当事人若干问题的规定》第22条。
③ 《最高人民法院关于民事执行中变更、追加当事人若干问题的规定》第23条。
④ 《最高人民法院关于民事执行中变更、追加当事人若干问题的规定》第25条。
⑤ 《最高人民法院关于民事执行中变更、追加当事人若干问题的规定》第13条。
⑥ 《最高人民法院关于民事执行中变更、追加当事人若干问题的规定》第14条。

债务承担责任的主体为被执行人的,人民法院应予支持。[①]

三、申请人申请变更、追加执行当事人

1. 申请人申请变更、追加执行当事人的申请。申请人申请变更、追加执行当事人,应当向执行法院提交书面申请及相关证据材料。除事实清楚、权利义务关系明确、争议不大的案件外,执行法院应当组成合议庭审查并公开听证。经审查,理由成立的,裁定变更、追加;理由不成立的,裁定驳回。执行法院应当自收到书面申请之日起60内作出裁定。有特殊情况需要延长的,由本院院长批准。[②]

2. 申请人申请变更、追加执行当事人的执行措施。执行法院审查变更、追加被执行人申请期间,申请人申请对被申请人的财产采取查封、扣押、冻结措施的,执行法院应当参照《民事诉讼法》第103条的规定办理。申请执行人在申请变更、追加第三人前,向执行法院申请查封、扣押、冻结该第三人财产的,执行法院应当参照《民事诉讼法》第104条的规定办理。[③]

3. 申请人申请变更、追加执行当事人裁定的复议。(1)被申请人、申请人或其他执行当事人对执行法院作出的变更、追加裁定或驳回申请裁定不服的,可以自裁定书送达之日起10日内向上一级人民法院申请复议,但依据《最高人民法院关于民事执行中变更、追加当事人若干问题的规定》第32条的规定应当提起诉讼的除外。[④] (2)上一级人民法院对复议申请应当组成合议庭审查,并自收到申请之日起60日内作出复议裁定。有特殊情况需要延长的,由本院院长批准。被裁定变更、追加的被申请人申请复议的,复议期间,人民法院不得对其争议范围内的财产进行处分。申请人请求人民法院继续执行并提供相应担保的,人民法院可以准许。[⑤]

4. 申请人申请变更、追加执行当事人的执行异议之诉。(1)被申请人或申请人对执行法院依据《最高人民法院关于民事执行中变更、追加当事人若干问题的规定》第14条第2款、第17条至第21条规定作出的变更、追加裁定或驳回申请裁定不服的,可以自裁定书送达之日起15日内,向执行法院提起执行异议之诉。

---

① 《最高人民法院关于民事执行中变更、追加当事人若干问题的规定》第16条。
② 《最高人民法院关于民事执行中变更、追加当事人若干问题的规定》第28条。
③ 《最高人民法院关于民事执行中变更、追加当事人若干问题的规定》第29条。
④ 《最高人民法院关于民事执行中变更、追加当事人若干问题的规定》第30条。
⑤ 《最高人民法院关于民事执行中变更、追加当事人若干问题的规定》第31条。

被申请人提起执行异议之诉的，以申请人为被告。申请人提起执行异议之诉的，以被申请人为被告。[①] (2)被申请人提起的执行异议之诉，人民法院经审理，按照下列情形分别处理：①理由成立的，判决不得变更、追加被申请人为被执行人或者判决变更责任范围；②理由不成立的，判决驳回诉讼请求。诉讼期间，人民法院不得对被申请人争议范围内的财产进行处分。申请人请求人民法院继续执行并提供相应担保的，人民法院可以准许。[②] (3)申请人提起的执行异议之诉，人民法院经审理，按照下列情形分别处理：①理由成立的，判决变更、追加被申请人为被执行人并承担相应责任或者判决变更责任范围；②理由不成立的，判决驳回诉讼请求。[③]

四、变更、追加执行当事人的其他规则

1. 被申请人在应承担责任范围内已承担相应责任的，人民法院不得责令其重复承担责任。[④]

2. 执行当事人的姓名或名称发生变更的，人民法院可以直接将姓名或名称变更后的主体作为执行当事人，并在法律文书中注明变更前的姓名或名称。[⑤]

执行款物(非法条内容)

本书仅就执行款物进行五个方面内容的阐释。

一、直接执行款物

1. 被执行人可以将执行款直接支付给申请执行人；人民法院也可以将执行款从被执行人账户直接划至申请执行人账户。[⑥] 其中，执行款物，是指执行程序中依法应当由人民法院经管的财物。[⑦]

2. 被执行人将执行依据确定交付、返还的物品(包括票据、证照等)直接交付给申请执行人的，被执行人应当向人民法院出具物品接收证明；没有物品接收证

---

① 《最高人民法院关于民事执行中变更、追加当事人若干问题的规定》第32条。
② 《最高人民法院关于民事执行中变更、追加当事人若干问题的规定》第33条。
③ 《最高人民法院关于民事执行中变更、追加当事人若干问题的规定》第34条。
④ 《最高人民法院关于民事执行中变更、追加当事人若干问题的规定》第26条。
⑤ 《最高人民法院关于民事执行中变更、追加当事人若干问题的规定》第27条。
⑥ 《最高人民法院印发〈关于执行款物管理工作的规定〉的通知》第6条。
⑦ 《最高人民法院印发〈关于执行款物管理工作的规定〉的通知》第1条。

明的,执行人员应当将履行情况记入笔录,经双方当事人签字后附卷。被执行人将物品交由人民法院转交给申请执行人或由人民法院主持双方当事人进行交接的,执行人员应当将交付情况记入笔录,经双方当事人签字后附卷。[①]

二、执行款物的收取

1. 执行款的收取。(1)人民法院收取执行款。①交款人直接到人民法院交付执行款的,执行人员可以会同交款人或由交款人直接到财务部门办理相关手续。[②] ②交付现金的,财务部门应当即时向交款人出具收款凭据;交付票据的,财务部门应当即时向交款人出具收取凭证,在款项到账后3日内通知执行人员领取收款凭据。[③] ③收到财务部门的收款凭据后,执行人员应当及时通知被执行人或交款人在指定期限内用收取凭证更换收款凭据。被执行人或交款人未在指定期限内办理更换手续或明确拒绝更换的,执行人员应当书面说明情况,连同收款凭据一并附卷。[④] ④交款人采用转账汇款方式交付和人民法院采用扣划方式收取执行款的,财务部门应当在款项到账后3日内通知执行人员领取收款凭据。收到财务部门的收款凭据后,执行人员应当"及时通知被执行人或交款人在指定期限内用收取凭证更换收款凭据。被执行人或交款人未在指定期限内办理更换手续或明确拒绝更换的,执行人员应当书面说明情况,连同收款凭据一并附卷"。[⑤] (2)由执行人员收取的执行款。①异地执行、搜查扣押、小额标的执行或者因情况紧急确需执行人员直接代收现金或者票据的,应当即时向交款人出具收据,并及时移交法院财务部门。[⑥] ②严禁违规向申请执行人和被执行人收取费用。[⑦] ③执行人员原则上不直接收取现金和票据;确有必要直接收取的,应当不少于2名执行人员在场,即时向交款人出具收取凭证,同时制作收款笔录,由交款人和在场人员签名。执行人员直接收取现金或者票据的,应当在回院后当日将现金或票据移交财务部门;当日移交确有困难的,应当在回院后1日内移交并说明原因。财务部门应当按照《最高人民法院印发〈关于执行款物管理工作的规定〉的

① 《最高人民法院印发〈关于执行款物管理工作的规定〉的通知》第18条。
② 《最高人民法院印发〈关于执行款物管理工作的规定〉的通知》第7条第1款。
③ 《最高人民法院印发〈关于执行款物管理工作的规定〉的通知》第7条第2款。
④ 《最高人民法院印发〈关于执行款物管理工作的规定〉的通知》第7条第3款。
⑤ 《最高人民法院印发〈关于执行款物管理工作的规定〉的通知》第8条。
⑥ 《法官行为规范》第65条第3项。
⑦ 《法官行为规范》第65条第4项。

通知》第7条第2款[①]规定办理。收到财务部门的收款凭据后，执行人员应当按照第7条第3款[②]《最高人民法院印发〈关于执行款物管理工作的规定〉的通知》办理。[③]

2. 执行物的收取。(1)查封、扣押至人民法院或被执行人、担保人等直接向人民法院交付的物品，执行人员应当立即通知保管部门对物品进行清点、登记，有价证券、金银珠宝、古董等贵重物品应当封存，并办理交接。[④] (2)财务部门应当对执行款的收付进行逐案登记，并建立明细账。

三、执行款物的管理

1. 执行款物的管理原则。执行款物的管理实行执行机构与有关管理部门分工负责、相互配合、相互监督的原则。[⑤]

2. 成为人民法院经管执行款的情形。成为人民法院经管的执行款的法定情形：(1)有争议或需再分配的执行款，以及人民法院认为确有必要的，应当将执行款划至执行款专户或案款专户。(2)人民法院通过网络执行查控系统扣划的执行款，应当划至执行款专户或案款专户。[⑥]

3. 执行款物的管理措施。(1)对于由人民法院保管的查封、扣押物品，应当指定专人或部门负责，逐案登记，妥善保管，任何人不得擅自使用。执行机构应当指定专人对执行款物的收发情况进行管理，设立台账、逐案登记，并与执行款物管理部门对执行款物的收发情况每月进行核对。[⑦] (2)人民法院应当开设执行款专户或在案款专户中设置执行款科目，对执行款实行专项管理、独立核算、专款专付。人民法院应当采取一案一账号的方式，对执行款进行归集管理，案号、

---

① 《最高人民法院印发〈关于执行款物管理工作的规定〉的通知》第7条第2款规定："交付现金的，财务部门应当即时向交款人出具收款凭据；交付票据的，财务部门应当即时向交款人出具收取凭证，在款项到账后3日内通知执行人员领取收款凭据。"

② 《最高人民法院印发〈关于执行款物管理工作的规定〉的通知》第7条第3款规定："收到财务部门的收款凭据后，执行人员应当及时通知被执行人或交款人在指定期限内用收取凭证更换收款凭据。被执行人或交款人未在指定期限内办理更换手续或明确拒绝更换的，执行人员应当书面说明情况，连同收款凭据一并附卷。"

③ 《最高人民法院印发〈关于执行款物管理工作的规定〉的通知》第9条。

④ 《最高人民法院印发〈关于执行款物管理工作的规定〉的通知》第19条第1款。

⑤ 《最高人民法院印发〈关于执行款物管理工作的规定〉的通知》第2条。

⑥ 《最高人民法院印发〈关于执行款物管理工作的规定〉的通知》第6条。

⑦ 《最高人民法院印发〈关于执行款物管理工作的规定〉的通知》第3条第2款、第3款。

款项、被执行人或交款人应当一一对应。[①]（3）执行人员应当在执行通知书或有关法律文书中告知人民法院执行款专户或案款专户的开户银行名称、账号、户名，以及交款时应当注明执行案件案号、被执行人姓名或名称、交款人姓名或名称、交款用途等信息。[②]（4）保管部门接收物品后，应当出具收取凭证。对于在异地查封、扣押，且不便运输或容易毁损的物品，人民法院可以委托物品所在地人民法院代为保管，代为保管的人民法院应当按照前款规定办理。[③]（5）人民法院应当确定专门场所存放不便运输或容易毁损的物品。[④]

4. 执行款物的临时处理。对季节性商品、鲜活、易腐烂变质以及其他不宜长期保存的物品，人民法院可以责令当事人及时处理，将价款交付人民法院；必要时，执行人员可予以变卖，并将价款依照本规定要求交财务部门。[⑤]

5. 执行款物的移交。案件承办人调离执行机构，在移交案件时，必须同时移交执行款物收发凭证及相关材料。执行款物收发情况复杂的，可以在交接时进行审计。执行款物交接不清的，不得办理调离手续。[⑥]

四、执行款物的发放

1. 执行款物发放前的准备。（1）执行人员应当在收到财务部门执行款到账通知之日起30日内，完成执行款的核算、执行费用的结算、通知申请执行人领取和执行款发放等工作。[⑦]（2）人民法院查封、扣押或被执行人交付，且属于执行依据确定交付、返还的物品，执行人员应当自查封、扣押或被执行人交付之日起30日内，完成执行费用的结算、通知申请执行人领取和发放物品等工作。不属于执行依据确定交付、返还的物品，符合处置条件的，执行人员应当依法启动财产处置程序。[⑧]

2. 执行款的发放规则。（1）人民法院解除对物品的查封、扣押措施的，除指定由被执行人保管的外，应当自解除查封、扣押措施之日起10日内将物品发还给

---

① 《最高人民法院印发〈关于执行款物管理工作的规定〉的通知》第4条。
② 《最高人民法院印发〈关于执行款物管理工作的规定〉的通知》第5条。
③ 《最高人民法院印发〈关于执行款物管理工作的规定〉的通知》第19条。
④ 《最高人民法院印发〈关于执行款物管理工作的规定〉的通知》第20条。
⑤ 《最高人民法院印发〈关于执行款物管理工作的规定〉的通知》第21条。
⑥ 《最高人民法院印发〈关于执行款物管理工作的规定〉的通知》第27条。
⑦ 《最高人民法院印发〈关于执行款物管理工作的规定〉的通知》第10条第1款。
⑧ 《最高人民法院印发〈关于执行款物管理工作的规定〉的通知》第22条。

所有人或交付人。物品在人民法院查封、扣押期间,因自然损耗、折旧所造成的损失,由物品所有人或交付人自行负担,但法律另有规定的除外。[①] (2)有下列情形之一的,报经执行局局长或主管院领导批准后,可以延缓发放:①需要进行案款分配的;②申请执行人因另案诉讼、执行或涉嫌犯罪等原因导致执行款被保全或冻结的;③申请执行人经通知未领取的;④案件被依法中止或者暂缓执行的;⑤有其他正当理由需要延缓发放执行款的。上述情形消失后,执行人员应当在10日内完成执行款的发放。[②]

3. 执行款的划付。(1)一般规则。①应当在规定期限内办理执行费用和执行款的结算手续,并及时通知申请执行人办理取款手续;②需要延期划付的,应当在期限届满前书面说明原因,并报有关领导审查批准;③申请执行人委托或者指定他人代为收款的,应当审查其委托手续是否齐全、有效,并要求收款人出具合法有效的收款凭证。[③] (2)具体规则。①转账方式及审查。人民法院发放执行款,一般应当采取转账方式。执行款应当发放给申请执行人,确需发放给申请执行人以外的单位或个人的,应当组成合议庭进行审查,但依法应当退还给交款人的除外。[④] ②填写审批表。发放执行款时,执行人员应当填写执行款发放审批表。执行款发放审批表中应当注明执行案件案号、当事人姓名或名称、交款人姓名或名称、交款金额、交款时间、交款方式、收款人姓名或名称、收款人账号、发款金额和方式等情况。报经执行局局长或主管院领导批准后,交由财务部门办理支付手续。[⑤] ③委托。委托他人代为办理领取执行款手续的,应当附特别授权委托书、委托代理人的身份证复印件。委托代理人是律师的,应当附所在律师事务所出具的公函及律师执照复印件。[⑥] ④转账、支付。申请执行人要求或同意人民法院采取转账方式发放执行款的,执行人员应当持执行款发放审批表及申请执行人出具的本人或本单位接收执行款的账户信息的书面证明,交财务部门办理转账手续。申请执行人或委托代理人直接到人民法院办理领取执行款手续的,执行人员应当在查验领款人身份证件、授权委托手续后,持执行款发放审批表,

---

① 《最高人民法院印发〈关于执行款物管理工作的规定〉的通知》第23条。

② 《最高人民法院印发〈关于执行款物管理工作的规定〉的通知》第10条第2款、第3款。

③ 《法官行为规范》第66条。

④ 《最高人民法院印发〈关于执行款物管理工作的规定〉的通知》第11条。

⑤ 《最高人民法院印发〈关于执行款物管理工作的规定〉的通知》第12条第1款。

⑥ 《最高人民法院印发〈关于执行款物管理工作的规定〉的通知》第12条第2款。

会同领款人到财务部门办理支付手续。[①] ⑤财务部门的审核。财务部门在办理执行款支付手续时,除应当查验执行款发放审批表,还应当按照有关财务管理规定进行审核。[②] ⑥收款凭证。发放执行款时,收款人应当出具合法有效的收款凭证。财务部门另有规定的,依照其规定。[③]

4. 发放执行款(物)的其他规定。(1)物品的发放、延缓发放、提存等,除本规定有明确规定外,参照执行款的有关规定办理。[④] (2)执行款物的收发凭证、相关证明材料,应当附卷归档。[⑤]

五、执行款的提存

1. 执行款提存的情形。有下列情形之一,不能在规定期限内发放执行款的,人民法院可以将执行款提存:(1)申请执行人无正当理由拒绝领取的;(2)申请执行人下落不明的;(3)申请执行人死亡未确定继承人或者丧失民事行为能力未确定监护人的;(4)按照申请执行人提供的联系方式无法通知其领取的;(5)其他不能发放的情形。[⑥]

2. 执行款的提存审批表、证明材料及提存费用。需要提存执行款的,执行人员应当填写执行款提存审批表并附具有提存情形的证明材料。执行款提存审批表中应注明执行案件案号、当事人姓名或名称、交款人姓名或名称、交款金额、交款时间、交款方式、收款人姓名或名称、提存金额、提存原因等情况。报经执行局局长或主管院领导批准后,办理提存手续。提存费用应当由申请执行人负担,可以从执行款中扣除。[⑦]

3. 执行款的拍卖或变卖。符合"提存"的,人民法院可以对物品进行提存。物品不适于提存或者提存费用过高的,人民法院可以提存拍卖或者变卖该物品所得价款。[⑧]

---

① 《最高人民法院印发〈关于执行款物管理工作的规定〉的通知》第13条。
② 《最高人民法院印发〈关于执行款物管理工作的规定〉的通知》第14条。
③ 《最高人民法院印发〈关于执行款物管理工作的规定〉的通知》第15条。
④ 《最高人民法院印发〈关于执行款物管理工作的规定〉的通知》第25条。
⑤ 《最高人民法院印发〈关于执行款物管理工作的规定〉的通知》第26条。
⑥ 《最高人民法院印发〈关于执行款物管理工作的规定〉的通知》第16条。
⑦ 《最高人民法院印发〈关于执行款物管理工作的规定〉的通知》第17条。
⑧ 《最高人民法院印发〈关于执行款物管理工作的规定〉的通知》第24条。

执行文书的立卷归档(非法条内容)

本书仅就执行文书的立卷归档展开五个方面的阐释。

一、执行文书

执行文书,是指人民法院在案件执行过程中所形成的一切与案件有关的各类文书材料。①

1. 立卷归档的执行文书。人民法院办理的下列执行案件,纳入立卷归档的范围。(1)本院直接受理的执行案件;(2)提级执行、受指定执行的案件;(3)受托执行的案件;(4)执行监督、请示、协调的案件;(5)申请复议的案件;(6)其他执行案件。②

2. 执行文书的编号。执行案件由立案庭统一立案,按照案件类型分类编号。执行案件必须一案一号。一个案件从收案到结案所形成的法律文书、公文、函电等所有司法文书以及执行文书的立卷、归档、保管均使用收案时编定的案号。中止执行的案件恢复执行后,不得重新立案,应继续使用原案号。③

3. 执行文书的负责人。执行文书材料由承办书记员负责收集、整理立卷,承办执行法官或执行员和部门领导负责检查卷宗质量,并监督承办书记员按期归档。④

二、执行文书材料的收集

1. 执行文书材料的收集。(1)执行案件收案后,承办书记员即开始收集有关本案的各种文书材料,着手立卷工作。⑤ (2)执行文书材料应全面、真实地反映执行的整个过程和具体情况。⑥

2. 执行文书材料的送达回证附卷。(1)送达法律文书应当有送达回证附卷。

---

① 《人民法院执行文书立卷归档办法(试行)》第2条。

《人民法院执行文书立卷归档办法(试行)》第1条规定:"为了加强执行文书的立卷归档工作,根据《中华人民共和国档案法》、《人民法院档案管理办法》等有关规定,结合人民法院执行工作实际,制定本办法。"

② 《人民法院执行文书立卷归档办法(试行)》第3条。

③ 《人民法院执行文书立卷归档办法(试行)》第4条。

④ 《人民法院执行文书立卷归档办法(试行)》第5条。

⑤ 《人民法院执行文书立卷归档办法(试行)》第6条。

⑥ 《人民法院执行文书立卷归档办法(试行)》第7条。

邮寄送达法律文书被退回的,挂号函件收据、附有邮局改退批条的退回邮件信封应当附卷。公告送达法律文书的,公告的原件和附件、刊登公告的报纸版面或张贴公告的照片应当附卷。[①] (2)执行款物的收付材料必须附卷,包括收取执行款物的收据存根;交付、退回款物后当事人开具的收据;划款通知书;法院扣收申请执行费、实际支出费的票据;以物抵债裁定书及抵债物交付过程的材料;双方当事人签订和解协议后交付款物的收据复印件等。[②]

3. 执行文书材料的入卷。(1)入卷的执行法律文书,除卷内装订的外,应当随卷各附三份归档,装入卷底袋内备用。其他文书材料,一般只保存一份(有领导人批示的材料除外)。[③] (2)入卷的执行文书材料应当保留原件,未能提供原件的可保存一份复印件,但要注明没有原件的原因。执行人员依职权通过摘录、复制方式取得的与案件有关的证明材料,应注明来源、日期,并由经手人或经办人签名,同时加盖提供单位印章。[④]

4. 无须归档的执行文书材料。下列文书材料一般不归档:(1)没有证明价值的信封、工作材料;(2)内容相同的重份材料;(3)法规、条例复制件;(4)一般的法律文书草稿(未定稿);(5)与本案无关的材料。[⑤]

5. 执行文书材料的检查。在案件办结以后,执行人员应当认真检查全案的文书材料是否收集齐全,若发现法律文书不完备的,应当及时补齐。[⑥]

三、执行文书材料的排列

执行文书材料的排列顺序应当按照执行程序的进程、形成文书的时间顺序,兼顾文书材料之间的有机联系进行排列。执行卷宗应当按照利于保密、方便利用的原则,分别立正卷和副卷。无不宜公开内容的案件可以不立副卷。[⑦]

1. 执行案件正卷文书材料排列顺序。(1)卷宗封面;(2)卷内目录;(3)立案审批表;(4)申请执行书;(5)执行依据;(6)受理案件通知书、举证通知书及送达回执;(7)案件受理费及实际支出费收据;(8)执行通知书、财产申报通知书及送

---

① 《人民法院执行文书立卷归档办法(试行)》第8条。
② 《人民法院执行文书立卷归档办法(试行)》第9条。
③ 《人民法院执行文书立卷归档办法(试行)》第10条。
④ 《人民法院执行文书立卷归档办法(试行)》第11条。
⑤ 《人民法院执行文书立卷归档办法(试行)》第12条。
⑥ 《人民法院执行文书立卷归档办法(试行)》第13条。
⑦ 《人民法院执行文书立卷归档办法(试行)》第14条。

达回执；(9)申请执行人、被执行人身份证明、工商登记资料、法定代表人身份证明及授权委托书、律师事务所函；(10)申请执行人、被执行人、案外人举证材料；(11)询问笔录、调查笔录、听证笔录、执行笔录及人民法院取证材料；(12)采取、解除、撤销强制执行措施(包括查询、查封、冻结、扣划、扣押、评估、拍卖、变卖、搜查、拘传、罚款、拘留等)文书材料；(13)追加、变更执行主体裁定书正本；(14)强制执行裁定书正本；(15)执行和解协议；(16)执行和解协议履行情况的证明材料；(17)以物抵债裁定书及相关材料；(18)中止执行、终结执行、不予执行裁定书及执行凭证；(19)执行款物收取、交付凭证及有关审批材料；(20)延长执行期限的审批表；(21)结案报告、结案审批表；(22)送达回证；(23)备考表；(24)证物袋；(25)卷底。①

2. 执行监督案件正卷文书材料的排列顺序。(1)卷宗封面；(2)卷内目录；(3)立案审批表；(4)执行监督申请书；(5)原执行裁定书；(6)当事人身份证明或法定代表人身份证明及授权委托书、律师事务所函；(7)当事人提供的证据材料；(8)听证笔录、调查笔录；(9)督办函；(10)执行法院书面报告；(11)监督结果或有关裁定书；(12)结案报告、结案审批表；(13)送达回证；(14)备考表；(15)证物袋；(16)卷底。②

3. 执行协调案件文书材料的排列顺序。(1)卷宗封面；(2)卷内目录；(3)立案审批表；(4)请求协调报告及相关证据材料；(5)协调函；(6)被协调法院的报告及相关证据材料；(7)协调会议记录；(8)承办人审查报告；(9)合议庭评议案件笔录；(10)执行局(庭)研究案件记录及会议纪要；(11)审判委员会研究案件记录及会议纪要；(12)协调意见书；(13)结案报告、结案审批表；(14)备考表；(15)证物袋；(16)卷底。③

4. 执行请示案件文书材料的排列顺序。(1)卷宗封面；(2)卷内目录；(3)立案审批表；(4)请示报告及相关证据材料；(5)承办人审查报告；(6)合议庭评议案件笔录；(7)执行局(庭)研究案件笔录及会议纪要；(8)本院审判委员会评议案件笔录及会议纪要；(9)向上级法院的请示或报告；(10)批复意见；(11)结案

---

① 《人民法院执行文书立卷归档办法(试行)》第15条。

② 《人民法院执行文书立卷归档办法(试行)》第16条。

③ 《人民法院执行文书立卷归档办法(试行)》第17条。

报告、结案审批表；(12)备考表；(13)证物袋；(14)卷底。①

5. 执行复议案件正卷文书材料的排列顺序。(1)卷宗封面；(2)卷内目录；(3)立案审批表；(4)复议申请书；(5)原决定书；(6)复议申请人身份证明、法定代表人身份证明及授权委托书、律师事务所函；(7)复议申请人提供的证据材料；(8)听证笔录、调查笔录；(9)复议决定书；(10)结案报告、结案审批表；(11)送达回证；(12)备考表；(13)证物袋；(14)卷底。②

6. 各类执行案件副卷文书材料的排列顺序。(1)卷宗封面；(2)卷内目录；(3)阅卷笔录；(4)执行方案；(5)承办人与有关部门内部交换意见的材料或笔录；(6)有关案件的内部请示与批复；(7)上级法院及有关单位领导人对案件的批示；(8)承办人审查报告；(9)合议庭评议案件笔录；(10)执行局(庭)研究案件记录及会议纪要；(11)审判委员会研究案件记录及会议纪要；(12)法律文书签发件；(13)其他不宜公开的材料；(14)备考表；(15)证物袋；(16)卷底。③

四、执行文书的立卷及卷宗装订

1. 执行文书的编号。人民法院执行文书材料经过系统收集、整理、排列后，逐页编号。页号一律用阿拉伯数字编写，正面书写在右上角，背面书写在左上角，背面无字迹的不编页号。卷宗封面、卷内目录、备考表、证物袋、卷底不编页号。④

2. 执行文书的书写。执行文书材料包括卷皮的书写、签发必须使用碳素墨水、蓝黑墨水或微机打印，如出现文书材料使用红、蓝墨水或铅笔、圆珠笔及易褪色不易长期保管书写工具书写的，要附复印件。需要归档的传真文书材料必须复印，复印件归档，传真件不归档。⑤

3. 执行文书的填写。(1)卷宗封面必须按项目要求填写齐全，字迹工整、规范、清晰。卷面案号应当与卷内文件案号一致；案件类别栏填写“执行”；案由栏填写执行依据确认的案由；当事人栏应当填写准确、完整，不能缩写、简称或省略；收、结案日期应当与卷内文书记载一致；执行标的栏，应当填写申请执行标

---

① 《人民法院执行文书立卷归档办法(试行)》第18条。
② 《人民法院执行文书立卷归档办法(试行)》第19条。
③ 《人民法院执行文书立卷归档办法(试行)》第20条。
④ 《人民法院执行文书立卷归档办法(试行)》第21条。
⑤ 《人民法院执行文书立卷归档办法(试行)》第22条。

的;执行结果栏,应当填写已经执行的金额或其他情况;裁决机关栏,应当填写作出生效法律文书的机关;结案方式栏,按不同情况分别填写自动履行、强制执行、终结执行、执行和解或不予执行等;结案日期栏,应当填写批准报结的日期。①
(2)卷内目录应当按文书材料顺序逐项填写。一份文书材料编一个顺序号。②
(3)卷内文件目录所在页的编号,除最后一份需填写起止号外,其余只填起号。③
(4)卷内备考表,由本卷情况说明、立卷人、检查人、验收人、立卷日期等项目组成。"本卷情况说明"栏内填写卷内文书缺损、修改、补充、移出、销毁等情况;"立卷人"由立卷人签字;"检查人"由承办执行法官或执行员签字;"验收人"由档案部门接收人签字;"立卷日期"填写立卷完成的日期。④

4. 执行文书的装订。(1)卷宗的装订必须牢固、整齐、美观,便于保管和利用。每卷的厚度以不超过15毫米为宜,材料过多的,应当按顺序分册装订。每册案卷都从"1"开始编写页号。卷宗装订齐下齐右、三孔一线,长度以180毫米左右为宜,并在卷底装订线结扣处粘贴封条,由立卷人盖章。⑤ (2)卷宗装订前,要对文书材料进行全面检查,材料不完整的要补齐,破损或褪色、字迹扩散的要修补、复制。卷内材料用纸以A4办公纸为标准。纸张过大的要修剪折叠,纸张过小、订口过窄的要加贴衬纸。外文及少数民族文字材料应当附上汉语译文。作为证据查考日期的信封,保留原件,打开展平加贴衬纸。卷宗内严禁留置金属物。⑥

五、执行卷宗的归档和保管

1. 执行卷宗的归档。(1)执行人员应当妥善保管执行卷宗,防止卷宗毁损、遗漏、丢失。⑦ (2)承办书记员应当在案件报结后1个月内将执行卷宗装订完毕,并送有关部门或负责人核查是否符合案件归档条件,验收合格的应当立即归档。不合格的,应当及时予以补救。执行卷宗应当在案件报结后的3个月内完成归档

---

① 《人民法院执行文书立卷归档办法(试行)》第23条。
② 《人民法院执行文书立卷归档办法(试行)》第24条。
③ 《人民法院执行文书立卷归档办法(试行)》第25条。
④ 《人民法院执行文书立卷归档办法(试行)》第26条。
⑤ 《人民法院执行文书立卷归档办法(试行)》第27条。
⑥ 《人民法院执行文书立卷归档办法(试行)》第28条。
⑦ 《人民法院执行文书立卷归档办法(试行)》第29条。

工作。[①] (3)执行机构应当对执行卷宗的归档情况登记造册,归档案件必须有档案部门的签收手续。[②] (4)已经归档的卷宗不得抽取材料,确需增添材料的,应当征得档案管理人员同意后,按立卷要求办理。[③] (5)对违反本办法未及时归档、任意从案卷中抽取文书材料或损毁、遗漏、丢失案卷材料的有关人员,视情节轻重,依有关规定作出相应处理。[④]

2. 执行卷宗的保管。(1)中止执行的案件可以由执行机构统一保管执行卷宗,不得在执行人员处存放。[⑤] (2)执行档案的保管期限由档案管理部门按照有关规定确定。[⑥]

---

① 《人民法院执行文书立卷归档办法(试行)》第30条。
② 《人民法院执行文书立卷归档办法(试行)》第31条。
③ 《人民法院执行文书立卷归档办法(试行)》第34条。
④ 《人民法院执行文书立卷归档办法(试行)》第35条。
⑤ 《人民法院执行文书立卷归档办法(试行)》第32条。
⑥ 《人民法院执行文书立卷归档办法(试行)》第33条。

第二十一章 执行措施

执行措施,是指人民法院为了实现生效裁判所确定的权利人的权益,对被执行人实施强制执行的具体方法和手段。[①]

执行措施可以针对义务人和被执行财产。对义务人可以采取的执行措施,是指促使义务人作为或者不作为,包括责令义务人履行或者停止实施禁止的行为;责令义务人支付赔偿金、迟延履行金;对于可以替代的行为,由他人代为完成,义务承担由此产生的费用等。对被执行财产可以采取的措施包括查明[②]、控制[③]、处置[④]财产的方法和手段。[⑤]

被执行财产分为动产与不动产,具体的执行措施分为两类:(1)对动产的执行措施。包括对被执行人存款的执行,对被执行人收入的执行,对被执行人财产的执行,对被执行人其他特殊财产权的执行(对知识产权的执行,对股息、红利等收益的执行,对股票等有价证券的执行,对股权或投资收益权的执行)。[⑥] (2)对不动产的执行措施。包括强制迁出房屋和退出土地,除此之外,还有查封、拍卖、

---

① 江必新等编著:《新民事诉讼法配套适用规则适用指引(执行程序卷)》,法律出版社 2016 年版,第281 页。

② 查明,是指调查了解被执行人的财产状况的行为,包括要求被执行人报告财产状况、对被执行人进行询问、搜查被执行人财产的存放地等。参见江必新等编著:《新民事诉讼法配套适用规则适用指引(执行程序卷)》,法律出版社 2016 年版,第 281 页。

③ 控制,是指对被执行人财产进行掌控和制约的行为,使其财产不被转移、藏匿,包括冻结、查封等手段。参见江必新等编著:《新民事诉讼法配套适用规则适用指引(执行程序卷)》,法律出版社 2016 年版,第 281 页。

④ 处置,是指对被执行人的财产进行处理的行为,包括拍卖、变卖等。参见江必新等编著:《新民事诉讼法配套适用规则适用指引(执行程序卷)》,法律出版社 2016 年版,第 281 页。

⑤ 江必新等编著:《新民事诉讼法配套适用规则适用指引(执行程序卷)》,法律出版社 2016 年版,第281 页。

⑥ 动产主要包括被执行人的存款、收入、财产、物品和债权等。对动产的执行措施,是指以动产为执行标的所采取的执行方法和手段。

变卖等。[1] 对被执行财产难以发现的，要充分发挥执行联动威慑机制的作用，通过限制高消费措施、被执行人报告财产制度，以及委托律师调查、强制审计、公安机关协查等方式方法，最大限度地发现被执行人的财产，敦促被执行人提出切实可行的还款计划。[2]

被执行人报告义务

第二百四十八条　被执行人未按执行通知履行法律文书确定的义务，应当报告当前以及收到执行通知之日前一年的财产情况。被执行人拒绝报告或者虚假报告的，人民法院可以根据情节轻重对被执行人或者其法定代理人、有关单位的主要负责人或者直接责任人员予以罚款、拘留。

本条明确被执行人报告财产义务。

财产报告制度，是指人民法院对不履行生效法律文书确定义务的被执行人，强制其如实向人民法院报告财产状况的制度。本书在被执行人报告财产义务基础上进一步阐释五个方面的内容。

一、执行调查

执行调查，是指查明被执行人财产状况。执行调查的方法主要有申请执行人提供、被执行人申报和人民法院调查。

1. 申请执行人提供。(1)申请执行人向法院提供被执行财产线索的，(法官)应当及时进行调查，依法采取相应的执行措施，并将有关情况告知申请执行人；(法官)应当积极依职权查找被执行人财产，并及时依法采取相应执行措施。[3] (2)强化申请执行人提供财产线索的责任。各地法院可以根据案件的实际情况，要求申请执行人提供被执行人的财产状况或者财产线索，并告知不能提供的风险。各地法院也可根据本地的实际情况，探索尝试以调查令、委托调查函等方式赋予代理律师法律规定范围内的财产调查权。[4] (3)建立财产举报机制。执行法

① 对不动产的执行措施，是指以不动产为执行标的的执行措施。不动产主要有房屋、土地及其附着物。

② 《最高人民法院关于进一步贯彻"调解优先、调判结合"工作原则的若干意见》第7条第2款。

③ 《法官行为规范》第59条。

④ 《最高人民法院关于依法制裁规避执行行为的若干意见》第2条。

院可以依据申请执行人的悬赏执行申请,向社会发布举报被执行人财产线索的悬赏公告。举报人提供的财产线索经查证属实并实际执行到位的,可按申请执行人承诺的标准或者比例奖励举报人。奖励资金由申请执行人承担。[①]

2. 被执行人申报。(1)申请执行人不能提供被执行人的财产或财产线索的,执行法院应当要求被执行人进行财产申报。[②] (2)对于被执行人未按执行通知履行法律文书确定义务的,执行法院应当要求被执行人限期如实报告财产,并告知拒绝报告或者虚假报告的法律后果。对于被执行人暂时无财产可供执行的,可以要求被执行人定期报告。[③] (3)被执行人未履行法律文书确定的义务,且有转移隐匿处分财产、投资开设分支机构、入股其他企业或者抽逃注册资金等情形的,执行法院可以根据申请执行人的申请委托中介机构对被执行人进行审计。审计费用由申请执行人垫付,被执行人确有转移隐匿处分财产等情形的,实际执行到位后由被执行人承担。[④]

3. 人民法院调查。(1)执行法院对被执行人的财产状况调查,可以传唤被执行人及其法定代表人、负责人到庭接受询问。[⑤] (2)各地法院要充分发挥执行联动机制的作用,完善与金融、房地产管理、国土资源、车辆管理、工商管理等各有关单位的财产查控网络,细化协助配合措施,进一步拓宽财产调查渠道,简化财产调查手续,提高财产调查效率。[⑥] (3)被执行人进行了财产申报,或者申请执行人提供了被执行人的财产或财产线索的,执行法院必须进行调查核实。调查结果应当告知申请执行人。如果根据有关线索认定被执行人有履行能力,但无法查到确切财产下落的,执行法院可以根据案件具体情况,采取在征信系统记录、通过媒体公布不履行义务信息等合法措施。[⑦]

二、执行财产报告

对于被执行人未按执行通知履行法律文书确定义务的,执行法院应当要求被执行人限期如实报告财产,并告知拒绝报告或者虚假报告的法律后果。对于

---

① 《最高人民法院关于依法制裁规避执行行为的若干意见》第5条。
② 《中央政法委、最高人民法院关于规范集中清理执行积案结案标准的通知》第2条第1款。
③ 《最高人民法院关于依法制裁规避执行行为的若干意见》第1条。
④ 《最高人民法院关于依法制裁规避执行行为的若干意见》第4条。
⑤ 江伟主编:《民事诉讼法》(第3版),高等教育出版社2007年版,第503~504页。
⑥ 《最高人民法院关于依法制裁规避执行行为的若干意见》第3条。
⑦ 《中央政法委、最高人民法院关于规范集中清理执行积案结案标准的通知》第2条第1款。

被执行人暂时无财产可供执行的,可以要求被执行人定期报告。①

三、对被执行人申报无财产的处理

1. 无财产认定的相关材料。(1)案卷中的材料。如果认定被执行人下落不明且无财产可供执行,案卷中必须具备下列材料:①被执行人是法人的,其注册登记情况、法律文书中注明的营业地址现场调查情况或者登记机关的书面证明材料。②被执行人是自然人的,其近亲属、邻居、当地村委会、居委会、公安派出所的调查笔录或者证明材料。② (2)调查措施的材料。认定被执行人无财产可供执行的,必须将所采取的各种财产调查措施的材料归入案卷。包括工作记录、调查(询问)笔录、谈话笔录、当事人书面确认材料、被查询单位出具的书面查询结果,以及其他能够证明被执行人财产状况和执行法院进行相关调查工作情况的材料。③

2. 申报无财产的查找。需要查找被执行人的案件,执行依据中记载被执行人地址或者联系方式的,必须根据该线索进行查找或联系。无其他适当线索的,被执行人是法人的,应根据登记机关的登记资料查找其负责人;被执行人是自然人的,应到其户籍所在地、住所地(暂住地)向当地公安派出所、居委会、村委会、被执行人的亲属和邻居进行调查。④

3. 申报无财产的审计。作为被执行人的企业法人被撤销、注销、吊销营业执照或者歇业的,在申请执行人提出清算或审计申请并预交相关费用后,执行法院可以责令股东进行清算或者由执行法院委托中介机构进行审计。⑤

4. 申报无财产、无财产线索的处理。被执行人申报无财产或申请执行人无法提供被执行人财产或财产线索的,执行法院应按照下列情况处理:(1)被执行人是法人的,应当向有关金融机构查询银行存款,向有关房地产管理部门查询房地产登记,向法人登记机关查询股权,向有关车管部门查询车辆等。(2)被执行人是自然人的,应当向被执行人所在单位及居住地周边群众调查了解被执行人的财产状况或财产线索,包括被执行人的经济收入来源、被执行人到期债权等。

---

① 《最高人民法院关于依法制裁规避执行行为的若干意见》第1条。

② 《中央政法委、最高人民法院关于规范集中清理执行积案结案标准的通知》第2条第5款。

③ 《中央政法委、最高人民法院关于规范集中清理执行积案结案标准的通知》第2条第6款。

④ 《中央政法委、最高人民法院关于规范集中清理执行积案结案标准的通知》第2条第4款。

⑤ 《中央政法委、最高人民法院关于规范集中清理执行积案结案标准的通知》第2条第3款。

如果根据财产线索判断被执行人有较高收入，应当按照对法人的调查途径进行调查。[①]

5. 申报无财产的情况反馈。执行法院应当及时将案件执行情况向申请执行人反馈，反馈情况记录必须归入案卷。[②]

四、无财产可执行案件的处理

1. 无财产可执行案件的办理。对无财产可供执行的重点案件，应分别按照下列情况办理：(1)申请执行人属于特困群体，已经设立救助资金的，应当启动特困群体救助程序，给予申请执行人适当救助金；未设立救助资金的，应报请当地清理积案领导小组，协调有关部门给予申请执行人以适当救助。(2)申请执行人不属于特困群体但坚持要求执行的，应通过说明解释工作，实现当事人息诉息访。给予申请执行人适当救助资金后，如发现被执行人有可供执行的财产，执行法院应积极采取措施执行。在申请执行人实现债权后，应将救助资金扣回纳入救助资金循环使用。[③]

2. 无财产可执行案件的结案。(1)符合法律或司法解释规定的终结执行情形的，可依法结案。仲裁裁决、公证债权文书被裁定不予执行的，可依法结案。[④] (2)被执行人可供执行的财产执行完毕后，申请执行人书面表示放弃剩余债权的，可依法结案。[⑤] (3)案件执行标的款全部执行到执行款专户，因申请执行人下落不明无法领取或不愿领取，执行法院已依法予以提存的，可以作结案处理。[⑥] (4)委托执行的案件，受托法院可以按照新收执行案件办理，委托法院不得作结案处理。待受托法院将案件依法结案后，委托法院的案件一并依法结案。[⑦] (5)中止执行的案件，不得作结案处理。[⑧] (6)提级执行或指定执行的案件，提级执行的法院或被指定执行的法院应当按照新收执行案件办理，原执行法院可作销案处理，不得作结案处理。[⑨] (7)因重复立案移送管辖的案件，原执行法院应作

---

① 《中央政法委、最高人民法院关于规范集中清理执行积案结案标准的通知》第2条第2款。
② 《中央政法委、最高人民法院关于规范集中清理执行积案结案标准的通知》第2条第7款。
③ 《中央政法委、最高人民法院关于规范集中清理执行积案结案标准的通知》第2条第8款。
④ 《中央政法委、最高人民法院关于规范集中清理执行积案结案标准的通知》第3条第1款。
⑤ 《中央政法委、最高人民法院关于规范集中清理执行积案结案标准的通知》第3条第2款。
⑥ 《中央政法委、最高人民法院关于规范集中清理执行积案结案标准的通知》第3条第3款。
⑦ 《中央政法委、最高人民法院关于规范集中清理执行积案结案标准的通知》第3条第4款。
⑧ 《中央政法委、最高人民法院关于规范集中清理执行积案结案标准的通知》第3条第5款。
⑨ 《中央政法委、最高人民法院关于规范集中清理执行积案结案标准的通知》第3条第6款。

销案处理，不得作结案处理。[①]

3. 无财产可执行案件的裁定终结本次执行。(1)无财产可供执行的案件，执行程序在一定期间无法继续进行，且有下列情形之一的，经合议庭评议，可裁定终结本次执行程序后结案：①被执行人确无财产可供执行，申请执行人书面同意人民法院终结本次执行程序的；②因被执行人无财产而中止执行满2年，经查证被执行人确无财产可供执行的；③申请执行人明确表示提供不出被执行人的财产或财产线索，并在人民法院穷尽财产调查措施之后对人民法院认定被执行人无财产可供执行书面表示认可的；④被执行人的财产无法拍卖变卖，或者动产经2次拍卖、不动产或其他财产权经3次拍卖仍然流拍，申请执行人拒绝接受或者依法不能交付其抵债，经人民法院穷尽财产调查措施，被执行人确无其他财产可供执行的；⑤作为被执行人的企业法人被撤销、注销、吊销营业执照或者歇业后既无财产可供执行，又无义务承受人，也没有能够依法追加变更执行主体的；⑥经人民法院穷尽财产调查措施，被执行人确无财产可供执行或虽有财产但不宜强制执行，当事人达成分期履行和解协议的；⑦被执行人确无财产可供执行，申请执行人属于特困群体，执行法院已经给予其适当救助资金的。[②] (2)裁定终结本次执行程序的，应当符合下列要求：①裁定书中应当载明执行标的总额、已经执行的债权数额和剩余的债权数额，并写明申请执行人在具备执行条件时，可以向有管辖权的人民法院申请执行剩余债权。②执行法院终结本次执行程序，在下达裁定前应当告知申请执行人。申请执行人对终结本次执行程序有异议的，执行法院应当另行派员组织当事人就被执行人是否有财产可供执行进行听证；申请执行人提供被执行人财产线索的，执行法院应当就其提供的线索重新调查核实，发现被执行人有财产可供执行的，应当继续执行。[③] (3)裁定终结本次执行程序后，如发现被执行人有财产可供执行的，申请执行人可以再次提出执行申请。申请执行人再次提出执行申请不受申请执行期间的限制。申请执行人申请或者人民法院依职权恢复执行的，应当重新立案。[④]

---

① 《中央政法委、最高人民法院关于规范集中清理执行积案结案标准的通知》第3条第7款。

② 《中央政法委、最高人民法院关于规范集中清理执行积案结案标准的通知》第3条第8款。

③ 《中央政法委、最高人民法院关于规范集中清理执行积案结案标准的通知》第3条第9款。

④ 《中央政法委、最高人民法院关于规范集中清理执行积案结案标准的通知》第3条第10款。

五、对违反报告义务人的措施

1. 拘传被执行人、法定代表人或负责人。对必须接受调查询问的被执行人、被执行人的法定代表人、负责人或者实际控制人,经依法传唤无正当理由拒不到场的,人民法院可以拘传其到场。人民法院应当及时对被拘传人进行调查询问,调查询问的时间不得超过8小时;情况复杂,依法可能采取拘留措施的,调查询问的时间不得超过24小时。人民法院在本辖区以外采取拘传措施时,可以将被拘传人拘传到当地人民法院,当地人民法院应予协助。①

2. 罚款、拘留责任人。被执行人既不履行义务又拒绝报告财产或者进行虚假报告、拒绝交出或者提供虚假财务会计凭证、协助执行义务人拒不协助执行或者妨碍执行②、到期债务第三人提出异议后又擅自向被执行人清偿等,给申请执行人造成损失的,应当依法对相关责任人予以罚款、拘留。③

3. 刑事处罚行为人。被执行人隐匿财产、虚构债务或者以其他方法隐藏、转移、处分可供执行的财产,拒不交出或者隐匿、销毁、制作虚假财务会计凭证或资产负债表等相关资料,以虚假诉讼或者仲裁手段转移财产、虚构优先债权或者申请参与分配,中介机构提供虚假证明文件或者提供的文件有重大失实,被执行人、担保人、协助义务人有能力执行而拒不执行或者拒不协助执行等,损害申请执行人或其他债权人利益,依照刑法的规定构成犯罪的,应当依法追究行为人的刑事责任。④

---

① 《最高人民法院关于适用〈中华人民共和国民事诉讼法〉的解释》第482条。

② 妨害执行的行为包括:(1)隐藏、转移、变卖、毁损向人民法院提供执行担保的财产的;(2)案外人与被执行人恶意串通转移被执行人财产的;(3)故意撕毁人民法院执行公告、封条的;(4)伪造、隐藏、毁灭有关被执行人履行能力的重要证据,妨碍人民法院查明被执行人财产状况的;(5)指使、贿买、胁迫他人对被执行人的财产状况和履行义务的能力问题作伪证的;(6)妨碍人民法院依法搜查的;(7)以暴力、威胁或其他方法妨碍或抗拒执行的;(8)哄闹、冲击执行现场的;(9)对人民法院执行人员或协助执行人员进行侮辱、诽谤、诬陷、围攻、威胁、殴打或者打击报复的;(10)毁损、抢夺执行案件材料、执行公务车辆、其他执行器械、执行人员服装和执行公务证件的。

③ 《最高人民法院关于依法制裁规避执行行为的若干意见》第15条。

④ 《最高人民法院关于依法制裁规避执行行为的若干意见》第16条。

查询、扣押、冻结、划拨、变价执行人财产

第二百四十九条　被执行人未按执行通知履行法律文书确定的义务，人民法院有权向有关单位查询被执行人的存款、债券、股票、基金份额等财产情况。人民法院有权根据不同情形扣押、冻结、划拨、变价被执行人的财产。人民法院查询、扣押、冻结、划拨、变价的财产不得超出被执行人应当履行义务的范围。

人民法院决定扣押、冻结、划拨、变价财产，应当作出裁定，并发出协助执行通知书，有关单位必须办理。

本条明确人民法院查询、扣押、冻结、划拨、变价执行人财产。

本条第1款规定，人民法院有权查询[①]、扣押[②]、冻结[③]、划拨[④]、变价[⑤]被执行人的财产，且不得超出被执行人应当履行义务的范围。第2款是关于人民法院对金融资产采取执行措施的程序性规定。本书在此基础上进一步阐释四个方面的内容。

一、查询、冻结、划拨财产

人民法院查询、扣押、冻结、划拨、变价的财产不得超出被执行人应当履行义务的范围。

---

① 查询，是指人民法院向银行等有关单位，调查询问被执行人的存款、债券、股票、基金份额等财产情况，以便采取进一步的执行措施。

② 扣押，是指人民法院将被执行人财产运送到有关场所，使被执行人不能占有、使用和处分该财产的措施。扣押是一种临时性的强制执行措施。

查封与扣押的主要区别在于：(1)扣押措施只能适用于动产，而查封措施既能适用于动产，又可适用于不动产。(2)扣押的财产一般要转移存放地点，脱离被执行人的实际控制；而查封的财产一般留在原地，由人民法院加贴封条，并有人负责保管。

③ 冻结，是指人民法院对被执行人的银行存款、股权、股息、红利等，禁止其转移或支取的强制措施。

④ 划拨，是指人民法院将被执行人在银行等金融机构的存款等强制转汇至某一账户，以清偿权利人的债权的措施。

⑤ 变价，是指对被执行人的债券、股票、基金份额等金融资产采取拍卖、变卖或者法律规定的其他方式将其价值予以兑现，以达到清偿权利人债权之目的。

（一）查询、冻结、划拨存款

1. 查询存款。（1）查询存款的内容。①人民法院有权查询被执行人的身份信息与财产信息。[①] ②人民法院查询对象限于生效法律文书所确定的被执行人，包括法人、其他组织和自然人。[②] ③人民法院需要查询被执行人银行结算账户开户银行名称的，人民银行上海总部，被执行人注册地（身份证发证机关所在地）所在省（自治区、直辖市）人民银行各分行、营业管理部、省会（首府）城市中心支行及深圳市中心支行应当予以查询。[③] （2）查询存款的办理机关。人民法院查询被执行人结算账户开户银行名称的，由被执行人注册地（身份证发证机关所在地）所在省（自治区、直辖市）高级人民法院（另含深圳市中级人民法院）统一集中批量办理。[④] （3）查询存款的协助查询书。高级人民法院（另含深圳市中级人民法院）审核汇总有关查询申请后，应当就协助查询被执行人名称（姓名、身份证号码）、注册地（身份证发证机关所在地）、执行法院、执行案号等事项填写《协助查询书》，加盖高级人民法院（另含深圳市中级人民法院）公章后于每周一上午（节假日顺延）安排专人向所在地人民银行上述机构送交《协助查询书》（并附协助查询书的电子版光盘）。[⑤] （4）查询存款执行人员的工作。①人民法院查询被执行人在金融机构的存款时，执行人员应当出示本人工作证和执行公务证，并出具法院协助查询存款通知书。金融机构应当立即协助办理查询事宜，不需办理签字手续，对于查询的情况，由经办人签字确认。对协助执行手续完备拒不协助查询的，按照《民事诉讼法》第 114 条规定处理。[⑥] ②人民法院对人民银行上述机构及

---

① 《最高人民法院关于适用〈中华人民共和国民事诉讼法〉的解释》第 483 条。

② 《最高人民法院、中国人民银行关于人民法院查询和人民银行协助查询被执行人人民币银行结算账户开户银行名称的联合通知》第 1 条（本通知虽针对于中国人民银行，但对查询其他银行的存款具有一定的指导意义）。

《最高人民法院办公厅关于做好全国清理执行积案期间查询法人被执行人人民币银行结算账户开户银行名称工作的通知》规定，人民法院可通过人民币银行结算账户管理系统查询法人被执行人银行结算账户的开户银行名称信息。目前暂不能查询被执行人为自然人的人民币银行结算账户开户银行名称。

③ 《最高人民法院、中国人民银行关于人民法院查询和人民银行协助查询被执行人人民币银行结算账户开户银行名称的联合通知》第 2 条。

④ 《最高人民法院、中国人民银行关于人民法院查询和人民银行协助查询被执行人人民币银行结算账户开户银行名称的联合通知》第 3 条。

⑤ 《最高人民法院、中国人民银行关于人民法院查询和人民银行协助查询被执行人人民币银行结算账户开户银行名称的联合通知》第 4 条。

⑥ 《最高人民法院、中国人民银行关于依法规范人民法院执行和金融机构协助执行的通知》第 1 条第 1 款。

工作人员执行《最高人民法院、中国人民银行关于人民法院查询和人民银行协助查询被执行人人民币银行结算账户开户银行名称的联合通知》规定,或依法执行公务的行为,不应采取强制措施。如发生争议,高级人民法院(另含深圳市中级人民法院)与人民银行上述机构应当协商解决;协商不成的,应及时报请最高人民法院和中国人民银行处理。[①] (5)查询存款银行的工作。①人民银行上述机构接到高级人民法院送达的《协助查询书》后,应当核查《协助查询书》的要素是否完备。经核查无误后,在5个工作日内通过人民币银行结算账户管理系统查询被执行人的银行结算账户开户行名称,根据查询结果如实填写《协助查询答复书》,并加盖银行公章或协助查询专用章。经核查《协助查询书》要素不完备的,人民银行上述机构不予查询,并及时通知相关人民法院。[②] ②被执行人的人民币银行结算账户开户银行名称由银行业金融机构向人民银行报备,人民银行只对银行业金融机构报备的被执行人的人民币银行结算账户开户银行名称进行汇总,不负责审查真实性和准确性。[③] ③人民法院应当依法使用人民银行上述机构提供的被执行人银行结算账户开户银行名称信息,为当事人保守秘密。人民银行上述机构以及工作人员在协助查询过程中应当保守查询密码,不得向查询当事人及其关联人泄漏与查询有关的信息。[④] (6)查询被执行人银行结算账户开户银行名称案件不予受理。人民银行上述机构因按《中国人民银行关于贯彻落实中共中央政法委关于司法机关冻结、扣划银行存款问题的意见的通知》协助人民法院查询被执行人银行结算账户开户银行名称而被起诉的,人民法院应不予受理。[⑤]

---

① 《最高人民法院、中国人民银行关于人民法院查询和人民银行协助查询被执行人人民币银行结算账户开户银行名称的联合通知》第9条。

② 《最高人民法院、中国人民银行关于人民法院查询和人民银行协助查询被执行人人民币银行结算账户开户银行名称的联合通知》第5条。

③ 《最高人民法院、中国人民银行关于人民法院查询和人民银行协助查询被执行人人民币银行结算账户开户银行名称的联合通知》第6条。

④ 《最高人民法院、中国人民银行关于人民法院查询和人民银行协助查询被执行人人民币银行结算账户开户银行名称的联合通知》第7条。

《中国人民银行关于贯彻落实中共中央政法委关于司法机关冻结、扣划银行存款问题的意见的通知》第2条规定:"对司法机关只提供单位帐户名称而未提供帐号,要求金融机构协助查询的,金融机构应根据帐户管理档案积极协助查询。如查明帐户管理档案中没有所查询的帐户,金融机构应如实告知司法机关。"

⑤ 《最高人民法院、中国人民银行关于人民法院查询和人民银行协助查询被执行人人民币银行结算账户开户银行名称的联合通知》第8条。

2. 冻结存款。(1)冻结存款的内容。①被执行人为金融机构的,对其交存在人民银行的存款准备金和备付金不得冻结和扣划,但对其在本机构、其他金融机构的存款,及其在人民银行的其他存款可以冻结、划拨,并可对被执行人的其他财产采取执行措施,但不得查封其营业场所。[①] ②军队、武警部队一类保密单位开设的“特种预算存款”、“特种其他存款”和连队帐户的存款,原则上不采取冻结或扣划等项诉讼保全措施。但军队、武警部队的其余存款可以冻结和扣划。[②] (2)冻结存款执行员的工作。需要冻结银行存款时,必须出具本人工作证或执行公务证。银行在受理冻结单位存款时,应审查“协助冻结存款通知书”填写的被冻结单位开户银行名称、户名和账号、大小写金额,发现不符的,应说明原因,退回“协助冻结存款通知书”。被冻结的款项在冻结期限内如需解冻,应以作出冻结决定的人民法院签发的“解除冻结存款通知书”为凭,银行不得自行解冻。逾期不办理继续冻结手续的,视为自动撤销冻结。人民法院冻结单位银行存款发生失误,应及时予以纠正,解除冻结时应补计冻结期间利息。[③] (3)冻结存款的期限。人民法院冻结被执行人的银行存款的期限不得超过 1 年,查封、扣押动产的期限不得超过 2 年,查封不动产、冻结其他财产权的期限不得超过 3 年。申请执行人申请延长期限的,人民法院应当在查封、扣押、冻结期限届满前办理续行查封、扣押、冻结手续,续行期限不得超过前款规定的期限。人民法院也可以依职权办理续行查封、扣押、冻结手续。[④] (4)冻结存款的更正。人民法院在完成对财产冻结手续后,银行如发现被冻结的户名与账号不符时,应主动向法院提出存在的问题,由法院更正,而不能自行解冻;如因自行解冻不当造成损失,应视其过错程度承担相应的法律责任。[⑤] (5)冻结存款的责任。金融机构擅自解冻被人民法

---

① 《最高人民法院关于人民法院执行工作若干问题的规定(试行)》第 27 条。

② 《中国人民银行、最高人民法院、最高人民检察院、公安部关于查询、冻结、扣划企业事业单位、机关、团体银行存款的通知》第 5 条。

③ 《中国人民银行、最高人民法院、最高人民检察院、公安部关于查询、冻结、扣划企业事业单位、机关、团体银行存款的通知》第 2 条。

《最高人民法院、中国人民银行关于依法规范人民法院执行和金融机构协助执行的通知》第 1 条第 2 款规定,人民法院对查询到的被执行人在金融机构的存款,需要冻结的,执行人员应当出示本人工作证和执行公务证,并出具法院冻结裁定书和协助冻结存款通知书。金融机构应当立即协助执行。对协助执行手续完备拒不协助冻结的,按照《民事诉讼法》第 114 条规定处理。

④ 《最高人民法院关于适用〈中华人民共和国民事诉讼法〉的解释》第 485 条。

⑤ 《最高人民法院关于法院冻结财产的户名与账号不符银行能否自行解冻的请示的答复》。

院冻结的款项，致冻结款项被转移的，人民法院有权责令其限期追回已转移的款项。在限期内未能追回的，应当裁定该金融机构在转移的款项范围内以自己的财产向申请执行人承担责任。[①]

3. 扣划存款。(1)扣划存款执行人员的工作。人民法院扣划被执行人在金融机构存款的，执行人员应当出示本人工作证和执行公务证，并出具法院扣划裁定书和协助扣划存款通知书，还应当附生效法律文书副本。金融机构应当立即协助执行。对协助执行手续完备拒不协助扣划的，按照《民事诉讼法》第114条规定处理。[②] (2)扣划存款银行的工作。①银行受理扣划单位存款时，应审查“协助扣划存款通知书”填写的被执行单位的开户银行名称、户名和帐号、大小写金额，如发现不符，或缺少应附的法律文书副本，以及法律文书副本有关内容与“通知书”的内容不符，应说明原因，退回“通知书”和所附的法律文书副本。[③] ②为使银行扣划单位存款得以顺利进行，人民法院、人民检察院、公安机关在需要银行协助扣划单位存款时，应向银行全面了解被执行单位的支付能力，银行应如实提供情况。人民法院、人民检察院、公安机关在充分掌握情况之后，实事求是地确定应予执行的期限，对于立即执行确有困难的，可以确定缓解或分期执行。在确定的执行期限内，被执行单位没有正当理由逾期不执行的，银行在接到“协助扣划存款通知”后，只要被执行单位银行帐户有款可付，应当立即扣划，不得延误。当日无款或不足扣划的，银行应及时通知人民法院、人民检察院、公安机关，待单

---

① 《最高人民法院关于人民法院执行工作若干问题的规定(试行)》第26条。

② 《最高人民法院、中国人民银行关于依法规范人民法院执行和金融机构协助执行的通知》第1条第3款。

《中国人民银行、最高人民法院、最高人民检察院、公安部关于查询、冻结、扣划企业事业单位、机关、团体银行存款的通知》第3条第1款规定，人民法院审理或执行案件……需要银行协助扣划企业事业单位、机关、团体的银行存款，必须出具县级(含)以上人民法院、人民检察院、公安局签发的“协助扣划存款通知书”……银行应当凭此立即扣划单位有关存款。

《中国人民银行关于对查询、冻结、扣划国库库款有关问题的复函》认为，《中国人民银行、最高人民法院、最高人民检察院、公安部关于查询、冻结、扣划企业事业单位、机关、团体银行存款的通知》(银发[1993]356号)中查询、冻结、扣划的存款范围不包括国库库款。

③ 《中国人民银行、最高人民法院、最高人民检察院、公安部关于查询、冻结、扣划企业事业单位、机关、团体银行存款的通知》第3条第2款。

位帐上有款时，尽快予以扣划。[①]（3）扣划存款的处置。①扣划的款项，属于归还银行贷款的，应直接划给贷款银行，用于归还贷款；属于给付债权单位的款项，应直接划给债权单位；属于给付多个债权单位的款项，需要从多处扣划被转移的款项待结案归还或给付的，可暂扣划至办案单位在银行开立的机关团体一般存款科目赃款暂收户或代扣款户（不计付利息）。待追缴工作结束后，依法分割返还或给付；属于上缴国家的款项，应直接扣划上缴国库。[②] ②对被执行的财产，人民法院非经查封、扣押、冻结不得处分。对银行存款等各类可以直接扣划的财产，人民法院的扣划裁定同时具有冻结的法律效力。[③]

4. 查询、冻结、扣划存款的其他规则。（1）查询、冻结、扣划异地执行存款。作出查询、冻结、扣划决定的人民法院、人民检察院、公安机关与协助执行的银行不在同一辖区的，可以直接到协助执行的银行办理查询、冻结、扣划单位存款，不受辖区范围的限制。[④]（2）冻结、扣划存款的执行顺序。两家以上的人民法院、人民检察院、公安机关对同一存款冻结、扣划时，银行应根据最先收取的协助执行通知书办理冻结和扣划。在协助执行时，如对具体执行哪一个机关的冻结、扣划通知有争议，由争议的机关协商解决或者由其上级机关决定。[⑤]

（二）金融资产

金融资产是指一切代表未来收益或资产合法要求权的凭证，亦称金融工具或证券。

1. 股息、红利。（1）对被执行人从有关企业中应得的已到期的股息或红利等收益，人民法院有权裁定禁止被执行人提取和有关企业向被执行人支付，并要求有关企业直接向申请执行人支付。对被执行人预期从有关企业中应得的股息或红利等收益，人民法院可以采取冻结措施，禁止到期后被执行人提取和有关企业

---

① 《中国人民银行、最高人民法院、最高人民检察院、公安部关于查询、冻结、扣划企业事业单位、机关、团体银行存款的通知》第3条第3款。

② 《中国人民银行、最高人民法院、最高人民检察院、公安部关于查询、冻结、扣划企业事业单位、机关、团体银行存款的通知》第3条第4款。

③ 《最高人民法院关于适用〈中华人民共和国民事诉讼法〉的解释》第484条。

④ 《中国人民银行、最高人民法院、最高人民检察院、公安部关于查询、冻结、扣划企业事业单位、机关、团体银行存款的通知》第4条。

⑤ 《中国人民银行、最高人民法院、最高人民检察院、公安部关于查询、冻结、扣划企业事业单位、机关、团体银行存款的通知》第7条。

向被执行人支付。到期后人民法院可从有关企业中提取,并出具提取收据。①(2)冻结股息、红利。①对被执行人在有限责任公司、其他法人企业中的投资权益或股权,人民法院可以采取冻结措施。冻结投资权益或股权的,应当通知有关企业不得办理被冻结投资权益或股权的转移手续,不得向被执行人支付股息或红利。被冻结的投资权益或股权,被执行人不得自行转让。② ②有关企业收到人民法院发出的协助冻结通知后,擅自向被执行人支付股息或红利,或擅自为被执行人办理已冻结股权的转移手续,造成已转移的财产无法追回的,应当在所支付的股息或红利或转移的股权价值范围内向申请执行人承担责任。③

2. 股权。(1)可以执行的股权。①对被执行人在其他股份有限公司中持有的股份凭证(股票),人民法院可以扣押,并强制被执行人按照《公司法》的有关规定转让,也可以直接采取拍卖、变卖的方式进行处分,或直接将股票抵偿给债权人,用于清偿被执行人的债务。④ ②被执行人在其独资开办的法人企业中拥有的投资权益被冻结后,人民法院可以直接裁定予以转让,以转让所得清偿其对申请执行人的债务。对被执行人在有限责任公司中被冻结的投资权益或股权,人民法院可以依据《公司法》第 71 条、第 72 条、第 73 条的规定,征得全体股东过半数同意后,予以拍卖、变卖或以其他方式转让。不同意转让的股东,应当购买该转让的投资权益或股权,不购买的,视为同意转让,不影响执行。人民法院也可允许并监督被执行人自行转让其投资权益或股权,将转让所得收益用于清偿对申请执行人的债务。⑤ (2)可以执行股权的当事人。人民法院对股权采取冻结、拍

---

① 《最高人民法院关于人民法院执行工作若干问题的规定(试行)》第 36 条。

② 《最高人民法院关于人民法院执行工作若干问题的规定(试行)》第 38 条。

《最高人民法院执行工作办公室关于中国重型汽车集团公司股权执行案的复函》认为,人民法院冻结被执行人在有限责任公司、其他法人企业的投资权益或股权的,只要依法向相关有限责任公司、其他法人企业送达了冻结被执行人投资权益或股权的法律文书,即为合法有效。

③ 《最高人民法院关于人民法院执行工作若干问题的规定(试行)》第 40 条。

④ 《最高人民法院关于人民法院执行工作若干问题的规定(试行)》第 37 条。

⑤ 《最高人民法院关于人民法院执行工作若干问题的规定(试行)》第 39 条。

《最高人民法院执行工作办公室关于执行股份有限公司发起人股份问题的复函》认为,《公司法》关于发起人股份在 3 年内不得转让的规定,是对公司创办者自主转让其股权的限制,其目的是为防止发起人借设立公司投机牟利,损害其他股东的利益。人民法院强制执行不存在这一问题。被执行人持有发起人股份的有关公司和部门应当协助人民法院办理转让股份的变更登记手续。为保护债权人的利益,该股份转让的时间应从人民法院向有关单位送达转让股份的裁定书和协助执行通知书之日起算。该股份受让人应当继受发起人的地位,承担发起人的责任。

卖措施时，被保全人和被执行人应当是股权的持有人或者所有权人。被冻结、拍卖股权的上市公司非依据法定程序确定为案件当事人或者被执行人，人民法院不得对其采取保全或执行措施。① (3)执行股权中的冻结保全。② ①人民法院在审理案件过程中，股权持有人或者所有权人作为债务人，如有偿还能力的，人民法院一般不应对其股权采取冻结保全措施。人民法院已对股权采取冻结保全措施的，股权持有人、所有权人或者第三人提供了有效担保，人民法院经审查符合法律规定的，可以解除对股权的冻结。③ ②人民法院裁定冻结或者解除冻结股权，除应当将法律文书送达负有协助执行义务的单位以外，还应当在作出冻结或者解除冻结裁定后7日内，将法律文书送达股权持有人或者所有权人并书面通知上市公司。人民法院裁定拍卖上市公司股权，应当于委托拍卖之前将法律文书送达股权持有人或者所有权人并书面通知上市公司。被冻结或者拍卖股权的当事人是国有股份持有人的，人民法院在向该国有股份持有人送达冻结或者拍卖裁定时，应当告其于5日内报主管财政部门备案。④ ③国有股东授权代表单位所持国有股被冻结后，应当在规定的期限内提供方便执行的其他财产，其他财产包括银行存款、现金、成品和半成品、原材料和交通工具等，其他财产不足以清偿债务的，由人民法院执行股权拍卖。⑤ ④冻结股权的期限不超过1年。如申请人需要延长期限的，人民法院应当根据申请，在冻结期限届满前办理续冻手续，每次续冻期限不超过6个月。逾期不办理续冻手续的，视为自动撤销冻结。⑥ ⑤人民

---

① 《最高人民法院关于冻结、拍卖上市公司国有股和社会法人股若干问题的规定》第3条。

② 《最高人民法院关于严格执行对证券或者期货交易机构的账号资金采取诉讼保全或者执行措施规定的通知》规定，对证券或者期货交易机构的账号、资金采取诉讼保全或者执行措施问题，最高人民法院曾下发了《关于冻结、划拨证券或期货交易所证券登记结算机构证券经营或期货经纪机构清算账号资金等问题的通知》和《关于贯彻最高人民法院法发[1997]27号通知应注意的几个问题的紧急通知》。

③ 《最高人民法院关于冻结、拍卖上市公司国有股和社会法人股若干问题的规定》第4条。

④ 《最高人民法院关于冻结、拍卖上市公司国有股和社会法人股若干问题的规定》第5条。

《财政部关于上市公司国有股被人民法院冻结拍卖有关问题的通知》第2条规定，国有股东授权代表单位所持国有股被人民法院司法冻结的，应当在接到人民法院冻结其所持国有股通知之日起5个工作日内，将该国有股被冻结的情况报财政部备案，并通知上市公司。国有股东授权代表单位属地方管理的，同时抄报省级财政机关。国有股东授权代表单位对冻结裁定持有异议的，应当及时向作出冻结裁定的人民法院申请复议；人民法院依法作出解除冻结裁定后，国有股东授权代表单位应当在收到有关法律文书之日起5个工作日内，将该国有股解冻情况报财政部备案，并通知上市公司。国有股东授权代表单位属地方管理的，同时抄报省级财政机关。

⑤ 《财政部关于上市公司国有股被人民法院冻结拍卖有关问题的通知》第3条。

⑥ 《最高人民法院关于冻结、拍卖上市公司国有股和社会法人股若干问题的规定》第6条。

法院采取保全措施，所冻结的股权价值不得超过股权持有人或者所有权人的债务总额。股权价值应当按照上市公司最近期报表每股资产净值计算。股权冻结的效力及于股权产生的股息以及红利、红股等孳息，但股权持有人或者所有权人仍可享有因上市公司增发、配售新股而产生的权利。[①] (4)执行股权的拍卖。①人民法院采取强制执行措施时，如果股权持有人或者所有权人在限期内提供了方便执行的其他财产，应当首先执行其他财产。其他财产不足以清偿债务的，方可执行股权。股权的持有人或者所有权人以股权向债权人质押的，人民法院执行时也应当通过拍卖方式进行，不得直接将股权执行给债权人。[②] 其中，可供方便执行的其他财产，是指存款、现金、成品和半成品、原材料、交通工具等。[③] 人民法院执行股权，必须进行拍卖。②拍卖股权之前，人民法院应当委托具有证券从业资格的资产评估机构对股权价值进行评估。资产评估机构由债权人和债务人协商选定。不能达成一致意见的，由人民法院召集债权人和债务人提出候选评估机构，以抽签方式决定。[④] ③人民法院委托资产评估机构评估时，应当要求资产评估机构严格依照国家规定的标准、程序和方法对股权价值进行评估，并说明其应当对所作出的评估报告依法承担相应责任。人民法院还应当要求上市公司向接受人民法院委托的资产评估机构如实提供有关情况和资料；要求资产评估机构对上市公司提供的情况和资料保守秘密。[⑤] ④人民法院收到资产评估机构作出的评估报告后，须将评估报告分别送达债权人和债务人以及上市公司。债权人和债务人以及上市公司对评估报告有异议的，应当在收到评估报告后7日内书面提出。人民法院应当将异议书交资产评估机构，要求该机构在10日之内作出说明或者补正。[⑥] ⑤对股权拍卖，人民法院应当委托依法成立

---

① 《最高人民法院关于冻结、拍卖上市公司国有股和社会法人股若干问题的规定》第7条。

《最高人民法院执行工作办公室关于攀枝花市国债服务部与重庆市涪陵财政国债服务部证券回购纠纷执行请示案的复函》认为，被执行人重庆涪陵区财政局虽然投资开办了经营公司，但其无权直接支配经营公司的资产，其权力只能通过处分其股权或者收取投资权益来实现，即执行法院只能执行其在经营公司的股权或投资权益，而不是经营公司所有的股票。

② 《最高人民法院关于冻结、拍卖上市公司国有股和社会法人股若干问题的规定》第8条第1款、第4款。

③ 《最高人民法院关于冻结、拍卖上市公司国有股和社会法人股若干问题的规定》第8条第2款。

④ 《最高人民法院关于冻结、拍卖上市公司国有股和社会法人股若干问题的规定》第9条。

⑤ 《最高人民法院关于冻结、拍卖上市公司国有股和社会法人股若干问题的规定》第10条。

⑥ 《最高人民法院关于冻结、拍卖上市公司国有股和社会法人股若干问题的规定》第11条。

的拍卖机构进行。拍卖机构的选定，参照《最高人民法院关于冻结、拍卖上市公司国有股和社会法人股若干问题的规定》第9条规定的方法进行。[①] ⑥拍卖成交后，人民法院应当向证券交易市场和证券登记结算公司出具协助执行通知书，由买受人持拍卖机构出具的成交证明和财政主管部门对股权性质的界定等有关文件，向证券交易市场和证券登记结算公司办理股权变更登记。[②]

3. 证券、证券结算资金。[③] (1)证券、证券结算资金的查询。人民法院、人民检察院、公安机关可以依法向证券登记结算机构查询客户和证券公司的证券账户、证券交收账户和资金交收账户内已完成清算交收程序的余额、余额变动、开户资料等内容。人民法院、人民检察院、公安机关可依法向证券公司查询客户的证券账户和资金账户、证券交收账户和资金交收账户内的余额、余额变动、证券及资金流向、开户资料等内容。查询自然人账户的，应当提供自然人姓名和身份证件号码；查询法人账户的，应当提供法人名称和营业执照或者法人注册登记证书号码。证券登记结算机构或者证券公司应当出具书面查询结果并加盖业务专用章。查询机关对查询结果有疑问时，证券登记结算机构、证券公司在必要时应当进行书面解释并加盖业务专用章。[④] (2)证券、证券结算资金的冻结、扣划。①人民法院、人民检察院、公安机关按照法定权限冻结、扣划相关证券、资金时，应当明确冻结、扣划证券、资金所在的账户名称、账户号码、冻结期限，所冻结、扣划证券的名称、数量或者资金的数额。扣划时，还应当明确拟划入的账户名称、账号。冻结证券和交易结算资金时，应当明确冻结的范围是否及于孳息。《最高人民法院、最高人民检察院、公安部、中国证券监督管理委员会关于查询、冻结、扣划证券和证券交易结算资金有关问题的通知》规定的以证券登记结算机构名义建立的各类专门清算交收账户不得整体冻结。[⑤] ②证券登记结算机构依法按

---

① 《最高人民法院关于冻结、拍卖上市公司国有股和社会法人股若干问题的规定》第12条。

《公司法》第72条："人民法院依照法律规定的强制执行程序转让股东的股权时，应当通知公司及全体股东，其他股东在同等条件下有优先购买权。其他股东自人民法院通知之日起满二十日不行使优先购买权的，视为放弃优先购买权。"

② 《最高人民法院关于冻结、拍卖上市公司国有股和社会法人股若干问题的规定》第17条。

③ 参见《最高人民法院关于冻结、扣划证券交易结算资金有关问题的通知》。

④ 《最高人民法院、最高人民检察院、公安部、中国证券监督管理委员会关于查询、冻结、扣划证券和证券交易结算资金有关问题的通知》第3条。

⑤ 《最高人民法院、最高人民检察院、公安部、中国证券监督管理委员会关于查询、冻结、扣划证券和证券交易结算资金有关问题的通知》第4条。

照业务规则收取并存放于专门清算交收账户内的下列证券,不得冻结、扣划:(i)证券登记结算机构设立的证券集中交收账户、专用清偿账户、专用处置帐户内的证券。(ii)证券公司按照业务规则在证券登记结算机构开设的客户证券交收账户、自营证券交收账户和证券处置账户内的证券。[①] ③证券登记结算机构依法按照业务规则收取并存放于专门清算交收账户内的下列资金,不得冻结、扣划:(i)证券登记结算机构设立的资金集中交收账户、专用清偿账户内的资金。(ii)证券登记结算机构依法收取的证券结算风险基金和结算互保金。(iii)证券登记结算机构在银行开设的结算备付金专用存款账户和新股发行验资专户内的资金,以及证券登记结算机构为新股发行网下申购配售对象开立的网下申购资金账户内的资金。(iv)证券公司在证券登记结算机构开设的客户资金交收账户内的资金。(v)证券公司在证券登记结算机构开设的自营资金交收账户内最低限额自营结算备付金及根据成交结果确定的应付资金。[②] ④证券公司在银行开立的自营资金账户内的资金可以冻结、扣划。[③] ⑤在证券公司托管的证券的冻结、扣划,既可以在托管的证券公司办理,也可以在证券登记结算机构办理。不同的执法机关同一交易日分别在证券公司、证券登记结算机构对同一笔证券办理冻结、扣划手续的,证券公司协助办理的为在先冻结、扣划。冻结、扣划未在证券公司或者其他托管机构托管的证券或者证券公司自营证券的,由证券登记结算机构协助办理。[④] ⑥证券登记结算机构受理冻结、扣划要求后,应当在受理日对应的交收日交收程序完成后根据交收结果协助冻结、扣划。证券公司受理冻结、扣划要求后,应当立即停止证券交易,冻结时已经下单但尚未撮合成功的应当采取撤单措施。冻结后,根据成交结果确定的用于交收的应付证券和应付资金可以进行正常交收。在交收程序完成后,对于剩余部分可以扣划。同时,证券公司应当根据成交结果计算出等额的应收资金或者应收证券交由执法机关冻

① 《最高人民法院、最高人民检察院、公安部、中国证券监督管理委员会关于查询、冻结、扣划证券和证券交易结算资金有关问题的通知》第5条。

② 《最高人民法院、最高人民检察院、公安部、中国证券监督管理委员会关于查询、冻结、扣划证券和证券交易结算资金有关问题的通知》第6条。

③ 《最高人民法院、最高人民检察院、公安部、中国证券监督管理委员会关于查询、冻结、扣划证券和证券交易结算资金有关问题的通知》第8条。

④ 《最高人民法院、最高人民检察院、公安部、中国证券监督管理委员会关于查询、冻结、扣划证券和证券交易结算资金有关问题的通知》第9条。

结或者扣划。[①] ⑦已被人民法院、人民检察院、公安机关冻结的证券或证券交易结算资金，其他人民法院、人民检察院、公安机关或者同一机关因不同案件可以进行轮候冻结。冻结解除的，登记在先的轮候冻结自动生效。轮候冻结生效后，协助冻结的证券登记结算机构或者证券公司应当书面通知做出该轮候冻结的机关。[②] ⑧冻结证券的期限不得超过2年，冻结交易结算资金的期限不得超过6个月。需要延长冻结期限的，应当在冻结期限届满前办理续行冻结手续，每次续行冻结的期限不得超过前款规定的期限。[③] ⑨不同的人民法院、人民检察院、公安机关对同一笔证券或者交易结算资金要求冻结、扣划或者轮候冻结时，证券登记结算机构或者证券公司应当按照送达协助冻结、扣划通知书的先后顺序办理协助事项。[④] ⑩要求冻结、扣划的人民法院、人民检察院、公安机关之间，因冻结、扣划事项发生争议的，要求冻结、扣划的机关应当自行协商解决。协商不成的，由其共同上级机关决定；没有共同上级机关的，由其各自的上级机关协商解决。在争议解决之前，协助冻结的证券登记结算机构或者证券公司应当按照争议机关所送达法律文书载明的最大标的范围对争议标的进行控制。[⑤]

4. 清算账户上的资金、清算备用金。(1)金融机构作为债务人。证券机构代理股民买卖股票的资金即股民保证金，其所有权属于股民。证券经营机构必须通过保证金账户保证股民经营的正常清算支付。证券经营机构在银行开立的证券经营资金结算账户，是股民保证金账户的存在形式，人民法院在执行以证券经营机构为被执行人的案件时，可以通过冻结证券商自营账户上的资金、股票、国库券以及其自有财产的办法解决，不宜冻结、扣划证券经营机构在其证券经营资金结算账户上的存款。[⑥] (2)证券经营机构作为债务人。证券交易所、证券登记

---

① 《最高人民法院、最高人民检察院、公安部、中国证券监督管理委员会关于查询、冻结、扣划证券和证券交易结算资金有关问题的通知》第10条。

② 《最高人民法院、最高人民检察院、公安部、中国证券监督管理委员会关于查询、冻结、扣划证券和证券交易结算资金有关问题的通知》第11条。

③ 《最高人民法院、最高人民检察院、公安部、中国证券监督管理委员会关于查询、冻结、扣划证券和证券交易结算资金有关问题的通知》第12条。

④ 《最高人民法院、最高人民检察院、公安部、中国证券监督管理委员会关于查询、冻结、扣划证券和证券交易结算资金有关问题的通知》第13条。

⑤ 《最高人民法院、最高人民检察院、公安部、中国证券监督管理委员会关于查询、冻结、扣划证券和证券交易结算资金有关问题的通知》第14条。

⑥ 《最高人民法院执行工作办公室关于股民保证金不宜作为证券公司财产执行的函》。

结算机构及其异地清算代理机构开设的清算帐户上的资金,是证券经营机构缴存的自营及其所代理的投资者的证券交易清算资金。当证券经营机构为债务人,人民法院确需冻结、划拨其交易清算资金时,应冻结、划拨其自营帐户中的资金;如证券经营机构未开设自营帐户而进行自营业务的,依法可以冻结其在证券交易所、证券登记结算机构及其异地清算代理机构清算帐户上的清算资金,但暂时不得划拨。如果证券经营机构在法院规定的合理期限内举证证明被冻结的上述清算帐户中的资金是其他投资者的,应当对投资者的资金解除冻结。否则,人民法院可以划拨已冻结的资金。证券经营机构清算帐户上的资金是投资者为进行证券交易缴存的清算备付金。当投资者为债务人时,人民法院对证券经营机构清算帐户中该投资者的相应部分资金依法可以冻结、划拨。人民法院冻结、划拨期货交易所清算帐户上期货经纪机构的清算资金及期货经纪机构清算帐户上投资者的清算备付金(亦称保证金),适用上述规定。[①] (3)证券经营机构或投资者作为债务人。证券经营机构在证券交易所、证券登记结算机构的债券实物代保管处托管的债券,是其自营或代销的其他投资者的债券。当证券经营机构或投资者为债务人时,人民法院如需冻结、提取托管的债券,应当通过证券交易所查明该债务人托管的债券是否已作回购质押,对未作回购质押,而且确属债务人所有的托管债券可以依法冻结、提取。交易保证金是证券经营机构向证券交易所缴存的用以防范交易风险的资金,该资金由证券交易所专项存储,人民法院不应冻结、划拨交易保证金。但在该资金失去保证金作用的情况下,人民法院可以依法予以冻结、划拨。[②]

5. 其他金融财产。(1)国库券。被执行人存在银行的凭证式国库券是由被执行人交银行管理的到期偿还本息的有价证券,在性质上与银行的定期储蓄存款相似,属于被执行人的财产。依照《民事诉讼法》第249条规定的精神,人民法院有权冻结、划拨被执行人存在银行的凭证式国库券。有关银行应当按照人民法院的协助执行通知书将本息划归申请执行人。[③] (2)承兑汇票。①人民法院依

---

① 《最高人民法院关于冻结、划拨证券或期货交易所、证券登记结算机构、证券经营或期货经纪机构清算账户资金等问题的通知》第1条。

② 《最高人民法院关于冻结、划拨证券或期货交易所、证券登记结算机构、证券经营或期货经纪机构清算账户资金等问题的通知》第3条、第4条。

③ 《最高人民法院关于对被执行人存在银行的凭证式国库券可否采取执行措施问题的批复》。

法可以对银行承兑汇票保证金采取冻结措施,但不得扣划。如果金融机构已对汇票承兑或者已对外付款,根据金融机构的申请,人民法院应当解除对银行承兑汇票保证金相应部分的冻结措施。银行承兑汇票保证金已丧失保证金功能时,人民法院可以依法采取扣划措施。[①] ②有关人民法院在执行由两个人民法院或者人民法院与仲裁、公证等有关机构就同一法律关系作出的两份或者多份生效法律文书的过程中,需要金融机构协助执行的,金融机构应当协助最先送达协助执行通知书的法院,予以查询、冻结,但不得扣划。有关人民法院应当就该两份或多份生效法律文书上报共同上级法院协调解决,金融机构应当按照共同上级法院的最终协调意见办理。[②] ③财产保全和先予执行依照上述规定办理。[③] (3)会员资格费或者交易席位。人民法院保全与会员资格相应的会员资格费或者交易席位,应当依法裁定不得转让该会员资格,但不得停止该会员交易席位的使用。人民法院在执行过程中,有权依法采取强制措施转让该交易席位。[④] (4)信用证。信用证是独立于基础交易的单据交易,只要受益人所提交的单据表面上符合信用证的要求,开证行就负有在规定的期限内付款的义务。信用证交易与基础交易属于两个不同的法律关系,一般情况下不得因为基础交易发生纠纷而裁定止付开证行所开立信用证项下的款项。[⑤]

二、冻结或划拨资产的禁止

主要涉及银行内的资金,具体包括以下几类。(1)保证金。①人民法院在审理或执行案件时,依法可以对信用证开证保证金采取冻结措施,但不得扣划。如果当事人、开证银行认为人民法院冻结和扣划的某项资金属于信用证开证保证

---

① 《最高人民法院、中国人民银行关于依法规范人民法院执行和金融机构协助执行的通知》第9条。

② 《最高人民法院、中国人民银行关于依法规范人民法院执行和金融机构协助执行的通知》第10条。

③ 《最高人民法院、中国人民银行关于依法规范人民法院执行和金融机构协助执行的通知》第11条。

④ 《最高人民法院关于审理期货纠纷案件若干问题的规定》第58条。

《最高人民法院关于冻结、划拨证券或期货交易所、证券登记结算机构、证券经营或期货经纪机构清算账户资金等问题的通知》第2条规定:证券经营机构的交易席位系该机构向证券交易所申购的用以参加交易的权利,是一种无形财产。人民法院对证券经营机构的交易席位进行财产保全或执行时,应依法裁定其不得自行转让该交易席位,但不能停止该交易席位的使用。人民法院认为需要转让该交易席位时,按交易所的有关规定应转让给有资格受让席位的法人。人民法院对期货交易所、期货经纪机构的交易席位采取财产保全或执行措施,适用上述规定。

⑤ 《最高人民法院关于严禁随意止付信用证项下款项的通知》第1条。

金的，应当依法提出异议并提供有关证据予以证明。[①] ②交易保证金是证券经营机构向证券交易所缴存的用以防范交易风险的资金，该资金由证券交易所专项存储，人民法院不应冻结、划拨交易保证金。但在该资金失去保证金作用的情况下，人民法院可以依法予以冻结、划拨。[②] ③期货交易所、期货公司为债务人的，人民法院不得冻结、划拨期货公司在期货交易所或者客户在期货公司保证金账户中的资金。有证据证明该保证金账户中有超出期货公司、客户权益资金的部分，期货交易所、期货公司在人民法院指定的合理期限内不能提出相反证据的，人民法院可以依法冻结、划拨该账户中属于期货交易所、期货公司的自有资金。[③] 但是，客户、自营会员为债务人的，人民法院可以对其保证金、持仓依法采取保全和执行措施。[④] (2)“两金”(准备金、备付金)。①司法机关对商业银行存在人民银行的“两金”不宜于冻结、扣划，但对非“两金”资金可以依法冻结、扣划。[⑤] ②期货公司为债务人的，人民法院不得冻结、划拨专用结算账户中未被期货合约占用的用于担保期货合约履行的最低限额的结算准备金；期货公司已经结清所有持仓并清偿客户资金的，人民法院可以对结算准备金依法予以冻结、划拨。期货公司有其他财产的，人民法院应当依法先行冻结、查封、执行期货公司的其他财产。[⑥] (3)信用卡账户。人民法院不宜对信用卡账户采取冻结、扣划等强制措施。[⑦] (4)社会保险基金。社会保险基金是由社会保险机构代参保人员管

---

① 《最高人民法院关于人民法院能否对信用证开证保证金采取冻结和扣划措施问题的规定》第1条。

② 《最高人民法院关于冻结、划拨证券或期货交易所、证券登记结算机构、证券经营或期货经纪机构清算账户资金等问题的通知》第4条。

③ 《最高人民法院关于审理期货纠纷案件若干问题的规定》第59条。

④ 《最高人民法院关于审理期货纠纷案件若干问题的规定》第61条。

⑤ 《中共中央政法委关于司法机关冻结、扣划银行存款问题的意见》第1条规定对商业银行在中国人民银行所存的准备金和备付金，司法机关不宜冻结、扣划。

《中国人民银行关于对金融机构在人民银行的存款采取强制措施有关问题的通知》第1条规定民事诉讼法规定的冻结、划拨被执行人的存款不包括金融机构依法向中国人民银行交存的存款准备金和备付金……

《中国人民银行关于解决深圳投资银行存款备付金被冻结、扣划问题的意见》第1条规定银行的存款备付金是为保证银行日常工作的正常运转而设置的，是银行按其吸收的存款的一定比率提存的，不属于银行的自有资金。

⑥ 《最高人民法院关于审理期货纠纷案件若干问题的规定》第60条。

⑦ 《中国人民银行关于金融机构协助冻结、扣划信用卡账户款项有关问题的批复》认为，信用卡账户不同于其他存款账户，冻结、扣划信用卡账户，不能立刻停止持卡人使用信用卡进行违法犯罪活动或进行消费性活动，反而会造成银行垫付资金。

理，并最终由参保人员享用的公共基金，不属于社会保险机构所有。① (5) 再就业服务中心的专项资金。各地人民法院在审理和执行经济纠纷案件时，不得将该项存于企业再就业服务中心的专项资金作为企业财产处置，不得冻结或划拨该项资金用以抵偿企业债务。② (6) 回购质押券、价差担保物、行权担保物、履约担保物。证券登记结算机构依法按照业务规则要求证券公司等结算参与人、投资者或者发行人提供的回购质押券、价差担保物、行权担保物、履约担保物，在交收完成之前，不得冻结、扣划。③

三、资产的协助执行

金融机构作为被执行人，执行法院到有关人民银行查询其在人民银行开户、存款情况的，有关人民银行应当协助查询。④

1. 扣划裁定和协助执行通知书的送达。(1) 人民法院要求金融机构协助冻结、扣划被执行人的存款时，冻结、扣划裁定和协助执行通知书适用留置送达的规定。⑤ (2) 人民法院扣押、冻结、划拨、变价财产，应当作出裁定，并发出协助执行通知书，有关单位应当办理。⑥

2. 金融机构协助查询、冻结、扣划。(1) 金融机构协助查询、冻结、扣划的界定。《中国人民银行关于发布〈金融机构协助查询、冻结、扣划工作管理规定〉的通知》所称"协助查询、冻结、扣划"是指金融机构依法协助有权机关查询、冻结、扣划单位或个人在金融机构存款的行为。协助查询是指金融机构依照有关法律或行政法规的规定以及有权机关查询的要求，将单位或个人存款的金额、币种以及其它存款信息告知有权机关的行为。协助冻结是指导金融机构依照法律的规定以及有权机关冻结的要求，在一定时期内禁止单位或个人提取其存款账户内的全部或部分存款的行为。协助扣划是指金融机构依照法律的规定以及有权机关扣划的要求，将单位或个人存款账户内的全部或部分存款资金划拨到指定账

① 《最高人民法院关于在审理和执行民事、经济纠纷案件时不得查封、冻结和扣划社会保险基金的通知》。

② 《最高人民法院关于严禁冻结或划拨国有企业下岗职工基本生活保障资金的通知》。

③ 《最高人民法院、最高人民检察院、公安部、中国证券监督管理委员会关于查询、冻结、扣划证券和证券交易结算资金有关问题的通知》第7条。

④ 《最高人民法院、中国人民银行关于依法规范人民法院执行和金融机构协助执行的通知》第6条。

⑤ 《最高人民法院、中国人民银行关于依法规范人民法院执行和金融机构协助执行的通知》第2条。

⑥ 《最高人民法院关于适用〈中华人民共和国民事诉讼法〉的解释》第483条规定："……掌握相关信息的单位和个人必须按照协助执行通知书办理。"

户上的行为。[①] 金融机构是指依法经营存款业务的金融机构(含外资金融机构),包括政策性银行、商业银行、城市和农村信用合作社、财务公司、邮政储蓄机构等。金融机构协助查询、冻结和扣划存款,应当在存款人开户的营业分支机构具体办理。[②] 有权机关是指依照法律、行政法规的明确规定,有权查询、冻结、扣划单位或个人在金融机构存款的司法机关、行政机关、军事机关及行使行政职能的事业单位。[③] (2)金融机构协助查询、冻结、扣划经办人员工作。①金融机构应当在其营业机构确定专职部门或专职人员,负责接待要求协助查询、冻结、扣划的有权机关,及时处理协助事宜,并注意保守国家秘密。[④] ②办理协助查询业务时,经办人员应当核实执法人员的工作证件,以及有权机关县团级以上(含,下同)机构签发的协助查询存款通知书。[⑤] (3)金融机构协助查询、冻结、扣划工作。①协助查询、冻结和扣划工作应当遵循依法合规、不损害客户合法权益的原则。[⑥] ②金融机构应当依法做好协助工作,建立健全有关规章制度,切实加强协助查询、冻结、扣划的管理工作。[⑦] ③人民法院因审理或执行案件,需要向银行查询企业事业单位、机关、团体与案件有关的银行存款或查阅有关的会计凭证、帐簿等资料时,银行应积极配合。查询人对原件不得借走,需要的资料可以抄录、复制或照相,并经银行盖章。人民法院、人民检察院、公安机关对银行提供的情况和资料,应当依法保守秘密。[⑧] ④对人民法院依法向金融机构查询或查阅的有关资料,包括被执行人开户、存款情况以及会计凭证、账簿、有关对账单等资料(含电脑储存资料),金融机构应当及时如实提供并加盖印章;人民法院根据需要可抄录、复制、照相,但应当依法保守秘密。[⑨] ⑤人民法院在查询被执行人存款情况时,只提供单位账户名称而未提供账号的,开户银行应当积极协助查询并书面

---

① 《中国人民银行关于发布〈金融机构协助查询、冻结、扣划工作管理规定〉的通知》第2条。

② 《中国人民银行关于发布〈金融机构协助查询、冻结、扣划工作管理规定〉的通知》第3条。

③ 《中国人民银行关于发布〈金融机构协助查询、冻结、扣划工作管理规定〉的通知》第4条。

④ 《中国人民银行关于发布〈金融机构协助查询、冻结、扣划工作管理规定〉的通知》第7条。

⑤ 《中国人民银行关于发布〈金融机构协助查询、冻结、扣划工作管理规定〉的通知》第8条。

⑥ 《中国人民银行关于发布〈金融机构协助查询、冻结、扣划工作管理规定〉的通知》第5条。

⑦ 《中国人民银行关于发布〈金融机构协助查询、冻结、扣划工作管理规定〉的通知》第6条。

⑧ 《中国人民银行、最高人民法院、最高人民检察院、公安部关于查询、冻结、扣划企业事业单位、机关、团体银行存款的通知》第1条。

⑨ 《最高人民法院、中国人民银行关于依法规范人民法院执行和金融机构协助执行的通知》第5条。

告知。[①] (4)金融机构协助查询、冻结、扣划人民法院工作。①人民法院查询、冻结、扣划被执行人在金融机构的存款时,可以根据工作情况要求存款人开户的营业场所的上级机构责令该营业场所做好协助执行工作,但不得要求该上级机构协助执行。[②] ②作为被执行人的自然人,其收入转为储蓄存款的,应当责令其交出存单。拒不交出的,人民法院应当作出提取其存款的裁定,向金融机构发出协助执行通知书,由金融机构提取被执行人的存款交人民法院或存入人民法院指定的账户。[③] (5)金融机构协助查询、冻结、扣划的责任。①对人民法院依法冻结、扣划被执行人在金融机构的存款,金融机构应当立即予以办理,在接到协助执行通知书后,不得再扣划应当协助执行的款项用以收贷收息;不得为被执行人隐匿、转移存款。违反此项规定的,按照《民事诉讼法》第 114 条的有关规定处理。[④] ②金融机构在接到人民法院的协助执行通知书后,向当事人通风报信,致使当事人转移存款的,法院有权责令该金融机构限期追回。逾期未追回的,按照《民事诉讼法》第 114 条的规定予以罚款、拘留。构成犯罪的,依法追究刑事责任,并建议有关部门给予行政处分。[⑤]

3. 市场监督管理机关的协助。(1)市场监督管理机关的协助工作。①人民法院办理案件需要市场监督管理机关协助执行的,市场监督管理机关应当按照人民法院的生效法律文书和协助执行通知书办理协助执行事项。人民法院要求协助执行的事项,应当属于市场监督管理机关的法定职权范围。[⑥] ②市场监督管理机关协助人民法院办理以下事项:(i)查询有关主体的设立、变更、注销登记,

---

① 《最高人民法院、中国人民银行关于依法规范人民法院执行和金融机构协助执行的通知》第7条。

《中国人民银行关于贯彻落实中共中央政法委关于司法机关冻结、扣划银行存款问题的意见的通知》第2条规定,对司法机关只提供单位账户名称而未提供账号,要求金融机构协助查询的,金融机构应根据账户管理档案积极协助查询。如查明账户管理档案中没有所查询的账户,金融机构应如实告知司法机关。

② 《最高人民法院、中国人民银行关于依法规范人民法院执行和金融机构协助执行的通知》第1条第4款。

③ 《最高人民法院关于人民法院执行工作若干问题的规定(试行)》第28条。

④ 《最高人民法院、中国人民银行关于依法规范人民法院执行和金融机构协助执行的通知》第3条。

⑤ 《最高人民法院、中国人民银行关于依法规范人民法院执行和金融机构协助执行的通知》第4条。

⑥ 《最高人民法院、国家工商总局关于加强信息合作规范执行与协助执行的通知》第6条。

《最高人民法院关于工商行政管理局以收取查询费为由拒绝人民法院无偿查询企业登记档案人民法院是否应予民事制裁的复函》认为,查询、复制企业登记档案资料,查询人应当交纳查询费、复制费。公、检、法、纪检监察、国家安全机关查询档案资料不交费。

对外投资,以及受处罚等情况及原始资料(企业信用信息公示系统已经公示的信息除外);(ii)对冻结、解除冻结被执行人股权、其他投资权益进行公示;(iii)因人民法院强制转让被执行人股权,办理有限责任公司股东变更登记;(iv)法律、行政法规规定的其他事项。[①] ③市场监督管理机关在企业信用信息公示系统中设置"司法协助"栏目,公开登载人民法院要求协助执行的事项。人民法院要求市场监督管理机关协助公示时,应当制作协助公示执行信息需求书,随协助执行通知书等法律文书一并送达市场监督管理机关。市场监督管理机关按照协助公示执行信息需求书,发布公示信息。公示信息应当记载执行法院,执行裁定书及执行通知书文号,被执行人姓名(名称),被冻结或转让的股权、其他投资权益所在市场主体的姓名(名称),股权、其他投资权益数额,受让人,协助执行的时间等内容。[②] ④市场监督管理机关在多家法院要求冻结同一股权、其他投资权益的情况下,应当将所有冻结要求全部公示。首先送达协助公示通知书的执行法院的冻结为生效冻结。送达在后的冻结为轮候冻结。有效的冻结解除的,轮候的冻结中,送达在先的自动生效。[③] (2)市场监督管理机关协助人民法院的职责。①人民法院对股权、其他投资权益进行冻结或者实体处分前,应当查询权属。人民法院应先通过企业信用信息公示系统查询有关信息。需要进一步获取有关信息的,可以要求市场监督管理机关予以协助。执行人员到市场监督管理机关查询时,应当出示工作证或者执行公务证,并出具协助查询通知书。协助查询通知书应当载明被查询主体的姓名(名称)、查询内容,并记载执行依据、人民法院经办人员的姓名和电话等内容。[④] ②人民法院对从市场监督管理机关业务系统、企业信用信息公示系统以及公司章程中查明属于被执行人名下的股权、其他投资权益,可以冻结。[⑤] ③人民法院冻结股权、其他投资权益时,应当向被执行人及其股权、其他投资权益所在市场主体送达冻结裁定,并要求市场监督管理机关协助公示。人民法院要求协助公示冻结股权、其他投资权益时,执行人员应当出示工作证或者执行公务证,向被冻结股权、其他投资权益所在市场主体登记的市场监督

---

① 《最高人民法院、国家工商总局关于加强信息合作规范执行与协助执行的通知》第7条。
② 《最高人民法院、国家工商总局关于加强信息合作规范执行与协助执行的通知》第8条。
③ 《最高人民法院、国家工商总局关于加强信息合作规范执行与协助执行的通知》第13条。
④ 《最高人民法院、国家工商总局关于加强信息合作规范执行与协助执行的通知》第9条。
⑤ 《最高人民法院、国家工商总局关于加强信息合作规范执行与协助执行的通知》第10条。

管理机关送达执行裁定书、协助公示通知书和协助公示执行信息需求书。协助公示通知书应当载明被执行人姓名(名称),执行依据,被冻结的股权、其他投资权益所在市场主体的姓名(名称),股权、其他投资权益数额,冻结期限,人民法院经办人员的姓名和电话等内容。市场监督管理机关应当在收到通知后3个工作日内通过企业信用信息公示系统公示。[①] ④股权、其他投资权益被冻结的,未经人民法院许可,不得转让,不得设定质押或者其他权利负担。有限责任公司股东的股权被冻结期间,市场监督管理机关不予办理该股东的变更登记、该股东向公司其他股东转让股权被冻结部分的公司章程备案,以及被冻结部分股权的出质登记。[②] ⑤冻结股权、其他投资权益的期限不得超过2年。申请人申请续行冻结的,人民法院应当在本次冻结期限届满3日前按照《最高人民法院、国家工商总局关于加强信息合作规范执行与协助执行的通知》第11条办理。续冻期限不得超过1年。续行冻结没有次数限制。有效的冻结期满,人民法院未办理续行冻结的,冻结的效力消灭。按照前款办理了续行冻结的,冻结效力延续,优先于轮候冻结。[③] ⑥人民法院对被执行人股权、其他投资权益等解除冻结的,应当通知当事人,同时通知市场监督管理机关公示。人民法院通知和市场监督管理机关公示的程序,按照《最高人民法院、国家工商总局关于加强信息合作规范执行与协助执行的通知》第11条办理。[④] ⑦人民法院强制转让被执行人的股权、其他投资权益,完成变价等程序后,应当向受让人、被执行人或者其股权、其他投资权益所在市场主体送达转让裁定,要求市场监督管理机关协助公示并办理有限责任公司股东变更登记。人民法院要求办理有限责任公司股东变更登记的,执行人员应当出示工作证或者执行公务证,送达生效法律文书副本或者执行裁定书、协助执行通知书、协助公示执行信息需求书、合法受让人的身份或资格证明,到被执行人股权所在有限责任公司登记的市场监督管理机关办理。法律、行政法规对股东资格、持股比例等有特殊规定的,人民法院要求市场监督管理机关办理有限责任公司股东变更登记前,应当进行审查,并确认该公司股东变更符合《公司法》第24条、第58条的规定。市场监督管理机关收到人民法院上述文书后,应当在

---

① 《最高人民法院、国家工商总局关于加强信息合作规范执行与协助执行的通知》第11条。
② 《最高人民法院、国家工商总局关于加强信息合作规范执行与协助执行的通知》第12条。
③ 《最高人民法院、国家工商总局关于加强信息合作规范执行与协助执行的通知》第14条。
④ 《最高人民法院、国家工商总局关于加强信息合作规范执行与协助执行的通知》第15条。

3个工作日内直接在业务系统中办理,不需要该有限责任公司另行申请,并及时公示股东变更登记信息。公示后,该股东权利以公示信息确定。[①] ⑧人民法院可以对有关材料查询、摘抄、复制,但不得带走原件。市场监督管理机关对人民法院复制的书面材料应当核对并加盖印章。人民法院要求提供电子版,市场监督管理机关有条件的,应当提供。对于市场监督管理机关无法协助的事项,人民法院要求出具书面说明的,市场监督管理机关应当出具。[②] (3)市场监督管理机关协助的责任。市场监督管理机关对按人民法院要求协助执行产生的后果,不承担责任。当事人、案外人对市场监督管理机关协助执行的行为不服,提出异议或者行政复议的,市场监督管理机关不予受理;向人民法院起诉的,人民法院不予受理。当事人、案外人认为人民法院协助执行要求存在错误的,应当按照《民事诉讼法》第232条之规定,向人民法院提出执行异议,人民法院应当受理。当事人认为市场监督管理机关在协助执行时扩大了范围或者违法采取措施造成其损害,提起行政诉讼的,人民法院应当受理。[③]

4. 证券、证券结算资金机构的协助。(1)人民法院、人民检察院、公安机关在办理案件过程中,按照法定权限需要通过证券登记结算机构或者证券公司查询、冻结、扣划证券和证券交易结算资金的,证券登记结算机构或者证券公司应当依法予以协助。[④] 其中,证券登记结算机构,是指中国证券登记结算有限责任公司及其分公司。[⑤] (2)人民法院要求证券登记结算机构或者证券公司协助查询、冻结、扣划证券和证券交易结算资金,人民检察院、公安机关要求证券登记结算机构或者证券公司协助查询、冻结证券和证券交易结算资金时,有关执法人员应当依法出具相关证件和有效法律文书。执法人员证件齐全、手续完备的,证券登记结算机构或者证券公司应当签收有关法律文书并协助办理有关事项。拒绝签收人民法院生效法律文书的,可以留置送达。[⑥] (3)依法应当予以协助而拒绝协助,

---

① 《最高人民法院、国家工商总局关于加强信息合作规范执行与协助执行的通知》第16条。

《最高人民法院执行工作办公室关于异议人深圳市天华电力投资有限公司申诉案的复函》认为,该股权转让经过了公证并经深圳市工商行政管理局核准,转让行为在形式上已经完成。

② 《最高人民法院、国家工商总局关于加强信息合作规范执行与协助执行的通知》第17条。

③ 《最高人民法院、国家工商总局关于加强信息合作规范执行与协助执行的通知》第18条。

④ 《最高人民法院、最高人民检察院、公安部、中国证券监督管理委员会关于查询、冻结、扣划证券和证券交易结算资金有关问题的通知》第1条。

⑤ 《最高人民法院、最高人民检察院、公安部、中国证券监督管理委员会关于查询、冻结、扣划证券和证券交易结算资金有关问题的通知》第17条。

⑥ 《最高人民法院、最高人民检察院、公安部、中国证券监督管理委员会关于查询、冻结、扣划证券和证券交易结算资金有关问题的通知》第2条。

或者向当事人通风报信,或者与当事人通谋转移、隐匿财产的,对有关的证券登记结算机构或者证券公司和直接责任人应当依法进行制裁。①

四、妨害执行的措施

1. 妨害执行的一般措施。(1)对协助执行手续完备拒不协助查询的,按照《民事诉讼法》第114条规定处理。②(2)被执行人既不履行义务又拒绝报告财产或者进行虚假报告、拒绝交出或者提供虚假财产会计凭证、协助执行义务人拒不协助执行或者妨碍执行、到期债务第三人提出异议后又擅自向被执行人清偿等,给申请执行人造成损失的,应当依法对相关责任人予以罚款、拘留。③

2. 金融机构妨害执行的措施、责任。(1)金融机构的行为基于其主观上的故意并构成妨害执行的,才可以对其采取民事强制措施。④(2)逐级变更由上级金融机构为被执行人。人民法院在执行程序中,对作为协助执行人的金融机构采取民事强制措施,应由其自行承担,不得逐级变更由其上级金融机构负责。⑤

扣留、提取被执行人的收入

第二百五十条　被执行人未按执行通知履行法律文书确定的义务,人民法院有权扣留、提取被执行人应当履行义务部分的收入。但应当保留被执行人及其所扶养家属的生活必需费用。

人民法院扣留、提取收入时,应当作出裁定,并发出协助执行通知书,被执行人所在单位、银行、信用合作社和其他有储蓄业务的单位必须办理。

---

① 《最高人民法院、最高人民检察院、公安部、中国证券监督管理委员会关于查询、冻结、扣划证券和证券交易结算资金有关问题的通知》第15条。

② 《最高人民法院、中国人民银行关于依法规范人民法院执行和金融机构协助执行的通知》第1条第1款(后部分)。

③ 《最高人民法院关于依法制裁规避执行行为的若干意见》(五、充分运用民事和刑事制裁手段,依法加强对规避执行行为的刑事处罚力度)。

④ 《最高人民法院关于采取民事强制措施不得逐级变更由行为人的上级机构承担责任的通知》第3条。

⑤ 《最高人民法院关于采取民事强制措施不得逐级变更由行为人的上级机构承担责任的通知》第1条。

本条明确扣留、提取被执行人的收入。①

扣留、提取被执行人的收入主要是针对自然人采取的措施。② 本书仅就其进行阐释。

1. 扣留、提取被执行人收入。被执行人在有关单位的收入尚未支取的，人民法院应当作出裁定，向该单位发出协助执行通知书，由其协助扣留或提取。③ 但应当保留被执行人及其所抚养家属的生活必需费用。

2. 扣留、提取收入的规则。人民法院扣留、提取收入时，应当作出裁定，并发出协助执行通知书，有关单位收到人民法院协助执行被执行人收入的通知后，擅自向被执行人或其他人支付的，人民法院有权责令其限期追回；逾期未追回的，应当裁定其在支付的数额内向申请执行人承担责任。④

查封、扣押、冻结、拍卖、变卖被执行人财产

第二百五十一条　被执行人未按执行通知履行法律文书确定的义务，人民法院有权查封、扣押、冻结、拍卖、变卖被执行人应当履行义务部分的财产。但应当保留被执行人及其所扶养家属的生活必需品。

采取前款措施，人民法院应当作出裁定。

本条明确人民法院有权查封、扣押、冻结、拍卖、变卖被执行人财产。

属于被执行人所有的财产，除法律或司法解释规定的被执行人及其所抚养家属生活所必需的房屋、生活用品、生活费用或其他不得查封、扣押、冻结的财产外，均为可供执行的财产。⑤ 本书在人民法院有权查封、扣押、冻结、拍卖、变卖被执行人财产基础上进一步阐释三个方面的内容。

---

① 扣留、提取被执行人的收入应当注意以下几点：(1)必须是被执行人未按执行通知履行法律文书确定的义务。(2)扣留、提取的收入应当与被执行人履行义务的款额相当。(3)扣留、提取收入时，应当保留被执行人及其所扶养家属的生活必需费用。(4)人民法院扣留、提取收入时，应当作出裁定，并发出协助执行通知书，被执行人所在单位、银行、信用合作社和其他有储蓄业务的单位必须办理。

② 江必新等编著：《新民事诉讼法配套适用规则适用指引(执行程序卷)》，法律出版社 2016 年版，第383 页。

③ 《最高人民法院关于人民法院执行工作若干问题的规定(试行)》第 29 条。

④ 《最高人民法院关于人民法院执行工作若干问题的规定(试行)》第 30 条。

⑤ 《中央政法委、最高人民法院关于规范集中清理执行积案结案标准的通知》第 1 条第 1 款。

一、查封、扣押、冻结、拍卖、变卖被执行人财产的条件

1. 必须是被执行人未按执行通知履行法律文书确定的义务。

2. 查封、扣押、冻结、拍卖、变卖的资产应当相当于履行义务部分的财产。查封、扣押财产不一定和执行标的物相同,但价值应当相当。

3. 应当保留该执行人及其所扶养家属的生活必需品,要保证被执行人及其所扶养家属的基本生活需要。

4. 人民法院查封、扣押、冻结、拍卖、变卖被执行人的财产,应当作出裁定。

二、查封、扣押、冻结、拍卖、变卖被执行人财产的适用

1. 查封、扣押、冻结、拍卖、变卖的对象。(1)可以适用的范围。①动产、不动产。人民法院可以查封、扣押、冻结被执行人占有的动产、登记在被执行人名下的不动产、特定动产及其他财产权。未登记的建筑物和土地使用权,依据土地使用权的审批文件和其他相关证据确定权属。对于第三人占有的动产或者登记在第三人名下的不动产、特定动产及其他财产权,第三人书面确认该财产属于被执行人的,人民法院可以查封、扣押、冻结。[①] ②养老金、退休金。(i)基本养老金在发放给离退休人员之前,仍属于养老保险基金,任何单位不得查封、冻结和划扣。社会保险经办机构不能直接扣发离退休人员基本养老金抵偿法院判决的债务。[②](ii)根据《民法典》和《民事诉讼法》的有关规定,在离退休人员的其他可供执行的财产或者收入不足偿还其债务的情况下,人民法院可以要求其离退休金发放单位或者社会保障机构协助扣划其离休金或退休金,用以偿还该离退休人员的债务。上述单位或者机构应当予以协助。人民法院在执行时应当为离退休人员留出必要的生活费用。生活费用标准可参照当地的有关标准确定。[③] ③理赔金。如投保人不履行义务时,人民法院可以依据债权人(或受益人)的申请向保险公司发出协助执行通知书,由保险公司依照有关规定理赔,并给付申请执行人;申请执行人对保险公司理赔数额有异议的,可通过诉讼予以解决;如保险公司

---

① 《最高人民法院关于人民法院民事执行中查封、扣押、冻结财产的规定》第2条。

② 《劳动和社会保障部办公厅关于对扣发离退休人员基本养老金抵偿债务问题的复函》。《最高人民法院关于在审理和执行民事、经济纠纷案件时不得查封、冻结和扣划社会保险基金的通知》。

③ 《最高人民法院研究室关于执行程序中能否扣划离退休人员离休金退休金清偿其债务问题的答复》。

无正当理由拒绝理赔的,人民法院可依法予以强制执行。[①] (2)不得适用的对象。①人民法院对被执行人的下列财产不得查封、扣押、冻结:(i)被执行人及其所扶养家属生活所必需的衣服、家具、炊具、餐具及其他家庭生活必需的物品;(ii)被执行人及其所扶养家属所必需的生活费用。当地有最低生活保障标准的,必需的生活费用依照该标准确定;(iii)被执行人及其所扶养家属完成义务教育所必需的物品;(iv)未公开的发明或者未发表的著作;(v)被执行人及其所扶养家属用于身体缺陷所必需的辅助工具、医疗物品;(vi)被执行人所得的勋章及其他荣誉表彰的物品;(vii)根据《缔结条约程序法》,以中华人民共和国、中华人民共和国政府或者中华人民共和国政府部门名义同外国、国际组织缔结的条约、协定和其他具有条约、协定性质的文件中规定免于查封、扣押、冻结的财产;(viii)法律或者司法解释规定的其他不得查封、扣押、冻结的财产。[②] 但是,金钱债权执行中,符合下列情形之一,被执行人以执行标的系本人及所扶养家属维持生活必需的居住房屋为由提出异议的,人民法院不予支持:(i)对被执行人有扶养义务的人名下有其他能够维持生活必需的居住房屋的;(ii)执行依据生效后,被执行人为逃避债务转让其名下其他房屋的;(iii)申请执行人按照当地廉租住房保障面积标准为被执行人及所扶养家属提供居住房屋,或者同意参照当地房屋租赁市场平均租金标准从该房屋的变价款中扣除5至8年租金的。执行依据确定被执行人交付居住的房屋,自执行通知送达之日起,已经给予3个月的宽限期,被执行人以该房屋系本人及所扶养家属维持生活的必需品为由提出异议的,人民法院不予支持。[③] ②下列财产不应认定为债务人财产:(i)债务人基于仓储、保管、承揽、代销、借用、寄存、租赁等合同或者其他法律关系占有、使用的他人财产;(ii)债务人在所有权保留买卖中尚未取得所有权的财产;(iii)所有权专属于国家且不得转让的财产;(iv)其他依照法律、行政法规不属于债务人的财产。[④] (3)适用的特殊对象。①共同财产。对被执行人与其他人共有的财产,人民法院可以查封、扣押、冻结,并及时通知共有人。共有人协议分割共有财产,并经债权人认

---

① 《最高人民法院关于人民法院能否提取投保人在保险公司所投的第三人责任险应得的保险赔偿款问题的复函》。

② 《最高人民法院关于人民法院民事执行中查封、扣押、冻结财产的规定》第3条。

③ 《最高人民法院关于人民法院办理执行异议和复议案件若干问题的规定》第20条。

④ 《最高人民法院关于适用〈中华人民共和国企业破产法〉若干问题的规定(二)》第2条。

可的,人民法院可以认定有效。查封、扣押、冻结的效力及于协议分割后被执行人享有份额内的财产;对其他共有人享有份额内的财产的查封、扣押、冻结,人民法院应当裁定予以解除。共有人提起析产诉讼或者申请执行人代位提起析产诉讼的,人民法院应当准许。诉讼期间中止对该财产的执行。[①] ②第三人到期债权。(i)被执行人不能清偿债务,但对案件以外的第三人享有到期债权的,人民法院可以依申请执行人或被执行人的申请,向第三人发出履行到期债务的通知(以下简称履行通知)。履行通知必须直接送达第三人。[②] (ii)第三人对履行通知的异议一般应当以书面形式提出,口头提出的,执行人员应记入笔录,并由第三人签字或盖章。[③] (iii)第三人在履行通知指定的期间内提出异议的,人民法院不得对第三人强制执行,对提出的异议不进行审查。[④] (iv)第三人提出自己无履行能力或其与申请执行人无直接法律关系,不属于本规定所指的异议。第三人对债务部分承认、部分有异议的,可以对其承认的部分强制执行。[⑤] (v)第三人在履行通知指定的期限内没有提出异议,而又不履行的,执行法院有权裁定对其强制执行。此裁定同时送达第三人和被执行人。[⑥] (vi)人民法院执行被执行人对他人的到期债权,可以作出冻结债权的裁定,并通知该他人向申请执行人履行。该他人对到期债权有异议,申请执行人请求对异议部分强制执行的,人民法院不予支持。利害关系人对到期债权有异议的,人民法院应当按照《民事诉讼法》第234条规定处理。对生效法律文书确定的到期债权,该他人予以否认的,人民法院不予支持。[⑦] (vii)被执行人收到人民法院履行通知后,放弃其对第三人的债权或延缓第三人履行期限的行为无效,人民法院仍可在第三人无异议又不履行的情况下予以强制执行。[⑧] (viii)第三人收到人民法院要求其履行到期债务的通知

---

① 《最高人民法院关于人民法院民事执行中查封、扣押、冻结财产的规定》第12条。

② 《最高人民法院关于人民法院执行工作若干问题的规定(试行)》第45条第1款。

第45条第2款同时规定,履行通知应当包含下列内容:(1)第三人直接向申请执行人履行其对被执行人所负的债务,不得向被执行人清偿;(2)第三人应当在收到履行通知后的15日内向申请执行人履行债务;(3)第三人对履行到期债权有异议的,应当在收到履行通知后的15日内向执行法院提出;(4)第三人违背上述义务的法律后果。

③ 《最高人民法院关于人民法院执行工作若干问题的规定(试行)》第46条。

④ 《最高人民法院关于人民法院执行工作若干问题的规定(试行)》第47条。

⑤ 《最高人民法院关于人民法院执行工作若干问题的规定(试行)》第48条。

⑥ 《最高人民法院关于人民法院执行工作若干问题的规定(试行)》第49条。

⑦ 《最高人民法院关于适用〈中华人民共和国民事诉讼法〉的解释》第499条。

⑧ 《最高人民法院关于人民法院执行工作若干问题的规定(试行)》第50条。

后，擅自向被执行人履行，造成已向被执行人履行的财产不能追回的，除在已履行的财产范围内与被执行人承担连带清偿责任外，可以追究其妨害执行的责任。[①] (ix)在对第三人作出强制执行裁定后，第三人确无财产可供执行的，不得就第三人对他人享有的到期债权强制执行。[②] (x)第三人按照人民法院履行通知向申请执行人履行了债务或已被强制执行后，人民法院应当出具有关证明。[③] ③卖给第三人财产。(i)被执行人将其财产出卖给第三人，第三人已经支付部分价款并实际占有该财产，但根据合同约定被执行人保留所有权的，人民法院可以查封、扣押、冻结；第三人要求继续履行合同的，向人民法院交付全部余款后，裁定解除查封、扣押、冻结。[④] (ii)被执行人将其所有的需要办理过户登记的财产出卖给第三人，第三人已经支付部分或者全部价款并实际占有该财产，但尚未办理产权过户登记手续的，人民法院可以查封、扣押、冻结；第三人已经支付全部价款并实际占有，但未办理过户登记手续的，如果第三人对此没有过错，人民法院不得查封、扣押、冻结。[⑤] (iii)被执行人购买第三人的财产，已经支付部分价款并实际占有该财产，第三人依合同约定保留所有权的，人民法院可以查封、扣押、冻结。保留所有权已办理登记的，第三人的剩余价款从该财产变价款中优先支付；第三人主张取回该财产的，可以依据《民事诉讼法》第 234 条规定提出异议。[⑥] (iv)被执行人购买需要办理过户登记的第三人的财产，已经支付部分或者全部价款并实际占有该财产，虽未办理产权过户登记手续，但申请执行人已向第三人支付剩余价款或者第三人同意剩余价款从该财产变价款中优先支付的，人民法院可以查封、扣押、冻结。[⑦] ④争议的财产。对争议财产的房产依法作出了财产保全裁定予以查封，但被执行人在该案诉讼期间将该查封的财产转移给他人(上级主管部门)，保全裁定未经人民法院依法撤销或者解除，进入执行程序后，自动转为执行中的查封、扣押、冻结措施，期限连续计算，执行法院无须重新制作裁定

---

① 《最高人民法院关于人民法院执行工作若干问题的规定(试行)》第 51 条。
② 《最高人民法院关于人民法院执行工作若干问题的规定(试行)》第 52 条。
③ 《最高人民法院关于人民法院执行工作若干问题的规定(试行)》第 53 条。
④ 《最高人民法院关于人民法院民事执行中查封、扣押、冻结财产的规定》第 14 条。
⑤ 《最高人民法院关于人民法院民事执行中查封、扣押、冻结财产的规定》第 15 条。
⑥ 《最高人民法院关于人民法院民事执行中查封、扣押、冻结财产的规定》第 16 条。
⑦ 《最高人民法院关于人民法院民事执行中查封、扣押、冻结财产的规定》第 17 条。

书，但查封、扣押、冻结期限届满的除外。① ⑤被执行人下落不明的财产。被执行人下落不明但有财产可供执行的，可以直接对其财产采取执行措施。执行通知书的送达应依照有关法律规定办理。被执行人可供执行的财产在其他法院或者其他执法机关的控制之下，或该财产上存有权属争议或其他优先权正在审理或审查之中的，应按照法定程序提请上级法院或有关部门协调处理，不得作结案处理。因协助执行周期或财产变现周期较长、无法在清理积案活动期间执行完毕的案件，执行法院应积极协调有关部门，争取尽快依法执结；在执结之前，不得作结案处理。因涉及稳定、信访等因素在清理积案活动期间不宜强制执行的案件，执行法院应报请当地清理积案领导小组协调解决；在执结之前，不得作结案处理。原统计为有财产可供执行的案件，在清理积案期间经进一步调查属于无财产可供执行的案件，须报上一级法院审查确认。②

2. 查封、扣押、冻结、拍卖、变卖被执行人财产的期限。人民法院冻结被执行人的银行存款的期限不得超过1年，查封、扣押动产的期限不得超过2年，查封不动产、冻结其他财产权的期限不得超过3年。申请执行人申请延长期限的，人民法院应当在查封、扣押、冻结期限届满前办理续行查封、扣押、冻结手续，续行期限不得超过前款规定的期限。人民法院也可以依职权办理续行查封、扣押、冻结手续。③

3. 查封、扣押、冻结、拍卖、变卖被执行人财产的裁定。(1)人民法院查封、扣押、冻结被执行人的动产、不动产及其他财产权，应当作出裁定，并送达被执行人和申请执行人。承办人应当在收到案件材料后3日内向被执行人发出执行通知书，通知被执行人按照有关规定申报财产，责令被执行人履行生效法律文书确定的义务。被执行人在指定的履行期间内有转移、隐匿、变卖、毁损财产等情形的，

---

① 《最高人民法院关于国防科工委司令部管理局对深圳市中级人民法院执行深圳南丰工贸公司提出异议案的复函》认为，对该争议财产的房产依法作出了财产保全裁定予以查封，但被执行人在该案诉讼期间将该查封的财产转移给其上级主管部门，对此应适用我院《关于适用〈中华人民共和国民事诉讼法〉若干问题的意见》第109条的规定(《最高人民法院关于适用〈中华人民共和国民事诉讼法〉的解释》第168条)。

《最高人民法院关于适用〈中华人民共和国民事诉讼法〉的解释》第168条规定，保全裁定未经人民法院依法撤销或者解除，进入执行程序后，自动转为执行中的查封、扣押、冻结措施，期限连续计算，执行法院无须重新制作裁定书，但查封、扣押、冻结期限届满的除外。

② 《中央政法委、最高人民法院关于规范集中清理执行积案结案标准的通知》第1条第3～7项。

③ 《最高人民法院关于适用〈中华人民共和国民事诉讼法〉的解释》第485条。

人民法院在获悉后应当立即采取控制性执行措施。① (2)有下列情形之一的,人民法院应当作出解除查封、扣押、冻结裁定,并送达申请执行人、被执行人或者案外人:①查封、扣押、冻结案外人财产的;②申请执行人撤回执行申请或者放弃债权的;③查封、扣押、冻结的财产流拍或者变卖不成,申请执行人和其他执行债权人又不同意接受抵债,且对该财产又无法采取其他执行措施的;④债务已经清偿的;⑤被执行人提供担保且申请执行人同意解除查封、扣押、冻结的;⑥人民法院认为应当解除查封、扣押、冻结的其他情形;解除以登记方式实施的查封、扣押、冻结的,应当向登记机关发出协助执行通知书。② (3)财产保全裁定和先予执行裁定的执行适用《最高人民法院关于人民法院民事执行中查封、扣押、冻结财产的规定》。③

4. 查封、扣押、冻结、拍卖、变卖被执行人财产的协助执行。(1)采取查封、扣押、冻结措施需要有关单位或者个人协助的,人民法院应当制作协助执行通知书,连同裁定书副本一并送达协助执行人。查封、扣押、冻结裁定书和协助执行通知书送达时发生法律效力。④ (2)查封、扣押、冻结协助执行通知书在送达登记机关时,登记机关已经受理被执行人转让不动产、特定动产及其他财产的过户登记申请,尚未完成登记的,应当协助人民法院执行。人民法院不得对登记机关已经完成登记的被执行人已转让的财产实施查封、扣押、冻结措施。查封、扣押、冻结协助执行通知书在送达登记机关时,其他人民法院已向该登记机关送达了过户登记协助执行通知书的,应当优先办理过户登记。⑤ (3)国土资源、房地产管理

---

① 《最高人民法院关于人民法院办理执行案件若干期限的规定》第4条。

《最高人民法院关于人民法院民事执行中查封、扣押、冻结财产的规定》第1条规定,人民法院查封、扣押、冻结被执行人的动产、不动产及其他财产权,应当作出裁定,并送达被执行人和申请执行人。

《最高人民法院关于人民法院查封的财产被转卖是否保护善意取得人利益问题的复函》认为,人民法院依法查封的财产被转卖的,对买受人原则上不适用善意取得制度。但是,所请求的案件中,对于法院在执行查封手续不够完备的,在处理时,在申请执行人和买受人之间进行公平合理分配。

② 《最高人民法院关于人民法院民事执行中查封、扣押、冻结财产的规定》第28条第1款。

③ 《最高人民法院关于人民法院民事执行中查封、扣押、冻结财产的规定》第29条。

④ 《最高人民法院关于人民法院民事执行中查封、扣押、冻结财产的规定》第1条第2款。

《最高人民法院办公厅关于房地产管理部门协助人民法院执行造成转移登记错误,人民法院对当事人提起的行政诉讼的受理及赔偿责任问题的复函》第1条认为,行政机关根据人民法院的协助执行通知书实施的行为,是行政机关必须履行的法定协助义务,不属于人民法院行政诉讼受案范围。但如果当事人认为行政机关在协助时缩小或扩大了范围或违法采取措施造成其损害,提起行政诉讼的,人民法院应当受理。

⑤ 《最高人民法院关于人民法院民事执行中查封、扣押、冻结财产的规定》第23条。

部门在协助人民法院执行土地使用权、房屋时，不对生效法律文书和协助执行通知书进行实体审查。[①] (4)在执行程序中，当事人提供财产担保的，人民法院应当对该财产的权属证书予以扣押，同时向有关部门发出协助执行通知书，要求其在规定的时间内不予办理担保财产的转移手续。[②]

5. 查封、扣押、冻结、拍卖、变卖被执行人财产的额度。(1)查封、扣押、冻结被执行人的财产，以其价额足以清偿法律文书确定的债权额及执行费用为限，不得明显超标的额查封、扣押、冻结。发现超标的额查封、扣押、冻结的，人民法院应当根据被执行人的申请或者依职权，及时解除对超标的额部分财产的查封、扣押、冻结，但该财产为不可分物且被执行人无其他可供执行的财产或者其他财产不足以清偿债务的除外。[③] (2)人民法院查封、扣押被执行人设定最高额抵押权的抵押物的，应当通知抵押权人。抵押权人受抵押担保的债权数额自收到人民法院通知时起不再增加。人民法院虽然没有通知抵押权人，但有证据证明抵押权人知道或者应当知道查封、扣押事实的，受抵押担保的债权数额从其知道或者应当知道该事实时起不再增加。[④]

6. 查封、扣押、冻结、拍卖、变卖被执行人财产的效力。(1)效力范围。①查封、扣押的效力及于查封、扣押物的从物和天然孳息。[⑤] ②查封、扣押、冻结的财产灭失或者毁损的，查封、扣押、冻结的效力及于该财产的替代物、赔偿款。人民法院应当及时作出查封、扣押、冻结该替代物、赔偿款的裁定。[⑥] (2)效力终止。查封、扣押、冻结期限届满，人民法院未办理延期手续的，查封、扣押、冻结的效力消灭。查封、扣押、冻结的财产已经被执行拍卖、变卖或者抵债的，查封、扣押、冻结的效力消灭。[⑦]

---

① 《最高人民法院办公厅关于房地产管理部门协助人民法院执行造成转移登记错误，人民法院对当事人提起的行政诉讼的受理及赔偿责任问题的复函》第2条。

② 《人民法院办理执行案件规范》第79条。

③ 《最高人民法院关于人民法院民事执行中查封、扣押、冻结财产的规定》第19条。

④ 《最高人民法院关于人民法院民事执行中查封、扣押、冻结财产的规定》第25条。

《法官行为规范》第64条规定："对被执行人财产采取查封、扣押、冻结、拍卖、变卖等措施 (一)严格依照规定办理手续，不得超标的、超金额查封、扣押、冻结被执行人财产；(二)对采取措施的财产要认真制作清单，记录好种类、数量，并由当事人签字或者盖章予以确认；(三)严格按照拍卖、变卖的有关规定，依法委托评估、拍卖机构，不得损害当事人合法利益。"

⑤ 《最高人民法院关于人民法院民事执行中查封、扣押、冻结财产的规定》第20条。

⑥ 《最高人民法院关于人民法院民事执行中查封、扣押、冻结财产的规定》第22条。

⑦ 《最高人民法院关于人民法院民事执行中查封、扣押、冻结财产的规定》第27条。

7. 查封、扣押、冻结、拍卖、变卖被执行人财产的轮候。(1)对已被人民法院查封、扣押、冻结的财产,其他人民法院可以进行轮候查封、扣押、冻结。查封、扣押、冻结解除的,登记在先的轮候查封、扣押、冻结即自动生效。其他人民法院对已登记的财产进行轮候查封、扣押、冻结的,应当通知有关登记机关协助进行轮候登记,实施查封、扣押、冻结的人民法院应当允许其他人民法院查阅有关文书和记录。其他人民法院对没有登记的财产进行轮候查封、扣押、冻结的,应当制作笔录,并经实施查封、扣押、冻结的人民法院执行人员及被执行人签字,或者书面通知实施查封、扣押、冻结的人民法院。① (2)人民法院受理破产申请后,在宣告债务人破产前裁定驳回申请人的破产申请,并终结破产程序的,应当在作出终结破产程序的裁定前,告知管理人通知原对债务人财产采取保全措施或执行程序的法院恢复原有的保全措施或执行程序,有轮候保全的,以原采取保全措施的时间确定轮候顺位。对恢复受理债务人为被执行人的执行案件,应当适用申请执行时效中断的有关规定。②

8. 查封、扣押、冻结、拍卖、变卖被执行人财产的结案。(1)被执行人可供执行的财产在其他法院或者其他执法机关的控制之下,或该财产上存有权属争议或其他优先权正在审理或审查之中的,应按照法定程序提请上级法院或有关部门协调处理,不得作结案处理。③ (2)因协助执行周期或财产变现周期较长、无法在清理积案活动期间执行完毕的案件,执行法院应积极协调有关部门,争取尽快依法执结;在执结之前,不得作结案处理。④ (3)因涉及稳定、信访等因素在清理

---

① 《最高人民法院关于人民法院民事执行中查封、扣押、冻结财产的规定》第26条。

《最高人民法院办公厅关于房地产管理部门协助人民法院执行造成转移登记错误,人民法院对当事人提起的行政诉讼的受理及赔偿责任问题的复函》第3条认为,查封解除的,登记在先的轮候查封即自动生效。在查封尚未解除之前,轮候查封的法院要求协助处置查封标的物的,房地产管理部门应当及时告知查封法院,以便人民法院之间及时协调,在协调期间,协助执行的义务机关暂停协助执行事项。

《最高人民法院关于同一法院在不同案件中是否可以对同一财产采取轮候查封、扣押、冻结保全措施问题的答复》认为:"根据最高人民法院《关于人民法院民事执行中查封、扣押、冻结财产的规定》第二十八条规定的精神,只要不是同一债权,不论是不是同一个债权人,受理案件的法院是不是同一个法院,都应当允许对已被查封、扣押、冻结的财产进行轮候查封、扣押、冻结;同一法院在不同案件中也可以对同一财产采取轮候查封、扣押、冻结保全措施。"

② 《最高人民法院关于正确审理企业破产案件为维护市场经济秩序提供司法保障若干问题的意见》第19条。

③ 《中央政法委、最高人民法院关于规范集中清理执行积案结案标准的通知》第1条第4款。

④ 《中央政法委、最高人民法院关于规范集中清理执行积案结案标准的通知》第1条第5款。

积案活动期间不宜强制执行的案件，执行法院应报请当地清理积案领导小组协调解决；在执结之前，不得作结案处理。[①] (4)原统计为有财产可供执行的案件，在清理积案期间经进一步调查属于无财产可供执行的案件，须报上一级法院审查确认。[②]

9. 查封、扣押、冻结、拍卖、变卖被执行人财产的强制管理。强制管理，是指执行法院选任管理人，对已被法院查封、扣押的被执行人财产进行管理，用管理所得收益清偿债务的执行措施。[③] (1)强制管理的开始(启动)。强制管理一般依申请执行人的申请开始，也可由执行法院依职权启动。执行法院审查后，适合强制管理的，在先定管理人后，发出强制管理的命令。[④] (2)收益的提取。根据最高人民法院相关司法解释的规定，强制管理人为申请执行人。管理人在强制管理中的职责是对财产进行管理及收益。被执行人不得干涉管理人的管理活动。如收益是由第三人交付，第三人应依法院的管理命令将收益交付给管理人。管理人的管理活动受执行法院监督，管理财产所获得的收益，在扣除管理费和其他必要费用后，应当及时交给执行法院。[⑤] (3)强制管理的终结、撤销。强制管理的实施，使执行债务清偿完毕的，执行法院应当终结强制管理；当强制管理无实际意义，即在收益扣除管理费与其他必要费用已无剩余时，执行法院应撤销强制管理。[⑥]

10. 查封、扣押、冻结、拍卖、变卖被执行人财产的追回和赔偿。被执行人或其他人擅自处分已被查封、扣押、冻结财产的，人民法院有权责令责任人限期追回财产或承担相应的赔偿责任。[⑦]

---

① 《中央政法委、最高人民法院关于规范集中清理执行积案结案标准的通知》第1条第6款。

② 《中央政法委、最高人民法院关于规范集中清理执行积案结案标准的通知》第1条第7款。

③ 洪冬英主编:《民事诉讼法学通论》(第3版)，北京大学出版社2020年版，第405页。

强制管理具有以下特点:(1)强制管理的财产一般为不动产、船舶、航空器。(2)强制管理以收取被管理财产所生收益清偿债务。在强制管理期间，被执行人丧失对管理财产收益的处分权。(3)强制管理期间，被执行人仍然享有对管理财产的所有权。(4)强制管理持续的时间一般较长。

④ 洪冬英主编:《民事诉讼法学通论》(第3版)，北京大学出版社2020年版，第405~406页。

⑤ 洪冬英主编:《民事诉讼法学通论》(第3版)，北京大学出版社2020年版，第406页。

⑥ 洪冬英主编:《民事诉讼法学通论》(第3版)，北京大学出版社2020年版，第406页。

⑦ 《最高人民法院关于人民法院执行工作若干问题的规定(试行)》第32条。

《最高人民法院执行办公室关于对案外人未协助法院冻结债权应如何处理问题的复函》认为，村委会擅自向建筑公司支付，致使生效法律文书无法执行，可以根据《民事诉讼法》第114条的规定，对其进行处罚外，也可以根据《最高人民法院关于执行工作若干问题的规定(试行)》的规定，责令村委会限期追回财产或承担相应的赔偿责任。

11. 查封、扣押、冻结、拍卖、变卖被执行人财产的其他规则。(1)立即执行。①执行法院对已查明的被执行人可供执行的财产,应当依法及时采取查封、扣押、冻结等相应的执行措施,并依法采取拍卖、变卖、以物抵债等执行措施。[①] ②被执行人下落不明但有财产可供执行的,可以直接对其财产采取执行措施。执行通知书的送达应依照有关法律规定办理。[②] (2)对抗力。被执行人就已经查封、扣押、冻结的财产所作的移转、设定权利负担或者其他有碍执行的行为,不得对抗申请执行人。第三人未经人民法院准许占有查封、扣押、冻结的财产或者实施其他有碍执行的行为的,人民法院可以依据申请执行人的申请或者依职权解除其占有或者排除其妨害。人民法院的查封、扣押、冻结没有公示的,其效力不得对抗善意第三人。[③]

三、执行中的保全

人民法院对于可能因当事人一方的行为或者其他原因,使判决难以执行或者造成当事人其他损害的案件,根据对方当事人的申请,可以裁定对其财产进行保全、责令其作出一定行为或者禁止其作出一定行为;当事人没有提出申请的,人民法院在必要时也可以裁定采取保全措施。人民法院采取保全措施,可以责令申请人提供担保,申请人不提供担保的,裁定驳回申请。人民法院接受申请后,对情况紧急的,必须在48小时内作出裁定;裁定采取保全措施的,应当立即开始执行。[④]

查封、扣押财产程序

第二百五十二条　人民法院查封、扣押财产时,被执行人是公民的,应当通知被执行人或者他的成年家属到场;被执行人是法人或者其他组织的,应当通知其法定代表人或者主要负责人到场。拒不到场的,不影响执行。被执行人是公民的,其工作单位或者财产所在地的基层组织应当派人参加。

---

① 《中央政法委、最高人民法院关于规范集中清理执行积案结案标准的通知》第1条第2款。
② 《中央政法委、最高人民法院关于规范集中清理执行积案结案标准的通知》第1条第3款。
③ 《最高人民法院关于人民法院民事执行中查封、扣押、冻结财产的规定》第24条。
④ 《民事诉讼法》第103条。

对被查封、扣押的财产，执行员必须造具清单，由在场人签名或者盖章后，交被执行人一份。被执行人是公民的，也可以交他的成年家属一份。

本条明确查封、扣押财产的程序。本书仅就其进行阐释。

1. 查封、扣押财产执行现场的参加人。人民法院查封、扣押财产时，被执行人是自然人的，应当通知被执行人或者他的成年家属到场；被执行人是法人或者非法人组织的，应当通知其法定代表人或者主要负责人到场。拒不到场的，不影响执行。被执行人是自然人的，其工作单位或者财产所在地的基层组织应当派人参加。

2. 查封、扣押财产执行笔录。查封、扣押、冻结被执行人的财产时，执行人员应当制作笔录，载明下列内容：(1)执行措施开始及完成的时间；(2)财产的所在地、种类、数量；(3)财产的保管理人；(4)其他应当记明的事项。执行人员及保管人应当在笔录上签名，有成年家属、法人或者非法人组织的法定代表人或者主要负责人、其工作单位或者财产所在地的基层组织派人到场的，到场人员也应当在笔录上签名。[①]

3. 查封、扣押财产执行清单。执行员要对被查封、扣押的财产制作清单。清单要写明执行财物的种类、数量、质量等，由在场人员签名或者盖章后，交被执行人或者其成年家属、法定代表人或者单位主要负责人一份，另一份由人民法院附卷保存。

4. 查封、扣押财产执行公告。(1)查封、扣押动产的，人民法院可以直接控制该项财产。人民法院将查封、扣押的动产交付其他人控制的，应当在该动产上加贴封条或者采取其他足以公示查封、扣押的适当方式。[②] (2)查封不动产的，人民法院应当张贴封条或者公告，并可以提取保存有关财产权证照。查封、扣押、冻结已登记的不动产、特定动产及其他财产权，应当通知有关登记机关办理登记手续。未办理登记手续的，不得对抗其他已经办理了登记手续的查封、扣押、冻结行为。[③] (3)查封尚未进行权属登记的建筑物时，人民法院应当通知其管理人或

① 《最高人民法院关于人民法院民事执行中查封、扣押、冻结财产的规定》第18条。
② 《最高人民法院关于人民法院民事执行中查封、扣押、冻结财产的规定》第6条。
③ 《最高人民法院关于人民法院民事执行中查封、扣押、冻结财产的规定》第7条。

者该建筑物的实际占有人，并在显著位置张贴公告。[①]

查封财产保管

第二百五十三条　被查封的财产，执行员可以指定被执行人负责保管。因被执行人的过错造成的损失，由被执行人承担。

本条明确被查封财产的保管。本书仅就其进行阐释。

1. 被查封财产的保管人。(1)查封、扣押的财产不宜由人民法院保管的，人民法院可以指定被执行人负责保管；不宜由被执行人保管的，可以委托第三人或者申请执行人保管。[②] (2)查封、扣押、冻结担保物权人占有的担保财产，一般应当指定该担保物权人作为保管人；该财产由人民法院保管的，质权、留置权不因转移占有而消灭。[③] (3)对第三人为被执行人的利益占有的被执行人的财产，人民法院可以查封、扣押、冻结；该财产被指定给第三人继续保管的，第三人不得将其交付给被执行人。[④]

2. 被查封财产保管物的使用。(1)由人民法院指定被执行人保管的财产，如果继续使用对该财产的价值无重大影响，可以允许被执行人继续使用；由人民法院保管或者委托第三人、申请执行人保管的，保管人不得使用。[⑤] (2)对第三人为自己的利益依法占有的被执行人的财产，人民法院可以查封、扣押、冻结，第三人可以继续占有和使用该财产，但不得将其交付给被执行人。[⑥] (3)第三人无偿借用被执行人的财产的，不受前款规定的限制。[⑦]

---

① 《最高人民法院关于人民法院民事执行中查封、扣押、冻结财产的规定》第8条。

② 《最高人民法院关于人民法院民事执行中查封、扣押、冻结财产的规定》第10条第1款。

《最高人民法院赔偿委员会关于人民法院委托的查封财产保管人擅自动用处分其保管的财产国家不承担赔偿责任的批复》认为，人民法院得知保管人擅自处理被查封的财产后，未采取措施予以制止是不对的，但财产无法执行的原因不是人民法院实施了违法行为，而是保管人违法动用、变卖了人民法院已经查封的财产。依照《国家赔偿法》的有关规定，本案不属于国家赔偿范围。

③ 《最高人民法院关于人民法院民事执行中查封、扣押、冻结财产的规定》第11条。

④ 《最高人民法院关于人民法院民事执行中查封、扣押、冻结财产的规定》第13条第1款。

⑤ 《最高人民法院关于人民法院民事执行中查封、扣押、冻结财产的规定》第10条第2款。

⑥ 《最高人民法院关于人民法院民事执行中查封、扣押、冻结财产的规定》第13条第2款。

⑦ 《最高人民法院关于人民法院民事执行中查封、扣押、冻结财产的规定》第13条第3款。

3. 保管物的赔偿。(1)因被执行人的过错造成的损失,由被执行人承担。(2)因地震造成人民法院已查封或扣押的财产毁损、灭失或价值贬值,协助人民法院查封、扣押的协助执行人以及人民法院指定的查封、扣押财产的保管人(被执行人除外)没有过错的,不承担赔偿责任。①

拍卖、变卖被查封、扣押的财产

第二百五十四条　财产被查封、扣押后,执行员应当责令被执行人在指定期间履行法律文书确定的义务。被执行人逾期不履行的,人民法院应当拍卖被查封、扣押的财产;不适于拍卖或者当事人双方同意不进行拍卖的,人民法院可以委托有关单位变卖或者自行变卖。国家禁止自由买卖的物品,交有关单位按照国家规定的价格收购。

本条明确拍卖、变卖被查封、扣押的财产。②

执行法院对已查明的被执行人可供执行的财产,应当依法及时采取查封、扣押、冻结等相应的执行措施,并依法采取拍卖、变卖、以物抵债等执行措施。③ 其中,"拍卖",是指人民法院对已实施查封、扣押、冻结的财产,以公开竞价的方式卖给出价最高的买受人的措施。④ "变卖",是指不经过竞价,而由执行法院对已实施查封、扣押、冻结的财产以相当的、合理的价格直接进行出卖。⑤ 本书在此基础上进一步阐释四个方面的内容。

---

① 《最高人民法院关于处理涉及汶川地震相关案件适用法律问题的意见(二)》第17条。

② 依照本条规定,可以把握以下几个层次:(1)拍卖、变卖的前提是财产被查封、扣押。(2)拍卖。被执行人逾期不履行的,人民法院可以自己组织拍卖,也可以委托拍卖。(3)变卖。对于不适于拍卖或者当事人双方同意不进行拍卖的财产,人民法院可以委托有关单位变卖或者自行变卖。(4)收购。国家禁止自由买卖的物品,交有关单位按照国家规定的价格收购。其中,"国家禁止自由买卖的物品"主要是指金银(不包含金银制品)等物品。

③ 《中央政法委、最高人民法院关于规范集中清理执行积案结案标准的通知》第2条第2款。《最高人民法院关于人民法院民事执行中拍卖、变卖财产的规定》第1条规定,在执行程序中,被执行人的财产被查封、扣押、冻结后,人民法院应当及时进行拍卖、变卖或者采取其他执行措施。

④ 洪冬英主编:《民事诉讼法学通论》(第3版),北京大学出版社2020年版,第396页。

⑤ 洪冬英主编:《民事诉讼法学通论》(第3版),北京大学出版社2020年版,第397页。

一、评估机构、拍卖机构

1. 人民法院管理评估、拍卖工作。(1)人民法院司法技术管理部门负责[①]本院的委托评估、拍卖和流拍财产的变卖工作,依法对委托评估、拍卖机构的评估、拍卖活动进行监督。[②] (2)根据工作需要,下级人民法院可将评估、拍卖和变卖工作报请上级人民法院办理。[③] (3)人民法院司法技术管理部门,在组织评审委员会审查评估、拍卖入册机构,或选择评估、拍卖机构,或对流拍财产进行变卖时,应当通知本院纪检监察部门。纪检监察部门可视情况派员参加。[④] (4)人民法院按照公开、公平、择优的原则编制人民法院委托评估、拍卖机构名册。人民法院编制委托评估、拍卖机构名册,应当先期公告,明确入册机构的条件和评审程序等事项。[⑤] (5)人民法院在编制委托评估、拍卖机构名册时,由司法技术管理部门、审判部门、执行部门组成评审委员会,必要时可邀请评估、拍卖行业的专家参加评审。[⑥] (6)评审委员会对申请加入人民法院委托评估、拍卖名册的机构,应当从资质等级、职业信誉、经营业绩、执业人员情况等方面进行审查、打分,按分数高低经过初审、公示、复审后确定进入名册的机构,并对名册进行动态管理。[⑦]

2. 人民法院对外委托评估或拍卖。(1)人民法院需要对异地的财产进行评估或拍卖时,可以委托财产所在地人民法院办理。[⑧] (2)人民法院拍卖被执行人财产,应当委托具有相应资质的拍卖机构进行,并对拍卖机构的拍卖进行监督,但法律、司法解释另有规定的除外。[⑨] (3)人民法院委托的拍卖活动应在有关管理部门确定的统一交易场所或网络平台上进行,另有规定的除外。[⑩] (4)高级人民法院或者中级人民法院可以根据本地实际情况统一实施对外委托。[⑪] (5)受委

---

① 《最高人民法院关于人民法院委托评估、拍卖工作的若干规定》第1条规定,人民法院司法辅助部门负责统一管理和协调司法委托评估、拍卖工作。

② 《最高人民法院关于人民法院委托评估、拍卖和变卖工作的若干规定》第1条。

③ 《最高人民法院关于人民法院委托评估、拍卖和变卖工作的若干规定》第2条。

④ 《最高人民法院关于人民法院委托评估、拍卖和变卖工作的若干规定》第15条。

⑤ 《最高人民法院关于人民法院委托评估、拍卖和变卖工作的若干规定》第4条。

⑥ 《最高人民法院关于人民法院委托评估、拍卖和变卖工作的若干规定》第5条。

⑦ 《最高人民法院关于人民法院委托评估、拍卖和变卖工作的若干规定》第6条。

⑧ 《最高人民法院关于人民法院委托评估、拍卖和变卖工作的若干规定》第3条。

⑨ 《最高人民法院关于人民法院民事执行中拍卖、变卖财产的规定》第3条。

⑩ 《最高人民法院关于人民法院委托评估、拍卖工作的若干规定》第4条。

⑪ 《最高人民法院关于人民法院委托评估、拍卖工作的若干规定》第3条。

托的拍卖机构应通过管理部门的信息平台发布拍卖信息，公示评估、拍卖结果。[①]（6）涉国有资产的司法委托拍卖由省级以上国有产权交易机构实施，拍卖机构负责拍卖环节相关工作，并依照相关监管部门制定的实施细则进行。[②]（7）《证券法》规定应当在证券交易所上市交易或转让的证券资产的司法委托拍卖，通过证券交易所实施，拍卖机构负责拍卖环节相关工作；其他证券类资产的司法委托拍卖由拍卖机构实施，并依照相关监管部门制定的实施细则进行。[③]（8）人民法院对其委托的评估、拍卖活动实行监督。出现下列情形之一，影响评估、拍卖结果，侵害当事人合法利益的，人民法院将不再委托其从事委托评估、拍卖工作。涉及违反法律法规的，依据有关规定处理：①评估结果明显失实；②拍卖过程中弄虚作假、存在瑕疵；③随机选定后无正当理由不能按时完成评估拍卖工作；④其他有关情形。[④]（9）审判、执行部门未经司法技术管理部门同意擅自委托评估、拍卖，或对流拍财产进行变卖的，按照有关纪律规定追究责任。[⑤]

3. 人民法院选择评估、拍卖机构。（1）人民法院采用随机方式[⑥]确定评估、拍卖机构。[⑦]（2）取得政府管理部门行政许可并达到一定资质等级的评估、拍卖机构，可以自愿报名参加人民法院委托的评估、拍卖活动（人民法院不再编制委托评估、拍卖机构名册）。[⑧]（3）人民法院选择评估、拍卖机构，应当通知审判、执行人员到场，视情况可邀请社会有关人员到场监督。[⑨]（4）人民法院选择评估、拍卖机构，应当提前通知各方当事人到场；当事人不到场的，人民法院可将选择机构的情况，以书面形式送达当事人。[⑩]（5）评估、拍卖机构选定后，人民法院应当向选定的机构出具委托书，委托书中应当载明本次委托的要求和工作完成的期限等事项。[⑪]（6）评估、拍卖机构接受人民法院的委托后，在规定期限内无正当理

---

① 《最高人民法院关于人民法院委托评估、拍卖工作的若干规定》第5条。

② 《最高人民法院关于人民法院委托评估、拍卖工作的若干规定》第6条。

③ 《最高人民法院关于人民法院委托评估、拍卖工作的若干规定》第7条。

④ 《最高人民法院关于人民法院委托评估、拍卖工作的若干规定》第8条。

⑤ 《最高人民法院关于人民法院委托评估、拍卖和变卖工作的若干规定》第14条。

⑥ 《最高人民法院关于人民法院委托评估、拍卖和变卖工作的若干规定》第7条规定人民法院选择评估、拍卖机构，应当在人民法院委托评估、拍卖机构名册内采取公开随机的方式选定。

⑦ 《最高人民法院关于人民法院委托评估、拍卖工作的若干规定》第3条。

⑧ 《最高人民法院关于人民法院委托评估、拍卖工作的若干规定》第2条。

⑨ 《最高人民法院关于人民法院委托评估、拍卖和变卖工作的若干规定》第8条。

⑩ 《最高人民法院关于人民法院委托评估、拍卖和变卖工作的若干规定》第9条。

⑪ 《最高人民法院关于人民法院委托评估、拍卖和变卖工作的若干规定》第10条。

由不能完成委托事项的，人民法院应当解除委托，重新选择机构，并对其暂停备选资格或从委托评估、拍卖机构名册内除名。①

二、人民法院组织的拍卖②

人民法院对查封、扣押、冻结的财产进行变价处理时，应当首先采取拍卖的方式，但法律、司法解释另有规定的除外。③

1. 人民法院组织拍卖的方式。(1)在执行程序中，被执行人的财产被查封、扣押、冻结后，人民法院应当及时进行拍卖、变卖或者采取其他执行措施。④(2)人民法院在执行中需要拍卖被执行人财产的，可以由人民法院自行组织拍卖，也可以交由具备相应资质的拍卖机构拍卖。交拍卖机构拍卖的，人民法院应当对拍卖活动进行监督。⑤

2. 人民法院组织拍卖的评估。(1)对拟拍卖的财产，人民法院可以委托具有相应资质的评估机构进行价格评估。对于财产价值较低或者价格依照通常方法容易确定的，可以不进行评估。当事人双方及其他执行债权人申请不进行评估的，人民法院应当准许。对被执行人的股权进行评估时，人民法院可以责令有关企业提供会计报表等资料；有关企业拒不提供的，可以强制提取。⑥ (2)评估机构在工作中需要对现场进行勘验的，人民法院应当提前通知审判、执行人员和当事人到场，当事人不到场的，不影响勘验的进行，但应当有见证人见证。评估机构勘验现场，应当制作现场勘验笔录。勘验现场人员、当事人或见证人应当在勘验笔录上签字或盖章确认。⑦ (3)拍卖评估需要对现场进行检查、勘验的，人民法院应当责令被执行人、协助义务人予以配合。被执行人、协助义务人不予配合的，人民法院可以强制进行。⑧

---

① 《最高人民法院关于人民法院委托评估、拍卖和变卖工作的若干规定》第 11 条。

② 《拍卖法》第 3 条规定：拍卖是指以公开竞价的形式，将特定物品或者财产权利转让给最高应价者的买卖方式。

③ 《最高人民法院关于人民法院民事执行中拍卖、变卖财产的规定》第 2 条。

④ 《最高人民法院关于人民法院民事执行中拍卖、变卖财产的规定》第 1 条。

⑤ 《最高人民法院关于适用〈中华人民共和国民事诉讼法〉的解释》第 486 条。

《最高人民法院关于人民法院民事执行中拍卖、变卖财产的规定》第 3 条规定，人民法院拍卖被执行人财产，应当委托具有相应资质的拍卖机构进行，并对拍卖机构的拍卖进行监督，但法律、司法解释另有规定的除外。

⑥ 《最高人民法院关于人民法院民事执行中拍卖、变卖财产的规定》第 4 条。

⑦ 《最高人民法院关于人民法院委托评估、拍卖和变卖工作的若干规定》第 12 条。

⑧ 《最高人民法院关于适用〈中华人民共和国民事诉讼法〉的解释》第 487 条。

3. 人民法院组织拍卖的保留价。(1)拍卖财产经过评估的,评估价即为第一次拍卖的保留价;未作评估的,保留价由人民法院参照市价确定。并应当征询有关当事人的意见。① (2)保留价确定后,依据本次拍卖保留价计算,拍卖所得价款在清偿优先债权和强制执行费用后无剩余可能的,应当在实施拍卖前将有关情况通知申请执行人。申请执行人于收到通知后5日内申请继续拍卖的,人民法院应当准许,但应当重新确定保留价;重新确定的保留价应当大于该优先债权及强制执行费用的总额。依照前款规定流拍的,拍卖费用由申请执行人负担。②

4. 人民法院组织拍卖的调查。执行人员应当对拍卖财产的权属状况、占有使用情况等进行必要的调查,制作拍卖财产现状的调查笔录或者收集其他有关资料。③

5. 人民法院组织拍卖的先期公告。(1)拍卖动产的,应当在拍卖7日前公告;拍卖不动产或者其他财产权的,应当在拍卖15日前公告。④ (2)拍卖公告的范围及媒体由当事人双方协商确定;协商不成的,由人民法院确定。拍卖财产具有专业属性的,应当同时在专业性报纸上进行公告。当事人申请在其他新闻媒体上公告或者要求扩大公告范围的,应当准许,但该部分的公告费用由其自行承担。⑤

6. 人民法院组织拍卖的保证金。拍卖不动产、其他财产权或者价值较高的动产的,竞买人应当于拍卖前向人民法院预交保证金。申请执行人参加竞买的,可以不预交保证金。保证金的数额由人民法院确定,但不得低于评估价或者市价的5%。应当预交保证金而未交纳的,不得参加竞买。拍卖成交后,买受人预交的保证金充抵价款,其他竞买人预交的保证金应当在3日内退还;拍卖未成交的,保证金应当于3日内退还竞买人。⑥

---

① 《最高人民法院关于人民法院委托评估、拍卖和变卖工作的若干规定》第13条。

《最高人民法院关于人民法院民事执行中拍卖、变卖财产的规定》第5条规定,拍卖应当确定保留价。拍卖财产经过评估的,评估价即为第一次拍卖的保留价;未作评估的,保留价由人民法院参照市价确定,并应当征询有关当事人的意见。如果出现流拍,再行拍卖时,可以酌情降低保留价,但每次降低的数额不得超过前次保留价的20%。

② 《最高人民法院关于人民法院民事执行中拍卖、变卖财产的规定》第6条。

③ 《最高人民法院关于人民法院民事执行中拍卖、变卖财产的规定》第7条。

④ 《最高人民法院关于人民法院民事执行中拍卖、变卖财产的规定》第8条。

⑤ 《最高人民法院关于人民法院民事执行中拍卖、变卖财产的规定》第9条。

⑥ 《最高人民法院关于人民法院民事执行中拍卖、变卖财产的规定》第10条。

7. 人民法院组织拍卖的通知。人民法院应当在拍卖5日前以书面或者其他能够确认收悉的适当方式,通知当事人和已知的担保物权人、优先购买权人或者其他优先权人于拍卖日到场。优先购买权人经通知未到场的,视为放弃优先购买权。①

8. 人民法院组织拍卖的竞买人。法律、行政法规对买受人的资格或者条件有特殊规定的,竞买人应当具备规定的资格或者条件。申请执行人、被执行人可以参加竞买。②

9. 人民法院组织拍卖的方法。(1)拍卖过程中,有最高应价时,优先购买权人可以表示以该最高价买受,如无更高应价,则拍归优先购买权人;如有更高应价,而优先购买权人不作表示的,则拍归该应价最高的竞买人。顺序相同的多个优先购买权人同时表示买受的,以抽签方式决定买受人。③ (2)拍卖多项财产时,其中部分财产卖得的价款足以清偿债务和支付被执行人应当负担的费用的,对剩余的财产应当停止拍卖,但被执行人同意全部拍卖的除外。④ (3)拍卖的多项财产在使用上不可分,或者分别拍卖可能严重减损其价值的,应当合并拍卖。⑤ (4)拍卖时无人竞买或者竞买人的最高应价低于保留价,到场的申请执行人或者其他执行债权人申请或者同意以该次拍卖所定的保留价接受拍卖财产的,应当将该财产交其抵债。有两个以上执行债权人申请以拍卖财产抵债的,由法定受偿顺位在先的债权人优先承受;受偿顺位相同的,以抽签方式决定承受人。承受人应受清偿的债权额低于抵债财产的价额的,人民法院应当责令其在指定的期间内补交差额。⑥

10. 人民法院组织拍卖委托的撤回。在拍卖开始前,有下列情形之一的,人民法院应当撤回拍卖委托:(1)据以执行的生效法律文书被撤销的;(2)申请执行人及其他执行债权人撤回执行申请的;(3)被执行人全部履行了法律文书确定的金钱债务的;(4)当事人达成了执行和解协议,不需要拍卖财产的;(5)案外人对拍卖财产提出确有理由的异议的;(6)拍卖机构与竞买人恶意串通的;(7)其他应

① 《最高人民法院关于人民法院民事执行中拍卖、变卖财产的规定》第11条。
② 《最高人民法院关于人民法院民事执行中拍卖、变卖财产的规定》第12条。
③ 《最高人民法院关于人民法院民事执行中拍卖、变卖财产的规定》第13条。
④ 《最高人民法院关于人民法院民事执行中拍卖、变卖财产的规定》第14条。
⑤ 《最高人民法院关于人民法院民事执行中拍卖、变卖财产的规定》第15条。
⑥ 《最高人民法院关于人民法院民事执行中拍卖、变卖财产的规定》第16条。

当撤回拍卖委托的情形。[①]

11. 人民法院组织拍卖的撤销。当事人、利害关系人提出异议请求撤销拍卖,符合下列情形之一的,人民法院应予支持:(1)竞买人之间、竞买人与拍卖机构之间恶意串通,损害当事人或者其他竞买人利益的;(2)买受人不具备法律规定的竞买资格的;(3)违法限制竞买人参加竞买或者对不同的竞买人规定不同竞买条件的;(4)未按照法律、司法解释的规定对拍卖标的物进行公告的;(5)其他严重违反拍卖程序且损害当事人或者竞买人利益的情形。当事人、利害关系人请求撤销变卖的,参照前款规定处理。[②]

12. 人民法院组织拍卖的暂缓、中止。(1)人民法院委托拍卖后,遇有依法应当暂缓执行或者中止执行的情形的,应当决定暂缓执行或者裁定中止执行,并及时通知拍卖机构和当事人。拍卖机构收到通知后,应当立即停止拍卖,并通知竞买人。暂缓执行期限届满或者中止执行的事由消失后,需要继续拍卖的,人民法院应当在15日内通知拍卖机构恢复拍卖。[③] (2)被执行人在拍卖日之前向人民法院提交足额金钱清偿债务,要求停止拍卖的,人民法院应当准许,但被执行人应当负担因拍卖支出的必要费用。[④]

13. 人民法院组织拍卖的即时交付。(1)拍卖、变卖被执行人的财产成交后,必须即时钱物两清。委托拍卖、组织变卖被执行人财产所发生的实际费用,从所得价款中优先扣除。所得价款超出执行标的数额和执行费用的部分,应当退还被执行人。[⑤] (2)被执行人不履行生效法律文书确定的义务,人民法院有权裁定禁止被执行人转让其专利权、注册商标专用权、著作权(财产权部分)等知识产权。上述权利有登记主管部门的,应当同时向有关部门发出协助执行通知书,要求其不得办理财产权转移手续,必要时可以责令被执行人将产权或使用权证照交人民法院保存。对前款财产权,可以采取拍卖、变卖等执行措施。[⑥]

---

① 《最高人民法院关于人民法院民事执行中拍卖、变卖财产的规定》第17条。

② 《最高人民法院关于人民法院办理执行异议和复议案件若干问题的规定》第21条。

③ 《最高人民法院关于人民法院民事执行中拍卖、变卖财产的规定》第18条。

④ 《最高人民法院关于人民法院民事执行中拍卖、变卖财产的规定》第19条。

⑤ 《最高人民法院关于人民法院执行工作若干问题的规定(试行)》第34条。

⑥ 《最高人民法院关于人民法院执行工作若干问题的规定(试行)》第35条。

《最高人民法院关于全面加强知识产权审判工作为建设创新型国家提供司法保障的意见》第11条规定,受理知识产权案件较多的法院,应在执行部门中指定专门合议庭或者小组负责;被执行人拒不履行停止侵权的生效裁判内容继续其原侵权行为的,除权利人可依法追究其民事责任以外,法院应当依法协调公安、检察机关以拒不执行判决、裁定罪追究其刑事责任。

14. 人民法院组织拍卖后的所有权转移。(1)拍卖成交或者依法定程序裁定以物抵债的,标的物所有权自拍卖成交裁定或者抵债裁定送达买受人或者接受抵债物的债权人时转移。[①] (2)人民法院裁定拍卖成交或者以流拍的财产抵债后,除有依法不能移交的情形外,应当于裁定送达后15日内,将拍卖的财产移交买受人或者承受人。被执行人或者第三人占有拍卖财产应当移交而拒不移交的,强制执行。[②] (3)被执行人的财产经拍卖、变卖或裁定以物抵债后,需从现占有人处交付给买受人或申请执行人的,适用《民事诉讼法》第256条、第257条和《最高人民法院关于人民法院执行工作若干问题的规定(试行)》第41条、第42条的规定。[③]

15. 人民法院组织拍卖后的价款移交及送达。(1)拍卖成交或者以流拍的财产抵债的,人民法院应当作出裁定,并于价款或者需要补交的差价全额交付后10日内,送达买受人或者承受人。[④] (2)拍卖成交后,买受人应当在拍卖公告确定的期限或者人民法院指定的期限内将价款交付到人民法院或者汇入人民法院指定的账户。[⑤]

16. 人民法院组织的第二、三次拍卖。(1)拍卖时无人竞买或者竞买人的最高应价低于保留价,到场的申请执行人或者其他执行债权人不申请以该次拍卖所定的保留价抵债的,应当在60日内再行拍卖。[⑥] (2)对于第二次拍卖仍流拍的动产,人民法院可以将其作价交申请执行人或者其他执行债权人抵债。[⑦] (3)申请执行人或者其他执行债权人拒绝接受或者依法不能交付其抵债的,应当在60日内进行第三次拍卖。第三次拍卖流拍且申请执行人或者其他执行债权人拒绝

---

① 《最高人民法院关于适用〈中华人民共和国民事诉讼法〉的解释》第491条。

《最高人民法院关于人民法院民事执行中拍卖、变卖财产的规定》第26条对动产、不动产拍卖成交或者抵债后的所有权转移进行了区分,《最高人民法院关于适用〈中华人民共和国民事诉讼法〉的解释》第491条,不再区分动产与不动产,而是统一承认强制拍卖成交裁定导致物权变动的效力。

《最高人民法院关于人民法院民事执行中拍卖、变卖财产的规定》第26条规定:"不动产、动产或者其他财产权拍卖成交或者抵债后,该不动产、动产的所有权、其他财产权自拍卖成交或者抵债裁定送达买受人或者承受人时起转移。"

② 《最高人民法院关于人民法院民事执行中拍卖、变卖财产的规定》第27条。

③ 《最高人民法院关于人民法院执行工作若干问题的规定(试行)》第43条。

④ 《最高人民法院关于人民法院民事执行中拍卖、变卖财产的规定》第20条。

⑤ 《最高人民法院关于人民法院民事执行中拍卖、变卖财产的规定》第21条。

⑥ 《最高人民法院关于人民法院民事执行中拍卖、变卖财产的规定》第23条。

⑦ 《最高人民法院关于人民法院民事执行中拍卖、变卖财产的规定》第24条。

接受或者依法不能接受该不动产或者其他财产权抵债的，人民法院应当于第三次拍卖终结之日起7日内发出变卖公告。自公告之日起60日内没有买受人愿意以第三次拍卖的保留价买受该财产，且申请执行人、其他执行债权人仍不表示接受该财产抵债的，应当解除查封、冻结，将该财产退还被执行人，但对该财产可以采取其他执行措施的除外。①

17. 人民法院组织的重新拍卖。拍卖成交或者以流拍的财产抵债后，买受人逾期未支付价款或者承受人逾期未补交差价而使拍卖、抵债的目的难以实现的，人民法院可以裁定重新拍卖。重新拍卖时，原买受人不得参加竞买。重新拍卖的价款低于原拍卖价款造成的差价、费用损失及原拍卖中的佣金，由原买受人承担。人民法院可以直接从其预交的保证金中扣除。扣除后保证金有剩余的，应当退还原买受人；保证金数额不足的，可以责令原买受人补交；拒不补交的，强制执行。②

18. 人民法院组织拍卖的优先清偿。(1)拍卖财产上原有的担保物权及其他优先受偿权，因拍卖而消灭，拍卖所得价款，应当优先清偿担保物权人及其他优先受偿权人的债权，但当事人另有约定的除外。拍卖财产上原有的租赁权及其他用益物权，不因拍卖而消灭，但该权利继续存在于拍卖财产上，对在先的担保物权或者其他优先受偿权的实现有影响的，人民法院应当依法将其除去后进行拍卖。③ (2)人民法院对被执行人所有的其他人享有抵押权、质押权或留置权的财产，可以采取查封、扣押措施。财产拍卖、变卖后所得价款，应当在抵押权人、质押权人或留置权人优先受偿后，其余额部分用于清偿申请执行人的债权。④

19. 人民法院组织拍卖后的佣金、费用。拍卖成交的，拍卖机构可以按照下列比例向买受人收取佣金：拍卖成交价200万元以下的，收取佣金的比例不得超过5%；超过200万元至1000万元的部分，不得超过3%；超过1000万元至5000万元的部分，不得超过2%；超过5000万元至1亿元的部分，不得超过1%；超过1

① 《最高人民法院关于人民法院民事执行中拍卖、变卖财产的规定》第25条。

② 《最高人民法院关于人民法院民事执行中拍卖、变卖财产的规定》第22条。

③ 《最高人民法院关于人民法院民事执行中拍卖、变卖财产的规定》第28条。

一方面，拍卖物所有权的取得为原始取得，故抵押权作为从权利将随拍卖物原所有权的消灭而消灭。但基于担保物权的物上代位性，担保物权人就拍卖所得价款享有优先受偿权。另一方面，基于"买卖不破租赁"规则，在拍卖物已出租的情况下，拍卖物所有权的转移并不影响租赁关系继承存在。同理，在拍卖物上已存在用益物权的情况下，拍卖物所有权的转移也不影响用益物权的继承存在。房绍坤：《法院判决之外法律文书的物权变动效力问题研究》，载《法商研究》2015年第3期。

④ 《最高人民法院关于人民法院执行工作若干问题的规定(试行)》第31条。

亿元的部分,不得超过0.5%。采取公开招标方式确定拍卖机构的,按照中标方案确定的数额收取佣金。拍卖未成交或者非因拍卖机构的原因撤回拍卖委托的,拍卖机构为本次拍卖已经支出的合理费用,应当由被执行人负担。①

三、人民法院组织的变卖

变卖,是指人民法院对于查封、扣押、冻结的涉案财产,可以不经过竞价,以确定的价格卖出的一种财产变价措施。

1. 人民法院组织变卖的方式。(1)人民法院在执行中需要变卖被执行人财产的,可以交有关单位变卖,也可以由人民法院直接变卖。对变卖的财产,人民法院或者其工作人员不得买受。② (2)被执行人申请对人民法院查封的财产自行变卖的,人民法院可以准许,但应当监督其按照合理价格在指定的期限内进行,并控制变卖的价款。③ (3)金银及其制品、当地市场有公开交易价格的动产、易腐烂变质的物品、季节性商品、保管困难或者保管费用过高的物品,人民法院可以决定变卖。④

2. 人民法院组织变卖的价格。当事人双方及有关权利人对变卖财产的价格有约定的,按照其约定价格变卖;无约定价格但有市价的,变卖价格不得低于市价;无市价但价值较大、价格不易确定的,应当委托评估机构进行评估,并按照评估价格进行变卖。按照评估价格变卖不成的,可以降低价格变卖,但最低的变卖价不得低于评估价的1/2。申请执行人或者其他执行债权人拒绝接受或者依法不能交付其抵债的,人民法院应当解除查封、扣押,并将该财产退还被执行人。⑤

3. 人民法院组织变卖后的行为。(1)拍卖、变卖被执行人的财产成交后,必须即时钱物两清。委托拍卖、组织变卖被执行人财产所发生的实际费用,从所得价款中优先扣除。所得价款超出执行标的数额和执行费用的部分,应当退还被执行人。⑥ (2)人民法院对被执行人所有的其他人享有抵押权、质押权或留置权的财产,可以采取查封、扣押措施。财产拍卖、变卖后所得价款,应当在抵押权

---

① 《最高人民法院关于人民法院民事执行中拍卖、变卖财产的规定》第29条。
② 《最高人民法院关于适用〈中华人民共和国民事诉讼法〉的解释》第488条。
③ 《最高人民法院关于人民法院执行工作若干问题的规定(试行)》第33条。
④ 《最高人民法院关于人民法院民事执行中拍卖、变卖财产的规定》第31条第2款。
⑤ 《最高人民法院关于人民法院民事执行中拍卖、变卖财产的规定》第32条。
⑥ 《最高人民法院关于人民法院执行工作若干问题的规定(试行)》第34条。

人、质押权人或留置权人优先受偿后,其余额部分用于清偿申请执行人的债权。[①]

4. 人民法院组织变卖的责任追究。审判、执行部门未经司法技术管理部门同意擅自委托评估、拍卖,或对流拍财产进行变卖的,按照有关纪律规定追究责任。[②]

四、人民法院组织的以物抵债

以物抵债,是指在执行中,将被执行人的财产作价后交付申请执行人抵偿债务,是一种特殊的变价程序。

1. 人民法院组织以物抵债的分类。以物抵债分为自愿抵债和强制抵债两类。(1)自愿抵债(作价)。[③] ①经申请执行人和被执行人同意,且不损害其他债权人合法权益和社会公共利益的,人民法院可以不经拍卖、变卖,直接将被执行人的财产作价交申请执行人抵偿债务。对剩余债务,被执行人应当继续清偿。[④] ②被执行人的财产无法拍卖或者变卖的,经申请执行人同意,且不损害其他债权人合法权益和社会公共利益的,人民法院可以将该项财产作价后交付申请执行人抵偿债务,或者交付申请执行人管理;申请执行人拒绝接收或者管理的,退回被执行人。[⑤] ③在依法以国有土地使用权作抵押的担保纠纷案件中,债务履行期届满抵押权人未受清偿的,可以通过拍卖的方式将土地使用权变现。如果无法变现,债务人又没有其他可供清偿的财产时,应当对国有土地使用权依法评估。人民法院可以参考政府土地管理部门确认的地价评估结果将土地使用权折价,经抵押权人同意,将折价后的土地使用权抵偿给抵押权人,土地使用权由抵押权人享有。[⑥] (2)强制抵债。强制抵债的条件包括:①被执行人无支付金钱能力;②被执行人的财产无法拍卖或变卖;③申请执行人同意;④抵债物价值已经有关部门评估。[⑦]

---

① 《最高人民法院关于人民法院执行工作若干问题的规定(试行)》第 31 条。

② 《最高人民法院关于人民法院委托评估、拍卖和变卖工作的若干规定》第 14 条。

③ 自愿抵债,是双方当事人在自愿的基础上达成协议,被执行人交付财产抵偿债务,申请执行人接受财产清偿债权,它是一种自行和解的方式,人民法院不应以裁定书的形式予以确认。

④ 《最高人民法院关于适用〈中华人民共和国民事诉讼法〉的解释》第 489 条。

⑤ 《最高人民法院关于适用〈中华人民共和国民事诉讼法〉的解释》第 490 条。

⑥ 《最高人民法院关于能否将国有土地使用权折价抵偿给抵押权人问题的批复》。

⑦ 强制抵债,不管被执行人是否同意,只要同时符合强制执行条件,人民法院就可以依职权强制将被执行人的财产交付给申请执行人抵债。强制抵债均须经申请执行人的同意方可实施,其为人民法院实施以物抵债的前提,而非该裁定行为的构成要素。同时,以物抵债裁定在性质上属于形成裁定而非给付裁定。

2. 人民法院组织流拍后的抵债(作价)。(1)对于第二次拍卖仍流拍的动产,人民法院可以将其作价交申请执行人或者其他执行债权人抵债。申请执行人或者其他执行债权人拒绝接受或者依法不能交付其抵债的,人民法院应当解除查封、扣押,并将该动产退还被执行人。[①] (2)对于第二次拍卖仍流拍的不动产或者其他财产权,人民法院可以将其作价交申请执行人或者其他执行债权人抵债。申请执行人或者其他执行债权人拒绝接受或者依法不能交付其抵债的,应当在60日内进行第三次拍卖。第三次拍卖流拍且申请执行人或者其他执行债权人拒绝接受或者依法不能接受该不动产或者其他财产权抵债的,人民法院应当于第三次拍卖终结之日起7日内发出变卖公告。自公告之日起60日内没有买受人愿意以第三次拍卖的保留价买受该财产,且申请执行人、其他执行债权人仍不表示接受该财产抵债的,应当解除查封、冻结,将该财产退还被执行人,但对该财产可以采取其他执行措施的除外。[②]

3. 人民法院组织变卖后的抵债(作价)。变卖的财产无人应买的,将该财产交申请执行人或者其他执行债权人抵债;申请执行人或者其他执行债权人拒绝接受或者依法不能交付其抵债的,人民法院应当解除查封、扣押,并将该财产退还被执行人。[③]

搜查被执行人财产

第二百五十五条　被执行人不履行法律文书确定的义务,并隐匿财产的,人民法院有权发出搜查令,对被执行人及其住所或者财产隐匿地进行搜查。

采取前款措施,由院长签发搜查令。

本条明确搜查被执行人财产。

搜查,是指在执行过程中,被执行人不履行义务,并隐匿财产的,人民法院对

① 《最高人民法院关于人民法院民事执行中拍卖、变卖财产的规定》第24条。
② 《最高人民法院关于人民法院民事执行中拍卖、变卖财产的规定》第25条。
③ 《最高人民法院关于人民法院民事执行中拍卖、变卖财产的规定》第32条第3款。

被执行人人身、住所或者有可能隐藏财产的地方进行搜寻、查找的强制措施。[①]本书在此基础上进一步阐释两方面的内容。

一、搜查被执行人财产的条件

1. 生效法律文书确定履行期限已经届满；
2. 被执行人不履行生效法律文书确定的义务；
3. 债务人有隐匿财产的行为。[②]

二、搜查被执行人财产的规则

1. 搜查被执行人财产的情形。(1)被执行人不履行法律文书确定的义务，并隐匿财产的，人民法院有权发出搜查令，对被执行人及其住所或者财产隐匿地进行搜查。(2)在执行中，被执行人隐匿财产、会计账簿等资料的，人民法院除可依照《民事诉讼法》第114条第1款第6项规定对其处理外，还应责令被执行人交出隐匿的财产、会计账簿等资料。被执行人拒不交出的，人民法院可以采取搜查措施。[③]

2. 搜查被执行人财产的搜查令。(1)法院决定采取搜查措施，应由院长签发搜查令。[④] (2)搜查令是执行搜查的法律凭证，搜查令应当写明搜查的原因，被搜查人的姓名、职业、住址等。[⑤]

3. 搜查被执行人财产的程序。(1)搜查人员应当按规定着装并出示搜查令和工作证件。[⑥] (2)人民法院搜查时禁止无关人员进入搜查现场；搜查对象是公民的，应当通知被执行人或者他的成年家属以及基层组织派员到场；搜查对象是法人或者其他组织的，应当通知法定代表人或者主要负责人到场。拒不到场的，

---

① 洪冬英主编：《民事诉讼法学通论》(第3版)，北京大学出版社2020年版，第399页。

对被执行人搜查，是指对被执行人的人身搜查，防止某些被执行人将财物藏在身上。对住所搜查，主要指对被执行人的户籍所在地和经常居住地搜查，也可以是对被执行人现时所住的地方搜查。对财产隐匿地搜查，指根据线索对藏匿财产的地点进行搜查。

② 洪冬英主编：《民事诉讼法学通论》(第3版)，北京大学出版社2020年版，第399页。

③ 《最高人民法院关于适用〈中华人民共和国民事诉讼法〉的解释》第494条。

④ 搜查是一种严厉的执行措施，涉及当事人的人身自由、名誉、居住等权利，人民法院采取该项措施必须特别慎重，必须由负责执行法院的院长签发搜查令方可进行。执行员进行搜查时，应当向被执行人及其家属或者有关场所的负责人出示搜查令。搜查令应当写明搜查的原因，被搜查人的姓名、职业、住址等。搜查完毕后，执行员应当将执行情况制作笔录，由在场的有关人员签名或者盖章。

⑤ 江必新等编著：《新民事诉讼法配套适用规则适用指引(执行程序卷)》，法律出版社2016年版，第452页。

⑥ 《最高人民法院关于适用〈中华人民共和国民事诉讼法〉的解释》第495条。

不影响搜查。搜查妇女身体,应当由女执行人员进行。[①] (3)强制迁出房屋被搬出的财物,由人民法院派人运至指定处所,交给被执行人。被执行人是公民的,也可以交给他的成年家属。因拒绝接收而造成的损失,由被执行人承担。[②] 同时,财产被查封、扣押后,执行员应当责令被执行人在指定期间履行法律文书确定的义务。被执行人逾期不履行的,人民法院应当拍卖被查封、扣押的财产;不适于拍卖或者当事人双方同意不进行拍卖的,人民法院可以委托有关单位变卖或者自行变卖。国家禁止自由买卖的物品,交有关单位按照国家规定的价格收购。[③]

4. 搜查被执行人财产的笔录。搜查应当制作搜查笔录,由搜查人员、被搜查人及其他在场人签名、捺印或者盖章。拒绝签名、捺印或者盖章的,应当记入搜查笔录。[④]

指定交付

第二百五十六条　法律文书指定交付的财物或者票证,由执行员传唤双方当事人当面交付,或者由执行员转交,并由被交付人签收。

有关单位持有该项财物或者票证的,应当根据人民法院的协助执行通知书转交,并由被交付人签收。

有关公民持有该项财物或者票证的,人民法院通知其交出。拒不交出的,强制执行。

本条明确强制被执行人指定交付财物或者票证。

指定交付财物、票证,是指在执行中,被执行人拒不交付法律文书所指定的

---

① 《最高人民法院关于适用〈中华人民共和国民事诉讼法〉的解释》第 496 条。

② 《民事诉讼法》第 257 条第 3 款。

③ 《民事诉讼法》第 254 条。

《最高人民法院关于适用〈中华人民共和国民事诉讼法〉的解释》第 497 条规定:“搜查中发现应当依法采取查封、扣押措施的财产,依照民事诉讼法第二百五十二条第二款和第二百五十四条规定办理。”

④ 《最高人民法院关于适用〈中华人民共和国民事诉讼法〉的解释》第 498 条。

财物或者票证时，人民法院强制被执行人交付的措施。[①] 本书在此基础上进一步阐释两方面的内容。

一、交付的方法、异议

1. 当面交付。执行员指定交付的日期和地点，传唤双方当事人同时到达某一地点，被执行人将财物或者票证直接交给债权人，执行员制作执行笔录，由双方当事人签字。[②]

2. 转交。(1)由执行员转交，即执行员将被执行人交来法律文书指定的财物或者票证，转交给债权人并由债权人签收。(2)由第三人转交。[③] 被执行的财物或者票证由有关单位持有，人民法院应当发出协助执行通知书，由有关单位转交给应交付的人，并由被交付人签收。

3. 交付的异议。他人主张合法持有财物或者票证的，可以根据《民事诉讼法》第 234 条规定提出执行异议。[④]

二、对法律文书指定行为的执行

1. 交付指定的标的物。(1)有关单位持有该项财物或者票证的，应当根据人民法院的协助执行通知书转交，并由被交付人签收。(2)有关自然人持有该项财物或者票证的，人民法院通知其交出。拒不交出的，强制执行。(3)执行标的物为特定物的，应当执行原物。原物确已毁损或者灭失的，经双方当事人同意，可以折价赔偿。双方当事人对折价赔偿不能协商一致的，人民法院应当终结执行

---

① 洪冬英主编:《民事诉讼法学通论》(第 3 版)，北京大学出版社 2020 年版，第 402 页。

本条规定的交付执行是指由债务人或第三人所占有的法律文书所指定的财物或票证转移为债权人占有或支配。执行的标的应当是特定的财物或者票证。财物主要指动产，票证指具有财产内容的各项证明文书、执照和支付凭证等。

《最高人民法院执行工作办公室关于中奥(珠海)塑料包装有限公司执行申诉一案的复函》认为，债务人应按生效判决之判定以美元给付债权人。若给付美元不能的，应按实际给付之日的国家外汇牌价汇率予以折算成人民币给付。

② 洪冬英主编:《民事诉讼法学通论》(第 3 版)，北京大学出版社 2020 年版，第 402 页。

③ 洪冬英主编:《民事诉讼法学通论》(第 3 版)，北京大学出版社 2020 年版，第 402 页。

由第三人转交，是指交付的财物或票证由第三人持有或保管的，应当根据人民法院的协助执行通知书，将财物或票证给权利人或执行机构；拒不交出的，强制执行。

④ 《最高人民法院关于适用〈中华人民共和国民事诉讼法〉的解释》第 493 条第 3 款。

程序。申请执行人可以另行起诉。[①]

2. 协助执行。有关组织或者个人持有法律文书指定交付的财物或票证，在接到人民法院协助执行通知书或通知书后，协同被执行人转移财物或票证的，人民法院有权责令其限期追回；逾期未追回的，应当裁定其承担赔偿责任。[②]

强制迁出

第二百五十七条　强制迁出房屋或者强制退出土地，由院长签发公告，责令被执行人在指定期间履行。被执行人逾期不履行的，由执行员强制执行。

强制执行时，被执行人是公民的，应当通知被执行人或者他的成年家属到场；被执行人是法人或者其他组织的，应当通知其法定代表人或者主要负责人到场。拒不到场的，不影响执行。被执行人是公民的，其工作单位或者房屋、土地所在地的基层组织应当派人参加。执行员应当将强制执行情况记入笔录，由在场人签名或者盖章。

强制迁出房屋被搬出的财物，由人民法院派人运至指定处所，交给被执行人。被执行人是公民的，也可以交给他的成年家属。因拒绝接收而造成的损失，由被执行人承担。

本条明确强制被执行人迁出房屋或者退出土地。

强制迁出房屋和退出土地（简称强制迁出），是指人民法院强制搬迁被执行人在房屋内或者特定土地上的财产，腾出房屋或土地交给权利人的一种执行措施。对房屋拆迁、房屋买卖、宅基地纠纷等案件的执行，可采用强制迁出房屋和退出土地的措施。[③] 本书在此基础上进一步阐释三方面的内容。

---

① 《最高人民法院关于适用〈中华人民共和国民事诉讼法〉的解释》第 492 条。

《最高人民法院关于人民法院执行工作若干问题的规定（试行）》第 41 条第 1 款规定，生效法律文书确定被执行人交付特定标的物的，应当执行原物。原物被隐匿或非法转移的，人民法院有权责令其交出。原物确已毁损或灭失的，经双方当事人同意，可以折价赔偿。

② 《最高人民法院关于人民法院执行工作若干问题的规定（试行）》第 42 条。

③ 洪冬英主编：《民事诉讼法学通论》（第 3 版），北京大学出版社 2020 年版，第 401 页。

一、强制迁出的执行公告及补办审批手续

1. 强制迁出的执行公告。人民法院采取强制迁出措施，由法院院长签发公告，并加盖人民法院印章。公告写明强制被执行人迁出房屋和退出土地原因，限定期限，明确逾期仍不履行的法律后果。公告应张贴于人民法院公告栏内以及应当迁出的房屋或退出的土地附近。

2. 强制迁出的补办审批手续。执行中因情况紧急必须及时采取执行措施的，执行人员经执行指挥中心指令，可依法采取查封、扣押、冻结等财产保全和其他控制性措施，事后2个工作日内应当及时补办审批手续。①

二、强制迁出的程序

1. 通知到场。被执行人是自然人的，应当通知被执行人或者他的成年家属到场；被执行人是法人或者非法人组织的，应当通知其法定代表人或者主要负责人到场。

2. 相关单位派员参加。被执行人是自然人的，其工作单位或者房屋、土地所在地的基层组织应当派员参加。

3. 制作执行笔录。执行员应当将强制执行情况记入笔录，由在场人签名或者盖章。搬迁的财物要详细记录，避免被执行人的合法利益受到损害，或者因此可能产生的纠纷。

4. 被搬出财物的交付。强制迁出房屋被搬出的财物，由人民法院派人运至指定处所，交给被执行人。被执行人是自然人的，也可以交给他的成年家属。因拒绝接收而造成的损失，由被执行人承担。

5. 强制迁出的损失的承担。在采取执行措施时，如果被执行人拒绝执行或者人为对执行工作设置障碍，造成财产损失，应当由其自己承担。

三、强制迁出的其他规定

1. 对案外人强制执行。案外人无合法依据占有被执行的标的物不动产的，执行法院依法可以强制迁出；案外人拒不迁出，对标的物上的财产，执行法院可以指定他人保管并通知领取；案外人不领取或下落不明的，为避免保管费用过高或财产价值减损，执行法院可以处分该财产，处分所得价款，扣除搬迁、保管及拍

---

① 《最高人民法院关于执行权合理配置和科学运行的若干意见》第7条。

卖变卖等相关费用后,保存于执行法院账户,通知该案外人领取。[①]

2. 对行政征收的强制执行。(1)被征收人在法定期限内不申请行政复议或者不提起行政诉讼,在补偿决定规定的期限内又不搬迁的,由作出房屋征收决定的市、县级人民政府依法申请人民法院强制执行。强制执行申请书应当附具补偿金额和专户存储账号、产权调换房屋和周转用房的地点和面积等材料。[②](2)根据《行政强制法》和《城乡规划法》有关规定精神,对涉及违反《城乡规划法》的违法建筑物、构筑物、设施等的强制拆除,法律已经授予行政机关强制执行权,人民法院不受理行政机关提出的非诉行政执行申请。[③]

财产权证照转移

第二百五十八条　在执行中,需要办理有关财产权证照转移手续的,人民法院可以向有关单位发出协助执行通知书,有关单位必须办理。

本条明确办理财产权证照的转移手续。[④]

财产权证照,是指证明具有财产内容的各种文书和执照,如房产证、土地使用证、山林所有权证、专利证书、商标证书、车辆证照等。本书仅就其办理进行阐释。

1. 在执行中,对有些执行财产所有权的转移,必须同时办理财产权证照转移手续。

2. 人民法院在执行中需要办理房产证、土地证、林权证、专利证书、商标证书、车船执照等有关财产权证照转移手续的,可以依照《民事诉讼法》第258条规

① 《人民法院办理执行案件规范》第644条。

② 《国有土地上房屋征收与补偿条例》第28条。

③ 《最高人民法院关于违法的建筑物、构筑物、设施等强制拆除问题的批复》。

另参见《最高人民法院关于严格执行法律法规和司法解释依法妥善办理征收拆迁案件的通知》《最高人民法院关于认真贯彻执行〈关于办理申请人民法院强制执行国有土地上房屋征收补偿决定案件若干问题的规定〉的通知》。

④ 人民法院判决确认某一权利(如土地使用权、房屋所有权)的归属后,常常需要有关单位办理权利转移手续。《民事诉讼法》对协助办理证照转移的单位规定了法定义务,有关单位必须按照协助执行通知给予办理。对不予协助办理证照转移手续的,人民法院除责令其履行协助义务外,还可以对主要负责人或者直接责任人员予以罚款,并责令改正。对仍不履行协助义务的,可以予以拘留;并可以向监察或者有关机关提出予以纪律处分的司法建议。

定办理。[①]

3. 执行程序中处置未办理初始登记的房屋时，具备初始登记条件的，执行法院处置后可以依法向房屋登记机构发出《协助执行通知书》；暂时不具备初始登记条件的，执行法院处置后可以向房屋登记机构发出《协助执行通知书》，并载明待房屋买受人或承受人完善相关手续具备初始登记条件后，由房屋登记机构按照《协助执行通知书》予以登记；不具备初始登记条件的，原则上进行“现状处置”，即处置前披露房屋不具备初始登记条件的现状，买受人或承受人按照房屋的权利现状取得房屋，后续的产权登记事项由买受人或承受人自行负责。执行法院向房屋登记机构发出《协助执行通知书》，房屋登记机构认为不具备初始登记条件并作出书面说明的，执行法院应在30日内依照法律和有关规定，参照行政规章，对其说明理由进行审查。理由成立的，撤销或变更《协助执行通知书》并书面通知房屋登记机构；理由不成立的，书面通知房屋登记机构限期按《协助执行通知书》办理。[②]

对法律文书指定行为的执行

第二百五十九条　对判决、裁定和其他法律文书指定的行为，被执行人未按执行通知履行的，人民法院可以强制执行或者委托有关单位或者其他人完成，费用由被执行人承担。

本条明确对法律文书指定行为的执行。

对法律文书指定行为的执行（亦称对行为的执行），是指被执行人不履行生效法律文书确定的义务，即不履行生效文书指定的行为，人民法院根据债权人的请求强制被执行人履行指定行为的措施。其中，法律文书指定的行为，包括作为

---

① 《最高人民法院关于适用〈中华人民共和国民事诉讼法〉的解释》第500条。

② 《最高人民法院关于转发住房和城乡建设部〈关于无证房产依据协助执行文书办理产权登记有关问题的函〉的通知》第2条、第3条。

《最高人民法院关于新疆石河子地区中级人民法院裁定转移给石河子八一棉纺织厂的财产不应列入承德市市针织二厂破产财产问题的复函》认为：“讼争的房产地产权利是否转移应以人民法院判决、裁定为依据，需要办理有关财产权证转移手续的人民法院可以向有关单位发出协助执行通知书，有关单位必须办理。讼争房地产权利转移的具体时间应以人民法院的判决、裁定生效时间为准。”

和不作为。[1] 本书在此基础上进一步阐释两方面的内容。

一、对法律文书指定行为的执行方式

本条对行为的执行规定了本人实施和可替代实施两种。

1. 被执行人本人实施。(1)对于只能由被执行人完成的行为,经教育,被执行人仍拒不履行的,人民法院应当按照妨害执行行为的有关规定处理。[2] (2)被执行人不履行法律文书指定的行为,且该项行为只能由被执行人完成的,人民法院可以依照《民事诉讼法》第114条第1款第6项规定处理。被执行人在人民法院确定的履行期间内仍不履行的,人民法院可以依照《民事诉讼法》第114条第1款第6项规定再次处理。[3]

2. 可替代实施。[4] (1)可替代履行。被执行人拒不履行生效法律文书中指定的行为的,人民法院可以强制其履行。对于可以替代履行的行为,可以委托有关单位或他人完成,因完成上述行为发生的费用由被执行人承担。[5] (2)被执行人不履行生效法律文书确定的行为义务,该义务可由他人完成的,人民法院可以选定代履行人;法律、行政法规对履行该行为义务有资格限制的,应当从有资格的人中选定。必要时,可以通过招标的方式确定代履行人。申请执行人可以在符合条件的人中推荐代履行人,也可以申请自己代为履行,是否准许,由人民法院决定。[6] (3)代履行费用。代履行费用的数额由人民法院根据案件具体情况确定,并由被执行人在指定期限内预先支付。被执行人未预付的,人民法院可以对该费用强制执行。代履行结束后,被执行人可以查阅、复制费用清单以及主要凭证。[7]

---

① 作为执行标的的行为,可以分为作为和不作为两种。作为(也称积极的行为),是指被执行人以积极的方式作出某种行为,如修缮房屋、拆除违章建筑。不作为(也称消极的行为),是指被执行人不得作出某种行为,如停止侵害。

② 《最高人民法院关于人民法院执行工作若干问题的规定(试行)》第44条第3款。

③ 《最高人民法院关于适用〈中华人民共和国民事诉讼法〉的解释》第503条。

④ 可替代行为,是指可以由他人代替行为人本人实施的行为。一般来说,可替代行为都是积极的作为,不作为一般不具有可替代性。

⑤ 《最高人民法院关于人民法院执行工作若干问题的规定(试行)》第44条第1款。

⑥ 《最高人民法院关于适用〈中华人民共和国民事诉讼法〉的解释》第501条。

《行政强制法》第50条规定,行政机关依法作出要求当事人履行排除妨碍、恢复原状等义务的行政决定,当事人逾期不履行,经催告仍不履行,其后果已经或者将危害交通安全、造成环境污染或者破坏自然资源的,行政机关可以代履行,或者委托没有利害关系的第三人代履行。

⑦ 《最高人民法院关于适用〈中华人民共和国民事诉讼法〉的解释》第502条。

二、具体案件的指定行为执行

1. 划拨存款纠纷案件的指定行为执行。人民法院依据生效判决、裁定，通知有关银行协助执行划拨被告在银行的存款，而银行拒不划拨的，人民法院可对该银行或者其主要负责人或者直接责任人员予以罚款，并可向同级政府的监察机关或者有关机关提出给予纪律处分的司法建议。（被处罚人拒不履行罚款决定的，人民法院可以予以强制执行。执行中，被处罚人如以暴力、威胁或者其他方法阻碍司法工作人员执行职务的，人民法院可对被处罚人或对有上述行为的被处罚单位的主要负责人或者直接责任人员予以罚款、拘留，构成犯罪的，依照刑法追究刑事责任。）①

2. 探望纠纷案件的指定行为执行。关于对拒不执行有关探望子女等判决和裁定的，由人民法院依法强制执行的规定，是指对拒不履行协助另一方行使探望权的有关个人和单位采取拘留、罚款等强制措施，不能对子女的人身、探望行为进行强制执行。②

迟延履行

第二百六十条　被执行人未按判决、裁定和其他法律文书指定的期间履行给付金钱义务的，应当加倍支付迟延履行期间的债务利息。被执行人未按判决、裁定和其他法律文书指定的期间履行其他义务的，应当支付迟延履行金。

本条明确被执行人迟延履行后的加倍支付迟延履行利息或者迟延履行金。

迟延履行，是指在生效法律文书确定的履行期间内，被执行人没有履行义务。对被执行人迟延履行的行为，人民法院既要强制其履行义务，又要追究被执行人迟延履行的法律责任。被执行人未按生效法律文书指定期间履行给付金钱

---

① 《最高人民法院研究室关于对有义务协助执行单位拒不协助予以罚款后又拒不执行应如何处理问题的答复》。

② 《人民法院办理执行案件规范》第651条。

《最高人民法院执行办公室关于人身可否强制执行问题的复函》认为，民事判决已经发生法律效力，依法应予执行。但必须注意执行方法，不得强制执行孩子的人身。可通过当地妇联、村委会等组织在做好养父母的说服教育工作的基础上，让生母将孩子领回。对非法干预执行的人员，可酌情对其采取措施。

义务的，将要支付迟延履行期间的双倍债务利息。被执行人未按生效法律文书指定期间履行其他义务的，将要支付迟延履行金。① 本书在此基础上进一步阐释两方面的内容。

一、责令被执行人支付迟延履行利息

调解书确定的担保条款条件或者承担民事责任的条件成就时，当事人申请执行的，人民法院应当依法执行。不履行调解协议的当事人按照前述规定承担了调解书确定的民事责任后，对方当事人又要求其承担《民事诉讼法》第260条规定的迟延履行责任的，人民法院不予支持。②

1. 迟延履行期间的债务利息。(1)迟延履行期间债务利息的确定。根据《民事诉讼法》第260条规定加倍计算之后的迟延履行期间的债务利息，包括迟延履行期间的一般债务利息和加倍部分债务利息。③ 其中，迟延履行期间的一般债务利息，根据生效法律文书确定的方法计算；生效法律文书未确定给付该利息的，不予计算。④ (2)迟延履行期间债务利息的起算。被执行人迟延履行的，迟延履行期间的利息或者迟延履行金自判决、裁定和其他法律文书指定的履行期间届满之日起计算。⑤ (3)迟延履行期间债务利息的计算。人民法院根据《民事诉讼法》第260条计算"迟延履行期间的债务利息"时，应当按照中国人民银行规定的同期贷款基准利率计算。执行款不足以偿付全部债务的，应当根据并还原则按比例清偿法律文书确定的金钱债务与迟延履行期间的债务利息，但当事人在执行和解中对清偿顺序另有约定的除外。具体计算方法：①执行款=清偿的法律文书确定的金钱债务+清偿的迟延履行期间的债务利息。②清偿的迟延履行期间的债务利息=清偿的法律文书确定的金钱债务×同期贷款基准利率×2×迟延履行期间。⑥ (4)迟延履行期间债务利息的清偿。被执行人的财产不足以清偿全部债务的，应当先清偿生效法律文书确定的金钱债务，再清偿加倍部分债务

---

① 《人民法院民事诉讼风险提示书》第17条。

② 《最高人民法院关于人民法院民事调解工作若干问题的规定》第15条。

③ 《最高人民法院关于执行程序中计算迟延履行期间的债务利息适用法律若干问题的解释》第1条第1款。

④ 《最高人民法院关于执行程序中计算迟延履行期间的债务利息适用法律若干问题的解释》第1条第2款。

⑤ 《最高人民法院关于适用〈中华人民共和国民事诉讼法〉的解释》第504条。

⑥ 《最高人民法院关于在执行工作中如何计算迟延履行期间的债务利息等问题的批复》。

利息,但当事人对清偿顺序另有约定的除外。[①]

2. 加倍部分债务的利息。(1)加倍部分债务利息的时间。①起算时间。加倍部分债务利息自生效法律文书确定的履行期间届满之日起计算;生效法律文书确定分期履行的,自每次履行期间届满之日起计算;生效法律文书未确定履行期间的,自法律文书生效之日起计算。[②] ②结算时间。(i)加倍部分债务利息计算至被执行人履行完毕之日;被执行人分次履行的,相应部分的加倍部分债务利息计算至每次履行完毕之日。[③] (ii)人民法院划拨、提取被执行人的存款、收入、股息、红利等财产的,相应部分的加倍部分债务利息计算至划拨、提取之日;人民法院对被执行人财产拍卖、变卖或者以物抵债的,计算至成交裁定或者抵债裁定生效之日;人民法院对被执行人财产通过其他方式变价的,计算至财产变价完成之日。[④] ③不计入的时间。非因被执行人的申请,对生效法律文书审查而中止或者暂缓执行的期间及再审中止执行的期间,不计算加倍部分债务利息。[⑤] (2)加倍部分债务利息的计算。生效法律文书确定给付外币的,执行时以该种外币按日万分之一点七五计算加倍部分债务利息,但申请执行人主张以人民币计算的,人民法院应予准许。以人民币计算加倍部分债务利息的,应当先将生效法律文书确定的外币折算或者套算为人民币后再进行计算。外币折算或者套算为人民币的,按照加倍部分债务利息起算之日的中国外汇交易中心或者中国人民银行授权机构公布的人民币对该外币的中间价折合成人民币计算;中国外汇交易中心或者中国人民银行授权机构未公布汇率中间价的外币,按照该日境内银行人民币对该外币的中间价折算成人民币,或者该外币在境内银行、国际外汇市场对美元汇率,与人民币对美元汇率中间价进行套算。[⑥]

---

① 《最高人民法院关于执行程序中计算迟延履行期间的债务利息适用法律若干问题的解释》第4条。

② 《最高人民法院关于执行程序中计算迟延履行期间的债务利息适用法律若干问题的解释》第2条。

③ 《最高人民法院关于执行程序中计算迟延履行期间的债务利息适用法律若干问题的解释》第3条第1款。

④ 《最高人民法院关于执行程序中计算迟延履行期间的债务利息适用法律若干问题的解释》第3条第2款。

⑤ 《最高人民法院关于执行程序中计算迟延履行期间的债务利息适用法律若干问题的解释》第3条第3款。

⑥ 《最高人民法院关于执行程序中计算迟延履行期间的债务利息适用法律若干问题的解释》第5条。

《最高人民法院关于执行程序中计算迟延履行期间的债务利息适用法律若干问题的解释》第1条第3款规定:"加倍部分债务利息的计算方法为:加倍部分债务利息=债务人尚未清偿的生效法律文书确定的除一般债务利息之外的金钱债务×日万分之一点七五×迟延履行期间。"

3. 执行回转中的利息。执行回转程序中，原申请执行人迟延履行金钱给付义务的，应当按照《最高人民法院关于执行程序中计算迟延履行期间的债务利息适用法律若干问题的解释》的规定承担加倍部分债务利息。①

4. 利息的列明。一审判决中具有金钱给付义务的，应当在所有判项之后另起一行写明：如果未按本判决指定的期间履行给付金钱义务，应当依照《民事诉讼法》第260条之规定，加倍支付迟延履行期间的债务利息。二审判决作出改判的案件，无论一审判决是否写入了上述告知内容，均应在所有判项之后另起一行写明上述告知内容。如一审判决已经写明上述告知内容，二审维持原判的判决，可不再重复告知。②

二、责令被执行人支付迟延履行金

责令被执行人支付迟延履行金，适用于除金钱给付义务以外的其他执行案件。被执行人未按判决、裁定和其他法律文书指定的期间履行义务的，无论是否已给申请执行人造成损失，都应当支付迟延履行金。已经造成损失的，双倍补偿申请执行人已经受到的损失；没有造成损失的，迟延履行金可以由人民法院根据具体案件情况决定。

1. 责令被执行人支付迟延履行金的确定。被执行人未按判决、裁定和其他法律文书指定的期间履行非金钱给付义务的，无论是否已给申请执行人造成损失，都应当支付迟延履行金。已经造成损失的，双倍补偿申请执行人已经受到的损失；没有造成损失的，迟延履行金可以由人民法院根据具体案件情况决定。③

2. 责令被执行人支付迟延履行金的起算时间。被执行人迟延履行的，迟延履行期间的利息或者迟延履行金自判决、裁定和其他法律文书指定的履行期间届满之日起计算。④

---

① 《最高人民法院关于执行程序中计算迟延履行期间的债务利息适用法律若干问题的解释》第6条。

② 《最高人民法院关于在民事判决书中增加向当事人告知民事诉讼法第二百二十九条规定内容的通知》。

③ 《最高人民法院关于适用〈中华人民共和国民事诉讼法〉的解释》第505条。

④ 《最高人民法院关于适用〈中华人民共和国民事诉讼法〉的解释》第504条。

继续履行

第二百六十一条　人民法院采取本法第二百四十九条、第二百五十条、第二百五十一条规定的执行措施后，被执行人仍不能偿还债务的，应当继续履行义务。债权人发现被执行人有其他财产的，可以随时请求人民法院执行。

本条明确继续履行义务。

继续执行，是指债权人发现被执行人有其他财产，可以随时请求人民法院执行，且不受民事执行期限的限制。本书仅就其进行阐释。

1. 继续执行的情形。(1)人民法院采取《民事诉讼法》第 249 条、第 250 条、第 251 条规定的执行措施后，被执行人仍不能偿还债务的，应当继续履行义务。债权人发现被执行人有其他财产的，可以随时请求人民法院执行。(2)人民法院采取查询、扣押、冻结、划拨、变价金融资产，扣留、提取个人收入，查封、扣押、冻结、拍卖、变卖被执行人财产执行措施后，被执行人仍无法偿还债务的，债务并不因此而消灭，债务人还应当继续履行义务；债权人发现被执行人有其他财产的，可以随时请求人民法院执行。①

2. 继续执行的期间。债权人根据《民事诉讼法》第 261 条规定请求人民法院继续执行的，不受《民事诉讼法》第 246 条②规定申请执行时效期间的限制。③

对被执行人不履行义务所采取的其他措施

第二百六十二条　被执行人不履行法律文书确定的义务的，人民法院可以对其采取或者通知有关单位协助采取限制出境，在征信系统记录、通过媒体公布不履行义务信息以及法律规定的其他措施。

---

① 作为被执行人的自然人和非法人组织的偿债责任是无限的，被执行人的义务不因采取了执行措施而终结。

② 《民事诉讼法》第 246 条第 1 款规定："申请执行的期间为二年。申请执行时效的中止、中断，适用法律有关诉讼时效中止、中断的规定。"

③ 《最高人民法院关于适用〈中华人民共和国民事诉讼法〉的解释》第 515 条。

本条明确对被执行人不履行义务所采取的其他措施。

对被执行人不履行义务所采取的措施，是指在执行过程中，人民法院对于不履行民事执行义务的人所采取的强制措施。[①] 在执行过程中遇有被执行人或其他人拒不履行生效法律文书或者妨害执行情节严重，需要追究刑事责任的，应将有关材料移交有关机关处理。[②] 本书在此基础上进一步阐释四方面的内容。

一、限制出境

限制出境，是指执行法院对未履行生效法律文书确定义务的被执行人，限制其出境的强制措施。[③]

1. 我国自然人、法人或非法人组织的限制出境。(1)限制出境的申请。依照《民事诉讼法》第262条规定对被执行人限制出境的，应当由申请执行人向执行法院提出书面申请；必要时，执行法院可以依职权决定。[④] (2)限制出境的主体。①我国公民有"有未了结的民事案件，人民法院决定不准出境的"情形的，不准出境。[⑤] ②被执行人为单位的，可以对其法定代表人、主要负责人或者影响债务履行的直接责任人员限制出境。被执行人为无民事行为能力人或者限制民事行为能力人的，可以对其法定代理人限制出境。[⑥] (3)限制出境的担保。①限制出境措施在案件一方当事人提出申请后采取。人民法院在必要时，可以责令申请人提供有效的担保。[⑦] ②限制出境采取扣留有效出境证件方式的，被扣证人或者其担保人向人民法院提供有效担保（提供担保的数额应相当于诉讼请求的数额）或者履行了法定义务后，人民法院应立即口头通知被扣证人解除限制，收回扣留证件证明，发还所扣留的证件，由被扣证人签收，限制其出境的扣证决定自行撤销。

---

① 对这一条规定有两点需要注意：(1)强制措施是针对逾期不履行生效法律文书及执行通知书所确定的义务的主体；(2)强制措施的实施主体有的是法院的执行部门，有的是其他有关部门，如限制出境的实施主体就应当是公安机关，有关部门应当按照法律的规定协助实施。

② 《最高人民法院关于人民法院执行工作若干问题的规定（试行）》第58条。

③ 洪冬英主编：《民事诉讼法学通论》（第3版），北京大学出版社2020年版，第413页。

④ 《最高人民法院关于适用〈中华人民共和国民事诉讼法〉执行程序若干问题的解释》第23条。

⑤ 《出境入境管理法》第12条第3项。

《第二次全国涉外商事海事审判工作会议纪要》第93条第1款认为："人民法院在审理涉外商事纠纷案件中，对同时具备下列条件的有关人员，可以采取措施限制其出境：(1)在我国确有未了结的涉外商事纠纷案件；(2)被限制出境人员是未了结案件中的当事人或者当事人的法定代表人、负责人；(3)有逃避诉讼或者逃避履行法定义务的可能；(4)其出境可能造成案件难以审理、无法执行的。"

⑥ 《最高人民法院关于适用〈中华人民共和国民事诉讼法〉执行程序若干问题的解释》第24条。

⑦ 《第二次全国涉外商事海事审判工作会议纪要》第94条。

作出扣证决定的人民法院应将解除出境限制的有关情况书面通知公安、边检部门。① ③人民法院采取限制出境措施过程中产生的费用,由申请人预交,最终应判令由败诉一方当事人负担。② (4)限制出境措施的解除。在限制出境期间,被执行人履行法律文书确定的全部债务的,执行法院应当及时解除限制出境措施;被执行人提供充分、有效的担保或者申请执行人同意的,可以解除限制出境措施。③ (5)限制出境决定的行政复议。被限制出境的人认为对其限制出境错误的,可以自收到限制出境决定之日起10日内向上一级人民法院申请复议。上一级人民法院应当自收到复议申请之日起15日内作出决定。复议期间,不停止原决定的执行。④

2. 涉外商事纠纷中的限制出境。(1)限制出境的人员。①人民法院在审理案件过程中,对外国人采取限制出境措施,应当从严掌握,必须同时具备以下条件:(i)被采取限制出境措施的人只能是在我国有未了结民商事案件的当事人或当事人的法定代表人、负责人;(ii)当事人有逃避诉讼或者逃避履行法定义务的可能;(iii)不采取限制出境措施可能造成案件难以审理或者无法执行。⑤ ②人民法院在审理涉外商事纠纷案件中,对同时具备下列条件的有关人员,可以采取措施限制其出境:(i)在我国确有未了结的涉外商事纠纷案件;(ii)被限制出境人员是未了结案件中的当事人或者当事人的法定代表人、负责人;(iii)有逃避诉讼或者逃避履行法定义务的可能;(iv)其出境可能造成案件难以审理、无法执行的。⑥ (2)限制出境的依据。采取限制出境措施必须严格依照《最高人民法院、最高人民检察院、公安部、国家安全部[87]公发16号关于依法限制外国人和中国公民出境问题的若干规定》审查办理,从严掌握。⑦ (3)限制出境的担保。限制出境措施在案件一方当事人提出申请后采取。人民法院在必要时,可以责令申请人提供有效的担保。⑧ (4)限制出境的解除。限制出境采取扣留有效出境证件方式

① 《第二次全国涉外商事海事审判工作会议纪要》第95条。
② 《第二次全国涉外商事海事审判工作会议纪要》第96条。
③ 《最高人民法院关于适用〈中华人民共和国民事诉讼法〉执行程序若干问题的解释》第25条。
④ 《最高人民法院关于人民法院办理执行异议和复议案件若干问题的规定》第9条。
⑤ 《最高人民法院关于进一步做好边境地区涉外民商事案件审判工作的指导意见》第7条。
⑥ 《第二次全国涉外商事海事审判工作会议纪要》第93条第1款。
⑦ 《第二次全国涉外商事海事审判工作会议纪要》第93条第2款。
⑧ 《第二次全国涉外商事海事审判工作会议纪要》第94条。

的，被扣证人或者其担保人向人民法院提供有效担保（提供担保的数额应相当于诉讼请求的数额）或者履行了法定义务后，人民法院应立即口头通知被扣证人解除限制，收回扣留证件证明，发还所扣留的证件，由被扣证人签收，限制其出境的扣证决定自行撤销。作出扣证决定的人民法院应将解除出境限制的有关情况书面通知公安、边检部门。[①]（5）限制出境的费用。人民法院采取限制出境措施过程中产生的费用，由申请人预交，最终应判令由败诉一方当事人负担。[②]

二、在征信系统记录

在征信系统记录，是指人民法院将被执行人不履行生效法律文书确定的义务的行为记录在人民法院的征信系统中的强制措施。[③]

1. 各地法院应当逐步建立健全与相关部门资源共享的信用平台，有条件的地方可以建立个人和企业信用信息数据库，将被执行人不履行债务的相关信息录入信用平台或者信息数据库，充分运用其形成的威慑力制裁规避执行行为。[④]

2. 人民银行应当协助人民法院查询人民币银行结算账户管理系统中被执行人的账户信息；将人民法院提供的被执行人不履行法律文书确定义务的情况纳入企业和个人信用信息基础数据库。[⑤]

三、通过媒体公布不履行义务信息

通过媒体公布不履行义务信息，是指人民法院将拒不履行义务的被执行人的名单通过电台、电视台、报刊、网络等新闻媒体，以公告的形式公布，使义务人不履行义务的情况在一定范围内为社会公众所知晓，造成一定的社会影响和压力，从而促使其自动履行义务。[⑥]

1. 通过媒体公布不履行义务信息的情形。（1）作为被执行人的法人或者非法人组织，有下列行为之一的，可以将其列入被执行人名单予以公布：①被执行人超过规定执行期限（6 个月）未履行生效法律文书确定的义务的；②被执行人转

---

① 《第二次全国涉外商事海事审判工作会议纪要》第 95 条。

② 《第二次全国涉外商事海事审判工作会议纪要》第 96 条。

③ 洪冬英主编：《民事诉讼法学通论》（第 3 版），北京大学出版社 2020 年版，第 413 页。

目前我国的征信系统有人民银行征信局的信贷征信系统、人民法院记录拒不履行生效法律文书的被申请执行人的征信系统等。

④ 《最高人民法院关于依法制裁规避执行行为的若干意见》第 21 条。

⑤ 《中央纪律检查委员会、中央组织部、中央宣传部等关于印发〈关于建立和完善执行联动机制若干问题的意见〉的通知》第 13 条。

⑥ 洪冬英主编：《民事诉讼法学通论》（第 3 版），北京大学出版社 2020 年版，第 414 页。

移、隐匿、变卖、毁损财产的。(2)执行程序中被依法追加为被执行人的法人或者非法人组织,超过6个月未履行义务,符合上述条件的,也可以上网公布。(3)如果公布后有损党和国家机关的形象以及社会公共利益,或者可能影响社会稳定的,一般不予公布。难以确定是否公布时,由省级法院审查决定;必要时,可以报请最高人民法院审查决定。

2. 通过媒体公布不履行义务信息的内容。公布的内容包括:(1)被执行人和申请执行人的名称、法定代表人或主要负责人、住所地;(2)执行依据;(3)执行法院;(4)立案时间;(5)申请执行标的额和未履行的债务数额。

3. 通过媒体公布不履行义务信息的申请、审查、裁定、公布。(1)依照《民事诉讼法》第262条的规定,执行法院可以依职权或者依申请执行人的申请,将被执行人不履行法律文书确定义务的信息,通过报纸、广播、电视、互联网等媒体公布。[①] (2)对符合公布条件的被执行人,申请执行人可以向执行法院提出申请,由执行法院审查决定;执行法院也可以依职权作出公布决定。(3)执行法院对准备在中国法院网上公布的被执行人,应当通知该被执行人。如果该被执行人在收到通知后15日内履行了债务或者提供了经申请执行人认可的担保,应当决定不予公布。被执行人在收到通知后15日内未履行义务又不提供担保的,执行法院可以作出公布名单的决定并予以公布。(4)被执行人下落不明致使执行法院无法通知的,执行法院可以不经通知直接决定并予以公布。(5)执行法院决定在中国法院网上公布被执行人名单的,可以直接或者通过上一级法院向中国法院网提供公布信息。中国法院网应当于收到该信息的次日发布。

4. 通过媒体公布不履行义务信息公布事项的变更。(1)执行法院应当告知被执行人,如果公布的事项发生变化,应当及时报告执行法院,提出变更申请。(2)执行法院接到被执行人变更公布事项的报告后,应当及时进行审查,并在3日内决定是否需要变更。决定变更的,应当在3日内通知中国法院网。(3)中国法院网应当在收到变更事项通知的次日予以变更。

---

① 《最高人民法院关于适用〈中华人民共和国民事诉讼法〉执行程序若干问题的解释》第26条第1款。

《最高人民法院关于依法制裁规避执行行为的若干意见》第22条规定,加大宣传力度。各地法院应当充分运用新闻媒体曝光、公开执行等手段,将被执行人因规避执行被制裁或者处罚的典型案例在新闻媒体上予以公布,以维护法律权威,提升公众自觉履行义务的法律意识。

5. 通过媒体公布不履行义务信息公布名单的删除。(1)被公布的被执行人，自动履行了生效法律文书确定的义务，或者与申请执行人双方达成执行和解，或者案件已经执行完毕，或者经裁定终结执行，执行法院应当在3日内通知中国法院网将被执行人从公布的名单中删除。(2)中国法院网应当在收到通知后2日内予以删除。

6. 通过媒体公布不履行义务信息的费用。(1)①公布被执行人名单，每件收费100元，列入实际支出费。由申请执行人预付的，应当经申请执行人同意。②公布费用由执行法院直接汇入中国法院网账户。[①] (2)媒体公布的有关费用，由被执行人负担；申请执行人申请在媒体公布的，应当垫付有关费用。[②]

四、法律规定的其他措施

这是一项兜底性规定，且有严格的法律界限。[③]

1. 纳入失信被执行人名单。(1)纳入失信被执行人名单的情形。①被执行人有履行能力而拒不履行生效法律文书确定义务的，人民法院可依据申请执行人的申请或依职权作出将被执行人纳入失信被执行人名单的决定。要将失信被执行人名单通过报纸、广播、电视、网络、法院公告栏等方式予以公布，向政府相关部门、金融监管机构、金融机构、承担行政职能的事业单位及行业协会等通报，依法对被执行人予以信用惩戒。[④] ②被执行人不履行法律文书确定的义务的，人民法院除对被执行人予以处罚外，还可以根据情节将其纳入失信被执行人名单，将被执行人不履行或者不完全履行义务的信息向其所在单位、征信机构以及其他相关机构通报。[⑤] (2)不得纳入失信被执行人名单的情形。具有下列情形之一的，人民法院不得依据有履行能力而拒不履行生效法律文书确定义务而纳入失信被执行人名单的规定，将被执行人纳入失信被执行人名单：①提供了充分有效

---

① 《最高人民法院关于在中国法院网公布民事案件被执行人名单的通知》第6条。

② 《最高人民法院关于适用〈中华人民共和国民事诉讼法〉执行程序若干问题的解释》第26条第2款。

③ 尽管是兜底性规定，也只能兜在法律规定的措施内，即只有法律明文规定的，才能作为对拒不履行义务的被申请执行人的限制性措施，其他规范性文件不能规定这类限制性措施。

④ 《最高人民法院关于开展涉民生案件专项集中执行活动的通知》第3条第3款。

《最高人民法院关于公布失信被执行人名单信息的若干规定》第1条第1款规定，被执行人未履行生效法律文书确定的义务，并具有"有履行能力而拒不履行生效法律文书确定义务的"，人民法院应当将其纳入失信被执行人名单，依法对其进行信用惩戒。

⑤ 《最高人民法院关于适用〈中华人民共和国民事诉讼法〉的解释》第516条。

担保的;②已被采取查封、扣押、冻结等措施的财产足以清偿生效法律文书确定债务的;③被执行人履行顺序在后,对其依法不应强制执行的;④其他不属于有履行能力而拒不履行生效法律文书确定义务的情形。[①] ⑤被执行人为未成年人的,人民法院不得将其纳入失信被执行人名单。[②] (3)纳入失信被执行人名单的方式。①依当事人申请纳入失信被执行人名单。人民法院向被执行人发出的执行通知中,应当载明有关纳入失信被执行人名单的风险提示等内容。申请执行人认为被执行人具有不履行生效法律文书确定义务情形之一的,可以向人民法院申请将其纳入失信被执行人名单。人民法院应当自收到申请之日起15日内审查并作出决定。[③] ②依人民法院职权纳入失信被执行人名单。人民法院认为被执行人具有不履行生效法律文书确定义务情形之一的,也可以依职权决定将其纳入失信被执行人名单。[④] (4)纳入失信被执行人名单的决定书。①人民法院决定将被执行人纳入失信被执行人名单的,应当制作决定书,决定书应当写明纳入失信被执行人名单的理由,有纳入期限的,应当写明纳入期限。决定书由院长签发,自作出之日起生效。决定书应当按照《民事诉讼法》规定的法律文书送达方式送达当事人。[⑤] ②失信被执行人名单自决定作出之日起生效。(5)纳入失信被执行人名单的期限。被执行人具有不履行生效法律文书确定义务情形(有履行能力而拒不履行除外)的,纳入失信被执行人名单的期限为2年。被执行人以暴力、威胁方法妨碍、抗拒执行情节严重或具有多项失信行为的,可以延长1至3年。[⑥] (6)纳入失信被执行人名单的信息。①记载和公布的失信被执行人名单信息应当包括:(i)作为被执行人的法人或者其他组织的名称、统一社会信用代码(或组织机构代码)、法定代表人或者负责人姓名;(ii)作为被执行人的自然人的姓名、性别、年龄、身份证号码;(iii)生效法律文书确定的义务和被执行人的履行

---

① 《最高人民法院关于公布失信被执行人名单信息的若干规定》第3条。

② 《最高人民法院关于公布失信被执行人名单信息的若干规定》第4条。

③ 《最高人民法院关于公布失信被执行人名单信息的若干规定》第5条第1款、第2款。

④ 《最高人民法院关于公布失信被执行人名单信息的若干规定》第5条第2款。

⑤ 《最高人民法院关于公布失信被执行人名单信息的若干规定》第5条第3款。

《××××人民法院执行决定书》(包括申请执行人申请将被执行人纳入失信被执行人名单用和法院依职权将被执行人纳入失信被执行人名单用):依照《民事诉讼法》第255条、《最高人民法院关于公布失信被执行人名单信息的若干规定》第××条第××款的规定,决定如下:将失信被执行人纳入名单。本决定自作出之日起生效。

⑥ 《最高人民法院关于公布失信被执行人名单信息的若干规定》第2条第1款。

情况;(iv)被执行人失信行为的具体情形;(v)执行依据的制作单位和文号、执行案号、立案时间、执行法院;(vi)人民法院认为应当记载和公布的不涉及国家秘密、商业秘密、个人隐私的其他事项。[①] ②各级人民法院应当将失信被执行人名单信息录入最高人民法院失信被执行人名单库,并通过该名单库统一向社会公布。各级人民法院可以根据各地实际情况,将失信被执行人名单通过报纸、广播、电视、网络、法院公告栏等其他方式予以公布,并可以采取新闻发布会或者其他方式对本院及辖区法院实施失信被执行人名单制度的情况定期向社会公布。[②] ③人民法院应当将失信被执行人名单信息,向政府相关部门、金融监管机构、金融机构、承担行政职能的事业单位及行业协会等通报,供相关单位依照法律、法规和有关规定,在政府采购、招标投标、行政审批、政府扶持、融资信贷、市场准入、资质认定等方面,对失信被执行人予以信用惩戒。人民法院应当将失信被执行人名单信息向征信机构通报,并由征信机构在其征信系统中记录。国家工作人员、人大代表、政协委员等被纳入失信被执行人名单的,人民法院应当将失信情况通报其所在单位和相关部门。国家机关、事业单位、国有企业等被纳入失信被执行人名单的,人民法院应当将失信情况通报其上级单位、主管部门或者履行出资人职责的机构。[③] ④申请纠正纳入失信被执行人名单错误的,经审查,裁定准许或者驳回申请,并写明理由。准许的,将其从失信被执行人名单中删除或对其他的修改。[④] (7)失信信息的撤销删除纠正及复议。①失信信息的撤销。不应纳入失信被执行人名单的公民、法人或其他组织被纳入失信被执行人名单的,人民法院应当在3个工作日内撤销失信信息。记载和公布的失信信息不准确的,人民法院应当在3个工作日内更正失信信息。[⑤] ②失信信息的删除。具有下列情形之一的,人民法院应当在3个工作日内删除失信信息:(i)被执行人已履行生效法律文书确定的义务或人民法院已执行完毕的;(ii)当事人达成执行和解协议且

---

① 《最高人民法院关于公布失信被执行人名单信息的若干规定》第6条。

② 《最高人民法院关于公布失信被执行人名单信息的若干规定》第7条。

③ 《最高人民法院关于公布失信被执行人名单信息的若干规定》第8条。

④ 《××××人民法院执行决定书》(对将被执行人纳入失信被执行人名单作出或者驳回申请用):"依照《中华人民共和国民事诉讼法》第62条、《最高人民法院关于公布失信被执行人名单信息的若干规定》第××条第××款的规定,将××从失信被执行人名单中删除(或对其他的修改或驳回提出的申请)。"

⑤ 《最高人民法院关于公布失信被执行人名单信息的若干规定》第9条。

已履行完毕的;(iii)申请执行人书面申请删除失信信息,人民法院审查同意的;(iv)终结本次执行程序后,通过网络执行查控系统查询被执行人财产两次以上,未发现有可供执行财产,且申请执行人或者其他人未提供有效财产线索的;(v)因审判监督或破产程序,人民法院依法裁定对失信被执行人中止执行的;(vi)人民法院依法裁定不予执行的;(vii)人民法院依法裁定终结执行的。有纳入期限的,不适用前款规定。纳入期限届满后3个工作日内,人民法院应当删除失信信息。[①] 依照规定删除失信信息后,被执行人具有"未履行能力而不履行生效法律文书确定的义务"情形之一的,人民法院可以重新将其纳入失信被执行人名单。③失信信息的纠正。被纳入失信被执行人名单的公民、法人或其他组织认为有下列情形之一的,可以向执行法院申请纠正:(i)不应将其纳入失信被执行人名单的;(ii)记载和公布的失信信息不准确的;(iii)失信信息应予删除的。[②] ④申请纠正的复议。公民、法人或其他组织对被纳入失信被执行人名单申请纠正的,执行法院应当自收到书面纠正申请之日起15日内审查,理由成立的,应当在3个工作日内纠正;理由不成立的,决定驳回。公民、法人或其他组织对驳回决定不服的,可以自决定书送达之日起10日内向上一级人民法院申请复议。上一级人民法院应当自收到复议申请之日起15日内作出决定。复议期间,不停止原决定的执行。[③]

2. 限制消费。(1)限制消费的理由。被执行人未按执行通知书指定的期间履行生效法律文书确定的给付义务的,人民法院可以采取限制消费措施,限制其高消费及非生活或者经营必需的有关消费。纳入失信被执行人名单的被执行人,人民法院应当对其采取限制消费措施。[④] (2)限制消费的要求。①人民法院决定采取限制消费措施时,应当考虑被执行人是否有消极履行、规避执行或者抗拒执行的行为以及被执行人的履行能力等因素。[⑤] ②各地法院应当充分运用限制高消费手段,逐步构建与有关单位的协作平台,明确有关单位的监督责任,细化协作方式,完善协助程序。[⑥] (3)限制消费的内容。被执行人为自然人的,被采

---

① 《最高人民法院关于公布失信被执行人名单信息的若干规定》第10条第1款、第2款。

② 《最高人民法院关于公布失信被执行人名单信息的若干规定》第11条。

③ 《最高人民法院关于公布失信被执行人名单信息的若干规定》第12条。

④ 《最高人民法院关于限制被执行人高消费及有关消费的若干规定》第1条。

⑤ 《最高人民法院关于限制被执行人高消费及有关消费的若干规定》第2条。

⑥ 《最高人民法院关于依法制裁规避执行行为的若干意见》第23条。

取限制消费措施后，不得有以下高消费及非生活和工作必需的消费行为：①乘坐交通工具时，选择飞机、列车软卧、轮船二等以上舱位；②在星级以上宾馆、酒店、夜总会、高尔夫球场等场所进行高消费；③购买不动产或者新建、扩建、高档装修房屋；④租赁高档写字楼、宾馆、公寓等场所办公；⑤购买非经营必需车辆；⑥旅游、度假；⑦子女就读高收费私立学校；⑧支付高额保费购买保险理财产品；⑨乘坐G字头动车组列车全部座位、其他动车组列车一等以上座位等其他非生活和工作必需的消费行为。被执行人为单位的，被采取限制消费措施后，被执行人及其法定代表人、主要负责人、影响债务履行的直接责任人员、实际控制人不得实施前款规定的行为。因私消费以个人财产实施前款规定行为的，可以向执行法院提出申请。执行法院审查属实的，应予准许。[①] (4)限制消费的申请与决定。限制消费措施一般由申请执行人提出书面申请，经人民法院审查决定；必要时人民法院可以依职权决定。[②] (5)限制消费的举报及审查。人民法院应当设置举报电话或者邮箱，接受申请执行人和社会公众对被限制消费的被执行人违反《最高人民法院关于限制被执行人高消费及有关消费的若干规定》的举报，并进行审查认定。[③] (6)限制消费令。人民法院决定采取限制消费措施的，应当向被执行人发出限制消费令。限制消费令由人民法院院长签发。限制消费令应当载明限制消费的期间、项目、法律后果等内容。[④] (7)限制消费的协助执行通知书。人民法院决定采取限制消费措施的，可以根据案件需要和被执行人的情况向有义务协助调查、执行的单位送达协助执行通知书，也可以在相关媒体上进行公告。[⑤] (8)限制消费的公告费用。限制消费令的公告费用由被执行人负担；申请执行人申请在媒体公告的，应当垫付公告费用。[⑥] (9)限制消费行为(令)的解除。①被限制消费的被执行人因生活或者经营必需而进行《最高人民法院关于限制被执行人高消费及有关消费的若干规定》禁止的消费活动的，应当向人民法院提出申请，获批准后方可进行。[⑦] ②在限制消费期间，被执行人提供确实有效的担保或

---

① 《最高人民法院关于限制被执行人高消费及有关消费的若干规定》第3条。
② 《最高人民法院关于限制被执行人高消费及有关消费的若干规定》第4条。
③ 《最高人民法院关于限制被执行人高消费及有关消费的若干规定》第10条。
④ 《最高人民法院关于限制被执行人高消费及有关消费的若干规定》第5条。
⑤ 《最高人民法院关于限制被执行人高消费及有关消费的若干规定》第6条。
⑥ 《最高人民法院关于限制被执行人高消费及有关消费的若干规定》第7条。
⑦ 《最高人民法院关于限制被执行人高消费及有关消费的若干规定》第8条。

者经申请执行人同意的，人民法院可以解除限制消费令；被执行人履行完毕生效法律文书确定的义务的，人民法院应当在《最高人民法院关于限制被执行人高消费及有关消费的若干规定》第 6 条通知或者公告的范围内及时以通知或者公告解除限制消费令。[①] (10)违反限制消费的惩治。被执行人违反限制消费令进行消费的行为属于拒不履行人民法院已经发生法律效力的判决、裁定的行为，经查证属实的，依照《民事诉讼法》第 114 条的规定，予以拘留、罚款；情节严重，构成犯罪的，追究其刑事责任。有关单位在收到人民法院协助执行通知书后，仍允许被执行人进行高消费及非生活或者经营必需的有关消费的，人民法院可以依照《民事诉讼法》第 117 条的规定，追究其法律责任。[②]

3. 采取不开新户、不发放新贷款、不办理对外支付等制裁措施。银行业监管部门应当监督银行业金融机构积极协助人民法院查询被执行人的开户、存款情况，依法及时办理存款的冻结、轮候冻结和扣划等事宜。对金融机构拒不履行生效法律文书、拒不协助人民法院执行的行为，依法追究有关人员的责任。制定金融机构对被执行人申请贷款进行必要限制的规定，要求金融机构发放贷款时应当查询企业和个人信用信息基础数据库，并将被执行人履行生效法律文书确定义务的情况作为审批贷款时的考量因素。对拒不履行生效法律文书义务的被执行人，涉及金融债权的，可以采取不开新户、不发放新贷款、不办理对外支付等制裁措施。[③]

具体财产的执行措施(非法条内容)

一、土地使用权、房屋的执行措施

1. 预查封登记。(1)预查封登记的适用。预查封登记主要适用于被执行人

---

① 《最高人民法院关于限制被执行人高消费及有关消费的若干规定》第 9 条。

② 《最高人民法院关于限制被执行人高消费及有关消费的若干规定》第 11 条。

③ 《中央纪律检查委员会、中央组织部、中央宣传部等关于印发〈关于建立和完善执行联动机制若干问题的意见〉的通知》第 14 条。

尚未办理登记的土地使用权或者房屋所有权。[①] (2)预查封登记的范围。①被执行人已经全部缴纳土地使用权出让金的土地使用权或者部分缴纳土地使用权出让金且该土地使用权可以分割的;②房地产开发企业已经办理了商品房预售许可证且尚未出售的房屋;③被执行人购买的已由房地产开发企业办理了房屋权属初始登记的房屋;④被执行人购买的办理了商品房预售合同登记备案手续或者商品房预告登记的房屋等。(3)预查封登记的效力。①从效力上看,《最高人民法院、国土资源部、建设部关于依法规范人民法院执行和国土资源房地产管理部门协助执行若干问题的通知》采取的路径是,预查封登记的土地使用权和房屋在查封期间不得办理抵押、转让等权属变更、转移登记手续,即绝对效力。②但是,基于预查封的效力等同于正式查封的效力,被执行人就已经查封、扣押、冻结的财产所作的移转、设定权利负担或者其他有碍执行的行为,不得对抗申请执行人。第三人未经人民法院准许占有查封、扣押、冻结的财产或者实施其他有碍执行的行为的,人民法院可以依据申请执行人的申请或者依职权解除其占有或者排除其妨害。人民法院的查封、扣押、冻结没有公示的,其效力不得对抗善意第三人。[②] (4)预查封转为查封。国土资源、房地产管理部门应当依据人民法院的协助执行通知书和所附的裁定书办理预查封登记。土地、房屋权属在预查封期间登记在被执行人名下的,预查封登记自动转为查封登记,预查封转为正式查封后,查封期限从预查封之日起开始计算。[③] (5)预查封的期限为 2 年。期限届满可以续封一次,续封时应当重新制作预查封裁定书和协助执行通知书,预查封的续封期限为 1 年。确有特殊情况需要再续封的,应当经过所属高级人民法院批准,且每次再续封的期限不得超过 1 年。[④] (6)预查封的效力。预查封的效力等同于正式查封。预查封期限届满之日,人民法院未办理预查封续封手续的,预查

---

① 预告登记与预查封登记都能排除之后的物权变动,形成登记簿障碍,但两者有很大的差异。预查封的特别之处在于,被查封的土地使用权和房屋所有权尚未办理登记,所有权尚不属于被执行人。但由于被执行人已经支付了相应的对价或者已经作出备案登记的,预查封能够使这些财产不再被转让。

② 《最高人民法院关于人民法院民事执行中查封、扣押、冻结财产的规定》第 24 条。

③ 《最高人民法院、国土资源部、建设部关于依法规范人民法院执行和国土资源房地产管理部门协助执行若干问题的通知》第 16 条。

④ 《最高人民法院、国土资源部、建设部关于依法规范人民法院执行和国土资源房地产管理部门协助执行若干问题的通知》第 17 条。

封的效力消灭。[①] (7)土地使用权的预查封。①被执行人全部缴纳土地使用权出让金但尚未办理土地使用权登记的,人民法院可以对该土地使用权进行预查封。[②] ②被执行人部分缴纳土地使用权出让金但尚未办理土地使用权登记的,对可以分割的土地使用权,按已缴付的土地使用权出让金,由国土资源管理部门确认被执行人的土地使用权,人民法院可以对确认后的土地使用权裁定预查封。对不可以分割的土地使用权,可以全部进行预查封。[③] ③被执行人在规定的期限内仍未全部缴纳土地出让金的,在人民政府收回土地使用权的同时,应当将被执行人缴纳的按照有关规定应当退还的土地出让金交由人民法院处理,预查封自动解除。[④] (8)房屋所有权的预查封。下列房屋虽未进行房屋所有权登记,人民法院也可以进行预查封:①作为被执行人的房地产开发企业,已办理了商品房预售许可证且尚未出售的房屋;②被执行人购买的已由房地产开发企业办理了房屋权属初始登记的房屋;③被执行人购买的办理了商品房预售合同登记备案手续或者商品房预告登记的房屋。[⑤]

2. 查封、扣押、冻结土地使用权、房屋的协助。(1)人民法院在办理案件时,需要国土资源、房地产管理部门协助执行的,国土资源、房地产管理部门应当按照人民法院的生效法律文书和协助执行通知书办理协助执行事项。国土资源、房地产管理部门依法协助人民法院执行时,除复制有关材料所必需的工本费外,不得向人民法院收取其他费用。登记过户的费用按照国家有关规定收取。[⑥] (2)人民法院对土地使用权、房屋实施查封或者进行实体处理前,应当向国土资源、房地产管理部门查询该土地、房屋的权属。人民法院执行人员到国土资源、房地产管理部门查询土地、房屋权属情况时,应当出示本人工作证和执行公

① 《最高人民法院、国土资源部、建设部关于依法规范人民法院执行和国土资源房地产管理部门协助执行若干问题的通知》第 18 条。

② 《最高人民法院、国土资源部、建设部关于依法规范人民法院执行和国土资源房地产管理部门协助执行若干问题的通知》第 13 条。

③ 《最高人民法院、国土资源部、建设部关于依法规范人民法院执行和国土资源房地产管理部门协助执行若干问题的通知》第 14 条第 1 款。

④ 《最高人民法院、国土资源部、建设部关于依法规范人民法院执行和国土资源房地产管理部门协助执行若干问题的通知》第 14 条第 2 款。

⑤ 《最高人民法院、国土资源部、建设部关于依法规范人民法院执行和国土资源房地产管理部门协助执行若干问题的通知》第 15 条。

⑥ 《最高人民法院、国土资源部、建设部关于依法规范人民法院执行和国土资源房地产管理部门协助执行若干问题的通知》第 1 条。

务证，并出具协助查询通知书。人民法院执行人员到国土资源、房地产管理部门办理土地使用权或者房屋查封、预查封登记手续时，应当出示本人工作证和执行公务证，并出具查封、预查封裁定书和协助执行通知书。① (3)国土资源、房地产管理部门在协助人民法院执行土地使用权、房屋时，不对生效法律文书和协助执行通知书进行实体审查。国土资源、房地产管理部门认为人民法院查封、预查封或者处理的土地、房屋权属错误的，可以向人民法院提出审查建议，但不应当停止办理协助执行事项。② (4)人民法院在国土资源、房地产管理部门查询并复制或者抄录的书面材料，由土地、房屋权属的登记机构或者其所属的档案室(馆)加盖印章。无法查询或者查询无结果的，国土资源、房地产管理部门应当书面告知人民法院。③

3. 土地使用权、房屋的查封。(1)土地使用权、房屋查封的登记。对人民法院查封或者预查封的土地使用权、房屋，国土资源、房地产管理部门应当及时办理查封或者预查封登记。④ (2)土地使用权、房屋查封的范围。查封地上建筑物的效力及于该地上建筑物使用范围内的土地使用权，查封土地使用权的效力及于地上建筑物，但土地使用权与地上建筑物的所有权分属被执行人与他人的除外。地上建筑物和土地使用权的登记机关不是同一机关的，应当分别办理查封登记。⑤ (3)土地使用权、房屋查封的权属确认。人民法院查封时，土地、房屋权属的确认以国土资源、房地产管理部门的登记或者出具的权属证明为准。权属证明与权属登记不一致的，以权属登记为准。在执行人民法院确认土地、房屋权属的生效法律文书时，应当按照人民法院生效法律文书所确认的权利人办理土地、房屋权属变更、转移登记手续。⑥ (4)土地使用权、房屋查封的具体实施。

---

① 《最高人民法院、国土资源部、建设部关于依法规范人民法院执行和国土资源房地产管理部门协助执行若干问题的通知》第2条。

② 《最高人民法院、国土资源部、建设部关于依法规范人民法院执行和国土资源房地产管理部门协助执行若干问题的通知》第3条第2款。

③ 《最高人民法院、国土资源部、建设部关于依法规范人民法院执行和国土资源房地产管理部门协助执行若干问题的通知》第4条。

④ 《最高人民法院、国土资源部、建设部关于依法规范人民法院执行和国土资源房地产管理部门协助执行若干问题的通知》第3条第1款。

⑤ 《最高人民法院关于人民法院民事执行中查封、扣押、冻结财产的规定》第21条。

⑥ 《最高人民法院、国土资源部、建设部关于依法规范人民法院执行和国土资源房地产管理部门协助执行若干问题的通知》第5条。

①土地使用权和房屋所有权归属同一权利人的，人民法院应当同时查封；土地使用权和房屋所有权归属不一致的，查封被执行人名下的土地使用权或者房屋。[①] ②登记在案外人名下的土地使用权、房屋，登记名义人（案外人）书面认可该土地、房屋实际属于被执行人时，执行法院可以采取查封措施。如果登记名义人否认该土地、房屋属于被执行人，而执行法院、申请执行人认为登记为虚假时，须经当事人另行提起诉讼或者通过其他程序，撤销该登记并登记在被执行人名下之后，才可以采取查封措施。[②] ③对被执行人因继承、判决或者强制执行取得，但尚未办理过户登记的土地使用权、房屋的查封，执行法院应当向国土资源、房地产管理部门提交被执行人取得财产所依据的继承证明、生效判决书或者执行裁定书及协助执行通知书，由国土资源、房地产管理部门办理过户登记手续后，办理查封登记。[③] ④对国土资源、房地产管理部门已经受理被执行人转让土地使用权、房屋的过户登记申请，尚未核准登记的，人民法院可以进行查封，已核准登记的，不得进行查封。[④] ⑤人民法院对可以分割处分的房屋应当在执行标的额的范围内分割查封，不可分割的房屋可以整体查封。分割查封的，应当在协助执行通知书中明确查封房屋的具体部位。[⑤] ⑥对被执行人及其所扶养家属生活所必需的居住房屋，人民法院可以查封，但不得拍卖、变卖或者抵债。[⑥] 对于超过被执行人及其所扶养家属生活所必需的房屋和生活用品，人民法院根据申请执行人的申请，在保障被执行人及其所扶养家属最低生活标准所必需的居住房屋和普通生活必需品后，可予以执行。[⑦] ⑦人民法院执行集体土地使用权时，经与国土资

---

① 《最高人民法院、国土资源部、建设部关于依法规范人民法院执行和国土资源房地产管理部门协助执行若干问题的通知》第6条。

② 《最高人民法院、国土资源部、建设部关于依法规范人民法院执行和国土资源房地产管理部门协助执行若干问题的通知》第7条。

③ 《最高人民法院、国土资源部、建设部关于依法规范人民法院执行和国土资源房地产管理部门协助执行若干问题的通知》第8条。

④ 《最高人民法院、国土资源部、建设部关于依法规范人民法院执行和国土资源房地产管理部门协助执行若干问题的通知》第9条。

⑤ 《最高人民法院、国土资源部、建设部关于依法规范人民法院执行和国土资源房地产管理部门协助执行若干问题的通知》第10条。

⑥ 《最高人民法院关于人民法院民事执行中查封、扣押、冻结财产的规定》第4条。

⑦ 《最高人民法院关于人民法院民事执行中查封、扣押、冻结财产的规定》第5条。

《中央政法委、最高人民法院关于规范集中清理执行积案结案标准的通知》第1条第1款规定，属于被执行人所有的财产，除法律或司法解释规定的被执行人及其所抚养家属生活所必需的房屋、生活用品、生活费用或其他不得查封、扣押、冻结的财产外，均为可供执行的财产。

源管理部门取得一致意见后，可以裁定予以处理，但应当告知权利受让人到国土资源管理部门办理土地征用和国有土地使用权出让手续，缴纳土地使用权出让金及有关税费。对处理农村房屋涉及集体土地的，人民法院应当与国土资源管理部门协商一致后再行处理。[①] ⑧人民法院执行土地使用权时，不得改变原土地用途和出让年限。[②] (5)土地使用权、房屋查封的期限、次数。人民法院对土地使用权、房屋的查封期限不得超过2年。期限届满可以续封一次，续封时应当重新制作查封裁定书和协助执行通知书，续封的期限不得超过1年。确有特殊情况需要再续封的，应当经过所属高级人民法院批准，且每次再续封的期限不得超过1年。查封期限届满，人民法院未办理继续查封手续的，查封的效力消灭。[③] (6)土地使用权的预查封。被执行人全部缴纳土地使用权出让金但尚未办理土地使用权登记的，人民法院可以对该土地使用权进行预查封。[④] (7)土地使用权、房屋查封的轮候。①两个以上人民法院对同一宗土地使用权、房屋进行查封的，国土资源、房地产管理部门为首先送达协助执行通知书的人民法院办理查封登记手续后，对后来办理查封登记的人民法院作轮候查封登记，并书面告知该土地使用权、房屋已被其他人民法院查封的事实及查封的有关情况。[⑤] ②轮候查封登记的顺序按照人民法院送达协助执行通知书的时间先后进行排列。查封法院依法解除查封的，排列在先的轮候查封自动转为查封；查封法院对查封的土地使用权、房屋全部处理的，排列在后的轮候查封自动失效；查封法院对查封的土地使用权、房屋部分处理的，对剩余部分，排列在后的轮候查封自动转为查封。预查封的轮候登记参照第19条和本条第1款的规定办理。[⑥] (8)土地使用权、房屋查封中的抵押。①抵押的无效。已被人民法院查封、预查封并在国土资源、房地产管

---

① 《最高人民法院、国土资源部、建设部关于依法规范人民法院执行和国土资源房地产管理部门协助执行若干问题的通知》第24条。

② 《最高人民法院、国土资源部、建设部关于依法规范人民法院执行和国土资源房地产管理部门协助执行若干问题的通知》第25条。

③ 《最高人民法院、国土资源部、建设部关于依法规范人民法院执行和国土资源房地产管理部门协助执行若干问题的通知》第11条。

④ 《最高人民法院、国土资源部、建设部关于依法规范人民法院执行和国土资源房地产管理部门协助执行若干问题的通知》第12条。

⑤ 《最高人民法院、国土资源部、建设部关于依法规范人民法院执行和国土资源房地产管理部门协助执行若干问题的通知》第19条。

⑥ 《最高人民法院、国土资源部、建设部关于依法规范人民法院执行和国土资源房地产管理部门协助执行若干问题的通知》第20条。

理部门办理了查封、预查封登记手续的土地使用权、房屋,被执行人隐瞒真实情况,到国土资源、房地产管理部门办理抵押、转让等手续的,人民法院应当依法确认其行为无效,并可视情节轻重,依法追究有关人员的法律责任。国土资源、房地产管理部门应当按照人民法院的生效法律文书撤销不合法的抵押、转让等登记,并注销所颁发的证照。[①] ②抵押的禁止。国土资源、房地产管理部门对被人民法院依法查封、预查封的土地使用权、房屋,在查封、预查封期间不得办理抵押、转让等权属变更、转移登记手续。国土资源、房地产管理部门明知土地使用权、房屋已被人民法院查封、预查封,仍然办理抵押、转让等权属变更、转移登记手续的,对有关的国土资源、房地产管理部门和直接责任人可以依照《民事诉讼法》第 114 条的规定处理。[②] (9)土地使用权、房屋查封中的权属变动。①变价时的权利转移与继受。在变价处理土地使用权、房屋时,土地使用权、房屋所有权同时转移;土地使用权与房屋所有权归属不一致的,受让人继受原权利人的合法权利。[③] ②抵债及权属变动。经申请执行人和被执行人协商同意,可以不经拍卖、变卖,直接裁定将被执行人以出让方式取得的国有土地使用权及其地上房屋经评估作价后交由申请执行人抵偿债务,但应当依法向国土资源和房地产管理部门办理土地、房屋权属变更、转移登记手续。[④] (10)土地使用权、房屋的裁定书、权属变更的时间。人民法院制作的土地使用权、房屋所有权转移裁定送达权利受让人时即发生法律效力,人民法院应当明确告知权利受让人及时到国土资源、房地产管理部门申请土地、房屋权属变更、转移登记。国土资源、房地产管理部门依据生效法律文书进行权属登记时,当事人的土地、房屋权利应当追溯到相关法律文书生效之时。[⑤] (11)土地使用权、房屋的变更登记。①以出让、转让方式取得的国有土地使用权属当事人自有财产,人民法院对土地使用权(包括以土

---

① 《最高人民法院、国土资源部、建设部关于依法规范人民法院执行和国土资源房地产管理部门协助执行若干问题的通知》第 21 条。

② 《最高人民法院、国土资源部、建设部关于依法规范人民法院执行和国土资源房地产管理部门协助执行若干问题的通知》第 22 条。

③ 《最高人民法院、国土资源部、建设部关于依法规范人民法院执行和国土资源房地产管理部门协助执行若干问题的通知》第 23 条。

④ 《最高人民法院、国土资源部、建设部关于依法规范人民法院执行和国土资源房地产管理部门协助执行若干问题的通知》第 26 条。

⑤ 《最高人民法院、国土资源部、建设部关于依法规范人民法院执行和国土资源房地产管理部门协助执行若干问题的通知》第 27 条。

地为载体的各种权利、义务)转移的裁定,应作为土地权属转移的合法依据,土地管理部门应根据法院的裁定,及时进行变更土地登记。但人民法院在裁定中应明确告知当事人30日内到人民政府土地管理部门申请办理变更土地登记。并将裁定或判决内容以有效法律文书形式及时通知土地管理部门。[①] ②土地管理部门在对裁定的土地办理变更登记手续时,其权利取得的时间,应以人民法院裁定的权利取得时间为依据。对不申请办理变更登记或逾期申请的,其土地权利不受法律保护,涉及的土地按违法用地处理。[②] ③为维护人民法院判决裁定和土地登记的严肃性,凡当事人在规定时间内申请办理变更登记手续的,土地管理部门应以法院裁定或判决时间先后为序确认土地权利。[③] ④对通过划拨方式取得的土地使用权,由于不属于当事人的自有财产,不能作为当事人财产进行裁定。但在裁定转移地上建筑物、附着物涉及有关土地使用权时,在与当地土地管理部门取得一致意见后,可裁定随地上物同时转移。凡属于裁定中改变土地用途及使用条件的,需征得土地管理部门同意,补交出让金的,应在裁定中明确,经办理出让手续,方可取得土地使用权。[④] ⑤对尚未确定土地权属的土地,应先依据《土地管理法》第14条规定处理后,人民法院再行裁定。[⑤]

4. 破产企业国有土地的收回。(1)根据《土地管理法》第58条第1款第3项及《城镇国有土地使用权出让和转让暂行条例》第47条的规定,破产企业以划拨方式取得的国有土地使用权不属于破产财产,在企业破产时,有关人民政府可以予以收回,并依法处置。纳入国家兼并破产计划的国有企业,其依法取得的国有土地使用权,应依据国务院有关文件规定办理。[⑥] (2)企业对其以划拨方式取得的国有土地使用权无处分权,以该土地使用权设定抵押,未经有审批权限的人民政府或土地行政管理部门批准的,不影响抵押合同效力;履行了法定的审批手

---

① 《国家土地管理局关于人民法院裁定转移土地使用权问题对最高人民法院经〔1997〕18号函的复函》第1条。

② 《国家土地管理局关于人民法院裁定转移土地使用权问题对最高人民法院经〔1997〕18号函的复函》第2条。

③ 《国家土地管理局关于人民法院裁定转移土地使用权问题对最高人民法院经〔1997〕18号函的复函》第3条。

④ 《国家土地管理局关于人民法院裁定转移土地使用权问题对最高人民法院经〔1997〕18号函的复函》第4条。

⑤ 《国家土地管理局关于人民法院裁定转移土地使用权问题对最高人民法院经〔1997〕18号函的复函》第5条。

⑥ 《最高人民法院关于破产企业国有划拨土地使用权应否列入破产财产等问题的批复》第1条。

续，并依法办理抵押登记的，抵押权自登记时设立。根据《城市房地产管理法》第51条的规定，抵押权人只有在以抵押标的物折价或拍卖、变卖所得价款缴纳相当于土地使用权出让金的款项后，对剩余部分方可享有优先受偿权。但纳入国家兼并破产计划的国有企业，其用以划拨方式取得的国有土地使用权设定抵押的，应依据国务院有关文件规定办理。①

二、知识产权的执行措施②

1. 专利财产保全。(1)专利申请权属于专利申请人的一项财产权利，可以作为人民法院财产保全的对象。人民法院根据《民事诉讼法》有关规定采取财产保全措施时，需要对专利申请权进行保全的，应当向国家知识产权局发出协助执行通知书，载明要求保全的专利申请的名称、申请人、申请号、保全期限以及协助执行保全的内容，包括禁止变更著录事项、中止审批程序等，并附人民法院作出的财产保全民事裁定书。③ (2)对专利申请权的保全期限一次不得超过6个月，自国家知识产权局收到协助执行通知书之日起计算。如果期限届满仍然需要对该专利申请权继续采取保全措施的，人民法院应当在保全期限届满前向国家知识产权局重新发出协助执行通知书，要求继续保全。否则，视为自动解除对该专利申请权的财产保全。④ (3)贵局收到人民法院发出的对专利申请权采取财产保全措施的协助执行通知书后，应当确保在财产保全期间专利申请权的法律状态不发生改变。因此，应当中止被保全的专利申请的有关程序。⑤ (4)人民法院对出质的专利权可以采取财产保全措施，质权人的优先受偿权不受保全措施的影响；

---

① 《最高人民法院关于破产企业国有划拨土地使用权应否列入破产财产等问题的批复》第2条。

② 知识产权权，是指著作权、专利权、商标权、发明权、发现权等人们对其智力劳动成果依法享有的专有权。被执行人不履行生效法律文书确定的义务的，人民法院应当同时向权利登记主管部门发出执行通知书，要求其不得办理财产权转移手续，必要时可责令被执行人将财产权或使用权证照交人民法院保存。

③ 《最高人民法院对国家知识产权局〈关于征求对协助执行专利申请权财产保全裁定的意见的函〉的答复意见》第1条。

《最高人民法院关于审理专利纠纷案件适用法律问题的若干规定》第9条第1款规定："人民法院对专利权进行财产保全，应当向国务院专利行政部门发出协助执行通知书，载明要求协助执行的事项，以及对专利权保全的期限，并附人民法院作出的裁定书。"

④ 《最高人民法院对国家知识产权局〈关于征求对协助执行专利申请权财产保全裁定的意见的函〉的答复意见》第2条。

《最高人民法院关于审理专利纠纷案件适用法律问题的若干规定》第9条第2款。

⑤ 《最高人民法院对国家知识产权局〈关于征求对协助执行专利申请权财产保全裁定的意见的函〉的答复意见》第3条。

专利权人与被许可人已经签订的独占实施许可合同，不影响人民法院对该专利权进行财产保全。[①] (5)人民法院对已经进行保全的专利权，不得重复进行保全。[②]

2. 注册商标权保全。(1)商标局在同一天内接到两份以上对同一注册商标进行保全的协助执行通知书时，应当按照收到文书的先后顺序，协助执行在先收到的协助执行通知书；同时收到文书无法确认先后顺序时，可以告知有关法院按照“两个或两个以上人民法院在执行相关案件中发生争议的，应当协商解决。协商不成的，逐级报请上级法院，直至报请共同的上级法院协调处理”的规定进行协商以及报请协调处理。在有关法院协商以及报请协调处理期间，商标局可以暂不办理协助执行事宜。[③] (2)各债权人对执行标的物均无担保物权的，按照执行法院采取执行措施的先后顺序受偿。对于某一法院依据已经发生法律效力的裁判文书要求商标局协助办理注册商标专用权权利人变更等手续后，另一法院对同一注册商标以保全原商标专用权人财产的名义再行保全，又无权利质押情形的，协助执行在先采取执行措施法院的裁判文书，并将协助执行的情况告知在后采取保全措施的法院。[④] (3)商标局可以告知审理破产案件的法院有关注册商标已被保全的情况，由该法院通知在先采取保全措施的法院自行解除保全措施。商标局收到有关解除财产保全措施的通知后，应立即协助执行审理破产案件法院的裁定。商标局也可以告知在先采取保全措施的法院有关商标注册人进入破产程序的情况，由其自行决定解除保全措施。[⑤] (4)转让注册商标的，商标注册人对其在同一种或者类似商品上注册的相同或者近似的商标，必须一并办理。法院在执行注册商标专用权的过程中，应当根据上述规定的原则，对注册商标及相同或者类似商品上相同和近似的商标一并进行评估、拍卖、变卖等，并在采取执行措施时，裁定将相同或近似注册商标一并予以执行。商标局在接到法院有关部门转让注册商标的裁定时，如发现无上述内容，可以告知执行法院，由执行法院补充裁定后再协助执行。[⑥]

---

① 《最高人民法院关于审理专利纠纷案件适用法律问题的若干规定》第9条第3款。
② 《最高人民法院关于审理专利纠纷案件适用法律问题的若干规定》第9条第4款。
③ 《最高人民法院关于对注册商标专用权进行财产保全和执行等问题的复函》第1条。
④ 《最高人民法院关于对注册商标专用权进行财产保全和执行等问题的复函》第2条。
⑤ 《最高人民法院关于对注册商标专用权进行财产保全和执行等问题的复函》第3条。
⑥ 《最高人民法院关于对注册商标专用权进行财产保全和执行等问题的复函》第4条。

三、其他财产的执行措施

1. 产业工会或其投资企业财产的执行措施。(1)产业工会或基层工会投资兴办的具备法人资格的企业,如果投资不足或者抽逃资金的,应当补足投资或者在注册资金不实的范围内承担责任;如果投资全部到位,又无抽逃资金的行为,当企业负债时,应当以企业所有的或者经营管理的财产承担有限责任。[①] (2)人民法院在审理案件中,不应将工会经费[②]视为所在企业的财产,在企业欠债的情况下,不应冻结、划拨工会经费及"工会经费集中户"的款项。[③]

2. 运输的船舶、货物的执行措施。(1)海事法院可以扣押对海事请求负有责任的船舶经营人、承租人所有的、经营的或租用的其他船舶。对定期租船人或者航次租船人经营的或租用的船舶不得扣押。[④] (2)人民法院依法可以裁定扣押铁路运输货物。铁路运输企业依法应当予以协助。[⑤] (3)当事人申请人民法院扣押铁路运输货物,应当提供担保,申请人不提供担保的,驳回申请。申请人的申请应当写明:要求扣押货物的发货站、到货站,托运人、收货人的名称,货物的品名、数量、货票号码等。[⑥] (4)人民法院扣押铁路运输货物,应当制作裁定书并附协助执行通知书。协助执行通知书中应当载明:扣押货物的发货站、到货站,托运人、收货人的名称,货物的品名、数量和货票号码。在货物发送前扣押的,人民法院应当将裁定书副本和协助执行通知书送达始发地的铁路运输企业由其协助执行;在货物发送后扣押的,应当将裁定书副本和协助执行通知书送达目的地或最近中转编组站的铁路运输企业由其协助执行。人民法院一般不应在中途站、中转站扣押铁路运输货物。必要时,在不影响铁路正常运输秩序、不损害其他自然

---

① 确定产业工会或者基层工会兴办企业的法人资格,原则上以工商登记为准;其上级工会依据有关规定进行审批是必经程序,人民法院不应以此为由冻结、划拨上级工会的经费并替欠债企业清偿债务。

② 《最高人民法院关于产业工会、基层工会是否具备社会团体法人资格和工会经费集中户可否冻结划拨问题的批复》第3条认为,根据《工会法》的规定,工会经费包括工会会员缴纳的会费……在银行独立开列的"工会经费集中户",与企业经营资金无关,专门用于工会经费的集中与分配,不能在此账户开支费用或挪用、转移资金。

③ 《最高人民法院关于产业工会、基层工会是否具备社会团体法人资格和工会经费集中户可否冻结划拨问题的批复》第3条。

④ 《最高人民法院关于船东所有的船舶能否因期租人对第三方负有责任而被扣押等问题的复函》认为,根据《最高人民法院关于海事法院诉讼前扣押船舶的规定》(已失效)第3条第1款、第3款的规定和《海事诉讼特别程序法》第23条的规定。

⑤ 《最高人民法院关于人民法院扣押铁路运输货物若干问题的规定》第1条。

⑥ 《最高人民法院关于人民法院扣押铁路运输货物若干问题的规定》第2条。

人、法人和非法人组织合法权益的情况下，可在最近中转编组站或有条件的车站扣押。人民法院裁定扣押国际铁路联运货物，应当通知铁路运输企业、海关、边防、商检等有关部门协助执行。属于进口货物的，人民法院应当向我国进口国境、边境站、到货站或有关部门送达裁定书副本和协助执行通知书；属于出口货物的，在货物发送前应当向发货站或有关部门送达，在货物发送后未出我国国境、边境前，应当向我国出境站或有关部门送达。[①]（5）经人民法院裁定扣押的铁路运输货物，该铁路运输企业与托运人之间签订的铁路运输合同中涉及被扣押货物部分合同终止履行的，铁路运输企业不承担责任。因扣押货物造成的损失，由有关责任人承担。因申请人申请扣押错误所造成的损失，由申请人承担赔偿责任。[②]（6）铁路运输企业及有关部门因协助执行扣押货物而产生的装卸、保管、检验、监护等费用，由有关责任人承担，但应先由申请人垫付。申请人不是责任人的，可以再向责任人追偿。[③]（7）扣押后的进出口货物，因尚未办结海关手续，人民法院在对此类货物作出最终处理决定前，应当先责令有关当事人补交关税并办理海关其他手续。[④]

3. 机动车的执行措施。扣押尚未进行权属登记的机动车辆时，人民法院应当在扣押清单上记载该机动车辆的发动机编号。该车辆在扣押期间权利人要求办理权属登记手续的，人民法院应当准许并及时办理相应的扣押登记手续。[⑤]

4. 金融机构财产的执行措施。（1）金融机构的分支机构作为被执行人的，执行法院应当向其发出限期履行通知书，期限为 15 日；逾期未自动履行的，依法予以强制执行；对被执行人未能提供可供执行财产的，应当依法裁定逐级变更其上级机构为被执行人，直至其总行、总公司。每次变更前，均应当给予被变更主体 15 日的自动履行期限；逾期未自动履行的，依法予以强制执行。[⑥]（2）逐级变更上级金融机构为被执行人依据“有关规定”[⑦]的规定，执行金融机构时逐级变更其上级金融机构为被执行人须具备五个条件：①该金融机构须为被执行人，其债务

① 《最高人民法院关于人民法院扣押铁路运输货物若干问题的规定》第 3 条。
② 《最高人民法院关于人民法院扣押铁路运输货物若干问题的规定》第 4 条。
③ 《最高人民法院关于人民法院扣押铁路运输货物若干问题的规定》第 5 条。
④ 《最高人民法院关于人民法院扣押铁路运输货物若干问题的规定》第 6 条。
⑤ 《最高人民法院关于人民法院民事执行中查封、扣押、冻结财产的规定》第 9 条。
⑥ 《最高人民法院、中国人民银行关于依法规范人民法院执行和金融机构协助执行的通知》第 8 条。
⑦ 《最高人民法院、中国人民银行关于依法规范人民法院执行和金融机构协助执行的通知》第 8 条。

已由生效法律文书确认;②该金融机构收到执行法院对其限期15日内履行偿债义务的通知;③该金融机构逾期未能自动履行偿债义务,并经过执行法院的强制执行;④该金融机构未能向执行法院提供其可供执行的财产;⑤该金融机构的上级金融机构对其负有民事连带清偿责任。① (3)在执行程序中,经依法逐级变更由上级金融机构为被执行人的,如该上级金融机构在履行此项偿债义务时有妨害执行行为,可以对该上级金融机构采取民事强制措施。但人民法院应当严格按照《最高人民法院、中国人民银行关于依法规范人民法院执行和金融机构协助执行的通知》第8条的规定,及时向该上级金融机构发出允许其于15日内自动履行偿债义务的通知,在其自动履行的期限内,不得对其采取民事强制措施。②

代位执行、执行竞合(非法条内容)

本书仅就代位执行、执行竞合展开两方面内容的阐释。

一、代位执行

代位执行,亦称对第三人财产的执行,是指被执行人不能清偿到期债务,但对本案以外的第三人享有到期债权的,人民法院可依申请执行人或被申请执行人的申请,对该第三人财产进行强制执行。③ 代位执行的程序包括:

1. 代位执行申请人提出的申请。申请执行人或被申请执行人在被执行人不能清偿到期债务,但对第三人享有到期债权时,可向人民法院提出书面申请。④

2. 代位执行审查以及发出的履行通知。人民法院对申请人的申请审查后,认为债权属实的,向第三人发出履行债务通知。履行通知应当包含下列内容:(1)第三人直接向申请执行人履行其对被执行人所负的债务,不得向被执行人清偿;(2)第三人应当在收到履行通知后的15日内向申请执行人履行债务;(3)第三人对履行到期债权有异议的,应当在收到履行通知后的15日内向执行人民法

---

① 《最高人民法院关于采取民事强制措施不得逐级变更由行为人的上级机构承担责任的通知》第1条。

② 《最高人民法院关于采取民事强制措施不得逐级变更由行为人的上级机构承担责任的通知》第2条。

③ 洪冬英主编:《民事诉讼法学通论》(第3版),北京大学出版社2020年版,第407页。

④ 洪冬英主编:《民事诉讼法学通论》(第3版),北京大学出版社2020年版,第408页。

院提出;(4)第三人违背上述义务的法律后果。①

3. 代位执行中第三人异议。(1)第三人提出异议及异议的形式。第三人在履行通知指定的期间内提出异议的,人民法院不得对第三人强制执行,对提出的异议进行审查。第三人提出自己无履行能力或其与申请执行人无直接法律关系,不属于异议。第三人对债务部分承认、部分有异议的,可以对其承认的部分强制执行。第三人对履行通知的异议一般应当以书面提出,口头提出的,执行人员应记入笔录,并由第三人签字或盖章。(2)第三人未提出异议。第三人在履行通知指定的期限内没有提出异议,而又不履行的,执行法院有权裁定对其强制执行。此裁定同时送达第三人和被执行人。②

4. 被执行人放弃债权或延缓履行期限的行为无效。被执行人收到人民法院履行通知后,放弃其对第三人的债权或延缓第三人履行期限的行为无效,人民法院仍可在第三人无异议又不履行的情况下予以强制执行。③

5. 执行第三人财产的范围。在对第三人作出强制执行的裁定后,第三人确无财产可供执行的,不得就第三人对他人享有的到期债权强制执行。④

6. 第三人的责任。第三人收到人民法院要求其履行到期债务的通知后擅自向被执行人履行,造成已执行履行的财产不能追回的,除在已履行的财产范围内与被执行人承担连带责任外,可以被追究妨害执行的责任。⑤

7. 人民法院证明。第三人按照人民法院的通知向申请执行人履行了债务或已被强制执行后,人民法院应当出具有关证明。⑥

二、执行竞合

执行竞合,是指在执行程序中,两个或两个以上的债权人同时或者先后依据不同的执行根据,对债务人的同一财产申请人民法院强制执行,使各债权人之间的请求权相互排斥,导致其权利无法同时得到全部满足的状态。⑦

1. 执行竞合的条件。(1)有两个或两个以上债权人存在;(2)数个债权人持

---

① 洪冬英主编:《民事诉讼法学通论》(第3版),北京大学出版社2020年版,第408页。

② 洪冬英主编:《民事诉讼法学通论》(第3版),北京大学出版社2020年版,第408页。

③ 洪冬英主编:《民事诉讼法学通论》(第3版),北京大学出版社2020年版,第408页。

④ 洪冬英主编:《民事诉讼法学通论》(第3版),北京大学出版社2020年版,第408页。

⑤ 洪冬英主编:《民事诉讼法学通论》(第3版),北京大学出版社2020年版,第408页。

⑥ 洪冬英主编:《民事诉讼法学通论》(第3版),北京大学出版社2020年版,第408页。

⑦ 洪冬英主编:《民事诉讼法学通论》(第3版),北京大学出版社2020年版,第410页。

有各自独立的执行依据；(3)执行对象须为同一债务人的同一特定财产；(4)各个不同执行依据的执行，发生在同一时期；(5)被执行人财产足以清偿全部债务。[①]

2. 保全执行竞合的处理。(1)不同保全措施之间的竞合。不同保全措施，如查封、扣押、冻结发生竞合时，各债权人对执行标的物无担保物权的，依采取保全措施的先后而定，采取财产保全措施在先的，优先受偿。(2)同种保全措施之间的竞合。如果后采取的保全措施与先采取的保全措施相抵触，后采取的保全措施无效。前述保全措施相抵触的情形包括：①后保全措施为撤销或变更前保全措施的；②后保全措施是为了除去或禁止前保全措施的；③后保全措施的内容与前保全措施的内容不相容的。[②]

3. 终局执行竞合的处理。[③] (1)执行中发现两地法院或人民法院与仲裁机构就同一法律关系作出不同裁判内容的法律文书的，各有关法院应当立即停止执行，报请共同的上级法院处理。[④] (2)多份生效法律文书确定金钱给付内容的多个债权人分别对同一被执行人申请执行，各债权人对执行标的物均无担保物权的，按照执行法院采取执行措施的先后顺序受偿。[⑤] (3)多个债权人的债权种类不同的，基于所有权和担保物权而享有的债权，优先于金钱债权受偿。有多个担保物权的，按照各担保物权成立的先后顺序清偿。[⑥] (4)一份生效法律文书确定金钱给付内容的多个债权人对同一被执行人申请执行，执行的财产不足清偿全部债务的，各债权人对执行标的物均无担保物权的，按照各债权比例受偿。[⑦]

4. 保全执行与终局执行竞合的处理。(1)先保全执行，后终局执行的竞合。人民法院已采取保全执行措施，其他法院在执行中不得重复查封、冻结被执行人的财产或擅自解除查封，只能对余额部分采取执行措施。如查封的财产为不可分物，只能等待保全在先的人民法院处理。保全债权人在取得执行根据后，可以直接申请人民法院将保全执行变为终局执行。(2)先终局执行，后保全执行的竞合。案件虽已进入终局执行程序，但保全执行法院尚未对被执行人的财产采取

---

① 洪冬英主编：《民事诉讼法学通论》(第3版)，北京大学出版社2020年版，第410页。
② 洪冬英主编：《民事诉讼法学通论》(第3版)，北京大学出版社2020年版，第411页。
③ 洪冬英主编：《民事诉讼法学通论》(第3版)，北京大学出版社2020年版，第411页。
④ 《最高人民法院关于人民法院执行工作若干问题的规定(试行)》第68条。
⑤ 《最高人民法院关于人民法院执行工作若干问题的规定(试行)》第55条第1款。
⑥ 《最高人民法院关于人民法院执行工作若干问题的规定(试行)》第55条第2款。
⑦ 《最高人民法院关于人民法院执行工作若干问题的规定(试行)》第55条第3款。

控制性措施，或者执行人民法院已经采取控制性措施，但在程序上存在瑕疵或其他原因，未能实际控制的，终局执行不得对抗保全执行。[①]

参与分配与受理破产后的财产执行（非法条内容）

本书仅就参与分配与受理破产后的财产执行展开两方面内容的阐释。

一、参与分配

参与分配，是指在执行程序中，因被执行人的财产不能清偿所有债权，申请执行人以外的其他债权人申请参加已开始的执行程序，并从执行债权中获得公平清偿的制度。[②]

1. 参与分配的条件。参与分配须具备以下条件：（1）被执行人为公民或者其他组织，在执行程序开始后，被执行人的其他已经取得执行依据的债权人发现被执行人的财产不能清偿所有债权的，可以向人民法院申请参与分配。对人民法院查封、扣押、冻结的财产有优先权、担保物权的债权人，可以直接申请参与分配，主张优先受偿权。[③]（2）多个债权人对同一债务人的财产进行执行。多个债权人依据不同的执行根据或多个债权人根据一份生效法律文书，请求对同一债务人的财产强制执行。（3）被执行人的财产不能清偿全部债权。在执行程序中，部分债权人对债务人的财产已申请执行，债务人的全部或部分财产已经被查封、扣押或被冻结，其他债权人发现被执行人的财产不能清偿所有债权的，可以向人民法院申请参与分配。如果被执行人还有其他财产可供执行，或者其他财产足以清偿全部债务，取得执行的其他债权人可另行申请执行，已起诉的其他债权人可以在取得执行根据后再申请执行。（4）参与分配的财产必须属于被执行人。（5）参与分配应当在执行程序开始后，被执行人财产被清偿前提出。（6）参与分配的标的必须是金钱债权或者是已经转换为金钱的债权。（7）参与分配必须以书面形式提出。[④]

---

① 洪冬英主编：《民事诉讼法学通论》（第3版），北京大学出版社2020年版，第411页。

② 洪冬英主编：《民事诉讼法学通论》（第3版），北京大学出版社2020年版，第406页。

③ 《最高人民法院关于适用〈中华人民共和国民事诉讼法〉的解释》第506条。

④ 洪冬英主编：《民事诉讼法学通论》（第3版），北京大学出版社2020年版，第406~407页。

民事执行可分为金钱债权的执行、物的交付请求权的执行和行为请求权的执行。参与分配是将执行所得的金额在各债权人之间按比例公平分配，因此，可申请参与分配的债权必须都是金钱债权。

2. 参与分配债务人财产的确认。(1)除债务人所有的货币、实物外,债务人依法享有的可以用货币估价并可以依法转让的债权、股权、知识产权、用益物权等财产和财产权益,人民法院均应认定为债务人财产。[①] (2)债务人已依法设定担保物权的特定财产,人民法院应当认定为债务人财产。对债务人的特定财产在担保物权消灭或者实现担保物权后的剩余部分,在破产程序中可用以清偿破产费用、共益债务和其他破产债权。债务人对按份享有所有权的共有财产的相关份额,或者共同享有所有权的共有财产的相应财产权利,以及依法分割共有财产所得部分,人民法院均应认定为债务人财产。[②] (3)债务人有《企业破产法》第2条第1款规定的情形时,债务人的董事、监事和高级管理人员利用职权获取的以下收入,人民法院应当认定为《企业破产法》第36条规定的非正常收入:①绩效奖金;②普遍拖欠职工工资情况下获取的工资性收入;③其他非正常收入。债务人的董事、监事和高级管理人员拒不向管理人返还上述债务人财产,管理人主张上述人员予以返还的,人民法院应予支持。债务人的董事、监事和高级管理人员因返还第1款第1项、第3项非正常收入形成的债权,可以作为普通破产债权清偿。因返还第1款第2项非正常收入形成的债权,依据《企业破产法》第113条第3款的规定,按照该企业职工平均工资计算的部分作为拖欠职工工资清偿;高出该企业职工平均工资计算的部分,可以作为普通破产债权清偿。[③]

3. 参与分配的程序。(1)参与分配的申请。申请参与分配,申请人应当提交申请书。申请书应当写明参与分配和被执行人不能清偿所有债权的事实、理由,并附有执行依据。参与分配申请应当在执行程序开始后,被执行人的财产执行终结前提出。[④] (2)主持参与分配的人民法院。对参与被执行人财产的具体分配,应当由首先查封、扣押或冻结的法院主持进行。首先查封、扣押、冻结的法院所采取的执行措施如系为执行财产保全裁定,具体分配应当在该院案件审理终结后进行。[⑤] (3)实施分配。①参与分配执行中,执行所得价款扣除执行费用,并清偿应当优先受偿的债权后,对于普通债权,原则上按照其占全部申请参与分配

---

① 《最高人民法院关于适用〈中华人民共和国企业破产法〉若干问题的规定(二)》第1条。

② 《最高人民法院关于适用〈中华人民共和国企业破产法〉若干问题的规定(二)》第3条、第4条第1款。

③ 《最高人民法院关于适用〈中华人民共和国企业破产法〉若干问题的规定(二)》第24条。

④ 《最高人民法院关于适用〈中华人民共和国民事诉讼法〉的解释》第507条。

⑤ 《最高人民法院关于人民法院执行工作若干问题的规定(试行)》第56条。

债权数额的比例受偿。清偿后的剩余债务，被执行人应当继续清偿。债权人发现被执行人有其他财产的，可以随时请求人民法院执行。[①] ②多份生效法律文书确定金钱给付内容的多个债权人分别对同一被执行人申请执行，各债权人对执行标的物均无担保物权的，按照执行法院采取执行措施的先后顺序受偿。多个债权人的债权种类不同的，基于所有权和担保物权而享有的债权，优先于金钱债权受偿。有多个担保物权的，按照各担保物权成立的先后顺序清偿。一份生效法律文书确定金钱给付内容的多个债权人对同一被执行人申请执行，执行的财产不足清偿全部债务的，各债权人对执行标的物均无担保物权的，按照各债权比例受偿。[②]

4. 参与分配方案的异议。(1)多个债权人对执行财产申请参与分配的，执行法院应当制作财产分配方案，并送达各债权人和被执行人。债权人或者被执行人对分配方案有异议的，应当自收到分配方案之日起15日内向执行法院提出书面异议。[③] (2)债权人或者被执行人对分配方案提出书面异议的，执行法院应当通知未提出异议的债权人、被执行人。未提出异议的债权人、被执行人自收到通知之日起15日内未提出反对意见的，执行法院依异议人的意见对分配方案审查修正后进行分配；提出反对意见的，应当通知异议人。异议人可以自收到通知之日起15日内，以提出反对意见的债权人、被执行人为被告，向执行法院提起诉讼；异议人逾期未提起诉讼的，执行法院按照原分配方案进行分配。诉讼期间进行分配的，执行法院应当提存与争议债权数额相应的款项。[④]

二、受理破产后的财产执行

1. 受理破产后财产执行的确定。(1)裁定中止。在执行中，作为被执行人的企业法人符合《企业破产法》第2条第1款[⑤]规定情形的，执行法院经申请执行人之一或者被执行人同意，应当裁定中止对该被执行人的执行，将执行案件相关材

---

① 《最高人民法院关于适用〈中华人民共和国民事诉讼法〉的解释》第508条。

② 《最高人民法院关于人民法院执行工作若干问题的规定(试行)》第55条。

③ 《最高人民法院关于适用〈中华人民共和国民事诉讼法〉的解释》第509条。

④ 《最高人民法院关于适用〈中华人民共和国民事诉讼法〉的解释》第510条。

⑤ 《企业破产法》第2条规定，企业法人不能清偿到期债务，并且资产不足以清偿全部债务或者明显缺乏清偿能力的，依照本法规定清理债务。

料移送被执行人住所地人民法院。[①] (2)破产的受理。被执行人住所地人民法院应当自收到执行案件相关材料之日起30日内,将是否受理破产案件的裁定告知执行法院。不予受理的,应当将相关案件材料退回执行法院。[②] (3)破产前的措施。被执行人住所地人民法院裁定受理破产案件的,执行法院应当解除对被执行人财产的保全措施。被执行人住所地人民法院裁定宣告被执行人破产的,执行法院应当裁定终结对该被执行人的执行。被执行人住所地人民法院不受理破产案件的,执行法院应当恢复执行。[③]

2. 受理破产后财产执行的清偿。(1)清偿的比例。一份生效法律文书确定金钱给付内容的多个债权人对同一被执行人申请执行,执行的财产不足清偿全部债务的,各债权人对执行标的物均无担保物权的,按照各债权比例受偿。[④] (2)清偿的顺序。破产财产在优先清偿破产费用和共益债务后,依照下列顺序清偿:①破产人所欠职工的工资和医疗、伤残补助、抚恤费用,所欠的应当划入职工个人账户的基本养老保险、基本医疗保险费用,以及法律、行政法规规定应当支付给职工的补偿金;②破产人欠缴的除前项规定以外的社会保险费用和破产人所欠税款;③普通破产债权。破产财产不足以清偿同一顺序的清偿要求的,按照比例分配。破产企业的董事、监事和高级管理人员的工资按照该企业职工的平均工资计算。[⑤] ④执行法院发现被执行人有虚假破产情形的,应当及时向受理破产案件的人民法院提出。申请执行人认为被执行人利用破产逃债的,可以向受理破产案件的人民法院或者其上级人民法院提出异议,受理异议的法院应当依法进行监督。[⑥] (3)变价后的清偿。当事人不同意移送破产或者被执行人住所地人民法院不受理破产案件的,执行法院就执行变价所得财产,在扣除执行费用及

---

① 《最高人民法院关于适用〈中华人民共和国民事诉讼法〉的解释》第511条。

《最高人民法院关于依法审理和执行被风险处置证券公司相关案件的通知》第4条规定,破产程序作为司法权介入的特殊偿债程序,是在债务人财产不足以清偿债务的情况下,以法定的程序和方法,为所有债权人创造获得公平受偿的条件和机会,以使所有债权人共同享有利益、共同分担损失。鉴于此,根据《企业破产法》第19条的规定,人民法院受理证券公司的破产申请后,有关证券公司财产的保全措施应当解除,执行程序应当中止。

② 《最高人民法院关于适用〈中华人民共和国民事诉讼法〉的解释》第512条。

③ 《最高人民法院关于适用〈中华人民共和国民事诉讼法〉的解释》第513条。

④ 《最高人民法院关于人民法院执行工作若干问题的规定(试行)》第55条第3款。

⑤ 《企业破产法》第113条。

⑥ 《最高人民法院关于依法制裁规避执行行为的若干意见》第10条。

清偿优先受偿的债权后，对于普通债权，按照财产保全和执行中查封、扣押、冻结财产的先后顺序清偿。[①]

3. 受理破产后具体纠纷案件财产的执行。(1)国有土地使用权纠纷案件。根据《土地管理法》第58条第1款第3项[②]及《城镇国有土地使用权出让和转让暂行条例》第47条[③]的规定，破产企业以划拨方式取得的国有土地使用权不属于破产财产，在企业破产时，有关人民政府可以予以收回，并依法处置。纳入国家兼并破产计划的国有企业，其依法取得的国有土地使用权，应依据国务院有关文件规定办理。企业对其以划拨方式取得的国有土地使用权无处分权，以该土地使用权设定抵押，未经有审批权限的人民政府或土地行政管理部门批准的，不影响抵押合同效力；履行了法定的审批手续，并依法办理抵押登记的，抵押权自登记时设立。根据《城市房地产管理法》第51条[④]的规定，抵押权人只有在以抵押标的物折价或拍卖、变卖所得价款缴纳相当于土地使用权出让金的款项后，对剩余部分方可享有优先受偿权。但纳入国家兼并破产计划的国有企业，其用以划拨方式取得的国有土地使用权设定抵押的，应依据国务院有关文件规定办理。国有企业以关键设备、成套设备、建筑物设定抵押的，如无其他法定的无效情形，不应当仅以未经政府主管部门批准为由认定抵押合同无效。[⑤] (2)证券公司财产的纠纷案件。①人民法院受理破产申请后，已对证券公司有关财产采取了保全措施，包括执行程序中的查封、冻结、扣押措施的人民法院应当解除相应措施。人民法院解除有关证券公司财产的保全措施时，应当及时通知破产案件管理人并将有关财产移交管理人接管，管理人可以向受理破产案件的人民法院申请保

---

① 《最高人民法院关于适用〈中华人民共和国民事诉讼法〉的解释》第514条。

② 《土地管理法》第58条第1款第3项规定，因单位撤销、迁移等原因，停止使用原划拨的国有土地的，由有关人民政府自然资源主管部门报经原批准用地的人民政府或者有批准权的人民政府批准，可以收回国有土地使用权。

③ 《城镇国有土地使用权出让和转让暂行条例》第47条规定："无偿取得划拨土地使用权的土地使用者，因迁移、解散、撤销、破产或者其他原因而停止使用土地的，市、县人民政府应当无偿收回其划拨土地使用权，并可依照本条例的规定予以出让。对划拨土地使用权，市、县人民政府根据城市建设发展需要和城市规划的要求，可以无偿收回，并可依照本条例的规定予以出让。无偿收回划拨土地使用权时，对其地上建筑物、其他附着物，市、县人民政府应当根据实际情况给予适当补偿。"

④ 《城市房地产管理法》第51条规定设定房地产抵押权的土地使用权是以划拨方式取得的，依法拍卖该房地产后，应当从拍卖所得的价款中缴纳相当于应缴纳的土地使用权出让金的款额后，抵押权人方可优先受偿。

⑤ 《最高人民法院关于破产企业国有划拨土地使用权应否列入破产财产等问题的批复》。

全。②人民法院受理破产申请后，已经受理有关证券公司执行案件的人民法院，对证券公司财产尚未执行或者尚未执行完毕的程序应当中止执行。当事人在破产申请受理后向有关法院申请对证券公司财产强制执行的，有关法院对其申请不予受理，并告知其依法向破产案件管理人申报债权。破产申请受理后人民法院未中止执行的，对于已经执行了的证券公司财产，执行法院应当依法执行回转，并交由管理人作为破产财产统一分配。③管理人接管证券公司财产、调查证券公司财产状况后，发现有关法院仍然对证券公司财产进行保全或者继续执行，向采取保全措施或执行措施的人民法院提出申请的，有关人民法院应当依法及时解除保全或中止执行。④受理破产申请的人民法院在破产宣告前裁定驳回申请人的破产申请，并终结证券公司破产程序的，应当在作出终结破产程序的裁定前，告知管理人通知原对证券公司财产采取保全措施的人民法院恢复原有的保全措施，有轮候保全的，以原采取保全措施的时间确定轮候顺位。对恢复受理证券公司为被执行人的执行案件，适用申请执行时效中断的规定。[1]

① 《最高人民法院关于依法审理和执行被风险处置证券公司相关案件的通知》第4条。

第二十二章　执行中止和终结

在执行中，出现了法定的情形，会使执行程序停止，这就是执行暂缓、执行中止、执行中断①和执行终结。本章只规定执行中止和执行终结。

执行中止

第二百六十三条　有下列情形之一的，人民法院应当裁定中止执行：

（一）申请人表示可以延期执行的；

（二）案外人对执行标的提出确有理由的异议的；

（三）作为一方当事人的公民死亡，需要等待继承人继承权利或者承担义务的；

（四）作为一方当事人的法人或者其他组织终止，尚未确定权利义务承受人的；

（五）人民法院认为应当中止执行的其他情形。

中止的情形消失后，恢复执行。

本条明确执行中止。

执行中止，是指在执行过程中，由于出现了某种特殊情况而使执行程序暂时停止，待特殊情况消失后，执行程序再继续进行。② 本书在此基础上进一步阐释三方面的内容。

---

① 《最高人民法院关于适用〈中华人民共和国民事诉讼法〉执行程序若干问题的解释》第20条规定："申请执行时效因申请执行、当事人双方达成和解协议、当事人一方提出履行要求或者同意履行义务而中断。从中断时起，申请执行时效期间重新计算。"

② 洪冬英主编：《民事诉讼法学通论》（第3版），北京大学出版社2020年版，第416页。

一、执行中止的情形[①]

1. 申请人表示可以延期执行。申请人的这种表示是对自己民事实体权利和民事诉讼权利的一种处分，申请人愿意延长执行的，在所延长期限届满前，执行程序应当中止。同时，要求执行法院做好必要的调查工作，防止被执行人恶意促使申请人同意中止执行。[②]

2. 案外人对执行标的提出确有理由的异议。[③]

3. 作为一方当事人的自然人死亡，需要等待继承人继承权利或者承担义务。需要指出的是，作为被执行人的自然人死亡，其继承人仅在所继承的遗产范围内偿还债务，继续履行法律文书确定的义务。

4. 作为一方当事人的法人或者非法人组织终止，尚未确定权利义务承受人。在执行过程中，作为一方当事人的法人或者非法人组织终止，应当由承受其权利义务的法人或者非法人组织作为当事人继续参与执行程序，履行义务。但在特殊情况下，承受权利义务的法人或者非法人组织一时尚未确定，在确定之前执行程序应当中止。[④]

5. 人民法院认为应当中止执行的其他情形。[⑤]（1）一方当事人申请执行仲裁裁决，另一方当事人申请撤销仲裁裁决的。人民法院受理当事人撤销仲裁裁决的申请后，另一方当事人申请执行同一仲裁裁决的，受理执行申请的人民法院应当在受理后裁定中止执行。[⑥]（2）案件已经按审判监督程序决定再审的。（对依法设立的仲裁机构的裁决）一方当事人申请执行裁决，另一方当事人申请撤销

① 洪冬英主编：《民事诉讼法学通论》（第3版），北京大学出版社2020年版，第416～417页。江必新等编著：《新民事诉讼法配套适用规则适用指引（执行程序卷）》，法律出版社2016年版，第534～535页。

② 洪冬英主编：《民事诉讼法学通论》（第3版），北京大学出版社2020年版，第416页。

③ 洪冬英主编：《民事诉讼法学通论》（第3版），北京大学出版社2020年版，第416页。

④ 洪冬英主编：《民事诉讼法学通论》（第3版），北京大学出版社2020年版，第416页。

⑤ 洪冬英主编：《民事诉讼法学通论》（第3版），北京大学出版社2020年版，第416页。

在执行过程中，人民法院认为出现除上述情况外的其他情形，需要中止执行的，可以作出中止执行的裁定。这一规定较为灵活，以适应执行工作中的复杂情况。

⑥ 《最高人民法院关于适用〈中华人民共和国仲裁法〉若干问题的解释》第25条。

裁决的，人民法院应当裁定中止执行。[①]

6. 执行中止的除外情形。按照审判监督程序决定再审的案件，裁定中止原判决、裁定、调解书的执行，但追索赡养费、扶养费、抚养费、抚恤金、医疗费用、劳动报酬等案件，可以不中止执行。[②]

二、执行中止的程序规则

1. 执行中止的裁定书。人民法院对已经发生法律效力的判决、裁定、调解书依法决定再审，依照《民事诉讼法》第 213 条规定，需要中止执行的，应当在再审裁定中同时写明中止原判决、裁定、调解书的执行；情况紧急的，可以将中止执行裁定口头通知负责执行的人民法院，并在通知后 10 日内发出裁定书。[③]

2. 执行中止期间的计算。（1）一般规定。在申请执行时效期间的最后 6 个月内，因不可抗力或者其他障碍不能行使请求权的，申请执行时效中止。从中止时效的原因消除之日起，申请执行时效期间继续计算。[④]（2）特殊规定。"中止诉讼的原因消除"之日的确定，要区别灾区不同情况，坚持从宽掌握的原则，结合个案具体情况具体分析。[⑤]

3. 中止执行的申请费。中止执行的案件，已交纳的案件申请费不予退还。中止执行的原因消除，恢复执行的，不再交纳案件申请费。[⑥]

4. 执行中止的恢复。中止执行的情形消失后，执行法院可以根据当事人的申请或依职权恢复执行。恢复执行应当书面通知当事人。[⑦]

5. 执行中止中的异议之诉。申请执行人对中止执行裁定未提起执行异议之诉，被执行人提起执行异议之诉的，人民法院告知其另行起诉。[⑧]

6. 执行中止的纠正。应严格依照法定条件和程序采取中止执行措施，并耐

---

① 《仲裁法》第 64 条第 1 款。

《最高人民法院关于人民法院执行工作若干问题的规定（试行）》第 59 条规定，按照审判监督程序提审或再审的案件，执行机构根据上级法院或本院作出的中止执行裁定书中止执行。

② 《民事诉讼法》第 213 条。

③ 《最高人民法院关于适用〈中华人民共和国民事诉讼法〉的解释》第 394 条。

④ 《最高人民法院关于适用〈中华人民共和国民事诉讼法〉执行程序若干问题的解释》第 19 条。

⑤ 《最高人民法院印发〈关于处理涉及汶川地震相关案件适用法律问题的意见（一）〉的通知》第 7 条。

⑥ 《诉讼费用交纳办法》第 26 条。

⑦ 《最高人民法院关于人民法院执行工作若干问题的规定（试行）》第 60 条。

⑧ 《最高人民法院关于适用〈中华人民共和国民事诉讼法〉的解释》第 307 条。

心做好解释工作;告知申请执行人中止执行后恢复执行的条件和程序;中止确有错误的,应当及时依法纠正。[①]

三、具体纠纷案件的执行中止

1. 破产案件的执行中止。(1)破产申请受理前,债权人就债务人财产向人民法院提起《最高人民法院关于适用〈中华人民共和国企业破产法〉若干问题的规定(二)》第21条第1款[②]所列诉讼,人民法院已经作出生效民事判决书或者调解书但尚未执行完毕的,破产申请受理后,相关执行行为应当依据《企业破产法》第19条[③]的规定中止,债权人应当依法向管理人申报相关债权。[④] (2)人民法院受理企业破产案件后,对债务人财产的其他民事执行程序应当中止。(3)破产程序是对债务人全部财产进行的概括执行,注重对所有债权的公平受偿,具有对一般债务清偿程序的排他性。因此,人民法院受理破产申请后,对债务人财产所采取的所有保全措施和执行程序都应解除和中止,相关债务在破产清算程序中一并公平清偿。[⑤] (4)对涉及"已被托管的信用社"为债务人的已经发生法律效力的法律文书(包括关闭前),人民法院应当依法裁定中止执行。有关当事人可凭人民法院已经发生法律效力的法律文书,到被关闭信用社的清算组进行债券登记,由清算组依清算程序予以清偿。清算程序终结,人民法院即终结执行程序。[⑥] (5)有关债权人对清算组确认的债权数额持有异议而向人民法院提起诉讼的,人

---

① 《法官行为规范》第61条。

② 《最高人民法院关于适用〈中华人民共和国企业破产法〉若干问题的规定(二)》第21条第1款规定:"破产申请受理前,债权人就债务人财产提起下列诉讼,破产申请受理时案件尚未审结的,人民法院应当中止审理:(一)主张次债务人代替债务人直接向其偿还债务的;(二)主张债务人的出资人、发起人和负有监督股东履行出资义务的董事、高级管理人员,或者协助抽逃出资的其他股东、董事、高级管理人员、实际控制人等直接向其承担出资不实或者抽逃出资责任的;(三)以债务人的股东与债务人法人人格严重混同为由,主张债务人的股东直接向其偿还债务人对其所负债务的;(四)其他就债务人财产提起的个别清偿诉讼。"

③ 《企业破产法》第19条规定,人民法院受理破产申请后,有关债务人财产的保全措施应当解除,执行程序应当中止。

④ 《最高人民法院关于适用〈中华人民共和国企业破产法〉若干问题的规定(二)》第22条。

⑤ 《最高人民法院关于正确审理企业破产案件为维护市场经济秩序提供司法保障若干问题的意见》第17条。

⑥ 《最高人民法院关于恢复审理和执行涉及原北海市大业城市信用合作社等十四家城市信用合作社和原广东省恩平市农村信用合作社联合社等二十家城乡信用合作社经济纠纷案件的通知》。

民法院应当依照《民事诉讼法》第 122 条[①]的规定处理。[②]

2. 债务纠纷案件的执行中止。以债务人为被告的其他债务纠纷案件，根据下列不同情况分别处理：(1)已经审结但未执行完毕的，应当中止执行，由债权人凭生效的法律文书向受理破产案件的人民法院申报债权。(2)尚未审结且无其他被告和无独立请求权的第三人的，应当中止诉讼，由债权人向受理破产案件的人民法院申报债权。在企业被宣告破产后，终结诉讼。(3)尚未审结并有其他被告或者无独立请求权的第三人的，应当中止诉讼，由债权人向受理破产案件的人民法院申报债权。待破产程序终结后，恢复审理。(4)债务人系从债务人的债务纠纷案件继续审理。[③]

3. 证券公司案件的执行中止。管理人接管证券公司财产、调查证券公司财产状况后，发现有关法院仍然对证券公司财产进行保全或者继续执行，向采取保全措施或执行措施的人民法院提出申请的，有关人民法院应当依法及时解除保全或中止执行。受理破产申请的人民法院在破产宣告前裁定驳回申请人的破产申请，并终结证券公司破产程序的，应当在作出终结破产程序的裁定前，告知管理人通知原对证券公司财产采取保全措施的人民法院恢复原有的保全措施，有轮候保全的，以原采取保全措施的时间确定轮候顺位。对恢复受理证券公司为被执行人的执行案件，适用申请执行时效中断的规定。证券公司进入破产程序后，人民法院作出的刑事附带民事赔偿或者涉及追缴赃款赃物的判决应当中止执行，由相关权利人在破产程序中以申报债权等方式行使权利；刑事判决中罚金、没收财产等处罚，应当在破产程序债权人获得全额清偿后的剩余财产中执行。[④]

---

① 《民事诉讼法》第 122 条规定："起诉必须符合下列条件：(一)原告是与本案有直接利害关系的公民、法人和其他组织；(二)有明确的被告；(三)有具体的诉讼请求和事实、理由；(四)属于人民法院受理民事诉讼的范围和受诉人民法院管辖。"

② 《最高人民法院关于恢复审理和执行涉及原北海市大业城市信用合作社等十四家城市信用合作社和原广东省恩平市农村信用合作社联合社等二十家城乡信用合作社经济纠纷案件的通知》。

《最高人民法院关于中银信托投资公司作为被执行人的案件应中止执行的通知》规定，鉴于中国人民银行已决定对中银信托投资公司进行接管，凡涉及中银信托投资公司作为被执行人的案件，在接管、清理期间，有关执行法院应根据《民事诉讼法》第 263 条第 1 款第 5 项之规定，对生效的法律文书，裁定中止执行。

③ 《最高人民法院关于审理企业破产案件若干问题的规定》第 20 条第 2 款。

④ 《最高人民法院关于依法审理和执行被风险处置证券公司相关案件的通知》第 4 条第 3 款、第 4 款，第 5 条。

4. 赔偿案件的执行中止。国家机关作借款合同保证人的,保证条款应确认无效。保证条款被确认无效后,如借款人无力归还银行贷款,给国家造成经济损失的,作为保证人的国家机关应承担相应的赔偿责任,并在赔偿损失后有权向借款人追偿。国家机关无力承担赔偿责任的,人民法院根据《民事诉讼法》第263条第1款第5项规定,可裁定中止执行。国家机关下属办事机构作借款合同保证人的,人民法院应将其所属的国家机关列为诉讼当事人,承担民事责任。[①]

执行终结

第二百六十四条　有下列情形之一的,人民法院裁定终结执行:

(一)申请人撤销申请的;

(二)据以执行的法律文书被撤销的;

(三)作为被执行人的公民死亡,无遗产可供执行,又无义务承担人的;

(四)追索赡养费、扶养费、抚养费案件的权利人死亡的;

(五)作为被执行人的公民因生活困难无力偿还借款,无收入来源,又丧失劳动能力的;

(六)人民法院认为应当终结执行的其他情形。

本条明确执行终结。

执行终结,是指在执行过程中,由于出现了某种特殊情况,使执行程序无法或无须继续进行,因而依法结束执行程序。[②] 本书在此基础上进一步阐释三方面的内容。

一、结案

(一)结案期限

人民法院执行生效法律文书,一般应当在立案之日起6个月内执行结案,但

---

① 《最高人民法院经济审判庭关于国家机关作为借款合同保证人应否承担经济损失问题的电话答复》。

② 洪冬英主编:《民事诉讼法学通论》(第3版),北京大学出版社2020年版,第418页。

执行终结分为正常情况下的执行终结和特殊情况下的执行终结。前者是指人民法院执行员按照已经生效的法律文书的要求,采取相应措施全部执行完毕。后者是指执行开始后,由于出现某种法定原因使执行工作永远无法进行或者无须进行,因而以裁定的方式结束执行程序。

中止执行的期间应当扣除。确有特殊情况需要延长的,由本院院长批准。①

(二)结案方式

除执行财产保全裁定、恢复执行的案件外,其他执行实施类案件的结案方式包括:执行完毕、终结本次执行程序、终结执行、销案、不予执行、驳回申请。②

1. 以“销案”的方式结案。(1)执行实施案件立案后,有下列情形之一的,可以以“销案”方式结案:①被执行人提出管辖异议,经审查异议成立,将案件移送有管辖权的法院或申请执行人撤回申请的;②发现其他有管辖权的人民法院已经立案在先的;③受托法院报经高级人民法院同意退回委托的。③ (2)提级执行或指定执行的案件,提级执行的法院或被指定执行的法院应当按照新收执行案件办理,原执行法院可作销案处理,不得作结案处理。④ (3)因重复立案移送管辖的案件,原执行法院应作销案处理,不得作结案处理。⑤

2. 以“不予执行”的方式结案。执行实施案件立案后,被执行人对仲裁裁决或公证债权文书提出不予执行申请,经人民法院审查,裁定不予执行的,以“不予执行”方式结案。⑥

3. 以“驳回申请”的方式结案。执行实施案件立案后,经审查发现不符合《最高人民法院关于人民法院执行工作若干问题的规定(试行)》第16条⑦规定的受理条件,裁定驳回申请的,以“驳回申请”方式结案。⑧

4. 具体纠纷案件的结案方式。(1)执行财产保全裁定案件的结案方式包括:①保全完毕,即保全事项全部实施完毕;②部分保全,即因未查询到足额财产,致使保全事项未能全部实施完毕;③无标的物可实施保全,即未查到财产可供保

---

① 《最高人民法院关于人民法院执行工作若干问题的意见》第63条。

② 《最高人民法院关于执行案件立案、结案若干问题的意见》第14条。

③ 《最高人民法院关于执行案件立案、结案若干问题的意见》第18条。

④ 《中央政法委、最高人民法院关于规范集中清理执行积案结案标准的通知》第3条第6款。

⑤ 《中央政法委、最高人民法院关于规范集中清理执行积案结案标准的通知》第3条第7款。

⑥ 《最高人民法院关于执行案件立案、结案若干问题的意见》第19条。

⑦ 《最高人民法院关于人民法院执行工作若干问题的规定(试行)》第16条规定人民法院受理执行案件应当符合下列条件:(1)申请或移送执行的法律文书已经生效;(2)申请执行人是生效法律文书确定的权利人或其继承人、权利承受人;(3)申请执行的法律文书有给付内容,且执行标的和被执行人明确;(4)义务人在生效法律文书确定的期限内未履行义务;(5)属于受申请执行的人民法院管辖。人民法院对符合上述条件的申请,应当在7日内予以立案;不符合上述条件之一的,应当在7日内裁定不予受理。

⑧ 《最高人民法院关于执行案件立案、结案若干问题的意见》第20条。

全。[①] (2)恢复执行案件的结案方式包括:①执行完毕;②终结本次执行程序;③终结执行。[②] (3)执行异议案件的结案方式包括:①准予撤回异议或申请,即异议人撤回异议或申请的;②驳回异议或申请,即异议不成立或者案外人虽然对执行标的享有实体权利但不能阻止执行的;③撤销相关执行行为、中止对执行标的的执行、不予执行、追加变更当事人,即异议成立的;④部分撤销并变更执行行为、部分不予执行、部分追加变更当事人,即异议部分成立的;⑤不能撤销、变更执行行为,即异议成立或部分成立,但不能撤销、变更执行行为的;⑥移送其他人民法院管辖,即管辖权异议成立的。执行异议案件应当制作裁定书,并送达当事人。法律、司法解释规定对执行异议案件可以口头裁定的,应当记入笔录。[③] (4)执行复议案件的结案方式包括:①准许撤回申请,即申请复议人撤回复议申请的;②驳回复议申请,维持异议裁定,即异议裁定认定事实清楚,适用法律正确,复议理由不成立的;③撤销或变更异议裁定,即异议裁定认定事实错误或者适用法律错误,复议理由成立的;④查清事实后作出裁定,即异议裁定认定事实不清,证据不足的;⑤撤销异议裁定,发回重新审查,即异议裁定遗漏异议请求或者异议裁定错误对案外人异议适用执行行为异议审查程序的。人民法院对重新审查的案件作出裁定后,当事人申请复议的,上级人民法院不得再次发回重新审查。执行复议案件应当制作裁定书,并送达当事人。法律、司法解释规定对执行复议案件可以口头裁定的,应当记入笔录。[④] (5)执行监督案件的结案方式包括:①准许撤回申请,即当事人撤回监督申请的;②驳回申请,即监督申请不成立的;③限期改正,即监督申请成立,指定执行法院在一定期限内改正的;④撤销并改正,即监督申请成立,撤销执行法院的裁定直接改正的;⑤提级执行,即监督申请成立,上级人民法院决定提级自行执行的;⑥指定执行,即监督申请成立,上级人民法院决定指定其他法院执行的;⑦其他,即其他可以报结的情形。[⑤] (6)执行请示案件的结案方式包括:①答复,即符合请示条件的;②销案,即不符合请示条件的。[⑥] (7)执行协调案件的结案方式包括:①撤回协调请求,即执行争议法院自

---

① 《最高人民法院关于执行案件立案、结案若干问题的意见》第 21 条。
② 《最高人民法院关于执行案件立案、结案若干问题的意见》第 22 条。
③ 《最高人民法院关于执行案件立案、结案若干问题的意见》第 24 条。
④ 《最高人民法院关于执行案件立案、结案若干问题的意见》第 25 条。
⑤ 《最高人民法院关于执行案件立案、结案若干问题的意见》第 26 条。
⑥ 《最高人民法院关于执行案件立案、结案若干问题的意见》第 27 条。

行协商一致，撤回协调请求的；②协调解决，即经过协调，执行争议法院达成一致协调意见，将协调意见记入笔录或者向执行争议法院发出协调意见函的。[①]

（三）执行结案的处理

1. 依法结案的处理。（1）符合法律或司法解释规定的终结执行情形的，可依法结案。仲裁裁决、公证债权文书被裁定不予执行的，可依法结案。[②]（2）被执行人可供执行的财产执行完毕后，申请执行人书面表示放弃剩余债权的，可依法结案。[③]（3）案件执行标的款全部执行到执行款专户，因申请执行人下落不明无法领取或不愿领取，执行法院已依法予以提存的，可以作结案处理。[④]

2. 不得作结案处理。（1）下列案件不得作结案处理：①人民法院裁定中止执行的；②人民法院决定暂缓执行的；③执行和解协议未全部履行完毕，且不符合《最高人民法院关于执行案件立案、结案若干问题的意见》第16条、第17条规定终结本次执行程序、终结执行条件的。[⑤]（2）委托执行的案件，受托法院可以按照新收执行案件办理，委托法院不得作结案处理。待受托法院将案件依法结案后，委托法院的案件一并依法结案。[⑥]

二、执行结案

根据法律规定，执行结案的方式为：执行完毕、终结本次执行程序、终结执行、销案、不予执行、驳回申请。[⑦]

（一）终结本次执行

终结本次执行程序，是指在执行程序开始后，人民法院穷尽所有执行手段和方法，仍然无法使案件得以执行，在查明被执行人确无可供执行的财产、暂时无履行能力的情况下，由人民法院裁定终结本次执行程序，此后一旦发现债务人财产，债权人可以随时再次申请执行的制度。[⑧]

---

① 《最高人民法院关于执行案件立案、结案若干问题的意见》第28条。

② 《中央政法委、最高人民法院关于规范集中清理执行积案结案标准的通知》第3条第1款。

③ 《中央政法委、最高人民法院关于规范集中清理执行积案结案标准的通知》第3条第2款。

④ 《中央政法委、最高人民法院关于规范集中清理执行积案结案标准的通知》第3条第3款。

⑤ 《最高人民法院关于执行案件立案、结案若干问题的意见》第23条。

《中央政法委、最高人民法院关于规范集中清理执行积案结案标准的通知》第3条第5款规定，中止执行的案件，不得作结案处理。

⑥ 《中央政法委、最高人民法院关于规范集中清理执行积案结案标准的通知》第3条第4款。

⑦ 《最高人民法院关于人民法院执行工作若干问题的规定（试行）》第64条。

⑧ 洪冬英主编：《民事诉讼法学通论》（第3版），北京大学出版社2020年版，第419页。

1. 终结本次执行的情形。有下列情形之一的,可以以“终结本次执行程序”方式结案:(1)被执行人确无财产可供执行,申请执行人书面同意人民法院终结本次执行程序的;(2)因被执行人无财产而中止执行满2年,经查证被执行人确无财产可供执行的;(3)申请执行人明确表示提供不出被执行人的财产或财产线索,并在人民法院穷尽财产调查措施①之后,对人民法院认定被执行人无财产可供执行书面表示认可的;(4)被执行人的财产无法拍卖变卖,或者动产经2次拍卖、不动产或其他财产权经3次拍卖仍然流拍,申请执行人拒绝接受或者依法不能交付其抵债,经人民法院穷尽财产调查措施,被执行人确无其他财产可供执行的;(5)经人民法院穷尽财产调查措施,被执行人确无财产可供执行或虽有财产但不宜强制执行,当事人达成分期履行和解协议,且未履行完毕的;(6)被执行人确无财产可供执行,申请执行人属于特困群体,执行法院已经给予其适当救助的。②

2. 终结本次执行的条件。人民法院终结本次执行程序,应当同时符合下列条件:(1)已向被执行人发出执行通知、责令被执行人报告财产。③ (2)已向被执行人发出限制消费令,并将符合条件的被执行人纳入失信被执行人名单。(3)已

---

① 《最高人民法院关于执行案件立案、结案若干问题的意见》第16条第5款规定:“本条第一款第(三)(四)(五)项中规定的‘人民法院穷尽财产调查措施’,是指至少完成下列调查事项:(一)被执行人是法人或其他组织的,应当向银行业金融机构查询银行存款,向有关房地产管理部门查询房地产登记,向法人登记机关查询股权,向有关车管部门查询车辆等情况;(二)被执行人是自然人的,应当向被执行人所在单位及居住地周边群众调查了解被执行人的财产状况或财产线索,包括被执行人的经济收入来源、被执行人到期债权等。如果根据财产线索判断被执行人有较高收入,应当按照对法人或其他组织的调查途径进行调查;(三)通过最高人民法院的全国法院网络执行查控系统和执行法院所属高级人民法院的‘点对点’网络执行查控系统能够完成的调查事项;(四)法律、司法解释规定必须完成的调查事项。”

《中央政法委、最高人民法院关于规范集中清理执行积案结案标准的通知》第2条规定,执行法院应依法穷尽财产调查措施,并将调查结果告知申请执行人。只有在积极采取法律赋予的调查手段、穷尽对被执行人财产状况的相关调查措施之后,才可以将有关案件认定为无财产可供执行的案件。

② 《最高人民法院关于执行案件立案、结案若干问题的意见》第16条第1款第6项。

③ 《最高人民法院关于严格规范终结本次执行程序的规定(试行)》第2条规定:“本规定第一条第一项中的‘责令被执行人报告财产’,是指应当完成下列事项:(一)向被执行人发出报告财产令;(二)对被执行人报告的财产情况予以核查;(三)对逾期报告、拒绝报告或者虚假报告的被执行人或者相关人员,依法采取罚款、拘留等强制措施,构成犯罪的,依法启动刑事责任追究程序。人民法院应当将财产报告、核实及处罚的情况记录入卷。”

穷尽财产调查措施,未发现被执行人有可供执行的财产或者发现的财产不能处置。[①] (4)自执行案件立案之日起已超过3个月。(5)被执行人下落不明的,已依法予以查找;被执行人或者其他人妨害执行的,已依法采取罚款、拘留等强制措施,构成犯罪的,已依法启动刑事责任追究程序。[②]

3. 终结本次执行的合议。人民法院应当依法组成合议庭,就案件是否终结本次执行程序进行合议。[③]

4. 终结本次执行的裁定。(1)经过财产调查未发现可供执行的财产,在申请执行人签字确认或者执行法院组成合议庭审查核实并经院长批准后,可以裁定终结本次执行程序。[④] (2)无财产可供执行的案件,执行程序在一定期间无法继续进行,且有下列情形之一的,经合议庭评议,可裁定终结本次执行程序后结案:①被执行人确无财产可供执行,申请执行人书面同意人民法院终结本次执行程序的;②因被执行人无财产而中止执行满两年,经查证被执行人确无财产可供执行的;③申请执行人明确表示提供不出被执行人的财产或财产线索,并在人民法院穷尽财产调查措施之后对人民法院认定被执行人无财产可供执行书面表示认可的;④被执行人的财产无法拍卖变卖,或者动产经两次拍卖、不动产或其他财产权经三次拍卖仍然流拍,申请执行人拒绝接受或者依法不能交付其抵债,经人民法院穷尽财产调查措施,被执行人确无其他财产可供执行的;⑤作为被执行人的企业法人被撤销、注销、吊销营业执照或者歇业后既无财产可供执行,又无义

---

① 《最高人民法院关于严格规范终结本次执行程序的规定(试行)》第3条规定:"本规定第一条第三项中的'已穷尽财产调查措施',是指应当完成下列调查事项:(一)对申请执行人或者其他人提供的财产线索进行核查;(二)通过网络执行查控系统对被执行人的存款、车辆及其他交通运输工具、不动产、有价证券等财产情况进行查询;(三)无法通过网络执行查控系统查询本款第二项规定的财产情况的,在被执行人住所地或者可能隐匿、转移财产所在地进行必要调查;(四)被执行人隐匿财产、会计账簿等资料且拒不交出的,依法采取搜查措施;(五)经申请执行人申请,根据案件实际情况,依法采取审计调查、公告悬赏等调查措施;(六)法律、司法解释规定的其他财产调查措施。人民法院应当将财产调查情况记录入卷。"

《最高人民法院关于严格规范终结本次执行程序的规定(试行)》第4条规定:"本规定第一条第三项中的'发现的财产不能处置',包括下列情形:(一)被执行人的财产经法定程序拍卖、变卖未成交,申请执行人不接受抵债或者依法不能交付其抵债,又不能对该财产采取强制管理等其他执行措施的;(二)人民法院在登记机关查封的被执行人车辆、船舶等财产,未能实际扣押的。"

② 《最高人民法院关于严格规范终结本次执行程序的规定(试行)》第1条。

另参见洪冬英主编:《民事诉讼法学通论》(第3版),北京大学出版社2020年版,第419页。

③ 《最高人民法院关于执行案件立案、结案若干问题的意见》第16条第2款。

④ 《最高人民法院关于适用〈中华人民共和国民事诉讼法〉的解释》第517条第1款。

务承受人,也没有能够依法追加变更执行主体的;⑥经人民法院穷尽财产调查措施,被执行人确无财产可供执行或虽有财产但不宜强制执行,当事人达成分期履行和解协议的;⑦被执行人确无财产可供执行,申请执行人属于特困群体,执行法院已经给予其适当救助资金的。[①]

5. 终结本次执行的告知。(1)终结本次执行程序前,人民法院应当将案件执行情况、采取的财产调查措施、被执行人的财产情况、终结本次执行程序的依据及法律后果等信息告知申请执行人,并听取其对终结本次执行程序的意见。人民法院应当将申请执行人的意见记录入卷。[②] (2)终结本次执行程序后,被执行人应当继续履行生效法律文书确定的义务。被执行人自动履行完毕的,当事人应当及时告知执行法院。[③]

6. 终结本次执行的裁定书。(1)终结本次执行程序应当制作裁定书,载明下列内容:①申请执行的债权情况;②执行经过及采取的执行措施、强制措施;③查明的被执行人财产情况;④实现的债权情况;⑤申请执行人享有要求被执行人继续履行债务及依法向人民法院申请恢复执行的权利,被执行人负有继续向申请执行人履行债务的义务。[④] (2)终结本次执行程序裁定书送达申请执行人后,执行案件可以作结案处理。人民法院进行相关统计时,应当对以终结本次执行程序方式结案的案件与其他方式结案的案件予以区分。[⑤] (3)终结本次执行程序裁定书应当依法在互联网上公开。[⑥]

7. 终结本次执行的案件信息。(1)终结本次执行程序裁定书送达申请执行人以后,执行法院应当在7日内将相关案件信息录入最高人民法院建立的终结本

---

① 《中央政法委、最高人民法院关于规范集中清理执行积案结案标准的通知》第3条第8款。

② 《最高人民法院关于严格规范终结本次执行程序的规定(试行)》第5条。

③ 《最高人民法院关于严格规范终结本次执行程序的规定(试行)》第8条。

④ 《最高人民法院关于严格规范终结本次执行程序的规定(试行)》第6条第1款。

《中央政法委、最高人民法院关于规范集中清理执行积案结案标准的通知》第3条第9款第1项规定,裁定书中应当载明执行标的总额、已经执行的债权数额和剩余的债权数额,并写明申请执行人在具备执行条件时,可以向有管辖权的人民法院申请执行剩余债权。

⑤ 《最高人民法院关于严格规范终结本次执行程序的规定(试行)》第6条第2款。

《最高人民法院关于执行案件立案、结案若干问题的意见》第16条第3款规定,终结本次执行程序应当制作裁定书,送达申请执行人。裁定应当载明案件的执行情况、申请执行人债权已受偿和未受偿的情况、终结本次执行程序的理由,以及发现被执行人有可供执行财产,可以申请恢复执行等内容。

⑥ 《最高人民法院关于严格规范终结本次执行程序的规定(试行)》第6条第3款。

次执行程序案件信息库,并通过该信息库统一向社会公布。[①] (2)终结本次执行程序案件信息库记载的信息应当包括下列内容:①作为被执行人的法人或者其他组织的名称、住所地、组织机构代码及其法定代表人或者负责人的姓名,作为被执行人的自然人的姓名、性别、年龄、身份证件号码和住址;②生效法律文书的制作单位和文号,执行案号、立案时间、执行法院;③生效法律文书确定的义务和被执行人的履行情况;④人民法院认为应当记载的其他事项。[②] (3)当事人、利害关系人认为公布的终结本次执行程序案件信息错误的,可以向执行法院申请更正。执行法院审查属实的,应当在3日内予以更正。[③] (4)有下列情形之一的,人民法院应当在3日内将案件信息从终结本次执行程序案件信息库中屏蔽:①生效法律文书确定的义务执行完毕的;②依法裁定终结执行的;③依法应予屏蔽的其他情形。[④]

8. 终结本次执行的异议。(1)当事人、利害关系人认为终结本次执行程序违反法律规定的,可以提出执行异议。人民法院应当依照《民事诉讼法》第232条的规定进行审查。[⑤] (2)裁定终结本次执行程序前,应当告知申请执行人可以在指定的期限内提出异议。申请执行人提出异议的,应当另行组成合议庭组织当事人就被执行人是否有财产可供执行进行听证;申请执行人提供被执行人财产线索的,人民法院应当就其提供的线索重新调查核实,发现被执行人有财产可供执行的,应当继续执行;经听证认定被执行人确无财产可供执行,申请执行人亦不能提供被执行人有可供执行财产的,可以裁定终结本次执行程序。[⑥]

9. 终结本次执行的恢复执行。终结本次执行程序后,申请执行人发现被执行人有可供执行财产的,可以向执行法院申请恢复执行。申请恢复执行不受申请执行时效期间的限制。执行法院核查属实的,应当恢复执行。终结本次执行程序后的5年内,执行法院应当每6个月通过网络执行查控系统查询1次被执行人的财产,并将查询结果告知申请执行人。符合恢复执行条件的,执行法院应当

---

① 《最高人民法院关于严格规范终结本次执行程序的规定(试行)》第12条。
② 《最高人民法院关于严格规范终结本次执行程序的规定(试行)》第13条。
③ 《最高人民法院关于严格规范终结本次执行程序的规定(试行)》第14条。
④ 《最高人民法院关于严格规范终结本次执行程序的规定(试行)》第18条。
⑤ 《最高人民法院关于严格规范终结本次执行程序的规定(试行)》第7条。
⑥ 《最高人民法院关于执行案件立案、结案若干问题的意见》第16条第4款。

及时恢复执行。[①]

10. 终结本次执行的移送。案件符合终结本次执行程序条件，又符合移送破产审查相关规定的，执行法院应当在作出终结本次执行程序裁定的同时，将执行案件相关材料移送被执行人住所地人民法院进行破产审查。[②]

11. 终结本次执行后相关规定。（1）终结本次执行程序后，发现被执行人有可供执行财产，不立即采取执行措施可能导致财产被转移、隐匿、出卖或者毁损的，执行法院可以依申请执行人申请或依职权立即采取查封、扣押、冻结等控制性措施。[③]（2）裁定终结本次执行程序后，如发现被执行人有财产可供执行的，申请执行人可以再次提出执行申请。申请执行人再次提出执行申请不受申请执行期间的限制。申请执行人申请或者人民法院依职权恢复执行的，应当重新立案。[④]（3）终结执行后，申请执行人发现被执行人有可供执行财产的，可以再次申请执行。再次申请不受申请执行时效期间的限制。[⑤]（4）终结本次执行程序后，人民法院已对被执行人依法采取的执行措施和强制措施继续有效。[⑥]（5）终结本次执行程序后，申请执行人申请延长查封、扣押、冻结期限的，人民法院应当依法办理续行查封、扣押、冻结手续。终结本次执行程序后，当事人、利害关系人申请变更、追加执行当事人，符合法定情形的，人民法院应予支持。变更、追加被执行人后，申请执行人申请恢复执行的，人民法院应予支持。[⑦]（6）对无财产可供执行的重点案件，应分别按照下列情况办理：①申请执行人属于特困群体，已经设立救助资金的，应当启动特困群体救助程序，给予申请执行人适当救助金；未设立救助资金的，应报请当地清理积案领导小组，协调有关部门给予申请执行人以适当救助。②申请执行人不属于特困群体但坚持要求执行的，应通过说明解释工

---

① 《最高人民法院关于严格规范终结本次执行程序的规定（试行）》第9条。

② 《最高人民法院关于严格规范终结本次执行程序的规定（试行）》第11条。

③ 《最高人民法院关于严格规范终结本次执行程序的规定（试行）》第10条。

④ 《中央政法委、最高人民法院关于规范集中清理执行积案结案标准的通知》第3条第10款第1项、第2项。

《最高人民法院关于执行案件立案、结案若干问题的意见》第16条第6款规定："人民法院裁定终结本次执行程序后，发现被执行人有财产的，可以依申请执行人的申请或依职权恢复执行。申请执行人申请恢复执行的，不受申请执行期限的限制。"

⑤ 《最高人民法院关于适用〈中华人民共和国民事诉讼法〉的解释》第517条第2款。

⑥ 《最高人民法院关于严格规范终结本次执行程序的规定（试行）》第15条。

⑦ 《最高人民法院关于严格规范终结本次执行程序的规定（试行）》第16条。

作,实现当事人息诉息访。给予申请执行人适当救助资金后,如发现被执行人有可供执行的财产,执行法院应积极采取措施执行。在申请执行人实现债权后,应将救助资金扣回纳入救助资金循环使用。[①] (7)终结本次执行程序后,被执行人或者其他人妨害执行的,人民法院可以依法予以罚款、拘留;构成犯罪的,依法追究刑事责任。[②]

(二)执行终结

1. 执行终结的情形。有下列情形之一的,可以以“终结执行”方式结案:(1)申请人撤销申请或者是当事人双方达成执行和解协议,申请执行人撤回执行申请的;[③](2)据以执行的法律文书被撤销的;[④](3)作为被执行人的公民死亡,无遗产可供执行,又无义务承担人的;[⑤](4)追索赡养费、扶养费、抚养费案件的权利人死亡的;[⑥](5)作为被执行人的公民因生活困难无力偿还借款,无收入来源,又丧失劳动能力的;[⑦](6)作为被执行人的企业法人或其他组织被撤销、注销、吊销营业执照或者歇业、终止后既无财产可供执行,又无义务承受人,也没有能够依法追加变更执行主体的;[⑧](7)依照《刑法》第53条规定免除罚金的;(8)被执行人被人民法院裁定宣告破产的;(9)行政执行标的灭失的;(10)案件被上级人民法院裁定提级执行的;(11)案件被上级人民法院裁定指定由其他法院执行的;(12)按照《最高人民法院关于委托执行若干问题的规定》,办理了委托执行手续,且收到受托法院立案通知书的;(13)人民法院认为应当终结执行的其他情形。[⑨]

---

① 《中央政法委、最高人民法院关于规范集中清理执行积案结案标准的通知》第2条第8款。

② 《最高人民法院关于严格规范终结本次执行程序的规定(试行)》第17条。

③ 《最高人民法院关于执行案件立案、结案若干问题的意见》第15条第1款规定:“生效法律文书确定的执行内容,经被执行人自动履行、人民法院强制执行,已全部执行完毕,或者是当事人达成执行和解协议,且执行和解协议履行完毕,可以以’执行完毕’方式结案。”

④ 执行根据被撤销,执行就失去了依据,执行程序必须停止。

⑤ 自然人有遗产可供执行的,可依法执行死者的遗产;没有遗产的可由他的义务承担人履行义务。若无遗产可供执行又无义务承担人,执行无法进行,人民法院应裁定终结执行。

⑥ 追索赡养费、扶养费、抚养费只能由权利人本身享有,不能转让,也不能继承。

⑦ 适用这一规定时,应符合以下条件:(1)被执行是自然人;(2)被执行人与申请人是一种借贷关系,而不能是因其他法律关系如侵权行为产生的债务;(3)被执行人无收入来源,且丧失劳动能力。

⑧ 《中央政法委、最高人民法院关于规范集中清理执行积案结案标准的通知》第2条第6款规定,认定被执行人无财产可供执行的,必须将所采取的各种财产调查措施的材料归入案卷。包括工作记录、调查(询问)笔录、谈话笔录、当事人书面确认材料、被查询单位出具的书面查询结果,以及其他能够证明被执行人财产状况和执行法院进行相关调查工作情况的材料。

⑨ 《最高人民法院关于执行案件立案、结案若干问题的意见》第17条第1款。

2. 执行终结后的受理。因撤销申请而终结执行后，当事人在《民事诉讼法》第246条规定的申请执行时效期间内再次申请执行的，人民法院应当受理。①

3. 执行结案的通知书。执行完毕应当制作结案通知书并发送当事人。双方当事人书面认可执行完毕或口头认可执行完毕并记入笔录的，无需制作结案通知书。②

4. 执行终结的听证。人民法院依职权对据以执行的生效法律文书终结执行的，应当公开听证，但申请执行人异议的除外。③

5. 执行终结的裁定书。除提级执行、指定执行和委托执行规定的情形外，终结执行的，应当制作裁定书，送达当事人。④

6. 执行终结的恢复。人民法院裁定撤销裁决的，应当裁定终结执行。撤销裁决的申请被裁定驳回的，人民法院应当裁定恢复执行。⑤

7. 执行终结的纠正。执行中的终结，严格依照法定条件和程序采取终结执行所依据的事实和相关法律规定，并耐心做好解释工作，终结执行确有错误的，应当及时依法纠正。⑥

（三）不予执行

不予执行，是指人民法院在审查仲裁裁决、公证债权文书申请书，以及承认和执行外国法院判决、裁定、涉外仲裁裁决申请书时，发现有不予执行的法定情形，而作出不予执行裁定的行为。

1. 上级裁定的不予执行。上级法院发现下级法院执行的非诉讼生效法律文书有不予执行事由，应当依法作出不予执行裁定而不制作的，可以责令下级法院在指定时限内作出裁定，必要时可直接裁定不予执行。⑦

2. 国内仲裁裁决的不予执行。（1）不予执行的情形。被申请人提出证据证明仲裁裁决有下列情形之一的，经人民法院组成合议庭审查核实，裁定不予执

---

① 《最高人民法院关于适用〈中华人民共和国民事诉讼法〉的解释》第518条。

② 《最高人民法院关于执行案件立案、结案若干问题的意见》第15条第2款。

③ 《最高人民法院关于人民法院执行公开的若干规定》第14条第2款规定，终结执行应当制作裁定书并送达双方当事人。裁定书应当充分说明终结执行的理由，并明确援引相应的法律依据。

④ 《最高人民法院关于执行案件立案、结案若干问题的意见》第17条第2款。

⑤ 《仲裁法》第64条第2款。

⑥ 《法官行为规范》第61条。

⑦ 《最高人民法院关于人民法院执行工作若干问题的规定（试行）》第73条。

行:①当事人在合同中没有订有仲裁条款或者事后没有达成书面仲裁协议的。②裁决的事项不属于仲裁协议的范围或者仲裁机构无权仲裁的。③仲裁庭的组成或者仲裁的程序违反法定程序的。④裁决所根据的证据是伪造的。⑤对方当事人向仲裁机构隐瞒了足以影响公正裁决的证据的。⑥仲裁员在仲裁该案时有贪污受贿,徇私舞弊,枉法裁决行为的。人民法院认定执行该裁决违背社会公共利益的,裁定不予执行。[①] ⑦对申请认可和执行的判决,原审判决中的债务人提供证据证明"根据执行地的法律,执行地法院对该案享有专属管辖权"的,受理申请的法院经审查核实,应当裁定不予认可和执行。[②] ⑧受委托方法院收到委托书后,不得以其本辖区法律规定对委托方法院审理的该民商事案件享有专属管辖权或者不承认对该请求事项提起诉讼的权利为由,不予执行受托事项。[③] (2)不予执行的裁定书。裁定书应当送达双方当事人和仲裁机构。[④] (3)裁定不予执行后的纠纷解决方式。仲裁裁决被人民法院裁定不予执行的,当事人可以根据双方达成的书面仲裁协议重新申请仲裁,也可以向人民法院起诉。[⑤]

3. 涉外仲裁裁决的不予执行。(1)法定情形。对中华人民共和国涉外仲裁机构作出的裁决,被申请人提出证据证明仲裁裁决有下列情形之一的,经人民法院组成合议庭审查核实,裁定不予执行:①当事人在合同中没有订有仲裁条款或者事后没有达成书面仲裁协议的;②被申请人没有得到指定仲裁员或者进行仲裁程序的通知,或者由于其他不属于被申请人负责的原因未能陈述意见的;③仲裁庭的组成或者仲裁的程序与仲裁规则不符的;④裁决的事项不属于仲裁协议的范围或者仲裁机构无权仲裁的。[⑥] (2)酌定情形。人民法院认定执行该裁决违背社会公共利益的,裁定不予执行。[⑦]

4. 公证债权文书的不予执行。公证债权文书确有错误的,人民法院裁定不

---

① 《民事诉讼法》第 244 条第 2 款、第 3 款。

② 《最高人民法院关于内地与香港特别行政区法院相互认可和执行当事人协议管辖的民商事案件判决的安排》第 9 条第 1 款。

③ 《最高人民法院关于内地与澳门特别行政区法院就民商事案件相互委托送达司法文书和调取证据的安排》第 9 条第 1 款。

④ 《民事诉讼法》第 244 条第 4 款。

⑤ 《民事诉讼法》第 244 条第 5 款。

⑥ 《民事诉讼法》第 281 条第 1 款。

⑦ 《民事诉讼法》第 281 条第 2 款。

予执行,并将裁定书送达双方当事人和公证机关。[①]

5. 外国法院判决、裁定的不予执行。人民法院对申请或者请求承认和执行的外国法院作出的发生法律效力的判决、裁定,依照中华人民共和国缔结或者参加的国际条约,或者按照互惠原则进行审查后,认为不违反中华人民共和国法律的基本原则或者国家主权、安全、社会公共利益的,裁定承认其效力,需要执行的,发出执行令,依照本法的有关规定执行。违反中华人民共和国法律的基本原则或者国家主权、安全、社会公共利益的,不予承认和执行。[②]

三、执行终结后的排除妨害

在执行终结6个月内,被执行人或者其他人对已执行的标的有妨害行为的,人民法院可以依申请排除妨害,并可以依照《民事诉讼法》第114条规定进行处罚。因妨害行为给执行债权人或者其他人造成损失的,受害人可以另行起诉。[③]

中止、终结裁定效力

第二百六十五条　中止和终结执行的裁定,送达当事人后立即生效。

本条明确中止和终结执行的裁定效力。[④] 本书进一步阐释中止执行和终结执行的裁定书及其生效、上诉。

1. 中止执行和终结执行的裁定书应当写明中止或终结执行的理由和法律依据。[⑤]

2. 中止和终结执行的裁定,送达当事人后立即生效。

3. 在民事给付财产案件的执行中所作的中结执行和终结执行的裁定,可以上诉。

---

① 《民事诉讼法》第245条第2款。

② 《民事诉讼法》第289条。

③ 《最高人民法院关于适用〈中华人民共和国民事诉讼法〉的解释》第519条。

④ 人民法院受理民事案件后,对诉讼程序问题所作的处理决定叫作裁定,和判决书一样,是人民法院行使国家审判权的表现形式,具有严肃性和权威性。

⑤ 《最高人民法院关于人民法院执行工作若干问题的规定(试行)》第62条。

暂缓执行(非法条内容)

本书仅就暂缓执行展开阐释。

暂缓执行,是指执行程序开始后,人民法院因法定事由依职权或根据当事人、其他利害关系人的申请,决定对某一项或几项执行措施在规定的期限内提供担保暂缓执行的一种制度。

1. 暂缓执行的情形。(1)申请的暂缓执行。有下列情形之一的,经当事人或者其他利害关系人申请,人民法院可以决定暂缓执行:①执行措施或者执行程序违反法律规定的;②执行标的物存在权属争议的;③被执行人对申请执行人享有抵销权的。[①] (2)依职权决定的暂缓执行。①有下列情形之一的,人民法院可以依职权决定暂缓执行:(i)上级人民法院已经受理执行争议案件并正在处理的;(ii)人民法院发现据以执行的生效法律文书确有错误,并正在按照审判监督程序进行审查的。人民法院依照前款规定决定暂缓执行的,一般应由申请执行人或者被执行人提供相应的担保。[②] ②执行程序开始后,人民法院因法定事由,可以决定对某一项或者某几项执行措施在规定的期限内暂缓实施。执行程序开始后,除法定事由外,人民法院不得决定暂缓执行。[③]

2. 暂缓执行的审查。人民法院对暂缓执行的案件,应当组成合议庭对是否暂缓执行进行审查,必要时应当听取当事人或者其他利害关系人的意见。[④]

3. 暂缓执行的决定。(1)人民法院在收到暂缓执行申请后,应当在15日内作出决定,并在作出决定后5日内将决定书发送当事人或者其他利害关系人。[⑤] (2)暂缓执行由执行法院或者其上级人民法院作出决定,由执行机构统一办理。人民法院决定暂缓执行的,应当制作暂缓执行决定书,并及时送达当事人。[⑥] (3)依照“上级人民法院已经受理执行争议案件并正在处理的”理由决定暂缓执行的,由上级人民法院作出决定。依照“人民法院发现据以执行的生效法

① 《最高人民法院关于正确适用暂缓执行措施若干问题的规定》第3条。
② 《最高人民法院关于正确适用暂缓执行措施若干问题的规定》第7条。
③ 《最高人民法院关于正确适用暂缓执行措施若干问题的规定》第1条。
④ 《最高人民法院关于正确适用暂缓执行措施若干问题的规定》第11条。
⑤ 《最高人民法院关于正确适用暂缓执行措施若干问题的规定》第6条。
⑥ 《最高人民法院关于正确适用暂缓执行措施若干问题的规定》第2条。

律文书确有错误,并正在按照审判监督程序进行审查的"决定暂缓执行的,审判机构应当向本院执行机构发出暂缓执行建议书,执行机构收到建议书后,应当办理暂缓相关执行措施的手续。[①] (4)上级法院在申诉案件复查期间,决定对生效法律文书暂缓执行的,有关审判庭应当将暂缓执行的通知抄送执行机构。[②]

4. 暂缓执行的担保。(1)人民法院决定暂缓执行的,应当同时责令申请暂缓执行的当事人或者其他利害关系人在指定的期限内提供相应的担保。被执行人或者其他利害关系人提供担保申请暂缓执行,申请执行人提供担保要求继续执行的,执行法院可以继续执行。[③] (2)当事人或者其他利害关系人提供财产担保的,应当出具评估机构对担保财产价值的评估证明。评估机构出具虚假证明给当事人造成损失的,当事人可以对担保人、评估机构另行提起损害赔偿诉讼。[④]

5. 暂缓执行的期限。(1)人民法院依照《民事诉讼法》第238条规定决定暂缓执行的,如果担保是有期限的,暂缓执行的期限应当与担保期限一致,但最长不得超过1年。被执行人或者担保人对担保的财产在暂缓执行期间有转移、隐藏、变卖、毁损等行为的,人民法院可以恢复强制执行。[⑤] (2)被执行人在人民法院决定暂缓执行的期限届满后仍不履行义务的,人民法院可以直接执行担保财产,或者裁定执行担保人的财产,但执行担保人的财产以担保人应当履行义务部分的财产为限。[⑥]

6. 暂缓执行的纠正。(1)上级人民法院依法监督下级人民法院的执行工作。最高人民法院依法监督地方各级人民法院和专门法院的执行工作。[⑦] (2)上级人

---

① 《最高人民法院关于正确适用暂缓执行措施若干问题的规定》第8条。

② 《最高人民法院关于人民法院执行工作若干问题的规定(试行)》第76条。

③ 《最高人民法院关于正确适用暂缓执行措施若干问题的规定》第4条。

④ 《最高人民法院关于正确适用暂缓执行措施若干问题的规定》第5条。

⑤ 《最高人民法院关于适用〈中华人民共和国民事诉讼法〉的解释》第467条。

《最高人民法院关于正确适用暂缓执行措施若干问题的规定》第10条规定,暂缓执行的期间不得超过3个月。因特殊事由需要延长的,可以适当延长,延长的期限不得超过3个月。暂缓执行的期限从执行法院作出暂缓执行决定之日起计算。暂缓执行的决定由上级人民法院作出的,从执行法院收到暂缓执行决定之日起计算。

《最高人民法院关于人民法院执行工作若干问题的规定(试行)》第77条规定,上级法院通知暂缓执行的,应同时指定暂缓执行的期限。暂缓执行的期限一般不得超过3个月。有特殊情况需要延长的,应报经院长批准,并及时通知下级法院。暂缓执行的原因消除后,应当及时通知执行法院恢复执行。期满后上级法院未通知继续暂缓执行的,执行法院可以恢复执行。

⑥ 《最高人民法院关于适用〈中华人民共和国民事诉讼法〉的解释》第469条。

⑦ 《最高人民法院关于人民法院执行工作若干问题的规定(试行)》第71条。

民法院发现执行法院对不符合暂缓执行条件的案件决定暂缓执行，或者对符合暂缓执行条件的案件未予暂缓执行的，应当作出决定予以纠正。执行法院收到该决定后，应当遵照执行。[①] (3)上级法院发现下级法院在执行中作出的裁定、决定、通知或具体执行行为不当或有错误的，应当及时指令下级人民法院纠正，并可以通知有关法院暂缓执行。[②] (4)下级法院收到上级法院的指令后必须立即纠正。如果认为上级法院的指令有错误，可以在收到该指令后5日内请求上级法院复议。[③] (5)上级法院认为请求复议的理由不成立，而下级法院仍不纠正的，上级法院可直接作出裁定或决定予以纠正，送达有关法院及当事人，并可直接向有关单位发出协助执行通知书。[④]

7. 暂缓执行后执行的恢复。暂缓执行期限届满后，人民法院应当立即恢复执行。暂缓执行期限届满前，据以决定暂缓执行的事由消灭的，如果该暂缓执行的决定是由执行法院作出的，执行法院应当立即作出恢复执行的决定；如果该暂缓执行的决定是由执行法院的上级人民法院作出的，执行法院应当将该暂缓执行事由消灭的情况及时报告上级人民法院，该上级人民法院应当在收到报告后10日内审查核实并作出恢复执行的决定。[⑤]

8. 暂缓执行的罚责。(1)被执行人未按判决、裁定和其他法律文书指定的期间履行给付金钱义务的，应当加倍支付迟延履行期间的债务利息。被执行人未按判决、裁定和其他法律文书指定的期间履行其他义务的，应当支付迟延履行金。[⑥] (2)下级法院不按照上级法院的裁定、决定或通知执行，造成严重后果的，按照有关规定追究有关主管人员和直接责任人员的责任。[⑦]

9. 暂缓执行的其他规则。人民检察院对人民法院生效民事判决提出暂缓执行的建议没有法律依据。[⑧]

---

① 《最高人民法院关于正确适用暂缓执行措施若干问题的规定》第12条。
② 《最高人民法院关于人民法院执行工作若干问题的规定(试行)》第72条第1款。
③ 《最高人民法院关于人民法院执行工作若干问题的规定(试行)》第72条第2款。
④ 《最高人民法院关于人民法院执行工作若干问题的规定(试行)》第72条第3款。
⑤ 《最高人民法院关于正确适用暂缓执行措施若干问题的规定》第13条。
⑥ 《民事诉讼法》第260条。
⑦ 《最高人民法院关于人民法院执行工作若干问题的规定(试行)》第78条。
⑧ 《最高人民法院关于如何处理人民检察院提出的暂缓执行建议问题的批复》。

第四编
涉外民事诉讼程序的特别规定

涉外民事诉讼,是指人民法院在当事人和其他诉讼参与人的参加下,审理涉外民商事案件的活动以及由此产生的诉讼法律关系的总和。其中,“涉外民商事案件”,系指具有涉外因素的民商事案件。[①] 涉外民事诉讼程序,是指人民法院受理、审判和执行涉外民商事案件所适用的程序。

涉外民事诉讼程序的特别规定是《民事诉讼法》第4编所规定的内容,该编共5章26条。它不是与审判程序、执行程序并列的独立、完整的程序规范,而只是针对涉外民事诉讼中的一般原则、管辖、送达与期间、仲裁和司法协助等问题作了特别规定。在人民法院审理和执行涉外民商事案件时,有特别规定的,适用特别规定,没有特别规定的,适用一般规定。

在立法体例上,我国《民事诉讼法》采用了设专编规定涉外民事诉讼程序的体例。这样既便于涉外民事诉讼的当事人在进行诉讼时了解和遵循,又便于人民法院在审理案件时掌握和适用,有利于《民事诉讼法》的贯彻和实施。

---

① 洪冬英主编:《民事诉讼法学通论》(第3版),北京大学出版社2020年版,第425页。涉外因素主要体现在四个方面:(1)当事人一方或双方是外国人、外国企业或组织,或者当事人一方或双方的经常居所地在我国领域外;(2)当事人之间民事法律关系产生、变更或者消灭的法律事实发生在我国领域外;(3)当事人争议的诉讼标的物在我国领域外;(4)可以认定为涉外民商事案件的其他情形。参见洪冬英主编:《民事诉讼法学通论》(第3版),北京大学出版社2020年版,第425~426页。

第二十三章　一般原则

涉外民事诉讼程序的一般原则，是我国《民事诉讼法》的基本原则以及我国缔结或者参加的国际条约，参考国际惯例、国家之间的相互关系，结合涉外民事诉讼的特殊情况而制定的。当事人进行涉外民事诉讼和人民法院审理涉外民商事案件，除遵守《民事诉讼法》的基本原则外，还必须遵守这些一般原则。①

适用法律原则

第二百六十六条　在中华人民共和国领域内进行涉外民事诉讼，适用本编规定。本编没有规定的，适用本法其他有关规定。

本条明确涉外民事诉讼的适用法律原则。

涉外民事诉讼，是指人民法院在当事人和其他诉讼参与人的参加下，审理涉外民商事案件的活动以及由此产生的诉讼法律关系的总和。其中，涉外民商事案件，系指具有涉外因素的民商事案件。本书在涉外民事诉讼的适用法律原则基础上进一步阐释两方面的内容。

---

① 洪冬英主编：《民事诉讼法学通论》（第3版），北京大学出版社2020年版，第427页。

《最高人民法院关于审理和执行涉外民商事案件应当注意的几个问题的通知》第2条规定："严格依照冲突规范适用处理案件的民商事法律，切实做到依法公开、公正、及时、平等地保护国内外当事人的合法权益。各级人民法院审理涉外民商事案件时，要坚持国家主权原则和依法独立审判原则，保证案件处理的程序公正和实体公正。涉外民商事案件除法律另有规定的以外一律公开审理，允许新闻媒体自负其责地进行报道。审理案件必须做到认定事实客观、全面，适用法律准确、适当，实体处理公正、合法，除《中华人民共和国合同法》第一百二十六条第二款规定的三类合同必须适用中国法律外，均应依照有关规定或者当事人约定，准确选用准据法；对我国参加的国际公约，除我国声明保留的条款外，应予优先适用，同时可以参照国际惯例。制作涉外法律文书应文字通畅，逻辑严密，格式规范，说理透彻。"

《合同法》第126条第2款规定："在中华人民共和国境内履行的中外合资经营企业合同、中外合作经营企业合同、中外合作勘探开发自然资源合同，适用中华人民共和国法律。"（《合同法》第126条第2款已被《民法典》第467条第2款取代。——编者注）

一、涉外民事案件

1. 有下列情形之一,人民法院可以认定为涉外民事案件:(1)当事人一方或者双方是外国人、无国籍人、外国企业或者组织的;[①](2)当事人一方或者双方的经常居所地在中华人民共和国领域外的;(3)标的物在中华人民共和国领域外的;[②](4)产生、变更或者消灭民事关系的法律事实发生在中华人民共和国领域外的;[③](5)可以认定为涉外民事案件的其他情形。[④]

2. 人民法院审理涉及香港、澳门特别行政区和台湾地区的民事诉讼案件,可以参照适用涉外民事诉讼程序的特别规定。[⑤]

二、涉外民事案件适用的法律原则

1. 在中华人民共和国领域内进行涉外民事诉讼,适用《民事诉讼法》第4编规定。

2.《民事诉讼法》第4编没有规定的,适用《民事诉讼法》其他有关规定。涉外民商事案件的当事人及其他诉讼参与人的民事诉讼行为,要以我国《民事诉讼法》为依据;人民法院审理和执行涉外民商事案件,要以我国《民事诉讼法》为准则。其效力主要体现在以下方面:(1)任何外国人、无国籍人、外国企业或组织,在我国领域内进行民事诉讼,均应适用我国《民事诉讼法》。(2)凡属我国人民法院管辖的涉外民商事案件,我国均享有司法管辖权。(3)任何外国法院的裁判、裁定在我国领域内均不直接发生法律效力。只有经我国法院依法审查作出裁定予以承认后,才能在我国发生法律效力,具有执行内容的,才能按照我国《民事诉讼法》规定的执行程序予以执行。

信守国际条约原则

第二百六十七条　中华人民共和国缔结或者参加的国际条约同本法有不同规定的,适用该国际条约的规定,但中华人民共和国声明保留的条款除外。

---

① 外国人,是指具有外国国籍的人、无国籍的人和国籍不明的人。外国企业或组织,是指属于外国的企业或非法人组织。

② 诉讼标的物,是指当事人之间争议的权利义务所共同指向的对象,也就是民事法律关系的客体,包括物、行为和智力成果等。

③ 民事法律关系的内容通常指民事权利和民事义务,民事法律关系的内容具有涉外性,是指引起当事人之间民事权利和民事义务的设立、变更、终止的法律事实发生在外国。

④ 《最高人民法院关于适用〈中华人民共和国民事诉讼法〉的解释》第520条。

⑤ 《最高人民法院关于适用〈中华人民共和国民事诉讼法〉的解释》第549条。

本条明确涉外民事诉讼信守国际条约原则。

信守国际条约原则，是指在涉外民事诉讼中，应当遵守我国缔结或参加的国际条约。[①] 本书仅就其进行阐释。

1. 对于我国缔结或参加的国际公约、双边条约，我国应当遵守其规定，承担相应的义务。其与我国的规定有所不同的，适用该条约的规定。这是优先适用国际条约。[②]

2. 适用国际条约是有条件的，必须是条约的缔约国或者参加国。对于我国在缔结或者参加时声明保留的条款，对我国也不发生效力。[③]

司法豁免原则

第二百六十八条　对享有外交特权与豁免的外国人、外国组织或者国际组织提起的民事诉讼，应当依照中华人民共和国有关法律和中华人民共和国缔结或者参加的国际条约的规定办理。

本条明确司法豁免原则。本书在此基础上进一步阐释两方面的内容。

一、司法豁免

1. 专门机构的特权或豁免权。(1)专门机构，其财产和资产，不论位置何处，亦不论由何人执管，对于各种方式的法律程序，应享有豁免。但在特殊情形下，经专门机构明示抛弃其豁免者，不在此限。惟对抛弃豁免应了解不适用于任何执行措施。[④] (2)专门机构的房舍应属不可侵犯。专门机构的财产和资产不论位于何处，亦不论由何人执管，应免受搜查、征用、没收、征收和其他任何方式的干扰，不论其出于执行、行政、司法或立法行为。[⑤] (3)特权和豁免，并非为会员国代表个人本身的私人利益而给予，而是为保障他们能独立执行其有关专门机构的职

---

① 洪冬英主编:《民事诉讼法学通论》(第3版),北京大学出版社2020年版,第429页。

双边国际条约,是指两个国家间签订的条约。多边国际条约也称公约,是指两个以上的国家缔结或者参加的国际条约。

② 洪冬英主编:《民事诉讼法学通论》(第3版),北京大学出版社2020年版,第429页。

③ 洪冬英主编:《民事诉讼法学通论》(第3版),北京大学出版社2020年版,第429页。

④ 《联合国专门机构特权和豁免公约》第3条第4节。

⑤ 《联合国专门机构特权和豁免公约》第3条第5节。

务而给予。因此,会员国倘遇有任何情形,认为其代表的豁免有碍司法的进行,而抛弃豁免并不妨害给予豁免的本旨时,则不但有权利而且有责任抛弃该项豁免。①

2. 个人的特权或豁免权。(1)享受特权或豁免权的主体包括:出席联合国各主要和辅助机关及联合国所召开会议的各会员国代表(在执行职务期间和往返开会处所的旅程中)②,秘书长和各助理秘书长本人以及其配偶和未成年子女③,联合国职员④,为联合国执行使命的专家(在其执行使命期间)⑤,外交代表之与其构成同一户口之家属⑥,使馆行政与技术职员暨与其构成同一户口之家属⑦,使馆事务职员如非接受国国民且不在该国永久居留者(就其执行公务之行为享有豁免)⑧,使馆人员之私人仆役如非接受国国民且不在该国永久居留者(其仅得在接受国许可范围内享有特权与豁免)⑨,各专门机构行政首长,包括其离职期间代行其职务的任何职员,其本人、配偶和未成年子女(并应享有依据国际法给予外交使节的同样特权、豁免、免除和便利的)⑩。(2)特权和豁免是专为专门机构的利益而给予职员,并非为关系个人本身的私人利益而给予的。专门机构倘遇有任何情形,认为任何职员的豁免有碍司法的进行,而抛弃豁免并不损害该专门机

① 《联合国专门机构特权和豁免公约》第5条第16节。

② 《联合国外交特权和豁免公约》第4条第11节。

③ 《联合国外交特权和豁免公约》第5条第19节。

④ 《联合国外交特权和豁免公约》第5条第18节。

⑤ 《联合国外交特权和豁免公约》第6条第22节。

⑥ 《维也纳外交关系公约》第37条第1款。

《外交特权与豁免条例》第20条第1款规定:“与外交代表共同生活的配偶及未成年子女如果不是中国公民享有第十二条至第十八条所规定相应的特权和豁免权。”第23条规定:“来中国访问的外国国家元首、政府首脑、外交部长及其他具有同等身份的官员,享有本条例所规定的特权与豁免。”第22条第1款:“下列人员享有在中国过境或者逗留期间所必需的豁免和不受侵犯:(一)途经中国的外国驻第三国的外交代表和与其共同生活的配偶及未成年子女;(二)持有中国外交签证或者持有外交护照(仅限互免签证的国家)来中国的外国官员;(三)经中国政府同意给予本条所规定的特权与豁免的其他来中国访问的外国人士。”

⑦ 《维也纳外交关系公约》第37条第2款。

《领事特权与豁免条例》第14条第1款规定:“领事官员和领馆行政技术人员执行职务的行为享有司法和行政管辖豁免。领事官员执行职务以外的行为的管辖豁免,按照中国与外国签订的双边条约、协定或者根据对等原则办理。”第21条规定:“与领事官员、领馆行政技术人员、领馆服务人员共同生活的配偶及未成年子女,分别享有领事官员、领馆行政技术人员、领馆服务人员根据本条例第七条、第十七条、第十八条、第十九条的规定所享有的特权与豁免,但身为中国公民或者在中国永久居留的外国人除外。”

⑧ 《维也纳外交关系公约》第37条第3款。

⑨ 《维也纳外交关系公约》第37条第4款。

⑩ 《联合国专门机构特权和豁免公约》第6条第21节。

构的利益时，应有权利和责任抛弃该项豁免。[①] (3)凡享有外交特权与豁免之人，自其进入接受国国境前往就任之时起享有此项特权与豁免，其已在该国境内者，自其委派通知外交部或另经商定之其他部之时开始享有。[②] (4)享有特权与豁免人员之职务如已终止，此项特权与豁免通常于该员离境之时或听任其离境之合理期间终了之时停止，纵有武装冲突情事，亦应继续有效至该时为止。但关于其以使馆人员资格执行职务之行为，豁免应始终有效。[③] (5)遇使馆人员死亡，其家属应继续享有应享之特权与豁免，至听任其离境之合理期间终了之时为止。[④]

3. 特权或豁免权的滥用。倘本公约任何缔约国认为本公约所授与的特权或豁免有被滥用情事，该缔约国应与有关专门机构举行协商，以决定这种滥用情事是否确已发生；如果属实，则应设法保证以后不再发生这种情事。如果这种协商不能达到该缔约国和有关专门机构均感满意的结果，则是否确已发生滥用特权和豁免情事的问题应依据第32节提交国际法院。如经国际法院断定确已发生这种滥用情事，则受这种滥用影响的本公约缔约国有权于通知有关专门机构后，停止该机构继续享受其所滥用的特权或豁免。[⑤]

二、享有民事司法豁免权人的我国法律适用

1. 司法豁免权，是指一个国家或国际组织驻他国的外交代表、具有特殊身份的外交官员有效地执行职务，根据国际条约、国际惯例，或者根据平等互惠原则，其享有免受驻在国司法管辖的权利。[⑥] 特权和豁免，并非为会员国代表个人本身

---

① 《联合国专门机构特权和豁免公约》第6条第22节。

② 《维也纳外交关系公约》第39条第1款。

③ 《维也纳外交关系公约》第39条第2款。

④ 《维也纳外交关系公约》第39条第3款。

⑤ 《联合国专门机构特权和豁免公约》第7条第24节。

⑥ 分为刑事上的司法豁免权和民事上的司法豁免权。司法豁免权是从国家主权中引申出来的权利。"平等者之间无裁判权"是公认的国际规则，外交代表作为国家或国际组织的象征，赋予其司法豁免权，不仅表示对派遣国或国际组织的尊重，也能确保其有效地执行职务。

《领事特权与豁免条例》第27条规定："中国缔结或者参加的国际条约对领事特权与豁免另有规定的，按照国际条约的规定办理，但中国声明保留的条款除外。中国与外国签订的双边条约或者协定对领事特权与豁免另有规定的，按照条约或者协定的规定执行。"

《外交特权与豁免条例》第27条规定："中国缔结或者参加的国际条约另有规定的，按照国际条约的规定办理，但中国声明保留的条款除外。中国与外国签订的外交特权与豁免协议另有规定的，按照协议的规定执行。"

的私人利益而给予,而是为保障他们能独立执行其有关专门机构的职务而给予。[①]

2. 享有司法豁免权的人,因私人事务[②]与对方当事人发生民事纠纷,不享有司法豁免权,驻在国法院有权管辖。

3. 凡以下列在中国享有特权与豁免的主体为被告、第三人向人民法院起诉的民事案件,人民法院应在决定受理之前,报请本辖区高级人民法院审查;高级人民法院同意受理的,应当将其审查意见报最高人民法院。在最高人民法院答复前,一律暂不受理。(1)外国国家;(2)外国驻中国使馆和使馆人员;(3)外国驻中国领馆和领馆成员;(4)途经中国的外国驻第三国的外交代表和与其共同生活的配偶及未成年子女;(5)途经中国的外国驻第三国的领事官员和与其共同生活的配偶及未成年子女;(6)持有中国外交签证或者持有外交护照(仅限互免签证的国家)来中国的外国官员;(7)持有中国外交签证或者持有与中国互免签证国家外交护照的领事官员;(8)来中国访问的外国国家元首、政府首脑、外交部长及其他具有同等身份的官员;(9)来中国参加联合国及其专门机构召开的国际会议的外国代表;(10)临时来中国的联合国及其专门机构的官员和专家;(11)联合国系统组织驻中国的代表机构和人员;(12)其他在中国享有特权与豁免的主体。[③]

4. 领事官员和领馆行政技术人员享有的司法管辖豁免不适用于下列各项民事诉讼:(1)涉及未明示以派遣国代表身份所订的契约的诉讼;(2)涉及在中国境内的私有不动产的诉讼,但以派遣国代表身份所拥有的为领馆使用的不动产不在此限;(3)以私人身份进行的遗产继承的诉讼;(4)因车辆、船舶或者航空器在中国境内造成的事故涉及损害赔偿的诉讼。[④]

---

① 《联合国专门机构特权和豁免公约》第5条第16节。

② 私人事务,主要包括:外交代表在驻在国因自己的不动产与他人发生的诉讼;外交代表以私人身份作为遗嘱执行人、遗产管理人或继承人,与他人发生的继承诉讼;外交代表超出职务范围而从事活动所发生的诉讼。

③ 《最高人民法院关于人民法院受理涉及特权与豁免的民事案件有关问题的通知》。

④ 《领事特权与豁免条例》第14条第2款。

《维也纳外交关系公约》第32条规定:"一、外交代表及依第三十七条享有豁免之人对管辖之豁免得由派遣国抛弃之。二、豁免之抛弃,概须明示。三、外交代表或依第三十七条享有管辖之豁免之人如主动提起诉讼即不得对与主诉直接相关之反诉主张管辖之豁免。四、在民事或行政诉讼程序上管辖豁免之抛弃,不得视为对判决执行之豁免亦默示抛弃,后项抛弃须分别为之。"

5. 外交代表对接受国之刑事管辖享有豁免。除下列案件外，外交代表对接受国之民事及行政管辖亦享有豁免：(1)关于接受国境内私有不动产之物权诉讼，但其代表派遣国为使馆用途置有之不动产不在此列；(2)关于外交代表以私人身份并不代表派遣国而为遗嘱执行人、遗产管理人、继承人或受遗赠人之继承事件之诉讼；(3)关于外交代表于接受国内在公务范围以外所从事之专业或商务活动之诉讼。①

6. 本条例规定的有关人员所享有的管辖豁免可以由派遣国政府明确表示放弃。依照本条例规定享有管辖豁免的人员如果主动提起诉讼，对与本诉直接有关的反诉，不得援用管辖豁免。放弃民事管辖豁免或者行政管辖豁免，不包括对判决的执行也放弃豁免。放弃对判决执行的豁免须由派遣国政府另作明确表示。②

使用我国通用语言、文字原则

第二百六十九条　人民法院审理涉外民事案件，应当使用中华人民共和国通用的语言、文字。当事人要求提供翻译的，可以提供，费用由当事人承担。

本条明确使用我国通用的语言、文字原则。

使用我国通用的语言、文字，主要是指人民法院审理涉外民商事案件时，使用我国通用的语言、文字进行审判和发布法律文书。③ 本书仅就其进行阐释。

1. 人民法院在审理涉外案件时，必须使用我国通用的语言、文字。

2. 在审理过程中，如果外国人不通晓我国语言、文字，可以为其提供翻译人

① 《维也纳外交关系公约》第 31 条第 1 款。

② 《领事特权与豁免条例》第 16 条。

《外交特权与豁免条例》第 15 条规定："外交代表和第二十条规定享有豁免的人员的管辖豁免可以由派遣国政府明确表示放弃。外交代表和第二十条规定享有豁免的人员如果主动提起诉讼，对与本诉直接有关的反诉，不得援用管辖豁免。放弃民事管辖豁免或者行政管辖豁免，不包括对判决的执行也放弃豁免。放弃对判决执行的豁免须另作明确表示。"

③ 洪冬英主编：《民事诉讼法学通论》(第 3 版)，北京大学出版社 2020 年版，第 430 页。

员,以便于其进行诉讼活动。提供翻译的费用,由当事人承担。①

3. 当事人向人民法院提交的书面材料是外文的,应当同时向人民法院提交中文翻译件。当事人对中文翻译件有异议的,应当共同委托翻译机构提供翻译文本;当事人对翻译机构的选择不能达成一致的,由人民法院确定。②

委托中国律师代理诉讼原则

第二百七十条　外国人、无国籍人、外国企业和组织在人民法院起诉、应诉,需要委托律师代理诉讼的,必须委托中华人民共和国的律师。

本条明确委托中国律师代理诉讼原则。

外国当事人可以亲自到我国人民法院起诉或者应诉,进行诉讼活动,也可以委托他人代理诉讼。本书在委托中国律师代理诉讼原则基础上进一步阐释三个方面的内容。

一、涉外民事诉讼

1. 外国企业在我国境内依法设立并领取营业执照的分支机构,具有民事诉讼主体资格,可以作为当事人参加诉讼。因分支机构不能独立承担民事责任,其作为被告时,人民法院可以根据原告的申请追加设立该分支机构的外国企业为共同被告。外国企业在我国境内设立的代表机构不具有诉讼主体资格的,涉及代表机构的纠纷案件应由外国企业作为当事人参加诉讼。③

2. 人民法院在审理案件过程中查明外国当事人被宣告破产或者进入清算程序的,应通知外国当事人的破产财产管理人或者清算人参加诉讼。④

---

① 《诉讼费用交纳办法》第11条规定:“证人、鉴定人、翻译人员、理算人员在人民法院指定日期出庭发生的交通费、住宿费、生活费和误工补贴,由人民法院按照国家规定标准代为收取。当事人复制案件卷宗材料和法律文书应当按实际成本向人民法院交纳工本费。”第12条:“诉讼过程中因……翻译……发生的依法应当由当事人负担的费用,人民法院根据谁主张、谁负担的原则,决定由当事人直接支付给有关机构或者单位,人民法院不得代收代付。”

② 《最高人民法院关于适用〈中华人民共和国民事诉讼法〉的解释》第525条。

③ 《最高人民法院关于印发〈第二次全国涉外商事海事审判工作会议纪要〉的通知》第13条。

④ 《最高人民法院关于印发〈第二次全国涉外商事海事审判工作会议纪要〉的通知》第15条。

3. 外国当事人作为原告时，应根据《民事诉讼法》第124条第1项[①]的规定，向人民法院提供身份证明，证明材料应符合我国法律要求的形式。拒不提供的，应裁定不予受理。案件已经受理的，可要求原告在指定期限内补充提供相关资料，期满无正当理由仍未提供的，可以裁定驳回起诉。[②]

4. 外国当事人作为被告时，应针对不同情况分别作如下处理：(1)原告起诉时提供了被告存在的证明，但未提供被告的明确住址或者依据原告所提供的被告住址无法送达(公告送达除外)的，应要求原告补充提供被告的明确住址。依据原告补充的材料仍不能确定被告住址的，应依法向被告公告送达相关司法文书。(2)原告起诉时没有提供被告存在的证明，但根据起诉状所列明的被告的姓名、名称、住所、法定代表人的姓名等情况对被告按照法定的送达途径(公告送达除外)能够送达的，送达后被告不在法定的期限内应诉答辩，又拒不到庭的，可以依法缺席审判。(3)原告在起诉时没有提供被告存在的证明，根据起诉状所列明的情况对被告按照法定的送达途径(公告送达除外)无法送达的，应要求原告补充提供被告存在的证明，原告拒不提供或者补充提供后仍无法确定被告真实存在的，可以认定为没有明确的被告，应根据《民事诉讼法》第122条第2项的规定裁定驳回原告的起诉。[③]

二、委托代理人

1. 诉讼代理人的委托。(1)外国人、无国籍人、外国企业和组织在人民法院起诉、应诉，需要委托律师代理诉讼的，必须委托中华人民共和国的律师。(2)涉外民事诉讼中的外籍当事人，可以委托本国人为诉讼代理人，也可以委托本国律师以非律师身份担任诉讼代理人；外国驻华使领馆官员，受本国公民的委托，可

---

① 《民事诉讼法》第124条第1项规定："起诉状应当记明下列事项：(一)原告的姓名、性别、年龄、民族、职业、工作单位、住所、联系方式，法人或者其他组织的名称、住所和法定代表人或者主要负责人的姓名、职务、联系方式……"

② 《第二次全国涉外商事海事审判工作会议纪要》第16条。

《最高人民法院关于进一步做好边境地区涉外民商事案件审判工作的指导意见》第3条规定："境外当事人到我国参加诉讼，人民法院应当要求其提供经过公证、认证的有效身份证明。境外当事人是法人时，对其法定代表人或者有权代表该法人参加诉讼的人的身份证明，亦应当要求办理公证、认证手续。如果境外当事人是自然人，其亲自到人民法院法官面前，出示护照等有效身份证明及入境证明，并提交上述材料的复印件的，可不再要求办理公证、认证手续。"

③ 《第二次全国涉外商事海事审判工作会议纪要》第17条。

以以个人名义担任诉讼代理人，但在诉讼中不享有外交或者领事特权和豁免。[①] (3)涉外民事诉讼中，外国驻华使领馆授权其本馆官员，在作为当事人的本国国民不在中华人民共和国领域内的情况下，可以以外交代表身份为其本国国民在中华人民共和国聘请中华人民共和国律师或者中华人民共和国公民代理民事诉讼。[②]

2. 委托代理的审查。外国当事人将其在特定时期内发生的或者将特定范围的案件一次性委托他人代理，人民法院经审查可以予以认可。该一次性委托在一审程序中已办理公证、认证或者其他证明手续的，二审或者再审程序中无需再办理公证、认证或者其他证明手续。[③]

3. 委托诉讼代理人的认可。(1)外国人、外国企业或者组织的代表人在人民法院法官的见证下签署授权委托书，委托代理人进行民事诉讼的，人民法院应予认可。[④] (2)外国人、外国企业或者组织的代表人在中华人民共和国境内签署授权委托书，委托代理人进行民事诉讼，经中华人民共和国公证机构公证的，人民法院应予认可。[⑤]

三、外国人、企业参加诉讼

1. 外国人参加诉讼，应当向人民法院提交护照等用以证明自己身份的证件。[⑥]

2. 外国企业或者组织参加诉讼，向人民法院提交的身份证明文件，应当经所在国[⑦]公证机关公证，并经中华人民共和国驻该国使领馆认证，或者履行中华人民共和国与该所在国订立的有关条约中规定的证明手续。[⑧]

3. 代表外国企业或者组织参加诉讼的人，应当向人民法院提交其有权作为代表人参加诉讼的证明，该证明应当经所在国公证机关公证，并经中华人民共和国驻该国使领馆认证，或者履行中华人民共和国与该所在国订立的有关条约中

---

① 《最高人民法院关于适用〈中华人民共和国民事诉讼法〉的解释》第526条。

② 《最高人民法院关于适用〈中华人民共和国民事诉讼法〉的解释》第527条。

③ 《最高人民法院关于印发〈第二次全国涉外商事海事审判工作会议纪要〉的通知》第23条。

④ 《最高人民法院关于适用〈中华人民共和国民事诉讼法〉的解释》第523条。

⑤ 《最高人民法院关于适用〈中华人民共和国民事诉讼法〉的解释》第524条。

⑥ 《最高人民法院关于适用〈中华人民共和国民事诉讼法〉的解释》第521条第1款。

⑦ 《最高人民法院关于适用〈中华人民共和国民事诉讼法〉的解释》第521条第4款规定："本条所称的'所在国'，是指外国企业或者组织的设立登记地国，也可以是办理了营业登记手续的第三国。"

⑧ 《最高人民法院关于适用〈中华人民共和国民事诉讼法〉的解释》第521条第2款。

规定的证明手续。[1]

委托授权书的公证与认证

第二百七十一条　在中华人民共和国领域内没有住所的外国人、无国籍人、外国企业和组织委托中华人民共和国律师或者其他人代理诉讼，从中华人民共和国领域外寄交或者托交的授权委托书，应当经所在国公证机关证明，并经中华人民共和国驻该国使领馆认证，或者履行中华人民共和国与该所在国订立的有关条约中规定的证明手续后，才具有效力。

本条明确授权书的公证与认证。本书仅就其进行阐释。

1. 外国自然人的授权委托书的公证与认证。(1)外国当事人在我国境外出具的授权委托书，应当履行相关的公证、认证或者其他证明手续。对于未履行相关手续的诉讼代理人，人民法院对其代理资格不予认可。[2] (2)外国自然人在我国境内签署的授权委托书，经我国公证机关公证，证明该委托书是在我国境内签署的，无需在其所在国再办理公证、认证或者其他证明手续。[3] (3)外国自然人在人民法院办案人员面前签署的授权委托书无需办理公证、认证或者其他证明手续，但在签署授权委托书时应出示身份证明和入境证明，人民法院办案人员应在授权委托书上注明相关情况并要求该外国自然人予以确认。[4]

2. 外国法人等的授权委托书的公证与认证。(1)外国法人、其他组织的法定代表人或者负责人代表该法人、其他组织在人民法院办案人员面前签署的授权委托书，无需办理公证、认证或者其他证明手续，但在签署授权委托书时，外国法人、其他组织的法定代表人或者负责人除了向人民法院办案人员出示自然人身

---

① 《最高人民法院关于适用〈中华人民共和国民事诉讼法〉的解释》第521条第3款。

② 《第二次全国涉外商事海事审判工作会议纪要》第18条。

《最高人民法院关于进一步做好边境地区涉外民商事案件审判工作的指导意见》第4条规定："境外当事人在我国境外出具授权委托书，委托代理人参加诉讼，人民法院应当要求其就授权委托书办理公证、认证手续。如果境外当事人在我国境内出具授权委托书，经我国的公证机关公证后，则不再要求办理认证手续。境外当事人是自然人或法人时，该自然人或者有权代表该法人出具授权委托书的人亲自到人民法院法官面前签署授权委托书的，无需办理公证、认证手续。"

③ 《第二次全国涉外商事海事审判工作会议纪要》第20条。

④ 《第二次全国涉外商事海事审判工作会议纪要》第19条。

份证明和入境证明外，还必须提供该法人或者其他组织出具的能够证明其有权签署授权委托书的证明文件，且该证明文件必须办理公证、认证或者其他证明手续。人民法院办案人员应在授权委托书上注明相关情况并要求该法定代表人或者负责人予以确认。① (2)外国法人、其他组织的法定代表人或者负责人代表该法人、其他组织在我国境内签署的授权委托书，经我国公证机关公证，证明该委托书是在我国境内签署，且该法定代表人或者负责人向人民法院提供了外国法人、其他组织出具的办理了公证、认证或者其他证明手续的能够证明其有权签署授权委托书的证明文件的，该授权委托书无需在外国当事人的所在国办理公证、认证或者其他证明手续。②

3. 委托书公证与认证的其他规则。(1)依照《民事诉讼法》第 271 条以及《最高人民法院关于适用〈中华人民共和国民事诉讼法〉的解释》第 521 条规定，需要办理公证、认证手续，而外国当事人所在国与中华人民共和国没有建立外交关系的，可以经该国公证机关公证，经与中华人民共和国有外交关系的第三国驻该国使领馆认证，再转由中华人民共和国驻该第三国使领馆认证。③ (2)我国在国外行使涉外公证认证职能的机构，是我国外交代表机构和领事机构，即大使馆、总领事馆、领事馆等。在大使馆内，具体行使涉外公证认证职能的部门为领事部，大使馆内的其他部门如教育处、文化处、商务处等无权出具涉外公证认证文书。④ (3)接受外国当事人委托代理海商海事诉讼案件的，律师应当根据《民事诉讼法》第 271 条的规定审查授权委托书是否经所在国公证机关证明，并经中华人民共和国驻该国使领馆认证，或者履行中华人民共和国与该所在国订立的有关条约中规定的证明手续。⑤

① 《第二次全国涉外商事海事审判工作会议纪要》第 21 条。

② 《第二次全国涉外商事海事审判工作会议纪要》第 22 条。

③ 《最高人民法院关于适用〈中华人民共和国民事诉讼法〉的解释》第 522 条。

④ 《最高人民法院关于我原驻苏联使馆教育处出具的证明不具有证明效力的复函》。

⑤ 《律师承办海商海事案件操作指引》第 16 条。
《律师办理民事诉讼案件规范》第 208 条。

第二十四章　管　　辖

涉外民事诉讼的管辖，是指我国人民法院有权受理涉外民商事案件的范围以及法院内部受理第一审涉外民商事案件的分工和权限。[①]

涉外民商事案件的特殊地域管辖

第二百七十二条　因合同纠纷或者其他财产权益纠纷，对在中华人民共和国领域内没有住所的被告提起的诉讼，如果合同在中华人民共和国领域内签订或者履行，或者诉讼标的物在中华人民共和国领域内，或者被告在中华人民共和国领域内有可供扣押的财产，或者被告在中华人民共和国领域内设有代表机构，可以由合同签订地、合同履行地、诉讼标的物所在地、可供扣押财产所在地、侵权行为地或者代表机构住所地人民法院管辖。

本条明确涉外民商事案件的特殊地域管辖。[②] 本书在此基础上进一步阐释三方面的内容。

一、涉外管辖的一般规则

（一）涉外民事诉讼管辖权的原则

1. 确定涉外民事诉讼管辖权的一般原则。（1）属地管辖权原则。属地管辖权原则，是指以当事人的住所地、居所地和事物的存在地等作为管辖权的联系因素。强调基于一国领土主权，法院对其所属领域内的一切人和物以及法律事件和行为具有管辖权。[③]（2）属人管辖权原则。属人管辖权原则，是指以当事人的国籍作为行使管辖权的联系因素。该原则主张以当事人与有关国家的联系作为

① 洪冬英主编：《民事诉讼法学通论》（第3版），北京大学出版社2020年版，第432页。

② 本条规定保证了我国人民法院对涉外合同及其他财产权益纠纷案件行使审判权。

③ 洪冬英主编：《民事诉讼法学通论》（第3版），北京大学出版社2020年版，第433页。

确定管辖权的标准，强调法院对本国国民的管辖权。① (3)实际控制管辖权原则。实际控制管辖权原则，是指法院对被告或者其财产实行直接的控制，作为具有管辖权标准。②

2. 我国法院确定涉外民事诉讼管辖权的原则。(1)一般原则。我国《民事诉讼法》规定的涉外民事诉讼管辖权，从立法精神看，基本上采取属地管辖权原则，并以属人管辖权原则和实际控制管辖权原则作为补充。即诉讼与法院所在地实际联系原则。(2)特殊地域管辖③。我国关于涉外民事诉讼中的特殊地域管辖，主要涉及涉外的合同纠纷和其他财产权益纠纷的管辖。④ 具体确定原则如下：①合同在我国领域内签订或者履行的，由合同签订地或者履行地人民法院管辖；②侵权行为或者损害结果发生在我国领域内的，由侵权行为发生地或者结果地人民法院管辖；③双方当事人争讼的财产在我国领域内的，由诉讼标的物所在地人民法院管辖；④被告在我国领域内有可供扣押的财产的，由被告可供扣押的财产所在地人民法院管辖；⑤被告在我国领域内设有代表机构的，可以由代表机构住所地人民法院管辖。(3)协议管辖。涉外合同或者其他财产权益纠纷的当事人，可以书面协议选择被告住所地、合同履行地、合同签订地、原告住所地、标的物所在地、侵权行为地等与争议有实际联系地点的外国法院管辖。⑤

(二)我国法院解决管辖冲突的原则、方法

1. 我国法院解决管辖冲突的原则。(1)不方便法院原则。不方便法院原则，是指我国人民法院和外国法院都有管辖的涉外民商事纠纷，如当事人在其他国家法院起诉和受理更能获得便利的、公正的结果，那么，我国法院经自由裁量之

---

① 洪冬英主编：《民事诉讼法学通论》(第3版)，北京大学出版社2020年版，第433页。

② 洪冬英主编：《民事诉讼法学通论》(第3版)，北京大学出版社2020年版，第433页。

③ 特殊地域管辖(又称牵扯连管辖)，是在合同或其他财产权益纠纷中，对在我国境内没有住所的被告起诉的，可以由与案件有实际联系的地点的法院管辖。

④ 有关涉外民事诉讼的特殊地域管辖制度，有三点要说明：(1)这里的特殊地域管辖制度仅适用于合同纠纷和其他财产权益纠纷，其他涉外民事案件的地域管辖应当按照我国《民事诉讼法》第二章的规定确定。(2)这里的特殊地域管辖制度仅适用于在我国领域内没有住所的被告提起的诉讼。如果被告在我国境内有住所，或者住所地与经常居住地不一致，其经常居住地在我国领域内，我国人民法院也可以行使管辖权。(3)特殊地域管辖为法定管辖，不排斥当事人依法对管辖作出约定。

⑤ 《最高人民法院关于适用〈中华人民共和国民事诉讼法〉的解释》第529条第1款。

后,可以停止审理本案或者驳回原告的起诉。[①] (2)一事一讼原则。一事一讼原则,是指对于外国法院首先受理的涉外民商事案件,如不违反我国的专属管辖规定,我国法院将不再予以受理;即便已经受理,也将中止对该案的诉讼程序,但须以该外国法院作出的判决能得到我国承认和执行为条件。[②]

2. 我国法院解决管辖冲突的方法。(1)驳回起诉。①我国法院在审理涉外商事纠纷案件过程中,如发现案件存在不方便管辖的因素,可以根据"不方便法院原则"裁定驳回原告的起诉。"不方便法院原则"的适用应符合下列条件:(i)被告提出适用"不方便法院原则"的请求,或者提出管辖异议而受诉法院认为可以考虑适用"不方便法院原则";(ii)受理案件的我国法院对案件享有管辖权;(iii)当事人之间不存在选择我国法院管辖的协议;(iv)案件不属于我国法院专属管辖;(v)案件不涉及我国自然人、法人或者非法人组织的利益;(vi)案件争议发生的主要事实不在我国境内且不适用我国法律,我国法院若受理案件在认定事实和适用法律方面存在重大困难;(vii)外国法院对案件享有管辖权且审理该案件更加方便。②涉外民事案件同时符合下列情形的,人民法院可以裁定驳回原告的起诉,告知其向更方便的外国法院提起诉讼:(i)被告提出案件应由更方便外国法院管辖的请求,或者提出管辖异议;(ii)当事人之间不存在选择中华人民共和国法院管辖的协议;(iii)案件不属于中华人民共和国法院专属管辖;(iv)案件不涉及中华人民共和国国家、公民、法人或者非法人组织的利益;(v)案件争议的主要事实不是发生在中华人民共和国境内,且案件不适用中华人民共和国法律,人民法院审理案件在认定事实和适用法律方面存在重大困难;(vi)外国法院对案件享有管辖权,且审理该案件更加方便。[③] (2)不予受理。①中华人民共和国法院和外国法院都有管辖权的案件,一方当事人向外国法院起诉,而另一方当

① 洪冬英主编:《民事诉讼法学通论》(第3版),北京大学出版社2020年版,第433页。

适用的条件:(1)存在接替法院,即必须有另一便利的外国法院可供原告起诉。必须由主张适用不方便法院原则的被告举证是否存在接替法院,证明原告在接替法院能获得与我国法院相同的救济。(2)适用此原则会对被告产生便利或者公平的结果。(3)案件与受诉法院之间不存在必要的联系。案件与受诉法院之间缺乏必要的联系是否定管辖的一个重要因素。

② 洪冬英主编:《民事诉讼法学通论》(第3版),北京大学出版社2020年版,第433页。

同一诉讼在一国法院已经裁决,而另一国法院又予受理;或者同一诉讼在两个国家的法院都有分别进行的情况,称一事再理或一事两讼。

③ 《最高人民法院关于适用〈中华人民共和国民事诉讼法〉的解释》第530条;另参见《第二次全国涉外商事海事审判工作会议纪要》第11条。

事人向中华人民共和国法院起诉的，人民法院可予受理。判决后，外国法院申请或者当事人请求人民法院承认和执行外国法院对本案作出的判决、裁定的，不予准许；但双方共同缔结或者参加的国际条约另有规定的除外。[①] ②外国法院判决、裁定已经被人民法院承认，当事人就同一争议向人民法院起诉的，人民法院不予受理。[②]

二、我国法院对涉外民事案件的管辖

1. 我国法院管辖的涉外的民事案件。(1)我国法院管辖的涉外的一般民事案件。①《最高人民法院关于涉外民商事案件诉讼管辖若干问题的规定》适用于下列案件：(i)涉外合同和侵权纠纷案件；(ii)信用证纠纷案件；(iii)申请撤销、承认与强制执行国际仲裁裁决的案件；(iv)审查有关涉外民商事仲裁条款效力的案件；(v)申请承认和强制执行外国法院民商事判决、裁定的案件。[③] ②发生在与外国接壤的边境省份的边境贸易纠纷案件，涉外房地产案件和涉外知识产权案件，不适用《最高人民法院关于涉外民商事案件诉讼管辖若干问题的规定》。[④] (2)我国法院管辖的具体涉外民事案件。①人民法院在审理国内商事纠纷案件过程中，因追加当事人而使得案件具有涉外因素的，属于涉外商事纠纷案件，应当按照《最高人民法院关于涉外民商事案件诉讼管辖若干问题的规定》确定案件的管辖。当事人协议管辖不得违反前述规定。无管辖权的人民法院不得受理涉外商事纠纷案件；已经受理的，应将案件移送有管辖权的人民法院审理。[⑤] ②涉及外资金融机构(包括外国独资银行、独资财务公司、合资银行、合资财务公司、外国银行分行)的商事纠纷案件，其诉讼管辖按照《最高人民法院关于涉外民商事案件诉讼管辖若干问题的规定》办理。[⑥] ③当事人申请确认涉外仲裁协议效力的案件，由申请人住所地、被申请人住所地或者仲裁协议签订地有权受理涉外商事案件的中级人民法院管辖；申请执行我国涉外仲裁裁决的案件，由被申请人住所地、财产所在地有权受理涉外商事案件的中级人民法院管辖；申请撤销我国涉外仲裁裁决的案件，由仲裁机构所在地有权受理涉外商事案件的中级人民法院

---

① 《最高人民法院关于适用〈中华人民共和国民事诉讼法〉的解释》第531条第1款。

② 《最高人民法院关于适用〈中华人民共和国民事诉讼法〉的解释》第531条第2款。

③ 《最高人民法院关于涉外民商事案件诉讼管辖若干问题的规定》第3条。

④ 《最高人民法院关于涉外民商事案件诉讼管辖若干问题的规定》第4条。

⑤ 《第二次全国涉外商事海事审判工作会议纪要》第1条。

⑥ 《第二次全国涉外商事海事审判工作会议纪要》第2条。

管辖；申请承认与执行外国仲裁裁决的案件，由被申请人住所地或者财产所在地有权受理涉外商事案件的中级人民法院管辖。[①] ④涉外商事合同的当事人之间签订的有效仲裁协议约定了因合同发生的或与合同有关的一切争议均应通过仲裁方式解决，原告就当事人在签订和履行合同过程中发生的纠纷以侵权为由向人民法院提起诉讼的，人民法院不享有管辖权。[②] ⑤一方当事人以外国当事人为被告向人民法院提起诉讼，该外国当事人在我国境内设有来料加工、来样加工、来件装配或者补偿贸易企业（以下简称“三来一补”企业）的，应认定其在我国境内有可供扣押的财产，该“三来一补”企业所在地有涉外商事案件管辖权的人民法院可以对纠纷行使管辖权。[③] ⑥涉外商事纠纷案件的当事人协议约定外国法院对其争议享有非排他性管辖权时，可以认定该协议并没有排除其他国家有管辖权法院的管辖权。如果一方当事人向我国法院提起诉讼，我国法院依照《民事诉讼法》的有关规定对案件享有管辖权的，可以受理。[④]

2. 我国涉外民事案件关系的认定。民事关系具有下列情形之一的，人民法院可以认定为涉外民事关系：(1)当事人一方或双方是外国公民、外国法人或者其他组织、无国籍人；(2)当事人一方或双方的经常居所地在中华人民共和国领域外；(3)标的物在中华人民共和国领域外；(4)产生、变更或者消灭民事关系的法律事实发生在中华人民共和国领域外；(5)可以认定为涉外民事关系的其他情形。[⑤]

3. 涉外民事案件的我国管辖法院。(1)第一审涉外民商事案件由下列人民法院管辖：①国务院批准设立的经济技术开发区人民法院；②省会、自治区首府、直辖市所在地的中级人民法院；③经济特区、计划单列市中级人民法院；④最高人民法院指定的其他中级人民法院；[⑥]⑤高级人民法院。上述中级人民法院的区

---

① 《第二次全国涉外商事海事审判工作会议纪要》第6条。

② 《第二次全国涉外商事海事审判工作会议纪要》第7条。

③ 《第二次全国涉外商事海事审判工作会议纪要》第3条。

④ 《第二次全国涉外商事海事审判工作会议纪要》第12条。

⑤ 《最高人民法院关于适用〈中华人民共和国涉外民事关系法律适用法〉若干问题的解释(一)》第1条。

⑥ 《最高人民法院关于对〈江苏省高级人民法院关于申请指定镇江经济开发区人民法院管辖一审涉外商事纠纷案件的请求〉的批复》。

《最高人民法院关于对〈广西壮族自治区高级人民法院关于指定钦州市中级人民法院管辖一审涉外、涉港澳台民商事案件请示〉的批复》认为，最高人民法院可以指定地方法院管辖涉外、涉港澳台民商事案件。

《最高人民法院关于加强涉外商事案件诉讼管辖工作的通知》规定，授权广东省和各直辖市的高级人民法院指定辖区内的基层人民法院管辖本区的第一审涉外(含涉港澳台)民商事案件。

域管辖范围由所在地的高级人民法院确定。① (2)对国务院批准设立的经济技术开发区人民法院所作的第一审判决、裁定不服的,其第二审由所在地中级人民法院管辖。②

4. 我国法院对涉外民事案件管辖的处理。(1)担保合同的主债务人在我国境外,债权人在我国仅起诉担保人的,人民法院应根据《民事诉讼法》的相关规定行使管辖权。在审理过程中,如发现依据担保合同的准据法,担保人享有先诉抗辩权或者该案需要先确定主合同债权额的,可以根据不同情况分别作如下处理:①人民法院对主合同纠纷享有管辖权的,可以要求原告在一定期限内追加主债务人为共同被告;②人民法院对主合同纠纷不享有管辖权的,应裁定中止审理,并指定一定的期限,告知债权人对主债务人提起诉讼或仲裁,或者以其他方式确定主债权额。债权人在指定的期限内对主债务人提起诉讼或仲裁,或者经其他方式可以明确主债权额的,人民法院应在债权人提交相应的生效裁判文书或者其他证明文件后恢复审理。债权人在指定的期限内拒绝申请追加主债务人为共同被告,或者未对主债务人提起诉讼或仲裁,或者经其他方式仍未能明确主债权额,且人民法院调解不成的,裁定驳回债权人的起诉。③ (2)我国法院和外国法院都享有管辖权的涉外商事纠纷案件,一方当事人向外国法院起诉且被受理后又就同一争议向我国法院提起诉讼,或者对方当事人就同一争议向我国法院提起诉讼的,外国法院是否已经受理案件或者作出判决,不影响我国法院行使管辖权,但是否受理,由我国法院根据案件具体情况决定。外国法院判决已经被我国法院承认和执行的,人民法院不应受理。我国缔结或者参加的国际条约另有规定的,按规定办理。④

5. 涉外民事案件适用的法律。(1)涉外民事关系法律适用法实施以前发生的涉外民事关系,人民法院应当根据该涉外民事关系发生时的有关法律规定确定应当适用的法律;当时法律没有规定的,可以参照涉外民事关系法律适用法的规定确定。⑤ (2)涉外民事关系法律适用法与其他法律对同一涉外民事关系法律

---

① 《最高人民法院关于涉外民商事案件诉讼管辖若干问题的规定》第1条。

② 《最高人民法院关于涉外民商事案件诉讼管辖若干问题的规定》第2条。

③ 《第二次全国涉外商事海事审判工作会议纪要》第9条。

④ 《第二次全国涉外商事海事审判工作会议纪要》第10条。

⑤ 《最高人民法院关于适用〈中华人民共和国涉外民事关系法律适用法〉若干问题的解释(一)》第2条。

适用规定不一致的，适用涉外民事关系法律适用法的规定，但《票据法》《海商法》《民用航空法》等商事领域法律的特别规定以及知识产权领域法律的特别规定除外。涉外民事关系法律适用法对涉外民事关系的法律适用没有规定而其他法律有规定的，适用其他法律的规定。[①]（3）中华人民共和国法律没有明确规定当事人可以选择涉外民事关系适用的法律，当事人选择适用法律的，人民法院应认定该选择无效。[②]（4）一方当事人以双方协议选择的法律与系争的涉外民事关系没有实际联系为由主张选择无效的，人民法院不予支持。[③]（5）当事人在一审法庭辩论终结前协议选择或者变更选择适用的法律的，人民法院应予准许。各方当事人援引相同国家的法律且未提出法律适用异议的，人民法院可以认定当事人已经就涉外民事关系适用的法律做出了选择。[④]（6）当事人在合同中援引尚未对中华人民共和国生效的国际条约的，人民法院可以根据该国际条约的内容确定当事人之间的权利义务，但违反中华人民共和国社会公共利益或中华人民共和国法律、行政法规强制性规定的除外。[⑤]（7）有下列情形之一，涉及中华人民共和国社会公共利益、当事人不能通过约定排除适用、无需通过冲突规范指引而直接适用于涉外民事关系的法律、行政法规的规定，人民法院应当认定为《涉外民事关系法律适用法》第 4 条规定的强制性规定：①涉及劳动者权益保护的；②涉及食品或公共卫生安全的；③涉及环境安全的；④涉及外汇管制等金融安全的；⑤涉及反垄断、反倾销的；⑥应当认定为强制性规定的其他情形。[⑥]（8）一方当事人故意制造涉外民事关系的连结点，规避中华人民共和国法律、行政法规的强制性规定

---

① 《最高人民法院关于适用〈中华人民共和国涉外民事关系法律适用法〉若干问题的解释（一）》第 3 条。

② 《最高人民法院关于适用〈中华人民共和国涉外民事关系法律适用法〉若干问题的解释（一）》第 4 条。

③ 《最高人民法院关于适用〈中华人民共和国涉外民事关系法律适用法〉若干问题的解释（一）》第 5 条。

④ 《最高人民法院关于适用〈中华人民共和国涉外民事关系法律适用法〉若干问题的解释（一）》第 6 条。

⑤ 《最高人民法院关于适用〈中华人民共和国涉外民事关系法律适用法〉若干问题的解释（一）》第 7 条。

⑥ 《最高人民法院关于适用〈中华人民共和国涉外民事关系法律适用法〉若干问题的解释（一）》第 8 条。

的,人民法院应认定为不发生适用外国法律的效力。[①] (9)涉外民事争议的解决须以另一涉外民事关系的确认为前提时,人民法院应当根据该先决问题自身的性质确定其应当适用的法律。[②] (10)案件涉及两个或者两个以上的涉外民事关系时,人民法院应当分别确定应当适用的法律。[③] (11)当事人没有选择涉外仲裁协议适用的法律,也没有约定仲裁机构或者仲裁地,或者约定不明的,人民法院可以适用中华人民共和国法律认定该仲裁协议的效力。[④] (12)自然人在涉外民事关系产生或者变更、终止时已经连续居住1年以上且作为其生活中心的地方,人民法院可以认定为涉外民事关系法律适用法规定的自然人的经常居所地,但就医、劳务派遣、公务等情形除外。[⑤] (13)人民法院应当将法人的设立登记地认定为涉外民事关系法律适用法规定的法人的登记地。[⑥] (14)人民法院通过由当事人提供、已对中华人民共和国生效的国际条约规定的途径、中外法律专家提供等合理途径仍不能获得外国法律的,可以认定为不能查明外国法律。根据《涉外民事关系法律适用法》第10条第1款的规定,当事人应当提供外国法律,其在人民法院指定的合理期限内无正当理由未提供该外国法律的,可以认定为不能查明外国法律。[⑦] (15)人民法院应当听取各方当事人对应当适用的外国法律的内容及其理解与适用的意见,当事人对该外国法律的内容及其理解与适用均无异议的,人民法院可以予以确认;当事人有异议的,由人民法院审查认定。[⑧] (16)涉外民事关系法律适用法施行后发生的涉外民事纠纷案件,《最高人民法院关于适

---

① 《最高人民法院关于适用〈中华人民共和国涉外民事关系法律适用法〉若干问题的解释(一)》第9条。

② 《最高人民法院关于适用〈中华人民共和国涉外民事关系法律适用法〉若干问题的解释(一)》第10条。

③ 《最高人民法院关于适用〈中华人民共和国涉外民事关系法律适用法〉若干问题的解释(一)》第11条。

④ 《最高人民法院关于适用〈中华人民共和国涉外民事关系法律适用法〉若干问题的解释(一)》第12条。

⑤ 《最高人民法院关于适用〈中华人民共和国涉外民事关系法律适用法〉若干问题的解释(一)》第13条。

⑥ 《最高人民法院关于适用〈中华人民共和国涉外民事关系法律适用法〉若干问题的解释(一)》第14条。

⑦ 《最高人民法院关于适用〈中华人民共和国涉外民事关系法律适用法〉若干问题的解释(一)》第15条。

⑧ 《最高人民法院关于适用〈中华人民共和国涉外民事关系法律适用法〉若干问题的解释(一)》第16条。

用〈中华人民共和国涉外民事关系法律适用法〉若干问题的解释（一）》施行后尚未终审的，适用《最高人民法院关于适用〈中华人民共和国涉外民事关系法律适用法〉若干问题的解释（一）》；该解释施行前已经终审，当事人申请再审或者按照审判监督程序决定再审的，不适用该解释。①

此外，涉及香港特别行政区、澳门特别行政区的民事关系的法律适用问题，参照适用《最高人民法院关于适用〈中华人民共和国涉外民事关系法律适用法〉若干问题的解释（一）》。②

6. 我国法院对涉外民事案件管辖的监管。高级人民法院应当对涉外民商事案件的管辖实施监督，凡越权受理涉外民商事案件的，应当通知或者裁定将案件移送有管辖权的人民法院审理。③

三、我国法院对涉外民事案件的审理

1. 我国法院对涉外民事案件的审查与受理。严格执行涉外民商事案件审查程序，切实保护各方当事人的诉讼权利。各级人民法院要严格遵守《民事诉讼法》和最高人民法院及其批准的高级人民法院有关案件管辖的规定，对诉至法院的涉外民商事案件认真进行审查。对属于人民法院受理范围、符合级别管辖、地域管辖和专属管辖规定并符合法律规定的起诉条件的，应当在法定期限内及时立案，不得拖延、推诿；对不属于人民法院受理范围的要及时告知当事人采取其他救济方式，不得违法滥用管辖权或无故放弃管辖权。对涉外合同中订有仲裁条款或者当事人事后达成书面仲裁协议的，人民法院不予受理；根据当事人的申请，依照法律规定，拟裁定涉外合同仲裁协议无效的，应先逐级呈报最高人民法院，待最高人民法院答复同意后才可以确认仲裁协议无效。涉外民商事案件法律文书的送达手续必须合法；如用公告方式送达，必须严格按照《民事诉讼法》第95条规定办理，并应当在《人民法院报》或省级以上对外公开发行的报纸上和在受案法院公告栏内同时刊登。④

---

① 《最高人民法院关于适用〈中华人民共和国涉外民事关系法律适用法〉若干问题的解释（一）》第18条。

② 《最高人民法院关于适用〈中华人民共和国涉外民事关系法律适用法〉若干问题的解释（一）》第17条。

③ 《最高人民法院关于涉外民商事案件诉讼管辖若干问题的规定》第6条。

④ 《最高人民法院关于审理和执行涉外民商事案件应当注意的几个问题的通知》第1条。

2. 我国法院对涉外民事案件当事人合法权益的维护。严格依照冲突规范适用处理案件的民商事法律，切实做到依法公开、公正、及时、平等地保护国内外当事人的合法权益。各级人民法院审理涉外民商事案件时，要坚持国家主权原则和依法独立审判原则，保证案件处理的程序公正和实体公正。涉外民商事案件除法律另有规定的以外一律公开审理，允许新闻媒体自负其责地进行报道。审理案件必须做到认定事实客观、全面，适用法律准确、适当，实体处理公正、合法，除《民法典》第467条第2款规定的三类合同必须适用中国法律外，均应依照有关规定或者当事人约定，准确选用准据法；对我国参加的国际公约，除我国声明保留的条款外，应予优先适用，同时可以参照国际惯例。制作涉外法律文书应文字通畅，逻辑严密，格式规范，说理透彻。[①]

3. 我国法院对涉外民事案件的执行。严格遵守涉外民商事案件生效法律文书的执行规定，切实维护国家司法权威。各级人民法院在强化执行工作过程中，应从维护国家司法形象和法制尊严的高度认识涉外执行工作的重要性，进一步加强涉外案件的执行，要注意执行方法，提高执行效率，注重执行效果。对涉外仲裁裁决和国外仲裁裁决的审查与执行，要严格依照有关国际公约和《民事诉讼法》、《最高人民法院关于适用〈中华人民共和国民事诉讼法〉若干问题的意见》、《最高人民法院关于人民法院执行工作若干问题的规定（试行）》中有关涉外执行的规定和最高人民法院（法）经发〔1987〕5号通知、法发〔1995〕18号通知、法释〔1998〕28号规定及法〔1998〕40号通知办理。各级人民法院凡拟适用《民事诉讼法》第281条[②]和有关国际公约规定，不予执行涉外仲裁裁决、撤销涉外仲裁裁决或拒绝承认和执行外国仲裁机构的裁决的，均应按规定逐级呈报最高人民法院审查，在最高人民法院答复前，不得制发裁定。[③]

① 《最高人民法院关于审理和执行涉外民商事案件应当注意的几个问题的通知》第2条。

② 《民事诉讼法》第283条规定："根据中华人民共和国缔结或者参加的国际条约，或者按照互惠原则，人民法院和外国法院可以相互请求，代为送达文书、调查取证以及进行其他诉讼行为。外国法院请求协助的事项有损于中华人民共和国的主权、安全或者社会公共利益的，人民法院不予执行。"

③ 《最高人民法院关于审理和执行涉外民商事案件应当注意的几个问题的通知》第3条。

涉外民商事案件的专属管辖

第二百七十三条　因在中华人民共和国履行中外合资经营企业合同、中外合作经营企业合同、中外合作勘探开发自然资源合同发生纠纷提起的诉讼，由中华人民共和国人民法院管辖。

本条明确涉外民商事案件的专属管辖。

专属管辖，是指与法院地的公共政策密切相关的案件，只能由法院地国法院行使司法管辖权。[①] 本书仅就其进行阐释。

1. 在我国，规定属于专属管辖的涉外民商事案件有：(1)在我国履行的中外合资经营企业合同纠纷；(2)在我国履行的中外合作经营企业合同纠纷；(3)在我国履行的中外合作勘探开发自然资源合同纠纷。[②]

2. 根据《民事诉讼法》第 34 条和第 273 条规定，属于中华人民共和国法院专属管辖的案件，当事人不得协议选择外国法院管辖，但协议选择仲裁的除外。[③]

涉港澳案件的管辖（非法条内容）

本书仅就涉港澳案件的管辖进行阐释。

涉港澳商事案件是指当事人一方或者双方是香港特别行政区、澳门特别行政区的自然人或者企业、组织，或者当事人之间商事法律关系的设立、变更、终止的法律事实发生在香港特别行政区、澳门特别行政区，或者诉讼标的物在香港特别行政区、澳门特别行政区的商事案件。[④] 涉及香港、澳门特别行政区和台湾地区当事人的民商事纠纷案件的管辖，参照《最高人民法院关于涉外民商事案件诉讼管辖若干问题的规定》处理。[⑤]

---

① 洪冬英主编：《民事诉讼法学通论》（第 3 版），北京大学出版社 2020 年版，第 435 页。

② 《民法典》第 467 条第 2 款规定："在中华人民共和国境内履行的中外合资经营企业合同、中外合作经营企业合同、中外合作勘探开发自然资源合同，适用中华人民共和国法律。"

③ 《最高人民法院关于适用〈中华人民共和国民事诉讼法〉的解释》第 529 条第 2 款。

④ 《全国法院涉港澳商事审判工作座谈会纪要》第 33 条。

⑤ 《最高人民法院关于涉外民商事案件诉讼管辖若干问题的规定》第 5 条。

1. 涉港澳案件管辖的确定。人民法院受理涉港澳商事案件，应当参照《民事诉讼法》第四编和《最高人民法院关于涉外民商事案件诉讼管辖若干问题的规定》确定案件的管辖。①

2. 涉港澳案件管辖异议及上报。有管辖权的人民法院受理的涉港澳商事案件，如果被告以存在有效仲裁协议为由对人民法院的管辖权提出异议，受理案件的人民法院可以对案件管辖问题作出裁定。如果认定仲裁协议无效、失效或者内容不明确无法执行的，在作出裁定前应当按照《最高人民法院关于人民法院处理与涉外仲裁及外国仲裁事项有关问题的通知》(法发〔1995〕18 号)逐级上报。②

3. 涉港澳商事案件的当事人。(1)香港特别行政区、澳门特别行政区的当事人参加诉讼，应提供经注册地公证、认证机构公证、认证的商业登记等身份证明材料。③ (2)人民法院受理香港特别行政区、澳门特别行政区的当事人作为被告的案件的，该当事人在内地设立“三资企业”时向“三资企业”的审批机构提交并经审批的商业登记等身份证明材料可以作为证明其存在的证据，但有相反证据的除外。④ (3)原告起诉时提供了作为被告的香港特别行政区、澳门特别行政区的当事人存在的证明，香港特别行政区、澳门特别行政区的当事人拒绝提供证明其身份的公证材料的，不影响人民法院对案件的审理。⑤

4. 涉港澳案件的受理。(1)人民法院受理涉港澳商事案件后，被告以存在有效仲裁协议为由对人民法院的管辖权提出异议，且在人民法院受理商事案件的前后或者同时向另一人民法院提起确认仲裁协议效力之诉的，应分别以下情况处理：①确认仲裁协议效力之诉受理在先或者两案同时受理的，受理商事案件的人民法院应中止对管辖权异议的审理，待确认仲裁协议效力之诉审结后，再恢复审理并就管辖权问题作出裁定；②商事案件受理在先且管辖权异议尚未审结的，对于被告另行提起的确认仲裁协议效力之诉，人民法院应不予受理；受理后发现其他人民法院已经先予受理当事人间的商事案件并正在就管辖权异议进行审理的，应当将案件移送受理商事案件的人民法院在管辖权异议程序中一并解决。

---

① 《全国法院涉港澳商事审判工作座谈会纪要》第 1 条。
② 《全国法院涉港澳商事审判工作座谈会纪要》第 2 条。
③ 《全国法院涉港澳商事审判工作座谈会纪要》第 8 条。
④ 《全国法院涉港澳商事审判工作座谈会纪要》第 9 条。
⑤ 《全国法院涉港澳商事审判工作座谈会纪要》第 10 条。

③商事案件受理在先且人民法院已经就案件管辖权问题作出裁定，确认仲裁协议无效的，被告又向其他人民法院提起确认仲裁协议效力之诉，人民法院应不予受理；受理后发现上述情况的，应裁定驳回当事人的起诉。① (2)内地人民法院和香港特别行政区法院或者澳门特别行政区法院都享有管辖权的涉港澳商事案件，一方当事人向香港特别行政区法院或者澳门特别行政区法院起诉被受理后，当事人又向内地人民法院提起相同诉讼，香港特别行政区法院或者澳门特别行政区法院是否已经受理案件或作出判决，不影响内地人民法院行使管辖权，但是否受理由人民法院根据案件具体情况决定。内地人民法院已经受理当事人申请认可或执行香港特别行政区法院或者澳门特别行政区法院就相同诉讼作出的判决的，或者香港特别行政区法院、澳门特别行政区法院的判决已获内地人民法院认可和执行的，内地人民法院不应再受理相同诉讼。②

5. 涉港澳案件的撤销。下级人民法院违反《最高人民法院关于涉外民商事案件诉讼管辖若干问题的规定》受理涉港澳商事案件并作出实体判决的，上级人民法院可以程序违法为由撤销下级人民法院的判决，将案件移送有管辖权的人民法院审理。③

6. 涉港澳案件的破产管辖法院。人民法院受理破产申请后，即使该人民法院不享有涉外民商事案件管辖权，但根据《企业破产法》第 21 条的规定，有关债务人的涉港澳商事诉讼仍应由该人民法院管辖。④

7. 涉港澳案件的"不方便原则"的适用。人民法院受理的涉港澳商事案件，如果被告未到庭应诉，即使案件存在不方便管辖的因素，在被告未提出管辖权异议的情况下，人民法院不应依职权主动适用不方便法院原则放弃对案件的管辖权。⑤

8. 涉港澳案件具有执行力的终审判决。具有执行力的终审判决包括两方面含义：(1)在内地是指：①最高人民法院的判决；②高级人民法院、中级人民法院以及经授权管辖第一审涉外、涉港澳台民商事案件的基层人民法院依法不准上

---

① 《全国法院涉港澳商事审判工作座谈会纪要》第 3 条。
② 《全国法院涉港澳商事审判工作座谈会纪要》第 6 条。
③ 《全国法院涉港澳商事审判工作座谈会纪要》第 4 条。
④ 《全国法院涉港澳商事审判工作座谈会纪要》第 5 条。
⑤ 《全国法院涉港澳商事审判工作座谈会纪要》第 7 条。

诉或者已经超过法定期限没有上诉的第一审判决，第二审判决和依照审判监督程序由上一级人民法院提审后作出的生效判决。(2)在香港特别行政区是指终审法院、高等法院上诉法庭及原讼法庭和区域法院作出的生效判决。《最高人民法院关于内地与香港特别行政区法院相互认可和执行当事人协议管辖的民商事案件判决的安排》所称判决，在内地包括判决书、裁定书、调解书、支付令；在香港特别行政区包括判决书、命令和诉讼费评定证明书。当事人向香港特别行政区法院申请认可和执行判决后，内地人民法院对该案件依法再审的，由作出生效判决的上一级人民法院提审。①

9. 内地法院对香港特别行政区案件的管辖。(1)内地法院对香港特别行政区案件的协议管辖。内地人民法院和香港特别行政区法院在具有书面管辖协议的民商事案件中作出的须支付款项的具有执行力的终审判决，当事人可以根据《最高人民法院关于内地与香港特别行政区法院相互认可和执行当事人协议管辖的民商事案件判决的安排》向内地人民法院或者香港特别行政区法院申请认可和执行。② 其中，“书面管辖协议”，是指当事人为解决与特定法律关系有关的已经发生或者可能发生的争议，自《最高人民法院关于内地与香港特别行政区法院相互认可和执行当事人协议管辖的民商事案件判决的安排》生效之日起，以书面形式明确约定内地人民法院或者香港特别行政区法院具有唯一管辖权的协议。“特定法律关系”，是指当事人之间的民商事合同，不包括雇佣合同以及自然人因个人消费、家庭事宜或者其他非商业目的而作为协议一方的合同。“书面形式”，是指合同书、信件和数据电文(包括电报、电传、传真、电子数据交换和电子邮件)等可以有形地表现所载内容、可以调取以备日后查用的形式。书面管辖协议可以由一份或者多份书面形式组成。除非合同另有规定，合同中的管辖协议条款独立存在，合同的变更、解除、终止或者无效，不影响管辖协议条款的效力。③(2)内地法院对香港特别行政区婚姻案件的管辖。对于夫妻双方均居住在港澳的同胞，原在内地登记结婚的，现在发生离婚诉讼，如果他们向内地人民法院申

---

① 《最高人民法院关于内地与香港特别行政区法院相互认可和执行当事人协议管辖的民商事案件判决的安排》第2条。

② 《最高人民法院关于内地与香港特别行政区法院相互认可和执行当事人协议管辖的民商事案件判决的安排》第1条。

③ 《最高人民法院关于内地与香港特别行政区法院相互认可和执行当事人协议管辖的民商事案件判决的安排》第3条。

请,内地原结婚登记地或原户籍地人民法院可以受理,并按《民事诉讼法》的规定办理。从港、澳地区寄来的委托书和书面意见,必须按《关于为港、澳同胞回内地申请公证而出具证明办法的通知》和《关于港、澳同胞回内地申请公证出具证明办法的补充通知》中的规定,经最高人民法院指定的港、澳地区有关机构或律师给予证明,方能承认其效力。①

① 《最高人民法院关于原在内地登记结婚后双方均居住香港,现内地人民法院可否受理他们离婚诉讼的批复》。

《最高人民法院关于县一级主要负责干部的民事案件和涉及香港台湾的离婚案件管辖问题的批复》认为,“香港、台湾不是涉外问题,对于涉及港、台的婚姻案件也就不能作为涉外案件处理”。

第二十五章　送达、期间

在涉外民事诉讼中，送达的方式和期间适用应依受送达人居住地点的不同而有所区别。人民法院向在我国领域内有住所的当事人送达司法文书或适用期间规定，按照《民事诉讼法》第7章第2节规定的方式送达或适用《民事诉讼法》第7章第1节关于期间的一般规定。向在我国领域内没有住所的当事人送达司法文书或适用期间规定，则按照本章以及《最高人民法院关于涉外民事或商事案件司法文书送达问题若干规定》。①

本章主要规定对在我国领域内没有住所的当事人的送达、在我国领域内没有住所的当事人答辩、上诉期间和涉外民事案件的审理期间。②

对在我国领域内没有住所的当事人诉讼文书送达方式

第二百七十四条　人民法院对在中华人民共和国领域内没有住所的当事人送达诉讼文书，可以采用下列方式：

① 洪冬英主编：《民事诉讼法学通论》（第3版），北京大学出版社2020年版，第437页。

《最高人民法院关于如何确定涉港澳台当事人公告送达期限和答辩、上诉期限的请示的复函》认为："香港、澳门和台湾地区的当事人在内地法院起诉、应诉或者上诉时，需要履行一定的认证、公证或者转递手续，人民法院的司法文书目前尚无法采用与内地当事人完全相同的方式对港澳台当事人送达。因此，对港澳台当事人在内地诉讼时的公告送达期限和答辩、上诉的期限，应参照我国《民事诉讼法》涉外编的有关规定执行。"

② 《最高人民法院关于进一步做好边境地区涉外民商事案件审判工作的指导意见》第10条规定："人民法院在审理边境地区涉外民商事纠纷案件的过程中，应当加强对当事人的诉讼指导。对在我国没有住所又没有可供执行的财产的被告提起诉讼，人民法院应当给予原告必要的诉讼指导，充分告知其诉讼风险，特别是无法有效送达的风险和生效判决在我国境内无法执行的风险。败诉一方当事人在我国境内没有财产或者其财产不足以执行生效判决时，人民法院应当告知胜诉一方当事人可以根据我国与其他国家缔结的民商事司法协助国际条约的相关规定，向可供执行财产所在地国家的法院申请承认和执行我国法院的民商事判决。"

（一）依照受送达人所在国与中华人民共和国缔结或者共同参加的国际条约中规定的方式送达；

（二）通过外交途径送达；

（三）对具有中华人民共和国国籍的受送达人，可以委托中华人民共和国驻受送达人所在国的使领馆代为送达；

（四）向受送达人委托的有权代其接受送达的诉讼代理人送达；

（五）向受送达人在中华人民共和国领域内设立的代表机构或者有权接受送达的分支机构、业务代办人送达；

（六）受送达人所在国的法律允许邮寄送达的，可以邮寄送达，自邮寄之日起满三个月，送达回证没有退回，但根据各种情况足以认定已经送达的，期间届满之日视为送达；

（七）采用传真、电子邮件等能够确认受送达人收悉的方式送达；

（八）不能用上述方式送达的，公告送达，自公告之日起满三个月，即视为送达。

本条明确在我国领域内没有住所的当事人诉讼文书送达的方式。

人民法院审理涉外民事或商事案件时，向在中华人民共和国领域内没有住所的受送达人送达司法文书，适用《最高人民法院关于涉外民事或商事案件司法文书送达问题若干规定》的规定。① 其中，“司法文书”，是指起诉状副本、上诉状副本、反诉状副本、答辩状副本、传票、判决书、调解书、裁定书、支付令、决定书、通知书、证明书、送达回证以及其他司法文书。② 本书在我国领域内没有住所的当事人诉讼文书送达方式基础上进一步阐释五方面的内容。

---

① 《最高人民法院关于涉外民事或商事案件司法文书送达问题若干规定》第1条。

《关于向国外送达民事或商事司法文书和司法外文书公约》（《海牙送达公约》）第1条第1款规定：“在所有民事或商事案件中，如有须递送司法文书或司法外文书以便向国外送达的情形，均应适用本公约。”

另参见《司法部、最高人民法院、外交部关于执行海牙送达公约的实施办法》。

② 《最高人民法院关于涉外民事或商事案件司法文书送达问题若干规定》第2条。

一、国家间对没有住所的当事人诉讼文书送达方式

1. 依照国际条约、司法协议规定的方式送达。[①] (1)每一缔约国应指定一个中央机关,负责根据《关于向国外送达民事或商事司法文书和司法外文书公约》第3条至第6条的规定,接收来自其它缔约国的送达请求书,并予以转递。每一缔约国应依其本国法律组建中央机关。[②] (2)依文书发出国法律有权主管的当局或司法助理人员应将符合本公约所附范本的请求书送交文书发往国中央机关,无须认证或其它类似手续。请求书应附有须予送达的文书或其副本。请求书和文书均须一式两份。[③] (3)如中央机关认为该请求书不符合本公约的规定,应及时通知申请者,并说明其对请求书的异议。[④] (4)文书发往国中央机关应按照下列方法之一,自行送达该文书,或安排经由一适当机构使之得以送达:①按照其国内法规定的在国内诉讼中对在其境内的人员送达文书的方法,或②按照申请者所请求采用的特定方法,除非这一方法与文书发往国法律相抵触。除本条第1款第2项规定外,均可通过将文书交付自愿接受的收件人的方法进行送达。如依上述第1款送达文书,则中央机关可要求该文书以文书发往国的官方文字或其中之一写成,或译为该种文字。依本公约所附格式填写的请求书中包括被送达文书概要的部分应连同文书一并送达。[⑤] (5)文书发往国中央机关或该国为此目的可能指定的任何机关应依本公约所附范本格式出具证明书。证明书应说明文书已经送达,并应包括送达的方法、地点和日期,以及文书被交付人。如文书并未送达,则证明书中应载明妨碍送达的原因。申请者可要求非中央机关或司法机关出具的证明书由上述一个机关副署。证明书应直接送交申请者。[⑥]

2. 通过外交途径送达。[⑦] 每一缔约国有权直接通过其外交或领事代表机构

---

① 这是向域外送达诉讼文书首选的方式。

② 《关于向国外送达民事或商事司法文书和司法外文书公约》第2条。

③ 《关于向国外送达民事或商事司法文书和司法外文书公约》第3条。

④ 《关于向国外送达民事或商事司法文书和司法外文书公约》第4条。

⑤ 《关于向国外送达民事或商事司法文书和司法外文书公约》第5条。

⑥ 《关于向国外送达民事或商事司法文书和司法外文书公约》第6条。

⑦ 这是国际上公认的一种最为正规的送达方式。与受送达国没有订立双边司法协助条约,受送达国又不是《海牙送达公约》的缔约国或者参加国,但两国已建立了外交关系的,则通过外交途径送达。

向身在国外的人完成司法文书的送达，但不得采用任何强制措施。任何国家均可声明其对在其境内进行此种送达的异议，除非该文书须送达给文书发出国国民。①

3. 委托驻外使领馆送达。这种方式的使用限于向在我国领域内没有住所的中国籍受送达人送达，并且须以该中国籍受送达人驻在国允许我国使领馆直接送达为前提。每一缔约国有权利用领事途径将文书送交另一缔约国为此目的指定的机关，以便送达。如有特殊情况需要，每一缔约国可为同一目的使用外交途径。②

4. 邮寄送达。如送达目的地国不表异议，本公约不妨碍：(1)通过邮寄途径直接向身在国外的人员送交司法文书的自由；(2)文书发出国的司法助理人员、官员或其他主管人员直接通过送达目的地国的司法助理人员、官员或其他主管人员完成司法文书的送达的自由；(3)任何在司法程序中有利害关系的人直接通过送达目的地国的司法助理人员、官员或其他主管人员完成司法文书的送达的自由。③

5. 直接送达。本公约不妨碍两个或更多缔约国达成协议，允许采用上述各条所规定的递送途径以外的途径，特别是通过其各自机关直接联系的途径，以便送达司法文书。④

二、向在我国领域内没有住所的当事人送达的其他规定

1. 依照国际条约、司法协议规定的方式送达。(1)人民法院向在中华人民共和国领域内没有住所的受送达人送达司法文书时，若该受送达人所在国与中华人民共和国签订有司法协助协定，可以依照司法协助协定规定的方式送达；若该受送达人所在国是《关于向国外送达民事或商事司法文书和司法外文书公约》的

---

① 《关于向国外送达民事或商事司法文书和司法外文书公约》第8条。

② 《关于向国外送达民事或商事司法文书和司法外文书公约》第9条。

《维也纳领事关系公约》第5条第10项规定："依现行国际协定之规定或于无此种国际协定时，以符合接受国法律规章之任何其他方式，转送司法书状与司法以外文件或执行嘱托调查书或代派遣国法院调查证据之委托书。"

③ 《关于向国外送达民事或商事司法文书和司法外文书公约》第10条。

④ 《关于向国外送达民事或商事司法文书和司法外文书公约》第11条。

成员国,可以依照该公约规定的方式送达。依照受送达人所在国与中华人民共和国缔结或者共同参加的国际条约中规定的方式送达的,根据《最高人民法院关于依据国际公约和双边司法协助条约办理民商事案件司法文书送达和调查取证司法协助请求的规定》办理。[①] (2)我国法院若请求公约成员国向该国公民或第三国公民或无国籍人送达民事或商事司法文书,有关中级人民法院或专门人民法院应将请求书和所送达司法文书送有关高级人民法院转最高人民法院,由最高人民法院送司法部转送给该国指定的中央机关;必要时,也可由最高人民法院送我国驻该国使馆转送给该国指定的中央机关。[②] (3)按照司法协助协定、《关于向国外送达民事或商事司法文书和司法外文书公约》或者外交途径送达司法文书,自我国有关机关将司法文书转递受送达人所在国有关机关之日起满6个月,如果未能收到送达与否的证明文件,且根据各种情况不足以认定已经送达的,视为不能用该种方式送达。[③]

2. 通过外交途径送达。对在我国境内没有住所的当事人,如果不能适用前述方式送达,可以通过外交途径送达。具体程序可以按照最高人民法院、外交部、司法部联合发布的外发[1986]47号《关于我国法院和外国法院通过外交途

---

① 《最高人民法院关于涉外民事或商事案件司法文书送达问题若干规定》第6条。

《第二次全国涉外商事海事审判工作会议纪要》第25条第1款认为:“外国当事人如果在我国境内没有可以代其接受送达的代理人或者相关机构,若该当事人所在国与我国签订有司法协助协定或者其所在国是1965年海牙《关于向国外送达民事或商事司法文书和司法外文书公约》(以下简称《海牙送达公约》)的成员国,向该当事人送达司法文书依照司法协助协定或者公约的规定执行。具体程序可以分别按照最高人民法院发布的法(办)发[1988]3号《关于执行中外司法协助协定的通知》,最高人民法院、外交部、司法部联合发布的外发[1992]8号《关于执行〈关于向国外送达民事或商事司法文书和司法外文书公约〉有关程序的通知》、司发通[1992]093号《关于执行海牙送达公约的实施办法》的规定办理。如果当事人所在国既与我国签订有司法协助协定,又是《海牙送达公约》的成员国,送达司法文书依照司法协助协定的规定办理。”

② 《最高人民法院、外交部、司法部关于执行〈关于向国外送达民事或商事司法文书和司法外文书公约〉有关程序的通知》第4条。

③ 《最高人民法院关于涉外民事或商事案件司法文书送达问题若干规定》第7条。

《第二次全国涉外商事海事审判工作会议纪要》第26条认为:“按照司法协助协定、《海牙送达公约》或者外交途径送达司法文书,自我国有关机关将司法文书转递受送达当事人所在国有关机关之日起满六个月,如果未能收到送达与否的证明文件,且根据其他情况也不足以认定已经送达的,视为不能适用该种方式送达。”

径相互委托送达法律文书若干问题的通知》的规定办理。[①]

3. 邮寄送达。受送达人所在国允许邮寄送达的，人民法院可以邮寄送达。邮寄送达时应当附有送达回证。受送达人未在送达回证上签收但在邮件回执上签收的，视为送达，签收日期为送达日期。自邮寄之日起满3个月，如果未收到送达的证明文件，且根据各种情况不足以认定已经送达的，视为不能用邮寄方式送达。[②]

4. 直接送达。(1)外国人或者外国企业、组织的代表人、主要负责人[③]在中华人民共和国领域内的，人民法院可以向该自然人或者外国企业、组织的代表人、主要负责人送达。[④] (2)人民法院向在我国境内没有住所的当事人送达司法文书，可以直接送达给其在我国境内委托的诉讼代理人或者其在我国境内设立的代表机构。外国人、无国籍人或者外国公司、企业、其他组织的法定代表人或者负责人在我国境内的，人民法院可直接向其送达。当事人在我国境内有分支

---

① 《第二次全国涉外商事海事审判工作会议纪要》第25条第2款。

《最高人民法院、外交部、司法部关于执行〈关于向国外送达民事或商事司法文书和司法外文书公约〉有关程序的通知》第6条规定："非公约成员国通过外交途径委托我国法院送达的司法文书按最高人民法院、外交部、司法部1986年6月14日联名颁发的外发(1986)47号《关于我国法院和外国法院通过外交途径相互委托送达法律文书若干问题的通知》办理。公约成员国在特殊情况下通过外交途径请求我国法院送达的司法文书，也按上述文件办理。"

《最高人民法院关于中、日两国之间委托送达法律文书使用送达回证问题的通知》规定："凡需通过外交途径发往日本国的法律文书，经高级人民法院审查后送外交部领事司转递时，可不再附送我人民法院的送达回证，由日方受委托的裁判所出具送达回证；日本国委托我方送达的法律文书，则由我国受委托的人民法院出具送达回证。"

② 《最高人民法院关于适用〈中华人民共和国民事诉讼法〉的解释》第534条。

《最高人民法院关于涉外民事或商事案件司法文书送达问题若干规定》第8条规定："受送达人所在国允许邮寄送达的，人民法院可以邮寄送达。邮寄送达时应附有送达回证。受送达人未在送达回证上签收但在邮件回执上签收的，视为送达，签收日期为送达日期。自邮寄之日起满三个月，如果未能收到送达与否的证明文件，且根据各种情况不足以认定已经送达的，视为不能用邮寄方式送达。"

《第二次全国涉外商事海事审判工作会议纪要》第27条认为："在我国境内没有住所的当事人，其所在国允许邮寄送达的，可以邮寄送达。邮寄送达时应附有送达回证，如果当事人未在送达回证上签收，但在邮件回执上签收，视为已经送达。自邮寄之日起满六个月，如无法得到送达与否的证明文件，且根据其他情况也不足以认定已经送达的，视为不能适用邮寄方式送达。"

③ 《最高人民法院关于适用〈中华人民共和国民事诉讼法〉的解释》第533条第2款规定："外国企业、组织的主要负责人包括该企业、组织的董事、监事、高级管理人员等。"

④ 《最高人民法院关于适用〈中华人民共和国民事诉讼法〉的解释》第533条第1款。

《最高人民法院关于涉外民事或商事案件司法文书送达问题若干规定》第3条规定："作为受送达人的自然人或者企业、其他组织的法定代表人、主要负责人在中华人民共和国领域内的，人民法院可以向该自然人或者法定代表人、主要负责人送达。"

机构或者业务代办人的，经该当事人授权，人民法院可以向其分支机构或者业务代办人送达相关司法文书。[①] (3)除受送达人在授权委托书中明确表明其诉讼代理人无权代为接收有关司法文书外，其委托的诉讼代理人为《民事诉讼法》第274条第4项规定的有权代其接受送达的诉讼代理人，人民法院可以向该诉讼代理人送达。[②] (4)人民法院向受送达人送达司法文书，可以送达给其在中华人民共和国领域内设立的代表机构。[③]

5. 留置送达。人民法院向受送达人在中华人民共和国领域内的法定代表人、主要负责人、诉讼代理人、代表机构以及有权接受送达的分支机构、业务代办人送达司法文书，可以适用留置送达的方式。[④]

6. 公告送达。只有在受送达人住所和居所不明确，而且用以上的方式不能送达时才能采用公告送达。(1)对在中华人民共和国领域内没有住所的当事人，经用公告方式送达诉讼文书，公告期满不应诉，人民法院缺席判决后，仍应当将裁判文书依照《民事诉讼法》第274条第8项规定公告送达。自公告送达裁判文书满3个月之日起，经过30日的上诉期当事人没有上诉的，一审判决即发生法律效力。[⑤] (2)人民法院一审时采取公告方式向当事人送达诉讼文书的，二审时可径行采取公告方式向其送达诉讼文书，但人民法院能够采取公告方式之外的其他方式送达的除外。[⑥] (3)涉外民商事案件法律文书的送达手续必须合法；如用

---

① 《第二次全国涉外商事海事审判工作会议纪要》第24条。

《最高人民法院、外交部、司法部关于执行〈关于向国外送达民事或商事司法文书和司法外文书公约〉有关程序的通知》第3条规定："对公约成员国驻华使领馆直接向其在华的本国公民送达民事或商事司法文书，如不违反我国法律，可不表示异议。"第5条规定："我国法院欲向在公约成员国的中国公民送达民事或商事司法文书，可委托我国驻该国的使领馆代为送达。委托书和所送司法文书应由有关中级人民法院或专门人民法院送有关高级人民法院转最高人民法院，由最高人民法院径送或经司法部转送我国驻该国使领馆送达给当事人。送达证明按原途径退有关法院。"

② 《最高人民法院关于涉外民事或商事案件司法文书送达问题若干规定》第4条。

③ 《最高人民法院关于涉外民事或商事案件司法文书送达问题若干规定》第5条第1款。

④ 《最高人民法院关于涉外民事或商事案件司法文书送达问题若干规定》第12条。

《最高人民法院关于印发〈第二次全国涉外商事海事审判工作会议纪要〉的通知》第24条规定："人民法院向当事人的诉讼代理人、法定代表人或者负责人、代表机构以及有权接受的分支机构、业务代办人送达司法文书，适用留置送达。"

⑤ 《最高人民法院关于适用〈中华人民共和国民事诉讼法〉的解释》第532条。

《最高人民法院关于进一步做好边境地区涉外民商事案件审判工作的指导意见》第2条规定，采用公告方式送达的，除人身关系案件外，可以采取在边境口岸张贴公告的形式。采用公告方式送达时，其他送达方式可以同时采用。

⑥ 《最高人民法院关于适用〈中华人民共和国民事诉讼法〉的解释》第535条。

公告方式送达，必须严格按照《民事诉讼法》第95条规定办理，并应当在《人民法院报》或省级以上对外公开发行的报纸上和在受案法院公告栏内同时刊登。[①]（4）人民法院通过公告方式送达司法文书，公告内容应该在国内外公开发行的报纸上刊登，同时可以在中国涉外商事海事审判网（http://www.ccmt.org.cn）上公布。[②]

7. 采用传真、电子邮件等能够确认受送达人收悉的方式送达。（1）人民法院可以通过传真、电子邮件等能够确认收悉的其他适当方式向受送达人送达。[③]（2）传真、电子邮件等送达方式，如果不违反受送达人住所地法律禁止性规定，人民法院在送达司法文书时可以采用。通过传真，电子邮件方式送达的，应当要求当事人在收到后7日内予以回复，当事人回复时确认收到的时间为送达的时间；若当事人回复时未确认收到的时间，其回复的时间为送达的时间。当事人未回复的，视为未送达。[④]

三、涉外司法文书的送达的其他规则

1. 外国请求我国送达司法文书。（1）凡公约成员国驻华使领馆转送该国法院或其他机关请求我国送达的民事或商事司法文书，应直接送交司法部，由司法部转递给最高人民法院，再由最高人民法院交有关人民法院送达给当事人。送达证明由有关人民法院交最高人民法院退司法部，再由司法部送交该国驻华使领馆。[⑤]（2）凡公约成员国有权送交文书的主管当局或司法助理人员直接送交司法部请求我国送达的民事或商事司法文书，由司法部转递给最高人民法院，再由最高人民法院交有关人民法院送达给当事人。送达证明由有关人民法院交最高人民法院退司法部，再由司法部送交该国主管当局或司法助理人员。[⑥]

2. 我国法院接受外国司法文书的处理规则。（1）除公告送达方式外，人民法

---

① 《最高人民法院关于审理和执行涉外民商事案件应当注意的几个问题的通知》第1条。

《最高人民法院关于涉外民事或商事案件司法文书送达问题若干规定》第9条规定，人民法院依照《民事诉讼法》第274条第8规定的公告方式送达时，公告内容应在国内外公开发行的报刊上刊登。

② 《第二次全国涉外商事海事审判工作会议纪要》第28条。

③ 《最高人民法院关于涉外民事或商事案件司法文书送达问题若干规定》第10条。

④ 《第二次全国涉外商事海事审判工作会议纪要》第29条。

⑤ 《最高人民法院、外交部、司法部关于执行〈关于向国外送达民事或商事司法文书和司法外文书公约〉有关程序的通知》第1条。

⑥ 《最高人民法院、外交部、司法部关于执行〈关于向国外送达民事或商事司法文书和司法外文书公约〉有关程序的通知》第2条。

院可以同时采取多种方式向受送达人进行送达，但应根据最先实现送达的方式确定送达日期。[①] (2)人民法院送达司法文书，根据有关规定需要通过上级人民法院转递的，应附申请转递函。上级人民法院收到下级人民法院申请转递的司法文书，应在7个工作日内予以转递。上级人民法院认为下级人民法院申请转递的司法文书不符合有关规定需要补正的，应在7个工作日内退回申请转递的人民法院。[②] (3)人民法院送达司法文书，根据有关规定需要提供翻译件的，应由受理案件的人民法院委托中华人民共和国领域内的翻译机构进行翻译。翻译件不加盖人民法院印章，但应由翻译机构或翻译人员签名或盖章证明译文与原文一致。[③] (4)当事人虽未对人民法院送达的司法文书履行签收手续，但存在以下情形的，视为已经送达：①当事人通过口头或者书面形式向人民法院提及了所送达的司法文书的内容；②当事人已经按照所送达司法文书的内容履行。[④] (5)受送达人未对人民法院送达的司法文书履行签收手续，但存在以下情形之一的，视为送达：①受送达人书面向人民法院提及了所送达司法文书的内容；②受送达人已经按照所送达司法文书的内容履行；③其他可以视为已经送达的情形。[⑤] (6)涉外民事诉讼中，经调解双方达成协议，应当制发调解书。当事人要求发给判决书的，可以依协议的内容制作判决书送达当事人。[⑥]

四、涉港澳案件司法文书的送达方式

人民法院审理涉及香港特别行政区、澳门特别行政区的民商事案件时，向住

---

① 《最高人民法院关于涉外民事或商事案件司法文书送达问题若干规定》第11条。

《第二次全国涉外商事海事审判工作会议纪要》第30条规定："除公告送达方式外，人民法院可以同时采取多种方式对当事人进行送达，但应根据最先实现送达的送达方式确定送达时间。"

② 《最高人民法院关于涉外民事或商事案件司法文书送达问题若干规定》第14条。

《第二次全国涉外商事海事审判工作会议纪要》第31条规定："人民法院送达司法文书，根据有关规定须通过上级人民法院转递的，应附申请转递函。上级人民法院收到下级人民法院申请转递的司法文书，应当在七个工作日内予以转递。上级人民法院认为下级人民法院申请转递的司法文书不符合有关规定需要补正的，亦应在七个工作日内退回申请转递的人民法院。"

③ 《最高人民法院关于涉外民事或商事案件司法文书送达问题若干规定》第15条。

《第二次全国涉外商事海事审判工作会议纪要》第32条规定："人民法院送达司法文书，根据有关规定需提供翻译件的，应由受理案件的人民法院委托我国境内的翻译机构进行翻译。翻译件不加盖人民法院印章，但应由翻译机构或翻译人员签名或盖章证明译文与原文一致。"

④ 《第二次全国涉外商事海事审判工作会议纪要》第33条。

⑤ 《最高人民法院关于涉外民事或商事案件司法文书送达问题若干规定》第13条。

⑥ 《最高人民法院关于适用〈中华人民共和国民事诉讼法〉的解释》第528条。

所地在香港特别行政区、澳门特别行政区的受送达人送达司法文书，[①]适用《最高人民法院关于涉港澳民商事案件司法文书送达问题若干规定》。[②]

1. 直接送达。(1)作为受送达人的自然人或者企业、其他组织的法定代表人、主要负责人在内地的，人民法院可以直接向该自然人或者法定代表人、主要负责人送达。[③] (2)除受送达人在授权委托书中明确表明其诉讼代理人无权代为接收有关司法文书外，其委托的诉讼代理人为《民事诉讼法》第267条第4项规定的有权代其接受送达的诉讼代理人，人民法院可以向该诉讼代理人送达。[④] (3)受送达人在内地设立有代表机构的，人民法院可以直接向该代表机构送达。(4)受送达人在内地设立有代表机构的，人民法院可以直接向该代表机构送达。受送达人在内地设立有分支机构或者业务代办人并授权其接受送达的，人民法院可以直接向该分支机构或者业务代办人送达。[⑤]

---

① 《最高人民法院关于涉港澳民商事案件司法文书送达问题若干规定》第2条规定："本规定所称司法文书，是指起诉状副本、上诉状副本、反诉状副本、答辩状副本、传票、判决书、调解书、裁定书、支付令、决定书、通知书、证明书、送达回证等与诉讼相关的文书。"

《最高人民法院关于内地与澳门特别行政区法院就民商事案件相互委托送达司法文书和调取证据的安排》第15条规定："本安排中的司法文书在内地包括：起诉状副本、上诉状副本、反诉状副本、答辩状副本、授权委托书、传票、判决书、调解书、裁定书、支付令、决定书、通知书、证明书、送达回证以及其他司法文书和所附相关文件；在澳门特别行政区包括：起诉状复本、答辩状复本、反诉状复本、上诉状复本、陈述书、申辩书、声明异议书、反驳书、申请书、撤诉书、认诺书、和解书、财产目录、财产分割表、和解建议书、债权人协议书、传唤书、通知书、法官批示、命令状、法庭许可令状、判决书、合议庭裁判书、送达证明书以及其他司法文书和所附相关文件。"

② 《最高人民法院关于涉港澳民商事案件司法文书送达问题若干规定》第1条。

另参见《最高人民法院关于内地与澳门特别行政区法院就民商事案件相互委托送达司法文书和调取证据的安排》《最高人民法院关于内地与香港特别行政区法院相互委托送达民商事司法文书的安排》、《全国法院涉港澳商事审判工作座谈会纪要》。

③ 《最高人民法院关于涉港澳民商事案件司法文书送达问题若干规定》第3条。

《全国法院涉港澳商事审判工作座谈会纪要》第11条认为："作为受送达人的香港特别行政区、澳门特别行政区的自然人或者企业、组织的法定代表人、主要负责人在内地的，人民法院可以向该自然人或者法定代表人、主要负责人送达。"

④ 《最高人民法院关于涉港澳民商事案件司法文书送达问题若干规定》第4条。

《全国法院涉港澳商事审判工作座谈会纪要》第12条认为："除受送达人在授权委托书中明确表明其诉讼代理人无权代为接收有关司法文书外，其委托的诉讼代理人为有权代其接受送达的诉讼代理人，人民法院可以向该诉讼代理人送达。"

⑤ 《最高人民法院关于涉港澳民商事案件司法文书送达问题若干规定》第5条。

《全国法院涉港澳商事审判工作座谈会纪要》第13条认为："人民法院向香港特别行政区、澳门特别行政区的受送达人送达司法文书，可以送达给其在内地依法设立的代表机构。受送达人在内地有分支机构或者业务代办人的，经该受送达人授权，人民法院可以向其分支机构或者业务代办人送达。"

2. 留置送达。人民法院向在内地的受送达人或者受送达人的法定代表人、主要负责人、诉讼代理人、代表机构以及有权接受送达的分支机构、业务代办人送达司法文书，可以适用留置送达的方式。①

3. 委托送达。人民法院向在内地没有住所的受送达人送达司法文书，可以按照《最高人民法院关于内地与香港特别行政区法院相互委托送达民商事司法文书的安排》或者《最高人民法院关于内地与澳门特别行政区法院就民商事案件相互委托送达司法文书和调取证据的安排》送达。按照前款规定方式送达的，自内地的高级人民法院或者最高人民法院将有关司法文书递送香港特别行政区高等法院或者澳门特别行政区终审法院之日起满3个月，如果未能收到送达与否的证明文件且不存在《最高人民法院关于涉港澳民商事案件司法文书送达问题若干规定》第12条规定情形的，视为不能适用上述安排中规定的方式送达。②

4. 邮寄送达。人民法院向受送达人送达司法文书，可以邮寄送达。邮寄送达时应附有送达回证。受送达人未在送达回证上签收但在邮件回执上签收的，视为送达，签收日期为送达日期。自邮寄之日起满3个月，虽未收到送达与否的证明文件，但存在《最高人民法院关于涉港澳民商事案件司法文书送达问题若干

---

① 《最高人民法院关于涉港澳民商事案件司法文书送达问题若干规定》第11条。

《全国法院涉港澳商事审判工作座谈会纪要》第19条认为："人民法院向在内地的香港特别行政区、澳门特别行政区的自然人或者企业、组织的法定代表人、主要负责人、诉讼代理人、代表机构以及有权接受送达的分支机构、业务代办人送达司法文书，可以适用留置送达的方式。"

② 《最高人民法院关于涉港澳民商事案件司法文书送达问题若干规定》第6条。

《全国法院涉港澳商事审判工作座谈会纪要》第14条认为："人民法院向香港特别行政区、澳门特别行政区受送达人送达司法文书，可以分别按照《最高人民法院关于内地与香港特别行政区法院相互委托送达民商事司法文书的安排》或者《最高人民法院关于内地与澳门特别行政区法院就民商事案件相互委托送达司法文书和调取证据的安排》送达。按照前款规定方式送达的，自内地的高级人民法院或者最高人民法院将有关司法文书递送香港特别行政区高等法院或者澳门特别行政区终审法院之日起满三个月，如果未能收到送达与否的证明文件且根据各种情况不足以认定已经送达的，视为不能适用上述安排中规定的方式送达。"

《第二次全国涉外商事海事审判工作会议纪要》第34条认为："住所地在香港特别行政区、澳门特别行政区的当事人如果在内地没有可以代其接受送达的代理人或者相关机构，需要向其送达司法文书时，分别按照《最高人民法院关于内地与香港特别行政区法院相互委托送达民商事司法文书的安排》或者《最高人民法院关于内地与澳门特别行政区法院就民商事案件相互委托送达司法文书和调查取证的安排》办理。按照上述两个安排送达司法文书，自内地的高级人民法院或者最高人民法院将有关司法文书递送香港特别行政区高等法院或者澳门特别行政区终审法院之日起满三个月，如未收到送达与否的证明文件，且根据其他情况不足以认定已经送达的，视为不能适用上述安排中规定的方式送达。"

规定》第12条规定情形的，期间届满之日视为送达。自邮寄之日起满3个月，如果未能收到送达与否的证明文件，且不存在《最高人民法院关于涉港澳民商事案件司法文书送达问题若干规定》第12条规定情形的，视为未送达。①

5. 传真、电子邮件等方式送达。人民法院可以通过传真、电子邮件等能够确认收悉的其他适当方式向受送达人送达。②

6. 公告送达。人民法院不能依照《最高人民法院关于涉港澳民商事案件司法文书送达问题若干规定》上述方式送达的，可以公告送达。公告内容应当在内地和受送达人住所地公开发行的报刊上刊登，自公告之日起满3个月即视为送达。③

五、涉台民事诉讼文书的送达方式

1. 人民法院向住所地在台湾地区的当事人送达民事和行政诉讼司法文书，可以采用下列方式：(1)受送达人居住在大陆的，直接送达。受送达人是自然人，

---

① 《最高人民法院关于涉港澳民商事案件司法文书送达问题若干规定》第7条。

《全国法院涉港澳商事审判工作座谈会纪要》第15条规定："人民法院向香港特别行政区、澳门特别行政区受送达人送达司法文书，可以邮寄送达。邮寄送达时应附有送达回证。受送达人未在送达回证上签收但在邮件回执上签收的，视为送达，签收日期为送达日期。自邮寄之日起满三个月，虽未收到送达与否的证明文件，但根据各种情况足以认定已经送达的，期间届满之日视为送达。自邮寄之日起满三个月，如果未能收到送达与否的证明文件，且根据各种情况不足以认定已经送达的，视为不能适用邮寄方式送达。"

《第二次全国涉外商事海事审判工作会议纪要》第35条认为："人民法院向住所地在香港特别行政区、澳门特别行政区、台湾地区的当事人送达司法文书，可以邮寄送达。邮寄送达时应附有送达回证，如果当事人未在送达回证上签收，但在邮件回执上签收，视为已经送达。自邮寄之日起满二个月，虽未得到送达与否的证明文件，但根据其他情况足以认定已经送达的，期间届满之日视为送达。自邮寄之日起满二个月，未得到送达与否的证明文件，且根据其他情况不足以认定已经送达的，视为不能适用邮寄方式送达。"

② 《最高人民法院关于涉港澳民商事案件司法文书送达问题若干规定》第8条。

《全国法院涉港澳商事审判工作座谈会纪要》第16条认为："除上述送达方式外，人民法院可以通过传真、电子邮件等能够确认收悉的其他适当方式向受送达人送达。"

③ 《最高人民法院关于涉港澳民商事案件司法文书送达问题若干规定》第9条。

《全国法院涉港澳商事审判工作座谈会纪要》第17条认为："人民法院不能依照上述方式送达的，可以公告送达。公告内容应当在境内外公开发行的报刊上刊登，自公告之日起满三个月即视为送达。"

《第二次全国涉外商事海事审判工作会议纪要》第36条认为："住所地在香港特别行政区、澳门特别行政区的当事人如果在内地没有可以代其接受送达的代理人或者相关机构，人民法院也不能通过两个安排规定的方式或者邮寄方式送达的，可以通过公告方式送达。"第38条规定："通过公告方式向住所地在香港特别行政区、澳门特别行政区、台湾地区的当事人送达司法文书，自公告之日起满六十日，即视为送达。"

本人不在的,可以交其同住成年家属签收;受送达人是法人或者其他组织的,应当由法人的法定代表人、其他组织的主要负责人或者该法人、其他组织负责收件的人签收。受送达人不在大陆居住,但送达时在大陆的,可以直接送达。(2)受送达人在大陆有诉讼代理人的,向诉讼代理人送达。但受送达人在授权委托书中明确表明其诉讼代理人无权代为接收的除外。(3)受送达人有指定代收人的,向代收人送达。(4)受送达人在大陆有代表机构、分支机构、业务代办人的,向其代表机构或者经受送达人明确授权接受送达的分支机构、业务代办人送达。(5)通过协议确定的海峡两岸司法互助方式,请求台湾地区送达。(6)受送达人在台湾地区的地址明确的,可以邮寄送达。(7)有明确的传真号码、电子信箱地址的,可以通过传真、电子邮件方式向受送达人送达。采用上述方式均不能送达或者台湾地区当事人下落不明的,可以公告送达。人民法院需要向住所地在台湾地区的当事人送达刑事司法文书,可以通过协议确定的海峡两岸司法互助方式,请求台湾地区送达。[①]

2. 人民法院协助台湾地区法院送达司法文书,应当采用民事诉讼法、刑事诉讼法、行政诉讼法等法律和相关司法解释规定的送达方式,并应当尽可能采用直接送达方式,但不采用公告送达方式。[②]

对在我国领域内没有住所的当事人的答辩期间

第二百七十五条　被告在中华人民共和国领域内没有住所的,人民法院应当将起诉状副本送达被告,并通知被告在收到起诉状副本后三十日内提出答辩状。被告申请延期的,是否准许,由人民法院决定。

本条明确对在我国领域内没有住所的当事人答辩期间。本书仅就其进行阐释。

1. 在我国领域内没有住所的被告、被上诉人提出答辩状的期限,均为 30 日。

---

① 《最高人民法院关于人民法院办理海峡两岸送达文书和调查取证司法互助案件的规定》第 7 条。

② 《最高人民法院关于人民法院办理海峡两岸送达文书和调查取证司法互助案件的规定》第 8 条。另参见《最高人民法院关于涉台民事诉讼文书送达的若干规定》。

2. 当事人不能在法定期间内提出答辩状而申请延期的，经人民法院准许，还可以延长法定期间。申请延长期间，必须在法定期间届满前提出，并说明申请延长的理由，提出要求延长的具体期间，便于受诉人民法院审查决定。

3. 在涉外民事诉讼中，对于一方当事人居住在国内，另一方当事人居住在国外，对第一审人民法院判决、裁定的上诉期，居住在我国领域内的为《民事诉讼法》第171条所规定的期限；居住在我国领域外的为30日。

对在我国领域内没有住所的当事人的上诉期间

第二百七十六条　在中华人民共和国领域内没有住所的当事人，不服第一审人民法院判决、裁定的，有权在判决书、裁定书送达之日起三十日内提起上诉。被上诉人在收到上诉状副本后，应当在三十日内提出答辩状。当事人不能在法定期间提起上诉或者提出答辩状，申请延期的，是否准许，由人民法院决定。

本条明确对在我国领域内没有住所的当事人上诉期间。本书仅就其进行阐释。

1. 在我国领域内没有住所的当事人不服第一审判决、裁定的上诉期限均为30日。[①]

2. 当事人不能在法定期间内提起上诉而申请延期的，经人民法院准许，还可以延长法定期间。申请延长期间，当事人在法定期间届满前提出，并说明申请延长的理由，提出要求延长的具体期间，便于受诉人民法院审查决定。

3. 在涉外民事诉讼中，对于一方当事人居住在国内，另一方当事人居住在国外，对第一审人民法院判决、裁定的上诉期，居住在我国领域内的为《民事诉讼法》第171条所规定的期限；居住在我国领域外的为30日。

---

① 《最高人民法院关于适用〈中华人民共和国民事诉讼法〉的解释》第536条规定，不服第一审人民法院判决、裁定的上诉期，对在中华人民共和国领域内有住所的当事人，适用《民事诉讼法》第171条规定的期限；对在中华人民共和国领域内没有住所的当事人，适用《民事诉讼法》第276条规定的期限。当事人的上诉期均已届满没有上诉的，第一审人民法院的判决、裁定即发生法律效力。

涉外民事案件的审理期间

第二百七十七条　人民法院审理涉外民事案件的期间,不受本法第一百五十二条、第一百八十三条规定的限制。

本条明确涉外民事案件的审理期间。本书仅就其进行阐释。

1. 审理涉外民事案件的期间。(1)人民法院审理涉外民事案件的期间,不受《民事诉讼法》第152条①、第183条②规定的限制。(2)严格执行涉外民商事案件审查程序,切实保护各方当事人的诉讼权利。③

2. 涉外民事案件申请再审的审查期间。人民法院对涉外民事案件的当事人申请再审进行审查的期间,不受《民事诉讼法》第211条规定的限制。④

此外,人民法院审理涉港澳商事案件,在内地无住所的香港特别行政区、澳门特别行政区当事人的答辩、上诉期限,参照适用《民事诉讼法》第277条⑤的规定。⑥

---

① 《民事诉讼法》第152条规定:"人民法院适用普通程序审理的案件,应当在立案之日起六个月内审结。有特殊情况需要延长的,经本院院长批准,可以延长六个月;还需要延长的,报请上级人民法院批准。"

② 《民事诉讼法》第183条规定:"人民法院审理对判决的上诉案件,应当在第二审立案之日起三个月内审结。有特殊情况需要延长的,由本院院长批准。人民法院审理对裁定的上诉案件,应当在第二审立案之日起三十日内作出终审裁定。"

③ 《最高人民法院关于审理和执行涉外民商事案件应当注意的几个问题的通知》规定:"各级人民法院要严格遵守《中华人民共和国民事诉讼法》和最高人民法院及其批准的高级人民法院有关案件管辖的规定,对诉至法院的涉外民商事案件认真进行审查。对属于人民法院受理范围、符合级别管辖、地域管辖和专属管辖规定并符合法律规定的起诉条件的,应当在法定期限内及时立案,不得拖延、推诿;对不属于人民法院受理范围的要及时告知当事人采取其他救济方式,不得违法滥用管辖权或无故放弃管辖权。对涉外合同中订有仲裁条款或者当事人事后达成书面仲裁协议的,人民法院不予受理;根据当事人的申请,依照法律规定,拟裁定涉外合同仲裁协议无效的,应先逐级呈报最高人民法院,待最高人民法院答复同意后才可以确认仲裁协议无效。涉外民商事案件法律文书的送达手续必须合法;如用公告方式送达,必须严格按照《中华人民共和国民事诉讼法》第八十四条规定办理,并应当在《人民法院报》或省级以上对外公开发行的报纸上和在受案法院公告栏内同时刊登。"

④ 《最高人民法院关于适用〈中华人民共和国民事诉讼法〉的解释》第537条。

⑤ 原规定此处提及一条即2007年《民事诉讼法》第249条,该条内容为:"当事人依照本法第九十二条的规定可以向人民法院申请财产保全。利害关系人依照本法第九十三条的规定可以在起诉前向人民法院申请财产保全。"该条在后来的修正过程中未被保留。

⑥ 《全国法院涉港澳商事审判工作座谈会纪要》第32条。

涉外民事案件的诉讼证据

本书仅就涉外民事案件的诉讼证据进行阐释。

1. 人民法院对境外形成的证据的处理。对当事人提供的在我国境外形成的证据，人民法院应根据不同情况分别作如下处理：(1)对证明诉讼主体资格的证据，应履行相关的公证、认证或者其他证明手续；(2)对其他证据，由提供证据的一方当事人选择是否办理相关的公证、认证或者其他证明手续，但人民法院认为确需办理的除外。对在我国境外形成的证据，不论是否已办理公证、认证或者其他证明手续，人民法院均应组织当事人进行质证，并结合当事人的质证意见进行审核认定。①

2. 人民法院对于相关鉴定的处理。当事人在一审时未申请鉴定，或者申请鉴定后无正当理由不预交鉴定费用或拒不提交相关材料致使无法鉴定，而在二审或者再审期间申请鉴定的，视下列情况分别处理：(1)人民法院经审查认为，不鉴定不会影响裁判结果的，对当事人的申请不予准许；(2)人民法院经审查认为，不鉴定可能导致案件的主要事实不清的，对当事人的申请应予准许。②

3. 人民法院对申请调取证据的处理。当事人在一审时申请人民法院调取证据未获准许，而在二审或者再审期间申请调取证据的，视下列情况分别处理：(1)人民法院经审查认为，不调取证据不会影响裁判结果的，对当事人的申请不予准许；(2)人民法院经审查认为，不调取证据可能导致案件的主要事实不清的，对当事人的申请应予准许。③

4. 境外形成的证据的公证与认证。对当事人提供的在我国境外形成的应履行相关公证、认证或者其他证明手续的证据，应当经所在国公证机关公证，并经我国驻该国使领馆认证，或者履行我国与该所在国订立的有关条约中规定的证明手续。如果其所在国与我国没有外交关系，则该证据应经与我国有外交关系

① 《第二次全国涉外商事海事审判工作会议纪要》第39条。

《最高人民法院关于进一步做好边境地区涉外民商事案件审判工作的指导意见》第5条规定："当事人提供境外形成的用于证明案件事实的证据时，可以自行决定是否办理相关证据的公证、认证手续。对于当事人提供的证据，不论是否办理了公证、认证手续，人民法院均应当进行质证并决定是否采信。"

② 《第二次全国涉外商事海事审判工作会议纪要》第43条。

③ 《第二次全国涉外商事海事审判工作会议纪要》第44条。

的第三国驻该国使领馆认证,再转由我国驻该第三国使领馆认证。[①]

5. 当事人提供的外文视听资料的要求。当事人向人民法院提供外文视听资料的,应附有视听资料中所用语言的记录文本及中文译本。[②]

6. 质证。当事人提交的证据材料不属于新的证据,人民法院经审查认为该证据可能影响裁判结果的,应予以质证。[③]

7. 原告的义务。对经合法传唤的被告未到庭而进行缺席审判的案件,不能免除原告对其诉讼请求的证明责任,人民法院仍应对原告所提交的证据材料进行审查。[④]

---

① 《第二次全国涉外商事海事审判工作会议纪要》第 40 条。

② 《第二次全国涉外商事海事审判工作会议纪要》第 41 条。

③ 《第二次全国涉外商事海事审判工作会议纪要》第 42 条。

④ 《第二次全国涉外商事海事审判工作会议纪要》第 45 条。

第二十六章　仲　　裁

涉外仲裁，是以仲裁的方式解决涉外民商事纠纷的一种机制，是指在对外经济贸易、运输和海事活动中发生争议，双方当事人根据仲裁条款或者仲裁协议，提交我国涉外仲裁机构[①]进行审理并作出裁决。

我国的涉外仲裁程序制度由《民事诉讼法》第 26 章、《仲裁法》第 7 章关于涉外仲裁的特别规定以及各受理涉外仲裁案件的仲裁委员会的仲裁规则的相关规定构成。涉外仲裁程序通常包括申请和受理（含答辩和反请求）、仲裁庭的组成、开庭、裁决等阶段。

涉外经济贸易、运输和海事中发生的纠纷的仲裁，适用《仲裁法》第 7 章规定。第 7 章没有规定的，适用《仲裁法》其他有关规定。[②]

或裁或审原则

第二百七十八条　涉外经济贸易、运输和海事中发生的纠纷，当事人在合同中订有仲裁条款或者事后达成书面仲裁协议，提交中华人民共和国涉外仲裁机构或者其他仲裁机构仲裁的，当事人不得向人民法院起诉。

当事人在合同中没有订有仲裁条款或者事后没有达成书面仲裁协议的，可以向人民法院起诉。

---

① 中国国际商会仲裁院，是以仲裁的方式，独立、公正地解决契约性或非契约性的经济贸易等争议的常设仲裁机构。中国海事仲裁委员会，是以仲裁的方式，独立、公正地解决海事、海商、物流争议以及其他契约性或非契约性争议的常设机构。依据我国《仲裁法》设立或重新组建的仲裁机构也有权受理涉外仲裁案件。

《仲裁法》第 66 条规定："涉外仲裁委员会可以由中国国际商会组织设立。涉外仲裁委员会由主任一人、副主任若干人和委员若干人组成。涉外仲裁委员会的主任、副主任和委员可以由中国国际商会聘任。"第 67 条："涉外仲裁委员会可以从具有法律、经济贸易、科学技术等专门知识的外籍人士中聘任仲裁员。"

② 《仲裁法》第 65 条。

本条是关于或裁或审原则的规定。本书在此基础上进一步阐释两方面的内容。

一、涉外仲裁裁决

根据《仲裁法》第65条的规定，涉外仲裁是指对涉外经济贸易、运输和海事中发生的纠纷的仲裁。本案所涉及的合同是涉外合同，是因外国公司破产而使涉外合同的履行发生纠纷，故该纠纷应当属于“涉外经济贸易”中发生的纠纷。[①]

1. 对涉外合同中订有仲裁条款或者当事人事后达成书面仲裁协议的，人民法院不予受理；根据当事人的申请，依照法律规定，拟裁定涉外合同仲裁协议无效的，应先逐级呈报最高人民法院，待最高人民法院答复同意后才可以确认仲裁协议无效。[②]

2. 涉外仲裁的仲裁庭[③]可以将开庭情况记入笔录，或者作出笔录要点，笔录要点可以由当事人和其他仲裁参与人签字或者盖章。[④]

3. 我国法律并未强制规定在确认中外合资经营合同中仲裁条款效力时必须适用我国的法律作为准据法，故应适用当事人约定的仲裁地的法律，对仲裁条款的效力作出认定。[⑤]

4. 合同约定解决争议适用其他合同、文件中的有效仲裁条款的，发生合同争议时，当事人应当按照该仲裁条款提请仲裁。涉外合同应当适用的有关国际条约中有仲裁规定的，发生合同争议时，当事人应当按照国际条约中的仲裁规定提请仲裁。[⑥]

---

① 《最高人民法院关于上海市第一中级人民法院驳回上海久事大厦置业有限公司、上海久茂对外贸易公司不予执行仲裁裁决申请案的复函》。

② 《最高人民法院关于审理和执行涉外民商事案件应当注意的几个问题的通知》第1条。

③ 《仲裁法》第66条规定：“涉外仲裁委员会可以由中国国际商会组织设立。涉外仲裁委员会由主任一人、副主任若干人和委员若干人组成。涉外仲裁委员会的主任、副主任和委员可以由中国国际商会聘任。”

④ 《仲裁法》第69条。

⑤ 《最高人民法院关于确认仲裁协议效力请示的复函》认为：“《中华人民共和国合同法》第一百二十六条第二款规定的‘在中华人民共和国境内履行的中外合资经营企业合同、中外合作经营企业合同、中外合作勘探开发自然资源合同，适用中华人民共和国法律’，是对解决合同实体争议的准据法作出的规定，而并非对认定合同中仲裁条款效力的准据法作出的规定。我国法律并未强制规定在确认中外合资经营合同中仲裁条款效力时必须适用我国的法律作为准据法。由于本案当事人未明确约定仲裁条款效力的准据法，故应适用当事人约定的仲裁地瑞士的法律，对仲裁条款的效力作出认定。”(《合同法》第126条第2款已被《民法典》第467条第2款取代。——编者注)

⑥ 《最高人民法院关于适用〈中华人民共和国仲裁法〉若干问题的解释》第11条。

5. 人民法院应当支持和鼓励当事人通过仲裁等非诉讼途径解决边境地区发生的涉外民商事纠纷。当事人之间就纠纷的解决达成了有效的仲裁协议，或者在无协议时根据相关国际条约的规定当事人之间的争议应当通过仲裁解决的，人民法院应当告知当事人通过仲裁方式解决纠纷。①

二、人民法院裁判

1. 报请上级法院审查。凡起诉到人民法院的涉外、涉港澳和涉台经济、海事海商纠纷案件，如果当事人在合同中订有仲裁条款或者事后达成仲裁协议，人民法院认为该仲裁条款或者仲裁协议无效、失效或者内容不明确无法执行的，在决定受理一方当事人起诉之前，必须报请本辖区所属高级人民法院进行审查；如果高级人民法院同意受理，应将其审查意见报最高人民法院。在最高人民法院未作答复前，可暂不予受理。②

2. 不得起诉的“仲裁”案件。（1）当事人达成仲裁协议，一方向人民法院起诉的，人民法院不予受理，但仲裁协议无效的除外。③（2）经中华人民共和国涉外仲裁机构裁决的，当事人不得向人民法院起诉。一方当事人不履行仲裁裁决的，对方当事人可以向被申请人住所地或者财产所在地的中级人民法院申请执行。④

3. 对达成仲裁协议案件的处理。根据《民事诉讼法》第127第2项、第280条第1款关于订有仲裁条款的当事人不得向人民法院起诉的规定，应当告知原告向仲裁机构申请仲裁。人民法院受理后发现有仲裁条款的，应先审查确定仲裁条款的效力。如仲裁条款有效，被告经合法传唤未答辩应诉，不能据此认为其放弃仲裁并认定人民法院取得管辖权。如果本案所涉及仲裁条款有效、原告仍坚持起诉，人民法院应驳回原告的起诉。⑤

4. 人民法院审理边境地区的涉外民商事纠纷案件，也应当充分发挥调解的功能和作用，调解过程中，应当注意发挥当地边检、海关、公安等政府部门以及行

① 《最高人民法院关于进一步做好边境地区涉外民商事案件审判工作的指导意见》第9条。
② 《最高人民法院关于人民法院处理与涉外仲裁及外国仲裁事项有关问题的通知》第1条。
③ 《仲裁法》第5条。
④ 《民事诉讼法》第280条。
⑤ 《最高人民法院关于订有仲裁条款的合同一方当事人不出庭应诉应如何处理的复函》。

业协会的作用。[①]

涉外仲裁程序中的保全

第二百七十九条　当事人申请采取保全的，中华人民共和国的涉外仲裁机构应当将当事人的申请，提交被申请人住所地或者财产所在地的中级人民法院裁定。

本条明确仲裁程序中的保全。本书仅就涉外仲裁程序中的保全进行阐释。

1. 涉外仲裁的当事人申请证据保全的，涉外仲裁委员会应当将当事人的申请提交证据所在地的中级人民法院。[②]

2. 在仲裁过程中，当事人申请财产保全的，一般案件由被申请人住所地或者财产所在地的基层人民法院作出裁定；属涉外仲裁案件的，依据《民事诉讼法》第279条的规定，由被申请人住所地或者财产所在地的中级人民法院作出裁定。有关人民法院对仲裁机构提交的财产保全申请应当认真进行审查，符合法律规定的，即应依法作出财产保全的裁定；如认为不符合法律规定的，应依法裁定驳回申请。[③]

3. 依照《民事诉讼法》第279条规定，中华人民共和国涉外仲裁机构将当事人的保全申请提交人民法院裁定的，人民法院可以进行审查，裁定是否进行保全。裁定保全的，应当责令申请人提供担保，申请人不提供担保的，裁定驳回申请。当事人申请证据保全，人民法院经审查认为无需提供担保的，申请人可以不提供担保。[④]

4. 仲裁机构将当事人请求保全的申请提交人民法院执行后，如果发生保全错误，应当由申请人赔偿被申请人的损失，而不应由仲裁机构或者人民法院

---

① 《最高人民法院关于进一步做好边境地区涉外民商事案件审判工作的指导意见》第8条。

② 《仲裁法》第68条。

③ 《最高人民法院关于实施〈中华人民共和国仲裁法〉几个问题的通知》。

④ 《最高人民法院关于适用〈中华人民共和国民事诉讼法〉的解释》第540条。

赔偿。①

涉外仲裁裁决的执行

第二百八十条　经中华人民共和国涉外仲裁机构裁决的，当事人不得向人民法院起诉。一方当事人不履行仲裁裁决的，对方当事人可以向被申请人住所地或者财产所在地的中级人民法院申请执行。

本条明确涉外仲裁裁决的执行。本书仅就涉外仲裁裁决的执行进行阐释。

1. 仲裁实行一裁终局的制度。裁决作出后，当事人就同一纠纷再申请仲裁或者向人民法院起诉的，仲裁委员会或者人民法院不予受理。②

2. 当事人应当履行裁决。一方当事人不履行的，另一方当事人可以依照《民事诉讼法》的有关规定向人民法院申请执行。受申请的人民法院应当执行。③

3. 当事人提交的裁决申请。申请人向人民法院申请执行中华人民共和国涉外仲裁机构的裁决，应当提出书面申请，并附裁决书正本。如申请人为外国当事人，其申请书应当用中文文本提出。④

4. 仲裁裁决的执行。(1)涉外仲裁委员会作出的发生法律效力的仲裁裁决，当事人请求执行的，如果被执行人或者其财产不在中华人民共和国领域内，应当由当事人直接向有管辖权的外国法院申请承认和执行。⑤（2）对涉外仲裁裁决和国外仲裁裁决的审查与执行，要严格护照有关国际公约和《民事诉讼法》、《最高人民法院关于适用〈中华人民共和国民事诉讼法〉若干问题的意见》、《最高人民法院关于人民法院执行工作若干问题的规定（试行）》中有关涉外执行的规定和

---

① 江必新等编著：《新民事诉讼法配套规则适用指引（涉外程序卷）》，法律出版社 2016 年版，第 97 页。

《仲裁法》第 28 条规定："一方当事人因另一方当事人的行为或者其他原因，可能使裁决不能执行或者难以执行的，可以申请财产保全。当事人申请财产保全的，仲裁委员会应当将当事人的申请依照民事诉讼法的有关规定提交人民法院。申请有错误的，申请人应当赔偿被申请人因财产保全所遭受的损失。"

② 《仲裁法》第 9 条第 1 款。

③ 《仲裁法》第 62 条。

④ 《最高人民法院关于适用〈中华人民共和国民事诉讼法〉的解释》第 538 条。

⑤ 《仲裁法》第 72 条。

最高人民法院(法)经发[1987]5 号通知、法发[1985]18 号通知、法释[1998]28 号规定及法[1998]40 号通知办理。各级人民法院凡拟适用《中华人民共和国民事诉讼法》第 281 条和有关国际公约规定,不予执行涉外仲裁裁决、撤销涉外仲裁裁决或拒绝承认和执行外国仲裁机构的裁决的,均应按规定逐级呈报最高人民法院审查,在最高人民法院答复前,不得制发裁定。①

涉外仲裁裁决不予执行的情形

第二百八十一条　对中华人民共和国涉外仲裁机构作出的裁决,被申请人提出证据证明仲裁裁决有下列情形之一的,经人民法院组成合议庭审查核实,裁定不予执行:

(一)当事人在合同中没有订有仲裁条款或者事后没有达成书面仲裁协议的;

(二)被申请人没有得到指定仲裁员或者进行仲裁程序的通知,或者由于其他不属于被申请人负责的原因未能陈述意见的;

(三)仲裁庭的组成或者仲裁的程序与仲裁规则不符的;

(四)裁决的事项不属于仲裁协议的范围或者仲裁机构无权仲裁的。

人民法院认定执行该裁决违背社会公共利益的,裁定不予执行。

本条明确仲裁裁决不予执行的情形。

---

① 《最高人民法院关于审理和执行涉外民商事案件应当注意的几个问题的通知》第 3 条。

《最高人民法院关于对中国国际经济贸易仲裁委员会[2002]贸仲裁字第 0112 号仲裁裁决不予执行的请示的复函》认为:"本案各方当事人均为在我国注册成立的法人,且争议事项也不具有涉外因素,因此虽然本案仲裁裁决是由中国国际经济贸易仲裁委员会作出,但该裁决在性质上应属于国内裁决,而非涉外仲裁裁决,不适用《最高人民法院关于人民法院处理与涉外仲裁及外国仲裁事项有关问题的通知》的规定。"

《最高人民法院关于人民法院处理与涉外仲裁及外国仲裁事项有关问题的通知》第 1 条规定:"凡起诉到人民法院的涉外、涉港澳和涉台经济、海事海商纠纷案件,如果当事人在合同中订有仲裁条款或者事后达成仲裁协议,人民法院认为该仲裁条款或者仲裁协议无效、失效或者内容不明确无法执行的,在决定受理一方当事人起诉之前,必须报请本辖区所属高级人民法院进行审查;如果高级人民法院同意受理,应将其审查意见报最高人民法院。在最高人民法院未作答复前,可暂不予受理。"

要阻却涉外仲裁裁决的效力，除了当事人可以申请撤销裁决①外，还包括被申请人申请不予执行。本书仅就仲裁裁决不予执行进行阐释。

1. 涉外仲裁裁决不予执行的情形。(1)当事人在合同中没有订有仲裁条款或者事后没有达成书面仲裁协议的；(2)被申请人没有得到指定仲裁员或者进行仲裁程序的通知，或者由于其他不属于被申请人负责的原因未能陈述意见的；②(3)仲裁庭的组成或者仲裁的程序与仲裁规则不符的；(4)裁决的事项不属于仲裁协议的范围或者仲裁机构无权仲裁的。③

2. 涉外仲裁裁决不予执行的审查及其范围。(1)人民法院强制执行涉外仲裁机构的仲裁裁决时，被执行人以有《民事诉讼法》第281条第1款规定的情形为由提出抗辩的，人民法院应当对被执行人的抗辩进行审查，并根据审查结果裁定执行或者不予执行。④ (2)依据《民事诉讼法》第281条和《仲裁法》第71条的规定，只对程序性问题进行审查，而不应适用《民事诉讼法》第244条的规定对证据和事实认定问题进行审查。⑤ (3)凡一方当事人向人民法院申请执行我国涉外仲裁机构裁决，或者向人民法院申请承认和执行外国仲裁机构的裁决，如果人民法院认为我国涉外仲裁机构裁决具有《民事诉讼法》第281条情形之一的，或者申请承认和执行的外国仲裁裁决不符合我国参加的国际公约的规定或者不符合互惠原则的，在裁定不予执行或者拒绝承认和执行之前，必须报请本辖区所属高级人民法院进行审查；如果高级人民法院同意不予执行或者拒绝承认和执行，应

---

① 《仲裁法》第70条规定，当事人提出证据证明涉外仲裁裁决有《民事诉讼法》第281条第1款规定的情形之一的，经人民法院组成合议庭审查核实，裁定撤销。

《仲裁法》第64条："一方当事人申请执行裁决，另一方当事人申请撤销裁决的，人民法院应当裁定中止执行。人民法院裁定撤销裁决的，应当裁定终结执行。撤销裁决的申请被裁定驳回的，人民法院应当裁定恢复执行。"

② 《最高人民法院关于朱裕华与上海海船厨房设备金属制品厂申请撤销仲裁裁决再审一案的请示报告的复函》认为，受送达人送达地址书写不当而未能向其送达"仲裁通知""仲裁规则""仲裁员名册""仲裁申请书及附件材料""仲裁庭组成和开庭通知"，导致受送达人未能出庭并陈述意见，符合《民事诉讼法》第281条第1款第2项的规定。

③ 《最高人民法院关于宁波永信汽车部件制造有限公司申请撤销宁波仲裁委员会甬仲裁字[2007]第44号裁决一案的请示报告的复函》认为，仲裁裁决终止合资合同的同时指出合资企业解散并清算，是对终止合资合同的法律后果的进一步阐释，不存在《民事诉讼法》第281条第1款第4项规定的情形。

《民事诉讼法》第281条第1款。

④ 《最高人民法院关于适用〈中华人民共和国民事诉讼法〉的解释》第539条。

⑤ 《最高人民法院关于上海市第一中级人民法院驳回上海久事大厦置业有限公司、上海久茂对外贸易公司不予执行仲裁裁决申请案的复函》。

将其审查意见报最高人民法院。待最高人民法院答复后，方可裁定不予执行或者拒绝承认和执行。[①] (4)各级人民法院凡拟适用《民事诉讼法》第 281 条和有关国际公约规定，不予执行涉外仲裁裁决、撤销涉外仲裁裁决或拒绝承认和执行外国仲裁机构的裁决的，均应按规定逐级呈报最高人民法院审查，在最高人民法院答复前，不得制发裁定。[②]

3. 涉外仲裁裁决不予执行的裁定。被申请人提出证据证明涉外仲裁裁决有《民事诉讼法》第 281 条第 1 款规定的情形之一的，经人民法院组成合议庭审查核实，裁定不予执行。[③]

4. 证据的证明。当事人提供的公文书证系在中华人民共和国领域外形成的，该证据应当经所在国公证机关证明，或者履行中华人民共和国与该所在国订立的有关条约中规定的证明手续。中华人民共和国领域外形成的涉及身份关系的证据，应当经所在国公证机关证明并经中华人民共和国驻该国使领馆认证，或者履行中华人民共和国与该所在国订立的有关条约中规定的证明手续。当事人向人民法院提供的证据是在香港、澳门、台湾地区形成的，应当履行相关的证明手续。[④]

5. 涉外证据的协助。我国法院协助外国法院调查取证产生的费用，根据《海牙取证公约》或者双边民事司法协助条约应当由请求方支付的，由办理调查取证的法院提出收费依据和费用清单，通过高级人民法院国际司法协助统一管理部门报请最高人民法院国际司法协助统一管理部门审核。最高人民法院认为应当收取的，通过中央机关要求请求方支付。请求方支付的费用，通过原途径转交办理调查取证的法院。[⑤]

---

① 《最高人民法院关于人民法院处理与涉外仲裁及外国仲裁事项有关问题的通知》第 2 条。

《最高人民法院关于审理和执行涉外民商事案件应当注意的几个问题的通知》第 3 条规定，不予执行涉外仲裁裁决、撤销涉外仲裁裁决或拒绝承认和执行外国仲裁机构的裁决的，均应按规定逐级呈报最高人民法院审查，在最高人民法院答复前，不得制发裁定。

② 《最高人民法院关于审理和执行涉外民商事案件应当注意的几个问题的通知》第 3 条。

③ 《仲裁法》第 71 条。

④ 《最高人民法院关于民事诉讼证据的若干规定》第 16 条。

⑤ 《关于依据国际公约和双边司法协助条约办理民商事案件司法文书送达和调查取证司法协助请求的规定实施细则(试行)》第 44 条。

涉外仲裁裁决不予执行的法律后果

第二百八十二条　仲裁裁决被人民法院裁定不予执行的，当事人可以根据双方达成的书面仲裁协议重新申请仲裁，也可以向人民法院起诉。

本条明确涉外仲裁裁决不予执行的法律后果。本书仅就涉外仲裁裁决不予执行的法律后果进行阐释。

1. 这里双方达成的书面仲裁协议，是指重新达成的仲裁协议，而不是原有的仲裁协议。

2. 裁决被人民法院依法裁定撤销或者不予执行的，当事人就该纠纷可以根据双方重新达成的仲裁协议申请仲裁，也可以向人民法院起诉。[①]

涉外商事海事仲裁的司法审查

本书仅就涉外商事海事仲裁的司法审查进行阐释。

一、涉外仲裁协议效力的审查

1. 审查涉外仲裁协议效力适用的法律。当事人在合同中约定的适用于解决合同争议的准据法，不能用来确定涉外仲裁条款的效力。当事人在合同中明确约定了仲裁条款效力的准据法的，应当适用当事人明确约定的法律；未约定仲裁条款效力的准据法但约定了仲裁地的，应当适用仲裁地国家或者地区的法律。只有在当事人未约定仲裁条款效力的准据法亦未约定仲裁地或者仲裁地约定不明的情况下，才能适用法院地法即我国法律作为确认仲裁条款效力的准据法。[②]

2. 涉外仲裁协议的效力。（1）当事人达成的仲裁协议对仲裁事项或者仲裁机构没有约定或者约定不明，应认定仲裁协议无效，但当事人达成补充协议的除外。[③]（2）当事人在订立仲裁协议后合并、分立或者死亡的，该仲裁协议对承受仲

① 《仲裁法》第9条第2款。
② 《第二次全国涉外商事海事审判工作会议纪要》第58条。
③ 《第二次全国涉外商事海事审判工作会议纪要》第59条。

裁事项所涉权利义务的人具有约束力,但当事人在订立仲裁协议时另有约定的除外。[①] (3)当事人在订立仲裁协议后转让全部或部分债权债务的,仲裁协议对受让人有效,但当事人另有约定、明确反对或者受让人在受让债权债务时不知有单独仲裁协议的除外。[②] (4)仲裁协议仅约定纠纷适用的仲裁规则的,视为未约定仲裁机构,但当事人达成补充协议或者按照约定的仲裁规则能够确定仲裁机构的除外。[③] (5)仲裁协议明确约定两个以上仲裁机构的,当事人可以协议选择其中的一个仲裁机构申请仲裁;当事人无法就仲裁机构达成一致的,仲裁协议无效。[④] (6)仲裁协议约定由某地的仲裁机构仲裁且该地仅有一个仲裁机构的,该仲裁机构为约定的仲裁机构。该地有两个以上仲裁机构的,当事人可以协议选择其中的一个仲裁机构申请仲裁;当事人无法就仲裁机构达成一致的,仲裁协议无效。[⑤] (7)仲裁条款独立于合同中的其他条款。当事人在订立合同时就争议达成仲裁协议的,合同未成立不影响仲裁协议的效力;合同成立后未生效以及生效后变更、解除、终止或者被撤销、被认定无效的,不影响合同中仲裁条款的效力。[⑥] (8)仲裁协议应当采用书面形式。是否具有书面形式,按照《民法典》第469条[⑦]的规定办理。仲裁协议应当采用书面形式。关于是否具有书面形式,当事人在订立的涉外合同中援引适用其他合同、文件中的有效仲裁条款的,是书面形式的仲裁协议。[⑧] (9)一方当事人向仲裁机构或者仲裁庭申请仲裁,对方当事人未提出管辖异议且按照仲裁规则的要求指定仲裁员并进行实体答辩的,视为当事人同意接受仲裁。[⑨] (10)当事人约定争议可以向仲裁机构申请仲裁也可以向人民法院起诉的,仲裁协议无效。但一方向仲裁机构申请仲裁,另一方未在《仲裁法》第20条第2款规定的期间内提出异议的除外。[⑩] (11)仲裁协议中约定的仲裁机

---

① 《第二次全国涉外商事海事审判工作会议纪要》第60条。

② 《第二次全国涉外商事海事审判工作会议纪要》第61条。

③ 《第二次全国涉外商事海事审判工作会议纪要》第62条。

④ 《第二次全国涉外商事海事审判工作会议纪要》第63条。

⑤ 《第二次全国涉外商事海事审判工作会议纪要》第64条。

⑥ 《第二次全国涉外商事海事审判工作会议纪要》第65条。

⑦ 《民法典》第469条规定:"当事人订立合同,可以采用书面形式、口头形式或者其他形式。书面形式是合同书、信件、电报、电传、传真等可以有形地表现所载内容的形式。以电子数据交换、电子邮件等方式能够有形地表现所载内容,并可以随时调取查用的数据电文,视为书面形式。"

⑧ 《第二次全国涉外商事海事审判工作会议纪要》第66条。

⑨ 《第二次全国涉外商事海事审判工作会议纪要》第67条。

⑩ 《第二次全国涉外商事海事审判工作会议纪要》第68条。

构名称不准确,但能够确定受理纠纷的具体仲裁机构的,应当认定选定了仲裁机构。[①] (12)涉外合同应当适用的有关国际条约中有仲裁规定的,发生合同争议时,当事人应当按照国际条约中的仲裁规定提请仲裁。[②]

二、涉外仲裁裁决的审查

1. 审查涉外仲裁裁决适用的法律。对在我国境内依法成立的仲裁委员会作出的仲裁裁决,人民法院应当根据案件是否具有涉外因素而适用不同的法律条款进行审查。上述仲裁委员会作出的不具有涉外因素的仲裁裁决,按照《仲裁法》第5章、第6章和《民事诉讼法》第244条的规定审查;上述仲裁委员会作出的具有涉外因素的仲裁裁决,按照《仲裁法》第7章和《民事诉讼法》第28章的规定进行审查。[③] (是否具有涉外因素,应参见本书编释的《民事诉讼法》第266条相关内容规定确定。)

2. 对涉外仲裁裁决审查后的裁定。(1)人民法院受理当事人撤销涉外仲裁裁决的申请后,另一方当事人又申请执行同一仲裁裁决的,受理申请执行仲裁裁决案件的人民法院应在受理后裁定中止执行。[④] (2)当事人在仲裁程序中未对仲裁庭的管辖权提出异议,在仲裁裁决作出后以仲裁庭无管辖权为由主张撤销或者提出不予执行抗辩的,人民法院不予支持。[⑤] (3)当事人向人民法院申请撤销仲裁裁决被驳回后,又在执行程序中提出不予执行抗辩的,人民法院不予支持。[⑥] (4)当事人主张不予执行仲裁调解书或者根据当事人之间的和解协议作出的仲裁裁决书的,人民法院不予支持。[⑦] (5)涉外仲裁裁决超出仲裁协议范围的,可以撤销超裁部分的裁决;超裁部分与其他裁项不可分的,应撤销该仲裁裁决。[⑧] (6)对存在《民事诉讼法》第281条规定情形的涉外仲裁裁决,人民法院可以视情况通知仲裁庭在一定期限内重新仲裁。通知仲裁庭重新仲裁的,应裁定中止撤销程序;仲裁庭在指定的期限内开始重新仲裁的,应裁定终止撤销程序;仲裁庭

---

① 《第二次全国涉外商事海事审判工作会议纪要》第69条。
② 《第二次全国涉外商事海事审判工作会议纪要》第70条。
③ 《第二次全国涉外商事海事审判工作会议纪要》第71条。
④ 《第二次全国涉外商事海事审判工作会议纪要》第74条。
⑤ 《第二次全国涉外商事海事审判工作会议纪要》第75条。
⑥ 《第二次全国涉外商事海事审判工作会议纪要》第76条。
⑦ 《第二次全国涉外商事海事审判工作会议纪要》第77条。
⑧ 《第二次全国涉外商事海事审判工作会议纪要》第78条。

拒绝重新仲裁或者未在指定的期限内重新仲裁的，应通知或裁定恢复撤销程序。对仲裁庭重新仲裁作出的裁决有异议的，有关当事人可以依法申请撤销。①（7）人民法院根据案件的实际情况，可以向相关仲裁机构调阅案件卷宗或者要求仲裁机构作出说明，人民法院作出的有关裁定也可以抄送相关的仲裁机构。②

此外，审查港澳台地区仲裁裁决适用的法律。（1）人民法院对在香港特别行政区作出的仲裁裁决或者台湾地区仲裁机构作出的仲裁裁决，应当按照《最高人民法院关于内地与香港特别行政区相互执行仲裁裁决的安排》或《最高人民法院关于人民法院认可台湾地区有关法院民事判决的规定》办理。③（2）涉及执行香港特别行政区、澳门特别行政区、台湾地区仲裁裁决的收费及审查期限问题，参照法释[1998]28 号《最高人民法院关于承认和执行外国仲裁裁决收费及审查期限问题的规定》办理。④

三、外国仲裁裁决的审查

1. 审查外国仲裁裁决适用的法律。外国仲裁机构或者临时仲裁庭在我国境外作出的仲裁裁决，一方当事人向人民法院申请承认与执行的，人民法院应当依照《民事诉讼法》第 290 条的规定办理。⑤

2. 外国仲裁裁决的审查。对具有执行内容的外国仲裁裁决，当事人仅申请承认而未同时申请执行的，人民法院仅对应否承认进行审查。承认后当事人申请执行的，人民法院应予受理并对是否执行进行审查。⑥

3. 对外国仲裁裁决审查后的裁决。经当事人提供证据证明外国仲裁裁决尚未生效、被撤销或者停止执行的，人民法院应当拒绝承认与执行。外国仲裁裁决在国外被提起撤销或者停止执行程序尚未结案的，人民法院可以中止承认与执行程序；外国法院在相同情况下不中止承认与执行程序的，人民法院采取对等原则。⑦

---

① 《第二次全国涉外商事海事审判工作会议纪要》第 79 条。
② 《第二次全国涉外商事海事审判工作会议纪要》第 80 条。
③ 《第二次全国涉外商事海事审判工作会议纪要》第 72 条。
④ 《第二次全国涉外商事海事审判工作会议纪要》第 73 条。
⑤ 《第二次全国涉外商事海事审判工作会议纪要》第 81 条。
⑥ 《第二次全国涉外商事海事审判工作会议纪要》第 82 条。
⑦ 《第二次全国涉外商事海事审判工作会议纪要》第 83 条。

4. 外国仲裁裁决费用的诉讼。外国仲裁裁决裁决当事人向仲裁员支付仲裁员费用的，因仲裁员不是仲裁裁决的当事人，其无权申请承认与执行该裁决中有关仲裁员费用的部分，但有关仲裁员可以单独就仲裁员费用以仲裁裁决为依据向有管辖权的人民法院提起诉讼。[①]

---

① 《第二次全国涉外商事海事审判工作会议纪要》第84条。

第二十七章 司法协助

民事诉讼中的司法协助,是指两国法院之间根据两国缔结或参加的国际条约、国际公约或者按照互惠的原则,进行司法方面的协助,相互请求或者协助,代对方办理一定的诉讼行为和执行行为。[①]

司法协助包括两个方面内容:一是代为一定的诉讼行为,代为调查取证等;二是接受外国法院的委托,代为执行外国法院的判决或者外国仲裁机构的裁决。[②]

司法协助的原则

第二百八十三条　根据中华人民共和国缔结或者参加的国际条约,或者按照互惠原则,人民法院和外国法院可以相互请求,代为送达文书、调查取证以及进行其他诉讼行为。

外国法院请求协助的事项有损于中华人民共和国的主权、安全或者社会公共利益的,人民法院不予执行。

本条明确一般司法协助。

一般司法协助,是指根据本国缔结或参加的国际条约,或者按照互惠的原则,本国法院和外国法院之间相互请求,代为送达诉讼文书、调查取证等诉讼行为。其中,"代为调查取证",又包括代为当事人、证人或鉴定人,代为收集物证、

---

① 另参见《最高人民法院关于全国法院司法协助座谈会纪要》。

② 洪冬英主编:《民事诉讼法学通论》(第3版),北京大学出版社2020年版,第441页。

代为送达文书、调查取证以及进行其他诉讼行为,都属于诉讼程序性行为,应按照提供司法协助的国家法律所规定的程序进行。一国的诉讼程序和诉讼行为,只能在其本国领域内发生效力。

一国法院作出的已经发生法律效力的民事判决、裁定,其效力只能及于本国领域,并不能自然地产生域外效力。

书评，代为鉴定或者勘验等内容。[1]

1. 依据中华人民共和国缔结或者参加的国际条约，或者按照互惠原则。司法协助发生的基础，主要有以下三种：(1)国家之间缔结双边协定或协议，这是当今各国普遍采取的方式。双边协定或协议一旦生效，两国法院便负有互为对方司法协助的义务。两国司法协助的范围、途径、程序全由协定(协议)确定。[2] (2)两国共同参加的有关司法协助的多边国际条约。[3] 主权国家一旦参加条约即应遵守该国际条约，本国对该条约其他参加国便负有司法协助的义务，当然，声明保留的条款除外。(3)互惠关系。主权国家之间既未缔结司法协助协定又未共同参加有司法协助内容的有关国际条约时，按理双方不能进行司法协助，但是，建有外交关系的国家根据国际惯例，可以按互惠关系形成事实上的司法协助关系，方便两国法院互为对方为一定的诉讼行为。诉讼行为的范围按对等原则确定。

2. 外国法院提出请求。

3. 通过一定途径有效转递请求书及其所附文件，且请求书及其所附文件应当附有中文译本或者国际条约规定的其他文字文本。

4. 外国法院请求协助的事项不得有损我国的主权、安全或者社会公共利益。

---

① 洪冬英主编：《民事诉讼法学通论》(第3版)，北京大学出版社2020年版，第442页。

② 《最高人民法院关于终止地方法院与国外地方法院司法部门司法协助协议的通知》规定："司法协助(包括相互代为送达司法文书、调查取证、承认与执行法院判决等)关系到国家的司法主权。依据《中华人民共和国缔结条约程序法》的有关规定，与外国谈判缔结司法协助协定只能以国家或政府的名义，或者经国家或政府授权的机关对外签署，并须报请国务院审核后，提交全国人大常委会决定批准。"

《最高人民法院办公厅转发外交部条约法律司〈关于我与有关国家司法协助条约生效情况的通知〉的通知》第1条规定："到目前为止，我国与法国、波兰、蒙古、罗马尼亚、俄罗斯、白俄罗斯、西班牙、乌克兰、古巴九个国家缔结的司法协助协定或条约已经生效。"

可参见《中华人民共和国和法兰西共和国关于民事、商事司法协助的协定》《中华人民共和国和波兰人民共和国关于民事和刑事司法协助的协定》《中华人民共和国和蒙古人民共和国关于民事和刑事司法协助的条约》《中华人民共和国和罗马尼亚关于民事和刑事司法协助的条约》《中华人民共和国和俄罗斯联邦关于民事和刑事司法协助的条约》《中华人民共和国和白俄罗斯共和国关于民事和刑事司法协助的条约》《中华人民共和国和西班牙王国关于民事、商事司法协助的条约》《中华人民共和国和乌克兰关于民事和刑事司法协助的条约》《中华人民共和国和古巴共和国关于民事和刑事司法协助的协定》。

③ 《最高人民法院办公厅转发外交部条约法律司〈关于我与有关国家司法协助条约生效情况的通知〉的通知》第4条规定："对尚未与我国缔结司法协助协定的国家，只要其是《关于向国外送达民事或商事司法文书和司法外文书公约》(海牙送达公约)的成员国，双方可根据海牙送达公约进行送达。文书送达按最高人民法院、外交部、司法部一九九二年三月四日《关于执行〈关于向国外送达民事或商事司法文书和司法外文书公约〉有关程序的通知》办理。"

5. 外国法院请求协助的事项属于我国法院职权范围。

请求和提供司法协助的途径

第二百八十四条　请求和提供司法协助，应当依照中华人民共和国缔结或者参加的国际条约所规定的途径进行；没有条约关系的，通过外交途径进行。

外国驻中华人民共和国的使领馆可以向该国公民送达文书和调查取证，但不得违反中华人民共和国的法律，并不得采取强制措施。

除前款规定的情况外，未经中华人民共和国主管机关准许，任何外国机关或者个人不得在中华人民共和国领域内送达文书、调查取证。

本条明确请求和提供司法协助的途径。

请求和提供司法协助的途径，是国家间进行司法协助联系的通道，是司法协助的基本问题之一，也是《民事诉讼法》有关规定中不可缺少的内容。本书仅就请求和提供司法协助的途径进行阐释。

1. 请求和提供司法协助的途径。(1)依照我国缔结或者参加的国际条约所规定的途径进行，即通过各自指定的中央机关(一般为司法部)的途径进行司法协助。[①] (2)在我国与外国尚未缔结或者参加国际条约，但已建立外交关系的情况下，可以通过外交途径进行司法协助。①外国驻华使领馆只能向其本国国民，而不得向我国自然人或者第三国自然人送达文书或者调查取证；②其他任何外

---

① 《关于向国外送达民事或商事司法文书和司法外文书公约》第2条规定："每一缔约国应指定一个中央机关，负责根据第三条至第六条的规定，接收来自其它缔约国的送达请求书，并予以转递。每一缔约国应依其本国法律组建中央机关。"

《最高人民法院关于进一步做好边境地区涉外民商事案件审判工作的指导意见》第6条规定："边境地区受理案件的人民法院应当及时、准确地掌握我国缔结或者参加的民商事司法协助国际条约，在涉外民商事审判工作中更好地履行国际条约义务，充分运用已经生效的国际条约，特别是我国与周边国家缔结的双边民商事司法协助条约，必要时，根据条约的相关规定请求该周边国家协助送达司法文书、协助调查取证或者提供相关的法律资料。"

《全国人大常委会关于批准加入〈关于向国外送达民事或商事司法文书和司法外文书公约〉的决定》第1条规定："根据公约第二条和第九条规定，指定中华人民共和国司法部为中央机关和有权接收外国通过领事途径转递的文书的机关。"

国机关、组织以及个人,均不得擅自在我国领域内送达文书和调查取证;③外国驻华使领馆在我国领域内向其本国国民送达文书或者调查取证的行为,除了不得违反我国法律外,还不得通过采取强制措施的方式完成。[①] 有时,也可以按照请求国法院要求的特殊方式,但不得违反提供司法协助国家的法律。

2. 未采取司法协助途径的处理。与中华人民共和国没有司法协助条约又无互惠关系的国家的法院,未通过外交途径,直接请求人民法院提供司法协助的,人民法院应予退回,并说明理由。[②]

司法协助请求书使用的文字

第二百八十五条　外国法院请求人民法院提供司法协助的请求书及其所附文件,应当附有中文译本或者国际条约规定的其他文字文本。

人民法院请求外国法院提供司法协助的请求书及其所附文件,应当附有该国文字译本或者国际条约规定的其他文字文本。

本条明确请求司法协助请求书使用的文字。本书在此基础上进一步阐释两方面的内容。

一、请求司法协助的文书

1. 请求司法协助的申请书。承认和执行外国法院作出的发生法律效力判决、裁定的申请书。申请人向人民法院申请承认和执行外国法院作出的发生法律效力的判决、裁定,应当提交申请书,并附外国法院作出的发生法律效力的判决、裁定正本或者经证明无误的副本以及中文译本。外国法院判决、裁定为缺席判决、裁定的,申请人应当同时提交该外国法院已经合法传唤的证明文件,但判决、裁定已经对此予以明确说明的除外。中华人民共和国缔结或者参加的国际条约对提交文件有规定的,按照规定办理。[③]

2. 请求提供司法协助的请求书。请求提供司法协助,应当用请求书的形式

---

① 《关于从国外调取民事或商事证据的公约》第 15 条第 1 款规定:"在民事或商事案件中,每一缔约国的外交官员或领事代表在另一缔约国境内其执行职务的区域内,可以向他所代表的国家的国民在不采取强制措施的情况下调取证据,以协助在其代表的国家的法院中进行的诉讼。"

② 《最高人民法院关于适用〈中华人民共和国民事诉讼法〉的解释》第 547 条。

③ 《最高人民法院关于适用〈中华人民共和国民事诉讼法〉的解释》第 541 条。

提出。请求书的内容一般包括:(1)请求机关和被请求机关的名称、地址;(2)案件的名称;(3)执行请求所涉及的人的姓名、性别、国籍、出生日期、职业、住所或者居所,以及其在诉讼中的身份,法人的名称和地域;(4)当事人的代理人的姓名和地址;(5)请求所涉及的案件的案情摘要;(6)执行请求所需附的其他材料;(7)请求的内容。①

3. 请求提供司法协助提供外文书证或者外文说明资料的要求。当事人向人民法院提供外文书证或者外文说明资料,应当附有中文译本。②

二、司法协助文书③的送达

(一)国外按《关于向国外送达民事或商事司法文书和司法外文书公约》途径向我国送达司法协助文书

1. 司法部的转交与处理。司法部收到国外的请求书后,对于有中文译本的文书,应于5日内转给最高人民法院;对于用英文或法文写成,或者附有英文或法文译本的文书,应于7日内转给最高人民法院;对于不符合《关于向国外送达民事或商事司法文书和司法外文书公约》规定的文书,司法部将予以退回或要求请求方补充、修正材料。④

2. 最高人民法院应于5日内将文书转给送达执行地高级人民法院;高级人民法院收文后,应于3日内转有关的中级人民法院或者专门人民法院;中级人民法院或者专门人民法院收文后,应于10日内完成送达,并将送达回证尽快交最高人民法院转司法部。⑤

3. 执行法院的送达。(1)执行送达的法院不管文书中确定的出庭日期或期限是否已过,均应送达。如受送达人拒收,应在送达回证上注明。⑥ (2)对于国外

---

① 《送达请求书》《送达回证》《请求书》的样式见《中华人民共和国和法兰西共和国关于民事、商事司法协助的协定》附件一、附件二、附件三。

《最高人民法院办公厅转发外交部条约法律司〈关于我与有关国家司法协助条约生效情况的通知〉的通知》第3条规定:"我国人民法院需向缔约的外国一方请求提供司法协助,应按协定的规定提出请求书、所附文件及相应的译文,经有关高级人民法院审核后报最高人民法院外事局办理。"

② 《最高人民法院关于民事诉讼证据的若干规定》第17条。

③ 《司法部、最高人民法院、外交部关于印发〈关于执行海牙送达公约的实施办法〉的通知》第11条规定:"本办法中的'文书'兼指司法文书和司法外文书。"

④ 《司法部、最高人民法院、外交部关于印发〈关于执行海牙送达公约的实施办法〉的通知》第1条。

⑤ 《司法部、最高人民法院、外交部关于印发〈关于执行海牙送达公约的实施办法〉的通知》第2条。

⑥ 《司法部、最高人民法院、外交部关于印发〈关于执行海牙送达公约的实施办法〉的通知》第3条。

按《关于向国外送达民事或商事司法文书和司法外文书公约》提交的未附中文译本而附英、法文译本的文书，法院仍应予以送达。除双边条约中规定英、法文译本为可接受文字者外，受送达人有权以未附中文译本为由拒收。凡当事人拒收的，送达法院应在送达回证上注明。[①]

4. 司法部将回证转回国外请求方。(1)司法部接到送达回证后，按《关于向国外送达民事或商事司法文书和司法外文书公约》的要求填写证明书，并将其转回国外请求方。[②] (2)司法部在转递国外文书时，应说明收到请求书的日期、被送达的文书是否附有中文译本、出庭日期是否已过等情况。[③]

(二)国外通过外交途径向我国送达司法协助文书

1. 国外通过外交途径向我国送达司法协助文书的程序、要求。凡已同我国建交国家的法院，通过外交途径委托我国法院向我国公民或法人以及在华的第三国或无国籍当事人送达法律文书，除该国同我国已订有协议的按协议处理外，一般根据互惠原则按下列程序和要求办理：(1)由该国驻华使馆将法律文书交外交部领事司转递给有关高级人民法院，再由该高级人民法院指定有关中级人民法院送达给当事人。当事人在所附送达回证上签字后，中级人民法院将送达回证退高级人民法院，再通过外交部领事司转退给对方；如未附送达回证，则由有关中级人民法院出具送达证明交有关高级人民法院，再通过外交部领事司转给对方。(2)委托送达法律文书须用委托书。委托书和所送法律文书须附有中文译本。(3)法律文书的内容有损我国主权和安全的，予以驳回；如受送达人享有外交特权和豁免，一般不予送达；不属于我国法院职权范围或因地址不明或其他原因不能送达的，由有关高级人民法院提出处理意见或注明妨碍送达的原因，由外交部领事司向对方说明理由，予以退回。[④]

2. 国外向其在华的"本国国民"送达法律文书。外国驻华使、领馆可以直接向其在华的本国国民送达法律文书，但不得损害我国主权和安全，不得采取强制措施。如对方通过外交途径委托我方向其在华的该国国民送达法律文书，亦可

---

① 《司法部、最高人民法院、外交部关于印发〈关于执行海牙送达公约的实施办法〉的通知》第4条。

② 《司法部、最高人民法院、外交部关于印发〈关于执行海牙送达公约的实施办法〉的通知》第5条。

③ 《司法部、最高人民法院、外交部关于印发〈关于执行海牙送达公约的实施办法〉的通知》第6条。

④ 《最高人民法院、外交部、司法部关于我国法院和外国法院通过外交途径相互委托送达法律文书若干问题的通知》第1条。

按第1条的规定予以送达。①

（三）我国法院向外国送达司法协助文书

1. 我国法院通过《关于向国外送达民事或商事司法文书和司法外文书公约》规定的形式向外国送达司法协助文书。(1)我国法院需要向在公约成员国居住的该国公民、第三国公民、无国籍人送达文书时，应将文书及相应文字的译本各一式三份（无须致外国法院的送达委托书及空白送达回证）按《关于执行〈关于向国外送达民事或商事司法文书和司法外文书公约〉有关程序的通知》规定的途径送最高人民法院转司法部。译文应由译者签名或翻译单位盖章证明无误。② (2)司法部收到最高人民法院转来向国外送达的文书后，应按《关于向国外送达民事或商事司法文书和司法外文书公约》附录中的格式制作请求书、被送达文书概要和空白证明书，与文书一并送交被请求国的中央机关；必要时，也可由最高人民法院将文书通过我国驻该国的使馆转交该国指定的机关。③ (3)司法部将国内文书转往公约成员国中央机关两个半月后，如果未收到证明书，将发函催办；请求法院如果直接收到国外寄回的证明书，应尽快通报最高人民法院告知司法部。④

2. 我国法院通过外交途径向外国送达司法协助文书。我国法院通过外交途径向国外当事人送达法律文书，应按下列程序和要求办理：(1)要求送达的法律文书须经省、自治区、直辖市高级人民法院审查，由外交部领事司负责转递。(2)须准确注明受送达人姓名、性别、年龄、国籍及其在国外的详细外文地址，并将该案的基本情况函告外交部领事司，以便转递。(3)须附有送达委托书。如对方法院名称不明，可委托当事人所在地区主管法院。委托书和所送法律文书还须附有该国文字或该国同意使用的第三国文字译本。如该国对委托书及法律文书有公证、认证等特殊要求，将由外交部领事司逐案通知。⑤

3. 我国法院通过使领馆向外国送达司法协助文书。我国法院如果需要通过

① 《最高人民法院、外交部、司法部关于我国法院和外国法院通过外交途径相互委托送达法律文书若干问题的通知》第2条。

② 《司法部、最高人民法院、外交部关于印发〈关于执行海牙送达公约的实施办法〉的通知》第7条。

③ 《司法部、最高人民法院、外交部关于印发〈关于执行海牙送达公约的实施办法〉的通知》第8条。

④ 《司法部、最高人民法院、外交部关于印发〈关于执行海牙送达公约的实施办法〉的通知》第10条。

⑤ 《最高人民法院、外交部、司法部关于我国法院和外国法院通过外交途径相互委托送达法律文书若干问题的通知》第4条。

我驻公约成员国的使领馆向居住在该国的中国公民送达文书，应将被送达的文书、致使领馆的送达委托书及空白送达回证按《关于执行〈关于向国外送达民事或商事司法文书和司法外文书公约〉有关程序的通知》规定的途径转最高人民法院，由最高人民法院径送或经司法部转送我驻该国使领馆送达当事人。①

4. 我国法院直接向外国送达司法协助文书。我国法院向在外国领域内的中国籍当事人送达法律文书，如该国允许我使、领馆直接送达，可委托我驻该国使、领馆送达。此类法律文书可不必附有外文译本。②

5. 我国法院向外国送达司法协助文书的收费。我国法院和外国法院通过外交途径相互委托送达法律文书的收费，一般按对等原则办理。外国法院支付我国法院代为送达法律文书的费用，由外交部领事司转交有关高级人民法院；我国法院支付外国法院代为送达法律文书的费用，由有关高级人民法院交外部领事司转递。但应委托一方要求用特殊方式送达法律文书引起的费用，由委托一方负担。③

6. 我国法院向外国送达司法协助文书的"对等原则"适用。对拒绝转递我国法院通过外交途径委托送达法律文书的国家或有特殊限制的国家，我国根据情况采取相应措施。④

7. 我国法院向外国送达司法协助文书的参照适用。(1)中、日(本)双方法院委托对方法院代为送达法律文书，除按上述有关原则办理外，还应依照最高人民法院1982年10日12日《关于中、日两国之间委托送达法律文书使用送达回证

---

① 《司法部、最高人民法院、外交部关于印发〈关于执行海牙送达公约的实施办法〉的通知》第9条。

② 《最高人民法院、外交部、司法部关于我国法院和外国法院通过外交途径相互委托送达法律文书若干问题的通知》第5条。

③ 《最高人民法院、外交部、司法部关于我国法院和外国法院通过外交途径相互委托送达法律文书若干问题的通知》第6条。

《最高人民法院、外交部、司法部关于我国法院和外国法院通过外交途径相互委托送达法律文书和调查取证费用收支办法的通知》规定："最高人民法院、外交部、司法部外发[1986]47号文件《关于我国法院和外国法院通过外交途径相互委托送达法律文书若干问题的通知》的第六条，对我国法院和外国法院通过外交途径相互委托送达法律文书费用的收支问题作了原则规定。……现就我国法院和外国法院通过外交途径送达民、商事案法律文书和民、商事案调查取证所需费用的收支办法通知如下……"

④ 《最高人民法院、外交部、司法部关于我国法院和外国法院通过外交途径相互委托送达法律文书若干问题的通知》第3条。

问题的通知》办理。① (2)我国法院和外国法院通过外交途径相互委托代为调查或取证,参照以上有关规定办理。本通知自发出之日起实行。执行中有何问题,请报有关单位。②

提供司法协助的程序、方式

第二百八十六条　人民法院提供司法协助,依照中华人民共和国法律规定的程序进行。外国法院请求采用特殊方式的,也可以按照其请求的特殊方式进行,但请求采用的特殊方式不得违反中华人民共和国法律。

本条明确提供司法协助的程序、方式。

1. 人民法院提供司法协助的方式。人民法院提供司法协助,依照中华人民共和国法律规定的程序进行。外国法院请求采用特殊方式的,也可以按照其请求的特殊方式进行,但请求采用的特殊方式不得违反中华人民共和国法律。

2. 人民法院调查取证的费用。我国法院协助外国法院调查取证产生的费用,根据海牙取证公约或者双边民事司法协助条约应当由请求方支付的,由办理调查取证的法院提出收费依据和费用清单,通过高级人民法院国际司法协助统一管理部门报请最高人民法院国际司法协助统一管理部门审核。最高人民法院认为应当收取的,通过中央机关要求请求方支付。请求方支付的费用,通过原途径转交办理调查取证的法院。③

申请外国承认和执行的裁判

第二百八十七条　人民法院作出的发生法律效力的判决、裁定,如果被执行人或者其财产不在中华人民共和国领域内,当事人请求执行的,可以由

---

① 《最高人民法院、外交部、司法部关于我国法院和外国法院通过外交途径相互委托送达法律文书若干问题的通知》第7条。

② 《最高人民法院、外交部、司法部关于我国法院和外国法院通过外交途径相互委托送达法律文书若干问题的通知》第8条。

③ 《最高人民法院关于依据国际公约和双边司法协助条约办理民商事案件司法文书送达和调查取证司法协助请求的规定实施细则(试行)》第44条。

当事人直接向有管辖权的外国法院申请承认和执行，也可以由人民法院依照中华人民共和国缔结或者参加的国际条约的规定，或者按照互惠原则，请求外国法院承认和执行。

中华人民共和国涉外仲裁机构作出的发生法律效力的仲裁裁决，当事人请求执行的，如果被执行人或者其财产不在中华人民共和国领域内，应当由当事人直接向有管辖权的外国法院申请承认和执行。

本条明确申请外国承认和执行法院的裁判、仲裁机构的裁决。

特殊司法协助，是指根据本国缔结或参加的国际条约、或者互惠的原则，本国法院和外国法院之间相互承认和执行对方发生法律效力的法院判决、裁定或者仲裁机构的裁决。[①] 对外国生效的法律裁判或仲裁裁决进行司法协助包括两个方面：一是承认，二是执行。[②] 本书在申请外国承认和执行法院的裁判、仲裁机构的裁决基础上进一步阐释两方面的内容。

一、申请、请求外国法院承认和执行的途径

1. 当事人直接向有管辖权的外国法院申请承认和执行。(1)当事人直接请求外国法院承认和执行我国法院的生效裁判，通常应提交的材料：①请求承认和执行的申请书。②判决书或裁定书副本，以及能证明判决、裁定已生效的证明文件。我国有关司法解释规定，当事人在我国领域外使用人民法院的判决书、裁定书，要求我国证明其法律效力的，以及外国法院要求我国法院证明判决书、裁定书的法律效力的，我国作出判决、裁定的法院，可以本法院的名义出具证明。(国际上一般不认可调解书的法律效力)在涉外民事诉讼中，经调解双方达成协议的，当事人要求发给判决书的，可以依协议的内容制作判决书送达当事人。③证明判决已经送达的送达回证或其他证明文件。对于缺席判决，还要提供能够证明缺席一方当事人已经过合法传唤的传票副本。④各种文件的外国文字译本。(2)涉外仲裁委员会作出的发生法律效力的仲裁裁决，当事人请求执行的，如果

---

① 之所以特殊，就在于其直接触及与国家主权直接相关的民事审判制度和司法制度，涉及不同国家之间的法律冲突。

② 承认，是指认可外国法院的生效裁判或者国外仲裁机构的裁决在本国领域内具有法律效力。执行，是指将外国法院的生效裁判的内容或者国外仲裁机构的裁决的内容在本国领域内法律规定的强制执行程序付诸实现。承认是执行的前提。

被执行人或者其财产不在中华人民共和国领域内，应当由当事人直接向有管辖权的外国法院申请承认和执行。①

2. 我国法院依照国际条约的规定或者根据互惠原则，请求外国法院承认和执行。(1)在我国缔结的国际条约中不排除法院请求承认和执行的，或者根据互惠原则，可以由法院请求和执行的，我国法院可以请求外国法院承认和执行。(2)我国法院请求外国法院承认和执行我国法院的生效裁判的基本程序：①当事人向有关人民法院提出申请。②审查并制作请求书。经审查，当事人的申请符合我国法律规定的，人民法院应根据我国缔结的国际条约的规定，或互惠原则，或以双方同意的格式制作承认和执行生效裁判的请求书。请求书应附有生效裁判副本或送达回证等相关文件。当事人申请书、人民法院的请求书以及所附文件，均应有该请求国的文字译本或者国际条约规定的其他文字文本。③通过适当途径送达有管辖权的外国法院。

二、在外国使用我国法院判决书、裁定书的证明

当事人在中华人民共和国领域外使用中华人民共和国法院的判决书、裁定书，要求中华人民共和国法院证明其法律效力的，或者外国法院要求中华人民共和国法院证明判决书、裁定书的法律效力的，作出判决、裁定的中华人民共和国法院，可以本法院的名义出具证明。②

对外国法院判决申请承认执行的方式

第二百八十八条　外国法院作出的发生法律效力的判决、裁定，需要中华人民共和国人民法院承认和执行的，可以由当事人直接向中华人民共和国有管辖权的中级人民法院申请承认和执行，也可以由外国法院依照该国与中华人民共和国缔结或者参加的国际条约的规定，或者按照互惠原则，请求人民法院承认和执行。

本条明确对外国法院裁判的承认和执行。本书仅就其进行阐释。

---

① 《仲裁法》第72条。

② 《最高人民法院关于适用〈中华人民共和国民事诉讼法〉的解释》第548条。

1. 承认和执行外国法院生效裁判的条件。(1)作出生效裁判的外国法院必须具有合格的管辖权。(2)外国法院进行的诉讼程序是公正的。(3)生效裁判必须是通过合法手段获取的。(4)生效判决不与我国法院就同一当事人之间的同一争议所作的判决或者我国法院已经承认的第三国法院就同一当事人之间的同一争议所作的判决相冲突。(5)生效裁判不与国内公共政策相抵触。(6)生效裁判的作出,外国法院适用了我国冲突规范所指定的准据法。(7)存在条约或互惠关系。

2. 承认和执行外国法院生效裁判的途径。(1)可以由当事人直接向我国有管辖权的人民法院申请承认和执行。①对临时仲裁庭在中华人民共和国领域外作出的仲裁裁决,一方当事人向人民法院申请承认和执行的,人民法院应当依照《民事诉讼法》第290条规定处理。[①] ②当事人向我国有管辖权的中级人民法院申请承认和执行的,如果该法院所在国与我国没有缔结或者共同参加的国际条约、没有司法协助协定又无互惠关系,未通过外交途径,直接请求我国法院予以司法协助的,我国法院应予退回,并说明理由。③在执行涉外民商事案件审查程序中,对属于人民法院受理范围、符合级别管辖、地域管辖和专属管辖规定并符合法律规定的起诉条件的,应当在法定期限内及时立案,不得拖延、推诿;对不属于人民法院受理范围的要及时告知当事人采取其他救济方式,不得违法滥用管辖权或无故放弃管辖权。[②] (2)可以由外国法院依照该国与我国缔结或者参加的国际条约的规定,或者按照互惠原则,请求我国法院承认和执行。[③]

对外国法院申请承认执行其裁判的审查、裁定

第二百八十九条　人民法院对申请或者请求承认和执行的外国法院作出的发生法律效力的判决、裁定,依照中华人民共和国缔结或者参加的国际

---

① 《最高人民法院关于适用〈中华人民共和国民事诉讼法〉的解释》第543条。

② 《最高人民法院关于审理和执行涉外民商事案件应当注意的几个问题的通知》第1条。

③ 《最高人民法院关于明斯克自动线生产联合公司申请承认及执行白俄罗斯共和国最高经济法庭判决一案有关问题的请示的复函》认为:"我国在加入《关于向国外送达民事或商事司法文书和司法外文书公约》时明确表明不承认外国司法机关通过邮寄途径直接向我国境内当事人送达司法文书。"

条约,或者按照互惠原则进行审查后,认为不违反中华人民共和国法律的基本原则或者国家主权、安全、社会公共利益的,裁定承认其效力,需要执行的,发出执行令,依照本法的有关规定执行。违反中华人民共和国法律的基本原则或者国家主权、安全、社会公共利益的,不予承认和执行。

本条明确对外国法院申请承认执行其裁判的审查、裁定。

1. 承认和执行外国法院作出裁判的申请。对外国法院作出的发生法律效力的判决、裁定或者外国仲裁裁决,需要中华人民共和国法院执行的,当事人应当先向人民法院申请承认。人民法院经审查,裁定承认后,再根据《民事诉讼法》第3编的规定予以执行。当事人仅申请承认而未同时申请执行的,人民法院仅对应否承认进行审查并作出裁定。①

2. 承认执行外国法院作出裁判的审查。(1)我国采用形式审查制度,即仅限于审查外国法院的判决、裁定是否符合我国法律规定的承认和执行外国法院判决、裁定的条件,对其裁判中的认定和法律适用问题不予以审查。②(2)境外法院、仲裁机构作出的生效法律文书的执行申请,由审判机构负责审查;依法裁定准予执行或者发出执行令的,移交执行局执行。③(3)承认和执行外国法院作出的发生法律效力的判决、裁定或者外国仲裁裁决的案件,人民法院应当组成合议庭进行审查。人民法院应当将申请书送达被申请人。被申请人可以陈述意见。人民法院经审查作出的裁定,一经送达即发生法律效力。④(4)我国人民法院对外国法院请求协助的事项,并非无条件地予以协助,外国法院请求的事项不能有

---

① 《最高人民法院关于适用〈中华人民共和国民事诉讼法〉的解释》第544条。

② 审查的具体方式有两种:一种是实质性审查。即对申请执行的生效裁判从事实与法律两个方面进行审查,并且有权根据本国法律进行改判或裁定不予执行;另一种是形式审查,即仅对本国法律规定的承认和执行的条件进行审查,对原裁判不作任何改变。

《最高人民法院办公厅转发外交部条约法律司〈关于我与有关国家司法协助条约生效情况的通知〉的通知》第2条规定:"缔约的外国一方请求我国人民法院提供司法协助,经最高人民法院审查后,交有关高级人民法院指定有关中级人民法院(含专门人民法院,下同)办理。办妥后,有关中级人民法院应将有关材料及送达回证经高级人民法院退最高人民法院外事局。"

③ 《最高人民法院关于执行权合理配置和科学运行的若干意见》第19条。

④ 《最高人民法院关于适用〈中华人民共和国民事诉讼法〉的解释》第546条。

损于我国的主权、安全和社会公共利益。①

3. 承认执行外国法院作出裁判的裁定及期间。(1)审查后,认为不违反我国法律的基本原则或者国家主权、安全、社会公共利益的,裁定承认其效力,需要执行的,发出执行令,依照《民事诉讼法》规定的执行程序予以执行。违反我国法律的基本原则或者国家主权、安全、社会公共利益的,不予承认和执行。同时,外国法院请求协助的事项不属于人民法院的职权范围,人民法院也不予协助。审查后,应作出具体的裁定。(2)当事人申请承认和执行外国法院作出的发生法律效力的判决、裁定或者外国仲裁裁决的期间,适用《民事诉讼法》第246条的规定。当事人仅申请承认而未同时申请执行的,申请执行的期间自人民法院对承认申请作出的裁定生效之日起重新计算。②

4. 驳回外国法院作出裁判的申请。(1)当事人向中华人民共和国有管辖权的中级人民法院申请承认和执行外国法院作出的发生法律效力的判决、裁定的,如果该法院所在国与中华人民共和国没有缔结或者共同参加国际条约,也没有互惠关系的,裁定驳回申请,但当事人向人民法院申请承认外国法院作出的发生法律效力的离婚判决的除外。③ (2)承认和执行申请被裁定驳回的,当事人可以向人民法院起诉。④

对国外仲裁裁决申请承认和执行的办理

第二百九十条 国外仲裁机构的裁决,需要中华人民共和国人民法院承认和执行的,应当由当事人直接向被执行人住所地或者其财产所在地的中级人民法院申请,人民法院应当依照中华人民共和国缔结或者参加的国际条约,或者按照互惠原则办理。

本条明确申请我国承认和执行的仲裁裁决。

---

① 即使两国之间存在条约关系或者互惠关系,也并不意味着被请求国法院对请求国法院所请求协助的事项一概提供协助。各国的普遍做法是,请求国法院请求的事项不能危害被请求国的主权、安全,损害其公共秩序。

② 《最高人民法院关于适用〈中华人民共和国民事诉讼法〉的解释》第545条。

③ 《最高人民法院关于适用〈中华人民共和国民事诉讼法〉的解释》第542条第1款。

④ 《最高人民法院关于适用〈中华人民共和国民事诉讼法〉的解释》第542条第2款。

1. 承认和执行外国仲裁裁决的依据。根据我国加入《承认及执行外国仲裁裁决公约》时所作的互惠保留声明,我国对在另一缔约国领土内作出的仲裁裁决的承认和执行适用该公约。该公约与我国《民事诉讼法》有不同规定的,按该公约的规定办理。对于在非缔约国领土内作出的仲裁裁决,需要我国法院承认和执行的,应按《民事诉讼法》第289条的规定办理。[①]

2. 承认和执行外国仲裁裁决的申请期限。申请我国法院承认及执行的仲裁裁决,仅限于《承认及执行外国仲裁裁决公约》对我国生效后在另一缔约国领土内作出的仲裁裁决。该项申请应当在《民事诉讼法》第246条[②]规定的申请执行期限内提出。[③]

3. 承认和执行外国仲裁裁决的内容。根据我国加入《承认及执行外国仲裁裁决公约》时所作的商事保留声明,我国仅对按照我国法律属于契约性和非契约性商事法律关系所引起的争议适用《承认及执行外国仲裁裁决公约》。所谓"契约性和非契约性商事法律关系",具体的是指由于合同、侵权或者根据有关法律规定而产生的经济上的权利义务关系,例如货物买卖、财产租赁、工程承包、加工承揽、技术转让、合资经营、合作经营、勘探开发自然资源、保险、信贷、劳务、代理、咨询服务和海上、民用航空、铁路、公路的客货运输以及产品责任、环境污染、海上事故和所有权争议等,但不包括外国投资者与东道国政府之间的争端。[④]

4. 承认和执行外国仲裁裁决的法院。根据《承认及执行外国仲裁裁决公约》第4条[⑤]的规定,申请我国法院承认和执行在另一缔约国领土内作出的仲裁裁决,是由仲裁裁决的一方当事人提出的。对于当事人的申请应由我国下列地点的中级人民法院受理:(1)被执行人为自然人的,为其户籍所在地或者居所地;

① 《最高人民法院关于执行我国加入的〈承认及执行外国仲裁裁决公约〉的通知》第1条。

② 《民事诉讼法》第246条规定:"申请执行的期间为二年。申请执行时效的中止、中断,适用法律有关诉讼时效中止、中断的规定。前款规定的期间,从法律文书规定履行期间的最后一日起计算;法律文书规定分期履行的,从最后一期履行期限届满之日起计算;法律文书未规定履行期间的,从法律文书生效之日起计算。"

③ 《最高人民法院关于执行我国加入的〈承认及执行外国仲裁裁决公约〉的通知》第5条。

④ 《最高人民法院关于执行我国加入的〈承认及执行外国仲裁裁决公约〉的通知》第2条。

⑤ 《承认及执行外国仲裁裁决公约》第4条规定:"一、声请承认及执行之一造,为取得前条所称之承认及执行,应于声时提具:(甲)原裁决之正本或其正式副本,(乙)第二条所称协定之原本或其正式副本。二、倘前述裁决或协定所用文字非为援引裁决地所在国之正式文字,声请承认及执行裁决之一造应备具各该文件之此项文字译本。译本应由公设或宣誓之翻译员或外交或领事人员认证之。"

(2)被执行人为法人的,为其主要办事机构所在地;(3)被执行人在我国无住所、居所或者主要办事机构,但有财产在我国境内的,为其财产所在地。①

5. 承认和执行外国仲裁裁决申请材料的补正。当事人在申请期限内提交了申请,其提交的材料不完备的,人民法院不应裁定拒绝承认和执行其裁决,而应该明确告知当事人,并限定一合理的时间让其补正,如其在限定的合理时间内拒绝补正,则应考虑以其申请不符合立案条件为由驳回其申请。②

6. 承认和执行外国仲裁裁决的裁定。我国有管辖权的人民法院接到一方当事人的申请后,应对申请承认及执行的仲裁裁决进行审查,如果认为不具有《承认及执行外国仲裁裁决公约》第5条第1项、第2项③所列的情形,应当裁定承认其效力,并且依照《民事诉讼法》规定的程序执行;如果认定具有第5条第2项所列的情形之一的,或者根据被执行人提供的证据证明具有第5条第1项所列的情形之一的,应当裁定驳回申请,拒绝承认及执行。④

本法施行时间

第二百九十一条 本法自公布之日起施行,《中华人民共和国民事诉讼法(试行)》同时废止。

---

① 《最高人民法院关于执行我国加入的〈承认及执行外国仲裁裁决公约〉的通知》第3条。

② 《最高人民法院关于不予执行国际商会仲裁院10334/AMW/BWD/TE最终裁决一案的请示的复函》。

③ 《承认及执行外国仲裁裁决公约》第5条规定:"一、裁决唯有于受裁决援用之一造向声请承认及执行地之主管机关提具证据证明有下列情形之一时,始得依该造之请求,拒予承认及执行:(甲)第二条所称协定之当事人依对其适用之法律有某种无行为能力情形者,或该项协定依当事人作为协定准据之法律系属无效,或未指明以何法律为准时,依裁决地所在国法律系属无效者;(乙)受裁决援用之一造未接获关于指派仲裁员或仲裁程序之适当通知,或因他故,致未能申辩者;(丙)裁决所处理之争议非为交付仲裁之标的或不在其条款之列,或裁决载有关于交付仲裁范围以外事项之决定者,但交付仲裁事项之决定可与未交付仲裁之事项划分时,裁决中关于交付仲裁事项之决定部分得予承认及执行;(丁)仲裁机关之组成或仲裁程序与各造间之协议不符,或无协议而与仲裁地所在国法律不符者;(戊)裁决对各造尚无拘束力,或业经裁决地所在国或裁决所依据法律之国家之主管机关撤销或停止执行者。二、倘声请承认及执行地所在国之主管机关认定有下列情形之一,亦得拒不承认及执行仲裁裁决:(甲)依该国法律,争议事项系不能以仲裁解决者;(乙)承认或执行裁决有违该国公共政策者。"

④ 《最高人民法院关于执行我国加入的〈承认及执行外国仲裁裁决公约〉的通知》第4条。

《最高人民法院关于申请人天瑞酒店投资有限公司与被申请人杭州易居酒店管理有限公司申请承认仲裁裁决一案的请示报告的复函》认为,其仲裁裁决不违反我国强制生法律规定,不存在《纽约公约》第5条第2款(乙)项规定的情形,人民法院应当裁定承认本案所涉仲裁裁决。

本条明确本法施行的时间。

法律的施行日期即法律的生效日期,[①]即《民事诉讼法》于 2022 年 1 月 1 日起施行。同时规定《民事诉讼法(试行)》废止。本书在本法施行的时间基础上进一步阐释两方面的内容。

一、溯及力

法的溯及力,又称法的溯及既往的效力,是指法律生效后,对其生效之前的事件、行为和法律关系是否适用的问题。如果可以或者必须适用,则具有溯及力;反之,则不具有溯及力。[②]

1.《民事诉讼法》的溯及力。(1)2013 年 1 月 1 日未结案件适用修改后的《民事诉讼法》,但《最高人民法院关于修改后的民事诉讼法施行时未结案件适用法律若干问题的规定》另有规定的除外。前款规定的案件,2013 年 1 月 1 日前依照修改前的《民事诉讼法》和有关司法解释的规定已经完成的程序事项,仍然有效。[③] (2)2013 年 1 月 1 日未结案件符合修改前的《民事诉讼法》或者修改后的《民事诉讼法》管辖规定的,人民法院对该案件继续审理。[④] (3)2013 年 1 月 1 日未结案件符合修改前的《民事诉讼法》或者修改后的《民事诉讼法》送达规定的,人民法院已经完成的送达,仍然有效。[⑤] (4)在 2013 年 1 月 1 日未结案件中,人民法院对 2013 年 1 月 1 日前发生的妨害民事诉讼行为尚未处理的,适用修改前的《民事诉讼法》,但下列情形应当适用修改后的《民事诉讼法》:①修改后的《民事诉讼法》第 112 条[⑥]规定的情形;②修改后的《民事诉讼法》第 113 条[⑦]规定情

---

① 《立法法》第 57 条规定:"法律应当明确规定施行日期。"

我国立法实践通常有三种做法:一是规定该法律自公布之日起施行,具体时间根据《宪法》第 80 条及《立法法》第 58 条的有关规定,由国家主席发布主席令来规定;二是规定该法律公后一段期限届至后开始生效,具体时间为期限届至之时;三是直接规定的该法律的具体生效日期,此种方法最为普遍。

② 不溯及既往的原则,即《立法法》第 93 条规定的"法律、行政法规、地方性法规、自治条例和单行条例、规章不溯及既往,但为了更好地保护公民、法人和其他组织的权利和利益而作的特别规定除外。"

③ 《最高人民法院关于修改后的民事诉讼法施行时未结案件适用法律若干问题的规定》第 1 条。

《最高人民法院关于修改后的民事诉讼法施行时未结案件适用法律若干问题的规定》第 8 条规定:"本规定所称修改后的民事诉讼法,是指根据《决定》作相应修改后的《中华人民共和国民事诉讼法》。本规定所称修改前的民事诉讼法,是指《决定》施行之前的《中华人民共和国民事诉讼法》。"

④ 《最高人民法院关于修改后的民事诉讼法施行时未结案件适用法律若干问题的规定》第 2 条。

⑤ 《最高人民法院关于修改后的民事诉讼法施行时未结案件适用法律若干问题的规定》第 3 条。

⑥ 对应 2021 年修正《民事诉讼法》第 115 条。

⑦ 对应 2021 年修正《民事诉讼法》第 116 条。

形在2013年1月1日以后仍在进行的。[①] (5)2013年1月1日前,利害关系人向人民法院申请诉前保全措施的,适用修改前的《民事诉讼法》等法律,但人民法院2013年1月1日尚未作出保全裁定的,适用修改后的民事诉讼法确定解除保全措施的期限。[②] (6)当事人对2013年1月1日前已经发生法律效力的判决、裁定或者调解书申请再审的,人民法院应当依据修改前的《民事诉讼法》第184条[③]规定审查确定当事人申请再审的期间,但该期间在2013年6月30日尚未届满的,截止到2013年6月30日。前款规定当事人的申请符合下列情形的,仍适用修改前的《民事诉讼法》第184条规定:①有新的证据,足以推翻原判决、裁定的;②原判决、裁定认定事实的主要证据是伪造的;③判决、裁定发生法律效力2年后,据以作出原判决、裁定的法律文书被撤销或者变更,以及发现审判人员在审理该案件时有贪污受贿,徇私舞弊,枉法裁判行为的。[④] (7)人民法院对2013年1月1日前已经受理、2013年1月1日尚未审查完毕的申请不予执行仲裁裁决的案件,适用修改前的《民事诉讼法》。[⑤]

2. 司法解释的溯及力。(1)司法解释的形式包括"解释""规定""批复""决定"四种。凡属司法解释,一律编法律文号并发布公告。[⑥] (2)关于民事司法解释的溯及力,相关规定散见于最高人民法院近几年的民事司法解释的个别条文中,如《最高人民法院关于审理人身损害赔偿案件适用法律若干问题的解释》《最高人民法院关于审理铁路运输人身损害赔偿纠纷案件适用法律若干问题的解释》《最高人民法院关于审理城镇房屋租赁合同纠纷案件具体应用法律若干问题的解释》《最高人民法院关于审理道路交通事故损害赔偿案件适用法律若干问题的解释》《最高人民法院关于适用中华人民共和国保险法若干问题的解释(二)》《最高人民法院关于审理食品药品纠纷案件适用法律若干问题的规定》《最高人民法院关

---

① 《最高人民法院关于修改后的民事诉讼法施行时未结案件适用法律若干问题的规定》第4条。

② 《最高人民法院关于修改后的民事诉讼法施行时未结案件适用法律若干问题的规定》第5条。

③ 对应2021年修正《民事诉讼法》第212条。

④ 《最高人民法院关于修改后的民事诉讼法施行时未结案件适用法律若干问题的规定》第6条。

⑤ 《最高人民法院关于修改后的民事诉讼法施行时未结案件适用法律若干问题的规定》第7条。

⑥ 根据《最高人民法院关于司法解释工作的规定》第6条的规定,最高人民法院紧紧围绕党的中心工作和国家大局,根据形势发展需要,就如何加强审判工作发布了许多指导性文件,这些文件类型包括意见、通知、会议、纪要等,这些都属于司法政策。就性质而言,司法解释是对法律的,具有普遍的拘束力,在裁判文书中可以引用。而司法政策是指导法院全面开展审判工作的意见,有的是对司法解释的补充,其效力层次低于司法解释,本身不具有溯及力,不能与司法解释相抵触。

于审理利用信息网络侵害人身权益民事纠纷案件适用法律若干问题的规定》。

二、人民检察院对《民事诉讼法》的适用

1. 人民检察院对于2012年12月31日前受理但尚未审查终结的案件,应当在2013年3月31日前审查终结。[①]

2. 当事人在2013年1月1日后向人民检察院申请监督的,人民检察院应当依照修改后《民事诉讼法》第215条、第216条的规定进行审查,符合上述规定的,应当受理。当事人未向人民法院申请再审,直接向人民检察院申请监督的,人民检察院应当依照第216条第1款的规定不予受理。[②]

中国自然人申请承认外国法院离婚判决的程序(非法条内容)

本书仅就我国自然人申请承认外国法院离婚判决的程序进行阐释。

1. 承认外国法院离婚判决的适用范围。(1)对与我国没有订立司法协助协议的外国法院作出的离婚判决,中国籍当事人可以根据《最高人民法院关于中国公民申请承认外国法院离婚判决程序问题的规定》向人民法院申请承认该外国法院的离婚判决。对与我国有司法协助协议的外国法院作出的离婚判决,按照协议的规定申请承认。[③] (2)外国法院离婚判决中的夫妻财产分割、生活费负担、子女抚养方面判决的承认执行,不适用《最高人民法院关于中国公民申请承认外国法院离婚判决程序问题的规定》。[④]

2. 承认外国法院离婚判决的申请书。(1)向人民法院申请承认外国法院的离婚判决,申请人应提出书面申请书,并须附有外国法院离婚判决书正本及经证明无误的中文译本。否则,不予受理。[⑤] (2)申请书应记明以下事项:①申请人姓名、性别、年龄、工作单位和住址;②判决由何国法院作出,判结结果、时间;③受传唤及应诉的情况;④申请理由及请求;⑤其他需要说明的情况。[⑥]

3. 承认外国法院离婚判决的受理法院。申请由申请人住所地中级人民法院

---

① 《最高人民检察院关于贯彻执行〈中华人民共和国民事诉讼法〉若干问题的通知》第1条。
② 《最高人民检察院关于贯彻执行〈中华人民共和国民事诉讼法〉若干问题的通知》第2条。
③ 《最高人民法院关于中国公民申请承认外国法院离婚判决程序问题的规定》第1条。
④ 《最高人民法院关于中国公民申请承认外国法院离婚判决程序问题的规定》第2条。
⑤ 《最高人民法院关于中国公民申请承认外国法院离婚判决程序问题的规定》第3条。
⑥ 《最高人民法院关于中国公民申请承认外国法院离婚判决程序问题的规定》第4条。

受理。申请人住所地与经常居住地不一致的，由经常居住地中级人民法院受理。申请人不在国内的，由申请人原国内住所地中级人民法院受理。①

4. 承认外国法院离婚判决的立案及受理。(1)人民法院接到申请书，经审查，符合《最高人民法院关于中国公民申请承认外国法院离婚判决程序问题的规定》的受理条件的，应当在7日内立案；不符合的，应当在7日内通知申请人不予受理，并说明理由。② (2)人民法院受理离婚诉讼后，原告一方变更请求申请承认外国法院离婚判决，或者被告一方另提出承认外国法院离婚判决申请的，其申请均不受理。③ (3)人民法院受理承认外国法院离婚判决的申请后，对方当事人向人民法院起诉离婚的，人民法院不予受理。④

5. 承认外国法院离婚判决的合议庭及上诉。人民法院审查承认外国法院离婚判决的申请，由3名审判员组成合议庭进行，作出的裁定不得上诉。⑤

6. 承认外国法院离婚判决当事人出具的材料。(1)人民法院受理申请后，对于外国法院离婚判决书没有指明已生效或生效时间的，应责令申请人提交作出判决的法院出具的判决已生效的证明文件。⑥ (2)外国法院作出离婚判决的原告为申请人的，人民法院应责令其提交作出判决的外国法院已合法传唤被告出庭的有关证明文件。⑦ (3)按照《最高人民法院关于中国公民申请承认外国法院离婚判决程序问题的规定》第8条、第9条要求提供的证明文件，应经该外国公证部门公证和我国驻该国使、领馆认证，或者履行中华人民共和国与该所在国订立的有关条约中规定的证明手续。同时应由申请人提供经证明无误的中文译本。⑧ (4)居住在我国境内的外国法院离婚判决的被告为申请人，提交《最高人民法院关于中国公民申请承认外国法院离婚判决程序问题的规定》第8条、第10条所要求的证明文件和公证、认证有困难的，如能提交外国法院的应诉通知或出庭传票的，可推定外国法院离婚判决书为真实和已经生效。⑨

---

① 《最高人民法院关于中国公民申请承认外国法院离婚判决程序问题的规定》第5条。
② 《最高人民法院关于中国公民申请承认外国法院离婚判决程序问题的规定》第6条。
③ 《最高人民法院关于中国公民申请承认外国法院离婚判决程序问题的规定》第18条。
④ 《最高人民法院关于中国公民申请承认外国法院离婚判决程序问题的规定》第19条。
⑤ 《最高人民法院关于中国公民申请承认外国法院离婚判决程序问题的规定》第7条。
⑥ 《最高人民法院关于中国公民申请承认外国法院离婚判决程序问题的规定》第8条。
⑦ 《最高人民法院关于中国公民申请承认外国法院离婚判决程序问题的规定》第9条。
⑧ 《最高人民法院关于中国公民申请承认外国法院离婚判决程序问题的规定》第10条。
⑨ 《最高人民法院关于中国公民申请承认外国法院离婚判决程序问题的规定》第11条。

7. 承认外国法院离婚判决的裁定。(1)裁定不予承认的情形。经审查,外国法院的离婚判决具有下列情形之一的,不予承认:①判决尚未发生法律效力;②作出判决的外国法院对案件没有管辖权;③判决是在被告缺席且未得到合法传唤情况下作出的;④该当事人之间的离婚案件,我国法院正在审理或已作出判决,或者第三国法院对该当事人之间作出的离婚案件判决已为我国法院所承认;⑤判决违反我国法律的基本原则或者危害我国国家主权、安全和社会公共利益。[①] (2)具体裁定。对外国法院的离婚判决的承认,以裁定方式作出。没有《最高人民法院关于中国公民申请承认外国法院离婚判决程序问题的规定》第12条规定的情形的,裁定承认其法律效力;具有第12条规定的情形之一的,裁定驳回申请人的申请。[②] (3)裁定书。裁定书以"中华人民共和国××中级人民法院"名义作出,由合议庭成员署名,加盖人民法院印章。[③] 裁定书一经送达,即发生法律效力。[④]

8. 承认外国法院离婚判决的其他规定。(1)费用。申请承认外国法院的离婚判决,申请人应向人民法院交纳案件受理费人民币100元。[⑤] (2)代理。申请承认外国法院的离婚判决,委托他人代理的,必须向人民法院提交由委托人签名或盖章的授权委托书。委托人在国外出具的委托书,必须经我国驻该国的使、领馆证明,或者履行中华人民共和国与该所在国订立的有关条约中规定的证明手续。[⑥] (3)起诉。当事人之间的婚姻虽经外国法院判决,但未向人民法院申请承认的,不妨碍当事人一方另行向人民法院提出离婚诉讼。[⑦] (4)受理后的撤回。①申请人的申请为人民法院受理后,申请人可以撤回申请,人民法院以裁定准予撤回。申请人撤回申请后,不得再提出申请,但可以另向人民法院起诉离婚。[⑧] ②申请人的申请被驳回后,不得再提出申请,但可以另行向人民法院起诉离婚。[⑨]

---

① 《最高人民法院关于中国公民申请承认外国法院离婚判决程序问题的规定》第12条。
② 《最高人民法院关于中国公民申请承认外国法院离婚判决程序问题的规定》第13条。
③ 《最高人民法院关于中国公民申请承认外国法院离婚判决程序问题的规定》第14条。
④ 《最高人民法院关于中国公民申请承认外国法院离婚判决程序问题的规定》第15条。
⑤ 《最高人民法院关于中国公民申请承认外国法院离婚判决程序问题的规定》第16条。
⑥ 《最高人民法院关于中国公民申请承认外国法院离婚判决程序问题的规定》第17条。
⑦ 《最高人民法院关于中国公民申请承认外国法院离婚判决程序问题的规定》第20条。
⑧ 《最高人民法院关于中国公民申请承认外国法院离婚判决程序问题的规定》第21条。
⑨ 《最高人民法院关于中国公民申请承认外国法院离婚判决程序问题的规定》第22条。

第二十八章　我国区际民事司法协助（司法互助）（非法条内容）

内地（大陆）法院与港澳台地区法院间的司法协助（司法互助）（非法条内容）

一、内地人民法院与澳门特别行政区、香港特别行政区法院间的司法协助

（一）内地人民法院与澳门特别行政区、香港特别行政区法院间司法协助的一般规定

1. 内地人民法院与澳门特别行政区法院就民商事案件（在内地包括劳动争议案件，在澳门特别行政区包括民事劳工案件）相互委托送达司法文书和调取证据，均适用《最高人民法院关于内地与澳门特别行政区法院就民商事案件相互委托送达司法文书和调取证据的安排》。[①] 双方相互委托送达司法文书和调取证据，通过各高级人民法院和澳门特别行政区终审法院进行。最高人民法院与澳门特别行政区终审法院可以直接相互委托送达和调取证据。经与澳门特别行政区终审法院协商，最高人民法院可以授权部分中级人民法院、基层人民法院与澳门特别行政区终审法院相互委托送达和调取证据。[②]

2. 关于内地与香港特别行政区法院相互委托送达民商事司法文书问题，适用《最高人民法院关于内地与香港特别行政区法院相互委托送达民商事司法文书的安排》。

---

① 《最高人民法院关于内地与澳门特别行政区法院就民商事案件相互委托送达司法文书和调取证据的安排》第 10 条。

② 《最高人民法院关于内地与澳门特别行政区法院就民商事案件相互委托送达司法文书和调取证据的安排》第 2 条。

（二）司法文书送达

1. 内地与澳门特别行政区的司法文书送达。（1）各高级人民法院和澳门特别行政区终审法院收到对方法院的委托书后，应当立即将委托书及所附司法文书和相关文件转送根据其本辖区法律规定有权完成该受托事项的法院。受委托方法院发现委托事项存在材料不齐全、信息不完整等问题，影响其完成受托事项的，应当及时通知委托方法院补充材料或者作出说明。经授权的中级人民法院、基层人民法院收到澳门特别行政区终审法院委托书后，认为不属于本院管辖的，应当报请高级人民法院处理。①（2）委托书应当以中文文本提出。所附司法文书及其他相关文件没有中文文本的，应当提供中文译本。②（3）委托方法院应当在合理的期限内提出委托请求，以保证受委托方法院收到委托书后，及时完成受托事项。受委托方法院应当优先处理受托事项。完成受托事项的期限，送达文书最迟不得超过自收到委托书之日起2个月，调取证据最迟不得超过自收到委托书之日起3个月。③（4）受委托方法院应当根据本辖区法律规定执行受托事项。委托方法院请求按照特殊方式执行委托事项的，受委托方法院认为不违反本辖区的法律规定的，可以按照特殊方式执行。④（5）委托方法院无须支付受委托方法院在送达司法文书、调取证据时发生的费用、税项。但受委托方法院根据其本辖区法律规定，有权在调取证据时，要求委托方法院预付鉴定人、证人、翻译人员的费用，以及因采用委托方法院在委托书中请求以特殊方式送达司法文书、调取证据所产生的费用。⑤（6）受委托方法院收到委托书后，不得以其本辖区法律规定对委托方法院审理的该民商事案件享有专属管辖权或者不承认对该请求事项提起诉讼的权利为由，不予执行受托事项。受委托方法院在执行受托事项时，发现该事项不属于法院职权范围，或者内地人民法院认为在内地执行该受托事项将

---

① 《最高人民法院关于内地与澳门特别行政区法院就民商事案件相互委托送达司法文书和调取证据的安排》第4条。

② 《最高人民法院关于内地与澳门特别行政区法院就民商事案件相互委托送达司法文书和调取证据的安排》第5条。

③ 《最高人民法院关于内地与澳门特别行政区法院就民商事案件相互委托送达司法文书和调取证据的安排》第6条。

④ 《最高人民法院关于内地与澳门特别行政区法院就民商事案件相互委托送达司法文书和调取证据的安排》第7条。

⑤ 《最高人民法院关于内地与澳门特别行政区法院就民商事案件相互委托送达司法文书和调取证据的安排》第8条。

违反其基本法律原则或社会公共利益，或者澳门特别行政区法院认为在澳门特别行政区执行该受托事项将违反其基本法律原则或公共秩序的，可以不予执行，但应当及时向委托方法院书面说明不予执行的原因。[①]（7）委托方法院请求送达司法文书，须出具盖有其印章或者法官签名的委托书，并在委托书中说明委托机关的名称、受送达人的姓名或者名称、详细地址以及案件性质。委托方法院请求按特殊方式送达或者有特别注意的事项的，应当在委托书中注明。[②]（8）采取邮寄方式委托的，委托书及所附司法文书和其他相关文件一式两份，受送达人为两人以上的，每人一式两份。[③]（9）完成司法文书送达事项后，内地人民法院应当出具送达回证；澳门特别行政区法院应当出具送达证明书。出具的送达回证和送达证明书，应当注明送达的方法、地点和日期以及司法文书接收人的身份，并加盖法院印章。受委托方法院无法送达的，应当在送达回证或者送达证明书上注明妨碍送达的原因、拒收事由和日期，并及时书面回复委托方法院。[④]（10）不论委托方法院司法文书中确定的出庭日期或者期限是否已过，受委托方法院均应当送达。[⑤]（11）受委托方法院对委托方法院委托送达的司法文书和所附相关文件的内容和后果不负法律责任。[⑥]

2. 内地与香港特别行政区的司法文书送达。（1）双方委托送达司法文书，均须通过各高级人民法院和香港特别行政区高等法院进行。最高人民法院司法文书可以直接委托香港特别行政区高等法院送达。[⑦]（2）委托方请求送达司法文书，须出具盖有其印章的委托书，并须在委托书中说明委托机关的名称、受送达人的姓名或者名称、详细地址及案件的性质。委托书应当以中文文本提出。所

---

① 《最高人民法院关于内地与澳门特别行政区法院就民商事案件相互委托送达司法文书和调取证据的安排》第9条。

② 《最高人民法院关于内地与澳门特别行政区法院就民商事案件相互委托送达司法文书和调取证据的安排》第10条。

③ 《最高人民法院关于内地与澳门特别行政区法院就民商事案件相互委托送达司法文书和调取证据的安排》第11条。

④ 《最高人民法院关于内地与澳门特别行政区法院就民商事案件相互委托送达司法文书和调取证据的安排》第12条。

⑤ 《最高人民法院关于内地与澳门特别行政区法院就民商事案件相互委托送达司法文书和调取证据的安排》第13条。

⑥ 《最高人民法院关于内地与澳门特别行政区法院就民商事案件相互委托送达司法文书和调取证据的安排》第14条。

⑦ 《最高人民法院关于内地与香港特别行政区法院相互委托送达民商事司法文书的安排》第2条。

附司法文书没有中文文本的,应当提供中文译本。以上文件一式两份。受送达人为两人以上的,每人一式两份。受委托方如果认为委托书与《最高人民法院关于内地与香港特别行政区法院相互委托送达民商事司法文书的安排》的规定不符,应当通知委托方,并说明对委托书的异议。必要时可以要求委托方补充材料。[①] (3)不论司法文书中确定的出庭日期或者期限是否已过,受委托方均应送达。委托方应当尽量在合理期限内提出委托请求。受委托方接到委托书后,应当及时完成送达,最迟不得超过自收到委托书之日起2个月。[②] (4)送达司法文书后,内地人民法院应当出具送达回证;香港特别行政区法院应当出具送达证明书。出具送达回证和证明书,应当加盖法院印章。受委托方无法送达的,应当在送达回证或者证明书上注明妨碍送达的原因、拒收事由和日期,并及时退回委托书及所附全部文书。[③] (5)送达司法文书,应当依照受委托方所在地法律规定的程序进行。[④] (6)受委托方对委托方委托送达的司法文书的内容和后果不负法律责任。[⑤] (7)委托送达司法文书费用互免。但委托方在委托书中请求以特定送达方式送达所产生的费用,由委托方负担。[⑥]

3. 涉港澳司法文书送达的其他规则。(1)涉港澳司法文书送达的特殊认定。①香港特别行政区、澳门特别行政区的受送达人未对人民法院送达的司法文书履行签收手续,但存在以下情形之一的,视为送达:(i)受送达人向人民法院提及了所送达司法文书的内容;(ii)受送达人已经按照所送达司法文书的内容履行;(iii)其他可以视为已经送达的情形。[⑦] ②受送达人未对人民法院送达的司法文书履行签收手续,但存在以下情形之一的,视为送达:(i)受送达人向人民法院提及了所送达司法文书的内容;(ii)受送达人已经按照所送达司法文书的内容履行;(iii)其他可以确认已经送达的情形。[⑧] (2)涉港澳司法文书的转递。下级人民法院送达司法文书,根据有关规定需要通过上级人民法院转递的,应当附申请转递函。上级人民法院收到下级人民法院申请转递的司法文书,应当在7个工作

---

① 《最高人民法院关于内地与香港特别行政区法院相互委托送达民商事司法文书的安排》第3条。
② 《最高人民法院关于内地与香港特别行政区法院相互委托送达民商事司法文书的安排》第4条。
③ 《最高人民法院关于内地与香港特别行政区法院相互委托送达民商事司法文书的安排》第5条。
④ 《最高人民法院关于内地与香港特别行政区法院相互委托送达民商事司法文书的安排》第6条。
⑤ 《最高人民法院关于内地与香港特别行政区法院相互委托送达民商事司法文书的安排》第7条。
⑥ 《最高人民法院关于内地与香港特别行政区法院相互委托送达民商事司法文书的安排》第8条。
⑦ 《全国法院涉港澳商事审判工作座谈会纪要》第20条。
⑧ 《最高人民法院关于涉港澳民商事案件司法文书送达问题若干规定》第12条。

日内予以转递。上级人民法院认为下级人民法院申请转递的司法文书不符合有关规定需要补正的,应当在7个工作日内退回申请转递的人民法院。① (3)涉港澳司法文书送达日期的确认。除公告送达方式外,人民法院可以同时采取多种法定方式向受送达人送达。采取多种方式送达的,应当根据最先实现送达的方式确定送达日期。②

(三)调取证据

1. 调取证据的用途。委托方法院请求调取的证据只能是用于与诉讼有关的证据。③

2. 调取证据的委托书。双方相互委托代为调取证据的委托书应当写明:(1)委托法院的名称;(2)当事人及其诉讼代理人的姓名、地址和其他一切有助于辨别其身份的情况;(3)委托调取证据的原因,以及委托调取证据的具体事项;(4)被调查人的姓名、地址和其他一切有助于辨别其身份的情况,以及需要向其提出的问题;(5)调取证据需采用的特殊方式;(6)有助于执行该委托的其他一切情况。④

3. 代为调取证据的范围。代为调取证据的范围包括:代为询问当事人、证人和鉴定人,代为进行鉴定和司法勘验,调取其他与诉讼有关的证据。⑤

4. 委托调取证据的通知。委托方法院提出要求的,受委托方法院应当将取证的时间、地点通知委托方法院,以便有关当事人及其诉讼代理人能够出席。⑥

---

① 《最高人民法院关于涉港澳民商事案件司法文书送达问题若干规定》第13条。

《全国法院涉港澳商事审判工作座谈会纪要》第21条认为:"人民法院送达司法文书,根据有关规定需通过上级人民法院转递的,应附申请转递函。上级人民法院收到下级人民法院申请转递的司法文书,应在七个工作日内予以转递。上级人民法院认为下级人民法院申请转递的司法文书不符合有关规定需要补正的,应说明需补正的事由并在七个工作日内退回申请转递的人民法院。"

② 《最高人民法院关于涉港澳民商事案件司法文书送达问题若干规定》第10条。

《全国法院涉港澳商事审判工作座谈会纪要》第18条认为:"除公告送达方式外,人民法院可以同时采取多种方式向香港特别行政区、澳门特别行政区的受送达人进行送达,但应当根据最先实现送达的送达方式确定送达时间。"

③ 《最高人民法院关于内地与澳门特别行政区法院就民商事案件相互委托送达司法文书和调取证据的安排》第16条。

④ 《最高人民法院关于内地与澳门特别行政区法院就民商事案件相互委托送达司法文书和调取证据的安排》第17条。

⑤ 《最高人民法院关于内地与澳门特别行政区法院就民商事案件相互委托送达司法文书和调取证据的安排》第18条。

⑥ 《最高人民法院关于内地与澳门特别行政区法院就民商事案件相互委托送达司法文书和调取证据的安排》第19条。

5. 委托调取证据中受委托方法院的工作。(1)受委托方法院在执行委托调取证据时,根据委托方法院的请求,可以允许委托方法院派司法人员出席。必要时,经受委托方允许,委托方法院的司法人员可以向证人、鉴定人等发问。① (2)受委托方法院完成委托调取证据的事项后,应当向委托方法院书面说明。未能按委托方法院的请求全部或者部分完成调取证据事项的,受委托方法院应当向委托方法院书面说明妨碍调取证据的原因,采取邮寄方式委托的,应及时退回委托书及所附文件。当事人、证人根据受委托方的法律规定,拒绝作证或者推辞提供证言的,受委托方法院应当书面通知委托方法院,采取邮寄方式委托的,应及时退回委托书及所附文件。② (3)受委托方法院可以根据委托方法院的请求,并经证人、鉴定人同意,协助安排其辖区的证人、鉴定人到对方辖区出庭作证。证人、鉴定人在委托方地域内逗留期间,不得因在其离开受委托方地域之前,在委托方境内所实施的行为或者针对他所作的裁决而被刑事起诉、羁押,不得为履行刑罚或者其他处罚而被剥夺财产或者扣留身份证件,不得以任何方式对其人身自由加以限制。证人、鉴定人完成所需诉讼行为,且可自由离开委托方地域后,在委托方境内逗留超过7天,或者已离开委托方地域又自行返回时,前款规定的豁免即行终止。证人、鉴定人到委托方法院出庭而导致的费用及补偿,由委托方法院预付。本条规定的出庭作证人员,在澳门特别行政区还包括当事人。③ (4)受委托方法院可以根据委托方法院的请求,并经证人、鉴定人同意,协助安排其辖区的证人、鉴定人通过视频、音频作证。④ (5)受委托方法院取证时,被调查的当事人、证人、鉴定人等的代理人可以出席。⑤

二、大陆与台湾地区的司法互助

1. 大陆与台湾地区司法互助的一般规则。(1)人民法院依照协议,办理海峡

---

① 《最高人民法院关于内地与澳门特别行政区法院就民商事案件相互委托送达司法文书和调取证据的安排》第20条。

② 《最高人民法院关于内地与澳门特别行政区法院就民商事案件相互委托送达司法文书和调取证据的安排》第21条。

③ 《最高人民法院关于内地与澳门特别行政区法院就民商事案件相互委托送达司法文书和调取证据的安排》第22条。

④ 《最高人民法院关于内地与澳门特别行政区法院就民商事案件相互委托送达司法文书和调取证据的安排》第23条。

⑤ 《最高人民法院关于内地与澳门特别行政区法院就民商事案件相互委托送达司法文书和调取证据的安排》第24条。

两岸民事、刑事、行政诉讼案件中的送达文书①和调查取证司法互助业务，适用《最高人民法院关于人民法院办理海峡两岸送达文书和调查取证司法互助案件的规定》。② (2)人民法院应当在法定职权范围内办理海峡两岸司法互助业务。人民法院办理海峡两岸司法互助业务，应当遵循一个中国原则，遵守国家法律的基本原则，不得违反社会公共利益。③ (3)人民法院协助台湾地区送达司法文书，应当充分负责，及时努力送达。④

2. 大陆与台湾地区司法互助的职责分工。(1)人民法院和台湾地区业务主管部门通过各自指定的协议联络人，建立办理海峡两岸司法互助业务的直接联络渠道。⑤ (2)最高人民法院是与台湾地区业务主管部门就海峡两岸司法互助业务进行联络的一级窗口。最高人民法院台湾司法事务办公室主任是最高人民法院指定的协议联络人。最高人民法院负责：就协议中涉及人民法院的工作事项与台湾地区业务主管部门开展磋商、协调和交流；指导、监督、组织、协调地方各级人民法院办理海峡两岸司法互助业务；就海峡两岸调查取证司法互助业务与台湾地区业务主管部门直接联络，并在必要时具体办理调查取证司法互助案件；及时将本院和台湾地区业务主管部门指定的协议联络人的姓名、联络方式及变动情况等工作信息通报高级人民法院。⑥ (3)最高人民法院授权高级人民法院就办理海峡两岸送达文书司法互助案件，建立与台湾地区业务主管部门联络的二级窗口。高级人民法院应当指定专人作为经最高人民法院授权的二级联络窗口联络人。高级人民法院负责：指导、监督、组织、协调本辖区人民法院办理海峡两岸送达文书和调查取证司法互助业务；就办理海峡两岸送达文书司法互助案件与台湾地区业务主管部门直接联络，并在必要时具体办理送达文书和调查取证司法互助案件；登记、统计本辖区人民法院办理的海峡两岸送达文书司法互助案

---

① 《最高人民法院关于涉台民事诉讼文书送达的若干规定》第2条规定："人民法院送达或者代为送达的民事诉讼文书包括：起诉状副本、上诉状副本、反诉状副本、答辩状副本、授权委托书、传票、判决书、调解书、裁定书、支付令、决定书、通知书、证明书、送达回证以及与民事诉讼有关的其他文书。"

② 《最高人民法院关于人民法院办理海峡两岸送达文书和调查取证司法互助案件的规定》第1条。

③ 《最高人民法院关于人民法院办理海峡两岸送达文书和调查取证司法互助案件的规定》第2条。《最高人民法院关于涉台民事诉讼文书送达的若干规定》第1条第2款规定："涉台民事诉讼文书送达事务的处理，应当遵守一个中国原则和法律的基本原则，不违反社会公共利益。"

④ 《最高人民法院关于人民法院办理海峡两岸送达文书和调查取证司法互助案件的规定》第9条。

⑤ 《最高人民法院关于人民法院办理海峡两岸送达文书和调查取证司法互助案件的规定》第3条。

⑥ 《最高人民法院关于人民法院办理海峡两岸送达文书和调查取证司法互助案件的规定》第4条。

件;定期向最高人民法院报告本辖区人民法院办理海峡两岸送达文书司法互助业务情况;及时将本院联络人的姓名、联络方式及变动情况报告最高人民法院,同时通报台湾地区联络人和下级人民法院。① (4)中级人民法院和基层人民法院应当指定专人负责海峡两岸司法互助业务。中级人民法院和基层人民法院负责:具体办理海峡两岸送达文书和调查取证司法互助案件;定期向高级人民法院层报本院办理海峡两岸送达文书司法互助业务情况;及时将本院海峡两岸司法互助业务负责人员的姓名、联络方式及变动情况层报高级人民法院。②

3. 大陆与台湾地区送达司法文书的司法互助。(1)人民法院需要台湾地区协助送达司法文书。①审理案件的人民法院需要台湾地区协助送达司法文书的,应当填写《〈海峡两岸共同打击犯罪及司法互助协议〉送达文书请求书》附录部分,连同需要送达的司法文书,一式二份,及时送交高级人民法院。需要台湾地区协助送达的司法文书中有指定开庭日期等类似期限的,一般应当为协助送达程序预留不少于6个月的时间。③ ②高级人民法院收到本院或者下级人民法院《〈海峡两岸共同打击犯罪及司法互助协议〉送达文书请求书》附录部分和需要送达的司法文书后,应当在7个工作日内完成审查。经审查认为可以请求台湾地区协助送达的,高级人民法院联络人应当填写《〈海峡两岸共同打击犯罪及司法互助协议〉送达文书请求书》正文部分,连同附录部分和需要送达的司法文书,立即寄送台湾地区联络人;经审查认为欠缺相关材料、内容或者认为不需要请求台湾地区协助送达的,应当立即告知提出请求的人民法院补充相关材料、内容或者在说明理由后将材料退回。④ ③台湾地区成功送达并将送达证明材料寄送高级人民法院联络人,或者未能成功送达并将相关材料送还,同时出具理由说明给高级人民法院联络人的,高级人民法院应当在收到之日起7个工作日内,完成审查并转送提出请求的人民法院。经审查认为欠缺相关材料或者内容的,高级人民法院联络人应当立即与台湾地区联络人联络并请求补充相关材料或者内容。自高级人民法院联络人向台湾地区寄送有关司法文书之日起满4个月,如果未能收到送达证明材料或者说明文件,且根据各种情况不足以认定已经送达的,视为不

① 《最高人民法院关于人民法院办理海峡两岸送达文书和调查取证司法互助案件的规定》第5条。
② 《最高人民法院关于人民法院办理海峡两岸送达文书和调查取证司法互助案件的规定》第6条。
③ 《最高人民法院关于人民法院办理海峡两岸送达文书和调查取证司法互助案件的规定》第10条。
④ 《最高人民法院关于人民法院办理海峡两岸送达文书和调查取证司法互助案件的规定》第11条。

能按照协议确定的海峡两岸司法互助方式送达。[①] (2)台湾地区请求人民法院协助送达司法文书。①台湾地区请求人民法院协助送达台湾地区法院的司法文书并通过其联络人将请求书和相关司法文书寄送高级人民法院联络人的,高级人民法院应当在7个工作日内完成审查。经审查认为可以协助送达的,应当立即转送有关下级人民法院送达或者由本院送达;经审查认为欠缺相关材料、内容或者认为不宜协助送达的,高级人民法院联络人应当立即向台湾地区联络人说明情况并告知其补充相关材料、内容或者将材料送还。具体办理送达文书司法互助案件的人民法院应当在收到高级人民法院转送的材料之日起5个工作日内,以"协助台湾地区送达民事(刑事、行政诉讼)司法文书"案由立案,指定专人办理,并应当自立案之日起15日内完成协助送达,最迟不得超过2个月。收到台湾地区送达文书请求时,司法文书中指定的开庭日期或者其他期限逾期的,人民法院亦应予以送达,同时高级人民法院联络人应当及时向台湾地区联络人说明情况。[②] ②人民法院按照两岸认可的有关途径代为送达台湾地区法院的民事诉讼文书的,应当有台湾地区有关法院的委托函。人民法院收到台湾地区有关法院的委托函后,经审查符合条件的,应当在收到委托函之日起2个月内完成送达。民事诉讼文书中确定的出庭日期或者其他期限逾期的,受委托的人民法院亦应予送达。[③] ③人民法院按照委托函中的受送达人姓名或者名称、地址不能送达的,应当附函写明情况,将委托送达的民事诉讼文书退回。完成送达的送达回证以及未完成送达的委托材料,可以按照原途径退回。[④] ④具体办理送达文书司法互助案件的人民法院成功送达的,应当由送达人在《〈海峡两岸共同打击犯罪及司法互助协议〉送达回证》上签名或者盖章,并在成功送达之日起7个工作日内将送达回证送交高级人民法院;未能成功送达的,应当由送达人在《〈海峡两岸共同打击犯罪及司法互助协议〉送达回证》上注明未能成功送达的原因并签名或者盖章,在确认不能送达之日起7个工作日内,将该送达回证和未能成功送达的司法文书送交高级人民法院。高级人民法院应当在收到前款所述送达回证之日起7个工作日内完成审查,由高级人民法院联络人在前述送达回证上签名或者盖

① 《最高人民法院关于人民法院办理海峡两岸送达文书和调查取证司法互助案件的规定》第12条。

② 《最高人民法院关于人民法院办理海峡两岸送达文书和调查取证司法互助案件的规定》第13条。

③ 《最高人民法院关于涉台民事诉讼文书送达的若干规定》第9条。

④ 《最高人民法院关于涉台民事诉讼文书送达的若干规定》第10条。

章，同时出具《〈海峡两岸共同打击犯罪及司法互助协议〉送达文书回复书》，连同该送达回证和未能成功送达的司法文书，立即寄送台湾地区联络人。[①] ⑤受委托的人民法院对台湾地区有关法院委托送达的民事诉讼文书的内容和后果不负法律责任。[②]

4. 大陆与台湾地区司法互助调查取证的司法互助。(1)大陆与台湾地区调查取证司法互助的范围。人民法院办理海峡两岸调查取证司法互助业务，限于与台湾地区法院相互协助调取与诉讼有关的证据，包括取得证言及陈述；提供书证、物证及视听资料；确定关系人所在地或者确认其身份、前科等情况；进行勘验、检查、扣押、鉴定和查询等。[③] (2)人民法院协助台湾地区法院调查取证。①人民法院协助台湾地区法院调查取证，应当采用民事诉讼法、刑事诉讼法、行政诉讼法等法律和相关司法解释规定的方式。在不违反法律和相关规定、不损害社会公共利益、不妨碍正在进行的诉讼程序的前提下，人民法院应当尽力协助调查取证，并尽可能依照台湾地区请求的内容和形式予以协助。台湾地区调查取证请求书所述的犯罪事实，依照大陆法律规定不认为涉嫌犯罪的，人民法院不予协助，但有重大社会危害并经双方业务主管部门同意予以个案协助的除外。台湾地区请求促使大陆居民至台湾地区作证，但未作出非经大陆主管部门同意不得追诉其进入台湾地区之前任何行为的书面声明的，人民法院可以不予协助。[④] ②审理案件的人民法院需要台湾地区协助调查取证的，应当填写《〈海峡两岸共同打击犯罪及司法互助协议〉调查取证请求书》附录部分，连同相关材料，一式三份，及时送交高级人民法院。高级人民法院应当在收到前款所述材料之日起7个工作日内完成初步审查，并将审查意见和《〈海峡两岸共同打击犯罪及司法互助协议〉调查取证请求书》附录部分及相关材料，一式二份，立即转送最高人民法院。[⑤] ③最高人民法院收到高级人民法院转送的《〈海峡两岸共同打击犯罪及司法互助协议〉调查取证请求书》附录部分和相关材料以及高级人民法院审查意见后，应当在7个工作日内完成最终审查。经审查认为可以请求台湾地区协助

① 《最高人民法院关于人民法院办理海峡两岸送达文书和调查取证司法互助案件的规定》第14条。
② 《最高人民法院关于涉台民事诉讼文书送达的若干规定》第11条。
③ 《最高人民法院关于人民法院办理海峡两岸送达文书和调查取证司法互助案件的规定》第15条。
④ 《最高人民法院关于人民法院办理海峡两岸送达文书和调查取证司法互助案件的规定》第16条。
⑤ 《最高人民法院关于人民法院办理海峡两岸送达文书和调查取证司法互助案件的规定》第17条。

调查取证的,最高人民法院联络人应当填写《〈海峡两岸共同打击犯罪及司法互助协议〉调查取证请求书》正文部分,连同附录部分和相关材料,立即寄送台湾地区联络人;经审查认为欠缺相关材料、内容或者认为不需要请求台湾地区协助调查取证的,应当立即通过高级人民法院告知提出请求的人民法院补充相关材料、内容或者在说明理由后将材料退回。[①] ④台湾地区成功调查取证并将取得的证据材料寄送最高人民法院联络人,或者未能成功调查取证并将相关材料送还,同时出具理由说明给最高人民法院联络人的,最高人民法院应当在收到之日起7个工作日内完成审查并转送高级人民法院,高级人民法院应当在收到之日起7个工作日内转送提出请求的人民法院。经审查认为欠缺相关材料或者内容的,最高人民法院联络人应当立即与台湾地区联络人联络并请求补充相关材料或者内容。[②] (3)台湾地区请求人民法院协助调查取证。①台湾地区请求人民法院协助台湾地区法院调查取证并通过其联络人将请求书和相关材料寄送最高人民法院联络人的,最高人民法院应当在收到之日起7个工作日内完成审查。经审查认为可以协助调查取证的,应当立即转送有关高级人民法院或者由本院办理,高级人民法院应当在收到之日起7个工作日内转送有关下级人民法院办理或者由本院办理;经审查认为欠缺相关材料、内容或者认为不宜协助调查取证的,最高人民法院联络人应当立即向台湾地区联络人说明情况并告知其补充相关材料、内容或者将材料送还。具体办理调查取证司法互助案件的人民法院应当在收到高级人民法院转送的材料之日起5个工作日内,以"协助台湾地区民事(刑事、行政诉讼)调查取证"案由立案,指定专人办理,并应当自立案之日起1个月内完成协助调查取证,最迟不得超过3个月。因故不能在期限届满前完成的,应当提前函告高级人民法院,并由高级人民法院转报最高人民法院。[③] ②具体办理调查取证司法互助案件的人民法院成功调查取证的,应当在完成调查取证之日起7个工作日内将取得的证据材料一式三份,连同台湾地区提供的材料,并在必要时附具情况说明,送交高级人民法院;未能成功调查取证的,应当出具说明函一式三份,连同台湾地区提供的材料,在确认不能成功调查取证之日起7个工作日内送交高级人民法院。高级人民法院应当在收到前款所述材料之日起7个工作日内完成初步

① 《最高人民法院关于人民法院办理海峡两岸送达文书和调查取证司法互助案件的规定》第18条。
② 《最高人民法院关于人民法院办理海峡两岸送达文书和调查取证司法互助案件的规定》第19条。
③ 《最高人民法院关于人民法院办理海峡两岸送达文书和调查取证司法互助案件的规定》第20条。

审查,并将审查意见和前述取得的证据材料或者说明函等,一式二份,连同台湾地区提供的材料,立即转送最高人民法院。最高人民法院应当在收到之日起7个工作日内完成最终审查,由最高人民法院联络人出具《〈海峡两岸共同打击犯罪及司法互助协议〉调查取证回复书》,必要时连同相关材料,立即寄送台湾地区联络人。证据材料不适宜复制或者难以取得备份的,可不按本条第1款和第2款的规定提供备份材料。①

5. 大陆与台湾地区司法互助的其他规则。(1)人民法院对于台湾地区请求协助所提供的和执行请求所取得的相关资料应当予以保密。但依据请求目的使用的除外。②(2)人民法院应当依据请求书载明的目的使用台湾地区协助提供的资料。但最高人民法院和台湾地区业务主管部门另有商定的除外。③(3)对于依照协议和《最高人民法院关于人民法院办理海峡两岸送达文书和调查取证司法互助案件的规定》从台湾地区获得的证据和司法文书等材料,不需要办理公证、认证等形式证明。④(4)人民法院办理海峡两岸司法互助业务,应当使用统一、规范的文书样式。⑤(5)对于执行台湾地区的请求所发生的费用,由有关人民法院负担。但下列费用应当由台湾地区业务主管部门负责支付:①鉴定费用;②翻译费用和誊写费用;③为台湾地区提供协助的证人和鉴定人,因前往、停留、离开台湾地区所发生的费用;④其他经最高人民法院和台湾地区业务主管部门商定的费用。⑥(6)人民法院在办理海峡两岸司法互助案件中收到、取得、制作的各种文件和材料,应当以原件或者复制件形式,作为诉讼档案保存。⑦(7)最高人民法院审理的案件需要请求台湾地区协助送达司法文书和调查取证的,参照《最高人民法院关于人民法院办理海峡两岸送达文书和调查取证司法互助案件的规定》由本院自行办理。专门人民法院办理海峡两岸送达文书和调查取证司法互助业务,参照《最高人民法院关于人民法院办理海峡两岸送达文书和调查取证司法互

---

① 《最高人民法院关于人民法院办理海峡两岸送达文书和调查取证司法互助案件的规定》第21条。
② 《最高人民法院关于人民法院办理海峡两岸送达文书和调查取证司法互助案件的规定》第22条。
③ 《最高人民法院关于人民法院办理海峡两岸送达文书和调查取证司法互助案件的规定》第23条。
④ 《最高人民法院关于人民法院办理海峡两岸送达文书和调查取证司法互助案件的规定》第24条。
⑤ 《最高人民法院关于人民法院办理海峡两岸送达文书和调查取证司法互助案件的规定》第25条。
⑥ 《最高人民法院关于人民法院办理海峡两岸送达文书和调查取证司法互助案件的规定》第26条。
⑦ 《最高人民法院关于人民法院办理海峡两岸送达文书和调查取证司法互助案件的规定》第27条。

助案件的规定》执行。[①] (8)办理海峡两岸司法互助案件和执行《最高人民法院关于人民法院办理海峡两岸送达文书和调查取证司法互助案件的规定》的情况,应当纳入对有关人民法院及相关工作人员的工作绩效考核和案件质量评查范围。[②]

内地(大陆)与港澳台地区相互认可和执行的民商事判决(非法条内容)

一、内地与香港特别行政区民商事案件判决的相互认可和执行

1. 相互认可和执行的申请。(1)申请认可和执行符合《最高人民法院关于内地与香港特别行政区法院相互认可和执行当事人协议管辖的民商事案件判决的安排》规定的民商事判决,在内地向被申请人住所地、经常居住地或者财产所在地的中级人民法院提出,在香港特别行政区向香港特别行政区高等法院提出。[③] (2)被申请人住所地、经常居住地或者财产所在地在内地不同的中级人民法院辖区的,申请人应当选择向其中一个人民法院提出认可和执行的申请,不得分别向两个或者两个以上人民法院提出申请。被申请人的住所地、经常居住地或者财产所在地,既在内地又在香港特别行政区的,申请人可以同时分别向两地法院提出申请,两地法院分别执行判决的总额,不得超过判决确定的数额。已经部分或者全部执行判决的法院应当根据对方法院的要求提供已执行判决的情况。[④] (3)申请人向有关法院申请认可和执行判决的,应当提交以下文件:①请求认可和执行的申请书;②经作出终审判决的法院盖章的判决书副本;③作出终审判决的法院出具的证明书,证明该判决属于《最高人民法院关于内地与香港特别行政区法院相互认可和执行当事人协议管辖的民商事案件判决的安排》第2条所指的终审判决,在判决作出地可以执行;④身份证明材料:(i)申请人为自然人

① 《最高人民法院关于人民法院办理海峡两岸送达文书和调查取证司法互助案件的规定》第28条。

② 《最高人民法院关于人民法院办理海峡两岸送达文书和调查取证司法互助案件的规定》第29条。

③ 《最高人民法院关于内地与香港特别行政区法院相互认可和执行当事人协议管辖的民商事案件判决的安排》第4条。

④ 《最高人民法院关于内地与香港特别行政区法院相互认可和执行当事人协议管辖的民商事案件判决的安排》第5条。

的，应当提交身份证或者经公证的身份证复印件；(ii)申请人为法人或者其他组织的，应当提交经公证的法人或者其他组织注册登记证书的复印件；(iii)申请人是外国籍法人或者其他组织的，应当提交相应的公证和认证材料。向内地人民法院提交的文件没有中文文本的，申请人应当提交证明无误的中文译本。执行地法院对于本条所规定的法院出具的证明书，无需另行要求公证。[①] (4)请求认可和执行申请书应当载明下列事项：①当事人为自然人的，其姓名、住所；当事人为法人或者其他组织的，法人或者其他组织的名称、住所以及法定代表人或者主要负责人的姓名、职务和住所；②申请执行的理由与请求的内容，被申请人的财产所在地以及财产状况；③判决是否在原审法院地申请执行以及已执行的情况。[②] (5)申请人申请认可和执行内地人民法院或者香港特别行政区法院判决的程序，依据执行地法律的规定。《最高人民法院关于内地与香港特别行政区法院相互认可和执行当事人协议管辖的民商事案件判决的安排》另有规定的除外。申请人申请认可和执行的期间为2年。上述规定的期间，内地判决到香港特别行政区申请执行的，从判决规定履行期间的最后一日起计算，判决规定分期履行的，从规定的每次履行期间的最后一日起计算，判决未规定履行期间的，从判决生效之日起计算；香港特别行政区判决到内地申请执行的，从判决可强制执行之日起计算，该日为判决上注明的判决日期，判决对履行期间另有规定的，从规定的履行期间届满后开始计算。[③]

2. 相互认可和执行申请的受理。(1)在法院受理当事人申请认可和执行判决期间，当事人依相同事实再行提起诉讼的，法院不予受理。[④] (2)已获认可和执行的判决，当事人依相同事实再行提起诉讼的，法院不予受理。[⑤]

3. 相互认可和执行的裁定。(1)对申请认可和执行的判决，原审判决中的债

---

① 《最高人民法院关于内地与香港特别行政区法院相互认可和执行当事人协议管辖的民商事案件判决的安排》第6条。

② 《最高人民法院关于内地与香港特别行政区法院相互认可和执行当事人协议管辖的民商事案件判决的安排》第7条。

③ 《最高人民法院关于内地与香港特别行政区法院相互认可和执行当事人协议管辖的民商事案件判决的安排》第8条。

④ 《最高人民法院关于内地与香港特别行政区法院相互认可和执行当事人协议管辖的民商事案件判决的安排》第13条第1款。

⑤ 《最高人民法院关于内地与香港特别行政区法院相互认可和执行当事人协议管辖的民商事案件判决的安排》第13条第2款。

务人提供证据证明有下列情形之一的，受理申请的法院经审查核实，应当裁定不予认可和执行：①根据当事人协议选择的原审法院地的法律，管辖协议属于无效。但选择法院已经判定该管辖协议为有效的除外；②判决已获完全履行；③根据执行地的法律，执行地法院对该案享有专属管辖权；④根据原审法院地的法律，未曾出庭的败诉一方当事人未经合法传唤或者虽经合法传唤但未获依法律规定的答辩时间。但原审法院根据其法律或者有关规定公告送达的，不属于上述情形；⑤判决是以欺诈方法取得的；⑥执行地法院就相同诉讼请求作出判决，或者外国、境外地区法院就相同诉讼请求作出判决，或者有关仲裁机构作出仲裁裁决，已经为执行地法院所认可或者执行的。内地人民法院认为在内地执行香港特别行政区法院判决违反内地社会公共利益，或者香港特别行政区法院认为在香港特别行政区执行内地人民法院判决违反香港特别行政区公共政策的，不予认可和执行。[①] (2)对于根据《最高人民法院关于内地与香港特别行政区法院相互认可和执行当事人协议管辖的民商事案件判决的安排》第9条不予认可和执行的判决，申请人不得再行提起认可和执行的申请，但是可以按照执行地的法律依相同案件事实向执行地法院提起诉讼。[②] (3)根据《最高人民法院关于内地与香港特别行政区法院相互认可和执行当事人协议管辖的民商事案件判决的安排》而获认可的判决与执行地法院的判决效力相同。[③] (4)当事人对认可和执行与否的裁定不服的，在内地可以向上一级人民法院申请复议，在香港特别行政区可以根据其法律规定提出上诉。[④]

4. 相互认可和执行的中止认可执行程序。对于香港特别行政区法院作出的判决，判决确定的债务人已经提出上诉，或者上诉程序尚未完结的，内地人民法院审查核实后，可以中止认可和执行程序。经上诉，维持全部或者部分原判决的，恢复认可和执行程序；完全改变原判决的，终止认可和执行程序。内地地方

---

① 《最高人民法院关于内地与香港特别行政区法院相互认可和执行当事人协议管辖的民商事案件判决的安排》第9条。

② 《最高人民法院关于内地与香港特别行政区法院相互认可和执行当事人协议管辖的民商事案件判决的安排》第13条第3款。

③ 《最高人民法院关于内地与香港特别行政区法院相互认可和执行当事人协议管辖的民商事案件判决的安排》第11条。

④ 《最高人民法院关于内地与香港特别行政区法院相互认可和执行当事人协议管辖的民商事案件判决的安排》第12条。

人民法院就已经作出的判决按照审判监督程序作出提审裁定，或者最高人民法院作出提起再审裁定的，香港特别行政区法院审查核实后，可以中止认可和执行程序。再审判决维持全部或者部分原判决的，恢复认可和执行程序；再审判决完全改变原判决的，终止认可和执行程序。①

5. 相互认可和执行的其他规则。（1）法院受理认可和执行判决的申请之前或者之后，可以按照执行地法律关于财产保全或者禁制资产转移的规定，根据申请人的申请，对被申请人的财产采取保全或强制措施。②（2）当事人向有关法院申请执行判决，应当根据执行地有关诉讼收费的法律和规定交纳执行费或者法院费用。③（3）内地与香港特别行政区法院相互认可和执行的标的范围，除判决确定的数额外，还包括根据该判决须支付的利息、经法院核定的律师费以及诉讼费，但不包括税收和罚款。在香港特别行政区诉讼费是指经法官或者司法常务官在诉讼费评定证明书中核定或者命令支付的诉讼费用。④

二、内地与澳门特别行政区民商事案件判决的相互认可和执行

1. 相互认可和执行的适用范围。内地与澳门特别行政区民商事案件（在内地包括劳动争议案件，在澳门特别行政区包括劳动民事案件）判决的相互认可和执行，适用《最高人民法院关于内地与澳门特别行政区相互认可和执行民商事判决的安排》。《最高人民法院关于内地与澳门特别行政区相互认可和执行民商事判决的安排》亦适用于刑事案件中有关民事损害赔偿的判决、裁定。《最高人民法院关于内地与澳门特别行政区相互认可和执行民商事判决的安排》不适用于行政案件。⑤《最高人民法院关于内地与澳门特别行政区相互认可和执行民商事判决的安排》所称"判决"，在内地包括：判决、裁定、决定、调解书、支付令；在澳门特别行政区包括：裁判、判决、确认和解的裁定、法官的决定或者批示。《最高人民法院关于内地与澳门特别行政区相互认可和执行民商事判决的安排》所称"被

---

① 《最高人民法院关于内地与香港特别行政区法院相互认可和执行当事人协议管辖的民商事案件判决的安排》第10条。

② 《最高人民法院关于内地与香港特别行政区法院相互认可和执行当事人协议管辖的民商事案件判决的安排》第14条。

③ 《最高人民法院关于内地与香港特别行政区法院相互认可和执行当事人协议管辖的民商事案件判决的安排》第15条。

④ 《最高人民法院关于内地与香港特别行政区法院相互认可和执行当事人协议管辖的民商事案件判决的安排》第16条。

⑤ 《最高人民法院关于内地与澳门特别行政区相互认可和执行民商事判决的安排》第1条。

请求方”，指内地或者澳门特别行政区双方中，受理认可和执行判决申请的一方。[①]

2. 相互认可和执行的申请。(1)一方法院作出的具有给付内容的生效判决，当事人可以向对方有管辖权的法院申请认可和执行。没有给付内容，或者不需要执行，但需要通过司法程序予以认可的判决，当事人可以向对方法院单独申请认可，也可以直接以该判决作为证据在对方法院的诉讼程序中使用。[②] (2)内地有权受理认可和执行判决申请的法院为被申请人住所地、经常居住地或者财产所在地的中级人民法院。两个或者两个以上中级人民法院均有管辖权的，申请人应当选择向其中一个中级人民法院提出申请。澳门特别行政区有权受理认可判决申请的法院为中级法院，有权执行的法院为初级法院。[③] (3)被申请人在内地和澳门特别行政区均有可供执行财产的，申请人可以向一地法院提出执行申请。申请人向一地法院提出执行申请的同时，可以向另一地法院申请查封、扣押或者冻结被执行人的财产。待一地法院执行完毕后，可以根据该地法院出具的执行情况证明，就不足部分向另一地法院申请采取处分财产的执行措施。两地法院执行财产的总额，不得超过依据判决和法律规定所确定的数额。[④] (4)请求认可和执行判决的申请书，应当载明下列事项：①申请人或者被申请人为自然人的，应当载明其姓名及住所；为法人或者其他组织的，应当载明其名称及住所，以及其法定代表人或者主要负责人的姓名、职务和住所；②请求认可和执行的判决的案号和判决日期；③请求认可和执行判决的理由、标的，以及该判决在判决作出地法院的执行情况。[⑤] (5)申请书应当附生效判决书副本，或者经作出生效判决的法院盖章的证明书，同时应当附作出生效判决的法院或者有权限机构出具的证明下列事项的相关文件：①传唤属依法作出，但判决书已经证明的除外；②无诉讼行为能力人依法得到代理，但判决书已经证明的除外；③根据判决作出地的法律，判决已经送达当事人，并已生效；④申请人为法人的，应当提供法人营业执照副本或者法人登记证明书；⑤判决作出地法院发出的执行情况证明。如

① 《最高人民法院关于内地与澳门特别行政区相互认可和执行民商事判决的安排》第2条。
② 《最高人民法院关于内地与澳门特别行政区相互认可和执行民商事判决的安排》第3条。
③ 《最高人民法院关于内地与澳门特别行政区相互认可和执行民商事判决的安排》第4条。
④ 《最高人民法院关于内地与澳门特别行政区相互认可和执行民商事判决的安排》第5条。
⑤ 《最高人民法院关于内地与澳门特别行政区相互认可和执行民商事判决的安排》第6条。

被请求方法院认为已充分了解有关事项时,可以免除提交相关文件。被请求方法院对当事人提供的判决书的真实性有疑问时,可以请求作出生效判决的法院予以确认。① (6)申请书应当用中文制作。所附司法文书及其相关文件未用中文制作的,应当提供中文译本。其中法院判决书未用中文制作的,应当提供由法院出具的中文译本。② (7)法院收到申请人请求认可和执行判决的申请后,应当将申请书送达被申请人。被申请人有权提出答辩。③

3. 相互认可和执行的裁定。(1)被请求方法院应当尽快审查认可和执行的请求,并作出裁定。④ (2)被请求方法院经审查核实存在下列情形之一的,裁定不予认可:①根据被请求方的法律,判决所确认的事项属被请求方法院专属管辖;②在被请求方法院已存在相同诉讼,该诉讼先于待认可判决的诉讼提起,且被请求方法院具有管辖权;③被请求方法院已认可或者执行被请求方法院以外的法院或仲裁机构就相同诉讼作出的判决或仲裁裁决;④根据判决作出地的法律规定,败诉的当事人未得到合法传唤,或者无诉讼行为能力人未依法得到代理;⑤根据判决作出地的法律规定,申请认可和执行的判决尚未发生法律效力,或者因再审被裁定中止执行;⑥在内地认可和执行判决将违反内地法律的基本原则或者社会公共利益;在澳门特别行政区认可和执行判决将违反澳门特别行政区法律的基本原则或者公共秩序。⑤ (3)法院就认可和执行判决的请求作出裁定后,应当及时送达。当事人对认可与否的裁定不服的,在内地可以向上一级人民法院提请复议,在澳门特别行政区可以根据其法律规定提起上诉;对执行中作出的裁定不服的,可以根据被请求方法律的规定,向上级法院寻求救济。⑥ (4)对于根据《最高人民法院关于内地与澳门特别行政区相互认可和执行民商事判决的安排》第 11 条第 1 项、第 4 项、第 6 项不予认可的判决,申请人不得再行提起认可和执行的申请。但根据被请求方的法律,被请求方法院有管辖权的,当事人可以就相同案件事实向当地法院另行提起诉讼。《最高人民法院关于内地与澳门特别行政区相互认可和执行民商事判决的安排》第 11 条第 5 项所指的判决,在不予

---

① 《最高人民法院关于内地与澳门特别行政区相互认可和执行民商事判决的安排》第 7 条。

② 《最高人民法院关于内地与澳门特别行政区相互认可和执行民商事判决的安排》第 8 条。

③ 《最高人民法院关于内地与澳门特别行政区相互认可和执行民商事判决的安排》第 9 条。

④ 《最高人民法院关于内地与澳门特别行政区相互认可和执行民商事判决的安排》第 10 条。

⑤ 《最高人民法院关于内地与澳门特别行政区相互认可和执行民商事判决的安排》第 11 条。

⑥ 《最高人民法院关于内地与澳门特别行政区相互认可和执行民商事判决的安排》第 12 条。

认可的情形消除后,申请人可以再行提起认可和执行的申请。[①] (5)在被请求方法院受理认可和执行判决的申请期间,或者判决已获认可和执行,当事人再行提起相同诉讼的,被请求方法院不予受理。[②]

4. 相互认可和执行裁定后的执行。(1)经裁定予以认可的判决,与被请求方法院的判决具有同等效力。判决有给付内容的,当事人可以向该方有管辖权的法院申请执行。[③] (2)被请求方法院不能对判决所确认的所有请求予以认可和执行时,可以认可和执行其中的部分请求。[④] (3)法院受理认可和执行判决的申请之前或者之后,可以按照被请求方法律关于财产保全的规定,根据申请人的申请,对被申请人的财产采取保全措施。[⑤]

5. 相互认可和执行的其他规则。(1)为适用《最高人民法院关于内地与澳门特别行政区相互认可和执行民商事判决的安排》,由一方有权限公共机构(包括公证员)作成或者公证的文书正本、副本及译本,免除任何认证手续而可以在对方使用。[⑥] (2)申请人依据《最高人民法院关于内地与澳门特别行政区相互认可和执行民商事判决的安排》申请认可和执行判决,应当根据被请求方法律规定,交纳诉讼费用、执行费用。申请人在生效判决作出地获准缓交、减交、免交诉讼费用的,在被请求方法院申请认可和执行判决时,应当享有同等待遇。[⑦] (3)对民商事判决的认可和执行,除《最高人民法院关于内地与澳门特别行政区相互认可和执行民商事判决的安排》有规定的以外,适用被请求方的法律规定。[⑧] (4)《最高人民法院关于内地与澳门特别行政区相互认可和执行民商事判决的安排》生效前提出的认可和执行请求,不适用《最高人民法院关于内地与澳门特别行政区相互认可和执行民商事判决的安排》。两地法院自 1999 年 12 月 20 日以后至《最高人民法院关于内地与澳门特别行政区相互认可和执行民商事判决的安排》生效前作出的判决,当事人未向对方法院申请认可和执行,或者对方法院

---

① 《最高人民法院关于内地与澳门特别行政区相互认可和执行民商事判决的安排》第 17 条。
② 《最高人民法院关于内地与澳门特别行政区相互认可和执行民商事判决的安排》第 16 条。
③ 《最高人民法院关于内地与澳门特别行政区相互认可和执行民商事判决的安排》第 13 条。
④ 《最高人民法院关于内地与澳门特别行政区相互认可和执行民商事判决的安排》第 14 条。
⑤ 《最高人民法院关于内地与澳门特别行政区相互认可和执行民商事判决的安排》第 15 条。
⑥ 《最高人民法院关于内地与澳门特别行政区相互认可和执行民商事判决的安排》第 18 条。
⑦ 《最高人民法院关于内地与澳门特别行政区相互认可和执行民商事判决的安排》第 19 条。
⑧ 《最高人民法院关于内地与澳门特别行政区相互认可和执行民商事判决的安排》第 20 条。

拒绝受理的，仍可以于《最高人民法院关于内地与澳门特别行政区相互认可和执行民商事判决的安排》生效后提出申请。澳门特别行政区法院在上述期间内作出的判决，当事人向内地人民法院申请认可和执行的期限，自《最高人民法院关于内地与澳门特别行政区相互认可和执行民商事判决的安排》生效之日起重新计算。[①] (5)《最高人民法院关于内地与澳门特别行政区相互认可和执行民商事判决的安排》在执行过程中遇有问题或者需要修改，应当由最高人民法院与澳门特别行政区协商解决。[②] (6)为执行《最高人民法院关于内地与澳门特别行政区相互认可和执行民商事判决的安排》，最高人民法院和澳门特别行政区终审法院应当相互提供相关法律资料。最高人民法院和澳门特别行政区终审法院每年相互通报执行《最高人民法院关于内地与澳门特别行政区相互认可和执行民商事判决的安排》的情况。[③]

三、认可和执行台湾地区民商事案件判决

为保障海峡两岸当事人的合法权益，更好地适应海峡两岸关系和平发展的新形势，根据《民事诉讼法》等有关法律，总结人民法院涉台审判工作经验，就认可和执行台湾地区法院民事判决，制定《最高人民法院关于认可和执行台湾地区法院民事判决的规定》。[④]

1. 认可和执行的申请。(1)《最高人民法院关于认可和执行台湾地区法院民事判决的规定》所称台湾地区法院民事判决，包括台湾地区法院作出的生效民事判决、裁定、和解笔录、调解笔录、支付命令等。申请认可台湾地区法院在刑事案件中作出的有关民事损害赔偿的生效判决、裁定、和解笔录的，适用《最高人民法院关于认可和执行台湾地区法院民事判决的规定》。申请认可由台湾地区乡镇市调解委员会等出具并经台湾地区法院核定，与台湾地区法院生效民事判决具有同等效力的调解文书的，参照适用《最高人民法院关于认可和执行台湾地区法院民事判决的规定》。[⑤] (2)申请人同时提出认可和执行台湾地区法院民事判决申请的，人民法院先按照认可程序进行审查，裁定认可后，由人民法院执行机

---

① 《最高人民法院关于内地与澳门特别行政区相互认可和执行民商事判决的安排》第21条。
② 《最高人民法院关于内地与澳门特别行政区相互认可和执行民商事判决的安排》第22条。
③ 《最高人民法院关于内地与澳门特别行政区相互认可和执行民商事判决的安排》第23条。
④ 《最高人民法院关于认可和执行台湾地区法院民事判决的规定》。
⑤ 《最高人民法院关于认可和执行台湾地区法院民事判决的规定》第2条。

构执行。申请人直接申请执行的，人民法院应当告知其一并提交认可申请；坚持不申请认可的，裁定驳回其申请。[①] (3)申请认可台湾地区法院民事判决的案件，由申请人住所地、经常居住地或者被申请人住所地、经常居住地、财产所在地中级人民法院或者专门人民法院受理。申请人向两个以上有管辖权的人民法院申请认可的，由最先立案的人民法院管辖。申请人向被申请人财产所在地人民法院申请认可的，应当提供财产存在的相关证据。[②] (4)申请人委托他人代理申请认可台湾地区法院民事判决的，应当向人民法院提交由委托人签名或者盖章的授权委托书。台湾地区、香港特别行政区、澳门特别行政区或者外国当事人签名或者盖章的授权委托书应当履行相关的公证、认证或者其他证明手续，但授权委托书在人民法院法官的见证下签署或者经中国大陆公证机关公证证明是在中国大陆签署的除外。[③] (5)申请人申请认可台湾地区法院民事判决，应当提交申请书，并附有台湾地区有关法院民事判决文书和民事判决确定证明书的正本或者经证明无误的副本。台湾地区法院民事判决为缺席判决的，申请人应当同时提交台湾地区法院已经合法传唤当事人的证明文件，但判决已经对此予以明确说明的除外。申请书应当记明以下事项：①申请人和被申请人姓名、性别、年龄、职业、身份证件号码、住址（申请人或者被申请人为法人或者其他组织的，应当记明法人或者其他组织的名称、地址、法定代表人或者主要负责人姓名、职务）和通讯方式；②请求和理由；③申请认可的判决的执行情况；④其他需要说明的情况。[④] (6)申请人申请认可台湾地区法院民事判决，应当提供相关证明文件，以证明该判决真实并且已经生效。申请人可以申请人民法院通过海峡两岸调查取证司法互助途径查明台湾地区法院民事判决的真实性和是否生效以及当事人得到合法传唤的证明文件；人民法院认为必要时，也可以就有关事项依职权通过海峡两岸司法互助途径向台湾地区请求调查取证。[⑤]

2. 认可和执行的审查受理。(1)对申请认可台湾地区法院民事判决的案件，人民法院应当组成合议庭进行审查。[⑥] (2)对于符合《最高人民法院关于认可和

---

① 《最高人民法院关于认可和执行台湾地区法院民事判决的规定》第3条。
② 《最高人民法院关于认可和执行台湾地区法院民事判决的规定》第4条。
③ 《最高人民法院关于认可和执行台湾地区法院民事判决的规定》第6条。
④ 《最高人民法院关于认可和执行台湾地区法院民事判决的规定》第7条。
⑤ 《最高人民法院关于认可和执行台湾地区法院民事判决的规定》第9条。
⑥ 《最高人民法院关于认可和执行台湾地区法院民事判决的规定》第5条。

执行台湾地区法院民事判决的规定》第4条和第7条规定条件的申请,人民法院应当在收到申请后7日内立案,并通知申请人和被申请人,同时将申请书送达被申请人;不符合该规定第4条和第7条规定条件的,应当在7日内裁定不予受理,同时说明不予受理的理由;申请人对裁定不服的,可以提起上诉。① (3)人民法院受理认可台湾地区法院民事判决的申请之前或者之后,可以按照民事诉讼法及相关司法解释的规定,根据申请人的申请,裁定采取保全措施。② (4)人民法院受理认可台湾地区法院民事判决的申请后,当事人就同一争议起诉的,不予受理。一方当事人向人民法院起诉后,另一方当事人向人民法院申请认可的,对于认可的申请不予受理。③ (5)案件虽经台湾地区有关法院判决,但当事人未申请认可,而是就同一争议向人民法院起诉的,应予受理。④ (6)人民法院受理认可台湾地区法院民事判决的申请后,作出裁定前,申请人请求撤回申请的,可以裁定准许。⑤ (7)人民法院受理认可台湾地区法院民事判决的申请后,应当在立案之日起6个月内审结。有特殊情况需要延长的,报请上一级人民法院批准。通过海峡两岸司法互助途径送达文书和调查取证的期间,不计入审查期限。⑥

3. 认可和执行的裁定。(1)台湾地区法院民事判决具有下列情形之一的,裁定不予认可:①申请认可的民事判决,是在被申请人缺席又未经合法传唤或者在被申请人无诉讼行为能力又未得到适当代理的情况下作出的;②案件系人民法院专属管辖的;③案件双方当事人订有有效仲裁协议,且无放弃仲裁管辖情形的;④案件系人民法院已作出判决或者中国大陆的仲裁庭已作出仲裁裁决的;⑤香港特别行政区、澳门特别行政区或者外国的法院已就同一争议作出判决且已为人民法院所认可或者承认的;⑥台湾地区、香港特别行政区、澳门特别行政区或者外国的仲裁庭已就同一争议作出仲裁裁决且已为人民法院所认可或者承认的。认可该民事判决将违反一个中国原则等国家法律的基本原则或者损害社会公共利益的,人民法院应当裁定不予认可。⑦ (2)人民法院经审查能够确认台湾

① 《最高人民法院关于认可和执行台湾地区法院民事判决的规定》第8条。
② 《最高人民法院关于认可和执行台湾地区法院民事判决的规定》第10条。
③ 《最高人民法院关于认可和执行台湾地区法院民事判决的规定》第11条。
④ 《最高人民法院关于认可和执行台湾地区法院民事判决的规定》第12条。
⑤ 《最高人民法院关于认可和执行台湾地区法院民事判决的规定》第13条。
⑥ 《最高人民法院关于认可和执行台湾地区法院民事判决的规定》第14条。
⑦ 《最高人民法院关于认可和执行台湾地区法院民事判决的规定》第15条。

地区法院民事判决真实并且已经生效，而且不具有《最高人民法院关于认可和执行台湾地区法院民事判决的规定》第 15 条所列情形的，裁定认可其效力；不能确认该民事判决的真实性或者已经生效的，裁定驳回申请人的申请。裁定驳回申请的案件，申请人再次申请并符合受理条件的，人民法院应予受理。[①]

4. 认可和执行的其他规则。(1) 经人民法院裁定认可的台湾地区法院民事判决，与人民法院作出的生效判决具有同等效力。[②] (2) 人民法院依据《最高人民法院关于认可和执行台湾地区法院民事判决的规定》第 15 条和第 16 条作出的裁定，一经送达即发生法律效力。当事人对上述裁定不服的，可以自裁定送达之日起 10 日内向上一级人民法院申请复议。[③] (3) 对人民法院裁定不予认可的台湾地区法院民事判决，申请人再次提出申请的，人民法院不予受理，但申请人可以就同一争议向人民法院起诉。[④] (4) 申请人申请认可和执行台湾地区法院民事判决的期间，适用《民事诉讼法》第 246 条的规定，但申请认可台湾地区法院有关身份关系的判决除外。申请人仅申请认可而未同时申请执行的，申请执行的期间自人民法院对认可申请作出的裁定生效之日起重新计算。[⑤] (5) 人民法院在办理申请认可和执行台湾地区法院民事判决案件中作出的法律文书，应当依法送达案件当事人。[⑥] (6) 申请认可和执行台湾地区法院民事判决，应当参照《诉讼费用交纳办法》的规定，交纳相关费用。[⑦]

对港澳台地区仲裁裁决的承认和执行(非法条内容)

一、内地与港澳地区相互(认可和)执行仲裁裁决

(一) 内地法院对涉港澳仲裁的司法审查

1. 对涉港澳仲裁的司法审查方式。人民法院审理当事人申请撤销、执行内地仲裁机构作出的涉港澳仲裁裁决案件，申请认可和执行香港特别行政区、澳门

① 《最高人民法院关于认可和执行台湾地区法院民事判决的规定》第 16 条。
② 《最高人民法院关于认可和执行台湾地区法院民事判决的规定》第 17 条。
③ 《最高人民法院关于认可和执行台湾地区法院民事判决的规定》第 18 条。
④ 《最高人民法院关于认可和执行台湾地区法院民事判决的规定》第 19 条。
⑤ 《最高人民法院关于认可和执行台湾地区法院民事判决的规定》第 20 条。
⑥ 《最高人民法院关于认可和执行台湾地区法院民事判决的规定》第 21 条。
⑦ 《最高人民法院关于认可和执行台湾地区法院民事判决的规定》第 22 条。

特别行政区仲裁机构作出的仲裁裁决或者临时仲裁庭在香港特别行政区、澳门特别行政区作出的仲裁裁决案件,对于事实清楚、争议不大的,可以经过书面审理后径行作出裁定;对于事实不清、争议较大的,可以在询问当事人、查清事实后再作出裁定。①

2. 对涉港澳仲裁司法审查的申请期限。当事人向人民法院申请执行涉港澳仲裁裁决,应当在《民事诉讼法》第249条规定的期限内提出申请。如果裁决书未明确履行期限,应从申请人收到裁决书正本或者正式副本之日起计算申请人申请执行的期限。②

3. 对涉港澳仲裁的裁决。(1)当事人对内地仲裁机构作出的涉港澳仲裁裁决分别向不同人民法院申请撤销及执行的,受理执行申请的人民法院应当按照《最高人民法院关于适用〈中华人民共和国仲裁法〉若干问题的解释》第25条的规定中止执行。受理执行申请的人民法院如果对于受理撤销申请的人民法院作出的决定撤销或者不予撤销的裁定存在异议,亦不能直接作出与该裁定相矛盾的执行或者不予执行的裁定,而应报请它们的共同上级人民法院解决。当事人对内地仲裁机构作出的涉港澳仲裁裁决向人民法院申请执行且人民法院已经作出应予执行的裁定后,如果一方当事人向人民法院申请撤销该裁决,受理撤销申请的人民法院认为裁决应予撤销且该人民法院与受理执行申请的人民法院非同一人民法院时,不应直接作出撤销仲裁裁决的裁定,而应报请它们的共同上级人民法院解决。③ (2)当事人向人民法院申请执行内地仲裁机构作出的涉港澳仲裁裁决或者申请认可和执行香港特别行政区、澳门特别行政区仲裁机构作出的仲裁裁决或者临时仲裁庭在香港特别行政区、澳门特别行政区作出的仲裁裁决,人民法院经审查认为裁决存在依法不予执行或者不予认可和执行的情形,在作出裁定前,应当报请本辖区所属高级人民法院进行审查;如果高级人民法院同意不予执行或者不予认可和执行,应将其审查意见报最高人民法院,待最高人民法院

---

① 《全国法院涉港澳商事审判工作座谈会纪要》第25条。

《最高人民法院关于香港仲裁裁决在内地执行的有关问题的通知》规定:"……当事人向人民法院申请执行在香港特别行政区做出的临时仲裁裁决、国际商会仲裁院等国外仲裁机构在香港特别行政区作出的仲裁裁决的,人民法院应当按照《安排》的规定进行审查。不存在《安排》第七条规定的情形的,该仲裁裁决可以在内地得到执行。"

② 《全国法院涉港澳商事审判工作座谈会纪要》第26条。

③ 《全国法院涉港澳商事审判工作座谈会纪要》第27条。

答复后，方可作出裁定。[①] (3)当事人向人民法院申请撤销内地仲裁机构作出的涉港澳仲裁裁决，人民法院经审查认为裁决存在依法应予撤销或者可以重新仲裁的情形，在裁定撤销裁决或者通知仲裁庭重新仲裁之前，应当报请本辖区所属高级人民法院进行审查；如果高级人民法院同意撤销或者通知仲裁庭重新仲裁，应将其审查意见报最高人民法院，待最高人民法院答复后，方可裁定撤销或者通知仲裁庭重新仲裁。[②]

4. 对受理撤销涉港澳仲裁裁决的禁止。当事人申请内地人民法院撤销香港特别行政区、澳门特别行政区仲裁机构作出的仲裁裁决或者临时仲裁庭在香港特别行政区、澳门特别行政区作出的仲裁裁决的，人民法院应不予受理。[③]

(二)内地与澳门特别行政区相互认可和执行仲裁裁决

1. 内地人民法院认可和执行澳门特别行政区仲裁机构及仲裁员按照澳门特别行政区仲裁法规在澳门特别行政区作出的民商事仲裁裁决，澳门特别行政区法院认可和执行内地仲裁机构依据《仲裁法》在内地作出的民商事仲裁裁决，适用《最高人民法院关于内地与澳门特别行政区相互认可和执行仲裁裁决的安排》。《最高人民法院关于内地与澳门特别行政区相互认可和执行仲裁裁决的安排》没有规定的，适用认可和执行地的程序法律规定。[④]

2. 内地与澳门特别行政区相互认可和执行仲裁裁决的申请。(1)申请法院。在内地或者澳门特别行政区作出的仲裁裁决，一方当事人不履行的，另一方当事人可以向被申请人住所地、经常居住地或者财产所在地的有关法院申请认可和执行。内地有权受理认可和执行仲裁裁决申请的法院为中级人民法院。两个或者两个以上中级人民法院均有管辖权的，当事人应当选择向其中一个中级人民法院提出申请。澳门特别行政区有权受理认可仲裁裁决申请的法院为中级法院，有权执行的法院为初级法院。[⑤] (2)申请方式。被申请人的住所地、经常居住地或者财产所在地分别在内地和澳门特别行政区的，申请人可以向一地法院提出认可和执行申请，也可以分别向两地法院提出申请。当事人分别向两地法院

---

① 《全国法院涉港澳商事审判工作座谈会纪要》第28条。

② 《全国法院涉港澳商事审判工作座谈会纪要》第29条。

③ 《全国法院涉港澳商事审判工作座谈会纪要》第30条。

④ 《最高人民法院关于内地与澳门特别行政区相互认可和执行仲裁裁决的安排》第1条。

⑤ 《最高人民法院关于内地与澳门特别行政区相互认可和执行仲裁裁决的安排》第2条。

提出申请的,两地法院都应当依法进行审查。予以认可的,采取查封、扣押或者冻结被执行人财产等执行措施。仲裁地法院应当先进行执行清偿;另一地法院在收到仲裁地法院关于经执行债权未获清偿情况的证明后,可以对申请人未获清偿的部分进行执行清偿。两地法院执行财产的总额,不得超过依据裁决和法律规定所确定的数额。[①] (3)申请材料。申请人向有关法院申请认可和执行仲裁裁决的,应当提交以下文件或者经公证的副本:①申请书;②申请人身份证明;③仲裁协议;④仲裁裁决书或者仲裁调解书。上述文件没有中文文本的,申请人应当提交经正式证明的中文译本。[②] 其中,申请书应当包括下列内容:①申请人或者被申请人为自然人的,应当载明其姓名及住所;为法人或者其他组织的,应当载明其名称及住所,以及其法定代表人或者主要负责人的姓名、职务和住所;申请人是外国籍法人或者其他组织的,应当提交相应的公证和认证材料;②请求认可和执行的仲裁裁决书或者仲裁调解书的案号或识别资料和生效日期;③申请认可和执行仲裁裁决的理由及具体请求,以及被申请人财产所在地、财产状况及该仲裁裁决的执行情况。[③] (4)申请期限。申请人向有关法院申请认可和执行内地或者澳门特别行政区仲裁裁决的期限,依据认可和执行地的法律确定。[④]

3. 内地与澳门特别行政区相互认可和执行仲裁裁决的裁决。(1)受理申请的法院应当尽快审查认可和执行的请求,并作出裁定。[⑤] (2)对申请认可和执行的仲裁裁决,被申请人提出证据证明有下列情形之一的,经审查核实,有关法院可以裁定不予认可:①仲裁协议一方当事人依对其适用的法律在订立仲裁协议时属于无行为能力的;或者依当事人约定的准据法,或当事人没有约定适用的准据法而依仲裁地法律,该仲裁协议无效的;②被申请人未接到选任仲裁员或者进行仲裁程序的适当通知,或者因他故未能陈述意见的;③裁决所处理的争议不是提交仲裁的争议,或者不在仲裁协议范围之内;或者裁决载有超出当事人提交仲裁范围的事项的决定,但裁决中超出提交仲裁范围的事项的决定与提交仲裁事

---

① 《最高人民法院关于内地与澳门特别行政区相互认可和执行仲裁裁决的安排》第3条。
② 《最高人民法院关于内地与澳门特别行政区相互认可和执行仲裁裁决的安排》第4条。
③ 《最高人民法院关于内地与澳门特别行政区相互认可和执行仲裁裁决的安排》第5条。
④ 《最高人民法院关于内地与澳门特别行政区相互认可和执行仲裁裁决的安排》第6条。
⑤ 《最高人民法院关于内地与澳门特别行政区相互认可和执行仲裁裁决的安排》第10条。

项的决定可以分开的,裁决中关于提交仲裁事项的决定部分可以予以认可;④仲裁庭的组成或者仲裁程序违反了当事人的约定,或者在当事人没有约定时与仲裁地的法律不符的;⑤裁决对当事人尚无约束力,或者业经仲裁地的法院撤销或者拒绝执行的。有关法院认定,依执行地法律,争议事项不能以仲裁解决的,不予认可和执行该裁决。内地法院认定在内地认可和执行该仲裁裁决违反内地法律的基本原则或者社会公共利益,澳门特别行政区法院认定在澳门特别行政区认可和执行该仲裁裁决违反澳门特别行政区法律的基本原则或者公共秩序,不予认可和执行该裁决。①

4. 内地与澳门特别行政区相互认可和执行仲裁裁决的中止执行。一方当事人向一地法院申请执行仲裁裁决,另一方当事人向另一地法院申请撤销该仲裁裁决,被执行人申请中止执行且提供充分担保的,执行法院应当中止执行。根据经认可的撤销仲裁裁决的判决、裁定,执行法院应当终结执行程序;撤销仲裁裁决申请被驳回的,执行法院应当恢复执行。当事人申请中止执行的,应当向执行法院提供其他法院已经受理申请撤销仲裁裁决案件的法律文书。②

5. 内地与澳门特别行政区相互认可和执行仲裁裁决的其他规则。(1)申请人依据《最高人民法院关于内地与澳门特别行政区相互认可和执行仲裁裁决的安排》申请认可和执行仲裁裁决的,应当根据执行地法律的规定,交纳诉讼费用。③ (2)法院在受理认可和执行仲裁裁决申请之前或者之后,可以依当事人的申请,按照法院地法律规定,对被申请人的财产采取保全措施。④ (3)由一方有权限公共机构(包括公证员)作成的文书正本或者经公证的文书副本及译本,在适用《最高人民法院关于内地与澳门特别行政区相互认可和执行仲裁裁决的安排》时,可以免除认证手续在对方使用。⑤ (4)《最高人民法院关于内地与澳门特别行政区相互认可和执行仲裁裁决的安排》实施前,当事人提出的认可和执行仲裁裁决的请求,不适用《最高人民法院关于内地与澳门特别行政区相互认可和执行仲裁裁决的安排》。自 1999 年 12 月 20 日至《最高人民法院关于内地与澳门特别

① 《最高人民法院关于内地与澳门特别行政区相互认可和执行仲裁裁决的安排》第 7 条。
② 《最高人民法院关于内地与澳门特别行政区相互认可和执行仲裁裁决的安排》第 9 条。
③ 《最高人民法院关于内地与澳门特别行政区相互认可和执行仲裁裁决的安排》第 8 条。
④ 《最高人民法院关于内地与澳门特别行政区相互认可和执行仲裁裁决的安排》第 11 条。
⑤ 《最高人民法院关于内地与澳门特别行政区相互认可和执行仲裁裁决的安排》第 12 条。

行政区相互认可和执行仲裁裁决的安排》实施前,澳门特别行政区仲裁机构及仲裁员作出的仲裁裁决,当事人向内地申请认可和执行的期限,自《最高人民法院关于内地与澳门特别行政区相互认可和执行仲裁裁决的安排》实施之日起算。[①] (5)为执行《最高人民法院关于内地与澳门特别行政区相互认可和执行仲裁裁决的安排》,最高人民法院和澳门特别行政区终审法院应当相互提供相关法律资料。最高人民法院和澳门特别行政区终审法院每年相互通报执行《最高人民法院关于内地与澳门特别行政区相互认可和执行仲裁裁决的安排》的情况。[②] (6)《最高人民法院关于内地与澳门特别行政区相互认可和执行仲裁裁决的安排》在执行过程中遇有问题或者需要修改的,由最高人民法院和澳门特别行政区协商解决。[③]

(三)内地与香港特别行政区相互执行仲裁裁决

根据《香港特别行政区基本法》第95条的规定,经最高人民法院与香港特别行政区政府协商,香港特别行政区法院同意执行内地仲裁机构(名单由国务院法制办公室经国务院港澳事务办公室提供)依据《仲裁法》所作出的裁决,内地人民法院同意执行在香港特别行政区按香港特别行政区《仲裁条例》所作出的裁决。现就内地与香港特别行政区相互执行仲裁裁决的有关事宜作出如下安排:

1. 内地与香港特别行政区相互执行仲裁裁决的申请。(1)在内地或者香港特区作出的仲裁裁决,一方当事人不履行仲裁裁决的,另一方当事人可以向被申请人住所地或者财产所在地的有关法院申请执行。[④] 其中,有关法院,在内地指被申请人住所地或者财产所在地的中级人民法院,在香港特区指香港特区高等法院。被申请人住所地或者财产所在地在内地不同的中级人民法院辖区内的,申请人可以选择其中一个人民法院申请执行裁决,不得分别向两个或者两个以上人民法院提出申请。被申请人的住所地或者财产所在地,既在内地又在香港特区的,申请人不得同时分别向两地有关法院提出申请。只有一地法院执行不足以偿还其债务时,才可就不足部分向另一地法院申请执行。两地法院先后执

---

① 《最高人民法院关于内地与澳门特别行政区相互认可和执行仲裁裁决的安排》第13条。

② 《最高人民法院关于内地与澳门特别行政区相互认可和执行仲裁裁决的安排》第14条。

③ 《最高人民法院关于内地与澳门特别行政区相互认可和执行仲裁裁决的安排》第15条。

④ 《最高人民法院关于内地与香港特别行政区相互执行仲裁裁决的安排》第1条。

行仲裁裁决的总额,不得超过裁决数额。[①] (2)申请人向有关法院申请执行在内地或者香港特区作出的仲裁裁决的,应当提交以下文书:①执行申请书;②仲裁裁决书;③仲裁协议。[②] (3)执行申请书的内容应当载明下列事项:①申请人为自然人的情况下,该人的姓名、地址;申请人为法人或者其他组织的情况下,该法人或其他组织的名称、地址及法定代表人姓名;②被申请人为自然人的情况下,该人的姓名、地址;被申请人为法人或者其他组织的情况下,该法人或其他组织的名称、地址及法定代表人姓名;③申请人为法人或者其他组织的,应当提交企业注册登记的副本。申请人是外国籍法人或者其他组织的,应当提交相应的公证和认证材料;④申请执行的理由与请求的内容,被申请人的财产所在地及财产状况;执行申请书应当以中文文本提出,裁决书或者仲裁协议没有中文文本的,申请人应当提交正式证明的中文译本。[③] (4)申请人向有关法院申请执行内地或者香港特区仲裁裁决的期限依据执行地法律有关时限的规定。[④] (5)有关法院接到申请人申请后,应当按执行地法律程序处理及执行。[⑤]

2. 内地与香港特别行政区相互执行仲裁裁决的裁定。在内地或者香港特区申请执行的仲裁裁决,被申请人接到通知后,提出证据证明有下列情形之一的,经审查核实,有关法院可裁定不予执行:(1)仲裁协议当事人依对其适用的法律属于某种无行为能力的情形;或者该项仲裁协议依约定的准据法无效;或者未指明以何种法律为准时,依仲裁裁决地的法律是无效的;(2)被申请人未接到指派仲裁员的适当通知,或者因他故未能陈述意见的;(3)裁决所处理的争议不是交付仲裁的标的或者不在仲裁协议条款之内,或者裁决载有关于交付仲裁范围以外事项的决定的;但交付仲裁事项的决定可与未交付仲裁的事项划分时,裁决中关于交付仲裁事项的决定部分应当予以执行;(4)仲裁庭的组成或者仲裁庭程序与当事人之间的协议不符,或者在有关当事人没有这种协议时与仲裁地的法律不符的;(5)裁决对当事人尚无约束力,或者业经仲裁地的法院或者按仲裁地的法律撤销或者停止执行的。有关法院认定依执行地法律,争议事项不能以仲裁

① 《最高人民法院关于内地与香港特别行政区相互执行仲裁裁决的安排》第2条。
② 《最高人民法院关于内地与香港特别行政区相互执行仲裁裁决的安排》第3条。
③ 《最高人民法院关于内地与香港特别行政区相互执行仲裁裁决的安排》第4条。
④ 《最高人民法院关于内地与香港特别行政区相互执行仲裁裁决的安排》第5条。
⑤ 《最高人民法院关于内地与香港特别行政区相互执行仲裁裁决的安排》第6条。

解决的,则可不予执行该裁决。内地法院认定在内地执行该仲裁裁决违反内地社会公共利益,或者香港特区法院决定在香港特区执行该仲裁裁决违反香港特区的公共政策,则可不予执行该裁决。①

3. 内地与香港特别行政区相互执行仲裁裁决的其他规则。(1)申请人向有关法院申请执行在内地或者香港特区作出的仲裁裁决,应当根据执行地法院有关诉讼收费的办法交纳执行费用。② (2)1997 年 7 月 1 日以后申请执行在内地或者香港特区作出的仲裁裁决按《最高人民法院关于内地与香港特别行政区相互执行仲裁裁决的安排》执行。③ (3)对 1997 年 7 月 1 日至《最高人民法院关于内地与香港特别行政区相互执行仲裁裁决的安排》生效之日的裁决申请问题,双方同意:1997 年 7 月 1 日至《最高人民法院关于内地与香港特别行政区相互执行仲裁裁决的安排》生效之日因故未能向内地或者香港特区法院申请执行,申请人为法人或者其他组织的,可以在该安排生效后 6 个月内提出;如申请人为自然人的,可以在《最高人民法院关于内地与香港特别行政区相互执行仲裁裁决的安排》生效后 1 年内提出。对于内地或香港特区法院在 1997 年 7 月 1 日至《最高人民法院关于内地与香港特别行政区相互执行仲裁裁决的安排》生效之日拒绝受理或者拒绝执行仲裁裁决的案件,应允许当事人重新申请。④ (4)《最高人民法院关于内地与香港特别行政区相互执行仲裁裁决的安排》在执行过程中遇有问题和修改,应当通过最高人民法院和香港特区政府协商解决。⑤

二、认可和执行台湾地区仲裁裁决

1. 认可和执行台湾地区仲裁裁决的申请。(1)台湾地区仲裁裁决的当事人可以根据《最高人民法院关于认可和执行台湾地区仲裁裁决的规定》,作为申请人向人民法院申请认可和执行台湾地区仲裁裁决。⑥ 其中,“台湾地区仲裁裁决”是指,有关常设仲裁机构及临时仲裁庭在台湾地区按照台湾地区仲裁规定就有关民商事争议作出的仲裁裁决,包括仲裁判断、仲裁和解和仲裁调解。⑦

---

① 《最高人民法院关于内地与香港特别行政区相互执行仲裁裁决的安排》第 7 条。
② 《最高人民法院关于内地与香港特别行政区相互执行仲裁裁决的安排》第 8 条。
③ 《最高人民法院关于内地与香港特别行政区相互执行仲裁裁决的安排》第 9 条。
④ 《最高人民法院关于内地与香港特别行政区相互执行仲裁裁决的安排》第 10 条。
⑤ 《最高人民法院关于内地与香港特别行政区相互执行仲裁裁决的安排》第 11 条。
⑥ 《最高人民法院关于认可和执行台湾地区仲裁裁决的规定》第 1 条。
⑦ 《最高人民法院关于认可和执行台湾地区仲裁裁决的规定》第 2 条。

(2)申请人同时提出认可和执行台湾地区仲裁裁决申请的,人民法院先按照认可程序进行审查,裁定认可后,由人民法院执行机构执行。申请人直接申请执行的,人民法院应当告知其一并提交认可申请;坚持不申请认可的,裁定驳回其申请。[①] (3)申请人委托他人代理申请认可台湾地区仲裁裁决的,应当向人民法院提交由委托人签名或者盖章的授权委托书。台湾地区、香港特别行政区、澳门特别行政区或者外国当事人签名或者盖章的授权委托书应当履行相关的公证、认证或者其他证明手续,但授权委托书在人民法院法官的见证下签署或者经中国大陆公证机关公证证明是在中国大陆签署的除外。[②] (4)申请人申请认可台湾地区仲裁裁决,应当提交以下文件或者经证明无误的副本:①申请书;②仲裁协议;③仲裁判断书、仲裁和解书或者仲裁调解书。申请书应当记明以下事项:①申请人和被申请人姓名、性别、年龄、职业、身份证件号码、住址(申请人或者被申请人为法人或者其他组织的,应当记明法人或者其他组织的名称、地址、法定代表人或者主要负责人姓名、职务)和通讯方式;②申请认可的仲裁判断书、仲裁和解书或者仲裁调解书的案号或者识别资料和生效日期;③请求和理由;④被申请人财产所在地、财产状况及申请认可的仲裁裁决的执行情况;⑤其他需要说明的情况。[③] (5)申请人申请认可台湾地区仲裁裁决,应当提供相关证明文件,以证明该仲裁裁决的真实性。申请人可以申请人民法院通过海峡两岸调查取证司法互助途径查明台湾地区仲裁裁决的真实性;人民法院认为必要时,也可以就有关事项依职权通过海峡两岸司法互助途径向台湾地区请求调查取证。[④] (6)申请人申请认可和执行台湾地区仲裁裁决的期间,适用《民事诉讼法》第 246 条的规定。申请人仅申请认可而未同时申请执行的,申请执行的期间自人民法院对认可申请作出的裁定生效之日起重新计算。[⑤]

2. 认可和执行台湾地区仲裁裁决的受理。(1)申请认可台湾地区仲裁裁决的案件,由申请人住所地、经常居住地或者被申请人住所地、经常居住地、财产所在地中级人民法院或者专门人民法院受理。申请人向两个以上有管辖权的人民

---

① 《最高人民法院关于认可和执行台湾地区仲裁裁决的规定》第 3 条。
② 《最高人民法院关于认可和执行台湾地区仲裁裁决的规定》第 6 条。
③ 《最高人民法院关于认可和执行台湾地区仲裁裁决的规定》第 7 条。
④ 《最高人民法院关于认可和执行台湾地区仲裁裁决的规定》第 9 条。
⑤ 《最高人民法院关于认可和执行台湾地区仲裁裁决的规定》第 19 条。

法院申请认可的，由最先立案的人民法院管辖。申请人向被申请人财产所在地人民法院申请认可的，应当提供财产存在的相关证据。[①] (2)人民法院受理认可台湾地区仲裁裁决的申请之前或者之后，可以按照民事诉讼法及相关司法解释的规定，根据申请人的申请，裁定采取保全措施。[②] (3)人民法院受理认可台湾地区仲裁裁决的申请后，当事人就同一争议起诉的，不予受理。当事人未申请认可，而是就同一争议向人民法院起诉的，亦不予受理，但仲裁协议无效的除外。[③] (4)人民法院受理认可台湾地区仲裁裁决的申请后，作出裁定前，申请人请求撤回申请的，可以裁定准许。[④] (5)对于符合《最高人民法院关于认可和执行台湾地区仲裁裁决的规定》第4条和第7条规定条件的申请，人民法院应当在收到申请后7日内立案，并通知申请人和被申请人，同时将申请书送达被申请人；不符合该规定第4条和第7条规定条件的，应当在7日内裁定不予受理，同时说明不予受理的理由；申请人对裁定不服的，可以提起上诉。[⑤] (6)对人民法院裁定不予认可的台湾地区仲裁裁决，申请人再次提出申请的，人民法院不予受理。但当事人可以根据双方重新达成的仲裁协议申请仲裁，也可以就同一争议向人民法院起诉。[⑥]

3. 认可和执行台湾地区仲裁裁决的审查。对申请认可台湾地区仲裁裁决的案件，人民法院应当组成合议庭进行审查。[⑦]

4. 认可和执行台湾地区仲裁裁决的裁定。(1)人民法院应当尽快审查认可台湾地区仲裁裁决的申请，决定予以认可的，应当在立案之日起2个月内作出裁定；决定不予认可或者驳回申请的，应当在作出决定前按有关规定自立案之日起2个月内上报最高人民法院。通过海峡两岸司法互助途径送达文书和调查取证的期间，不计入审查期限。[⑧] (2)对申请认可和执行的仲裁裁决，被申请人提出证据证明有下列情形之一的，经审查核实，人民法院裁定不予认可：①仲裁协议一

---

① 《最高人民法院关于认可和执行台湾地区仲裁裁决的规定》第4条。
② 《最高人民法院关于认可和执行台湾地区仲裁裁决的规定》第10条。
③ 《最高人民法院关于认可和执行台湾地区仲裁裁决的规定》第11条。
④ 《最高人民法院关于认可和执行台湾地区仲裁裁决的规定》第12条。
⑤ 《最高人民法院关于认可和执行台湾地区仲裁裁决的规定》第8条。
⑥ 《最高人民法院关于认可和执行台湾地区仲裁裁决的规定》第18条。
⑦ 《最高人民法院关于认可和执行台湾地区仲裁裁决的规定》第5条。
⑧ 《最高人民法院关于认可和执行台湾地区仲裁裁决的规定》第13条。

方当事人依对其适用的法律在订立仲裁协议时属于无行为能力的；或者依当事人约定的准据法，或当事人没有约定适用的准据法而依台湾地区仲裁规定，该仲裁协议无效的；或者当事人之间没有达成书面仲裁协议的，但申请认可台湾地区仲裁调解的除外；②被申请人未接到选任仲裁员或进行仲裁程序的适当通知，或者由于其他不可归责于被申请人的原因而未能陈述意见的；③裁决所处理的争议不是提交仲裁的争议，或者不在仲裁协议范围之内；或者裁决载有超出当事人提交仲裁范围的事项的决定，但裁决中超出提交仲裁范围的事项的决定与提交仲裁事项的决定可以分开的，裁决中关于提交仲裁事项的决定部分可以予以认可；④仲裁庭的组成或者仲裁程序违反当事人的约定，或者在当事人没有约定时与台湾地区仲裁规定不符的；⑤裁决对当事人尚无约束力，或者业经台湾地区法院撤销或者驳回执行申请的。依据国家法律，该争议事项不能以仲裁解决的，或者认可该仲裁裁决将违反一个中国原则等国家法律的基本原则或损害社会公共利益的，人民法院应当裁定不予认可。[①]（3）人民法院经审查能够确认台湾地区仲裁裁决真实，而且不具有《最高人民法院关于认可和执行台湾地区仲裁裁决的规定》第14条所列情形的，裁定认可其效力；不能确认该仲裁裁决真实性的，裁定驳回申请。裁定驳回申请的案件，申请人再次申请并符合受理条件的，人民法院应予受理。[②]（4）人民法院在办理申请认可和执行台湾地区仲裁裁决案件中所作出的法律文书，应当依法送达案件当事人。[③]（5）人民法院依据《最高人民法院关于认可和执行台湾地区仲裁裁决的规定》第14条和第15条作出的裁定，一经送达即发生法律效力。[④]

5. 认可和执行台湾地区仲裁裁决的其他规则。（1）一方当事人向人民法院申请认可或者执行台湾地区仲裁裁决，另一方当事人向台湾地区法院起诉撤销该仲裁裁决，被申请人申请中止认可或者执行并且提供充分担保的，人民法院应当中止认可或者执行程序。申请中止认可或者执行的，应当向人民法院提供台湾地区法院已经受理撤销仲裁裁决案件的法律文书。台湾地区法院撤

① 《最高人民法院关于认可和执行台湾地区仲裁裁决的规定》第14条。
② 《最高人民法院关于认可和执行台湾地区仲裁裁决的规定》第15条。
③ 《最高人民法院关于认可和执行台湾地区仲裁裁决的规定》第20条。
④ 《最高人民法院关于认可和执行台湾地区仲裁裁决的规定》第16条。

销该仲裁裁决的，人民法院应当裁定不予认可或者裁定终结执行；台湾地区法院驳回撤销仲裁裁决请求的，人民法院应当恢复认可或者执行程序。[①] (2)申请认可和执行台湾地区仲裁裁决，应当参照《诉讼费用交纳办法》的规定，交纳相关费用。[②]

① 《最高人民法院关于认可和执行台湾地区仲裁裁决的规定》第17条。

② 《最高人民法院关于认可和执行台湾地区仲裁裁决的规定》第21条。

主要参考文献

1. 洪冬英主编:《民事诉讼法学通论》(第3版),北京大学出版社2020年版。

2. 江必新等编著:《新民事诉讼法配套规则适用指引(执行程序卷)》,法律出版社2016年版。

后　记

释卷伸腰，不觉三年有余。

自军事科学院回大连后，面对战争法理论研究与实践所遇的种种困境，我执意转改民法领域，想在退休时对自己有一个标志性的交代。

我纵观民事法规，试图从民事诉讼法入手，主要结合江必新老师编著的《新民事诉讼法配套规则适用指引（执行程序卷）》梳理条规的解释。同时，利用 3 年时间进一步研究了《民法典》的总则编、物权编、合同编、婚姻家庭编、侵权责任编等，并逐条进行编著，形成了近 60 万字的释文资料，进而积累了比较全面、扎实的民法实体权利义务的基础和编著释文的经验。

在 2018 年春季，我重新编著民事诉讼法，原名为《民事诉讼法规则释义》。之后我经过对所有涉及民事诉讼法相关的法律、司法解释、最高法指导性文件等资料的整理，同时研读洪冬英老师主编的《民事诉讼法学通论》，发现了可以进一步深化和补正的内容，于是我尽勤尽勉，利用近 2 年的时间，悉心钻研理论，有序进行补充，着力分类排序，认真进行删减，最终形成百万余文字，以《民事诉讼法规则编释》示人，以求为教学、研究和司法实践提供些许的帮助。

多少个枯灯长夜，多少次冥想苦思，我诚挚感谢我的家人的理解，感谢同事战友的帮助，感谢韦国良、王思联、张仕林对本书的付出，也感恩于那些包容我的人。

我 20 岁考入大连陆军学院学习军事指挥，28 岁考入海军大连舰艇学院学习军事法学，38 岁取得法律职业资格证书，42 岁考入军事科学院学习军事管理学。其间，一直在部队从事基层军事训练、机关管理与法学教学工作。因专业与能力的不足，在编著中存在一些偏差不足，只图抛一青砖以求美玉。

前方，是我的目标。我将在余生仍致力于民法方面的学习与司法实践工作。或许在后人的追忆中有这样一种评述："此人略懂民事诉讼法。"

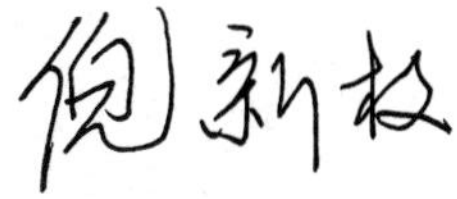

二〇二二年五月一日

于海军大连舰艇学院政训部军事法学教研室 301 办公室